Miró

Fundació Pilar i Joan Miró a Mallorca

ISBN: 84-9785-214-1
Depósito legal: B-48100-2005

LUNWERG EDITORES
BARCELONA: Beethoven, 12 - 08021 - Tel. 93 201 59 33 - Fax 93 201 15 87
MADRID: Luchana, 27 - 28010 - Tel. 91 593 00 58 - Fax 91 593 00 70
MÉXICO: Callejón de la Rosa, 23-A - Tlacopac, San Ángel - 01060 México D.F.
Tel.-Fax (52-55) 5662 5746. E-mail: lunwergmexico@nodos.zzn.com

Impreso en España

Deloitte.

Why not discovering
some places you've
never been before?
And what if it's one you
already know?

Miró

Fundació Pilar i Joan Miró a Mallorca

Fundació
Pilar i Joan Miró
a Mallorca

Durante el proceso de elaboración del presente catálogo recibimos con dolor la noticia de la muerte de Dolores Miró, única hija de Joan Miró, acaecida el 26 de diciembre de 2004. A su memoria dedicamos estas páginas.

"Davant la incògnita de lo que esdevindrà 'Mas Miró', taller de 'Son Abrines' i taller de 'Son Boter' amb la caseta que està al costat, crec que és d'una importància capital localitzar-ho tot fent ressortir no solsament els valors humans d'això sinó també els objectes i coses que tan fort han marcat el meu treball [...]."

Carta de Joan Miró a Josep Lluís Sert, 1 de octubre de 1968.
Cortesía de la Frances Loeb Library, Harvard University, Graduate School of Design

Índice

Rogelio Araújo

Presidente de la Fundació Pilar i Joan Miró a Mallorca

Este catálogo de obras de Joan Miró de la colección permanente de la Fundació Pilar i Joan Miró a Mallorca rinde un homenaje póstumo a sus fundadores Joan Miró y Pilar Juncosa, así como a su hija Maria Dolors Miró, cuyo texto para el catálogo nos brinda la posibilidad de compartir sus recuerdos familiares.

El 7 de marzo de 1981, Joan Miró y su esposa Pilar Juncosa donaron a la Fundació Pilar i Joan Miró a Mallorca los talleres del artista -Taller Sert y Son Boter- así como las obras, documentos y objetos que atesoraban estos estudios. El rico legado de Miró está integrado por pintura, dibujo, escultura y obra gráfica. No obstante, este catálogo presenta únicamente una parte de las obras de Miró de la colección permanente de la fundación: pintura, escultura y dibujo. En total, el fondo museográfico lo componen: 118 pinturas sobre tela, 275 obras realizadas con técnicas diversas sobre diferentes tipos de soporte, 1512 dibujos y 35 esculturas.

La riqueza de la colección traduce la variedad de técnicas, materiales y procedimientos utilizados por Miró y, a menudo, brinda la posibilidad de reconstruir su proceso creativo. Los numerosos proyectos de pintura, escultura, cerámica, murales, obra gráfica y tapices testimonian y documentan la inagotable creatividad de Miró en su madurez. El arco cronológico de las obras de la colección es muy amplio, 1908-1981, si bien la mayor parte de las obras del fondo museográfico fueron creadas a partir de los años sesenta. Por lo que respecta a la pintura, la obra más antigua de la colección de la Fundació es un paisaje que Miró ejecutó en 1908, el óleo más antiguo conservado del artista catalán. No obstante, la mayor parte de las pinturas fechadas de la colección fueron realizadas a lo largo de los años sesenta y setenta. En cuanto a las obras tridimensionales, la Fundació cuenta con piezas únicas como los dos "assemblages" de la década de los 70, la escultura de cerámica *Femme et* oiseau, y las dos terracotas realizadas en 1980, así como con esculturas en bronce, fruto de una edición limitada, fundamentalmente realizadas en la década de los sesenta y setenta. Respecto a los dibujos, los más antiguos de nuestra colección son cinco dibujos asociados al ballet *Arlequí* datados en torno a 1935. A partir de ese momento, la colección comprende dibujos de todas las décadas hasta 1981, período en que realizó sus últimos cuadernos de bocetos.

Este catálogo presenta una selección del fondo de pintura, dibujo y escultura integrada por unas 1700 obras. La selección de obras va precedida de seis textos sobre Miró, el fondo museográfico y el patrimonio arquitectónico de la fundació. A través de estos textos, María Dolores Miró nos presenta la vertiente humana de Miró; William Jeffett interpreta la colección de la Fundació Pilar i Joan Miró; Georges Raillard nos revela al Miró artista; Jaume Freixa contextualiza proyecto del Taller Sert; Bartomeu Bestard investiga en profundidad el origen de Son Boter; y Rafael Moneo explica la concepción y diseño de su edificio. El catálogo incluye también una cronología de Joan Miró que pone de relieve la inmensa riqueza del fondo documental de la Fundació Pilar i Joan Miró —correspondencia, hemeroteca, fotografía y material heterogéneo. Esta sección va seguida de una relación de exposiciones en las que han participado las obras publicadas en este catálogo y, por último, de la bibliografía.

Desaría agradecer a María Dolores Miró, William Jeffett, Georges Raillard, Jaume Freixa, Bartomeu Bestard y Rafael Moneo sus textos que, gracias a su generosidad, han contribuido a enriquecer este catálogo. Mi especial gratitud a María Dolores Miró, cuyo testimonio y cuya figura perdurarán en nuestra memoria. Hago también extensivo este agradecimiento a todas aquellas personas cuya labor y dedicación han hecho posible esta publicación.

El legado de Joan Miró en Mallorca:
Génesis y objetivos

Magdalena Aguiló Victory

Directora de la Fundació Pilar i Joan Miró a Mallorca

"Lo que me interesa no es que quede el cuadro allí, sino su irradiación, su mensaje, lo que hará para transformar el espíritu de las personas."

Entrevista con George Raillard | Joan Miró, 1977

La singularidad esencial de la Fundació Pilar i Joan Miró a Mallorca estriba en poder presentar el proceso creativo del artista a través de la contemplación directa de la atmósfera de sus talleres con los enseres, objetos, huellas y telas sin finalizar. Es la permanencia de una energía que aún desprende destellos de la fuerza creativa de su impulsor. El dar a conocer este hálito creativo excepcional justificaría por si sólo la existencia de la fundación. Pero si además, añadimos la oportunidad de presentar el rico patrimonio arquitectónico que contiene y un fondo de la colección íntimamente ligado al modo de crear de las últimas décadas de Joan Miró, el conjunto se convierte en único en el mundo.

La Fundació Pilar i Joan Miró a Mallorca nació de la donación de Joan Miró y su familia a la ciudad de Palma, en 1981, de los cuatro talleres de creación en los cuales había trabajado desde 1956 hasta su muerte, en 1983, con la intención de convertirlos en un estímulo y en un referente para futuras generaciones de artistas. La elección de la isla de Mallorca no es casual, aparte de sus raíces familiares, el artista encontró en la isla la tranquilidad necesaria y el entorno mediterráneo que conformaba el núcleo emocional de su arte. Así pues, el artista se estableció definitivamente en Mallorca en el año 1956, fecha en la que se hizo realidad el gran sueño de su vida: disponer de un taller amplio y funcional en el cual poder trabajar telas de gran formato. El encargado de realizar este sueño fue su amigo el arquitecto Josep Lluís Sert, quien trabajó en estrecha colaboración con él, tal y como se demuestra en la intensa correspondencia en el transcurso del proyecto.

En 1959 Joan Miró pudo añadir un nuevo taller -Son Boter-, una casa mallorquina del siglo XVIII, vecina de Son Abrines, que complementaba las necesidades de espacio y aumentaba la privacidad del entorno. La adquisición fue posible gracias al Premio Guggenheim de Nueva York, galardón otorgado a los murales cerámicos de la UNESCO, realizados en 1956. Adosados a este caserón, se encuentran los talleres de grabado a la derecha y el de litografía sobre el aljibe, en los que Joan Miró trabajó con la ayuda del grabador Joan Barbarà y del litógrafo Damià Caus.

La casa de Son Boter es un documento excepcional para la comprensión del proceso creativo del artista. En sus muros encalados se conservan grandes graffiti, de algunos de los cuales germinarían esculturas posteriores. El enorme tamaño de los graffiti señala la voluntad de perdurabilidad de estas intervenciones por parte del artista. Las paredes y el suelo evidencian formas de trabajo cercanas a las de los expresionistas abstractos americanos, con el testimonio de manchas y "drippings" por doquier. En algunos casos, los goteos alcanzan alturas insospechadas manifestando una intensa energía y violencia gestual que no se corresponde a la avanzada edad de Miró. Las marcas de pintura en el pavimento de la casa ponen al descubierto una acción gestual que implica literalmente estar dentro de la pintura a través de la actitud física de pintar cuadros de gran formato en el suelo. Las pinturas de nuestra colección corroboran estas apreciaciones: en los años sesenta y setenta, Joan Miró desarrolla una extraordinaria actividad y con espíritu trasgresor revisa y depura su obra.

Miró trabajando en obras de gran formato en el estudio de Son Boter, 1974. © Francesc Català-Roca. Cortesía Martí Català y Andreu Català.

Lejos de acomodarse en los éxitos ya obtenidos, reacciona contra la propia maestría técnica y lucha por introducir nuevas experimentaciones.

En estos momentos se ha concluido un complicado proceso de restauración de los graffiti de Son Boter y queda pendiente lograr una solución definitiva para su futura conservación. Ello ha obligado a cerrar al público estas dependencias durante un tiempo. No obstante, nuestro interés es que el visitante pueda tener acceso de manera controlada a sus interiores ya que representan un testimonio imprescindible para la comprensión del proceso creativo y la personalidad del artista.

En los últimos años de su vida, el artista sintió una seria preocupación por el futuro de su entorno de trabajo de Son Abrines y Son Boter. Una vez más interviene su amigo Sert, aconsejándole crear una fundación abierta a la joven creación y a los especialistas estudiosos de su obra como ya se había hecho en Barcelona. En 1981 se constituyó la "Fundació Pública Municipal Pilar i Joan Miró a Mallorca", cuya finalidad queda definida a través de sus estatutos:

"La Fundación tendrá por objeto el fomento y difusión del conocimiento artístico, facilitando la labor creadora de futuros artistas, en íntima y constante colaboración con todos los sectores ciudadanos, superando los esquemas museísticos habituales con una realidad cardinal, dinámica, que explique vivencialmente la estética del arte contemporáneo."[1]

La fundación debe regirse -según voluntad fundacional, por un Patronato que velará por la interpretación adecuada y el cumplimiento fiel de las finalidades de la institución y se reunirá de manera ordinaria una vez al año. El Patronato designará una Comisión de Gobierno con funciones ejecutivas y de gestión que aseguren la consolidación de un centro cultural, dinámico y didáctico para el pueblo de Mallorca.

Tres años después de la muerte de Joan Miró, su viuda Pilar Juncosa decidió incrementar la donación con unos nuevos terrenos en los que se situaría la sede de la fundación, un edificio en el que se podrían desarrollar los objetivos deseados por el artista, recogidos en la redacción de los estatutos. El proyecto se asignó al arquitecto Rafael Moneo, entonces decano de la Graduate Harvard School of Design –como también lo fue J. Ll. Sert en otros tiempos. Finalmente, en 1992, la fundación alcanzaba su configuración actual al añadir al Taller Sert y a Son Boter, el nuevo edificio diseñado por Rafael Moneo.

Entrada a la Fundació Pilar i Joan Miró a Mallorca

A diferencia de otros museos de arquitecturas contemporáneas más espectaculares, la sede proyectada por Moneo sitúa al espectador en un plano de intimidad frente a la obra expuesta. Al acceder a la planta de las salas de exhibición de la colección permanente y de las exposiciones temporales, los espacios quedan ocultos, no hay una visión global y el visitante se ve obligado a ir descubriendo lentamente, de forma fragmentada, cada nuevo espacio. La arquitectura propicia la intimidad individual del espectador y permite interiorizar el relato implícito que ofrece cada sala. La arquitectura pasa a ser una atmósfera impregnada de silencios que facilita el diálogo visual con las obras.

Al fraguarse la fundación, la presencia del arte contemporáneo era muy incipiente en nuestra ciudad. Es conocida la generosidad que tuvo Joan Miró hacia algunos galeristas mallorquines dedicados a la promoción del arte contemporáneo, en aquellos momentos casi inexistente en la isla. El artista facilitó contactos con grandes creadores amigos suyos e hizo posible la exhibición de su propia obra en la ciudad. En la actualidad, las condiciones han variado enormemente, se han multiplicado los espacios públicos y privados y ha aumentado la sensibilidad hacia las formas artísticas contemporáneas. No obstante, la Fundación sigue siendo imprescindible como pionera en la investigación de nuevos caminos en la estética del arte contemporáneo y facilitando la creación de jóvenes artistas de todo el mundo a través de sus talleres. La Fundación mantiene la obligación de guardar la memoria de Joan Miró en su estado más puro y alimentarla con los vestigios del presente. Y ser por

tanto, un centro de irradiación y estímulo tanto para los mallorquines como para los visitantes foráneos.

Nuestros fondos y su proyección

El fondo de la Fundació Pilar i Joan Miró es una colección monográfica dedicada a un solo autor y centrada, sobre todo, en las últimas décadas de su vida. La colección de pintura, dibujos y escultura de Joan Miró que presentamos en este catálogo reúne unas 1700 obras, a pesar de que nuestro fondo museográfico es todavía mayor. Además de las obras seleccionadas, disponemos de un rico fondo gráfico de Joan Miró y de otras obras que dejan constancia del proceso de realización de la obra gráfica; además de todo un conjunto de objetos relacionados con su universo personal que enriquecen los talleres Sert y Son Boter. También disponemos de un fondo gráfico de otros artistas generado por una década de funcionamiento de nuestros talleres que han acogido a jóvenes creadores internacionales, y ocasionalmente, a artistas consagrados como Wolf Vostell o Peter Philips.

Por otro lado, en la colección figuran obras de otros artistas, la mayor parte procedentes de los homenajes que se organizaron a raíz del 80 y 85 aniversario de Joan Miró. Estas son mayoritariamente, obras de formato pequeño y medio, realizadas en varios soportes, entre los cuales destaca la utilización del papel. Este conjunto formado por unas trescientas obras, recoge las tendencias del arte contemporáneo español de los años 70, además de una pequeña presencia internacional. Destacaríamos las obras de Tàpies, Chillida, Saura,

Clavé, Arrollo, Canogar, Equipo Crónica, Chirino, Feito, Francés, Genovés, Guerrero, Guinovart, Gordillo, Rueda, Millares, Mompó, Muñoz, Ráfols Casamada, Hernández Pijoan, Sempere, Villalba, Arranz Bravo y Bartolozzi.[2]

El archivo documental de la Fundación esta formado por unos 800 documentos de correspondencia y unos 5000 documentos relacionados con la hemeroteca, entre los que destacan los ocho volúmenes de artículos de prensa nacional e internacional sobre Miró publicados entre 1918 y 1958. Asimismo, se conservan fotografías, algunos libros de la biblioteca personal, anotaciones y otros documentos heterogéneos conservados por Miró.

La biblioteca abierta al público en general, está especializada en la figura y obra de Joan Miró. Contiene unos 15.000 documentos entre libros, catálogos de exposiciones mediante intercambio bibliotecario, material audiovisual y revistas nacionales e internacionales.

Las posibilidades de incrementar la colección son muy limitadas debido a los elevados precios de cotización de mercado de la obra de Joan Miró. No obstante, nuestra aspiración es lograr completarla en base a propiciar nuevos depósitos, intercambiar determinadas obras con otras instituciones y en la medida de lo posible, fomentar nuevas adquisiciones que nos ayuden a lograr una mayor coherencia en algunos contenidos.

Los espacios en los que se presenta la colección deben ofrecer al visitante una atmósfera de silencio visual y auditivo que favorezca la intimidad entre obra y receptor, tal y como nos propone la arquitectura. A partir de ahí, nuestro trabajo consiste en complementar este diálogo visual, con la aportación de las herramientas necesarias en cuanto a información y contextualización de la obra presentada, aprovechando si acontece los medios que aportan las nuevas tecnologías, para ofrecer las claves necesarias y lograr una comprensión más profunda por parte del espectador. Nuestra responsabilidad como museo es la de favorecer una relación de calidad con el conocimiento de la obra de Joan Miró.

Como depositarios de este legado estamos obligados a su difusión y a cumplir el papel de intermediarios para reducir distancias en el conocimiento y la comprensión entre obra y público. Aunque Joan Miró se considere una de las figuras capitales del arte contemporáneo, su obra no siempre es debidamente interpretada, y menos aún, la que corresponde al Miró maduro, núcleo principal de la colección.

En este sentido, nos planteamos la exhibición de nuestros fondos a diferentes niveles. Las salas de la colección permanente se adaptan a cambios sucesivos que permiten configurar nuevas lecturas que pretenden acercarse a las sensibilidades del momento. Además, la presentación de la colección se ha visto incrementada por la importante aportación de los nuevos depósitos que la familia Miró nos ha cedido generosamente para su exhibición. Estos nuevos depósitos consisten en once pinturas -entre las que se encuentran obras tan significativas como *Toile brûlée* (1973) o *Cercle rouge étoile* (1965) por citar algunas-; y dos esculturas, como *Maternité* (1973) que preside el pórtico de entrada a la sede; y *Personnage* (1982) que da la bienvenida al visitante.

Periódicamente, nos interesa presentar exposiciones temáticas a partir de nuestros fondos que respondan a una investigación sobre aspectos implícitos en la obra de Miró. Estas exposiciones cumplen una doble función, por un lado la exhibición en nuestra sede para ofrecer lecturas inéditas de la colección; y por otro, la difusión exterior, a modo de préstamo de exposiciones a museos españoles e internacionales. También contemplamos la cesión temporal de una o más obras de nuestros fondos para formar parte de un conjunto más amplio en museos exteriores. O el interés en solicitar en calidad de préstamo obras de otros museos para mejorar cualquier propuesta generada desde la fundación.

Nuestro deseo es el de disponer de dos o tres exposiciones con obra de nuestro fondo para poder ofrecerlas a otros museos. Además, esta posibilidad es muy enriquecedora en cuanto a la investigación de la colección ya que nos permite

Visita didáctica a la colección permanente en el Espai Estrella

estudiar, sistematizar y catalogar los temas elegidos y avanzar en el análisis y conocimiento de las obras.

La Fundación ha presentado a lo largo de su historia –e incluso desde antes de la inauguración de la sede definitiva- exposiciones organizadas a partir de su colección que han viajado a ciudades europeas (París, Roma, Viena, Colonia, Frankfurt, Prato, Milán, Porto, etc.); al Japón en varias ocasiones (Tokio, Kyoto, Fukuoka, Osaka, etc.); a China y Tailandia; a América del Sur (Buenos Aires, Montevideo, Santiago de Chile, Río de Janeiro, Caracas, São Paulo...); y a Estados Unidos (Nueva York, Washington) y Canadá (Toronto); aparte de los lugares repartidos por la geografía española. La relación de exposiciones que presentamos al final del presente catálogo da fe y especifica la extraordinaria difusión de la colección.

La Fundació Pilar i Joan Miró tiene la aspiración de ser referencia imprescindible para facilitar a los estudiosos de la obra de Joan Miró tota la información necesaria a partir de nuestros fondos documentales; y, a su vez, aportar las propias investigaciones desde la misma fundación. El reto es superar las insuficiencias históricas relacionadas con las funciones inherentes a un museo y concluir labores imprescindibles como son el inventario de bienes, la implantación del programa de documentación y gestión museográfica DOMUS o la introducción de nuestro fondo bibliográfico -unos quince mil documentos- en la base de datos correspondiente.

La didáctica

La complejidad del arte contemporáneo requiere una especial dedicación al diseño de líneas de actuación que favo-

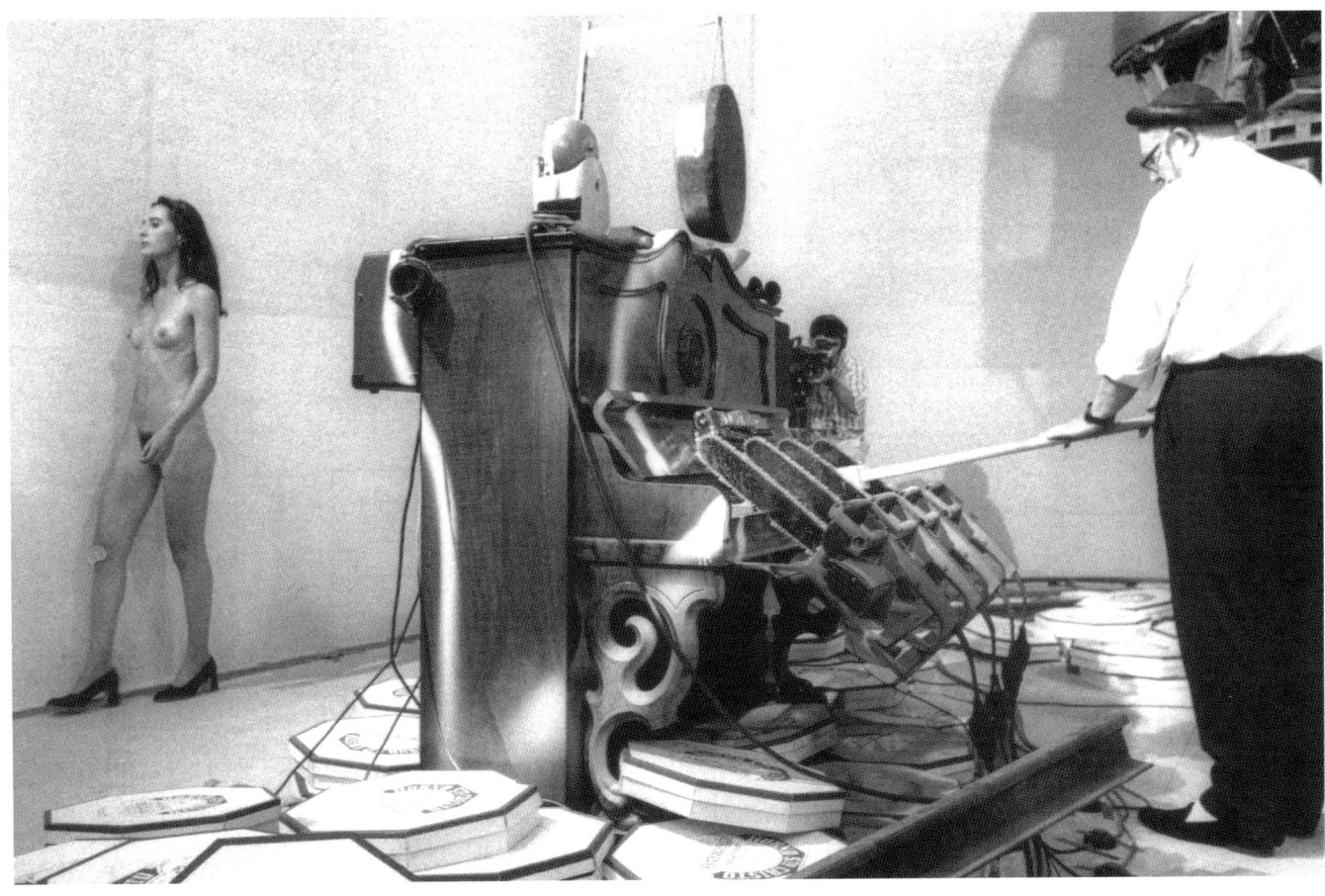

Performance en ocasión de la exposición "'Sara-Jevo' 3 Fluxus Pianos" de Wolf Vostell, realizada en el Espai Cúbic en 1994.

rezcan una aproximación de calidad al hecho artístico. Tradicionalmente, la Fundación ha sido pionera en la investigación de fórmulas pedagógicas para niños, escuelas y familias, que de forma lúdica se han aproximado a la comprensión de las propuestas presentadas. La reciente publicación didáctica "Els dissabtes jugam amb Miró. Compartir art en família a la Fundació Pilar i Joan Miró a Mallorca. 1995-2004"[3] testimonia la riqueza de experiencias de los últimos diez años.

Nuestro interés no es el de ser una simple atracción turística, sino contribuir a la formación de futuros interlocutores en el disfrute y en la reflexión del arte contemporáneo. Es importante no centrarse en fomentar actividades a corto plazo y de resultados espectaculares, sino en líneas de investigación en el campo de la didáctica, la inserción social o la experimentación con nuevos colectivos.

De la misma manera que han proliferado nuevos espacios de arte contemporáneo en nuestro entorno, también se ha multiplicado la oferta de actividades didácticas dirigidas al público infantil. Por tanto, el objetivo de la Fundación -en constante interés en abrir nuevos caminos a la sociedad-, es diseñar experiencias didácticas que alcancen nuevos públicos plurales de jóvenes y adultos para aproximarnos

al tejido cultural y social de la ciudad. No se puede olvidar la voluntad fundacional de constituir un centro didáctico y vital abierto a todos los públicos que genere herramientas para mirar (desafiar) el arte del siglo XXI.

Las exposiciones y las actividades temporales

A partir de la construcción de la nueva sede proyectada por Moneo en 1992, la Fundació Pilar i Joan Miró ha programado más de un centenar de exposiciones temporales. La voluntad es dar a conocer las manifestaciones más variadas del arte contemporáneo, contextualizar la colección en el conjunto del arte del siglo XX y facilitar la labor creadora de jóvenes emergentes. En este sentido, se han organizado exposiciones de artistas coetáneos a Joan Miró que han contribuido a un mejor conocimiento de la época y circunstancias del artista: Picabia, Masson, Picasso, Calder, Esteban Vicente, etc. Otras exposiciones que significaron nuevas lecturas de una historia del arte que presenta tantas historias diferentes: Kosuth, Vostell, Bourgeois, Jasper Johns... También se han exhibido una buena selección de los artistas españoles más consagrados como García Sevilla, Sicilia, Perejaume, Paloma Navares, etc., además de una buena representación de artistas de calidad de la isla. Sin olvidar la

LOUISE BOURGEOIS
Repairs in the sky

presencia de jóvenes artistas internacionales canalizados a través de los talleres, como quedó de manifiesto en la exposición y la publicación del catálogo del X° Aniversario de los Talleres de Obra Gráfica de la Fundación celebrado en 2004.[4]

También nos interesa potenciar la relación entre la colección permanente y las exposiciones temporales. Se trata de tender puentes entre una y otras para evitar que aparezcan como compartimientos estancos y, en cambio, estimular nuevas vías de investigación y avanzar nuevos análisis en los contenidos de la colección. Así, la experiencia reciente de confrontación y de investigación entre los procesos de Joan Miró y Louise Borgeoise ha resultado muy satisfactoria. Se trata de establecer vínculos entre lenguajes diversos para configurar nuevas lecturas inéditas.

Además de las exposiciones temporales, la Fundación organiza un conjunto de actividades que complementan las reflexiones sobre el arte de nuestro tiempo y otros temas de actualidad. Nos referimos a ciclos de conferencias, seminarios, mesas redondas y presentaciones de libros y revistas. La fundación aspira a convertirse en núcleo de reflexión generador de pensamiento que facilite el diálogo y plantee nuevos interrogantes. El arte contemporáneo ha escogido un difícil camino de interpretación de la realidad utilizando, a menudo, vías de compleja lectura en las cuales interviene la ironía, la trasgresión o la vía poética. Nuestro interés se basa en facilitar las claves de interpretación del arte contemporáneo que, en última instancia, no son más que intentos de comprensión del mundo.

Aparte de las actividades de aspecto más reflexivo, la fundación organiza otras programaciones de carácter lúdico,

como conciertos, representaciones de teatro y marionetas, danza, performance y ocasionalmente, desfiles de moda. Además, anualmente rinde homenaje a su fundador en la festividad de San Juan concentrando actividades de diversa índole y reuniendo a un público multitudinario y plural, tal y como al artista le hubiera gustado contemplar.

Los talleres

El deseo de Miró de mantener vivo el espíritu de creatividad y trasgresión más allá de su muerte, se pudo hacer realidad en los talleres de Son Boter. Año tras año, allí se reúnen y trabajan cada verano artistas procedentes de todo el mundo que en este escenario tan privilegiado desarrollan proyectos, trasmiten ideas y comparten experiencias creativas.

La Fundación dispone de talleres de grabado, litografía, serigrafía, fotografía y, recientemente, se ha abierto a las nuevas tecnologías y ha incorporado el trabajo con sistemas de impresión digital. Nuestro interés es acercar el artista a la creación contemporánea aprovechando todos los recursos que la sociedad genera para ayudarlo a encontrar la herramienta que más se adapte a su lenguaje personal. Nuestros talleres han logrado el reconocimiento exterior tal y como lo demuestra la concesión del *IX Premio Nacional de Grabado de la Calcografía Nacional*, en 2001. El objetivo que ha marcado la labor de estos diez años de trabajo continuado ha sido la búsqueda del equilibrio entre la memoria y la innovación, el respeto a las técnicas tradicionales ligado al deseo de contemporaneidad más intenso.

Premios y becas

La Fundación convoca desde 1993, el Premio Especial Pilar Juncosa y Sotheby's y las Becas Pilar Juncosa con la voluntad de impulsar la labor creativa e investigadora de jóvenes estudiosos y artistas, promover nuevas tendencias y propiciar la inmersión en otras culturas.

Haciendo un repaso histórico, el Premio Especial se ha otorgado a once artistas que corresponderían a las convocatorias de 1993 a 2004.

Las Becas Pilar Juncosa responden a diferentes modalidades: la beca de investigación sobre temas relacionados con Miró; las becas para proyectos didácticos; y las de formación, experimentación y creación en los talleres de obra gráfica. Actualmente la fórmula de adjudicación de los premios y becas está en proceso de revisión y reflexión, hecho que implicará una serie de cambios con el objetivo de mejorar su eficacia y difusión.

En definitiva, la génesis de la colección que presentamos en esta publicación es una historia de amor hacia una tierra y responde a la generosidad de un artista y su familia a la sociedad mallorquina. Después de muchos años de espera salen a la luz pública los contenidos de la colección de la Fundación. Hasta el momento el acceso a nuestro fondo era inevitablemente restringido por la imposibilidad de poder mostrarlo de manera completa. Este catálogo proporciona solidez a nuestra institución y la dota de contenido científico al cohesionar las obras alrededor de una investigación y unas valoraciones que nos ayudan a profundizar en el proceso creativo de la etapa de madurez del artista. Además, cumple la importante función de difusión exterior y esperemos que sirva de herramienta para promover nuevas actividades de investigación en el futuro.

Por acabar, querría agradecer a todos los colaboradores que han hecho posible la edición de este libro y, una vez más, a la familia Miró por su apoyo constante a la Fundación. También querría mencionar a los directores que me han precedido, Miquel Servera, Pablo J. Rico y Aurelio Torrente por su contribución en la gestación de este ingente proyecto. Y finalmente, me gustaría destacar el esfuerzo realizado por nuestro Departamento de Colecciones durante estos últimos años por alcanzar la forma final de esta publicación.

Tan sólo me queda invitar a través de esta obra a visitar la Fundació Pilar i Joan Miró a Mallorca, y a experimentar la emoción de seguir las huellas del artista en los talleres de Son Abrines y Son Boter. Y así entre todos podamos hacer realidad la voluntad de Joan Miró de perpetuar el hálito enérgico y transgresor de su creación.

NOTAS

1. *Estatutos de la Fundación Pública Municipal "Pilar i Joan Miró a Mallorca", art. 4º,* Palma, 1980.

2. *Artistes espanyols als anys 70. A la col·lecció de la Fundació Pilar i Joan Miró a Mallorca,* Palma: Fundació Pilar i Joan Miró a Mallorca, 1996.

3. *Els dissabtes jugam amb Miró. Compartir art en Família a la Fundació Pilar i Joan Miró a Mallorca 1995-2004,* Palma: Fundació Pilar i Joan Miró a Mallorca, 2005.

4. *10 Anys. Tallers d'Obra Gràfica. Fundació Pilar i Joan Miró,* Palma: Fundació Pilar i Joan Miró a Mallorca/ Casal Solleric, 2004.

La Fundació
Pilar i Joan Miró a Mallorca

Dolores Miró

"Este lugar es maravilloso, tienes que visitarlo algún día, es muy internacional y, al mismo tiempo, muy aislado del resto del mundo. Estamos a punto de comprar una casa cerca de Palma y un terreno espléndido. Dividiendo mi tiempo entre Palma, París, y algún viaje a Nueva York, será ideal para mi trabajo y mi salud".[1] Mi padre tenía 61 años cuando escribió esta carta a Pierre Matisse, su galerista en Estados Unidos. Necesitaba retirarse, alejarse, protegerse de directores de museos, comisarios, periodistas y coleccionistas para poder trabajar en paz en algún lugar paradisíaco, virgen, lejos de la civilización y de sus reglas de convivencia.

En 1954, Mallorca era un enclave mediterráneo intacto, como *La Côte d'Azur,* donde Pablo Picasso trabaja desde hace años, pero que irradiaba su misma energía, su misma pureza. Sin duda, Miró buscaba en aquel entonces lo mismo que Picasso buscaba en Mougins: Silencio. El silencio necesario y obligatorio que todo anhelo creador exige a su intermediario antes de hacerse latente a través de sus creaciones. Sus exigencias son tales que nada ni nadie puede interrumpir el vínculo entre alma y espacio. El retiro del creador demanda la huida hacia delante para alejarse de todo el parasitismo vinculado a cualquier comportamiento tendencioso que pueda turbar la paz del artista.

Recuerdo que mi padre dudó entre adquirir una finca cercana al actual Hospital de Son Dureta, guiado por los consejos más prácticos de mi madre, para estar más cerca de Palma. No olvidemos que en aquel entonces, instalarse en Cala Mayor representaba un considerable alejamiento del núcleo urbano, ya que la calle Joan de Saridakis no era más que un estrecho y bacheado camino lleno de barro en invierno y polvo en verano por donde subía cada día un señor llamado "En Bolleta" con su carro tirado por un burro para traernos las ensaimadas, el pan y la leche. La Mallorca feudal que yo conocí con mis padres, anterior a la rápida evolución del turismo, era una auténtica maravilla. Cala Mayor era un barrio parecido al bosque que rodea el Castell de Bellver aunque, en vez de pinos, crecían almendros y algarrobos. El proyecto de la casa donde residían mis padres, "Son Abrines", fue confiado al arquitecto Enrique Juncosa, hermano de mi madre. Una vez finalizada, mis padres hicieron el traslado definitivo desde Barcelona, aunque carecíamos de comodidades tan corrientes como teléfono y coche. Los atardeceres eran tan espectaculares que Camilo José Cela los homenajeó en esta tierna dedicatoria: "Querido Joan Miró, Pascual Duarte también sintió la llamada de la tierra, la inexorable y fatal llamada de la tierra. Pero su tierra era bronca, Miró, y su llamada, ensangrentada y amarga. Le ruego que sepa disculparlo. Todos nos debemos a algo: La delicada florecilla de la albahaca no tiene más poesía que un pinchazo dado con el fiero hierro del odio. O del estupor. ¿Se acuerda de aquél cuadro que apuñalé en su presencia? Su herida -aquella herida que, casi con mimo, le produje- cerró los chorros de la sangre de mi decepción. Es todo bien sencillo, como verá. La luna color naranja que flota, algunos atardeceres, sobre los montes que quedan por encima de su casa, no es más cierta y verdadera. Le abraza su admirador y amigo, Camilo José Cela."[2]

Pero alrededor de 1965, aún en pleno Franquismo y sin ninguna ley urbanística o Plan de Ordenación Territorial, empezaron a aparecer unos terribles edificios fruto de la avaricia y la mezquindad de promotores sin escrúpulos. "Son como demonios que emergen de la tierra", repetía mi padre sin parar. No daba crédito a sus ojos. Delante de la verja de su casa, se erigía un espantoso edificio, mientras unos metros más abajo se construían otros del mismo talante. Mi padre, de natural taciturno y pesimista, lo daba todo por perdido y, una tarde, después de comer, nos propuso a mi madre y a mí la posibilidad de irnos a vivir a otro lugar. Tras una semana de reflexión, lo único que le retuvo fue el hecho de verse obligado a abandonar el Taller Sert, ya que le dolía en el alma irse de Mallorca dejando atrás ese único y magnífico edificio. Cabe recordar que Josep Lluís Sert nos mencionó estupefacto, en reiteradas ocasiones, lo afectado que estaba al ver esos horribles edificios. "Utilizan unos materiales de tan mala calidad, y están tan mal construidos que no sobrevivirán al paso del tiempo", nos comentaba indignado y entristecido. Si aún siguiese con vida constataría que no se equivocó, ya que varios de los edificios que rodean la *Fundació Pilar i Joan Miró a Mallorca* tienen un aspecto lamentable, casi amenazando ruina.

Sin embargo, gracias a la generosidad de mis padres y de la familia, la *Fundació Pilar i Joan Miró a Mallorca* es una realidad que debe ser un motivo de orgullo para todos los mallorquines. Parece un Oasis de belleza y paz en un desierto acaparado y conquistado por la fealdad. Su naturaleza discreta, perfectamente yuxtapuesta a los algarrobos y buganvillas del jardín, nos recuerda tímidamente la belleza de los jardines mediterráneos y su austera unión con la climatología de la región. En mi opinión, el patrimonio arquitectónico formado por el estudio Sert, Son Boter y el edificio Moneo son espectaculares por su antagonismo y su singularidad.

En 1956 se acabaron el estudio Sert y la casa de mis padres, permitiéndoles realizar definitivamente el traslado desde Barcelona. Durante las obras, mi padre le comentó a Sert: "He revisado detalladamente los planos del estudio sobre el terreno y me parece muy bien resuelto. Estoy deseando poder trabajar en él muy pronto. El hecho de poder observar mis cuadros desde el balcón interior me parece fantástico. Al analizar los planos, no pude determinar si desde el balcón también podría ver los cuadros depositados en el almacén. Si es así, sabiendo que varios cuadros se mantendrán en ese espacio, y que preferiría no verlos, así como los diferentes bastidores y otros materiales que también planeo almacenar ahí, ¿No te parece que

sería preferible diseñar esa parte del estudio de manera que no la viese mientras concentro mi visión en la sala grande del estudio?"[3] La concentración que mi padre llegaba a alcanzar cuando trabajaba en el taller Sert era tal que la disposición del balcón interior, las escaleras y la luz indirecta proveniente de los ventanales superiores eran de extrema importancia. Hoy, al visitar el estudio, aún podemos respirar la tranquilidad y la sensación de atemporalidad que nos transporta a la época, no tan lejana, en que el artista deambulaba en ese espacio, dándonos la sensación de que podría aparecer en cualquier momento. El valor arquitectónico de este taller es incalculable. Es el único edificio proyectado por Sert en Mallorca. Imagínense el shock que causaba a los vecinos de Cala Mayor el contraste de una ligera construcción blanca, coronada por alas de gaviota y con puertas y ventanales de distintos colores. Todo el mundo estaba estupefacto ante el vanguardismo de tal diseño. Sert era un genio muy avanzado a su tiempo, y el taller que mis padres regalaron a los mallorquines lo demuestra.

En 1959, gracias al premio Guggenheim, mi padre adquirió Son Boter, un casón mallorquín construido en 1650, donde pudo instalar con relativa facilidad los grandes trípticos que realizó durante los años 70, así como infinidad de objetos que posteriormente utilizó en la realización de esculturas. También la prensa de grabado que instaló en las caballerizas le resolvió el problema del desplazamiento constante al taller de Dutrou en París, o al de Barbarà en Barcelona, haciendo que fuesen sus colaboradores quienes asistían a mi padre en dicho taller. Cientos de grabados fueron creados y estampados en Son Boter. Era un espectáculo magnífico verlo rasgar la plancha de cobre con una navaja albaceteña, dejar que los perros pisoteasen dichas planchas, o asistir a la mordedura del ácido hasta casi agujerear la superficie de dicho metal. En el interior de este magnífico edificio fue creado el tríptico titulado *L'Espoir du condamné à mort* en 1974 (Fundació Miró, Barcelona), rindiendo homenaje al joven militante catalán Puig Antich, ejecutado por Franco con el procedimiento del garrote vil. La frustración, la angustia y la desesperación que mi padre padeció durante esas largas semanas están latentes en la metafórica transfusión de sangre que aún consta en las paredes interiores de este edificio de la *Fundació Pilar i Joan Miró a Mallorca*, donde se hace palpable el chorreo negro de pintura sobre la pulcra superficie blanca. Mi padre se entregó totalmente a su arte. Era su vida. Y tenemos la suerte de sumergirnos en su atmósfera al visitar Son Boter. Sólo deseo de todo corazón que sepamos entender el valor artístico del patrimonio que nos rega-

Joan Miró con su hija Dolores, Tarragona, España, 1948.
© 1960 by Irving Penn.
Cortesía *Vogue*.

for Dolores Miró, with pleasant memories of Montroig hospitality, Irving Penn 1948

ló. No puedo acabar este párrafo sin comentar la importancia de los graffiti. La mayoría de ellos estaban relacionados con futuras esculturas a realizar en las fundiciones Clémenti o Susse en París, Bonvicini en Verona, o Parellada en Barcelona. Además de los grafismos, se pueden observar inscripciones en francés, su lengua de trabajo, como *Objet dans le calme*, o incluso el pájaro que sirve como imagen distintiva de la *Fundació*. Tras una reciente restauración, el público podrá visitar el interior del estudio.

El edificio Moneo nació de la necesidad expositiva de la enorme colección de cuadros, dibujos, esculturas, cerámicas, grabados y litografías que mis padres donaron a la ciudad de Palma. Por supuesto, la familia no puso ningún reparo al hacer donación al Ayuntamiento de Palma del campo de almendros donde fue posteriormente construido el edificio Moneo. Rafael Moneo, discípulo de Josep Lluís Sert en Harvard y conocedor de la imperiosa sobriedad y elegancia de mi padre en lo que a conceptos arquitectónicos se refiere, diseñó un edificio que, según me comentó: "Rinde homenaje a la obra de tu padre al formar, visto desde el cielo, una simbiosis entre la línea del horizonte y la estrella del firmamento, como símbolos universales del navegante. También, el edificio estrella, con sus vértices tan afilados, planta cara al horror de los edificios que nos rodean, defendiendo a capa y espada la belleza que guarda en sus entrañas". Grandilocuente raciocinio y homenaje a mi padre que, desafortunadamente, nunca pudo verlo

acabado, ya que murió en 1983, y la *Fundació* se inauguró en 1992. Para no lastrar las arcas municipales, actuando con gran convencimiento de sus ideales humanistas y democráticos, subastamos, con la colaboración de Sotheby's, 42 obras en el Hotel Ritz de Madrid. Era el año 1986, y aunque el dinero recaudado fue una gran ayuda para contribuir a la construcción de dicho edificio, el consistorio del alcalde socialista, Ramón Aguiló, aportó el capital necesario para acabar las obras.

El resultado es espectacular. El edificio Moneo tiene esa maravillosa lámina de agua en la parte superior que refleja el cielo y crea una sorprendente continuidad con la mar. La sala estrella es sobria y mesurada, sin ningún elemento más, ni ningún elemento menos; sólo lo justo e imprescindible. Pocos son los museos que estén formados por este maravilloso marco arquitectónico, en los que podamos visitar, no uno, sino dos talleres del artista. El taller de Monet en Giverny es un claro ejemplo en el que disfrutamos de una simbiosis entre el taller y los jardines con una vegetación que plasmó incansablemente en sus lienzos. También está el estudio de Paul Cézanne en Aix-en-Provence, donde podemos observar el cupido, la calavera, los jarrones y, como no, el Monte Saint-Victoire que "construyó" con diferentes tonalidades cromáticas en sus telas. Gustave Moreau también nos dejó la posibilidad de visitar su estudio en París. Los talleres de Brancussi y Bacon no son precisamente lo mismo ya que han sido descontextua-

lizados e instalados, el primero, en frente del centro Pompidou de París, y el segundo en Dublín. Extraordinario es el estudio de Dalí en Port Lligat, donde podemos observar la magia surrealista del artista catalán. Y Picasso, aunque tiene un Museo en París, otro en Barcelona, y el último recientemente inaugurado en Málaga, no nos pudo dejar un taller intacto, ya que ninguno de los muchos que tuvo está abierto al público.

La Fundación Maeght de Saint-Paul-de-Vence abrió sus puertas en 1964, la Fundación Miró de Barcelona en 1976, y la *Fundació Pilar i Joan Miró a Mallorca* en 1992. Mi padre me comentó repetidamente su deseo de establecer un triángulo entre estas tres instituciones culturales, mate-

rializado en una constante colaboración reflejada en la elaboración conjunta de exposiciones, actuaciones teatrales, conciertos de música clásica, de Jazz o contemporánea, y el sinfín de colaboraciones resultantes de la constante efervescencia imaginativa de sus directores. La *Fundació* de Palma tiene un gran peso en este proyecto ya que es la única que tiene en funcionamiento cursos de grabado, litografía y cerámica en los talleres donde trabajaba mi padre. Estoy segura de que muchos artistas están deseando trabajar en ellos y pueden ser utilizados como trampolín para divulgar las infraestructuras de que dispone la *Fundació*.

Este catálogo completo de la colección de la Fundació muestra la riqueza artística del conjunto. Empezando por

los cuadros, podemos ver que, aunque existe un gran
número de óleos, muchos están trabajados con pintura
acrílica. Mi padre, durante la última década de su vida, trabajaba con más vehemencia, con más violencia y, claro
está, con un acentuado frenesí destructor. Los cuadros de
la *Fundació* son ejemplos del ímpetu devastador de una
energía explosiva, incluso distante y lejana, a la del Miró
más conocido. Cierto es que muchas de estas telas no
están acabadas, al no estar ni firmadas, ni fechadas y, además, carecen de título. Aprovecho esta ocasión para recal-
car, una vez más, que es incorrecto llamar este conjunto de
lienzos los "Miró de Miró", como si fuesen sus obras predi-
lectas, sus lienzos preferidos, o los más característicos.
Nada más lejano a la realidad. Estas obras son importantes, precisamente, por su singularidad. Nos muestran el
proceso de creación de Joan Miró. Muestran el pistoletazo
de salida, el primer golpe, el primer shock, la primera transfusión sanguínea, el cordón umbilical que las unía al artista
para ir sacándole, progresivamente, su energía vital. Pocas
veces, y en pocos estudios, y en pocas Fundaciones
podremos disfrutar de dicho patrimonio. Mi padre trabajaba en trance, copado por un sinfín de sensaciones prove-
nientes de un frenesí creador. Erupciones volcánicas y aba-
nicos de tonalidades puras inundan nuestras retinas al
mismo tiempo que homenajea a su maestro Modest Urgell,
y expulsa de su interior, a través de una catarsis, los fan-
tasmas de la muerte que ya huele cercana. La *Fundació*
dispone de este legado, diferente al de la *Fundació Miró* de

Barcelona, mucho más característico y homogéneo, pero
con una fuerza intrínseca incomparable.

En cuanto a la colección de esculturas de bronce, la
Fundació dispone de un enorme repertorio de obras prove-
nientes de la fundición Parellada. Son de la misma época
que los lienzos, lo que favorece la progresión analítica del ojo
del visitante, al poder disfrutar de las similitudes entre pintura y escultura. Más que de "esculturas", podemos hablar de
"ensamblajes", obras realizadas con una hermandad espiritual al "objet trouvé" vaticinado por Duchamp. De las invero-
símiles construcciones de los años 30, se pasa a una atrevi-
da apología de lo pobre, de lo olvidado, de lo desechado
para elevarlo al máximo nivel, "congelándolo" para siempre
bajo la irregular pátina verde del bronce, como si se tratase
de una reliquia griega, etrusca o romana encontrada en un
pecio. Ese era el deseo de mi padre, según me comentó,
para dejar un referente de la singularidad de los objetos utilizados en sus construcciones, manteniendo el continente
pero aportando un contenido simbólico y metafórico paralelo a sus elucubraciones poéticas.

Las cerámicas de la *Fundació* son muy importantes.
Empezando por los murales de Artigas y Carrió, que
aportan una ejemplar frescura al cemento del edificio
Moneo, pasamos a la monumental cerámica del jardín,
cuyos segmentos de cerámica fueron realizados en
Gallifa y los de bronce en la Fundición Parellada. *Femme*

et Oiseau, cerámica realizada por Miró y Artigas en 1962, es una obvia simbiosis del pene y la vagina, como elementos indispensables para la creación y la continuidad de la vida. El sutil descaro de mi padre, disimulado bajo el ala de los alegres esmaltes que utilizaba, aportan un tremendo abanico de posibilidades a esta maravillosa pieza cocida durante dos días, a 1250° centígrados en el horno de leña de Artigas en Gallifa. Hans Spinner, ceramista alemán instalado en Grasse creó, en 1981, once cerámicas con mi padre en el taller de cerámica del Mas Bernard, junto a la Fondation Maeght. Los rasguños y profundas heridas, aún abiertas, que los dedos Miró dejaron en la tierra utilizada connotan la tensión, la fuerza, la violencia e, incluso, la rabia liberada en el instante creador. Sin duda, las cerámicas de la Fundació son relevantes y aportan una gran variedad al conjunto.

La extensa colección de dibujos ilustrados en este catálogo resalta, una vez más, la importancia de este único repertorio. La *Fundació Pilar i Joan Miró* tiene un relevante conjunto de la obra sobre papel del último Miró. Sobresaliente es la obra de tablones de madera clavados sobre un papel de lija amarillo. Asombrosa. Recuerdo haberla visto en el taller Sert cuando la realizaba. Mi padre era parco en palabras y no le gustaba dar explicaciones. Sin embargo, durante las visitas al taller Sert, disfrutaba a menudo de la tremenda variedad de su obra sobre cartones, cartulinas, páginas de periódicos, hojas arrancadas del calendario de la cocina, papel de lija, envoltorios del jamón dulce y cartas que recibía de diferentes corresponsales. Recuerdo que en el patio trasero del taller Sert, dejó expuestos a la intemperie y a las adversas condiciones climatológicas una serie de cartones para que el calor del día, la humedad de la noche, el agua de la lluvia y los rayos del sol los maltratasen antes de ser trasladados al interior del estudio para que las irregularidades y las manchas empezasen a evocarle diferentes formas.

Sin duda, la *Fundació Pilar i Joan Miró* es rica por el relevante conjunto arquitectónico que ostenta, así como por su colección permanente. Esta publicación es fundamental para entender, comprender y valorar su importancia dentro de la evolución artística de mi padre. Las obras de su colección son capitales para dejar una prueba latente de la importancia que tuvieron los 27 últimos años de su vida en Mallorca. Se instaló definitivamente en Son Abrines a los 63 años, permaneciendo en la misma residencia hasta que falleció a los 90 años. Fueron 27 años de enorme creatividad que, afortunada-

Vista panorámica del taller
diseñado por Sert, c. 1960.
© Joaquim Gomis. Cortesía
Odette Gomis.

Joan Miró en el taller
diseñado por Sert en el
transcurso de la entrevista
de Roland Penrose para la
BBC, 1978.
© Robin Lough. Cortesía
Successió Miró.

mente, hoy podemos disfrutar en dicha institución. Mi madre, Pilar Juncosa, escribió el siguiente texto para el catálogo de la subasta realizada en 1986, para financiar la construcción del edificio Moneo. Mantengámoslo fresco en nuestra memoria y no olvidemos nunca lo que hicieron por nosotros: "Es mi deseo que esta donación cree la infraestructura indispensable para que puedan cumplirse los objetivos señalados con mi esposo en la Escritura de Constitución de la *Fundació* así como, ver-

balmente, en diversas ocasiones: crear un centro dinámico de irradiación cultural, que cierre el triángulo "constituido con las otras dos fundaciones de Barcelona y Saint-Paul-de-Vence. Un lugar asimismo donde se pueda observar y estudiar la obra de Joan Miró y su desarrollo. Donde, en los talleres de Son Boter y en el diseñado por el arquitecto Josep Lluís Sert, se pueda respirar la 'atmósfera Miró'".

NOTAS

1. Carta de Joan Miró a Pierre Matisse. 17 Abril 1954. Anne Umland. Cronología para la exposición "Joan Miró" en el Museo de Arte Moderno de Nueva York, 1993.

2. Dedicatoria de Camilo José Cela a Joan Miró. Enero de 1958. Palma de Mallorca. Realizada en la novela *La Familia de Pascual Duarte*, Barcelona: Ediciones Destino, S.L., 1955. Biblioteca de Joan Miró, archivos de la Successió Miró, Palma de Mallorca.

3. Carta de Joan Miró a Josep Lluís Sert. 27 Octubre 1954. Anne Umland. Cronología para la exposición "Joan Miró" en el Museo de Arte Moderno de Nueva York, 1993.

Miró en el taller

Georges Raillard

En el taller construido por su amigo Sert, al pie de la escalera empinada que conduce al centro del buque, Miró retomaba el libro de poesía que había escogido. Cada día, justo antes de ponerse a trabajar, leía poesía: consignas en la entrada del edificio cegado al paisaje.

Edificio de silencio. Ese aficionado a la música, abierto a Varese, Cage, seducido por Stockhausen, "se recargará" de música en otra parte. Antes solía acudir a la Catedral de Palma, donde Gaudí había dejado sus huellas, para escuchar música. Pero en el trabajo no se identificaba con la *Danseuse entendant jouer de l'orgue dans une cathédrale gothique*, pintada en 1945. Miró empleaba, en silencio, su energía vital y su inteligencia de la realidad para dar forma y color a su sueño de renovar el mundo.

"Cambiar la vida" escribía Rimbaud. Miró se hace eco de las palabras del poeta francés (1854-1881) que tanto le gustaba: para cambiar la vida, es preciso "cambiar la vista". Las palabras "vida" y "vista" juegan entre sí. Del mismo modo se retuerce el hilo suspendido con el que están jugando dos gatos en el *Carnaval d'Arlequin* (1925), cuadro creado simultáneamente por los sueños y por las alucinaciones provocadas por el hambre que padecía aquel joven artista que lo recuerda. Situado cerca de la firma, un ojo es a la vez espectador y actor en un mundo enigmático en el que, como pasa en el Carnaval, las funciones, los valores estancados de una sociedad supuestamente seria, los papeles se han invertido para dejar sitio al teatro de la burla y de la alegría. Se ve todo con otro ojo.

Las obras de Miró apuntan primero a nuestra mirada. Siembran desconcierto. Antes de hacernos soñar con armonía. Diálogo de ojos. El signo básico del lenguaje de Miró es el ojo. Desde las obras iniciales hasta los últimos dibujos de Palma, multitud de ojos. Clavados sobre nosotros. Dibujados, pintados, redondos, rasgados, con forma de araña, proliferando, incrementándose de forma amenazante, metamorfoseándose, gobernando las figuras, convirtiéndose en las luces de cada composición.

Su propia mirada en el *Autoportrait* de 1919 refleja todas esas posibilidades. De la mirada de Joan Miró, de color azul intenso, se desprendía bondad. Pero aquel azul se oscurecía si estaban en juego los principios básicos, y sobre todo aquello que más le importaba: la libertad del espíritu. Y una tercera mirada, su mirada creadora. No se veía directamente, se percibía su reflejo en las obras. Aquella mirada era capaz de escarbar el espacio entre las cosas, hacerlo visible, detenerse en el menor objeto, establecer redes entre las realidades visibles e invisibles con el objeto de que se volvieran "novedosas" tal como lo deseaban los poetas Baudelaire y Rimbaud.

Con otro *Autoportrait* hizo un *Art poétique*. Tiene dos fechas: 1937 y 1960. En 1937, la guerra civil causa estragos en España. Miró pinta una gran composición mural, *El Segador*, hoy desaparecida, para el pabellón de la República Española en la Exposición Internacional de París. También realiza un proyecto de cartel en el que, bajo el llamamiento de un miliciano, se puede leer la siguiente declaración política caligrafiada por Miró: "En la lucha actual, veo del lado fascista las fuerzas obsoletas, y del otro lado, el pueblo cuyos inmensos recursos creadores darán a España un impulso que asombrará al mundo".

Aquel año, Miró crea una población monstruosa de personajes con dientes afilados, cuerpos hinchados. Pero al mismo tiempo hace un autorretrato opuesto a este mundo de violencia: con traje y corbata ajustados. Un dibujo exacto, con detalles precisos. Pero en los ojos del retrato ha sembrado un sol, una estrella. Él mismo se convierte en "portador de fuego" en aquellas tinieblas.

En 1960, en este dibujo repetido de 1937, Miró plasma en el retrato mediante gruesos trazos negros las líneas de fuerza con las que construye su lenguaje: dos círculos marcan los ojos, dos curvas el cuerpo. Un mundo que ha de dibujarse constantemente.

Casi mitológico, enigmático, mediador de los reinos vegetal, animal, terrestre, cósmico, un ojo domina *Terre labourée* (1923). Sobresale del follaje de un algarrobo, árbol que Miró identifica con su propio arraigo. El ojo brilla en *Paysage catalan* (1923-24). En *La Famille* (1924) un ojo, dispuesto en una ventana, se recrea en la escena. Aparece en consonancia con un sexo femenino en germinación. El crecimiento siempre es amenazador, decía Miró. Una cabeza tiene cinco ojos, ante la amenaza o el desconcierto en *Étoile matinale.* Fue un regalo de Miró a su esposa; aquel gouache es una de las 23 *Constellations* pintadas entre 1940 y 1941, en Varengeville, más tarde en Palma y en Montroig, después de que Alemania invadiera Francia. Los ojos captan la violencia. Y la exhiben. Envuelven al espectador en el desorden del mundo. En 1934, un *Homme* es una confusión de formas y colores.

También los ojos son portadores de clarividencia en las tinieblas. El título *Personnages dans la nuit* insiste en ello. "Los ojos están por todas partes", me decía Miró, a partir de los frescos románicos de Montjuic que representan cuerpos cubiertos de ojos, como aquel de la visión de Ezéchiel. Y añadía: "El mundo entero le está mirando a uno. Por todas partes hay ojos. Para mí todo está vivo: este árbol tiene tanta vida como esos animales, tiene un alma, un espíritu, no es un tronco y hojas".

Incluso esos cuerpos sembrados de ojos resultan ambiguos: *Femme, Oiseau, Etoile* o *Femme devant le soleil*, dibujados en 1942, exhiben esos cuerpos sin nombre posible. Los ojos vagan. Se encuentran con sexos femeninos.

Al nacer captan los signos cuya fecundidad es el resultado de una sensualidad dispersa, en movimiento. Miró denominaba "coito" a este movimiento de encuentro entre realidades distintas.

La obra resulta de un intercambio entre el ojo vivo del mundo y nuestra mirada que se ha vuelto viva debido a esta vida del mundo, comúnmente invisible, a la que el artista nos hace estar atentos. Ocurre este intercambio cuando la pintura no se limita a la sumisión a la mirada convencional de las cosas, al "buen gusto", a las reglas por las que se rigen los comportamientos, se ejercen los compromisos sociales y políticos, se organiza por los poderes la desidia de los hombres. Miró reclamaba para todos el derecho a la desmesura. Lo ejerció en toda su obra.

Se apropiaba de las palabras utilizadas por André Breton en 1928 en *Le Surréalisme et la Peinture*: "El ojo existe en el estado salvaje". En 1934, Miró titula unos pasteles "pinturas salvajes". Ha fijado personajes en un lugar donde se confunden crecimiento y degeneración, turgencia, estallidos asesinos y carcajadas paralizadas. Todo ello combinado, mezclado. Su compatriota, J.V. Foix, hablando como un poeta, decía de su amigo: "Miró hauria d'esser 'el gran métec'".

Una serie de figuras de los años 34-35 aparecen atormentadas por el sarcasmo y la descomposición. Algunas veces se dijo que reflejaban la amenaza que pesaba sobre el mundo en aquella época. Quizás. Pero nunca se puede reducir una obra de Miró a una respuesta artística a una situación política. Aquellas figuras proceden "de otra parte", "de allí", "de lo desconocido", que el artista explora. Miró simpatiza con Rimbaud, está en simbiosis con él. Se apropia de las palabras de la famosa "Carta del Vidente: "Digo que uno tiene que ser 'vidente', hacerse 'vidente'. El poeta llega a ser vidente mediante un 'desarreglo' largo, inmenso y razonado de "todos los sentidos". Todas las formas de amor, de sufrimiento, de locura; se busca a sí mismo, agota en sí todos los venenos para quedarse tan sólo con la quintaesencia. (…) Por lo tanto el poeta es un auténtico ladrón de fuego. Se hace cargo de la humanidad, incluso de 'los animales': tendrá que hacer sentir, palpar, escuchar sus creaciones; si lo que trae de 'allá' tiene forma, da forma; si es informe, da lo informe. Encontrar una lengua".

El encuentro de Miró con el mundo es material, corporal. En el taller, para explicarme "Mujer" y "Pájaro", dos palabras básicas de su lenguaje, hacía con el brazo dos movi-

L'Etoile matinale, 16 marzo 1940. Colección Fundació Joan Miró, Barcelona.

Femme, Oiseau, Etoiles, 1942. Cortesía Successió Miró.

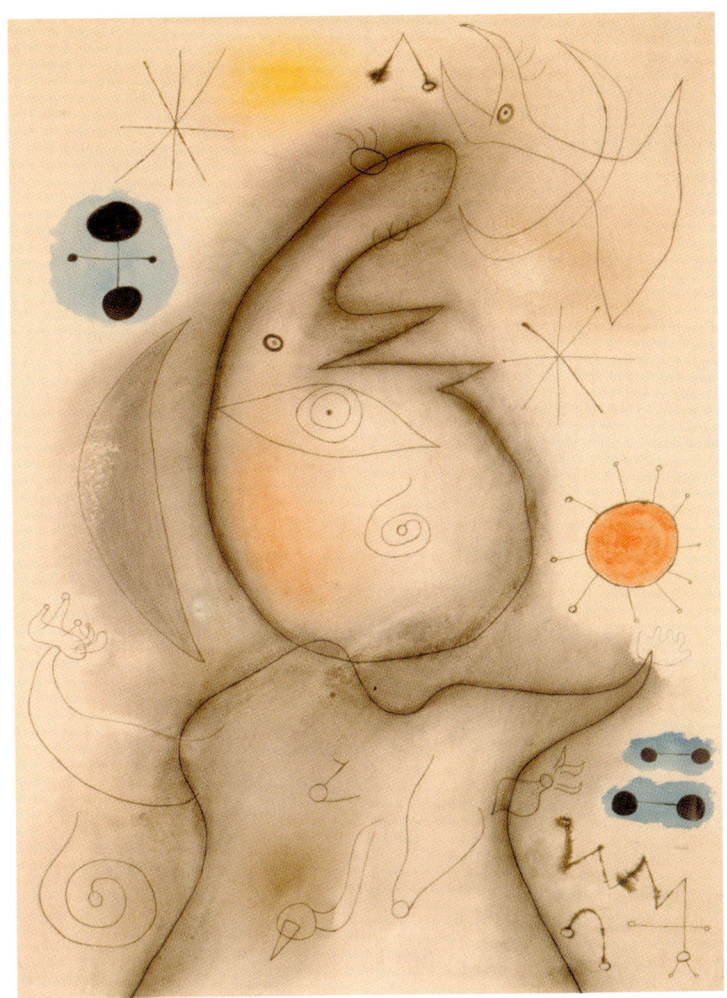

Femme devant le soleil, 1942.
Cortesía Successió Miró.

mientos en el espacio: éste, 'pájaro'!, ése, 'mujer'! El cuerpo sabía distinguirlos. También en el taller para que yo pudiera captar el movimiento de un gran cuadro, se colocaba detrás de mí, me cogía de la mano y guiaba ésta a lo largo de las figuras de tal manera que siguiera el camino y así sintiera su vida.

Aquí, en Son Abrines, me repitió unas palabras de Picasso: "Me dijo un día: 'la creación pura, es un pequeño 'graffiti', un pequeño gesto sobre la pared. Esa es la verdadera creación'. Por eso es muy importante para mí la primera etapa. Es el nacimiento lo que me interesa". En 1925, titula un gran cuadro *La Naissance du monde*.

A veces ostenta su papel de mediador: las letras de su nombre articulan el conjunto de *Paysage* (*La Sauterelle*, 1926), donde una "escalera de la evasión" actúa como enlace entre las cosas de la tierra y las redes estelares. Al poner su firma hacía todo menos avalar la autenticidad de una obra: "Mi firma siempre es un grafismo. Abre una comunicación y es un elemento plástico de esa comunicación. Un grafismo, las letras de mi nombre, y el acento sobre la 'ó', hace 'clac' y se relaciona con todo lo demás. Es un pájaro, un cohete, una curva, zac! que sube. Y la firma se adapta a la tela. Aquí es como una pequeña araña en una esquina". En *Pomme de terre* (1928) el monograma M̲ ocupa toda la mano-paleta de un personaje creado por la germinación.

Rimbaud atribuía colores a las vocales, el propio Miró observa las palabras, las maneja. André Breton, en 1928, decía: "Supongo que Miró no me llevará la contraria cuando afirmo que tiene otras preocupaciones que proporcionar placer gratuito del espíritu o de los ojos a cualquiera. "Se puede decir todo con el arco iris de las frases": "suscribir, tal como pienso que debo hacerlo, esa máxima de Xavier Forneret, no es pararse en la contemplación del arco iris, es ir más allá, es instruirse con lo que Miró nos dice".

Los poetas le enseñan la vía, o le acompañan. Tristan Tzara, René Char, Paul Eluard, Joan Brossa, Jacques Dupin... han compartido su camino con Miró. Tanto para el poeta como para el pintor la obra es abertura. "Werk ist Weg", escribía Paul Klee, a quien Miró admiraba.

Con figuras, y a veces con palabras, Miró expresa cuál es su camino. Esta simbiosis entre ambos lenguajes se pone de manifiesto de forma más fructuosa en la serie de las *Constellations*. Más de un cuarto de siglo después de haber sido pintadas, fueron recopiladas en un libro en el

que, frente a las reproducciones al "pochoir", aparece el título escogido por Miró. Y bajo esos títulos, el poeta André Breton escribió "prosas paralelas".

De ese modo la tercera *Constellation* reúne a personajes de pesadilla, llenos de ojos, de dientes, estirándose, en proceso de migración de sexos, los siguen y los subrayan una sucesión de puntos. Miró escribe frente a lo que ha pintado: "Personajes guiados de noche por las huellas fosforescentes de los caracoles". Y Breton responde a la vez a la pintura y al texto del título: "Muy pocos son los que han necesitado semejante ayuda a la luz del día, -aquella luz del día con la que el común de los mortales pretende ver con claridad. Se llaman Gérard (Nerval), Xavier (Forneret), Arthur (Rimbaud)..., los que supieron que con respecto a lo que había que alcanzar, los caminos marcados, tan orgullosos de sus postes indicadores, sin dejar nada que desear en relación al apoyo muy tangible del pie, aquellos caminos no conducen a ninguna parte".

Miró explora múltiples terrenos en la noche. Podemos comprobar esa diversidad con la ayuda de las únicas obras que Breton tuvo cerca en uno u otro momento. Fue *Carnaval d'Arlequin*, *Terre labourée*, *Piège*, *L'Homme à la pipe*, *Tête*. Y también "construcciones" radicales: *Danseuse espagnole* (1928), collage-objeto hecho con una pequeña pluma prendida a un alfiler de sombrero, la pareja *Homme et femme*, pequeño panel de madera con una cadena a juego (1931). Y *L'Objet du couchant* (1937), tallado en un tronco de algarrobo pintado en bermellón, con un ojo azul, exhibiendo en su cicatriz un sexo-araña negro. En el tronco relacionado con la fecundidad de su tierra natal y marcado por señales de vida, Miró ha clavado un hierro desechado y unas esposas. La composición no se lee igual que un texto: la sintaxis de los objetos y de los signos no forma una frase con sentido unívoco. No espera una lectura. Produce una conmoción.

Causar un impacto siempre fue la ambición y la preocupación de Miró. Al espectador le toca sentirlo. Es así como llegará a la obra; el que mira se convierte en actor. Con eso cumplía con la invitación de su amigo Marcel Duchamp, el artista por el que más admiración sentía: "Me gustaban mucho sus juegos de palabras", me decía.

También encontraba en la poética de Duchamp, igual que en la de Rimbaud, un cuestionamiento de los significados consolidados. En una figura, ojo y sexo existen juntos. La violencia y el humor surgen al mismo tiempo. Lo vemos en los *Ubus* que Miró dibuja en varias ocasiones. Ubu, tirano despiadado, y hombre ridículo, ambos procedentes de *Ubu-rey* de Alfred Jarry. Ubu, henchido de orgullo, se pavoneaba con la madre Ubu en las Baleares (1971).

Pero durante los mismos años, duros años, pinta *L'Espoir du condamné à mort* (1974), tríptico donde una línea curva tiene tres interrupciones y cada vez va acompañada de una mancha de color puro, rojo, azul, amarillo. Miró acababa de pintar esa tela cuando me entrevisté con él en Palma, entrevistas a las que me he referido. Me explicó cómo tuvo la revelación de que había representado, sin conocerlos todavía, el suplicio y la muerte del joven militante catalán Salvador Puig Antich.

Tanto para el pintor como para el poeta las palabras nunca son sencillas. Miró escribe "Jeux poétiques". Dibuja-escribe "Le chien aboyant à la lune réveille le coq".

Cómo decir mejor que nunca controlamos la trayectoria de los signos: apuntamos a la luna y alcanzamos al gallo.

El poeta y el artista apuntan a la evasión, el azul de *Ceci est la couleur de mes rêves* (1925). Solamente el poeta y el artista nos llevan a él. Aquí mismo, en Palma, Miró me decía, refiriéndose al taller donde se estaban produciendo transformaciones y metamorfosis, donde se elaboraba una nueva lengua: "Mi verdad, es Son Boter".

---

* Georges Raillard es autor del libro de conversaciones con Miró titulado "Ceci est la couleur de mes rêves", Seuil, París, 1977.

El estudio para Joan Miró en Mallorca:
Ensayo para un futuro mejor

Jaume Freixa

El encargo del estudio para Miró tuvo un significado muy especial para Sert. No sólo se trataba de hacer honor a la amistad que le unía al pintor desde su juventud, sino de crear el taller para un representante del arte nuevo que Sert amaba y difundía porque veía en él la expresión de anhelos y sensibilidades contemporáneos que podrían traducirse al campo arquitectónico. Pero además el emplazamiento de Son Abrines era un lugar espléndidamente mediterráneo, de aquel Mediterráneo que Sert y sus compañeros habían "descubierto" en Ibiza en 1928 y cuya maravillosa arquitectura popular habían dado a conocer a los arquitectos vanguardistas de los CIAM.

Cuando proyecta el estudio Miró de Son Abrines, Josep Lluís Sert vive y trabaja en estados Unidos tiene 52 (o 53 años, según se ha sabido recientemente) y hace tres años que es ciudadano americano. Tiene una oficina en Nueva York en asociación con Paul Lester Wiener y una casa en Long Island (un área residencial de Nueva York de muy baja densidad todavía en plena naturaleza en aquella época) que ya ha salido publicada en *House and Home*, revista de gran popularidad que se encuentra ubicuamente en las salas de espera de médicos y peluqueros. Sert ya puede visitar España sin ser detenido - como le ocurrió en 1942- pero no sólo sigue vigente la absoluta "inhabilitación para el ejercicio de la profesión" decretada por la nueva Junta del Colegio de Arquitectos de Cataluña y Baleares inmediatamente después de la ocupación de Barcelona en 1939, sino que su nombre es, y lo será todavía por muchos años, silenciado y censurado de toda publicación junto con el de los otros miembros del GATEPAC. No es éste el lugar para

hacer conjeturas sobre los sentimientos –apasionados y contradictorios como suelen ser los que mortifican a los exiliados- que Sert debía tener hacia su país de origen, con el cual mantenía vínculos discretísimos a través de unos pocos amigos como Joan Miró, Joan Prats y Sixte Yllescas, entre otros, pero podemos suponer que se sentía, aquel año de 1954, más americano que nunca porque estaba en un momento álgido de su integración en la sociedad civil de su país adoptivo. Por un lado, desde otoño de 1953 Sert era decano (director) de la Escuela Postgraduada de Diseño de Harvard y, por otro lado, el Departamento de Estado le acababa de encargar su primer proyecto oficial: la embajada de los Estados Unidos en Bagdad, capital del reino de Irak, la nueva monarquía árabe destinada a jugar un gran papel estratégico en el Oriente Próximo por su riqueza petrolífera. Conseguido su cargo de Harvard –que simultaneaba con el de *Chairman* del Departamento de Arquitectura o Jefe de Estudios con potestad para confeccionar programas y escoger profesores- gracias al prestigio ganado a través de las publicaciones y conferencias con las que se expresaba como portavoz de la vanguardia de la Arquitectura Moderna todavía identificada con los CIAM[1] -que él preside desde 1947-, el encargo de Bagdad le brindaba finalmente una ocasión de demostrar por la vía práctica todas las teorías sobre una nueva estética que había ido predicando a auditorios más o menos crédulos. Era el momento de proponer valores de regionalismo y monumentalidad (o de carácter y representatividad en lenguaje más convencional) para los edificios, lejos de la uniformidad reduccionista del "Estilo Internacional" y sus monótonas versiones de hierro y cristal. Ideas que Sert había tenido que defender apoyándose en obras de otros arquitectos, sobre todo Le Corbusier. También representaba para Sert la esperanza de abrirse un lugar en el mercado de la arquitectura norteamericana que, a lomos de la expansión económica de la posguerra, se esperaba que tuviera una demanda pletórica. Sert, como tantos otros arquitectos que comenzaron a ejercer justo antes de la guerra mundial se encontraba ahora recomenzando su carrera profesional codo con codo con colegas mucho más jóvenes, precisamente las generaciones que impondrían definitivamente la Arquitectura Moderna en los Estados Unidos, arrinconando definitivamente los últimos vestigios de formas Beaux-Arts y eclecticistas que subsistieron hasta mediados de los años 50 en ambientes conservadores como Boston.

En cualquier caso, el estudio para Miró se proyectó simultáneamente con la Embajada en Bagdad, que era un programa veinte veces más grande y que, lógicamente, debía acaparar la mayor parte de tiempo y personal disponible. Así que Sert debía guardar su proyecto de estudio para Miró poco menos que en su regazo, reservándolo para sus ratos de ocio o de viaje, cuando se permitía el lujo de una reflexión en privado. Los numerosos croquis de su mano así lo atestiguan, al igual que ocurrirá al cabo de dos años con su futura casa para Cambridge (Massachusetts) objeto y pretexto de una cantidad todavía mayor de esbozos que el estudio para Miró.

Con encargos tan desiguales como los mencionados, Sert empieza a distanciarse del Urbanismo -en el que ha dejado grandes esfuerzos y conseguido hallazgos teóricos pero pocas realizaciones- e inicia una nueva vida en Cambridge, donde pasa la mayor parte de la semana y le resulta fácil reunir a un equipo de trabajo formado por ex alumnos fieles que será el embrión de su futura oficina.

Las circunstancias del proyecto

La relación de un arquitecto con su proyecto abandona la fase "maternal" o gestatoria de los croquis personales cuando nace a la luz cruda de las mesas de dibujo y pasa a manos de algún colaborador. Allí se realiza una prueba traumática como el nacimiento de un niño al comprobarse con líneas duras y medidas precisas si las decisiones formales tomadas en el seno del conceptor mantienen su seducción al traducirlas a la realidad de los materiales con su peso y textura y con los gruesos reales de la estructura. Fue seguramente en el improvisado local situado en el

Embajada de los Estados Unidos en Bagdad (Irak), 1960.
© Louis Reens, Nueva York.

altillo de su garaje en Brattle street, en el Cambridge de Massachusetts donde Sert libró sus croquis del estudio Miró a los dibujantes para que los pasaran en limpio.

Una vez allí, sobre las mesas, el pequeño proyecto de Mallorca debía ser objeto de una atención especial y responsabilidad de una persona que trabajó directamente con Sert. Se realizó una precisa y consistente maqueta de madera y yeso que todavía existe. En su pequeña oficina de Cambridge Sert contaba con cuatro colaboradores: Joseph Zalewski, Gerald Howes, Knud Bastlund y Fumihiko Maki –un polaco, un americano, un danés y un japonés-. Zalewski, que era algo mayor que los demás y había estado en la oficina de Le Corbusier antes de emigrar a América,[2] fue quien, a decir de Knud Bastlund, realizó los preciosos dibujos de fachadas en tinta realzados con sombras hechas mediante tramas adhesivas. Esta técnica que también encontramos en las secciones y alzados de la Embajada de los EUA en Bagdad y el Palacio Presidencial de Cuba procedía de las artes gráficas y empezaba entonces a introducirse en los dibujos de publicidad. Pero tanto o más que esos dibujos resultan atractivos los croquis realizados a mano alzada y con frecuencia en perspectiva por el propio Sert con su línea algo temblorosa pero precisa, siempre con un poco de color y sombras. No es absurdo suponer que estos croquis pudieran haberse realizado en el curso de los viajes semanales que Sert y su esposa Moncha se veían obligados a realizar desde que residían en Cambridge, casi siempre en ferrocarril, para pasar los fines de semana en su preciosa casa de Long Island y también para permitir los imprescindibles contactos de Sert con su socio de TPA. Así, en un compartimiento de primera clase del tren o en la intimidad de su pequeño estudio de la casa del bosque de Locust Valley es donde cabe imaginar a Sert volcado sobre su papel y sus lápices. Durante estos años de mediados de los 50 se hicieron célebres las *parties* que daban los Sert en su casa neoyorquina, memorables por la

Perspectiva del taller de Miró realizado por Sert.
© Cortesía de la Frances Loeb Library, Harvard University, Graduate School of Design

Dibujo del interior del taller de Miró.
© Cortesía de la Frances Loeb Library, Harvard University, Graduate School of Design

Fachada del taller de Miró. Dibujo a tinta.
© Cortesía de la Frances Loeb Library, Harvard University, Graduate School of Design

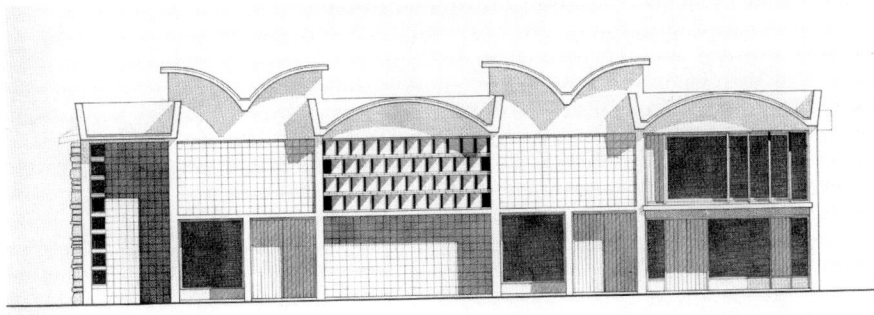

Con su estudio para Joan Miró, Sert irrumpe en la escena de la arquitectura de su tiempo y lo hace con un lenguaje propio, fuerte y perfectamente definido.

Después de casi veinte años sin construir más que viviendas muy sencillas y proyectar centros urbanos que no se realizaron, era esperable que este proyecto tuviera la energía de una *opera prima* pero enriquecida por años de reflexión y muchos viajes. Lo más interesante es que esta obra contiene no sólo la destilación de muchos años de experimentación sino también la semilla de innovaciones que habrán de ser utilizadas –depuradas y desarrolladas- en muchos proyectos posteriores. Esos proyectos que se elaborarán a lo largo de los próximos veinticuatro años (entre 1955 y 1979) y que cimentarán el éxito profesional de Sert, son protagonistas de un largo y brillante crepúsculo lleno de condecoraciones y reconocimientos.

El edificio puede definirse como un cuerpo principal de nave única y forma rectangular con altura equivalente a dos pisos, unido por un extremo a otro cuerpo secundario más pequeño, dispuesto en ángulo recto respecto al volumen principal según la figura que se describe comúnmente como "de planta en L". Este volumen secundario contiene el acceso desde los niveles altos del solar, desde donde se alcanza la *masia* existente. El edificio ocupó parte de unos campos de algarrobos situados en una ladera de monte aterrazada con los típicos bancales del paisaje mallorquín sostenidos por muros de piedra colocada en seco. Como para hacerse su lugar el edificio necesitó una base mucho más amplia que la que ofrecían los estrechos bancales que allí se encontraban -posiblemente una anchura equivalente a tres de ellos- los muros resultantes para sostener la nueva plataforma eran el doble de altos que los normales. De ahí que visto desde los pocos campos que han sobrevivido montaña abajo, el edificio parezca erguirse arrogante sobre un podio formidable de piedra y que por detrás, desde los bancales altos se vea hundido en la ladera. La aproximación horizontal desde el camino que desemboca en la plataforma donde se asienta el edificio proporciona, en cambio, una sensación más amable que se confirma al recorrerlo por el exterior ya que, tras atravesar la terraza al pie de la fachada principal, se descubre otra terraza más amplia y recogida como un patio detrás el edificio. Desde ella el estudio de Miró aparece rodeado de muros de piedra como si la montaña le hubiera acogido en su seno.

calidez del ambiente que llenaba su sala de estar de 11 por 16 metros (22 m, con el altillo), al que contribuían el buen whisky y las tapas cocinadas por Moncha. Los beneficiarios de aquellos ágapes debían ser sus compañeros de trabajo, nuevos y viejos, con una cita anual fija para los estudiantes de la clase de Sert que se graduaban en Junio. Todos ellos venidos, como los propios Sert, desde Cambridge, MA o desde Boston.

El envoltorio

Tras sus estudios del hábitat tropical y sus diseños para viviendas e iglesias en latitudes cercanas al ecuador, Sert había desarrollado una gran sensibilidad para el confort natural basado, por una parte, en defender la fachada del edificio de la acumulación de calor mediante celosías, aleros, partesoles persianas, etc., y, por otra parte, en permitir y controlar las corrientes de aire en y a través del interior del edificio. Éste segundo aspecto le llevaba a utilizar dobles cubiertas o patios interiores. No hace falta decir que estos accesorios arquitectónicos le proporcionaron unos recursos formidables para dar textura, claroscuro, articulación y color a todo el envoltorio de los edificios que adquirirán, con el pretexto de filtrar los agentes atmosféricos y la luz solar, un grosor inusitado. Con la excepción de su propia casa en Cambridge, todos sus proyectos de este período de los años 50: la embajada de los EEUU en Bagdad, el estudio de Joan Miró que nos ocupa, el Palacio Presidencial de La Habana y la Fondation Maeght (que se empieza a diseñar en 1958), comparten esta modalidad de la "piel gruesa". El Estudio Miró representa el paradigma y el laboratorio de todos estos proyectos. En su fachada Sur abunda el relieve, con un despliegue de cuatro capas: en primer lugar, la que definen avanzándose hacia el vacío en la parte alta, unos potentes voladizos que dibujan los contornos de las bóvedas y losas de las cubiertas, en segundo lugar un plano de fachada definido por la cara exterior de unos pilares estrechos y profundos que enmarcan en la planta primera unos entrepaños de plaqueta cerámica. Dentro de este mismo plano, una celosía y un balcón provisto de lamas verticales grandes protegen la tercera capa constituida por las ventanas de esa planta. Finalmente, el nivel de planta baja revela otra capa que es la formada, casi un metro más adentro que la segunda capa, por el plano definido por las ventanas y puertas.

Por si fuera poco, la fachada añade al cromatismo de los tonos naturales de la arcilla cocida enmarcada por el blanco de la estructura de hormigón la utilización de los colores primarios (azul, rojo y amarillo) para las puertas y portillos. Los colores son en este caso, quizá, un gesto de afinidad con el pintor destinatario del diseño.

Todo está regido por un control visual que tiene mucho de pictórico incluso en el hecho que la percepción cambia con la distancia. En una percepción a media distancia es la malla definida por la estructura pintada de blanco, a pesar de su ambigua relación con las carpinterías –como si éstas fueran subdivisiones de aquélla- la que relaciona todos los

motivos de la fachada colgándolos, como si de una cesta se tratara, de la poderosa "ave voladora" de la cubierta y llevando a cabo una unificación de todo el conjunto.

La cubierta debe su aspecto imponente y agitado al movimiento de su silueta y, sobre todo, al voladizo que prolonga las losas de la cubierta. Prolongándolas más allá del plano de la fachada -que es donde se apoyan- actúan como viseras destacándose bajo la fuerte luz mediterránea y enviando sombras fachada abajo que animan unas superficies ya de por sí bastante ricas de texturas.

En la cubierta, por otra parte, los dos tramos más altos no eran originalmente lucernarios sino capta-vientos o aireadores y estaban provistos de unas lamas que todavía pueden verse desde el interior. Sert, que estaba realizando viajes al Oriente Medio debido a su encargo para la embajada en Bagdad, había admirado los capta-vientos que se yerguen a modo de anchas prominencias jorobadas sobre las azoteas de las casas de estos países y pensó en adaptar una forma semejante que fuera compatible con una cubierta a base de bóvedas y asegurara una ventilación permanente. Claro que el clima de Mallorca, aunque benigno, no se ajustaba del todo a esta hipótesis y hubo que proveer cristales para los ventanales altos. Pero la idea fue

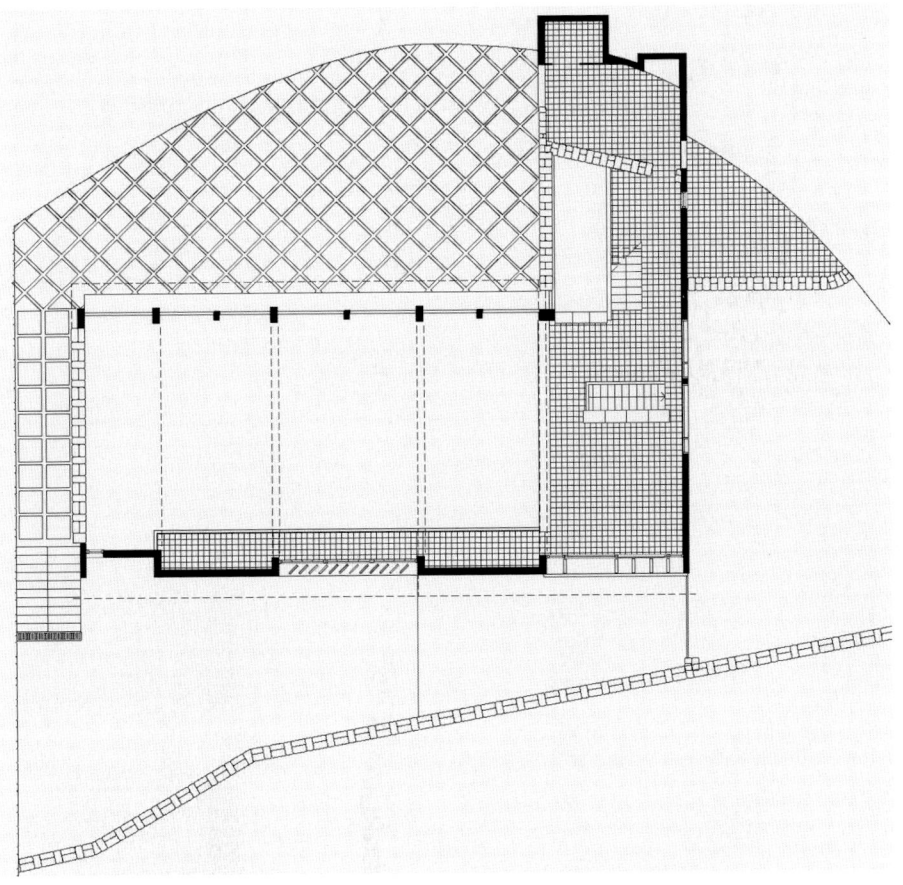

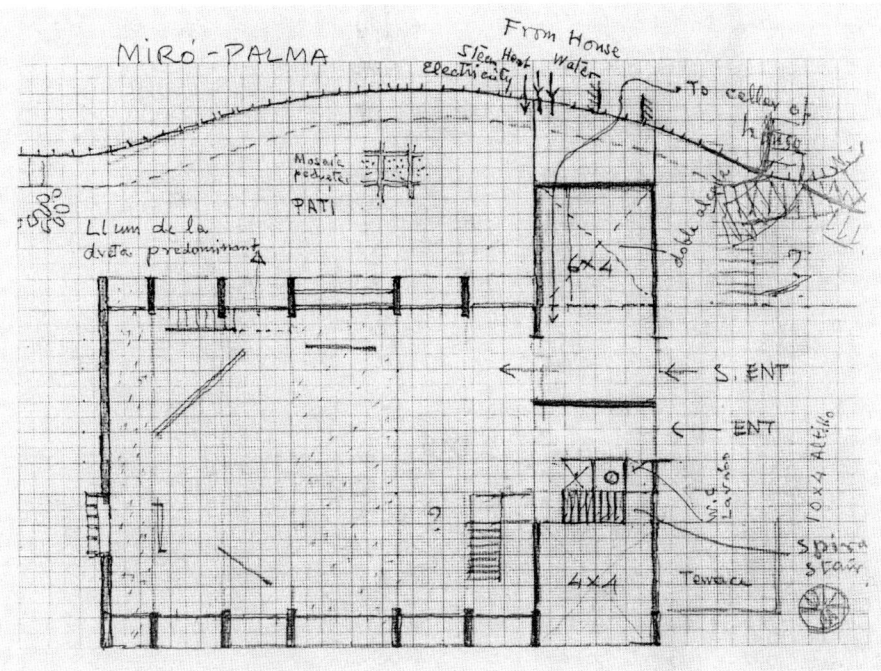

Taller de Miró, mezzanine.
© Planos redibujados por J.J. Muñoz y D'A,
Col·legi d'Arquitectes de Balears, 1990.

Croquis original de Sert para la planta del taller Miró
© Cortesía de la Frances Loeb Library,
Harvard University, Graduate School of Design

pronto transformada en los distintos lucernarios que poblarían los futuros proyectos de Sert como excelentes instrumentos para captar luz. La investigación sobre las aberturas exteriores y el control de la luz que Sert estaba llevando a cabo quedaría publicado más tarde como su "teoría de las tres ventanas": las de ventilar, las de mirar y las de iluminar, que podían dar origen a aberturas cerradas con transparencia o sin ella y en posiciones muy diversas dentro del edificio.[3]

En estas fachadas, más que en los interiores, Sert presenta su nuevo vocabulario arquitectónico y al hacerlo convierte este modesto proyecto en un segundo debut profesional: un ensayo para una nueva plástica. La carga expresiva hasta la exhuberancia de los gestos de cubierta y el preciosismo en los encuentros y detalles de las carpinterías y materiales de cerramiento rompen definitivamente con la severidad del funcionalismo de antes de la guerra, tan reductivo en su geometrismo liso. A su modo, Sert se acerca al ímpetu formal de Le Corbusier que ha venido evolucionando desde 1933 hacia una plástica escultórica a la vez que fuertemente abstracta que alcanza su cenit en su capilla de Ronchamp (1950). Todo este movimiento hacia la caracterización formal de cada edificio y la expresión plástica de su autor contrasta con el panorama arquitectónico español de mediados de los cincuenta en el que rige todavía la ortodoxia funcionalista -apenas animada por las influencias de Aalto entre algunos profesionales de Madrid- como corresponde a la recuperación del atraso cultural causado por la guerra civil y el control ideológico de la posguerra. Puede decirse que este edificio tan mediterráneo no pertenece a la historia de la arquitectura catalana ni española de su tiempo a pesar de haber sido incluida en la primera antología de arquitectura española.[4]

Todo en el estudio para Miró de Son Abrines contribuye a difundir el mensaje optimista de que es posible ofrecer formas capaces de estimular la imaginación y producir emociones sin abandonar la prioridad al servicio de la función y con sistemas constructivos económicos (que a veces son los tradicionales). Algo coherente con las manifestaciones del propio Sert[5] pocos años antes.

Casi medio siglo más tarde seguimos necesitando escuchar su mensaje y dejarnos contagiar por su optimismo.

Maqueta para el Taller de Miró diseñado por Josep Lluís Sert, 1955.

NOTAS

*   Jaume Freixa es arquitecto y profesor de la Universitat Politècnica de Catalunya. Trabajó durante diez años (1969-1979) en el estudio de Josep Lluís Sert, Jackson and Associates en Cambridge, Massachusetts.

1.   Congrés Internationaux d'Architecture Moderne: nueve reuniones que tuvieron lugar en distintas ciudades de Europa congregando a grupos de arquitectos interesados en los problemas de la arquitectura y el urbanismo modernos entre 1928 y 1953.

2.   Joseph Zalewski, (Varsovia 1911, Boston 1980). Fué un colaborador de Sert desde su primera etapa en Nueva York que trabajó a partir de 1954 como profesor en la Escuela Graduada de Diseño de Harvard y como asociado en la oficina Sert, Jackson and Gourley desde 1958. Acompañaba a Sert en las decisiones proyectuales como una especie de "crítico de casa". Knud Bastlund (Copenhague, 1930-1993) fué un arquitecto danés, miembro de la primera promoción de alumnos de Sert y posteriormente profesor en la Real Academia de Arquitectura de su país. Escribió la primera monografía "José Luis Sert" publicada por *Artemis* de Zurich en 1967. La información citada procede de una entrevista mantenida en 1986.

3.   Conferencia pronunciada en 1963 en el R.I.B.A. de Londres. Antes, "Windows and Walls, an Approach to Design" artículo publicado en *Architectural Record,* May 1962.

4.   Carlos Flores, *Arquitectura española contemporánea*, Madrid: Aguilar, 1961.

5.   Josep Lluís Sert, Jacqueline Tyrwhitt y Ernesto Nathan Rogers, "Centres of Community Life" en *The Heart of the City: towards the humanisation of Urban life*, Nueva York: Pellegrini and Cudahy, 1952, pp. 13-14.

   La frase entera dice: "La necesidad de lo superfluo es tan antigua como la humanidad. Ya es hora de reconocerlo abiertamente y poner fin a aquellas actitudes engañosas que intentan encontrar una justificación funcional a elementos que son francamente superfluos si se juzgan según los rígidos parámetros arquitectónicos de los años veinte. Ello no significa que los edificios no tengan que ser funcionales. Lo han de ser, como siempre hemos pretendido. Los elementos que puedan añadirse para dotar al edificio de una mejor expresión arquitectónica, una plasticidad más rica o una cualidad más escultórica no han de obstaculizar la funcionalidad. Tampoco han de inspirarse en el pasado. Los mejores escultores y pintores de nuestra época han hallado nuevos medios de expresión y nos han mostrado el camino hacia una arquitectura más completa"...

Vista de la fachada
posterior del taller de Miró.
© Jaume Freixa

Vista del balcón superior
del taller de Miró.
© Jaume Freixa

Vista en detalle del
lucernario del interior
del taller Miró.
© Jaume Freixa

Son
Boter

Bartomeu Bestard

La *Fundació Pilar i Joan Miró* se encuentra en lo alto de la ladera del barrio de Cala Mayor, en la parte oeste de la ciudad de Palma. La situación del lugar, a pesar de la actividad constructiva de los últimos decenios, es privilegiada. Desde aquí se contempla la bahía palmesana al sur y la Sierra de Tramontana al norte. A los pies de la ladera se encuentra el antiguo camino que unía Palma con Andratx, hoy convertido en la calle Joan Miró; al norte aparece el camino que comunica con los barrios de Génova y la Bonanova.

La Fundación se constituyó en 1981, tras la donación que Dña. Pilar Juncosa y D. Joan Miró hicieron de una parte de los terrenos de Son Abrines, en los que se incluía el estudio Sert y la finca de Son Boter. Finalmente, en 1991, se construyó un nuevo edificio obra del arquitecto Rafael Moneo, convirtiéndose en la sede de la institución.

La finca de Son Boter fue adquirida por la familia Miró-Juncosa en el año 1959. La compra del inmueble significó ampliar los terrenos de Son Abrines, que ya eran propiedad de la familia, aumentar la intimidad de Joan Miró y, sobre todo, significó ganar un amplio espacio donde crear y guardar las obras de grandes dimensiones que habría de realizar el artista. Así se lo hace saber el propio Miró en carta fechada el nueve de octubre de 1959 a su amigo Josep Lluís Sert "acabo de adquirir 'Son Boter', la magnífica casa que estaba detrás de la nuestra. Esto, aparte de ser una buena inversión, me protege sobre todo de los molestos vecinos. También me servirá para hacer telas y esculturas monumentales y así descongestionar el taller. Para la 'Fundació'".[1] Éste fue sin duda uno de los episo-

dios más relevantes de la historia de Son Boter, pero no el único. A continuación se citan algunos de los hechos históricos acaecidos en esta finca, así como una descripción del edificio principal, toda vez sirvan para dar a conocer mejor esta parte de la *Fundació Pilar i Joan Miró*.

Los orígenes

El topónimo

La denominación de Son Boter se remonta al siglo XIV, momento en que toma el apellido de su propietario. Fue en el año 1393, cuando el mercader Lorenzo Boter, vecino de la parroquia de Santa Cruz de Palma, adquirió una viña a Nicolás de Déu. Dicho terreno confrontaba: con el camino de Porto Pi; con el camino que va a Calviá; y con tierras del propio Lorenzo Boter.[2] Así, pues, se observa una concentración de parcelas o terrenos por parte del citado mercader, hecho que debió dar lugar, sino a las dimensiones definitivas de la finca, sí al topónimo Son Boter, el cual ha perdurado hasta nuestros días.

Esta costumbre de denominar a las propiedades con el apellido del dueño precedido de la aglutinación *Son* -es decir, *açò d'en* (esto de)- se remonta a dataciones medievales. En la actualidad al hablar de *Son Boter* nos referimos al edificio y su entorno, pero durante siglos la denominación de *Son Boter* hizo referencia a la finca sin que ésta tuviese las casas prediales que vemos hoy. Estas deben datarse a finales del siglo XVIII.

La propiedad

Inmediatamente después de la conquista cristiana de la Ciudad de Mallorca por el rey Jaime I de Aragón, se dispuso repartir el territorio insular entre el monarca y los magnates que habían contribuido en la campaña militar. Es lo que se conoce como el *Repartiment*, un conjunto de documentos en los que figuran las diferentes propiedades de la Isla con sus respectivos nuevos propietarios. En el repartimiento de 1230, aparece la figura de las *caballerías* territoriales, unas demarcaciones sometidas a una jurisdicción de tipo feudal, conocida por la historiografía como el dominio directo de la tierra. Quienes poseían el domino directo de un territorio tenían una serie de derechos sobre el mismo. A su vez, quienes poseían el dominio útil de ese mismo territorio tenían derecho a explotarla y, al mismo tiempo, debían pagar a los poseedores del dominio directo.

Al menos desde el siglo XVII el predio de Son Boter formó parte de la *caballería* de Son Vich, de la cual la familia Rossinyol era la poseedora. En el año 1653 Jaime Rossinyol la vendió al canónigo Jerónimo Ballester de Togores, conde de Ayamans. A partir de entonces dicha *caballería* pertenecerá a los condes de Ayamans. Efectivamente, en la cabrevación realizada en 1742 aparecen las propiedades de Jaime Ballester de Togores, conde de Ayamans, en donde, entre otras, se cabreva la *caballería* de Son Vich, "que posee con los censales alodiales de gallinas, diezmos y otros derechos en aquella pertenecientes que hacen y prestan diversos establecedores del Rafal conocido como Son Vich, sobre el cual recae dicha caballería, situada en el término de la presente Ciudad junto al Castillo de Bellver. Confronta por una parte con el Castillo de Bellver, de otra con el predio de Son Berga, de otra con la montaña conocida como Burguesa, y otra parte con la finca de Bendinat, y otra parte con la ribera del mar, a saber: Cala Mayor, Cala Formatge, Porto Pi, hasta llegar a la cala del Puente del Diablo, y hasta la Cala de la Torre d'en Carrós..."[3]. En el año 1930, Mariano Gual de Togores, conde de Ayamans, vendió los alodios y censos que gravaban la finca de Son Boter, a Gabriel Jaume Coll,[4] los cuales fueron heredados por su hija Juana Ana Jaume Llabrés.[5]

Por otro lado, el dominio útil de Son Boter, es decir, la propiedad otorgada a quien explota o disfruta la finca, también ha ido cambiando de propietarios a lo largo de la historia. A finales del siglo XIV el solar de Son Boter era del mercader Lorenzo Boter, quien dio el nombre al terreno. Ya en el siglo XVIII la finca perteneció a la familia Martorell,[6] originaria de la villa de Pollensa. A inicios del siglo XIX, Juana Martorell Danús la heredó de su padre.[7] Ésta se casó con

el alguacil mayor de la Real Audiencia de Mallorca, Francisco de Asprer y de Canal. Heredó Son Boter su hijo D. Francisco y a su vez la heredó D. Francisco de Asprer y Fuster de Puigdorfila, hijo de éste último. En 1868, D. Francisco vendió la finca a doña Catalina Rosselló Pujol, cuya nieta casó con D. Rafael de Isasi Ransone.[8] Teresa de Isasi, hija de este último matrimonio, poseyó la finca hasta finales de los años cincuenta del siglo XX en que fue vendida. Finalmente, en 1959, la finca de Son Boter fue comprada por la familia Miró-Juncosa.

Hacia 1874, el predio Son Boter presentaba esta descripción: "situado en el punto llamado la Bonanova, de extensión aproximada de nueve cuarteradas, tres cuartones, ... lindante por norte con el camino de Génova, por el sur con el antiguo de Andratx, por este con el predio Son Abrines de D. Nicolás Siquier y por oeste con las fincas denominadas Can Sebas, propias de D. Juan, alias 'Sebas' y con Cala Mayor de D. Miguel Alemany".[9] Durante muchos años –quizás desde que a finales del siglo XIV se unieron diferentes solares por las compras de Lorenzo Boter-, las dimensiones de Son Boter no debieron diferir mucho de la descripción que acabamos de transcribir.

El edificio

En el campo de la arquitectura que se realiza en Mallorca, el gótico sobrepasa su influencia hasta bien entrado el siglo XVIII, perdurando recuerdos, formas o elementos de los tiempos medievales. Es a partir del siglo XVII cuando se producen variaciones en el esquema tradicional arquitectónico mallorquín[10]. El siglo XVIII, período en que se construyó el edificio

que nos ocupa, se caracterizó por la escasa construcción de edificios de nueva planta. La actividad se concentró en realizar reformas o ampliaciones de edificios preexistentes. A partir de la segunda mitad del setecientos se advierte mayor actividad e interés en las construcciones rurales. Este fenómeno, en parte, se debe al cambio de mentalidades que van afectando a la sociedad. Así el campo, además de ser un centro de producción del sector primario, se convierte, en algunos casos, en un lugar de recreo y evasión.[11] El ejemplo más sobresaliente de lo que decimos es *Son Berga Nou* de Establiments a las afueras de Palma. Esta casa, construida de nueva planta, data de 1776, y se concibe, tanto el edificio como todo lo que le rodea –jardín, huerto, bosque...- como un lugar de descanso y recreo, alejado de los conceptos agrarios tradicionales y cercano a la nueva forma de vida y mentalidad de la clase acomodada palmesana. Encontramos otros ejemplos contemporáneos en las fincas de Canet, en Esporlas; de Alfabia o Raixa, en Buñola...

Al mismo tiempo, a finales del siglo XVIII y sobre todo durante el siglo XIX, se produce una actividad a medio camino entre lo que es la residencia señorial urbana y la "possessió" o finca rural. Nos estamos refiriendo a toda una serie de construcciones que van apareciendo en zonas rural-urbanas, es decir, fuera del recinto amurallado, pero que al mismo tiempo no se alejan mucho de la ciudad. Las zonas de Son Armadans, el Terreno y Cala Mayor son quizás los lugares más representativos de este fenómeno. En un principio aparecen edificaciones aisladas destinadas a ser ocupadas durante los meses de primavera y verano. Sus huéspedes acuden en busca de la tranquilidad, la reunión familiar o simplemente la ociosidad veraniega. Los primeros ejemplos los encontramos en la finca de *El Terreno*, propiedad de la familia Despuig y que en un

principio iba a ser el lugar que acogiese el gabinete de antigüedades del cardenal Antonio Despuig el cual acabó finalmente en la finca de *Raixa*; o la casa del naturalista y pintor Cristóbal Vilella, después conocida como *Son Catlaret*, erigida a partir de una concesión real en 1784; o la aparición del Corb Marí de la familia Barceló, también a partir de una concesión real en 1805... Es en este contexto que hemos de ubicar la aparición de la casa principal de Son Boter. Un edificio con características mixtas, a caballo entre una finca rural y una casa urbana cuya finalidad no es otra que acoger a sus propietarios durante la primavera y el verano, y pasar así sus vacaciones o tiempo de ocio. No se trata, por tanto, de un edificio genuinamente rural, más bien nos encontramos con un ejemplo de primera generación de casas de recreo aparecidas en el último tercio del siglo XVIII mallorquín.

Las casas prediales de Son Boter están compuestas por tres cuerpos constructivos y separados entre sí: un edificio principal, destinado a acoger a los propietarios de la finca; otro de dimensiones mucho más reducidas, ubicado en la parte trasera del principal y que estaba destinado a vivienda de los encargados de la finca; y por último, un aljibe de planta rectangular con unas dimensiones nada desdeñables. Aquí nos centraremos en el edificio principal.

Lo primero que llama la atención al contemplar Son Boter es su unidad constructiva. La casa, cuya realización data seguramente de finales del siglo XVIII, es fruto de un solo proyecto. Este hecho, que en un principio puede parecer normal, es más bien una excepción dentro del panorama arquitectónico de su época.[12] Así, pues, ya a primera vista observamos un equilibrio entre las partes, un ordenamiento que no hace sino ensalzar la belleza del edificio. También se observa dicha unidad en su carpintería y cerrajería que, a excepción de algunos casos fruto de intervenciones modernas, aparecen los mismos modelos por todo el edificio.

Otra característica de Son Boter es su discurso arquitectónico, deudor de la tradición constructiva local de la Isla. Así lo demuestra la utilización de materiales, la forma de los vanos o la configuración interna de la vivienda. Es decir, la casa aunque destinada a uso de recreo mantiene los modelos tradicionales utilizados en fincas de explotación agrícola, fenómeno que, como vimos, desaparecerá a finales del siglo XIX con la irrupción de la burguesía mallorquina, con la que llegarán nuevas propuestas arquitectónicas.

La fachada principal de Son Boter mira al mar, concretamente hacia Cala Mayor. El frontis está constituido por un paramento rectangular de tapial, que es una especie de argamasa formada por tierra, piedra y cal, a excepción de las esquinas y los vanos que están constituidos por piedra arenisca –piedra de *marés* se le denomina en la isla-. La anchura del frontis sobrepasa en dimensiones a la altura, aunque ello no evita observar unas proporciones armónicas y una unidad. En alzado, el lienzo de fachada describe tres cuerpos que no hacen más que traducir la configuración del espacio interior del edificio: planta baja, planta principal y porches. También observamos, como construcción añadida posteriormente al proyecto inicial de la casa, un cuerpo adosado en el lateral de poniente, alineado tanto a la fachada delantera como a la trasera. Este espacio en su día se construyó con la finalidad de acoger los carruajes, a la vez que su cubierta se convirtió en terraza de la planta principal. Años más tarde, ya con Joan Miró, ese cobertizo se dividió en dos plantas para convertirlo en taller de impresión.

Los vanos se configuran de forma ordenada y simétrica. La planta baja se articula a partir de un portal central el cual aparece flanqueado por dos ventanas –convertidas posteriormente en pequeños portales-. La tipología del portal central corresponde a la de arco de medio punto, conocido en Mallorca como portal foráneo. En cuanto al cuerpo adosado, la cochería, que actualmente hace las funciones de talleres gráficos de la *Fundació Pilar i Joan Miró*, tiene un portal central de arco carpanel de amplia luz, el cual tenía como finalidad dar fácil acceso de ingreso a los carruajes. Posteriormente, sobre el portal se abrió una ventana de pequeñas dimensiones.

En la planta principal, la fachada se articula a partir de un vano central de componente rectangular-vertical el cual des-

cansa sobre el portal de la planta baja. Esta ventana aparece flanqueada por dos vanos de menores dimensiones. Los tres vanos presentan en su parte inferior las mismas molduras de marés, deudoras de la tradición arquitectónica mallorquina. A esta descripción de la planta principal hay que añadir la terraza que se configura a partir, como ya señalamos anteriormente, del cuerpo arquitectónico de la cochería. La terraza está alineada a las fachadas principal y trasera, y presenta una barandilla de hierro sujetada por pilastras rematadas por cimacios de piedra arenisca. Este tipo de cerramiento coincide con las terrazas y balcones que se construyeron en Palma a finales del siglo XIX e inicios del siglo XX.

Finalmente, en el nivel superior, en los porches, aparecen tres vanos de pequeñas dimensiones, reminiscencia de los antiguos porches de las casas mallorquinas tradicionales.

El cerramiento de las ventanas al exterior se realiza mediante persianas. Lo mismo ocurre con los dos portales laterales –que como ya advertimos, en su origen fueron ventanas-. El portal principal se cierra mediante una puerta de dos hojas de madera, tanto en su escudo de cerradura como en su aldaba podemos apreciar cerrajería ornamentada procedente de la tradición artesanal mallorquina. Estas formas en el hierro las volveremos a observar en el interior del edificio, en las contraventanas, en las bisagras y en los cerramientos.

Una vez en el interior, una gran sala de planta rectangular hace las funciones de distribuidor. Flanquean este espacio cuatro habitaciones, dos a cada lado y todas ellas, en planta, son iguales. La primera de la izquierda en su día fue el comedor[13] del cual aún podemos contemplar en un rincón una pequeña pica de piedra y también un bello armario empotrado en la pared que en su día debió hacer las funciones de aparador –en donde se vuelve a apreciar, quizás aquí de forma más vistosa, todo su herraje trabajado, como dijimos, con las formas tradicionales de ámbito local-. La habitación del fondo a mano izquierda, por tanto contigua a la anterior, acogía la cocina. Para acceder a la sala del fondo derecha es necesario descender por unos escalones, pues el piso de este espacio es más profundo que el resto de habitaciones. Este lugar debió servir en su día como almacén, o silo. Así lo denuncia la abertura abocinada que da al exterior, concretamente al muro de levante, por el cual se depositaba la mercancía en la estancia. En cuanto a la carpintería de la planta baja responde, a excepción de dos puertas, al modelo general que se encuentra por todo el edificio: las puertas de madera de una hoja de tablones lisos que presentan unos pomos redondos del mismo material en

Joan Miró en el estudio de Son Boter, junto a algunas de sus obras, 1968. © Josep Planas-Montanyà. Cortesía de Josep Planas-Montanyà.

barandilla, en cambio responde a un discurso más acorde con el conjunto de la casa. Esta construida en hierro, mediante simples varas planas sin ningún tipo de ornamentación rematadas en sus puntos de sujeción por unos pomos redondos y achatados de latón. La escalera tiene dos tramos que se configuran en forma de "L". En su intersección hay un rellano que da acceso a una pequeña habitación que se denomina tradicionalmente "estudio" y que tenía como finalidad acoger el despacho del propietario.

La parte superior de las escaleras conecta con tres puertas: una permite acceder al servicio; la segunda da acceso a los porches; y la tercera da paso a la sala. Esta presenta las mismas dimensiones que el recibidor de la planta baja y en uno de sus laterales aparece una chimenea. En el lateral enfrentado a la entrada se encuentra la ventana central que asoma sobre el portal exterior. Desde la sala se accede a las habitaciones laterales. Entrando a la izquierda, antiguamente había la capilla y a la derecha había un despacho del cual, aún hoy, se accede a la terraza. Las demás dependencias estaban destinadas a dormitorios.

Por último, los porches estaban destinados a multitud de funciones, sobre todo servía para conservar un determinado tipo de alimentos: tomates, cebollas, ajos...

En definitiva, Son Boter desde tiempo inmemorial fue una finca explotada agrícolamente, con viñedos, almendros... Seguramente, a finales del siglo XVIII, la familia Martorell decidió construir una casa para pasar las temporadas de primavera y verano. La ubicación, cerca de Palma y en el campo, convirtió este predio en un lugar privilegiado para pasar las vacaciones. Esta función se desarrolló durante todo el siglo XIX y primera mitad del siglo XX. En 1959, Joan Miró compró la finca convirtiéndose en un nuevo espacio de creación del artista quien conservó el edificio es su estado genuino.

el centro; y las ventanas que presentan contraventana y herrajes trabajados, a excepción de las dos ventanas convertidas en portales de la fachada principal.

Al fondo del distribuidor se encuentra la escalera que da acceso a la planta principal. Ésta llama la atención por su traza que responde, en el caso concreto de los escalones, a un diseño medieval que se utilizó mucho en Mallorca durante ese período y que durante la edad moderna dejó prácticamente de fabricarse. De todas formas encontramos, aunque sea de forma excepcional, ejemplos muy tardíos como es el caso de las escaleras construidas durante el siglo XVIII en los accesos de las celdas del monasterio de Lluc o el caso que aquí tratamos de Son Boter. La

NOTAS

* Bartolomé Bestard es cronista de la ciudad de Palma de Mallorca.

1 The Josep Lluís Sert Collection, Special Collections of the Frances Loeb Library, Harvard University, Graduate School of Design.

2 ADM, PPSC-371. Publicado por Joan Rosselló i Lliteras, "Els pergamins de l'arxiu parroquial de Santa Creu", Palma, 1989, p. 177.

3 ARM, ERC-1153, f. 69.

4 R.P. finca 114, ins. 14, Término.

5 R. P. finca 28.981, ins. 4, Término.

6 La familia Martorell ya aparece documentada en Mallorca en el siglo XIII. Prueba de su antigüedad y nobleza son las piedras armeras del siglo XIV que aún se conservan en una de las casas más antiguas de Palma situada en la calle Sans. La rama de los Martorell que nos ocupa procede de la villa de Pollensa, documentada desde el siglo XIII [porción de Montaña].

7 Juana Martorell Danús la había heredado de su padre Juan Martorell Landívar a la vez hijo de Berenguer Martorell Bennàssar. Éste último había nacido el año 1716 en Pollensa, aunque muy pronto, al igual que sucedió con muchas familias mallorquinas del siglo XVIII, se trasladaron a vivir en Palma durante algunos meses del año.

8 Catalina Rosselló Pujol casó con Honorato Salvá. Una hija de ambos, Margarita, casó con Francisco González y Brianes.

Fruto de este matrimonio nació Catalina que a su vez casó con Rafael de Isasi.

9 R.P., finca 114, ins. 2, Término.

10 Ya lo advierte Catalina Cantarellas Camps, La arquitectura mallorquina desde la ilustración a la restauración, Palma: IEB (Institut d'Estudis Baleàrics), 1981, p. 37.

11 Ibídem, p. 118.

12 Ibídem, p. 103.

13 Agradezco esta información a los Sres. Mariano y Luis Isasi.

Entre
Son Abrines
y Son Boter:
La Fundació Pilar i
Joan Miró a Mallorca

Rafael Moneo

No es difícil imaginar lo que eran los alrededores de Son Abrines cuando Miró volvió a Mallorca en 1949. Desde la tierra que desde entonces hizo suya se dominaba el mar, se veían Bellver y los altos de la Sierra Burguesa cuyas estribaciones establecen la división entre la Bahía de Palma y la Costa de Bendinat. Miró deseaba vivir allí, disfrutar de la Mallorca que había conocido en su juventud, y encargó a su cuñado, el arquitecto Enric Juncosa, la construcción de la que iba a ser su casa. Juncosa construyó para Pilar y Joan Miró una casa que es sensible al lugar y en la que se mezclan los ideales de la arquitectura culta con aquellos otros que proceden de la arquitectura popular. De ahí que la casa de Miró, que a primera vista podría parecer la casa de un palmesano bien estante, pronto se convirtiera en meta apetecida de pintores, críticos y galeristas que acudían a visitar a Miró conscientes de que en aquel lugar producía su asombrosa obra uno de los artistas más notables que ha dado el siglo XX.

A mediados de los años 50, Miró siente la necesidad de disfrutar de un estudio más amplio y se lo encarga a Josep Lluís Sert, su viejo amigo, con quien había tenido la oportunidad de trabajar en distintas ocasiones a partir de su primera colaboración en el pabellón de España de la Exposición de París en 1937. Sert, que era entonces el Decano de la Escuela de Arquitectura de Harvard, aceptó el encargo encantado. El trabajo que le ofrecía Miró le iba a permitir volver a su tierra y, lo que era más importante, le iba a ofrecer la posibilidad de satisfacer un viejo deseo: plantear lo que podía ser una propuesta de arquitectura mediterránea. El estudio que Sert construyó para Miró es

todo un programa. Sabia mezcla de los materiales locales con técnicas avanzadas, hábil manejo de la luz y del color, tributo a una arquitectura entendida como espacio, y respeto al programa a un tiempo. El estudio que Sert construyó para Miró iba a ser, por otra parte, todo un experimento que anticipaba la que sería una de sus obras más logradas, la Fundación Maeght en Saint-Paul-de-Vence.

Años más tarde, Miró incorpora a su propiedad la casa de Son Boter. Satisface así un añorado anhelo ya que, desde que se instaló en aquella ladera, ansiaba disfrutar de lo que había sido el primer asentamiento en aquellos pagos. "Acabo de adquirir Son Boter", dirá Miró en una carta a Josep Lluís Sert en 1959, "la magnífica casa que estaba detrás de la nuestra. Ésta, a parte de ser una buena inversión, me pone sobre todo al abrigo de todo vecino molesto. Me servirá también para hacer telas y esculturas monumentales y así descongestionar el taller". Desde lo más alto de la ladera y en medio de un bosquecillo de pinos, Miró conquista cotas más altas desde las que contemplar el paisaje de la isla a la que tanto amaba. Miró rendía ahora, con la compra de Son Boter, homenaje al pasado. Pues, en efecto, Son Boter es paradigma de la historia de Mallorca. El equilibrio de sus proporciones, la sólida factura de sus muros, la elegancia de sus huecos, la lógica que preside el diseño de todos sus elementos constructivos, hablan con elocuencia de un selectivo pasado. Miró completaba al añadir Son Boter a Son Abrines el marco de lo que era su universo. El uso que el pintor hizo de sus muros al dejar en ellos testimonio de su capacidad como pintor en inolvidables "graffiti" muestra lo mucho que Miró estimaba aquella nueva casa.

Pero a un tiempo que Miró extendía el manto de su protectora propiedad sobre la ladera, la aparición explosiva del turismo en las islas iba haciéndose notar en los alrededores. El continuo construir de bloques de apartamentos en torno a los dominios del pintor pronto se hizo sentir: lo que había sido clara muestra del modo en que los mallorquines hacían uso de la isla, iba a convertirse en vulgar extrarradio de Palma en el que una construcción de baja calidad ponía de relieve la falta de sensibilidad, cuando no la codicia, de quienes la levantaban. Mucho debió sufrir Miró al ver a sus paisanos hacer uso de su modo de entender el derecho de propiedad de tan irresponsable manera: la que fue bucólica ladera mantenía su integridad tan sólo en la propiedad del pintor, deslindada por un muro de sólida mampostería. Al otro lado del muro, crecían los edificios de apartamentos sin aparente respeto a la norma pero, por lo visto, cumpliendo con ella. Miró, decidido a no pelear con los vecinos, perdía, una tras otra, las imágenes de Palma que tanto amaba.

Cuando en el verano de 1986, el hermano de Pilar Juncosa de Miró, el médico Luis Juncosa, y el entonces director de la Fundación, Miguel Servera, me llevaron a conocer el lugar en que debía construirse el nuevo edificio quedé consternado. Desde la propiedad apenas si podía divisarse el paisaje. El ámbito desde el que antes se veía Palma se había transformado ahora en la ciudad misma. Me pareció entender, desde el primer momento, que el nuevo edificio debía reaccionar frente a tan hostil medio y, en efecto, hoy todavía, cuando me veo en la obligación de describir la arquitectura del edificio de la Fundación, debo hacer mención de esta primera sensación ante el lugar. El primer boceto que conservo de lo que iba a ser la Fundación, nos muestra ya el propósito de construir un muro que literalmente ignorase las construcciones en torno, centrando así nuestra mirada en la casa que construyó el arquitecto Juncosa y en el estudio que construyó Sert. Al fondo, el perfil de las estribaciones de la sierra. Todavía Mallorca. Y, sobre todo, tan sólo Miró. Entrar en lo que alguien ha llamado "el territorio Miró" sólo era posible si se prescindía de la obsesiva presencia de las moles construidas en los alrededores del predio formado por la unión de Son Abrines y Son Boter. Se construyó por tanto el muro, dando lugar a una construcción lineal, sin apenas huecos a norte y con un pórtico a sur, en el que se emplazaron los servicios de la Fundación y a un volumen quebrado, fragmentado, o, si quiere uno decirlo de un modo más elemental y simple, estrellado, especialmente diseñado para presentar las pinturas de Joan Miró que la Fundación posee. Así es que hoy, tras pasar el umbral del camino de la Bonanova, el visitante camina protegido por el muro, atraído por el balcón que vislumbra al fondo y que,

una vez lo alcanza, le transporta a un nuevo mundo, el que se abre a la búsqueda del mar perdido. Allí está de nuevo el agua. El nuevo edificio la rescata y nos la ofrece en señal de bienvenida. El agua nos transporta a la remota bahía que con tanta satisfacción los ojos de Joan Miró contemplaban. Su frescor reduce el impacto del sol y desde el sombrío pórtico, vuelta la espalda al mar, nos encontramos con lo que fue el marco en el que vivió Joan Miró, su casa, su estudio y, al fondo, Son Abrines y Son Boter. El agua corona el volumen irregular, estrellado, trayéndonos inmediatamente a la memoria imágenes de construcciones militares, ciudadelas, murallas. El edificio de la Fundación reacciona frente al ingrato medio con energía. Hiriente, aristado, como si de los restos de un baluarte se tratara, el volumen de la galería ignora el entorno, responde airado a la negligencia con la que se construyó en la entonces hermosa ladera. El edificio de la Fundación se encierra en sí mismo, se protege de las mediocres construcciones en torno sirviéndose para ello de una geometría violenta, quebrada. Defendido por toda una serie de estanques que hace pensar en los glaxis de las ciudades amuralladas, se enfrenta al medio y al vivísimo sol de Mallorca con unos sólidos muros, en los que un tupido sistema de "brise-soleils" -tan queridos por otra parte por Josep Lluís Sert- los hacen permeables a la luz, sin permitir que en el interior entren los rayos solares. La galería-museo resiste al medio, se enfrenta con él, lo ignora. De ahí que las ventanas se protejan con diafragmas de hormigón primero y con una sutil membrana de alabastro después, liberándonos del lamentable episodio urbano. Tan sólo las ventanas bajas harán posible el que establezcamos contacto con el jardín, haciendo que nuestros ojos inevitablemente se vuelquen sobre él.

El jardín es, por otra parte, elemento de fundamental importancia para mediar en el deliberado contencioso que se establece entre el edificio de la Fundación y los edificios existentes. Al jardín se confía el modo en que aquél queda anclado en tierra, mediante la serie de albercas y estanques ya mencionados que tanto contribuyen a su frescura: la frescura que, en sentido figurado, se pretende que tenga el interior, se mantiene así en el exterior. El agua es un elemento esencial del jardín; un jardín, por tanto, con rumor de agua -el mar perdido- en el que las plantas tradicionales de la isla cierran filas para conseguir un espacio verde, denso, espeso. En el jardín, sobre albercas y estanques, aparecen las esculturas de Miró y sus muros recogen un hermosísimo mosaico, ejecutado por la ceramista María Antonia Carbó, insistiendo así en lo que entendemos fue la visión integral y sintética que de la obra de arquitectura tenía Miró. Digamos también que la cafetería se entiende como elemento activo en el jardín y que disfruta del mismo espíritu mironiano que la galería: en ella hay instalado un mural, muestra, una vez más, de la que fue provechosa colaboración entre el pintor y la familia de ceramistas Llorens: así, a un tiempo que da reposo al visitante, desde ella puede contemplarse una de las más completas visiones del "territorio Miró".

Esta condición quebrada y rota de la arquitectura que encierra la galería facilita el que la obra de Joan Miró se instale con comodidad en ella. El interior roto, fragmentado, del edificio de la Fundación, simpatiza con tal modo de entender la obra de Miró. La galería es un espacio indescriptible, sin definición posible, invadido por una luz que es el resultado de una inesperada cadena de reflexiones que nada tiene que ver con la luz orientada y continua a que dan lugar los lucernarios convencionales. Alguien ha dicho que la luz difusa que nos envuelve en la galería tiene algo de fondo marino, húmedo, y que los lucernarios situados en el techo-estanque justifican y avalan el que así sea. Puede comprenderse cuánto celebraría que tan generoso comentario se correspondiese con la realidad: si así fuera, en el recogido recinto de la galería, como si del fondo del mar que tanto amaba Miró se tratara, se encontrarían ahora sus cuadros, sus esculturas, sus cerámicas, los objetos que con tanto interés y cuidado recogía en las playas de Mallorca. Por las ventanas bajas se cuelan los reflejos del agua de las albercas, contribuyendo así a provocar esta condición de ámbito próximo al fondo del mar que el espacio de la galería sugiere: el agua hace guiños a Miró y anima la textura de los muros en que reposan sus obras haciendo vibrar los rojos, los amarillos, los azules, que disfrutan, en el continuo cambio, de aquella viveza -la vida- que el pintor para sus colores buscaba.

En cuanto al programa de la Fundación, paso a describirlo ahora siguiendo el itinerario de un presunto visitante. Supongamos que éste, tras caminar a lo largo del muro de acceso y sentirse próximo a Miró bajo el porche en que disfrutaba del frescor del agua y de la contemplación de lo que fueron la casa y el estudio en el que transcurrieron su vida y su trabajo, cruza el umbral del edificio de la Fundación. Encontrará en esta planta alta, que es el auténtico acceso al edificio, la conserjería y una escalera que lleva a las plantas bajas; en ella se encuentran los servicios administrativos de la Fundación, así como los despachos de los Conservadores y del Director. Descendiendo por la escalera antes mencionada, nos encontramos con un dilatado espacio en el que prevalece la presencia de la tienda-librería, y desde el que puede accederse a la galería. En dicho espacio, a modo de plazuela interior y con espléndidas vistas sobre Son Abrines, tiene su origen un corredor que insiste en la condición longitudinal del muro de acceso: desde él se llega a una Sala de Conferencias, a la Biblioteca y a una Sala de Exposiciones que permite mantener el contacto de la Fundación con las manifestaciones artísticas más recientes. En una planta más baja, que tiene acceso directo desde el exterior, se encuentran el taller de restauración y los almacenes, tanto para obra gráfica como para pintura y escultura. La Fundación, como decía Miró,

deber ser un centro de arte vivo y tal propósito se refleja en el programa del edificio. Digamos, por último, que el desnivel del terreno ha permitido que todas estas dependencias cuenten con luz natural y hay que hacer constar que desde ellas siempre se contemplan el jardín y la galería, sus esculturas y sus mosaicos.

De lo dicho se puede comprender cuánto la arquitectura del edificio de la Fundación ha estado dictada por el lugar y por el respeto a la presencia y a la obra de Miró. De ahí que los materiales empleados en la construcción del edificio de la Fundación se consideren locales, propios del lugar. La vieja costumbre de continuar las laderas con bancales se mantiene, tanto en el largo muro como en la fracturada geometría de la galería. La piedra en seco es sustituida por un hormigón en masa abujardado. En realidad, la cuasi-pétrea condición del hormigón en masa y el pavimento de Santanyí -tan profusamente utilizado en la isla- son los dos únicos materiales con que se ha contado. La tersa superficie de un estuco rojo realza las sombras de los corredores al aire libre desde los que se contempla el jardín y el agua recuperada que generosamente rebosa por los bordes de la cubierta-estanque. Todo en la Fundación, incluso el interior, en el que el alabastro tamiza la luz de las ventanas convertidas en gigantescas e inesperadas lámparas, tiene algo de geología inventada, como si de uno de aquellos objetos que Miró descubría al escudriñar con ahínco el suelo que pisaba se tratara: bien entendido que fuera de escala.

En verdad, que la Ciudad de Palma debía público homenaje a quien había sido uno de sus más preclaros vecinos. Mucho me gustaría haber contribuído, desde mi condición de arquitecto, a saldarla, al haber tenido la fortuna de trabajar en el edificio de la Fundación que lleva su nombre y el de su mujer, Pilar Juncosa, edificio que, como se ha puesto de manifiesto a lo largo de estas notas, tuvo como meta el acercarse a su obra, por un lado, y el conservar, por otro, la memoria de lo que fue su paso por Mallorca, consolidando físicamente mediante una obra de arquitectura el lugar que tanto había amado.

* Rafael Moneo, Premio Pritzker en 1996, es Professor of Architecture, en el Graduate School of Design, Harvard University. Es el arquitecto de la Fundació Pilar i Joan Miró a Mallorca.

Escalera de acceso a los jardines

El territorio Miró: un diálogo entre arquitectura culta y arquitectura popular

Vista de la entrada principal del edificio de la Fundación

Vista exterior del edificio de la Fundación

"Hay que situar de nuevo el arte en la vida":

La colección de la Fundació Pilar i Joan Miró

William Jeffett

La colección de la Fundación Pilar y Joan Miró es un factor clave para la comprensión de la obra madura de Joan Miró como artista. El estudio de Son Abrines, construido para él por el arquitecto José Luis Sert en 1956, es el crisol de la colección. La construcción y el traslado al estudio dio lugar a una de las transiciones más significativas para el desarrollo artístico de Miró. No sólo le facilitó el poder reevaluar su obra más temprana, sino que a la vez le proporcionó un amplio espacio, un nuevo cauce lleno de energía que culminaría en la prodigiosa obra de los años sesenta y setenta. Miró llenó su estudio con objetos que provocasen su estímulo creador y que complementasen las figuras evocadas por la pintura o plasmadas en la escultura. El estudio representaba lo que el artista una vez denominó "Atmósfera Miró" –un espacio poético para la producción artística-.

En los años sesenta, Miró se mantuvo en contacto no sólo con los desarrollos artísticos de una generación más joven de artistas norteamericanos y europeos, sino también con las tumultuosas transformaciones sociales que tenían lugar en esos momentos. En mayo de 1969, Miró ejecutó clandestinamente, trabajando durante la noche, un mural efímero sobre la fachada de cristal del Colegio de Arquitectos de Barcelona como expresión de solidaridad con los artistas más jóvenes. Esta presentación diferente de "Miró Otro" se representó al mismo tiempo que la exposición más oficial que tuvo lugar en el Hospital de Santa Creu, que era una continuación de la retrospectiva de 1968 en la Fondation Maeght de St Paul de Vence. "Miró Otro" significaba el compromiso de Miró con una noción de expresión poética efímera y fugaz que socavaba el creciente valor económico de la pintura de caballete, ya que buscaba una forma de comunicación directa con el público. Miró estableció una forma poética de resistencia contra el anquilosamiento de los últimos años de la dictadura de Franco.

En mayo de 1974, el Grand Palais presentó una gran retrospectiva de Miró. Determinado a no parecer moribundo, Miró se embarcó en uno de sus periodos más productivos con el fin de presentarse a sí mismo como un artista contemporáneo. Como explicó a Jeanine Warnod en las páginas del diario "Le Figaro":

Esta exposición es lo contrario de una retrospectiva. Yo quiero mostrar un Miró lleno de vida. Los lienzos antiguos son necesarios, desde luego, y no reniego de ellos, pero lo importante es proseguir la lucha entre mí mismo y lo que yo hago, entre mí y el desasosiego que experimento cuando mi trabajo no me satisface.[1]

La mayoría de las pinturas para la exposición de 1974 fueron ejecutadas en el estudio de Son Abrines. En la preparación de la exposición, las obras escultóricas y algunos cuadros más grandes, como el magistral lienzo de más de seis metros, *Personnages et oiseaux dans la nuit* (19 de enero de 1974, Centro Georges Pompidou), se realizaron en el estudio de Son Boter, el edificio del siglo diecisiete contiguo al Estudio Sert que Miró adquirió en 1960. De nuevo, Miró buscaba transmitir el aliento de su obra antes que capitular ante su reputación como pintor. La pintura se complementaba con el ensamblaje de objetos, esculturas de bronce y poliéster, tapices ("Sobreteixims") y cerámicas, como demostración de su capacidad vital para ser un artista contemporáneo comprometido con la situación actual del momento. La retrospectiva puso de manifiesto aún más el desafío de Miró para con la pintura de caballete y su reafirmación en el uso de materiales no pictóricos como enérgica reivindicación de la libertad frente a la represión. París, además, le ofreció una plataforma pública mediante la que pudo desafiar a la España de Franco a nivel internacional con el impactante tríptico *L'Espoir du condamné à morte I-III* (1974; Fundación Joan Miró, Barcelona), pintado rindiendo homenaje al recientemente ejecutado anarquista catalán Salvador Puig Antich (2 de marzo de 1974). Esta cuestión fue puesta de relieve por Jacques Dupin en su catálogo:

El cuadro más difícil de comprender y el más importante de esta exposición es, sin duda, un tríptico titulado *L'Espoir du condamné à morte*. Fue empezado largo tiempo antes del arresto, juicio y condena a muerte de un joven militante anarquista de Cataluña. Fue terminado algunos días antes de la ejecución de este último por el procedimiento del garrote.[2]

FPJM-17

La exposición de 1974 no sólo supuso un momento crucial en la evolución madura del artista, sino que dio lugar a numerosos análisis posteriores. La colección de la Fundación Pilar y Joan Miró está especialmente marcada por el impacto de esta exposición de París, y no es posible comprender totalmente al Miró de los años sesenta y setenta sin tomar en consideración esta colección. Las 131 pinturas eran el contenido de los estudios. Además hay 29 bronces, la mayoría de ellos fundidos en Parellada, la fundición por la que Miró tenía preferencia en los setenta, dos esculturas de ensamblaje y dos esculturas cerámicas de gran formato. Más de cien dibujos independientes del artista reflejan su enfoque directo del dibujo. Cientos de dibujos preparatorios (y cuadernos de bocetos) toman la forma de bocetos anotados y pueden ser relacionados en su mayor parte con la pintura y la escultura. Es aquí donde la plenitud de la creatividad de Miró se revela como proceso artístico. Además, hay obra gráfica, planchas de grabado y maquetas para proyectos públicos tales como murales, que demuestran la capacidad de Miró para integrar múltiples áreas de interés en una visión artística unificada.

Pintura

La pintura de Miró estaba en sintonía con el tenor de los tiempos. Sus viajes a Japón en 1966 y en 1969 abrieron un renovado interés en la realización de marcas caligráficas, como puede apreciarse en los tres cuadros *Sin Título* (FPJM-9, FPJM-17, FPJM-85); un método que consistía en mantener la línea con el orientalismo del período (la importancia del grupo Gutai, Yoko Ono y Yayoi Kusama) y en el interés por los enfoques pictográficos del lenguaje, por aquel entonces en estudio por escritores franceses como Roland Barthes. En un segundo registro, Miró estaba ocupado también en explorar la energía y la agresividad de un enfoque más violento de la pintura (como en FPJM-14 y FPJM-15) análogo al enfoque heterodoxo de muchos artistas franceses más jóvenes. El interés de Miró por contaminar la pureza de la pintura con elementos heterogéneos es esencial y está motivado por la recuperación de su postura más temprana, manifestada como "el asesinato de la pintura", como puede observarse en la pintura collage *Personnage, oiseaux*, 1976 (FPJM-146). Más allá de estos dos extremos de escritura y de una agresiva desautorización de la pintura, están las intensas manchas negras, siempre como representación de figuras o bien símbolo de la noche, como sucede en las dos pinturas *Sin Título* de 1973 (FPJM-6 y FPJM-8) y en otros dos lienzos *Sin Título* y sin fecha (FPJM-100 y FPJM-101). Estas posturas paralelas van desde Robert Motherwell (*Elegy to the Spanish Republic*) hasta artistas españoles más jóvenes tales como el amigo de Miró, José Guerrero (*La Brecha de Viznar*, aunque aquí el color también entra en escena). Además, exis-

te un enfoque altamente controlado, casi mínimo, donde las figuras de Miró están reducidas a formas cuidadosamente reflejadas en el vacío. Estas obras sobrias, a veces monocromáticas, buscan la máxima expresión con los mínimos medios y pueden compararse con el minimalismo pictórico de Robert Ryman y Cy Twombly, como en *Tête*, también conocida como *La joie d'une fillette devant le soleil*, (22 de abril de 1960-11 de abril de 1964; FPJM-105) y los dos lienzos *Sin Título* (FPJM-19 y 21); Igualmente, nos recuerda el ejemplo de Larry Poons en pinturas como *La Chanson des voyelles* (24 de abril de 1966; Museo de Arte Moderno, Nueva York).

La Colección de la Fundación Pilar y Joan Miró nos proporciona una percepción excepcional del método de trabajo de Miró y ofrece una advertencia en lo que se refiere a las suposiciones sobre el grado de acabado de una obra. Del conjunto de 24 lienzos con fechas que van desde julio a principios de agosto de 1978 (FPJM-50, 58-81), todos, excepto uno, son monocromáticos y consisten en marcas negras sobre un fondo blanco. El hecho de que estén fechados introduce cierta confusión en lo que atañe a la cuestión del acabado. ¿Es esta la fecha del comienzo de cada obra en la serie? Como ha señalado Pablo Rico, estas obras pueden estar relacionadas con un conjunto de dibujos ejecutados entre mayo y diciembre de 1978.[3] Ninguno de estos guarda relación directa con las pinturas,

pero están relacionados con una exploración indefinida de un vocabulario particular, casi como un ejercicio de estudio minucioso y paralelo, acorde con su cada vez más espontáneo enfoque de la pintura. Sobre la cuestión del acabado, solo puede estarse de acuerdo con Robert Lubar y con los autores del catálogo razonado de Miró: uno debe aceptar las pinturas en sus propios términos, incluyendo cualesquiera fechas e inscripciones realizadas por el artista, y resistir la tentación de especular sobre lo que quizás nunca haya sido cierto. En opinión de Lubar:

> En buena parte, tales argumentos son improductivos, ya que la naturaleza del trabajo artístico de Miró en los últimos años de su vida y las condiciones estéticas que definen su estilo en la madurez se ven eclipsados por la demanda del mercado de obras "acabadas" y por la cuestión de la legitimación institucional, ya sean estos argumentos a favor o en contra de que la obra esté "concluida"[4].

Según los autores del catálogo razonado:

> Aceptamos estas inscripciones manuscritas sin cuestionarlas y, por lo tanto, nos abstenemos de emitir cualquier juicio subjetivo o basado en conjeturas en lo que

concierne a la interpretación del nivel de conclusión de una obra determinada.[5]

No obstante, esta serie plantea lo siguiente: que Miró trabajaba en numerosas pinturas en cualquier momento y durante un prolongado periodo de tiempo; que el dibujo era parte del proceso mental, incluso si cada vez se convertía más en una cuestión de proceso que de transferencia de un concepto pictórico plenamente realizado; y (al menos en este caso) que Miró empezaba definiendo la construcción de las figuras con un espontáneo boceto al óleo análogo al dibujo en diferente escala (para los dibujos, véase FPJM-712a-b, 735, 739, 748, 754, 755, 756b, 762, 764, 773-775). El hecho de que en muchos casos los dibujos estén ejecutados en páginas arrancadas del diario del artista y dado que tanto los dibujos como las pinturas están fechados, revela en qué medida Miró abordaba la pintura como una forma de diario escrito. Que tuviera páginas de su diario proyectadas sobre grandes lienzos con la idea de crear alguna nueva serie (nunca realizada) respalda más aún esta teoría.[6]

Volviendo a la retrospectiva de 1974, es significativo que Jacques Dupin hiciera hincapié en la agresividad implícita en las últimas pinturas, especialmente en el llamado del artista al asesinato de la pintura. Para Dupin, la presentación de la serie de pinturas quemadas (pinturas en las que había vertido gasolina y a las que después prendía fuego para quemar y consumir la parte central del soporte, dejando los bastidores al descubierto) expresaba mejor este rechazo al medio:

Estos lienzos continúan de manera radical, incluso ostentosamente, toda una línea de obras relevantes del arte insultadas y la convención hecha pedazos. "Assassinat de la peinture", esta consigna lanzada por Miró jamás ha sido recuperada.[7]

Miró explicó sin reparos a Yvon Taillander (1974),

Es como las pinturas quemadas. Descubrí que puedes quemar el lienzo y el bastidor vertiendo sobre ellos gasolina y prendiéndoles fuego, o utilizando un soplete. No es difícil el control del progreso del fuego, y de esta manera puedes obtener algunas texturas muy bellas.[8]

Acompañando a esta postura anti-arte –en sus propias palabras "ce sont des anti-tableaux"[9]– estaba su reivindicación por lo primigenio con el lema de que "La pintura se encuentra en un estado de decadencia desde el tiempo de las cavernas". Aquí, se ensalza la pintura rupestre prehistórica como un modelo más auténtico que el de la historia del arte europeo. La inclusión de huellas de manos en varias pinturas de la colección de la Fundación Pilar y Joan Miró revela que, más allá de la mera espontaneidad, Miró mantenía un compromiso con tales conceptos y métodos de trabajo. Como es evidente en *Poème* (29 de abril de 1966; FPJM-98) y en dos pinturas *Sin Título* (FPJM-20 y 86), la inclusión de huellas de manos estaba lejos de ser gratuita y era esencial para la exploración del proceso de la realización de marcas elemental, un regreso al modo de representación más primigenio, la huella.

Rémi Labrusse ha argumentado persuasivamente que el "asesinato de la pintura" de Miró está ligado a su afirmación de la pintura rupestre basada en el concepto antropológico del "potlatch" (entendido de conformidad con el antropólogo francés Marcel Mauss), un exceso de gasto. Labrusse añade:

Para dar a esta guerra contra el presente un giro distinto al puramente negador o simplemente nostálgico, era necesario romper la cadena de la historia al mismo tiempo que uno fantaseaba con que se rompiese la de la historia del arte: la idea primitiva ha sido encargada para el cumplimiento de esta misión. Nada más impreciso y más constante que la referencia, en casa de Miró y en casa de sus amigos, a un primitivismo que, deliberadamente, es extirpado del marco de la cronología y, por lo demás, en gran medida de la geografía, para formar una especie de pedestal vasto e inestable, en todo punto contrario a la historicidad occidental, un pedestal en el que circulan y se confunden una «edad de las cavernas» y, precisamente por eso, más preciosa que la dación que habita en la época indecisa, un universo de mitos que se remontan más allá de toda transmisión identificable, un rosario de culturas «exóticas»...[10]

Más allá de la tendencia a pintar directamente con los dedos y con las manos, y al uso elemental de huellas de manos, Miró conservaba numerosos objetos oceánicos y precolombinos en el Estudio Sert como talismanes y fuentes primigenias de inspiración. Haciendo esto, investía al acto pictórico con el poder del mito.

Una reducción a lo esencial caracteriza algunas de las pinturas más llamativas de la colección de la Fundación Pilar y Joan Miró, como sucede en el destacado conjunto monocromático de tres pinturas *Sin Título*, sin firma ni fecha, en las que utiliza el blanco y el negro para demarcar

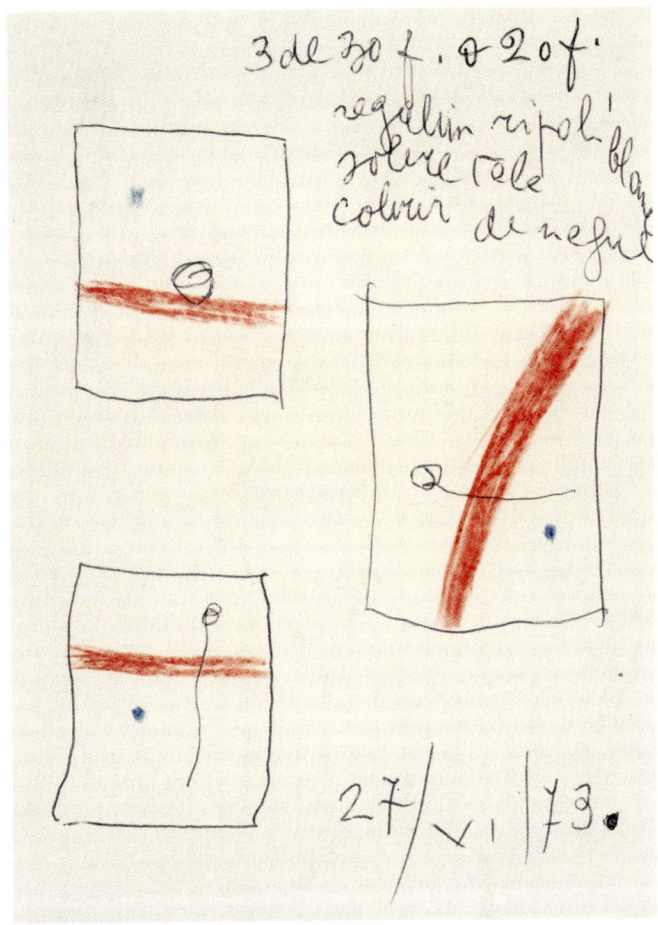

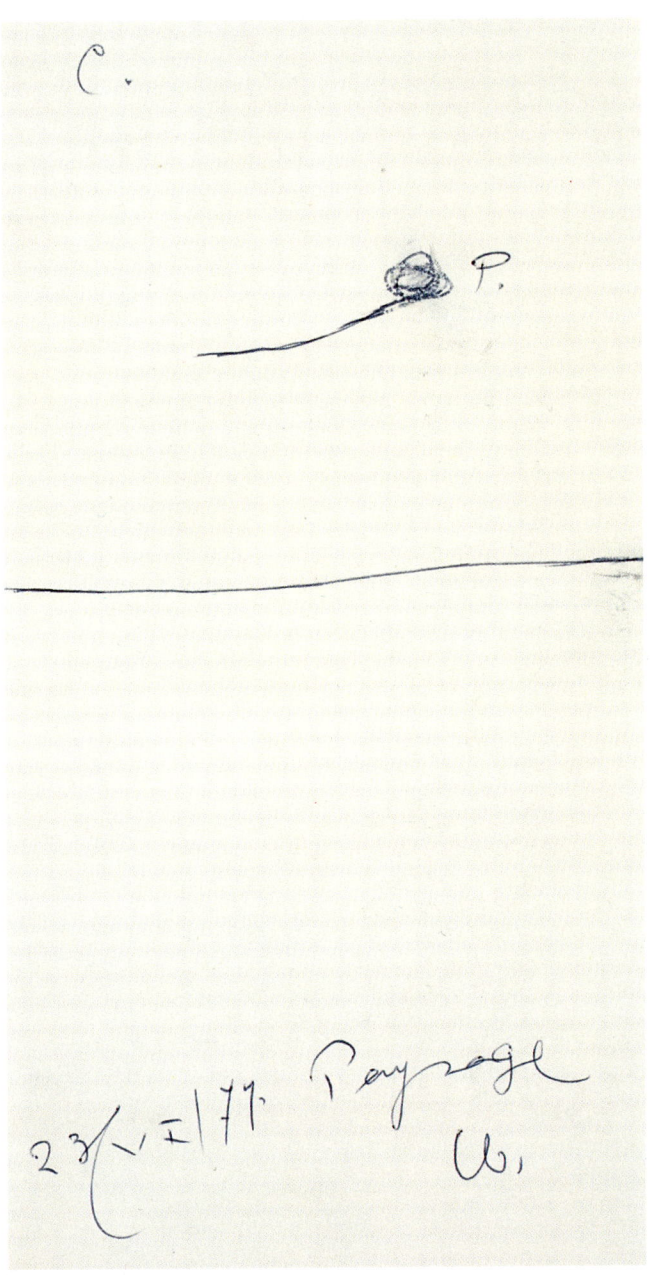

austeros paisajes (FPJM-106, 109, 110) representados en lienzos de formato vertical. Puesto que todos tienen el mismo formato (216 x 174 cm), es tentador interpretarlos como un tríptico. Un dibujo confirma la interpretación del conjunto como un tríptico (FPJM-1181). A este conjunto puede añadirse el paisaje *Sin Título* (FPJM-108), también sin firma ni fecha, presentado en formato apaisado (174 x 293 cm). Sin entrar en especulaciones sobre el estado de acabado, todas estas obras revelan un alto grado de definición y una pureza austera que les otorga una extraordinaria coherencia poética. Consisten en zonas pintadas en blanco y negro que muestran un paisaje aislado y vacío, sólo habitado por una única esfera celeste y carente de presencia humana. En su austeridad, este conjunto de pinturas sugiere la aspiración de Miró hacia el vacío, una especie de trascendencia del espacio y de unidad con la naturaleza. Los dibujos de 1979, 1977 y 1976 proponen, respectivamente, el tema posible de un paisaje homenaje a Modest Urgell, llevando el primero de ellos la siguiente inscripción: "Paysage Hom. à Modest Urgell"), el pintor de paisajes simbolista y uno de los más importantes maestros de Miró (FPJM-724, 978 y 989). (Véase también el dibujo de 1978 que lleva la inscripción "Hommage à U." FPJM-828a). Además, como ha señalado María de Corral recien-

temente, las pinturas parecen asombrosamente cercanas a la propia descripción verbal de Miró de los paisajes de Urgell, como manifestó en una entrevista en 1948.[11]

Hubo la influencia de dos primeros maestros: Urgell y Pasco. La influencia de Urgell fue muy importante. Incluso hoy reconozco formas que constantemente aparecen en mi obra y que me impresionaron de su pintura desde el principio... Recuerdo dos cuadros de Urgell en particular, ambos caracterizados por horizontes largos, rectos y en penumbra que dividían los cuadros en dos mitades: uno era una pintura de una luna sobre un ciprés, el otro era una luna creciente en la parte inferior del cielo. Tres formas que se han convertido en obsesiones para mí y que representan la huella de Urgell: un círculo rojo, la luna y una estrella. Estas formas continúan regresando, cada vez ligeramente diferentes.[12]

Este vínculo con Urgell se ve confirmado por un dibujo adicional que se remonta a una fecha tan temprana como 1972 y por 3 dibujos del cuaderno de bocetos de 1981 de la Fundación Joan Miró que consisten en sobrios cuerpos esféricos ubicados sobre amplias líneas de horizonte; estos están dedicados al tema de "Hommage Urgell, 21-07-72" y a "Paysage Homage à M.U." (FJM-3263, 11784, 11945b, 11946). Si este conjunto de dibujos enfatiza el aspecto del paisaje, otro grupo de dibujos indica la idea de libertad en el vuelo, entendida esta última como liberación mental. Tres dibujos de 1976 que llevan la anotación "L'homme martyrisé s'évadant" (FPJM-955, 905, 1295) respaldan dicha interpretación.

Este conjunto de pinturas sugiere, además, la conciencia de otros modelos artísticos. Mucho se ha dicho acerca del compromiso de Miró con el Expresionismo Abstracto Americano.[13] Su influencia sobre Robert Motherwell es obvia, y es bien sabido que se interesó por artistas norteamericanos más jóvenes, pero aquí la paleta blanca y negra y el sobrio tratamiento del lienzo sugieren modelos de la posguerra europea. En particular, recuerdan las series de Antonio Saura, *Retrato Imaginario de Goya* y *El Perro de Goya* (1960 en adelante) por su similar ausencia de color y por el tratamiento austero del paisaje que casi devora la figura del artista y la de su perro parcialmente enterrado.[14] De este modo, el grupo de pinturas de Miró señala un posible contenido español y son bien distintas de otras obras de la colección, aunque hay de hecho otros lienzos monócromos. Otras obras en blanco y negro de la colección sugieren relaciones con artistas más jóvenes, quienes probablemente rindieron homenaje a Miró como único modelo artístico existente en Mallorca. En particular, la obra *Sin Título* (1979; FPJM) de Miró hace pensar en la serie *Deus* (1981-1982; MACBA, Barcelona) de Ferrán García Sevilla, cuyas primeras pinturas se ajustaban al período conceptual del artista en los años setenta.[15] De igual modo, las diversas obras en las que utiliza intensas manchas negras sobre blanco para crear ambigüedades entre figura y fondo (interpretándose bien como figuras o bien como símbolos de la noche), evocan algunas de las pinturas en blanco y negro de Miguel Ángel Campano que datan de los años noventa. Obras de Campano como *Sin título* (1993; Galería Carles Taché); *EH3* (1993; Galería Carles Taché), *Sin título* (1993; Colección Banco de España) y *Dilip* (1994) nos las recuer-

FPJM-479

dan por su austeridad.[16] Así como la cuestión de la influencia carece definitivamente de interés, lo que sí resulta evidente es que para estos artistas Miró fue un punto de referencia clave; todo lo cual es para decir que este particular grupo de pinturas de Miró pueden haber tenido un impacto más allá de sus cualidades estéticas inmediatas.[17]

La obra *Sin Título* y sin fecha (FPJM-53), es la más grande e importante de la colección de la Fundación Pilar y Joan Miró. Consiste en un fondo pictórico negro y las figuras están reflejadas mediante pintura o bien representadas mediante la aplicación de la misma de forma gestual. Esta técnica nos lleva de vuelta a su enfoque pictórico de mediados de los años veinte, cuando el fondo prepara la escena para las figuras frecuentemente transparentes que parecen flotar sobre su superficie. Mientras que en esa época, la mayoría de los fondos de Miró eran de color marrón, azul o blanco, existe una notable y celebrada excepción: *La naissance du monde* (1925; Museo de Arte Moderno) notable por su esquemática y transparente figuración. No hay una referencia clara y directa a esta pintura, pero una relación general entre la obra de Miró de mediados de los veinte y el período que empieza a principios de los años sesenta ha quedado comprobado por Margit Rowell y Rosalind Krauss. ¿Es quizás la posterior obra de Miró *Sin Título* la representación en primer plano de una figura femenina blanca y transparente, acompañada por pájaros de color rojo a la derecha y a la izquierda? Las salpicaduras de pintura blanca y roja pueden interpretarse bien como estrellas, agua o incluso fuegos artificiales; y la esfera azul sugiere un cuerpo celeste, como la luna, y una proximidad al mar. Con unas medidas de 270 x 355 cm, junto con la ya mencionada *Personnages et oiseaux dans la nuit* (1974), es una obra maestra de los últimos años de Miró.

De la Pintura al Collage

En sus últimos años, Miró fue partidario de la utilización de materiales no artísticos en la realización de collages o en la de cuadros compuestos siguiendo una lógica del collage. Por ejemplo, cierto número de obras fueron ejecutadas en soportes poco ortodoxos y a veces efímeros. Varios dibujos independientes se realizaron en hojas de periódico (FPJM-479, 480, 519, 523, 571) o utilizando la técnica del collage directamente durante el proceso de dibujo (FPJM-481, 482, 488). En lo que respecta a la pintura, Miró ejecutó un gran conjunto de obras en soportes rugosos y de uso industrial tales como el cartón, el contrachapado y el tablex (FPJM-119-143). Estas obras recuerdan su afición por el conglomerado y el celotex en los años treinta y a su famosa serie de pinturas de 1933 basadas en collages. Aquí, la superficie rugosa del cartón o del contrachapado sirven como un detonador o una chispa análoga al collage en la generación de figuras pictóricas, sean entendiéndose como marcas pictóricas o como elementos de collage. Aunque muchas de estas obras no tengan fecha ni título, una está titulada como *Femmes et oiseaux devant le soleil* y su fecha es de 27 de julio de 1973 (FPJM-137). Esta fecha nos permite vincularlas, al menos conceptualmente, con la retrospectiva de 1974 de París, con su énfasis en el asesinato de la pintura, incluso si tenemos en cuenta la probabilidad de que muchas de estas obras se ejecutasen más tarde. La tosca aplicación del pigmento en la obra *Sin Título* (FPJM-135), también sin fecha, junto con las áreas al descubierto del soporte, revelan el grado en el que estas son sencillamente anti-pinturas. Un elemento de collage se introduce directamente en la más lírica *Sin Título* (FPJM-85), mediante el añadido de una cuerda en la que Miró quizás tenía intención de colgar un objeto encontrado. En una obra similar con el título *Oiseau* (9 de febrero de 1974; Fundación Joan Miró 4763) exactamente con las mismas dimensiones, -una obra presentada en la retrospectiva de 1974– un guante oscila de una cuerda parecida, permitiéndonos provisionalmente fechar esta obra como de 1974.

El ensamblaje de pintura y collage más importante de la Fundación Pilar y Joan Miró es *Personnage, oiseaux* (firmada y fechada el 18 de febrero de 1976; FPJM-146), realizado sobre un soporte de papel de vidrio rasgado de 171.5 x 125.2 cm, en el que están clavados un trozo de papel del mismo material del revés y trozos de madera cortados rudimentariamente, siendo los clavos precisamente los que introducen un registro de agresividad. La pintura es de un color marrón cálido e intenso y el soporte de lija es amarillo, mientras que los únicos toques de color brillante son las áreas de color azul y verde aplicados con moderación sobre la superficie del soporte y en los trozos de madera. Dicha obra puede relacionarse con la más pequeña, pero más temprana *Painting-Object* de la Fundación Joan Miró (28 de mayo - 29 de julio de 1972; FJM-7233), realizada en contrachapado, que incluye trozos de periódico y un guante fijado a la superficie y que fue presentada en la retrospectiva de París. Vemos de nuevo la utilización del papel de vidrio en la serie de 1935 *Signs and Figurations*, ejecutada en grandes hojas de dicho material, aunque estas últimas obras son mucho más agresivas en el tono. Hay, no obstante, un componente material añadido incluido en la obra *Personnage, oiseaux* de la Fundación Pilar y Joan Miró en la forma de excremento humano. En sus conversaciones con Georges Raillard, mantenidas en los estudios de Mallorca en noviembre de 1975 (publicadas en 1977), Miró explicó en términos no poco claros:

> Sí, sí, es mierda. Estaba allí, y tuve ganas de cagar; dejé caer mi pantalón y allí cagué, sobre los papeles de vidrio amarillos completamente nuevos... ¿y qué? Pues, ¡Paf! Puse el otro cartón encima, lo dejé y esto ha dado lugar a esta bella materia.[18]

Miró lleva a la pintura de vuelta a los materiales más primarios de expresión humana, al gesto primigenio del niño jugando con excrementos, a la vez que denuncia la explotación comercial de la pintura por el mercado del arte. En su lugar, Miró propone en obras como *Personnage, oiseaux* una postura estrictamente poética distinta del proceso de legitimación del mercado.

Miró no estaba solo en el uso de materiales no artísticos dirigidos a la destrucción de la pintura en los años sesenta y setenta. Mientras que él se distanció de Piero Manzoni y de su famosa *Merde d'artista*, merece la pena mencionar el ejemplo de las pinturas con excrementos de Gérard Gasiorowski conocidas como *Les Jus* (1978-1979) y la recreación tridimensional y excremental de las manzanas de Cézanne conocida como *Les tourtes (d'après Les Pommes de Cézanne)* (1977-1979), derivada de la confinante identificación del artista con lo primitivo y salvaje. Para Gasiorawski, "Yo supe entonces que podría trazar, modelar, pintar. He hecho *Les_Tourtes*, y no ha sido sencillo, he hecho también *Les Jus*. Y por ese medio, he estado seguro de que podría responder con pintura a la más grande miseria".[19] Para el movimiento Eat Art de Daniel Spoerri, los alimentos y la presentación ceremonial de los banquetes eran lo esencial para un arte efímero. Esta idea la puso mejor de manifiesto en su película *Resurrection* (1969), dirigida por Tony Morgan, en la que, utilizando el recurso de la proyección inversa, los excrementos se transformaban milagrosamente en una comida (carne) que finalmente restituye del matadero a su identidad como vaca pastando en una pradera. La visión excremental de Miró tenía sus orígenes en la tradición popular del Caganer.

Más generalmente, el uso de Miró del collage se mantenía en línea con la postura anti-arte de gran parte de la producción artística más interesante del período, lo que Laurence Bertrand Dorléac recientemente ha calificado como "l'ordre sauvage".[20] Son notables los collages negativos (dècollages) de Raymond Hains y Jacques de Villeglé conocidos como "déchirures" y que consisten en carteles rotos y desgarrados tomados de la calle que se remontan al período de la guerra de Algeria (1957-1961 en adelante), símbolo de una Francia dividida y desgarrada, la France déchirée (véase la exposición de 1961 "La France déchirée", Galerie J., París).[21] *Tirs* (c. 1961), actuaciones de Nikki de St Phalle que consistían en disparar a objetivos pictóricos utilizando un rifle del calibre 22, eran un gesto ideado para literalmente "faire saigner la peinture".[22] Las máquinas para pintar de Jean Tinguely conocidas como *Meta-matics* (1959) fueron una subversión de la categoría de las pinturas e introdujeron una idea subversiva de destrucción en el arte. El pintor ya no era necesario y el acto pictórico no era más que una actividad mecánica superflua. En *Homage à New York*, de Tinguely, presentada en el jardín del Museo de Arte Moderno (17-18 de marzo de 1960), una complicada máquina, una vez puesta en movimiento, se autodestruía en un violento gesto. El Surrealismo en general, y Miró en particular, pueden haber ofrecido un ejemplo para la generación más joven, tal como Tinguely apuntó en una entrevista. "He estado influenciado por los surrealistas, creo que por Tanguy, Dalí... Miró también. Con los colores puros, o entonces esto se pudriría. Hay en mi pintura una especie de podredumbre que se hace todos los días...".[23] La imposibilidad de pintar llevó a Tinguely en dirección a la máquina, al igual que el rechazo de Miró por la pintura le llevo al ámbito de las tres dimensiones. Relacionado con las pinturas quemadas de la exposición de París, estaba el giro más allá de la pintura, ahora ausente y transparente, hacia la escultura y otras intervenciones táctiles en el espacio real tales como los muy elaborados "Sobreteixims".

Un comentario sobre los dibujos de la Fundación Pilar y Joan Miró

Dibujos Preparatorios para Pinturas

Es difícil establecer una relación clara entre las pinturas de Miró y los dibujos preparatorios para las pinturas de la colección de la Fundación Pilar y Joan Miró. En parte, esto se debe a que cada vez Miró desarrollaba más ideas a partir de pinturas más tempranas con la idea de crear nuevas obras. Además, tuvo muchas ideas que nunca fueron realizadas, ya que a finales de 1979 ya no podía subir las escaleras que llevaban a su estudio, aunque sí continuó dibujando. A principios de 1982, ya no pudo trabajar más ni tampoco pudo viajar. Durante los últimos años de la década de los setenta, Miró todavía continuaba trabajando intensamente con la idea de crear nuevos trípticos y series de multi-pinturas agregando la obra que precedió a la exposición de 1974. De hecho, gran parte de este último trabajo evolucionó a partir de las inquietudes planteadas primero en la retrospectiva, en particular el gran conjunto de obras realizadas especialmente para la exposición.

Dibujos Independientes

Aparte de los dibujos preparatorios para las pinturas, existe un gran número de dibujos independientes. Como ocurre con la pintura, no sirve de mucho entrar en especulaciones acerca del grado de acabado. La técnica de dibujo de Miró estaba relacionada con su técnica pictórica e incluso dependía menos de planes preparatorios en el sentido más estricto, logrando la definición de la composición en el proceso de dibujar directamente en el soporte de papel. La colección de dibujos de la Fundación Pilar y Joan Miró revela el mismo método de ejecución espontáneo que se encuentra en el considerable grupo de dibujos fechados principalmente de 1975 a 1978 y que Miró entregó al Centro Georges Pomidou en 1979 en el momento de su retrospectiva de dibujo. Esa exposición reveló que Miró estaba trabajando en la cúspide de su poder como dibujante. Pierre Georgel escribió al respecto en el catálogo de sus dibujos, comparándolo con una forma de escritura:

"...la fusión de los materiales y de las técnicas, pero también de la forma y de la no forma, de la imagen y del gesto, de lo que se traza y de lo que se imprime, de lo que se rasga, de la incisión, de la voluntad y del azar, de la escritura personal, cada día más ardiente, y de la escritura de las cosas..."[24]

FPJM-402

El procedimiento, por tanto, es vital para su posterior enfoque del dibujo. Los dibujos de Miró revelan un alto grado de apertura, en el sentido en el que Umberto Eco utiliza la palabra. No se trata de un universo cerrado y hermético, sino un enfoque comprometido con el medio y en constante movimiento, invitando al observador a realizar múltiples interpretaciones de cualquier imagen determinada. El Miró maduro revela en el dibujo las mismas características dinámicas que a menudo se encuentran en la obra de jóvenes artistas.

Escultura

La colección de escultura de la Fundación Pilar y Joan Miró está compuesta principalmente por un grupo de esculturas de bronce fundidos en Parellada, cerca de Barcelona, que datan de finales de los sesenta en adelante. Estos bronces, en modo alguno convencionales, llevan unas rugosas patinas en verde variegado que buscan retener el estado inacabado del bronce después del proceso de fundición, esto es, la condición del metal previa al grabado y al acabado final. Desde luego, esta cualidad requiere el mismo esfuerzo que el proceso normal de acabado de un bronce más tradicional. Pero Miró buscaba un efecto primigenio distinto de las obras de acabado más clásico realizadas en fundiciones tales como Susse, Clementi (ambas en París) y Bonvicini (Verona), que se caracterizan generalmente por

suaves pátinas de color verde oscuro o negras más en línea con el uso tradicional del medio. Las esculturas de Parellada son quizás lo más cercano al espíritu de los estudios de Miró, puesto que se alejan del ensamblaje de objetos encontrados y por lo general están basadas en objetos que Miró reunió primero en los estudios y que más tarde fundió en bronces mediante vaciado a la cera perdida. Al igual que Miró buscaba una recuperación del anti-arte en pintura, igualmente en la escultura buscaba un área no artística de ensamblaje para hacer de la escultura una intervención en el ámbito de lo real. Las esculturas de Miró se alejan de los objetos reales transformándolos en fantásticas criaturas mediante el procedimiento alquímico de la fundición en bronce (la transformación de un líquido en algo sólido), únicamente para devolverlos al mundo físico de lo real. Sería erróneo sugerir que existe aquí alguna especie de proceso místico en funcionamiento, puesto que éstas son obras profundamente materiales; es sólo que comparten su extensión con nuestro propio espacio. Las esculturas de la Fundación Pilar y Joan Miró son una representación significativa de aquellas que estuvieron presentes en la retrospectiva de París. (Otros ejemplos de FPJM-401, 402, 403, 405, 406, 407, 409, 413, 414, 423, 424 fueron presentados en la exposición de París)

Los objetos que Miró utilizó como modelo para la escultura forman parte de un vocabulario escultórico y de una iconografía distinta, pero paralela, a la pintura. Merece la pena mencionar algunos de los objetos pertenecientes al repertorio de modelos hallados en estas esculturas. Por ejemplo, en *Femme* (1967; FPJM-400) encontramos un fragmento de una urna de cerámica rota. Un pie de escayola aparece como el principal elemento que compone la figura en *Personnage et oiseau* (1967; FPJM-401), donde la sustitución del cuerpo por el pie sugiere un contacto físico con la tierra, el cuerpo entendido aquí como conducto de la energía terrestre. Un rastrillo de metal, un clavo torcido y trozos de madera componen *Jeune fille* (1967; FPJM-421); un balón de fútbol aplastado forma el cuerpo de una mujer en *Femme* (1967; FPJM-398). Una gran cuchara de madera y la caja de un sombrero son conjugados para conformar un poético *Horloge du vent* (1967; FPJM-402). El fragmento de una urna representa el torso de una mujer y una rebanada de pan el sol en *Femme soleil* (1967; FPJM-420). Una cesta de mimbre forma la cabeza de una figura en *Personnage et oiseau* (1968; FPJM-406). Objetos metálicos conforman los rostros en *Tête* (1968; FPJM-410) y en *Femme* (1969; FPJM-422). Utensilios tales como un largo tenedor y una gran cuchara constituyen el cuerpo femenino en *Femme aux beaux seins* (1969; FPJM-409) y en *Jeune fille rêvant de l'évasion* (1969; FPJM-408). Una calabaza y el fragmento de una muñeca forman el cuerpo de *L'Équilibriste* (1969; FPJM-412). La escayola de una mano se convierte en un pájaro que descansa sobre el tronco de un árbol en *L'Oiseau se niche sur les doigts en fleur* (1969; FPJM-424). Otra calabaza, esta vez con largos tenedores dispuestos en forma radial, se convierte en la cabeza de una figura amenazante en *Personnage* (1969; FPJM-423). Las mismas herramientas utilizadas en la fundición del aparecen en algunas esculturas: un martillo y una lata aparecen en *Personnage* (1970; FPJM-427) y un fuelle lo hace en *Personnage* (1970; FPJM-425); ambas obras demuestran como el procedimiento escultórico era invertido en el acto poético.

Además, Miró utilizaba otros procedimientos aparte del ensamblaje de objetos encontrados y, de hecho, a menudo mezclaba elementos modelados con objetos encontrados en el ensamblaje. Una huella de su propio pie en arcilla se convierte en la figura de *Personnage* (1968; FPJM-403). Huellas de objetos, componentes en relieve modelados, y marcas lineales grabadas en la superficie forman el repertorio de imágenes en *Bas relief* (1970; FPJM-415), mediante el proceso de vaciado a la arena; en este caso, la utilización de esta técnica de vaciado hizo posible que alguno de estos efectos fueran distintos a los conseguidos mediante el vaciado a la cera perdida.

Son notables dos ensamblajes realizados en otros materiales. Uno de ellos consiste en un periódico enrollado que está pintado y atado con una cuerda que el transforma presumiblemente en una figura, aunque es una obra *Sin Título* (firmada y fechada el 1-02-1972; FPJM-417). El otro está formado por elementos de madera pintados –una tabla circular representando una cabeza femenina, rostro o torso– y cuerdas brillantemente coloreadas en rojo y amarillo para representar a una mujer con el cabello largo en la obra sin fecha, probablemente de muy a finales de diciembre de 1973 o de principios de 1974, *Personnage* (FPJM-418). Los materiales y las fechas estimadas de ambas obras las vinculan con los "Sobreteixims" a escala grande que figuran de manera destacada en la retrospectiva de 1974. Aquí, la escultura y la pintura (por lo que respecta al color) se funden mediante un proceso lleno de inventiva de figuración tridimensional.

Los dibujos preparatorios y los cuadernos de bocetos para las esculturas conservados en los archivos de la Fundación Pilar y Joan Miró revelan que el artista reflexionaba sobre cada escultura durante un largo período de tiempo. Los primeros dibujos preparatorios del cuaderno de bocetos para las esculturas de la década de los sesenta datan de 1958 y están relacionados con el período en el que Miró planeaba el elaborado jardín escultórico para la Fondation Marguerite et Aimé Maeght de St Paul de Vence. Aunque la mayoría de las esculturas se fundieron a principios de 1967, Miró realizó numerosos dibujos, especialmente durante los años 1961-1965.

A diferencia de los últimos dibujos preparatorios para pinturas, en los que Miró parece estar explorando muchas posibilidades, los dibujos preparatorios para esculturas están directamente relacionados con obras específicas e identificables. Las inscripciones en los dibujos revelan diferentes posibilidades de composición y título, pero normalmente el título final está presente en al menos un dibujo. Hay algún indicio de que Miró utilizó los bocetos preparatorios como una especie de registro del estado de las esculturas acabadas, y es probable que regresara a los dibujos para añadir más anotaciones indicando, por ejemplo, qué fundición estaba realizando el bronce. Las anotaciones adicionales se ejecutan a menudo en tinta de diferente color. En los primeros dibujos del cuaderno de bocetos, Miró trabajaba a lápiz, pero después tendió a hacerlo en tinta, dibujando con un bolígrafo. Los dibujos representan un registro específico de Miró a través del proceso tanto en el nivel de composición de marcas o signos, como en el nivel textual de anotación. Los estudios para una

amplia variedad de esculturas del artista se hallan en las instalaciones de la Fundación Pilar y Joan Miró, y el gran abanico de obras representadas va más allá del número de esculturas presentes en la colección.

Varias de las inscripciones son reveladoras. En el dibujo de 1958 para L'Oiseau_solaire (1966; Sucesión Miró), Miró indica su intención de ampliar el modelo y escribe "com un signe" sugiriendo con ello las funciones de la escultura como signo lingüístico en el espacio, el equivalente tridimensional de la caligrafía (FPJM-1409.2b). En los dibujos para Torse de femme (1966; FJM-7255) y para Tête (1966; FJM-7256), Miró indica su preferencia por la técnica de vaciado a la cera perdida, "La major part escultures fer les fondre amb cera perduda" (25-04-1964; FPJM-1411.17a.1). Un dibujo para la escultura pintada Femme et oiseau (1967; Acquavella Modern Art) identifica la forma de la cabeza como si se originase de una caja de ensaimada, "per caixa ensaïmada" (FPJM-1268), mientras que el dibujo para Sa majesté (1967-1968; Acquavella Modern Art) indica la base/cuerpo de la figura como si estuviera hecha de "tronc palmera" (FPJM-1409.11a), y los colores a la cera en otra parte del mismo dibujo y que se refieren a otras obras, se utilizan para indicar posibles elecciones de color. En la inscripción de una página del cuaderno de bocetos, con fecha de 5-12-1963, se lee: "Especular amb matèries / bronze... Grans possibilitats / i accents / color violents...", sugiriendo un enfoque experimental del bronce y del uso del color. (FPJM-1411.4.2) Varias

anotaciones indican el color en los dibujos para los bronces pintados de 1967-1969, como en el dibujo para Femme et oiseau (1967; Acquavella Modern Art): "cap bronze nas pintat vermell/ silló natural [pintat] blau" (FPJM-1409.11a). El dibujo realizado con bolígrafo para el ensamblaje con cuerda coloreada denominado Personnage (con fecha 3-12-73; FPJM-418) indica el género femenino del personaje y el vínculo con los simultáneos "Sobreteixims", como Miró escribe junto al boceto, "Personnage / Femme / Sobreteixim" (FPJM-692) y nos permite datarlo como de finales de 1973 o de principios de 1974, esto es, como una de las obras ejecutadas para la preparación de la retrospectiva de 1974.

Hacia una Monumentalidad del Color

La preocupación de Miró por la escultura le llevó al interés por la escultura pública monumental concebida como vehículo para proyectar el color en el ámbito social del entorno urbano. Gran parte de su trabajo en la escultura fue emprendido en colaboración con el ampliador Robert Haligon, cuyo estudio estaba situado cerca de París, en Périgny-sur-Yerres. Haligon trabajó también con Jean Dubuffet y Nikki de St Phalle en la fundición de resina de poliéster, un material relativamente nuevo que era más ligero que el bronce y que tenía la ventaja añadida de poder ser pintado fácilmente mediante un proceso de pintado resistente a la intemperie. El acercamiento de Miró a la monumentalidad aunaba sus inquietudes pictóricas con otras más escultóricas.

La colección de la Fundación Pilar y Joan Miró contiene muchos proyectos preparatorios para dichas esculturas monumentales. Mientras que Projet pour un monument (1972 para el yeso; Acquavella Modern Art y 1972-1979 para el bronce; Sucesión Miró) nunca fue realizada en los términos monumentales que deseaba, Miró trabajó en este proyecto durante toda la década. Inicialmente, se planeó para ocupar un lugar en el exterior de la entrada de Los Angeles County Museum of Art, después para Central Park en un pequeño parque cerca del East River y, finalmente, para el Hirshhorn Museum and Sculpture Gallery. Dos fotomontajes muestran el pensamiento de Miró acerca de los emplazamientos en Los Angeles y Nueva York (FPJM-1460 y FPJM-1459). Los bocetos que datan de noviembre de revelan la enorme e inconmensurable concepción de obra, como el dibujo de un sobre que lleva la inscripción "Femme s'adressant à la foule" (FPJM-641) o el dibujo realizado con lápices de colores que lleva una anotación similar "Femme devant la foule" (FPJM-638). Otro dibujo, no fechado y probablemente más tardío, lleva inscrito el título *Maternité* (FPJM-1089) y sugiere un vínculo con *Hon Elle, la_femme-cathédrale* (Estocolmo 1966), de Jean Tinguely y Nikki de St Phalle, una escultura pintada que representa a una mujer en cuyo cuerpo podemos entrar. Varias de las esculturas policromas de Miró se realizaron en 1974, y fueron incluidas en la retrospectiva de París. Un dibujo para *Personnage* (1974; localización desconocida) realizado con lápices de colores revela hasta qué punto el color se decide precisamente en el comienzo mismo de la obra (FPJM-877a), aunque la elección final del color difiere de manera importante de la del dibujo; otro dibujo relacionado con la misma obra sugiere una escala de casi dos metros de altura (30-10-1971; FPJM-651). Mientras que el dibujo realizado con bolígrafo para *Pere Ubu* (27-03-1974; Helly Nahmand Galleries, Londres) no incluye color, sí traza los contornos formales de la escultura con precisión y recupera un tema que Miró trató sistemáticamente durante toda su vida (FPJM-1416.5a). El dibujo para *Personange* (1974; "Col·lecció Testimoni" de "la Caixa", Barcelona), compuesto por una pinza de tender la ropa y una piedra enormemente ampliadas, otra vez pone de manifiesto la aspiración hacia una sobrecogedora monumentalidad y lleva una indicación para una escala de "15 à 20 m". Miró utiliza otra vez lápices de colores para indicar el impacto que el color proyectaría en un emplazamiento. El hecho de que el cuaderno de bocetos que contiene estos dibujos esté etiquetado "Central Park" sugiere que es un proyecto diferente relacionado con el proyecto para Nueva York ya mencionado.

Si bien algunos de los proyectos monumentales de Miró nunca se vieron realizados, o sólo lo fueron en una escala considerablemente inferior a la de su intención inicial, un número de encargos públicos fueron terminados. El más importante fue realizado en resina de poliéster, en colaboración de nuevo con Haligon, y con una altura de doce metros: *Couple d'amoreaux aux jeux de fleurs d'amandier. Monument pour La Défense* (1978; Etablissement public pour l'aménagement de la region de la Défense). Esta obra fue seguida de otros dos importantes encargos públicos en 1982, el primero en Houston y el segundo en Barcelona.

Personnage et oiseaux (1982) fue emplazado en el centro de la ciudad de Houston, junto al recién construido rascacielos diseñado por I.M. Pei. Pei y su equipo de ingenieros jugaron un papel decisivo en la realización de la monumental escultura de bronce y acero pintado de Miró que fue fabricada en EEUU. Un dibujo del cuaderno de bocetos nos dice que la composición y el título para esta obra data de fecha tan temprana como 1963 (5-12-63; FPJM-

1411.13), aunque hay una versión en bronce no pintado más pequeña (1970; FJM-7333). Un dibujo posterior, pero sin fecha, de nuevo muestra a Miró centrado en la cuestión del tamaño y la escala, y lleva las notas, "entièrement peint / (non a l'huile) / 3 élements / acier / 15 M./ Texas" (FPJM-1316). Finalmente, un dibujo técnico no ejecutado por Miró indicaba las zonas de acero y bronce y la posible disposición de los colores en las partes superiores del bronce y que representaban los pájaros del título. Una pequeña maqueta de madera fue realizada y pintada por Miró en noviembre con la ayuda de su nieto Emilio, y se presentó a Pei y a sus clientes más tarde ese mismo mes. La escultura fue fabricada en 1981 y su instalación prevista en abril de 1982. La escultura final fue fiel a los colores propuestos en la maqueta.

El último encargo público importante de Miró fue *Femme and oiseau* (1982), ubicado a la vista de un matadero que luego adoptó el nombre de Parc Joan Miró. El artista trabajó con Joan Gardy Artigas, el hijo del ceramista Josep Llorens Artigas, y la escultura fue fabricada en hormigón con fragmentos de cerámica incrustados en homenaje a la técnica denominada "trencada". De nuevo, el proyecto fue fruto de muchos años de reflexión y tenía su origen en una mucho más temprana versión en cerámica de *Femme et oiseau* (1962; FPJM-428) realizada en colaboración con Llorens Artigas y que ahora se encuentra en la colección de la Fundación Pilar y Joan Miró. La cerámica lleva principalmente toques de rojo y negro aplicados en la superficie antes de la cocción. Un dibujo no fechado indica que la concepción original de la composición fue exclusivamente como cerámica (FPJM-660). El problema era cómo transformar este material y una superficie polícroma en una escala totalmente diferente. En 1981, se realizó una maqueta reducida de escayola para que Miró y Artigas pudiesen utilizar papeles de colores para determinar la ubicación de los fragmentos de cerámica destinados a ser incrustados en la superficie. Como con el proyecto de Houston y los proyectos de París, *Femme et oiseau* está emplazada en un contexto urbano, pero es un monumento a la vitalidad femenina como medio para humanizar la geometría del entorno urbano masculino.

Dibujos Preparatorios para Otros Proyectos Públicos

Como hemos visto, la obra última de Miró buscaba ir más allá de la pintura y situar al arte dentro del más amplio campo de experiencia, principalmente con el propósito de

FPJM-428

mural de cerámica sobre muro y un mural policromo inclinado de una rotonda, obras que claramente rinden homenaje al Parc Güell de Gaudí. Los dibujos relacionados con estas obras llenas de color llevan inscripciones que indican el papel del color, "Com si fes una pared, posar dalles / de varis colors..." (FPJM-1410.11b);

> ciment natural, / negre / o colors / amb podres grosses incrustades com foto porta Son Boter / pedres tallades irregularment / ceràmica / rajoles verdes / palets riera grossos, negre (FPJM-1410.14a)

> ...ceràmica / o aplicacions / ceràmica / algun signe grabat / empremtes de les / mans o peus / ... pedres marge i matèries, / vidres, ferros, ceràmiques / incrustades, cagaferro... (FPJM-1410.21a).

De nuevo, Miró rinde homenaje a la técnica de Gaudí conocida como "trencada", "...matèries molt nobles i / severes / algún accent / Veure / Park Guell [sic] / Colònia [Güell]..." (FPJM-1410.18).

Otros bocetos sugieren la monumentalidad de grandes elementos escultóricos: el gran *L'Arc de la Fondation* en hormigón que representa una figura en un vocabulario arquitectónico (FPJM-1410.4b y FPJM-1410.5), y *La Fourche* (FPJM-1410.10, 1410.11, 1410.15, 1410.16a), que designa específicamente como "Esculptures monumentales" (FPJM-1410.10). Mientras que el proyecto de este complejo merece un análisis más detallado, no es este el lugar para dicho estudio. Es suficiente decir que este extenso cuaderno de bocetos es fundamental para comprender en su totalidad las implicaciones de este muy elaborado proyecto ambiental. Para Maeght y Miró representaba una sensación de optimismo de posguerra. En palabras de Maeght:

> Mi querido Joan, nosotros realizaremos / una obra única en el mundo que permanecerá / en el tiempo y en los espíritus como testimonio de nuestra civilización que / a través de las guerras, las conmociones sociales / y científicas habrá dejado a la humanidad uno de los mensajes espirituales y artísticos más puros / de todos los tiempos; estos son los testimonios / que yo quisiera hacer perceptibles a las generaciones / que nos seguirán y demostrar a nuestros pequeños / que en nuestra época materialista / el espíritu ha estado presente y muy eficaz... (FPJM-1410.23.1).

dirigirse al público. Por esta razón, su obra es profundamente democrática en carácter. Los encargos de esculturas públicas y la presentación de exposiciones retrospectivas como las de 1968-1969 y 1974 eran una forma de alcanzar este objetivo. Miró buscaba fusionar las obras de exterior con el entorno del observador. Hacía uso del color en el ámbito público en deliberado contraste con los "grises" últimos años de la dictadura. La colección de la Fundación Pilar y Joan Miró conserva cuadernos de bocetos y dibujos preparatorios relacionados con los tres últimos encargos más importantes de Miró.

Fondation Maeght (1957-1964)

Un cuaderno de bocetos muestra el proyecto del complejo arquitectónico y ambiental para la Fondation Marguerite et Aimé Maeght con sus fuentes y con sus esculturas de cerámica y de mármol blanco, y en acero y hormigón, respectivamente (Cuaderno de bocetos FPJM-1410). Como hemos visto, algunos de los primeros pensamientos de Miró en lo que se refiere a la rica producción escultórica de los años sesenta y setenta se remontan al período de reflexión en el que planeaba la Fondation Maeght en colaboración con Sert. La cerámica (aparte de su uso como material escultórico) fue un importante vehículo para la inclusión del color en superficies arquitectónicas, como sucede en el

Mural del Aeropuerto de Barcelona (1968-1970)

En 1970, Miró terminó un mural de cerámica polícromo a escala en la fachada de la entrada principal del aeropuerto de Barcelona. El mural representaba una puerta llena de colorido entre la Barcelona nativa de Miró y el resto del mundo, ya que la capital de Cataluña siempre había luchado por mantener unas conexiones abiertas y sin prejuicios con Europa y el resto del mundo, en contraste con Madrid, más provinciana y encerrada en sí misma. Ejecutado durante la censura, y de forma muy parecida a la retrospectiva de 1968-1969 (organizada en Francia y enviada a Barcelona), fue este un acto de resistencia estética con una resonancia política que predijo la transición política que sólo llegó con la solución biológica del 20 de noviembre de 1975, y fue con claridad una deliberada reafirmación del deseo de Cataluña por establecer lazos al otro lado de los Pirineos. Igualmente, se trataba de una obra en un emplazamiento público, un vehículo para conectar de forma directa con la gente.

Miró empezó los dibujos preparatorios en 1968, cuando la idea inicial era dos figuras definidas (pueden interpretarse bien como dos pájaros o como una mujer y un pájaro) que se traslapan ligeramente con formas se penetran recíprocamente, un claro símbolo de vuelo y resistencia espiritual (numerado 'I', 15-12-1968; FPJM-668). Miró realizó un dibujo (numerado 'III', FPJM-669b) y dos fotomontajes (numerados 'II' y 'IV'; FPJM-669a y 670) indicando los detalles de la obra arquitectónica, que retiene la diferenciación entre las dos figuras (FPJM-669b, FPJM-669a, FPJM-670). A medida que la idea progresaba, las dos figuras se fusionaron en un sentido más integrado, recíproco y transparente. Los últimos dos dibujos de la serie (numerados 'VI' y 'VII'; FPJM-671 y 672) se aproximan en mayor grado a la composición final, especialmente el último de ellos, cuyas anotaciones explican:

Fons molt noble / Que no sigui fred / Algun accident de matèria o color per enriquir-lo, / que vingui naturalment, no buscat... / Es de gran importància resoldre la matèria / de la paret de l'extrem de l'edifici... (FPJM-672).

El material era un vehículo que transmitía vitalidad en oposición al frío comercialismo y al opresivo clima político.

Mural de Las Ramblas (1974-1976)

En 1976, Miró, con la ayuda de Joan Gardy Artigas, instaló un mural cerámico circular en el pavimento de Las Ramblas de Barcelona, el paseo más frecuentado de la ciudad, de manera que los peatones pudieran caminar sobre él. Con el título de *Pla de l'Os*, esta obra sitúa radical y simultáneamente al público sobre y dentro de la obra de arte; y la obra de arte estaba dispersada entre el público. Aquí Miró fue más allá de la idea de monumentalidad (en el sentido del objeto escultórico) hacia una fusión con el espacio de la gente. Tan pronto como en 1959, Miró dirigió su creciente interés hacia los murales de cerámica, precisamente por su conexión con las masas,

La pintura mural me interesa porque requiere el anonimato, porque llega a las masas directamente y porque tiene un papel en la arquitectura. Verdaderamente exitosa es la arquitectura... es anónima. El gusto por el anonimato conduce al trabajo colectivo. Esta es la razón por la que me interesa tanto hacer cerámica con Artigas. El trabajo anónimo debe ser a la vez colectivo y muy personal ... El mundo se mueve hacia la colectividad. El anonimato me permite renunciar a mi ser, pero renunciando a mí mismo llego a afirmarme incluso más... El mismo proceso hace que busque el ruido oculto en el silencio, el movimiento en la inmovilidad, la vida en las cosas inanimadas, lo infinito en lo finito, las formas en el vacío, y a mí mismo en el anonimato. Esta es la negación de la negación de la que Marx hablaba. Negando la negación, afirmamos.[25]

Un enfoque colectivo de la cerámica, por lo tanto, suponía borrar al artista como creador aislado y acrecentaba su solidaridad con el público. Además, esto venía a ser un acto espiritual de resistencia. La adaptación horizontal (democrática) del mural de Las Ramblas expresaba tanto resistencia como una unidad anónima con las masas. Incluso no fue necesario notificar la presencia de esta obra. Miró empezó el proyecto en 1974, un año antes de la muerte de Franco (1975), y se dice que sólo estuvo acabado en 1976, casi como un anuncio de una nueva apertura social. Tres dibujos relacionados probablemente con este proyecto revelan el pensamiento de Miró. El dibujo más resuelto está realizado con lápices de colores para indicar la importancia del color en el proyecto (16/08/1974; FPJM-642) y señala el modelo de arquitectura pintada de Brasil, llevando la inscripción, "Rio Janeiro / linees esfonsades / pedres que a usar-se...". Un segundo dibujo sin fecha es menos detallado en la representación de las zonas coloreadas y de nuevo hace referencia a Gaudí, "...com el Dragó del / Parc Güell... recordant groc, blau blancs / vidres trencats / i ampolles com / ceràmica i vidres i formigó" (FPJM-1061). Finalmente, un tercer dibujo, también sin fecha,

FPJM-668

representa una composición ampliamente resuelta, con dos figuras y un campo de color variegado; las anotaciones otra vez evocan a Gaudí y su uso de la "trencada": "ciment / formes negres creusés / incrustar-hi objectes / i colors de / tota manera / vidres trencats / ceràmics [trencades] / botelles / ferros..." (FPJM-648). Mientras que en la versión acabada, Miró optó solo por losas de cerámica de color y de forma regular, resulta claro que la inspiración para este popular método de producción estaba basado en un material fuente más fragmentado dirigido presumi-

blemente a fusionarse en una nueva identidad más sólida en la imagen final.

El mural de Las Ramblas representaba no tanto la fusión del arte de vanguardia y la vida, sino una inserción, o mejor incluso, una reinserción del arte en la vida. Como hemos visto, esta postura representaba a la vez un rechazo de la pintura y un retorno a una reafirmación de instinto primigenio. Como Miró proclamó en los años de la posguerra al crítico de *Combat*,

En Lisboa y en Brasil... la cerámica juega un papel muy importante en el revestimiento de las casas. Es cuestión de que vaya a Brasil a trabajar con los arquitectos. Esto me interesa mucho: Es preciso situar de nuevo el arte en la vida.[26]

La finalización del proyecto de Las Ramblas representó la culminación del deseo de Miró por situar el arte en el flujo de la vida cotidiana. Éste era uno de los objetivos más importantes de su obra última, objetivo ampliamente representado en la colección y en los archivos de la Fundación Pilar y Joan Miró.

NOTAS

* El Dr. William Jeffett es Comisario de Exposiciones del Salvador Dalí Museum, St Petersburg, Florida.

1. Jeanine Warnod, "La peinture est 'en décadence depuis l'âge des cavernes'", en *Le Figaro* (París) 18 de mayo de 1974.

2. Jacques Dupin, "Notes sur les peintures récentes", en *Joan Miró*, París: Grand Palais, 1974, p. 25. Para un informe reciente de la ejecución véase Javier Tusell y Genoveva G. Queipo de Llano, *Tiempo de incertidumbre: Carlos Arias Navarro entre el franquismo y la transición*, Barcelona: Crítica, 2003.

3. Véase Pablo Rico, *Interiores de Miró*, Sevilla: El Pabellón Mudéjar, 1993-1994, pp. 106-107.

4. Robert Lubar, "Last Miró", en *Joan Miró: traspasando los límites*, Granada: Centro José Guerrero, 2004, p. 18.

5. Jacques Dupin y Ariane Lelong-Mainaud, *Joan Miró: Catalogue raisonné. Paintings Volume VI: 1976-1981*, París: Daniel Lelong - Successió Miró, 2004, p. 165.

6. Véase *Interiores Miró, op. cit.*, pp. 120-129.

7. Jacques Dupin, 1974, *op. cit.*, p. 25.

8. Yvon Taillandier, "Miró: Now I Work on the Floor", *XXième Siècle* (París), 30 de mayo de 1974, reimpreso y traducido en Margit

Rowell, *Joan Miró: Selected Writings and Interviews,* Londres: Thames and Hudson, 1986, p. 285.

9. Jacques Michel, "Miró chez Miró", en *Le Monde* (París), 6 de junio de 1974.

10. Rémi Labrusse, "Le Potlatch" en *Joan Miró 1917-1934*, París: Centre Georges Pompidou, 2004, p. 40.

11. María de Corral, "A Soul Unbared", *Joan Miró: traspasando los límites, op. cit.*, p. 10.

12. James Johnson Sweeney, "Joan Miró: Comment and Interview", *Partisan Review* (Nueva York), Febrero 1948, reimpreso en Margit Rowell, 1986, *op. cit.*, pp. 207-208.

13. Barbara Rose, *Miró in America*, Houston: The Museum of Fine Arts, 1982; y Rosalind Krauss y Margit Rowell, *Magnetic Fields*, Nueva York: Solomon R. Guggenheim Museum, 1972.

14. Véase *Antonio Saura. Pinturas 1956-1985*, Madrid: Centro de Arte Reina Sofía, 1989.

15. *Ferrán García Sevilla*, Barcelona: Generalitat de Catalunya, 1989.

16. *Miguel Ángel Campano*, Madrid: Museo Nacional Centro de Arte Reina Sofía, 1999.

17. Campano habría visto la Fundación Pilar y Joan Miró.

18. Georges Raillard, *Miró: Ceci est la couleur de mes rêves*, París: Seuil, 1977, p. 40. Véase también *The Shape of Color: Joan Miró's Painted Sculpture*, Londres: Scala, 2002, p. 37.

19. *Gérard Gasiorowski: C'est à vous, Monsieur Gasiorowski*, París: Centre Georges Pompidou, 1995, p. 87.

20. Laurence Bertrand Dorléac, *L'Ordre sauvage: violence, dépense et sacré dans l'art des années 1950-1960*, París: Gallimard, 2004.

21. Ibídem, pp. 198-200.

22. Ibídem, p. 218.

23. Ibídem, pp. 241-242.

24. Pierre Georgel, "Les dessins de Miró", *Dessins de Miró*, París: Centre Pompidou, 1979, p. 12.

25. Yvon Taillandier, "I Work Like a Gardener" *XXième Siècle* (París), 15 de febrero de 1959, traducida en Margit Rowell, 1986, *op. cit.*, pp. 252-253. Observe que una versión editada de este texto apareció en el catálogo de la retrospectiva de 1974.

26. René Guilly, "En déballant avec Joan Miró ses sculptures et ses tableaux de terre cuite" [entrevista], en (París), 25-X-1948, p. 4.

Catálogo

"Quant à mes moyens d'expression, je m'efforce d'atteindre de plus en plus
le maximum de clarté, de puissance et d'agressivité plastique, c'est-à-dire
de provoquer d'abord une sensation physique, pour arriver ensuite à l'âme."

Minotaure nº 3-4, París, diciembre 1933.

Criterios de catalogación

Las obras de Joan Miró de este catálogo se estructuran básicamente en tres catego-rías: pintura, escultura y dibujo. Dado que no todas estas obras están datadas, la pre-sentación cronológica de todo este fondo museográfico no ha sido posible, a excep-ción de las pinturas y esculturas. En el caso de las pinturas, algunas obras no datadas por Joan Miró se han ido datando partiendo de documentación gráfica y aquellas que no se han podido datar se sitúan al final de esta categoría. Sin embargo, todas las esculturas están datadas. Los dibujos no se ordenan cronológicamente esencialmente por dos razones. Por un lado, se quiere respetar el orden del primer inventario de 1986 que, seguramente, era fiel a la secuencia definida por el propio Miró. Por otro lado, la organización en obras datadas seguidas de obras no datadas no contribuía a una inter-pretación adecuada de éstas, puesto que la creación de algunos dibujos no datados es coetánea a la de algunos datados, o es anterior a la de los últimos dibujos datados. A menudo, Miró agrupaba bocetos o anotaciones de proyectos concretos, indepen-dientemente de si los databa o no, y sin tener en cuenta su fecha de creación. Algunos de estos proyectos abarcan hasta dos décadas, como el de la escultura monumental para Chicago (1964-1981). Es decir, la importancia del vínculo conceptual tejido por Miró entre estos dibujos trasciende la importancia de su secuencia cronológica. Así pues, no sería lógico romper este nexo, separando los dibujos y las anotaciones data-dos de los no datados. A veces, el fondo museográfico permite documentar el pro-ceso creativo de ciertas obras o proyectos: escultura, murales, cerámica, tapices y teatro, entre otros. Estos conjuntos de documentos se disponen en orden cronológico dentro de cada una de las tres categorías: pintura, escultura y dibujo.

Autor: El autor de la mayoría de obras del catálogo es Joan Miró, de manera que sólo se consigna la autoría en el caso de obras realizadas en colaboración con otros autores o en el caso de obras realizadas por otros autores.

Título: Los títulos se consignan en cursiva. Si hay dudas sobre la transcripción del título, éste va seguido de un signo de interrogación entre corchetes [?].

Fecha: Sólo se anota el año de producción con cuatro dígitos. A continuación del año, pueden aparecer precisiones entre corchetes: [ca], [post], [ant] y [?]. El año seguido de un signo de interrogación entre corchetes indica que la transcripción de la fecha en la inscripción es dudosa. Las diferentes fechas de los distintos dibu-jos de un mismo soporte se consignan a continuación de cada título. Los rangos cronológicos se consignan de la siguiente manera:
- La fecha inicial y final de un rango cronológico separadas por un guión indican que la obra fue realizada a lo largo de todo este período (1980-1982).
- La fecha inicial y final de un rango cronológico separadas por una barra indican que la obra probablemente fue realizada en algún momento sin determinar en este período (1982/1989).

Inscripciones: Las inscripciones están transcritas en cursiva desde la parte supe-rior izquierda hasta la parte inferior derecha, excepto cuando el significado del texto indica una secuencia diferente. En el caso de inscripciones en el anverso y reverso de una obra, la ubicación de éstas precede a las transcripciones. El cambio de línea o de párrafo viene marcado por espacio-barra-espacio (/). Las inscripciones

Cataloguing criteria

The works of art by Joan Miró that are included in this catalogue are mainly divid-ed into three categories: paintings, sculptures and drawings. Given the fact that not all these works are dated, it was impossible to present the whole collection in chronological order, with the exception of Miró's paintings and sculptures. In the case of his paintings, graphic documents were used to date some of Joan Miró's undated works. Those paintings that could not be dated have been situated at the end of the 'paintings' category. All the sculptures, however, are dated. The draw-ings are not ordered chronologically for two main reasons. Firstly, we wished to observe the same order as the first 1986 inventory, which no doubt followed the chronological order defined by Miró himself. Secondly, listing his dated drawings before his undated ones would not facilitate their correct interpretation, since some undated drawings were produced at the same time as other dated ones or before the last dated series. Miró often grouped together sketches or notes for specific projects, regardless of whether they were dated or not, without bearing in mind the moment when they were created. Some of these projects span a period of up to two decades, like the monumental sculpture for Chicago (1964-1981). That is, the conceptual link that Miró created among these drawings is far more important than their chronological order. Thus it would be illogical to break this tie, separating dated drawings and notes from undated ones. At times, thanks to the foundation's collections, it is possible to document the creative process behind certain works of art or projects such as sculptures, murals, ceramics, tapestries or work for the the-atre. In such cases, these documents are presented in chronological order within each of the three categories: paintings, sculptures or drawings.

Authorship: Since most of the works of art in the catalogue are by Joan Miró, their authorship is only stated in the case of works of art created in collaboration with other professionals or works of art by other authors.

Titles: Titles are shown in italics. If there is any doubt about the transcription of a title, it is followed by a question mark between square brackets [?].

Dates: Only the year of a work of art's creation is given, in four digits. Following the year, there might also be additional information between square brackets: [ca], [post], [ant] and [?]. A year followed by a question mark between square brackets indicates that the transcription of the date shown on the work of art is uncertain. If different drawings on a single support were made in different years, the year is shown after each corresponding title. Time periods are shown as follows:
- The initial and end date of a time period separated by a hyphen indicate that it took this length of time for a work to be created (1980-1982).
- The initial and end date of a time period separated by a slash indicate that the work was probably created at some unspecified point during this period (1982/1989).

Inscriptions: Inscriptions are transcribed in italics, working from the upper left to the bottom right, unless a different order must be followed for the text to have meaning. In the case of inscriptions on the front and back of a work of art, their location is shown before the corresponding transcription. A change of line or para-graph is indicated by a space-slash-space (/). Underlined inscriptions are under-

subrayadas aparecen así transcritas. Los términos que Miró sustituyó por comillas se transcriben entre corchetes. En caso de duda sobre la transcripción de la inscripción, ésta va seguida de un signo de interrogación entre corchetes [?]. Las letras ilegibles, así como la parte omitida de las palabras incompletas están indicadas mediante tres puntos suspensivos entre corchetes [...], independientemente del número de letras ilegibles. Las inscripciones tachadas, pero legibles, también se han transcrito y tachado. Las palabras tachadas e ilegibles, así como las palabras omitidas se han sustituido por tres guiones entre corchetes [—-].

Esculturas: Todas las esculturas de bronce de la colección proceden de una edición especial realizada para la Fundació Pilar i Joan Miró a Mallorca, gracias a la cesión de derechos de autor por los herederos del artista.

Procedencia: Figura la forma de ingreso de la obra de arte en la colección de la Fundació Pilar i Joan Miró, acompañada del nombre de la persona o personas de las que procede la obra, seguido del año en que tuvo lugar el ingreso. Las obras donadas por Joan Miró se indican de la manera siguiente: "Donación del artista".

Exposiciones: Los datos referentes a exposiciones aparecen de manera resumida en el formato: Ciudad Año [Orden en el año], [lámina], página. Cuando la inauguración y la clausura tuvieron lugar en años diferentes, estas dos fechas se han separado con un guión. Si una misma ciudad acogió más de una exposición en un mismo año, la secuencia cronológica está indicada por una letra minúscula, en orden alfabético (Barcelona 1993a). Se ha consignado tanto el número de lámina como el número de página, siempre y cuando estén numeradas. Un número de lámina o página entre corchetes presenta una numeración ficticia, asignada ante la falta de numeración de láminas o paginación en el catálogo o libro referenciado. El número de lámina o, en su defecto, el número de página pueden acompañarse de precisiones entre paréntesis que describen características de la lámina: (color), (invertida), (detalle). Se ha diferenciado entre la información textual y la gráfica registrando las páginas correspondientes a cada tipo de datos separados con un punto y coma (lám. 1 (color), p. 14; p. 23).

Bibliografía: Las obras de la colección de la Fundació Pilar i Joan Miró se han publicado principalmente en catálogos de exposiciones donde han sido exhibidas. Para evitar la duplicación de información, en bibliografía sólo se han registrado los libros y catálogos razonados donde aparece información textual o gráfica de las obras. También se incluyen aquellos catálogos de exposiciones en los que aparecen publicadas las obras, siempre que éstas no hubieran participado en la muestra.

Número de inventario de la colección: El número de inventario está integrado por el acrónimo de la Fundación (FPJM) seguido de uno o más dígitos en numeración *currens*, omitiendo los ceros a la izquierda. Los números de inventario de obras realizadas en el anverso y reverso de un mismo soporte están indicadas mediante un sufijo alfabético: "a" y "b", respectivamente (FPJM-116.1a y FPJM-116.1b). El número de inventario de las obras constituidas por más de un elemento va seguido de un sufijo numérico separado por un punto (FPJM-905.1 y FPJM-905.2).

lined in the transcribed version. Terms that Miró replaced with inverted commas are transcribed between square brackets. If the transcription of an inscription is uncertain, it is followed by a question mark between square brackets [?]. Illegible letters as well as omitted parts of incomplete words are indicated by three suspension marks between square brackets [...], regardless of the number of illegible letters. Inscriptions that are crossed out but legible have also been transcribed and crossed out. Words that are crossed out and illegible as well as omitted words are replaced by three hyphens between square brackets [—-].

Sculptures: All the bronzes in the collection are from a special edition, made for the Fundació Pilar i Joan Miró a Mallorca, thanks to the author's right licensed by the artist estate.

Provenance: The method of acquisition of the artwork in the collections of the Fundació Pilar i Joan Miró is indicated, accompanied by the name of the person or people from whom it was acquired, followed by the year in which it was admitted to the collection. Work donated by Joan Miró is indicated as follows: "Donated by the artist".

Exhibitions: Details of exhibitions are given in summarized form as follows: City Year [Chronological order within the year], [figure], page. When an exhibition opened and closed in different years, both years are separated by a hyphen. If two exhibitions were held in the same city in the same year, the chronological order is indicated by means of a small letter in alphabetical order (Barcelona 1993a). The number of the corresponding illustration and page are also indicated, provided that they were numbered. An illustration or page number between square brackets is used as fictitious numbering, when the illustrations or pages of the corresponding catalogue or book are not numbered. The illustration number or, failing that, page number might also be accompanied by clarifications in brackets to describe the characteristics of the illustration: (colour), (inverted), (detail). A distinction has been made between text-based and graphic information, indicating the corresponding pages of each kind of information, separated by a semicolon (fig. 1 (colour), p. 14; p. 23).

Bibliography: Works of art from the Fundació Pilar i Joan Miró collection have mainly been published in the exhibition catalogues of those exhibitions at which they were shown. To avoid the duplication of information, the bibliography only lists books and catalogues raisonnés which contain text-based or graphic information about the works of art. It also includes those exhibition catalogues that feature works of art from the collection, as long as they were not shown at the exhibition.

Collection inventory numbers: The inventory number is composed of the acronym of the foundation (FPJM), followed by one or more digits using the *numerus currens* system, omitting zeros to the left. Work made on the front and back of the same support is numbered and given an alphabetical suffix: "a" and "b", respectively (FPJM-116.1a and FPJM-116.1b). The inventory number of a work of art that comprises more than one element is followed by a numerical suffix, separated by a dot 905.1 and FPJM-905.2).

Sin título, 1908
Óleo sobre tela, 22,3 × 17,5 cm
Inscripciones: _Joan Mi_[...] _F_[...] / _1_[...]08
Procedencia: Donación de Lluís Juncosa
Iglesias, 1995
FPJM-116.1a

Exposiciones: Palma de Mallorca 1996c, p. 50, 51;
lám. 1 (color), p. 74; p. 237. Santander 2005, p. 107
(color)

Bibliografía: Dupin, Jacques, y Ariane Lelong-Mainaud
1999, vol. I, lám. 1 (color), p. 17

Sin título, 1960
Óleo y gouache sobre tela, 22,3 × 17,5 cm
Inscripciones: _M_[...]
Procedencia: Donación de Lluís Juncosa
Iglesias, 1995
FPJM-116.1b

Exposiciones: Palma de Mallorca 1996c, p. 50, 51;
lám. 2 (color), p. 74; p. 237. Santander 2005, p. 107
(color)

Bibliografía: Dupin, Jacques, y Ariane Lelong-Mainaud
1999, vol. I, fig. 1 (color), p. 17

Sin título, 1960
Gouache y lápiz de cera sobre papel,
22,2 × 17,5 cm
Inscripciones: _Miró / 29/11/ / 60_
Procedencia: Donación de Lluís Juncosa
Iglesias, 1995
FPJM-116.2

Exposiciones: Santander 2005, p. 107 (color)

Bibliografía: Dupin, Jacques, y Ariane Lelong-Mainaud
1999, vol. I, fig. 2 (color), p. 17

FPJM-116.1a

Este paisaje de 1908 es el óleo más antiguo de Miró que se conserva. En 1960, Miró utilizó la otra cara de la misma tela para realizar otra pintura. En ese momento, ese paisaje debió de quedar oculto tras unos fragmentos de periódico adheridos al soporte, hasta que, en 1995, un proceso de restauración sacó este paisaje de nuevo a la luz.

FPJM-116.2

Sin título, sin fecha; *Mont-roig, le pont à la tombée du jour*, 1917
Óleo sobre cartón, 52 × 37 cm
Procedencia: Donación del artista, 1981
FPJM-120

Exposiciones: Roma 1989, p. 90 (color); p. 210.
Verona 1989, p. 90 (color); p. 210. Barcelona
1989-1990, p. 61 (color). Oporto 1990, p. 82 (color).
Nueva York 1993-1994, p. 308 (color); p. 431. Palma
de Mallorca 1996c, p. 16, 17, 56, 57; lám. 72 (color),
p. 98; p. 239. Las Palmas de Gran Canaria 1996-1997,
p. 45; lám. 27 (color), p. 64; p. 227

Bibliografía: Dupin, Jacques, y Ariane Lelong-Mainaud
2004, vol. VI, lám. 2055 (color), p. 248; p. 267

Sin título, 1978 [ant]; *Mont-roig, vignes et oliviers par temps de pluie*, 1919
Óleo sobre cartón, 61,5 × 48 cm
Inscripciones reverso: *Miró*
Procedencia: Donación del artista, 1981
FPJM-121

Exposiciones: Roma 1989, p. 94 (color); p. 210.
Verona 1989, p. 94 (color); p. 210. Barcelona
1989-1990, p. 66 (color). Oporto 1990, p. 76 (color).
Buenos Aires 1993, p. 30-31; lám. 20 (color), p. 58.
Prato 1994, lám. 35 (color), p. 98; p. 159. Bangkok
1995, p. 12, 19; lám. 36 (color), p. 52; p. 104. Beijing
1995, p. 22; lám. 36 (color), p. 52; p. 102. Shanghai
1995, p. 22; lám. 36 (color), p. 52; p. 102. Taipei 1995,
p. 18; lám. 36 (color), p. 71; p. 135. Palma de Mallorca
1996c, p. 16, 17, 56, 57; lám. 75 (color), p. 98; p. 239.
Milán 1999, lám. 29 (color), p. 77; p. 139

Bibliografía: Dupin, Jacques, y Ariane Lelong-Mainaud
2004, vol. VI, lám. 2054 (color), p. 248; p. 267

FPJM-120

Óleo sin fecha que Miró realizó sobre un boceto para un paisaje pintado en 1917, titulado *Mont-roig, le pont à la tombée du jour*, que puede apreciarse en la fotografía en blanco y negro. Es decir, se trata de una obra de Miró repintada, años más tarde, por el propio artista.

FPJM-120
sin repintar

Mont-roig, le pont à la tombée du jour, 1917.
Óleo sobre cartón, 37 x 52 cm. Miró partió, segu-
ramente, de este boceto para crear *Mont-roig, le pont*, un óleo sobre tela de ese mismo año.

Óleo sin fecha que Miró realizó sobre un paisaje pintado en 1919, titulado *Mont-roig, vignes et oliviers par temps de pluie*, que puede apreciarse en la fotografía en blanco y negro. Es decir, se trata de una obra de Miró repintada, años más tarde, por el propio artista.

Mont-roig, vignes et oliviers par temps de pluie, 1919. Óleo sobre cartón, 48 x 62 cm. Este boceto, seguramente, sirvió para crear el óleo sobre tela *Mont-roig, vignes et oliviers*, ese mismo año.

La Joie d'une fillette devant le soleil;
*Vol d'oiseaux à la première étincelle
de l'aube*; *Tête*, 1960-1964
Óleo y carboncillo sobre tela, 162 × 129,8 cm
Inscripciones reverso: *Tête / 22/4/60 La joie
d'une fillette / devant le soleil / 11/4/64 / Vol
d'oiseaux à la première étincelle de l'aube*
Procedencia: Donación del artista, 1981
FPJM-105

Exposiciones: Palma de Mallorca 1987, [p. 78]; p. 79
(color). Roma 1989, p. 77 (color); p. 209. Verona
1989, p. 77 (color); p. 209. Barcelona 1989-1990,
p. 46 (color). Oporto 1990, p. 67 (color). Fukuoka
1991, lám. 1 (color), p. 18; p. 106. Kasama 1991,
lám. 1 (color), p. 18; p. 106. Kioto 1991, lám. 1
(color), p. 18; p. 106. La Coruña 1991, lám. 2 (color),
p. 20. Tokio 1991, lám. 1 (color), p. 18; p. 106. Vigo
1991, lám. 2 (color), p. 20. Sevilla 1992, p. 65 (color,
detalle). Sevilla 1993-1994, lám. 2 (color), p. 50; p. 56.
Málaga 1994, lám. 2 (color), p. 50; p. 56. Salerno
2002-2003, p. 42 (color); p. 179

Bibliografía: Dupin, Jacques, y Ariane Lelong-Mainaud
2004, vol. VI, lám. 1942 (color), p. 166; p. 268

Sin título, 1966
Óleo, acrílico y carboncillo sobre tela,
195 × 130,5 cm
Inscripciones reverso: *I 4/XI/66*
Procedencia: Donación del artista, 1981
FPJM-2

Exposiciones: Roma 1989, p. 52 (color); p. 209. Verona
1989, p. 52 (color); p. 209. Barcelona 1989-1990, p. 60
(color). Oporto 1990, p. 42 (color). Fukuoka 1991, lám. 4
(color), p. 21; p. 106. Kasama 1991, lám. 4 (color),
p. 21; p. 106. Kioto 1991, lám. 4 (color), p. 21; p. 106.
La Coruña 1991, [p. 6] (color, detalle); [p. 9] (color).
Tokio 1991, lám. 4 (color), p. 21; p. 106. Vigo 1991,
p. 16 (color, detalle); lám. 5 (color), p. 23. Sevilla 1992,
p. 65 (color, detalle). Sevilla 1993-1994, lám. 8 (color),
p. 61; p. 67. Málaga 1994, lám. 8 (color), p. 61; p. 67.
Prato 1994, lám. 2 (color), p. 66; p. 158. Bangkok
1995, p. 18, 19; lám. 7 (color), p. 43; p. 103. Beijing
1995, cubierta (color); lám. 7 (color), p. 43; p. 102.
Hong Kong 1995, lám. 7 (color). Shanghai 1995,
cubierta (color); lám. 7 (color), p. 43; p. 102. Taipei
1995, lám. 7 (color), p. 42; p. 135. Palma de Mallorca
1996c, p. 50, 51; lám. 8 (color), p. 76; p. 237. Las
Palmas de Gran Canaria 1996-1997, p. 44; p. 37
(color); lám. 2 (color), p. 47; p. 227. Roma 1998-1999,
p. 61 (color); p. 47 (color, detalle). Catania 1999, p. 55
(color); p. 41 (color, detalle). Dortmund 1999, lám. 1
(color), [p. 112]; p. 275. Milán 1999, lám. 3 (color),
p. 51; p. 139

Bibliografía: Dupin, Jacques, y Ariane Lelong-Mainaud
2004, vol. VI, lám. 1946 (color), p. 170; p. 267

Sin título, 1966
Acrílico y carboncillo, 195 × 130 cm
Inscripciones reverso: *IV 4/XI/66*
Procedencia: Donación del artista, 1981
FPJM-4

Exposiciones: Sevilla 1993-1994, lám. 7 (color), p. 60;
p. 67. Málaga 1994, lám. 7 (color), p. 60; p. 67. Prato
1994, lám. 3 (color), p. 67; p. 158. Bangkok 1995,
p. 18-19; lám. 1 (color), p. 42; p. 103. Beijing 1995,
p. 21, 22; lám. 1 (color), p. 42; p. 102. Hong Kong
1995, lám. 1 (color). Shanghai 1995, p. 21, 22; lám. 1
(color), p. 42; p. 102. Taipei 1995, lám. 1 (color),
p. 36; p. 135. Palma de Mallorca 1996c, p. 50, 51;
lám. 9 (color), p. 76; p. 237. Las Palmas de Gran
Canaria 1996-1997, p. 38 (color); p. 44; lám. 3 (color),
p. 47; p. 227. Roma 1998-1999, p. 60 (color). Catania
1999, p. 54 (color). Dortmund 1999, lám. 2 (color),
[p. 113]; p. 275. Milán 1999, lám. 4 (color), p. 52;
p. 139. Nueva York 2000-2001, [p. 52]; lám. 1 (color),
[p. 53]. Salerno 2002-2003, p. 45 (color); p. 179

Bibliografía: Dupin, Jacques, y Ariane Lelong-Mainaud
2004, vol. VI, lám. 1947 (color), p. 171; p. 267

*À 15,30 m. La Reine Louise de Prusse
s'est évadée*, 1966
Carboncillo sobre tela, 195 × 292,5 cm
Inscripciones reverso: *25/4/66 à 15h. 30 m.
La Reine Louise de Prusse s'est évadée*
Procedencia: Donación del artista, 1981
FPJM-90

Exposiciones: Sevilla 1993-1994, lám. 1 (color), p. 47;
p. 48. Málaga 1994, lám. 1 (color), p. 47; p. 48. Catania
1999, p. 27 (color).

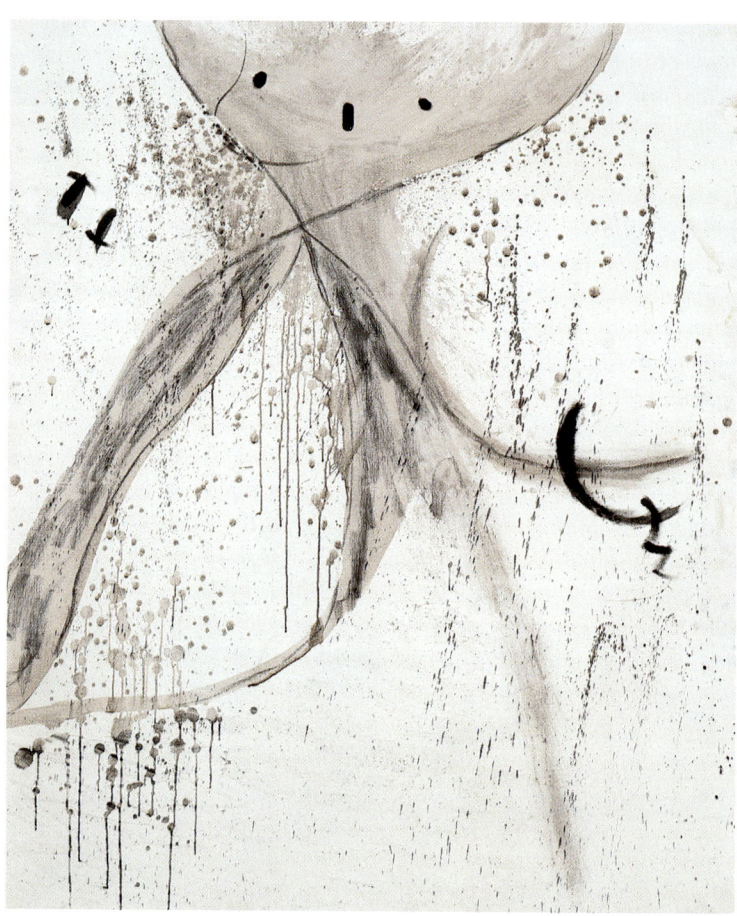

FPJM-2

FPJM-90

Mosaic, 1966
Óleo, carboncillo y temple de cola sobre tela,
205,5 × 173,5 cm
Inscripciones reverso: *19/I/66*
Procedencia: Donación del artista, 1981
FPJM-52

Exposiciones: Palma de Mallorca 1987, [p. 100];
p. 101 (color). París 1988, p. 9; [p. 38]; lám. 1 (color),
[p. 39]; p. 129. Roma 1989, p. 56 (color); p. 209.
Verona 1989, p. 56 (color); p. 209. Barcelona
1989-1990, p. 28 (color). Oporto 1990, p. 65 (color).
Fukuoka 1991, lám. 2 (color), p. 19; p. 106. Kasama
1991, lám. 2 (color), p. 19; p. 106. Kioto 1991, lám. 2
(color), p. 19; p. 106. La Coruña 1991, lám. 3 (color),
p. 21. Tokio 1991, lám. 2 (color), p. 19; p. 106. Vigo
1991, lám. 3 (color), p. 21. Sevilla 1992, p. 65 (color).
Sevilla 1993-1994, lám. 6.A (color, detalle), p. 58;
lám. 6 (color), p. 59. Málaga 1994, lám. 6.A (color,
detalle), p. 58; lám. 6 (color), p. 59. Rio de Janeiro
1995, p. 64; p. 65 (color). Buenos Aires 1996, p. 58;
p. 59 (color). Montevideo 1996, p. 58; p. 59 (color).
São Paulo 1996, p. 64; p. 65 (color). Las Palmas de
Gran Canaria 1996-1997, p. 36 (color); lám. 1 (color),
p. 46; p. 44; p. 227. Dortmund 1999, [p. 82] (color,
detalle). Salerno 2002-2003, p. 43 (color); p. 179.
Santander 2005, p. 91 (color)

Bibliografía: Dupin, Jacques, y Ariane Lelong-Mainaud
2004, vol. VI, lám. 1943 (color), p. 167; p. 267;
Fundació Pilar i Joan Miró a Mallorca 1992, p. 79
(color)

Poème, 1966
Óleo y carboncillo sobre tela, 259,5 × 173,5 cm
Inscripciones reverso: *29/4/66 Poème*
Procedencia: Donación del artista, 1981
FPJM-98

Exposiciones: Palma de Mallorca 1987, [p. 136]; p. 137
(color). París 1988, p. 9; [p. 40]; lám. 2 (color), [p. 41];
p. 129. Zaragoza 1988, p. 20; p. 21 (color). Fukuoka
1991, p. 13 (color, detalle); lám. 3 (color), p. 20; p. 106.
Kasama 1991, p. 13 (color, detalle); lám. 3 (color), p. 20;
p. 106. Kioto 1991, p. 13 (color, detalle); lám. 3 (color),
p. 20; p. 106. La Coruña 1991, lám. 4 (color), p. 22.
Tokio 1991, p. 13 (color, detalle); lám. 3 (color), p. 20;
p. 106. Vigo 1991, lám. 4 (color), p. 22. Sevilla
1993-1994, lám. 4 (color), p. 52; p. 56. Málaga 1994,
lám. 4 (color), p. 52; p. 56. Prato 1994, lám. 1 (color),
p. 65; p. 158. Palma de Mallorca 1996c, p. 50, 51;
lám. 6 (color), p. 75; p. 237. Roma 1998-1999, p. 59
(color); p. 52 (color, detalle). Catania 1999, p. 53 (color);
p. 46 (color, detalle). Dortmund 1999, [p. 114]; lám. 3
(color), [p. 115]; p. 275. Milán 1999, lám. 2 (color),
p. 50; p. 139. Nueva York 2000-2001, [p. 54]; lám. 2
(color), [p. 55]. Nuoro 2001-2002, p. 30 (color); p. 141.
Mantua 2004, p. 82. Santander 2005, p. 105 (color)

Bibliografía: Dupin, Jacques, y Ariane Lelong-Mainaud
2004, vol. VI, lám. 1945 (color), p. 169; p. 268

L'Oiseau s'envole vers l'île déserte,
1966
Acrílico y carboncillo sobre tela, 194 × 259 cm
Inscripciones reverso: *29/4/66 / l'oiseau
s'envole / vers l'île déserte*
Procedencia: Donación del artista, 1981
FPJM-107

Exposiciones: Palma de Mallorca 1987, [p. 108];
p. 109 (color). Vigo 1991, p. 17 (color, invertida).
Sevilla 1993-1994, lám. 5 (color), p. 54; p. 57. Málaga
1994, lám. 5 (color), p. 54; p. 57. Palma de Mallorca
1996c, p. 50, 51; lám. 7 (color), p. 76; p. 237. Bremen
1996-1997, lám. 7 (color), p. 156. Nuoro 2001-2002,
p. 27 (color); p. 141

Bibliografía: Dupin, Jacques, y Ariane Lelong-Mainaud
2004, vol. VI, lám. 1944 (color), p. 168; p. 267

Sin título, 1967
Óleo, acrílico y lápiz de cera sobre tela,
130 × 195 cm
Inscripciones reverso: *18/IV/67*
Procedencia: Donación del artista, 1981
FPJM-102

Exposiciones: Palma de Mallorca 1987, [p. 142];
p. 143 (color). Roma 1989, p. 79 (color); p. 209.
Verona 1989, p. 79 (color); p. 209. Barcelona
1989-1990, p. 47 (color). Oporto 1990, p. 69 (color).
Sevilla 1993-1994, lám. 9 (color), p. 62; p. 67. Málaga
1994, lám. 9 (color), p. 62; p. 67. Palma de Mallorca
1996c, p. 50-53; lám. 12 (color), p. 76; p. 237.
Dortmund 1999, [p. 116]; lám. 4 (color), [p. 117];
p. 275. Viena 2001, p. 128; lám. 25 (color), p. 129.
Salerno 2002-2003, p. 47 (color); p. 179. Granada
2004, p. 34 (color); p. 35, 46; p. 47 (color)

Bibliografía: Dupin, Jacques, y Ariane Lelong-Mainaud
2004, vol. VI, lám. 1949 (color), p. 173; p. 267

Sin título, 1967
Óleo y lápiz de cera sobre tela, 130,5 × 195 cm
Inscripciones reverso: *16/IV/67*
Procedencia: Donación del artista, 1981
FPJM-103

Exposiciones: Palma de Mallorca 1987, [p. 104];
p. 105 (color). Roma 1989, p. 57 (color); p. 209.
Verona 1989, p. 57 (color); p. 209. Barcelona
1989-1990, p. 25 (color). Oporto 1990, p. 63 (color).
Sevilla 1993-1994, lám. 10 (color), p. 63; p. 67.
Málaga 1994, lám. 10 (color), p. 63; p. 67. Palma de
Mallorca 1996c, p. 50-53; lám. 11 (color), p. 76;
p. 237. Dortmund 1999, lám. 5 (color), [p. 119];
p. 275. Viena 2001, p. 128; lám. 26 (color), p. 130.
Salerno 2002-2003, p. 46 (color); p. 179

Bibliografía: Dupin, Jacques, y Ariane Lelong-Mainaud
2004, vol. VI, lám. 1948 (color), p. 172; p. 267

Sin título, 1967
Óleo y acrílico sobre tela, 130,5 × 195 cm
Inscripciones reverso: *16/IV/67*
Procedencia: Donación del artista, 1981
FPJM-104

Exposiciones: Palma de Mallorca 1987, [p. 204];
p. 205 (color, invertida). París 1988, lám. 3 (color,
invertida); p. 129. Sevilla 1992, p. 67 (color, detalle);
p. 68 (color, invertida); [p. 69] (color, detalle,
invertida). Sevilla 1993-1994, lám. 11 (color,
invertida), p. 64; p. 67. Málaga 1994, lám. 11 (color,
invertida), p. 64; p. 67. Prato 1994, p. 40; lám. 4
(color, invertida), p. 68; p. 158. Bangkok 1995, lám. 2
(color, invertida), p. 42; lám. 143 (color), p. 92; p. 19,
103. Beijing 1995, lám. 2 (color, invertida), p. 42;
lám. 143 (color), p. 92; p. 102. Hong Kong 1995,
lám. 2 (color, invertida). Shanghai 1995, lám. 2 (color,
invertida), p. 42; lám. 143 (color), p. 92; p. 102. Taipei
1995, lám. 2 (color, invertida), p. 37; lám. 143 (color),
p. 126; p. 135. Palma de Mallorca 1996c, p. 50-53;
lám. 10 (color, invertida), p. 76; p. 237. Las Palmas de
Gran Canaria 1996-1997, p. 44; lám. 4 (color,
invertida), p. 49; p. 227. Dortmund 1999, [p. 78, 79]
(color); [p. 81] (color); [p. 89] (color); [p. 120]; lám. 6
(color, invertida), [p. 121]; p. 275. Nueva York
2000-2001, [p. 56]; lám. 3 (color, invertida), [p. 57]

Bibliografía: Dupin, Jacques, y Ariane Lelong-Mainaud
2004, vol. VI, lám. 1950 (color), p. 174; p. 267

FPJM-107

FPJM-103

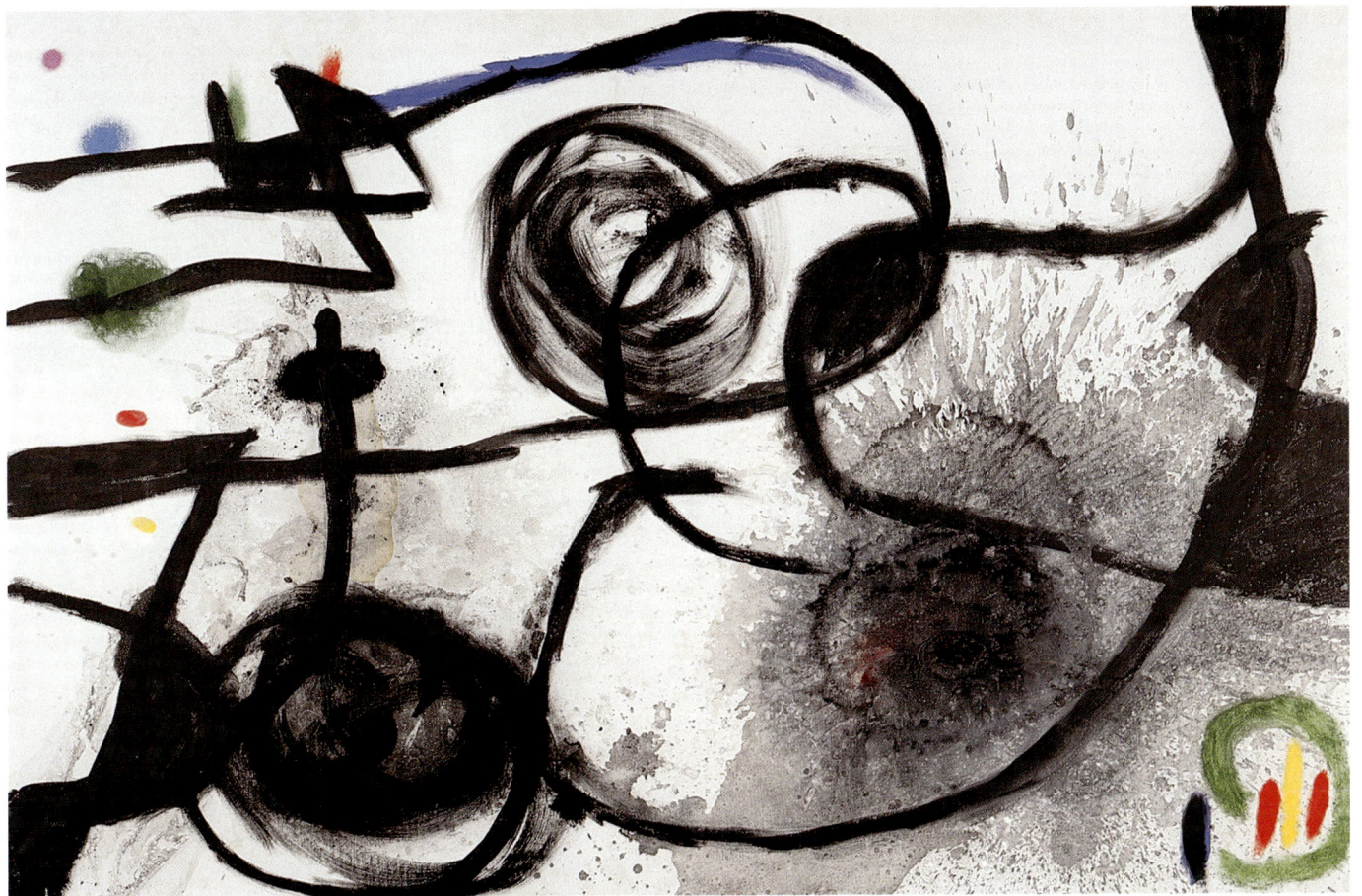

Sin título, 1968-1972
Óleo, acrílico, carboncillo y tiza sobre tela,
130,6 × 195,5 cm
Inscripciones reverso: *3/ / 7/ / 68 / 28/V/72.*
Procedencia: Donación del artista, 1981
FPJM-112

Exposiciones: Palma de Mallorca 1987, [p. 214]; p. 215
(color, invertida). Caracas 1993-1994, p. 38, 40; lám. 18
(color), [p. 67]; p. 138. Prato 1994, p. 40; lám. 25
(color), p. 88; p. 158. Bangkok 1995, p. 20; lám. 45
(color), p. 54; lám. 143 (color), p. 92; p. 105. Beijing
1995, lám. 45 (color), p. 54; lám. 143 (color), p. 92;
p. 103. Hong Kong 1995, lám. 45 (color). Shanghai
1995, lám. 45 (color), p. 54; lám. 143 (color), p. 92;
p. 103. Taipei 1995, lám. 45 (color), p. 80; lám. 143
(color), p. 126; p. 136. Palma de Mallorca 1996c,
lám. 15 (color), p. 78; p. 237. Bremen 1996-1997, lám. 4
(color), p. 153. Roma 1998-1999, p. 89 (color). Catania
1999, p. 27 (color, detalle); p. 75 (color). Dortmund
1999, [p. 132]; lám. 14 (color), [p. 133]; [p. 154] (color);
p. 275. Milán 1999, lám. 32 (color), p. 80; p. 140. Nuoro
2001-2002, p. 28 (color); p. 141

Bibliografía: Dupin, Jacques, y Ariane Lelong-Mainaud
2004, vol. VI, lám. 1955 (color), p. 178; p. 267;
Fundació Pilar i Joan Miró a Mallorca 1992, p. 78
(color)

Sin título, 1971
Óleo sobre tela, 130 × 89 cm
Inscripciones reverso: *19/VIII/71 I*
Procedencia: Donación del artista, 1981
FPJM-25

Exposiciones: Palma de Mallorca 1987, [p. 200];
p. 201 (color). Roma 1989, p. 86 (color); p. 209.
Verona 1989, p. 86 (color); p. 209. Barcelona
1989-1990, p. 31 (color). Oporto 1990, p. 26 (color);
p. 88 (color). Fukuoka 1991, lám. 5 (color), p. 22; p. 106.
Kasama 1991, lám. 5 (color), p. 22; p. 106. Kioto
1991, lám. 5 (color), p. 22; p. 106. Tokio 1991, lám. 5
(color), p. 22; p. 106. Caracas 1993-1994, p. 38, 42;
lám. 7 (color), [p. 72]; p. 137. Prato 1994, p. 56, 68;
lám. 5 (color), p. 69; p. 158. Bangkok 1995, p. 19;
lám. I, p. 39; lám. 4 (color), p. 42; p. 103. Beijing
1995, lám. I, p. 39; lám. 4 (color), p. 42; p. 102.
Shanghai 1995, lám. I, p. 39; lám. 4 (color), p. 42;
p. 102. Taipei 1995, lám. 4 (color), p. 39; p. 135.
Palma de Mallorca 1996c, p. 50-53; lám. 13 (color),
p. 77; p. 237. Bremen 1996-1997, p. 196. Viena 2001,
p. 128; lám. 27 (color), p. 131

Bibliografía: Dupin, Jacques, y Ariane Lelong-Mainaud
2004, vol. VI, lám. 1951 (color), p. 175; p. 267

Oiseau, 1972
Óleo, carboncillo, pastel y tiza sobre tela,
92 × 73 cm
Inscripciones reverso: *28/V/72 / 28/V/72 oiseau*
Procedencia: Donación del artista, 1981
FPJM-22

Exposiciones: Palma de Mallorca 1987, [p. 130];
p. 131 (color). Caracas 1993-1994, p. 38, 40; p. 42
(color, detalle, invertida); lám. 6 (color, invertida),
[p. 75]; p. 137.

Bibliografía: Dupin, Jacques, y Ariane Lelong-Mainaud
2004, vol. VI, lám. 1952 (color), p. 176; p. 267

Sin título, 1972
Óleo y acrílico sobre tela, 92 × 73 cm
Inscripciones reverso: *28/V/72*
Procedencia: Donación del artista, 1981
FPJM-46

Exposiciones: Palma de Mallorca 1987, [p. 198];
p. 199 (color). Roma 1989, p. 54 (color); p. 209.
Verona 1989, p. 54 (color); p. 209. Barcelona
1989-1990, p. 52 (color). Oporto 1990, p. 44 (color).
Fukuoka 1991, lám. 6 (color), p. 23; p. 106. Kasama
1991, lám. 6 (color), p. 23; p. 106. Kioto 1991, lám. 6
(color), p. 23; p. 106. La Coruña 1991, lám. 7 (color),
p. 25. Tokio 1991, lám. 6 (color), p. 23; p. 106. Vigo
1991, lám. 7 (color), p. 25. Buenos Aires 1993,
p. 29-30; lám. 10 (color), p. 48. Sevilla 1993-1994,
lám. 16 (color), p. 71. Málaga 1994, lám. 16 (color),
p. 71. Prato 1994, lám. 6 (color), p. 70; p. 158.
Bangkok 1995, lám. 18 (color), p. 46; p. 103. Beijing
1995, lám. 18 (color), p. 46; p. 102. Shanghai 1995,
lám. 18 (color), p. 46; p. 102. Taipei 1995, lám. 18
(color), p. 53; p. 135. Palma de Mallorca 1996c, p. 54,
55; lám. 16 (color), p. 78; p. 237. Las Palmas de Gran
Canaria 1996-1997, p. 45; lám. 12 (color), p. 53;
p. 227. Santander 2005, p. 87 (color)

Bibliografía: Dupin, Jacques, y Ariane Lelong-Mainaud
2004, vol. VI, lám. 1953 (color), p. 176; p. 267

Sin título, 1972
Óleo sobre tela, 23,5 × 65 cm
Inscripciones reverso: *19/X/72 X*
Procedencia: Donación del artista, 1981
FPJM-47

Exposiciones: Madrid 1993b, p. 162 (color); [p. 163]
(color, detalle). Rio de Janeiro 1995, p. 75 (color).
Buenos Aires 1996, p. 69 (color). Montevideo 1996,
p. 69 (color). São Paulo 1996, p. 75 (color). Las
Palmas de Gran Canaria 1996-1997, p. 44-45; lám. 7
(color), p. 50; p. 227. Dortmund 1999, [p. 82] (color);
[p. 126] (color); lám. 10 (color, invertida), [p. 127];
p. 275. Marugame 2002, lám. 5 (color), p. 55; p. 76.
Mitaka 2002, lám. 5 (color), p. 55; p. 76. Miyazaki
2002, lám. 5 (color), p. 55; p. 76. Niitsu 2002, lám. 5
(color), p. 55; p. 76. Santander 2005, pp. 89 (color)

Bibliografía: Dupin, Jacques, y Ariane Lelong-Mainaud
2004, vol. VI, lám. 1958 (color), p. 179; p. 267

Sin título, 1972
Óleo sobre tela, 20,5 × 65 cm
Inscripciones reverso: *19/X/72*
Procedencia: Donación del artista, 1981
FPJM-48

Exposiciones: Madrid 1993b, p. 164 (color); [p. 165]
(color, detalle). Rio de Janeiro 1995, p. 75 (color).
Buenos Aires 1996, p. 69 (color). Montevideo 1996,
p. 69 (color). São Paulo 1996, p. 75 (color). Las
Palmas de Gran Canaria 1996-1997, lám. 6 (color),
p. 50; p. 44-45, 227. Dortmund 1999, [p. 128] (color);
lám. 11 (color), [p. 129]; p. 275. Marugame 2002,
lám. 6 (color), p. 19; p. 76. Mitaka 2002, lám. 6
(color), p. 19; p. 76. Miyazaki 2002, lám. 6 (color),
p. 19; p. 76. Niitsu 2002, lám. 6 (color), p. 19; p. 76.
Santander 2005, p. 89 (color)

Bibliografía: Dupin, Jacques, y Ariane Lelong-Mainaud
2004, vol. VI, lám. 1957 (color), p. 179; p. 267

Sin título, 1972
Óleo sobre tela, 36,5 × 65,5 cm
Inscripciones reverso: *19/ X/ 72 III*
Procedencia: Donación del artista, 1981
FPJM-49

Exposiciones: Palma de Mallorca 1987, [p. 120];
p. 121 (color). Las Palmas de Gran Canaria
1996-1997, p. 44-45; lám. 8 (color), p. 50; p. 227.
Dortmund 1999, [p. 124]; lám. 9 (color, invertida),
[p. 125]; p. 275. Marugame 2002, lám. 4 (color), p. 55;
p. 78. Mitaka 2002, lám. 4 (color), p. 55; p. 78.
Miyazaki 2002, lám. 4 (color), p. 55; p. 78. Niitsu
2002, lám. 4 (color), p. 55; p. 78. Santander 2005,
p. 89 (color)

Bibliografía: Dupin, Jacques, y Ariane Lelong-Mainaud
2004, vol. VI, lám. 1956 (color), p. 179; p. 267

FPJM-47

FPJM-48

Sin título, 1972
Óleo, acrílico, carboncillo y tiza sobre tela,
130,5 × 195 cm
Inscripciones reverso: *28/V/72*
Procedencia: Donación del artista, 1981
FPJM-111

Exposiciones: Palma de Mallorca 1987, [p. 146]; p. 147
(color). París 1988, lám. 4 (color); p. 129. Roma 1989,
p. 82 (color); p. 209. Verona 1989, p. 82 (color); p. 209.
Barcelona 1989-1990, p. 23 (color). Oporto 1990, p. 52
(color). Fukuoka 1991, lám 7 (color); p. 24; p. 106.
Kasama 1991, lám. 7 (color), p. 24; p. 106. Kioto 1991,
lám. 7 (color), p. 24; p. 106. La Coruña 1991, lám. 8
(color), p. 26. Tokio 1991, lám. 7 (color), p. 24; p. 106.
Vigo 1991, lám. 8 (color), p. 26. Sevilla 1992, p. 65
(color, detalle, invertida). Madrid 1993b, p. 158 (color);
[p. 159] (color, detalle). Palma de Mallorca 1996c,
p. 50-53; lám. 14 (color), p. 78; p. 237. Roma
1998-1999, p. 62 (color). Catania 1999, p. 56 (color).
Dortmund 1999, lám. 13 (color), [p. 131]; p. 275. Milán
1999, lám. 5 (color), p. 53; p. 139. Viena 2001, p. 51;
p. 128; lám. 29 (color), p. 133. Granada 2004, p. 39;
p. 40 (color); p. 48; p. 49 (color)

Bibliografía: Dupin, Jacques, y Ariane Lelong-Mainaud
2004, vol. VI, lám. 1954 (color), p. 177; p. 267; Fundació
Pilar i Joan Miró a Mallorca 1992, p. 73 (color, invertida)

Sin título, 1973 [ant]
Óleo sobre tela, 195 × 130 cm
Procedencia: Donación del artista, 1981
FPJM-3

Exposiciones: Palma de Mallorca 1987, [p. 236]; p. 237
(color). Roma 1989, p. 16; p. 72 (color); p. 209. Verona
1989, p. 16; p. 72 (color); p. 209. Barcelona 1989-1990,
p. 44 (color). Oporto 1990, p. 26 (color); p. 58 (color).
Fukuoka 1991. lám 33 (color); p. 51; p. 107. Kasama
1991, lám. 33 (color), p. 51; p. 107. Kioto 1991, lám. 33
(color), p. 51; p. 107. La Coruña 1991, lám. 17 (color),
p. 35. Tokio 1991, lám. 33 (color), p. 51; p. 107. Vigo
1991, lám. 17 (color), p. 35. Caracas 1993-1994, p. 42;
lám. 1 (color), [p. 76]; p. 137. Rio de Janeiro 1995, p. 72
(color); p. 73; [p. 62] (color). Buenos Aires 1996, p. 66
(color); p. 67; [p. 56] (color). Montevideo 1996, p. 66
(color); p. 67; [p. 56] (color). São Paulo 1996, p. 72
(color); p. 73; [p. 62] (color). Bremen 1996-1997, p. 196.
Las Palmas de Gran Canaria 1996-1997, cubierta (color);
p. 45; lám. 23 (color), p. 61; p. 227.

Bibliografía: Dupin, Jacques, y Ariane Lelong-Mainaud
2004, vol. VI, lám. 2012 (color), p. 214; p. 267

Sin título, 1973 [ant]
Óleo sobre tela, 195 × 130,5 cm
Procedencia: Donación del artista, 1981
FPJM-6

Exposiciones: Palma de Mallorca 1987, [p. 102]; p. 103
(color). Roma 1989, p. 16 (detalle); p. 64 (color); p. 209.
Verona 1989, p. 16 (detalle); p. 64 (color); p. 209.
Barcelona 1989-1990, p. 41 (color). Oporto 1990, p. 26
(color); p. 55 (color). Fukuoka 1991, lám. 16 (color),
p. 33; p. 106. Kasama 1991, lám. 16 (color), p. 33;
p. 106. Kioto 1991, lám. 16 (color), p. 33; p. 106. La
Coruña 1991, lám. 9 (color), p. 27. Tokio 1991, lám. 16
(color), p. 33; p. 106. Vigo 1991, lám. 9 (color), p. 27.
Rio de Janeiro 1995, [p. 62] (color); p. 66 (color). Buenos
Aires 1996, p. 60 (color); [p. 56] (color). Montevideo
1996, p. 60 (color); [p. 56] (color). São Paulo 1996,
[p. 62] (color); p. 66 (color). Bremen 1996-1997, p. 196.
Las Palmas de Gran Canaria 1996-1997, cubierta (color);
p. 45; lám. 21 (color), p. 58; p. 227. Santiago de Chile
1997, [p. 2 (color)]; lám. 34 (color), p. 30; [p. 44].
Dortmund 1999, lám. 28 (color), [p. 150]; p. 276. Milán
1999, lám. 23 (color), p. 71; p. 139. Nueva York
2000-2001, [p. 70]; lám. 10 (color), [p. 71]. Viena 2001,
p. 140; lám. 35 (color), p. 142; p. 144

Bibliografía: Dupin, Jacques, y Ariane Lelong-Mainaud
2004, vol. VI, lám. 2010 (color), p. 212; p. 267

Sin título, 1973 [ant]
Óleo sobre tela, 195 × 130 cm
Procedencia: Donación del artista, 1981
FPJM-8

Exposiciones: Palma de Mallorca 1987, [p. 262]; p. 263
(color). Zaragoza 1988, p. 46; p. 47 (color). Fukuoka
1991, lám. 28 (color), p. 45; p. 106. Kasama 1991,
lám. 28 (color), p. 45; p. 106. Kioto 1991, lám. 28
(color), p. 45; p. 106. La Coruña 1991, lám. 23 (color),
p. 41. Tokio 1991, lám. 28 (color), p. 45; p. 106. Vigo
1991, lám. 23 (color), p. 41. Buenos Aires 1993, p. 30;
lám. 13 (color), p. 51. Rio de Janeiro 1995, [p. 62] (color,
detalle); p. 67 (color). Buenos Aires 1996, [p. 56] (color,
detalle); p. 61 (color). Montevideo 1996, [p. 56] (color,
detalle); p. 61 (color). São Paulo 1996, [p. 62] (color,
detalle); p. 67 (color). Bremen 1996-1997, p. 196
(detalle). Las Palmas de Gran Canaria 1996-1997,
cubierta (color, detalle); p. 45; lám. 22 (color), p. 59;
p. 227. Santiago de Chile 1997, [p. 2 (color, detalle)];
lám. 35 (color), p. 31; [p. 44]. Dortmund 1999, [p. 82]
(color); lám. 29 (color), [p. 151]; p. 276. Milán 1999,
lám. 24 (color), p. 72; p. 139. Nueva York 2000-2001,
[p. 72]; lám. 11 (color), [p. 73]. Viena 2001, [p. 10]
(color, detalle); p. 78; p. 140; lám. 36 (color), p. 143

Bibliografía: Dupin, Jacques, y Ariane Lelong-Mainaud
2004, vol. VI, lám. 2011 (color), p. 213; p. 267

Sin título, 1973 [ant]
Óleo, acrílico y carboncillo sobre tela,
270 × 355 cm
Procedencia: Donación del artista, 1981
FPJM-54.1

Bibliografía: Dupin, Jacques, y Ariane Lelong-Mainaud
2004, vol. VI, lám. 2052 (color), p. 245; p. 267

Sin título, 1973 [ant]
Óleo, acrílico y bramante sobre tela,
265,5 × 185,5 cm
Procedencia: Donación del artista, 1981
FPJM-85

Exposiciones: Roma 1989, p. 59 (color); p. 209.
Verona 1989, p. 16; p. 59 (color); p. 209. Barcelona
1989-1990, p. 27 (color). Oporto 1990, p. 26 (color);
p. 75 (color). Fukuoka 1991, p. 10, 11 (color); lám. 35
(color), p. 53; p. 107. Kasama 1991, p. 10, 11 (color);
lám. 35 (color), p. 53; p. 107. Kioto 1991, p. 10, 11
(color); lám. 35 (color), p. 53; p. 107. La Coruña 1991,
lám. 33 (color), p. 51. Tokio 1991, p. 10, 11 (color);
lám. 35 (color), p. 53; p. 107. Vigo 1991, lám. 33
(color), p. 51. Sevilla 1993-1994, p. 67; lám. 13
(color), p. 68; p. 77 (color, detalle). Málaga 1994,
p. 67; lám. 13 (color), p. 68; p. 77 (color, detalle).
Prato 1994, p. 56 (detalle). Río de Janeiro 1995,
[p. 62] (color, detalle). Palma de Mallorca 1996c,
p. 20, 21, 52, 53; lám. 20 (color), p. 80; p. 237.
Bremen 1996-1997, lám. 6 (color), p. 155; p. 196
(detalle). Dortmund 1999, lám. 15 (color), [p. 134];
p. 275. Milán 1999, lám. 10 (color), p. 58; p. 139.
Viena 2001, p. 54, 134; lám. 33 (color), p. 139; p. 138.
Nuoro 2001-2002, p. 33 (color); p. 141. Granada 2004,
p. 32 (color); p. 33, 60; p. 61 (color). Santander 2005,
p. 26; p. 95 (color)

Bibliografía: Dupin, Jacques, y Ariane Lelong-Mainaud
2004, vol. VI, lám. 2050 (color), p. 243; p. 267

Femme dans la rue, 1973
Óleo y acrílico sobre tela, 195 × 130 cm
Inscripciones reverso: *26 / 26/VII/73 Femme dans la rue*
Procedencia: Donación del artista, 1981
FPJM-7

Exposiciones: Palma de Mallorca 1987, [p. 124]; p. 125
(color). Zaragoza 1988, p. 18; p. 19 (color). Roma 1989, p. 67
(color); p. 209. Verona 1989, p. 67 (color); p. 209. Barcelona
1989-1990, p. 43 (color). Oporto 1990, p. 39 (color). Fukuoka
1991, lám. 8 (color), p. 25; p. 106. Kasama 1991, lám. 8
(color), p. 25; p. 106. Kioto 1991, lám. 8 (color), p. 25;
p. 106. Tokio 1991, lám. 8 (color), p. 25; p. 106. Caracas
1993-1994, p. 38, 41, 42; lám. 2 (color), [p. 73]; p. 137. Prato
1994, lám. 11 (color), p. 74; p. 158. Rio de Janeiro 1995,
p. 76; p. 77 (color). Buenos Aires 1996, p. 70; p. 71 (color).
Montevideo 1996, p. 70; p. 71 (color). São Paulo 1996, p. 76;
p. 77 (color). Las Palmas de Gran Canaria 1996-1997,
p. 44-45; lám. 9 (color), p. 51; p. 227. Santiago de Chile
1997, lám. 37 (color), p. 33; [p. 44]. Dortmund 1999, [p. 82]
(color); lám. 17 (color), [p. 136]; p. 276. Milán 1999, cubierta
posterior (color); lám. 6 (color), p. 54; p. 139. Viena 2001,
p. 20 (detalle); p. 21; p. 72; p. 134; lám. 30 (color), p. 135;
p. 138. Marugame 2002, lám. 10 (color), p. 49; p. 76. Mitaka
2002, lám. 10 (color), p. 49; p. 76. Miyazaki 2002, lám. 10
(color), p. 49; p. 76. Niitsu 2002, lám. 10 (color), p. 49; p. 76.
Santander 2005, p. 25; p. 73 (color)

Bibliografía: Dupin, Jacques, y Ariane Lelong-Mainaud
2004, vol. VI, lám. 1959 (color), p. 180; p. 265

Oiseaux, 1973
Óleo y acrílico sobre tela, 115,5 × 88,5 cm
Inscripciones: *6/VIII/73. I. oiseaux*
Procedencia: Donación del artista, 1981
FPJM-23

Exposiciones: Palma de Mallorca 1987, [p. 246]; p. 247
(color). Zaragoza 1988, p. 42; p. 43 (color). Roma 1989, p. 53
(color); p. 209. Verona 1989, p. 53 (color); p. 209. Barcelona
1989-1990, p. 35 (color). Oporto 1990, p. 43 (color). Fukuoka
1991, lám 9 (color), p. 26; p. 106. Kasama 1991, lám. 9
(color), p. 26; p. 106. Kioto 1991, lám. 9 (color), p. 26;
p. 106. La Coruña 1991, lám. 10 (color), p. 28. Tokio 1991,
lám. 9 (color), p. 26; p. 106. Vigo 1991, lám. 10 (color), p. 28.
Sevilla 1993-1994, lám. 15 (color), p. 70; p. 71. Málaga 1994,
lám. 15 (color), p. 70; p. 71. Prato 1994, lám. 12 (color),
p. 75; p. 158. Bangkok 1995, p. 19; lám. 8 (color), p. 44;
p. 103. Beijing 1995, p. 22; lám. 8 (color), p. 44; p. 102.
Shanghai 1995, p. 22; lám. 8 (color), p. 44; p. 102. Taipei
1995, lám. 8 (color), p. 43; p. 135. Palma de Mallorca 1996c,
p. 52, 53; lám. 21 (color), p. 80; p. 237. Las Palmas de Gran
Canaria 1996-1997, p. 26 (color); p. 45; lám. 10 (color),
p. 52; p. 227. Santiago de Chile 1997, lám. 32 (color), p. 28;
[p. 44]. Dortmund 1999, lám. 18 (color), [p. 137]; p. 276.
Madrid 2001-2002, p. 148; p. 149 (color). Marugame 2002,
lám. 11 (color), p. 56; p. 76. Mitaka 2002, lám. 11 (color),
p. 56; p. 76. Miyazaki 2002, lám. 11 (color), p. 56; p. 76.
Niitsu 2002, lám. 11 (color), p. 56; p. 76. Santander 2005,
p. 24; p. 25; p. 77 (color)

Bibliografía: Dupin, Jacques, y Ariane Lelong-Mainaud
2004, vol. VI, lám. 1964 (color), p. 184; p. 267

Femme, oiseaux, 1973
Óleo sobre tela, 88,5 × 115,4 cm
Inscripciones reverso: *6/VIII/73. II ~~Paysage~~* [?]
Femme, oiseaux
Procedencia: Donación del artista, 1981
FPJM-24

Exposiciones: Palma de Mallorca 1987, [p. 156];
p. 157 (color). Zaragoza 1988, p. 24; p. 25 (color).
Sevilla 1993-1994, lám. 16 (color), p. 71. Málaga
1994, lám. 16 (color), p. 71. Palma de Mallorca 1996c,
p. 52, 53; lám. 22 (color), p. 80; p. 237. Las Palmas de
Gran Canaria 1996-1997, p. 45; lám. 11 (color), p. 52;
p. 227. Santiago de Chile 1997, lám. 33 (color), p. 29;
[p. 44]. Dortmund 1999, [p. 138]; lám. 19 (color),
[p. 139]; p. 276. Viena 2001, p. 71, 128; lám. 28
(color), p. 132. Marugame 2002, lám. 2 (color), p. 45;
p. 76. Mitaka 2002, lám. 2 (color), p. 45; p. 76.
Miyazaki 2002, lám. 2 (color), p. 45; p. 76. Niitsu
2002, lám. 2 (color), p. 45; p. 76. Santander 2005,
p. 25; p. 79 (color)

Bibliografía: Dupin, Jacques, y Ariane Lelong-Mainaud
2004, vol. VI, lám. 1963 (color), p. 184; p. 266

*Femme dans la nuit, Femme attrapant
un oiseau*, 1973
Óleo y carboncillo sobre tela, 265,5 × 185,5 cm
Inscripciones anverso: *Miró*
Inscripciones reverso: *MIRÓ 29/VII/ 73. /
FEMME DANS / LA NUIT*
Procedencia: Donación del artista, 1981
FPJM-84.1

Exposiciones: Roma 1989, p. 81 (color); p. 209.
Verona 1989, p. 81 (color); p. 209. Barcelona
1989-1990, p. 64 (color). Oporto 1990, p. 87 (color).
Sevilla 1993-1994, p. 67; lám. 14, p. 69. Málaga 1994,
p. 67; lám. 14, p. 69. Bangkok 1995, p. 19; lám. 3
(color), p. 42; p. 103. Beijing 1995, lám. 3 (color),
p. 42; p. 102. Shanghai 1995, lám. 3 (color), p. 42;
p. 102. Taipei 1995, lám. 3 (color), p. 38; p. 135.
Palma de Mallorca 1996c, p. 16, 17, 52, 53; lám. 19
(color), p. 79; p. 237. Bremen 1996-1997, lám. 5
(color), p. 154. Roma 1998-1999, p. 65 (color); p. 47
(color, detalle). Catania 1999, p. 58 (color); p. 41
(color, detalle). Dortmund 1999, lám. 16 (color),
[p. 135]; p. 276. Milán 1999, lám. 9 (color), p. 57;
p. 139. Nueva York 2000-2001, lám. 5 (color), [p. 61];
[p. 60]. Nuoro 2001-2002, p. 32 (color); p. 141.
Granada 2004, p. 30 (color); p. 31, 58; p. 59 (color).
Santander 2005, p. 93 (color)

Bibliografía: Dupin, Jacques, y Ariane Lelong-Mainaud
2004, vol. VI, lám. 1962 (color), p. 183; p. 265

Femme, oiseaux, 1973
Óleo sobre contrachapado, 115,5 × 146 cm
Inscripciones reverso: *26/VII/73 Femme,
oiseaux*
Procedencia: Donación del artista, 1981
FPJM-136

Exposiciones: Roma 1989, p. 91 (color); p. 210.
Verona 1989, p. 91 (color); p. 210. Barcelona
1989-1990, p. 68 (color). Oporto 1990, p. 62 (color).
Sevilla 1993-1994, lám. 18 (color, invertida), p. 73.
Málaga 1994, lám. 18 (color, invertida), p. 73. Bangkok
1995, p. 12, 19; lám. 43 (color, invertida), p. 54;
p. 104. Beijing 1995, p. 22; lám. 43 (color, invertida),
p. 54; p. 103. Shanghai 1995, p. 22; lám. 43 (color,
invertida), p. 54; p. 103. Taipei 1995, p. 18; lám. 43
(color, invertida), p. 78; p. 136. Palma de Mallorca
1996c, p. 56, 57; lám. 65 (color, invertida), p. 96;
p. 238. Milán 1999, lám. 7 (color, invertida), p. 55;
p. 139. Salerno 2002-2003, p. 50 (color); p. 179

Bibliografía: Dupin, Jacques, y Ariane Lelong-Mainaud
2004, vol. VI, lám. 1960 (color), p. 181; p. 266

Femmes et oiseaux devant le soleil,
1973
Óleo sobre contrachapado, 146,5 × 116 cm
Inscripciones reverso: *27/VII/73 Femmes et
oiseaux / devant le soleil*
Procedencia: Donación del artista, 1981
FPJM-137

Exposiciones: Sevilla 1993-1994, lám. 17 (color),
p. 72; p. 73. Málaga 1994, lám. 17 (color), p. 72;
p. 73. Bangkok 1995, p. 12, 19; lám. 30 (color), p. 50;
p. 104. Beijing 1995, p. 22; lám. 30 (color), p. 50;
p. 102. Hong Kong 1995, lám. 30 (color). Shanghai
1995, p. 22; lám. 30 (color), p. 50; p. 102. Taipei 1995,
p. 18; lám. 30 (color), p. 65; p. 135. Palma de Mallorca
1996c, p. 56, 57; lám. 64 (color), p. 96; p. 238. Milán
1999, lám. 8 (color), p. 56; p. 139. Salerno 2002-2003,
p. 51 (color); p. 179

Bibliografía: Dupin, Jacques, y Ariane Lelong-Mainaud
2004, vol. VI, lám. 1961 (color), p. 182; p. 266

FPJM-24

FPJM-136

FPJM-137

Sin título, 1973 [ca]
Acrílico y carboncillo sobre tela, 174 × 293 cm
Procedencia: Donación del artista, 1981
FPJM-108

Bibliografía: Dupin, Jacques, y Ariane Lelong-Mainaud
2004, vol. VI, lám. 2003 (color), p. 206-207; p. 267

Sin título, 1973 [ca]
Acrílico y carboncillo sobre tela,
216 × 173,8 cm
Procedencia: Donación del artista, 1981
FPJM-106

Exposiciones: Palma de Mallorca 1987, [p. 192];
p. 193 (color). Roma 1989, p. 83 (color); p. 209.
Verona 1989, p. 83 (color); p. 209. Barcelona
1989-1990, p. 62 (color). Oporto 1990, p. 53 (color).
Fukuoka 1991, lám 27 (color), p. 44; p. 106. Kasama
1991, lám. 27 (color), p. 44; p. 106. Kioto 1991,
lám. 27 (color), p. 44; p. 106. La Coruña 1991, lám. 22
(color), p. 40. Tokio 1991, lám. 27 (color), p. 44;
p. 106. Vigo 1991, lám. 22 (color), p. 40. Madrid
1993a, lám. 96 (color), p. 147; p. 155. Sevilla
1993-1994, lám. 53 (color), p. 116; p. 118. Málaga
1994, lám. 53 (color), p. 116; p. 118. Rio de Janeiro
1995, p. 68; p. 70 (color). Buenos Aires 1996, p. 62;
p. 64 (color). Montevideo 1996, p. 62; p. 64 (color).
São Paulo 1996, p. 68; p. 70 (color). Bremen
1996-1997, lám. 9 (color), p. 158. Barcelona
1997-1998, p. 123 (color). Roma 1998-1999, p. 79
(color). Catania 1999, p. 66 (color). Dortmund 1999,
lám. 49 (color), [p. 179]; p. 278. Milán 1999, lám. 21
(color), p. 69; p. 139. Nueva York 2000-2001, [p. 76];
lám. 13 (color), [p. 77]. Viena 2001, p. 140; lám. 36
(color), p. 145; p. 144. Salerno 2002-2003, p. 60
(color); p. 180. Granada 2004, p. 38 (color); p. 39, 82;
p. 83 (color)

Bibliografía: Dupin, Jacques, y Ariane Lelong-Mainaud
2004, vol. VI, lám. 2005 (color), p. 208; p. 267

Sin título, 1973 [ca]
Acrílico y carboncillo sobre tela,
215,5 × 173,5 cm
Procedencia: Donación del artista, 1981
FPJM-110

Exposiciones: Palma de Mallorca 1987, [p. 194]; p. 195
(color). Barcelona 1993a, p. 476 (color). Sevilla
1993-1994, lám. 52 (color), p. 115; p. 118. Málaga
1994, lám. 52 (color), p. 115; p. 118. Rio de Janeiro
1995, p. 68; p. 69 (color). Buenos Aires 1996, p. 62;
p. 63 (color). Montevideo 1996, p. 62; p. 63 (color).
São Paulo 1996, p. 68; p. 69 (color). Bremen
1996-1997, lám. 8 (color), p. 157. Barcelona
1997-1998, p. 122 (color). Dortmund 1999, lám. 25
(color), [p. 146]; p. 276. Milán 1999, p. 44. Nueva York
2000-2001, [p. 2], (color); [p. 64]; lám. 7 (color),
[p. 65]. Salerno 2002-2003, p. 60; [p. 61 (color)];
p. 180. Granada 2004, p. 38 (color); p. 86; p. 87 (color)

Bibliografía: Catoir 1995, p. 48 (color); Dupin,
Jacques, y Ariane Lelong-Mainaud 2004, vol. VI,
lám. 2006 (color), p. 208-209; p. 267

Sin título, 1974 [?]
Acrílico y carboncillo sobre tela, 216 × 174 cm
Inscripciones anverso: *negre / Blau*
Inscripciones reverso: *2.16 x 1.74 / 1974* [?]
Procedencia: Donación del artista, 1981
FPJM-109

Exposiciones: Rio de Janeiro 1995, p. 68; p. 71 (color).
Buenos Aires 1996, p. 62; p. 65 (color, invertida).
Montevideo 1996, p. 62; p. 65 (color, invertida). São
Paulo 1996, p. 68; p. 71 (color). Bremen 1996-1997,
lám. 10 (color), p. 159. Madrid, y México D.F. 2002,
p. 49 (color). Granada 2004, p. 38 (color); p. 39, 84;
p. 85 (color)

Bibliografía: Dupin, Jacques, y Ariane Lelong-Mainaud
2004, vol. VI, lám. 2007 (color), p. 209; p. 267

FPJM-110
FPJM-109

FPJM-108

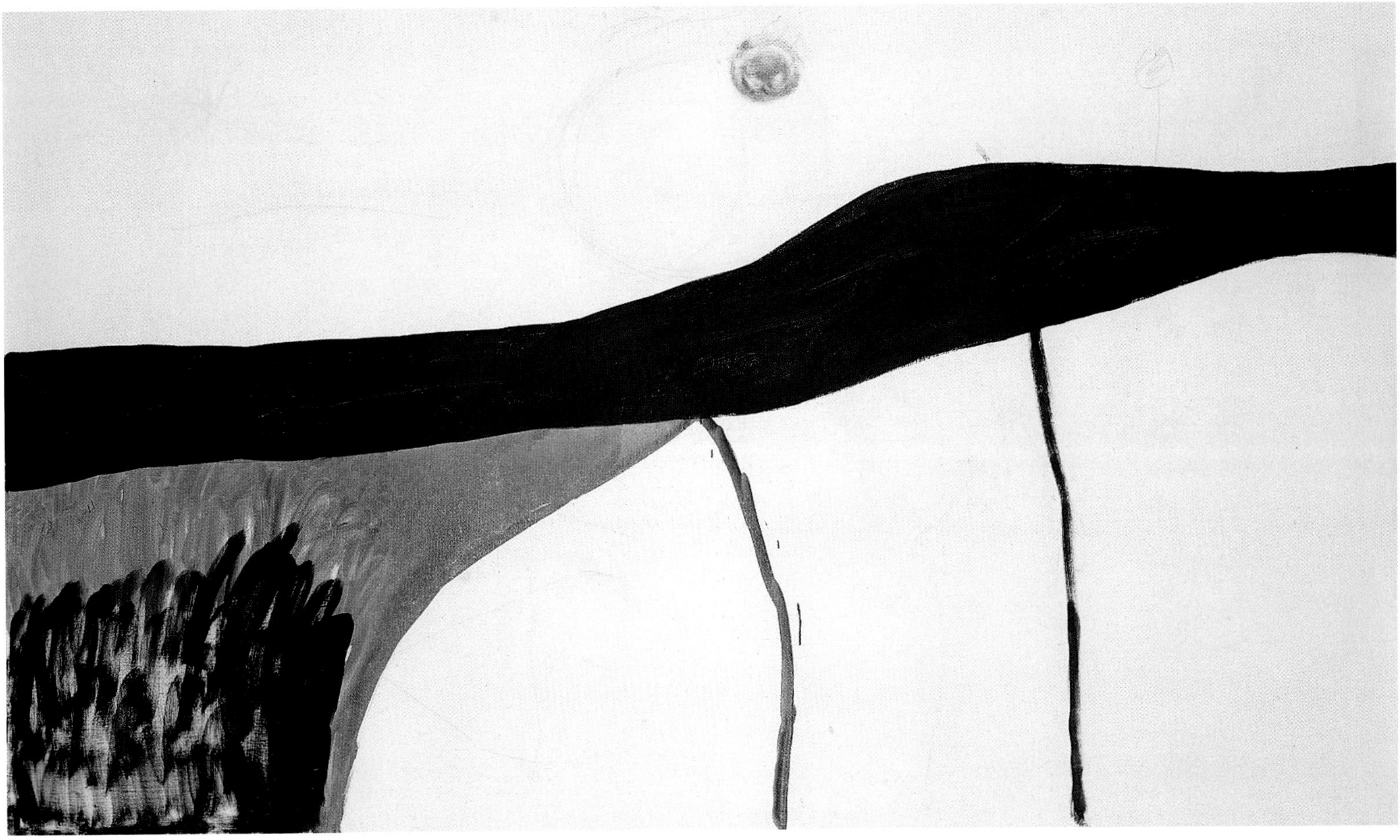

Sin título, 1974 [ca]
Óleo, acrílico y tiza sobre tela, 270,5 × 355 cm
Procedencia: Donación del artista, 1981
FPJM-53

Exposiciones: Palma de Mallorca 1987, [p. 152]; p. 153
(color, invertida). Roma 1989, p. 55 (color, invertida);
p. 209. Verona 1989, p. 16; p. 55 (color); p. 209.
Barcelona 1989-1990, p. 55 (color, invertida). Oporto
1990, p. 26 (color); p. 45 (color). Saint-Paul-de-Vence
1990, lám. 80 (color), p. 182-183; p. 203. Nueva York
1993-1994, p. 315 (color); p. 432. Rio de Janeiro 1995,
[p. 62] (color). Palma de Mallorca 1996c, p. 54-57;
lám. 47 (color), p. 87; p. 238. Bremen 1996-1997,
p. 196. Roma 1998-1999, p. 50 (color, detalle); p. 90-91
(color); p. 155 (color). Catania 1999, p. 44 (color,
detalle); p. 76-77 (color); p. 131 (color); [p. 120] (color).

Dortmund 1999, [p. 168]; lám. 42 (color), [p. 169];
p. 277. Milán 1999, lám. 37 (color), p. 85; p. 140

Bibliografía: Dupin, Jacques, y Ariane Lelong-Mainaud
2004, vol. VI, lám. 2053 (color), p. 264-247; p. 267;
Fundació Pilar i Joan Miró a Mallorca 1992, p. 74 (color)

Personnage, oiseaux, 1976
Óleo sobre papel de lija, madera y clavos,
171,5 × 125 cm
Inscripciones anverso: *Miró*
Inscripciones reverso: *MIRÓ. 18/II/76, /*
18/II/76. Personnage, / oiseaux
Procedencia: Donación del artista, 1981
FPJM-146

Exposiciones: Roma 1989, p. 93 (color); p. 210.
Verona 1989, p. 93 (color); p. 210. Barcelona
1989-1990, p. 37 (color). Oporto 1990, p. 79 (color).
Madrid 1993b, p. 170 (color); [p. 171] (color, detalle).
Palma de Mallorca 1996c, p. 56, 57; lám. 79 (color),
p. 101; p. 239. Roma 1998-1999, p. 74 (color). Catania
1999, p. 65 (color). Milán 1999, lám. 27 (color), p. 75;
p. 139. Nueva York 2000-2001, [p. 82]; lám. 16 (color),
[p. 83]. Viena 2001, p. 73; p. 156; lám. 45 (color),
p. 157. Nuoro 2001-2002, p. 56 (color); p. 141.
Granada 2004, p. 40 (color); p. 41, 72; p. 73 (color).
Santander 2005, p. 26; p. 27; p. 117 (color)

Bibliografía: Dupin, Jacques, y Ariane Lelong-Mainaud
2004, vol. VI, lám. 1965 (color), p. 185; p. 268

Sin título, 1977 [ant]
Óleo y acrílico sobre contrachapado,
122 × 89 cm
Procedencia: Donación del artista, 1981
FPJM-135

Exposiciones: París 1988, p. 9; [p. 66]; lám. 16 (color),
[p. 67]; p. 130. Roma 1989, p. 89 (color); p. 210.
Verona 1989, p. 89 (color); p. 210. Barcelona
1989-1990, p. 59 (color, invertida). Oporto 1990, p. 73
(color). Buenos Aires 1993, lám. 15 (color), p. 53.
Prato 1994, lám. 39 (color), p. 101; p. 159. Bangkok
1995, cubierta (color); lám. 41 (color), p. 52; p. 104.
Beijing 1995, lám. 41 (color), p. 52; p. 103. Shanghai
1995, lám. 41 (color), p. 52; p. 103. Taipei 1995,
lám. 41 (color), p. 76; p. 136. Palma de Mallorca
1996c, p. 16, 17, 56, 57; lám. 77 (color), p. 99; p. 239.
Las Palmas de Gran Canaria 1996-1997, p. 45; lám. 26
(color), p. 65; p. 227. Dortmund 1999, [p. 82] (color);
lám. 44 (color), [p. 171]; p. 277. Milán 1999, lám. 31
(color), p. 79; p. 139. Viena 2001, p. 156; lám. 46
(color), p. 158; p. 160. Nuoro 2001-2002, p. 55
(color); p. 141

Bibliografía: Dupin, Jacques, y Ariane Lelong-Mainaud
2004, vol. VI, lám. 2063 (color), p. 252; p. 267

Sin título, 1977 [ca]
Óleo y barniz sobre tela, 162,5 × 130,5 cm
Procedencia: Donación del artista, 1981
FPJM-18.1

Exposiciones: Palma de Mallorca 1987, [p. 228];
p. 229 (color). Roma 1989, p. 75 (color); p. 209.
Verona 1989, p. 75 (color); p. 209. Barcelona
1989-1990, p. 57 (color). Oporto 1990, p. 57 (color).
Fukuoka 1991, lám 19 (color), p. 36; p. 106. Kasama
1991, lám. 19 (color), p. 36; p. 106. Kioto 1991,
lám. 19 (color), p. 36; p. 106. La Coruña 1991, [p. 10]
(color). Tokio 1991, lám. 19 (color), p. 36; p. 106. Vigo
1991, lám. 24 (color), p. 42. Buenos Aires 1993, p. 29;
lám. 7 (color), p. 45. Prato 1994, lám. 18 (color),
p. 81; p. 158. Bangkok 1995, p. 19; lám. 28 (color),
p. 49; p. 104. Beijing 1995, lám. 28 (color), p. 49;
p. 102. Shanghai 1995, lám. 28 (color), p. 49; p. 102.
Taipei 1995, lám. 28 (color), p. 63; p. 135. Palma de
Mallorca 1996c, p. 18, 19, 24, 25, 52, 53, 54, 55;
lám. 31 (color), p. 82; p. 237. Roma 1998-1999, p. 82
(color). Catania 1999, p. 68 (color). Dortmund 1999,
lám. 24 (color), [p. 145]; p. 276. Milán 1999, lám. 33
(color), p. 81; p. 140. Nueva York 2000-2001, [p. 58];
lám. 4 (color), [p. 59]. Granada 2004, p. 39; p. 40
(color); p. 62; p. 63 (color)

Bibliografía: Dupin, Jacques, y Ariane Lelong-Mainaud
2004, vol. VI, lám. 2039 (color), p. 232; p. 267

Sin título, 1977 [ca]
Óleo sobre tela, 92 × 72 cm
Procedencia: Donación del artista, 1981
FPJM-30

Exposiciones: Palma de Mallorca 1987, [p. 216]; p. 217
(color). Fukuoka 1991, lám 23 (color), p. 40; p. 106.
Kasama 1991, lám. 23 (color), p. 40; p. 106. Kioto 1991,
lám. 23 (color), p. 40; p. 106. La Coruña 1991, lám. 20
(color), p. 38. Tokio 1991, lám. 23 (color), p. 40; p. 106.
Vigo 1991, lám. 20 (color), p. 38. Buenos Aires 1993,
p. 30; lám. 1 (color), p. 39. Prato 1994, lám. 29 (color),
p. 92; p. 159. Bangkok 1995, lám. 24 (color), p. 48;
p. 104. Beijing 1995, p. 22; lám. 24 (color), p. 48;
p. 102. Shanghai 1995, p. 22; lám. 24 (color), p. 48;
p. 102. Taipei 1995, lám. 24 (color), p. 59; p. 135. Palma
de Mallorca 1996c, p. 54, 55; lám. 44 (color), p. 86;
p. 238. Dortmund 1999, lám. 55 (color), [p. 186]; p. 278.
Nueva York 2000-2001, [p. 78]; lám. 14 (color), [p. 79]

Bibliografía: Dupin, Jacques, y Ariane Lelong-Mainaud
2004, vol. VI, lám. 2022 (color), p. 220; p. 267

Sin título, 1977 [ca]
Óleo y carboncillo sobre tela, 100 × 80,5 cm
Inscripciones reverso: *IX* [?]
Procedencia: Donación del artista, 1981
FPJM-31

Exposiciones: Palma de Mallorca 1987, [p. 252]; p. 253
(color). Roma 1989, p. 51 (color); p. 209. Verona 1989,
p. 51 (color); p. 209. Barcelona 1989-1990, p. 50
(color). Oporto 1990, p. 85 (color). Fukuoka 1991, lám.
32 (color), p. 50; p. 107. Kasama 1991, lám. 32 (color),
p. 50; p. 107. Kioto 1991, lám. 32 (color), p. 50; p. 107.
La Coruña 1991, cubierta (color); lám. 16 (color), p. 34.
Tokio 1991, lám. 32 (color), p. 50; p. 107. Vigo 1991,
cubierta (color); lám. 16 (color), p. 34. Sevilla 1992,
p. 65 (color, detalle). Nueva York 1993-1994, p. 309
(color); p. 431. Rio de Janeiro 1995, p. 76 (color).
Buenos Aires 1996, p. 70 (color). Montevideo 1996,
p. 70 (color). São Paulo 1996, p. 76 (color). Las Palmas
de Gran Canaria 1996-1997, p. 45; lám. 18 (color),
p. 55; p. 227. Santiago de Chile 1997, lám. 36 (color),
p. 32; [p. 44]. Dortmund 1999, [p. 82] (color); lám. 40
(color), [p. 166]; p. 277

Bibliografía: Dupin, Jacques, y Ariane Lelong-Mainaud
2004, vol. VI, lám. 2027 (color), p. 222; p. 267; Fundació
Pilar i Joan Miró a Mallorca 1992, p. 75 (color)

Sin título, 1977 [ca]
Óleo sobre contrachapado, 75 × 53,5 cm
Procedencia: Donación del artista, 1981
FPJM-130

Bibliografía: Dupin, Jacques, y Ariane Lelong-Mainaud
2004, vol. VI, lám. 2066 (color), p. 254; p. 267

Sin título, 1978 [ant]
Óleo y tiza sobre tela, 91,8 × 72,5 cm
Procedencia: Donación del artista, 1981
FPJM-28

Exposiciones: Palma de Mallorca 1987, [p. 208]; p. 209
(color). Fukuoka 1991, lám 22 (color), p. 39; p. 106.
Kasama 1991, lám. 22 (color), p. 39; p. 106. Kioto 1991,
lám. 22 (color), p. 39; p. 106. Tokio 1991, lám. 22
(color), p. 39; p. 106. Rio de Janeiro 1995, p. 73 (color).
Buenos Aires 1996, p. 67 (color). Montevideo 1996,
p. 67 (color). São Paulo 1996, p. 73 (color).

Bibliografía: Dupin, Jacques, y Ariane Lelong-Mainaud
2004, vol. VI, lám. 2023 (color), p. 220; p. 267

Sin título, 1978 [ant]
Óleo sobre tela, 61 × 46 cm
Procedencia: Donación del artista, 1981
FPJM-33

Exposiciones: Palma de Mallorca 1987, [p. 224];
p. 225 (color). Sevilla 1992, p. 65 (color). Buenos
Aires 1993, lám. 16 (color), p. 54. Palma de Mallorca
1996c, p. 16, 17, 56, 57; lám. 57 (color), p. 90; p. 238.

Bibliografía: Dupin, Jacques, y Ariane Lelong-Mainaud
2004, vol. VI, lám. 2017 (color), p. 217; p. 267

Sin título, 1978 [ant]
Óleo y tiza sobre tela, 91,5 × 72 cm
Procedencia: Donación del artista, 1981
FPJM-44

Exposiciones: Palma de Mallorca 1987, [p. 138];
p. 139 (color). Caracas 1993-1994, p. 39, 44; lám. 13
(color), [p. 83]; p. 137. Prato 1994, lám. 23 (color),
p. 86; p. 158. Bangkok 1995, lám. 22 (color), p. 48;
p. 103. Beijing 1995, lám. 22 (color), p. 48; p. 102.
Shanghai 1995, lám. 22 (color), p. 48; p. 102. Taipei
1995, lám. 22 (color), p. 57; p. 135. Palma de Mallorca
1996c, p. 54, 55; lám. 42 (color), p. 86; p. 238. Las
Palmas de Gran Canaria 1996-1997, p. 45; lám. 17
(color), p. 54; p. 227. Dortmund 1999, [p. 79] (color);
[p. 89] (color); lám. 39 (color), [p. 165]; p. 277

Bibliografía: Dupin, Jacques, y Ariane Lelong-Mainaud
2004, vol. VI, lám. 2018 (color), p. 218; p. 267

Sin título, 1978 [ant]
Óleo sobre masonita, 50,5 × 36,5 cm
Procedencia: Donación del artista, 1981
FPJM-119

Exposiciones: Roma 1989, p. 96 (color); p. 210.
Verona 1989, p. 96 (color); p. 210. Barcelona
1989-1990, p. 26 (color). Oporto 1990, p. 80 (color).
Sevilla 1993-1994, lám. 65 (color), p. 132; p. 139.
Málaga 1994, lám. 65 (color), p. 132; p. 139. Bangkok
1995, p. 12, 19; lám. 31 (color), p. 50; p. 104. Beijing
1995, p. 22; lám. 31 (color), p. 50; p. 102. Hong Kong
1995, lám. 31 (color). Shanghai 1995, p. 22; lám. 31
(color), p. 50; p. 102. Taipei 1995, p. 18; lám. 31
(color), p. 66; p. 135. Palma de Mallorca 1996c, p. 16,
17, 56, 57; lám. 74 (color), p. 98; p. 239. Dortmund
1999, [p. 174]; lám. 47 (color), [p. 175]; p. 278. Milán
1999, lám. 34 (color), p. 83; p. 139. Viena 2001, p. 75,
156, 160; lám. 48 (color), p. 161

Bibliografía: Dupin, Jacques, y Ariane Lelong-Mainaud
2004, vol. VI, lám. 2060 (color), p. 251; p. 267

Sin título, 1978 [ant]
Óleo sobre masonita, 72,5 × 56 cm
Procedencia: Donación del artista, 1981
FPJM-127

Exposiciones: Sevilla 1993-1994, lám. 64 (color),
p. 131; p. 139. Málaga 1994, lám. 64 (color), p. 131;
p. 139. Bangkok 1995, p. 12, 19; lám. 32 (color),
p. 50; p. 104. Beijing 1995, p. 22; lám. 32 (color),
p. 50; p. 102. Shanghai 1995, p. 22; lám. 32 (color),
p. 50; p. 102. Taipei 1995, p. 18; lám. 32 (color), p. 67;
p. 135. Palma de Mallorca 1996c, p. 16, 17, 56, 57;
lám. 73 (color), p. 98; p. 239. Dortmund 1999, [p. 82]
(color); lám. 43 (color), [p. 170]; p. 277. Milán 1999,
lám. 34 (color), p. 82; p. 139. Viena 2001, p. 68, 156;
lám. 47 (color), p. 159; p. 160

Bibliografía: Dupin, Jacques, y Ariane Lelong-Mainaud
2004, vol. VI, lám. 2059 (color), p. 250; p. 267

Sin título, 1978
Óleo, acrílico y tiza sobre tela, 146 × 114 cm
Inscripciones reverso: *30/X/74 Femme /*
31/VII. 78
Procedencia: Donación del artista, 1981
FPJM-16

Exposiciones: Palma de Mallorca 1987, [p. 150];
p. 151 (color). París 1988, p. 9; [p. 48]; lám. 6 (color),
[p. 49]; p. 129. Roma 1989, p. 62 (color); p. 209.
Verona 1989, p. 62 (color); p. 209. Barcelona
1989-1990, p. 49 (color). Oporto 1990, p. 86 (color).
Fukuoka 1991, lám. 10 (color), p. 27; p. 106. Kasama
1991, lám. 10 (color), p. 27; p. 106. Kioto 1991,
lám. 10 (color), p. 27; p. 106. La Coruña 1991, lám. 11
(color), p. 29. Tokio 1991, lám. 10 (color), p. 27;
p. 106. Vigo 1991, lám. 11 (color), p. 29. Buenos Aires
1993, cubierta (color); p. 29-31; lám. 2 (color), p. 40.
Prato 1994, lám. 26 (color), p. 89; p. 158. Bangkok
1995, lám. 9 (color), p. 44; lám. 148 (color), p. 97;
p. 103. Beijing 1995, lám. 148 (color), p. 96. Shanghai
1995, lám. 148 (color), p. 96. Taipei 1995, lám. 9
(color), p. 44; lám. 148, p. 130; p. 135. Palma de
Mallorca 1996c, lám. 50 (color), p. 88; p. 238.
Dortmund 1999, lám. 58 (color), [p. 189]; p. 278.
Nuoro 2001-2002, p. 50 (color); p. 141

Bibliografía: Dupin, Jacques, y Ariane Lelong-Mainaud
2004, vol. VI, lám. 1982 (color), p. 195; p. 267

Sin título, 1978
Óleo sobre tela, 100 × 80,5 cm
Procedencia: Donación del artista, 1981
FPJM-27

Exposiciones: Palma de Mallorca 1987, [p. 232];
p. 233 (color). Zaragoza 1988, p. 32; p. 33 (color).
Caracas 1993-1994, p. 38, 43; lám. 9 (color), [p. 68];

p. 137. Prato 1994, lám. 8 (color), p. 71; p. 158.
Bangkok 1995, p. 19; lám. 5 (color), p. 42; lám. 149
(color), p. 97; p. 103. Beijing 1995, lám. 5 (color),
p. 42; lám. 149 (color), p. 96; p. 102. Shanghai 1995,
lám. 5 (color), p. 42; lám. 149 (color), p. 96; p. 102.
Taipei 1995, lám. 5 (color), p. 40; lám. 149, p. 130;
p. 135. Palma de Mallorca 1996c, p. 52, 53; lám. 23
(color), p. 80; p. 237. Las Palmas de Gran Canaria
1996-1997, p. 45; lám. 13 (color), p. 53; p. 227.
Dortmund 1999, lám. 8 (color), [p. 123]; p. 275

Bibliografía: Dupin, Jacques, y Ariane Lelong-Mainaud
2004, vol. VI, lám. 2029 (color), p. 223; p. 267

Sin título, 1978
Óleo sobre tela, 65 × 81 cm
Inscripciones reverso: *4.7.78.*
Procedencia: Donación del artista, 1981
FPJM-36

Exposiciones: Fukuoka 1991, lám. 12 (color, invertida), p.
29; p. 106. Kasama 1991, lám. 12 (color, invertida),
p. 29; p. 106. Kioto 1991, lám. 12 (color, invertida),
p. 29; p. 106. La Coruña 1991, lám. 21 (color, invertida),
p. 39. Tokio 1991, lám. 12 (color, invertida), p. 29;
p. 106. Vigo 1991, lám. 21 (color, invertida), p. 39.
Sevilla 1993-1994, lám. 24 (color), p. 80; p. 106. Málaga
1994, lám. 24 (color), p. 80; p. 106

Bibliografía: Dupin, Jacques, y Ariane Lelong-Mainaud
2004, vol. VI, lám. 1974 (color), p. 191; p. 267

Sin título, 1978
Óleo y acrílico sobre tela, 129,7 × 97,3 cm
Inscripciones reverso: *25.4.78 III*
Procedencia: Donación del artista, 1981
FPJM-38

Exposiciones: Palma de Mallorca 1987, [p. 256];
p. 257 (color). París 1988, lám. 5 (color); p. 129.
Zaragoza 1988, cubierta (color); p. 44; p. 45 (color).
Roma 1989, p. 61 (color); p. 209. Verona 1989, p. 61
(color); p. 209. Barcelona 1989-1990, p. 45 (color).
Oporto 1990, p. 47 (color). Sevilla 1993-1994, lám. 19
(color), p. 74; p. 73. Málaga 1994, lám. 19 (color),
p. 74; p. 73. Bangkok 1995, lám. 29 (color), p. 50;
p. 104. Beijing 1995, lám. 29 (color), p. 50; p. 102.
Shanghai 1995, lám. 29 (color), p. 50; p. 102. Taipei
1995, lám. 29 (color), p. 64; p. 135. Madrid 1996,
p. 217 (color). Palma de Mallorca 1996c, p. 56, 57;
lám. 49 (color), p. 88; p. 238. Dortmund 1999, [p. 79]
(color); [p. 81] (color); [p. 89] (color); lám. 57 (color),
[p. 188]; p. 278. Nuoro 2001-2002, p. 45 (color);
p. 141. Madrid, y México D.F. 2002, p. 51 (color).
Santander 2005, p. 83 (color)

Bibliografía: Dupin, Jacques, y Ariane Lelong-Mainaud
2004, vol. VI, lám. 1967 (color), p. 187; p. 267

Sin título, 1978
Óleo sobre tela, 129 × 96,6 cm
Inscripciones reverso: *25/4/78. I*
Procedencia: Donación del artista, 1981
FPJM-39

Exposiciones: Sevilla 1992, p. 65 (color, detalle).
Sevilla 1993-1994, lám. 21 (color), p. 76. Málaga
1994, lám. 21 (color), p. 76.

Bibliografía: Dupin, Jacques, y Ariane Lelong-Mainaud
2004, vol. VI, lám. 1966 (color), p. 186; p. 267

Sin título, 1978
Óleo sobre tela, 92 × 73 cm
Inscripciones reverso: *31. 7. 78*
Procedencia: Donación del artista, 1981
FPJM-50

Exposiciones: Palma de Mallorca 1987, [p. 170];
p. 171 (color). Roma 1989, p. 85 (color); p. 209.
Verona 1989, p. 85 (color); p. 209. Barcelona
1989-1990, p. 29 (color). Oporto 1990, p. 61 (color).
Fukuoka 1991, lám. 13 (color), p. 30; p. 106. Kasama
1991, lám. 13 (color), p. 30; p. 106. Kioto 1991,
lám. 13 (color), p. 30; p. 106. La Coruña 1991, lám. 18
(color), p. 36. Tokio 1991, lám. 13 (color), p. 30;
p. 106. Vigo 1991, lám. 18 (color), p. 36. Nueva York
1993-1994, p. 310 (color); p. 431. Sevilla 1993-1994,
lám. 33 (color), p. 89; p. 106. Málaga 1994, lám. 33
(color), p. 89; p. 106. Palma de Mallorca 1996c, p. 56,
57; lám. 54 (color), p. 89; p. 238. Dortmund 1999,
lám. 54 (color), [p. 185]; p. 278. Nuoro 2001-2002,
cubierta (color); p. 46 (color). Marugame 2002,
lám. 14 (color), p. 29; p. 76. Mitaka 2002, lám. 14
(color), p. 29; p. 76. Miyazaki 2002, lám. 14 (color),
p. 29; p. 76. Niitsu 2002, lám. 14 (color), p. 29; p. 76

Bibliografía: Dupin, Jacques, y Ariane Lelong-Mainaud
2004, vol. VI, lám. 1985 (color), p. 197; p. 267; Fundació
Pilar i Joan Miró a Mallorca 1992, p. 75 (color)

Sin título, 1978
Óleo sobre tela, 81 × 65 cm
Inscripciones reverso: *5. 7. 78*
Procedencia: Donación del artista, 1981
FPJM-55

Exposiciones: Palma de Mallorca 1987, [p. 84]; p. 85
(color). París 1988, lám. 7 (color); p. 129. Sevilla
1993-1994, lám. 28 (color), p. 84; p. 106. Málaga
1994, lám. 28 (color), p. 84; p. 106

Bibliografía: Dupin, Jacques, y Ariane Lelong-Mainaud
2004, vol. VI, lám. 1977 (color), p. 192; p. 267

Sin título, 1978
Óleo sobre tela, 81 × 65 cm
Inscripciones reverso: *4. 7. 78.*
Procedencia: Donación del artista, 1981
FPJM-56

Bibliografía: Dupin, Jacques, y Ariane Lelong-Mainaud
2004, vol. VI, lám. 1971 (color), p. 189; p. 267

Sin título, 1978
Óleo sobre tela, 81 × 65 cm
Inscripciones reverso: *5. 7. 78 / 25 F* [?]
Procedencia: Donación del artista, 1981
FPJM-57

Exposiciones: Sevilla 1993-1994, lám. 29 (color), p. 85;
p. 106. Málaga 1994, lám. 29 (color), p. 85; p. 106

Bibliografía: Dupin, Jacques, y Ariane Lelong-Mainaud
2004, vol. VI, lám. 1975 (color), p. 191; p. 267

Sin título, 1978
Óleo sobre tela, 81 × 65 cm
Inscripciones reverso: *5.7.78.*
Procedencia: Donación del artista, 1987
FPJM-58

Exposiciones: Sevilla 1993-1994, lám. 30 (color), p. 86;
p. 106. Málaga 1994, lám. 30 (color), p. 86; p. 106

Bibliografía: Dupin, Jacques, y Ariane Lelong-Mainaud
2004, vol. VI, lám. 1976 (color), p. 192; p. 267

Sin título, 1978
Óleo sobre tela, 81 × 65 cm
Inscripciones reverso: *6. 8. 78*
Procedencia: Donación del artista, 1981
FPJM-59

Exposiciones: Sevilla 1993-1994, lám. 49 (color), p. 105;
p. 106. Málaga 1994, lám. 49 (color), p. 105; p. 106

Bibliografía: Dupin, Jacques, y Ariane Lelong-Mainaud
2004, vol. VI, lám. 1997 (color), p. 202; p. 267

Sin título, 1978
Óleo sobre tela, 81 × 65 cm
Inscripciones reverso: *4. 7. 78*
Procedencia: Donación del artista, 1981
FPJM-60

Exposiciones: Sevilla 1993-1994, lám. 26 (color), p. 82;
p. 106. Málaga 1994, lám. 26 (color), p. 82; p. 106

Bibliografía: Dupin, Jacques, y Ariane Lelong-Mainaud
2004, vol. VI, lám. 1973 (color), p. 190; p. 267

Sin título, 1978
Óleo sobre tela, 81 × 65 cm
Inscripciones reverso: *4. 8. 78*
Procedencia: Donación del artista, 1981
FPJM-61

Exposiciones: Sevilla 1993-1994, lám. 27 (color), p. 83;
p. 106. Málaga 1994, lám. 27 (color), p. 83; p. 106

Bibliografía: Dupin, Jacques, y Ariane Lelong-Mainaud
2004, vol. VI, lám. 1972 (color), p. 190; p. 267

Sin título, 1978
Óleo sobre tela, 81 × 65 cm
Inscripciones reverso: *6. 8. 78*
Procedencia: Donación del artista, 1981
FPJM-62

Exposiciones: Sevilla 1993-1994, lám. 47 (color), p. 103;
p. 106. Málaga 1994, lám. 47 (color), p. 103; p. 106

Bibliografía: Dupin, Jacques, y Ariane Lelong-Mainaud
2004, vol. VI, lám. 1996 (color), p. 202; p. 267

Sin título, 1978
Óleo sobre tela, 73 × 60 cm
Inscripciones reverso: *8. 7. 78*
Procedencia: Donación del artista, 1981
FPJM-63

Exposiciones: Sevilla 1993-1994, lám. 31 (color), p. 87;
p. 106. Málaga 1994, lám. 31 (color), p. 87; p. 106

Bibliografía: Dupin, Jacques, y Ariane Lelong-Mainaud
2004, vol. VI, lám. 1979 (color), p. 193; p. 267

Sin título, 1978
Óleo sobre tela, 60 × 73 cm
Inscripciones reverso: *8. 7. 78*
Procedencia: Donación del artista, 1981
FPJM-64

Exposiciones: Sevilla 1993-1994, lám. 32 (color,
invertida), p. 88; p. 106. Málaga 1994, lám. 32 (color,
invertida), p. 88; p. 106

Bibliografía: Dupin, Jacques, y Ariane Lelong-Mainaud
2004, vol. VI, lám. 1978 (color), p. 193; p. 267

FPJM-59

FPJM-62

FPJM-60
FPJM-61

FPJM-63
FPJM-64

Sin título, 1978
Óleo sobre tela, 73 × 60 cm
Inscripciones reverso: *6. 8. 78*
Procedencia: Donación del artista, 1981
FPJM-65

Exposiciones: Sevilla 1993-1994, lám. 48 (color), p. 104;
p. 106. Málaga 1994, lám. 48 (color), p. 104; p. 106

Bibliografía: Dupin, Jacques, y Ariane Lelong-Mainaud
2004, vol. VI, lám. 1995 (color), p. 202; p. 267

Sin título, 1978
Óleo sobre tela, 92 × 73,2 cm
Inscripciones reverso: *31. 7. 78*
Procedencia: Donación del artista, 1981
FPJM-66

Exposiciones: Sevilla 1993-1994, lám. 42 (color), p. 98;
p. 106. Málaga 1994, lám. 42 (color), p. 98; p. 106

Bibliografía: Dupin, Jacques, y Ariane Lelong-Mainaud
2004, vol. VI, lám. 1994 (color), p. 201; p. 267

Sin título, 1978
Óleo sobre tela, 92 × 73,5 cm
Inscripciones reverso: *31. 7. 78*
Procedencia: Donación del artista, 1981
FPJM-67

Exposiciones: Sevilla 1993-1994, lám. 43 (color), p. 99;
p. 106. Málaga 1994, lám. 43 (color), p. 99; p. 106

Bibliografía: Dupin, Jacques, y Ariane Lelong-Mainaud
2004, vol. VI, lám. 1993 (color), p. 201; p. 267

Sin título, 1978
Óleo sobre tela, 92 × 73 cm
Inscripciones reverso: *31. 7. 78*
Procedencia: Donación del artista, 1981
FPJM-68

Exposiciones: Sevilla 1993-1994, lám. 39 (color), p. 95;
p. 106. Málaga 1994, lám. 39 (color), p. 95; p. 106

Bibliografía: Dupin, Jacques, y Ariane Lelong-Mainaud
2004, vol. VI, lám. 1992 (color), p. 200; p. 267

Sin título, 1978
Óleo y carboncillo sobre tela, 92 × 73,4 cm
Inscripciones reverso: *31. 7. 78*
Procedencia: Donación del artista, 1981
FPJM-69

Exposiciones: Palma de Mallorca 1987, [p. 106]; p. 107
(color). Fukuoka 1991, lám. 14 (color), p. 31; p. 106.
Kasama 1991, lám. 14 (color), p. 31; p. 106. Kioto
1991, lám. 14 (color), p. 31; p. 106. La Coruña 1991,
lám. 19 (color), p. 37. Tokio 1991, lám. 14 (color),
p. 31; p. 106. Vigo 1991, lám. 19 (color), p. 37. Sevilla
1993-1994, lám. 44 (color), p. 100; p. 106. Málaga
1994, lám. 44 (color), p. 100; p. 106

Bibliografía: Dupin, Jacques, y Ariane Lelong-Mainaud
2004, vol. VI, lám. 1980 (color), p. 194; p. 267

Sin título, 1978
Óleo sobre tela, 92 × 73 cm
Inscripciones reverso: *31. 7. 78*
Procedencia: Donación del artista, 1981
FPJM-70

Exposiciones: Sevilla 1993-1994, lám. 35 (color), p. 91;
p. 106. Málaga 1994, lám. 35 (color), p. 91; p. 106

Bibliografía: Dupin, Jacques, y Ariane Lelong-Mainaud
2004, vol. VI, lám. 1991 (color), p. 200; p. 267

FPJM-65

FPJM-68

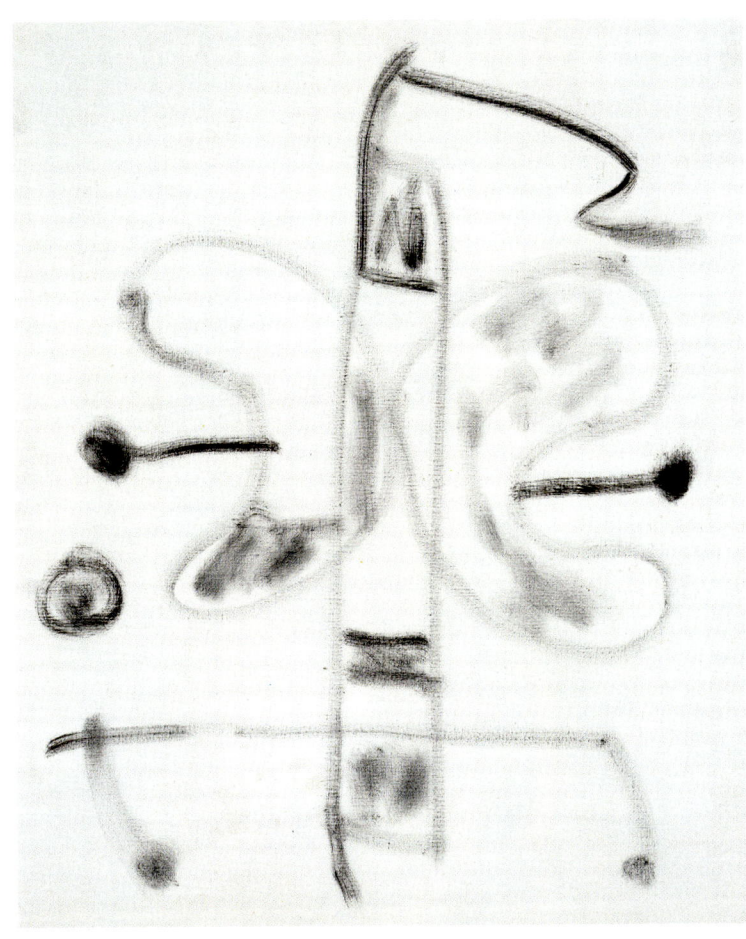
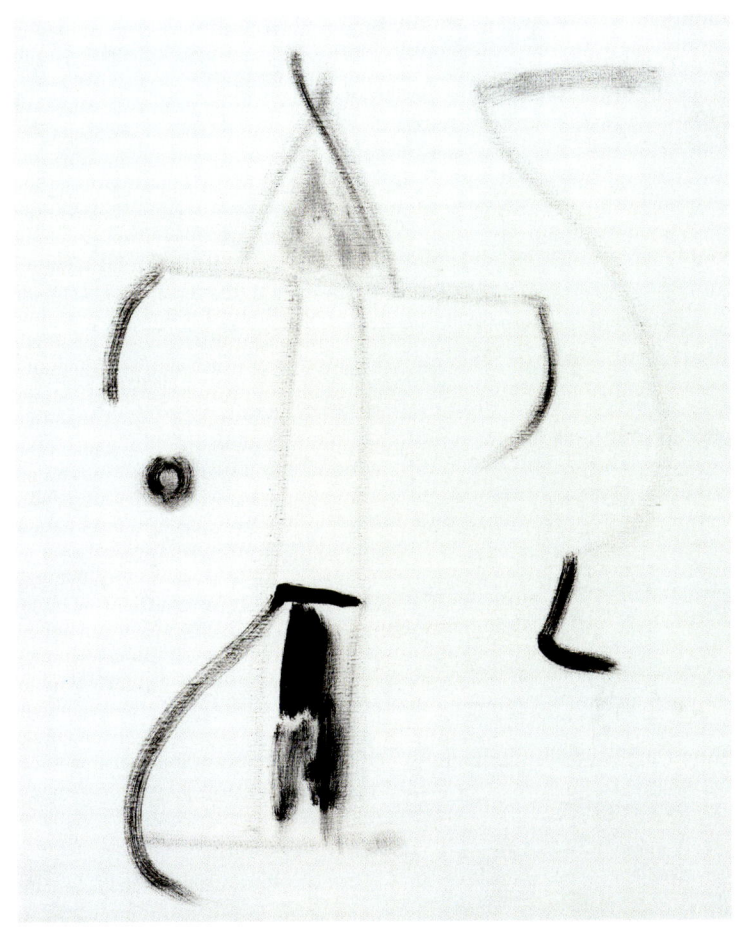

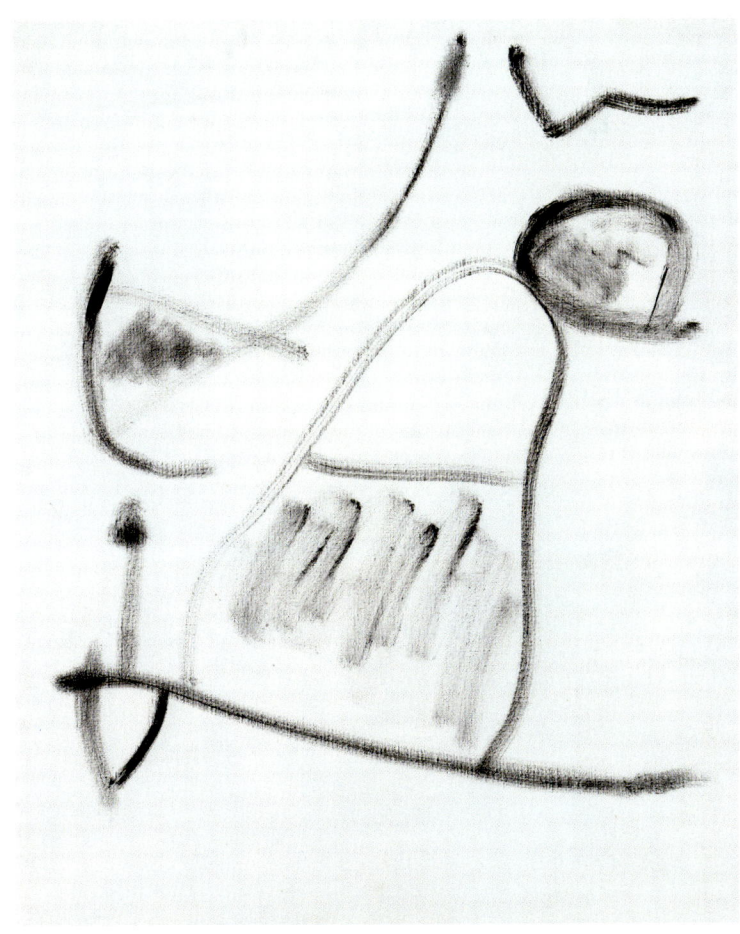

Sin título, 1978
Óleo sobre tela, 73 × 92 cm
Inscripciones reverso: *31. 7. 78*
Procedencia: Donación del artista, 1981
FPJM-71

Exposiciones: Sevilla 1993-1994, lám. 40 (color), p. 96;
p. 106. Málaga 1994, lám. 40 (color), p. 96; p. 106

Bibliografía: Dupin, Jacques, y Ariane Lelong-Mainaud
2004, vol. VI, lám. 1990 (color), p. 199; p. 267

Sin título, 1978
Óleo sobre tela, 92 × 73 cm
Inscripciones reverso: *31. 7. 78*
Procedencia: Donación del artista, 1981
FPJM-72

Exposiciones: Sevilla 1993-1994, lám. 37 (color), p. 93;
p. 106. Málaga 1994, lám. 37 (color), p. 93; p. 106

Bibliografía: Dupin, Jacques, y Ariane Lelong-Mainaud
2004, vol. VI, lám. 1989 (color), p. 199; p. 267

Sin título, 1978
Óleo sobre tela, 92 × 73 cm
Inscripciones reverso: *31. 7. 78*
Procedencia: Donación del artista, 1981
FPJM-73

Exposiciones: Sevilla 1993-1994, lám. 46 (color), p. 102;
p. 106. Málaga 1994, lám. 46 (color), p. 102; p. 106

Bibliografía: Dupin, Jacques, y Ariane Lelong-Mainaud
2004, vol. VI, lám. 1987 (color), p. 198; p. 267

Sin título, 1978
Óleo sobre tela, 92 × 73,5 cm
Inscripciones reverso: *31. 7. 78*
Procedencia: Donación del artista, 1981
FPJM-74

Exposiciones: Sevilla 1993-1994, lám. 45 (color), p. 101;
p. 106. Málaga 1994, lám. 45 (color), p. 101; p. 106

Bibliografía: Dupin, Jacques, y Ariane Lelong-Mainaud
2004, vol. VI, lám. 1988 (color), p. 198; p. 267

Sin título, 1978
Óleo sobre tela, 92 × 73 cm
Inscripciones reverso: *31. 7. 78*
Procedencia: Donación del artista, 1981
FPJM-75

Exposiciones: Sevilla 1993-1994, lám. 38 (color), p. 94;
p. 106. Málaga 1994, lám. 38 (color), p. 94; p. 106

Bibliografía: Dupin, Jacques, y Ariane Lelong-Mainaud
2004, vol. VI, lám. 1986 (color), p. 197; p. 267

Sin título, 1978
Óleo sobre tela, 92 × 73 cm
Inscripciones reverso: *31. 7. 78*
Procedencia: Donación del artista, 1981
FPJM-76

Exposiciones: Sevilla 1993-1994, lám. 36 (color), p. 92;
p. 106. Málaga 1994, lám. 36 (color), p. 92; p. 106

Bibliografía: Dupin, Jacques, y Ariane Lelong-Mainaud
2004, vol. VI, lám. 1984 (color), p. 196; p. 267

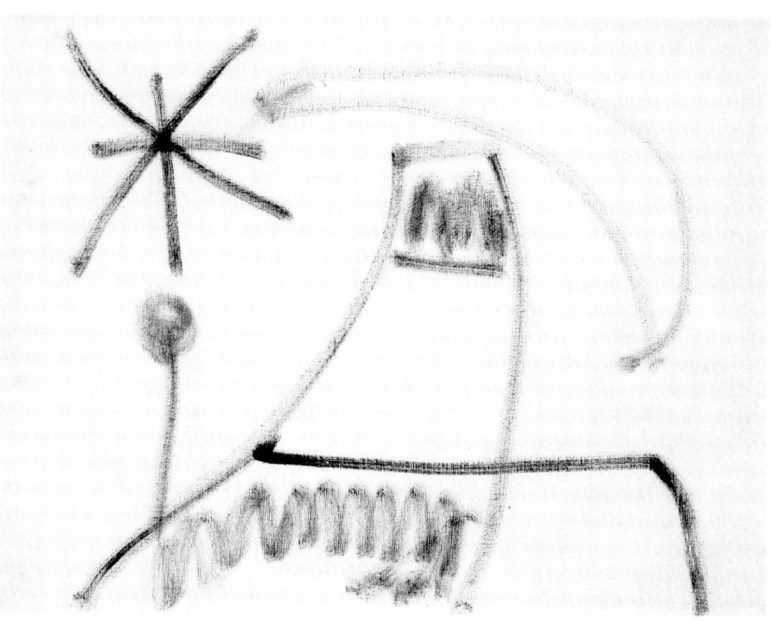

FPJM-71

FPJM-74

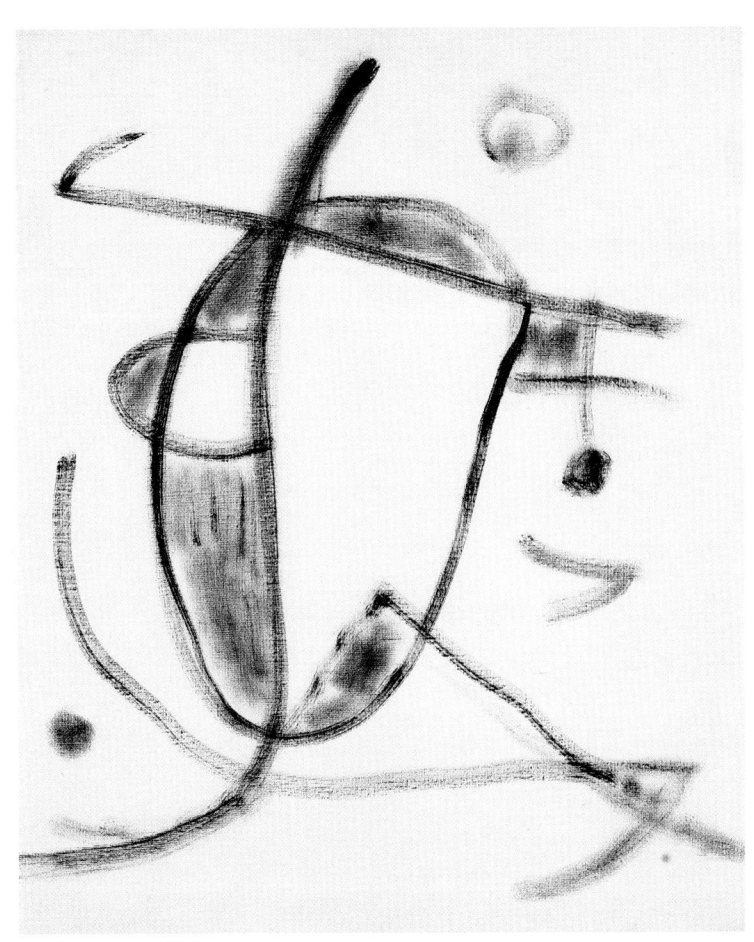

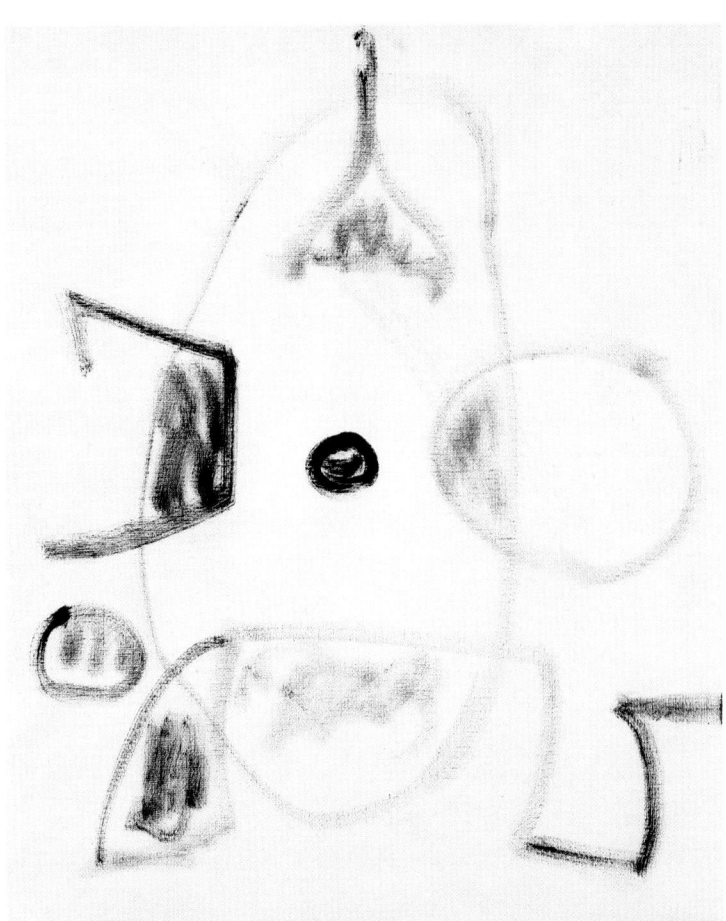

Sin título, 1978
Óleo y carboncillo sobre tela, 92 × 73 cm
Inscripciones reverso: *31. 7. 78*
Procedencia: Donación del artista, 1981
FPJM-77

Exposiciones: Sevilla 1993-1994, lám. 41 (color), p. 97;
p. 106. Málaga 1994, lám. 41 (color), p. 97; p. 106

Bibliografía: Dupin, Jacques, y Ariane Lelong-Mainaud
2004, vol. VI, lám. 1983 (color), p. 196; p. 267

Sin título, 1978 [?]
Óleo sobre tela, 92 × 73 cm
Inscripciones reverso: *3. 7. 78* [?]
Procedencia: Donación del artista, 1991
FPJM-78

Exposiciones: Sevilla 1993-1994, lám. 23 (color), p. 79;
p. 106. Málaga 1994, lám. 23 (color), p. 79; p. 106

Bibliografía: Dupin, Jacques, y Ariane Lelong-Mainaud
2004, vol. VI, lám. 1969 (color), p. 188; p. 267

Sin título, 1978
Óleo sobre tela, 92 × 73 cm
Inscripciones reverso: *4. 7. 78*
Procedencia: Donación del artista, 1981
FPJM-79

Exposiciones: Sevilla 1993-1994, lám. 25 (color), p. 81;
p. 106. Málaga 1994, lám. 25 (color), p. 81; p. 106

Bibliografía: Dupin, Jacques, y Ariane Lelong-Mainaud
2004, vol. VI, lám. 1970 (color), p. 189; p. 267

Sin título, 1978
Óleo sobre tela, 92 × 73 cm
Inscripciones reverso: *1. 7. 78*
Procedencia: Donación del artista, 1981
FPJM-80

Exposiciones: Sevilla 1993-1994, lám. 22 (color), p. 78;
p. 106. Málaga 1994, lám. 22 (color), p. 78; p. 106

Bibliografía: Dupin, Jacques, y Ariane Lelong-Mainaud
2004, vol. VI, lám. 1968 (color), p. 188; p. 267

Sin título, 1978
Óleo sobre tela, 129 × 96,5 cm
Inscripciones reverso: *31, / VII, / 78*
Procedencia: Donación del artista, 1981
FPJM-81

Exposiciones: Sevilla 1993-1994, lám. 34 (color), p. 90;
p. 106. Málaga 1994, lám. 34 (color), p. 90; p. 106

Bibliografía: Dupin, Jacques, y Ariane Lelong-Mainaud
2004, vol. VI, lám. 1981 (color), p. 194; p. 267

Sin título, 1978
Óleo y lápiz de grafito sobre cartón,
62,5 × 48,5 cm
Procedencia: Donación del artista, 1981
FPJM-122

Exposiciones: Saint-Paul-de-Vence 1989, lám. 107
(color), p. 238; p. 269. Caracas 1993-1994, p. 40, 44;
lám. 19 (color), [p. 85]; p. 138. Prato 1994, lám. 37
(color), p. 100; p. 101, 159. Bangkok 1995, p. 12, 19;
lám. 38 (color), p. 52; lám. 137 (color), p. 89; p. 104.
Beijing 1995, p. 22; lám. 38 (color), p. 52; lám. 137
(color), p. 89; p. 103. Shanghai 1995, p. 22; lám. 38
(color), p. 52; lám. 137 (color), p. 89; p. 103. Taipei
1995, p. 18; lám. 38 (color), p. 73; [p. 122] (color);
lám. 137 (color) p. 123; p. 136. Palma de Mallorca
1996c, p. 16, 17, 56, 57; lám. 69 (color), p. 96; p. 239

Bibliografía: Dupin, Jacques, y Ariane Lelong-Mainaud
2004, vol. VI, lám. 2056 (color), p. 249; p. 267

Sin título, 1978
Óleo sobre contrachapado, 64 × 64 cm
Procedencia: Donación del artista, 1981
FPJM-124

Exposiciones: París 1988, p. 9; [p. 64]; lám. 15 (color),
[p. 65]; p. 130. Saint-Paul-de-Vence 1989, lám. 108
(color), p. 239; p. 269. Caracas 1993-1994, p. 40, 44;
lám. 20 (color), [p. 86]; p. 138. Prato 1994, lám. 38
(color), p. 100; p. 101, 159. Bangkok 1995, p. 12, 19;
lám. 39 (color), p. 52; lám. 137 (color), p. 89; p. 104.
Beijing 1995, p. 22; lám. 39 (color), p. 52; lám. 137
(color), p. 89; p. 103. Shanghai 1995, p. 22; lám. 39
(color), p. 52; lám. 137 (color), p. 89; p. 103. Taipei
1995, p. 18; lám. 39 (color), p. 74; lám. 137 (color),
p. 123; p. 136. Palma de Mallorca 1996c, p. 16, 17,
56, 57; lám. 68 (color), p. 96; p. 239

Bibliografía: Dupin, Jacques, y Ariane Lelong-Mainaud
2004, vol. VI, lám. 2069 (color), p. 255; p. 267

Sin título, 1978 [ca]
Óleo sobre tela, 100 × 80,5 cm
Procedencia: Donación del artista, 1981
FPJM-26

Exposiciones: Palma de Mallorca 1987, [p. 234];
p. 235 (color). París 1988, p. 11, 17, 23; lám. 10
(color); p. 130. Zaragoza 1988, p. 34; p. 35 (color).
Roma 1989, p. 88 (color); p. 210. Verona 1989, p. 88
(color); p. 210. Barcelona 1989-1990, p. 63 (color).
Oporto 1990, p. 72 (color). Fukuoka 1991, lám. 21
(color), p. 38; p. 106. Kasama 1991, lám. 21 (color),
p. 38; p. 106. Kioto 1991, lám. 21 (color), p. 38;
p. 106. La Coruña 1991, lám. 6 (color), p. 24. Tokio
1991, lám. 21 (color), p. 38; p. 106. Vigo 1991, lám. 6
(color), p. 24. Caracas 1993-1994, lám. 8 (color),
[p. 69]; p. 38 (color, detalle); p. 137. Prato 1994,
lám. 10 (color), p. 73; p. 158. Bangkok 1995, lám. 21
(color), p. 47; p. 103; lám. 149 (color), p. 97. Beijing
1995, lám. 21 (color), p. 47; lám. 149 (color), p. 96;
p. 102. Shanghai 1995, lám. 21 (color), p. 47;
lám. 149 (color), p. 96; p. 102. Taipei 1995, lám. 21
(color), p. 56; lám. 149, p. 130; p. 135. Palma de
Mallorca 1996c, p. 52, 53; lám. 25 (color), p. 80;
p. 237. Las Palmas de Gran Canaria 1996-1997, p. 45;
lám. 15 (color), p. 53; p. 227. Dortmund 1999, lám. 7
(color), [p. 122]; p. 275

Bibliografía: Dupin, Jacques, y Ariane Lelong-Mainaud
2004, vol. VI, lám. 2028 (color), p. 223; p. 267

Sin título, 1978 [ca]
Óleo sobre tela, 92 × 72,5 cm
Procedencia: Donación del artista, 1981
FPJM-29

Exposiciones: Palma de Mallorca 1987, [p. 222];
p. 223 (color). París 1988, lám. 9 (color); p. 129.
Zaragoza 1988, p. 30; p. 31 (color). La Coruña 1991,
lám. 34 (color), p. 52. Vigo 1991, lám. 34 (color),
p. 52. Madrid 1993b, p. 176 (color); [p. 177] (color,
detalle). Prato 1994, lám. 28 (color), p. 91; p. 159.
Bangkok 1995, lám. 25 (color), p. 48; p. 104. Beijing
1995, lám. 25 (color), p. 48; p. 102. Shanghai 1995,
lám. 25 (color), p. 48; p. 102. Taipei 1995, lám. 25
(color), p. 60; p. 135. Palma de Mallorca 1996c, p. 54,
55; lám. 46 (color), p. 86; p. 238. Dortmund 1999,
lám. 56 (color), [p. 187]; p. 278. Nueva York
2000-2001, [p. 80]; lám. 15 (color), [p. 81]. Nuoro
2001-2002, p. 44 (color); p. 141. Santander 2005,
p. 25; p. 81 (color)

Bibliografía: Dupin, Jacques, y Ariane Lelong-Mainaud
2004, vol. VI, lám. 2025 (color), p. 221; p. 267

Sin título, 1978 [ca]
Óleo sobre tela, 72,5 × 91,8 cm
Procedencia: Donación del artista, 1981
FPJM-41

Exposiciones: Palma de Mallorca 1987, [p. 218];
p. 219 (color). París 1988, lám. 13 (color); p. 130.
Madrid 1993b, p. 190 (color); [p. 191] (color, detalle).
Palma de Mallorca 1996c, p. 54, 55; lám. 45 (color),
p. 86; p. 238. Nuoro 2001-2002, p. 22 (color); p. 141

Bibliografía: Dupin, Jacques, y Ariane Lelong-Mainaud
2004, vol. VI, lám. 2024 (color), p. 221; p. 267

Sin título, 1978 [ca]
Óleo sobre tela, 92 × 72 cm
Procedencia: Donación del artista, 1981
FPJM-42

Exposiciones: Palma de Mallorca 1987, [p. 148]; p. 149
(color). París 1988, lám. 12 (color); p. 130. Zaragoza
1988, p. 22; p. 23 (color). Sevilla 1992, p. 68 (color,
invertida); [p. 69] (color, detalle, invertida). Buenos
Aires 1993, p. 29; lám. 4 (color), p. 42. Prato 1994,
lám. 9 (color), p. 72; p. 158. Bangkok 1995, lám. 6
(color), p. 42; lám. 149 (color), p. 97; p. 103. Beijing
1995, lám. 6 (color), p. 42; lám. 149 (color), p. 96;
p. 102. Shanghai 1995, lám. 6 (color), p. 42; lám. 149
(color), p. 96; p. 102. Taipei 1995, lám. 6 (color), p. 41;
lám. 149, p. 130; p. 135. Palma de Mallorca 1996c,
p. 52, 53; lám. 24 (color), p. 80; p. 237. Las Palmas de
Gran Canaria 1996-1997, p. 45; lám. 14 (color), p. 53;
p. 227. Dortmund 1999, [p. 78] (color); lám. 21 (color),
[p. 141]; p. 276. Marugame 2002, p. 12 (color); lám. 1
(color), p. 16; p. 76. Mitaka 2002, p. 12 (color); lám. 1
(color), p. 16; p. 76. Miyazaki 2002, p. 12 (color);
lám. 1 (color), p. 16; p. 76. Niitsu 2002, p. 12 (color);
lám. 1 (color), p. 16; p. 76

Bibliografía: Dupin, Jacques, y Ariane Lelong-Mainaud
2004, vol. VI, lám. 2019 (color), p. 218; p. 267

FPJM-41

FPJM-42

Sin título, 1978 [ca]
Óleo y lápiz de cera sobre masonita, 73 × 56 cm
Procedencia: Donación del artista, 1981
FPJM-128

Exposiciones: Roma 1989, p. 97 (color); p. 210. Verona
1989, p. 97 (color); p. 210. Barcelona 1989-1990, p. 48
(color). Oporto 1990, p. 81 (color). Buenos Aires 1993,
p. 30-31; lám. 18 (color), p. 56. Prato 1994, lám. 33
(color), p. 96; p. 159. Bangkok 1995, p. 12, 19; lám. 34
(color), p. 50; p. 104. Beijing 1995, p. 22; lám. 34
(color), p. 50; p. 102. Shanghai 1995, p. 22; lám. 34
(color), p. 50; p. 102. Taipei 1995, cubierta (color); p. 18;
lám. 34 (color), p. 39; p. 135. Palma de Mallorca 1996c,
p. 16, 17, 56, 57; lám. 67 (color), p. 96; p. 239. Milán
1999, lám. 19 (color), p. 67; p. 139. Marugame 2002,
lám. 8 (color), p. 50; p. 76. Mitaka 2002, lám. 8 (color),
p. 50; p. 76. Miyazaki 2002, lám. 8 (color), p. 50; p. 76.
Niitsu 2002, lám. 8 (color), p. 50; p. 76. Santander 2005,
p. 109 (color)

Bibliografía: Dupin, Jacques, y Ariane Lelong-Mainaud
2004, vol. VI, lám. 2061 (color), p. 251; p. 267;
Fundació Pilar i Joan Miró a Mallorca 1992, p. 72
(color, detalle)

Sin título, 1978-1979
Óleo y acrílico sobre tela, 130 × 97 cm
Inscripciones reverso: *21/III.79 / 25.4.78 II*
Procedencia: Donación del artista, 1981
FPJM-37

Exposiciones: Palma de Mallorca 1987, [p. 132]; p. 133
(color). Roma 1989, p. 71 (color); p. 209. Verona 1989,
p. 71 (color); p. 209. Barcelona 1989-1990, p. 38
(color). Oporto 1990, p. 91 (color). Fukuoka 1991, lám.
11 (color), p. 28; p. 106. Kasama 1991, lám. 11 (color),
p. 28; p. 106. Kioto 1991, lám. 11 (color), p. 28; p. 106.
La Coruña 1991, lám. 12 (color), p. 30. Tokio 1991,
lám. 11 (color), p. 28; p. 106. Vigo 1991, lám. 12
(color), p. 30. Sevilla 1993-1994, p. 73; lám. 20 (color),
p. 75; p. 76. Málaga 1994, p. 73; lám. 20 (color), p. 75;
p. 76. Palma de Mallorca 1996c, p. 56, 57; lám. 51
(color), p. 88; p. 238

Bibliografía: Dupin, Jacques, y Ariane Lelong-Mainaud
2004, vol. VI, lám. 1998 (color), p. 203; p. 267

Sin título, 1979
Acrílico sobre tela, 46 × 55 cm
Inscripciones: *12/IX/79.*
Procedencia: Donación del artista, 1981
FPJM-12

Exposiciones: Palma de Mallorca 1987, [p. 144]; p. 145
(color). Fukuoka 1991, lám. 15 (color), p. 32; p. 106.
Kasama 1991, lám. 15 (color), p. 32; p. 106. Kioto
1991, lám. 15 (color), p. 32; p. 106. La Coruña 1991,
lám. 14 (color), p. 32. Tokio 1991, lám. 15 (color),
p. 32; p. 106. Vigo 1991, lám. 14 (color), p. 32. Sevilla
1993-1994, lám. 50 (color), p. 112. Málaga 1994,
lám. 50 (color), p. 112. Rio de Janeiro 1995, p. 74
(color). Buenos Aires 1996, p. 68 (color). Montevideo
1996, p. 68 (color). São Paulo 1996, p. 74 (color)

Bibliografía: Dupin, Jacques, y Ariane Lelong-Mainaud
2004, vol. VI, lám. 1999 (color), p. 204; p. 267

Sin título, 1979
Acrílico sobre tela, 65 × 54 cm
Inscripciones reverso: *12/IX/79 / 15 F*
Procedencia: Donación del artista, 1981
FPJM-13

Exposiciones: Palma de Mallorca 1987, [p. 76]; p. 77
(color). Sevilla 1993-1994, p. 112; lám. 51 (color),
p. 113. Málaga 1994, p. 112; lám. 51 (color), p. 113

Bibliografía: Dupin, Jacques, y Ariane Lelong-Mainaud
2004, vol. VI, lám. 2000 (color), p. 204; p. 267

Sin título, 1979 [ca]
Acrílico sobre tela, 162 × 130,5 cm
Procedencia: Donación del artista, 1981
FPJM-10

Bibliografía: Dupin, Jacques, y Ariane Lelong-Mainaud
2004, vol. VI, lám. 2035 (color), p. 228; p. 267

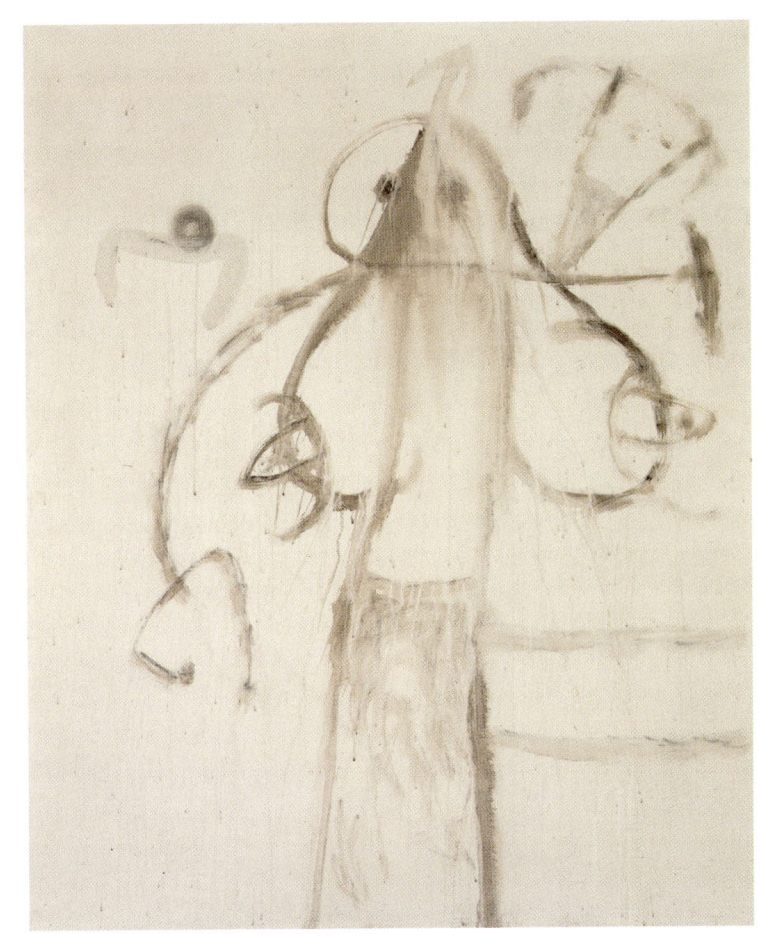

Sin título, 1979 [ca]
Carboncillo y lápiz de grafito sobre tela,
130 × 97 cm
Procedencia: Donación del artista, 1981
FPJM-83.1

Personnage, 1979
Bolígrafo sobre cartulina, 22 × 16,9 cm
Inscripciones: 20/III.79 / Personnage
Procedencia: Donación del artista, 1981
FPJM-83.2

Femme, oiseau, chien, 1979
Bolígrafo sobre papel, 20,5 × 17 cm
Inscripciones: 27/ / V / 79 / Femme, / oiseau, /
chien
Procedencia: Donación del artista, 1981
FPJM-83.3

Exposiciones: Sevilla 1993-1994, lám. 54 (color), p. 119;
p. 120. Málaga 1994, lám. 54 (color), p. 119; p. 120

Sin título, sin fecha
Óleo sobre tela, 194 × 130 cm
Procedencia: Donación del artista, 1981
FPJM-1

Exposiciones: Palma de Mallorca 1987, [p. 70]; p. 71
(color). Palma de Mallorca 1996c, p. 56, 57; lám. 59
(color), p. 90; p. 238. Las Palmas de Gran Canaria
1996-1997, p. 45; lám. 24 (color), p. 62; p. 227.
Madrid, y México D.F. 2002, p. 48 (color)

Bibliografía: Dupin, Jacques, y Ariane Lelong-Mainaud
2004, vol. VI, lám. 2013 (color), p. 215; p. 267

Sin título, sin fecha
Acrílico sobre tela, 194,5 × 130,3 cm
Procedencia: Donación del artista, 1981
FPJM-5

Bibliografía: Dupin, Jacques, y Ariane Lelong-Mainaud
2004, vol. VI, lám. 2049 (color), p. 242; p. 267

Sin título, sin fecha
Óleo y acrílico sobre tela, 92 × 300 cm
Procedencia: Donación del artista, 1981
FPJM-9

Exposiciones: Roma 1989, p. 70 (color); p. 209.
Verona 1989, p. 70 (color); p. 209. Barcelona
1989-1990, p. 53 (color). Oporto 1990, p. 64 (color).
Fukuoka 1991, lám. 29 (color), p. 46-47; p. 106.
Kasama 1991, lám. 29 (color), p. 46-47; pp. 106. Kioto
1991, lám. 29 (color), p. 46-47; p. 106. Tokio 1991,
lám. 29 (color), p. 46-47; p. 106. Sevilla 1993-1994,
lám. 12 (color), p. 65-66; p. 67. Málaga 1994, lám. 12
(color), p. 65-66; p. 67. Bangkok 1995, lám. 44 (color),
p. 54; p. 104. Beijing 1995, lám. 44 (color), p. 54;
p. 103. Shanghai 1995, lám. 44 (color), p. 54; p. 103.
Taipei 1995, p. 34-35 (color, detalle); lám. 44 (color),
p. 79; p. 136. Palma de Mallorca 1996c, p. 20, 21, 50,
51; lám. 18 (color), p. 78; p. 237. Las Palmas de Gran
Canaria 1996-1997, lám. 5 (color); p. 48; p. 44, 227.
Roma 1998-1999, p. 72 (color). Catania 1999, p. 63
(color). Dortmund 1999, lám. 12 (color), [p. 130];
p. 275. Milán 1999, lám. 17 (color), p. 65; p. 139.
Viena 2001, p. 134; lám. 31 (color), p. 136; p. 138

Bibliografía: Dupin, Jacques, y Ariane Lelong-Mainaud
2004, vol. VI, lám. 2004 (color), p. 206-207; p. 267

Sin título, sin fecha
Óleo y acrílico sobre tela, 96,5 × 129,8 cm
Procedencia: Donación del artista, 1981
FPJM-11

Exposiciones: Palma de Mallorca 1987, [p. 90]; p. 91
(color). Buenos Aires 1993, lám. 11 (color), p. 49.
Palma de Mallorca 1996c, p. 50, 51; lám. 60 (color),
p. 90; p. 238

Bibliografía: Dupin, Jacques, y Ariane Lelong-Mainaud
2004, vol. VI, lám. 2001 (color), p. 204; p. 267

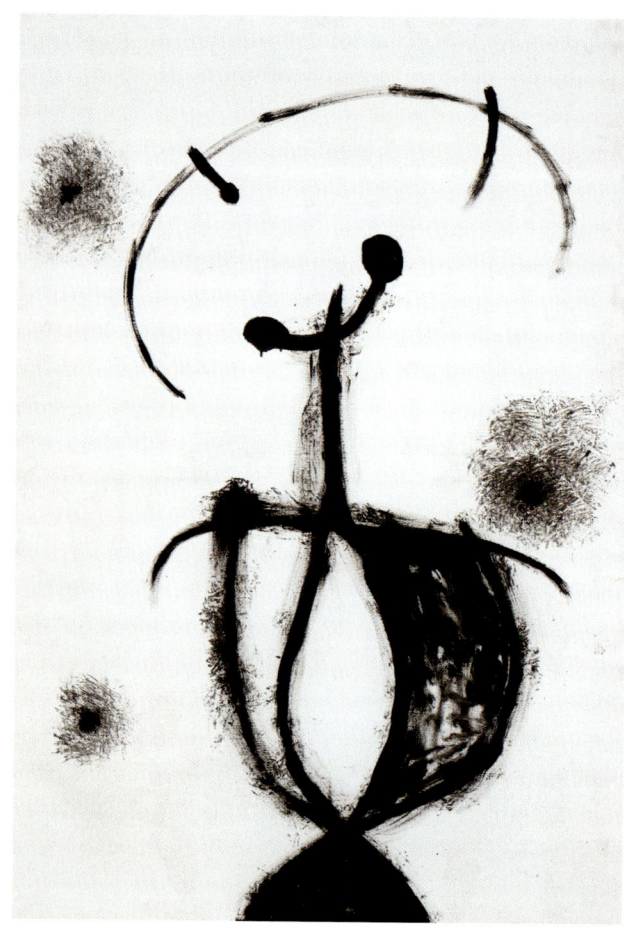

FPJM-1

FPJM-5

FPJM-83.1
FPJM-83.2
FPJM-83.3

Dibujo al carboncillo sobre tela, acompañado de otros dos dibujos a bolígrafo, ambos de 1979. Miró solía clavar dibujos y anotaciones sobre las telas, que le servían como punto de partida de su proceso creativo. En este caso, la composición dibujada a carboncillo sobre la tela se basa, esencialmente, en el dibujo titulado *Femme, oiseau, chien*.

FPJM-9

FPJM-11

Sin título, sin fecha
Acrílico sobre tela, 161,5 × 130,5 cm
Procedencia: Donación del artista, 1981
FPJM-14

Exposiciones: Fukuoka 1991, p. 13 (color, detalle);
lám. 34 (color), p. 52; p. 95 (color, detalle); p. 107.
Kasama 1991, p. 13 (color, detalle); lám. 34 (color),
p. 52; p. 95 (color, detalle); p. 107. Kioto 1991, p. 13
(color, detalle); lám. 34 (color), p. 52; p. 95 (color,
detalle); p. 107. La Coruña 1991, lám. 32 (color),
p. 50. Tokio 1991, p. 13 (color, detalle); lám. 34
(color), p. 52; p. 95 (color, detalle); p. 107. Vigo 1991,
lám. 32 (color), p. 50. Buenos Aires 1993, p. 29-30;
lám. 12 (color), p. 50. Prato 1994, lám. 20 (color),
p. 83; p. 158. Bangkok 1995, p. 20; lám. 17 (color),
p. 46; p. 103. Beijing 1995, p. 22; lám. 17 (color),
p. 46; p. 102. Hong Kong 1995, lám. 17 (color).
Shanghai 1995, p. 22; lám. 17 (color), p. 46; p. 102.
Taipei 1995, lám. 17 (color), p. 52; p. 135. Palma de
Mallorca 1996c, p. 18, 19, 24, 25, 52, 53, 54, 55;
lám. 37 (color), p. 84; p. 238. Roma 1998-1999, p. 87
(color). Catania 1999, p. 73 (color). Dortmund 1999,
[p. 152]; lám. 30 (color), [p. 153]; p. 276. Milán 1999,
lám. 22 (color), p. 70; p. 139. Viena 2001, p. 24; p. 162;
lám. 49 (color), p. 163. Martigny 2003, lám. 26 (color),
p. 89; p. 233. Santander 2005, p. 19; p. 75 (color)

Bibliografía: Dupin, Jacques, y Ariane Lelong-Mainaud
2004, vol. VI, lám. 2038 (color), p. 231; p. 267

Sin título, sin fecha
Óleo y acrílico sobre tela, 161 × 130 cm
Procedencia: Donación del artista, 1981
FPJM-15

Exposiciones: Palma de Mallorca 1987, [p. 254]; p. 255
(color). Fukuoka 1991, lám. 17 (color), p. 34; p. 106.
Kasama 1991, lám. 17 (color), p. 34; p. 106. Kioto
1991, lám. 17 (color), p. 34; p. 106. La Coruña 1991,
lám. 30 (color), p. 48. Tokio 1991, lám. 17 (color),
p. 34; p. 106. Vigo 1991, lám. 30 (color), p. 48.
Caracas 1993-1994, p. 43; lám. 3 (color), [p. 78];
p. 137. Prato 1994, lám. 19 (color), p. 82; p. 158.
Bangkok 1995, lám. 16 (color), p. 46; lám. 148 (color),
p. 97; p. 103. Beijing 1995, lám. 16 (color), p. 46;
lám. 148 (color), p. 96; p. 102. Shanghai 1995,
lám. 16 (color), p. 46; lám. 148 (color), p. 96; p. 102.
Taipei 1995, lám. 16 (color), p. 51; lám. 148, p. 130;
p. 135. Palma de Mallorca 1996c, p. 18, 19, 24, 25,
52, 53; lám. 36 (color), p. 84; p. 238. Roma
1998-1999, p. 83 (color). Catania 1999, p. 69 (color).
Dortmund 1999, lám. 23 (color), [p. 143]; p. 276.
Milán 1999, lám. 30 (color), p. 78; p. 139. Granada
2004, p. 68; p. 69 (color)

Bibliografía: Dupin, Jacques, y Ariane Lelong-Mainaud
2004, vol. VI, lám. 2040 (color), p. 233; p. 267

Sin título, sin fecha
Óleo sobre tela, 162,5 × 130,5 cm
Procedencia: Donación del artista, 1981
FPJM-17

Exposiciones: Palma de Mallorca 1987, [p. 74]; p. 75
(color). Zaragoza 1988, p. 16; p. 17 (color). Roma 1989,
p. 58 (color); p. 209. Verona 1989, p. 58 (color); p. 209.
Barcelona 1989-1990, p. 33 (color). Oporto 1990, p. 74
(color). Fukuoka 1991, p. 10 (color, detalle); lám. 18
(color), p. 35; p. 106. Kasama 1991, p. 10 (color, detalle);
lám. 18 (color), p. 35; p. 106. Kioto 1991, p. 10 (color,
detalle); lám. 18 (color), p. 35; p. 106. La Coruña 1991,
lám. 31 (color), p. 49. Tokio 1991, p. 10 (color, detalle);
lám. 18 (color), p. 35; p. 106. Vigo 1991, lám. 31 (color),
p. 49. Caracas 1993-1994, p. 40, 43; lám. 4 (color),
[p. 79]; p. 137. Prato 1994, lám. 24 (color), p. 87; p. 158.
Bangkok 1995, lám. 35 (color), p. 51; lám. 137 (color,
detalle), p. 89; p. 104. Beijing 1995, lám. 35 (color),
p. 51; lám. 137 (color, detalle), p. 89; p. 102. Hong Kong
1995, lám. 35 (color). Shanghai 1995, lám. 35 (color),
p. 51; lám. 137 (color, detalle), p. 89; p. 102. Taipei 1995,
lám. 35 (color), p. 70; lám. 137 (color), p. 123; p. 135.
Palma de Mallorca 1996c, p. 18, 19, 24, 25, 52, 53, 54,
55; lám. 35 (color), p. 84; p. 238. Bremen 1996-1997,
lám. 1 (color), p. 150. Roma 1998-1999, p. 80 (color).
Catania 1999, p. 67 (color). Dortmund 1999, lám. 36
(color), [p. 162]; p. 277. Milán 1999, lám. 36 (color),
p. 84; p. 140. Nueva York 2000-2001, cubierta y cubierta
posterior (color, detalle); [p. 74]; lám. 12 (color), [p. 75];
p. 136 (color). Viena 2001, p. 134; lám. 32 (color),
p. 137; p. 138. Nuoro 2001-2002, p. 39 (color); p. 141.
Martigny 2003, lám. 25 (color), p. 88; p. 233

Bibliografía: Dupin, Jacques, y Ariane Lelong-Mainaud
2004, vol. VI, lám. 2037 (color), p. 230; p. 267

Sin título, sin fecha
Óleo sobre tela, 162,3 × 131 cm
Procedencia: Donación del artista, 1981
FPJM-19

Exposiciones: Palma de Mallorca 1987, [p. 238]; p. 239
(color). París 1988, lám. 11 (color); p. 130. Zaragoza
1988, p. 36; p. 37 (color). Sevilla 1992, p. 68 (color,
detalle, invertida); [p. 69] (color, detalle, invertida). Buenos
Aires 1993, p. 29; lám. 8 (color), p. 46. Prato 1994, p. 40
(invertida); lám. 17 (color), p. 80; p. 158. Bangkok 1995,
p. 19; lám. 15 (color), p. 46; p. 103; lám. 143 (color,
invertida), p. 92. Beijing 1995, lám. 15 (color), p. 46;
p. 102. Shanghai 1995, lám. 15 (color), p. 46; p. 102.
Taipei 1995, lám. 15 (color), p. 50; lám. 143 (color,
invertida), p. 126; p. 135. Palma de Mallorca 1996c, p. 18,
19, 24, 25, 52, 53; lám. 32 (color), p. 82; p. 237. Bremen
1996-1997, lám. 3 (color), p. 152. Dortmund 1999,
lám. 22 (color), [p. 142]; p. 276. Nueva York 2000-2001,
[p. 62]; lám. 6 (color), [p. 63]. Nuoro 2001-2002, p. 37
(color); p. 141. Granada 2004, p. 39; p. 40 (color); p. 64;
p. 65 (color)

Bibliografía: Dupin, Jacques, y Ariane Lelong-Mainaud
2004, vol. VI, lám. 2041 (color), p. 234; p. 267

Sin título, sin fecha
Óleo y carboncillo sobre tela, 162,5 × 130,5 cm
Procedencia: Donación del artista, 1981
FPJM-20

Exposiciones: Palma de Mallorca 1987, [p. 178];
p. 179 (color). Roma 1989, p. 76 (color); p. 209.
Verona 1989, p. 76 (color); p. 209. Barcelona
1989-1990, p. 36 (color). Oporto 1990, p. 66 (color).
Caracas 1993-1994, p. 38, 43; lám. 5 (color); [p. 70];
p. 137. Prato 1994, lám. 16 (color), p. 79; p. 158.
Bangkok 1995, lám. 13 (color), p. 44; p. 103. Beijing
1995, lám. 13 (color), p. 44; p. 102. Shanghai 1995,
lám. 13 (color), p. 44; p. 102. Taipei 1995, lám. 13
(color), p. 48; p. 135. Palma de Mallorca 1996a, p. 187
(color). Palma de Mallorca 1996c, p. 18, 19, 24, 25,
52, 53; lám. 29 (color), p. 82; p. 237. Dortmund 1999,
lám. 20 (color), [p. 140]; p. 276. Salerno 2002-2003,
p. 62 (color); p. 180

Bibliografía: Dupin, Jacques, y Ariane Lelong-Mainaud
2004, vol. VI, lám. 2042 (color), p. 235; p. 267

Sin título, sin fecha
Óleo sobre tela, 163 × 130,5 cm
Procedencia: Donación del artista, 1981
FPJM-21

Exposiciones: Palma de Mallorca 1987, [p. 126]; p. 127
(color). Roma 1989, p. 74 (color); p. 209. Verona 1989,
p. 74 (color); p. 209. Barcelona 1989-1990, p. 30 (color).
Oporto 1990, p. 51 (color). Fukuoka 1991, lám. 20
(color), p. 37; p. 106. Kasama 1991, lám. 20 (color),
p. 37; p. 106. Kioto 1991, lám. 20 (color), p. 37; p. 106.
La Coruña 1991, [p. 6] (color, detalle); [p. 11] (color).
Tokio 1991, lám. 20 (color), p. 37; p. 106. Vigo 1991,
p. 16 (color, detalle); lám. 25 (color), p. 43. Nueva York
1993-1994, p. 312 (color); p. 431. Palma de Mallorca
1996c, p. 18, 19, 24, 25, 52, 53; lám. 30 (color), p. 82;
p. 237. Bremen 1996-1997, [p. 6] (color, detalle); lám. 2
(color), p. 151. Granada 2004, p. 34 (color); p. 35, 66;
p. 67 (color)

Bibliografía: Dupin, Jacques, y Ariane Lelong-Mainaud
2004, vol. VI, lám. 2043 (color), p. 236; p. 267

Sin título, sin fecha
Acrílico, óleo y lápiz de cera sobre tela,
92 × 60 cm
Procedencia: Donación del artista, 1981
FPJM-32

Exposiciones: Palma de Mallorca 1987, [p. 206]; p. 207
(color). Roma 1989, p. 65 (color); p. 209. Verona 1989,
p. 65 (color); p. 209. Barcelona 1989-1990, p. 58
(color). Oporto 1990, p. 89 (color). Palma de Mallorca
1996c, lám. 52 (color), p. 88; p. 238. Viena 2001, p. 68,
150; lám. 41 (color), p. 151; p. 154

Bibliografía: Dupin, Jacques, y Ariane Lelong-Mainaud
2004, vol. VI, lám. 2021 (color), p. 219; p. 267

Sin título, sin fecha
Óleo y tiza sobre tela, 50 × 61 cm
Procedencia: Donación del artista, 1981
FPJM-34

Exposiciones: Palma de Mallorca 1987, [p. 258];
p. 259 (color, invertida). Caracas 1993-1994, p. 39, 44;
lám. 10 (color, invertida), [p. 84]; p. 137. Prato 1994,
lám. 30 (color, invertida), p. 93; p. 159. Bangkok 1995,
lám. 27 (color, invertida), p. 48; p. 104. Beijing 1995,
lám. 27 (color, invertida), p. 48; p. 102. Shanghai
1995, lám. 27 (color, invertida), p. 48; p. 102. Taipei
1995, lám. 27 (color, invertida), p. 62; p. 135. Palma
de Mallorca 1996c, p. 56, 57; lám. 56 (color, invertida),
p. 90; p. 238. Dortmund 1999, lám. 51 (color,
invertida), [p. 181]; p. 278

Bibliografía: Dupin, Jacques, y Ariane Lelong-Mainaud
2004, vol. VI, lám. 2015 (color), p. 216; p. 267

Sin título, sin fecha
Óleo sobre tela, 61 × 49,5 cm
Procedencia: Donación del artista, 1981
FPJM-35

Exposiciones: Palma de Mallorca 1987, [p. 94]; p. 95
(color). Roma 1989, p. 60 (color); p. 209. Verona
1989, p. 60 (color); p. 209. Barcelona 1989-1990,
p. 34 (color). Oporto 1990, p. 46 (color). Sevilla 1992,
p. 65 (color). Caracas 1993-1994, cubierta (color);
lám. 11 (color), [p. 77]; p. 39 (color, detalle); p. 137;
p. 39; p. 44. Prato 1994, lám. 31 (color), p. 94; p. 159.
Bangkok 1995, lám. 26 (color), p. 48; p. 104. Beijing
1995, lám. 26 (color), p. 48; p. 102. Shanghai 1995,
lám. 26 (color), p. 48; p. 102. Taipei 1995, lám. 26
(color), p. 61; p. 135. Palma de Mallorca 1996c, p. 16,
17, 56, 57; lám. 55 (color), p. 90; p. 238. Dortmund
1999, [p. 79] (color); lám. 50 (color), [p. 180]; p. 278.
Marugame 2002, lám. 3 (color), p. 52; p. 76. Mitaka
2002, lám. 3 (color), p. 52; p. 76. Miyazaki 2002,
lám. 3 (color), p. 52; p. 76. Niitsu 2002, lám. 3 (color),
p. 52; p. 76

Bibliografía: Dupin, Jacques, y Ariane Lelong-Mainaud
2004, vol. VI, lám. 2016 (color), p. 217; p. 267

FPJM-21
FPJM-32

FPJM-34
FPJM-35

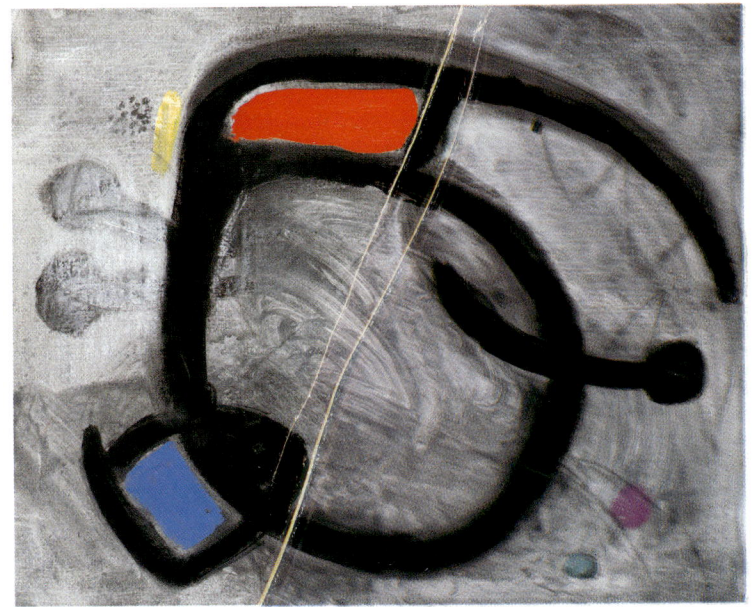

Sin título, sin fecha
Óleo sobre tela, 91,5 × 72,5 cm
Procedencia: Donación del artista, 1981
FPJM-40

Exposiciones: Palma de Mallorca 1987, [p. 244];
p. 245 (color). Zaragoza 1988, p. 40; p. 41 (color).
Saint-Paul-de-Vence 1989, lám. 110 (color, invertida),
p. 241; p. 269. Caracas 1993-1994, p. 39, 44; lám. 12
(color), [p. 82]; p. 137. Prato 1994, lám. 22 (color),
p. 85; p. 158. Bangkok 1995, lám. 23 (color), p. 48;
p. 104. Beijing 1995, lám. 22 (color), p. 48; p. 102.
Shanghai 1995, lám. 22 (color), p. 48; p. 102. Taipei
1995, lám. 23 (color), p. 58; p. 135. Palma de Mallorca
1996c, p. 54, 55; lám. 41 (color), p. 86; p. 238. Las
Palmas de Gran Canaria 1996-1997, p. 45; lám. 16
(color), p. 54; p. 227. Dortmund 1999, lám. 38 (color),
[p. 164]; p. 277

Bibliografía: Dupin, Jacques, y Ariane Lelong-Mainaud
2004, vol. VI, lám. 2026 (color), p. 222; p. 267

Sin título, sin fecha
Óleo, gouache, carboncillo y tiza sobre tela,
91,5 × 72,5 cm
Procedencia: Donación del artista, 1981
FPJM-43

Exposiciones: Palma de Mallorca 1987, [p. 82]; p. 83
(color). Fukuoka 1991, p. 95 (color). Kasama 1991,
p. 95 (color). Kioto 1991, p. 95 (color). Tokio 1991,
p. 95 (color). Buenos Aires 1993, p. 30; lám. 5 (color),
p. 43. Prato 1994, lám. 7 (color), p. 70; p. 158.
Bangkok 1995, lám. 19 (color), p. 46; p. 103. Beijing
1995, lám. 19 (color), p. 46; p. 102. Shanghai 1995,
lám. 19 (color), p. 46; p. 102. Taipei 1995, lám. 19
(color), p. 54; p. 135.

Bibliografía: Dupin, Jacques, y Ariane Lelong-Mainaud
2004, vol. VI, lám. 2014 (color), p. 216; p. 267

Sin título, sin fecha
Óleo y tiza sobre tela, 92 × 73 cm
Procedencia: Donación del artista, 1981
FPJM-45

Exposiciones: Palma de Mallorca 1987, [p. 172];
p. 173 (color). Sevilla 1992, p. 68 (color, invertida);
[p. 69] (color, invertida). Buenos Aires 1993, p. 30-31;
lám. 3 (color), p. 41. Dortmund 1999, [p. 78] (color);
[p. 80] (color); [p. 88, 89] (color); lám. 41 (color),
[p. 167]; p. 277. Salerno 2002-2003, p. 55 (color);
p. 180. Santander 2005, p. 19; p. 85 (color)

Bibliografía: Dupin, Jacques, y Ariane Lelong-Mainaud
2004, vol. VI, lám. 2020 (color), p. 219; p. 267

Sin título, sin fecha
Óleo, acrílico, carboncillo y tiza sobre tela,
99,8 × 80,5 cm
Procedencia: Donación del artista, 1981
FPJM-51

Exposiciones: Palma de Mallorca 1987, [p. 180];
p. 181 (color). Zaragoza 1988, p. 28; p. 29 (color).
Roma 1989, p. 68 (color); p. 209. Verona 1989, p. 68
(color); p. 209. Barcelona 1989-1990, p. 40 (color).
Oporto 1990, p. 48 (color). Fukuoka 1991, lám. 24
(color), p. 41; p. 106. Kasama 1991, lám. 24 (color),
p. 41; p. 106. Kioto 1991, lám. 24 (color), p. 41;
p. 106. La Coruña 1991, lám. 13 (color), p. 31. Tokio
1991, lám. 24 (color), p. 41; p. 106. Vigo 1991,
lám. 13 (color), p. 31. Buenos Aires 1993, p. 30-31;
lám. 6 (color), p. 44. Prato 1994, lám. 27 (color),
p. 90; p. 158. Bangkok 1995, lám. 20 (color), p. 46;
p. 103. Beijing 1995, lám. 20 (color), p. 46; p. 102.
Shanghai 1995, lám. 20 (color), p. 46; p. 102. Taipei
1995, lám. 20 (color), p. 55; p. 135. Palma de Mallorca
1996c, p. 54, 55; lám. 43 (color), p. 86; p. 238.
Dortmund 1999, lám. 53 (color), [p. 184]; p. 278.
Nuoro 2001-2002, p. 43 (color); p. 141

Bibliografía: Dupin, Jacques, y Ariane Lelong-Mainaud
2004, vol. VI, lám. 2030 (color), p. 224; p. 267

Sin título, sin fecha
Carboncillo sobre tela, 130 × 97,5 cm
Procedencia: Donación del artista, 1981
FPJM-82

Sin título, sin fecha
Acrílico y óleo sobre tela, 105 × 81,3 cm
Procedencia: Donación del artista, 1981
FPJM-86

Exposiciones: Palma de Mallorca 1987, [p. 240];
p. 241 (color).

Bibliografía: Dupin, Jacques, y Ariane Lelong-Mainaud
2004, vol. VI, lám. 2002 (color), p. 205; p. 267

Sin título, sin fecha
Óleo y carboncillo sobre tela, 100,2 × 81 cm
Procedencia: Donación del artista, 1981
FPJM-87

Bibliografía: Dupin, Jacques, y Ariane Lelong-Mainaud
2004, vol. VI, lám. 2031 (color), p. 224; p. 267

Sin título, sin fecha
Óleo y acrílico sobre tela, 129,5 × 97 cm
Procedencia: Donación del artista, 1981
FPJM-88

Exposiciones: Palma de Mallorca 1996c, lám. 53
(color), p. 88; p. 238. Las Palmas de Gran Canaria
1996-1997, p. 45; lám. 20 (color), p. 57; p. 227

Bibliografía: Dupin, Jacques, y Ariane Lelong-Mainaud
2004, vol. VI, lám. 2034 (color), p. 227; p. 267

Sin título, sin fecha
Óleo y carboncillo sobre tela, 129 × 97 cm
Procedencia: Donación del artista, 1981
FPJM-89

Exposiciones: Fukuoka 1991, lám. 36 (color), p. 54;
p. 107. Kasama 1991, lám. 36 (color), p. 54; p. 107.
Kioto 1991, lám. 36 (color), p. 54; p. 107. La Coruña
1991, [p. 11] (color). Tokio 1991, lám. 36 (color),
p. 54; p. 107. Vigo 1991, lám. 29 (color), p. 47. Palma
de Mallorca 1996c, lám. 39 (color), p. 84; p. 238.
Las Palmas de Gran Canaria 1996-1997, p. 45; lám. 19
(color), p. 56; p. 227

Bibliografía: Dupin, Jacques, y Ariane Lelong-Mainaud
2004, vol. VI, lám. 2033 (color), p. 226; p. 267

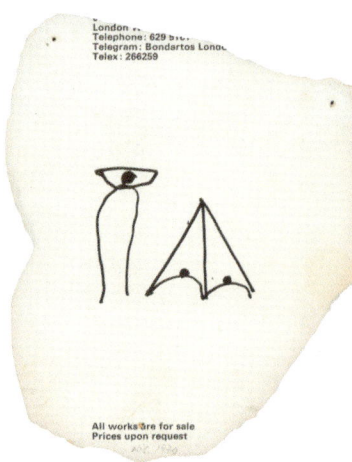

Recorte de prensa (16,3 x 12,8 cm.) que
Miró conservó colgado en el Taller Sert.

Dibujo al carboncillo sobre tela y recorte de prensa, probablemente
asociado al proceso creativo del dibujo. El dibujo realizado por Miró
evoca la composición y la morfología de los elementos del recorte
de prensa.

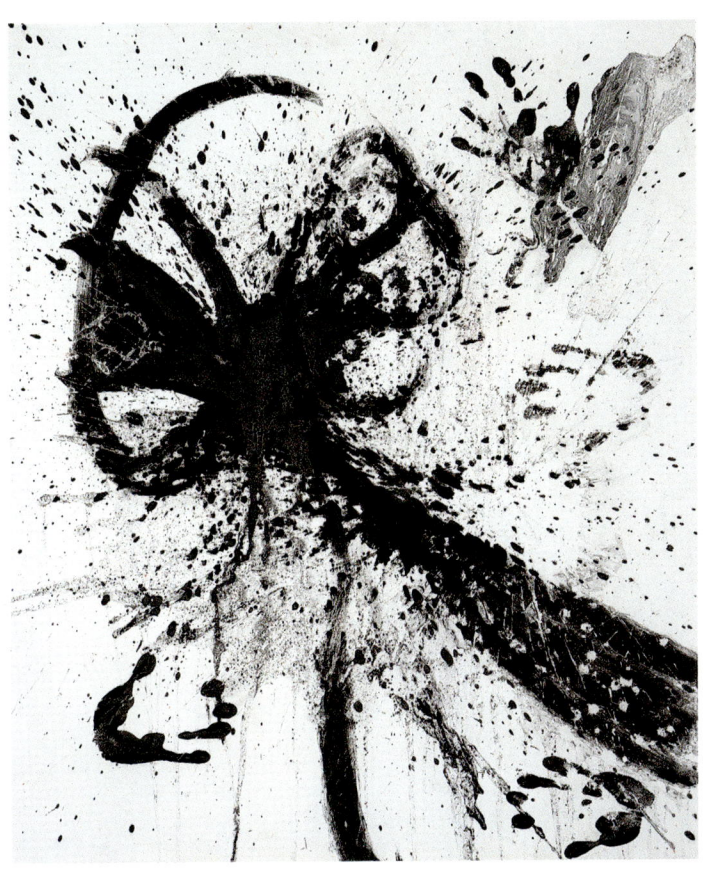
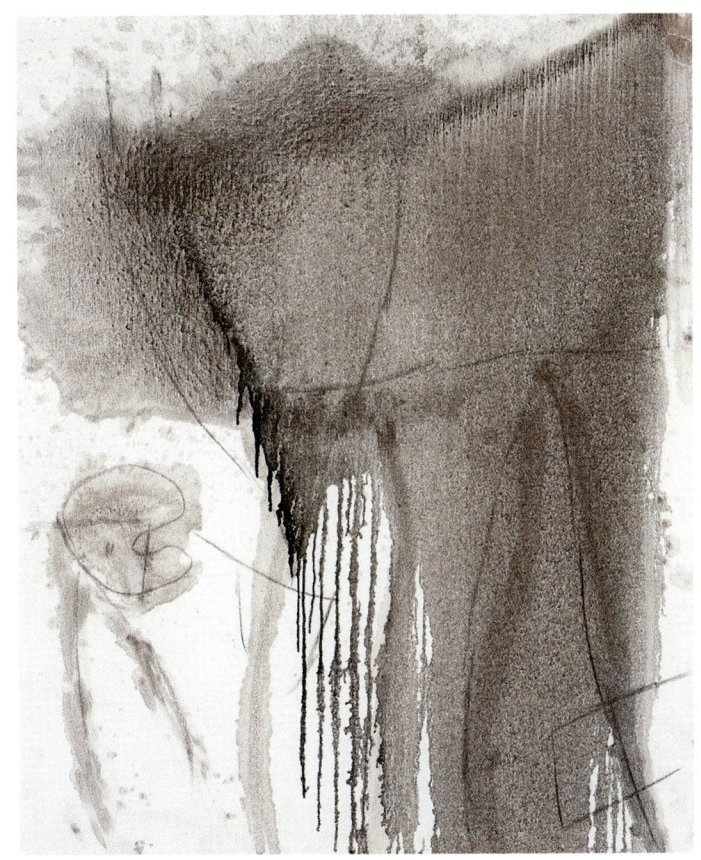

Sin título, sin fecha
Óleo y gouache sobre tela, 129 × 96,3 cm
Procedencia: Donación del artista, 1981
FPJM-91

Exposiciones: Palma de Mallorca 1987, [p. 174];
p. 175 (color). París 1988, lám. 8 (color); p. 129.
Fukuoka 1991, lám. 30 (color), p. 48; p. 106. Kasama
1991, lám. 30 (color), p. 48; p. 106. Kioto 1991,
lám. 30 (color), p. 48; p. 106. La Coruña 1991, [p. 9]
(color). Tokio 1991, lám. 30 (color), p. 48; p. 106. Vigo
1991, lám. 1 (color), p. 19.

Bibliografía: Dupin, Jacques, y Ariane Lelong-Mainaud
2004, vol. VI, lám. 2036 (color), p. 229; p. 267

Sin título, sin fecha
Acrílico sobre tela, 162,5 × 130,5 cm
Procedencia: Donación del artista, 1981
FPJM-92

Exposiciones: Palma de Mallorca 1987, [p. 176];
p. 177 (color). Rio de Janeiro 1988, lám. 12 (color),
p. 30; p. 91. São Paulo 1988, lám. 12 (color), p. 30;
p. 91. Zaragoza 1988, p. 26; p. 27 (color). Roma 1989,
p. 69 (color); p. 209. Verona 1989, p. 69 (color);
p. 209. Barcelona 1989-1990, p. 24 (color). Oporto
1990, p. 49 (color). La Coruña 1991, [p. 10] (color).
Vigo 1991, lám. 15 (color), p. 33. Nueva York
1993-1994, p. 311 (color); p. 432. Palma de Mallorca
1996c, p. 18, 19, 24, 25, 52, 53, 54, 55; lám. 33
(color), p. 83; p. 238. Tokio 1998, cubierta (color);
lám. 1, [p. 25]. Roma 1998-1999, p. 73 (color).
Catania 1999, p. 64 (color). Dortmund 1999, lám. 34
(color), [p. 160]; p. 277. Milán 1999, cubierta (color);
lám. 16 (color), p. 64; p. 139. Viena 2001, p. 22;
p. 146; lám. 38 (color), p. 147. Nuoro 2001-2002,
p. 38 (color); p. 141. Marugame 2002, lám. 12 (color),
p. 54; p. 76. Mitaka 2002, lám. 12 (color), p. 54; p. 76.
Miyazaki 2002, lám. 12 (color), p. 54; p. 76. Niitsu
2002, lám. 12 (color), p. 54; p. 76. Mantua 2004, p.
XLIV (color); p. 82. Santander 2005, p. 101 (color)

Bibliografía: Dupin 1993, lám. 386 (color), p. 357;
Dupin, Jacques, y Ariane Lelong-Mainaud 2004,
vol. VI, lám. 2047 (color), p. 240; p. 267; Fundació
Pilar i Joan Miró a Mallorca 1992, p. 74 (color)

Sin título, sin fecha
Óleo y acrílico sobre tela, 162,5 × 130,5 cm
Procedencia: Donación del artista, 1981
FPJM-93

Exposiciones: Palma de Mallorca 1987, [p. 242];
p. 243 (color). Zaragoza 1988, p. 38; p. 39 (color).
Roma 1989, p. 78 (color); p. 209. Verona 1989, p. 78
(color); p. 209. Barcelona 1989-1990, p. 69 (color).
Oporto 1990, p. 68 (color). Caracas 1993-1994, p. 39,
43; lám. 14 (color), [p. 80]; p. 138. Prato 1994,
lám. 15 (color), p. 78; p. 158. Bangkok 1995, p. 19;
lám. 12 (color), p. 44; p. 103. Beijing 1995, lám. 12
(color), p. 44; p. 102. Shanghai 1995, lám. 12 (color),
p. 44; p. 102. Taipei 1995, lám. 12 (color), p. 47;
p. 135. Palma de Mallorca 1996c, p. 18, 19, 24, 25,
52, 53, 54, 55; lám. 28 (color), p. 82; p. 237. Roma
1998-1999, p. 66 (color). Catania 1999, p. 59 (color).
Dortmund 1999, [p. 156]; lám. 32 (color), [p. 157];
p. 277. Milán 1999, lám. 13 (color), p. 61; p. 139.
Viena 2001, p. 150; lám. 44 (color), p. 155; [p. 154]

Bibliografía: Dupin, Jacques, y Ariane Lelong-Mainaud
2004, vol. VI, lám. 2045 (color), p. 238; p. 267

Sin título, sin fecha
Óleo y acrílico sobre tela, 163 × 130,8 cm
Procedencia: Donación del artista, 1981
FPJM-94

Exposiciones: Roma 1989, p. 63 (color); p. 209.
Verona 1989, p. 63 (color); p. 209. Barcelona
1989-1990, p. 42 (color). Oporto 1990, p. 54 (color).
Fukuoka 1991, lám. 31 (color), p. 49; p. 107. Kasama
1991, lám. 31 (color), p. 49; p. 107. Kioto 1991, lám. 31
(color), p. 49; p. 107. La Coruña 1991, lám. 28 (color),
p. 46. Tokio 1991, lám. 31 (color), p. 49; p. 107. Vigo
1991, lám. 28 (color), p. 46. Nueva York 1993-1994,
p. 313 (color); p. 431. Bangkok 1995, p. 19; lám. 10
(color), p. 44; lám. 149 (color), p. 97; p. 103. Beijing
1995, lám. 10 (color), p. 44; lám. 149 (color), p. 96;
p. 102. Shanghai 1995, lám. 10 (color), p. 44; lám. 149
(color), p. 96; p. 102. Taipei 1995, lám. 10 (color), p. 45;
lám. 149, p. 130; p. 135. Palma de Mallorca 1996c,
p. 18, 19, 24, 25, 52, 53, 54, 55; lám. 27 (color), p. 82;
p. 237. Roma 1998-1999, p. 71 (color). Catania 1999,
p. 62 (color). Dortmund 1999, [p. 158]; lám. 33 (color),
[p. 159]; p. 277. Milán 1999, lám. 11 (color), p. 59;
p. 139. Viena 2001, p. 150; lám. 43 (color), p. 153;
p. 154. Santander 2005, p. 25; p. 97 (color)

Bibliografía: Dupin, Jacques, y Ariane Lelong-Mainaud
2004, vol. VI, lám. 2044 (color), p. 237; p. 267

Sin título, sin fecha
Óleo y acrílico sobre tela, 162,5 × 131 cm
Procedencia: Donación del artista, 1981
FPJM-95

Exposiciones: Rio de Janeiro 1988, lám. 13 (color),
p. 31; p. 91. São Paulo 1988, lám. 13 (color), p. 31;
p. 91. Saint-Paul-de-Vence 1990, p. 180; lám. 81
(color, invertida), p. 181; p. 203. Caracas 1993-1994,
p. 43; lám. 15 (color), [p. 71]; p. 138. Prato 1994,
lám. 14 (color), p. 77; p. 158. Bangkok 1995, p. 19;
lám. 11 (color), p. 44; p. 103. Beijing 1995, p. 22;
lám. 11 (color), p. 44; p. 102. Hong Kong 1995,
lám. 11 (color). Shanghai 1995, p. 22; lám. 11 (color),
p. 44; p. 102. Taipei 1995, lám. 11 (color), p. 46;
p. 135. Palma de Mallorca 1996c, p. 18, 19, 24, 25,
52, 53, 54, 55; lám. 26 (color), p. 81; p. 237. Roma
1998-1999, p. 67 (color). Catania 1999, p. 60 (color).
Dortmund 1999, lám. 31 (color), [p. 155]; p. 277.
Milán 1999, lám. 12 (color), p. 60; p. 139. Viena 2001,
p. 150; lám. 42 (color), p. 152; p. 154. Nuoro
2001-2002, p. 35 (color); p. 141. Santander 2005,
p. 25; p. 99 (color)

Bibliografía: Dupin, Jacques, y Ariane Lelong-Mainaud
2004, vol. VI, lám. 2046 (color), p. 239; p. 267

Sin título, sin fecha
Óleo, acrílico y tiza sobre tela,
162,5 × 130,7 cm
Procedencia: Donación del artista, 1981
FPJM-96

Exposiciones: Rio de Janeiro 1988, lám. 14 (color),
p. 32; p. 91. São Paulo 1988, lám. 14 (color), p. 32;
p. 91. Roma 1989, p. 84 (color); p. 209. Verona 1989,
p. 84 (color); p. 209. Barcelona 1989-1990, p. 22
(color). Oporto 1990, p. 90 (color). Caracas
1993-1994, p. 39, 43; lám. 16 (color), [p. 81]; p. 138.
Prato 1994, lám. 13 (color), p. 76; p. 158. Palma de
Mallorca 1996c, p. 18, 19, 24, 25, 52, 53, 54, 55;
lám. 34 (color), p. 84; p. 238. Tokio 1998, lám. 2
(color), [p. 17]; lám 2, [p. 25]. Dortmund 1999,
lám. 35 (color), [p. 161]; p. 277. Milán 1999, lám. 14
(color), p. 62; p. 139. Viena 2001, p. 23; p. 146;
lám. 39 (color), p. 148. Salerno 2002-2003, p. 52
(color); p. 179. Granada 2004, p. 34 (color); p. 35, 70;
p. 71 (color). Santander 2005, p. 103 (color)

Bibliografía: Dupin, Jacques, y Ariane Lelong-Mainaud
2004, vol. VI, lám. 2048 (color), p. 241; p. 267

Sin título, sin fecha
Óleo, acrílico y tiza sobre tela, 130 × 97 cm
Procedencia: Donación del artista, 1981
FPJM-97

Exposiciones: Palma de Mallorca 1987, [p. 248]; p. 249
(color). Rio de Janeiro 1988, lám. 11 (color), p. 29;
p. 91. São Paulo 1988, lám. 11 (color), p. 29; p. 91.
Roma 1989, p. 80 (color); p. 209. Verona 1989, p. 80
(color); p. 209. Barcelona 1989-1990, p. 32 (color).
Oporto 1990, p. 71 (color). Buenos Aires 1993, p. 30;
lám. 9 (color), p. 47. Palma de Mallorca 1996c, p. 56,
57; lám. 58 (color), p. 90; p. 238. Dortmund 1999,
[p. 182]; lám. 52 (color), [p. 183]; p. 278. Viena 2001,
p. 146; lám. 40 (color), p. 149. Nuoro 2001-2002, p. 49
(color); p. 141. Madrid, y México D.F. 2002, p. 50 (color)

Bibliografía: Dupin, Jacques, y Ariane Lelong-Mainaud
2004, vol. VI, lám. 2032 (color), p. 225; p. 225

Sin título, sin fecha
Óleo sobre tela, 260 × 185 cm
Procedencia: Donación del artista, 1981
FPJM-99

Exposiciones: Palma de Mallorca 1987, [p. 158];
p. 159 (color). Roma 1989, p. 66 (color); p. 209.
Verona 1989, p. 66 (color); p. 209. Barcelona
1989-1990, p. 65 (color). Oporto 1990, p. 83 (color).
Fukuoka 1991, lám. 25 (color), p. 42; p. 106. Kasama
1991, lám. 25 (color), p. 42; p. 106. Kioto 1991,
lám. 25 (color), p. 42; p. 106. La Coruña 1991, lám. 27
(color), p. 45. Tokio 1991, lám. 25 (color), p. 42;
p. 106. Vigo 1991, lám. 27 (color), p. 45. Sevilla
1993-1994, lám. 3 (color), p. 51; p. 56. Málaga 1994,
lám. 3 (color), p. 51; p. 56. Palma de Mallorca 1996c,
p. 54, 55; lám. 40 (color), p. 85; p. 238. Dortmund
1999, lám. 37 (color), [p. 163]; p. 277. Nuoro
2001-2002, p. 40 (color); p. 141

Bibliografía: Dupin, Jacques, y Ariane Lelong-Mainaud
2004, vol. VI, lám. 2051 (color), p. 244; p. 267

Sin título, sin fecha
Acrílico y carboncillo sobre tela,
162,5 × 131 cm
Procedencia: Donación del artista, 1981
FPJM-100

Exposiciones: Palma de Mallorca 1987, [p. 230];
p. 231 (color). Roma 1989, p. 87 (color); p. 210.
Verona 1989, p. 87 (color); p. 210. Barcelona
1989-1990, p. 67 (color). Oporto 1990, p. 70 (color).
Sevilla 1992, p. 65 (color). Roma 1998-1999, p. 88
(color). Catania 1999, p. 74 (color). Dortmund 1999,
lám. 26 (color), [p. 147]; p. 276. Milán 1999, lám. 26
(color), p. 74; p. 139. Nueva York 2000-2001, [p. 68];
lám. 9 (color), [p. 69]. Salerno 2002-2003, p. 58
(color); p. 180

Bibliografía: Dupin, Jacques, y Ariane Lelong-Mainaud
2004, vol. VI, lám. 2008 (color), p. 210; p. 267

Sin título, sin fecha
Óleo, acrílico y carboncillo sobre tela,
162,5 × 131 cm
Procedencia: Donación del artista, 1981
FPJM-101

Exposiciones: Palma de Mallorca 1987, [p. 96]; p. 97
(color). Roma 1989, p. 73 (color); p. 209. Verona
1989, p. 73 (color); p. 209. Barcelona 1989-1990,
p. 56 (color). Oporto 1990, p. 59 (color). Fukuoka
1991, lám. 26 (color), p. 42; p. 106. Kasama 1991,
lám. 26 (color), p. 43; p. 106. Kioto 1991, lám. 26
(color), p. 43; p. 106. La Coruña 1991, lám. 26 (color),
p. 44. Tokio 1991, lám. 26 (color), p. 43; p. 106. Vigo
1991, lám. 26 (color), p. 44. Caracas 1993-1994, p. 40
(color, detalle); p. 42; lám. 17 (color), [p. 74]; p. 138.
Prato 1994, lám. 21 (color), p. 84; p. 158. Palma de
Mallorca 1996c, p. 56, 57; lám. 61 (color), p. 91;
p. 238. Las Palmas de Gran Canaria 1996-1997, p. 45;
lám. 25 (color), p. 60; p. 227. Roma 1998-1999, p. 86
(color). Catania 1999, p. 72 (color). Dortmund 1999,
[p. 148]; lám. 27 (color), [p. 149]; p. 276. Milán 1999,
lám. 25 (color), p. 73; p. 139. Nueva York 2000-2001,
[p. 68]; lám. 9 (color), [p. 69]. Viena 2001, cubierta
(color); p. 22; p. 140; lám. 34 (color), p. 141. Granada
2004, p. 34 (color); p. 35, 56; p. 57 (color)

Bibliografía: Dupin, Jacques, y Ariane Lelong-Mainaud
2004, vol. VI, lám. 2009 (color), p. 211; p. 267

Sin título, sin fecha
Carboncillo sobre tela, 225 × 195 cm
Inscripciones: *NON*
Procedencia: Donación del artista, 1981
FPJM-113

Sin título, sin fecha
Carboncillo sobre tela, 200 × 200 cm
Procedencia: Donación del artista, 1981
FPJM-114

Sin título, sin fecha
Carboncillo sobre tela, 200 × 200 cm
Procedencia: Donación del artista, 1981
FPJM-115

Sin título, sin fecha
Óleo, acrílico, barniz y lápiz de grafito sobre
contrachapado, 76,5 × 62 cm
Procedencia: Donación del artista, 1981
FPJM-123

Exposiciones: Roma 1989, p. 98 (color); p. 210.
Verona 1989, p. 98 (color); p. 210. Barcelona
1989-1990, p. 39 (color). Oporto 1990, p. 41 (color).
Buenos Aires 1993, p. 30; lám. 19 (color), p. 57. Prato
1994, cubierta (color); lám. 36 (color), p. 99; p. 159.
Bangkok 1995, p. 12, 19; lám. 37 (color), p. 52;
lám. 137 (color, detalle), p. 89; p. 104. Beijing 1995,
p. 22; lám. 37 (color), p. 52; lám. 137 (color, detalle),
p. 89; p. 103. Shanghai 1995, p. 22; lám. 37 (color),
p. 52; lám. 137 (color, detalle), p. 89; p. 103. Taipei
1995, p. 18; lám. 37 (color), p. 72; lám. 137 (color,
detalle), p. 123; p. 135-136. Palma de Mallorca 1996c,
p. 16, 17, 56, 57; lám. 71 (color), p. 98; p. 239. Milán
1999, lám. 18 (color), p. 66; p. 139. Marugame 2002,
lám. 7 (color), p. 19; p. 76. Mitaka 2002, lám. 7
(color), p. 19; p. 76. Miyazaki 2002, lám. 7 (color),
p. 19; p. 76. Niitsu 2002, lám. 7 (color), p. 19; p. 76

Bibliografía: Dupin, Jacques, y Ariane Lelong-Mainaud
2004, vol. VI, lám. 2065 (color), p. 253; p. 267

Sin título, sin fecha
Óleo sobre cartón, 91,5 × 64,5 cm
Procedencia: Donación del artista, 1981
FPJM-125

Exposiciones: Rio de Janeiro 1988, lám. 10 (color),
p. 28; p. 91. São Paulo 1988, lám. 10 (color), p. 28;
p. 91. Buenos Aires 1993, p. 30-31; lám. 17 (color),
p. 55. Prato 1994, lám. 32 (color), p. 95; p. 159.
Bangkok 1995, p. 12, 19; lám. 33 (color), p. 50;
p. 104. Beijing 1995, p. 22; lám. 33 (color), p. 50;
p. 102. Shanghai 1995, p. 22; lám. 33 (color), p. 50;
p. 102. Taipei 1995, p. 18; lám. 33 (color), p. 68;
p. 135. Palma de Mallorca 1996c, p. 16, 17, 56, 57;
lám. 66 (color), p. 96; p. 238. Dortmund 1999, lám. 46
(color), [p. 173]; p. 277. Milán 1999, lám. 28 (color),
p. 76; p. 139. Madrid 2001-2002, p. 150; p. 151
(color). Marugame 2002, lám. 13 (color), p. 20; p. 76.
Mitaka 2002, lám. 13 (color), p. 20; p. 76. Miyazaki
2002, lám. 13 (color), p. 20; p. 76. Niitsu 2002,
lám. 13 (color), p. 20; p. 76

Bibliografía: Dupin, Jacques, y Ariane Lelong-Mainaud
2004, vol. VI, lám. 2058 (color), p. 250; p. 267

Sin título, sin fecha
Óleo, tiza y lápiz de grafito sobre masonita,
76 × 55,5 cm
Procedencia: Donación del artista, 1981
FPJM-126

Exposiciones: Dortmund 1999, lám. 45 (color), [p. 172];
p. 277. Salerno 2002-2003, p. 56 (color); p. 180

Bibliografía: Dupin, Jacques, y Ariane Lelong-Mainaud
2004, vol. VI, lám. 2057 (color), p. 249; p. 267

FPJM-113

FPJM-123

Sin título, sin fecha
Óleo y carboncillo sobre masonita,
89,5 × 72 cm
Procedencia: Donación del artista, 1981
FPJM-129

Bibliografía: Dupin, Jacques, y Ariane Lelong-Mainaud
2004, vol. VI, lám. 2068 (color), p. 255; p. 267

Sin título, sin fecha
Óleo sobre contrachapado, 75 × 53,3 cm
Procedencia: Donación del artista, 1981
FPJM-131

Bibliografía: Dupin, Jacques, y Ariane Lelong-Mainaud
2004, vol. VI, lám. 2067 (color), p. 254; p. 267

Sin título, sin fecha
Óleo sobre contrachapado, 83,5 × 59,5 cm
Procedencia: Donación del artista, 1981
FPJM-132

Bibliografía: Dupin, Jacques, y Ariane Lelong-Mainaud
2004, vol. VI, lám. 2070 (color), p. 256; p. 267

Sin título, sin fecha
Óleo sobre masonita, 100 × 61 cm
Procedencia: Donación del artista, 1981
FPJM-133

Bibliografía: Dupin, Jacques, y Ariane Lelong-Mainaud
2004, vol. VI, lám. 2062 (color), p. 252; p. 267

Sin título, sin fecha
Óleo y lápiz de grafito sobre contrachapado,
100 × 64,5 cm
Procedencia: Donación del artista, 1981
FPJM-134

Exposiciones: Roma 1989, p. 92 (invertida); p. 210.
Verona 1989, p. 92 (color, invertida); p. 210. Barcelona
1989-1990, p. 51 (color, invertida). Oporto 1990, p. 78
(color, invertida). Buenos Aires 1993, lám. 14 (color),
p. 52. Prato 1994, lám. 34 (color), p. 97; p. 159.
Bangkok 1995, p. 12, 19; lám. 42 (color), p. 53;
p. 104. Beijing 1995, p. 22; lám. 42 (color), p. 53;
p. 103. Shanghai 1995, p. 22; lám. 42 (color), p. 53;
p. 103. Taipei 1995, p. 18; lám. 42 (color), p. 77;
p. 136. Palma de Mallorca 1996c, p. 16, 17, 56, 57;
lám. 70 (color), p. 97; p. 239. Tokio 1998, lám. 3
(color, invertida), [p. 18]; lám. 3, [p. 25]. Dortmund
1999, [p. 176]; lám. 48 (color), [p. 177]; p. 278. Milán
1999, lám. 20 (color), p. 68; p. 139. Nuoro 2001-2002,
p. 52 (color); p. 141. Marugame 2002, lám. 9 (color),
p. 53; p. 76. Mitaka 2002, lám. 9 (color), p. 53; p. 76.
Miyazaki 2002, lám. 9 (color), p. 53; p. 76. Niitsu
2002, lám. 9 (color), p. 53; p. 76. Santander 2005,
p. 111 (color)

Bibliografía: Dupin, Jacques, y Ariane Lelong-Mainaud
2004, vol. VI, lám. 2064 (color), p. 253; p. 267

FPJM-129
FPJM-131

FPJM-132
FPJM-133

Sin título, sin fecha
Carboncillo y lápiz de cera sobre cartón
corrugado, 139 × 99 cm
Procedencia: Donación del artista, 1981
FPJM-138

Exposiciones: Palma de Mallorca 1994-1995, p. 10, 12,
16, 18, 22, 24; lám. 33 (color), p. 61. Rio de Janeiro
1995, p. 37 (color). Buenos Aires 1996, p. 64 (color);
p. 85. Montevideo 1996, p. 64 (color); p. 85. São Paulo
1996, p. 37 (color). Las Palmas de Gran Canaria
1996-1997, p. 109; lám. 92 (color, invertida), p. 127;
p. 229. Salerno 2002-2003, p. 72 (color); p. 180

Sin título, sin fecha
Lápiz de cera sobre cartón corrugado,
139 × 99 cm
Procedencia: Donación del artista, 1981
FPJM-139

Exposiciones: Palma de Mallorca 1994-1995, p. 10,
12, 16, 18, 22, 24; lám. 35 (color), p. 63. Rio de
Janeiro 1995, p. 34 (color). Buenos Aires 1996, p. 30
(color); p. 85. Montevideo 1996, p. 30 (color); p. 85.
São Paulo 1996, p. 34 (color). Las Palmas de Gran
Canaria 1996-1997, p. 109; lám. 93 (color), p. 128;
p. 229. Salerno 2002-2003, p. 72; [p. 73 (color)].
Santander 2005, p. 113 (color)

Sin título, sin fecha
Carboncillo y lápiz de cera sobre cartón
corrugado, 140 × 99,5 cm
Procedencia: Donación del artista, 1981
FPJM-140

Exposiciones: Palma de Mallorca 1994-1995, p. 10,
12, 16, 18, 22, 24; lám. 37 (color), p. 65. Las Palmas
de Gran Canaria 1996-1997, p. 109; lám. 94 (color),
p. 126; p. 229. Salerno 2002-2003, p. 70 (color);
p. 180. Santander 2005, p. 115 (color)

Sin título, sin fecha
Carboncillo y lápiz de cera sobre cartón
corrugado, 139,5 × 99,5 cm
Procedencia: Donación del artista, 1981
FPJM-141

Exposiciones: Palma de Mallorca 1994-1995, p. 10, 12,
16, 18, 22, 24; lám. 32 (color), p. 60. Las Palmas de
Gran Canaria 1996-1997, p. 109; lám. 95 (color),
p. 128; p. 229. Salerno 2002-2003, p. 70; [p. 71 (color)]

Sin título, sin fecha
Carboncillo sobre cartón corrugado,
139,5 × 99,5 cm
Procedencia: Donación del artista, 1981
FPJM-142

Exposiciones: Palma de Mallorca 1994-1995, p. 10,
12, 16, 18, 22, 24; lám. 36 (color), p. 64. Rio de
Janeiro 1995, p. 36 (color). Buenos Aires 1996, p. 32
(color); p. 85. Montevideo 1996, p. 32 (color); p. 85.
São Paulo 1996, p. 36 (color). Las Palmas de Gran
Canaria 1996-1997, p. 109; lám. 96 (color), p. 129;
p. 229. Salerno 2002-2003, p. 74 (color); p. 180

Sin título, sin fecha
Carboncillo y lápiz de cera sobre cartón
corrugado, 139,5 × 99,5 cm
Procedencia: Donación del artista, 1981
FPJM-143

Exposiciones: Palma de Mallorca 1994-1995, p. 10,
12, 16, 18, 22, 24; lám. 34 (color), p. 62. Rio de
Janeiro 1995, p. 35 (color). Buenos Aires 1996, p. 31
(color); p. 85. Montevideo 1996, p. 31 (color); p. 85.
São Paulo 1996, p. 35 (color). Las Palmas de Gran
Canaria 1996-1997, p. 109; lám. 97 (color), p. 129;
p. 229. Salerno 2002-2003, p. 75 (color); p. 181

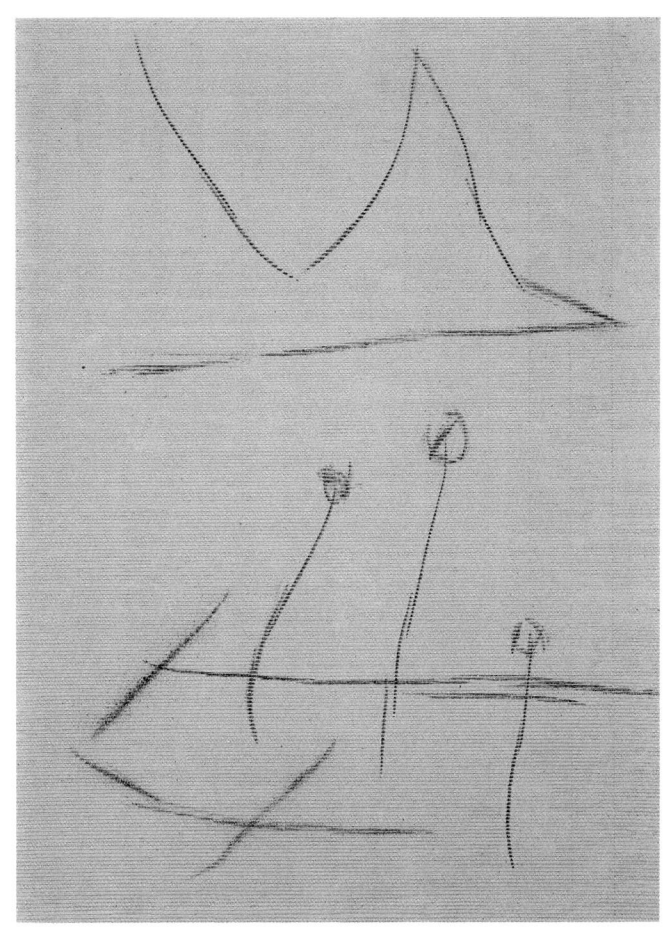

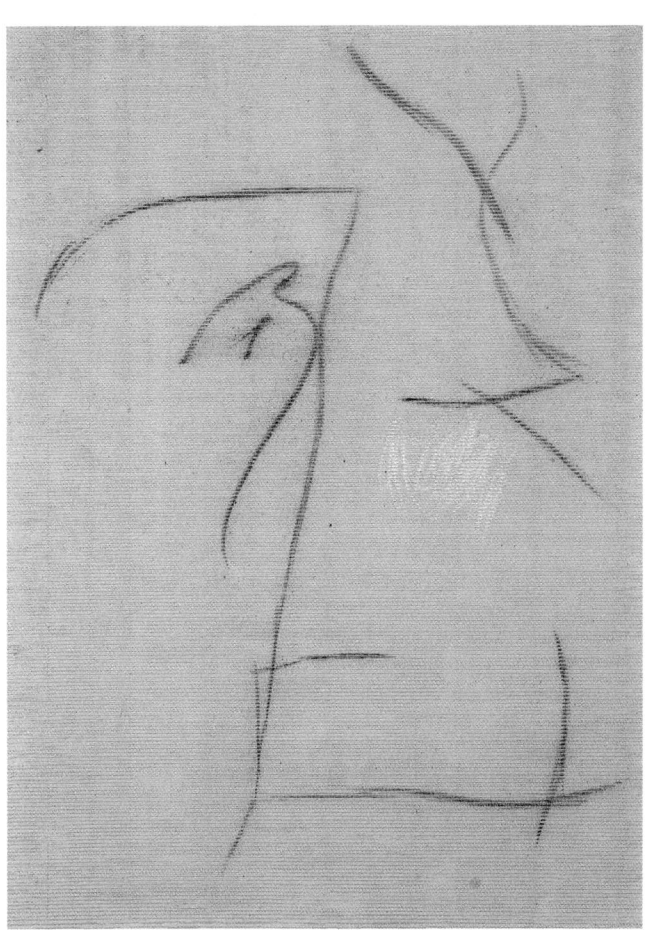

Sin título, sin fecha
Óleo sobre baldosa, 20,1 × 20,1 cm
Procedencia: Donación del artista, 1981
FPJM-144

Sin título, sin fecha
Óleo sobre tabla, 66 × 55,5 cm
Procedencia: Donación del artista, 1981
FPJM-145

Exposiciones: París 1988, p. 9; [p. 62]; lám. 14 (color),
[p. 63]; p. 130. Roma 1989, p. 95 (color); p. 210.
Verona 1989, p. 95 (color); p. 210. Barcelona
1989-1990, p. 54 (color). Oporto 1990, p. 77 (color).
Fukuoka 1991, lám. 37 (color), p. 55. Kasama 1991,
lám. 37 (color), p. 55. Kioto 1991, lám. 37 (color),
p. 55. La Coruña 1991, [p. 12] (color). Tokio 1991,
lám. 37 (color), p. 55. Vigo 1991, lám. 35 (color),
p. 53. Caracas 1993-1994, p. 44; lám. 21 (color),
[p. 84]; p. 138. Prato 1994, lám. 40 (color), p. 102;
p. 159. Bangkok 1995, lám. 40 (color), p. 52; p. 104.
Beijing 1995, lám. 40 (color), p. 52; p. 103. Shanghai
1995, lám. 40 (color), p. 52; p. 103. Taipei 1995,
lám. 40 (color), p. 75; p. 136. Palma de Mallorca
1996c, lám. 76 (color), p. 98; p. 239. Nuoro
2001-2002, p. 53 (color); p. 141

Bibliografía: Dupin, Jacques, y Ariane Lelong-Mainaud
2004, vol. VI, lám. 2072 (color), p. 256; p. 267

Sin título, sin fecha
Carboncillo sobre poliestireno expandido,
173 × 100 cm
Procedencia: Donación del artista, 1981
FPJM-147

Exposiciones: Barcelona 1989-1990, p. 96 (color,
invertida). Oporto 1990, p. 94 (color). Sevilla
1993-1994, lám. 65bis (color, invertida), p. 133; p. 139.
Málaga 1994, lám. 65bis (color, invertida), p. 133;
p. 139. Prato 1994, lám. 73 (color, invertida), p. 126;
p. 160. Palma de Mallorca 1996c, lám. 78 (color),
p. 100; p. 239. Las Palmas de Gran Canaria 1996-1997,
p. 45; lám. 29 (color, invertida), p. 63; p. 227

Joan Miró y Maria Antònia Carrió
Payeras
Sin título, 1992
Cerámica, 464 × 970 cm
Procedencia: Adquisición a Maria Antònia
Carrió Payeras, 1992
FPJM-152

Bibliografía: Fundació Pilar i Joan Miró a Mallorca,
Provincia di Milano, Successió Miró, y Ajuntament de
Palma 1999, p. 93 (color); Fundació Pilar i Joan Miró
a Mallorca 1992, p. 90 (color)

Joan Miró y Joan Gardy Artigas
Sin título, 1991-1992
Cerámica, 262 × 1152 cm
Procedencia: Adquisición a Josep Llorens
Artigas, 1992
FPJM-153

Exposiciones: Palma de Mallorca 1998, lám. 50
(color), p. 90-91; p. 94

Bibliografía: Fundació Pilar i Joan Miró a Mallorca
1992, p. 90 (color, detalle)

FPJM-145
FPJM-147

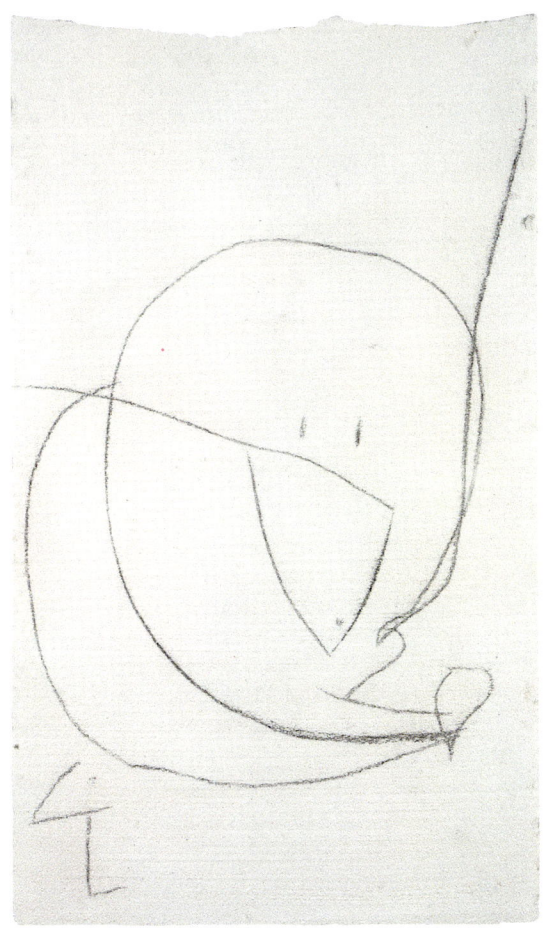

FPJM-153

Joan Miró y Josep Llorens Artigas
Femme et oiseau, 1962
Cerámica, 318 × 66 × 62 cm
Inscripciones: *Miró / ARTI*[...]
Procedencia: Donación de Successió Miró, 1993
FPJM-428

Exposiciones: Barcelona 1993b, p. 84 (color); p. 118.
Palma de Mallorca 1996b, lám. 2 (color), p. 53. Palma
de Mallorca 1996c, lám. 80 (color), p. 104; p. 239.
Palma de Mallorca 1998, lám. 30 (color), [p. 59]; p. 94

Bibliografía: Penrose 1970, lám. 26 (color), [p. 66];
Penrose 1972, lám. 25 (color, detalle), [p. 65]; lám. 26
(color), [p. 66]; Pierre, y Corredor-Matheos 1974,
lám. 313 (color), p. 148; p. 227; Penrose 1991,
lám. 136, p. 196; Jeffett 1992, p. 461; Miralles 1992,
lám. 882 (color), p. 329; Dupin 1993, p. 400
(incorrectamente datada 1952)

Sin título, sin fecha
Bolígrafo sobre papel, 29,5 × 21 cm
Inscripciones: *ceràmica / pàg 148. / els dos /
elements / exterior*
Procedencia: Donación del artista, 1981
FPJM-660

Exposiciones: Palma de Mallorca 1996b, lám. 2.a
(color), p. 52. Palma de Mallorca 1996c, lám. 408
(color), p. 216; p. 251

Femme, sin fecha
Bolígrafo sobre papel, 20,7 × 15 cm
Inscripciones: *Femme / H. / 3 m.*
Procedencia: Donación del artista, 1981
FPJM-1058

Exposiciones: Washington, D.C. 2002-2003, p. 168.
Portland 2003, p. 168. San Petersburgo 2003, p. 168

Femme, 1966
Bronce, 38 × 13,5 × 14 cm
Inscripciones: *Miró / F. P. i J. Miró / a
Mallorca / Parellada*
Fundición: Parellada, Barcelona
Edición para la Fundació Pilar i Joan Miró a
Mallorca
Procedencia: Cesión derechos de autor por los
herederos del artista, 1991
FPJM-398

Exposiciones: Caracas 1993-1994, lám. 22 (color).
Prato 1994, lám. 74 (color), p. 127; p. 160. Bangkok
1995, lám. 123 (color), p. 80; p. 107. Beijing 1995,
lám. 123 (color), p. 80; p. 105. Shanghai 1995,
lám. 123 (color), p. 80; p. 105. Taipei 1995, lám. 123
(color), p. 111; p. 139. Palma de Mallorca 1996b,
lám. 20 (color), p. 97. Palma de Mallorca 1996c,
lám. 84 (color), p. 106; p. 239. Santiago de Chile
1997, lám. 53 (color), p. 40; [p. 45]. Tokio 1998,
lám. 33 (color), [p. 22]; lám. 33, [p. 29]. Dortmund
1999, lám. 79 (color, invertida), [p. 220-221]: p. 280.
Marugame 2002, lám. 64 (color), p. 58; p. 78. Mitaka
2002, lám. 64 (color), p. 58; p. 78. Miyazaki 2002,
lám. 64 (color), p. 58; p. 78. Niitsu 2002, lám. 64
(color), p. 58; p. 78

Torse de femme, 1966
Bronce, 56 × 31 × 20 cm
Inscripciones: *Miró / F. P. i J. Miró / a
Mallorca / Parellada*
Fundición: Parellada, Barcelona
Edición para la Fundació Pilar i Joan Miró a
Mallorca
Procedencia: Cesión derechos de autor por los
herederos del artista, 1991
FPJM-399

Exposiciones: Caracas 1993-1994, lám. 23 (color).
Prato 1994, p. 30; lám. 75 (color), p. 128; p. 160.
Bangkok 1995, lám. 120 (color), p. 80; p. 107. Beijing
1995, lám. 120 (color), p. 80; p. 105. Shanghai 1995,
lám. 120 (color), p. 80; p. 105. Taipei 1995, lám. 120
(color), p. 108; p. 139. Palma de Mallorca 1996b,
lám. 13 (color), p. 79. Palma de Mallorca 1996c,
lám. 83 (color), p. 106; p. 239. Santiago de Chile
1997, lám. 54 (color), p. 40; [p. 45]. Dortmund 1999,
lám. 80 (color), [p. 222]; p. 280. Marugame 2002,
lám. 66 (color), p. 44; p. 79. Mitaka 2002, lám. 66
(color), p. 44; p. 79. Miyazaki 2002, lám. 66 (color),
p. 44; p. 79. Niitsu 2002, lám. 66 (color), p. 44; p. 79

FPJM-398

FPJM-660
FPJM-1058
FPJM-428

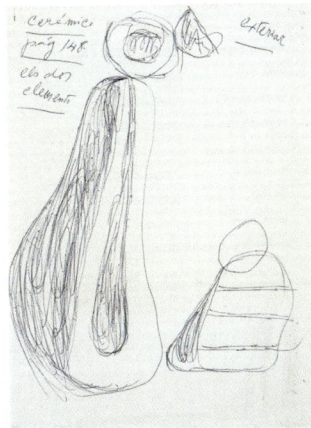

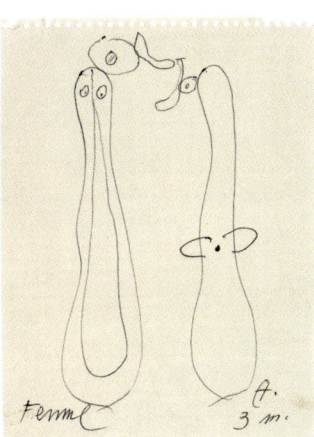

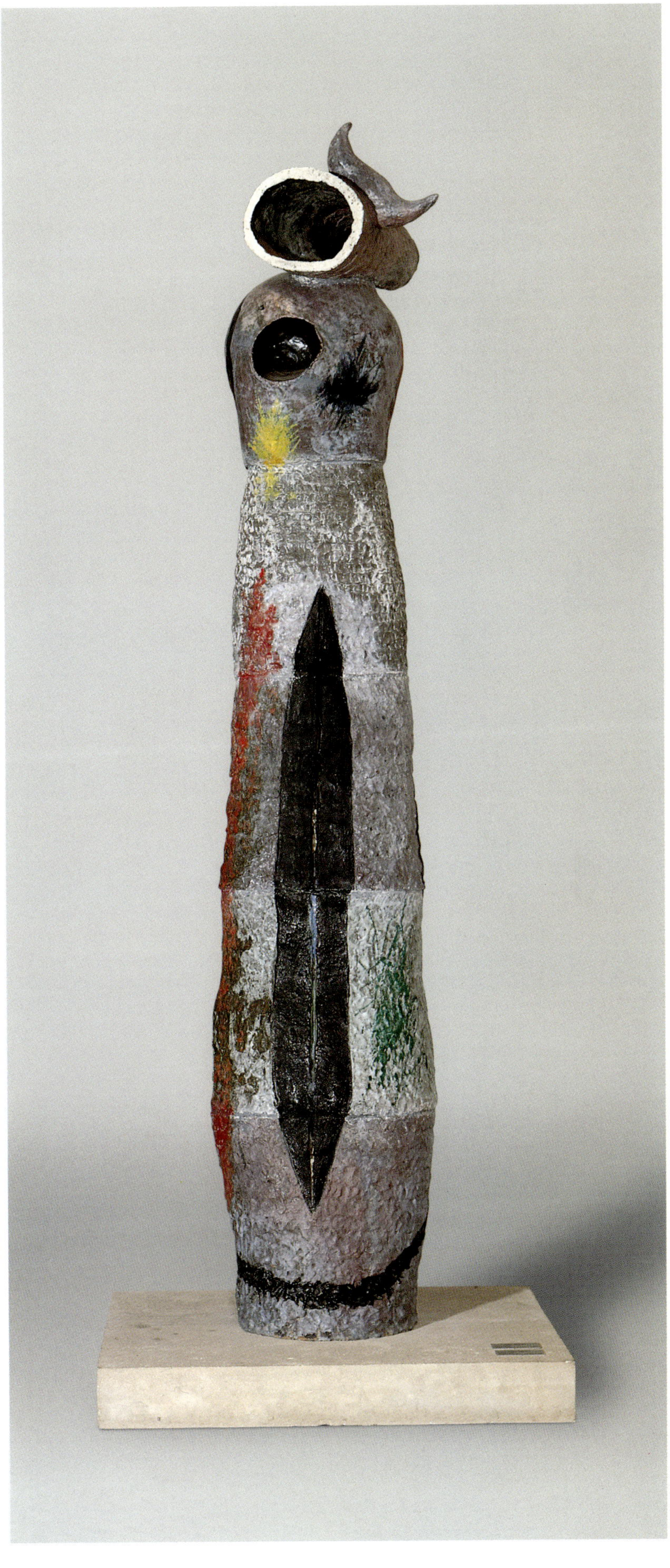

Escultura *Femme et oiseau* y dibujos relacionados con su proceso creativo

FPJM-399

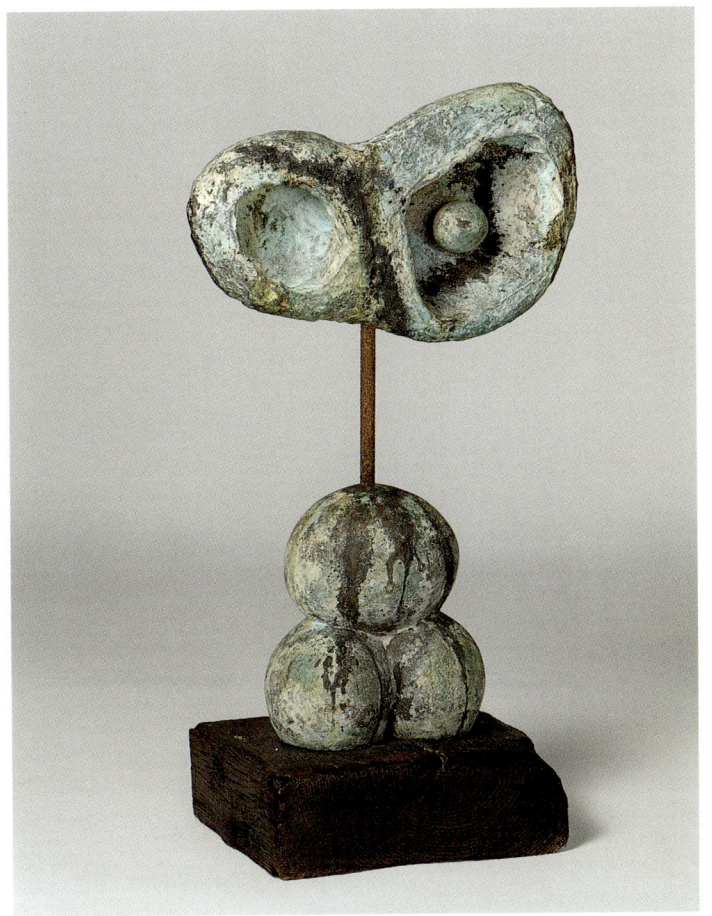

Femme soleil, 1966
Bronce, 87 × 29 × 21,5 cm
Inscripciones: *Miró / F. P. i J. Miró / a Mallorca / Parellada*
Fundición: Parellada, Barcelona
Edición para la Fundació Pilar i Joan Miró a Mallorca
Procedencia: Cesión derechos de autor por los herederos del artista, 1995
FPJM-420

Exposiciones: Palma de Mallorca 1996b, lám. 23 (color), p. 107. Palma de Mallorca 1996c, lám. 82 (color), p. 106; p. 239. Las Palmas de Gran Canaria 1996-1997, lám. 33 (color), p. 81; p. 227. Dortmund 1999, lám. 76 (color), [p. 216]; p. 280. Nuoro 2001-2002, p. 98 (color); p. 142. Salerno 2002-2003, p. 114; [p. 115 (color)]. Santander 2005, p. 127 (color)

La Femme solaire, 1965
Bolígrafo sobre papel, 12,6 × 8,1 cm
Inscripciones: *29/I/65 / La Femme / solaire*
Procedencia: Donación del artista, 1981
FPJM-1244

Exposiciones: Palma de Mallorca 1990-1991, p. 56; [lám. 1c (color), p. 57]. Sevilla 1993-1994, lám. 113 (color), p. 185. Málaga 1994, lám. 113 (color), p. 185. Palma de Mallorca 1996b, lám. 23.b (color), p. 106. Palma de Mallorca 1996c, lám. 413 (color), p. 218; p. 251. Las Palmas de Gran Canaria 1996-1997, p. 133; lám. 185 (color), p. 172; p. 232. Nuoro 2001-2002, p. 143. Santander 2005, p. 126 (color)

Sin título, 1960
Tinta y lápiz de cera sobre papel, 42,9 × 30,9 cm
Inscripciones: *colorir el bronze amb rippolí, [sic] / aiguarràs i flatting [?] / fos amb cera perduda, i retreballar / les matèries / I / 1/10/60. / II*
Procedencia: Donación del artista, 1981
FPJM-1255

Exposiciones: Palma de Mallorca 1990-1991, p. 54; [lám. 1a (color), p. 55]. Palma de Mallorca 1996b, lám. 23.a (color), p. 106. Palma de Mallorca 1996c, lám. 412 (color), p. 218; p. 251. Las Palmas de Gran Canaria 1996-1997, p. 133; lám. 184 (color), p. 172; p. 232. Nuoro 2001-2002, p. 143. Salerno 2002-2003, p. 114 (color); p. 182. Santander 2005, p. 126 (color)

Femme, 1967
Bronce, 65 × 31,5 × 22 cm
Inscripciones: *Miró / F. P. i J. Miró / a Mallorca / Parellada*
Fundición: Parellada, Barcelona
Edición para la Fundació Pilar i Joan Miró a Mallorca
Procedencia: Cesión derechos de autor por los herederos del artista, 1991
FPJM-400

Exposiciones: Buenos Aires 1993, lám. 47 (color), p. 80. Prato 1994, p. 30; lám. 76 (color), p. 128; p. 160. Bangkok 1995, lám. 121 (color), p. 80; p. 107. Beijing 1995, lám. 121 (color), p. 80; p. 105. Hong Kong 1995, lám. 121 (color). Shanghai 1995, lám. 121 (color), p. 80; p. 105. Taipei 1995, lám. 121 (color), p. 109; p. 139. Palma de Mallorca 1996b, lám. 14 (color), p. 81. Palma de Mallorca 1996c, lám. 86 (color), p. 106; p. 239. Santiago de Chile 1997, lám. 55 (color), p. 40; [p. 45]. Dortmund 1999, lám. 77 (color), [p. 217]; p. 280. Salerno 2002-2003, p. 113 (color); p. 182

Sin título; *Femme*; *Femme*; *Sin título*; *Femme assise*, 1958/1959
Lápiz de grafito sobre papel, 24,4 × 34,7 cm
Inscripciones: *veure l'altre / Femme / Taula / robada [?] / Femme / tauleta petita / Femme / assisse / guarda / 2 fragments / pedra / tronc / palmera / X / cap bronze nas pintat vermell / silló natural [pintat] blau*
Procedencia: Donación del artista, 1981
FPJM-1409.11a

Exposiciones: Madrid 1986-1987, lám. 34a (color), p. 82. Barcelona 1987, lám. 34a (color), p. 82. Colonia 1987, lám. 34a (color), p. 94. Palma de Mallorca 1996b, lám. 14.a (color), p. 80; lám. 22.e (color), p. 104. Palma de Mallorca 1996c, lám. 459 (color), p. 230; p. 253. Washington, D.C. 2002-2003, p. 34; lám. 1.4 (color), p. 92; p. 164. Portland 2003, p. 34; lám. 1.4 (color), p. 92; p. 164. San Petersburgo 2003, p. 34; lám. 1.4 (color), p. 92; p. 164

FPJM-1244
FPJM-1255

Escultura *Femme soleil* y dibujos relacionados con su proceso creativo.

FPJM-400
FPJM-1409.11a

Escultura *Femme* y dibujo relacionado con su proceso creativo.

Personnage et oiseau, 1967
Bronce, 55 × 22,5 × 32 cm
Inscripciones: *Miró / F. P. i J. Miró / a Mallorca / Parellada*
Fundición: Parellada, Barcelona
Edición para la Fundació Pilar i Joan Miró a Mallorca
Procedencia: Cesión derechos de autor por los herederos del artista, 1991
FPJM-401

Exposiciones: Buenos Aires 1993, lám. 42 (color), p. 78. Prato 1994, lám. 77 (color), p. 129; p. 160. Palma de Mallorca 1996b, lám. 15 (color), p. 87. Palma de Mallorca 1996c, lám. 85 (color), p. 106; p. 239. Santiago de Chile 1997, lám. 56 (color), p. 40; [p. 45]. Dortmund 1999, lám. 81 (color), [p. 223]; p. 280. Marugame 2002, lám. 65 (color), p. 39; p. 78. Mitaka 2002, lám. 65 (color), p. 39; p. 78. Miyazaki 2002, lám. 65 (color), p. 39; p. 78. Niitsu 2002, lám. 65 (color), p. 39; p. 78. Santander 2005, p. 119 (color)

Personnage et oiseau, 1965
Bolígrafo sobre papel, 19,8 × 13 cm
Inscripciones: *Personnage / et oiseau / 9/4/65*
Procedencia: Donación del artista, 1981
FPJM-1228

Exposiciones: Madrid 1986-1987, lám. 82c, p. 175. Barcelona 1987, lám. 82c, p. 175. Colonia 1987, lám. 82c, p. 189. Palma de Mallorca 1990-1991, lám. 13 (color), p. 24. Palma de Mallorca 1996b, lám. 15.i (color), p. 86. Palma de Mallorca 1996c, lám. 448 (color), p. 226; p. 252. Nuoro 2001-2002, p. 103 (color); p. 143. Marugame 2002, lám. 47 (color), p. 38; p. 78. Mitaka 2002, lám. 47 (color), p. 38; p. 78. Miyazaki 2002, lám. 47 (color), p. 38; p. 78. Niitsu 2002, lám. 47 (color), p. 38; p. 78. Santander 2005, p. 121 (color)

Sin título, 1965
Bolígrafo sobre papel, 19,8 × 15,2 cm
Inscripciones: *31/I/65*
Procedencia: Donación del artista, 1981
FPJM-1229

Exposiciones: Madrid 1986-1987, lám. 82b, p. 175. Barcelona 1987, lám. 82b, p. 175. Colonia 1987, lám. 82b, p. 189. Palma de Mallorca 1996b, lám. 15.c (color), p. 83. Palma de Mallorca 1996c, lám. 442 (color), p. 226; p. 252. Marugame 2002, lám. 48 (color), p. 38; p. 78. Mitaka 2002, lám. 48 (color), p. 38; p. 78. Miyazaki 2002, lám. 48 (color), p. 38; p. 78. Niitsu 2002, lám. 48 (color), p. 38; p. 78. Santander 2005, p. 121 (color)

Sin título, 1964
Bolígrafo sobre papel, 19,8 × 15,2 cm
Inscripciones: *25/XI/64*
Procedencia: Donación del artista, 1981
FPJM-1230

Exposiciones: Palma de Mallorca 1996b, lám. 15.b (color), p. 82. Palma de Mallorca 1996c, lám. 441 (color), p. 226; p. 252. Washington, D.C. 2002-2003, p. 38; lám. 8.3 (color), p. 117; p. 166. Portland 2003, p. 38; lám. 8.3 (color), p. 117; p. 166. San Petersburgo 2003, p. 38; lám. 8.3 (color), p. 117; p. 166. Santander 2005, p. 121 (color)

Sin título, 1964
Bolígrafo y lápiz de color sobre papel, 18,8 × 14,8 cm
Inscripciones: *cera ? / Ingenio (?) / 20/XI/64*
Procedencia: Donación del artista, 1981
FPJM-1231a

Exposiciones: Madrid 1986-1987, lám. 82a, p. 174. Barcelona 1987, lám. 82a, p. 174. Colonia 1987, lám. 82a, p. 188. Palma de Mallorca 1996b, lám. 15.a (color), p. 82. Palma de Mallorca 1996c, lám. 440 (color), p. 226; p. 252. Santander 2005, p. 121 (color)

Personnage et oiseau I, 1965
Bolígrafo sobre papel, 20,7 × 15 cm
Inscripciones: *Personnage / et oiseau / 9/3/65 / I*
Procedencia: Donación del artista, 1981
FPJM-1232

Exposiciones: Sevilla 1993-1994, p. 185; lám. 114 (color), p. 186. Málaga 1994, p. 185; lám. 114 (color), p. 186. Palma de Mallorca 1996b, lám. 15.d (color), p. 83. Palma de Mallorca 1996c, lám. 443 (color), p. 226; p. 252. Santander 2005, p. 121 (color)

Sin título, 1965
Bolígrafo sobre papel, 20,8 × 15 cm
Inscripciones: *9/3/65 / II*
Procedencia: Donación del artista, 1981
FPJM-1233

Exposiciones: Sevilla 1993-1994, p. 185; lám. 115 (color), p. 186. Málaga 1994, p. 185; lám. 115 (color), p. 186. Palma de Mallorca 1996b, lám. 15.e (color), p. 84. Palma de Mallorca 1996c, lám. 444 (color), p. 226; p. 252. Santander 2005, p. 121 (color)

Sin título, 1965
Bolígrafo sobre papel, 19,9 × 6,7 cm
Inscripciones: *9/3/65 / III*
Procedencia: Donación del artista, 1981
FPJM-1234

Exposiciones: Palma de Mallorca 1996b, lám. 15.f (color), p. 84. Palma de Mallorca 1996c, lám. 445 (color), p. 227; p. 252. Marugame 2002, lám. 44 (color), p. 38; p. 77. Mitaka 2002, lám. 44 (color), p. 38; p. 77. Miyazaki 2002, lám. 44 (color), p. 38; p. 77. Niitsu 2002, lám. 44 (color), p. 38; p. 77

Sin título, 1965
Bolígrafo sobre papel, 39 × 11,3 cm
Inscripciones: *V / IV / 9/III/65*
Procedencia: Donación del artista, 1981
FPJM-1235

Exposiciones: Palma de Mallorca 1996b, lám. 15.g (color), p. 85. Palma de Mallorca 1996c, lám. 446 (color), p. 227; p. 252. Marugame 2002, lám. 45 (color), p. 38; p. 78. Mitaka 2002, lám. 45 (color), p. 38; p. 78. Miyazaki 2002, lám. 45 (color), p. 38; p. 78. Niitsu 2002, lám. 45 (color), p. 38; p. 78

Sin título, 1965
Bolígrafo sobre papel, 30 × 7,7 cm
Inscripciones: *VI / 9/3/65*
Procedencia: Donación del artista, 1981
FPJM-1236

Exposiciones: Palma de Mallorca 1996b, lám. 15.h (color), p. 85. Palma de Mallorca 1996c, lám. 447 (color), p. 227; p. 252. Marugame 2002, lám. 46 (color), p. 38; p. 78. Mitaka 2002, lám. 46 (color), p. 38; p. 78. Miyazaki 2002, lám. 46 (color), p. 38; p. 78. Niitsu 2002, lám. 46 (color), p. 38; p. 78

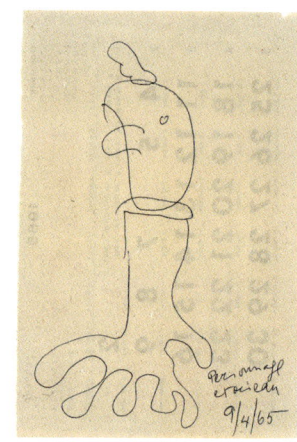

FPJM-1228

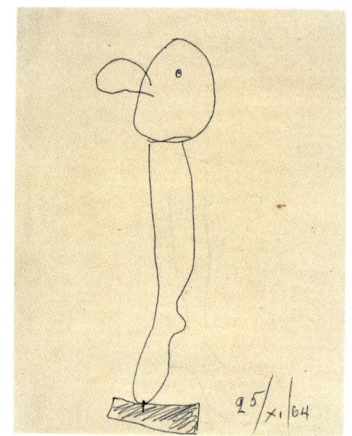

FPJM-1230

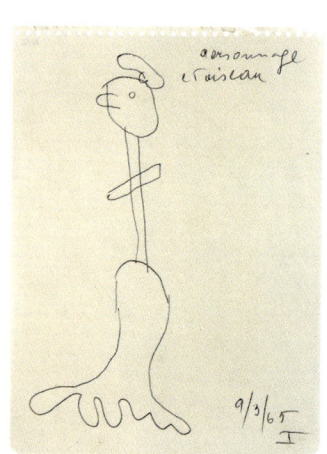

FPJM-1232

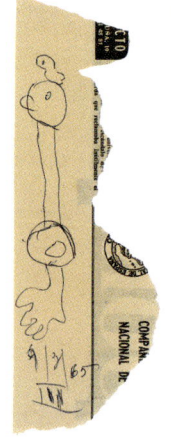

FPJM-1234

Escultura *Personnage et oiseau* acompañada de los dibujos relacionados con su proceso creativo.

FPJM-1229
FPJM-401

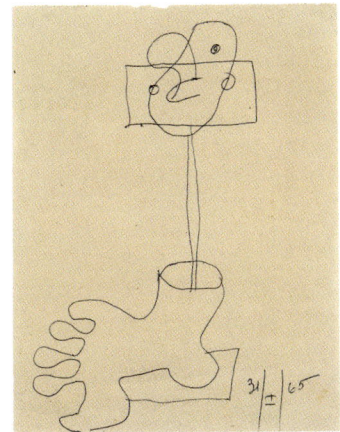

FPJM-1231a

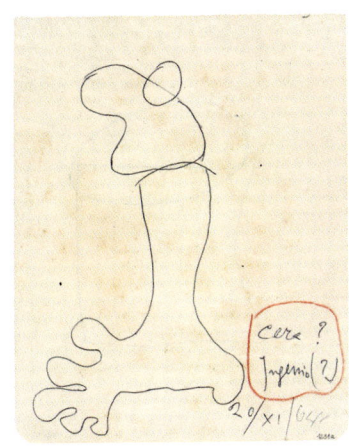

FPJM-1233

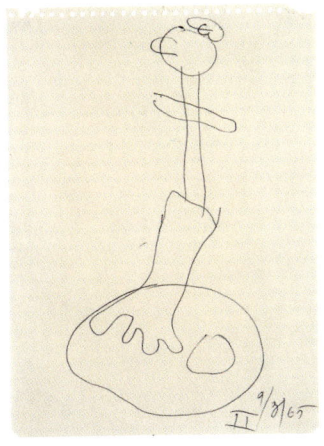

FPJM-1235
FPJM-1236

Horloge du vent, 1967
Bronce, 49 × 29,5 × 16 cm
Inscripciones: *Miró / F. P. i J. Miró / a Mallorca / Parellada*
Fundición: Parellada, Barcelona
Edición para la Fundació Pilar i Joan Miró a Mallorca
Procedencia: Cesión derechos de autor por los herederos del artista, 1991
FPJM-402

Exposiciones: Sevilla 1993-1994, lám. 102 (color), p. 174; p. 178. Málaga 1994, lám. 102 (color), p. 174; p. 178. Rio de Janeiro 1995, p. 82 (color). Buenos Aires 1996, p. 76 (color); p. 87. Montevideo 1996, p. 76 (color); p. 87. São Paulo 1996, p. 82 (color). Dortmund 1999, lám. 78 (color), [p. 218-219]; p. 280. Nuoro 2001-2002, p. 97 (color); p. 142. Marugame 2002, lám. 63 (color), p. 41; p. 78. Mitaka 2002, lám. 63 (color), p. 41; p. 78. Miyazaki 2002, lám. 63 (color), p. 41; p. 78. Niitsu 2002, lám. 63 (color), p. 41; p. 78. Santander 2005, p. 37; p. 123 (color)

Femme, 1961-1963
Lápiz de grafito y lápiz de color sobre papel, 34,1 × 23,8 cm
Inscripciones: ~~obj.~~ / *objecte / Femme / 4/11/61 / 5/12/63.*
Procedencia: Donación del artista, 1981
FPJM-1411.3

Exposiciones: Palma de Mallorca 1990-1991, p. 64 [lám. 3a (color), p. 65]. Palma de Mallorca 1996b, lám. 19.c (color), p. 95. Palma de Mallorca 1996c, lám. 418 (color), p. 219; p. 251. Nuoro 2001-2002, p. 102 (color); p. 142. Marugame 2002, lám. 43 (color), p. 40; p. 77. Mitaka 2002, lám. 43 (color), p. 40; p. 77. Miyazaki 2002, lám. 43 (color), p. 40; p. 77. Niitsu 2002, lám. 43 (color), p. 40; p. 77. Santander 2005, p. 122 (color)

Jeune fille, 1967
Bronce, 35 × 37 × 12 cm
Inscripciones: *Miró / F. P. i J. Miró / a Mallorca*
Fundición: Parellada, Barcelona
Edición para la Fundació Pilar i Joan Miró a Mallorca
Procedencia: Cesión derechos de autor por los herederos del artista, 1995
FPJM-421

Exposiciones: Palma de Mallorca 1996b, lám. 18 (color), p. 93. Palma de Mallorca 1996c, lám. 87 (color), p. 106; p. 239. Las Palmas de Gran Canaria 1996-1997, lám. 31 (color), p. 72; p. 227. Dortmund 1999, lám. 75 (color), [p. 214-215]; p. 280. Nuoro 2001-2002, p. 96 (color); p. 142. Marugame 2002, lám. 62 (color), p. 59; p. 78. Mitaka 2002, lám. 62 (color), p. 59; p. 78. Miyazaki 2002, lám. 62 (color), p. 59; p. 78. Niitsu 2002, lám. 62 (color), p. 59; p. 78

Sin título, 1959
Lápiz de grafito y lápiz de cera sobre papel, 24,4 × 34,7 cm
Inscripciones: *X / X / 7/10/59*
Procedencia: Donación del artista, 1981
FPJM-1409.9a

Exposiciones: Palma de Mallorca 1996b, lám. 18.b (color), p. 92. Washington, D.C. 2002-2003, p. 35; lám. 2.2 (color), p. 96; p. 164. Portland 2003, p. 35; lám. 2.2 (color), p. 96; p. 164. San Petersburgo 2003, p. 35; lám. 2.2 (color), p. 96; p. 164

Femme; Deux têtes; Femme; Personnage; Femme et oiseau; Projet pour un monument, 1963
Lápiz de grafito sobre papel, 23,8 × 34,1 cm
Inscripciones: *personnage / ~~objecte~~ / Femme / Deux têtes / Femme / projet pour / un monument / Femme / et oiseau / 5/12/63*
Procedencia: Donación del artista, 1981
FPJM-1411.9

Exposiciones: Palma de Mallorca 1990-1991, p. 54; [lám. 1b (color), p. 55]. Palma de Mallorca 1996b, lám. 18.a (color), p. 92; lám. 35.a (color), p. 126. Palma de Mallorca 1996c, lám. 419 (color), p. 220; p. 251. Las Palmas de Gran Canaria 1996-1997, p. 133; lám. 190 (color), p. 175; p. 232. Salerno 2002-2003, p. 116 (color); p. 182

Escultura *Jeune fille* y dibujos relacionados con su proceso creativo.

FPJM-402
FPJM-1411.3

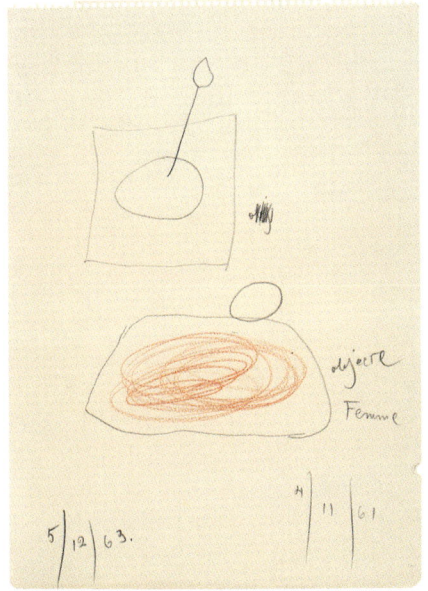

Escultura *Horloge du vent* y dibujo relacionado con su proceso creativo.

FPJM-421

Personnage, 1968
Bronce, 49,5 × 18,5 × 14,5 cm
Inscripciones: *Miró / F. P. i J. Miró / a*
Mallorca / Parellada
Fundición: Parellada, Barcelona
Edición para la Fundació Pilar i Joan Miró a
Mallorca
Procedencia: Cesión derechos de autor por los
herederos del artista, 1991
FPJM-403

Exposiciones: Caracas 1993-1994, lám. 24 (color).
Prato 1994, lám. 78 (color), p. 129; p. 160. Bangkok
1995, lám. 125 (color), p. 82; p. 107. Beijing 1995,
lám. 125 (color), p. 82; p. 105. Shanghai 1995,
lám. 125 (color), p. 82; p. 105. Taipei 1995, lám. 125
(color), p. 113; p. 139. Palma de Mallorca 1996b,
lám. 27 (color), p. 115. Palma de Mallorca 1996c,
lám. 89 (color), p. 106; p. 239. Dortmund 1999,
lám. 82 (color), [p. 224]; p. 280

Femme, 1968
Bronce, 52,5 × 16 × 14 cm
Inscripciones: *Miró / F. P. i J. Miró / a*
Mallorca / Parellada
Fundición: Parellada, Barcelona
Edición para la Fundació Pilar i Joan Miró a
Mallorca
Procedencia: Cesión derechos de autor por los
herederos del artista, 1991
FPJM-405

Exposiciones: Caracas 1993-1994, lám. 26 (color).
Prato 1994, lám. 85 (color), p. 133; p. 161. Bangkok
1995, lám. 126 (color), p. 82; p. 107. Beijing 1995,
lám. 126 (color), p. 82; p. 105. Shanghai 1995,
lám. 126 (color), p. 82; p. 105. Taipei 1995, lám. 126
(color), p. 114; p. 139. Palma de Mallorca 1996b,
lám. 28 (color), p. 117. Palma de Mallorca 1996c,
lám. 91 (color), p. 106; p. 239. Dortmund 1999,
lám. 83 (color), [p. 225]; p. 280

Tête, 1968
Bronce, 39,5 × 16,5 × 13 cm
Inscripciones: *Miró / F. P. i J. Miró / a*
Mallorca / Parellada
Fundición: Parellada, Barcelona
Edición para la Fundació Pilar i Joan Miró a
Mallorca
Procedencia: Cesión derechos de autor por los
herederos del artista, 1991
FPJM-404

Exposiciones: Caracas 1993-1994, lám. 25 (color).
Prato 1994, lám. 84 (color), p. 133; p. 161. Bangkok
1995, lám. 128 (color), p. 82; p. 107. Beijing 1995,
lám. 128 (color), p. 82; p. 105. Shanghai 1995,
lám. 128 (color), p. 82; p. 105. Taipei 1995, lám. 128
(color), p. 116; p. 139. Palma de Mallorca 1996b,
lám. 30 (color), p. 119. Palma de Mallorca 1996c,
lám. 90 (color), p. 106; p. 239. Dortmund 1999,
lám. 84 (color), [p. 226-227]; p. 280. Salerno
2002-2003, p. 118; [p. 119 (color)]

Personnage et oiseau, 1968
Bronce, 111 × 64 × 20,5 cm
Inscripciones: *Miró / F. P. i J. Miró / a*
Mallorca / Parellada
Fundición: Parellada, Barcelona
Edición para la Fundació Pilar i Joan Miró a
Mallorca
Procedencia: Cesión derechos de autor por los
herederos del artista, 1991
FPJM-406

Exposiciones: Prato 1994, p. 30; lám. 86 (color),
p. 134; p. 161. Bangkok 1995, lám. 124 (color), p. 81;
p. 107. Beijing 1995, lám. 124 (color), p. 81; p. 105.
Hong Kong 1995, lám. 124 (color). Shanghai 1995,
lám. 124 (color), p. 81; p. 105. Taipei 1995, lám.
(color, frag.), p. 106-107; lám. 124 (color), p. 112;
p. 139. Palma de Mallorca 1996b, lám. 25 (color),
p. 111. Palma de Mallorca 1996c, llám. 88 (color),
p. 106; p. 239. Las Palmas de Gran Canaria
1996-1997, lám. 34 (color), p. 75; p. 227

Monument dressé en plein océan à la gloire du vent, 1969
Bronce, 138 × 68 × 20 cm
Inscripciones: *Miró / F. P. i J. Miró / a Mallorca / Parellada / ROCA*
Fundición: Parellada, Barcelona
Edición para la Fundació Pilar i Joan Miró a Mallorca
Procedencia: Cesión derechos de autor por los herederos del artista, 1991
FPJM-407

Exposiciones: Sevilla 1993-1994, lám. 99 (color), p. 171; p. 178; lám. 110.A (color), p. 182. Málaga 1994, lám. 99 (color), p. 171; p. 178; lám. 110.A (color), p. 182. Rio de Janeiro 1995, p. 86; p. 87 (color). Buenos Aires 1996, p. 80; p. 81 (color); p. 87. Montevideo 1996, p. 80; p. 81 (color); p. 87. São Paulo 1996, p. 86; p. 87 (color). Las Palmas de Gran Canaria 1996-1997, lám. 32 (color), p. 73; p. 227. Dortmund 1999, lám. 92 (color), [p. 236-237]; p. 281. Viena 2001, lám. 52 (color), p. 168; p. 166. Nuoro 2001-2002, p. 95 (color); p. 142. Salamanca 2002-2003, p. 301 (color); p. 526

Projet pour un monument sur une île, 1965
Bolígrafo sobre papel, 12,6 × 8,1 cm
Inscripciones: *projet pour un / monument sur une île / 17/7/65*
Procedencia: Donación del artista, 1981
FPJM-1247

Exposiciones: Madrid 1986-1987, lám. 92a, p. 189. Barcelona 1987, lám. 92a, p. 189. Colonia 1987, lám. 92a, p. 202. Sevilla 1993-1994, lám. 109 (color), p. 182. Málaga 1994, lám. 109 (color), p. 182. Rolandseck 1995, p. 36 (color); p. 42. Palma de Mallorca 1996b, lám. 41.a (color), p. 138. Palma de Mallorca 1996c, lám. 456 (color), p. 230; p. 252. Las Palmas de Gran Canaria 1996-1997, p. 29 (color); p. 133; lám. 180 (color), p. 170; p. 232. Nuoro 2001-2002, p. 143

Projet pour un monument dressé en plein Océan à la glorie du Vent, 1965
Bolígrafo sobre papel, 21,2 × 15,6 cm
Inscripciones: *Projet pour un monument dressé / en plein Océan à la glorie du / Vent / 30/8/65*
Procedencia: Donación del artista, 1981
FPJM-1248

Exposiciones: Madrid 1986-1987, lám. 92b, p. 189. Barcelona 1987, lám. 92b, p. 189. Colonia 1987, lám. 92b, p. 203. Sevilla 1993-1994, lám. 110 (color), p. 182. Málaga 1994, lám. 110 (color), p. 182. Rolandseck 1995, p. 37 (color); p. 42. Palma de Mallorca 1996b, lám. 41.b (color), p. 138. Palma de Mallorca 1996c, lám. 457 (color), p. 230; p. 252. Las Palmas de Gran Canaria 1996-1997, p. 133; lám. 177 (color), p. 171; p. 232. Nuoro 2001-2002, p. 143

Jeune fille rêvant de l'évasion, 1969
Bronce, 109 × 30 × 28 cm
Inscripciones: *Miró / F. P. i J. Miró / a Mallorca / Parellada*
Fundición: Parellada, Barcelona
Edición para la Fundació Pilar i Joan Miró a Mallorca
Procedencia: Cesión derechos de autor por los herederos del artista, 1991
FPJM-408

Exposiciones: Buenos Aires 1993, lám. 48 (color), p. 81. Prato 1994, p. 30; lám. 79 (color), p. 130; p. 161. Palma de Mallorca 1996b, lám. 35 (color), p. 127. Palma de Mallorca 1996c, lám. 99 (color), p. 106; p. 239. Las Palmas de Gran Canaria 1996-1997, lám. 38 (color), p. 80; p. 228. Dortmund 1999, lám. 90 (color), [p. 234]; p. 281. Salerno 2002-2003, p. 116; [p. 117 (color)]. Santander 2005, p. 129 (color)

Femme; Deux têtes; Femme; Personnage; Femme et oiseau; Projet pour un monument, 1963
Lápiz de grafito sobre papel, 23,8 × 34,1 cm
Inscripciones: *personnage / ~~objecte~~ / Femme / Deux têtes / Femme / projet pour / un monument / Femme / et oiseau / 5/12/63*
Procedencia: Donación del artista, 1981
FPJM-1411.9

Exposiciones: Palma de Mallorca 1990-1991, p. 54; [lám. 1b (color), p. 55]. Palma de Mallorca 1996b, lám. 18.a (color), p. 92; lám. 35.a (color), p. 126. Palma de Mallorca 1996c, lám. 419 (color), p. 220; p. 251. Las Palmas de Gran Canaria 1996-1997, p. 133; lám. 190 (color), p. 175; p. 232. Salerno 2002-2003, p. 116 (color); p. 182

Femme aux beaux seins, 1969
Bronce, 50,5 × 18,5 × 15 cm
Inscripciones: *Miró / F. P. i J. Miró / a Mallorca / Parellada*
Fundición: Parellada, Barcelona
Edición para la Fundació Pilar i Joan Miró a Mallorca
Procedencia: Cesión derechos de autor por los herederos del artista, 1991
FPJM-409

Exposiciones: Buenos Aires 1993, lám. 43 (color), p. 78. Prato 1994, lám. 80 (color), p. 131; p. 161. Palma de Mallorca 1996b, lám. 34 (color), p. 125. Palma de Mallorca 1996c, lám. 101 (color), p. 110; p. 240. Dortmund 1999, lám. 88 (color), [p. 231]; p. 280. Salerno 2002-2003, p. 128; [p. 129 (color)]; p. 182

Sin título, 1967
Bolígrafo sobre papel, 12,6 × 8,1 cm
Inscripciones: *V/67 Son Boter / Antiga - galeta / pares* [?] / *Fondre*
Procedencia: Donación del artista, 1981
FPJM-1193

Exposiciones: Palma de Mallorca 1990-1991, p. 96; [lám. 11a (color), p. 97]. Palma de Mallorca 1996b, lám. 34.a (color), p. 124. Palma de Mallorca 1996c, lám. 458 (color), p. 230; p. 252. Salerno 2002-2003, p. 128 (color); p. 182

FPJM-1411.9

Escultura *Jeune fille rêvant de l'évasion* y dibujo asociado a su proceso creativo.

FPJM-407
FPJM-1247
FPJM-1248

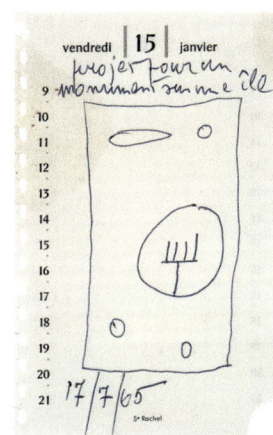 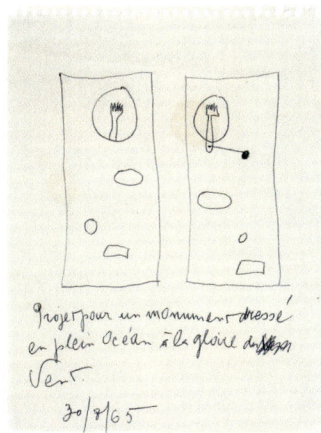

Escultura *Monument dressé en plein océan à la gloire du vent* y dibujos relacionados con su proceso creativo.

FPJM-408
FPJM-409
FPJM-1193

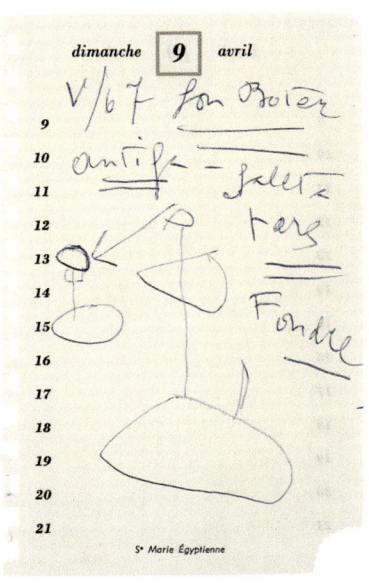

Escultura *Femme aux beaux seins* y dibujo asociado a su proceso creativo.

Tête, 1969
Bronce, 71 × 30 × 19 cm
Inscripciones: *Miró / F. P. i J. Miró / a
Mallorca / Parellada*
Fundición: Parellada, Barcelona
Edición para la Fundació Pilar i Joan Miró a
Mallorca
Procedencia: Cesión derechos de autor por los
herederos del artista, 1991
FPJM-410

Exposiciones: Sevilla 1993-1994, lám. 100 (color),
p. 172; p. 178. Málaga 1994, lám. 100 (color), p. 172;
p. 178. Prato 1994, p. 30. Palma de Mallorca 1996b,
lám. 32 (color), p. 122. Palma de Mallorca 1996c,
lám. 93 (color), p. 106; p. 239. Dortmund 1999,
lám. 89 (color), [p. 232-233]; p. 280

Oiseau perché sur un arbre, 1969
Bronce, 49 × 15,5 × 16 cm
Inscripciones: *Miró / Parellada / F. P. i J. Miró /
a / Mallorca*
Fundición: Parellada, Barcelona
Edición para la Fundació Pilar i Joan Miró a
Mallorca
Procedencia: Cesión derechos de autor por los
herederos del artista, 1991
FPJM-411

Exposiciones: Buenos Aires 1993, lám. 44 (color), p. 79.
Prato 1994, lám. 81 (color), p. 131; p. 161. Palma de
Mallorca 1996b, lám. 42 (color), p. 140. Palma de
Mallorca 1996c, lám. 92 (color), p. 106; p. 239.
Dortmund 1999, lám. 85 (color), [p. 228]; p. 280

L'Équilibriste, 1969
Bronce, 98 × 41,5 × 22,5 cm
Inscripciones: *Miró / F. P. i J. Miró / a
Mallorca / Parellada*
Fundición: Parellada, Barcelona
Edición para la Fundació Pilar i Joan Miró a
Mallorca
Procedencia: Cesión derechos de autor por los
herederos del artista, 1991
FPJM-412

Exposiciones: Caracas 1993-1994, lám. 28 (color).
Prato 1994, p. 30; lám. 82 (color), p. 132; p. 161.
Bangkok 1995, lám. 129 (color), p. 83; p. 107. Beijing
1995, lám. 129 (color), p. 83; p. 106. Shanghai 1995,
lám. 129 (color), p. 83; p. 106. Taipei 1995, lám. 129
(color), p. 117; p. 139. Palma de Mallorca 1996b,
lám. 36 (color), p. 129. Palma de Mallorca 1996c,
lám. 97 (color), p. 106; p. 239. Las Palmas de Gran
Canaria 1996-1997, lám. 36 (color), p. 76; p. 228.
Marugame 2002, lám. 67 (color), p. 43; p. 79. Mitaka
2002, lám. 67 (color), p. 43; p. 79. Miyazaki 2002,
lám. 67 (color), p. 43; p. 79. Niitsu 2002, lám. 67
(color), p. 43; p. 79

Maternité, 1969
Bronce, 88 × 45 × 40 cm
Inscripciones: *Miró / F. P. i J. Miró / a
Mallorca / Parellada*
Fundición: Parellada, Barcelona
Edición para la Fundació Pilar i Joan Miró a
Mallorca
Procedencia: Cesión derechos de autor por los
herederos del artista, 1991
FPJM-413

Exposiciones: Sevilla 1993-1994, lám. 101 (color),
p. 173; p. 178. Málaga 1994, lám. 101 (color), p. 173;
p. 178. Prato 1994, p. 30. Rio de Janeiro 1995, p. 86
(color). Buenos Aires 1996, p. 80 (color); p. 87.
Montevideo 1996, p. 80 (color); p. 87. São Paulo
1996, p. 86 (color). Dortmund 1999, lám. 91 (color),
[p. 235]; p. 281. Viena 2001, p. 166; lám. 51 (color),
p. 167. Salerno 2002-2003, p. 124 (color); p. 182.
Santander 2005, p. 37; p. 125 (color)

Bibliografía: Fondation Beyeler, y The Phillips
Collection 2004, lám. 136, p. 296

Femme, 1969
Bronce, 34,5 × 18 × 15 cm
Inscripciones: *Miró / Parellada / F. P. i J. Miró a
Mallorca*
Fundición: Parellada, Barcelona
Edición para la Fundació Pilar i Joan Miró a
Mallorca
Procedencia: Cesión derechos de autor por los
herederos del artista, 1991
FPJM-414

Exposiciones: Buenos Aires 1993, lám. 45 (color),
p. 79. Prato 1994, lám. 83 (color), p. 132; p. 161.
Bangkok 1995, lám. 127 (color), p. 82; p. 107. Beijing
1995, lám. 127 (color), p. 82; p. 105. Shanghai 1995,
lám. 127 (color), p. 82; p. 105. Taipei 1995, lám. 127
(color), p. 115; p. 139. Palma de Mallorca 1996b,
lám. 31 (color), p. 121. Palma de Mallorca 1996c,
lám. 94 (color), p. 106; p. 239. Tokio 1998, lám. 34,
[p. 29]. Dortmund 1999, lám. 86 (color), [p. 229];
p. 280. Salerno 2002-2003, p. 120 (color); p. 182

Femme, 1969
Bronce, 72 × 31 × 30 cm
Inscripciones: *Miró / F. P. i J. Miró / a
Mallorca / Parellada*
Fundición: Parellada, Barcelona
Edición para la Fundació Pilar i Joan Miró a
Mallorca
Procedencia: Cesión derechos de autor por los
herederos del artista, 1995
FPJM-422

Exposiciones: Palma de Mallorca 1996b, lám. 18 (color),
p. 93. Palma de Mallorca 1996c, lám. 98 (color), p. 106;
p. 239. Las Palmas de Gran Canaria 1996-1997, lám. 37
(color), p. 80; p. 228. Dortmund 1999, lám. 87 (color),
[p. 230]; p. 280. Salerno 2002-2003, p. 121 (color); p. 182

Personnage, 1969
Bronce, 156 × 51 × 55 cm
Fundición: Parellada, Barcelona
Edición para la Fundació Pilar i Joan Miró a
Mallorca
Inscripciones: *Miró / F. P. i J. M. / a Mallorca /
Parellada*
Procedencia: Cesión derechos de autor por los
herederos del artista, 1995
FPJM-423

Exposiciones: Palma de Mallorca 1996b, lám. 38
(color), p. 133. Palma de Mallorca 1996c, lám. 95
(color), p. 106; p. 239. Las Palmas de Gran Canaria
1996-1997, lám. 35 (color), p. 78; p. 228

*L'Oiseau se niche sur les doigts en
fleur*, 1969
Bronce, 88 × 46 × 30 cm
Inscripciones: *Miró / F. P. i J. Miró / a
Mallorca / Parellada*
Fundición: Parellada, Barcelona
Edición para la Fundació Pilar i Joan Miró a
Mallorca
Procedencia: Cesión derechos de autor por los
herederos del artista, 1995
FPJM-424

Exposiciones: Palma de Mallorca 1996b, lám. 37
(color), p. 131. Palma de Mallorca 1996c, lám. 96
(color), p. 106; p. 239. Las Palmas de Gran Canaria
1996-1997, lám. 39 (color), p. 77; p. 228

Personnage; *Femme assise*;
Personnage, 1962
Lápiz de grafito sobre papel, 31 × 42,8 cm
Inscripciones: *Personnage / 13/2/62 I / Femme
assise / V / X / Personnage*
Procedencia: Donación del artista, 1981
FPJM-1260

Exposiciones: Madrid 1986-1987, lám. 41a (color),
p. 99; lám. 89a, p. 185. Barcelona 1987, lám. 41a
(color), p. 99; lám. 89a, p. 185. Colonia 1987,
lám. 41a (color), p. 111; lám. 89a, p. 198. Palma de
Mallorca 1990-1991, p. 104; [lám. 13a (color), p. 105].
Sevilla 1993-1994, lám. 116 (color), p. 187. Málaga
1994, lám. 116 (color), p. 187. Palma de Mallorca
1996b, lám. 12.b (color), p. 74; lám. 37.a (color),
p. 130. Palma de Mallorca 1996c, lám. 427 (color),
p. 222; p. 251. Las Palmas de Gran Canaria
1996-1997, p. 133; lám. 187 (color), p. 173; p. 232.
Washington, D.C. 2002-2003, p. 34; lám. 1.3 (color),
p. 91; p. 164. Portland 2003, p. 34; lám. 1.3 (color),
p. 91; p. 164. San Petersburgo 2003, p. 34; lám. 1.3
(color), p. 91; p. 164

Bas-relief, 1970
Bronce, 95 × 36 × 23 cm
Inscripciones: *Miró / F. P. i J. Miró / a
Mallorca / Parellada*
Fundición: Parellada, Barcelona
Edición para la Fundació Pilar i Joan Miró a
Mallorca
Procedencia: Cesión derechos de autor por los
herederos del artista, 1991
FPJM-415

Exposiciones: Sevilla 1993-1994, lám. 98 (color), p. 170;
p. 178. Málaga 1994, lám. 98 (color), p. 170; p. 178.
Palma de Mallorca 1996b, lám. 44 (color), p. 143. Palma
de Mallorca 1996c, lám. 103 (color), p. 112; p. 240. Las
Palmas de Gran Canaria 1996-1997, lám. 40 (color),
p. 74; p. 228. Dortmund 1999, lám. 97 (color),
[p. 242-243]; p. 281. Salerno 2002-2003, p. 127
(color); p. 182

Personnage, 1970
Bronce, 39 × 21 × 15 cm
Inscripciones: *Parellada / Miró / F. P. i J. Miró /
a Mallorca*
Fundición: Parellada, Barcelona
Edición para la Fundació Pilar i Joan Miró a
Mallorca
Procedencia: Cesión derechos de autor por los
herederos del artista, 1991
FPJM-416

Exposiciones: Buenos Aires 1993, lám. 46 (color),
p. 80. Prato 1994, lám. 87 (color), p. 134; p. 161.
Bangkok 1995, lám. 122 (color), p. 80; p. 107. Beijing
1995, lám. 122 (color), p. 80; p. 105. Shanghai 1995,
lám. 122 (color), p. 80; p. 105. Taipei 1995, lám. 122
(color), p. 110; p. 139. Palma de Mallorca 1996c,
lám. 104 (color), p. 112; p. 240. Dortmund 1999,
lám. 94 (color), [p. 239]; p. 281

FPJM-424
FPJM-1260

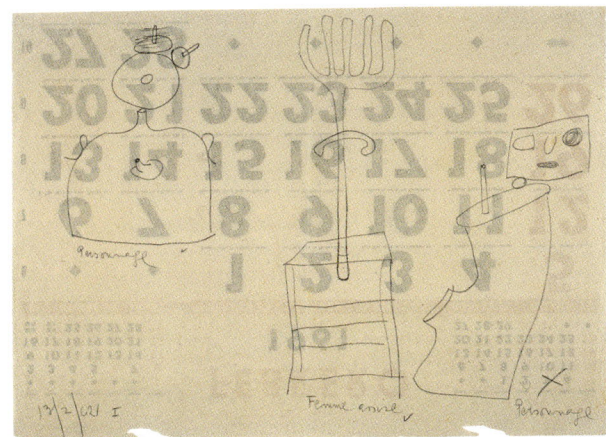

Escultura *L'Oiseau se niche sur les doigts en fleur* y dibujo relacionado con su proceso creativo.

FPJM-415
FPJM-416

Oiseau perché sur un arbre, 1970
Bronce, 97,5 × 38,5 × 27 cm
Inscripciones: *Miró / F. P. i J. Miró / a*
Mallorca / Parellada
Fundición: Parellada, Barcelona
Edición para la Fundació Pilar i Joan Miró a
Mallorca
Procedencia: Cesión derechos de autor por los
herederos del artista, 1995
FPJM-425

Exposiciones: Palma de Mallorca 1996b, lám. 48
(color), p. 151. Palma de Mallorca 1996c, lám. 100
(color), p. 110; p. 239. Las Palmas de Gran Canaria
1996-1997, lám. 42 (color), p. 81; p. 228. Dortmund
1999, lám. 95 (color), [p. 240]; p. 281. Nuoro
2001-2002, p. 99 (color); p. 142

Personnage; Oiseau perché sur un
arbre, sin fecha
Bolígrafo sobre papel, 21,7 × 27,6 cm
Inscripciones: *fet / 1 fet / 3 ceres / ? / V /V/ V /*
V / oiseau / perché / sur un arbre / Personnage
Procedencia: Donación del artista, 1981
FPJM-862b

Exposiciones: Palma de Mallorca 1996b, lám. 48.a
(color), p. 150; lám. 59.a (color), p. 168. Palma de
Mallorca 1996c, lám. 474 (color), p. 234; p. 253.
Nuoro 2001-2002, p. 143

Tête, 1971
Bronce, 89 × 30,5 × 30,5 cm
Inscripciones: *Miró / F. P. i J. Miró / a*
Mallorca / Parellada
Fundición: Parellada, Barcelona
Edición para la Fundació Pilar i Joan Miró a
Mallorca
Procedencia: Cesión derechos de autor por los
herederos del artista, 1995
FPJM-426

Exposiciones: Palma de Mallorca 1996b, lám. 60
(color), p. 170. Palma de Mallorca 1996c, lám. 105
(color), p. 112; p. 240. Las Palmas de Gran Canaria
1996-1997, lám. 43 (color), p. 72; p. 228. Dortmund
1999, lám. 93 (color), [p. 238]; p. 281. Salerno
2002-2003, p. 130 (color); p. 182

Personnage, 1971
Bronce, 135 × 51 × 66 cm
Inscripciones: *Miró / F. P. i J. Miró / a*
Mallorca / Parellada
Fundición: Parellada, Barcelona
Edición para la Fundació Pilar i Joan Miró a
Mallorca
Procedencia: Cesión derechos de autor por los
herederos del artista, 1995
FPJM-427

Exposiciones: Palma de Mallorca 1996b, lám. 47 (color),
p. 149. Palma de Mallorca 1996c, lám. 102 (color),
p. 111; p. 240. Las Palmas de Gran Canaria 1996-1997,
lám. 41 (color), p. 79; p. 228. Dortmund 1999, lám. 96
(color), [p. 241]; p. 281. Viena 2001, lám. 53 (color),
p. 169; p. 166. Nuoro 2001-2002, p. 100 (color); p. 142.
Salerno 2002-2003, p. 122; [p. 123 (color)]; p. 182.
Santander 2005, p. 37; p. 131 (color)

Sin título, 1960
Lápiz de grafito sobre papel, 30,8 × 42,8 cm
Inscripciones: ~~separats~~ [?] / ? / 11/10/60
Procedencia: Donación del artista, 1981
FPJM-1256

Exposiciones: Madrid 1986-1987, lám. 95a, p. 193.
Barcelona 1987, lám. 95a, p. 193. Colonia 1987,
lám. 95a, p. 206. Palma de Mallorca 1996b, lám. 47.a
(color), p. 148. Palma de Mallorca 1996c, lám. 414
(color), p. 218; p. 251. Las Palmas de Gran Canaria
1996-1997, p. 133; lám. 189 (color), p. 174; p. 232.
Salerno 2002-2003, p. 122 (color); p. 182. Santander
2005, p. 130 (color)

FPJM-426

FPJM-425
FPJM-862b

Escultura *Oiseau perché sur un arbre* y dibujo relacionado con su proceso creativo.

FPJM-427
FPJM-1256

Escultura *Personnage* y dibujo relacionado con su proceso creativo.

Sin título, 1972
Papel de periódico, gouache, tinta, cordel,
madera y alambre, 40 × 13 × 8 cm
Inscripciones: *Miró / 1/II/72.*
Procedencia: Donación del artista, 1981
FPJM-417

Exposiciones: Palma de Mallorca 1992, lám. 87
(color), p. 87. Buenos Aires 1993, lám. 49 (color),
p. 82. Palma de Mallorca 1996b, lám. 57 (color),
p. 165. Palma de Mallorca 1996c, lám. 106 (color),
p. 112; p. 240. Las Palmas de Gran Canaria
1996-1997, lám. 44 (color), p. 81; p. 228. Santiago de
Chile 1997, lám. 57 (color), p. 41; [p. 45]. Salerno
2002-2003, p. 126 (color); p. 182. Santander 2005,
p. 133 (color)

Personnage, 1973 [post]
146 × 55 × 30 cm
Inscripciones: *Miró*
Procedencia: Donación del artista, 1981
FPJM-418

Exposiciones: Sevilla 1993-1994, lám. 103 (color),
p. 175-176; p. 178. Málaga 1994, lám. 103 (color),
p. 175-176; p. 178. Palma de Mallorca 1996b, lám. 58
(color), p. 167. Palma de Mallorca 1996c, lám. 109
(color), p. 113; p. 240. Las Palmas de Gran Canaria
1996-1997, p. 25 (color); p. 83 (color); p. 228.
Santander 2005, p. 35; p. 135 (color)

Femme I; *Femme II*; *Femme*, 1973
Bolígrafo y lápiz de color sobre papel,
32,8 × 42,5 cm
Inscripciones: *objecte / Foto objecte /
surrealista / sobreteixims /* ~~*Personnage*~~ *Femme /
sobreteixim / ? Bronze Femme I / Bronze
Femme II / Pintura guant / Pintura fil /
3/XII/73.* ~~*/ aplicada sobre / tela blanca
muntada / sobre bastidor*~~ */ Penjades / Tela
bâche III / Pintura sobre bâche I / Pintura sobre
bâche II*
Procedencia: Donación del artista, 1981
FPJM-692

Escultura *Personnage* y dibujo asociado a su proceso creativo.

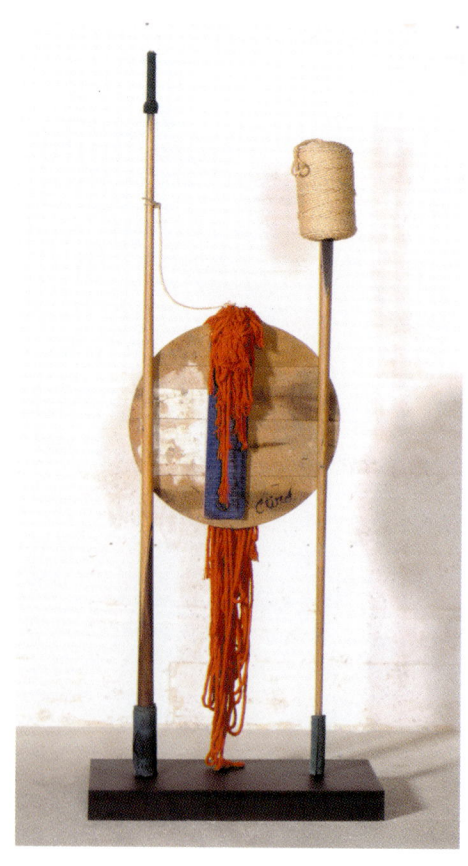

Personnage gothique, oiseau éclair,
1976
Bronce, 454 × 195 × 149 cm
Inscripciones: *Miró / FUNDACIÓ PILAR I JOAN
MIRÓ / A MALLORCA /
PARELLADA-FONEDOR / LLIÇÀ D'AMUNT- BCN*
Fundición: Parellada, Barcelona
Edición para la Fundació Pilar i Joan Miró a
Mallorca
Procedencia: Cesión derechos de autor por los
herederos del artista, 1997
FPJM-430

Exposiciones: Sevilla 1993-1994, p. 178; lám. 108.A
(color), p. 181. Málaga 1994, p. 178; lám. 108.A
(color), p. 181

Sin título, sin fecha
Bolígrafo sobre papel, 12,4 × 8 cm
Inscripciones: *v. / n. / n. / g. / b. / n.*
Procedencia: Donación del artista, 1981
FPJM-697

Exposiciones: Palma de Mallorca 1990-1991, p. 43;
lám. 41 (color), p. 45

Sin título, sin fecha
Bolígrafo sobre papel, 21 × 29,8 cm
Inscripciones: *molt colorit / polyester / molt
sobría- / ment decorat / Blanc i negre / ~~ciment
incrustant~~ / ~~pedres negres~~ / ~~ceràmica~~ o mosaïc*
[sic] / *Texas / 21 x 22 _ ?*
Procedencia: Donación del artista, 1981
FPJM-700

Sin título, sin fecha
Bolígrafo y lápiz de color sobre papel,
16 × 11 cm
Inscripciones: *I / 5 m. / II*
Procedencia: Donación del artista, 1981
FPJM-850

Exposiciones: Palma de Mallorca 1990-1991, p. 43;
lám. 40 (color), p. 45. Sevilla 1993-1994, p. 178;
lám. 104 (color), p. 179. Málaga 1994, p. 178;
lám. 104 (color), p. 179. Rolandseck 1995, p. 33
(color); p. 42. Washington, D.C. 2002-2003, lám. 19. 7
(color), p. 143; p. 168. Portland 2003, lám. 19. 7
(color), p. 143; p. 168. San Petersburgo 2003, lám. 19.
7 (color), p. 143; p. 168

Personnage gothique et oiseau éclair,
1973
Bolígrafo sobre papel, 19 × 14,8 cm
Inscripciones: *14/II/73. / Personnage /
gothique / et oiseau / éclair / H. / X̲ 4̲ 4̲ /
X/73 / Susse / s'agran- / dirà / directa- / ment*
Procedencia: Donación del artista, 1981
FPJM-979

*Personnage gothique et oiseau éclair,
Tête,* 1971/1976
Bolígrafo sobre papel, 30,8 × 21,1 cm
Inscripciones: *Personnage gothique et / oiseau
-éclair / Tête*
Procedencia: Donación del artista, 1981
FPJM-1416.7b

Exposiciones: Palma de Mallorca 1990-1991, p. 43;
lám. 42 (color), p. 46

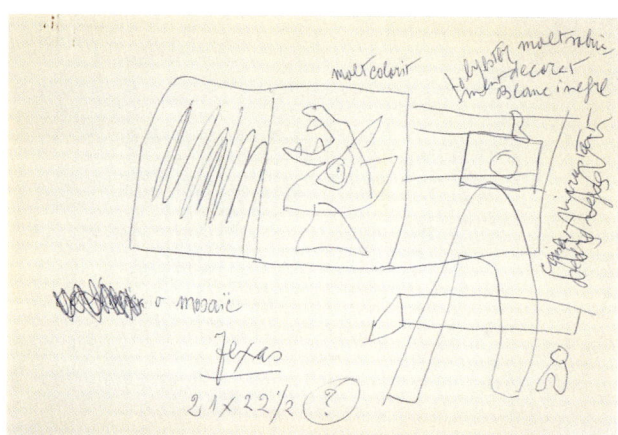
FPJM-697

FPJM-700

FPJM-850

Escultura *Personnage gothique,
oiseau éclair* y dibujo asociado a
su proceso creativo.

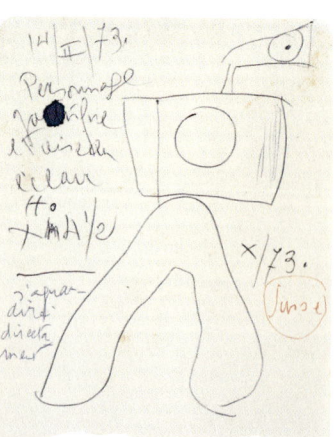
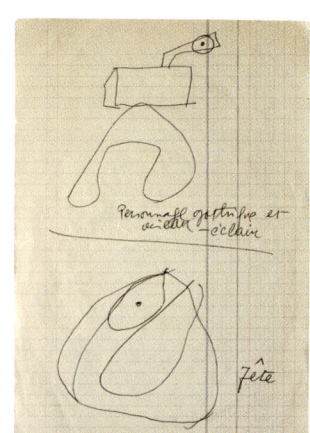
FPJM-979
FPJM-1416.7b

Sin título, 1981
Terracotta, 38,5 × 29 × 13 cm
Procedencia: Donación de Pilar Juncosa
Iglesias, 1991
FPJM-431

Exposiciones: Palma de Mallorca 1996b, lám. 65
(color), p. 179. Palma de Mallorca 1996c, lám. 108
(color), p. 112; p. 240. Toronto 2000-2001, lám. 51
(color), [p. 108]; p. 116. Liverpool 2004, p. 46 (color);
p. 103. Santander 2005, p. 137 (color)

Sin título, 1981
Terracotta, 58 × 29 × 28 cm
Procedencia: Donación de Pilar Juncosa
Iglesias, 1991
FPJM-432

Exposiciones: Palma de Mallorca 1996b, lám. 64
(color), p. 177. Palma de Mallorca 1996c, lám. 107
(color), p. 112; p. 240. Toronto 2000-2001, lám. 50
(color), [p. 107]; p. 116. Liverpool 2004, p. 103.
Santander 2005, p. 139 (color)

Femme, 1983
Bronce, 206 × 103 × 70 cm
Inscripciones: *Miró / F. P. J. M. A Mallorca /*
Parellada-Fonedor
Fundición: Parellada, Barcelona
Edición para la Fundació Pilar i Joan Miró a
Mallorca
Procedencia: Cesión derechos de autor por los
herederos del artista, 1997
FPJM-429

Exposiciones: *Viena 2001*, p. 166; lám. 58 (color), p. 177

Joan Miró y Joan Gardy Artigas
Figurine, 1991
Cerámica y bronce, 342 × 103 × 125 cm
Procedencia: Cesión derechos de autor por los
herederos del artista, 1992
FPJM-419

Exposiciones: *Palma de Mallorca 1996b*, lám. 72
(color), p. 190. *Palma de Mallorca 1996c*, lám. 81
(color), p. 105; p. 239. *Palma de Mallorca 1998*,
lám. 49 (color), [p. 89]; p. 94

Sin título, sin fecha
Lápiz de cera, tinta y aguada sobre papel,
35,5 × 57,5 cm
Procedencia: Donación del artista, 1981
FPJM-433

Exposiciones: Roma 1989, p. 102 (color); p. 210.
Verona 1989, p. 102 (color); p. 210. Barcelona
1989-1990, p. 86 (color). Oporto 1990, p. 96 (color).
Sevilla 1993-1994, p. 142; lám. 73 (color), p. 143.
Málaga 1994, p. 142; lám. 73 (color), p. 143. Palma de
Mallorca 1996c, lám. 226 (color), p. 158; p. 244

Sin título, sin fecha
Lápiz de cera sobre papel, 35,3 × 57,3 cm
Procedencia: Donación del artista, 1981
FPJM-434

Exposiciones: Palma de Mallorca 1994-1995, lám. 5
(color), p. 36

Sin título, sin fecha
Lápiz de cera y gouache sobre papel,
29,6 × 20,7 cm
Procedencia: Donación del artista, 1981
FPJM-435

Exposiciones: Palma de Mallorca 1994-1995, lám. 27
(color), p. 55

Sin título, sin fecha
Lápiz de cera sobre papel, 45,2 × 31,5 cm
Inscripciones reverso: Dutrou
Procedencia: Donación del artista, 1981
FPJM-436

Exposiciones: Palma de Mallorca 1987, p. 68; p. 69
(color). París 1988, [p. 84]; lám. 24 (color), [p. 85];
p. 131. Buenos Aires 1993, lám. 30 (color), p. 68.
Prato 1994, lám. 50 (color), p. 109; p. 159. Palma de
Mallorca 1996c, lám. 273 (color), p. 171; p. 246

Sin título, sin fecha
Lápiz de cera sobre papel, 44,8 × 31,6 cm
Procedencia: Donación del artista, 1981
FPJM-437

Exposiciones: Palma de Mallorca 1987, p. 188; p. 189
(color). París 1988, [p. 88]; lám. 26 (color), [p. 89];
p. 131. Roma 1989, p. 103 (color); p. 210. Verona
1989, p. 103 (color); p. 210. Barcelona 1989-1990,
p. 87 (color, invertida). Oporto 1990, p. 97 (color).
Fukuoka 1991, lám. 61 (color), p. 70; p. 107. Kasama
1991, lám. 61 (color), p. 70; p. 107. Kioto 1991,
lám. 61 (color), p. 70; p. 107. Tokio 1991, lám. 61
(color), p. 70; p. 107. Buenos Aires 1993, lám. 29
(color), p. 67. Prato 1994, lám. 49 (color), p. 109;
p. 159. Palma de Mallorca 1996c, lám. 274 (color),
p. 172; p. 246

Sin título, sin fecha
Lápiz de cera y aguada sobre papel, 58 × 47 cm
Procedencia: Donación del artista, 1981
FPJM-438

Exposiciones: Palma de Mallorca 1987, p. 66; p. 67
(color). Roma 1989, p. 117 (color); p. 210. Verona
1989, p. 117 (color); p. 210. Barcelona 1989-1990,
p. 76 (color). Oporto 1990, p. 111 (color). Fukuoka
1991, lám. 41 (color), p. 57; p. 107. Kasama 1991,
lám. 41 (color), p. 57; p. 107. Kioto 1991, lám. 41
(color), p. 57; p. 107. La Coruña 1991, lám. 47 (color),
p. 65. Tokio 1991, lám. 41 (color), p. 57; p. 107. Vigo
1991, lám. 47 (color), p. 65. Caracas 1993-1994,
lám. 29 (color), [p. 98]; p. 139. Prato 1994, lám. 54
(color), p. 112; p. 160. Bangkok 1995, lám. 73 (color),
p. 63; p. 106. Beijing 1995, lám. 73 (color), p. 63;
p. 104. Shanghai 1995, lám. 73 (color), p. 63; p. 104.
Taipei 1995, lám. 73 (color), p. 89; p. 137. Palma de
Mallorca 1996c, lám. 231 (color), p. 159; p. 245.
Dortmund 1999, lám. 71 (color), [p. 206]; p. 279.
Nuoro 2001-2002, p. 143

Sin título, sin fecha
Tinta litográfica y lápiz litográfico sobre cartón,
72 × 55 cm
Procedencia: Donación del artista, 1981
FPJM-439

Exposiciones: Palma de Mallorca 1993-1994, p. 134
(color); p. 171. Bangkok 1995, lám. 63 (color), p. 60;
p. 105. Beijing 1995, lám. 63 (color), p. 60; p. 103.
Shanghai 1995, lám. 63 (color), p. 60; p. 103. Taipei
1995, lám. 63 (color), p. 86; p. 136. Palma de Mallorca
1996c, lám. 218 (color), p. 155; p. 244. Salerno
2002-2003, p. 77 (color); p. 180

Sin título, sin fecha
Lápiz de cera y aguada sobre cartón,
78,9 × 58,9 cm
Procedencia: Donación del artista, 1981
FPJM-440

Exposiciones: Palma de Mallorca 1993-1994, p. 138
(color); p. 172. Palma de Mallorca 1996c, lám. 219
(color), p. 156; p. 244. Santander 2005, p. 153 (color)

FPJM-433
FPJM-434

FPJM-435
FPJM-436
FPJM-437

FPJM-438
FPJM-439
FPJM-440

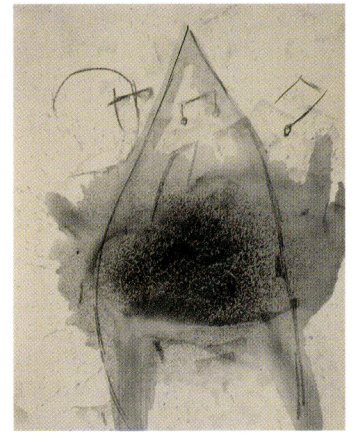

Sin título, sin fecha
Lápiz de cera, tinta y aguada sobre papel,
44,2 × 33,5 cm
Procedencia: Donación del artista, 1981
FPJM-441

Exposiciones: Palma de Mallorca 1987, p. 86; p. 87
(color). Roma 1989, p. 105 (color); p. 210. Verona
1989, p. 105 (color); p. 210. Barcelona 1989-1990,
p. 99 (color). Oporto 1990, p. 99 (color). Fukuoka
1991, lám. 42 (color), p. 58; p. 107. Kasama 1991,
lám. 42 (color), p. 58; p. 107. Kioto 1991, lám. 42
(color), p. 58; p. 107. La Coruña 1991, lám. 42 (color),
p. 60. Tokio 1991, lám. 42 (color), p. 58; p. 107. Vigo
1991, lám. 42 (color), p. 60. Buenos Aires 1993,
lám. 24 (color), p. 62. Prato 1994, lám. 44 (color),
p. 106; p. 159. Bangkok 1995, lám. 59 (color), p. 59;
p. 105. Beijing 1995, lám. 59 (color), p. 59; p. 103.
Shanghai 1995, lám. 59 (color), p. 59; p. 103. Taipei
1995, lám. 59 (color), p. 85; p. 136. Palma de Mallorca
1996c, lám. 206 (color), p. 152; p. 244. Santiago de
Chile 1997, lám. 26 (color), p. 24; [p. 43]

Sin título, sin fecha
Lápiz de cera y aguada sobre papel,
44,7 × 33,7 cm
Procedencia: Donación del artista, 1981
FPJM-442

Exposiciones: Palma de Mallorca 1987, p. 128; p. 129
(color). Roma 1989, p. 119 (color); p. 210. Barcelona
1989-1990, p. 85 (color). Oporto 1990, p. 113 (color).
Fukuoka 1991, lám. 43 (color), p. 58; p. 107. Kasama
1991, lám. 43 (color), p. 58; p. 107. Kioto 1991,
lám. 43 (color), p. 58; p. 107. La Coruña 1991, lám. 43
(color), p. 61. Tokio 1991, lám. 43 (color), p. 58;
p. 107. Vigo 1991, lám. 43 (color), p. 61. Buenos Aires
1993, lám. 25 (color), p. 63. Prato 1994, lám. 45
(color), p. 106; p. 159. Bangkok 1995, lám. 64 (color),
p. 60; p. 105. Beijing 1995, lám. 64 (color), p. 60;
p. 103. Shanghai 1995, lám. 64 (color), p. 60; p. 103.
Taipei 1995, lám. 64 (color), p. 86; p. 136. Palma de
Mallorca 1996c, lám. 207 (color), p. 152; p. 244.
Santiago de Chile 1997, lám. 27 (color), p. 24; [p. 44]

Sin título, sin fecha
Lápiz de grafito, tinta y lápiz de cera sobre
papel, 33,7 × 44,8 cm
Procedencia: Donación del artista, 1981
FPJM-443

Exposiciones: Palma de Mallorca 1993-1994, p. 113
(color); p. 170. Palma de Mallorca 1996c, lám. 288
(color), p. 176; p. 246. Nuoro 2001-2002, p. 68
(color); p. 142

Sin título, sin fecha
Lápiz de grafito, tinta y lápiz de cera sobre
papel, 33,7 × 44,7 cm
Procedencia: Donación del artista, 1981
FPJM-444

Exposiciones: Palma de Mallorca 1993-1994, p. 112
(color); p. 170. Palma de Mallorca 1996c, lám. 266
(color), p. 169; p. 246

Sin título, sin fecha
Tinta y aguada sobre papel, 33,7 × 44,6 cm
Procedencia: Donación del artista, 1981
FPJM-445

Exposiciones: Palma de Mallorca 1987, p. 122; p. 123
(color). Fukuoka 1991, p. 58; lám. 44 (color), p. 59;
p. 107. Kasama 1991, p. 58; lám. 44 (color), p. 59;
p. 107. Kioto 1991, p. 58; lám. 44 (color), p. 59;
p. 107. La Coruña 1991, lám. 44 (color), p. 62. Tokio
1991, p. 58; lám. 44 (color), p. 59; p. 107. Vigo 1991,
lám. 44 (color), p. 62. Sevilla 1993-1994, lám. 78
(color), p. 148. Málaga 1994, lám. 78 (color), p. 148.
Bangkok 1995, p. 20; lám. 55 (color), p. 58; p. 105.
Beijing 1995, p. 22; lám. 55 (color), p. 58; p. 103.
Shanghai 1995, p. 22; lám. 55 (color), p. 58; p. 103.
Taipei 1995, lám. 55 (color), p. 85; p. 136. Palma de
Mallorca 1996c, lám. 192 (color), p. 148; p. 243. Las
Palmas de Gran Canaria 1996-1997, p. 109; lám. 75
(color), p. 117; p. 229. Marugame 2002, lám. 21
(color), p. 31; p. 76. Mitaka 2002, lám. 21 (color),
p. 31; p. 76. Miyazaki 2002, lám. 21 (color), p. 31;
p. 76. Niitsu 2002, lám. 21 (color), p. 31; p. 76

Sin título, sin fecha
Tinta, lápiz de cera, lápiz de grafito y aguada
sobre papel, 33,6 × 44,6 cm
Procedencia: Donación del artista, 1981
FPJM-446

Exposiciones: Palma de Mallorca 1987, p. 72; p. 73
(color). Roma 1989, p. 111 (color); p. 210. Verona 1989,
p. 111 (color); p. 210. Barcelona 1989-1990, p. 94
(color). Oporto 1990, p. 105 (color). Fukuoka 1991,
p. 58; lám. 44 (color), p. 59; p. 107. Kasama 1991,
p. 58; lám. 45 (color), p. 59; p. 107. Kioto 1991, p. 58;
lám. 45 (color), p. 59; p. 107. La Coruña 1991, lám. 45
(color), p. 63. Tokio 1991, p. 58; lám. 45 (color), p. 59;
p. 107. Vigo 1991, lám. 45 (color), p. 63. Sevilla
1993-1994, lám. 77 (color), p. 147. Málaga 1994,
lám. 77 (color), p. 147. Bangkok 1995, lám. 71 (color),
p. 62; p. 106. Beijing 1995, lám. 71 (color), p. 62;
p. 104. Shanghai 1995, lám. 71 (color), p. 62; p. 104.
Taipei 1995, lám. 71 (color), p. 88; p. 137. Palma de
Mallorca 1996c, lám. 202 (color), p. 150; p. 244

Sin título, sin fecha
Tinta, lápiz de cera y lápiz de grafito sobre
papel, 33,6 × 44,5 cm
Procedencia: Donación del artista, 1981
FPJM-447

Exposiciones: Palma de Mallorca 1987, p. 88; p. 89
(color, invertida). Roma 1989, p. 110 (color); p. 210.
Verona 1989, p. 110 (color); p. 210. Barcelona
1989-1990, p. 95 (color). Oporto 1990, p. 104 (color,
invertida). Fukuoka 1991, lám. 46 (color), p. 60; p. 61,
107. Kasama 1991, lám. 46 (color), p. 60; p. 61, 107.
Kioto 1991, lám. 46 (color), p. 60; p. 61, 107. Tokio
1991, lám. 46 (color), p. 60; p. 61, 107. Caracas
1993-1994, lám. 30 (color), [p. 108]; p. 139. Prato
1994, p. 110; lám. 53 (color), p. 111; p. 160. Bangkok
1995, p. 20; lám. 49 (color), p. 56; p. 105. Beijing
1995, p. 22, lám. 49 (color), p. 56; p. 103. Hong Kong
1995, lám. 49 (color). Shanghai 1995, p. 22, lám. 49
(color), p. 56; p. 103. Taipei 1995, lám. 49 (color),
p. 82; p. 136. Palma de Mallorca 1996c, lám. 193
(color), p. 148; p. 243. Nuoro 2001-2002, p. 58-59
(color); p. 142

FPJM-441
FPJM-442

FPJM-443

FPJM-444
FPJM-445

FPJM-446
FPJM-447

Sin título, sin fecha
Gouache, tinta, lápiz de grafito y pastel sobre
papel, 33,5 × 44,5 cm
Procedencia: Donación del artista, 1981
FPJM-448

Exposiciones: Palma de Mallorca 1987, p. 98; p. 99
(color). Roma 1989, p. 122 (color); p. 210. Verona 1989,
p. 122 (color); p. 210. Barcelona 1989-1990, p. 93
(color). Oporto 1990, p. 116 (color). Fukuoka 1991,
lám. 47 (color), p. 61; p. 107. Kasama 1991, lám. 47
(color), p. 61; p. 107. Kioto 1991, lám. 47 (color), p. 61;
p. 107. La Coruña 1991, lám. 49 (color), p. 67. Tokio
1991, lám. 47 (color), p. 61; p. 107. Vigo 1991, lám. 49
(color), p. 67. Caracas 1993-1994, p. 45; lám. 31 (color),
[p. 105]; p. 139. Prato 1994, lám. 58 (color), p. 116;
p. 160. Bangkok 1995, lám. 58 (color), p. 58; p. 105.
Beijing 1995, lám. 58 (color), p. 58; p. 103. Shanghai
1995, lám. 58 (color), p. 58; p. 103. Taipei 1995, lám. 58
(color), p. 84; p. 136. Palma de Mallorca 1996c,
lám. 204 (color), p. 150; p. 244. Dortmund 1999, lám. 64
(color), [p. 198]; p. 279. Nuoro 2001-2002, p. 143.
Marugame 2002, lám. 23 (color), p. 67; p. 77. Mitaka
2002, lám. 23 (color), p. 67; p. 77. Miyazaki 2002,
lám. 23 (color), p. 67; p. 77. Niitsu 2002, lám. 23 (color),
p. 67; p. 77. Santander 2005, p. 24; p. 140 (color)

Sin título, sin fecha
Tinta, gouache y pastel sobre papel,
33,5 × 44,5 cm
Procedencia: Donación del artista, 1981
FPJM-449

Exposiciones: Palma de Mallorca 1987, p. 212; p. 213
(color). Fukuoka 1991, lám. 48 (color), p. 60; p. 61,
107. Kasama 1991, lám. 48 (color), p. 60; p. 61, 107.
Kioto 1991, lám. 48 (color), p. 60; p. 61, 107. La
Coruña 1991, lám. 46 (color), p. 64. Tokio 1991,
lám. 48 (color), p. 60; p. 61, 107. Vigo 1991, lám. 46
(color), p. 64. Caracas 1993-1994, p. 45; lám. 32
(color), [p. 104]; p. 139. Prato 1994, lám. 57 (color),
p. 115; p. 160. Bangkok 1995, lám. 57 (color), p. 58;
p. 105. Beijing 1995, lám. 57 (color), p. 58; p. 103.
Shanghai 1995, lám. 57 (color), p. 58; p. 103. Taipei
1995, lám. 57 (color), p. 84; p. 136. Palma de Mallorca
1996c, lám. 203 (color), p. 150; p. 244. Dortmund
1999, lám. 65 (color), [p. 199]; p. 279. Marugame
2002, lám. 22 (color), p. 61; p. 77. Mitaka 2002,
lám. 22 (color), p. 61; p. 77. Miyazaki 2002, lám. 22
(color), p. 61; p. 77. Niitsu 2002, lám. 22 (color),
p. 61; p. 77. Santander 2005, p. 24; p. 141 (color)

Sin título, sin fecha
Tinta, lápiz de cera,lápiz de grafito y gouache
sobre papel, 35,8 × 49,8 cm
Procedencia: Donación del artista, 1981
FPJM-450

Exposiciones: Palma de Mallorca 1987, p. 266; p. 267
(color). Fukuoka 1991, lám. 49 (color), p. 62; p. 63,
107. Kasama 1991, lám. 49 (color), p. 62; p. 63, 107.
Kioto 1991, lám. 49 (color), p. 62; p. 63, 107. La
Coruña 1991, lám. 50 (color), p. 68. Tokio 1991,
lám. 49 (color), p. 62; p. 63, 107. Vigo 1991, lám. 50
(color), p. 68. Buenos Aires 1993, lám. 23 (color),
p. 61. Prato 1994, lám. 43 (color), p. 105; p. 159.
Bangkok 1995, lám. 69 (color), p. 62; p. 106. Beijing
1995, lám. 69 (color), p. 62; p. 103. Shanghai 1995,
lám. 69 (color), p. 62; p. 103. Taipei 1995, lám. 69
(color), p. 88; p. 137. Palma de Mallorca 1996c,
lám. 233 (color), p. 160; p. 245. Santiago de Chile
1997, lám. 29 (color), p. 24; [p. 44]. Dortmund 1999,
lám. 74 (color), [p. 210-211]

Sin título, sin fecha
Tinta, lápiz de cera, lápiz de grafito y aguada
sobre papel, 35,9 × 49,9 cm
Inscripciones: *prova per pàg. 75*
Procedencia: Donación del artista, 1981
FPJM-451

Exposiciones: Palma de Mallorca 1993-1994, p. 109
(color); p. 170. Bangkok 1995, lám. 48 (color), p. 56;
p. 105. Beijing 1995, lám. 48 (color), p. 56; p. 103.
Shanghai 1995, lám. 48 (color), p. 56; p. 103. Taipei
1995, lám. 48 (color), p. 82; p. 136. Palma de Mallorca
1996c, lám. 235 (color), p. 160; p. 245

Sin título, sin fecha
Lápiz de cera, tinta, lápiz de grafito y aguada
sobre papel, 36 × 49,9 cm
Procedencia: Donación del artista, 1981
FPJM-452

Exposiciones: Palma de Mallorca 1993-1994, p. 110
(color); p. 170. Palma de Mallorca 1996c, lám. 276
(color), p. 172; p. 246

Sin título, sin fecha
Tinta, lápiz de cera y aguada sobre papel,
67 × 44,2 cm
Procedencia: Donación del artista, 1981
FPJM-453

Exposiciones: Palma de Mallorca 1987, p. 80; p. 81
(color). París 1988, [p. 82]; lám. 23 (color), [p. 83];
p. 131. Saint-Paul-de-Vence 1989, lám. 109 (color),
p. 240; p. 269. Fukuoka 1991, lám. 50 (color), p. 63; p.
107. Kasama 1991, lám. 50 (color), p. 63; p. 107. Kioto
1991, lám. 50 (color), p. 63; p. 107. La Coruña 1991,
lám. 51 (color), p. 69. Tokio 1991, lám. 50 (color), p. 63;
p. 107. Vigo 1991, lám. 51 (color), p. 69. Sevilla
1993-1994, p. 155; lám. 90 (color), p. 160. Málaga
1994, p. 155; lám. 90 (color), p. 160. Palma de Mallorca
1996c, lám. 188 (color), p. 144; p. 243. Santiago de
Chile 1997, p. 12; lám. 30 (color), p. 25; [p. 44].
Dortmund 1999, lám. 60 (color), [p. 194]; p. 279

Sin título, sin fecha
Tinta, lápiz de cera y aguada sobre papel,
67 × 44,2 cm
Procedencia: Donación del artista, 1981
FPJM-454

Exposiciones: Palma de Mallorca 1987, p. 140; p. 141
(color). Roma 1989, p. 107 (color); p. 210. Verona
1989, p. 107 (color); p. 210. Barcelona 1989-1990,
p. 89 (color). Oporto 1990, p. 101 (color). Sevilla
1993-1994, p. 155; lám. 91 (color), p. 161. Málaga
1994, p. 155; lám. 91 (color), p. 161. Palma de
Mallorca 1996c, lám. 189 (color), p. 144; p. 243.
Dortmund 1999, lám. 61 (color), [p. 195]; p. 279

FPJM-451
FPJM-452

FPJM-454

Sin título, sin fecha
Tinta y lápiz de cera sobre papel,
47,8 × 56,4 cm
Procedencia: Donación del artista, 1981
FPJM-455

Exposiciones: Palma de Mallorca 1994-1995, p. 11,
17, 23; lám. 25 (color), p. 54

Sin título, sin fecha
Tinta, lápiz de cera, lápiz de grafito y aguada
sobre cartón, 50,6 × 65,8 cm
Procedencia: Donación del artista, 1981
FPJM-456

Exposiciones: Palma de Mallorca 1987, p. 220; p. 221
(color, invertida). París 1988, [p. 92]; lám. 28 (color,
invertida), [p. 93]; p. 131. Roma 1989, p. 109 (color);
p. 210. Verona 1989, p. 109 (color); p. 210. Barcelona
1989-1990, p. 91 (color). Oporto 1990, p. 103 (color).
Fukuoka 1991, lám. 51 (color), p. 62; p. 63, 107.
Kasama 1991, lám. 51 (color), p. 62; p. 63, 107. Kioto
1991, lám. 51 (color), p. 62; p. 63, 107. La Coruña
1991, lám. 52 (color), p. 70. Tokio 1991, lám. 51
(color), p. 62; p. 63, 107. Vigo 1991, lám. 52 (color),
p. 70. Caracas 1993-1994, p. 45; lám. 33 (color),
[p. 102]; p. 139. Prato 1994, p. 116; lám. 59 (color),
p. 117; p. 160. Bangkok 1995, lám. 51 (color), p. 56;
p. 105. Beijing 1995, lám. 51 (color), p. 56; p. 103.
Shanghai 1995, lám. 51 (color), p. 56; p. 103. Taipei
1995, lám. 51 (color), p. 82; p. 136. Palma de Mallorca
1996c, lám. 197 (color), p. 148; p. 244. Dortmund
1999, lám. 70 (color), [p. 205]; p. 279. Salerno
2002-2003, p. 64 (color); p. 180. Santander 2005,
p. 24; p. 142 (color)

Sin título, sin fecha
Tinta, lápiz de cera y aguada sobre papel,
56,9 × 41,7 cm
Procedencia: Donación del artista, 1981
FPJM-457

Exposiciones: Palma de Mallorca 1987, p. 160; p. 161
(color). Fukuoka 1991, lám. 52 (color), p. 64; p. 107.
Kasama 1991, lám. 52 (color), p. 64; p. 107. Kioto
1991, lám. 52 (color), p. 64; p. 107. La Coruña 1991,
lám. 48 (color), p. 66. Tokio 1991, lám. 52 (color),
p. 64; p. 107. Vigo 1991, lám. 48 (color), p. 66. Sevilla
1993-1994, lám. 76 (color), p. 146; p. 147. Málaga
1994, lám. 76 (color), p. 146; p. 147. Bangkok 1995,
lám. 66 (color), p. 61; p. 106. Beijing 1995, lám. 66
(color), p. 61; p. 103. Shanghai 1995, lám. 66 (color),
p. 61; p. 103. Taipei 1995, lám. 66 (color), p. 87;
p. 136. Palma de Mallorca 1996c, lám. 198 (color),
p. 149; p. 244. Marugame 2002, lám. 15 (color), p. 18;
p. 76. Mitaka 2002, lám. 15 (color), p. 18; p. 76.
Miyazaki 2002, lám. 15 (color), p. 18; p. 76. Niitsu
2002, lám. 15 (color), p. 18; p. 76

Sin título, sin fecha
Tinta, lápiz de cera, lápiz de grafito y aguada
sobre cartón, 50,6 × 65,8 cm
Inscripciones reverso: ~~Lithos~~ / ~~1947~~ / ~~cartells~~
~~exp. surrealista~~ / ~~1948~~ / ~~Juliol~~ / ~~proves assaig~~
~~estampa color~~ / ~~Exposició Gal. Maeght~~ / ~~proves~~
~~assaig cartell~~ / ~~[proves assaig]~~ ~~invitación~~ /
~~cartells~~ / ~~Invitacions~~ / ~~Magu[...]~~ ~~catàleg~~
~~[...]tàlegs amb id.~~ / ~~[catàlegs]~~ ~~sense~~ [id] /
~~catàlegs numerats~~ / ~~1949~~ / ~~Poésie~~ / ~~dos Mots~~
~~Inconnus~~ / ~~Iliazd, éditeur~~ / Paper per / Ubu / X /
~~Divers~~
Procedencia: Donación del artista, 1981
FPJM-458

Exposiciones: Palma de Mallorca 1987, p. 226; p. 227
(color, invertida). París 1988, [p. 90]; lám. 27 (color),
[p. 91]; p. 131. Roma 1989, p. 112 (color); p. 210.
Verona 1989, p. 112 (color); p. 210. Barcelona
1989-1990, p. 97 (color). Oporto 1990, p. 106 (color).
Fukuoka 1991, p. 64; lám. 53 (color), p. 65; p. 107.
Kasama 1991, p. 64; lám. 53 (color), p. 65; p. 107.
Kioto 1991, p. 64; lám. 53 (color), p. 65; p. 107. La
Coruña 1991, lám. 53 (color), p. 71. Tokio 1991, p. 64;
lám. 53 (color), p. 65; p. 107. Vigo 1991, lám. 53
(color), p. 71. Caracas 1993-1994, p. 45 (color,
detalle); lám. 34 (color), [p. 103]; p. 139. Prato 1994,
p. 116; lám. 60 (color), p. 117; p. 160. Bangkok 1995,
lám. 50 (color), p. 56; p. 105. Beijing 1995, lám. 50
(color), p. 56; p. 103. Shanghai 1995, lám. 50 (color),
p. 56; p. 103. Taipei 1995, lám. 50 (color), p. 82;
p. 136. Palma de Mallorca 1996c, lám. 196 (color),
p. 148; p. 244. Dortmund 1999, lám. 69 (color),
[p. 204]; p. 279. Salerno 2002-2003, p. 63 (color);
p. 180. Santander 2005, p. 24; p. 143 (color)

FPJM-456

FPJM-458

Sin título, sin fecha
Lápiz de cera, tinta y lápiz de grafito sobre cartón, 27 × 21,4 cm
Procedencia: Donación del artista, 1981
FPJM-459

Exposiciones: Palma de Mallorca 1987, p. 134; p. 135 (color). Palma de Mallorca 1993-1994, p. 107 (color); p. 169. Palma de Mallorca 1996c, lám. 287 (color), p. 175; p. 246. Nuoro 2001-2002, p. 67 (color); p. 142

Sin título, sin fecha
Tinta, lápiz de cera y aguada sobre cartulina, 56 × 75,5 cm
Procedencia: Donación del artista, 1981
FPJM-460

Exposiciones: Palma de Mallorca 1994-1995, p. 11, 17, 23; lám. 28 (color), p. 56

Sin título, sin fecha
Lápiz de cera sobre papel, 67,5 × 82,5 cm
Procedencia: Donación del artista, 1981
FPJM-461

Exposiciones: Palma de Mallorca 1987, p. 168; p. 169 (color). Fukuoka 1991, p. 64; lám. 54 (color), p. 65; p. 107. Kasama 1991, p. 64; lám. 54 (color), p. 65; p. 107. Kioto 1991, p. 64; lám. 54 (color), p. 65; p. 107. Tokio 1991, p. 64; lám. 54 (color), p. 65; p. 107. Sevilla 1993-1994, lám. 84 (color), p. 154. Málaga 1994, lám. 84 (color), p. 154. Palma de Mallorca 1996c, lám. 234 (color), p. 160; p. 245. Las Palmas de Gran Canaria 1996-1997, lám. 89 (color), p. 124; p. 229

Sin título, sin fecha
Lápiz de cera, tinta y aguada sobre cartón, 31,2 × 50 cm
Procedencia: Donación del artista, 1981
FPJM-462

Exposiciones: Caracas 1993-1994, lám. 30 (color, invertida), [p. 108]; p. 139. Palma de Mallorca 1993-1994, p. 111 (color); p. 170. Bangkok 1995, p. 20; lám. 47 (color), p. 56; p. 105. Beijing 1995, p. 22; lám. 47 (color), p. 56; p. 103. Shanghai 1995, p. 22; lám. 47 (color), p. 56; p. 103. Taipei 1995, lám. 47 (color), p. 82; p. 136. Palma de Mallorca 1996c, lám. 195 (color), p. 148; p. 243. Las Palmas de Gran Canaria 1996-1997, p. 109; lám. 77 (color), p. 116; p. 229. Marugame 2002, lám. 17 (color), p. 22; p. 76. Mitaka 2002, lám. 17 (color), p. 22; p. 76. Miyazaki 2002, lám. 17 (color), p. 22; p. 76. Niitsu 2002, lám. 17 (color), p. 22; p. 76

Sin título, sin fecha
Tinta y aguada sobre cartón, 28,2 × 49 cm
Procedencia: Donación del artista, 1981
FPJM-463

Exposiciones: Palma de Mallorca 1993-1994, p. 111 (color); p. 170. Bangkok 1995, p. 20; lám. 46 (color), p. 56; p. 105. Beijing 1995, p. 22; lám. 46 (color), p. 56; p. 103. Hong Kong 1995, lám. 46 (color). Shanghai 1995, p. 22; lám. 46 (color), p. 56; p. 103. Taipei 1995, lám. 46 (color), p. 82; p. 136. Palma de Mallorca 1996c, lám. 194 (color), p. 148; p. 243. Las Palmas de Gran Canaria 1996-1997, p. 109; lám. 76 (color), p. 116; p. 229. Marugame 2002, lám. 16 (color), p. 22; p. 76. Mitaka 2002, lám. 16 (color), p. 22; p. 76. Miyazaki 2002, lám. 16 (color), p. 22; p. 76. Niitsu 2002, lám. 16 (color), p. 22; p. 76

FPJM-459

FPJM-460

FPJM-461

FPJM-462

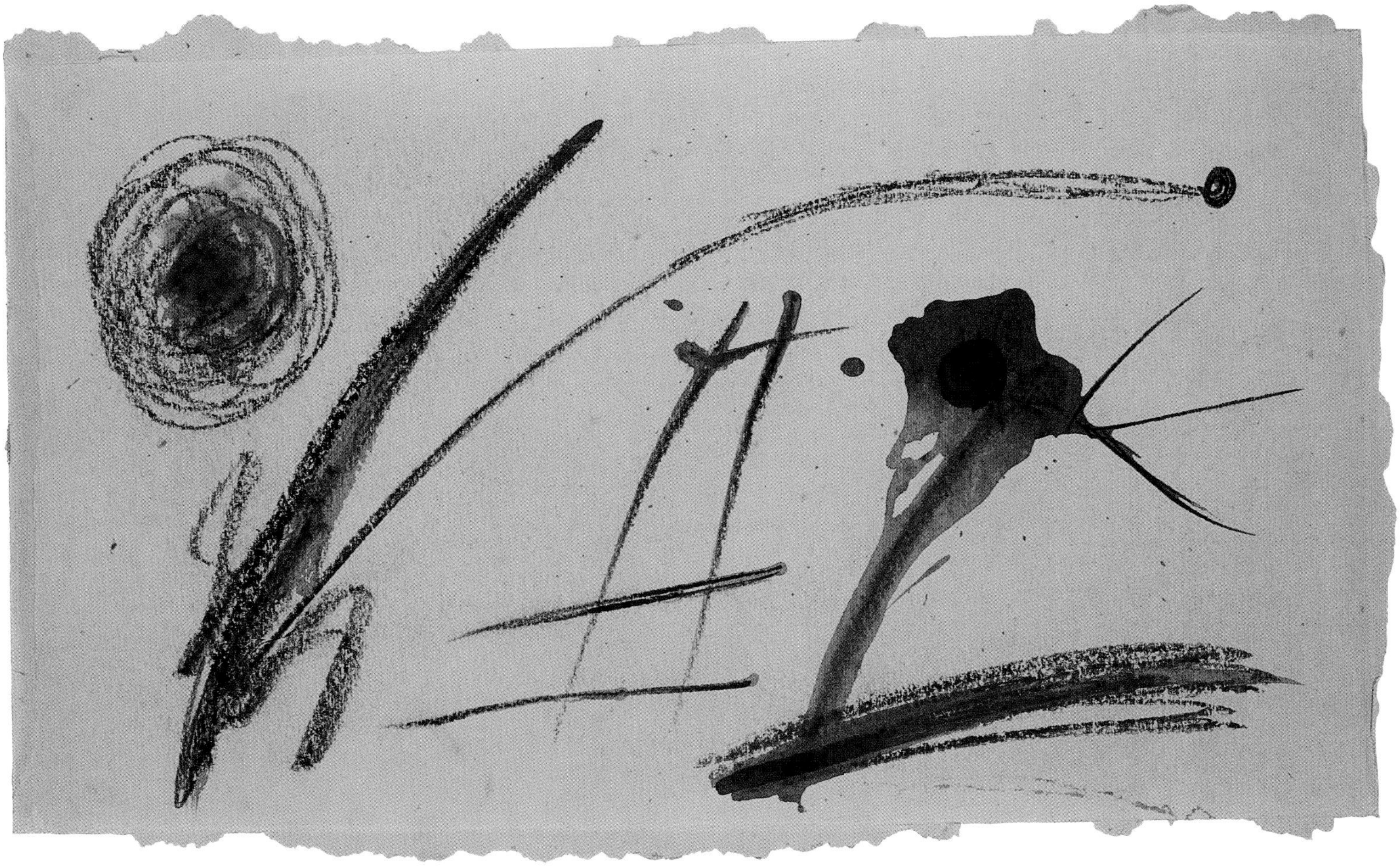

FPJM-463

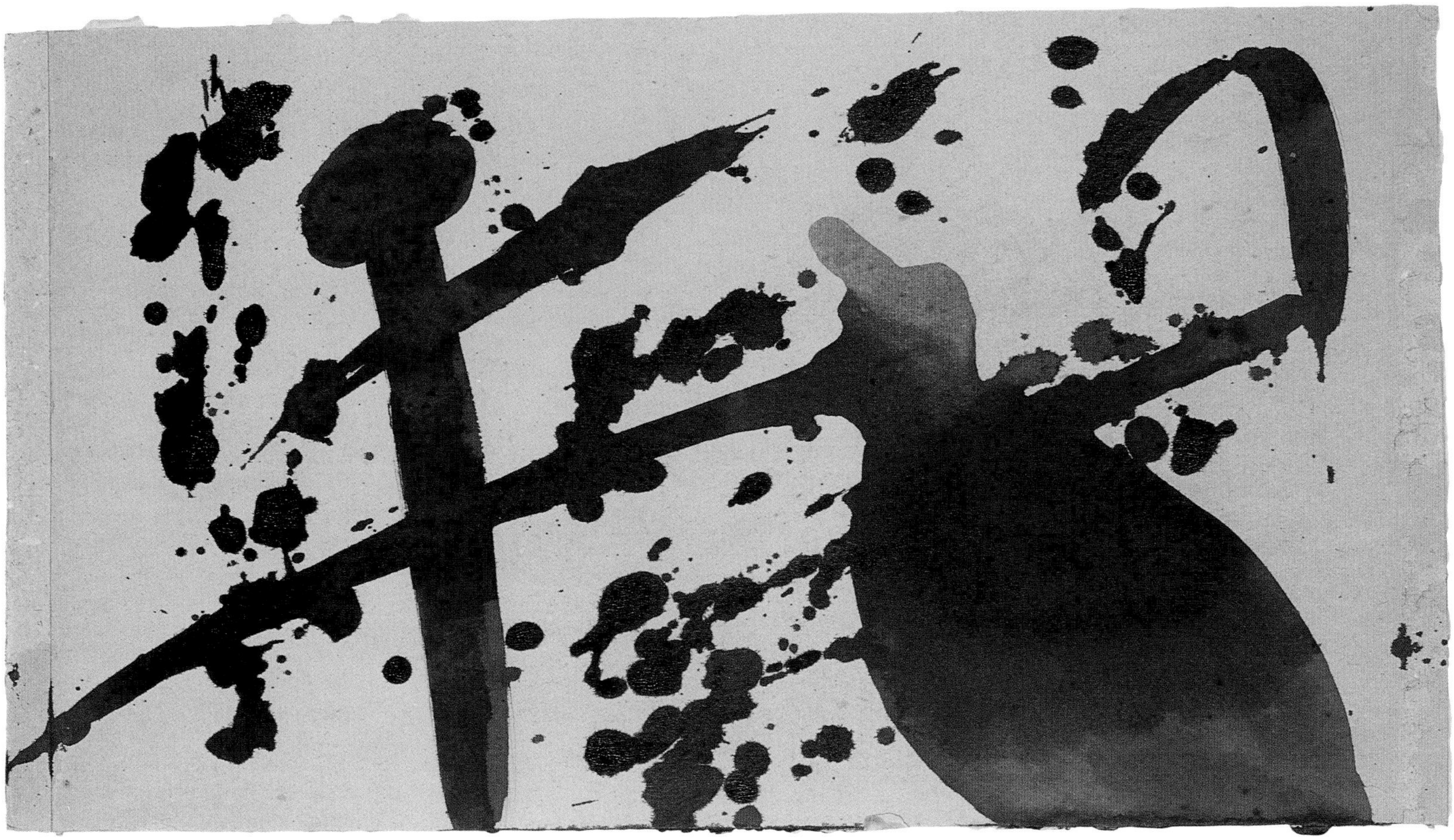

Sin título, sin fecha
Lápiz de cera sobre papel, 90,1 × 65,4 cm
Procedencia: Donación del artista, 1981
FPJM-464

Exposiciones: Palma de Mallorca 1993-1994, p. 136
(color); p. 172. Palma de Mallorca 1996c, lám. 278
(color), p. 172; p. 246

Sin título, sin fecha
Lápiz de cera sobre papel, 82 × 65,5 cm
Procedencia: Donación del artista, 1981
FPJM-465

Exposiciones: Palma de Mallorca 1993-1994, p. 135
(color); p. 171. Palma de Mallorca 1996c, lám. 281
(color), p. 174; p. 246

Sin título, sin fecha
Lápiz de cera sobre papel, 80 × 106,2 cm
Procedencia: Donación del artista, 1981
FPJM-466

Exposiciones: Palma de Mallorca 1993-1994, p. 122
(color); p. 171. Palma de Mallorca 1996c, lám. 285
(color), p. 174; p. 246

Sin título, sin fecha
Lápiz de cera sobre papel, 69,5 × 100 cm
Procedencia: Donación del artista, 1981
FPJM-467

Exposiciones: Palma de Mallorca 1993-1994, p. 121
(color); p. 170. Palma de Mallorca 1996c, lám. 286
(color), p. 174; p. 246

Sin título, sin fecha
Lápiz de cera sobre papel, 65,1 × 90,2 cm
Procedencia: Donación del artista, 1981
FPJM-468

Exposiciones: Palma de Mallorca 1987, p. 186; p. 187
(color). Roma 1989, p. 116 (color); p. 210. Verona 1989,
p. 116 (color); p. 210. Barcelona 1989-1990, p. 98
(color, invertida). Oporto 1990, p. 110 (color). Palma de
Mallorca 1996c, lám. 214 (color), p. 154; p. 244

Sin título, sin fecha
Lápiz de cera sobre papel, 64,8 × 89,5 cm
Procedencia: Donación del artista, 1981
FPJM-469

Exposiciones: Palma de Mallorca 1993-1994, p. 143
(color); p. 172. Bangkok 1995, lám. 84 (color), p. 66;
p. 106. Beijing 1995, lám. 84 (color), p. 66; p. 104.
Shanghai 1995, lám. 84 (color), p. 66; p. 104. Taipei
1995, lám. 84 (color), p. 92; p. 137. Palma de Mallorca
1996c, lám. 227 (color), p. 158; p. 244

Sin título, sin fecha
Lápiz de cera sobre papel, 34,1 × 57,9 cm
Procedencia: Donación del artista, 1981
FPJM-470

Exposiciones: Palma de Mallorca 1987, p. 114; p. 115
(color). Roma 1989, p. 104 (color); p. 210. Verona
1989, p. 104 (color); p. 210. Barcelona 1989-1990,
p. 75 (color). Oporto 1990, p. 98 (color). Caracas
1993-1994, lám. 35 (color), [p. 99]; p. 139. Prato
1994, lám. 55 (color), p. 113; p. 160. Bangkok 1995,
lám. 82 (color), p. 66; p. 106. Beijing 1995, lám. 82
(color), p. 66; p. 104. Shanghai 1995, lám. 82 (color),
p. 66; p. 104. Taipei 1995, lám. 82 (color), p. 92;
p. 137. Palma de Mallorca 1996c, lám. 232 (color),
p. 160; p. 245. Dortmund 1999, lám. 72 (color),
[p. 207]; p. 279

Sin título, sin fecha
Lápiz de cera sobre papel, 45,5 × 60,7 cm
Procedencia: Donación del artista, 1981
FPJM-471

Exposiciones: Palma de Mallorca 1987, p. 64; p. 65
(color). Fukuoka 1991, lám. 55 (color), p. 66; p. 107.
Kasama 1991, lám. 55 (color), p. 66; p. 107. Kioto
1991, lám. 55 (color), p. 66; p. 107. Tokio 1991,
lám. 55 (color), p. 66; p. 107. Sevilla 1993-1994,
p. 154; lám. 85 (color), p. 155. Málaga 1994, p. 154;
lám. 85 (color), p. 155. Palma de Mallorca 1996c,
lám. 229 (color), p. 158; p. 244. Las Palmas de Gran
Canaria 1996-1997, lám. 88 (color), p. 124; p. 229

Sin título, sin fecha
Tinta, lápiz de cera y collage sobre papel,
45,7 × 64,8 cm
Procedencia: Donación del artista, 1981
FPJM-472

Exposiciones: Palma de Mallorca 1987, p. 264; p. 265
(color). Roma 1989, p. 115 (color); p. 210. Verona
1989, p. 115 (color); p. 210. Barcelona 1989-1990,
p. 72 (color). Oporto 1990, p. 109 (color). Fukuoka
1991, lám. 56 (color), p. 67; p. 107. Kasama 1991,
lám. 56 (color), p. 67; p. 107. Kioto 1991, lám. 56
(color), p. 67; p. 107. La Coruña 1991, lám. 55 (color),
p. 73. Tokio 1991, lám. 56 (color), p. 67; p. 107. Vigo
1991, lám. 55 (color), p. 73. Buenos Aires 1993,
lám. 21 (color), p. 59. Prato 1994, lám. 41 (color),
p. 103; p. 159. Bangkok 1995, lám. 67 (color), p. 62;
p. 106. Beijing 1995, lám. 67 (color), p. 62; p. 103.
Shanghai 1995, lám. 67 (color), p. 62; p. 103. Taipei
1995, lám. 67 (color), p. 88; p. 136. Palma de Mallorca
1996c, lám. 213 (color), p. 154; p. 244. Santiago de
Chile 1997, lám. 28 (color), p. 24; [p. 44]. Dortmund
1999, lám. 67 (color), [p. 202]; p. 279

Sin título, sin fecha
Lápiz de cera sobre cartulina, 51,3 × 89,8 cm
Procedencia: Donación del artista, 1981
FPJM-473

Exposiciones: Fukuoka 1991, lám. 66 (color), p. 73;
p. 108. Kasama 1991, lám. 66 (color), p. 73; p. 108.
Kioto 1991, lám. 66 (color), p. 73; p. 108. Tokio 1991,
lám. 66 (color), p. 73; p. 108. Caracas 1993-1994,
p. 45; lám. 36 (color), [p. 99]; p. 139. Prato 1994,
lám. 56 (color), p. 114; p. 160. Bangkok 1995, lám. 81
(color), p. 66; p. 106. Beijing 1995, lám. 81 (color),
p. 66; p. 104. Shanghai 1995, lám. 81 (color), p. 66;
p. 104. Taipei 1995, lám. 81 (color), p. 92; p. 136.
Palma de Mallorca 1996c, lám. 210 (color), p. 152;
p. 244. Las Palmas de Gran Canaria 1996-1997,
p. 109; lám. 80 (color), p. 119; p. 229. Nuoro
2001-2002, p. 60 (color); p. 142

FPJM-471

FPJM-464
FPJM-465
FPJM-466

FPJM-467
FPJM-468

FPJM-469
FPJM-470

FPJM-472
FPJM-473

Sin título, sin fecha
Tinta litográfica y lápiz litográfico sobre papel, 90,8 × 63,2 cm
Procedencia: Donación del artista, 1981
FPJM-474

Exposiciones: Fukuoka 1991, lám. 67 (color), p. 74; p. 108. Kasama 1991, lám. 67 (color), p. 74; p. 108. Kioto 1991, lám. 67 (color), p. 74; p. 108. Tokio 1991, lám. 67 (color), p. 74; p. 108. Sevilla 1993-1994, lám. 75 (color), p. 145; p. 147. Málaga 1994, lám. 75 (color), p. 145; p. 147. Bangkok 1995, p. 20; lám. 61 (color), p. 60; p. 105. Beijing 1995, p. 22; lám. 61 (color), p. 60; p. 103. Shanghai 1995, p. 22; lám. 61 (color), p. 60; p. 103. Taipei 1995, lám. 61 (color), p. 86; p. 136. Palma de Mallorca 1996c, lám. 199 (color), p. 150; p. 244. Las Palmas de Gran Canaria 1996-1997, p. 109; lám. 78 (color), p. 118; p. 229. Santiago de Chile 1997, p. 11; lám. 25 (color), p. 23; [p. 43]. Dortmund 1999, lám. 62 (color), [p. 196]; p. 279. Salerno 2002-2003, p. 65 (color); p. 180

Sin título, sin fecha
Tinta litográfica y lápiz litográfico sobre papel, 89,5 × 63,2 cm
Procedencia: Donación del artista, 1981
FPJM-475

Exposiciones: Palma de Mallorca 1987, p. 202; p. 203 (color). Fukuoka 1991, lám. 57 (color), p. 66; p. 107. Kasama 1991, lám. 57 (color), p. 66; p. 107. Kioto 1991, lám. 57 (color), p. 66; p. 107. Tokio 1991, lám. 57 (color), p. 66; p. 107. Sevilla 1993-1994, lám. 74 (color), p. 144; p. 147. Málaga 1994, lám. 74 (color), p. 144; p. 147. Bangkok 1995, p. 20; lám. 60 (color), p. 60; p. 105. Beijing 1995, p. 22; lám. 60 (color), p. 60; p. 103. Shanghai 1995, p. 22; lám. 60 (color), p. 60; p. 103. Taipei 1995, lám. 60 (color), p. 86; p. 136. Palma de Mallorca 1996c, lám. 200 (color), p. 150; p. 244. Las Palmas de Gran Canaria 1996-1997, p. 109; lám. 79 (color), p. 118; p. 229. Dortmund 1999, lám. 63 (color), [p. 197]; p. 279. Salerno 2002-2003, p. 66 (color); p. 180

Sin título, sin fecha
Lápiz de cera sobre papel, 50,3 × 35,9 cm
Procedencia: Donación del artista, 1981
FPJM-476

Exposiciones: Palma de Mallorca 1993-1994, p. 105 (color); p. 169. Palma de Mallorca 1996c, lám. 246 (color), p. 164; p. 245

Sin título, sin fecha
Lápiz de cera sobre papel, 50,3 × 35,9 cm
Procedencia: Donación del artista, 1981
FPJM-477

Exposiciones: Palma de Mallorca 1993-1994, p. 106 (color); p. 169. Palma de Mallorca 1996c, lám. 243 (color), p. 162; p. 245

Sin título, sin fecha
Lápiz de cera sobre cartón, 99,5 × 24 cm
Procedencia: Donación del artista, 1981
FPJM-478

Exposiciones: Palma de Mallorca 1993-1994, p. 145 (color); p. 172. Bangkok 1995, lám. 90 (color), p. 67; p. 107. Beijing 1995, lám. 90 (color), p. 67; p. 104. Shanghai 1995, lám. 90 (color), p. 67; p. 104. Taipei 1995, lám. 90 (color), p. 93; p. 137. Palma de Mallorca 1996c, lám. 251 (color), p. 165; p. 245

Sin título, 1975 [ca]
Óleo y gouache sobre papel, 49 × 65,8 cm
Procedencia: Donación del artista, 1981
FPJM-479

Exposiciones: Palma de Mallorca 1987, p. 184; p. 185 (color). Roma 1989, p. 101 (color); p. 210. Verona 1989, p. 101 (color); p. 210. Barcelona 1989-1990, p. 80 (color). Oporto 1990, p. 95 (color). Fukuoka 1991, lám. 58 (color), p. 68; p. 107. Kasama 1991, lám. 58 (color), p. 68; p. 107. Kioto 1991, lám. 58 (color), p. 68; p. 107. La Coruña 1991, lám. 54 (color), p. 72. Tokio 1991, lám. 58 (color), p. 68; p. 107. Vigo 1991, lám. 54 (color), p. 72. Sevilla 1993-1994, p. 155; lám. 87 (color), p. 157. Málaga 1994, p. 155; lám. 87 (color), p. 157. Palma de Mallorca 1996c, lám. 223 (color), p. 156; p. 244. Las Palmas de Gran Canaria 1996-1997, p. 109; lám. 85 (color), p. 122; p. 229. Santiago de Chile 1997, p. 11; lám. 21 (color), p. 22; [p. 43]. Dortmund 1999, lám. 66 (color), [p. 201]; p. 279. Marugame 2002, lám. 18 (color), p. 23; p. 76. Mitaka 2002, lám. 18 (color), p. 23; p. 76. Miyazaki 2002, lám. 18 (color), p. 23; p. 76. Niitsu 2002, lám. 18 (color), p. 23; p. 76. Santander 2005, p. 35; p. 144 (color)

FPJM-478

FPJM-476
FPJM-477

Sin título, 1972 [ca]
Lápiz de cera y tinta sobre papel, 66,7 × 50 cm
Procedencia: Donación del artista, 1981
FPJM-480

Exposiciones: Palma de Mallorca 1993-1994, p. 139
(color); p. 172. Bangkok 1995, lám. 54 (color), p. 58;
p. 105. Beijing 1995, lám. 54 (color), p. 58; p. 103.
Shanghai 1995, lám. 54 (color), p. 58; p. 103. Taipei
1995, lám. 54 (color), p. 84; p. 136. Palma de Mallorca
1996c, lám. 221 (color), p. 156; p. 244. Las Palmas de
Gran Canaria 1996-1997, p. 109; lám. 83 (color),
p. 122; p. 229. Salerno 2002-2003, p. 48 (color); p. 179

Sin título, 1976 [ca]
Tinta, óleo y collage sobre papel,
47,6 × 66,4 cm
Procedencia: Donación del artista, 1981
FPJM-481

Exposiciones: Palma de Mallorca 1987, p. 164; p. 165
(color). Roma 1989, p. 106 (color); p. 210. Verona
1989, p. 106 (color); p. 210. Barcelona 1989-1990,
p. 84 (color). Oporto 1990, p. 100 (color). Fukuoka
1991, lám. 64 (color), p. 72; p. 108. Kasama 1991,
lám. 64 (color), p. 72; p. 108. Kioto 1991, lám. 64
(color), p. 72; p. 108. La Coruña 1991, lám. 59 (color),
p. 76. Tokio 1991, lám. 64 (color), p. 72; p. 108. Vigo
1991, lám. 59 (color), p. 76. Sevilla 1993-1994, p. 155;
lám. 86 (color), p. 156. Málaga 1994, p. 155; lám. 86
(color), p. 156. Bangkok 1995, lám. 53 (color), p. 58;
p. 105. Beijing 1995, lám. 53 (color), p. 58; p. 103.
Shanghai 1995, lám. 53 (color), p. 58; p. 103. Taipei
1995, lám. 53 (color), p. 84; p. 136. Palma de Mallorca
1996c, lám. 224 (color), p. 156; p. 244. Las Palmas de
Gran Canaria 1996-1997, p. 109; lám. 86 (color),
p. 123; p. 229. Santiago de Chile 1997, p. 11; lám. 22
(color), p. 22; [p. 43]. Dortmund 1999, lám. 73 (color),
[p. 208-209]; p. 279. Nuoro 2001-2002, p. 61 (color);
p. 142. Marugame 2002, lám. 19 (color), p. 23; p. 76.
Mitaka 2002, lám. 19 (color), p. 23; p. 76. Miyazaki
2002, lám. 19 (color), p. 23; p. 76. Niitsu 2002, lám. 19
(color), p. 23; p. 76. Santander 2005, p. 35; p. 145
(color)

Sin título, 1976 [ca]
Óleo sobre papel, 50 × 66,4 cm
Procedencia: Donación del artista, 1981
FPJM-571

Exposiciones: Palma de Mallorca 1994-1995, p. 11-12,
17-18, 23; lám. 1 (color), p. 33

Sin título, sin fecha
Lápiz de grafito y collage sobre papel,
33,6 × 44,6 cm
Procedencia: Donación del artista, 1981
FPJM-482

Exposiciones: Palma de Mallorca 1993-1994, p. 116
(color); p. 170. Palma de Mallorca 1996c, lám. 289
(color), p. 176; p. 246. Nuoro 2001-2002, p. 69
(color); p. 142

Sin título, sin fecha
Lápiz de grafito y gouache sobre papel,
39,9 × 49,8 cm
Procedencia: Donación del artista, 1981
FPJM-483

Exposiciones: Palma de Mallorca 1994-1995, lám. 13
(color), p. 44

Sin título, sin fecha
Lápiz de grafito sobre papel, 37,4 × 49,9 cm
Procedencia: Donación del artista, 1981
FPJM-484

Exposiciones: Palma de Mallorca 1993-1994, p. 142
(color); p. 172. Bangkok 1995, lám. 86 (color), p. 66;
p. 106. Beijing 1995, lám. 86 (color), p. 66; p. 104.
Shanghai 1995, lám. 86 (color), p. 66; p. 104. Taipei
1995, lám. 86 (color), p. 92; p. 137. Palma de Mallorca
1996c, lám. 291 (color), p. 176; p. 246

Sin título, sin fecha
Lápiz de cera y lápiz de grafito sobre cartulina,
33,3 × 50,7 cm
Procedencia: Donación del artista, 1981
FPJM-485

Exposiciones: Fukuoka 1991, lám. 65 (color), p. 73;
p. 108. Kasama 1991, lám. 65 (color), p. 73; p. 108.
Kioto 1991, lám. 65 (color), p. 73; p. 108. Tokio 1991,
lám. 65 (color), p. 73; p. 108. Sevilla 1993-1994,
p. 142; lám. 72 (color), p. 143. Málaga 1994, p. 142;
lám. 72 (color), p. 143. Palma de Mallorca 1996c,
lám. 292 (color), p. 176; p. 247

Sin título, 1979 [post]
Lápiz de grafito sobre cartulina, 61,3 × 31,9 cm
Procedencia: Donación del artista, 1981
FPJM-486

Exposiciones: Palma de Mallorca 1993-1994, p. 147
(color); p. 172. Palma de Mallorca 1996c, lám. 249
(color), p. 164; p. 245

FPJM-480

FPJM-571

FPJM-482

FPJM-484

FPJM-481

FPJM-483
FPJM-486

FPJM-485

Sin título, sin fecha
Lápiz de grafito sobre papel, 20 × 20,2 cm
Procedencia: Donación del artista, 1981
FPJM-487

Exposiciones: Palma de Mallorca 1994-1995, lám. 12
(color), p. 43

Sin título, 1978 [post]
Lápiz de grafito y collage sobre papel,
48,9 × 33 cm
Procedencia: Donación del artista, 1981
FPJM-488

Exposiciones: Palma de Mallorca 1993-1994, p. 154
(color); p. 173. Bangkok 1995, lám. 77 (color), p. 64;
p. 106. Beijing 1995, lám. 77 (color), p. 64; p. 104.
Shanghai 1995, lám. 77 (color), p. 64; p. 104. Taipei
1995, lám. 77 (color), p. 90; p. 137. Palma de Mallorca
1996c, lám. 248 (color), p. 164; p. 245

Sin título, sin fecha
Lápiz de grafito y bolígrafo sobre cartón,
16,6 × 22,2 cm
Procedencia: Donación del artista, 1981
FPJM-489

Exposiciones: Palma de Mallorca 1994-1995, p. 11,
17, 23; lám. 14 (color), p. 44

Sin título, 1979 [ca]
Lápiz de cera sobre papel, 43,4 × 32,1 cm
Procedencia: Donación del artista, 1981
FPJM-490

Exposiciones: Palma de Mallorca 1993-1994, p. 104
(color); p. 169. Palma de Mallorca 1996c, lám. 267
(color), p. 170; p. 246

Sin título, sin fecha
Lápiz de grafito sobre papel, 29,6 × 20,9 cm
Procedencia: Donación del artista, 1981
FPJM-491

Exposiciones: Roma 1989, p. 113; p. 210. Verona
1989, p. 113; p. 210. Barcelona 1989-1990, p. 88
(color). Oporto 1990, p. 107 (color). Caracas
1993-1994, lám. 37 (color), [p. 101]; p. 139. Prato
1994, lám. 62 (color), p. 118; p. 160. Bangkok 1995,
lám. 83 (color), p. 66; p. 106. Beijing 1995, lám. 83
(color), p. 66; p. 104. Shanghai 1995, lám. 83 (color),
p. 66; p. 104. Taipei 1995, lám. 83 (color), p. 92;
p. 137. Palma de Mallorca 1996c, lám. 257 (color),
p. 166; p. 245

Sin título, sin fecha
Lápiz de grafito sobre cartulina, 46,3 × 37,1 cm
Procedencia: Donación del artista, 1981
FPJM-492

Exposiciones: Palma de Mallorca 1987, p. 116; p. 117
(color). Fukuoka 1991, lám. 68 (color); p. 74; p. 108.
Kasama 1991, lám. 68 (color); p. 74; p. 108. Kioto
1991, lám. 68 (color); p. 74; p. 108. Tokio 1991,
lám. 68 (color), p. 74; p. 108. Caracas 1993-1994,
lám. 38 (color), [p. 107]; p. 139. Prato 1994, lám. 65
(color), p. 121; p. 160. Palma de Mallorca 1996c,
lám. 245 (color), p. 163; p. 245

Sin título, sin fecha
Lápiz de grafito sobre cartulina, 31,4 × 22,7 cm
Procedencia: Donación del artista, 1981
FPJM-493

Exposiciones: Palma de Mallorca 1994-1995, lám. 18
(color), p. 48. Rio de Janeiro 1995, p. 30 (color).
Buenos Aires 1996, p. 26 (color); p. 85. Montevideo
1996, p. 26 (color); p. 85. São Paulo 1996, p. 30
(color)

Sin título, sin fecha
Lápiz de grafito sobre cartulina, 31,4 × 23 cm
Inscripciones reverso: *Mont-roig*
Procedencia: Donación del artista, 1981
FPJM-494

Exposiciones: Palma de Mallorca 1994-1995, lám. 8
(color), p. 39. Rio de Janeiro 1995, p. 31 (color).
Buenos Aires 1996, p. 27 (color); p. 85. Montevideo
1996, p. 27 (color); p. 85. São Paulo 1996, p. 31
(color)

Sin título, sin fecha
Lápiz de grafito sobre papel, 33,2 × 22,6 cm
Procedencia: Donación del artista, 1981
FPJM-495

Exposiciones: Palma de Mallorca 1994-1995, lám. 10
(color), p. 41

Sin título, sin fecha
Lápiz de grafito sobre cartulina, 29,9 × 60,9 cm
Procedencia: Donación del artista, 1981
FPJM-496

Exposiciones: Palma de Mallorca 1993-1994, p. 144
(color); p. 172. Palma de Mallorca 1996c, lám. 230
(color), p. 158; p. 245

Sin título, sin fecha
Lápiz de cera y lápiz litográfico sobre papel,
65,7 × 49,7 cm
Procedencia: Donación del artista, 1981
FPJM-497

Exposiciones: Palma de Mallorca 1993-1994, p. 150
(color); p. 173. Bangkok 1995, lám. 74 (color), p. 63;
p. 106. Beijing 1995, lám. 74 (color), p. 64; p. 104.
Shanghai 1995, lám. 74 (color), p. 64; p. 104. Taipei 1995,
lám. 74 (color), p. 90; p. 137. Palma de Mallorca 1996c,
lám. 217 (color), p. 154; p. 244

FPJM-487

FPJM-488

FPJM-489
FPJM-490

FPJM-491
FPJM-492

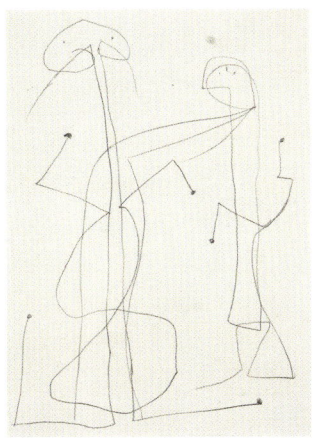

FPJM-493
FPJM-494
FPJM-495

FPJM-496
FPJM-497

Sin título, sin fecha
Lápiz de grafito sobre cartón, 47,8 × 33 cm
Procedencia: Donación del artista, 1981
FPJM-498

Exposiciones: Fukuoka 1991, lám. 69 (color), p. 75;
p. 108. Kasama 1991, lám. 69 (color), p. 75; p. 108.
Kioto 1991, lám. 69 (color), p. 75; p. 108. Tokio 1991,
lám. 69 (color), p. 75; p. 108. Sevilla 1993-1994,
lám. 82 (color), p. 152; p. 154. Málaga 1994, lám. 82
(color), p. 152; p. 154. Palma de Mallorca 1996c,
lám. 269 (color), p. 170; p. 246

Sin título, sin fecha
Lápiz de grafito sobre papel, 33,2 × 25,5 cm
Procedencia: Donación del artista, 1981
FPJM-499

Exposiciones: Fukuoka 1991, lám. 62 (color), p. 71;
p. 107. Kasama 1991, lám. 62 (color), p. 71; p. 107.
Kioto 1991, lám. 62 (color), p. 71; p. 107. Tokio 1991,
lám. 62 (color), p. 71; p. 107. Sevilla 1993-1994,
lám. 81 (color), p. 151; p. 148. Málaga 1994, lám. 81
(color), p. 151; p. 148. Palma de Mallorca 1996c,
lám. 270 (color), p. 170; p. 246

Sin título, sin fecha
Lápiz de grafito sobre papel, 33,4 × 25,7 cm
Procedencia: Donación del artista, 1981
FPJM-500

Exposiciones: Palma de Mallorca 1987, p. 62; p. 63
(color, invertida). Fukuoka 1991, lám. 63 (color), p. 71;
p. 108. Kasama 1991, lám. 63 (color), p. 71; p. 108.
Kioto 1991, lám. 63 (color), p. 71; p. 108. Tokio 1991,
lám. 63 (color), p. 71; p. 108. Sevilla 1993-1994,
lám. 71 (color), p. 141; p. 142. Málaga 1994, lám. 71
(color), p. 141; p. 142. Palma de Mallorca 1996c,
lám. 237 (color), p. 160; p. 245

Sin título, sin fecha
Lápiz de grafito sobre papel, 33,2 × 26 cm
Procedencia: Donación del artista, 1981
FPJM-501

Exposiciones: Fukuoka 1991, lám. 70 (color), p. 75;
p. 108. Kasama 1991, lám. 70 (color), p. 75; p. 108.
Kioto 1991, lám. 70 (color), p. 75; p. 108. Tokio 1991,
lám. 70 (color), p. 75; p. 108. Sevilla 1993-1994,
lám. 80 (color), p. 150; p. 148. Málaga 1994, lám. 80
(color), p. 150; p. 148. Palma de Mallorca 1996c,
lám. 271 (color), p. 170; p. 246

Sin título, sin fecha
Lápiz de grafito sobre papel, 33,1 × 25,6 cm
Procedencia: Donación del artista, 1981
FPJM-502

Exposiciones: Fukuoka 1991, lám. 74 (color), p. 76;
p. 108. Kasama 1991, lám. 74 (color), p. 76; p. 108.
Kioto 1991, lám. 74 (color), p. 76; p. 108. Tokio 1991,
lám. 74 (color), p. 76; p. 108. Sevilla 1993-1994,
lám. 79 (color), p. 149; p. 148. Málaga 1994, lám. 79
(color), p. 149; p. 148. Palma de Mallorca 1996c,
lám. 272 (color), p. 170; p. 246

Sin título, sin fecha
Lápiz de grafito sobre papel, 43,5 × 35,6 cm
Procedencia: Donación del artista, 1981
FPJM-503

Exposiciones: Palma de Mallorca 1987, p. 210; p. 211
(color). Fukuoka 1991, lám. 39 (color), p. 56; p. 107.
Kasama 1991, lám. 39 (color), p. 56; p. 107. Kioto
1991, lám. 39 (color), p. 56; p. 107. Tokio 1991,
lám. 39 (color), p. 56; p. 107. Sevilla 1993-1994,
lám. 70 (color), p. 140; p. 142. Málaga 1994, lám. 70
(color), p. 140; p. 142. Palma de Mallorca 1996c,
lám. 238 (color), p. 161; p. 245. Nuoro 2001-2002,
p. 62 (color); p. 142

Sin título, sin fecha
Carboncillo sobre papel, 43,7 × 36 cm
Procedencia: Donación del artista, 1981
FPJM-504

Exposiciones: Palma de Mallorca 1993-1994, p. 133
(color); p. 171. Palma de Mallorca 1996c, lám. 256
(color), p. 166; p. 245. Nuoro 2001-2002, p. 143

Sin título, 1979 [ca]
Lápiz de cera y lápiz de grafito sobre cartón,
40,5 × 32,5 cm
Procedencia: Donación del artista, 1981
FPJM-505

Exposiciones: Palma de Mallorca 1987, p. 196; p. 197
(color). Palma de Mallorca 1993-1994, p. 108 (color);
p. 170. Palma de Mallorca 1996c, lám. 253 (color),
p. 166; p. 245

Sin título, sin fecha
Lápiz de grafito sobre cartón, 33,9 × 24,2 cm
Procedencia: Donación del artista, 1981
FPJM-506

Exposiciones: Palma de Mallorca 1987, p. 66; p. 67
(color). Roma 1989, p. 120, 210. Verona 1989, p. 120,
210. Barcelona 1989-1990, p. 90 (color). Oporto 1990,
p. 114 (color). Caracas 1993-1994, lám. 39 (color),
[p. 100]; p. 139. Prato 1994, lám. 61 (color), p. 118;
p. 160. Bangkok 1995, lám. 78 (color), p. 64; p. 106.
Beijing 1995, lám. 78 (color), p. 64; p. 104. Shanghai
1995, lám. 78 (color), p. 64; p. 104. Taipei 1995,
lám. 78 (color), p. 90; p. 137. Palma de Mallorca
1996c, lám. 239 (color), p. 162; p. 245

Sin título, 1979 [ca]
Lápiz de cera sobre cartón, 32,9 × 32,8 cm
Procedencia: Donación del artista, 1981
FPJM-507

Exposiciones: Palma de Mallorca 1994-1995, p. 11,
17, 23; lám. 2 (color), p. 34. Rio de Janeiro 1995,
p. 28 (color). Buenos Aires 1996, p. 24 (color); p. 85.
Montevideo 1996, p. 24 (color); p. 85. São Paulo
1996, p. 28 (color)

Sin título, sin fecha
Lápiz de grafito sobre papel, 32,4 × 33,3 cm
Procedencia: Donación del artista, 1981
FPJM-508

Exposiciones: Palma de Mallorca 1993-1994, p. 120
(color); p. 170. Palma de Mallorca 1996c, lám. 255
(color), p. 166; p. 245

Sin título, 1978 [post]
Lápiz de grafito sobre papel, 46,5 × 22 cm
Procedencia: Donación del artista, 1981
FPJM-509

Exposiciones: Palma de Mallorca 1993-1994, p. 146
(color); p. 172. Palma de Mallorca 1996c, lám. 247
(color), p. 164; p. 245

Sin título, 1979 [ca]
Lápiz de grafito sobre papel, 28,8 × 25,6 cm
Procedencia: Donación del artista, 1981
FPJM-510

Exposiciones: Palma de Mallorca 1993-1994, p. 123
(color); p. 171. Palma de Mallorca 1996c, lám. 261
(color), p. 168; p. 246

Sin título, sin fecha
Lápiz de cera y lápiz de grafito sobre cartón,
27,9 × 22,2 cm
Procedencia: Donación del artista, 1981
FPJM-511

Exposiciones: Palma de Mallorca 1987, p. 110; p. 111
(color). París 1988, [p. 86]; lám. 25 (color), [p. 87];
p. 131. Roma 1989, p. 127 (color); p. 211. Verona
1989, p. 127 (color); p. 211. Barcelona 1989-1990,
p. 79 (color). Oporto 1990, p. 121 (color). Fukuoka 1991,
lám. 40 (color), p. 57; p. 107. Kasama 1991, lám. 40
(color), p. 57; p. 107. Kioto 1991, lám. 40 (color), p. 57;
p. 107. Tokio 1991, lám. 40 (color), p. 57; p. 107.
Buenos Aires 1993, lám. 31 (color), p. 69. Prato 1994,
lám. 51 (color), p. 110; p. 159. Palma de Mallorca
1996c, lám. 275 (color), p. 172; p. 246

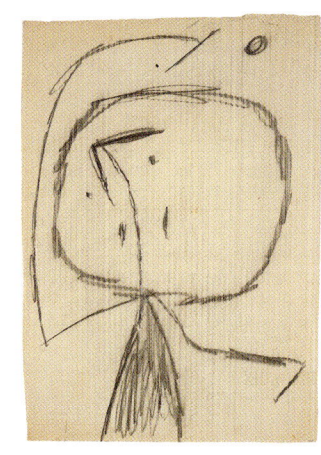

FPJM-498

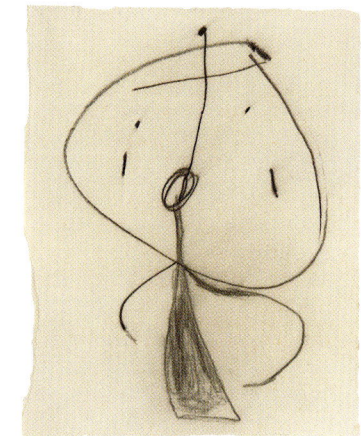

FPJM-502

FPJM-509

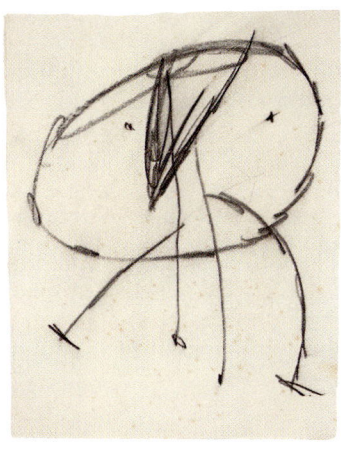

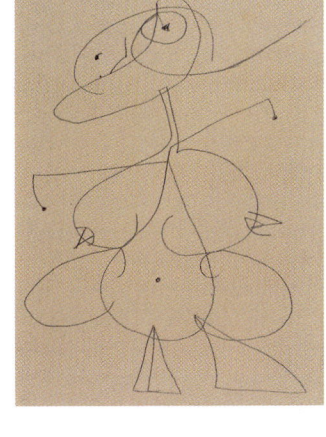
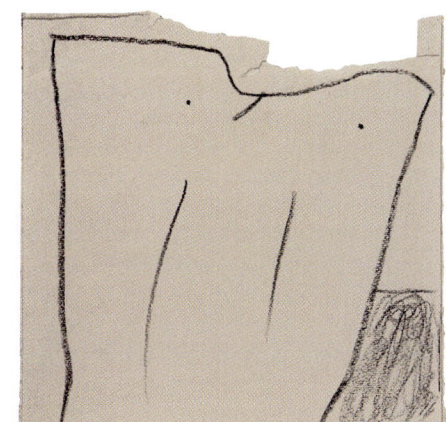

Sin título, sin fecha
Lápiz de grafito sobre cartulina, 23,6 × 32 cm
Procedencia: Donación del artista, 1981
FPJM-512

Exposiciones: Palma de Mallorca 1994-1995, lám. 11
(color), p. 42

Sin título, sin fecha
Lápiz de grafito sobre cartón, 34,5 × 24,7 cm
Procedencia: Donación del artista, 1981
FPJM-513

Exposiciones: Palma de Mallorca 1994-1995, lám. 16
(color), p. 46. Rio de Janeiro 1995, p. 31 (color). Buenos
Aires 1996, p. 27 (color); p. 85. Montevideo 1996, p. 27
(color); p. 85. São Paulo 1996, p. 31 (color)

Sin título, sin fecha
Lápiz de grafito sobre cartón, 31,9 × 22,6 cm
Procedencia: Donación del artista, 1981
FPJM-514

Exposiciones: Palma de Mallorca 1994-1995, lám. 9
(color), p. 40

Sin título, sin fecha
Lápiz de grafito sobre papel, 37 × 24,4 cm
Procedencia: Donación del artista, 1981
FPJM-515

Exposiciones: Palma de Mallorca 1994-1995, lám. 17
(color), p. 47. Rio de Janeiro 1995, p. 30 (color).
Buenos Aires 1996, p. 26 (color); p. 85. Montevideo
1996, p. 26 (color); p. 85. São Paulo 1996, p. 30
(color)

Sin título, sin fecha
Lápiz de grafito sobre cartulina, 31,5 × 32 cm
Procedencia: Donación del artista, 1981
FPJM-516

Exposiciones: Palma de Mallorca 1994-1995, lám. 15
(color), p. 45

Sin título, sin fecha
Lápiz de cera sobre papel, 59,5 × 79,7 cm
Inscripciones reverso: *Senlis choeur Miró*
Procedencia: Donación del artista, 1981
FPJM-517

Exposiciones: Palma de Mallorca 1993-1994, p. 137
(color); p. 172. Palma de Mallorca 1996c, lám. 228
(color), p. 158; p. 244

Sin título, sin fecha
Lápiz de cera sobre papel, 64,5 × 44,9 cm
Procedencia: Donación del artista, 1981
FPJM-518

Exposiciones: Palma de Mallorca 1993-1994, p. 151
(color); p. 173. Palma de Mallorca 1996c, lám. 282
(color), p. 174; p. 246

Sin título, sin fecha
Lápiz de cera sobre papel, 89,8 × 64,3 cm
Procedencia: Donación del artista, 1981
FPJM-519

Exposiciones: Palma de Mallorca 1994-1995, p. 11,
17, 23; lám. 21 (color), p. 51

Sin título, sin fecha
Lápiz de cera y tinta sobre papel,
41,9 × 56,1 cm
Procedencia: Donación del artista, 1981
FPJM-520

Exposiciones: Palma de Mallorca 1994-1995, lám. 22
(color), p. 52

Sin título, sin fecha
Tinta y lápiz de grafito sobre papel,
55,8 × 41,9 cm
Procedencia: Donación del artista, 1981
FPJM-521

Exposiciones: Palma de Mallorca 1987, p. 260; p. 261
(color). Roma 1989, p. 114; p. 210. Verona 1989,
p. 114; p. 210. Barcelona 1989-1990, p. 77 (color).
Oporto 1990, p. 108 (color). Buenos Aires 1993,
lám. 28 (color), p. 66. Prato 1994, lám. 48 (color),
p. 108; p. 159. Bangkok 1995, lám. 76 (color), p. 64;
p. 106. Beijing 1995, lám. 76 (color), p. 64; p. 104.
Shanghai 1995, lám. 76 (color), p. 64; p. 104. Taipei
1995, lám. 76 (color), p. 90; p. 137. Palma de Mallorca
1996c, lám. 208 (color), p. 152; p. 244

Sin título, sin fecha
Tinta y lápiz de grafito sobre papel,
55,5 × 41,7 cm
Procedencia: Donación del artista, 1981
FPJM-522

Exposiciones: Palma de Mallorca 1987, p. 92; p. 93
(color). Roma 1989, p. 108; p. 210. Verona 1989,
p. 108; p. 210. Barcelona 1989-1990, p. 74 (color).
Oporto 1990, p. 102 (color). Buenos Aires 1993, lám. 27
(color), p. 65. Prato 1994, p. 106; lám. 48 (color),
p. 107; p. 159. Bangkok 1995, lám. 72 (color, invertida),

p. 62; p. 106. Beijing 1995, lám. 72 (color), p. 62;
p. 104. Shanghai 1995, lám. 72 (color), p. 62; p. 104.
Taipei 1995, lám. 72 (color), p. 88; p. 137. Palma de
Mallorca 1996c, lám. 209 (color), p. 152; p. 244

Sin título, 1977 [post]
Lápiz de grafito, lápiz de cera y bolígrafo sobre
papel, 49,4 × 36 cm
Procedencia: Donación del artista, 1981
FPJM-523

Exposiciones: Palma de Mallorca 1994-1995, p. 11,
17, 23; lám. 3 (color), p. 35

Sin título, sin fecha
Lápiz de grafito y bolígrafo sobre papel,
21,7 × 27,9 cm
Procedencia: Donación del artista, 1981
FPJM-524

Exposiciones: Palma de Mallorca 1994-1995, lám. 7
(color), p. 38

Sin título, sin fecha
Lápiz de cera y bolígrafo sobre papel,
34,1 × 49 cm
Procedencia: Donación del artista, 1981
FPJM-525

Exposiciones: Palma de Mallorca 1993-1994, p. 114
(color); p. 170. Palma de Mallorca 1996c, lám. 264
(color), p. 168; p. 246. Nuoro 2001-2002, p. 143

FPJM-513
FPJM-514
FPJM-515

FPJM-517
FPJM-518
FPJM-519

FPJM-520
FPJM-521
FPJM-522

FPJM-523
FPJM-524
FPJM-525

Sin título, sin fecha
Lápiz de cera, lápiz de grafito y tinta sobre papel, 47 × 58,5 cm
Procedencia: Donación del artista, 1981
FPJM-526

Exposiciones: Palma de Mallorca 1987, p. 162; p. 163 (color). Roma 1989, p. 121 (color); p. 210. Verona 1989, p. 121 (color); p. 210. Barcelona 1989-1990, p. 82 (color). Oporto 1990, p. 115 (color). Caracas 1993-1994, p. 45 (color, detalle); lám. 40 (color), [p. 97]; p. 140. Prato 1994, p. 110; lám. 52 (color), p. 111; p. 159. Bangkok 1995, lám. 70 (color), p. 62; p. 106. Beijing 1995, lám. 70 (color), p. 62; p. 103. Shanghai 1995, lám. 70 (color), p. 62; p. 103. Taipei 1995, lám. 70 (color), p. 88; p. 137. Palma de Mallorca 1996c, lám. 211 (color), p. 153; p. 244. Dortmund 1999, lám. 68 (color), [p. 203]; p. 279. Salerno 2002-2003, p. 67 (color); p. 180

Sin título, sin fecha
Lápiz de cera sobre papel, 47 × 57,7 cm
Procedencia: Donación del artista, 1981
FPJM-527

Exposiciones: Palma de Mallorca 1993-1994, p. 152 (color); p. 173. Palma de Mallorca 1996c, lám. 259 (color), p. 167; p. 245. Nuoro 2001-2002, p. 64-65 (color); p. 142. Mantua 2004, p. XLV (color); p. 82

Sin título, sin fecha
Lápiz de cera sobre papel, 89,1 × 65 cm
Procedencia: Donación del artista, 1981
FPJM-528

Exposiciones: Palma de Mallorca 1987, p. 112; p. 113 (color). Palma de Mallorca 1994-1995, p. 12, 18, 24; lám. 29 (color), p. 57. Rio de Janeiro 1995, p. 29 (color). Buenos Aires 1996, p. 24; p. 25 (color); p. 85. Montevideo 1996, p. 24; p. 25 (color); p. 85. São Paulo 1996, p. 29 (color). Las Palmas de Gran Canaria 1996-1997, p. 109; lám. 91 (color), p. 125; p. 229. Salerno 2002-2003, p. 76 (color); p. 180

Sin título, sin fecha
Lápiz de cera sobre papel, 64,4 × 99 cm
Procedencia: Donación del artista, 1981
FPJM-529

Exposiciones: Palma de Mallorca 1993-1994, p. 136 (color); p. 171. Palma de Mallorca 1996c, lám. 250 (color), p. 164; p. 245

Sin título, sin fecha
Lápiz de grafito sobre papel, 33,4 × 52,2 cm
Procedencia: Donación del artista, 1981
FPJM-530

Exposiciones: Roma 1989, p. 124 (color); p. 210. Verona 1989, p. 124 (color); p. 210. Barcelona 1989-1990, p. 83 (color). Oporto 1990, p. 118 (color). Caracas 1993-1994, lám. 41 (color), [p. 106]; p. 140. Prato 1994, lám. 63 (color), p. 119; p. 160. Bangkok 1995, lám. 85 (color), p. 66; p. 106. Beijing 1995, lám. 85 (color), p. 66; p. 104. Shanghai 1995, lám. 85 (color), p. 66; p. 104. Taipei 1995, lám. 85 (color), p. 92; p. 137. Palma de Mallorca 1996c, lám. 290 (color), p. 176; p. 246

FPJM-528

FPJM-529

FPJM-530

Sin título, sin fecha
Lápiz de cera y bolígrafo sobre papel,
28,9 × 39,8 cm
Procedencia: Donación del artista, 1981
FPJM-531

Exposiciones: Palma de Mallorca 1993-1994, p. 124
(color); p. 171. Palma de Mallorca 1996c, lám. 262
(color), p. 168; p. 246

Sin título, sin fecha
Lápiz de grafito y bolígrafo sobre papel,
44,3 × 58,2 cm
Inscripciones: *JOAN*
Procedencia: Donación del artista, 1981
FPJM-532a

Exposiciones: Palma de Mallorca 1987, p. 268; p. 269
(color). Roma 1989, p. 126 (color); p. 211. Verona
1989, p. 126 (color); p. 211. Barcelona 1989-1990,
p. 81 (color). Oporto 1990, p. 120 (color). Fukuoka
1991, p. 68; lám. 59 (color), p. 69; p. 107. Kasama
1991, p. 68; lám. 59 (color), p. 69; p. 107. Kioto 1991,
p. 68; lám. 59 (color), p. 69; p. 107. Tokio 1991, p. 68;
lám. 59 (color), p. 69; p. 107. Buenos Aires 1993,
lám. 22 (color), p. 60. Prato 1994, lám. 42 (color),
p. 104; p. 159. Bangkok 1995, lám. 68 (color), p. 62;
p. 106. Beijing 1995, lám. 68 (color), p. 62; p. 103.
Shanghai 1995, lám. 68 (color), p. 62; p. 103. Taipei
1995, lám. 68 (color), p. 88; p. 136. Palma de Mallorca
1996c, lám. 212 (color), p. 154; p. 244

Sin título, sin fecha
Lápiz de grafito sobre papel, 42 × 59,9 cm
Procedencia: Donación del artista, 1981
FPJM-533

Exposiciones: Palma de Mallorca 1994-1995, p. 11,
17, 23; lám. 20 (color), p. 50

Sin título, sin fecha
Lápiz de cera, pastel, rotulador y lápiz de grafito
sobre cartulina, 33,3 × 50,1 cm
Procedencia: Donación del artista, 1981
FPJM-534

Exposiciones: Palma de Mallorca 1993-1994, p. 125
(color); p. 171. Palma de Mallorca 1996c, lám. 277
(color), p. 172; p. 246

Sin título, sin fecha
Rotulador sobre cartulina, 28,9 × 28,9 cm
Procedencia: Donación del artista, 1981
FPJM-535

Exposiciones: Palma de Mallorca 1993-1994, p. 127
(color); p. 171. Palma de Mallorca 1996c, lám. 254
(color), p. 166; p. 245. Nuoro 2001-2002, p. 143

Sin título, sin fecha
Lápiz de cera, gouache y tinta sobre cartón,
26,9 × 38,1 cm
Procedencia: Donación del artista, 1981
FPJM-536

Exposiciones: Palma de Mallorca 1994-1995, p. 11,
17, 23; lám. 26 (color), p. 54

Sin título, 1978 [ca]
Tinta y lápiz de cera sobre papel, 41,8 × 60 cm
Procedencia: Donación del artista, 1981
FPJM-537

Exposiciones: Palma de Mallorca 1987, p. 182; p. 183
(color). Fukuoka 1991, p. 68; lám. 60 (color), p. 69;
p. 107. Kasama 1991, p. 68; lám. 60 (color), p. 69;
p. 107. Kioto 1991, p. 68; lám. 60 (color), p. 69; p. 107.
Tokio 1991, p. 68; lám. 60 (color), p. 69; p. 107. Sevilla
1993-1994, p. 155; lám. 88 (color), p. 158. Málaga
1994, p. 155; lám. 88 (color), p. 158. Palma de Mallorca
1996c, lám. 222 (color), p. 156; p. 244. Las Palmas de
Gran Canaria 1996-1997, p. 109; lám. 84 (color), p. 122;
p. 229. Santiago de Chile 1997, p. 11; lám. 23 (color),
p. 22; [p. 43]

Sin título, 1978 [ca]
Tinta y lápiz de cera sobre papel,
41,8 × 59,9 cm
Procedencia: Donación del artista, 1981
FPJM-538

Exposiciones: Palma de Mallorca 1994-1995, p. 11, 17,
23; lám. 23 (color), p. 52. Rio de Janeiro 1995, p. 32
(color). Buenos Aires 1996, p. 28 (color); p. 85.
Montevideo 1996, p. 28 (color); p. 85. São Paulo 1996,
p. 32 (color). Las Palmas de Gran Canaria 1996-1997,
p. 109; lám. 87 (color), p. 122; p. 229. Santiago de
Chile 1997, p. 11; lám. 24 (color), p. 22; [p. 43]

Sin título, sin fecha
Lápiz de cera sobre papel, 69,7 × 82,1 cm
Procedencia: Donación del artista, 1981
FPJM-539

Exposiciones: Palma de Mallorca 1994-1995, lám. 24
(color), p. 53

FPJM-532a
FPJM-533

FPJM-534
FPJM-535

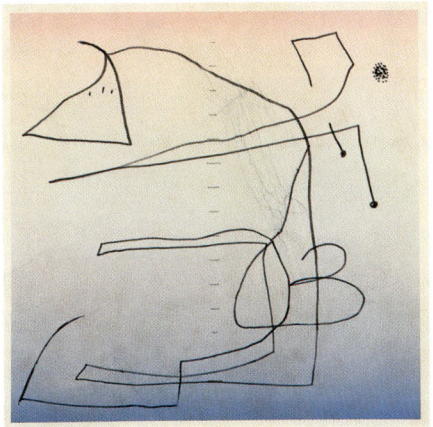

FPJM-536
FPJM-537

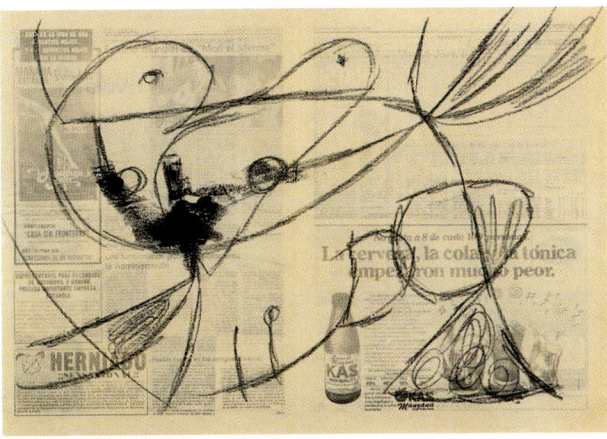

FPJM-538
FPJM-539

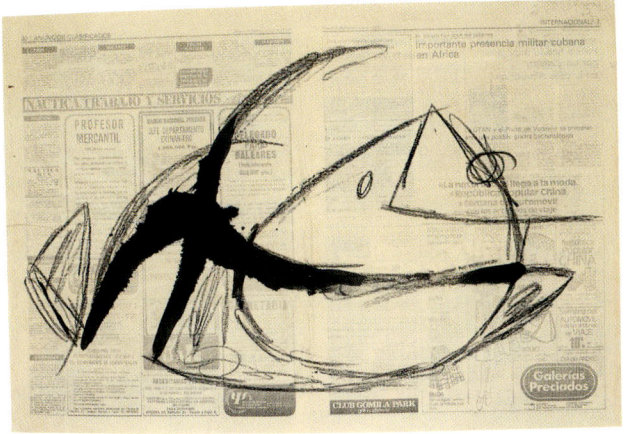

Sin título, sin fecha
Lápiz de cera sobre papel, 79,5 × 50 cm
Procedencia: Donación del artista, 1981
FPJM-540a

Exposiciones: Palma de Mallorca 1987, p. 190; p. 191
(color). Roma 1989, p. 123, 210. Verona 1989, p. 123,
210. Barcelona 1989-1990, p. 78 (color). Oporto 1990,
p. 117 (color). Fukuoka 1991, lám. 72 (color), p. 77;
p. 108. Kasama 1991, lám. 72 (color), p. 77; p. 108.
Kioto 1991, lám. 72 (color); p. 77; p. 108. Tokio 1991,
lám. 72 (color), p. 77; p. 108. Caracas 1993-1994,
lám. 42 (color), [p. 101]; p. 140. Prato 1994, lám. 64
(color); p. 120; p. 160. Bangkok 1995, lám. 79 (color),
p. 64; p. 106. Beijing 1995, lám. 79 (color), p. 64;
p. 104. Shanghai 1995, lám. 79 (color), p. 64; p. 104.
Taipei 1995, lám. 79 (color), p. 90; p. 137. Palma de
Mallorca 1996c, lám. 241 (color), p. 162; p. 245

Sin título, 1979
Lápiz de cera sobre papel, 68,5 × 25,8 cm
Inscripciones reverso: *Le Moigne. Paper report
VI. 79.*
Procedencia: Donación del artista, 1981
FPJM-541

Exposiciones: Palma de Mallorca 1993-1994, p. 145
(color); p. 172. Bangkok 1995, lám. 75 (color), p. 64;
p. 106. Beijing 1995, lám. 75 (color), p. 64; p. 104.
Shanghai 1995, lám. 75 (color), p. 64; p. 104. Taipei
1995, lám. 75 (color), p. 90; p. 137. Palma de Mallorca
1996c, lám. 252 (color), p. 165; p. 245

Sin título, sin fecha
Lápiz litográfico sobre papel, 84 × 67,9 cm
Procedencia: Donación del artista, 1981
FPJM-542a

Exposiciones: Palma de Mallorca 1993-1994, p. 155
(color); p. 173. Palma de Mallorca 1996c, lám. 398
(color), p. 212; p. 250

Sin título, sin fecha
Aguatinta, tinta y papier collé sobre papel,
84 × 67,9 cm
Procedencia: Donación del artista, 1981
FPJM-542b

Exposiciones: Palma de Mallorca 1993-1994, p. 156
(color); p. 173. Palma de Mallorca 1996c, lám. 397
(color), p. 212; p. 250

Sin título, sin fecha
Lápiz litográfico sobre papel, 69,5 × 45,6 cm
Procedencia: Donación del artista, 1981
FPJM-543a

Exposiciones: Palma de Mallorca 1993-1994, p. 129
(color); p. 171. Palma de Mallorca 1996c, lám. 283
(color), p. 174; p. 246

Sin título, 1976/1979 [ca]
Lápiz litográfico sobre papel, 89,2 × 63,3 cm
Procedencia: Donación del artista, 1981
FPJM-544a

Exposiciones: Palma de Mallorca 1993-1994, p. 131
(color); p. 171. Palma de Mallorca 1996c, lám. 284
(color), p. 174; p. 246

Joan Miró y Joan Barbarà
Prueba de estampación para *Gaudí
XXI*, 1976/1979 [ca]
Aguafuerte sobre papel, 89,2 × 63,3 cm
Procedencia: Donación del artista, 1981
FPJM-544b

Exposiciones: Palma de Mallorca 1993-1994, p. 132
(color); p. 171

Sin título, sin fecha
Lápiz litográfico sobre papel, 119,5 × 79,2 cm
Procedencia: Donación del artista, 1981
FPJM-545a

Exposiciones: Palma de Mallorca 1993-1994, p. 157
(color); p. 173. Palma de Mallorca 1996c, lám. 404
(color), p. 214; p. 251

Sin título, sin fecha
Aguatinta, tinta y papier collé sobre papel,
119,5 × 79,2 cm
Procedencia: Donación del artista, 1981
FPJM-545b

Exposiciones: Palma de Mallorca 1993-1994, p. 158
(color); p. 173. Palma de Mallorca 1996c, lám. 403
(color), p. 213; p. 250

FPJM-541

FPJM-540a
FPJM-542a
FPJM-542b

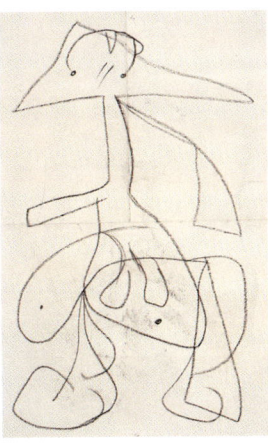  

FPJM-543a
FPJM-544a
FPJM-544b

  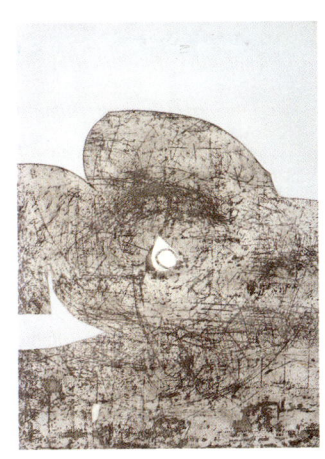

FPJM-545a
FPJM-545b

Sin título, sin fecha
Lápiz litográfico sobre papel, 119,2 × 79,5 cm
Procedencia: Donación del artista, 1981
FPJM-546a

Exposiciones: Palma de Mallorca 1993-1994, p. 159
(color); p. 173. Palma de Mallorca 1996c, lám. 402
(color), p. 212; p. 250

Sin título, sin fecha
Aguatinta, tinta y papier collé sobre papel,
119,2 × 79,5 cm
Procedencia: Donación del artista, 1981
FPJM-546b

Exposiciones: Palma de Mallorca 1993-1994, p. 160
(color); p. 173. Palma de Mallorca 1996c, lám. 401
(color), p. 212; p. 250

Sin título, sin fecha
Lápiz litográfico sobre papel, 119,2 × 79,5 cm
Procedencia: Donación del artista, 1981
FPJM-547a

Exposiciones: Palma de Mallorca 1993-1994, p. 161
(color); p. 173. Palma de Mallorca 1996c, lám. 400
(color), p. 212; p. 250. Marugame 2002, lám. 60
(color), p. 36; p. 78. Mitaka 2002, lám. 60 (color),
p. 36; p. 78. Miyazaki 2002, lám. 60 (color), p. 36;
p. 78. Niitsu 2002, lám. 60 (color), p. 36; p. 78

Sin título, sin fecha
Aguatinta, tinta y papier collé sobre papel,
119,2 × 79,5 cm
Procedencia: Donación del artista, 1981
FPJM-547b

Exposiciones: Palma de Mallorca 1993-1994, p. 162
(color); p. 173. Palma de Mallorca 1996c, lám. 399
(color), p. 212; p. 250

Sin título, 1979 [ca]
Lápiz de cera sobre papel, 50 × 35 cm
Procedencia: Donación del artista, 1981
FPJM-548

Exposiciones: Palma de Mallorca 1993-1994, p. 103
(color); p. 169. Palma de Mallorca 1996c, lám. 268
(color), p. 170; p. 246

Sin título, sin fecha
Lápiz de grafito sobre cartón, 30,1 × 26,3 cm
Procedencia: Donación del artista, 1981
FPJM-549

Exposiciones: Palma de Mallorca 1993-1994, p. 132
(color); p. 171. Palma de Mallorca 1996c, lám. 244
(color), p. 162; p. 245

Sin título, sin fecha
Lápiz de grafito sobre papel, 44,4 × 32,9 cm
Procedencia: Donación del artista, 1981
FPJM-550

Exposiciones: Palma de Mallorca 1993-1994, p. 119
(color); p. 170. Palma de Mallorca 1996c, lám. 258
(color), p. 166; p. 245

Sin título, sin fecha
Lápiz de grafito sobre cartón, 38 × 27,9 cm
Procedencia: Donación del artista, 1981
FPJM-551

Exposiciones: Palma de Mallorca 1994-1995, lám. 19
(color), p. 49

Sin título, sin fecha
Lápiz de grafito sobre papel, 43,7 × 30,6 cm
Procedencia: Donación del artista, 1981
FPJM-552

Exposiciones: Palma de Mallorca 1993-1994, p. 118
(color); p. 170. Palma de Mallorca 1996c, lám. 236
(color), p. 160; p. 245

Sin título, sin fecha
Lápiz de grafito sobre papel, 48,3 × 32,6 cm
Procedencia: Donación del artista, 1981
FPJM-553

Exposiciones: Palma de Mallorca 1993-1994, p. 117
(color); p. 170. Palma de Mallorca 1996c, lám. 240
(color), p. 162; p. 245

Sin título, sin fecha
Lápiz litográfico sobre papel, 95,6 × 68,5 cm
Procedencia: Donación del artista, 1981
FPJM-554a

Exposiciones: Palma de Mallorca 1993-1994, p. 149
(color); p. 173

Sin título, sin fecha
Lápiz de grafito sobre cartulina, 17,7 × 13 cm
Procedencia: Donación del artista, 1981
FPJM-555

Exposiciones: Palma de Mallorca 1993-1994, p. 125
(color); p. 171. Palma de Mallorca 1996c, lám. 260
(color), p. 168; p. 245. Palma de Mallorca 2005, lám. 5
(color), p. 80

Sin título, sin fecha
Lápiz de grafito sobre cartón, 17,7 × 13 cm
Procedencia: Donación del artista, 1981
FPJM-556

Exposiciones: Palma de Mallorca 1994-1995, lám. 6
(color), p. 37

FPJM-547a
FPJM-547b

FPJM-552

FPJM-546a
FPJM-546b

FPJM-548
FPJM-549
FPJM-550
FPJM-551

FPJM-553
FPJM-554a
FPJM-555
FPJM-556

Femme aux 3 cheveux, oiseau, 1978
Lápiz de grafito sobre cartón, 25 × 19 cm
Inscripciones reverso: *21/X. 1978. / Femme aux 3 cheveux, / oiseau*
Procedencia: Donación del artista, 1981
FPJM-557

Exposiciones: Palma de Mallorca 1987, p. 250; p. 251 (color). Fukuoka 1991, lám. 38 (color), p. 56; p. 107. Kasama 1991, lám. 38 (color), p. 56; p. 107. Kioto 1991, lám. 38 (color), p. 56; p. 107. Tokio 1991, lám. 38 (color), p. 56; p. 107. Prato 1994, lám. 66 (color), p. 121; p. 160. Palma de Mallorca 1996c, lám. 242 (color), p. 162; p. 245

Sin título, sin fecha
Lápiz de cera sobre papel, 84 × 62 cm
Procedencia: Donación del artista, 1981
FPJM-558

Exposiciones: Palma de Mallorca 1987, p. 270; p. 271 (color). Roma 1989, p. 125 (color); p. 211. Verona 1989, p. 125 (color); p. 211. Barcelona 1989-1990, p. 73 (color). Oporto 1990, p. 119 (color). Fukuoka 1991, lám. 73 (color), p. 77; p. 108. Kasama 1991, lám. 73 (color), p. 77; p. 108. Kioto 1991, lám. 73 (color), p. 77; p. 108. Tokio 1991, lám. 73 (color), p. 77; p. 108. Sevilla 1993-1994, lám. 83 (color), p. 153; p. 154. Málaga 1994, lám. 83 (color), p. 153; p. 154. Palma de Mallorca 1996c, lám. 279 (color), p. 172; p. 246. Las Palmas de Gran Canaria 1996-1997, lám. 90 (color), p. 125; p. 229. Nuoro 2001-2002, p. 143

Sin título, sin fecha
Lápiz de cera y acrílico sobre cartulina, 235,3 × 120 cm
Procedencia: Donación del artista, 1981
FPJM-559

Sin título, sin fecha
Lápiz litográfico y tinta litográfica sobre papel, 168 × 121,5 cm
Procedencia: Donación del artista, 1981
FPJM-560

Exposiciones: Palma de Mallorca 1994-1995, p. 11, 17, 23; lám. 30 (color), p. 58. Salerno 2002-2003, p. 78 (color); p. 180

Sin título, sin fecha
Tinta litográfica sobre papel, 90 × 65 cm
Procedencia: Donación del artista, 1981
FPJM-561

Exposiciones: Palma de Mallorca 1993-1994, p. 141 (color); p. 172. Bangkok 1995, lám. 62 (color); p. 60; p. 105. Beijing 1995, lám. 62 (color), p. 60; p. 103. Shanghai 1995, lám. 62 (color), p. 60; p. 103. Taipei 1995, lám. 62 (color), p. 86; p. 136. Palma de Mallorca 1996c, lám. 225 (color), p. 157; p. 244

Sin título, sin fecha
Tinta litográfica y lápiz litográfico sobre cartulina, 92 × 65 cm
Procedencia: Donación del artista, 1981
FPJM-562

Exposiciones: Palma de Mallorca 1993-1994, p. 140 (color); p. 172. Bangkok 1995, lám. 52 (color), p. 57; p. 105. Beijing 1995, lám. 52 (color), p. 57; p. 103. Shanghai 1995, lám. 52 (color), p. 57; p. 103. Taipei 1995, lám. 52 (color), p. 83; p. 136. Palma de Mallorca 1996c, lám. 220 (color), p. 156; p. 244

Sin título, sin fecha
Lápiz litográfico sobre papel, 90,5 × 65 cm
Procedencia: Donación del artista, 1981
FPJM-563

Exposiciones: Palma de Mallorca 1993-1994, p. 143 (color); p. 172. Palma de Mallorca 1996c, lám. 280 (color), p. 173; p. 246. Nuoro 2001-2002, p. 66 (color); p. 142

Sin título, sin fecha
Lápiz de cera, gouache y tinta sobre papel, 33 × 44,2 cm
Procedencia: Donación del artista, 1981
FPJM-564

Exposiciones: Palma de Mallorca 1994-1995, lám. 4 (color), p. 36

Sin título, sin fecha
Lápiz de grafito y tinta sobre papel, 36 × 49,9 cm
Procedencia: Donación del artista, 1981
FPJM-565

Exposiciones: Palma de Mallorca 1993-1994, p. 126 (color); p. 171. Palma de Mallorca 1996c, lám. 263 (color), p. 168; p. 246

Sin título, sin fecha
Carboncillo y aguatinta sobre papel, 73,6 × 49,6 cm
Procedencia: Donación del artista, 1981
FPJM-566

Exposiciones: Fukuoka 1991, lám. 71 (color), p. 76; p. 108. Kasama 1991, lám. 71 (color), p. 76; p. 108. Kioto 1991, lám. 71 (color), p. 76; p. 108. Tokio 1991, lám. 71 (color), p. 76; p. 108. Sevilla 1993-1994, p. 155; lám. 89 (color), p. 159. Málaga 1994, p. 155; lám. 89 (color), p. 159. Palma de Mallorca 1996c, lám. 205 (color), p. 151; p. 244. Las Palmas de Gran Canaria 1996-1997, p. 109; lám. 82 (color), p. 121; p. 229. Marugame 2002, lám. 20 (color), p. 24; p. 76. Mitaka 2002, lám. 20 (color), p. 24; p. 76. Miyazaki 2002, lám. 20 (color), p. 24; p. 76. Niitsu 2002, lám. 20 (color), p. 24; p. 76

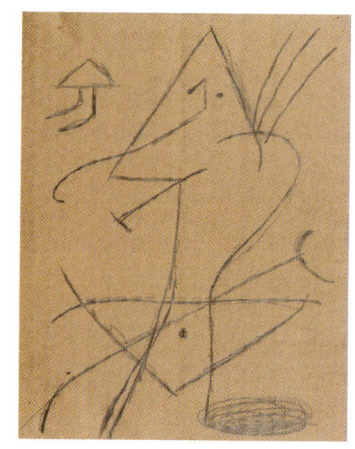

FPJM-557

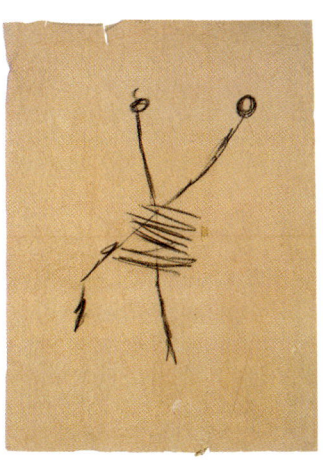

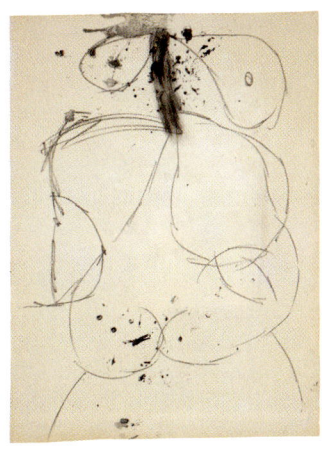

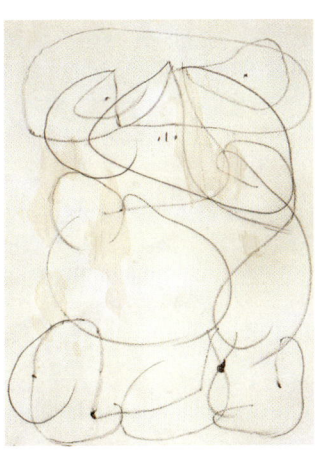

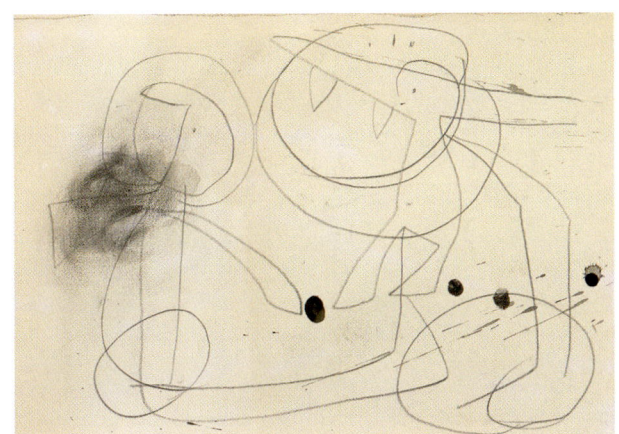

Sin título, sin fecha
Tinta, aguada, lápiz de cera y lápiz de grafito
sobre papel, 49,7 × 107,5 cm
Procedencia: Donación del artista, 1981
FPJM-567

Exposiciones: Palma de Mallorca 1987, p. 118; p. 119
(color). Roma 1989, p. 118 (color); p. 210. Verona
1989, p. 118 (color); p. 210. Barcelona 1989-1990,
p. 92 (color). Oporto 1990, p. 112 (color). Palma de
Mallorca 1996c, lám. 201 (color), p. 150; p. 244. Milán
1999, lám. 44 (color), p. 93; p. 140. Nuoro 2001-2002,
p. 143. Marugame 2002, lám. 24 (color), p. 62; p. 77.
Mitaka 2002, lám. 24 (color), p. 62; p. 77. Miyazaki
2002, lám. 24 (color), p. 62; p. 77. Niitsu 2002,
lám. 24 (color), p. 62; p. 77

Bibliografía: Fundació Pilar i Joan Miró a Mallorca
1992, p. 91 (color, invertida)

Sin título, sin fecha
Lápiz de grafito y tinta litográfica sobre papel,
39,4 × 51,5 cm
Inscripciones: *CAP / T*
Procedencia: Donación del artista, 1981
FPJM-568

Exposiciones: Palma de Mallorca 1993-1994, p. 115
(color); p. 170. Palma de Mallorca 1996c, lám. 265
(color), p. 168; p. 246

Sin título, sin fecha
Tinta litográfica, lápiz litográfico y lápiz de
grafito sobre poliéster, 57,6 × 48,2 cm
Procedencia: Donación del artista, 1981
FPJM-569

Exposiciones: Fukuoka 1991, lám. 78 (color), p. 79;
p. 108. Kasama 1991, lám. 78 (color), p. 79; p. 108.
Kioto 1991, lám. 78 (color), p. 79; p. 108. Tokio 1991,
lám. 78 (color), p. 79; p. 108. Buenos Aires 1993,
lám. 26 (color), p. 64. Prato 1994, p. 106; lám. 47
(color), p. 107; p. 159. Bangkok 1995, lám. 65 (color),
p. 60; p. 105. Beijing 1995, lám. 65 (color), p. 60;
p. 103. Shanghai 1995, lám. 65 (color), p. 60; p. 103.
Taipei 1995, lám. 65 (color), p. 86; p. 136. Palma de
Mallorca 1996c, lám. 216 (color), p. 154; p. 244

Sin título, 1979 [ca]
Lápiz de grafito, xilografía y collage sobre papel,
47,7 × 65,9 cm
Procedencia: Donación del artista, 1981
FPJM-591

Sin título, 1979 [ca]
Lápiz de grafito, xilografía y collage sobre papel,
50,4 × 68 cm
Procedencia: Donación del artista, 1981
FPJM-592

Sin título, sin fecha
Lápiz de grafito, tinta, aguafuerte y aguatinta
sobre papel, 63,1 × 91 cm
Procedencia: Donación del artista, 1981
FPJM-637

FPJM-568

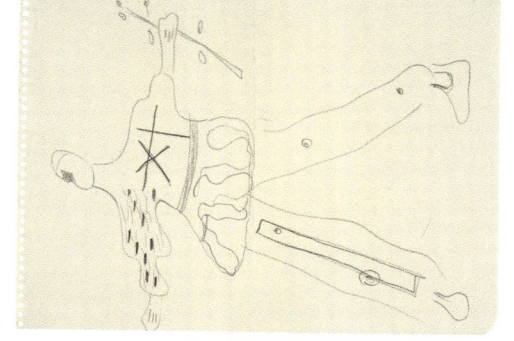

Dibujos relacionados con el ballet *Arlequín*, para el que Miró diseñó el vestuario. Este ballet, con música de Schumann y coreografía de Joan Magrinyà, se estrenó en el Teatro Barcelona de la ciudad condal, el día 5 de abril de 1935.

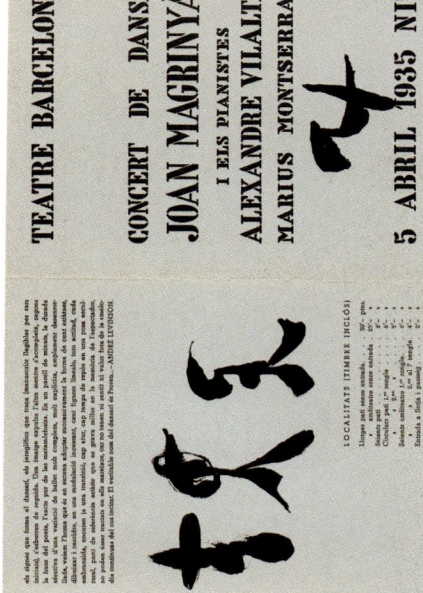

Sin título, 1935 [ca]
Lápiz de grafito sobre papel, 17,5 × 13,5 cm
Procedencia: Donación del artista, 1981
FPJM-1284

Exposiciones: Madrid 1993b; p. 182 (color); [p. 183] (color, detalle). Barcelona 1994-1995, lám. 88 (color), p. 123

Sin título, 1935 [ca]
Lápiz de grafito y pastel sobre papel,
17,5 × 13,5 cm
Procedencia: Donación del artista, 1981
FPJM-1285

Exposiciones: Madrid 1993b; p. 184 (color); [p. 185] (color, detalle). Barcelona 1994-1995, lám. 86 (color), p. 123

Sin título, 1935 [ca]
Lápiz de grafito y pastel sobre papel,
17,5 × 13,5 cm
Procedencia: Donación del artista, 1981
FPJM-1286

Exposiciones: Madrid 1993b; p. 186 (color); [p. 187] (color, detalle). Barcelona 1994-1995, lám. 87 (color), p. 123

Sin título, 1935 [ca]
Lápiz de grafito sobre papel, 17,5 × 13,5 cm
Procedencia: Donación del artista, 1981
FPJM-1287

Exposiciones: Madrid 1993b; p. 188 (color); [p. 189] (color, detalle). Barcelona 1994-1995, lám. 84 (color), p. 123

Sin título, 1935 [ca]
Lápiz de grafito sobre papel, 25,8 × 18,5 cm
Procedencia: Donación del artista, 1981
FPJM-1288

Exposiciones: Barcelona 1994-1995, lám. 85 (color), p. 123

Sin título, 1935 [post]
Gouache y tinta sobre cartulina, 22,5 × 35 cm
Procedencia: Donación del artista, 1981
FPJM-1289a

Exposiciones: Palma de Mallorca 1994-1995, lám. 55 (color), p. 87. Rio de Janeiro 1995, p. 49 (color). Buenos Aires 1996, p. 44 (color); p. 86. Montevideo 1996, p. 44 (color); p. 86. São Paulo 1996, p. 49 (color). Tokio 1998, lám. 8, [p. 26]

Sin título, 1935 [post]
Tinta sobre cartulina, 22,5 × 35 cm
Procedencia: Donación del artista, 1981
FPJM-1289b

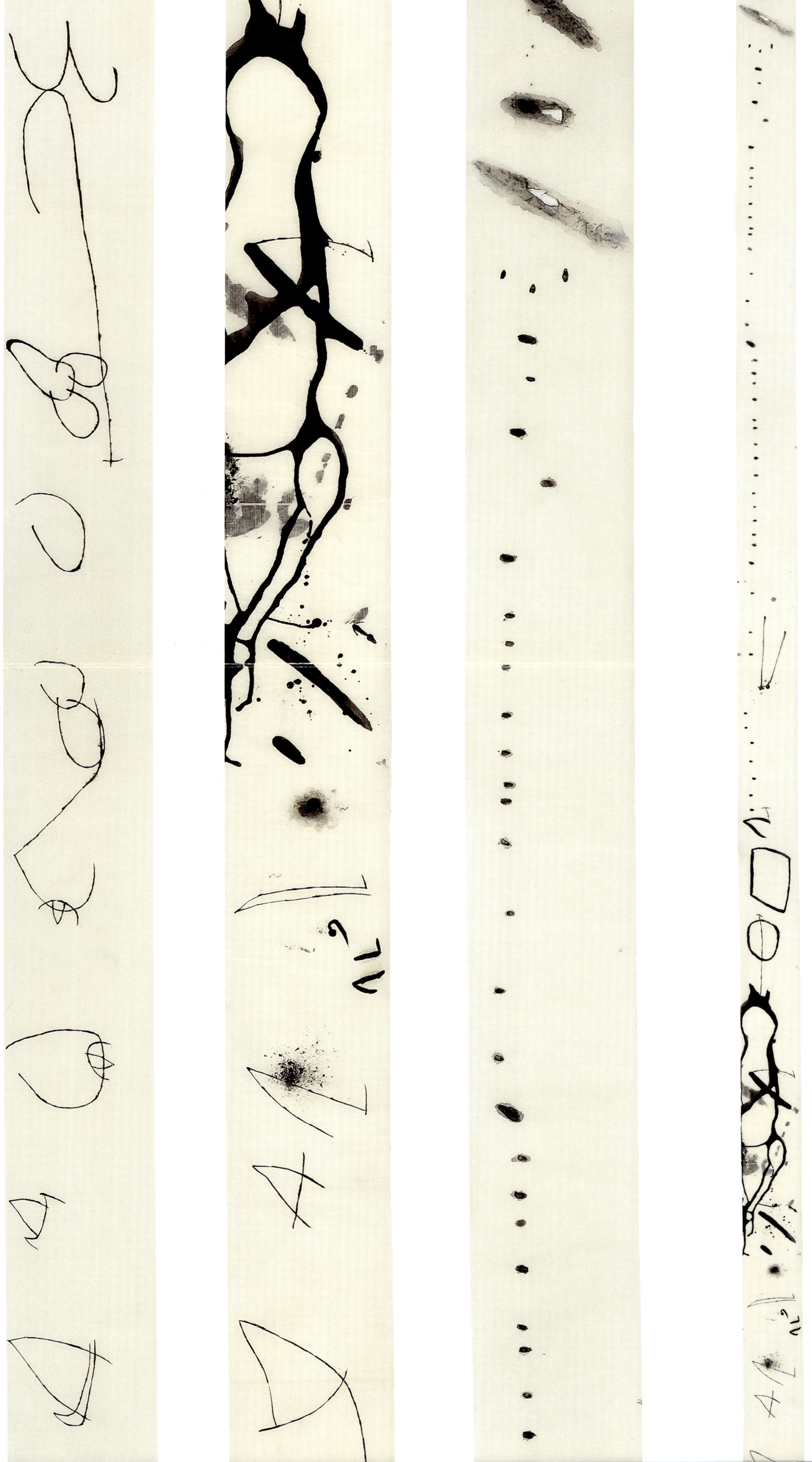

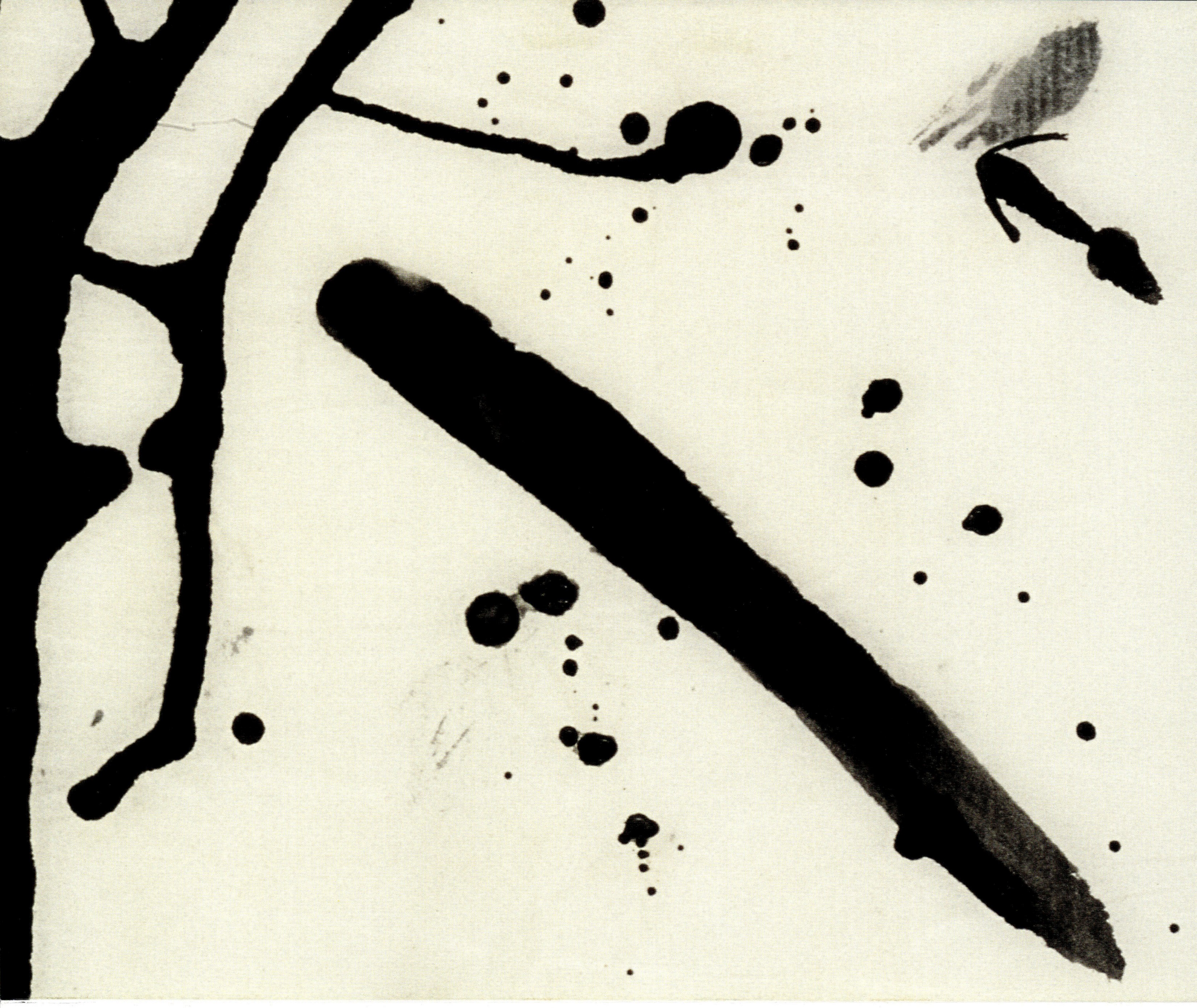

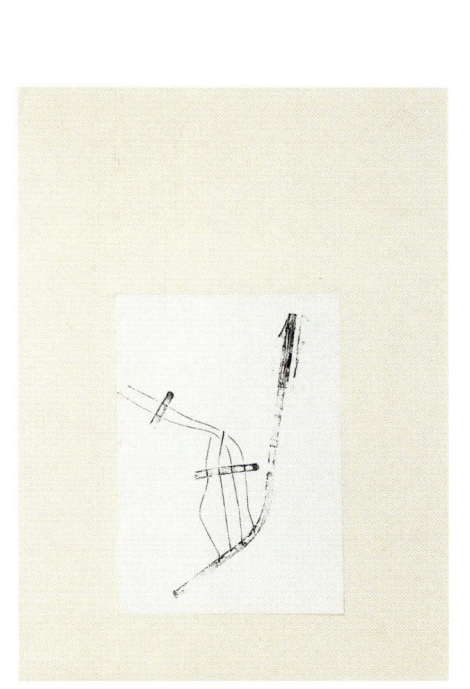

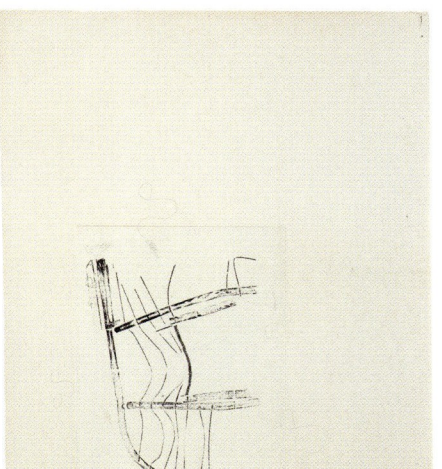

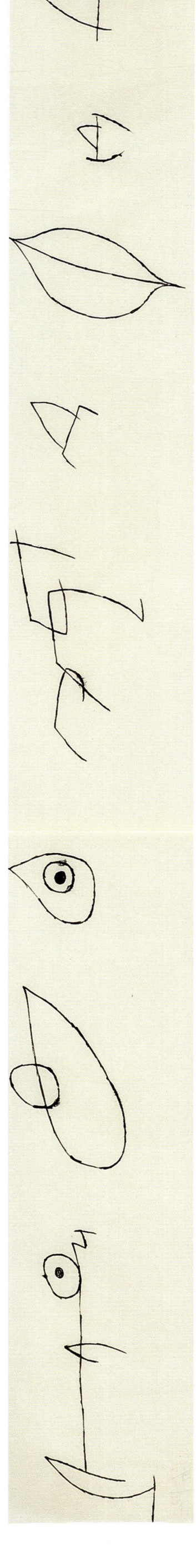

Sin título, 1972
Tinta china y lápiz de grafito sobre papel,
18,9 × 964 cm
Inscripciones anverso: *Miró*
Inscripciones reverso: *5/II/72*
Procedencia: Donación del artista, 1981
FPJM-573

Exposiciones: Bangkok 1995, p. 20; lám. 93 (color),
p. 68-69; p. 107. Beijing 1995, p. 22; lám. 93 (color),
p. 68-69; p. 104. Hong Kong 1995, lám. 93 (color),
Shanghai 1995, p. 22; lám. 93 (color), p. 68-69;
p. 104. Taipei 1995, lám. 93 (color), p. 94-95; p. 137.
Palma de Mallorca 1996c, lám. 191 (color),
p. 146-147; p. 243. Las Palmas de Gran Canaria
1996-1997, p. 108; lám. 74 (color), p. 114-115;
p. 229. Santiago de Chile 1997, p. 11; lám. 31 (color),
p. 26-27; [p. 44]

FPJM-1284
FPJM-1285

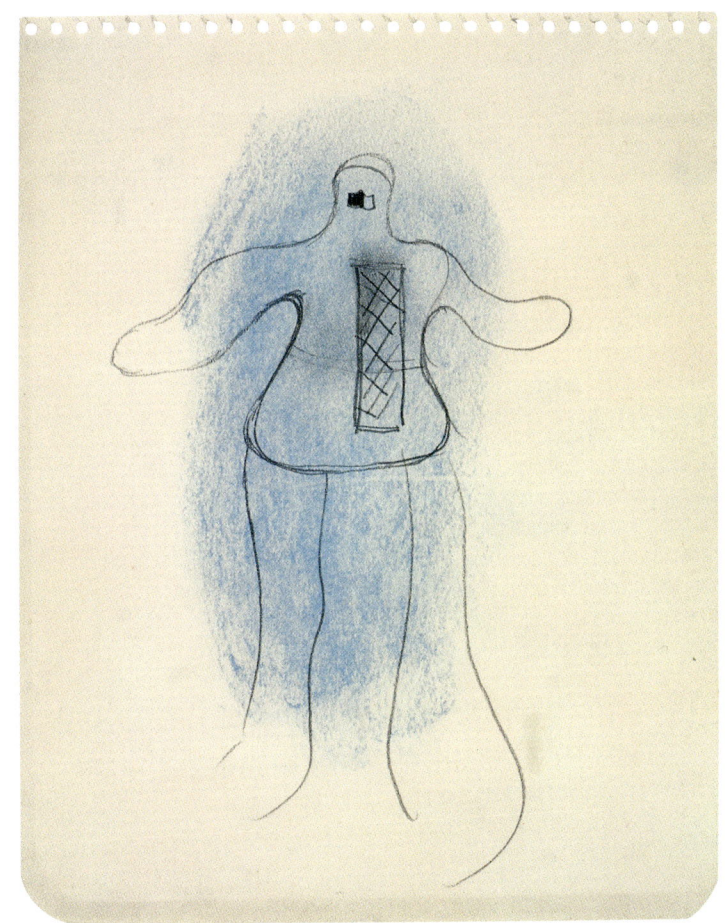

FPJM-1286
FPJM-1287

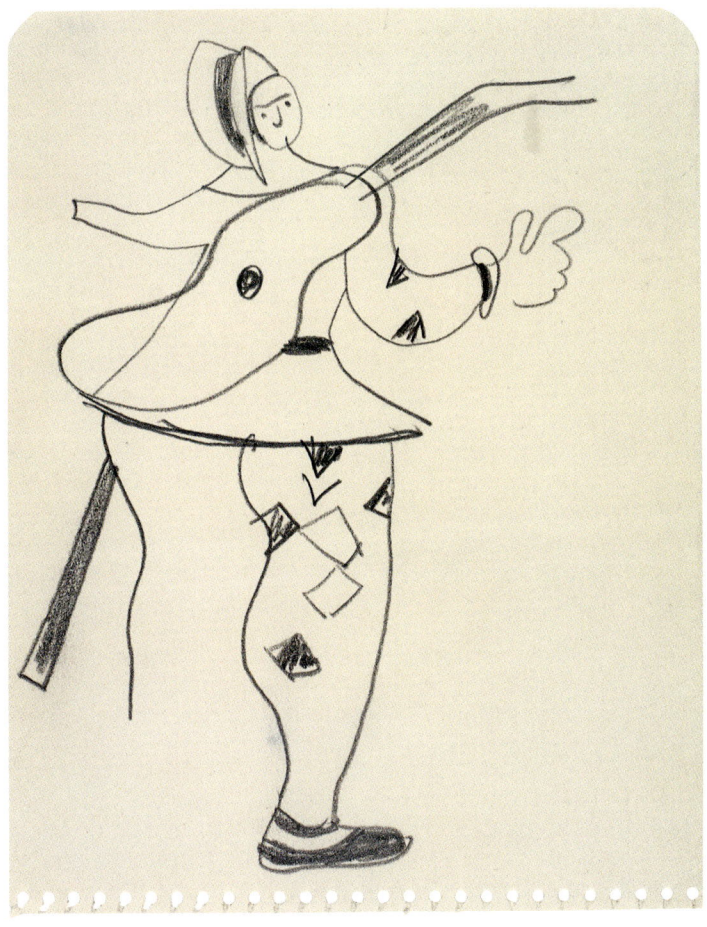

Boceto para la pintura mural del
Terrace Plaza Hotel de Cincinnati,
1947 [ca]
Gouache, pastel, tinta y lápiz de grafito sobre
papel, 48,9 × 126,8 cm
Inscripciones anverso: *79 1/2 «*
Inscripciones reverso: *Cincinatti* [sic] /
RECEIVED / APR 10 1947
Procedencia: Donación del artista, 1981
FPJM-570

Exposiciones: Palma de Mallorca 1994-1995, p. 10,
16, 22; lám. 39 (color), p. 70. Palma de Mallorca
1996c, lám. 295 (color), p. 180; p. 247. Milán 1999,
lám. 40 (color), p. 87; p. 140. Marugame 2002,
lám. 25 (color), p. 62; p. 77. Mitaka 2002, lám. 25
(color), p. 62; p. 77. Miyazaki 2002, lám. 25 (color),
p. 62; p. 77. Niitsu 2002, lám. 25 (color), p. 62; p. 77

Bibliografía: Fondation Beyeler, y The Phillips
Collection 2004, lám. 48, p. 75; Fundació Pilar i Joan
Miró a Mallorca 1992, p. 88 (color)

Sin título, 1950 [ca]
Lápiz de grafito y xilografía sobre papel,
24,3 × 19,4 cm
Procedencia: Donación del artista, 1981
FPJM-574

Exposiciones: Prato 1994, lám. 71 (color), p. 124;
p. 160. Palma de Mallorca 1994-1995, p. 10, 16, 22;
lám. 43 (color), p. 73. Palma de Mallorca 1996c,
lám. 396 (color), p. 211; p. 250

Sin título, 1950 [ca]
Lápiz de grafito, xilografía y collage sobre papel,
25 × 32,5 cm
Procedencia: Donación del artista, 1981
FPJM-575

Exposiciones: Prato 1994, lám. 69 (color, invertida),
p. 123; p. 160. Palma de Mallorca 1994-1995, p. 10,
16, 22; lám. 40 (color), p. 70

Sin título, 1950 [ca]
Lápiz de grafito, xilografía y collage sobre papel,
33,2 × 25 cm
Procedencia: Donación del artista, 1981
FPJM-576

Exposiciones: Prato 1994, lám. 70 (color, invertida),
p. 123; p. 160. Palma de Mallorca 1994-1995, p. 10,
12, 16, 18, 22, 24; lám. 48 (color), p. 78. Palma de
Mallorca 1996c, lám. 393 (color), p. 210; p. 250

Sin título, 1950 [ca]
Lápiz de grafito, xilografía y collage sobre papel,
33,3 × 25,8 cm
Procedencia: Donación del artista, 1981
FPJM-577

Exposiciones: Prato 1994, lám. 72 (color), p. 125;
p. 160. Palma de Mallorca 1994-1995, p. 10, 16, 22;
lám. 45 (color), p. 75. Palma de Mallorca 1996c,
lám. 392 (color), p. 210; p. 250

Sin título, 1950 [ca]
Lápiz de grafito y xilografía sobre papel,
24,8 × 19,1 cm
Procedencia: Donación del artista, 1981
FPJM-578

Exposiciones: Palma de Mallorca 1994-1995, p. 10,
16, 22; lám. 44 (color), p. 74. Palma de Mallorca
1996c, p. 22, 23; lám. 133 (color), p. 126; p. 241

Sin título, 1950 [ca]
Lápiz de grafito y xilografía sobre papel,
22 × 16,4 cm
Procedencia: Donación del artista, 1981
FPJM-579

Exposiciones: Palma de Mallorca 1994-1995, p. 10,
16, 22; lám. 42 (color), p. 72. Palma de Mallorca
1996c, lám. 191 (color), p. 146-147; p. 243

Sin título, 1950 [ca]
Lápiz de grafito, xilografía y collage sobre papel,
41,8 × 26,5 cm
Procedencia: Donación del artista, 1981
FPJM-580

Exposiciones: Palma de Mallorca 1994-1995, p. 10,
12, 16, 18, 22, 24; lám. 38 (color), p. 69. Palma de
Mallorca 1996c, lám. 297-298 (color), p. 181; p. 247

Sin título, 1950 [ca]
Lápiz de grafito, xilografía y collage sobre papel,
32,6 × 50,1 cm
Procedencia: Donación del artista, 1981
FPJM-582

Exposiciones: Palma de Mallorca 1994-1995, p. 10,
12, 16, 18, 22, 24; lám. 49 (color), p. 78

Sin título, 1950 [ca]
Lápiz de grafito, xilografía y collage sobre papel,
32,3 × 50 cm
Procedencia: Donación del artista, 1981
FPJM-583

Exposiciones: Palma de Mallorca 1994-1995, p. 10,
16, 22; lám. 46 (color), p. 76

Sin título, 1950 [ca]
Lápiz de grafito, xilografía y collage sobre papel,
52,8 × 37,5 cm
Procedencia: Donación del artista, 1981
FPJM-584

Exposiciones: Palma de Mallorca 1994-1995, p. 10,
16, 22; lám. 50 (color), p. 79

Sin título, 1950 [ca]
Lápiz de grafito, xilografía y collage sobre papel,
52,9 × 37,7 cm
Procedencia: Donación del artista, 1981
FPJM-585

Exposiciones: Palma de Mallorca 1994-1995, p. 10,
16, 22; lám. 47 (color), p. 77

Sin título, 1950 [ca]
Lápiz de grafito, xilografía y collage sobre papel,
50 × 32,5 cm
Procedencia: Donación del artista, 1981
FPJM-586

FPJM-574

FPJM-578

Dibujos con xilografía probablemente relacionados con el proceso de
ilustración del libro *Joan Miró* de João Cabral de Melo que fue publicado en 1950. Miró no se limitó a estampar tacos xilográficos, sino
que también inmortalizó objetos encontrados como una lata de sar-
dinas y una aguja de remendar redes de pesca. [págs. 228-231]

FPJM-575
FPJM-576
FPJM-577

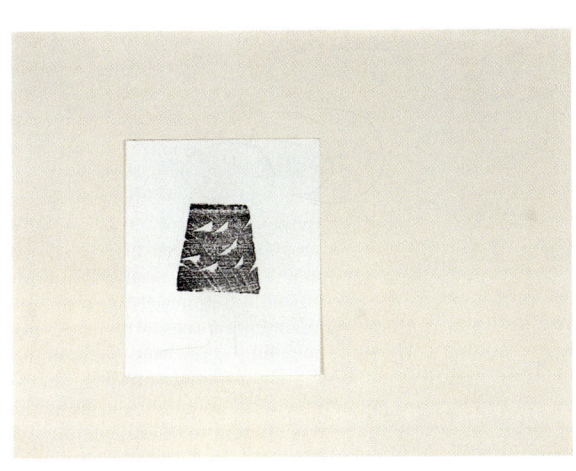  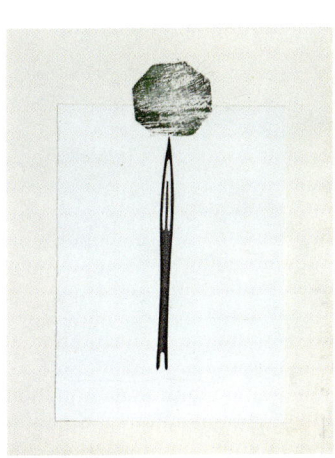

FPJM-579
FPJM-580
FPJM-582

 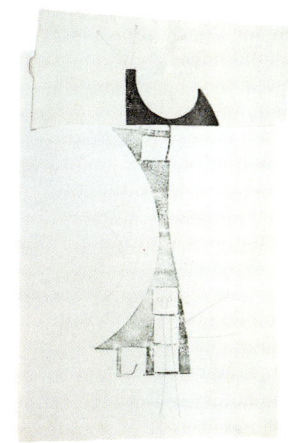 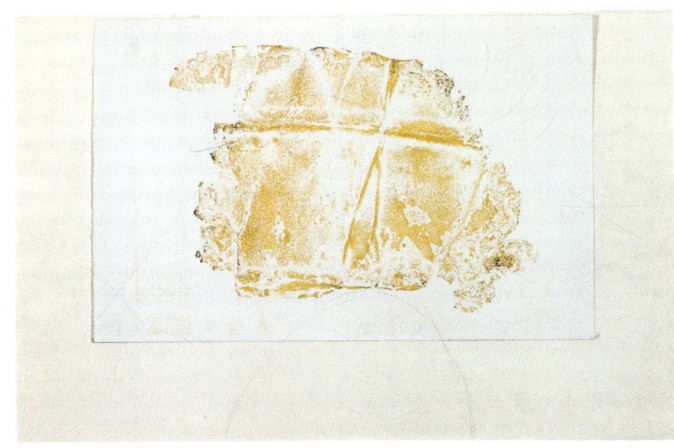

FPJM-583
FPJM-584

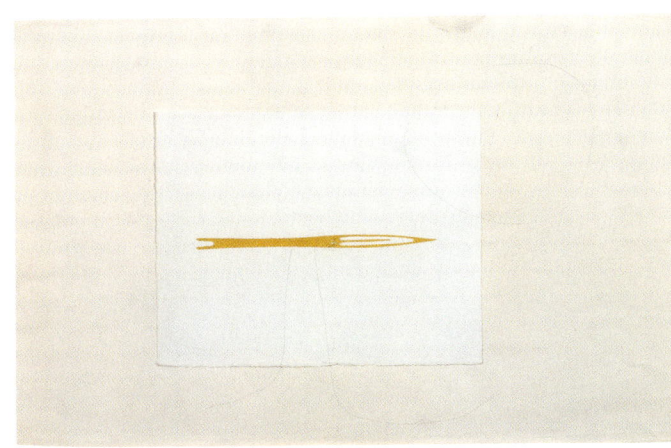

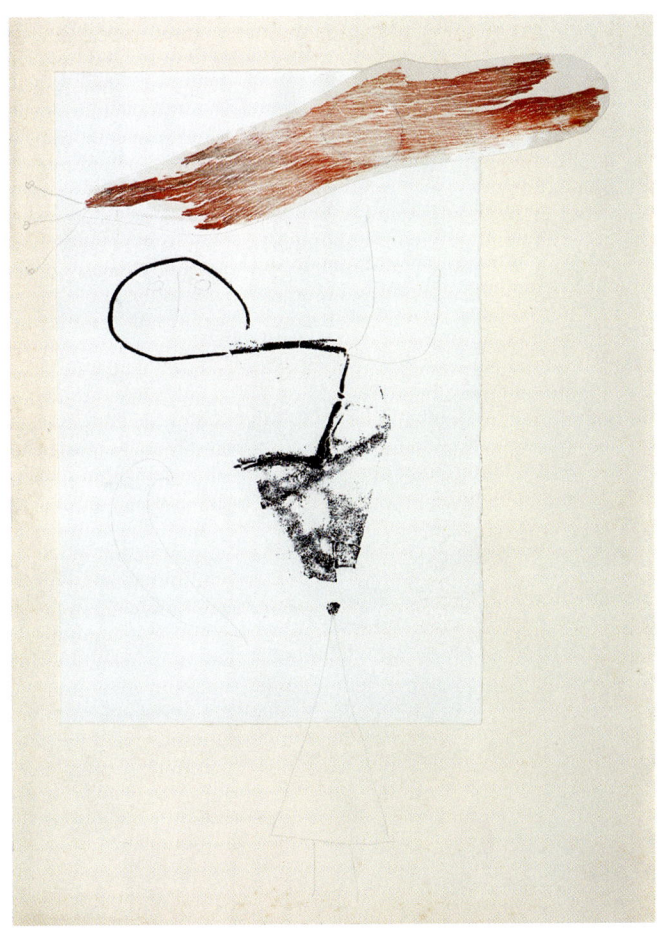

FPJM-585
FPJM-586

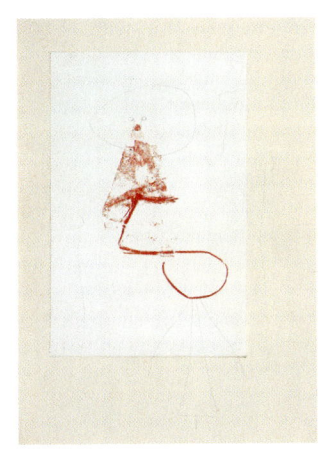 

Sin título, 1950 [ca]
Lápiz de grafito, xilografía y collage sobre papel,
50,4 × 64,5 cm
Procedencia: Donación del artista, 1981
FPJM-587

Sin título, 1950 [ca]
Lápiz de grafito, xilografía y collage sobre papel,
64,7 × 50,5 cm
Procedencia: Donación del artista, 1981
FPJM-588

Sin título, 1950 [ca]
Lápiz de grafito, xilografía y collage sobre papel,
37,7 × 52,5 cm
Procedencia: Donación del artista, 1981
FPJM-589

Sin título, 1950 [ca]
Lápiz de grafito y xilografía sobre papel,
35,3 × 24,8 cm
Procedencia: Donación del artista, 1981
FPJM-590

Sin título, 1950 [ca]
Lápiz de grafito, xilografía y collage sobre papel,
50 × 32,5 cm
Procedencia: Donación del artista, 1981
FPJM-593

Sin título, 1950 [ca]
Lápiz de grafito, xilografía y collage sobre papel,
50 × 32,5 cm
Procedencia: Donación del artista, 1981
FPJM-594a

Sin título, 1950 [ca]
Lápiz de grafito, xilografía y collage sobre papel,
44 × 25,6 cm
Procedencia: Donación del artista, 1981
FPJM-595

Sin título, 1950 [ca]
Lápiz de grafito, xilografía y collage sobre papel,
50 × 32,5 cm
Procedencia: Donación del artista, 1981
FPJM-596

Sin título, 1950 [ca]
Lápiz de grafito, xilografía y collage sobre papel,
59,5 × 48 cm
Procedencia: Donación del artista, 1981
FPJM-597

Sin título, 1950 [ca]
Lápiz de grafito, xilografía y collage sobre papel,
52,8 × 37,9 cm
Procedencia: Donación del artista, 1981
FPJM-598

Sin título, 1950 [ca]
Lápiz de grafito, xilografía y collage sobre papel,
25,3 × 32,5 cm
Procedencia: Donación del artista, 1981
FPJM-599

FPJM-587

FPJM-599

FPJM-588
FPJM-589
FPJM-590

FPJM-593
FPJM-594a
FPJM-595
FPJM-596

   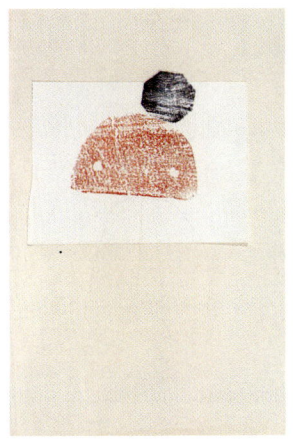

FPJM-597
FPJM-598

 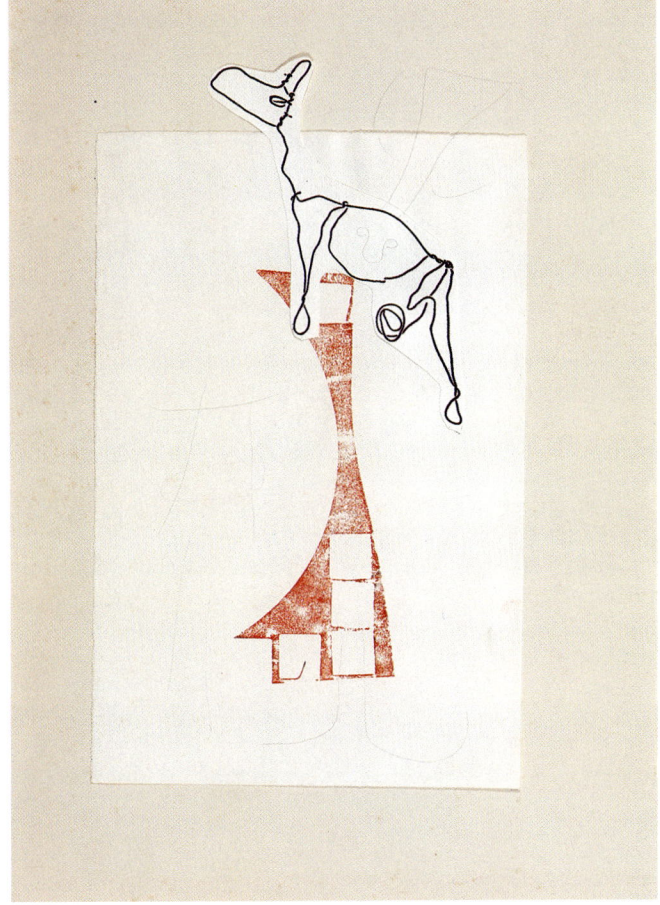

Maqueta para el *Mural del Sol*,
1956 [ca]
Gouache y carboncillo sobre papel,
212,8 × 121,5 cm
Procedencia: Donación del artista, 1981
FPJM-572.1

Exposiciones: Palma de Mallorca 1996c, lám. 297
(color), p. 181; p. 247. Las Palmas de Gran Canaria
1996-1997, p. 108; lám. 73 (color), [p. 110-112];
p. 229. Palma de Mallorca 1998, p. 28-29. Roma
1998-1999, p. 92-93 (color). Catania 1999, p. 78-79
(color). Milán 1999, lám. 39 (color), p. 88; p. 140.
Santander 2005, p. 70-71 (color)

Bibliografía: Fundació Pilar i Joan Miró 1998, p. 28-29

Maqueta para el *Mural del Sol*,
1956 [ca]
Gouache y carboncillo sobre papel,
211 × 121,5 cm
Procedencia: Donación del artista, 1981
FPJM-572.2

Exposiciones: Palma de Mallorca 1996c, lám. 297
(color); lám. 298 (color), p. 181; p. 247. Las Palmas de

Gran Canaria 1996-1997, p. 108; lám. 73 (color),
[p. 110-112]; p. 229. Palma de Mallorca 1998,
p. 28-29. Roma 1998-1999, p. 92-93 (color). Catania
1999, p. 78-79 (color). Milán 1999, lám. 39 (color),
p. 88; p. 140. Santander 2005, p. 70-71 (color)

Bibliografía: Fundació Pilar i Joan Miró 1998, p. 28-29

Maqueta para el *Mural del Sol*,
1956 [ca]
Gouache y carboncillo sobre papel,
212 × 121,5 cm
Procedencia: Donación del artista, 1981
FPJM-572.3

Exposiciones: Palma de Mallorca 1996c, lám. 297
(color), p. 181; p. 247. Las Palmas de Gran Canaria
1996-1997, p. 108; lám. 73 (color), [p. 110-112];
p. 229. Palma de Mallorca 1998, p. 28-29. Roma
1998-1999, p. 92-93 (color). Catania 1999, p. 78-79
(color). Milán 1999, lám. 39 (color), p. 88; p. 140.
Santander 2005, p. 70-71 (color)

Bibliografía: Fundació Pilar i Joan Miró 1998, p. 28-29

Maqueta para el *Mural del Sol*,
1956 [ca]
Gouache y carboncillo sobre papel,
212,3 × 121 cm
Procedencia: Donación del artista, 1981
FPJM-572.4

Exposiciones: Palma de Mallorca 1996c, lám. 297
(color), p. 181; p. 247. Las Palmas de Gran Canaria
1996-1997, p. 108; lám. 73 (color), [p. 110-112];
p. 229. Palma de Mallorca 1998, p. 28-29. Roma
1998-1999, p. 92-93 (color). Catania 1999, p. 78-79
(color). Milán 1999, lám. 39 (color), p. 89; p. 140.
Santander 2005, p. 70-71 (color)

Bibliografía: Fundació Pilar i Joan Miró 1998, p. 28-29

Maqueta para el *Mural del Sol*,
1956 [ca]
Gouache y carboncillo sobre papel,
72,5 × 121,5 cm
Procedencia: Donación del artista, 1981
FPJM-572.5

Exposiciones: Palma de Mallorca 1996c, lám. 297
(color), p. 181; p. 247. Las Palmas de Gran Canaria

1996-1997, p. 108; lám. 73 (color), [p. 110-112];
p. 229. Palma de Mallorca 1998, p. 28-29. Roma
1998-1999, p. 92-93 (color). Catania 1999, p. 78-79
(color). Milán 1999, lám. 39 (color), p. 89; p. 140.
Santander 2005, p. 70-71 (color)

Bibliografía: Fundació Pilar i Joan Miró 1998, p. 28-29

Maqueta para el *Mural del Sol*,
1956 [ca]
Gouache y carboncillo sobre papel,
212,5 × 121,5 cm
Inscripciones: *dintre*
Procedencia: Donación del artista, 1981
FPJM-572.6

Exposiciones: Palma de Mallorca 1996c, lám. 297
(color), p. 181; p. 247. Las Palmas de Gran Canaria
1996-1997, p. 108; lám. 73 (color), [p. 110-112];
p. 229. Palma de Mallorca 1998, p. 28-29. Roma
1998-1999, p. 92-93 (color). Catania 1999, p. 78-79
(color). Milán 1999, lám. 39 (color), p. 89; p. 140.
Santander 2005, p. 70-71 (color)

Bibliografía: Fundació Pilar i Joan Miró 1998, p. 28-29

Miró trabajando en la maqueta del Mural del Sol en "El Racó" de Gallifa, 1956-1958. © Francesc Català-Roca. Cortesía Martí Català y Andreu Català

Joan Miró y André Frénaud
Sin título, 1957/1959
Bolígrafo sobre papel, 27 × 21 cm
Inscripciones: *Saint Joseph n'avait jamais vu de locomotive / et il avait peur de perdre les billets. / C'était un soir de grand départ, la gare enfiévrée / par les multitudes et les sifflets, les lumières. / Arrivés trop tôt, trop traîné au buffet... / Ils n'avaient pas retenu leurs places, / et l'on a dit qu'ils s'étaient trompés de train. / Personne pour leur souhaiter bon voyage. / Les amis n'avaient pas été prévenus. / Crachant fumée jaune et bleue comme un dragon / le train changeait de voie aux aiguilles, / et change encore, il va plus vite, il va. / Disparaissent les banlieues et les signaux. / Debout dans le couloir. Qui donc aura pitié / d'une femme grosse et si belle et qui geint ? / Dans le compartiment voisin des zélotes / s'empoignèrent puis mangèrent leurs provisions. / Des soldats rappelés faisaient les malins. / Un publicain qui avait commis des exactions / et sa maîtraisse, une négresse très belle, / occupaient les coins côté couloir. / Un grand prêtre faisait semblant de lire. / Un train passa en fracas et l'enfant / dans la nuit maternelle déjà s'effraie. / Filons dans l'étendue, il neige, il pleut, qu'importe, / il fait chaud jusque sur les ponts bruissants / lorsque fraîchit la rivière traversée. Déjà le temps s'endort et les villes s'espacent. /.../*
Procedencia: Donación del artista, 1981
FPJM-FD-362.8b

Joan Miró y André Frénaud
Sin título, 1957
Bolígrafo sobre papel, 27 × 21 cm
Inscripciones: *Des forêts sont franchies et des bourgs, la vallée monte. / Aux stations inconnues les barrières / s'abaissent et se lèvent dans la campagne / arrondie très haut par la voûte étoilée. / Le chant des anges assourdi par les nuages / ne perce pas les grondements du wagon. / La Vierge ferme les yeux contre la vitre, elle voit. / - Tout le monde descend - C'est le petit jour. / Saint-Joseph a rassemblé les bagages. / L'employé ouvre les portières. / Sur le quai l'âne et le boeuf / sont là et déjà chuchottent. / Ah, dit Marie, humblement, c'est ici que la parole doit s'accomplir.*
Procedencia: Donación del artista, 1981
FPJM-FD-362.9b

Sin título, 1958/1959
Lápiz de grafito y lápiz de cera sobre papel, 34,7 × 24,5 cm
Inscripciones: *X*
Procedencia: Donación del artista, 1981
FPJM-1409.1a

Exposiciones: Madrid 1986-1987, lám. 59d, p. 134. Barcelona 1987, lám. 59d, p. 134. Colonia 1987, lám. 59d, p. 148. Washington, D.C. 2002-2003, p. 34; lám. 1.1 (color), p. 91; p. 164. Portland 2003, p. 34; lám. 1.1 (color), p. 91; p. 164. San Petersburgo 2003, p. 34; lám. 1.1 (color), p. 91; p. 164

Sin título, 1958
Lápiz de grafito sobre papel, 24,5 × 34,7 cm
Inscripciones: *? / X / X / 16/7/58*
Procedencia: Donación del artista, 1981
FPJM-1409.1b

Sin título, 1958
Lápiz de grafito sobre papel, 24,5 × 34,7 cm
Inscripciones: *fer-lo doble amb bronze / X / suprimir forats, pels i grafismes / X / canviar la proporció del sexe / X / augmentar-lo primerament amb fang / i anar-lo retreballant / X / caldrà un nou socle / X / proporció basant-se en el sexe format per / la closca de tortuga / 0'57 / 0'47 / X / 1 m. / 0'75 / Mtg. 26 / 9 / 58.*
Procedencia: Donación del artista, 1981
FPJM-1409.2a

Exposiciones: Madrid 1986-1987, lám. 51c, p. 117. Barcelona 1987, lám. 51c, p. 117. Colonia 1987, lám. 51c, p. 131

Sin título, 1958
Lápiz de grafito sobre papel, 24,5 × 34,7 cm
Inscripciones: *0'10 / augmentar-lo 13 vegades amb pedra negra / X / suprimir forats i ulls / X / augmentar-lo primerament / amb fang i anar-lo retreba- / llant / X / caldrà un nou socle / X / com un signe / 0'15 / 0'20 / X / Mtg. 26/9/58.*
Procedencia: Donación del artista, 1981
FPJM-1409.2b

Exposiciones: Madrid 1986-1987, lám. 55a, p. 125. Barcelona 1987, lám. 55a, p. 125. Colonia 1987, lám. 55a, p. 139. Palma de Mallorca 1996b, lám. 3.a (color), p. 54. Palma de Mallorca 1996c, lám. 406 (color), p. 216; p. 251

FPJM-1409.1a

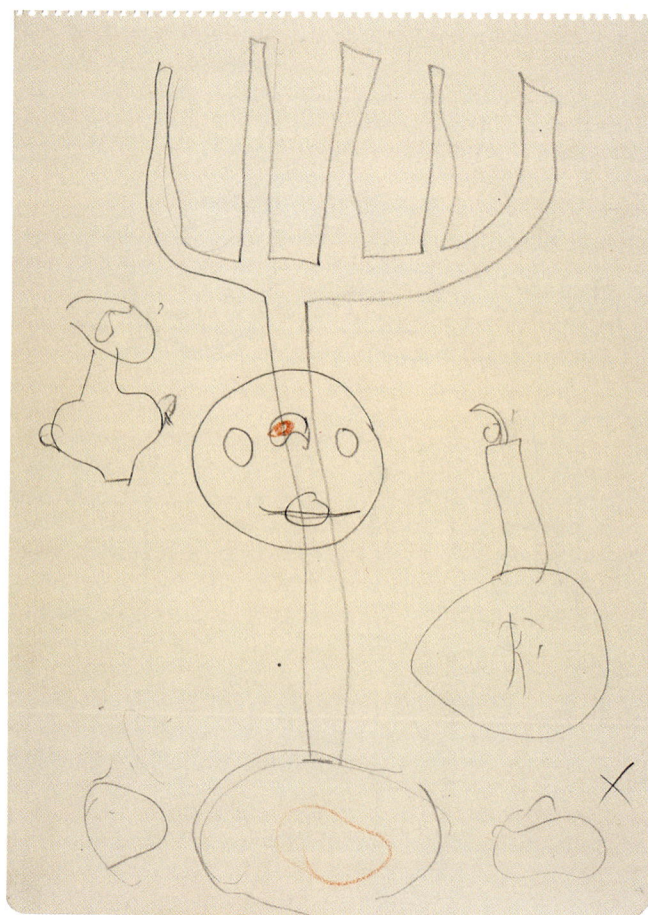

FPJM-FD-362.8b
FPJM-FD-362.9b

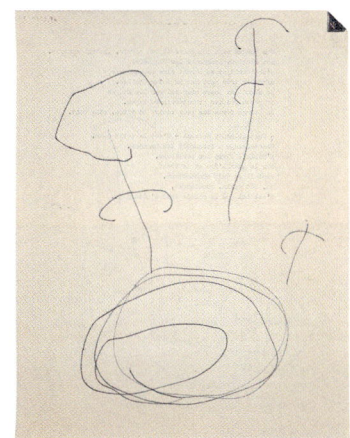

Estos dibujos están relacionados con la ilustración del libro de André Frénaud, *Noël au chemin de fer*, para el que Miró realizó dos grabados en punta seca sobre celuloide. *Noël au chemin de fer* se publicó en 1959.

FPJM-1409.1b
FPJM-1409.2a

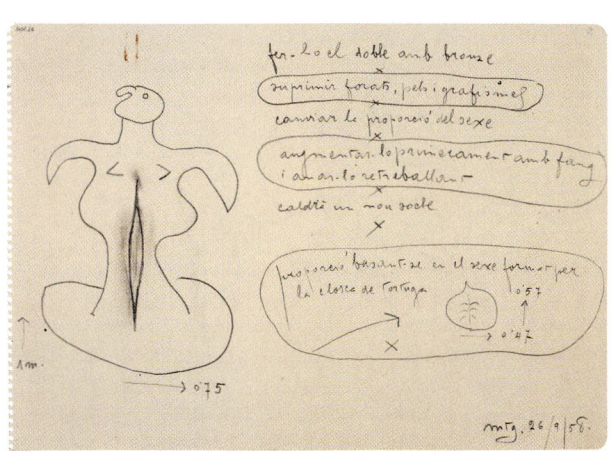

FPJM-1409.2b

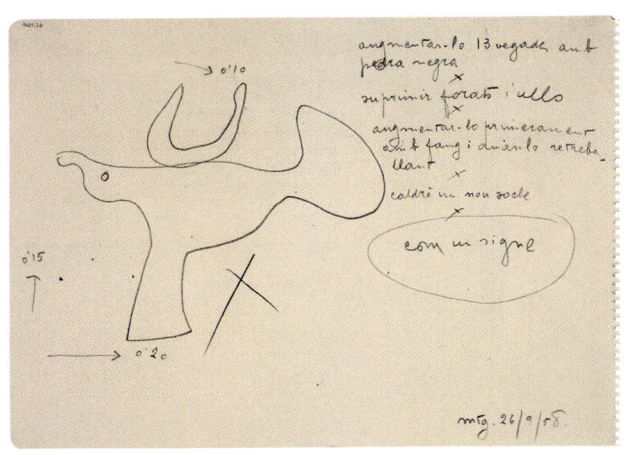

Cuaderno de dibujos asociados a esculturas realizados en Montroig entre el 16 de julio de 1958 y el 7 de octubre de 1959, si bien hay dibujos sin fecha. Miró captó, además, los objetos que poblaban su estudio, desde vaciados de escayola hasta objetos encontrados. Así lo atestiguan las fotos de Joaquim Gomis (Gomis y Giralt-Miracle, 1994: 94-100). [págs. 234-241]

Sin título, 1958
Lápiz de grafito sobre papel, 24,5 × 34,7 cm
Inscripciones: *augmentar-lo 1/3 amb bronze /
X / fer algún grafisme buidat / X / augmentar-lo
primerament amb fang / i retreballar-lo d'una
manera molt viva / X / ocell sense ales, /
giratori com una gironette / X / 1'65 / 0'40 X /
X / Mtg. 26/9/58.*
Procedencia: Donación del artista, 1981
FPJM-1409.3a

Sin título, 1958
Lápiz de grafito sobre papel, 24,5 × 34,7 cm
Inscripciones: *0'50 / 2'60 / X / baix-relleu en
bronze / X / començar-lo a treballar amb fang,
treballant d'una manera / ben viva el fons actual
de guix, amb els bords i sinuositats en la / part
plana / X / retreballar els objectes, afegint cares
i ales en algún d'ells, i fent- / los avençar de la
superfície / X / fer-li noves formes, en positiu i
negatiu / X / en Joaquim tregué una foto que em
servirà per la collocació objectes / X / Mtg.
29/9/58.*
Procedencia: Donación del artista, 1981
FPJM-1409.3b

Sin título, 1958
Lápiz de grafito sobre papel, 24,5 × 34,7 cm
Inscripciones: *(II) / X / 0'30 / 0'45 / fer el mateix
model amb fang i retreballar-lo / X / [fer] guix i
retreballar-lo / X / augmentar-lo 5 vegades amb
bronze / X / fer socle / X / Mtg. 29/9/58.*
Procedencia: Donación del artista, 1981
FPJM-1409.4a

Exposiciones: Madrid 1986-1987, lám. 52b, p. 119.
Barcelona 1987, lám. 52b, p. 119. Colonia 1987,
lám. 52b, p. 133. Washington, D.C. 2002-2003,
lám. 19. 1 (color), p. 140; p. 168. Portland 2003,
lám. 19. 1 (color), p. 140; 168. San Petersburgo
2003, lám. 19. 1 (color), p. 140; p. 168

Sin título, 1958
Lápiz de grafito y bolígrafo sobre papel,
24,5 × 34,7 cm
Inscripciones: *canviar-lo completament / X / V /
suprimir llengua i forats / X / fer varis
exemplars / en fang i retreballar-los / X / 0'20 /
0'15 / augmentar-lo 15 vegades amb / pedra
negra, i així establint / un paralel [sic] amb
l'altre ocell / X / fer socle / X / Mtg. 29/9/58.*
Procedencia: Donación del artista, 1981
FPJM-1409.4b

Exposiciones: Madrid 1986-1987, lám. 54a, p. 123.
Barcelona 1987, lám. 54a, p. 123. Colonia 1987,
lám. 54a, p. 137. Palma de Mallorca 1996b, lám. 4.c
(color), p. 57

Sin título, 1958
Lápiz de grafito sobre papel, 24,5 × 34,7 cm
Inscripciones: *fos directament amb bronze, /
conservant tots el petits accidents / i fineses de
matèria / X / X / X / Mtg. 1/10/58.*
Procedencia: Donación del artista, 1981
FPJM-1409.5a

Sin título, 1958
Lápiz de grafito sobre papel, 24,5 × 34,7 cm
Inscripciones: *fer bronze ben brunyit, metàllic,
com / aram (I estat) / X / augmentar-lo
5 vegades amb pedra, d' / un tó [sic] ben calent,
com una terra de grés [sic], / rogenca com les
pedres de «La Roca» (II estat) / X / retreballar
previament el fang / X / fer socle / X / 0'35 /
0'30 / I / exposar el grés [sic] original / amb els
objectes / Mtg. 1/10/58. / II*
Procedencia: Donación del artista, 1981
FPJM-1409.5b

Exposiciones: Madrid 1986-1987, lám. 57f, p. 130.
Barcelona 1987, lám. 57f, p. 130. Colonia 1987,
lám. 57f, p. 144

Sin título, 1958
Lápiz de grafito y bolígrafo sobre papel,
24,5 × 34,7 cm
Inscripciones: *V / fer bronze (I estat) / X /
augmentar-lo 5 vegades amb pedra, d'un / tó
[sic] torrat, com una terra cuita (II estat) / X /
retreballar previament el fang / X / fer socle / X /
0'30 0'35 / I / exposar el grés original / amb
els objectes / II / Mtg. / 1/10/58.*
Procedencia: Donación del artista, 1981
FPJM-1409.6a

Exposiciones: Madrid 1986-1987, lám. 56e (color),
p. 127. Barcelona 1987, lám. 56e (color), p. 127.
Colonia 1987, lám. 56e, p. 141

Sin título, 1959; Sin título, 1959
Lápiz de grafito y tinta sobre cartón,
24,5 × 34,7 cm
Inscripciones: *X / 19/9/59. / 19/9/59 / X*
Procedencia: Donación del artista, 1981
FPJM-1409.6b

Exposiciones: Madrid 1986-1987, lám. 59a (color),
p. 133. Barcelona 1987, lám. 59a (color), p. 133.
Colonia 1987, lám. 59a, p. 146. Washington, D.C.
2002-2003, lám. 27. 1 (color), p. 161; p. 170. Portland
2003, lám. 27. 1 (color), p. 161; p. 170. San
Petersburgo 2003, lám. 27. 1 (color), p. 161; p. 170

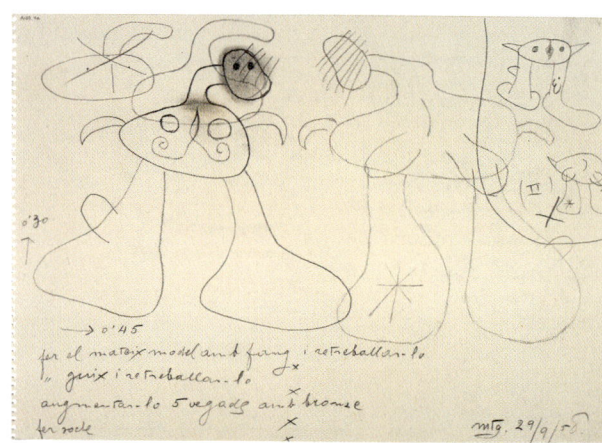

FPJM-1409.4a

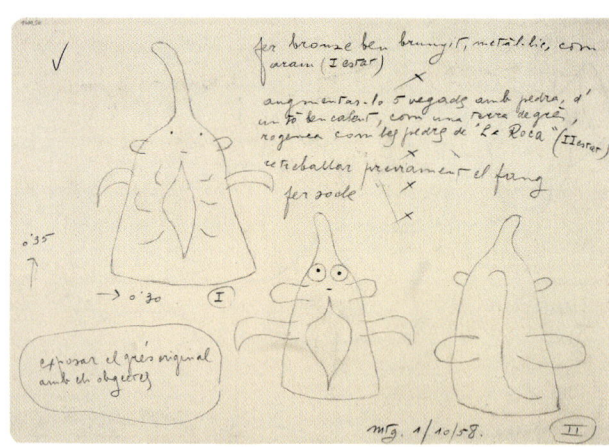

FPJM-1409.5b

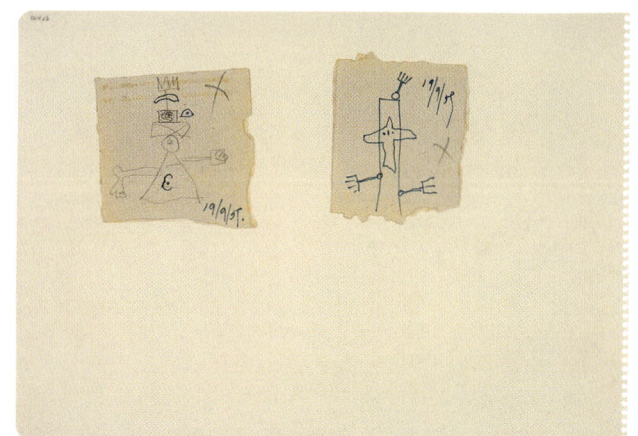

FPJM-1409.6b

FPJM-1409.3a
FPJM-1409.3b

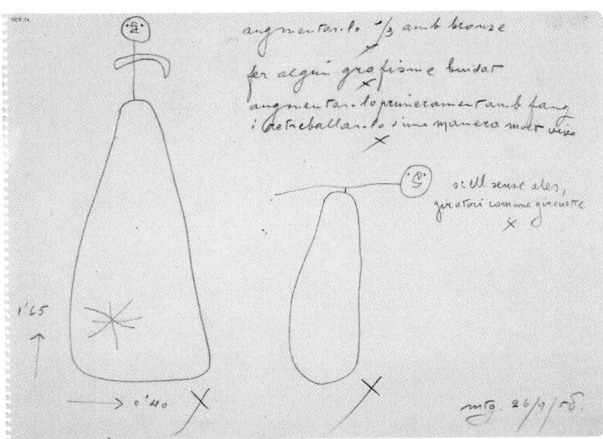

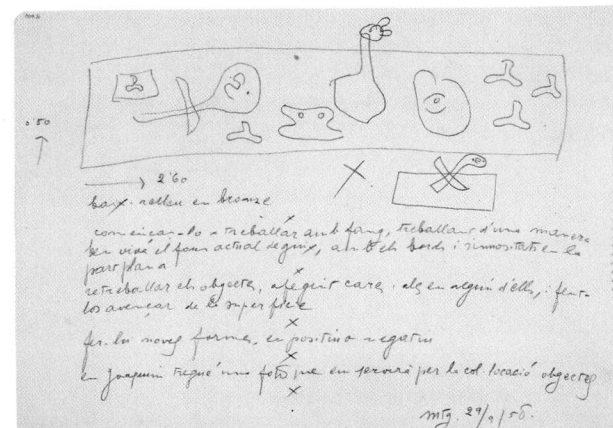

FPJM-1409.4b
FPJM-1409.5a

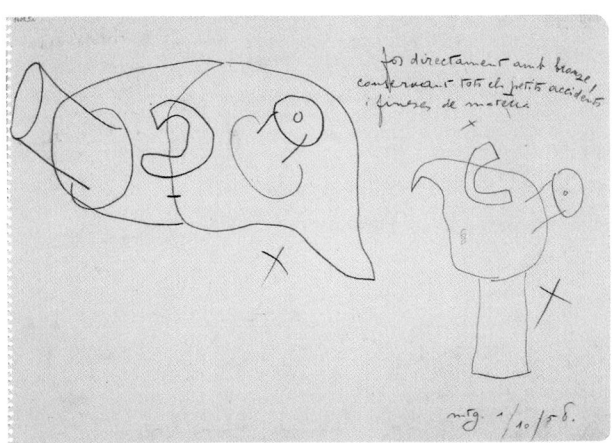

FPJM-1409.6a

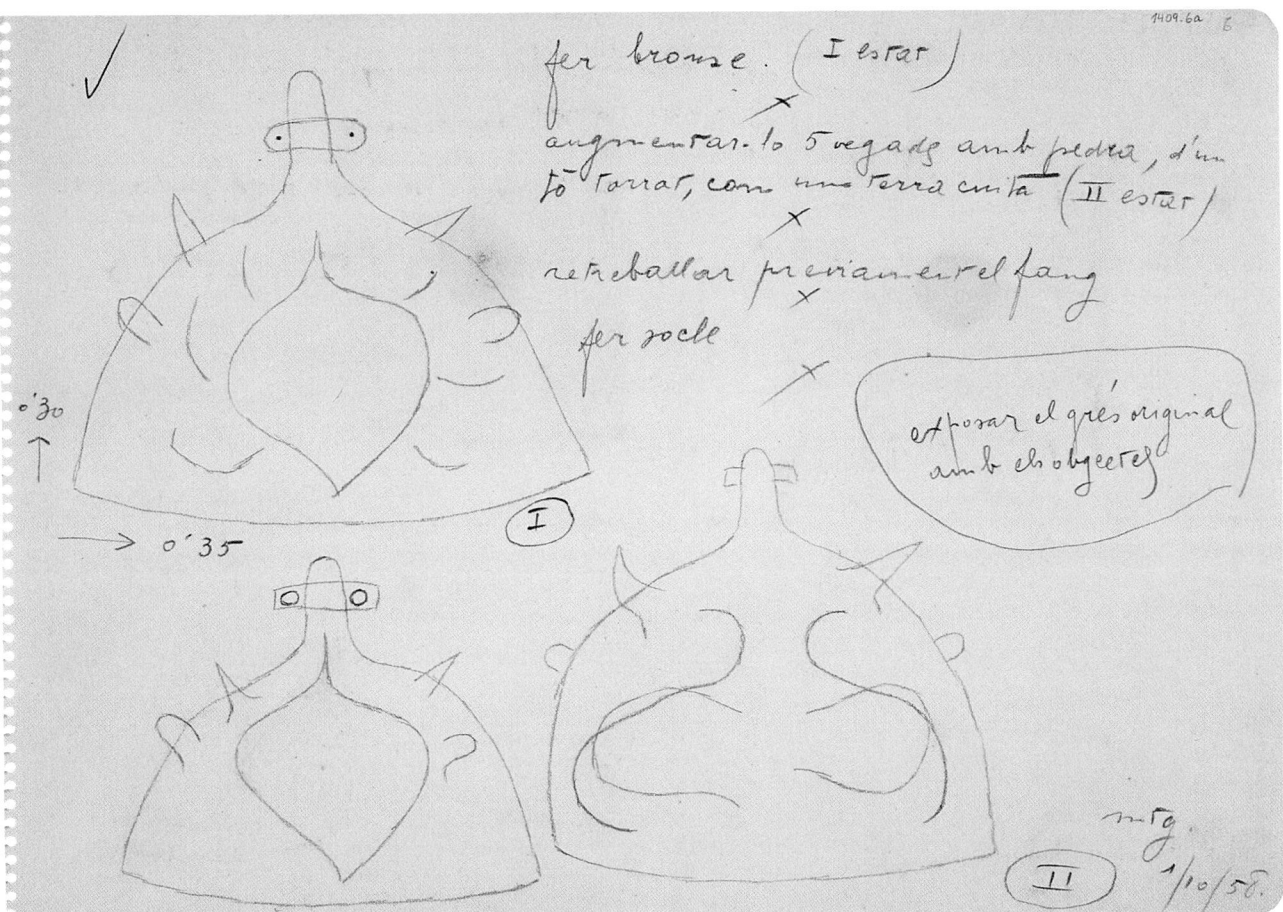

Sin título, 1959
Lápiz de grafito sobre papel, 34,7 × 24,5 cm
Inscripciones: *3 m. 0'50 sense l'ocell / X / 0'33 / 7/10/59*
Procedencia: Donación del artista, 1981
FPJM-1409.7a

Exposiciones: Washington, D.C. 2002-2003, lám. 2.1 (color), pp. 96; p. 164. Portland 2003, lám. 2.1 (color), p. 96; p. 164. San Petersburgo 2003, lám. 2.1 (color), p. 96; p. 164

Sin título, 1958/1959
Lápiz de grafito y bolígrafo sobre papel, 24,5 × 34,7 cm
Inscripciones: *V / X / X*
Procedencia: Donación del artista, 1981
FPJM-1409.7b

Sin título, 1959
Lápiz de grafito sobre papel, 24,4 × 34,7 cm
Inscripciones: *X / X / X / X / X / per augmentar i posar / al cim de la palmera / (a més del tamany original) / 7\10\59.*
Procedencia: Donación del artista, 1981
FPJM-1409.8a

Sin título, 1959
Lápiz de grafito y lápiz de cera sobre papel, 24,4 × 34,7 cm
Inscripciones: *X / X / ~~verd~~ / X / 7/10/59*
Procedencia: Donación del artista, 1981
FPJM-1409.8b

Sin título, 1959
Lápiz de grafito y lápiz de cera sobre papel, 24,4 × 34,7 cm
Inscripciones: *X / X / 7/10/59*
Procedencia: Donación del artista, 1981
FPJM-1409.9a

Exposiciones: Palma de Mallorca 1996b, lám. 18.b (color), p. 92. Washington, D.C. 2002-2003, p. 35; lám. 2.2 (color), p. 96; p. 164. Portland 2003, p. 35; lám. 2.2 (color), p. 96; p. 164. San Petersburgo 2003, p. 35; lám. 2.2 (color), p. 96; p. 164

Sin título, 1958/1959
Lápiz de grafito sobre papel, 24,4 × 34,7 cm
Inscripciones: *X / X / X / X / X / (antics)*
Procedencia: Donación del artista, 1981
FPJM-1409.9b

Exposiciones: Palma de Mallorca 1996b, lám. 54.a (color), p. 160

Sin título, 1958/1959
Lápiz de grafito sobre papel, 24,4 × 34,6 cm
Inscripciones: *en l'exposició refer l'esprit de «l'atmosphère Miró» / X / en certes peces, abans de fondre en bronze, retreballar el motllo / de cera perduda, accentuant certs indrets / X / en el llibre que es pugui publicar amb fotos Gomis, publicar també / pàgines d'aquest àlbum / X / es podrien exposar també les ceràmiques que són a Gallifa i que falten / acabar ? / X*
Procedencia: Donación del artista, 1981
FPJM-1409.10a

Sin título; Sin título; Sin título; Sin título; Sin título; Sin título; *Sa Majesté*; *Sa Majesté*; Sin título; Sin título; Sin título, 1958/1959
Lápiz de grafito, lápiz de cera y bolígrafo sobre papel, 24,4 × 34,6 cm
Inscripciones: *augmentar / V / augmentar / augmentar / augmentar / II / ciment amb mosaic, / vidres i matèries, com / Gaudí / elements mòbils, / no fixos / bronze I / ciment amb / matèries, etc / II / Sa Majesté / ~~Le Roi~~ / carbassa / amb bronze / cap / amb / bronze / V / Sa Majesté / ~~La Reine~~ - Bronze / tronc / palmera / X*
Procedencia: Donación del artista, 1981
FPJM-1409.10b

Exposiciones: Madrid 1986-1987, lám. 34b (color), p. 83. Barcelona 1987, lám. 34b (color), p. 83. Colonia 1987, lám. 34b, p. 95. Palma de Mallorca 1996b, lám. 1.a (color), p. 50; lám. 5.a (color), p. 60; lám. 24.a (color), p. 108. Palma de Mallorca 1996c, lám. 405 (color), p. 216; p. 251. Nuoro 2001-2002, p. 101 (color); p. 142. Washington, D.C. 2002-2003, p. 38; lám. 7.1 (color), p. 113; p. 166. Portland 2003, p. 38; lám. 7.1 (color), p. 113; p. 166. San Petersburgo 2003, p. 38; lám. 7.1 (color), p. 113; p. 166

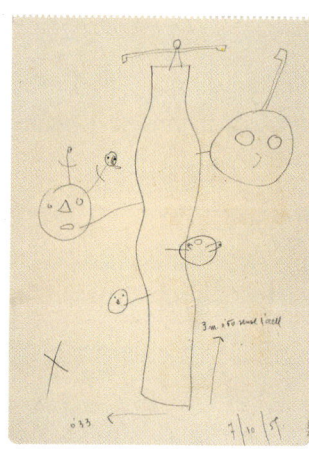

FPJM-1409.7a

FPJM-1409.9b

FPJM-1409.10a

FPJM-1409.7b
FPJM-1409.8a

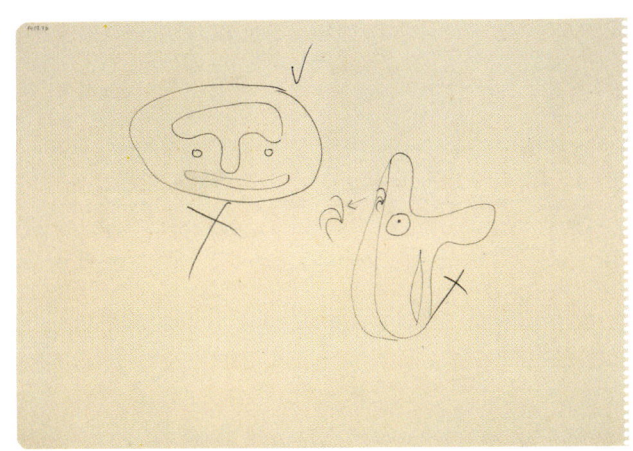

FPJM-1409.8b
FPJM-1409.9a

FPJM-1409.10b

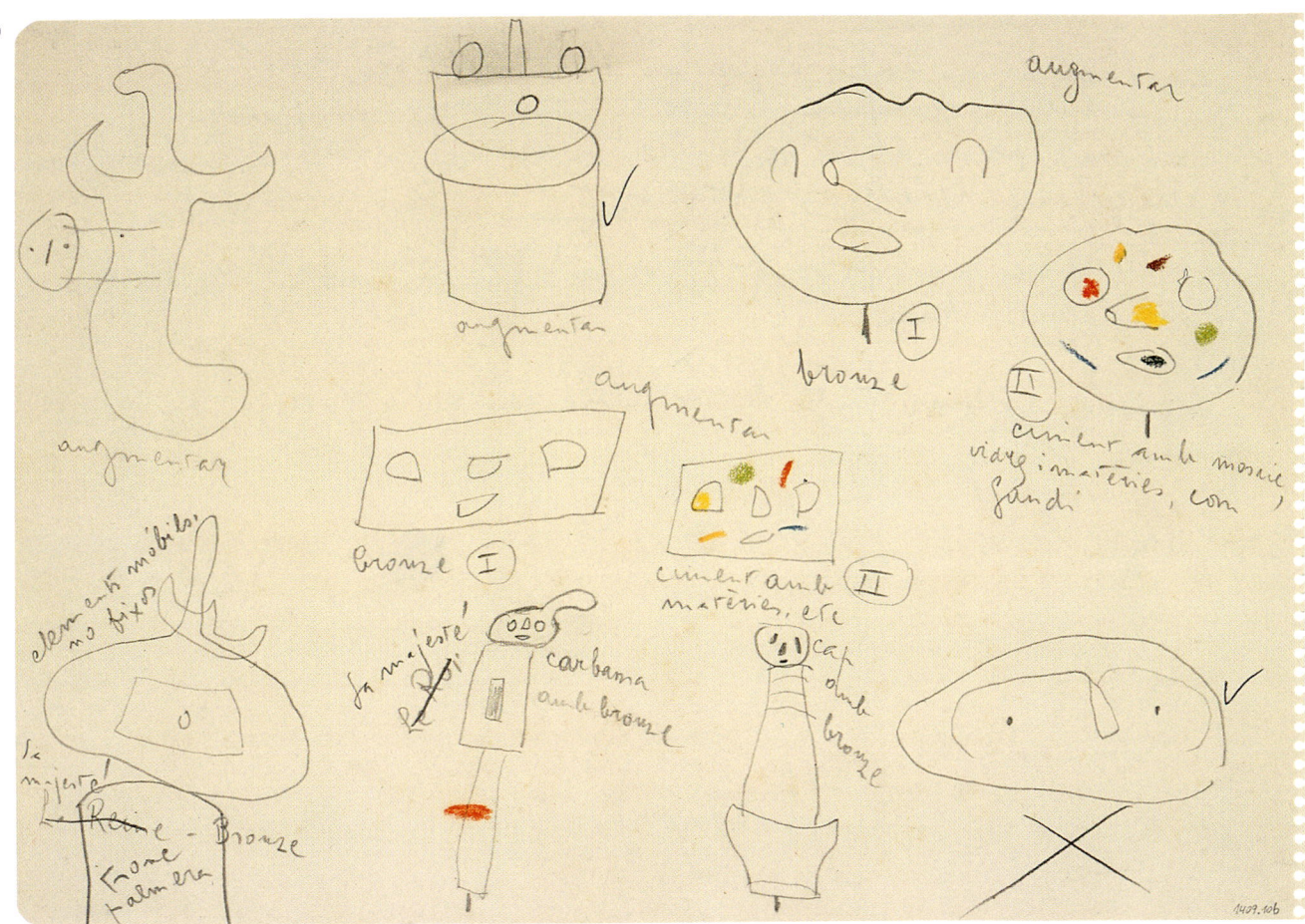

239

Sin título; *Femme*; *Femme*; Sin título;
Femme assise, 1958/1959
Lápiz de grafito sobre papel, 24,4 × 34,7 cm
Inscripciones: *veure l'altre / Femme / Taula /
robada* [?] / *Femme / tauleta petita / Femme /
assisse / guarda / 2 fragments / pedra / tronc /
palmera / X / cap bronze nas pintat vermell /
silló natural* [pintat] *blau*
Procedencia: Donación del artista, 1981
FPJM-1409.11a

Exposiciones: Madrid 1986-1987, lám. 34a (color),
p. 82. Barcelona 1987, lám. 34a (color), p. 82. Colonia
1987, lám. 34a, p. 94. Palma de Mallorca 1996b,
lám. 14.a (color), p. 80; lám. 22.e (color), p. 104.
Palma de Mallorca 1996c, lám. 459 (color), p. 230;
p. 253. Washington, D.C. 2002-2003, p. 34; lám. 1.4
(color), p. 92; p. 164. Portland 2003, p. 34; lám. 1.4
(color), p. 92; p. 164. San Petersburgo 2003, p. 34;
lám. 1.4 (color), p. 92; p. 164

Son Altesse; Sin título; Sin título; Sin
título; *Femme*; Sin título; Sin título,
1958/1959
Lápiz de grafito sobre papel, 24,4 × 34,6 cm
Inscripciones: *Son / Altesse / guardo /
arandela / ferro / ~~objecte~~ / objecte / objecte /
Femme / objecte / objecte / Galeta / d'Inca /
(suite 5 teles) / tronc / palmera*
Procedencia: Donación del artista, 1981
FPJM-1409.11b

Exposiciones: Palma de Mallorca 1996b, lám. 45.b
(color), p. 144; lám. 70.b (color), p. 186. Palma de
Mallorca 1996c, lám. 475 (color), p. 234; p. 253. Las
Palmas de Gran Canaria 1996-1997, p. 133; lám. 186
(color), p. 175; p. 232. Washington, D.C. 2002-2003,
lám. 14. 1 (color), p. 130; p. 167. Portland 2003,
lám. 14. 1 (color), p. 130; p. 167. San Petersburgo
2003, lám. 14. 1 (color), p. 130; p. 167

Sin título, 1958/1959
Lápiz de grafito sobre papel, 24,5 × 34,7 cm
Procedencia: Donación del artista, 1981
FPJM-1409.12a

Sin título, 1958/1959
Lápiz de grafito sobre papel, 24,5 × 34,7 cm
Inscripciones: *forca que / giri amb el vent.*
Procedencia: Donación del artista, 1981
FPJM-1409.12b

Exposiciones: Washington, D.C. 2002-2003, lám. 3.2
(color), p. 99; p. 164. Portland 2003, lám. 3.2 (color),
p. 99; p. 164. San Petersburgo 2003, lám. 3.2 (color),
p. 99; p. 164

Sin título, 1958/1959
Lápiz de grafito sobre papel, 34,7 × 24,5 cm
Procedencia: Donación del artista, 1981
FPJM-1409.13a

Sin título, 1958/1959
Lápiz de grafito sobre papel, 34,7 × 24,5 cm
Procedencia: Donación del artista, 1981
FPJM-1409.13b

FPJM-1409.11a

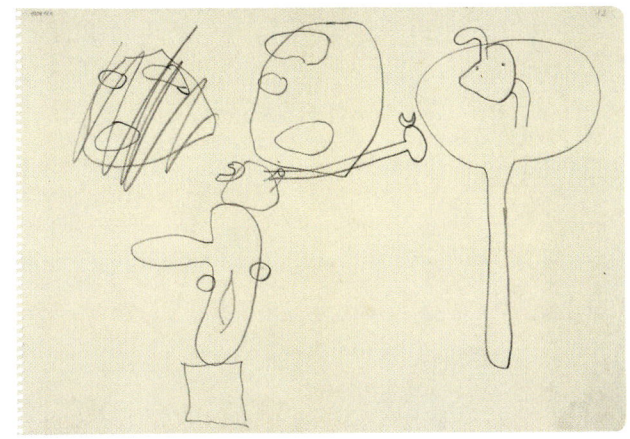

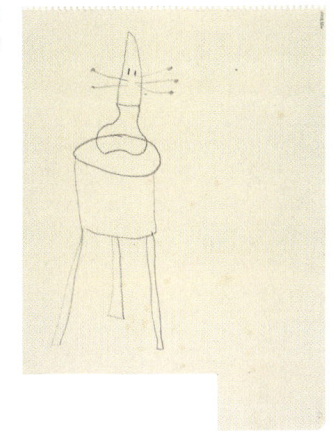

Sin título, sin fecha
Tinta sobre papel, 14,8 × 18,8 cm
Inscripciones: *2*
Procedencia: Donación del artista, 1981
FPJM-1340

Exposiciones: Palma de Mallorca 1994-1995, p. 10,
13, 16, 19, 22, 25; lám. 51 (color), p. 83. Tokio 1998,
lám. 4, [p. 26]. Santander 2005, p. 150 (color)

Sin título, sin fecha
Tinta sobre papel, 14,8 × 18,8 cm
Inscripciones: *3*
Procedencia: Donación del artista, 1981
FPJM-1341

Exposiciones: Palma de Mallorca 1994-1995, p. 10,
13, 16, 19, 22, 25; lám. 52 (color), p. 84. Tokio 1998,
lám. 5, [p. 26]. Santander 2005, p. 151 (color)

Sin título, sin fecha
Gouache y tinta sobre papel, 18,8 × 14,7 cm
Inscripciones: *4*
Procedencia: Donación del artista, 1981
FPJM-1342

Exposiciones: Palma de Mallorca 1994-1995, cubierta
(color); p. 10, 13, 16, 19, 22, 25; lám. 53 (color),
p. 84. Rio de Janeiro 1995, p. 48 (color). Buenos Aires
1996, p. 43 (color); p. 86. Montevideo 1996, p. 43
(color); p. 86. São Paulo 1996, p. 48 (color). Santander
2005, p. 152 (color)

Sin título, sin fecha
Lápiz de color, lápiz de grafito y tinta sobre
papel, 21,2 × 13,2 cm
Inscripciones: *5*
Procedencia: Donación del artista, 1981
FPJM-1343

Exposiciones: Palma de Mallorca 1994-1995, p. 10,
13, 16, 19, 22, 25; lám. 54 (color), p. 86. Rio de
Janeiro 1995, p. 47 (color). Buenos Aires 1996, p. 42
(color); p. 86. Montevideo 1996, p. 42 (color); p. 86.
São Paulo 1996, p. 47 (color)

FPJM-1342

FPJM-1343

Dibujos relacionados, probablemente, con el proyecto de la edición facsímil de la serie las *Constellations*, publicada por Pierre Matisse en 1959. El dibujo FPJM-1342 sirvió de punto partida para ilustrar la camisa de ese libro para el que André Breton escribió una introducción y veintidós prosas paralelas.

Son Altesse; Sin título; Sin título; Sin título; *Femme*; Sin título; Sin título, 1958/1959
Lápiz de grafito sobre papel, 24,4 × 34,6 cm
Inscripciones: *Son / Altesse / guardo / arandela / ferro / ~~objecte~~ / objecte / objecte / Femme / objecte / objecte / Galeta / d'Inca / (suite 5 teles) / tronc / palmera*
Procedencia: Donación del artista, 1981
FPJM-1409.11b

Exposiciones: Palma de Mallorca 1996b, lám. 45.b (color), p. 144; lám. 70.b (color), p. 186. Palma de Mallorca 1996c, lám. 475 (color), p. 234; p. 253. Las Palmas de Gran Canaria 1996-1997, p. 133; lám. 186 (color), p. 175; p. 232. Washington, D.C. 2002-2003, lám. 14. 1 (color), p. 130; p. 167. Portland 2003, lám. 14. 1 (color), p. 130; p. 167. San Petersburgo 2003, lám. 14. 1 (color), p. 130; p. 167

Sin título, 1959; Sin título, 1959
Lápiz de grafito y tinta sobre cartón, 24,5 × 34,7 cm
Inscripciones: *X / 19/9/59. / 19/9/59 / X*
Procedencia: Donación del artista, 1981
FPJM-1409.6b

Exposiciones: Madrid 1986-1987, lám. 59a (color), p. 133. Barcelona 1987, lám. 59a (color), p. 133. Colonia 1987, lám. 59a, p. 146. Washington, D.C. 2002-2003, lám. 27. 1 (color), p. 161; p. 170. Portland 2003, lám. 27. 1 (color), p. 161; p. 170. San Petersburgo 2003, lám. 27. 1 (color), p. 161; p. 170

Femme et oiseau; *Femme*; *Personnage*; *Tête*; *Personnage*, 1963
Lápiz de grafito sobre papel, 23,8 × 34,1 cm
Inscripciones: *objecte / personnage / Femme / Femme et oiseau / Tête / personnage / 5/12/63*
Procedencia: Donación del artista, 1981
FPJM-1411.13

Exposiciones: Palma de Mallorca 1996b, lám. 45.a (color), p. 144; lám. 54.a (color), p. 160. Washington, D.C. 2002-2003, p. 54; lám. 27. 2 (color), p. 161; p. 170. Portland 2003, p. 54; lám. 27. 2 (color), p. 161; p. 170. San Petersburgo 2003, p. 54; lám. 27. 2 (color), p. 161; p. 170

Sin título, 1980 [post]
Bolígrafo sobre papel, 19 × 15,7 cm
Inscripciones: *entièrement peint / non à l'huile / 3 élements* [sic] */ acier / 15 m. / Texas*
Procedencia: Donación del artista, 1981
FPJM-1316

Exposiciones: Palma de Mallorca 1996b, lám. 45.c (color), p. 145. Palma de Mallorca 1996c, lám. 463 (color), p. 232; p. 253. Washington, D.C. 2002-2003, p. 54; lám. 27. 5 (color), p. 163; p. 170. Portland 2003, p. 54; lám. 27. 5 (color), p. 163; p. 170. San Petersburgo 2003, p. 54; lám. 27. 5 (color), p. 163; p. 170

Pierre Matisse [?]
Sin título, 1980 [ca]
Rotulador, lápiz de color, lápiz de grafito, tinta y tóner sobre papel, 27,9 × 21,6 cm
Inscripciones: *élément 1. couleur /* [élément] *2. couleur /* [élément] *3. couleur / les éléments rouges seront en bronze / la base triangulaire verte serait en / acier / ou / avec patine rouille* [sic] */* [avec patine] *peltre- / 1 / 2 / 3 / 148,5 cm. / 81 cm. / 12. / 98 cm*
Procedencia: Donación del artista, 1981
FPJM-FD-429.3

Exposiciones: Palma de Mallorca 1996b, lám. 45d (color), p. 145. Palma de Mallorca 1996c, lám. 464 (color), p. 232; p. 253. Washington, D.C. 2002-2003, lám. 27. 6 (color), p. 163; p. 170. Portland 2003, lám. 27. 6 (color), p. 163; p. 170. San Petersburgo 2003, lám. 27. 6 (color), p. 163; p. 170

FPJM-1409.11b

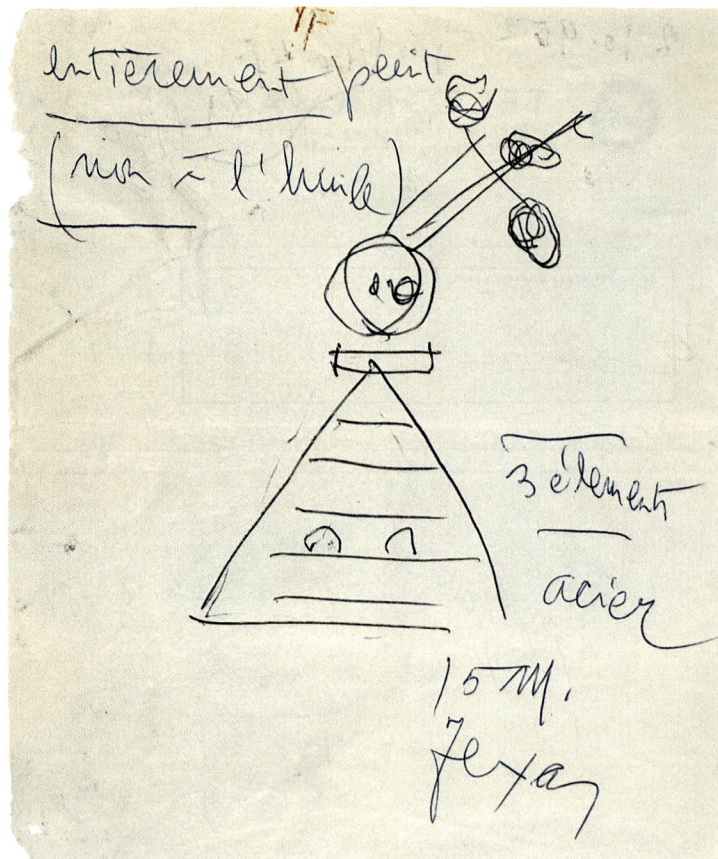

FPJM-1316

FPJM-1409.6b
FPJM-1411.13

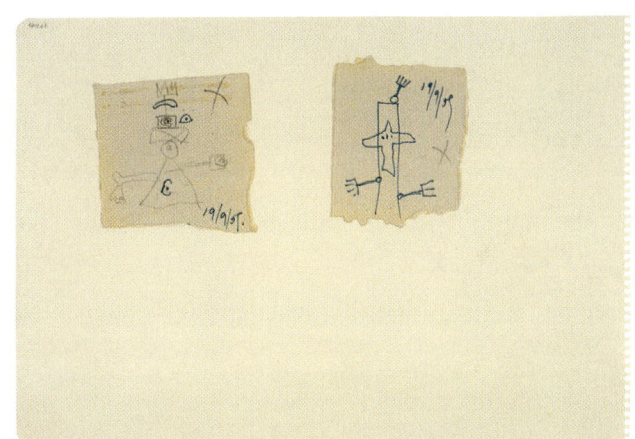

FPJM-FD-429.3

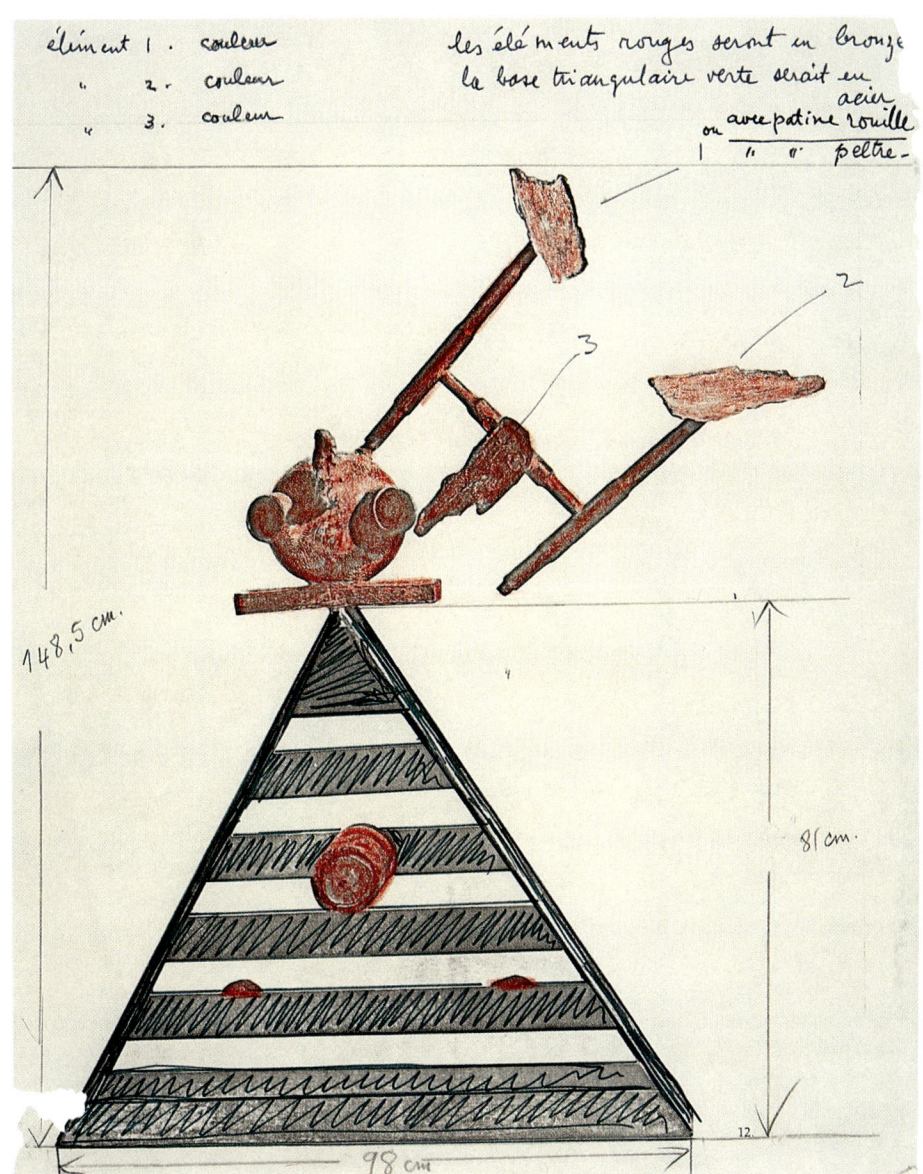

Dibujos y documentos gráficos relacionados con la escultura monumental *Personnage et oiseaux* para Houston, inaugurada en 1982. Este proyecto monumental partió de una escultura de menor formato, titulada *Personnage et oiseau* de 1970. Algunos de los dibujos preliminares para esta escultura se remontan a los años 50.

Sin título, 1961
Lápiz de grafito y bolígrafo sobre papel,
24,4 × 34,7 cm
Inscripciones: ~~amb planxes~~ / ~~ferro com~~
~~gironette~~ / X / ~~que es mogui en~~ / ~~dos~~
~~moviments~~ / ~~inversos~~ / e / planxa / veure /
pàgina / vents / a - pen / b - alt / X / ceràmica
fosca / 25 - 35 / 25 / 1,50 / el peu / i / cua /
~~pintat amb~~ / ~~blanc i negro~~ / ~~al girar faran~~ / ~~dos~~
~~colors on~~ / ~~oposició~~ / 1,15 / 45 / 85 / 2,30 /
100 / tres potes i cua / X / 7 / 61
Procedencia: Donación del artista, 1981
FPJM-1410.2a

Sin título, 1961
Lápiz de grafito y lápiz de cera sobre papel,
24,4 × 34,7 cm
Inscripciones: 7/61
Procedencia: Donación del artista, 1981
FPJM-1410.2b

Sin título, 1961
Lápiz de grafito sobre papel, 24,4 × 34,7 cm
Inscripciones: 7/61
Procedencia: Donación del artista, 1981
FPJM-1410.3a

Sin título, 1961
Lápiz de grafito y lápiz de cera sobre papel,
34,7 × 24,4 cm
Inscripciones: 7/61
Procedencia: Donación del artista, 1981
FPJM-1410.3b

Sin título, 1961
Lápiz de grafito sobre papel, 24,5 × 34,7 cm
Inscripciones: 7/61
Procedencia: Donación del artista, 1981
FPJM-1410.4a

Sin título, 1963
Lápiz de grafito sobre papel, 24,4 × 34,7 cm
Inscripciones: XI/63 / posar banc al darrera que
no sigui centrat
Procedencia: Donación del artista, 1981
FPJM-1410.4b

Sin título, 1963
Lápiz de grafito sobre papel, 24,4 × 34,7 cm
Inscripciones: 4/2/63.
Procedencia: Donación del artista, 1981
FPJM-1410.5

Sin título, 1961
Lápiz de grafito y lápiz de cera sobre papel,
24,4 × 34,7 cm
Inscripciones: 7/61
Procedencia: Donación del artista, 1981
FPJM-1410.6

Sin título, 1961
Lápiz de grafito y lápiz de cera sobre papel,
34,7 × 24,4 cm
Inscripciones: 7/61
Procedencia: Donación del artista, 1981
FPJM-1410.7

Josep Lluís Sert
Sin título, 1961/1963
Lápiz de grafito sobre papel, 34,7 × 24,4 cm
Procedencia: Donación del artista, 1981
FPJM-1410.8

Josep Lluís Sert
Sin título, 1961/1963
Lápiz de grafito sobre papel, 34,7 × 24,4 cm
Inscripciones: 1 + 2 Esc. monumentals / 5 /
Terra / 4 / Aigua. / 3 / Mur. / 2
Procedencia: Donación del artista, 1981
FPJM-1410.9

Josep Lluís Sert
Sin título, 1961/1963
Lápiz de grafito sobre papel, 34,7 × 24,4 cm
Inscripciones: - Esgrafiats - / - Continuitat
dibuixos tema i parets / Esculptures -
monumentals - 1. Portal / - 2. l'ocell / 4 - /
Fonts / - 3 / 5 / Tortuga / 6 / Estella [?]
Procedencia: Donación del artista, 1981
FPJM-1410.10

Exposiciones: Palma de Mallorca 1996b, lám. 16.b
(color), p. 88. Palma de Mallorca 1996c, lám. 407
(color), p. 216; p. 251

Cuaderno relacionado con la Fundación Maeght de Saint-Paul-de-Vence. Esta fundación fue diseñada por el arquitecto Josep Lluís Sert, que contó con la colaboración de Miró y con aportaciones de otros artistas de la Galerie Maeght como Giacometti, Braque o Chagall. Miró realizó estos dibujos entre julio de 1961 y el 4 de febrero de 1963. Algunos de estos dibujos debieron de ser realizados por Sert. [págs. 246-251]

FPJM-1410.2a

FPJM-1410.3b

FPJM-1410.5

FPJM-1410.8

FPJM-1410.2b
FPJM-1410.3a

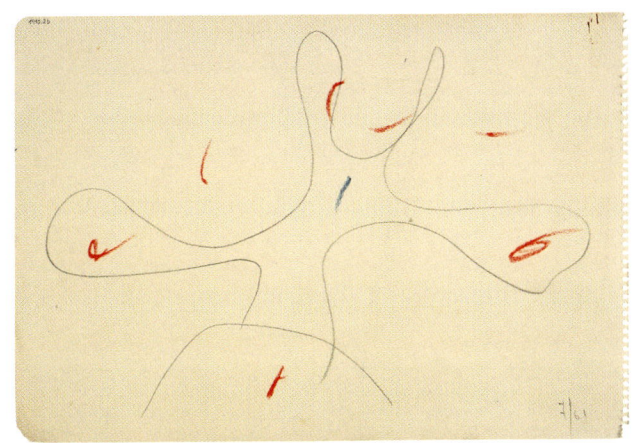 

FPJM-1410.4a
FPJM-1410.4b

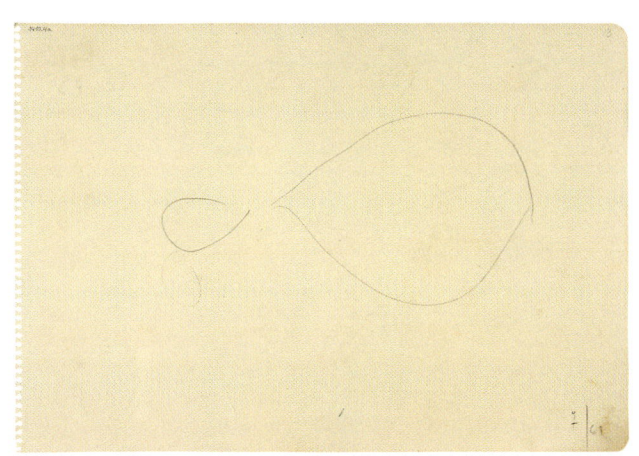 

FPJM-1410.6
FPJM-1410.7

FPJM-1410.9
FPJM-1410.10

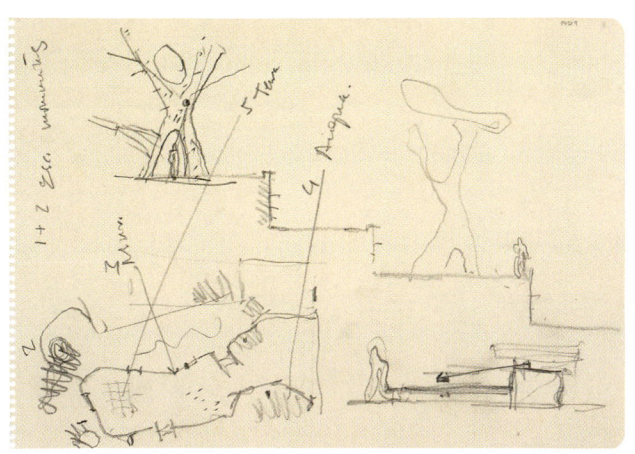 

Josep Lluís Sert
Sin título, 1961/1963
Lápiz de grafito sobre papel, 24,4 × 34,7 cm
Inscripciones: *8 - 9 / Dues* [?] *figures grès* [sic]
*- juntes / 7- Ocell / + banyes / 12 / Formes
per / terra (vistes / desde terrasa* [sic]*) / Altres
petits / 13 gran cap / pedra / caps / Cap sobre
tub / ciment / Cap + aplications* [sic]
Procedencia: Donación del artista, 1981
FPJM-1410.11a

Exposiciones: Palma de Mallorca 1996b, lám. 1.b
(color), p. 50; lám. 5.b (color), p. 60. Palma de
Mallorca 1996c, lám. 407 (color), p. 216; p. 251

Sin título, 1962-1963
Lápiz de grafito y lápiz de cera sobre papel,
24,4 × 34,7 cm
Inscripciones: *XI/63 / Com si fes una pared, /
posar dalles / de varis colors, / com si fossin /
pedres, sense / dibuix / 18/7/62 / veure Ubac /
anar Reims / per vidriera, en oposició / a l'altra,
construida / brutalment*
Procedencia: Donación del artista, 1981
FPJM-1410.11b

Sin título, 1962-1963 [ca]
Lápiz de grafito, lápiz de cera y bolígrafo sobre
papel, 24,4 × 34,7 cm
Inscripciones anverso: *a. / 3.61 / 3,63 / 2' 02 m /
6/2 / per gravar fons / bassin / ardoises (?)*
Inscripciones reverso: *XI/63*
Procedencia: Donación del artista, 1981
FPJM-1410.12

Sin título, 1961/1963
Lápiz de grafito y lápiz de cera sobre papel,
24,4 × 34,7 cm
Inscripciones anverso: *a / X*
Inscripciones reverso: *XI/63 / a través
d'aquestes finestres hi ha llum / elèctrica, s'en
pot treure partit*
Procedencia: Donación del artista, 1981
FPJM-1410.13

Sin título, 1963 [ca]
Lápiz de grafito y lápiz de cera sobre papel,
24,4 × 34,7 cm
Inscripciones: *b. / ciment natural, / negre / o
colors / amb pedres / grosses incrustades com /
foto porta Son Boter / pedres tallades
irregularment / ceràmica / rajoles verdes / palets
riera grossos, negre*
Procedencia: Donación del artista, 1981
FPJM-1410.14a

Sin título, 1963
Lápiz de grafito sobre papel, 24,4 × 34,7 cm
Inscripciones: *XI/63 / bronze / ~~Palmera~~ / Deixar
la pedra sola, com en jardins japonesos / Zen /
fons Verd Frejus*
Procedencia: Donación del artista, 1981
FPJM-1410.14b

Sin título, 1963 [ca]
Lápiz de grafito y lápiz de cera sobre papel,
24,4 × 34,7 cm
Inscripciones: *ferros pintats amb / esmalts
colors / comercials / diferents / c. / sense
lluna / X / ~~no mitja lluna~~ / planxes / ferro
negre / accents color esmalt / tija i alguna ~~planx~~
punxa bronze / X / els metalls que tinguin
alguna matèria / per evitar la cosa comercial /
rectificar curva* [sic] *paret / un cercle /
irregular / mateixa / matèria que la foto / forca
n.º 1, / al darrere matèria natural, ja / agafarà
patina*
Procedencia: Donación del artista, 1981
FPJM-1410.15

Sin título, 1961/1963
Lápiz de grafito sobre papel, 24,4 × 34,7 cm
Inscripciones: *matèria foto n.º 2 / més clar / c. /
bronze / a l'altre cantó / reperit / forca / (?) /
ceràmica (?) solsament* [sic] *al darrere /
matèria / foto n.º 1 / planxes / ferro / amb
trossos grossos engan- / xats, com cagaferro /
al darrere natural, ja anirà agafant patina* [sic] */ a
les planxes ferro i metall donar-hi / alguna
matèria per evitar la fredor comercial / com en
les banyeres / mirar proves fetes / que són a la
serre* [?]
Procedencia: Donación del artista, 1981
FPJM-1410.16a

Sin título, 1963
Lápiz de grafito sobre papel, 24,4 × 34,7 cm
Inscripciones: *XI/63 / ~~ciment pintat~~ vermell* [–] */
~~ciment~~ / peus amb / pedres super- / posades /
~~palmera~~ / amb ferro / pintat negre i ocell /
vermell, que giri / amb el vent, com / la forca /
sexe foradat / arc vist d'aquest / costat / matèria
preciosa / ceràmica / x / sexe / negre / X / x /
[–] / ocell / vermell / pedra bassin / X / fons
bassin piçarra* [sic] *amb / algun grabat* [sic] */
X / vidriera amb dalles (une Vangirard) /
[vidriera] Reims / X / vora marges de blanc, /
per ritme escultura / X / escultures flotants
colorides / X / sala Miró* [?] *amb pintures
murals / [–] amb 3 grans* [pintures] *colors*
Procedencia: Donación del artista, 1981
FPJM-1410.16b

Sin título, 1963 [ca]
Lápiz de grafito y lápiz de cera sobre papel,
24,4 × 34,7 cm
Inscripciones: *c. / veure f. / X*
Procedencia: Donación del artista, 1981
FPJM-1410.17a

Sin título, 1963 [ca]
Lápiz de grafito sobre papel, 24,4 × 34,7 cm
Inscripciones: *e / protecció vent Est / N / E / S*
Procedencia: Donación del artista, 1981
FPJM-1410.17b

FPJM-1410.12

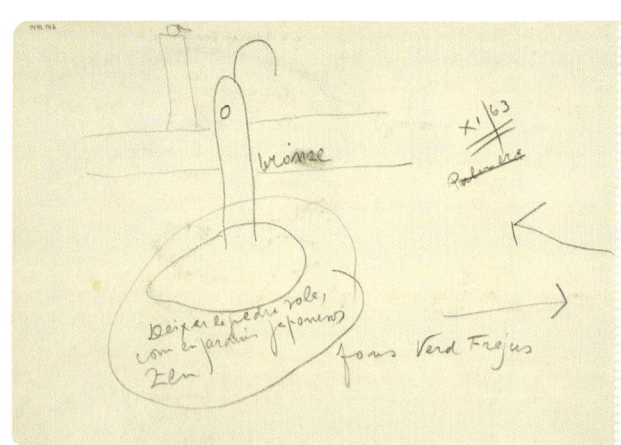

FPJM-1410.14b

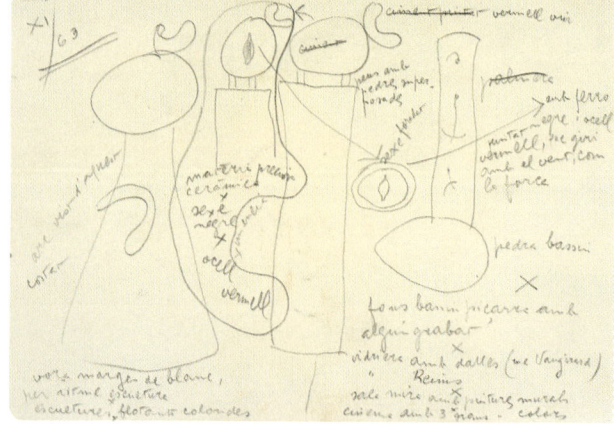

FPJM-1410.16b

FPJM-1410.11a
FPJM-1410.11b

FPJM-1410.13
FPJM-1410.14a

FPJM-1410.15
FPJM-1410.16a

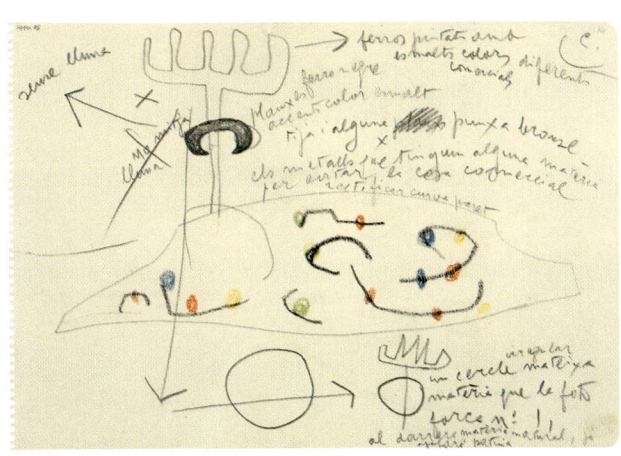
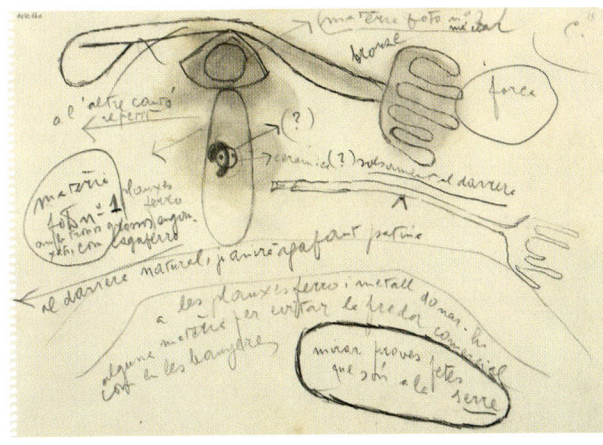

FPJM-1410.17a
FPJM-1410.17b

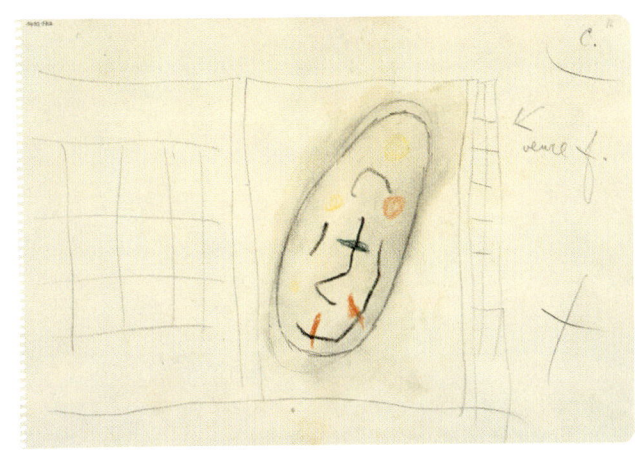
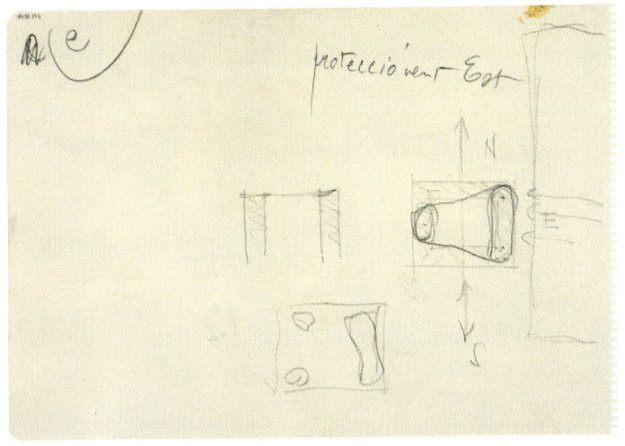

Sin título, 1963
Lápiz de grafito y lápiz de cera sobre papel,
24,4 × 34,7 cm
Inscripciones anverso: *signe molt simple /
pintat una cara / matèria pedra / Sha de Persia /
d. / matèria molt severa, clar / un signe grabat*
[sic] / *XI/63 / fons bassin ardoise negra,
gravada. / peixos vermells que neden o
escultures / flotants molt virolades*
Inscripciones reverso: *x Plànol general amb
indicacions / Sert 9 Febrer / Saint-Paul / Formar
equip gent / Fer escriure carta Maeght / Alerta /
matèries molt nobles i / severes / algún accent /
Veure / Park Guell* [sic] / *Colònia* [Güell] /
*Montserrat / signes ceràmica fets amb / un drap
mullat posat / sobre una tige* [sic], *o amb / una
escombreta lligada a una canya, com els em-
blanquinadors d'abans a la Boqueria /
Inauguració: / Juliol o Septbre* [sic] / *1.963*
Procedencia: Donación del artista, 1981
FPJM-1410.18

Sin título, 1961/1963
Lápiz de grafito y lápiz de cera sobre papel,
24,4 × 34,7 cm
Inscripciones: *d. / X / X*
Procedencia: Donación del artista, 1981
FPJM-1410.19a

Sin título, 1961/1963
Lápiz de grafito sobre papel, 24,4 × 34,7 cm
Inscripciones: *e / gironette / ferro vermell / X /
X / ceràmica fosc / veure 7/61 / X / que totes
aquestes mitges / llunes no facin massa /
temple musulmà*
Procedencia: Donación del artista, 1981
FPJM-1410.19b

Sin título, 1961/1963
Lápiz de grafito sobre papel, 24,4 × 34,7 cm
Inscripciones: *d. / molt sever, com pedres
vermellenques marge / solsament* [sic] *un
accent / negre al cul i un altre al sexe / closca
tortuga / aixecar-ho una / mica / amb un socle*
Procedencia: Donación del artista, 1981
FPJM-1410.20a

Sin título, 1961/1963
Lápiz de grafito y lápiz de cera sobre papel,
24,4 × 34,7 cm
Inscripciones: *f. / matèria molt brutal, entre /
gerros Joanet i ceràmica material / veure / e / X*
Procedencia: Donación del artista, 1981
FPJM-1410.20b

Sin título, 1961/1963
Lápiz de grafito, lápiz de cera y bolígrafo sobre
papel, 24,4 × 34,7 cm
Inscripciones: *e. / ceràmica / (?) / ceràmica / o
aplicacions / ceràmica / algún signe grabat /
empremtes de les / mans o peus / x / pedres
marge i matèries, / vidres, ferros, ceràmiques /
incrustades, cagaferro, / pedra tosca / fer-ne
variants / ceràmica / X / bassin palets riera /
negres / bassin flors*
Procedencia: Donación del artista, 1981
FPJM-1410.21a

Sin título, 1961/1963
Lápiz de grafito sobre papel, 24,4 × 34,7 cm
Inscripciones: *f. / que surti un poc de la pared*
[sic] / *que estigui en relació objecte negre*
Procedencia: Donación del artista, 1981
FPJM-1410.21b

Sin título, 1961/1963
Bolígrafo sobre cartón. 24.5 × 34.9 cm
Inscripciones: *de fora a dins vitraux / 3.63 mts /
3,61 mts / 2' 02 m / 2' 02 m*
Procedencia: Donación del artista, 1981
FPJM-1410.22

FPJM-1410.19a

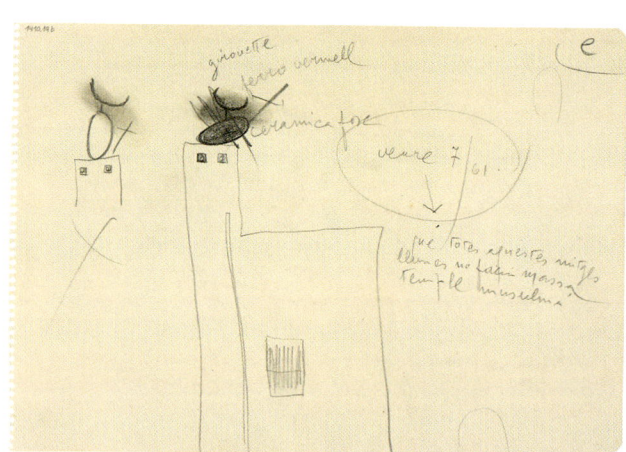

FPJM-1410.19b

FPJM-1410.21a

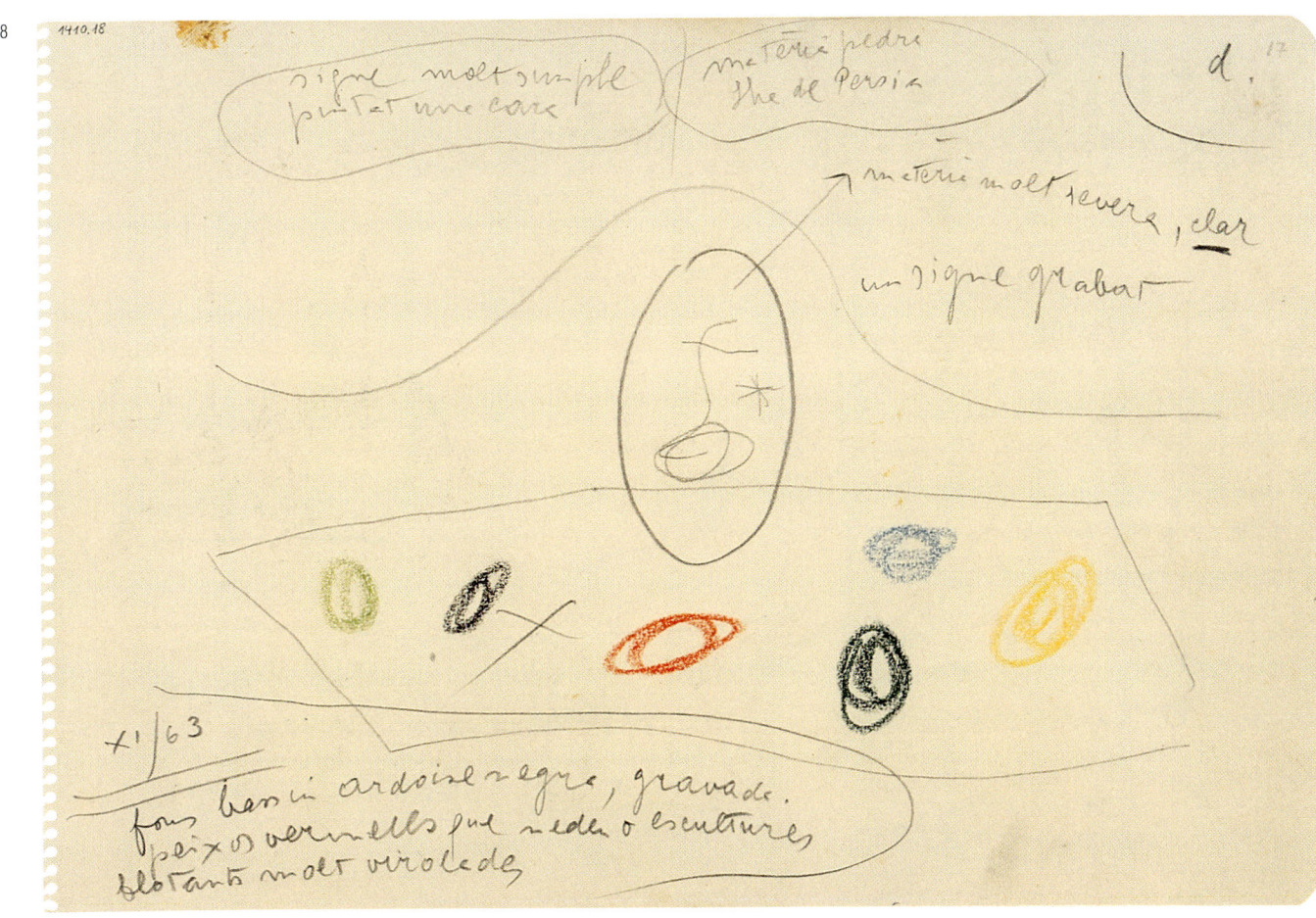

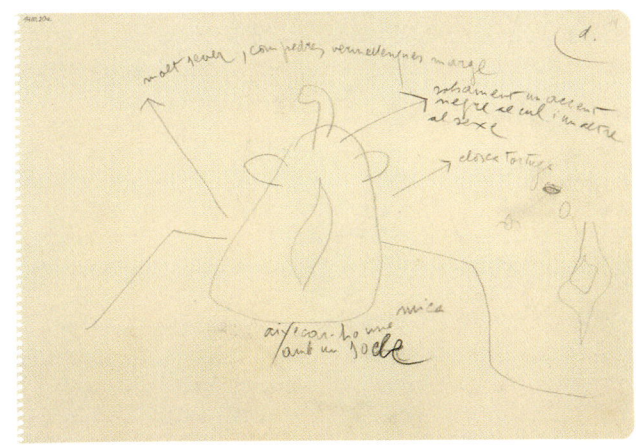

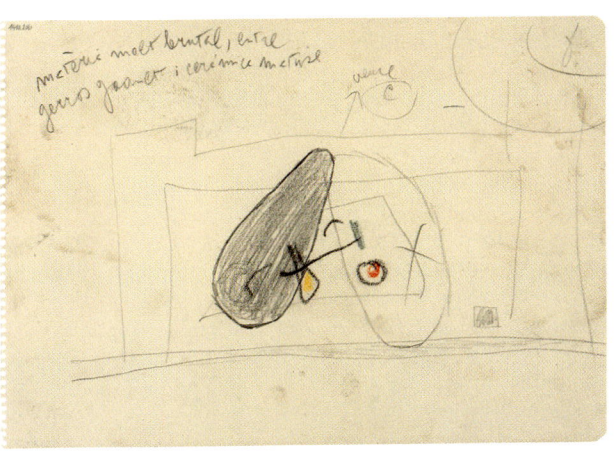

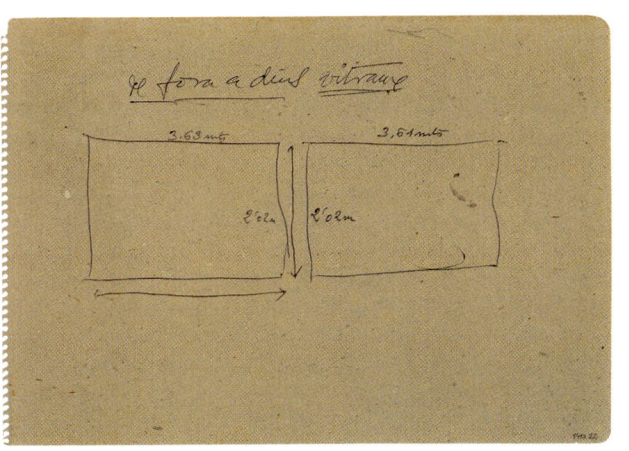

Sin título, 1963
Tinta sobre papel, 15,6 × 21,6 cm
Inscripciones: *8/9/63 / I*
Procedencia: Donación del artista, 1981
FPJM-1154

Exposiciones: Palma de Mallorca 1993-1994, p. 26
(color); p. 163

Sin título, 1963
Tinta sobre papel, 15,6 × 21,6 cm
Inscripciones: *8/9/63 / II*
Procedencia: Donación del artista, 1981
FPJM-1155

Exposiciones: Palma de Mallorca 1993-1994, p. 26
(color); p. 163

Sin título, 1963
Tinta sobre papel, 15,6 × 21,6 cm
Inscripciones: *8/9/63 / III*
Procedencia: Donación del artista, 1981
FPJM-1156

Exposiciones: Palma de Mallorca 1993-1994, p. 27
(color); p. 163

Sin título, 1963
Bolígrafo sobre papel, 15,7 × 21,6 cm
Inscripciones: *6/10/63 / IV*
Procedencia: Donación del artista, 1981
FPJM-1157

Exposiciones: Palma de Mallorca 1992, lám. 45
(color), p. 73

Dibujos relacionados con la maqueta para
L'Arc y con otras obras del *Labyrinthe* diseñados por Miró para los jardines de la Fundación
Maeght de Saint-Paul-de-Vence. La aportación
artística de Miró a la Fundación Maeght empezó
a gestarse a partir de 1959 y su labor creativa
continuó más allá de la inauguración de esta
fundación en 1964. Estos dibujos fueron realizados en los años sesenta. [págs. 252-257]

FPJM-1154

FPJM-1156

Sin título, 1963
Bolígrafo sobre papel, 15,7 × 21,6 cm
Inscripciones: *63/10/63 / V*
Procedencia: Donación del artista, 1981
FPJM-1158

Sin título, 1963
Bolígrafo sobre papel, 15,4 × 21,6 cm
Inscripciones: *6/10/63 / VI*
Procedencia: Donación del artista, 1981
FPJM-1159

Exposiciones: Palma de Mallorca 1993-1994, p. 27
(color); p. 163

Sin título, 1963
Bolígrafo sobre papel, 15,7 × 21,6 cm
Inscripciones: *6/10/63 / VII*
Procedencia: Donación del artista, 1981
FPJM-1160

Exposiciones: Palma de Mallorca 1993-1994, p. 28
(color); p. 163

Sin título, 1963
Tinta sobre papel, 15,6 × 21,6 cm
Inscripciones: *8/9/63*
Procedencia: Donación del artista, 1981
FPJM-1161

Sin título, 1963
Tinta sobre papel, 15,6 × 21,6 cm
Inscripciones: *8/9/63*
Procedencia: Donación del artista, 1981
FPJM-1162

Sin título, 1963
Tinta sobre papel, 21,6 × 15,7 cm
Inscripciones: *24/9/63*
Procedencia: Donación del artista, 1981
FPJM-1163

FPJM-1159

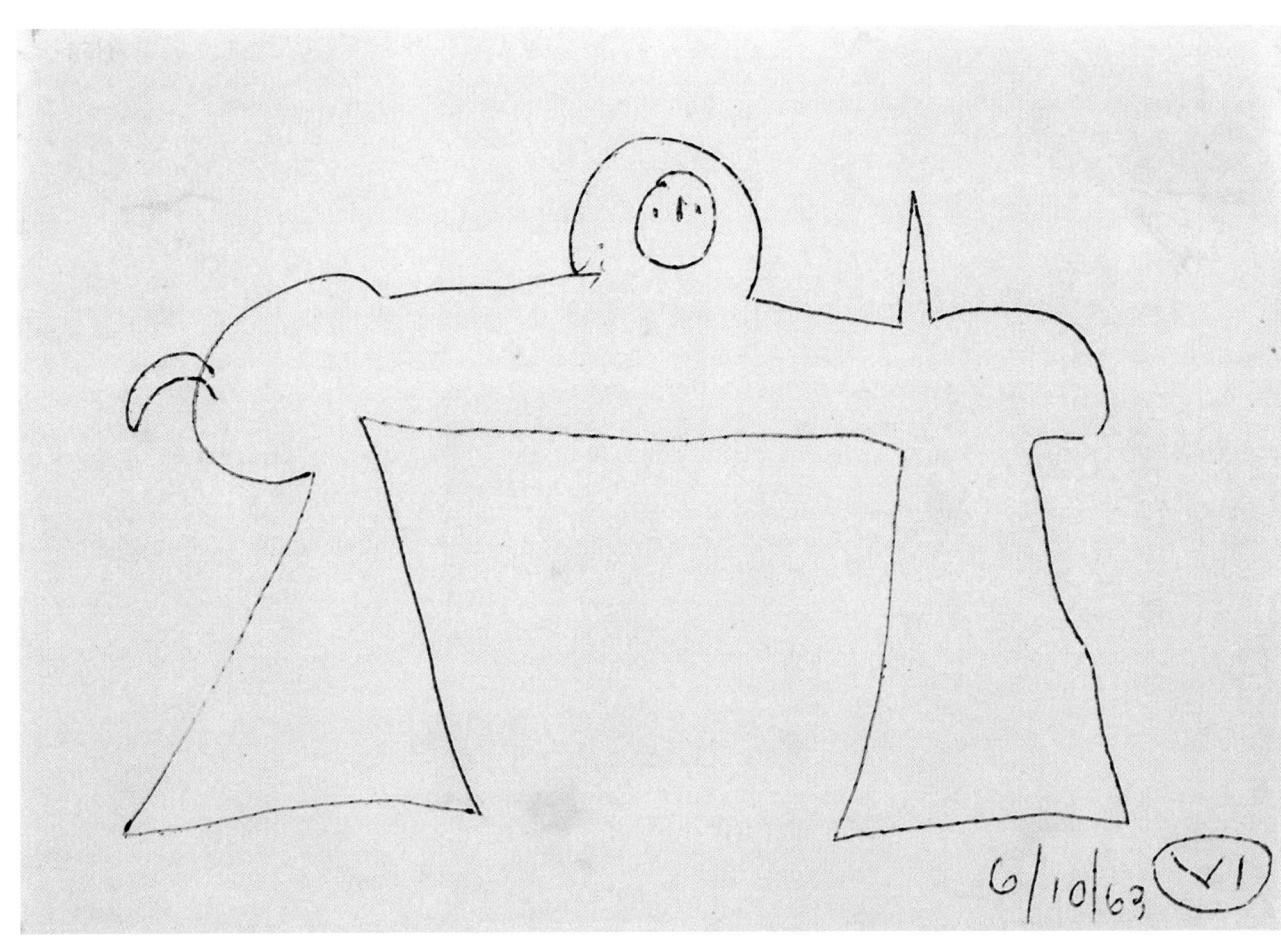

FPJM-1161
FPJM-1163

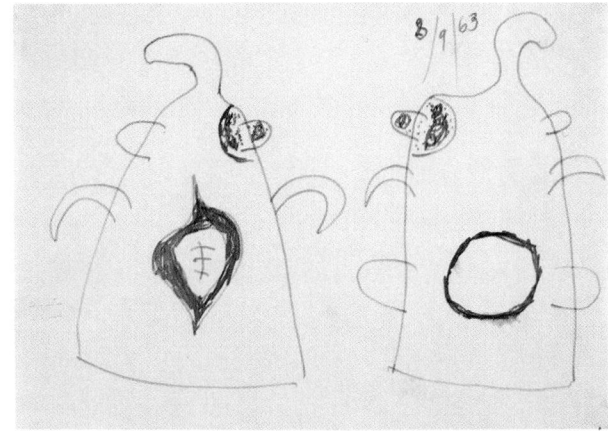

FPJM-1162

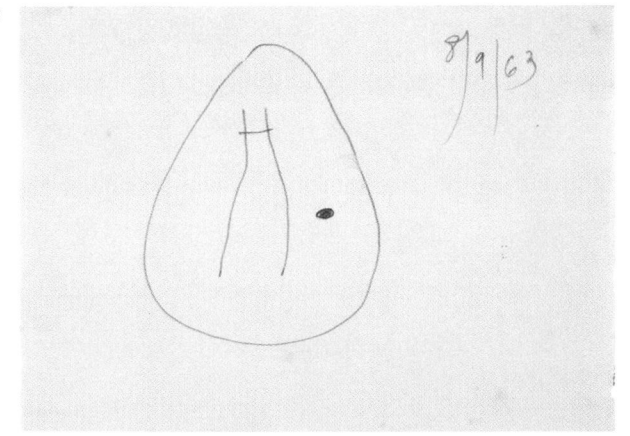

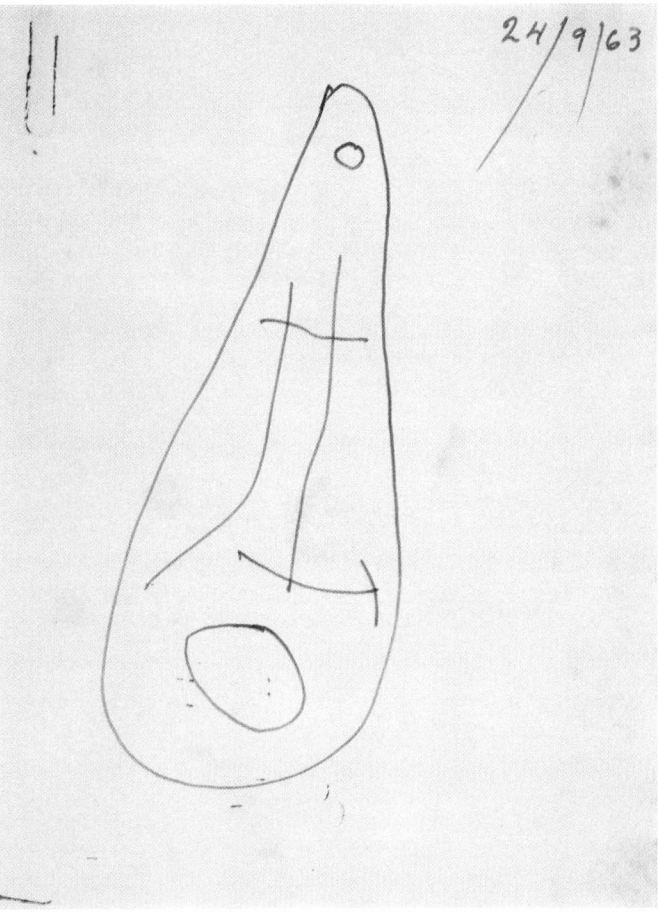

Sin título, 1963
Bolígrafo sobre papel, 21,6 × 15,7 cm
Inscripciones: *6/10/63*
Procedencia: Donación del artista, 1981
FPJM-1164

Sin título, 1963
Bolígrafo sobre papel, 21,6 × 15,7 cm
Inscripciones: *6/10/63*
Procedencia: Donación del artista, 1981
FPJM-1165

Exposiciones: Palma de Mallorca 1992, lám. 44
(color), p. 73

Sin título, 1963
Bolígrafo y lápiz de color sobre papel,
15,4 × 21,3 cm
Inscripciones: *molt fi / 29/XI/63.*
Procedencia: Donación del artista, 1981
FPJM-1166

Sin título, 1961
Tinta sobre papel, 7,9 × 12,5 cm
Inscripciones: *11/7/61.*
Procedencia: Donación del artista, 1981
FPJM-1167

Exposiciones: Palma de Mallorca 1993-1994, p. 25
(color); p. 163

Sin título, 1963
Lápiz de grafito sobre papel, 21,1 × 27,1 cm
Inscripciones: *XI/63*
Procedencia: Donación del artista, 1981
FPJM-1168a

Sin título, 1963
Lápiz de grafito sobre papel, 21,1 × 27,1 cm
Inscripciones: *XI / 63 / vermell / bronze / partint
dels cactus i el jet / d'eau - que recordi la
palmera / X / algún* [sic] *grafisme*
Procedencia: Donación del artista, 1981
FPJM-1168b

Sin título, 1963
Lápiz de grafito sobre papel, 27,1 × 21,1 cm
Inscripciones: *XI/63*
Procedencia: Donación del artista, 1981
FPJM-1169

Exposiciones: Palma de Mallorca 1992, lám. 43
(color), p. 73

FPJM-1165
FPJM-1167

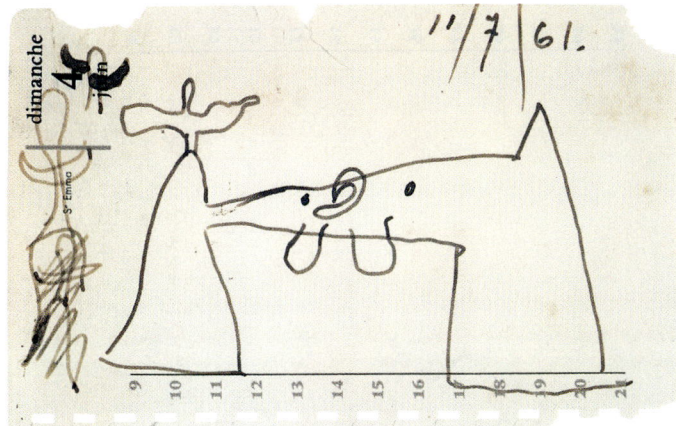

FPJM-1166
FPJM-1168a

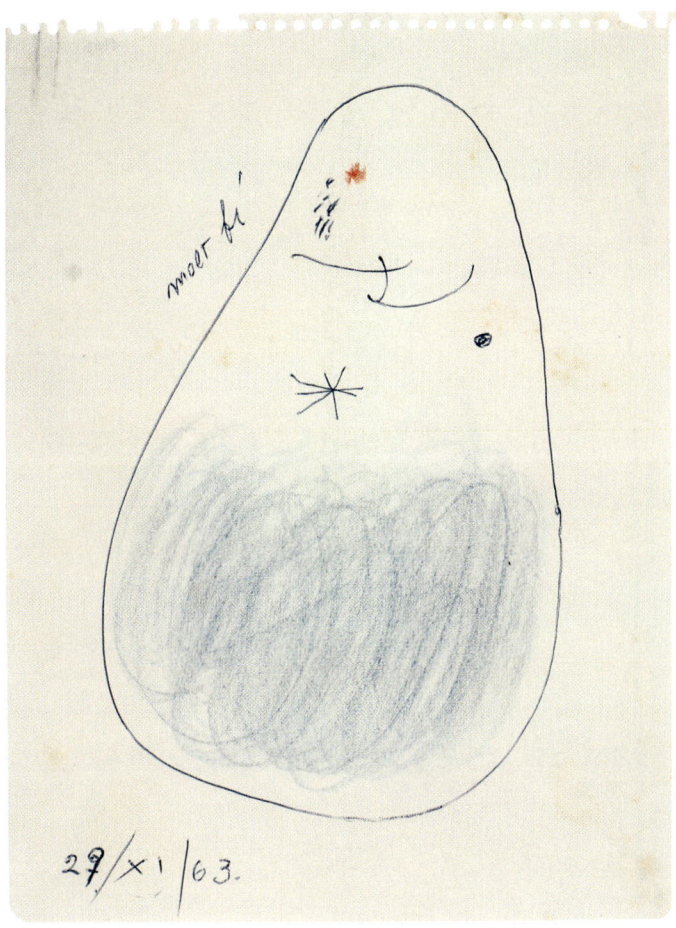

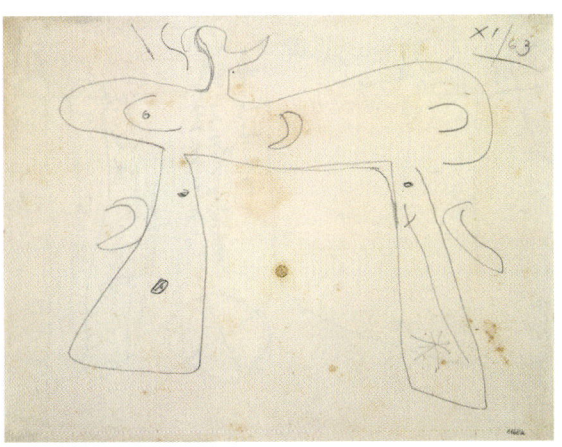

FPJM-1168b
FPJM-1169

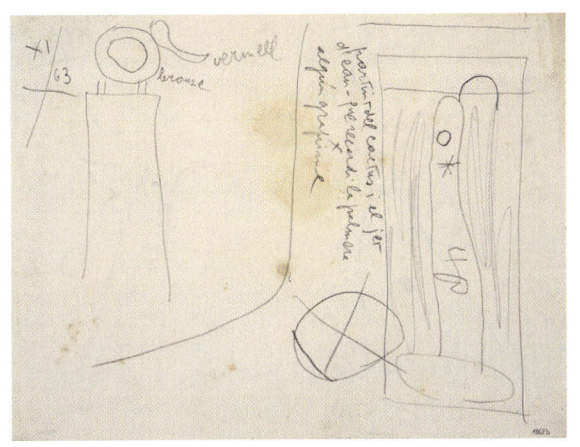

Sin título, 1961
Lápiz de grafito sobre papel, 23,8 × 34,1 cm
Inscripciones: *bronze cercant / matèries nobles /*
2' 56 x 0' 55 / (gruixut 0' 04) / 1/9/61. / n /
broze / colorit / 1/9/61.
Procedencia: Donación del artista, 1981
FPJM-1411.1

Sin título, 1962
Lápiz de grafito sobre papel, 34,1 × 23,8 cm
Inscripciones: *3/1/62.*
Procedencia: Donación del artista, 1981
FPJM-1411.2

Exposiciones: Palma de Mallorca 1990-1991, p. 100;
[lám. 12a (color), p. 101]

Sin título, 1963
Lápiz de grafito sobre papel, 34,1 × 23,8 cm
Inscripciones: *629 / 5/12/63.*
Procedencia: Donación del artista, 1981
FPJM-1411.4.1

Exposiciones: Washington, D.C. 2002-2003, p. 170.
Portland 2003, p. 170. San Petersburgo 2003, p. 170

Sin título, 1963 [ca]
Tinta, lápiz de cera y lápiz de grafito sobre
papel, 13,5 × 18,1 cm
Inscripciones: *Especular amb matèries /*
bronze. / X / Grans possibilitats / i accents /
color violents / oli i altres
Procedencia: Donación del artista, 1981
FPJM-1411.4.2

Femme et oiseau; Femme et oiseau;
Femme; Personnage royal;
Personnage royal, 1963
Lápiz de grafito sobre papel, 23,8 × 34,1 cm
Inscripciones: *Femme et oiseau / Femme /*
bronze / objecte / personnage royal /
personnage royal / Femme et oiseau / (que
giri) / 5/ 12/ 63
Procedencia: Donación del artista, 1981
FPJM-1411.7

Exposiciones: Madrid 1986-1987, lám. 39b (color),
p. 93. Barcelona 1987, lám. 39b (color), p. 93. Colonia
1987, lám. 39b (color), p. 105. Palma de Mallorca
1996b, lám. 21.b (color), p. 98. Palma de Mallorca
1996c, lám. 421 (color), p. 220; p. 251. Washington,
D.C. 2002-2003, p. 36; lám. 3.7 (color), p. 100;
p. 165. Portland 2003, p. 36; lám. 3.7 (color), p. 100;
p. 165. San Petersburgo 2003, p. 36; lám. 3.7 (color),
p. 100; p. 165

Personnage royal; Femme et oiseau;
Personnage; Sin título, 1963
Lápiz de grafito sobre papel, 23,8 × 34,1 cm
Inscripciones: *cap bronze / Personnage /*
Personnage royal / Femme et oiseau / que giri /
5/12/63.
Procedencia: Donación del artista, 1981
FPJM-1411.8

Exposiciones: Palma de Mallorca 1990-1991, p. 132;
[lám. 20a (color), p. 133]. Palma de Mallorca 1996b,
lám. 24.b (color), p. 108. Washington, D.C. 2002-2003,
p. 38; lám. 7.2 (color), p. 113; p. 166. Portland 2003,
p. 38; lám. 7.2 (color), p. 113; p. 166. San Petersburgo
2003, p. 38; lám. 7.2 (color), p. 113; p. 166

Femme; Deux têtes; Femme;
Personnage; Femme et oiseau; Projet
pour un monument, 1963
Lápiz de grafito sobre papel, 23,8 × 34,1 cm
Inscripciones: *personnage / ~~objecte~~ / Femme /*
Deux têtes / Femme / projet pour / un
monument / Femme / et oiseau / 5/12/63
Procedencia: Donación del artista, 1981
FPJM-1411.9

Exposiciones: Palma de Mallorca 1990-1991, p. 54;
[lám. 1b (color), p. 55]. Palma de Mallorca 1996b,
lám. 18.a (color), p. 92; lám. 35.a (color), p. 126.
Palma de Mallorca 1996c, lám. 419 (color), p. 220;
p. 251. Las Palmas de Gran Canaria 1996-1997,
p. 133; lám. 190 (color), p. 175; p. 232. Salerno
2002-2003, p. 116 (color); p. 182

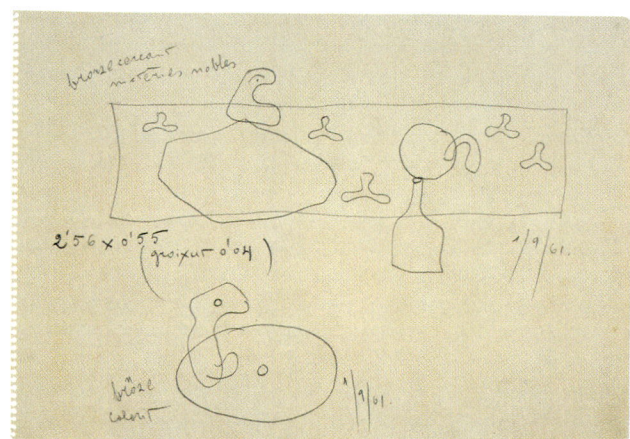

FPJM-1411.1

FPJM-1411.7

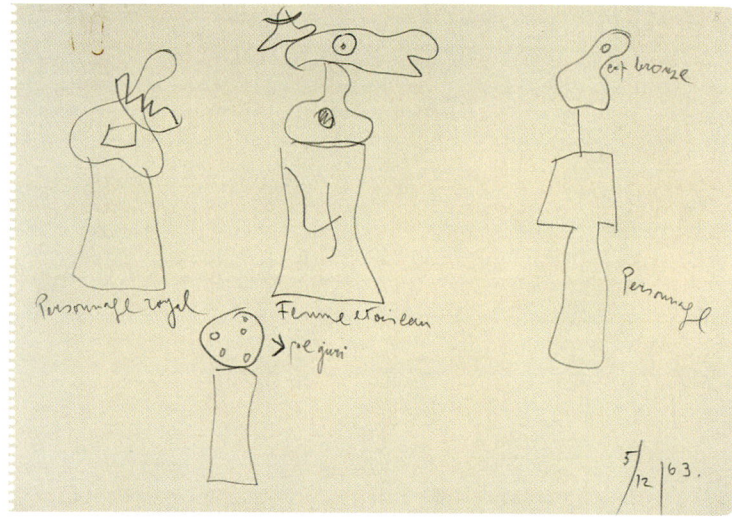

FPJM-1411.8

Cuaderno de dibujos asociados a esculturas, que Miró realizó entre el 1 de septiembre
de 1961 y el 13 de mayo de 1964. Muchos de estos bocetos se transformarían en
esculturas de bronce a partir de esa misma década. [págs. 258-261]

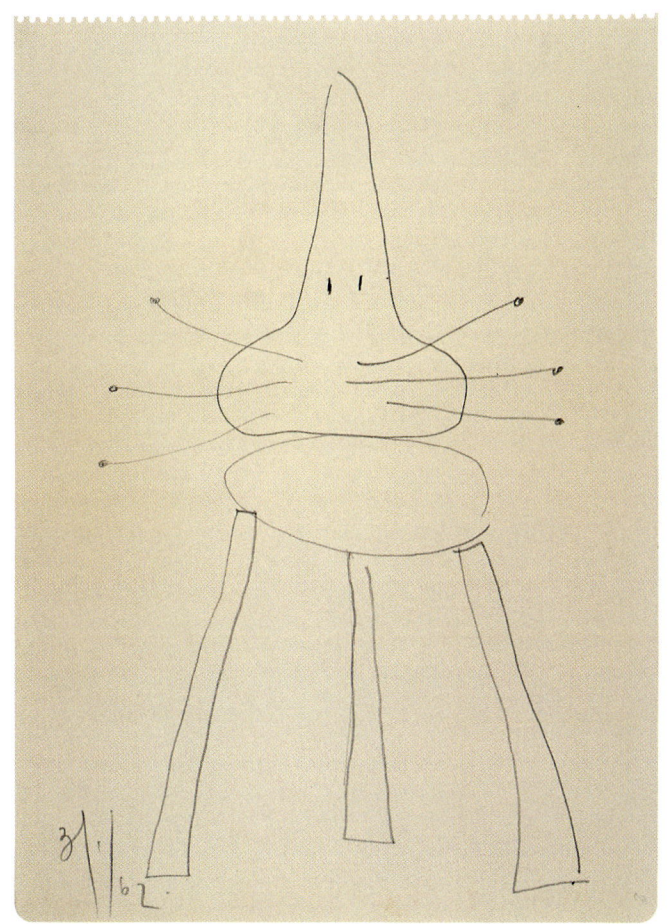

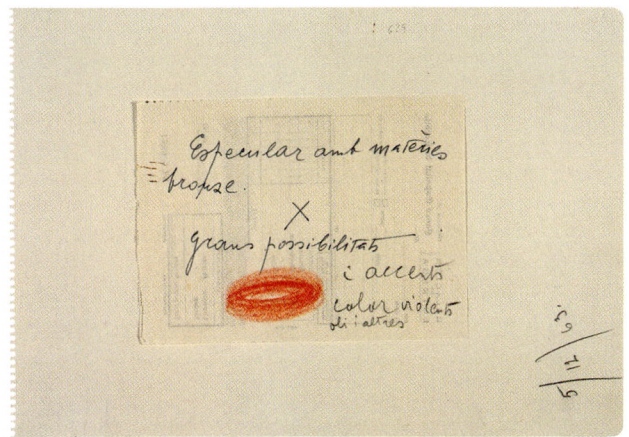

Femme; *Personnage*, 1963
Lápiz de grafito sobre papel, 23,8 × 34,1 cm
Inscripciones: *Femme / Personnage / 5/12/63*.
Procedencia: Donación del artista, 1981
FPJM-1411.10

Tête; *Personnage dans un paysage*;
Tête; *Oiseau*; *Personnage*, 1963
Lápiz de grafito sobre papel, 23,8 × 34,1 cm
Inscripciones: *Tête / Personnage dans un
paysage / objecte / Tête / 4 pedres / oiseau /
personnage / 5/12/63*.
Procedencia: Donación del artista, 1981
FPJM-1411.11

Exposiciones: Palma de Mallorca 1990-1991, p. 156;
[lám. 27a (color), p. 157]. Palma de Mallorca 1996b,
lám. 11.b (color), p. 72; lám. 70.a (color), p. 186

Femme; *Sin título*; *Femme*; *Femme et
oiseau*, 1963
Lápiz de grafito sobre papel, 23,8 × 34,1 cm
Inscripciones: *V / femme / V / Mateix tamany /
Femme et oiseau / Femme / 5/12/63*.
Procedencia: Donación del artista, 1981
FPJM-1411.12

Exposiciones: Palma de Mallorca 1996b, lám. 6.a
(color), p. 61. Washington, D.C. 2002-2003, p. 35;
lám. 2.3 (color), p. 96; p. 164. Portland 2003, p. 35;
lám. 2.3 (color), p. 96; p. 164. San Petersburgo 2003,
p. 35; lám. 2.3 (color), p. 96; p. 164

Femme et oiseau; *Femme*;
Personnage; *Tête*; *Personnage*, 1963
Lápiz de grafito sobre papel, 23,8 × 34,1 cm
Inscripciones: *objecte / personnage / Femme /
Femme et oiseau / Tête / personnage / 5/12/63*
Procedencia: Donación del artista, 1981
FPJM-1411.13

Exposiciones: Palma de Mallorca 1996b, lám. 45.a
(color), p. 144; lám. 54.a (color), p. 160. Washington,
D.C. 2002-2003, p. 54; lám. 27. 2 (color), p. 161;
p. 170. Portland 2003, p. 54; lám. 27. 2 (color), p. 161;
p. 170. San Petersburgo 2003, p. 54; lám. 27. 2
(color), p. 161; p. 170

Stèle funéraire; *Personnage*; *Tête*;
Femme, 1963
Lápiz de grafito sobre papel, 23,8 × 34,1 cm
Inscripciones: *personnage / Tête / stèlle* [sic] *
/ funeraire / femme / 5/12/63*.
Procedencia: Donación del artista, 1981
FPJM-1411.14

Exposiciones: Palma de Mallorca 1996b, lám. 16.a
(color), p. 88

Femme et oiseau, 1963
Lápiz de grafito sobre papel, 23,8 × 34,1 cm
Inscripciones: *Femme et oiseau / X 1/2 /
21/XII/63*
Procedencia: Donación del artista, 1981
FPJM-1411.15

Femme et enfant, 1964
Lápiz de grafito sobre papel, 23,8 × 34,1 cm
Inscripciones: *Femme et enfant / 4/3/64*
Procedencia: Donación del artista, 1981
FPJM-1411.16

Exposiciones: Palma de Mallorca 1990-1991, p. 120;
[lám. 17a (color), p. 121]

Sin título, 1964; *Sin título*, 1964
Lápiz de grafito sobre papel, 23,8 × 34,1 cm
Inscripciones: *25/4/64 / V / marbre / marbre /
25/4/64*
Procedencia: Donación del artista, 1981
FPJM-1411.17a.1

Exposiciones: Palma de Mallorca 1990-1991, lám. 11
(color), p. 23. Palma de Mallorca 1996b, lám. 8.a
(color), p. 64. Palma de Mallorca 1996c, lám. 434
(color), p. 224; p. 252

Sin título, 1964
Bolígrafo sobre papel, 8,1 × 12,6 cm
Inscripciones: *5/64 / La major part escultures /
fer-les fondre amb cera / perduda Exemplar únic*
Procedencia: Donación del artista, 1981
FPJM-1411.17a.2

Exposiciones: Palma de Mallorca 1996b, lám. 8.a
(color), p. 64. Palma de Mallorca 1996c, lám. 434
(color), p. 224; p. 252

Sin título, 1964; *Sin título*, 1964
Lápiz de grafito sobre papel, 23,8 × 34,1 cm
Inscripciones: *Femme / 13/V/64 / oiseau sur
une / grotte / 13/V/64*
Procedencia: Donación del artista, 1981
FPJM-1411.17b

Exposiciones: Palma de Mallorca 1996b, lám. 7.a
(color), p. 64; lám. 17.a (color), p. 90. Palma de
Mallorca 1996c, lám. 435 (color), p. 224; p. 252

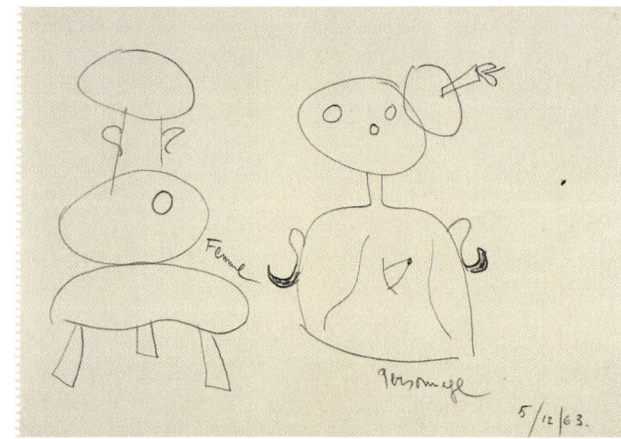

FPJM-1411.10

FPJM-1411.13

FPJM-1411.11
FPJM-1411.12

FPJM-1411.14
FPJM-1411.15

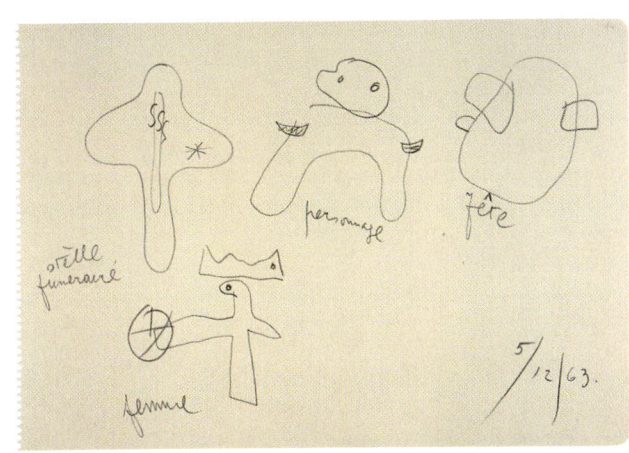
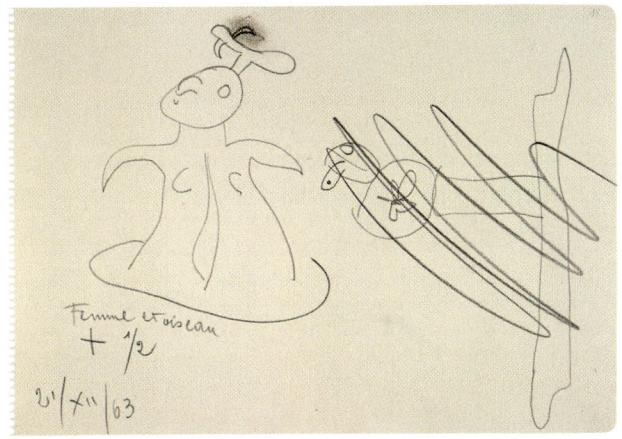

FPJM-1411.16
FPJM-1411.17a.1

FPJM-1411.17a.2
FPJM-1411.17b

Sin título, 1963
Tinta, bolígrafo y lápiz de cera sobre papel,
30,5 × 21,4 cm
Inscripciones: *Factures / suplementàries / casa /*
J. Miró Ferrá [sic] */ I / Góngora / 22/VIII/63.*
Procedencia: Donación del artista, 1981
FPJM-1412.1a

Sin título, 1963 [ca]
Lápiz de grafito y bolígrafo sobre papel,
30,5 × 21,4 cm
Inscripciones: *1*
Procedencia: Donación del artista, 1981
FPJM-1412.1b

Sin título, 1963 [ca]
Lápiz de grafito y bolígrafo sobre papel,
30,5 × 21,3 cm
Inscripciones: *2 / X*
Procedencia: Donación del artista, 1981
FPJM-1412.2a

Sin título, 1963 [ca]
Lápiz de grafito sobre papel, 30,5 × 21,3 cm
Inscripciones: *peus / empremta d'un veritable*
peu
Procedencia: Donación del artista, 1981
FPJM-1412.2b

Sin título, 1963 [ca]
Lápiz de grafito y bolígrafo sobre papel,
30,5 × 21,3 cm
Inscripciones: *3*
Procedencia: Donación del artista, 1981
FPJM-1412.3a

Sin título, 1963 [ca]
Lápiz de grafito sobre papel, 30,5 × 21,3 cm
Inscripciones: *X*
Procedencia: Donación del artista, 1981
FPJM-1412.3b

Sin título, 1963 [ca]
Lápiz de grafito y bolígrafo sobre papel,
30,5 × 21,3 cm
Inscripciones: *4*
Procedencia: Donación del artista, 1981
FPJM-1412.4a

Sin título, 1963 [ca]
Lápiz de grafito y bolígrafo sobre papel,
30,5 × 21,3 cm
Inscripciones: *5*
Procedencia: Donación del artista, 1981
FPJM-1412.5a

Sin título, 1963 [ca]
Lápiz de grafito y bolígrafo sobre papel,
30,5 × 21,3 cm
Inscripciones: *6 / 7*
Procedencia: Donación del artista, 1981
FPJM-1412.6a

Sin título, 1963 [ca]
Lápiz de grafito sobre papel, 30,5 × 21,3 cm
Procedencia: Donación del artista, 1981
FPJM-1412.6b

Sin título, 1963 [ca]
Lápiz de grafito y lápiz de cera sobre papel,
30,5 × 21,3 cm
Procedencia: Donación del artista, 1981
FPJM-1412.7b

Sin título, 1963 [ca]
Lápiz de grafito y bolígrafo sobre papel,
30,5 × 21,3 cm
Inscripciones: *8*
Procedencia: Donación del artista, 1981
FPJM-1412.8a

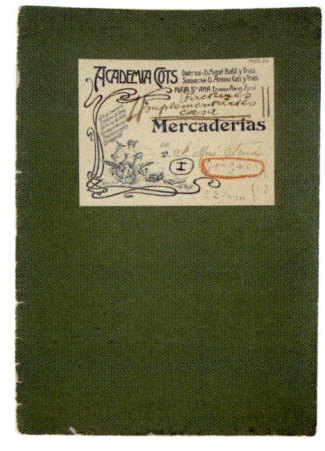

FPJM-1412.1a

FPJM-1412.3b

FPJM-1412.1b
FPJM-1412.2a
FPJM-1412.2b
FPJM-1412.3a

   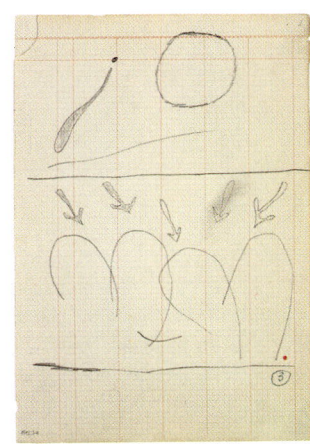

FPJM-1412.4a
FPJM-1412.5a
FPJM-1412.6a

 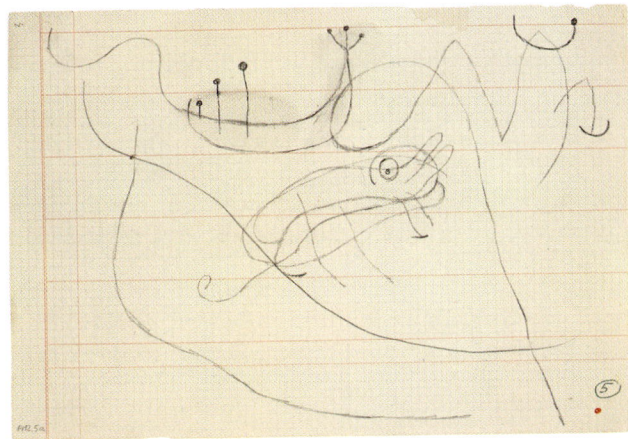 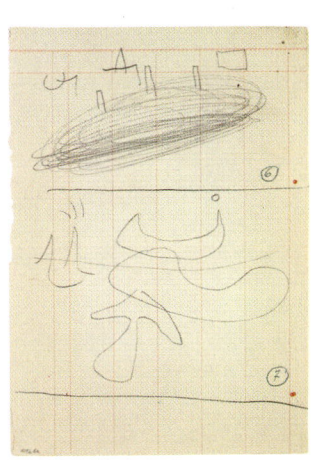

FPJM-1412.6b
FPJM-1412.7b
FPJM-1412.8a

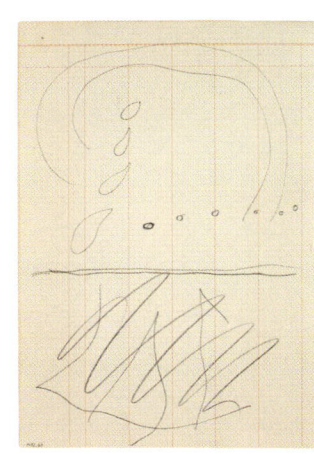 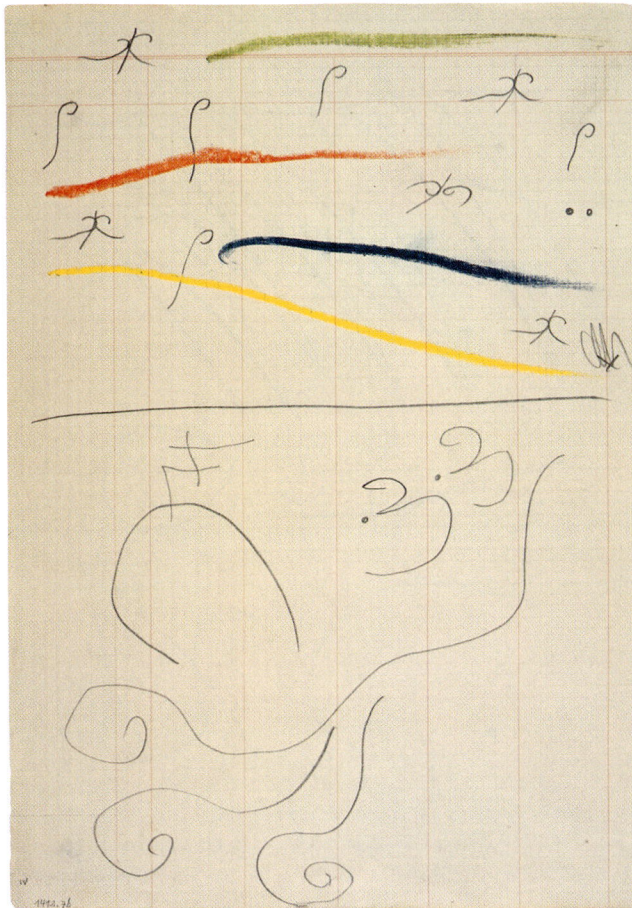 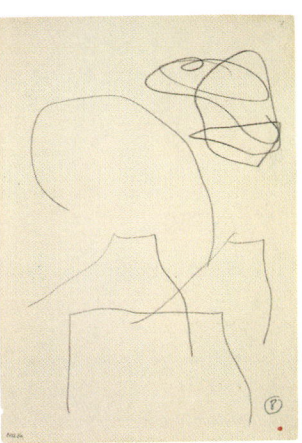

Cuaderno de dibujos, realizados en torno a 1963, probablemente relacionados con la primera parte del proyecto de ilustrar una obra de Góngora. En unas declaraciones a Georges Raillard, en 1975, Miró manifestó que estaba trabajando en el libro *Soledades* de Góngora, un proyecto que no se llegó a materializar.

Sin título, 1967/1971
Tinta, bolígrafo y lápiz de cera sobre papel,
30,6 × 21,4 cm
Inscripciones: *Balances de / J. Miró Ferrá / II /*
2/IX/67
Procedencia: Donación del artista, 1981
FPJM-1413.1a

Sin título, 1967/1971
Lápiz de grafito sobre papel, 30,6 × 21,4 cm
Procedencia: Donación del artista, 1981
FPJM-1413.1b

Sin título, 1967/1971
Lápiz de grafito y bolígrafo sobre papel,
21,4 × 30,6 cm
Inscripciones: *9*
Procedencia: Donación del artista, 1981
FPJM-1413.2a

Sin título, 1967/1971
Lápiz de grafito y bolígrafo sobre papel,
21,4 × 30,6 cm
Inscripciones: *10*
Procedencia: Donación del artista, 1981
FPJM-1413.2b

Sin título, 1967/1971
Lápiz de grafito sobre papel, 21,3 × 30,6 cm
Procedencia: Donación del artista, 1981
FPJM-1413.3a

Sin título, 1967/1971
Lápiz de grafito y bolígrafo sobre papel,
21,3 × 30,6 cm
Inscripciones: *empremte / mà / 10 bis*
Procedencia: Donación del artista, 1981
FPJM-1413.3b

Sin título, 1967/1971
Lápiz de grafito y bolígrafo sobre papel,
21,3 × 30,6 cm
Inscripciones: *10 bis / I*
Procedencia: Donación del artista, 1981
FPJM-1413.4a

Sin título, 1967/1971
Lápiz de grafito sobre papel, 21,3 × 30,6 cm
Procedencia: Donación del artista, 1981
FPJM-1413.4b

Sin título, 1967/1971
Lápiz de grafito y bolígrafo sobre papel,
21,3 × 30,6 cm
Inscripciones: *11*
Procedencia: Donación del artista, 1981
FPJM-1413.5a

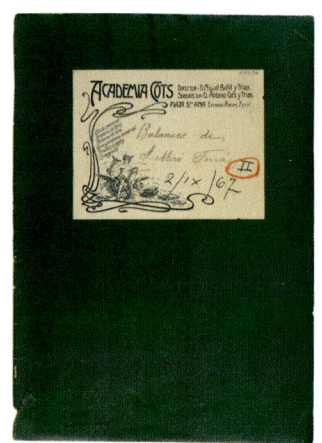

FPJM-1413.1a

Este cuaderno, seguramente, está relacionado con la
segunda parte del proyecto de ilustrar la obra
Soledades de Góngora. Miró debió de realizar los dibujos de este cuaderno entre el 2 de septiembre de 1967
y el 13 de septiembre de 1971. [págs. 264-267]

FPJM-1413.1b
FPJM-1413.2a

FPJM-1413.2b
FPJM-1413.3a

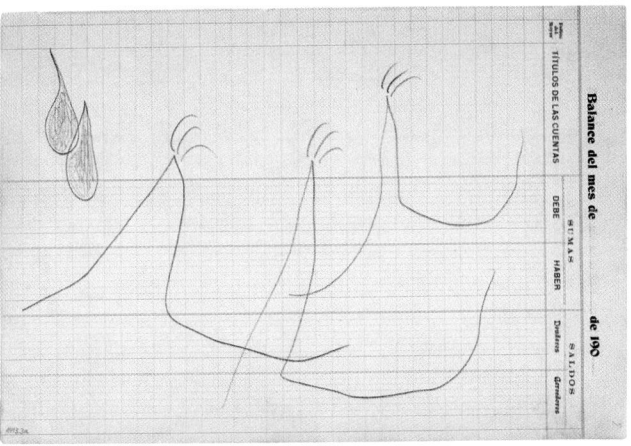

FPJM-1413.3b
FPJM-1413.4a

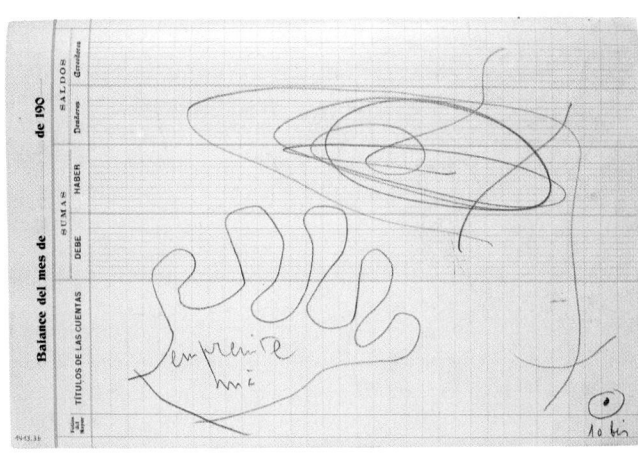
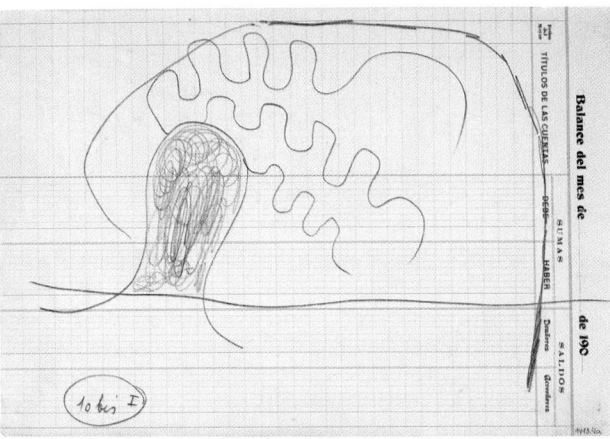

FPJM-1413.4b
FPJM-1413.5a

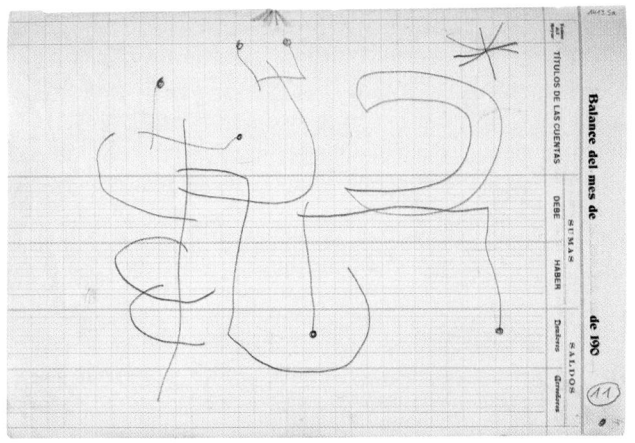

Sin título, 1967/1971
Lápiz de grafito y bolígrafo sobre papel,
21,3 × 30,6 cm
Inscripciones: *12*
Procedencia: Donación del artista, 1981
FPJM-1413.5b

Sin título, 1967/1971
Lápiz de grafito y bolígrafo sobre papel,
21,3 × 30,6 cm
Procedencia: Donación del artista, 1981
FPJM-1413.6a

Sin título, 1967/1971
Lápiz de grafito sobre papel, 21,3 × 30,6 cm
Procedencia: Donación del artista, 1981
FPJM-1413.6b

Sin título, 1967/1971
Lápiz de grafito y bolígrafo sobre papel,
21,3 × 30,6 cm
Inscripciones: *13*
Procedencia: Donación del artista, 1981
FPJM-1413.7a

Sin título, 1967/1971
Lápiz de grafito y bolígrafo sobre papel,
21,3 × 30,6 cm
Inscripciones: *14*
Procedencia: Donación del artista, 1981
FPJM-1413.7b

Sin título, 1967/1971
Lápiz de grafito y bolígrafo sobre papel,
21,3 × 30,6 cm
Inscripciones: *15*
Procedencia: Donación del artista, 1981
FPJM-1413.8a

Sin título, 1967/1971
Lápiz de grafito y bolígrafo sobre papel,
21,3 × 30,6 cm
Inscripciones: *16*
Procedencia: Donación del artista, 1981
FPJM-1413.8b

Sin título, 1967/1971
Bolígrafo sobre papel, 30,6 × 21,4 cm
Inscripciones: *13/IX/71.*
Procedencia: Donación del artista, 1981
FPJM-1413.9

FPJM-1413.5b
FPJM-1413.6a

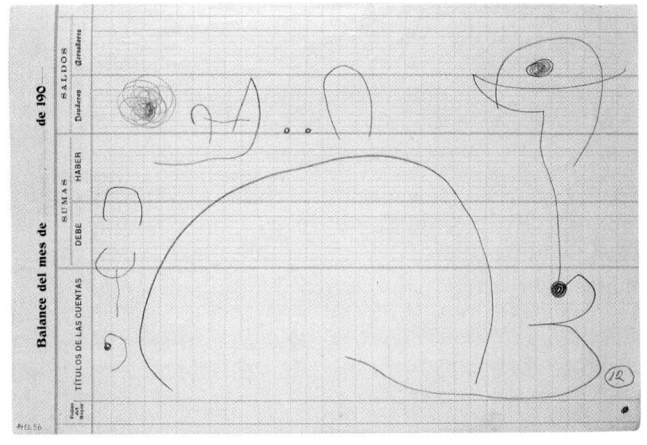 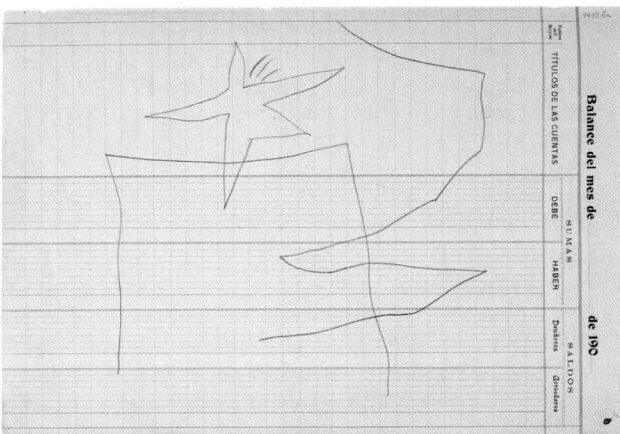

FPJM-1413.6b
FPJM-1413.7a

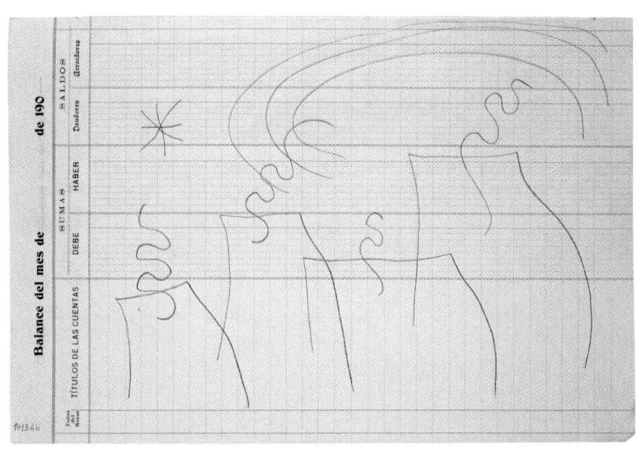 

FPJM-1413.7b
FPJM-1413.8a

FPJM-1413.8b
FPJM-1413.9

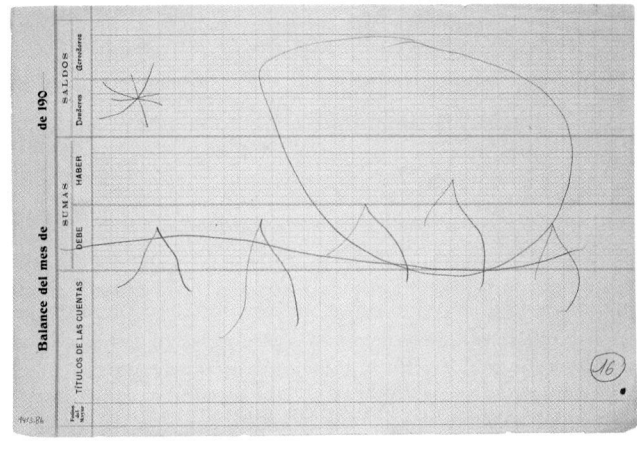 

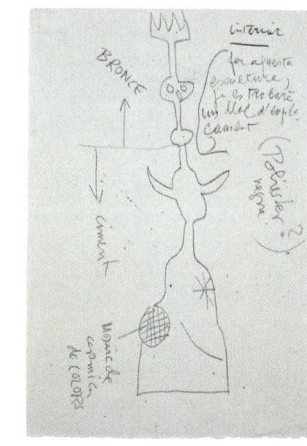

Joan Miró y Joan Gardy Artigas
Sin título, sin fecha
Lápiz de grafito y bolígrafo sobre papel,
29,6 × 19,4 cm
Inscripciones: *interior / BRONCE / fer aquesta /
escultura, / ja es trobarà / un lloc d'empla-
/çament / ciment / (Poliester / negre?) / Mosaic
de / ceramica / de COLORS*
Procedencia: Donación del artista, 1981
FPJM-649

Exposiciones: Madrid 1986-1987, lám. 59e, p. 134.
Barcelona 1987, lám. 59e, p. 134. Colonia 1987,
lám. 59e, p. 148. Palma de Mallorca 1990-1991,
lám. 17 (color), p. 28; p. 33. Sevilla 1993-1994,
lám. 111 (color), p. 183. Málaga 1994, lám. 111
(color), p. 183

Moon, Sun and Star, 1966
Bolígrafo y lápiz de cera sobre papel,
30,5 × 22,8 cm
Inscripciones: *1/66 / ? / encerclat / rollou /
Moon / Sun and / Star*
Procedencia: Donación del artista, 1981
FPJM-666

Exposiciones: Madrid 1986-1987, lám. 59b (color),
p. 133. Barcelona 1987, lám. 59b (color), p. 133.
Colonia 1987, lám. 59b, p. 146. Palma de Mallorca
1990-1991, p. 124; [lám. 18a (color), p. 125]

Sin título, 1966
Bolígrafo y lápiz de cera sobre papel,
30,5 × 22,9 cm
Inscripciones: *1/66*
Procedencia: Donación del artista, 1981
FPJM-667

Exposiciones: Madrid 1986-1987, lám. 59c (color),
p. 133. Barcelona 1987, lám. 59c (color), p. 133.
Colonia 1987, lám. 59c, p. 146. Palma de Mallorca
1990-1991, p. 112; [lám. 15a (color), p. 113]

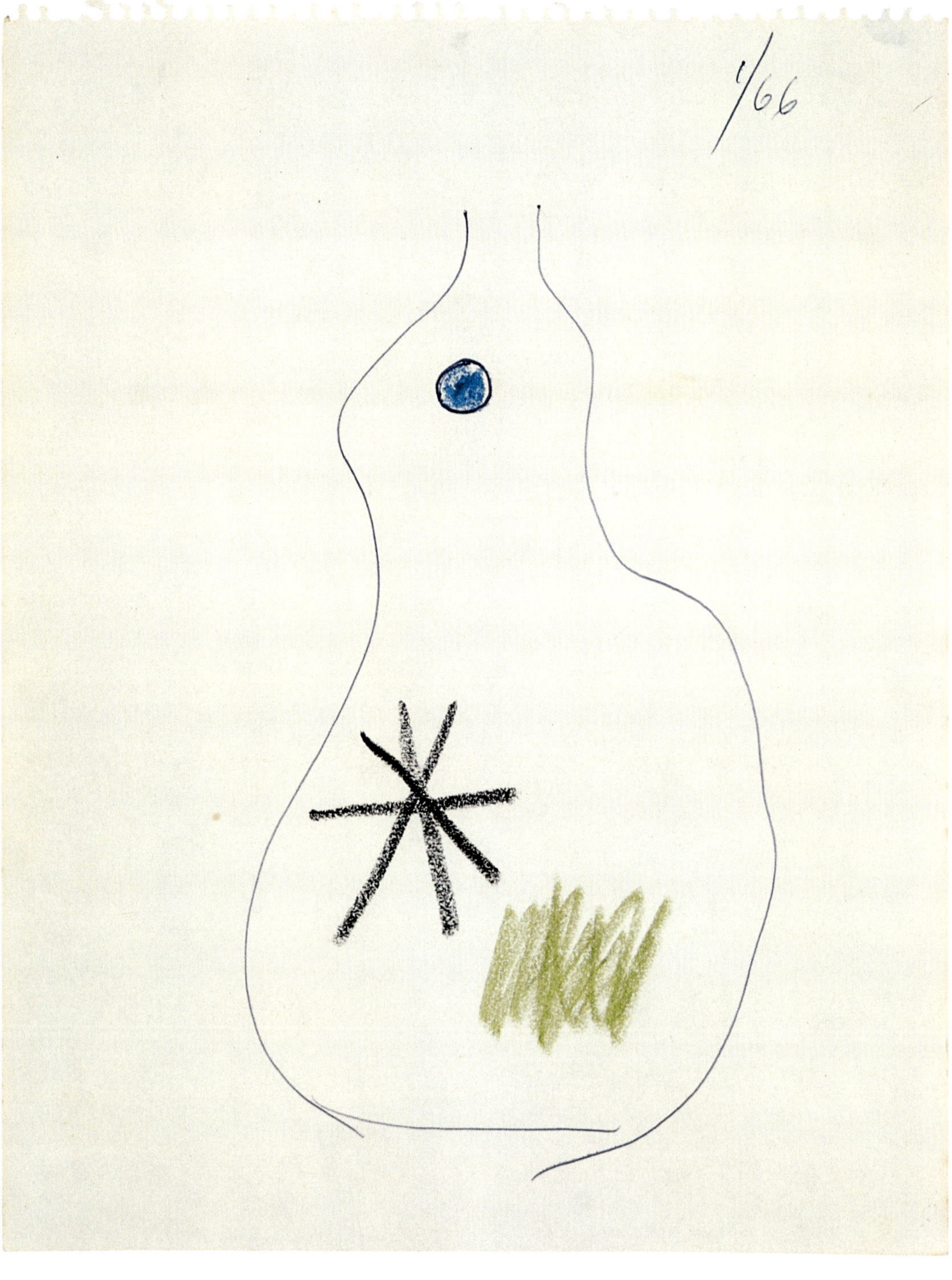

FPJM-667

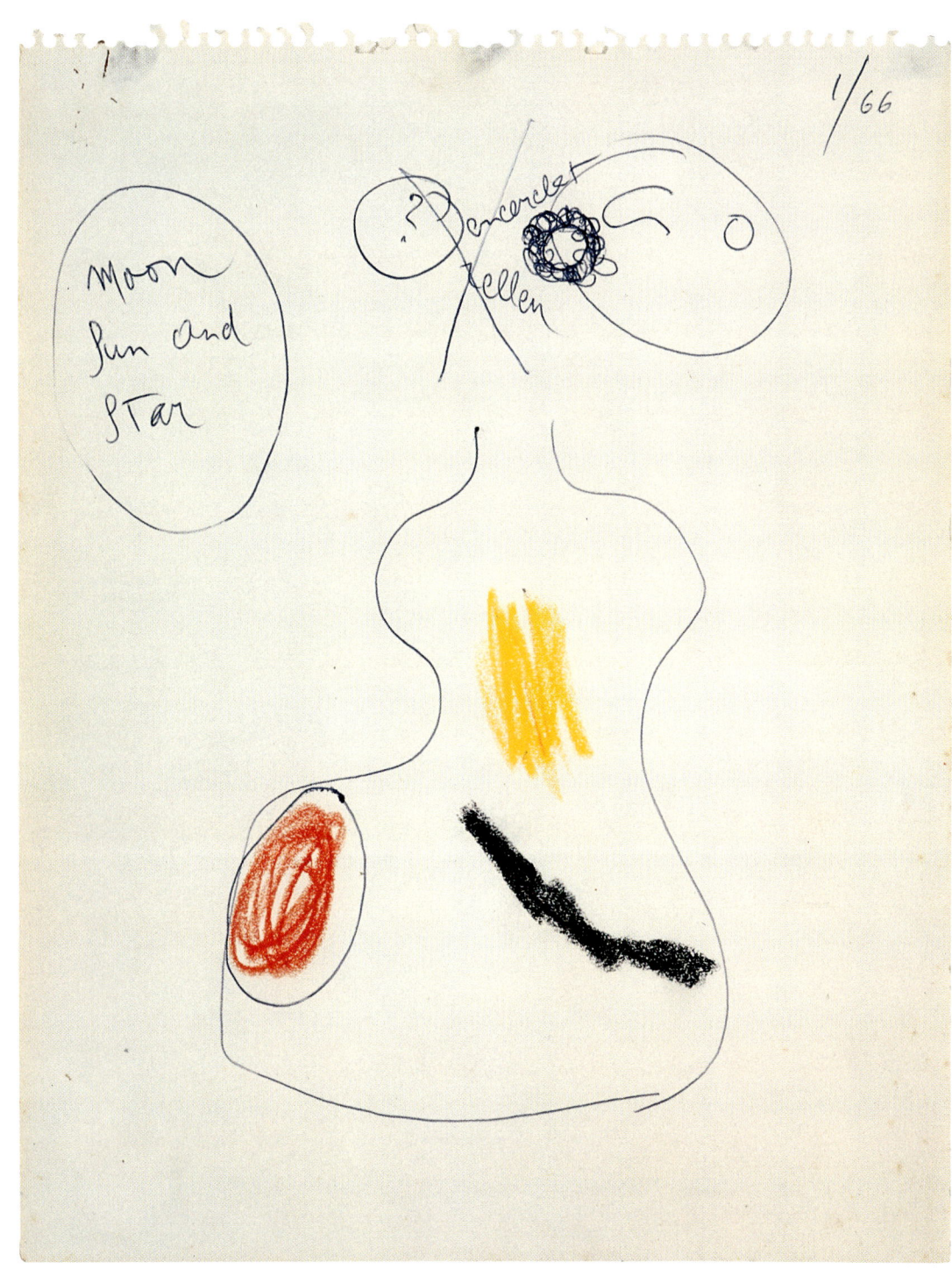

Dibujos relacionados con la escultura monumental *Miró's Chicago*. Esta escultura, en un principio, fue concebida para Chicago, en torno a 1964. Sin embargo, el proyecto inicial no se materializó, razón por la cual, en 1968, Miró pensó dedicarla a su ciudad natal, Barcelona. No obstante, tampoco en este caso el proyecto prosperó. Finalmente, esta escultura acabó erigiéndose en Chicago en 1981.

Sin título, 1968
Bolígrafo y lápiz de cera sobre papel,
15,8 × 21,6 cm
Inscripciones: *groc / verd / vermell / vermell /*
blau / I / blau / 15/XII/68.
Procedencia: Donación del artista, 1981
FPJM-668

Exposiciones: Palma de Mallorca 1992, lám. 9 (color),
p. 39. Palma de Mallorca 1994-1995, p. 14, 20, 26;
lám. 136 (color), p. 159. Las Palmas de Gran Canaria
1996-1997, p. 133; lám. 107 (color), p. 137; p. 230

Sin título, 1968 [ca]
Rotulador y bolígrafo sobre fotografía,
17,1 × 23,4 cm
Inscripciones: *II*
Procedencia: Donación del artista, 1981
FPJM-669a

Exposiciones: Palma de Mallorca 1994-1995, p. 14,
20, 26; lám. 137 (color), p. 160. Las Palmas de Gran
Canaria 1996-1997, p. 133; lám. 108 (color), p. 138;
p. 230. Milán 1999, lám. 43a (color), p. 90; p. 140

Sin título, 1968 [ca]
Rotulador sobre fotografía, 17,1 × 23,4 cm
Inscripciones: *III / B-27097*
Procedencia: Donación del artista, 1981
FPJM-669b

Exposiciones: Palma de Mallorca 1994-1995, p. 14,
20, 26; lám. 138 (color), p. 160

Sin título, 1968 [ca]
Rotulador y bolígrafo sobre fotografía,
17,5 × 23,1 cm
Inscripciones: *IV*
Procedencia: Donación del artista, 1981
FPJM-670

Exposiciones: Palma de Mallorca 1994-1995, p. 14,
20, 26; lám. 139 (color), p. 161. Las Palmas de Gran
Canaria 1996-1997, p. 133; lám. 109 (color), p. 138;
p. 230. Milán 1999, lám. 43b (color), p. 91; p. 140

Sin título, 1968 [ca]
Rotulador, lápiz de color y bolígrafo sobre papel,
21,1 × 27,1 cm
Inscripciones: *V / VI*
Procedencia: Donación del artista, 1981
FPJM-671

Exposiciones: Palma de Mallorca 1992, lám. 49
(color), p. 75. Palma de Mallorca 1994-1995, p. 14,
20, 26; lám. 140 (color), p. 162. Las Palmas de Gran
Canaria 1996-1997, p. 133; lám. 110 (color), p. 139;
p. 230. Milán 1999, lám. 42a (color), p. 90; p. 140

Sin título, 1968 [ca]
Rotulador, lápiz de color y bolígrafo sobre papel,
21,1 × 27,1 cm
Inscripciones: *VII / Fons molt noble / Que no*
sigui fred / Algun accident de matèria o color
per / enriquir-lo, / que vingui naturalment, no
buscat / X / Es de gran importància resoldre la
matèria / de la paret de l'extrem de l'edifici. / X
Procedencia: Donación del artista, 1981
FPJM-672

FPJM-669a

FPJM-670

FPJM-671

FPJM-668
FPJM-669b

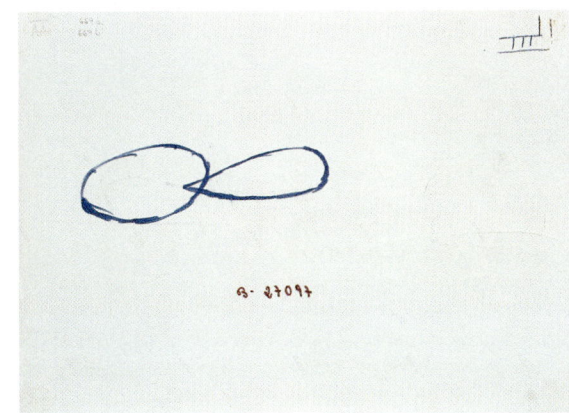

FPJM-672

Dibujos y fotos asociados al mural cerámico de Miró y Artigas para el aeropuerto de Barcelona. Estos bocetos indican que Miró estaba trabajando ya en este proyecto en 1968, si bien el mural no se concluyó hasta 1970.

Femme devant la foule, 1971
Lápiz de cera y bolígrafo sobre papel,
15,4 × 19,7 cm
Inscripciones: *Femme devant la foule / 4/XI/71*
Procedencia: Donación del artista, 1981
FPJM-638

Exposiciones: Madrid 1986-1987, lám. 66c (color),
p. 147. Barcelona 1987, lám. 66c (color), p. 147.
Colonia 1987, lám. 66c, p. 161. Palma de Mallorca
1990-1991, lám. 18 (color), p. 29; p. 33. Washington,
D.C. 2002-2003, p. 43; lám. 19. 5 (color), p. 142;
p. 168. Portland 2003, p. 43; lám. 19. 5 (color), p. 142;
p. 168. San Petersburgo 2003, p. 43; lám. 19. 5
(color), p. 142; p. 168

Sin título, 1971
Lápiz de cera y bolígrafo sobre papel,
15,5 × 19,8 cm
Inscripciones: *3/XI/71. I X*
Procedencia: Donación del artista, 1981
FPJM-639

Exposiciones: Palma de Mallorca 1990-1991, p. 152;
[lám. 26a (color), p. 153]. Palma de Mallorca
1993-1994, p. 40 (color); p. 164. Washington, D.C.
2002-2003, p. 43; lám. 19. 3 (color), p. 141; p. 168.
Portland 2003, p. 43; lám. 19. 3 (color), p. 141; p. 168.
San Petersburgo 2003, p. 43; lám. 19. 3 (color),
p. 141; p. 168

Sin título, 1971
Lápiz de cera y bolígrafo sobre papel,
15,5 × 19,8 cm
Inscripciones: *X 3/XI/71. II*
Procedencia: Donación del artista, 1981
FPJM-640

Exposiciones: Palma de Mallorca 1993-1994, p. 40
(color); p. 164. Washington, D.C. 2002-2003, p. 43;
lám. 19. 4 (color), p. 141; p. 168. Portland 2003, p. 43;
lám. 19. 4 (color), p. 141; p. 168. San Petersburgo
2003, p. 43; lám. 19. 4 (color), p. 141; p. 168

Femme s'adressant à la foule, 1971
Bolígrafo sobre papel, 25,9 × 22,5 cm
Inscripciones: *Femme s'adressant à / la foule /
el blanc l'embrutarà / la gent ?/ sortie /
2/XI/71. / 150.000 $ net / 200.000 / Demanar
preu net / 200.000 $ / en Joanet hi aniria, a
càrrec / d'ells, per ajudar-los*
Procedencia: Donación del artista, 1981
FPJM-641

Exposiciones: Palma de Mallorca 1990-1991, lám. 21
(color), p. 30; p. 33. Sevilla 1993-1994, p. 178;
lám. 107 (color), p. 180. Málaga 1994, p. 178; lám. 107
(color), p. 180. Washington, D.C. 2002-2003, p. 43;
lám. 19. 2 (color), p. 140; p. 168. Portland 2003, p. 43;
lám. 19. 2 (color), p. 140; p. 168. San Petersburgo
2003, p. 43; lám. 19. 2 (color), p. 140; p. 168

Sin título, sin fecha
Bolígrafo sobre papel, 29,6 × 20,9 cm
Inscripciones: *retreballar-la / esc. / Los
Angeles / per Central — Park / [–] / i fer fondre /
per / Parellada*
Procedencia: Donación del artista, 1981
FPJM-1086

Exposiciones: Madrid 1986-1987, lám. 66d (color),
p. 147. Barcelona 1987, lám. 66d (color), p. 147.
Colonia 1987, lám. 66d, p. 161. Palma de Mallorca
1990-1991, lám. 19 (color), p. 29; p. 33. Sevilla
1993-1994, p. 178; lám. 105 (color), p. 179. Málaga
1994, p. 178; lám. 105 (color), p. 179. Rolandseck
1995, p. 35 (color); p. 42. Washington, D.C. 2002-2003,
p. 44; lám. 19.8 (color), p. 143; p. 168. Portland 2003,
p. 44; lám. 19.8 (color), p. 143; p. 168. San Petersburgo
2003, p. 44; lám. 19.8 (color), p. 143; p. 168

FPJM-638

FPJM-640

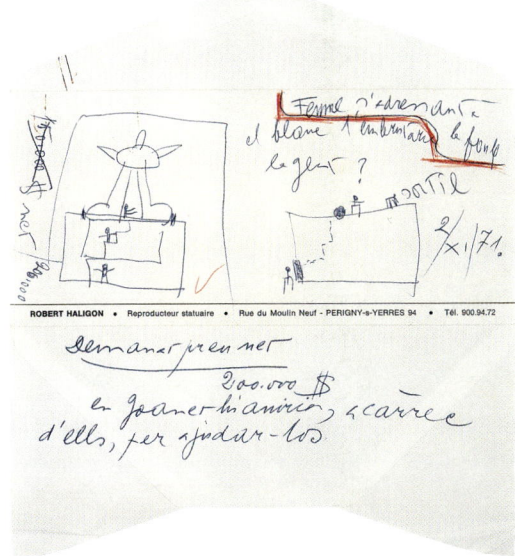

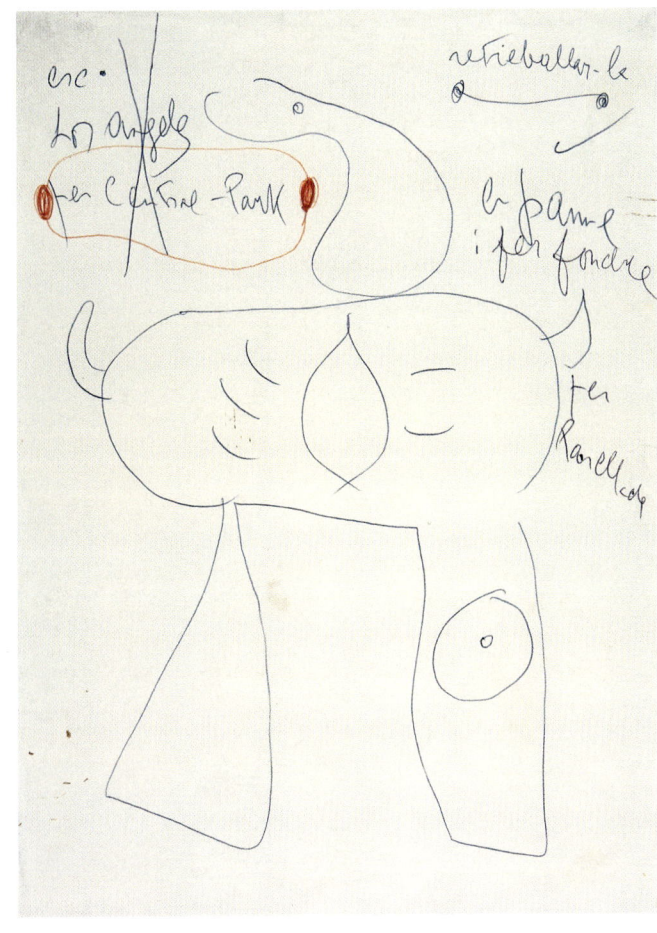

Dibujos de Miró y fotomontaje de autor desconocido asociados a una maqueta de la escultura monumental para Los Angeles County Museum of Art que se proyectó entre 1971 y 1973. Esta misma maqueta se propuso, entre otras, como modelo para una escultura monumental destinada al Central Park de Nueva York (1972-1975). Tres años después, entre 1978 y 1979, el Hirshhorn Museum and Sculpture Garden de Washington también contempló la posibilidad de erigir esa misma escultura en su museo. No obstante, ninguno de estos tres proyectos cristalizaron. [págs. 272-275]

Maternité, sin fecha
Bolígrafo sobre papel, 20,2 × 21 cm
Inscripciones: ~~Com personnage~~ / ~~gothique~~ /
~~bronze~~ / *Maternité* / donar a fondre / a Parellada
Procedencia: Donación del artista, 1981
FPJM-1089

Exposiciones: Palma de Mallorca 1990-1991, lám. 20
(color), p. 30; p. 33. Sevilla 1993-1994, p. 178;
lám. 106 (color), p. 179. Málaga 1994, p. 178; lám. 106
(color), p. 179. Washington, D.C. 2002-2003, p. 51;
lám. 19. 9 (color), p. 143; p. 168. Portland 2003, p. 51;
lám. 19. 9 (color), p. 143; p. 168. San Petersburgo
2003, p. 51; lám. 19. 9 (color), p. 143; p. 168

Sin título, sin fecha
Lápiz de grafito y bolígrafo sobre papel,
29,7 × 21,1 cm
Inscripciones: *Lyon bronze*
Procedencia: Donación del artista, 1981
FPJM-1356.1

Exposiciones: Washington, D.C. 2002-2003, p. 168.
Portland 2003, p. 168. San Petersburgo 2003, p. 168

Sin título, 1972 [ca]
Fotomontaje en blanco y negro, 25,3 × 20,6 cm
Inscripciones: *LOS ANGELES* [...]*MUSEUM OF
ART*
Procedencia: Donación del artista, 1981
FPJM-1460

Exposiciones: Palma de Mallorca 1990-1991, lám. 22
(color), p. 31. Washington, D.C. 2002-2003, p. 43;
lám. 19. 11 (color), p. 144; p. 168. Portland 2003, p. 43;
lám. 19. 11 (color), p. 144; p. 168. San Petersburgo
2003, p. 43; lám. 19. 11 (color), p. 144; p. 168

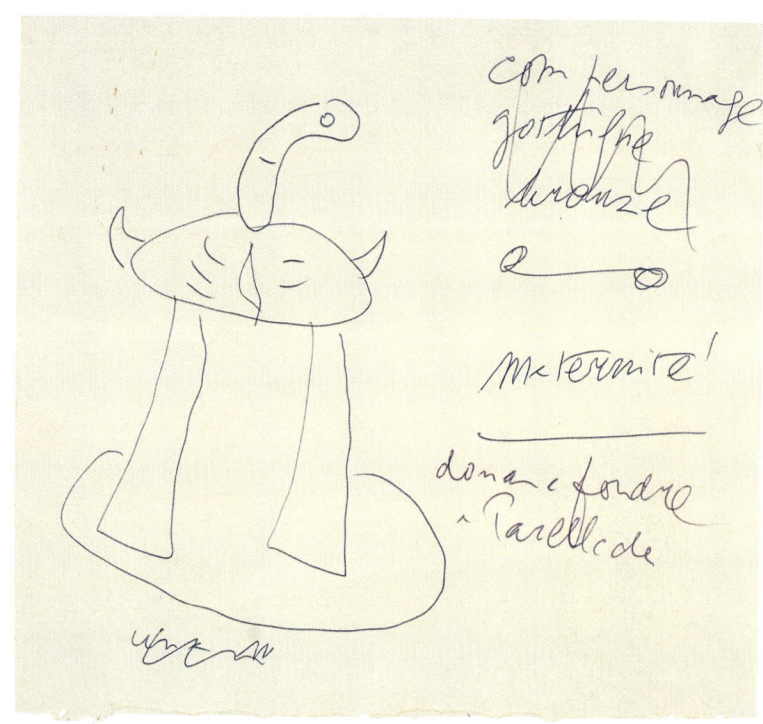

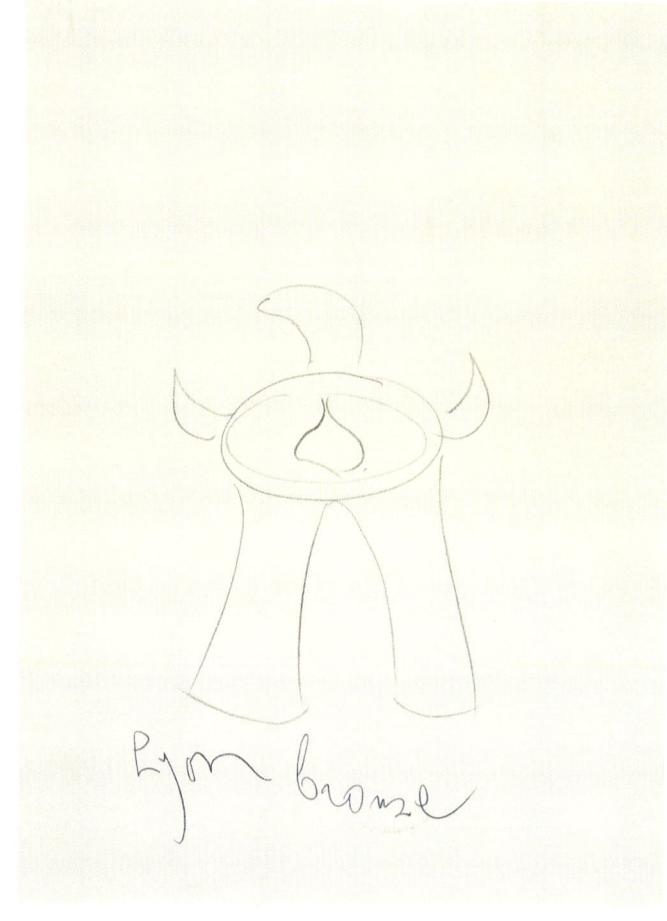

Sin título, 1972 [ca]
Bolígrafo sobre cartón, 19,7 × 29,6 cm
Inscripciones: CENTRAL / PARK
Procedencia: Donación del artista, 1981
FPJM-1414.1

Sin título, 1972
Bolígrafo, lápiz de cera y papier collé sobre
papel, 29,3 × 19,6 cm
Inscripciones: 22/IX/72. / 15 a 20 m.
Procedencia: Donación del artista, 1981
FPJM-1414.3

Exposiciones: Madrid 1986-1987, lám. 46b (color),
p. 107. Barcelona 1987, lám. 46b (color), p. 107.
Colonia 1987, lám. 46b (color), p. 119. Washington,
D.C. 2002-2003, p. 52; lám. 26.3 (color), p. 159;
p. 170. Portland 2003, p. 52; lám. 26.3 (color), p. 159;
p. 170. San Petersburgo 2003, p. 52; lám. 26.3 (color),
p. 159; p. 170

Sin título, 1972 [ca]
Bolígrafo sobre papel, 19,8 × 15,5 cm
Inscripciones: 89 str. gugg. / exp. 27 / IX /
26/X / X / Dijous / WEST / SIXTH AVE /
CENTRAL PARK / 89 GUGGENHEIM / FIFTH
AVE / East
Procedencia: Donación del artista, 1981
FPJM-1414.4

Sin título, 1972 [ca]
Bolígrafo sobre papel, 8 × 12,4 cm
Inscripciones: Central / Park / [–] / no hi ha /
colors / blanc i negre
Procedencia: Donación del artista, 1981
FPJM-1414.6

Sin título, sin fecha
Bolígrafo sobre papel, 18,3 × 5,7 cm
Procedencia: Donación del artista, 1981
FPJM-678

Exposiciones: Washington, D.C. 2002-2003, p. 52;
lám. 26 (color), p. 159; p. 170. Portland 2003, p. 52;
lám. 26 (color), p. 159; p. 170. San Petersburgo 2003,
p. 52; lám. 26 (color), p. 159; p. 170. Palma de
Mallorca 2005, lám. 1 (color), p. 72

Femme-oiseau, 1973
Rotulador y bolígrafo sobre papel, 17 × 22 cm
Inscripciones anverso: Femme- / oiseau / 24/I//
73 / Bousquet / H. / Ho / 110 / 4 m. H. / bronze
bistre i verdâtre
Inscripciones reverso: n'he parlat a Haligon /
matière trop lisse / 3m.h. / 4 _ m. large
Procedencia: Donación del artista, 1981
FPJM-679

Sin título, sin fecha
Lápiz de cera y bolígrafo sobre papel,
16,5 × 18,5 cm
Procedencia: Donación del artista, 1981
FPJM-677a

Exposiciones: Palma de Mallorca 1990-1991, lám. 16
(color), p. 27. Washington, D.C. 2002-2003, p. 44;
lám. 24.3 (color), p. 153; p. 169. Portland 2003, p. 44;
lám. 24.3 (color), p. 153; p. 169. San Petersburgo
2003, p. 44; lám. 24.3 (color), p. 153; p. 169

Sin título, 1972 [ca]
Bolígrafo sobre fotomontaje, 19,4 × 23,4 cm
Inscripciones: C. U
Procedencia: Donación del artista, 1981
FPJM-1459

Exposiciones: Palma de Mallorca 1990-1991, lám. 23
(color), p. 31; p. 33. Sevilla 1993-1994, p. 178;
lám. 107.A (color), p. 180. Málaga 1994, p. 178;
lám. 107.A (color), p. 180. Washington, D.C.
2002-2003, p. 44; lám. 19.13 (color), p. 145; p. 168.
Portland 2003, p. 44; lám. 19.13 (color), p. 145;
p. 168. San Petersburgo 2003, p. 44; lám. 19.13
(color), p. 145; p. 168

FPJM-1414.1

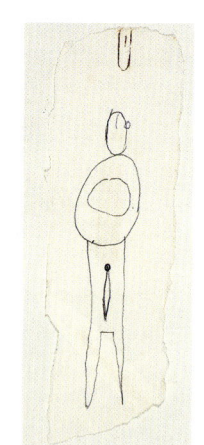
FPJM-678

FPJM-1459

FPJM-1414.3
FPJM-1414.4

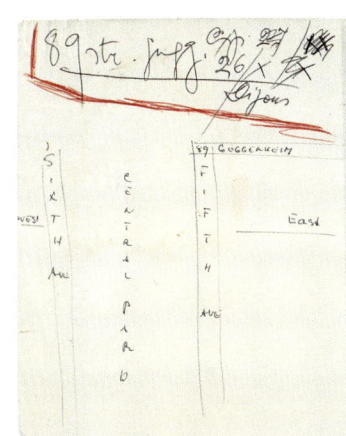

FPJM-1414.6

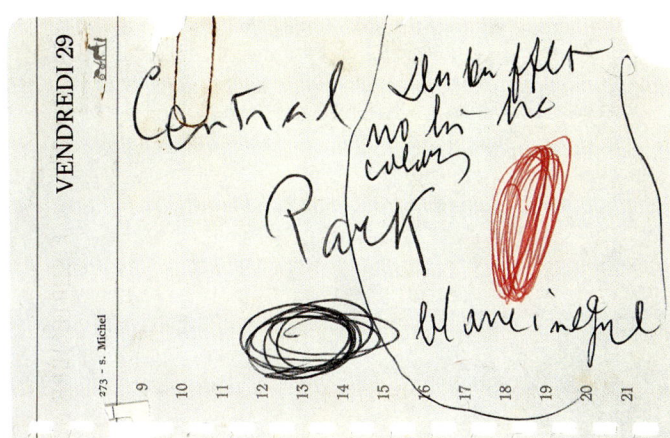

FPJM-679
FPJM-677a

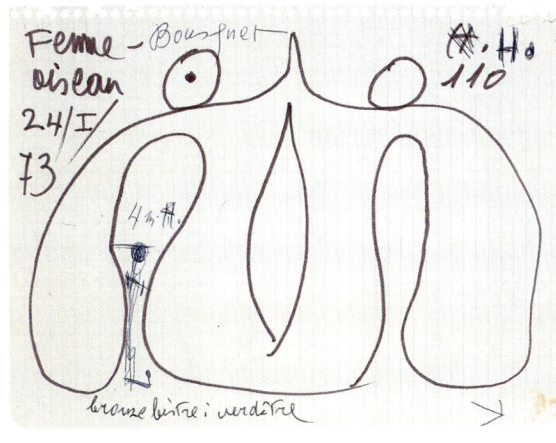

Cuaderno, dibujos y anotaciones de Miró y fotomontaje de autor desconocido, relacionados, seguramente, con un proyecto de escultura monumental para Central Park de Nueva York. Este proyecto se desarrolló entre 1972 y 1975, pero nunca se llevó a cabo.

Sin título, 1972/1973
Bolígrafo sobre cartón, 19,7 × 29,7 cm
Inscripciones: *TAPISSOS*
Procedencia: Donación del artista, 1981
FPJM-1415.1

Sin título, 1972
Bolígrafo sobre papel, 19,7 × 29,7 cm
Inscripciones: *15/ / IX/72.*
Procedencia: Donación del artista, 1981
FPJM-1415.2b

Sin título, 1972
Bolígrafo sobre papel, 19,7 × 29,7 cm
Inscripciones: *15/IX/72.*
Procedencia: Donación del artista, 1981
FPJM-1415.3.1

Sin título, 1972
Bolígrafo sobre papel, 19,7 × 29,7 cm
Inscripciones: *15/IX/72.*
Procedencia: Donación del artista, 1981
FPJM-1415.4.1

Sin título, 1972
Bolígrafo sobre papel, 19,7 × 29,7 cm
Inscripciones: *protegir el blanc* / *15/IX/72.*
Procedencia: Donación del artista, 1981
FPJM-1415.5.1

FPJM-1415.1

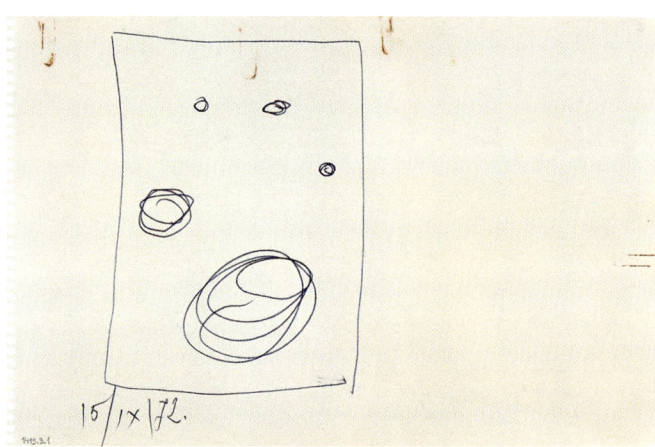

FPJM-1415.3.1

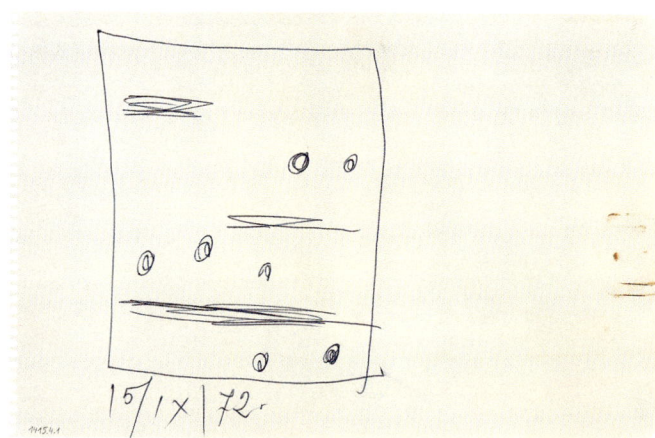

FPJM-1415.4.1

Cuaderno de dibujos para tapices, que Miró debió de realizar en el período comprendido entre el 15 de septiembre de 1972 y el 27 de enero de 1973, si bien dos de los dibujos no están fechados. [págs. 278-281]

1415.2b

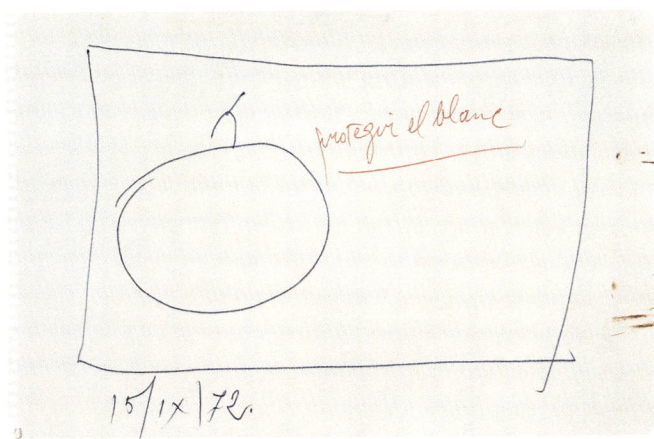

Sin título, 1972
Bolígrafo sobre papel, 19,7 × 29,7 cm
Inscripciones: *15/IX/72*
Procedencia: Donación del artista, 1981
FPJM-1415.6b

Sin título, 1973
Bolígrafo y lápiz de cera sobre papel,
19,7 × 29,7 cm
Inscripciones: *245 x 7 (per 200 k.) / Vendrell.*
27/I/73 / X Blanc pintura X / pel redó [?] /
negre / V em tenen que enviar fotos / de
llargada total i fragments / llanes color / molt
negre Pajarita / [molt] blanc [Pajarita] /
escombres per pintar / pinzells grossos /
pensant en Van-Gogh / colors Pajarita / aparell
barques / 7 paraigües / guants
Procedencia: Donación del artista, 1981
FPJM-1415.7

Sin título, 1973
Bolígrafo sobre papel, 19,7 × 29,7 cm
Inscripciones: *I/73. / al tornar per el gran tapís a*
fer, revisar / les coses anteriors. Tenir material i
pinzells / preparats per a fer-ho / sacs clavats a
la paret / 8 / [–] / 5 / penjats / total 13 /
Sobreteixims / 11 / total 11 / en tot / 13 / 11 / el
de Vendrell 1 / 25
Procedencia: Donación del artista, 1981
FPJM-1415.8

Sin título, 1973
Bolígrafo sobre papel, 19,7 × 29,7 cm
Inscripciones: *I/73 / etiquetes amb número*
ordre execució / firmades per mi
Procedencia: Donación del artista, 1981
FPJM-1415.9

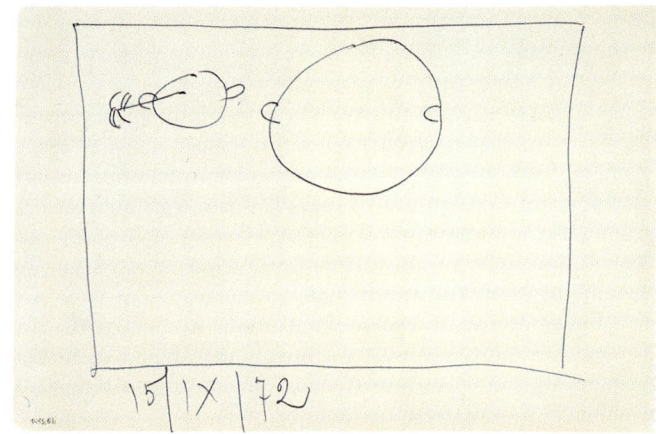

FPJM-1415.6b

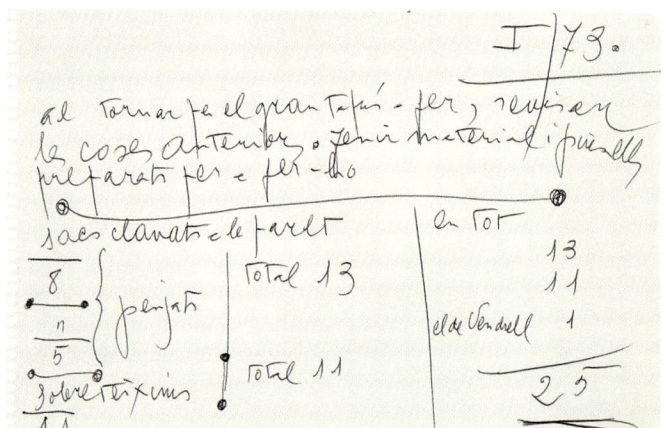

FPJM-1415.8

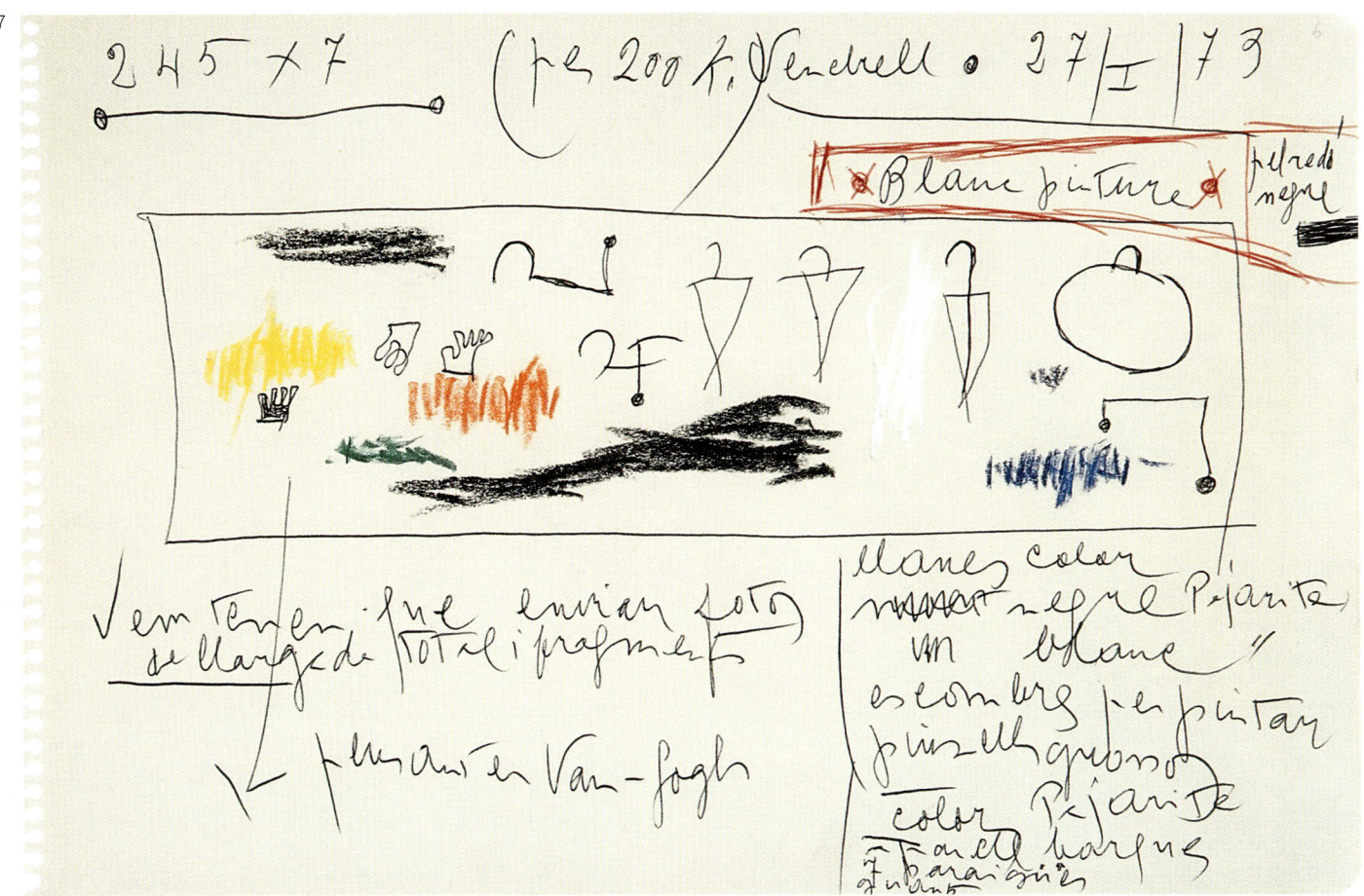

Cubierta anterior de un cuaderno de dibujo,
30,6 × 21,2 cm
Procedencia: Donación del artista, 1981
FPJM-1416.1a

Sin título; *Femme*; *Statue*, 1973
Bolígrafo y tinta sobre cartón, 30,8 × 21,1 cm
Inscripciones: *J. Miró* / *1907* / *III.* / *1.973* /
Femme / *Statue*
Procedencia: Donación del artista, 1981
FPJM-1416.1b

Femme cactus au regard calme; *Tête*;
Femme-oiseau, 1971/1976
Bolígrafo sobre papel, 30,8 × 21,1 cm
Inscripciones: *Femme cactus au / regard calme /*
Tête / Femme-/ oiseau
Procedencia: Donación del artista, 1981
FPJM-1416.2a

Personnage; *Tête*, 1971/1976
Bolígrafo sobre papel, 30,8 × 21,1 cm
Inscripciones: *Personnage / Tête*
Procedencia: Donación del artista, 1981
FPJM-1416.2b

Tête; *Femme à la chevelure*;
Femme-cactus / au regard calme, 1972
Bolígrafo sobre papel, 30,8 × 21,1 cm
Inscripciones: *Tête / Femme à la chevelure /*
Femme-cactus / au regard calme / 4/X/72.
Procedencia: Donación del artista, 1981
FPJM-1416.3a

Tête, 1973; *Femme-oiseau*, 1973
Bolígrafo sobre papel, 30,8 × 21,1 cm
Inscripciones: *Tête* / *28/I/73.* / *Femme-oiseau /*
24/I/73.
Procedencia: Donación del artista, 1981
FPJM-1416.3b

Femme, 1972; *Statue*, 1972;
Personnage, 1972; *Tête*, 1973; *Tête*,
1972; *Femme à la chevelure*, 1973
Bolígrafo sobre papel, 30,8 × 21,1 cm
Inscripciones: *Statue / XI/72 / Femme /*
7/XII/72 / Personnage / XII/72 / Tête 6/II/73 /
Tête / 26/XII/72. / Femme à la chevelure /
8/III/73
Procedencia: Donación del artista, 1981
FPJM-1416.4a

Personnage; *Tête de femme*, 1973
Bolígrafo sobre papel, 30,8 × 21,1 cm
Inscripciones: *Personnage / 21/III/73 / Tête / de*
femme / 21/III/ / 73.
Procedencia: Donación del artista, 1981
FPJM-1416.4b

FPJM-1416.1a

Cuaderno de dibujos de esculturas. Aunque en el reverso de la
cubierta figure el año 1907, los dibujos datados de este cuaderno
son muy posteriores a esa fecha, se realizaron entre el 30 de
octubre de 1971 y el día 7 de marzo de 1976. [págs. 282-285]

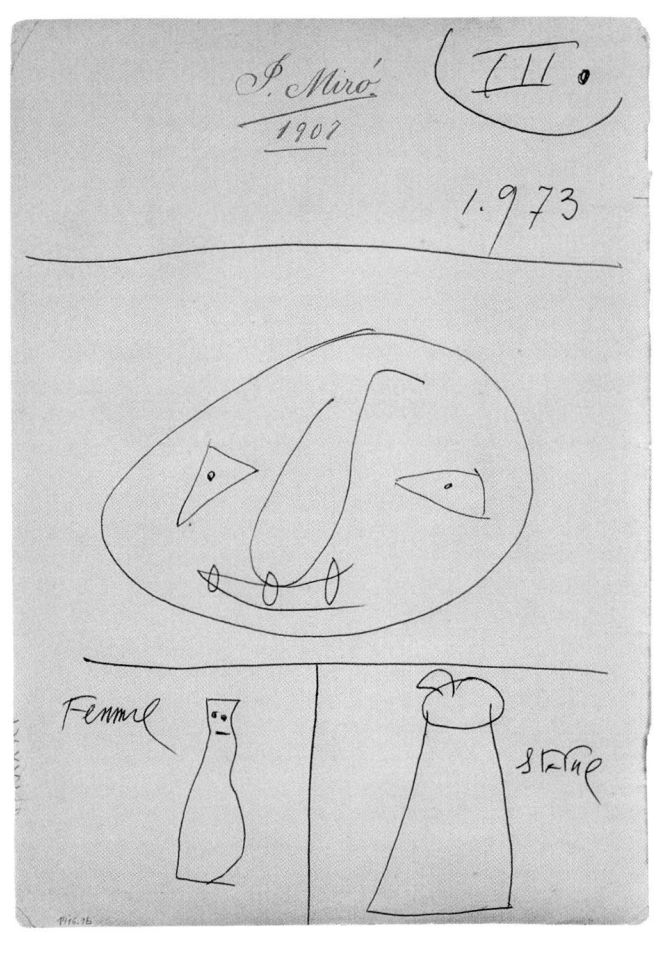

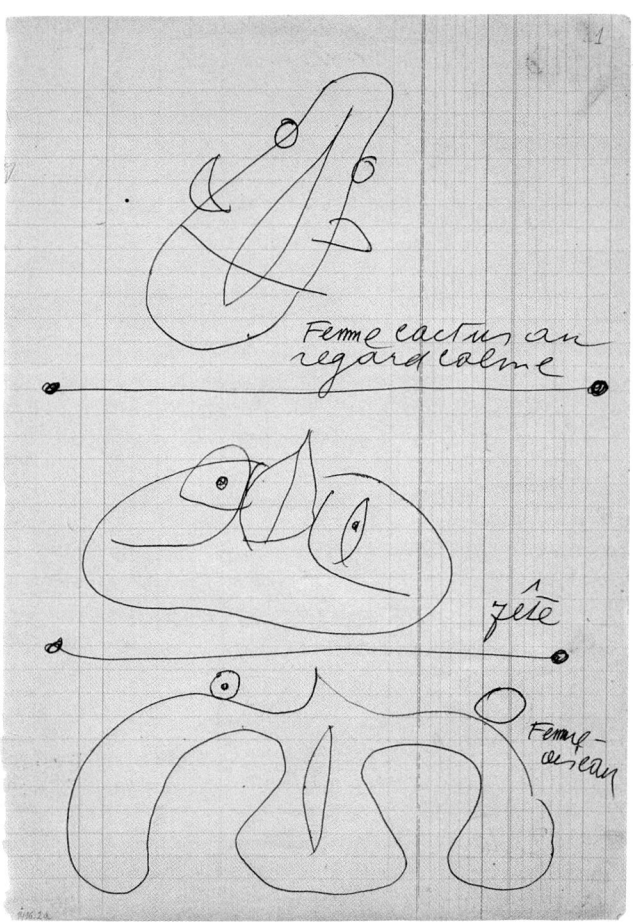

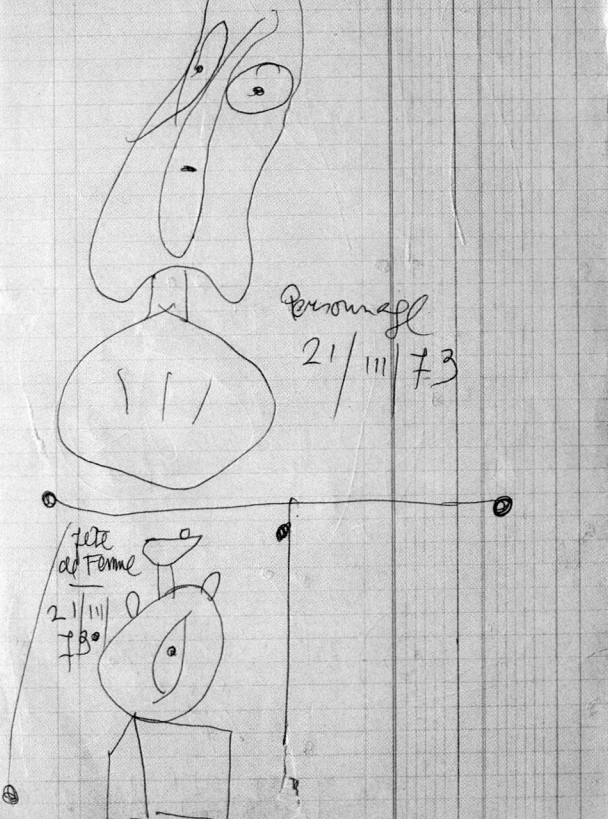

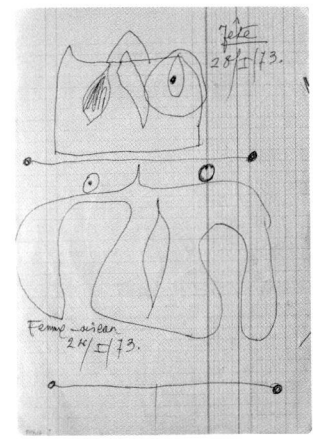

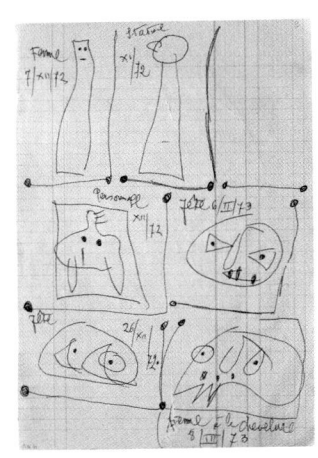

Personnage, 1971; *Le Père Ubu*, 1973;
Le Père Ubu, 1973
Bolígrafo sobre papel, 30,8 × 21,1 cm
Inscripciones: *Personnage / 30/X/71 /*
27/III/73 / Le Père Ubu / 27/III/73 / Le Père Ubu
Procedencia: Donación del artista, 1981
FPJM-1416.5a

Exposiciones: Palma de Mallorca 1990-1991, lám. 14
(color), p. 26. Washington, D.C. 2002-2003, lám. 25.2
(color), p. 157; p. 169. Portland 2003, lám. 25.2
(color), p. 157; p. 169. San Petersburgo 2003,
lám. 25.2 (color), p. 157; p. 169

Le mère Ubu, 1973; *Tête*, 1974
Bolígrafo sobre papel, 30,8 × 21,1 cm
Inscripciones: *27/III/73 / La mère Ubu / IV/74 /*
Tête
Procedencia: Donación del artista, 1981
FPJM-1416.5b

Table; Porte I; Porte II; Porte III, 1973
Bolígrafo sobre papel, 30,8 × 21,1 cm
Inscripciones: *Table 19/VI/73. / Porte I / Porte*
II / Porte III / 19/VI/73.
Procedencia: Donación del artista, 1981
FPJM-1416.6a

Exposiciones: Palma de Mallorca 1996b, lám. 61.d
(color), p. 173

Tête, oiseau; Le Pèlerin, 1973
Bolígrafo sobre papel, 30,8 × 21,1 cm
Inscripciones: *Tête, oiseau / 19/VI/73. / Le*
Pèlerin / 19/VI/73.
Procedencia: Donación del artista, 1981
FPJM-1416.6b

Femme sur la place d'un cimetière,
1972; *Personnage*, 1973
Bolígrafo sobre papel, 30,8 × 21,1 cm
Inscripciones: *11/IX/72 / Femme sur la / place*
d'un cimetière / Parellada / 7/IX/73 /
Personnage / Clementi
Procedencia: Donación del artista, 1981
FPJM-1416.7a

Exposiciones: Palma de Mallorca 1990-1991, p. 138;
[lám. 22a (color), p. 139]. Palma de Mallorca 1996b,
lám. 69.a (color), p. 184. Palma de Mallorca 1996c,
lám. 462 (color), p. 231; p. 253. Las Palmas de Gran
Canaria 1996-1997, p. 133; lám. 183 (color), p. 170;
p. 232

Personnage gothique et oiseau éclair,
Tête, 1971/1976
Bolígrafo sobre papel, 30,8 × 21,1 cm
Inscripciones: *Personnage gothique et / oiseau*
-éclair / Tête
Procedencia: Donación del artista, 1981
FPJM-1416.7b

Exposiciones: Palma de Mallorca 1990-1991, p. 43;
lám. 42 (color), p. 46

Tête; Tête, 1971/1976
Bolígrafo sobre papel, 30,8 × 21,1 cm
Inscripciones: *Tête / Tête*
Procedencia: Donación del artista, 1981
FPJM-1416.8a

Exposiciones: Palma de Mallorca 1996b, lám. 55.b
(color), p. 162

Tête, oiseau, 1971/1976
Bolígrafo sobre papel, 30,8 × 21,1 cm
Inscripciones: *Tête, / oiseau.*
Procedencia: Donación del artista, 1981
FPJM-1416.8b

Tête, 1975
Bolígrafo sobre papel, 21,1 × 30,8 cm
Inscripciones: *Tête XII/75*
Procedencia: Donación del artista, 1981
FPJM-1416.9a

Femme, 1976
Bolígrafo sobre papel, 30,8 × 21,1 cm
Inscripciones: *Femme 2/I/76*
Procedencia: Donación del artista, 1981
FPJM-1416.9b

Sin título, 1976
Bolígrafo sobre papel, 30,8 × 21,1 cm
Inscripciones: *2/I/76*
Procedencia: Donación del artista, 1981
FPJM-1416.10a

Tête, 1976
Bolígrafo sobre papel, 30,8 × 21,1 cm
Inscripciones: *7/III/76 Tête 2 m.h.*
Procedencia: Donación del artista, 1981
FPJM-1416.10b

Femme, 1971/1976
Bolígrafo sobre cartón, 30,8 × 21,1 cm
Inscripciones: *H. 255 / Femme*
Procedencia: Donación del artista, 1981
FPJM-1416.11

Exposiciones: Palma de Mallorca 1990-1991, lám. 29a
(color), p. 162

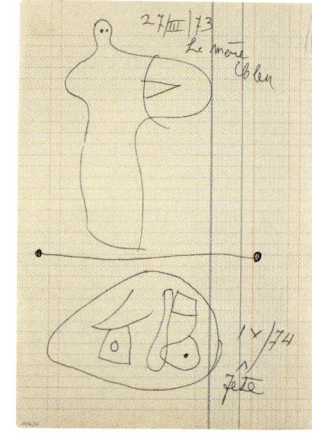

FPJM-1416.5b

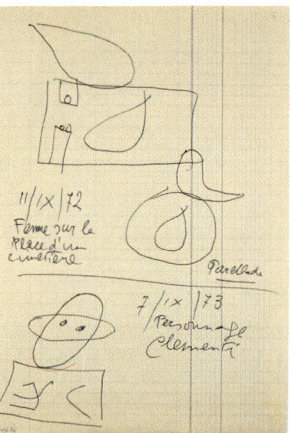

FPJM-1416.7a
FPJM-1416.7b

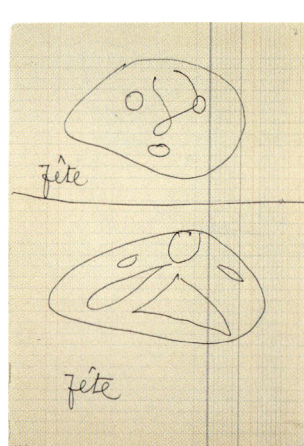

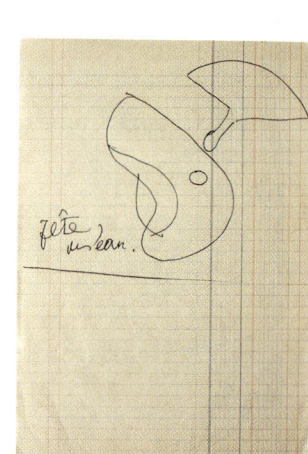

FPJM-1416.8a
FPJM-1416.8b

FPJM-1416.9b
FPJM-1416.10a

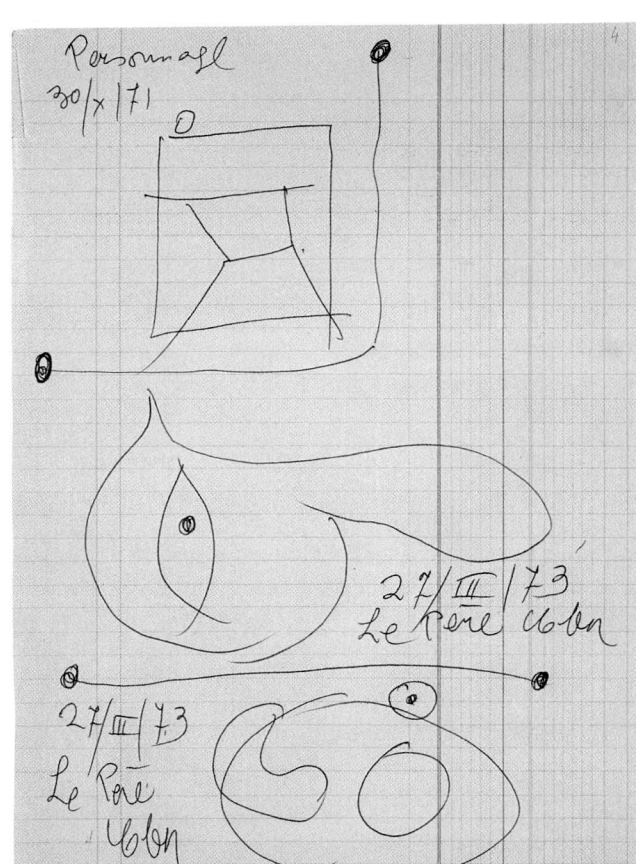

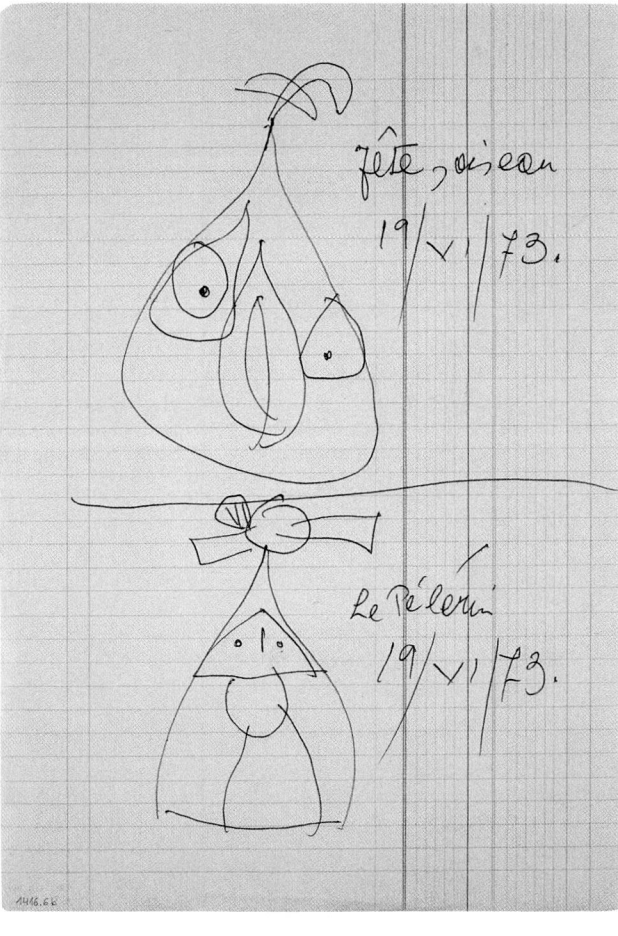

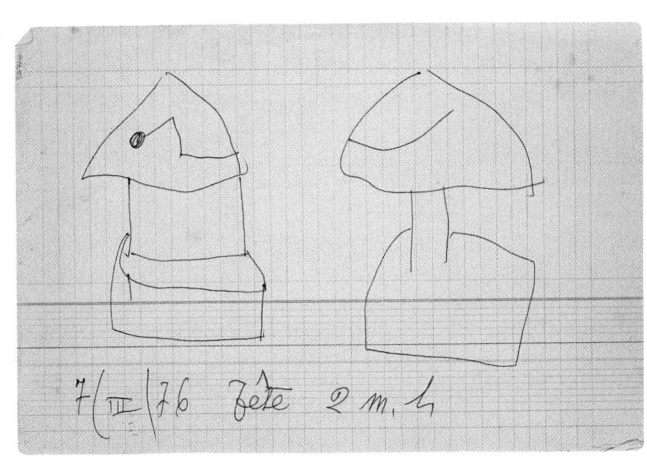

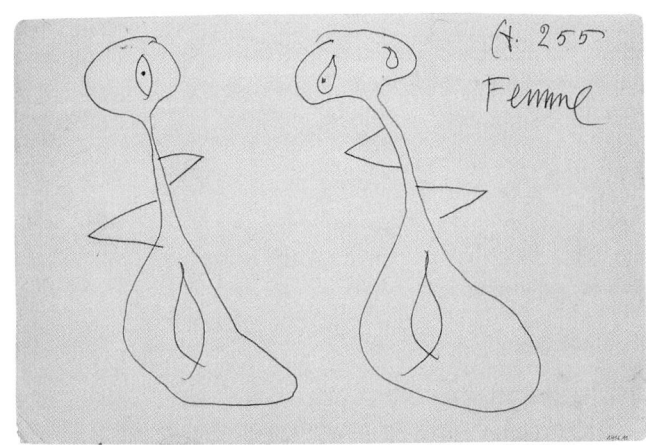

Sin título, 1974
Lápiz de cera y bolígrafo sobre papel,
33,4 × 44,4 cm
Inscripciones: *Rio Janeiro / linees esfonsades /
pedres que a l'usar-se / agafin matèria / CEAC /
sefaret [sic] del terra / Sala projeccions /
16/VIII/74*
Procedencia: Donación del artista, 1981
FPJM-642

Exposiciones: Palma de Mallorca 1992, lám. 38
(color), p. 68. Palma de Mallorca 1994-1995, lám. 143
(color), p. 165. Las Palmas de Gran Canaria
1996-1997, lám. 113 (color), p. 141; p. 230

Sin título, 1970
Bolígrafo sobre papel, 12,6 × 8,1 cm
Inscripciones: *15 / / 9 / / 70 / firma*
Procedencia: Donación del artista, 1981
FPJM-643

Sin título, 1973 [ant]
Bolígrafo y lápiz de color sobre papel,
15,4 × 21,3 cm
Inscripciones anverso: *Rambles / I Senyalar-ho
al / damunt del terra / ben lliurement / amb una
escombra / i cals [sic] dins una galleda / II Fer
foto o cals / per tècnics / Rambles / c. Pi /
Rambla / c. S. Pau / Rambla / fanals / pensar
que / hi ha parades / vendedors [sic] / Després
de la / foto que els tècnics ho*
Inscripciones reverso: *fassin i anar- hi després /
treballant d'una manera precisa / anar-hi a l'estiu
amb una persona / molt enterada i un obrer com
ajudant / en Joanet que m'ajudi / tendria que
estar en Abril 73 / Parlar-ne a Muga*
Procedencia: Donación del artista, 1981
FPJM-644

Sin título, sin fecha
Bolígrafo, rotulador y lápiz de color sobre papel,
15,7 × 21,5 cm
Inscripciones: *Auditorium / sobre fusta
premsada / (inclinada) / 7 x 4 / grafisme brutal /
grans accents color / en relació espais / grans
pintats vermell i grisos / taca / grafisme / g.*
Procedencia: Donación del artista, 1981
FPJM-645

Sin título, sin fecha
Bolígrafo y rotulador sobre papel,
21,5 × 15,7 cm
Inscripciones: *enllaçar-la amb monument / Pl.
Cervantes / a n'aquesta sala / maqueta bronze /
monument B[...] / B que té Matisse / a la sala hi
haurà / pedres amb ceràmica / escultures /
(tapís) / X per terra / mosaïc [sic] pensar / amb
Rambles / assaig per Rambles*
Procedencia: Donación del artista, 1981
FPJM-646

Sin título, sin fecha
Lápiz de cera sobre papel, 44,5 × 26,5 cm
Procedencia: Donación del artista, 1981
FPJM-647a

Sin título, sin fecha
Lápiz de cera sobre papel, 44,5 × 26,5 cm
Procedencia: Donación del artista, 1981
FPJM-647b

Sin título, sin fecha
Bolígrafo y lápiz de color sobre papel,
18,5 × 21,6 cm
Inscripciones: *ciment / formes negres creusées /
inscrustar-hi objectes / i colors de / tota
manera / vidres trencats / ceràmiques
[trencades] / botelles / ferros / buscar a casa /
els drapraires / objectes trobats / trossos
bronze / caga-ferro [sic] / cordes*
Procedencia: Donación del artista, 1981
FPJM-648

Exposiciones: Palma de Mallorca 1994-1995, lám. 144
(color), p. 166. Las Palmas de Gran Canaria
1996-1997, lám. 114 (color), p. 140; p. 230

Femme, 1971
Bolígrafo y lápiz de grafito sobre papel,
21,6 × 15,6 cm
Inscripciones: *Femme / 17/X/71 [?] / Escuderi
[sic] / ? està el guix a la 1 galeria / telefonar /
? / que me l'ensenyi*
Procedencia: Donación del artista, 1981
FPJM-650a

Sin título, 1971 [ca]
Bolígrafo sobre papel, 21,7 × 15,6 cm
Inscripciones: *? V / V 2 / Escuderi [sic]*
Procedencia: Donación del artista, 1981
FPJM-650b

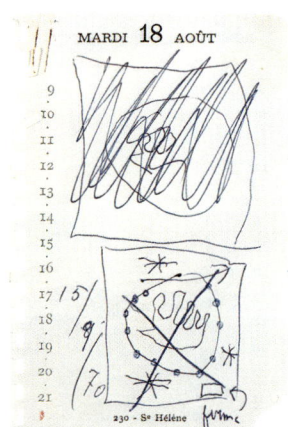

FPJM-643

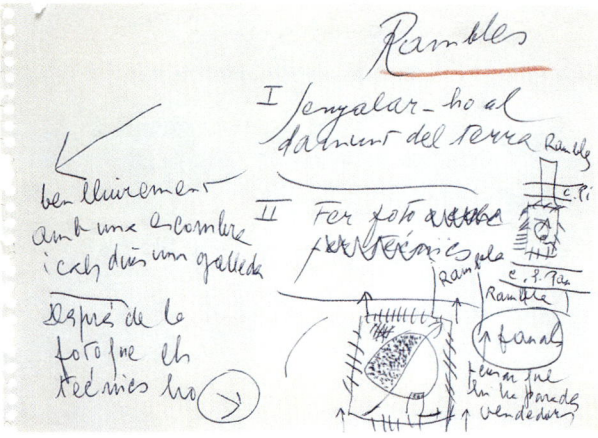

FPJM-644

FPJM-645

FPJM-642

FPJM-646
FPJM-647a
FPJM-647b

FPJM-648
FPJM-650a
FPJM-650b

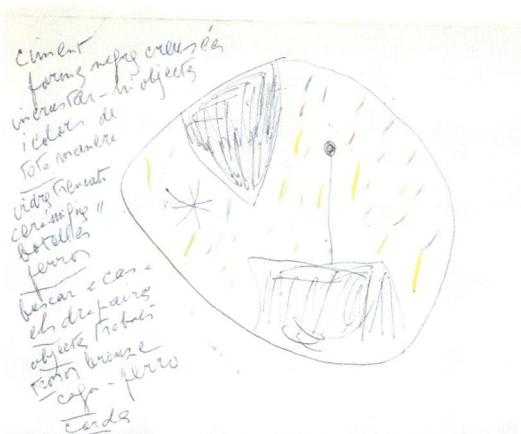

Personnage, 1971
Bolígrafo, lápiz de cera, lápiz de color y lápiz de
grafito sobre papel, 25,9 × 20,6 cm
Inscripciones: *registrar* / ~~*Personnage Femme*~~
Personnage / *Valsuani* / *30/X/71* / ~~*la té Joanet*~~ /
la té en Valsuani / *en l. 80, en* / *Joanet ho*
recorda / *molt bé*
Procedencia: Donación del artista, 1981
FPJM-651

Exposiciones: Palma de Mallorca 1990-1991, lám. 15
(color), p. 27. Palma de Mallorca 1996b, lám. 40.a
(color), p. 136. Palma de Mallorca 1996c, lám. 461
(color), p. 230; p. 253. Nuoro 2001-2002, p. 104
(color); p. 143. Washington, D.C. 2002-2003, p. 51;
lám. 24. 9 (color), 155; p. 169. Portland 2003, p. 51;
lám. 24. 9 (color), 155; p. 169. San Petersburgo 2003,
p. 51; lám. 24. 9 (color), 155; p. 169

Sin título, sin fecha
Bolígrafo sobre papel, 28,7 × 21,4 cm
Procedencia: Donación del artista, 1981
FPJM-652

Paysage, 1979
Bolígrafo sobre papel, 10,5 × 12,3 cm
Inscripciones: *cad.* / *bl.* / *vt.* / *9/V. 79. Paysage*
Procedencia: Donación del artista, 1981
FPJM-653

Paysage Hommage à M.U., 1979
Tinta sobre papel, 8,1 × 12,6 cm
Inscripciones: *g.* / *b.* / | *v.|* / *5/ V. 79* / *Paysage* /
Hommage à M. U.
Procedencia: Donación del artista, 1981
FPJM-654

Paysage Homenatge a M.U., 1979
Bolígrafo y tinta sobre cartón, 10 × 14,5 cm
Inscripciones: *v.* / *g.* / *b.|* / *4/ V. 79 Paysage.*
Homenatge / *a M.U.*
Procedencia: Donación del artista, 1981
FPJM-655a

Sin título, 1979 [ca]
Bolígrafo sobre cartón, 10 × 14,5 cm
Inscripciones: *g.*
Procedencia: Donación del artista, 1981
FPJM-655b

Sin título, 1979 [ca]
Bolígrafo sobre cartulina, 20,2 × 16,7 cm
Inscripciones: *g.* / *vt.* / *v.* / *bl.* / *g.* / *cad.* / *b.*
Procedencia: Donación del artista, 1981
FPJM-656a

Paysage, 1979
Bolígrafo y tinta sobre cartulina, 20,2 × 16,7 cm
Inscripciones: *cad.* / *bl.* / *vt.* / *4/ V. 79 Paysage*
Procedencia: Donación del artista, 1981
FPJM-656b

Sin título, sin fecha
Lápiz de cera sobre papel, 16,3 × 12,2 cm
Procedencia: Donación del artista, 1981
FPJM-657

Sin título, sin fecha
Lápiz de cera sobre papel, 27 × 21 cm
Procedencia: Donación del artista, 1981
FPJM-658

Sin título, sin fecha
Bolígrafo sobre papel, 15,5 × 19,9 cm
Inscripciones: ~~*5*~~ / *5 x 3 hauteur* / *pressé* [?] /
mosaïc [sic]
Procedencia: Donación del artista, 1981
FPJM-659

Sin título, 1976 [post]
Lápiz de color y lápiz de grafito sobre papel,
22,3 × 11,1 cm
Inscripciones: *lito que serví* / *per cartell* / *caixa*
estalvis
Procedencia: Donación del artista, 1981
FPJM-661

Femme dans un paysage au lever du
soleil, 1979
Bolígrafo sobre papel, 19,8 × 15,5 cm
Inscripciones: *negre* / *23 / VIII / 79.* / *v* / *Femme*
dans un / *paysage* / *au lever du soleil* / *b.*
Procedencia: Donación del artista, 1981
FPJM-662

Exposiciones: Palma de Mallorca 1994-1995, lám. 82
(color), p. 107. Rio de Janeiro 1995, p. 44 (color).
Buenos Aires 1996, p. 39 (color); p. 85. Montevideo
1996, p. 39 (color); p. 85. São Paulo 1996, p. 44 (color)

Sin título, sin fecha
Lápiz de grafito sobre papel, 19,7 × 15,5 cm
Procedencia: Donación del artista, 1981
FPJM-663

Sin título, sin fecha
Bolígrafo sobre papel, 19,8 × 15,5 cm
Inscripciones: *v.* / *b.* / *g.* / *v.|* / *vt.*
Procedencia: Donación del artista, 1981
FPJM-664

FPJM-651
FPJM-652

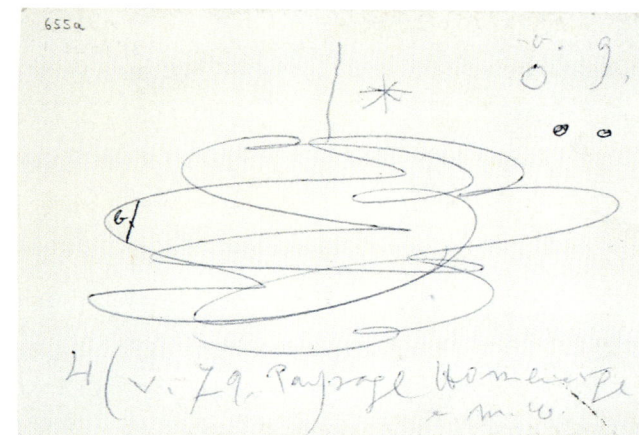

FPJM-655a

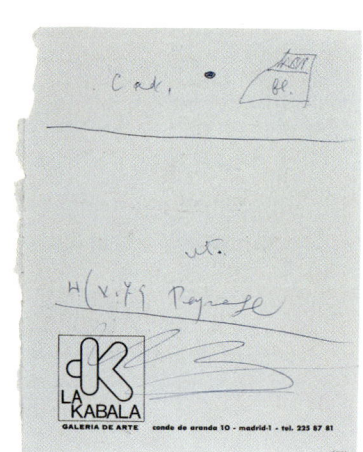

FPJM-656b

FPJM-659

FPJM-653
FPJM-654

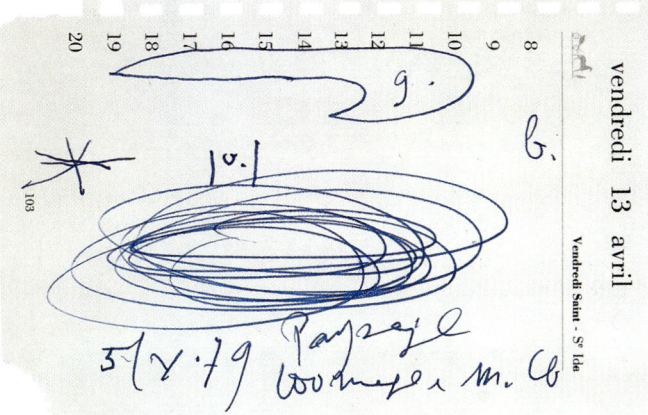

FPJM-655b
FPJM-656a

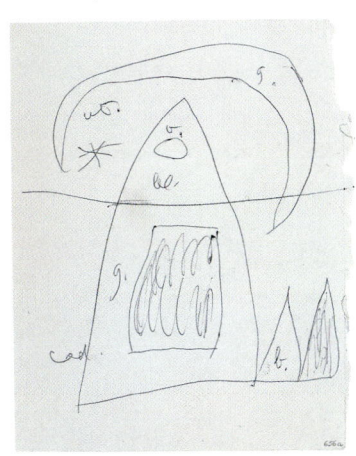

FPJM-657
FPJM-658

FPJM-661
FPJM-662
FPJM-663
FPJM-664

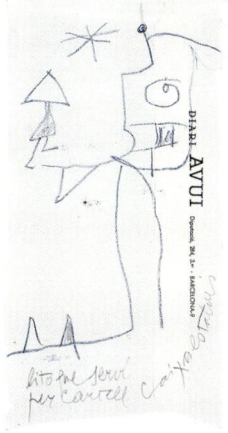

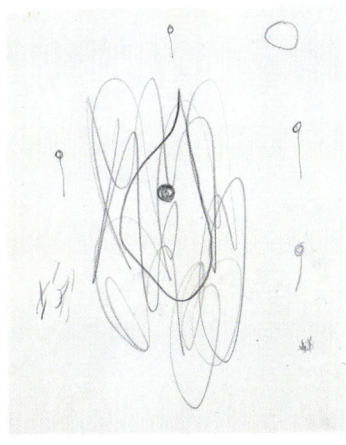

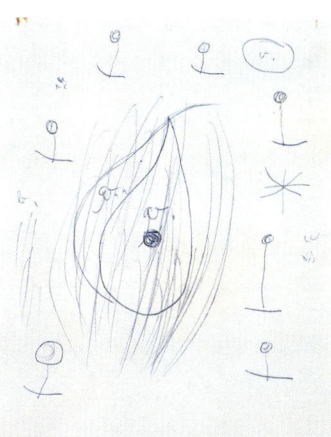

Sta. Rosaline, 1979
Bolígrafo sobre papel, 15,5 × 19,7 cm
Inscripciones: *17/ IX. 79 Sta. Rosaline*
Procedencia: Donación del artista, 1981
FPJM-665a

Sin título, 1979 [ca]
Bolígrafo sobre papel, 15,5 × 19,7 cm
Procedencia: Donación del artista, 1981
FPJM-665b

Sin título, 1970
Bolígrafo sobre papel, 21 × 15 cm
Inscripciones: *16/I/70*
Procedencia: Donación del artista, 1981
FPJM-673

Exposiciones: Palma de Mallorca 1993-1994, p. 36
(color); p. 164. Palma de Mallorca 1996c, lám. 303
(color), p. 182; p. 247

Sin título, 1970
Bolígrafo sobre papel, 21,1 × 15 cm
Inscripciones: *17/I/70.*
Procedencia: Donación del artista, 1981
FPJM-674a

Exposiciones: Palma de Mallorca 1993-1994, p. 35
(color); p. 164. Palma de Mallorca 1996c, lám. 304
(color), p. 182; p. 247

Sin título, 1970 [ca]
Bolígrafo sobre papel, 21,1 × 15 cm
Procedencia: Donación del artista, 1981
FPJM-674b

Sin título, 1971
Bolígrafo sobre papel, 27,8 × 21 cm
Inscripciones: *X / verm* [?] */ blau / verm / ~~blau~~ /
verd / groc / X/ 19/IX/71*
Procedencia: Donación del artista, 1981
FPJM-675

Exposiciones: Palma de Mallorca 1993-1994, p. 39
(color); p. 164. Palma de Mallorca 1996c, lám. 308
(color), p. 184; p. 247

Sin título, 1971
Bolígrafo sobre papel, 20,5 × 27,4 cm
Inscripciones: *22/IX/71.*
Procedencia: Donación del artista, 1981
FPJM-676

Exposiciones: Palma de Mallorca 1993-1994, p. 37
(color); p. 164. Palma de Mallorca 1996c, lám. 309
(color), p. 184; p. 247

Oiseau, 1972
Bolígrafo sobre papel, 12,4 × 8 cm
Inscripciones: *Bronze / 3 m. / a fer / oiseau /
25/XI/72*
Procedencia: Donación del artista, 1981
FPJM-680

Sin título, 1971
Lápiz de grafito, bolígrafo y lápiz de color sobre
papel, 14 × 13,7 cm
Inscripciones: *21/VII/71*
Procedencia: Donación del artista, 1981
FPJM-681

Per Apollinaire, 1972
Bolígrafo sobre papel, 22 × 12,8 cm
Inscripciones: *b. / g. / v. / 26/VI/72 / per
Apollinaire*
Procedencia: Donación del artista, 1981
FPJM-682

Sin título, 1974
Bolígrafo sobre papel, 7,9 × 12,3 cm
Inscripciones: *v. / v. / fons coeroleum* [?] */
18/I/74*
Procedencia: Donación del artista, 1981
FPJM-683

Sin título, sin fecha
Bolígrafo sobre papel, 29,6 × 21 cm
Inscripciones: *Tapís / Gobbelins* [sic] */ Nelson
Rockfeller* [sic] */ o MOMA / Tapís / N. Y. /
Sobre- / teixims / Altres sobreteixims*
Procedencia: Donación del artista, 1981
FPJM-684

Sin título, sin fecha
Bolígrafo sobre papel, 29,6 × 21 cm
Inscripciones: *Museum of M. A. / La Naissance
du Monde / Nature morte au vieux soulier /
(Soby) / Constellacions / Interior holandès /
Tela 1.933*
Procedencia: Donación del artista, 1981
FPJM-685

Sin título, sin fecha
Bolígrafo sobre papel, 29,6 × 21 cm
Inscripciones: *Museum of / M.A. / Tela oferta /
Tela / Madrid*
Procedencia: Donación del artista, 1981
FPJM-686

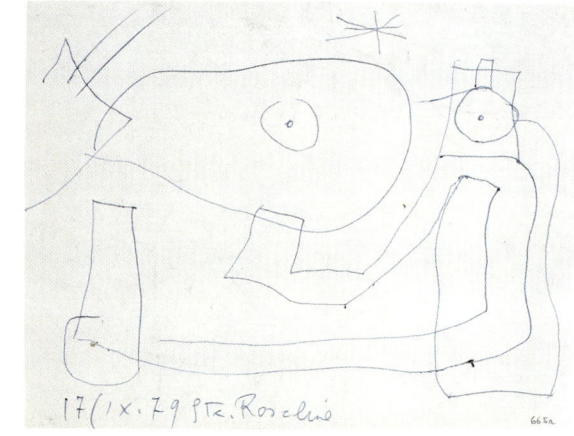

FPJM-665a

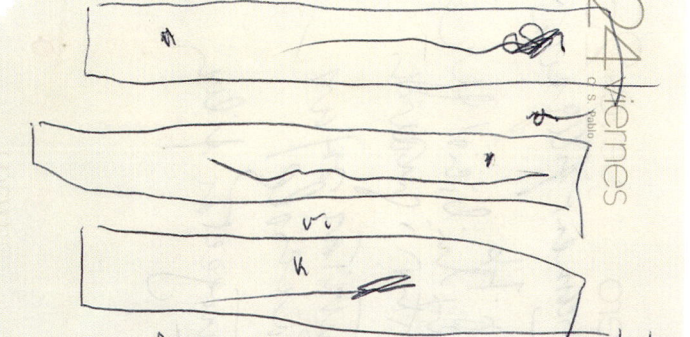

FPJM-683

FPJM-665b
FPJM-673
FPJM-674a

FPJM-674b
FPJM-675
FPJM-676

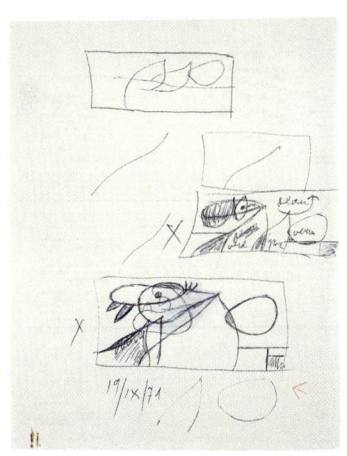

FPJM-680
FPJM-681
FPJM-682

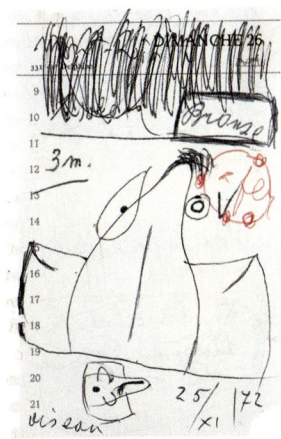

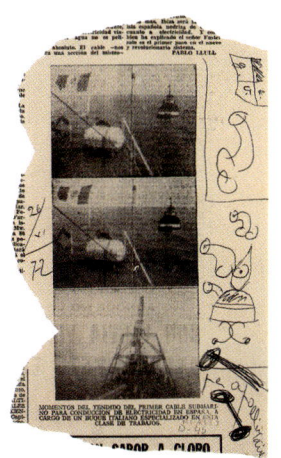

FPJM-684
FPJM-685
FPJM-686

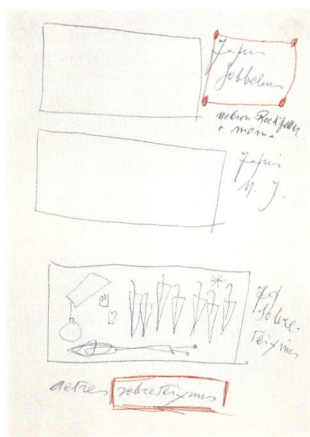
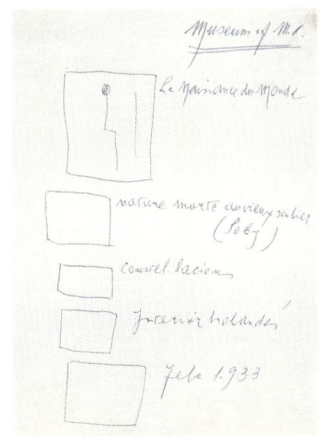

Femme attirant la foule, sin fecha
Bolígrafo, lápiz de color y lápiz de grafito sobre papel, 11 × 21,5 cm
Inscripciones: [...]*nzes colorits que servei- / xin d'enllaç / a l'exterior / Femme attirant la foule / MIRÓ / ~~12~~*
Procedencia: Donación del artista, 1981
FPJM-687

Sin título, sin fecha
Bolígrafo sobre papel, 29,6 × 21,1 cm
Inscripciones: *Guggenheim / Tela / Arc ceràmica / Tela 120*
Procedencia: Donación del artista, 1981
FPJM-688

Personnage I, Personnage II, Personnage III, sin fecha
Bolígrafo y lápiz de cera sobre papel, 21,5 × 27,4 cm
Inscripciones: *gde. tête / Bronze / Personnage I / Personnage II / Personnage III / gde. / céramique*
Procedencia: Donación del artista, 1981
FPJM-689

Exposiciones: Madrid 1986-1987, lám. 43a (color), p. 105. Barcelona 1987, lám. 43a (color), p. 105. Colonia 1987, lám. 43a, p. 116. Palma de Mallorca 1992, lám. 51 (color), p. 75

S. M. Le Roi, S.M. La Reine, Son Altesse le Prince, 1974
Bolígrafo, tinta y lápiz de cera sobre papel, 21,8 × 27,6 cm
Inscripciones: *S. M. Le Roi / S.M. La Reine / Son Altesse le Prince / 23/I/74.*
Procedencia: Donación del artista, 1981
FPJM-690

Exposiciones: Madrid 1986-1987, lám. 43b (color), p. 105. Barcelona 1987, lám. 43b (color), p. 105. Colonia 1987, lám. 43b, p. 116. Palma de Mallorca 1990-1991, lám. 25 (color), p. 32

Sin título, sin fecha
Bolígrafo y lápiz de color sobre papel, 29,6 × 21 cm
Inscripciones: *g. / MIRÓ*
Procedencia: Donación del artista, 1981
FPJM-691

Femme I; Femme II; Femme, 1973
Bolígrafo y lápiz de color sobre papel, 32,8 × 42,5 cm
Inscripciones: *objecte / Foto objecte / surrealista / sobreteixims / ~~Personnage~~ Femme / sobreteixim / ? Bronze Femme I / Bronze Femme II / Pintura guant / Pintura fil / 3/XII/73. / ~~aplicada sobre / tela blanca muntada / sobre bastidor~~ / Penjades / Tela bâche III / Pintura sobre bâche I / Pintura sobre bâche II*
Procedencia: Donación del artista, 1981
FPJM-692

Exposiciones: Sevilla 1993-1994, lám. 103.A (color), p. 177; p. 178. Málaga 1994, lám. 103.A (color), p. 177; p. 178. Palma de Mallorca 1996b, lám. 58.a (color), p. 166. Palma de Mallorca 1996c, lám. 468 (color), p. 232; p. 253. Santander 2005, p. 35; p. 134 (color)

Sin título, sin fecha
Bolígrafo, rotulador, lápiz de grafito y lápiz de cera sobre papel, 15,9 × 19,8 cm
Inscripciones: *IV / 6. 12 6 72. / Amb llapiç [sic]. plaques / reserva / fons colors / passant / per sobre.*
Procedencia: Donación del artista, 1981
FPJM-693

FPJM-687

FPJM-690

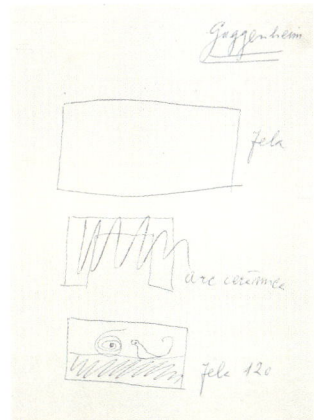

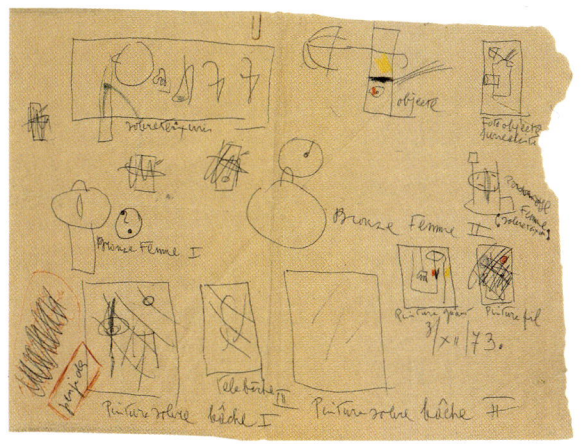

Sin título, sin fecha
Bolígrafo sobre papel, 20 × 21 cm
Inscripciones: ~~Fons negre~~ / Paper secant vert /
accent blanc
Procedencia: Donación del artista, 1981
FPJM-694a

Sin título, sin fecha
Bolígrafo sobre papel, 20 × 21 cm
Inscripciones: ratlles amb negre / collage
vermell
Procedencia: Donación del artista, 1981
FPJM-694b

Sin título, 1974
Bolígrafo sobre papel, 21 × 19,9 cm
Inscripciones: paper secant / color / 23/VI/74 /
taca tinta
Procedencia: Donación del artista, 1981
FPJM-695

Sin título, sin fecha
Lápiz de grafito, bolígrafo y lápiz de color sobre
papel, 14 × 13,9 cm
Procedencia: Donación del artista, 1981
FPJM-696

Sin título, sin fecha
Bolígrafo sobre papel, 8 × 12,4 cm
Inscripciones: v. / MIRÓ / g. / b.
Procedencia: Donación del artista, 1981
FPJM-698a

Sin título, sin fecha
Bolígrafo sobre papel, 8 × 12,4 cm
Inscripciones: coeroleum / b. / v. / g.
Procedencia: Donación del artista, 1981
FPJM-698b

La Vénus de la Cathédrale de la
Fourmigue, sin fecha
Bolígrafo sobre papel, 12,5 × 8 cm
Inscripciones: Céramique / La Vénus / de la /
Cathédrale / de la / Fourmigue / (coquillages /
incrustés) / (comme dans un / sanctuaire)
Procedencia: Donación del artista, 1981
FPJM-699

Sin título, 1973
Lápiz de cera y bolígrafo sobre papel,
15,9 × 21 cm
Inscripciones: 25/VI/73.
Procedencia: Donación del artista, 1981
FPJM-701

Exposiciones: Palma de Mallorca 1993-1994, p. 46
(color); p. 165. Palma de Mallorca 1996c, lám. 318

(color), p. 186; p. 247. Las Palmas de Gran Canaria
1996-1997, lám. 148 (color), p. 163; p. 231

Sin título, 1972
Bolígrafo sobre papel, 20,5 × 27,4 cm
Inscripciones: 26/IX/72 / maqueta quin tamany (?)
Procedencia: Donación del artista, 1981
FPJM-702

Exposiciones: Palma de Mallorca 1993-1994, p. 46
(color); p. 165. Palma de Mallorca 1996c, lám. 315
(color), p. 186; p. 247. Las Palmas de Gran Canaria
1996-1997, lám. 151 (color), p. 156; p. 231

Sin título, 1972
Bolígrafo sobre papel, 20,5 × 27,4 cm
Inscripciones: 25/ / IX/72
Procedencia: Donación del artista, 1981
FPJM-703

Exposiciones: Palma de Mallorca 1993-1994, p. 43
(color); p. 164. Palma de Mallorca 1996c, lám. 314
(color), p. 186; p. 247. Las Palmas de Gran Canaria
1996-1997, lám. 152 (color), p. 156; p. 231

Sin título, 1972
Bolígrafo sobre papel, 21,7 × 31,4 cm
Inscripciones: la / maqueta / quin tamany / 8/
/IV/72
Procedencia: Donación del artista, 1981
FPJM-704

Sin título, 1978
Bolígrafo sobre papel, 12,6 × 8,1 cm
Inscripciones: 23/XI.78
Procedencia: Donación del artista, 1981
FPJM-705

Sin título, sin fecha
Bolígrafo sobre papel, 8,1 × 12,6 cm
Procedencia: Donación del artista, 1981
FPJM-706a

Sin título, sin fecha
Bolígrafo sobre papel, 8,1 × 12,6 cm
Procedencia: Donación del artista, 1981
FPJM-706b

Personnage, 1978
Bolígrafo sobre papel, 12,6 × 8,1 cm
Inscripciones: Personnage 22/XI.78
Procedencia: Donación del artista, 1981
FPJM-707

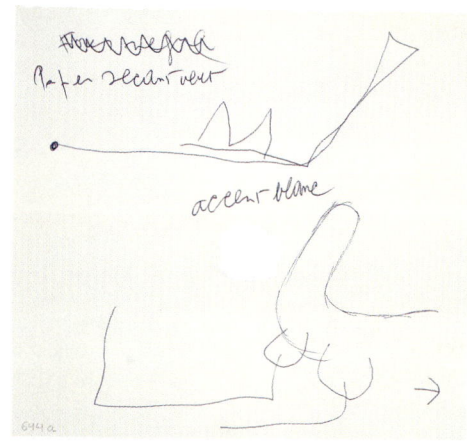

FPJM-694a

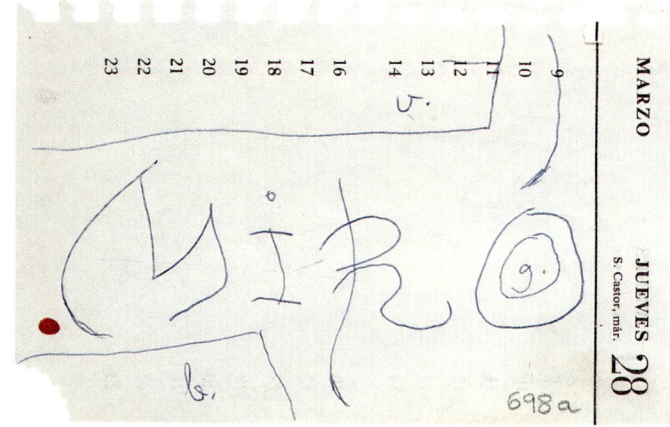

FPJM-698a

FPJM-702

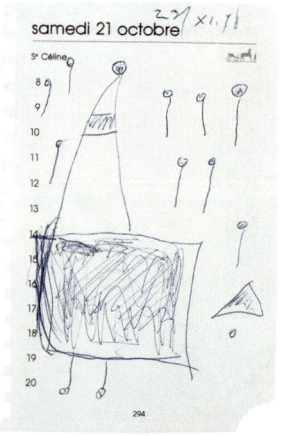

FPJM-705

FPJM-694b
FPJM-695
FPJM-696

 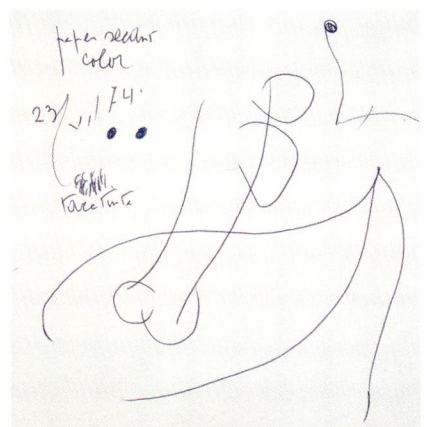 

FPJM-698b
FPJM-699
FPJM-701

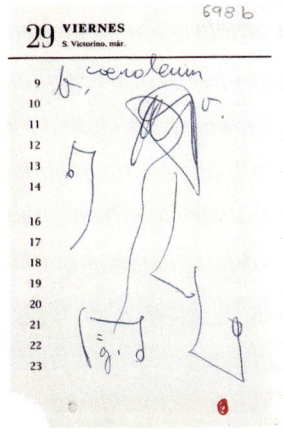 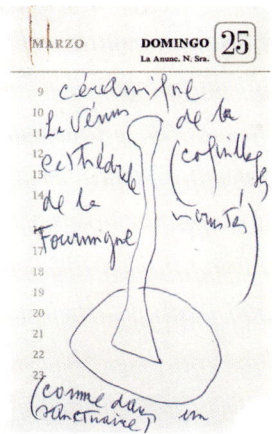 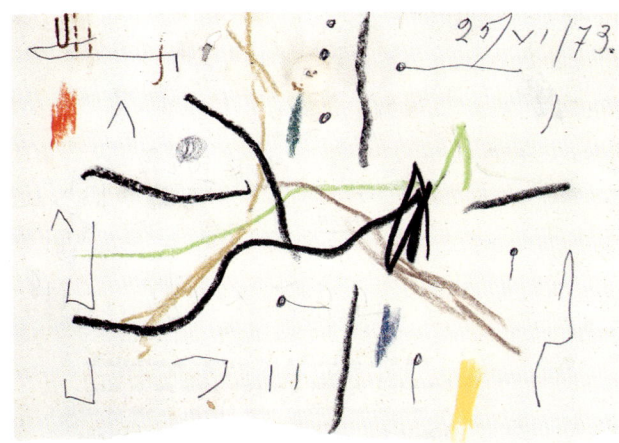

FPJM-703
FPJM-704

 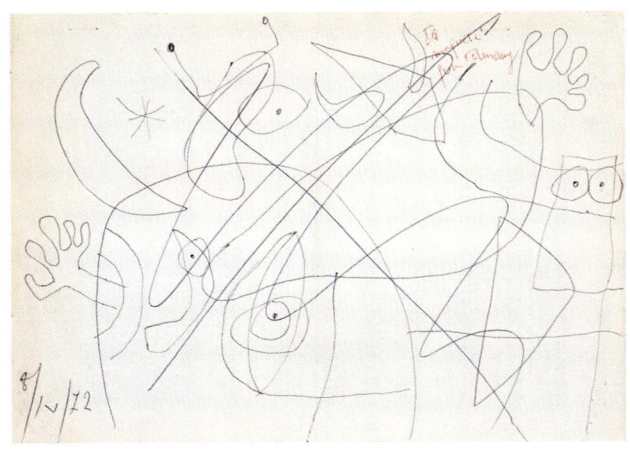

FPJM-706a
FPJM-706b
FPJM-707

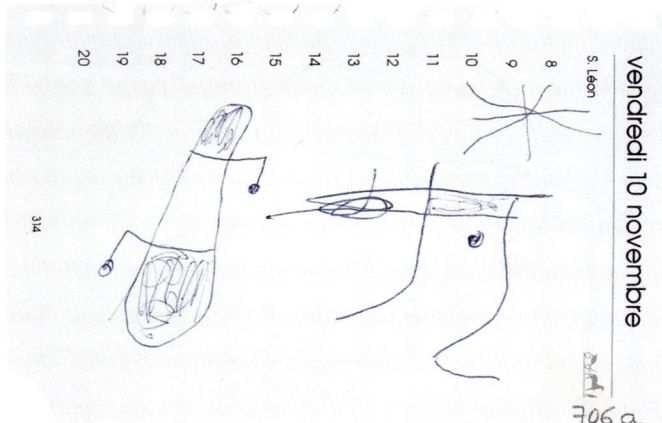 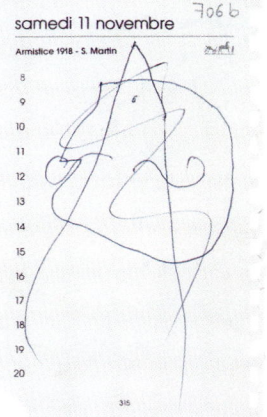 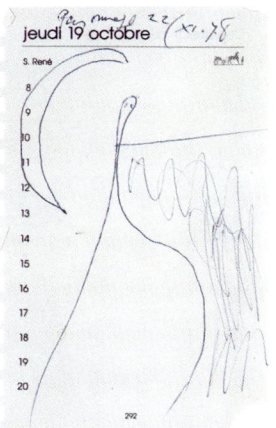

Personnage, 1978
Bolígrafo sobre papel, 12,6 × 8,1 cm
Inscripciones: *12/XII.78 Personnage*
Procedencia: Donación del artista, 1981
FPJM-708

Sin título, 1978
Bolígrafo sobre papel, 12,6 × 8,1 cm
Inscripciones: *1/XII/78 / g. / v. / b.*
Procedencia: Donación del artista, 1981
FPJM-709a

Sin título, 1978 [ca]
Bolígrafo sobre papel, 12,6 × 8,1 cm
Procedencia: Donación del artista, 1981
FPJM-709b

Femme, oiseau, 1978
Bolígrafo sobre papel, 12,6 × 8,1 cm
Inscripciones: *g. / b. / v. / Femme, oiseau / b. / 22/XI/78*
Procedencia: Donación del artista, 1981
FPJM-710a

Sin título, 1978 [ca]
Bolígrafo sobre papel, 12,6 × 8,1 cm
Procedencia: Donación del artista, 1981
FPJM-710b

Sin título, 1978
Bolígrafo sobre papel, 12,6 × 8,1 cm
Inscripciones: *b. / g. / v. / vt. / 23/ XI. 78.*
Procedencia: Donación del artista, 1981
FPJM-711

Sin título, 1978
Bolígrafo sobre papel, 12,6 × 8,1 cm
Inscripciones: *18. / XI / 78* [?]
Procedencia: Donación del artista, 1981
FPJM-712a

Exposiciones: Sevilla 1993-1994, p. 107; lám. L (color), p. 111. Málaga 1994, p. 107; lám. L (color), p. 111

Sin título, 1978
Bolígrafo sobre papel, 12,6 × 8,1 cm
Inscripciones: *XII/78 / g / vt. / v. / b.*
Procedencia: Donación del artista, 1981
FPJM-712b

Sin título, 1978
Bolígrafo sobre papel, 14 × 11 cm
Inscripciones: *2/XI. 78*
Procedencia: Donación del artista, 1981
FPJM-714

Homme et Femme et oiseau, 1978
Bolígrafo sobre papel, 15,5 × 19,5 cm
Inscripciones: *31/IX. 78 / Homme / et Femme / et oiseau*
Procedencia: Donación del artista, 1981
FPJM-715a

Sin título, 1978
Bolígrafo sobre papel, 15,5 × 19,5 cm
Inscripciones: *31/IX. 78*
Procedencia: Donación del artista, 1981
FPJM-715b

Oiseaux devant la lune, 1978
Bolígrafo sobre papel, 19,4 × 15,5 cm
Inscripciones: *1/X/78. / Oiseaux / devant la / lune*
Procedencia: Donación del artista, 1981
FPJM-716

Exposiciones: Palma de Mallorca 1994-1995, lám. 99 (color), p. 125

Femmes, oiseaux, 1978
Bolígrafo sobre cartulina, 23,2 × 17,1 cm
Inscripciones: *v. / b./ v. / g. / vt. / 10/XII. 78 Femmes, oiseaux*
Procedencia: Donación del artista, 1981
FPJM-717

Femme devant l'éclipse, 1978
Bolígrafo sobre papel, 21 × 10 cm
Inscripciones: *22/X/78. / Femme / devant / l'éclipse / b. / v.*
Procedencia: Donación del artista, 1981
FPJM-718

Exposiciones: Palma de Mallorca 1994-1995, lám. 101 (color), p. 127

Personnage, oiseau, étoile II, 1979
Bolígrafo sobre papel, 28,1 × 11,8 cm
Inscripciones: *II / 79 Personnage, / oiseau, étoile*
Procedencia: Donación del artista, 1981
FPJM-719

Femme, 1978
Bolígrafo sobre papel, 19,4 × 15,5 cm
Inscripciones: *2/X. 78 / Femme / esc.* [?] */ 2/XI. 78.*
Procedencia: Donación del artista, 1981
FPJM-720a

Sin título, 1978 [ca]
Bolígrafo sobre papel, 19,4 × 15,5 cm
Procedencia: Donación del artista, 1981
FPJM-720b

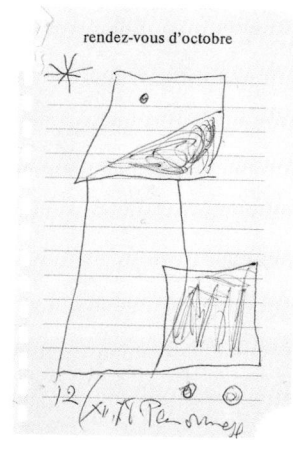
FPJM-708

FPJM-711

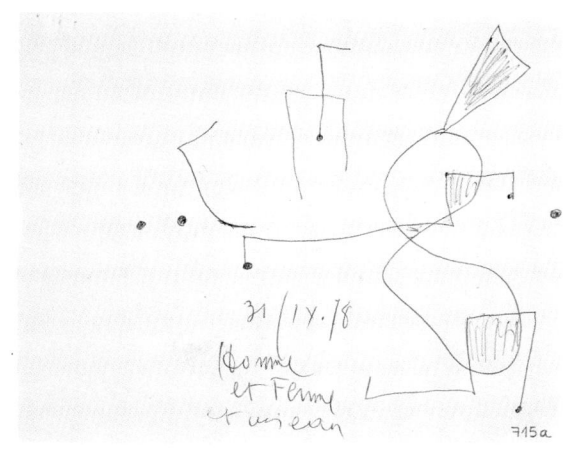
FPJM-715a

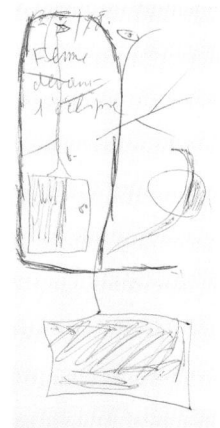
FPJM-718

FPJM-709a
FPJM-709b
FPJM-710a
FPJM-710b

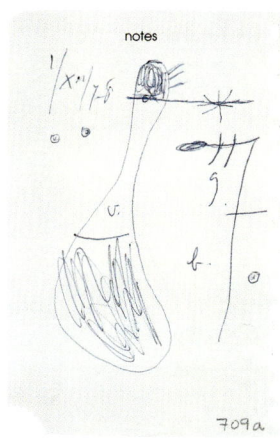

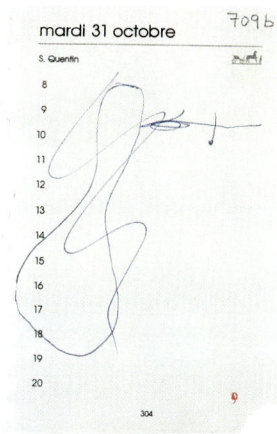

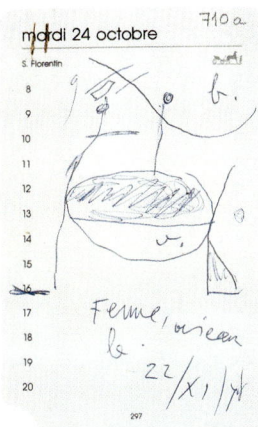

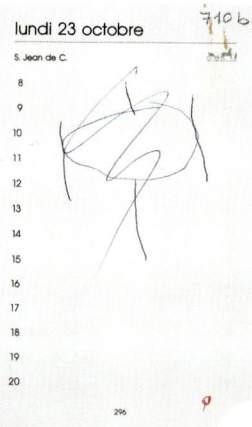

FPJM-712a
FPJM-712b
FPJM-714

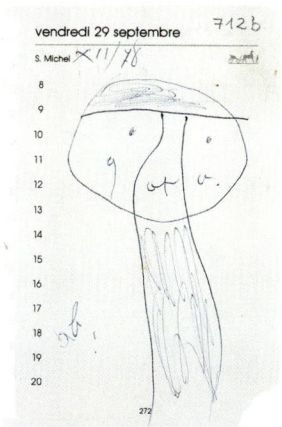

FPJM-715b
FPJM-716
FPJM-717

FPJM-719
FPJM-720a
FPJM-720b

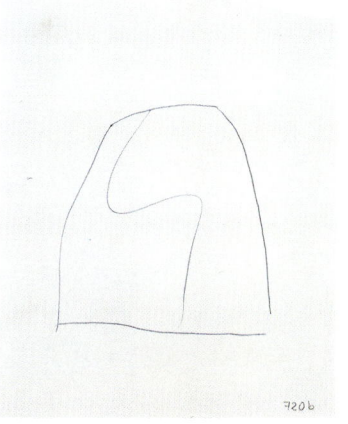

Oiseaux dans l'espace, 1978
Bolígrafo sobre cartulina, 10,6 × 15 cm
Inscripciones: *29/X/78 / oiseaux / dans l'espace*
Procedencia: Donación del artista, 1981
FPJM-721

Femme, oiseaux, 1978
Bolígrafo sobre cartulina, 20,8 × 10,4 cm
Inscripciones: *cad. / vt / v. / b. / 3/II/78 / Femme, / oiseaux*
Procedencia: Donación del artista, 1981
FPJM-722

Personnages et oiseau dans la nuit, 1978
Bolígrafo y lápiz de grafito sobre papel, 28,7 × 23,3 cm
Inscripciones: *29/XII. 78 / Personnages et oiseau dans la nuit*
Procedencia: Donación del artista, 1981
FPJM-723

Exposiciones: Palma de Mallorca 1994-1995, lám. 108 (color), p. 134. Las Palmas de Gran Canaria 1996-1997, lám. 142 (color), p. 150; p. 231

Paysage Hom. à Modest Urgell, 1979
Bolígrafo sobre cartulina, 15,7 × 20,3 cm
Inscripciones: *24/II. 79 / Paysage / Hom. a / Modest / Urgell / g. / v. / coer.*
Procedencia: Donación del artista, 1981
FPJM-724

Personnages, oiseau, étoile, 1978
Bolígrafo sobre papel, 16,9 × 13,7 cm
Inscripciones: *29/XII. 78. / Personnages, / oiseau, / étoile*
Procedencia: Donación del artista, 1981
FPJM-725

Exposiciones: Palma de Mallorca 1994-1995, lám. 107 (color), p. 133. Las Palmas de Gran Canaria 1996-1997, p. 133; lám. 143 (color), p. 155; p. 231

Sin título, 1978
Bolígrafo sobre cartulina, 10,5 × 10,9 cm
Inscripciones: *v. / g. / b. / v. / 27/XII. 78.*
Procedencia: Donación del artista, 1981
FPJM-726

Personnage, étoile, 1978
Bolígrafo sobre cartulina, 17,4 × 11,4 cm
Inscripciones: *g. / v. / 20/XII. 78 / Personnage / étoile / b. / vt.*
Procedencia: Donación del artista, 1981
FPJM-727

Exposiciones: Palma de Mallorca 1994-1995, lám. 105 (color), p. 131. Las Palmas de Gran Canaria 1996-1997, lám. 145 (color), p. 154; p. 231

Sin título, 1979 [ca]
Bolígrafo sobre cartulina, 18,9 × 14,2 cm
Procedencia: Donación del artista, 1981
FPJM-728

Exposiciones: Palma de Mallorca 1994-1995, lám. 124 (color), pp. 148. Las Palmas de Gran Canaria 1996-1997, lám. 129 (color), p. 148; p. 230

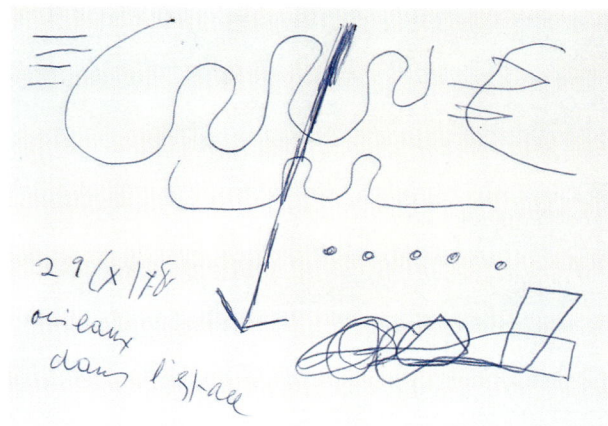
FPJM-721

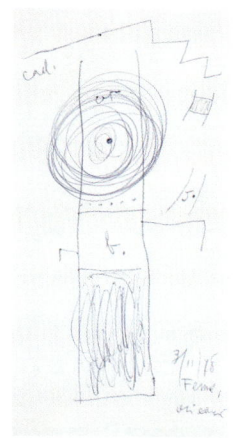
FPJM-722

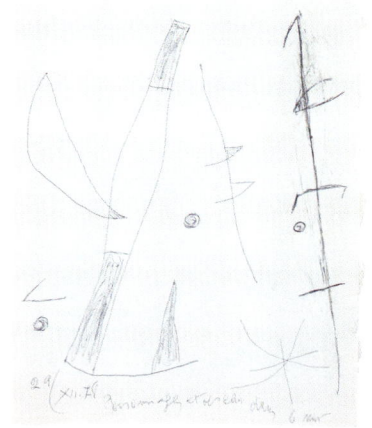
FPJM-723

FPJM-725

FPJM-724

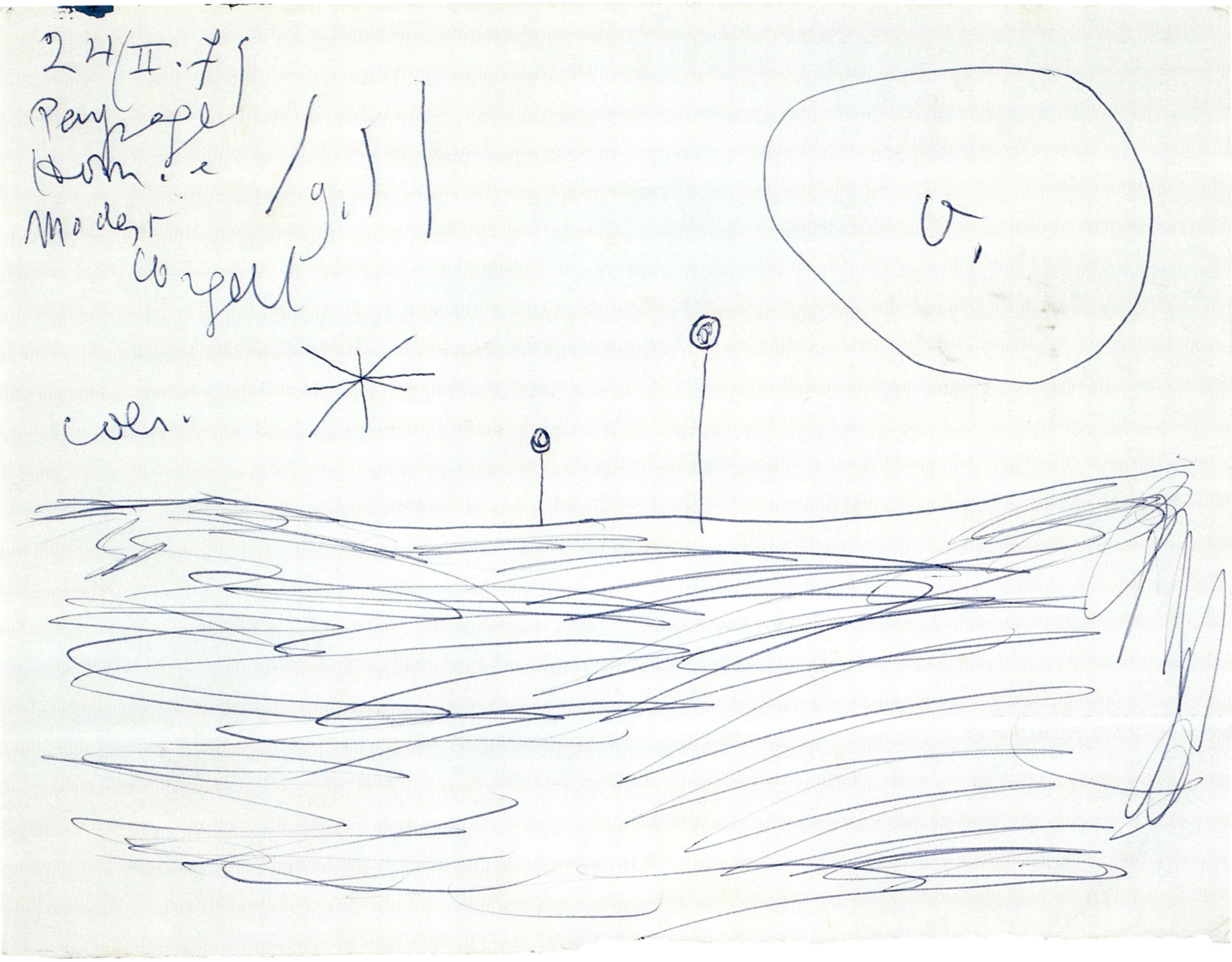

FPJM-726
FPJM-727
FPJM-728

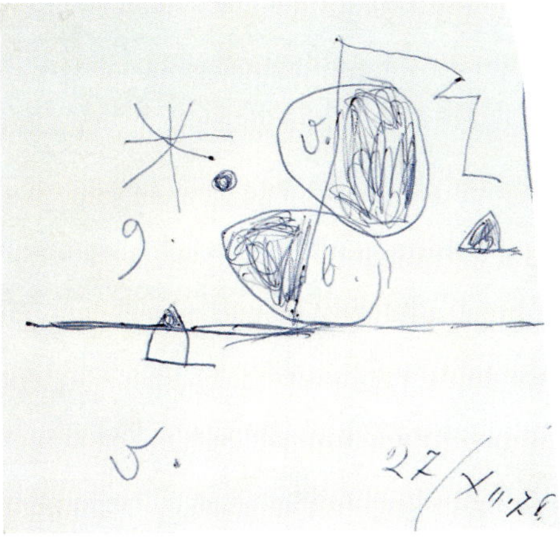

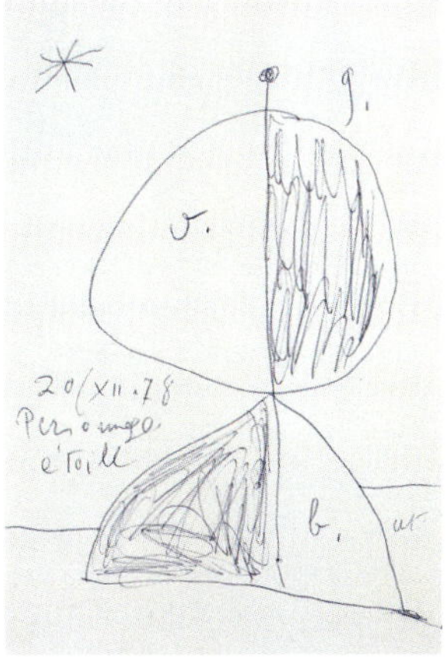

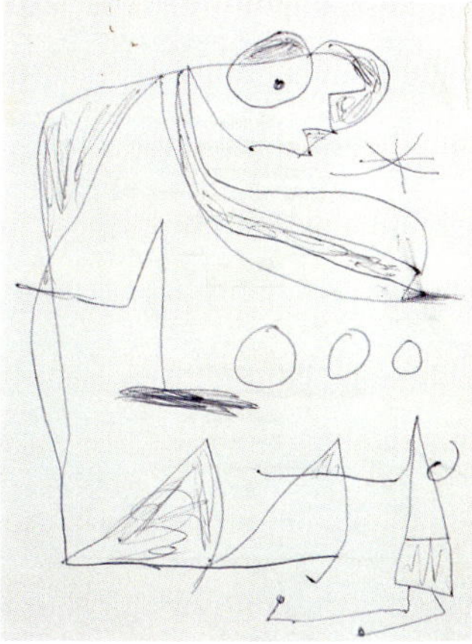

Sin título, 1978
Bolígrafo sobre cartulina, 10,5 × 11 cm
Inscripciones: *b. / g / v. / v. / 26/XII. 78.*
Procedencia: Donación del artista, 1981
FPJM-729

Femme et oiseau devant la lune,
1978 [?]
Bolígrafo sobre cartulina, 15 × 10,5 cm
Inscripciones: *b. / g. / v. / 28/XII. 78* [?] /
Femme et oiseau / devant la lune
Procedencia: Donación del artista, 1981
FPJM-730

Exposiciones: Palma de Mallorca 1994-1995, lám. 106
(color), p. 132. Las Palmas de Gran Canaria
1996-1997, p. 133; lám. 144 (color), p. 154; p. 231.
Palma de Mallorca 2005, lám. 6 (color), p. 80

Paysage, 1979
Bolígrafo sobre cartulina, 11,9 × 15,8 cm
Inscripciones: *coer. / v. / 18/ II. 79 / Paysage*
Procedencia: Donación del artista, 1981
FPJM-731

Tête, 1978
Bolígrafo sobre cartulina, 14,8 × 10,5 cm
Inscripciones: *12/XII. 78 / Tête / b. / ̶v ̶/ v. / g. /*
g̶. / vt.
Procedencia: Donación del artista, 1981
FPJM-732

Tête, oiseau, 1978
Bolígrafo sobre papel, 11,8 × 11,5 cm
Inscripciones: *18/XII.78 / Tête, / oiseau / b. /*
g. / v. / vt.
Procedencia: Donación del artista, 1981
FPJM-733

Tête, oiseau, étoile, 1978
Lápiz de grafito y bolígrafo sobre cartulina,
21,5 × 13 cm
Inscripciones: *18/XII. 78 / Tête, oiseau, / étoile*
Procedencia: Donación del artista, 1981
FPJM-734a

Exposiciones: Palma de Mallorca 1994-1995, lám. 104
(color), p. 130. Las Palmas de Gran Canaria 1996-1997,
p. 28 (color); lám. 146 (color), p. 155; p. 231

Sin título, 1978 [ca]
Bolígrafo sobre cartulina, 13 × 21,5 cm
Inscripciones: *cad. / vt.*
Procedencia: Donación del artista, 1981
FPJM-734b

Personnage, 1978
Bolígrafo y lápiz de color sobre papel,
12,6 × 8,1 cm
Inscripciones: *Personnage / 12/XII/78. / g. / v /*
vt / b.
Procedencia: Donación del artista, 1981
FPJM-735

Exposiciones: Sevilla 1993-1994, p. 107; lám. M (color),
p. 111. Málaga 1994, p. 107; lám. M (color), p. 111

Paysage, 1978
Bolígrafo sobre cartulina, 16,1 × 10,5 cm
Inscripciones: *v. / b. / vt. / vt. / g. / 12/XII/78. /*
Paysage
Procedencia: Donación del artista, 1981
FPJM-736

Sin título, 1978
Bolígrafo sobre papel, 12,6 × 8,1 cm
Inscripciones: *18/XI. 78*
Procedencia: Donación del artista, 1981
FPJM-737

Sin título, sin fecha
Bolígrafo sobre papel, 12,6 × 8,1 cm
Procedencia: Donación del artista, 1981
FPJM-738a

Sin título, sin fecha
Bolígrafo sobre papel, 12,6 × 8,1 cm
Procedencia: Donación del artista, 1981
FPJM-738b

Personnage, 1978
Bolígrafo sobre papel, 12,6 × 8,1 cm
Inscripciones: *Personnage / 17/XI.78 / vt. / v. /*
b. / g. / b. / b. / v. / b.
Procedencia: Donación del artista, 1981
FPJM-739

Exposiciones: Sevilla 1993-1994, p. 107; lám. K
(color), p. 111. Málaga 1994, p. 107; lám. K (color),
p. 111. Palma de Mallorca 1996c, lám. 387 (color),
p. 206; p. 250

Paysage, 1979
Bolígrafo sobre papel, 15,2 × 21,3 cm
Inscripciones: *9/IV. 79 / Paysage / b. / v.*
Procedencia: Donación del artista, 1981
FPJM-740

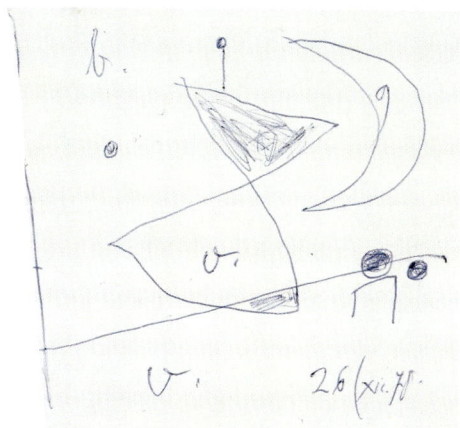

FPJM-729

FPJM-732

FPJM-735

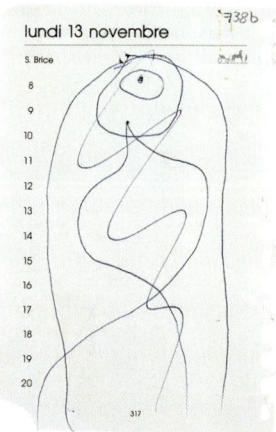

FPJM-738b

FPJM-730
FPJM-731

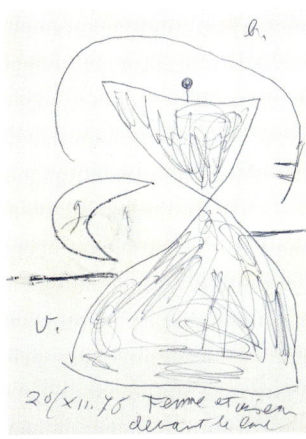
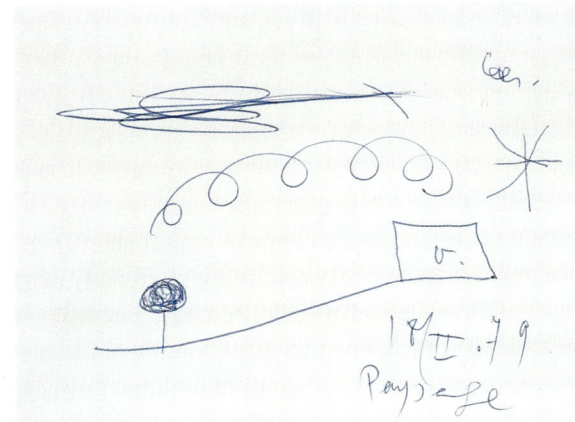

FPJM-733
FPJM-734a
FPJM-734b

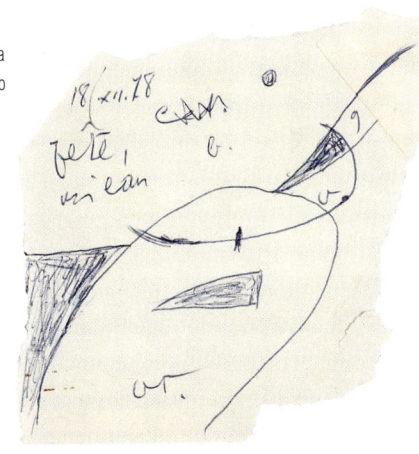

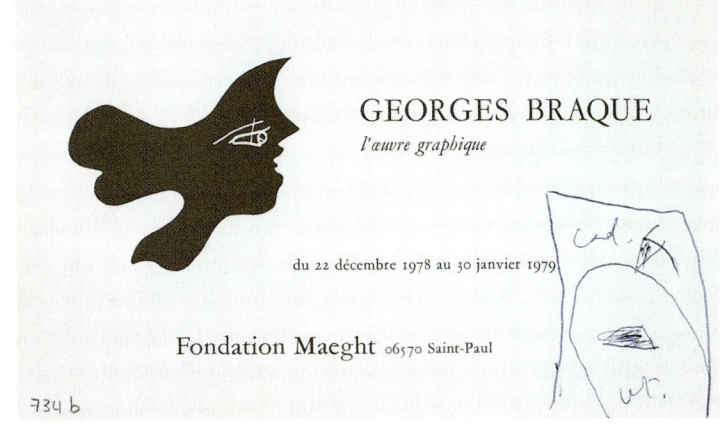

FPJM-736
FPJM-737
FPJM-738a

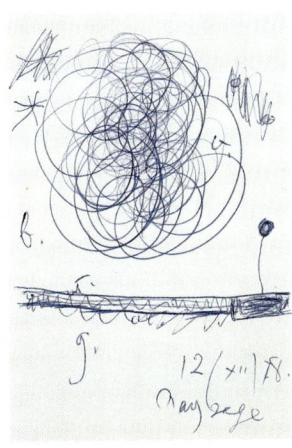

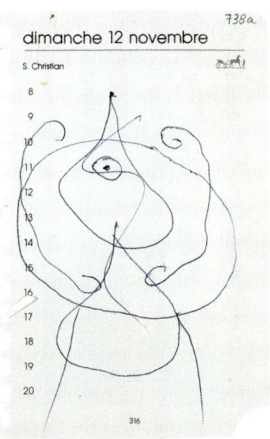

FPJM-739
FPJM-740

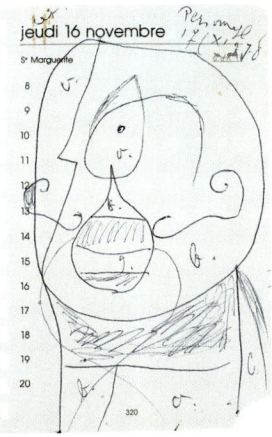
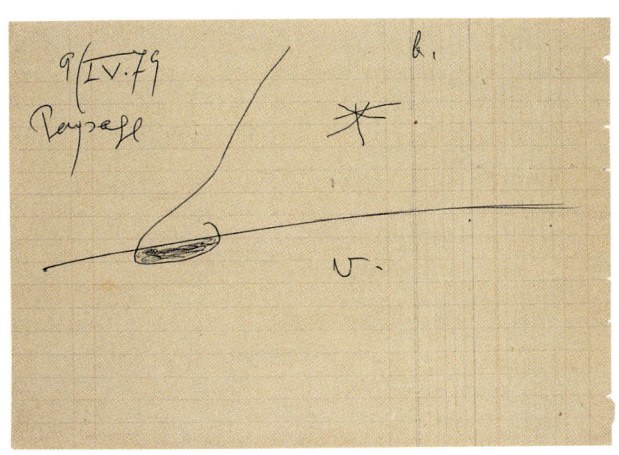

Femme, étoile, oiseau; Sin título; Sin título, 1978
Bolígrafo sobre papel, 22,1 × 24,8 cm
Inscripciones: *vt. / g. / v. / b. / 10/XI/78 / v. / 12/XII. 78 / b. / Femme, / étoile, oiseau / g. / v. / vt. / b. / vt.*
Procedencia: Donación del artista, 1981
FPJM-741a

Exposiciones: Palma de Mallorca 1994-1995, lám. 102 (color), p. 128

Sin título, 1978 [ca]
Bolígrafo sobre papel, 22,1 × 24,8 cm
Inscripciones: *cad. / b. / v. / g. / b. / v.*
Procedencia: Donación del artista, 1981
FPJM-741b

Personnage, oiseau, 1979
Bolígrafo sobre papel, 21,3 × 15,2 cm
Inscripciones: *9/IV. 79 / Personnage, / étoile / oiseau*
Procedencia: Donación del artista, 1981
FPJM-742

Femme, oiseau, étoile, 1979
Bolígrafo sobre papel, 21,2 × 15,1 cm
Inscripciones: *9/IV. 79 / Femme, / oiseau / étoile / b. / v. / vt / g. / v.*
Procedencia: Donación del artista, 1981
FPJM-743

Exposiciones: Palma de Mallorca 1994-1995, p. 13, 20, 25; lám. 122 (color), p. 146. Las Palmas de Gran Canaria 1996-1997, lám. 127 (color), p. 149; p. 230. Palma de Mallorca 2005, lám. 7 (color), p. 80

Tête, 1979
Bolígrafo y lápiz de grafito sobre papel, 15,8 × 10,9 cm
Inscripciones: *Tête / 18/I. 79 / v. / g. / vt*
Procedencia: Donación del artista, 1981
FPJM-744

Femme, 1979
Bolígrafo sobre papel, 21,6 × 15,1 cm
Inscripciones: *7/IX. 79 / Femme*
Procedencia: Donación del artista, 1981
FPJM-745

Personnage III, 1978
Bolígrafo sobre papel, 21,2 × 15,6 cm
Inscripciones: *v. / g. / b. / 10/IX. 78 / III / Personnage*
Procedencia: Donación del artista, 1981
FPJM-746

Femme, oiseau, 1978
Bolígrafo y lápiz de grafito sobre papel, 19 × 14,8 cm
Inscripciones: *1/II/78 / Femme, / oiseau*
Procedencia: Donación del artista, 1981
FPJM-747

Femmes, 1978
Bolígrafo sobre papel, 12,1 × 8,1 cm
Inscripciones: *12/XII. 78 / Femmes*
Procedencia: Donación del artista, 1981
FPJM-748

Exposiciones: Sevilla 1993-1994, p. 107; lám. LL (color), p. 111. Málaga 1994, p. 107; lám. LL (color), p. 111. Palma de Mallorca 1996c, lám. 388 (color), p. 207; p. 250

Personnage, étoile, 1979
Bolígrafo y lápiz de grafito sobre papel, 12,6 × 8,1 cm
Inscripciones: *4. IV. / 79. / Personnage, / étoile / b.*
Procedencia: Donación del artista, 1981
FPJM-749

Femme devant la lune, 1978
Bolígrafo sobre papel, 12,6 × 8,1 cm
Inscripciones: *16/XII.78 / Femme / devant / la / lune*
Procedencia: Donación del artista, 1981
FPJM-750

Exposiciones: Palma de Mallorca 1994-1995, lám. 103 (color), p. 129. Las Palmas de Gran Canaria 1996-1997, lám. 147 (color), p. 155; p. 231

Personnage et oiseau devant le soleil, 1979
Bolígrafo sobre cartulina, 21,7 × 16,8 cm
Inscripciones: *b. / v. / g. / 17/III. 79 / Personnage / devant / le soleil / et oiseau*
Procedencia: Donación del artista, 1981
FPJM-751

Exposiciones: Palma de Mallorca 1994-1995, lám. 81 (color), p. 106

Femme, oiseau, 1979
Bolígrafo sobre papel, 18,7 × 12,2 cm
Inscripciones: *b. / v. / g. / v. / 17/III. 79 / Femme, oiseau*
Procedencia: Donación del artista, 1981
FPJM-752a

Sin título, 1979
Bolígrafo y lápiz de color sobre cartulina, 10,5 × 13,5 cm
Inscripciones: *les chaussettes couleur / bístre* ~~peuplé~~ *de points / blancs ne s'accordent / pas avec la cravate / peuplé / par*[...] */ 29/V/77*
Procedencia: Donación del artista, 1981
FPJM-753

Bibliografía: Institut d'Estudis Baleàrics 1981, lám. 2 (color), p. 68

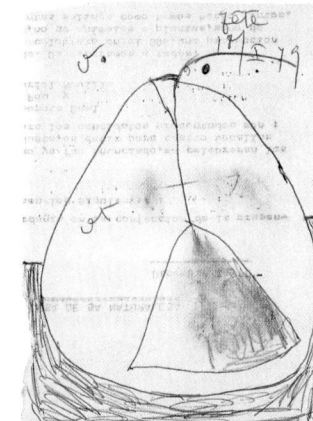

FPJM-744

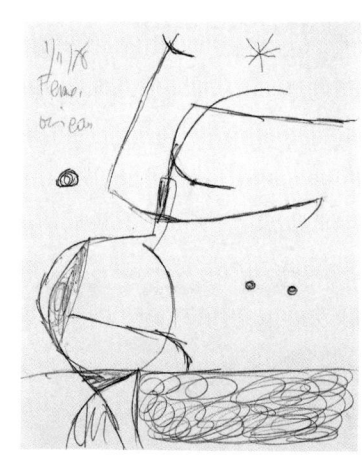

FPJM-747

FPJM-750

FPJM-741a
FPJM-741b
FPJM-742

 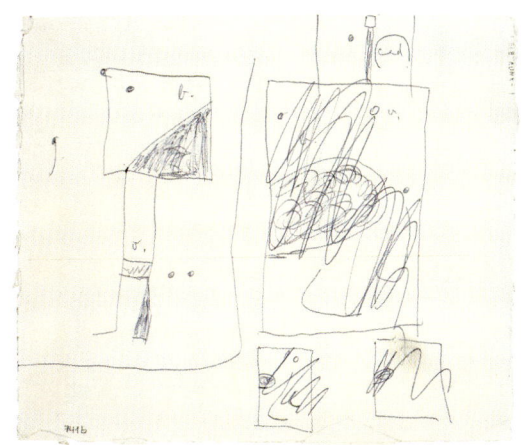 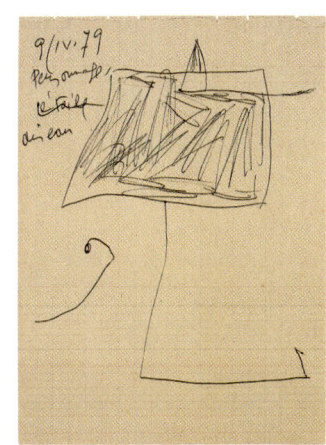

FPJM-743
FPJM-745
FPJM-746

FPJM-748
FPJM-749

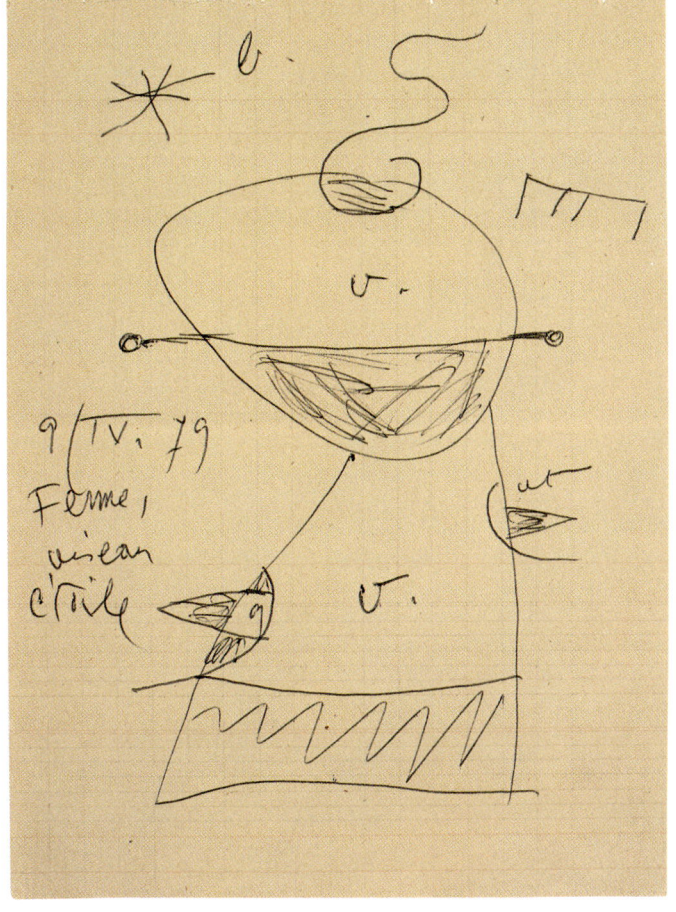 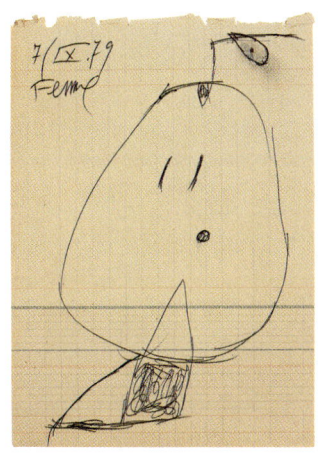 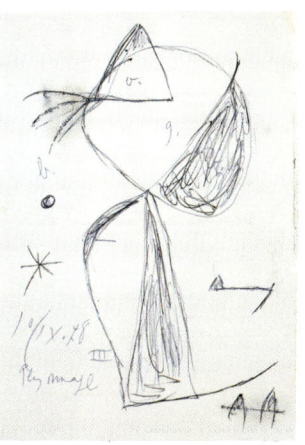

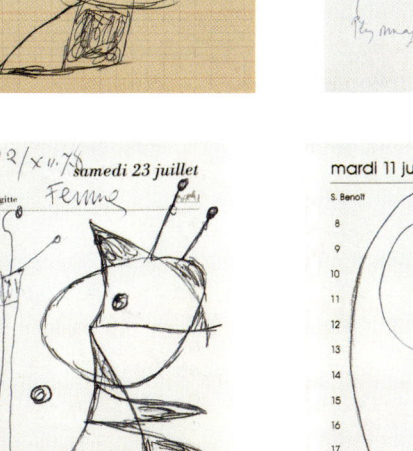 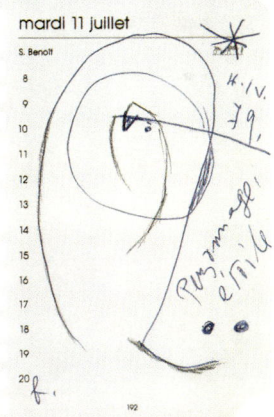

FPJM-751
FPJM-752a
FPJM-753

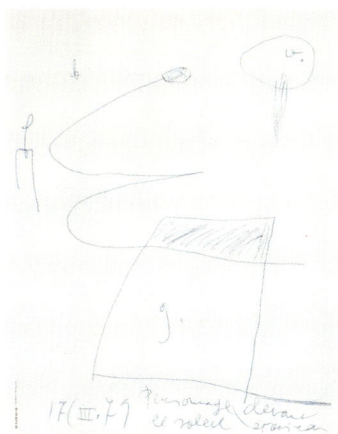 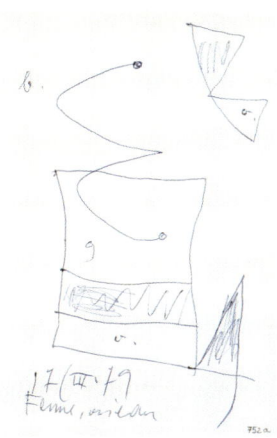 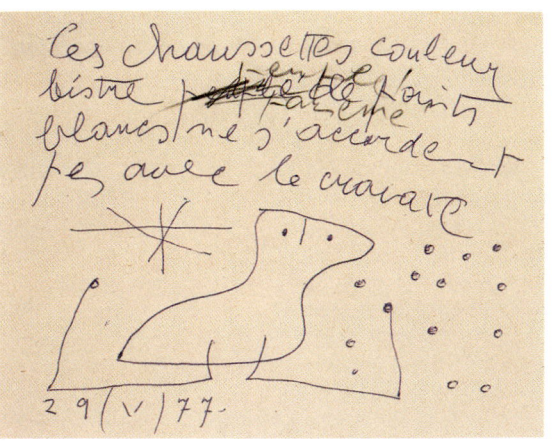

Personnage dans un paysage, 1978
Bolígrafo y lápiz de grafito sobre cartulina,
22,3 × 14,6 cm
Inscripciones: *19/VII/78 / Personnage / dans*
un / paysage
Procedencia: Donación del artista, 1981
FPJM-754

Exposiciones: Sevilla 1993-1994, p. 107; lám. E
(color), p. 109. Málaga 1994, p. 107; lám. E (color),
p. 109. Palma de Mallorca 1996c, lám. 384 (color),
p. 206; p. 250

Personnage aux trois cheveux, étoile,
oiseau, 1978
Lápiz de grafito y bolígrafo sobre cartulina,
19,2 × 15,3 cm
Inscripciones: *v. / g. / b. / 19/7/78. /*
Personnage, / étoile, oiseau / aux trois cheveux
Procedencia: Donación del artista, 1981
FPJM-755

Exposiciones: Sevilla 1993-1994, p. 107; lám. D
(color), p. 109. Málaga 1994, p. 107; lám. D (color),
p. 109. Palma de Mallorca 1996c, lám. 383 (color),
p. 206; p. 250

Femmes, oiseau, 1978
Bolígrafo sobre papel, 15,7 × 11,7 cm
Inscripciones: *b. / v. / 21/7. 78 Femmes, oiseau*
Procedencia: Donación del artista, 1981
FPJM-756a

Femme et oiseau devant la lune, 1978
Bolígrafo sobre papel, 15,7 × 11,7 cm
Inscripciones: *21/7. 78 / et oiseau / Femme*
devant / la / lune
Procedencia: Donación del artista, 1981
FPJM-756b

Exposiciones: Sevilla 1993-1994, p. 107; lám. F (color),
p. 109. Málaga 1994, p. 107; lám. F (color), p. 109

Paysage, 1978
Bolígrafo sobre cartulina, 13,3 × 16,5 cm
Inscripciones: *b. / g. / Paysage / g. tela / 3/8. 78.*
Procedencia: Donación del artista, 1981
FPJM-757

Femmes, éclat de soleil, 1978
Bolígrafo y lápiz de color sobre papel,
13,6 × 18,8 cm
Inscripciones: *2/8/78 Femmes, éclat de soleil /*
g. tela
Procedencia: Donación del artista, 1981
FPJM-758

Exposiciones: Palma de Mallorca 1994-1995, lám. 76
(color), p. 103

Femme oiseau, 1978
Bolígrafo sobre papel, 15,8 × 11,1 cm
Inscripciones: *1/8/78 / Femme / oiseau*
Procedencia: Donación del artista, 1981
FPJM-759

Femme, 1978
Bolígrafo sobre papel, 11,7 × 9,8 cm
Inscripciones: *2/8/78 / Femme / b. / g. / v.*
Procedencia: Donación del artista, 1981
FPJM-760

Personnage, oiseau, 1978
Bolígrafo sobre papel, 20,1 × 14,6 cm
Inscripciones: *1/8/78 Personnage, oiseau*
Procedencia: Donación del artista, 1981
FPJM-761a

Exposiciones: Sevilla 1993-1994, p. 107; lám. J (color),
p. 110. Málaga 1994, p. 107; lám. J (color), p. 110

Femme, oiseau, 1978
Bolígrafo sobre papel, 20,1 × 14,6 cm
Inscripciones: *1/8/78 / Femme, / oiseau*
Procedencia: Donación del artista, 1981
FPJM-761b

Personnage devant la lune, 1978
Bolígrafo sobre papel, 11,8 × 9,8 cm
Inscripciones: *31/7/78 / Personnage/ devant /*
la / lune / v. / b.
Procedencia: Donación del artista, 1981
FPJM-762

Exposiciones: Sevilla 1993-1994, p. 107; lám. y
(color), p. 110. Málaga 1994, p. 107; lám. y (color),
p. 110. Palma de Mallorca 1996c, lám. 386 (color),
p. 206; p. 250

Personnage, oiseaux dans un paysage,
1978
Bolígrafo sobre papel, 15,5 × 13,6 cm
Inscripciones: *31/7. 78. / Personnage, /*
oiseaux / dans un paysage
Procedencia: Donación del artista, 1981
FPJM-763

Exposiciones: Sevilla 1993-1994, p. 107; lám. G (color),
p. 110. Málaga 1994, p. 107; lám. G (color), p. 110

FPJM-754
FPJM-755
FPJM-756a
FPJM-756b

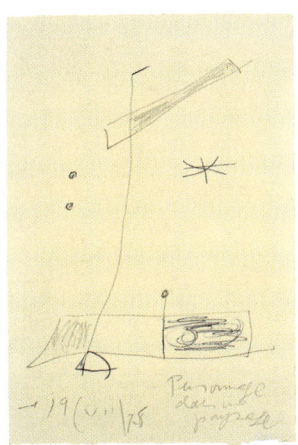   

FPJM-757
FPJM-758

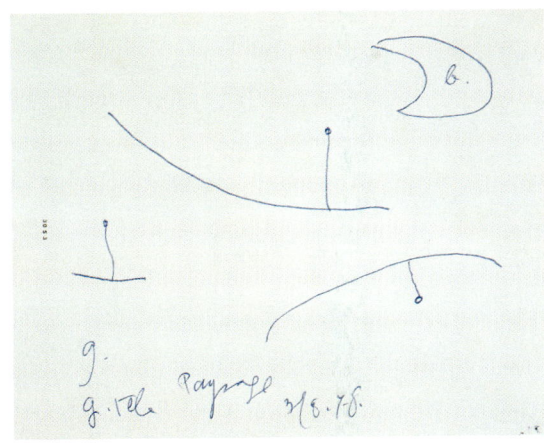 

FPJM-759
FPJM-760
FPJM-761a

  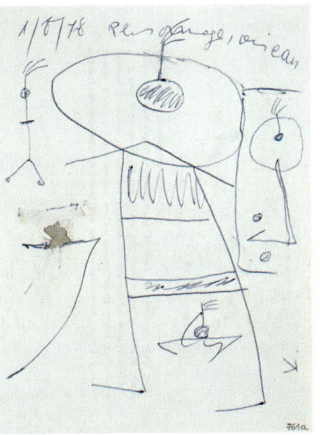

FPJM-761b
FPJM-762
FPJM-763

 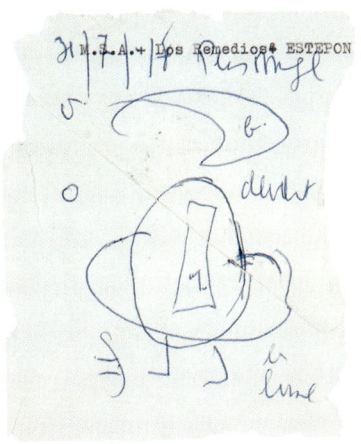 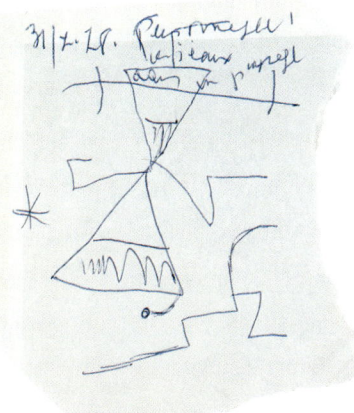

Personnage devant la lune, 1978
Bolígrafo sobre cartulina, 21 × 10,2 cm
Inscripciones: *31/7/78 / Personnage / devant la / lune / b. / vt. / v. / g.*
Procedencia: Donación del artista, 1981
FPJM-764

Exposiciones: Sevilla 1993-1994, p. 107; lám. H (color), p. 110. Málaga 1994, p. 107; lám. H (color), p. 110. Palma de Mallorca 1996c, lám. 385 (color), p. 206; p. 250

Sin título, 1978
Bolígrafo sobre cartulina, 4,3 × 13 cm
Inscripciones: *coer. / g. tela / 4. 8. / 78. / g. tela / v.*
Procedencia: Donación del artista, 1981
FPJM-765

Tête, 1978
Bolígrafo y lápiz de grafito sobre papel, 19,8 × 15,4 cm
Inscripciones: *b.* [?] *14/8/78 / g. / Tete* [sic] */ v.*
Procedencia: Donación del artista, 1981
FPJM-766

Femme, 1978 [?]
Lápiz de grafito sobre papel, 20,2 × 15,4 cm
Inscripciones: *10/8. 78* [?] *] / Femme / b. / v.*
Procedencia: Donación del artista, 1981
FPJM-767

Femme devant la lune, 1978
Lápiz de grafito sobre papel, 20,3 × 15,4 cm
Inscripciones: *b. / g. / vt. / v. / b. / 9/ 8. 78 Femme devant la / lune*
Procedencia: Donación del artista, 1981
FPJM-768

Personnage, oiseau, 1978
Lápiz de grafito sobre papel, 20,1 × 15,4 cm
Inscripciones: *9/8. 78. / Personnage, / oiseau / b. / g. / v. / vt.*
Procedencia: Donación del artista, 1981
FPJM-769

Personnage aux 3 cheveux devant le soleil, 1978
Bolígrafo sobre papel, 17 × 13 cm
Inscripciones: *9/8/78 / Personnage / aux 3 cheveux / devant le / soleil / b. / v.*
Procedencia: Donación del artista, 1981
FPJM-770

Exposiciones: Palma de Mallorca 1994-1995, lám. 77 (color), p. 104

Personnage aux 3 cheveux devant le soleil, 1978
Bolígrafo sobre cartulina, 9,9 × 21 cm
Inscripciones: *10. 8. 78. / Personnage aux / 3 cheveux devant le soleil*
Procedencia: Donación del artista, 1981
FPJM-771a

Exposiciones: Palma de Mallorca 1994-1995, lám. 78 (color), p. 104

Femme devant la lune, 1978
Bolígrafo sobre papel, 12,1 × 8,1 cm
Inscripciones: *8/5/78 / Femme / devant / la / lune / b / v. / v. / b. / g. / v.*
Procedencia: Donación del artista, 1981
FPJM-772

Femme, oiseaux, étoile, 1978
Lápiz de grafito sobre papel, 14,9 × 10,5 cm
Inscripciones: *Femme, / oiseaux, / étoile / b. / vt./ g / b / vt. / v. / vt / g. / v. / 16/V.78*
Procedencia: Donación del artista, 1981
FPJM-773

Exposiciones: Sevilla 1993-1994, p. 107; lám. A (color), p. 108. Málaga 1994, p. 107; lám. A (color), p. 108. Palma de Mallorca 1996c, lám. 380 (color), p. 204; p. 250

Tête, étoile II, 1978
Lápiz de grafito y bolígrafo sobre cartulina, 15,4 × 11,2 cm
Inscripciones: *v. / g. / v. / b. 18/VI. / 78 / Tête, étoile II*
Procedencia: Donación del artista, 1981
FPJM-774

Exposiciones: Sevilla 1993-1994, p. 107; lám. B (color), p. 108. Málaga 1994, p. 107; lám. B (color), p. 108. Palma de Mallorca 1996c, lám. 381 (color), p. 205; p. 250

Tête, étoile I, 1978
Lápiz de grafito y bolígrafo sobre papel, 13,7 × 12,1 cm
Inscripciones: *Tête, étoile / 17/VI.78 / I / b. / g. / v.*
Procedencia: Donación del artista, 1981
FPJM-775

Exposiciones: Sevilla 1993-1994, p. 107; lám. C (color), p. 109. Málaga 1994, p. 107; lám. C (color), p. 109. Palma de Mallorca 1996c, lám. 382 (color), p. 204; p. 250

FPJM-764
FPJM-765

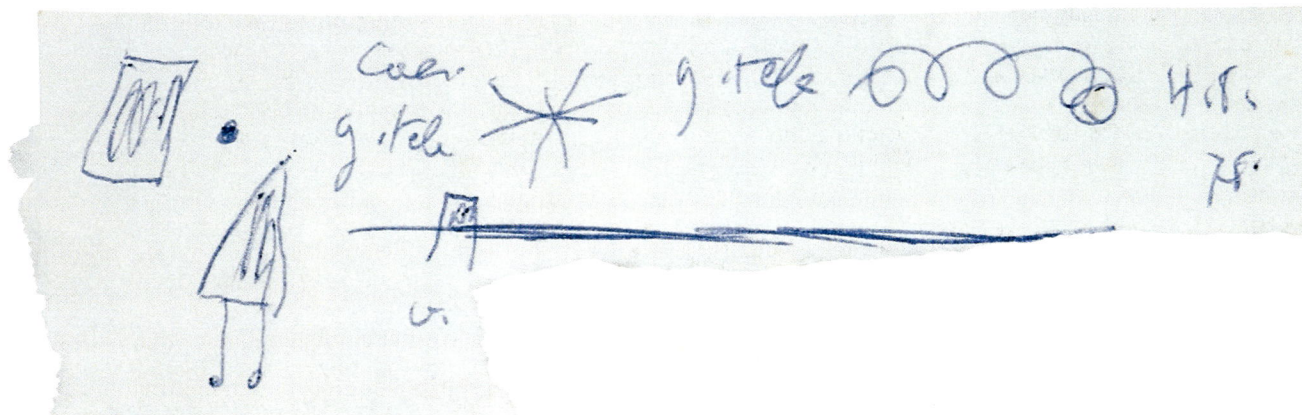

FPJM-766
FPJM-767
FPJM-768
FPJM-769

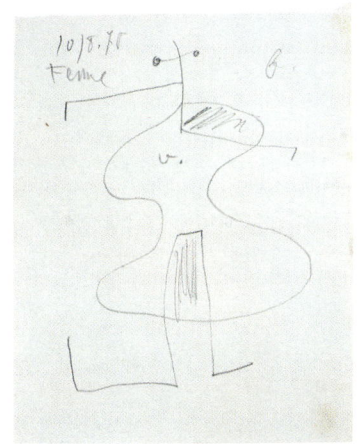
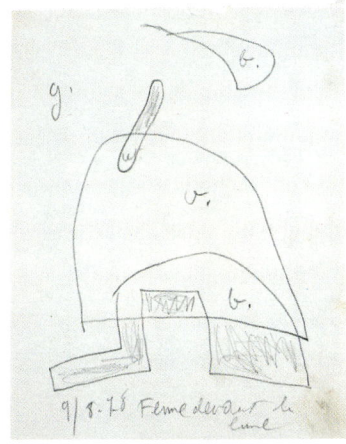
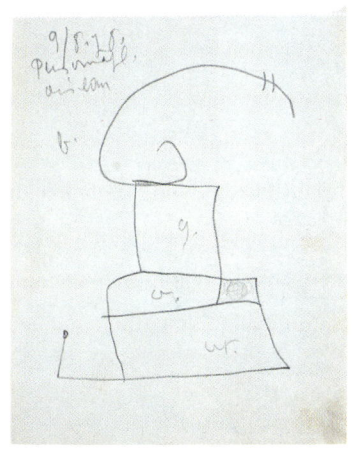

FPJM-770
FPJM-771a

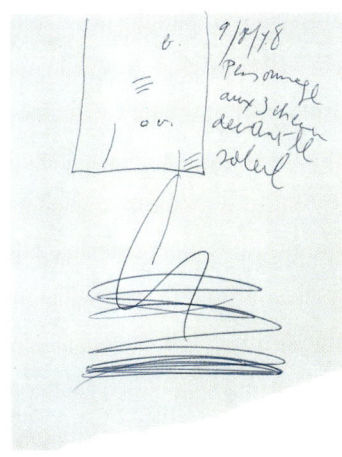
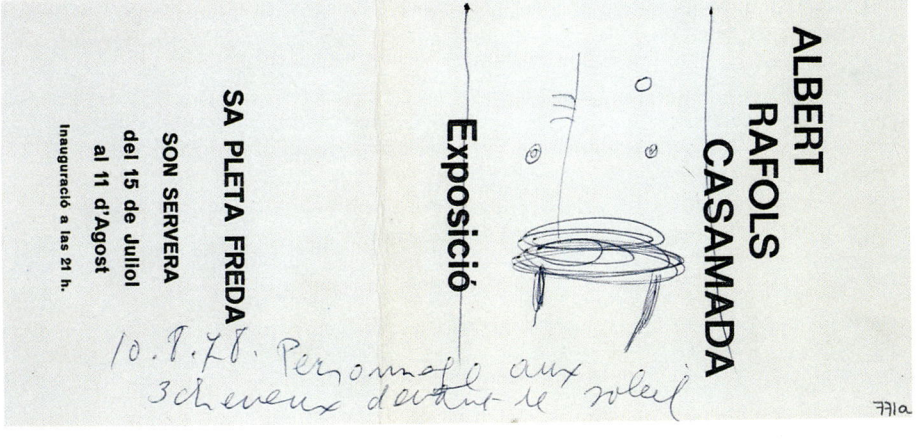

FPJM-772
FPJM-773
FPJM-774
FPJM-775

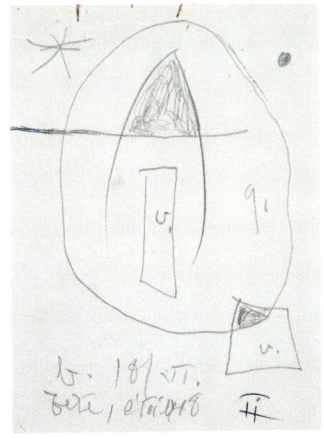

Personnages et oiseaux dans un paysage, 1978
Bolígrafo sobre cartulina, 9,9 × 20,9 cm
Inscripciones: *26/ VI. 78 Personnages et oiseaux dans un paysage / v. / b. / vt. / v. / v / vt / g.*
Procedencia: Donación del artista, 1981
FPJM-776

Personnages et oiseau dans la nuit, 1978
Bolígrafo sobre papel, 15,5 × 19,5 cm
Inscripciones: *26/VI. 78 / Personnages et oiseau / dans la / nuit / v. / b. / vt. / g. / v.*
Procedencia: Donación del artista, 1981
FPJM-777

Exposiciones: Palma de Mallorca 1994-1995, lám. 98 (color), p. 124

Homme, femme, enfant, oiseau devant la lune, 1978
Bolígrafo sobre papel, 8,1 × 12,6 cm
Inscripciones: *23/VI. 78 / b. / g. / v. / vt. / Homme, femme, enfant, oiseau / devant la lune*
Procedencia: Donación del artista, 1981
FPJM-778

Exposiciones: Palma de Mallorca 1994-1995, lám. 97 (color), p. 123

Personnage avec un chien, étoile, 1979
Bolígrafo sobre papel, 15,3 × 19,7 cm
Inscripciones: *25/III. 79 / Personnage avec un chien, étoile*
Procedencia: Donación del artista, 1981
FPJM-779

Exposiciones: Palma de Mallorca 1994-1995, lám. 121 (color), p. 145. Las Palmas de Gran Canaria 1996-1997, lám. 126 (color), p. 147; p. 230

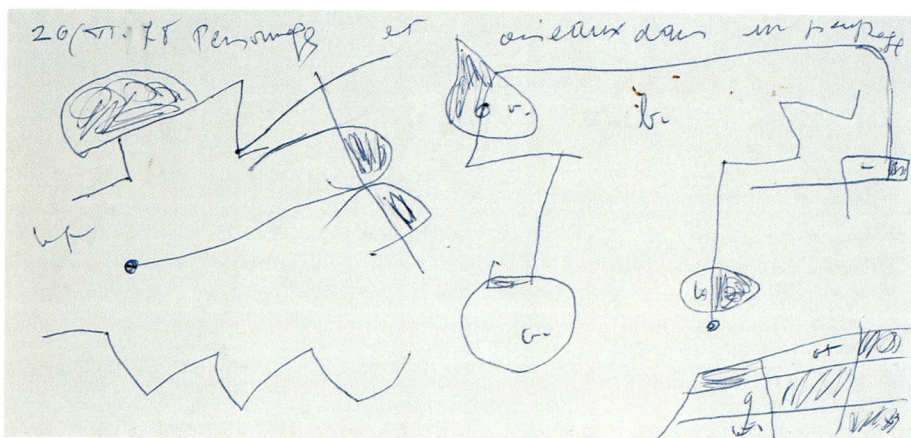

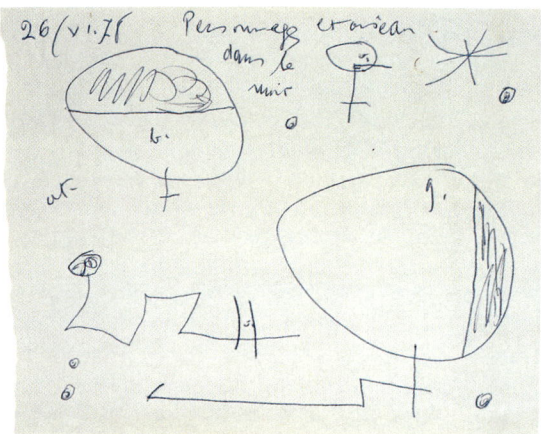

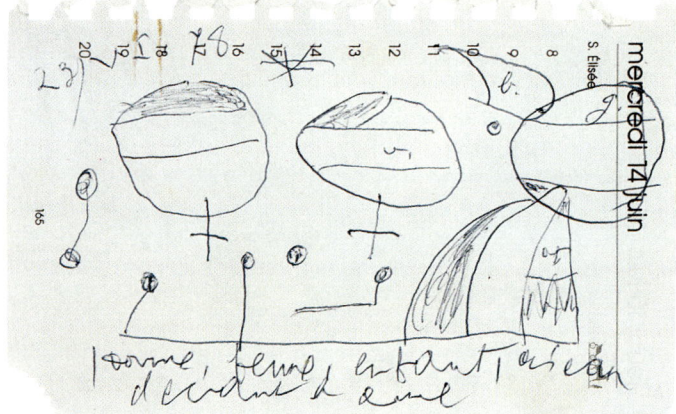

25·III·79
Personnage avec un chien, étoile

Oiseau dans un paysage, 1979
Bolígrafo sobre papel, 15,3 × 19,8 cm
Inscripciones: *v. / b. / g / b. / v. / 25/IV. 79 /*
Oiseau dans / un paysage
Procedencia: Donación del artista, 1981
FPJM-780

Personnage et oiseau dans un paysage
nocturne, 1979
Bolígrafo sobre papel, 21,6 × 27,9 cm
Inscripciones: *g. / b. / v. / b. / v. / vt / b. / b. /*
vt. / v. / 23/III. 79 / Personnage et oiseau / dans
un paysage nocturne
Procedencia: Donación del artista, 1981
FPJM-781

Exposiciones: Palma de Mallorca 1994-1995, lám. 120
(color), pp. 144. Las Palmas de Gran Canaria
1996-1997, lám. 125 (color), p. 147; p. 230

Personnage, oiseaux, 1979
Bolígrafo sobre cartulina, 21 × 10 cm
Inscripciones: ~~g.~~ / *b. / 1/III. 79 / Personnage, /*
oiseaux / g / v. / vt.
Procedencia: Donación del artista, 1981
FPJM-782

Le fumeur, 1979
Bolígrafo sobre cartulina, 18 × 11,1 cm
Inscripciones: *b. / 31/III. 79 / g. / Le Fumeur / v.*
Procedencia: Donación del artista, 1981
FPJM-783

Femme, oiseau, 1978
Bolígrafo sobre papel, 21 × 10 cm
Inscripciones: *31/8/78 Femme / et oiseau / b. /*
b. / g. / g. / vt. / v. / 31/8/78 Femme, / oiseau
Procedencia: Donación del artista, 1981
FPJM-784

Personnage I, 1979
Bolígrafo sobre papel, 19,8 × 15,4 cm
Inscripciones: *b. / I / 28/III. 79 / Personnage /*
v. / v.
Procedencia: Donación del artista, 1981
FPJM-785

Sin título, 1979
Bolígrafo sobre papel, 19,8 × 15,4 cm
Inscripciones: *29/III. 79 / II*
Procedencia: Donación del artista, 1981
FPJM-786

Sin título, 1979
Bolígrafo sobre papel, 19,8 × 15,4 cm
Inscripciones: *29/III. 79 / III*
Procedencia: Donación del artista, 1981
FPJM-787

Personnage IV, 1979
Bolígrafo sobre papel, 19,8 × 15,3 cm
Inscripciones: *Personnage / b. / 29/III. 79. / IV /*
v. / n.
Procedencia: Donación del artista, 1981
FPJM-788

Paysage animé, 1978
Bolígrafo sobre papel, 16,1 × 23,2 cm
Inscripciones: *v. / g. / b. / Paysage animé /*
31/XII. 78
Procedencia: Donación del artista, 1981
FPJM-789

Pièce de théâtre poétique II, 1978
Bolígrafo sobre papel, 21,8 × 19,2 cm
Inscripciones: *b. / v. / g. / 28/XII. 78 / Pièce de*
théâtre poétique / II / volta
Procedencia: Donación del artista, 1981
FPJM-790

Exposiciones: Barcelona 1994-1995, p. 45

Personnages dans la nuit, 1978
Bolígrafo sobre papel, 16,4 × 23 cm
Inscripciones: *31/XII. 78. / b. / Personnages /*
dans la nuit / b. / v. / v. / vt. / b. / v. / ~~III~~
Procedencia: Donación del artista, 1981
FPJM-792a

Exposiciones: Palma de Mallorca 1994-1995, lám. 109
(color), p. 135. Las Palmas de Gran Canaria
1996-1997, lám. 140 (color), p. 153; p. 231

Sin título, 1978 [ca]
Bolígrafo sobre papel, 16,4 × 23 cm
Inscripciones: *II*
Procedencia: Donación del artista, 1981
FPJM-792b

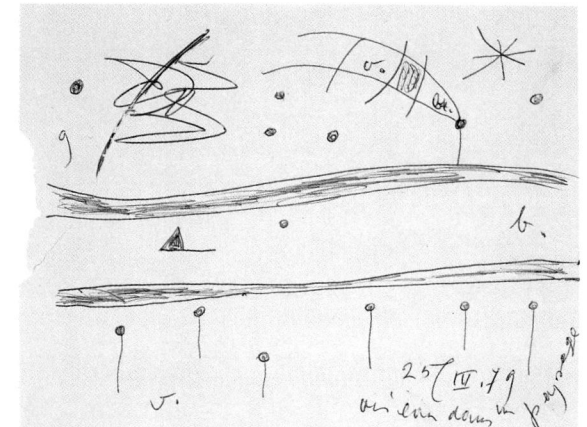

FPJM-780

FPJM-790

FPJM-781
FPJM-782
FPJM-783
FPJM-784

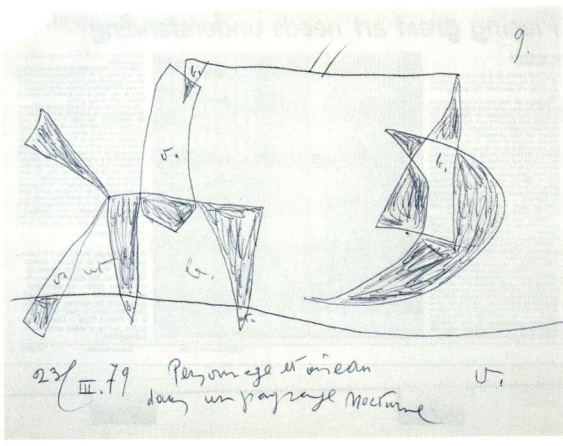
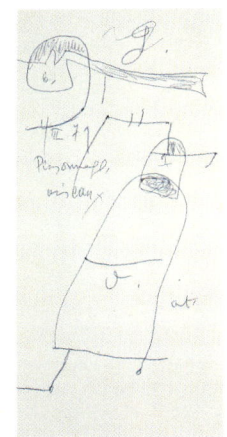
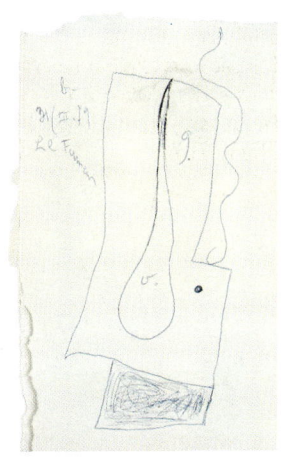
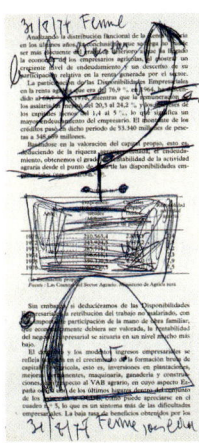

FPJM-785
FPJM-786
FPJM-787

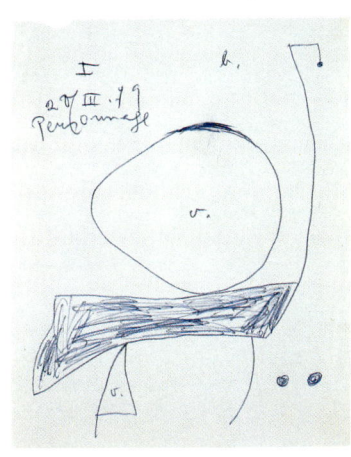
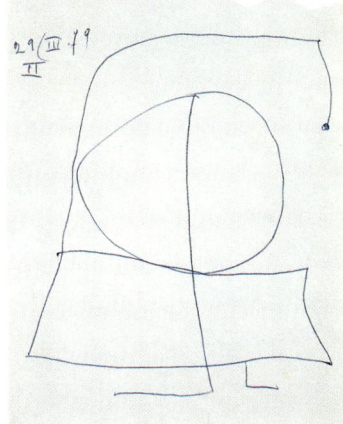
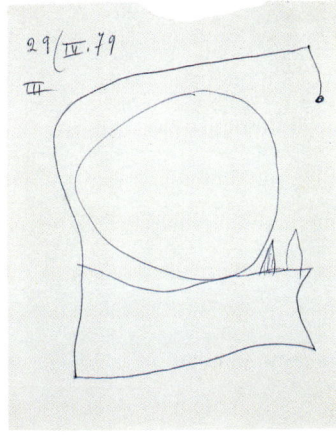

FPJM-788
FPJM-789

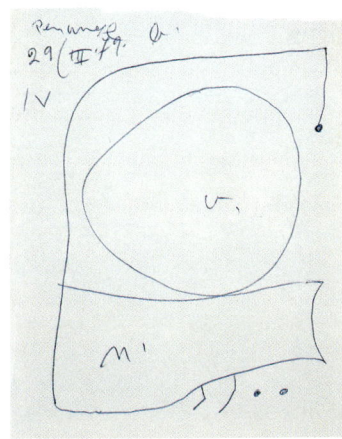
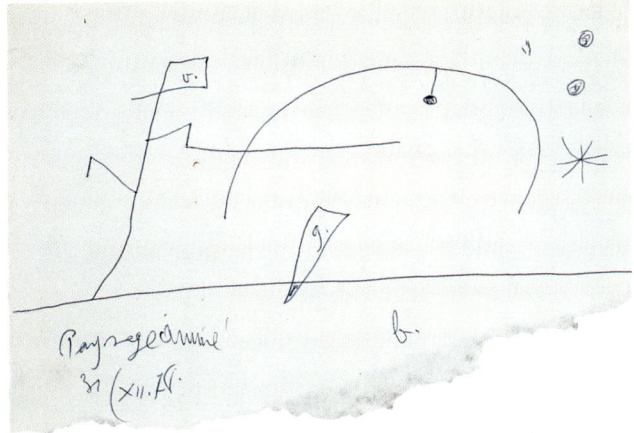

FPJM-792a
FPJM-792b

Femme à la chevelure défait, étoile,
1978
Bolígrafo sobre papel, 21,8 × 18,6 cm
Inscripciones: *b. / g. / v. / 30/XII. 78 / I. /*
Femme à la chevelure / défait, étoile
Procedencia: Donación del artista, 1981
FPJM-793a

Le cri de l'oiseau III, 1978
Bolígrafo sobre papel, 21,8 × 18,6 cm
Inscripciones: *X / b. / g. / v. / III / ~~dans la nuit~~ /*
28/XII. 78 / Le cri de l'oiseau / ~~en pleine~~ / nuit
Procedencia: Donación del artista, 1981
FPJM-793b

Paysage I, 1979
Bolígrafo sobre cartulina, 11 × 15 cm
Inscripciones: *20/II. 79. / Paysage / I*
Procedencia: Donación del artista, 1981
FPJM-794

Paysage, 1978
Bolígrafo sobre cartulina, 10 × 15,8 cm
Inscripciones: *v. / g. / b. / 30/XII. 78. / Paysage*
Procedencia: Donación del artista, 1981
FPJM-795

Femme et oiseau dans un paysage au
disque solaire, 1979
Bolígrafo sobre papel, 22,4 × 23,2 cm
Inscripciones: *v. / b. / 3/I. 79 / Femme et oiseau*
dans / un paysage au disque solaire
Procedencia: Donación del artista, 1981
FPJM-796

Exposiciones: Palma de Mallorca 1994-1995, lám. 80
(color), p. 105

Sin título, 1979
Bolígrafo sobre papel, 7,1 × 14,1 cm
Inscripciones: *b / v. / g / 3/I. 79*
Procedencia: Donación del artista, 1981
FPJM-797a

Sin título, 1979 [ca]
Bolígrafo sobre papel, 7,1 × 14,1 cm
Procedencia: Donación del artista, 1981
FPJM-797b

Sin título, 1979
Bolígrafo sobre papel, 10 × 15,4 cm
Inscripciones: *3/I. 79.*
Procedencia: Donación del artista, 1981
FPJM-798

Sin título, 1979
Bolígrafo sobre papel, 12,6 × 15,8 cm
Inscripciones: *3/I. 79.*
Procedencia: Donación del artista, 1981
FPJM-799

Sin título, 1979
Bolígrafo sobre papel, 12 × 20,9 cm
Inscripciones: *3/I. 79.*
Procedencia: Donación del artista, 1981
FPJM-800

La famille regardant une étoile, 1979
Bolígrafo sobre cartulina, 12,2 × 13,6 cm
Inscripciones: *1/III. 79. / ~~Personnages, étoile~~ /*
La famille regar- / dant / une / étoile / b. / v. /
vt. / g. / v.
Procedencia: Donación del artista, 1981
FPJM-801

Exposiciones: Palma de Mallorca 1994-1995, p. 13,
20, 25; lám. 114 (color), p. 138. Las Palmas de Gran
Canaria 1996-1997, lám. 136 (color), p. 151; p. 231

Oiseau devant la lune fusée, 1979
Bolígrafo sobre cartulina, 13,5 × 9,8 cm
Inscripciones: *g. / b. / v. / 1/3/79 / Oiseau /*
devant / la lune / fusée
Procedencia: Donación del artista, 1981
FPJM-802

Exposiciones: Palma de Mallorca 1994-1995, p. 13,
20, 25; lám. 115 (color), p. 139. Las Palmas de Gran
Canaria 1996-1997, lám. 135 (color), p. 152; p. 231

FPJM-793a

FPJM-795

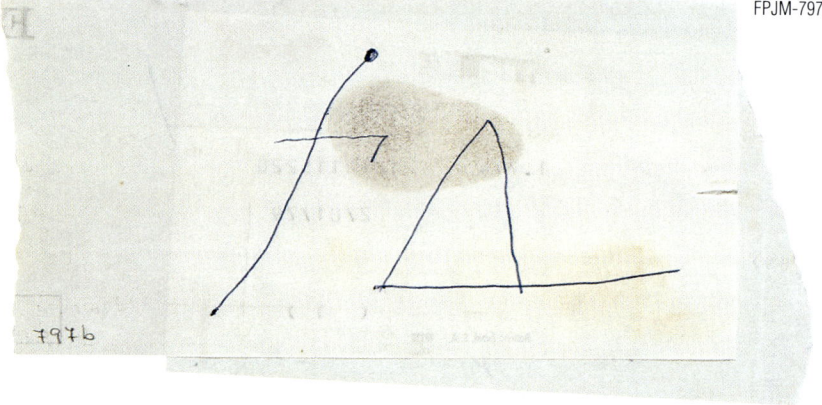

FPJM-797b

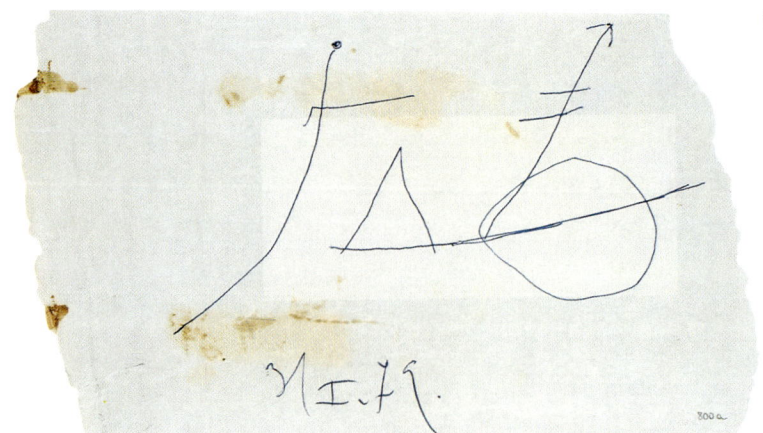

FPJM-800

FPJM-793b
FPJM-794

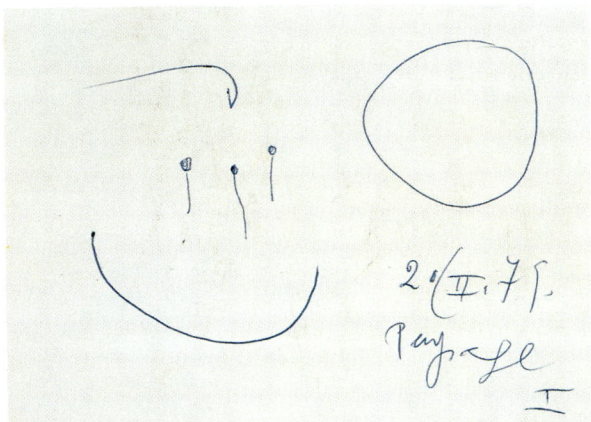

FPJM-796
FPJM-797a

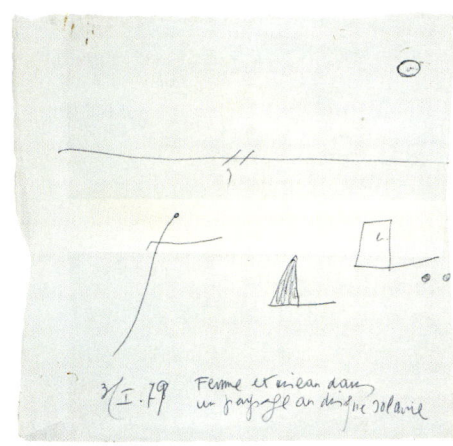

FPJM-798
FPJM-799

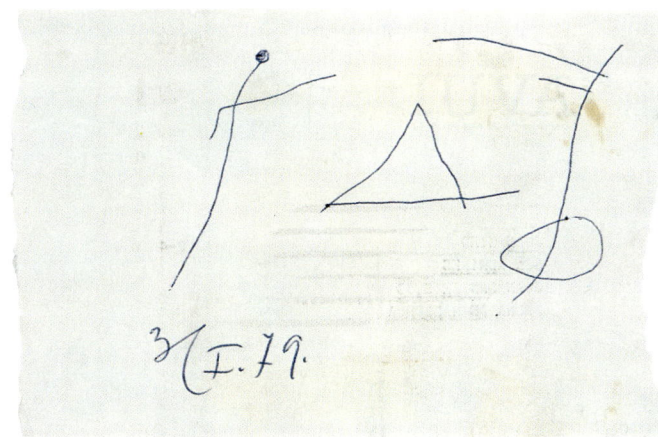

FPJM-801
FPJM-802

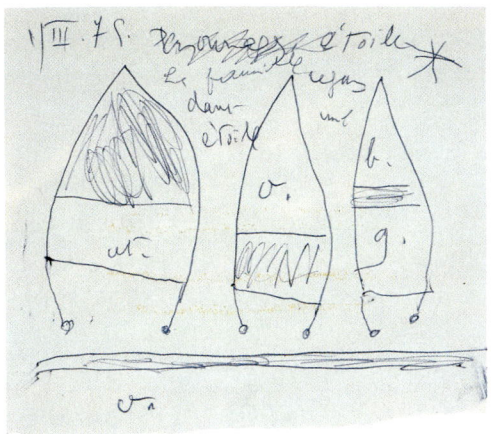

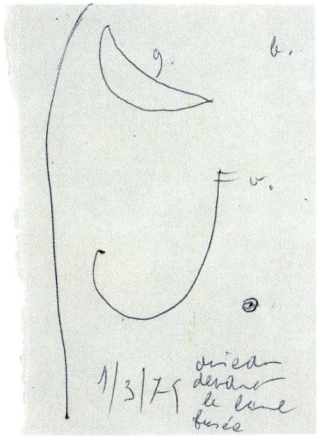

Famille poursuivie par un vol d'oiseaux, 1979
Bolígrafo sobre papel, 18,5 × 25,2 cm
Inscripciones: *2/III. 79 / Famille poursuivie par un vol d'oiseaux*
Procedencia: Donación del artista, 1981
FPJM-803

Exposiciones: Palma de Mallorca 1994-1995, p. 13, 20, 25; lám. 116 (color), p. 140. Las Palmas de Gran Canaria 1996-1997, lám. 134 (color), p. 151; p. 231

Personnage, oiseau, 1979
Bolígrafo sobre papel, 15,8 × 18,1 cm
Inscripciones: *5/III. 79 Personnage, / oiseau*
Procedencia: Donación del artista, 1981
FPJM-804

Femme, oiseau, étoile, 1979 [ca]
Bolígrafo sobre cartulina, 20,9 × 9,9 cm
Inscripciones: *g. / b. / v. / vt. / 1/3/ / Femme, oiseau, / étoile*
Procedencia: Donación del artista, 1981
FPJM-805

Exposiciones: Palma de Mallorca 1994-1995, p. 13, 20, 25; lám. 113 (color), p. 137. Rio de Janeiro 1995, p. 45 (color). Buenos Aires 1996, p. 40 (color); p. 85. Montevideo 1996, p. 40 (color); p. 85. São Paulo 1996, p. 45 (color). Las Palmas de Gran Canaria 1996-1997, lám. 137 (color), p. 150; p. 231

Personnage, oiseau, étoile, 1979
Bolígrafo sobre papel, 25 × 18,1 cm
Inscripciones: *g. / vt / v. / b. / v. / 5/III. 79. / Personnage, oiseau, / étoile*
Procedencia: Donación del artista, 1981
FPJM-806

Exposiciones: Palma de Mallorca 1994-1995, lám. 119 (color), p. 143. Las Palmas de Gran Canaria 1996-1997, lám. 131 (color), p. 150; p. 230

Personnage, oiseau, étoile, 1979
Bolígrafo sobre papel, 25,5 × 17,7 cm
Inscripciones: *2/III. 79 / Personnage, / oiseau, / étoile*
Procedencia: Donación del artista, 1981
FPJM-807

Exposiciones: Palma de Mallorca 1994-1995, p. 13, 20, 25; lám. 118 (color), p. 142. Las Palmas de Gran Canaria 1996-1997, lám. 132 (color), p. 150; p. 230

Femme dans la nuit, 1979
Bolígrafo sobre papel, 21 × 14,9 cm
Inscripciones: *2/III. 79 / Femme dans / la nuit*
Procedencia: Donación del artista, 1981
FPJM-808

Exposiciones: Palma de Mallorca 1994-1995, lám. 117 (color), p. 141. Las Palmas de Gran Canaria 1996-1997, lám. 133 (color), p. 155; p. 230

Femme et oiseau dans la nuit, 1978
Bolígrafo sobre papel, 8,7 × 5,9 cm
Inscripciones: *1/3/78 / Femme / et / oiseau / dans / la nuit / b. / g. / v. / vt.*
Procedencia: Donación del artista, 1981
FPJM-809

Oiseaux, constellations, 1979
Bolígrafo sobre papel, 11,3 × 18,6 cm
Inscripciones: *coor. / b. / g. / g. / coeur. / g / 24/II. 79 / oiseaux, constellations*
Procedencia: Donación del artista, 1981
FPJM-810

Exposiciones: Palma de Mallorca 1994-1995, lám. 112 (color), p. 136. Las Palmas de Gran Canaria 1996-1997, p. 32 (color); lám. 138 (color), p. 152; p. 231

Homme, femme et enfant dans la nuit III, 1979
Bolígrafo sobre papel, 15,9 × 21,5 cm
Inscripciones: *v. / g. / b. / 3/I. 79 / Homme, femme et enfant / dans la nuit / III*
Procedencia: Donación del artista, 1981
FPJM-811

Exposiciones: Palma de Mallorca 1994-1995, lám. 111 (color), p. 136. Las Palmas de Gran Canaria 1996-1997, lám. 139 (color), p. 153; p. 231

Sin título, 1979
Bolígrafo sobre papel, 15,8 × 21,5 cm
Inscripciones: *3/I. 79*
Procedencia: Donación del artista, 1981
FPJM-812

Sin título, 1979
Bolígrafo sobre papel, 21,5 × 15,7 cm
Inscripciones: *3/I. 79*
Procedencia: Donación del artista, 1981
FPJM-813

Homme, Femme, oiseau devant la lune I, 1979
Bolígrafo sobre papel, 14 × 21,6 cm
Inscripciones: *b. / vt. / v. / v. / b. / g. / 3/I. 79. / I / Homme, Femme, oiseau / devant la lune*
Procedencia: Donación del artista, 1981
FPJM-814

Exposiciones: Palma de Mallorca 1994-1995, lám. 110 (color), p. 135. Las Palmas de Gran Canaria 1996-1997, lám. 141 (color), p. 153; p. 231

FPJM-804
FPJM-805
FPJM-806
FPJM-807

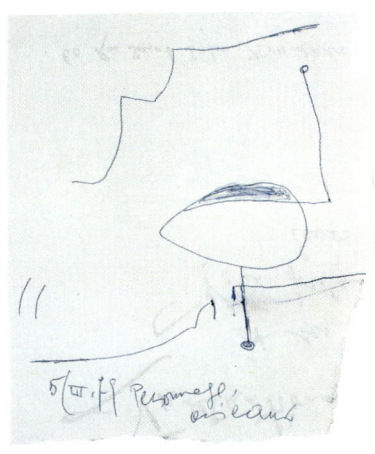 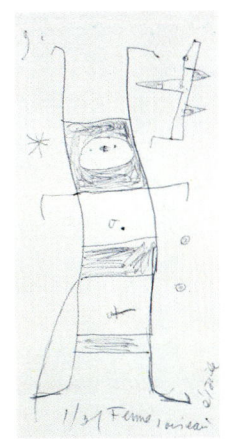 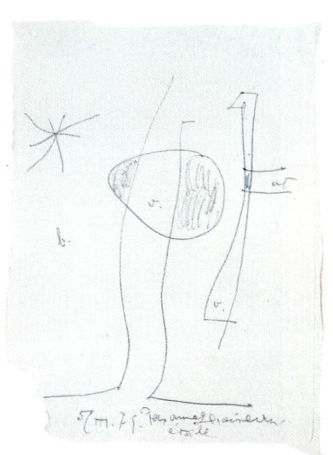 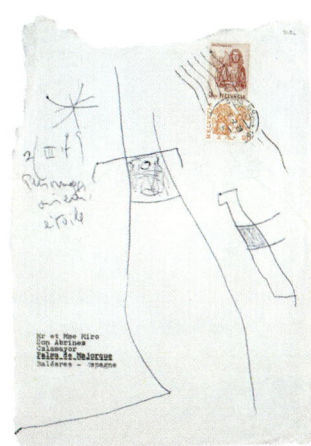

FPJM-808
FPJM-809
FPJM-810

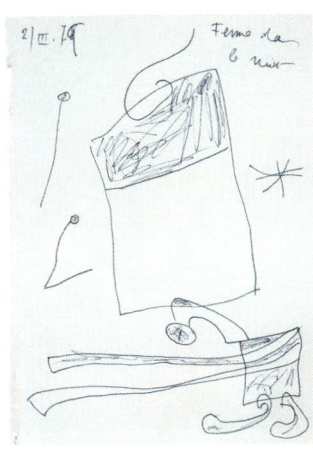  

FPJM-811
FPJM-812

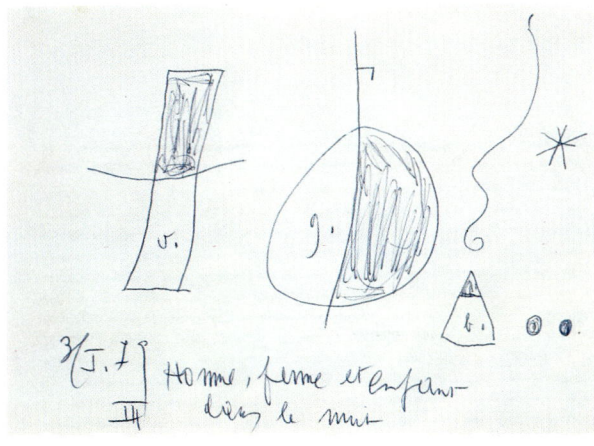 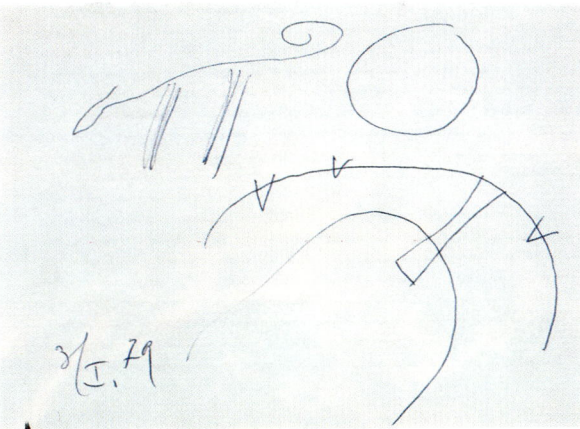

FPJM-813
FPJM-814

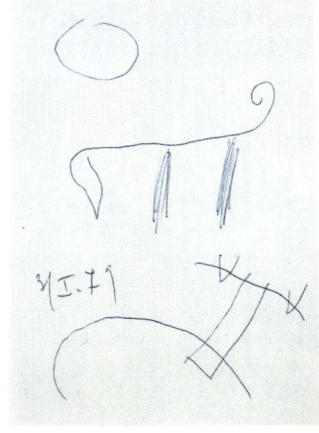 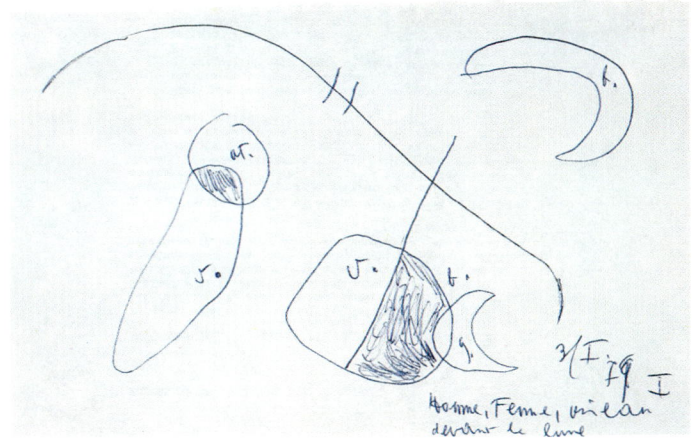

Personnage devant le soleil II, 1979
Bolígrafo sobre papel, 14 × 21,5 cm
Inscripciones: *g. / v. / b. / 3/l. 79 / Personnage /*
devant le soleil / II
Procedencia: Donación del artista, 1981
FPJM-815

Exposiciones: Palma de Mallorca 1994-1995, lám. 79
(color), p. 105

Oiseau dans un paysage, 1978
Bolígrafo sobre cartulina, 10 × 5,2 cm
Inscripciones: *30/XII. 78 / Oiseau dans / un /*
paysage / v / X / b. / g.
Procedencia: Donación del artista, 1981
FPJM-816

Personnage, oiseaux, 1978
Bolígrafo sobre cartulina, 11,5 × 11,5 cm
Inscripciones: *30/XII. 78 / Personnage,*
oiseaux / X / v. / vt. / b. / g / vt. / v.
Procedencia: Donación del artista, 1981
FPJM-817

Personnage devant la lune, 1978
Bolígrafo sobre papel, 22,1 × 11 cm
Inscripciones: *30/XII. 78 / Personnage / devant /*
la lune / X / b. / g. / vt / v. /
Procedencia: Donación del artista, 1981
FPJM-818

Sin título, 1978 [post]
Bolígrafo y lápiz de grafito y lápiz de cera sobre
papel, 20,9 × 27 cm
Procedencia: Donación del artista, 1981
FPJM-819

Femme devant la lune, 1979
Bolígrafo sobre papel, 20,7 × 13,5 cm
Inscripciones: *28/l. 79 / Femme devant la /*
lune / b. / vt / v. / g
Procedencia: Donación del artista, 1981
FPJM-820

Main attrapant la fumée du soleil qui
se couche, 1978
Bolígrafo sobre papel, 8,1 × 12,6 cm
Inscripciones: *Main attrapant du / la fumée /*
soleil qui se couche / 4/XII. 78 / avec la / qui
glisse / couchant / qui se lève [?]
Procedencia: Donación del artista, 1981
FPJM-821

Exposiciones: Palma de Mallorca 1994-1995, lám. 135
(color), p. 157. Las Palmas de Gran Canaria
1996-1997, lám. 124 (color), p. 144; p. 230

Oiseau dans un paysage, 1978
Bolígrafo sobre papel, 8,1 × 12,6 cm
Inscripciones: *17. IX. / 78 / Oiseau / dans / un /*
paysage
Procedencia: Donación del artista, 1981
FPJM-822

Sin título, 1978
Bolígrafo sobre papel, 8,1 × 12,6 cm
Inscripciones: *27/XI./78 / coer. / v.*
Procedencia: Donación del artista, 1981
FPJM-823

Paysage, 1979
Bolígrafo sobre cartulina, 15 × 10,9 cm
Inscripciones: *b. / v. / 21/l. 79 Paysage*
Procedencia: Donación del artista, 1981
FPJM-824

Personnage, oiseau, 1978
Bolígrafo sobre papel, 19,4 × 15,5 cm
Inscripciones: *b. / v. / v. / g. / b. / Personnage,*
oiseau / 1/X. 78
Procedencia: Donación del artista, 1981
FPJM-825a

Femme, oiseau, 1978
Bolígrafo sobre papel, 19,4 × 15,5 cm
Inscripciones: *1/X/78 / Femme, oiseau*
Procedencia: Donación del artista, 1981
FPJM-825b

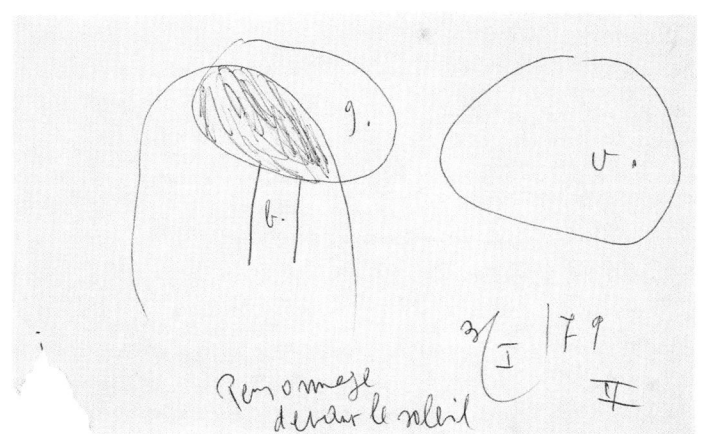

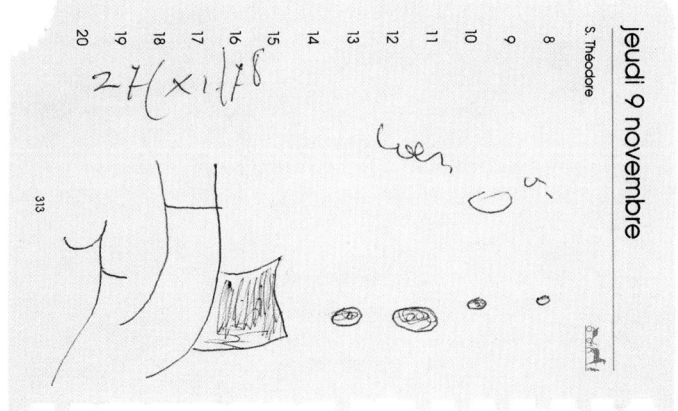

FPJM-816
FPJM-817
FPJM-818

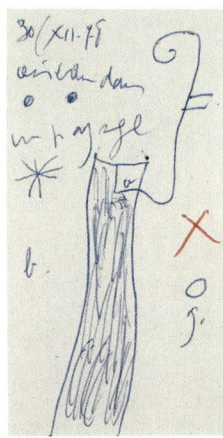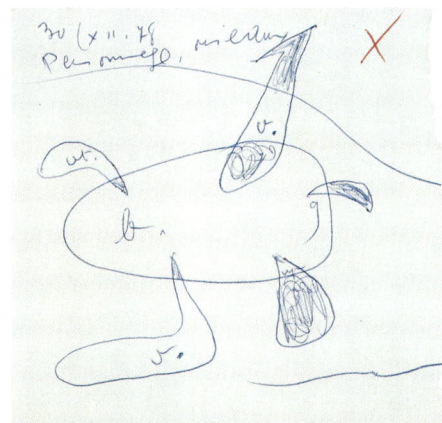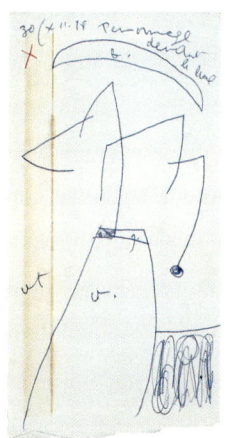

FPJM-819
FPJM-820

FPJM-821
FPJM-822

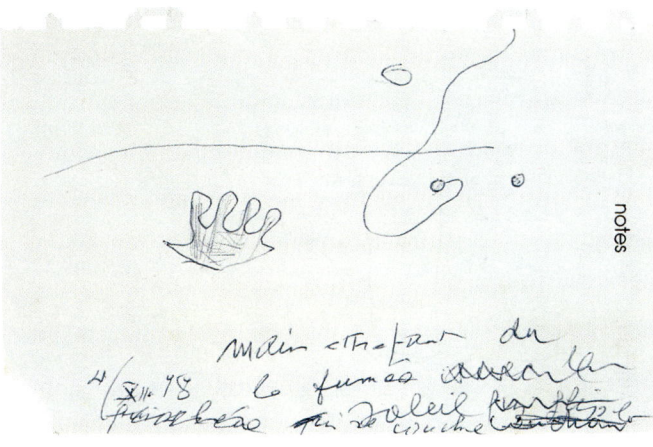

FPJM-824
FPJM-825a
FPJM-825b

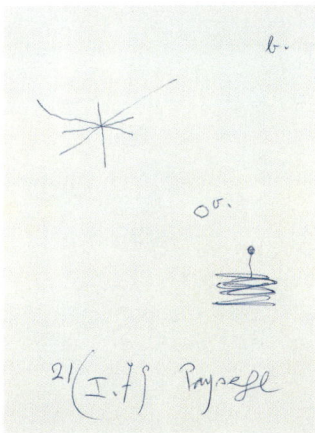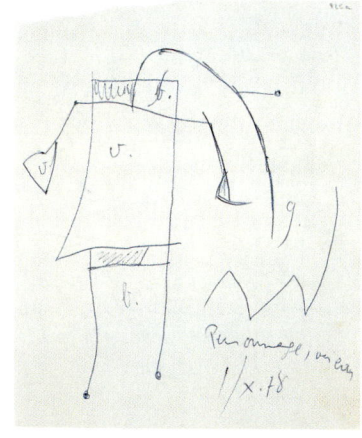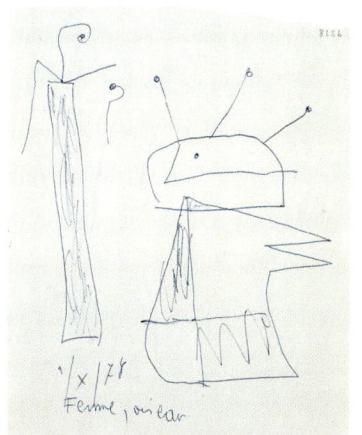

Oiseau dans l'espace, 1978
Bolígrafo sobre papel, 24,3 × 12,3 cm
Inscripciones: *28* [?]*/XI/78 / Oiseau dans /*
l'espace / coer.
Procedencia: Donación del artista, 1981
FPJM-826

Femme, oiseaux, 1978
Bolígrafo sobre papel, 12,6 × 8,1 cm
Inscripciones: *12/XII. 78 / Femme, / oiseaux*
Procedencia: Donación del artista, 1981
FPJM-827

Hommage à U., 1978
Bolígrafo sobre papel, 8,1 × 12,6 cm
Inscripciones: *g. / b. / v. / vt. / Hommage à U. /*
20/XI. 78
Procedencia: Donación del artista, 1981
FPJM-828a

Sin título, 1978
Bolígrafo sobre papel, 12,6 × 8,1 cm
Inscripciones: *17/XI. 78*
Procedencia: Donación del artista, 1981
FPJM-828b

Femme, oiseau, 1978
Bolígrafo sobre papel, 12,6 × 8,1 cm
Inscripciones: *12/XII. 78 / Femme, oiseau*
Procedencia: Donación del artista, 1981
FPJM-829

Homme et femme, 1978
Bolígrafo sobre papel, 8,1 × 12,6 cm
Inscripciones: *27/I. 78 Homme et femme /*
oiseau [?] */ b. / v / vt / vt / v. / g*
Procedencia: Donación del artista, 1981
FPJM-830

Je m'en vais, 1978
Bolígrafo sobre papel, 27,5 × 21 cm
Inscripciones: *85 / 8 + 5 / 13 / + ... / 1/IX. 78.*
Je m'en vais
Procedencia: Donación del artista, 1981
FPJM-831

Exposiciones: Barcelona 1994-1995, p. 155

Personnage devant la lune, 1978
Bolígrafo sobre cartulina, 21 × 10,5 cm
Inscripciones: *20/X. 78 / Personnage / devant*
la / lune / v. / vt / v. / v. / b. / g.
Procedencia: Donación del artista, 1981
FPJM-832

Exposiciones: Palma de Mallorca 1994-1995, lám. 100
(color), p. 126

Femme au parapluie, 1978
Bolígrafo sobre papel, 19,4 × 15,5 cm
Inscripciones: *Femme au parapluie / 1/X/78*
Procedencia: Donación del artista, 1981
FPJM-834

Paysage, 1978
Bolígrafo sobre papel, 12,9 × 10,4 cm
Inscripciones: *31/7. 78 Paysage / v / b. / v. / g*
Procedencia: Donación del artista, 1981
FPJM-835a

Paysage, 1978
Bolígrafo sobre papel, 12,9 × 10,4 cm
Inscripciones: *3/8/78 / Paysage / g. / b. / v.*
Procedencia: Donación del artista, 1981
FPJM-835b

Exposiciones: Santander 2005, lám. 1 (color), p. 15

Personnage, 1978
Bolígrafo sobre papel, 13,2 × 12,2 cm
Inscripciones: *31. 7. / 78 / Personnage*
Procedencia: Donación del artista, 1981
FPJM-836a

Personnage, oiseau, 1978
Bolígrafo sobre papel, 13,2 × 12,2 cm
Inscripciones: *3/8* [?] */. 78 / Personnage, /*
oiseau / coer. / v.
Procedencia: Donación del artista, 1981
FPJM-836b

Sin título, sin fecha
Bolígrafo sobre papel, 21 × 29,6 cm
Procedencia: Donación del artista, 1981
FPJM-837

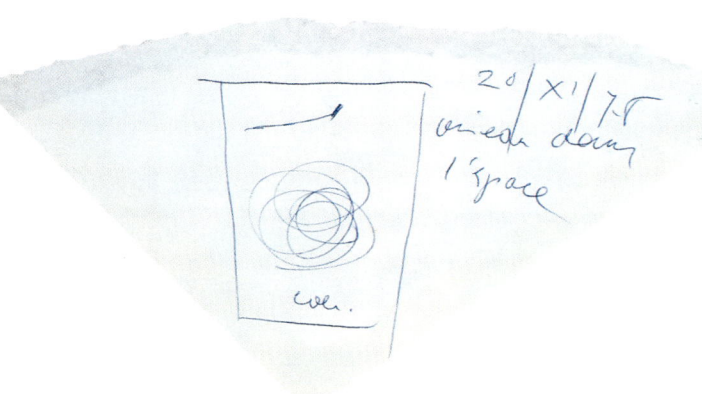

FPJM-827
FPJM-828a
FPJM-828b

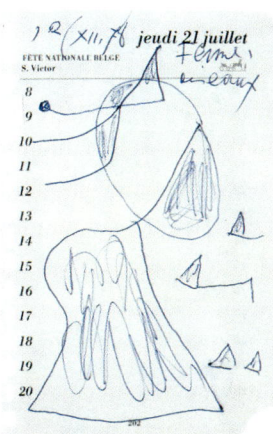 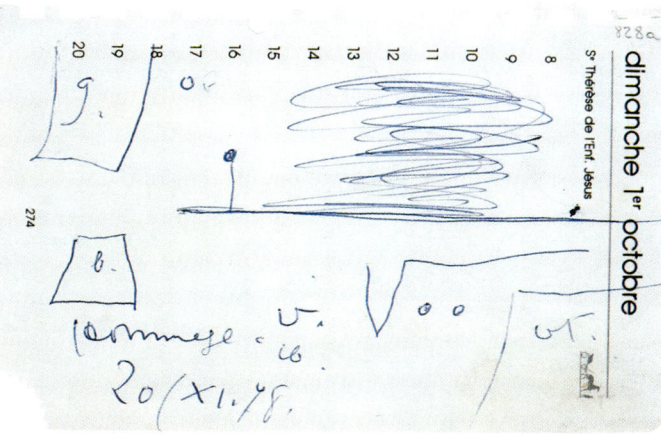 

FPJM-829
FPJM-830
FPJM-831

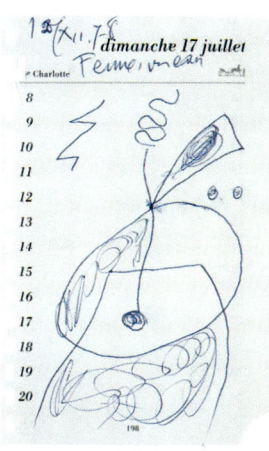 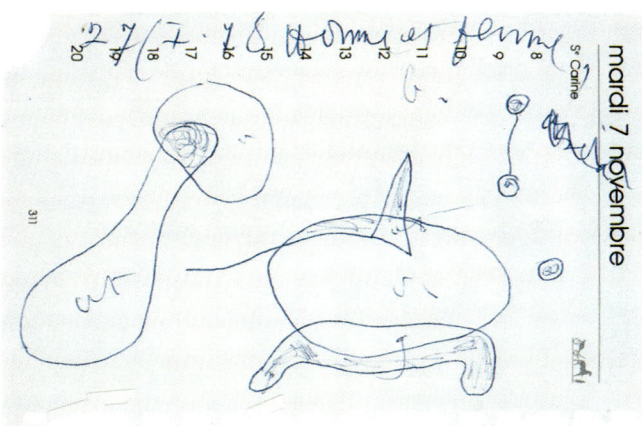 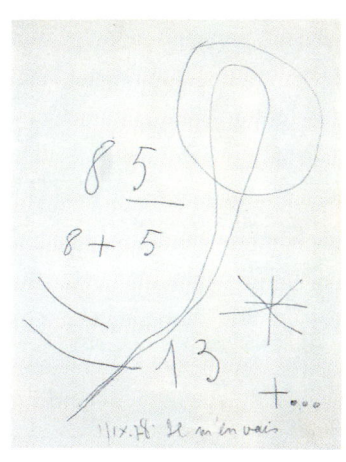

FPJM-832
FPJM-834
FPJM-835a
FPJM-835b

  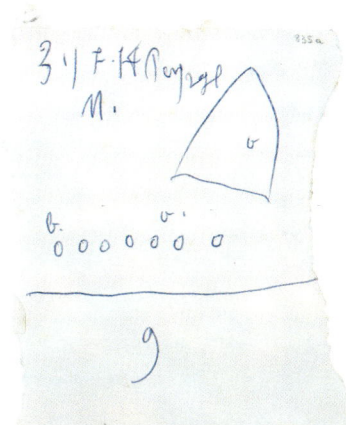 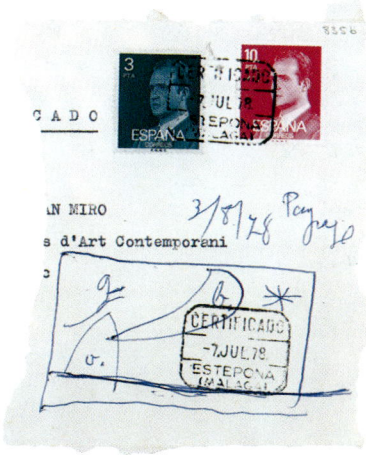

FPJM-836a
FPJM-836b
FPJM-837

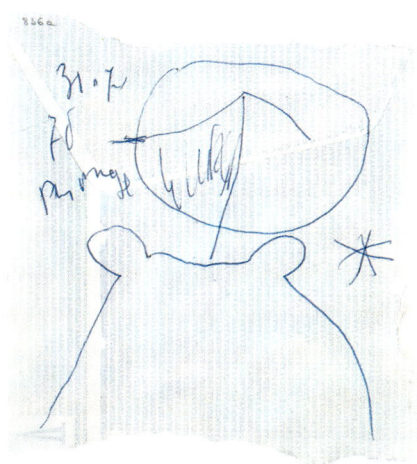 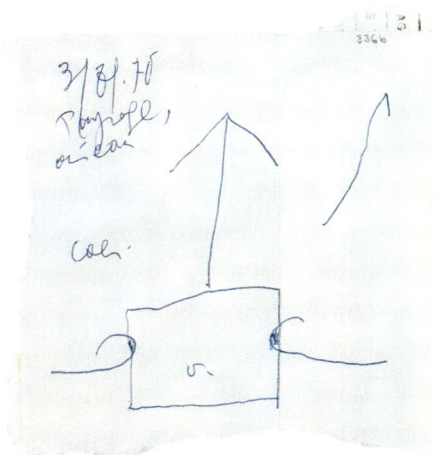 

Festival d'automne à Paris 78, 1978 [ca]
Lápiz de grafito sobre cartulina, 49,4 × 30 cm
Inscripciones: *Festival d'automne / à PARIS /
78 / 1 couleur / FES~*
Procedencia: Donación del artista, 1981
FPJM-838

Festival d'automne à Paris 78, 1978 [ca]
Lápiz de grafito y rotulador sobre papel,
29,7 × 21 cm
Inscripciones: *Festival d'automne / à Paris 78 /
Je ta m[...] [?] / TYPO*
Procedencia: Donación del artista, 1981
FPJM-839

Ville de P., sin fecha
Bolígrafo sobre papel, 20,7 × 14,9 cm
Inscripciones: *Ville de P.*
Procedencia: Donación del artista, 1981
FPJM-840

Sert I, 1978
Bolígrafo sobre papel, 13,8 × 11,2 cm
Inscripciones: *Sert /8/VI/78 [?] / I*
Procedencia: Donación del artista, 1981
FPJM-841

Sin título, sin fecha
Bolígrafo y lápiz de grafito sobre papel,
14,7 × 11,5 cm
Inscripciones: *II*
Procedencia: Donación del artista, 1981
FPJM-842

Sin título, sin fecha
Bolígrafo sobre papel, 21 × 15,1 cm
Procedencia: Donación del artista, 1981
FPJM-843

Femme, oiseau, étoile, 1977
Lápiz de grafito sobre papel, 19,8 × 15,4 cm
Inscripciones: *g. / b. / v. / Femme, oiseau, /
étoile / 27/II/77*
Procedencia: Donación del artista, 1981
FPJM-844

Exposiciones: Palma de Mallorca 1994-1995, lám. 94
(color), p. 120

Femme aux 3 cheveux, 1977
Lápiz de grafito sobre papel, 19,8 × 15,4 cm
Inscripciones: *25/II/77 / Femme aux /
3 cheveux / b. / v.*
Procedencia: Donación del artista, 1981
FPJM-845

Sin título, 1978
Lápiz de grafito sobre papel, 19,8 × 15,4 cm
Inscripciones: *10. 8. 78*
Procedencia: Donación del artista, 1981
FPJM-846

Sin título, 1978
Lápiz de grafito sobre papel, 20,1 × 15,4 cm
Inscripciones: *10/8. 78*
Procedencia: Donación del artista, 1981
FPJM-847

*Femme aux 3 cheveux, étoile,
constellations*, 1977
Lápiz de grafito sobre papel, 19,8 × 15,4 cm
Inscripciones: *Femme aux / 3 cheveux, étoile, /
constellations / 27/II/77*
Procedencia: Donación del artista, 1981
FPJM-848

Exposiciones: Palma de Mallorca 1994-1995, p. 12,
13, 19, 20, 24, 25; lám. 95 (color), p. 121

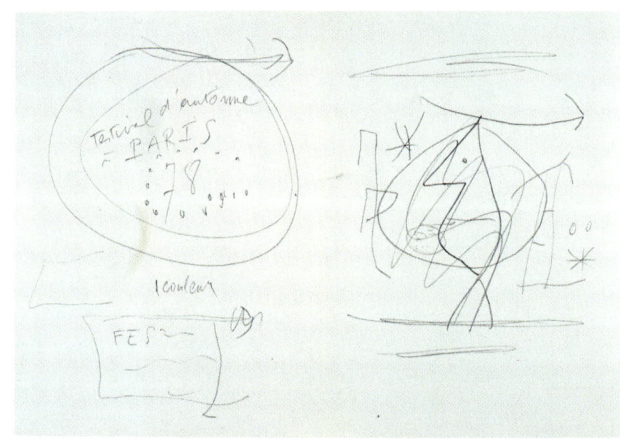

FPJM-838

FPJM-842

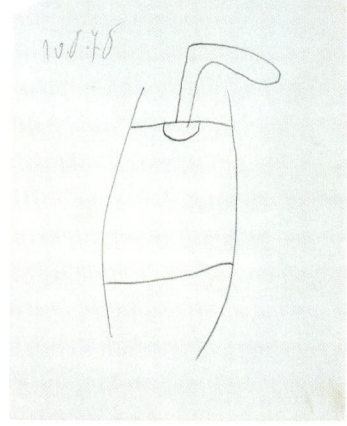

FPJM-846

FPJM-839
FPJM-840
FPJM-841

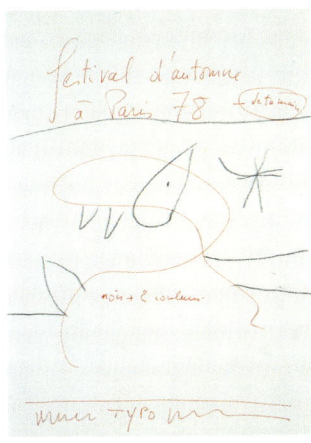  

FPJM-843
FPJM-844
FPJM-845

 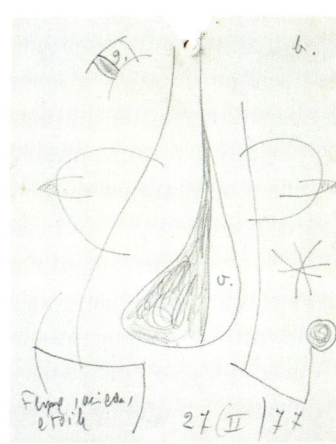 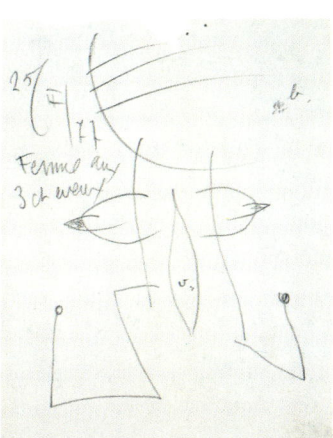

FPJM-847
FPJM-848

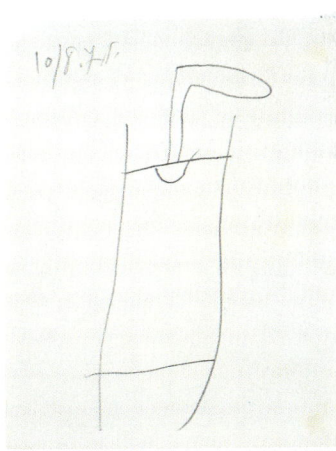 

Paysage, 1974
Bolígrafo sobre papel, 21,7 × 15,6 cm
Inscripciones: *v. / b coer. / Paysage / 40 f. / g. /*
11/XII/74
Procedencia: Donación del artista, 1981
FPJM-849

Femme, 1977
Bolígrafo sobre cartulina, 17,6 × 22,2 cm
Inscripciones: *Femme / 9/VIII/77 / inclinar*
Procedencia: Donación del artista, 1981
FPJM-851

Exposiciones: Washington, D.C. 2002-2003, lám. 21.1
(color), p. 147; p. 169. Portland 2003, lám. 21.1
(color), p. 147; p. 169. San Petersburgo 2003,
lám. 21.1 (color), p. 147; p. 169

Sin título, sin fecha
Tinta sobre papel, 12,1 × 8,1 cm
Inscripciones: *g. / v. / b. / g.*
Procedencia: Donación del artista, 1981
FPJM-852

Femme, 1977
Bolígrafo sobre papel, 23,3 × 27,5 cm
Inscripciones: *Femme 24/ VII / 77*
Procedencia: Donación del artista, 1981
FPJM-853

Exposiciones: Palma de Mallorca 1993-1994, p. 95
(color); p. 169. Palma de Mallorca 1996c, lám. 376
(color), p. 204; p. 250

Tête et oiseau, sin fecha
Bolígrafo sobre papel, 21,7 × 27,6 cm
Inscripciones: ~~registrar~~ */ Tête et / oiseau / fet*
3 ceres
Procedencia: Donación del artista, 1981
FPJM-854a

Exposiciones: Palma de Mallorca 1990-1991, p. 108;
[lám. 14a (color), p. 109]. Palma de Mallorca 1996b,
lám. 31.a (color), p. 120. Salerno 2002-2003, p. 118
(color); p. 182

Personnage, Chien et oiseau, sin fecha
Bolígrafo sobre papel, 21,7 × 27,6 cm
Inscripciones: *fer 3 ceres / ? / Personnage, /*
Chien / et / oiseau
Procedencia: Donación del artista, 1981
FPJM-854b

Porte I, 1973
Lápiz de grafito sobre papel, 31 × 21,5 cm
Inscripciones: *~~20~~19/VI/73 / Porte I*
Procedencia: Donación del artista, 1981
FPJM-855

Exposiciones: Palma de Mallorca 1993-1994, p. 49
(color); p. 165. Palma de Mallorca 1996b, lám. 61.a
(color), p. 172. Palma de Mallorca 1996c, lám. 465
(color), p. 232; p. 253

Porte II, 1973
Lápiz de grafito sobre papel, 31 × 21,5 cm
Inscripciones: *19/VI/73 / Porte / II*
Procedencia: Donación del artista, 1981
FPJM-856

Exposiciones: Palma de Mallorca 1993-1994, p. 50
(color); p. 165. Palma de Mallorca 1996b, lám. 61.b
(color), p. 172. Palma de Mallorca 1996c, lám. 466
(color), p. 232; p. 253

Porte III, 1973
Lápiz de grafito sobre papel, 31 × 21,5 cm
Inscripciones: *19/VI/73 / Porte / III*
Procedencia: Donación del artista, 1981
FPJM-857

Exposiciones: Palma de Mallorca 1993-1994, p. 51
(color); p. 165. Palma de Mallorca 1996b, lám. 61.c
(color); p. 173. Palma de Mallorca 1996c, lám. 467
(color), p. 232; p. 253

Femme et oiseau; Femme; Femme,
1970
Bolígrafo sobre papel, 30,1 × 42,3 cm
Inscripciones: *pendent / ? / ? / ~~3~~ / fet ceres / 3 /*
~~a registrar~~ / Femme / ~~a registrar~~ / Femme / fe
[sic] / 7 baixos relleus / 1 [baix relleu] / 1 [baix
relleu] / ~~a registrar~~ / Femme et oiseau /
20/VII/70
Procedencia: Donación del artista, 1981
FPJM-858

Exposiciones: Palma de Mallorca 1990-1991, p. 142;
[lám. 23a (color), p. 143]. Sevilla 1993-1994, lám. 112
(color), p. 184. Málaga 1994, lám. 112 (color), p. 184.
Palma de Mallorca 1996b, lám. 68.a (color), p. 182.
Palma de Mallorca 1996c, lám. 476 (color), p. 235;
p. 253. Las Palmas de Gran Canaria 1996-1997,
p. 133; lám. 188 (color), p. 174; p. 232. Nuoro
2001-2002, p. 143

Tête, 1971
Bolígrafo sobre papel, 12,8 × 15,9 cm
Inscripciones: *Tête / 24/XII/71. / ?*
Procedencia: Donación del artista, 1981
FPJM-859

Monument funèraire, 1971
Bolígrafo sobre papel, 27,7 × 21,6 cm
Inscripciones: *~~registrar~~ / en XI/76 / crec haver /*
vist / baix-relleu / fragment / pendent / crec
haver / vist aquest / fragment / afegir altres /
elements / 15/III/71. / monument / funèraire / V
Procedencia: Donación del artista, 1981
FPJM-860

Exposiciones: Palma de Mallorca 1990-1991, lám. 44
(color), p. 47

Tête, oiseau, 1973
Rotulador y bolígrafo sobre papel, 31 × 21,5 cm
Inscripciones: *pendent / crec que en XI / 76 he*
vist la cera / feta, canviada / Tête, oiseau /
19/VI/73.
Procedencia: Donación del artista, 1981
FPJM-861a

Tête, oiseau, 1973
Rotulador sobre papel, 31 × 21,5 cm
Procedencia: Donación del artista, 1981
FPJM-861b

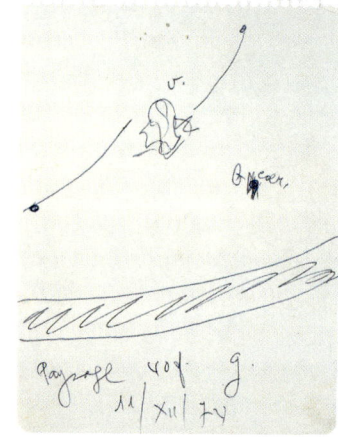

FPJM-849

FPJM-859

FPJM-851
FPJM-852
FPJM-853

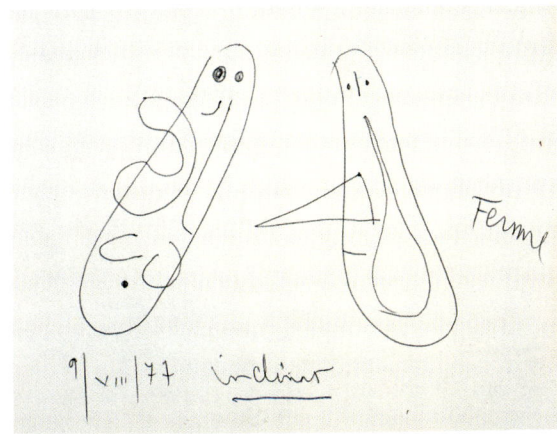

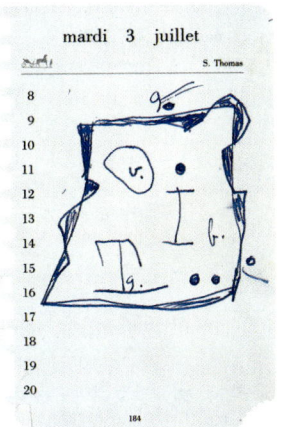

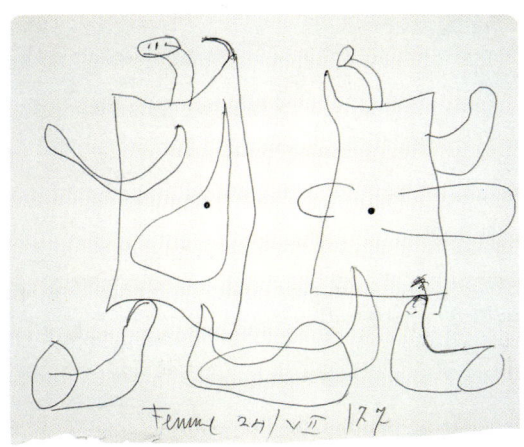

FPJM-854a
FPJM-854b
FPJM-855

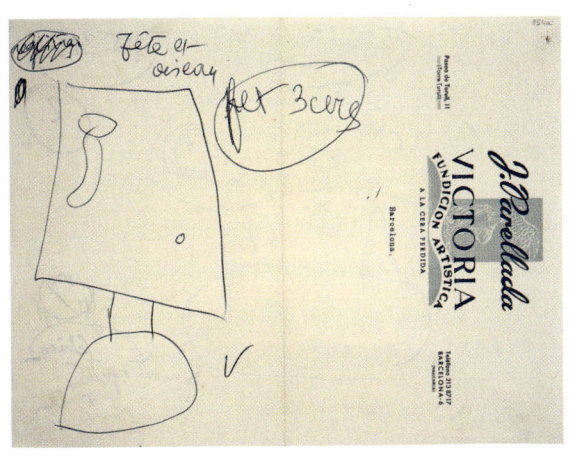

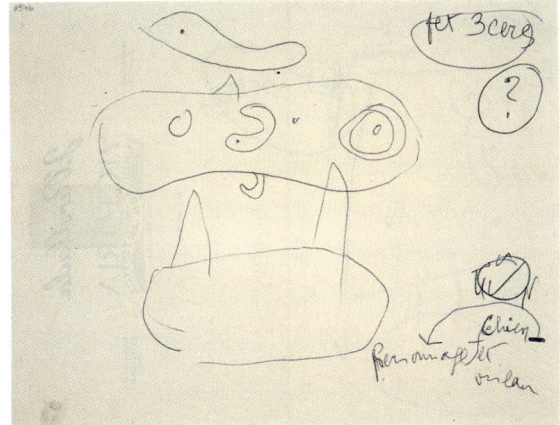

FPJM-856
FPJM-857
FPJM-858

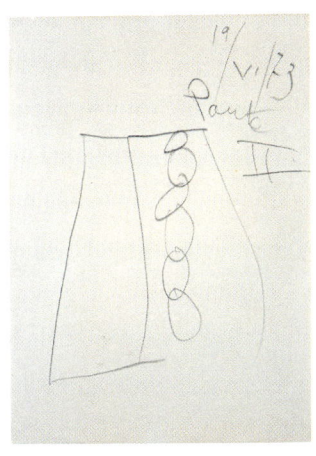

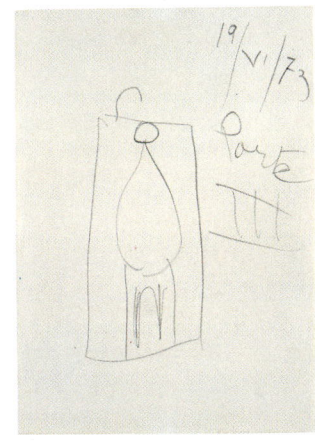

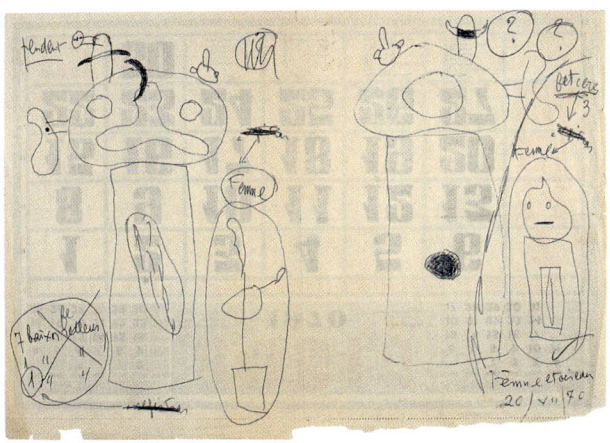

FPJM-860
FPJM-861a
FPJM-861b

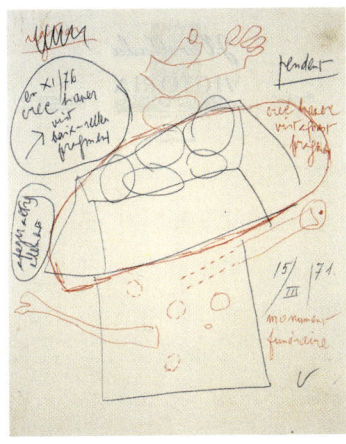

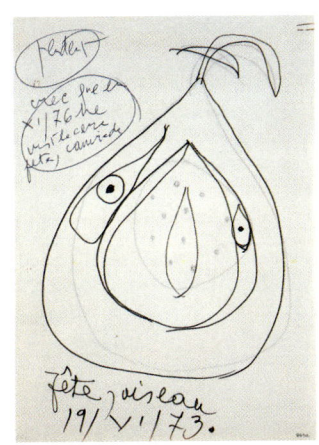

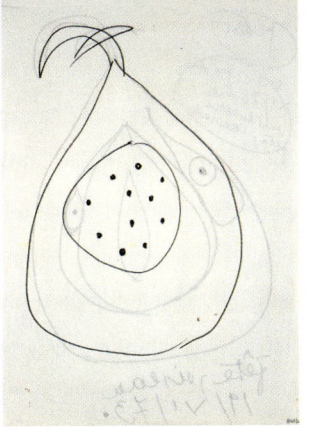

60 Livres illustrés de Joan Miró, sin
fecha
Bolígrafo sobre papel, 12,6 × 8,1 cm
Inscripciones: *60 LIVRES ILLUSTRÉS /
de JOAN MIRÓ*
Procedencia: Donación del artista, 1981
FPJM-863

Sin título, 1976
Bolígrafo y lápiz de grafito sobre cartulina,
17,4 × 22,4 cm
Inscripciones: *v. / b. / al blanc fons, regalims /
g. / 9/VII/76*
Procedencia: Donación del artista, 1981
FPJM-864

Exposiciones: Palma de Mallorca 1994-1995, p. 13, 19,
25; lám. 62 (color), p. 91. Tokio 1998, lám. 22, [p. 27]

Sin título, 1976
Bolígrafo sobre papel, 12,4 × 13,1 cm
Inscripciones: *3 grans teles / juntarles com tríptic*
Procedencia: Donación del artista, 1981
FPJM-865

Exposiciones: Palma de Mallorca 1994-1995, p. 13, 19,
25; lám. 65 (color), p. 94. Tokio 1998, lám. 24, [p. 27]

Sin título, 1976
Bolígrafo sobre papel, 14,9 × 20,7 cm
Inscripciones: *b. / segona capa blanc / v. / b. /
v. / v. / com el precedent / 5/II/76 / b.*
Procedencia: Donación del artista, 1981
FPJM-866

Exposiciones: Palma de Mallorca 1994-1995, p. 13, 19,
25; lám. 61 (color), p. 91. Tokio 1998, lám. 21, [p. 27]

Sin título, 1976
Bolígrafo sobre cartulina, 20,3 × 25,4 cm
Inscripciones: *v. / b. / v. / b. / fons negre / capa
blanc / v. / b. / 18/I/76*
Procedencia: Donación del artista, 1981
FPJM-867

Exposiciones: Palma de Mallorca 1994-1995, p. 13, 19,
25; lám. 60 (color), p. 90. Tokio 1998, lám. 20, [p. 27]

La Fenêtre I, 1974
Bolígrafo sobre papel, 14,8 × 21 cm
Inscripciones: *Fons negre / Capa blanc / v. / La
Fenêtre / I*
Procedencia: Donación del artista, 1981
FPJM-868

Exposiciones: Palma de Mallorca 1994-1995, p. 13, 19,
25; lám. 68 (color), p. 96. Tokio 1998, lám. 12, [p. 26]

Femme jouant de la harpe II, 1974
Bolígrafo sobre papel, 15,1 × 21 cm
Inscripciones: *Fons negre. Capa blanc /
30/XI/74 / II / Femme jouant de / la harpe / b. /
g. / bl.*
Procedencia: Donación del artista, 1981
FPJM-869

Exposiciones: Palma de Mallorca 1994-1995, p. 13, 19,
25; lám. 69 (color). p. 96. Tokio 1998, lám. 13, [p. 26]

Oiseau s'envolant III, 1974
Bolígrafo sobre papel, 15,3 × 21 cm
Inscripciones: *Fons blanc, / lleugerament gris
per pinzells bruts / fons negres anteriors /
lavis / III / b. / fons negre / capa blanc / v. / g. /
oiseau s'envolant / 30/XI/74*
Procedencia: Donación del artista, 1981
FPJM-870

Exposiciones: Palma de Mallorca 1994-1995, p. 13, 19,
25; lám. 70 (color), p. 97. Tokio 1998, lám. 14, [p. 26]

Constellations, 1975
Bolígrafo sobre papel, 14,9 × 21,8 cm
Inscripciones: *v. / b. / Fons negre / grafisme /
formes blanc / cercles color / g. /
Constellations / 30/X/75*
Procedencia: Donación del artista, 1981
FPJM-874

Exposiciones: Palma de Mallorca 1994-1995, p. 13,
19, 25; lám. 59 (color), p. 90. Tokio 1998, lám. 19
(color), [p. 19]; lám. 19, [p. 27]

Constellations, 1975
Bolígrafo sobre cartulina, 14,7 × 20,9 cm
Inscripciones: *v. / b. / Constella- / tions / fons
negre / tota la tela / pintar al damunt / formes en
blanc / vt / g. / 29/X/75*
Procedencia: Donación del artista, 1981
FPJM-875

Exposiciones: Palma de Mallorca 1994-1995, p. 13, 19,
25; lám. 58 (color), p. 89. Tokio 1998, lám. 18, [p. 27]

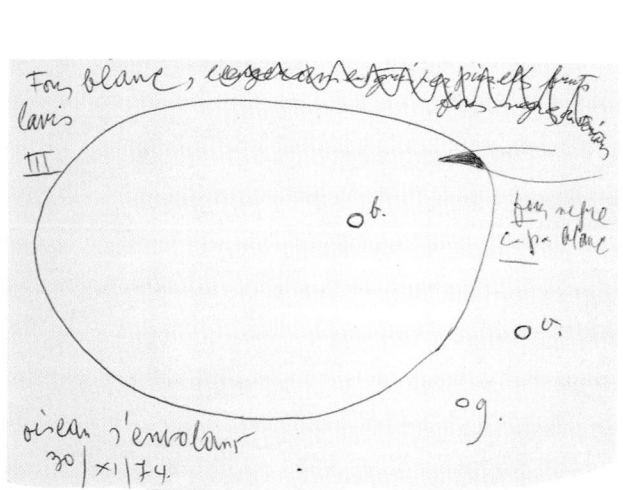

FPJM-863

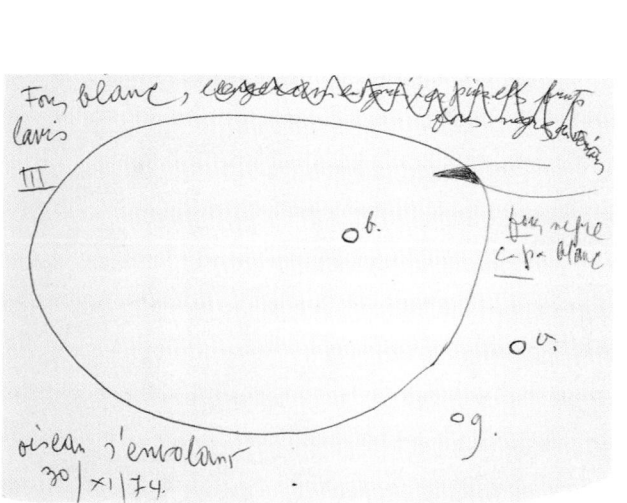

FPJM-870

FPJM-864
FPJM-865

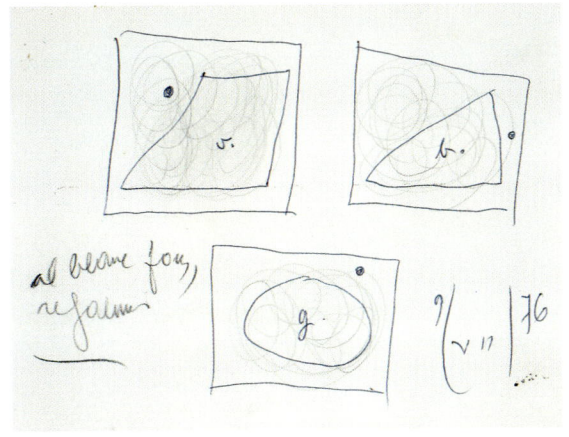

3 grans tels

FPJM-866
FPJM-867

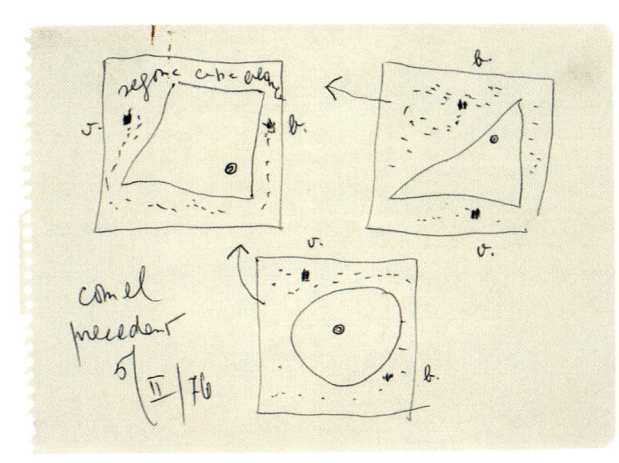

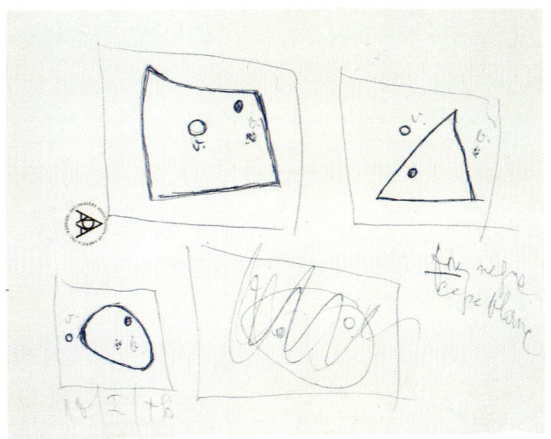

FPJM-868
FPJM-869

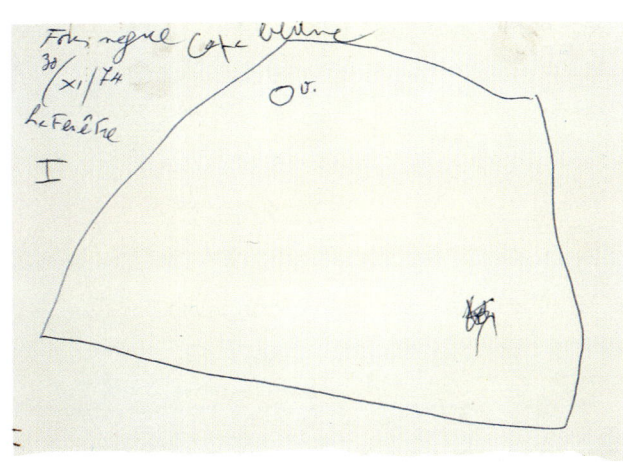

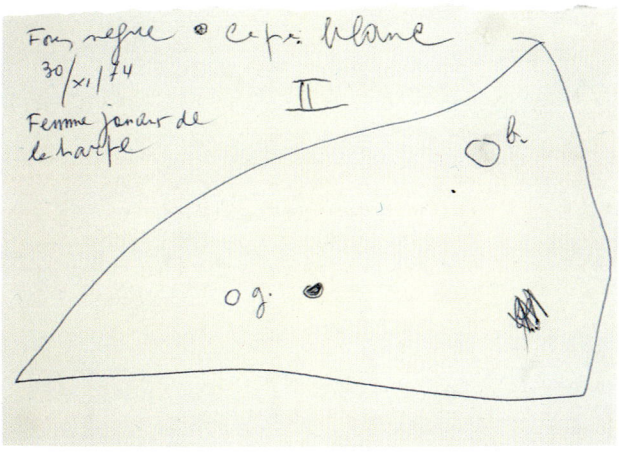

FPJM-874
FPJM-875

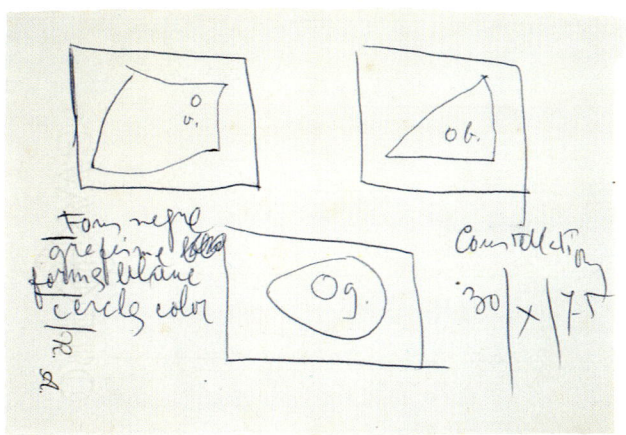

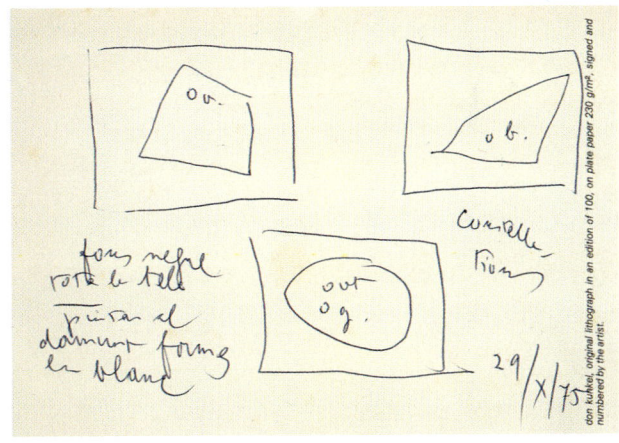

La Fenêtre II; Femme jouant de la harpe II; Oiseau s'envolant II, 1974
Bolígrafo sobre papel, 7,1 × 37,2 cm
Inscripciones: *II / 17/VII/74 / v. / b. / coo / g. / g. / La Fenêtre / Femme jouant de / la harpe / Oiseau s'envolant*
Procedencia: Donación del artista, 1981
FPJM-876

Exposiciones: Palma de Mallorca 1994-1995, p. 13, 19, 25; lám. 64 (color), p. 94. Tokio 1998, lám. 23 (color), [p. 19]; lám. 23, [p. 27]

La Fenêtre III; Femme jouant de la harpe III; Oiseau s'envolant III, 1974
Bolígrafo y lápiz de cera sobre papel, 23 × 33,5 cm
Inscripciones: *coorol / blanc en certs espais / Fons pintat previament / de blanc / La Fenêtre / Femme jouant de la / harpe / Oiseau s'envolant / 17/VIII/74 / asperges de negre / abans donar-hi blanc / III*
Procedencia: Donación del artista, 1981
FPJM-877

Exposiciones: Palma de Mallorca 1994-1995, p. 13, 19, 25; lám. 66 (color), p. 95. Santiago de Chile 1997, p. 10; lám. 16 (color), p. 20; [p. 43]. Tokio 1998, lám. 10 (color), [p. 19]; lám. 10, [p. 26]

La Fenêtre; Femme jouant de la harpe; Oiseau s'envolant, 1974
Bolígrafo sobre papel, 12,5 × 18 cm
Inscripciones: *B. / coer. / R. / g. / La Fenêtre - Femme jouant / de la harpe. oiseau s' / envolant / 17/VIII/74.*
Procedencia: Donación del artista, 1981
FPJM-878

Exposiciones: Palma de Mallorca 1994-1995, p. 13, 19, 25; lám. 67 (color), p. 95. Tokio 1998, lám. 11 (color), [p. 19]; lám. 11, [p. 26]

3 cheveux. Constellations, 1975
Bolígrafo sobre papel, 21 × 27,4 cm
Inscripciones: *bl. / bl. / I / Fons negre / II Superposar / lliurement / blanc / III Formes centre / negre / IV Treballar / 3 cheveux / Constellations / 28/IX/75. / bl.*
Procedencia: Donación del artista, 1981
FPJM-879

Exposiciones: Palma de Mallorca 1994-1995, p. 13, 19, 25; lám. 57 (color), p. 89. Tokio 1998, lám. 17, [p. 27]

Peinture murale I, II i III, 1974
Bolígrafo sobre cartón, 15,6 × 21,5 cm
Inscripciones: *toile écrue / sense color* [?] */ b. / v. / Peinture murale / I-II-III / tela écrue pintada blanc / Pajarita / 15/IV/74 / g. / bl / g. v. / v. / bl* [?] */ b. / v. / g. / Fons negre*
Procedencia: Donación del artista, 1981
FPJM-880

Exposiciones: Palma de Mallorca 1994-1995, p. 13, 19, 25; lám. 63 (color), p. 93. Tokio 1998, lám. 9, [p. 26]

La Fenêtre; Femme jouant de la Harpe; Oiseau s'envolant, 1975
Bolígrafo y lápiz de grafito sobre papel, 21,8 × 27,6 cm
Inscripciones: *n. / b. / bl. / v. / n. / orange / bl. / b. / La Fenêtre / Femme jouant de la Harpe / n. / b. / g. / oiseau s'envolant / 27/I/75. / omplir previament la / tela de negre*
Procedencia: Donación del artista, 1981
FPJM-881

Exposiciones: Palma de Mallorca 1994-1995, p. 13, 19, 25; lám. 71 (color), p. 97. Tokio 1998, lám. 15, [p. 26]

Sin título, sin fecha
Bolígrafo sobre papel, 15,5 × 10,6 cm
Procedencia: Donación del artista, 1981
FPJM-882

Sin título, 1975
Bolígrafo y lápiz de grafito sobre cartulina, 18,4 × 12 cm
Inscripciones: *v. / g. / lavis / v. / b. / b. / 40 f. / vermell / grafisme / sobre tela / mullada / 21/I/75*
Procedencia: Donación del artista, 1981
FPJM-883

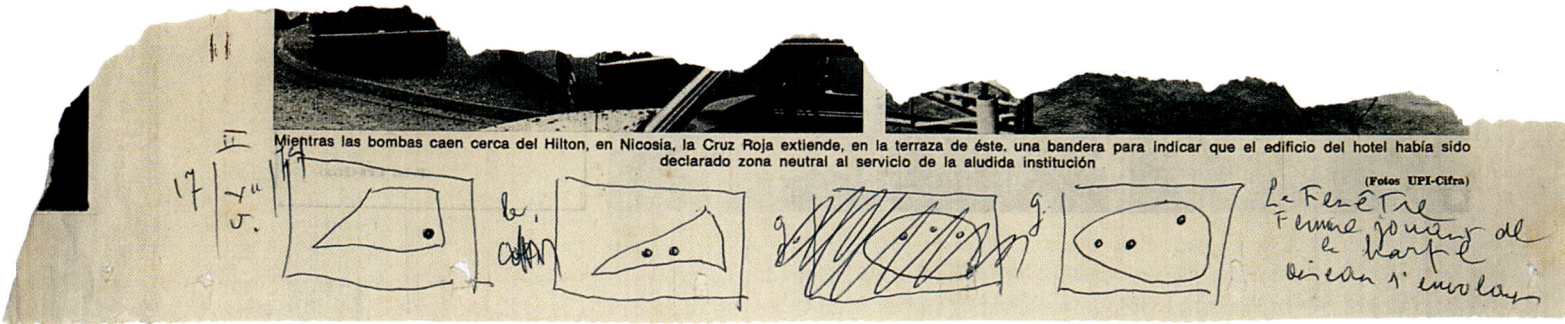

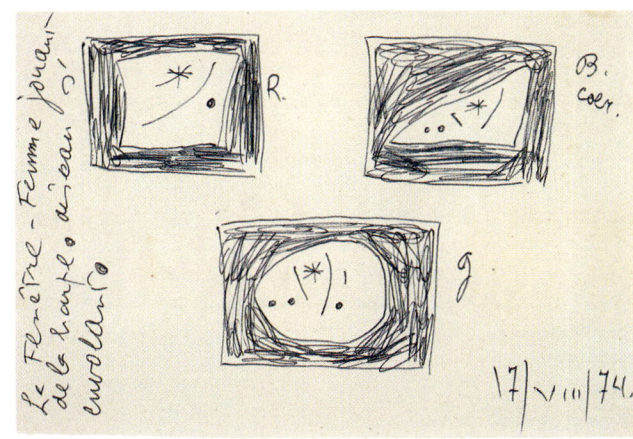

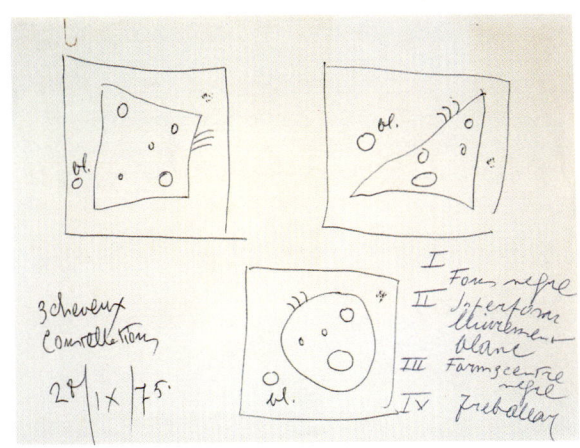

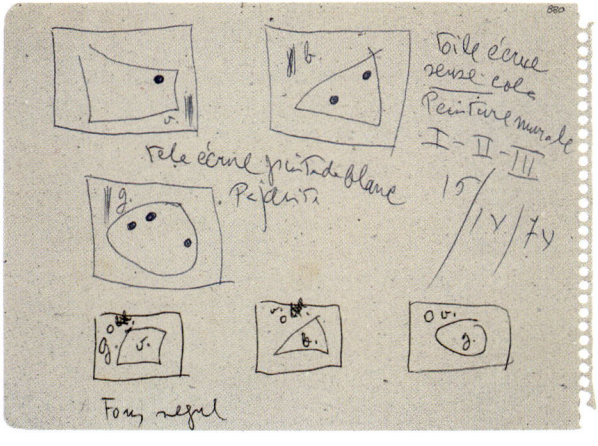

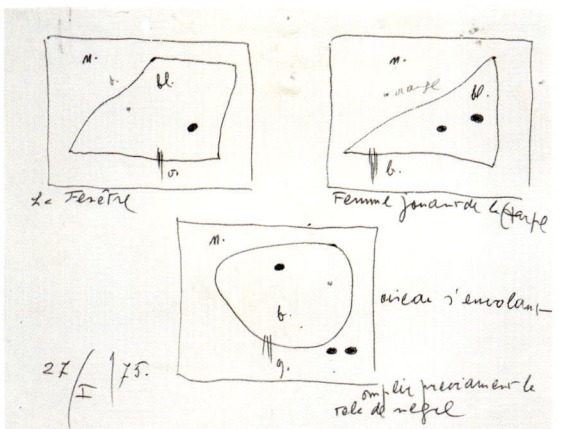

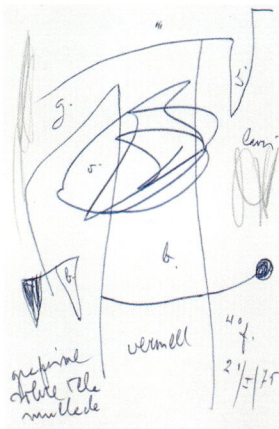

Sin título, 1975 [ca]
Bolígrafo y lápiz de color sobre papel,
15,6 × 19,2 cm
Inscripciones: *I*
Procedencia: Donación del artista, 1981
FPJM-884

Exposiciones: Palma de Mallorca 1994-1995, p. 14,
20, 26; lám. 131 (color), p. 154. Las Palmas de Gran
Canaria 1996-1997, lám. 120 (color), p. 146; p. 230

Sin título, 1975 [ca]
Bolígrafo y lápiz de color sobre papel,
15,6 × 19,2 cm
Inscripciones: *II*
Procedencia: Donación del artista, 1981
FPJM-885

Exposiciones: Palma de Mallorca 1994-1995, p. 14,
20, 26; lám. 132 (color), p. 154. Las Palmas de Gran
Canaria 1996-1997, lám. 121 (color), p. 146; p. 230

Vers les constellations, 1975
Bolígrafo y lápiz de color sobre papel,
15,6 × 19,2 cm
Inscripciones: *13/XII/75 / Vers les
constellations / ~~solsament taca blau~~*
Procedencia: Donación del artista, 1981
FPJM-886

Exposiciones: Palma de Mallorca 1994-1995, p. 14,
20, 26; lám. 133 (color), p. 155. Las Palmas de Gran
Canaria 1996-1997, lám. 122 (color), p. 146; p. 230

Vers l'infini, 1974
Bolígrafo y lápiz de color sobre papel,
51 × 12 cm
Inscripciones: *v. / 17/VIII/74 / coer. / vers l'infini*
Procedencia: Donación del artista, 1981
FPJM-887

Exposiciones: Palma de Mallorca 1994-1995, p. 14,
20, 26; lám. 126 (color), p. 151. Las Palmas de Gran
Canaria 1996-1997, lám. 115 (color), p. 144; p. 230

Sin título, 1974
Bolígrafo sobre papel, 15,1 × 15 cm
Inscripciones: *ratlla vermella / b. / colors llapiç*
[sic] *oli / 13/IX/74*
Procedencia: Donación del artista, 1981
FPJM-888

Sin título, 1976
Bolígrafo sobre papel, 10,8 × 13,8 cm
Inscripciones: *v. / 10/VII/76*
Procedencia: Donación del artista, 1981
FPJM-889

Sin título, sin fecha
Bolígrafo y lápiz de color sobre papel,
31 × 25,4 cm
Procedencia: Donación del artista, 1981
FPJM-890

Exposiciones: Palma de Mallorca 1994-1995, p. 14,
20, 26; lám. 127 (color), p. 151. Rio de Janeiro 1995,
p. 46 (color). Buenos Aires 1996, p. 41 (color); p. 86.
Montevideo 1996, p. 41 (color); p. 86. São Paulo
1996, p. 46 (color). Las Palmas de Gran Canaria
1996-1997, lám. 116 (color), p. 145; p. 230

Femme dans la nuit, 1972
Bolígrafo sobre papel, 9,5 × 12,7 cm
Inscripciones: *b. / v / v. / g. / Femme dans la
nuit / més que* [–] / *20/VIII/72*
Procedencia: Donación del artista, 1981
FPJM-891

Exposiciones: Palma de Mallorca 1994-1995, lám. 85
(color), p. 111

FPJM-884

FPJM-887

FPJM-885
FPJM-886

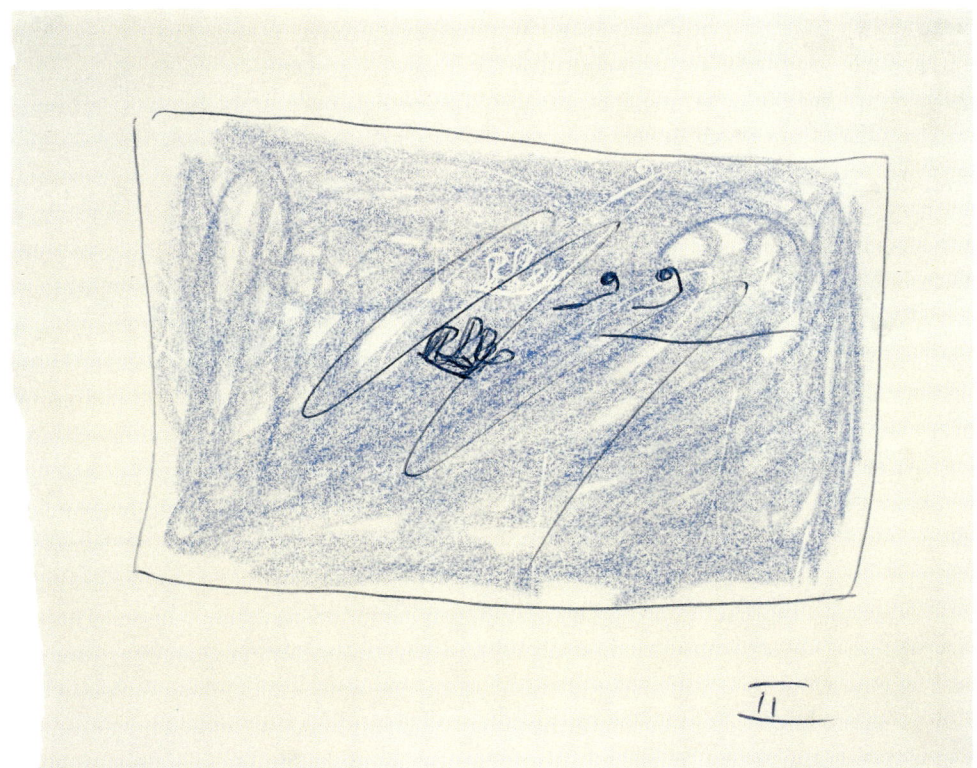

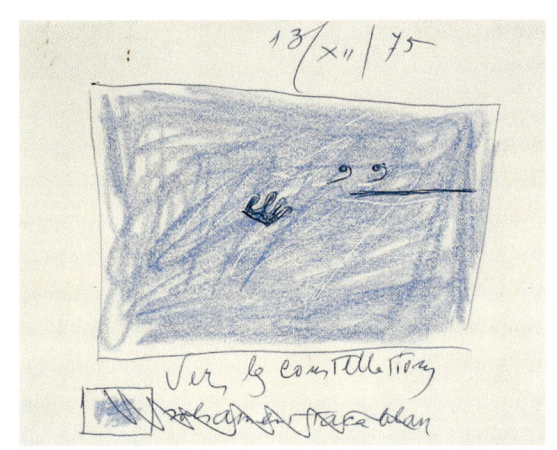

FPJM-888
FPJM-889

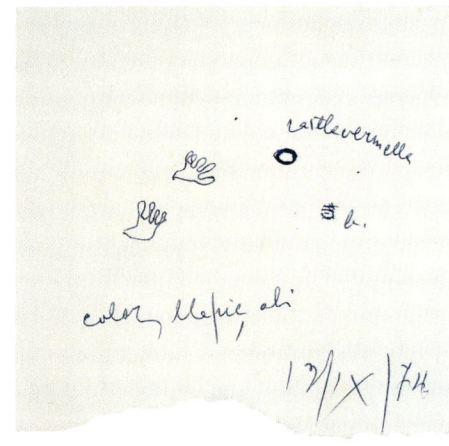

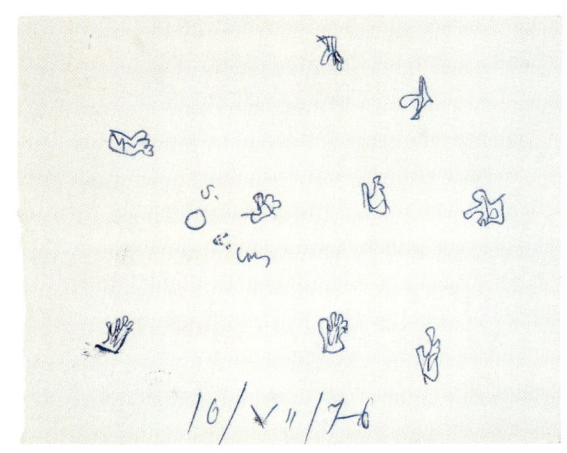

FPJM-890
FPJM-891

Femme, étoile, I, 1971
Bolígrafo y lápiz de cera sobre papel,
15,5 × 19,8 cm
Inscripciones: *I / étoile /Femme aux 3 cheveux /
22/XI/71 / 120 gran*
Procedencia: Donación del artista, 1981
FPJM-892

Exposiciones: Palma de Mallorca 1994-1995, lám. 84
(color), p. 110

Femme couchée, 1971
Bolígrafo sobre papel, 20,9 × 29,7 cm
Inscripciones: *Rouge Bleu jaune noir / (la dreta i
aquesta) (les dos podrien anar / plegades en /
un / gran / parc / fons blau / coeroleun / v. / més
gran 120 / Femme coucheé 19/XI/71 / i una sèrie
normal / negre, vermell, blau, verd i groc*
Procedencia: Donación del artista, 1981
FPJM-893

Paysage, sin fecha
Bolígrafo sobre papel, 19,8 × 32,3 cm
Inscripciones: *g. / b. / v. / Paysage*
Procedencia: Donación del artista, 1981
FPJM-894

Homme et Femme, 1974
Bolígrafo, lápiz de grafito, rotulador y lápiz de
color sobre papel, 20 × 21 cm
Inscripciones: *Homme et Femme / 12/IX/74*
Procedencia: Donación del artista, 1981
FPJM-895

Exposiciones: Palma de Mallorca 1993-1994, p. 59
(color); p. 166. Palma de Mallorca 1996c, lám. 325
(color), p. 188; p. 248. Las Palmas de Gran Canaria
1996-1997, lám. 166 (color), p. 166; p. 232

Femme, oiseau dans la nuit, 1974
Bolígrafo, lápiz de grafito, lápiz de color sobre
papel, 20 × 20,9 cm
Inscripciones: *12/IX/74 / oiseau, / Femme,
dans la nuit*
Procedencia: Donación del artista, 1981
FPJM-896

Exposiciones: Palma de Mallorca 1993-1994, p. 58
(color); p. 165. Palma de Mallorca 1996c, lám. 324
(color), p. 188; p. 248. Las Palmas de Gran Canaria
1996-1997, lám. 165 (color), p. 166; p. 232.
Marugame 2002, lám. 30 (color), p. 46; p. 77. Mitaka
2002, lám. 30 (color), p. 46; p. 77. Miyazaki 2002,
lám. 30 (color), p. 46; p. 77. Niitsu 2002, lám. 30
(color), p. 46; p. 77

La Reine L. de Prusse à minuit, 1975
Bolígrafo y lápiz de color sobre papel,
10,7 × 14,4 cm
Inscripciones: *22/II/75 / g. tela / La Reine M L.
de Prusse à minuit / v. / g / b. v / b.*
Procedencia: Donación del artista, 1981
FPJM-897

Constellations, 1975
Bolígrafo sobre papel, 8,1 × 12,6 cm
Inscripciones: *20/VI/75 / Constellations*
Procedencia: Donación del artista, 1981
FPJM-901

Exposiciones: Palma de Mallorca 1994-1995, lám. 56
(color), p. 88. Tokio 1998, lám. 16, [p. 26]

Sin título, 1973
Bolígrafo y lápiz de color sobre papel,
29,6 × 21 cm
Inscripciones: *acrylique / colors / estesos amb /
aigua i amb la mà / gran tela / 3 tires / tot /
13/IX/73 / signes negres / com une fête*
Procedencia: Donación del artista, 1981
FPJM-903

Exposiciones: Palma de Mallorca 1993-1994, p. 55
(color); p. 165. Palma de Mallorca 1996c, lám. 320
(color), p. 188; p. 248. Las Palmas de Gran Canaria
1996-1997, lám. 160 (color), p. 163; p. 231. Nuoro
2001-2002, p. 143. Marugame 2002, lám. 29 (color),
p. 37; p. 77. Mitaka 2002, lám. 29 (color), p. 37; p. 77.
Miyazaki 2002, lám. 29 (color), p. 37; p. 77. Niitsu
2002, lám. 29 (color), p. 37; p. 77

Bibliografía: Institut d'Estudis Baleàrics 1981, lám. 3
(color), p. 84

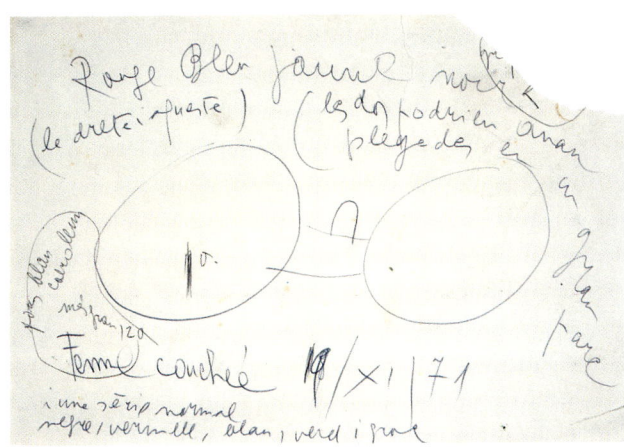

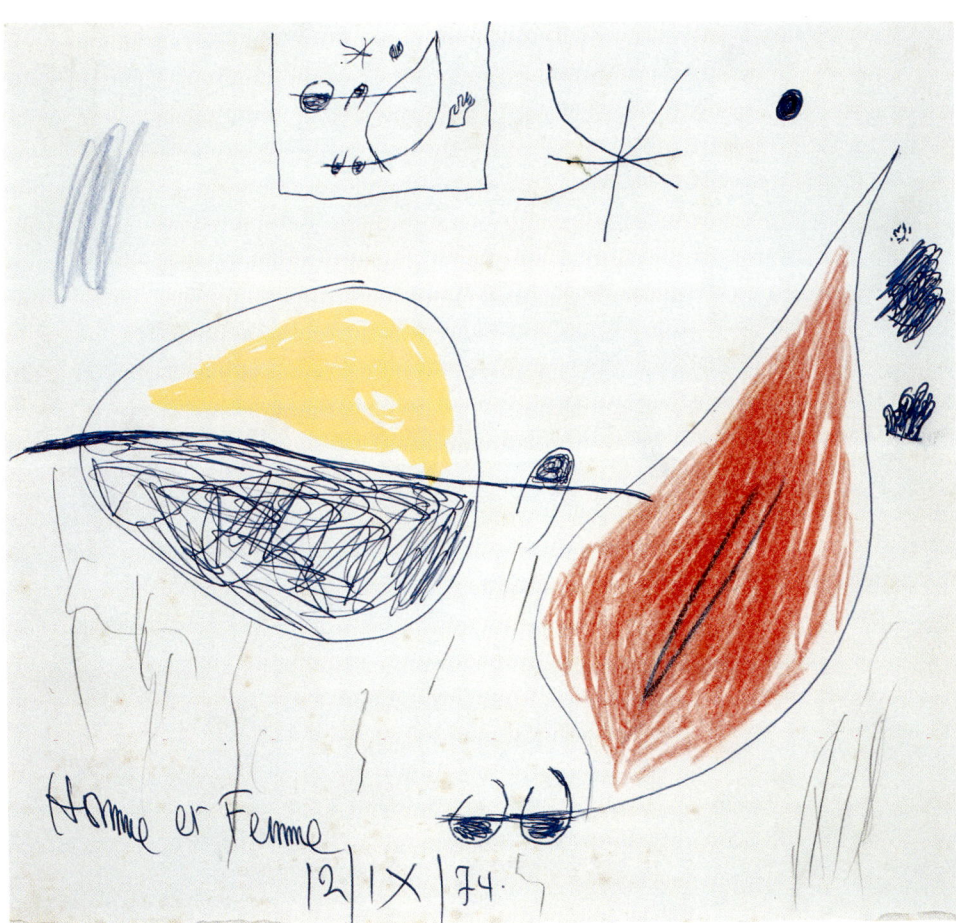

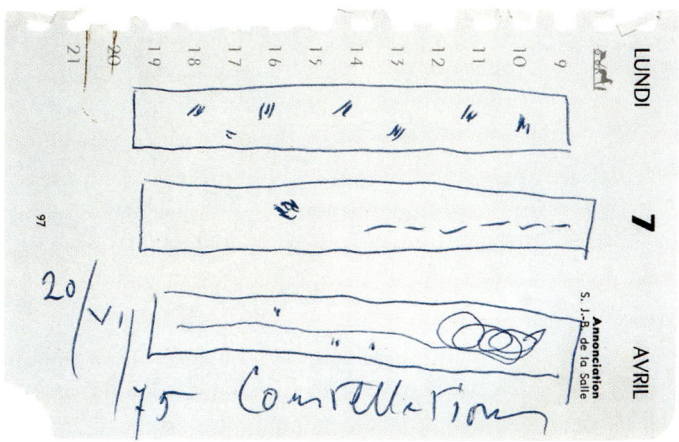

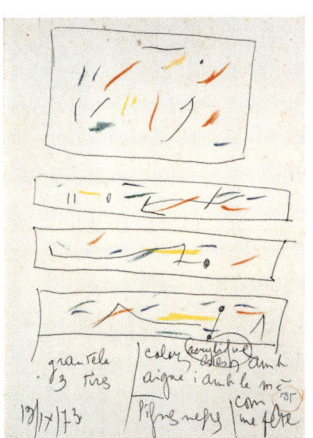

Sin título, 1976
Bolígrafo y lápiz de cera sobre papel,
24,3 × 17,2 cm
Inscripciones: *30/VI/76*
Procedencia: Donación del artista, 1981
FPJM-904

Exposiciones: Sevilla 1993-1994, lám. 53.E (color),
p. 118. Málaga 1994, lám. 53.E (color), p. 118. Palma
de Mallorca 1996c, lám. 362 (color), p. 200; p. 249.
Las Palmas de Gran Canaria 1996-1997, p. 133;
lám. 101 (color), p. 135; p. 229

Homme martyrisé s'évadant, 1976
Bolígrafo sobre cartulina, 18,5 × 13,9 cm
Inscripciones: *Homme / martyrisé / s'évadant /
2/I/76. / v. / coer.*
Procedencia: Donación del artista, 1981
FPJM-905.1

Exposiciones: Sevilla 1993-1994, lám. 53.F (color),
p. 118. Málaga 1994, lám. 53.F (color), p. 118. Palma
de Mallorca 1996c, lám. 346 (color), p. 194; p. 248.
Las Palmas de Gran Canaria 1996-1997, p. 133;
lám. 99 (color), p. 134; p. 133. Granada 2004, p. 38
(color); p. 39

Sin título, 1976 [ca]
Bolígrafo sobre papel, 8,7 × 12,1 cm
Inscripciones: *em puc servir de / les grans teles
en / reserva de fa anys*
Procedencia: Donación del artista, 1981
FPJM-905.2

*Homme torturé s'évadant
dans la nuit*, 1974
Bolígrafo sobre papel, 22,7 × 17,6 cm
Inscripciones: *17/VI/74. / Homme / torturé
s'éva- / dant / dans / la nuit / b. / v.*
Procedencia: Donación del artista, 1981
FPJM-906

Exposiciones: Palma de Mallorca 1993-1994, p. 53
(color); p. 165. Palma de Mallorca 1996c, lám. 321
(color), p. 188; p. 248. Las Palmas de Gran Canaria
1996-1997, lám. 162 (color), p. 164; p. 231

Sin título, 1976
Bolígrafo y lápiz de cera sobre papel,
15 × 20,7 cm
Inscripciones: *5/II/76 / coer. / v.*
Procedencia: Donación del artista, 1981
FPJM-907

Paysage, 1975
Bolígrafo y lápiz de color sobre cartulina,
11,8 × 15,5 cm
Inscripciones: *coer. / Paysage 22/XI/75.*
Procedencia: Donación del artista, 1981
FPJM-908

Exposiciones: Palma de Mallorca 1993-1994, p. 68
(color); p. 166. Palma de Mallorca 1996c, lám. 335
(color), p. 192; p. 248. Nuoro 2001-2002, p. 73
(color); p. 142

FPJM-904

FPJM-905.1

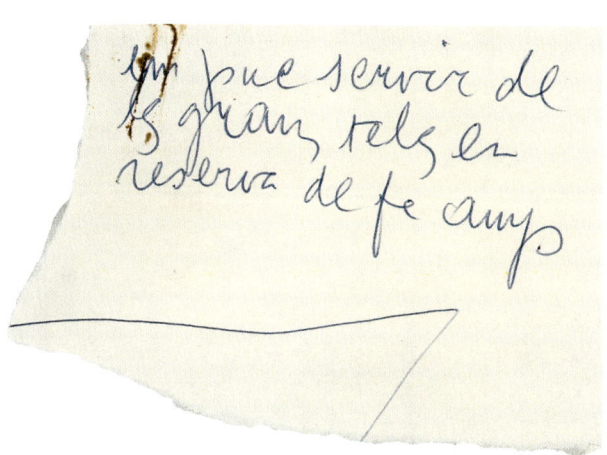

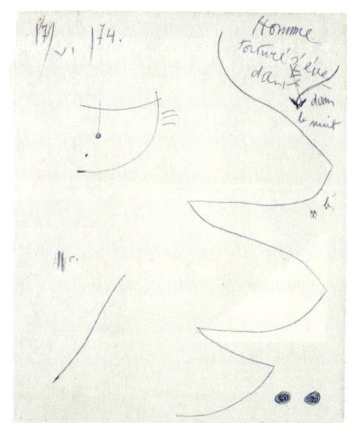

FPJM-905.2
FPJM-906

Paysage, 1975
Lápiz de grafito sobre papel, 15,4 × 21,4 cm
Inscripciones: *v. / bl. / 28/III/75 Paysage*
Procedencia: Donación del artista, 1981
FPJM-909

Exposiciones: Palma de Mallorca 1993-1994, p. 64
(color); p. 166. Palma de Mallorca 1996c, lám. 329
(color), p. 190; p. 248

Paysage, 1976
Bolígrafo sobre cartón, 13,4 × 20 cm
Inscripciones: *Paysage / b. / v. / vt. / 28/II/76. / g.*
Procedencia: Donación del artista, 1981
FPJM-910

Exposiciones: Palma de Mallorca 1993-1994, p. 84
(color); p. 168. Palma de Mallorca 1996c, lám. 355
(color), p. 198; p. 249

Sin título, 1976
Bolígrafo sobre papel, 15 × 20,5 cm
Inscripciones: *coer. / 5/II/76.*
Procedencia: Donación del artista, 1981
FPJM-911

Exposiciones: Palma de Mallorca 1993-1994, p. 80
(color); p. 167. Palma de Mallorca 1996c, lám. 352
(color), p. 196; p. 249

Femme au clair de lune, 1966
Bolígrafo y lápiz de cera sobre papel,
15,2 × 19,5 cm
Inscripciones: *«Femme au clair de lune» / sobre
fons gris / 26/IX/66*
Procedencia: Donación del artista, 1981
FPJM-912

Exposiciones: Palma de Mallorca 1994-1995, lám. 83
(color), p. 109. Rio de Janeiro 1995, p. 45 (color).
Buenos Aires 1996, p. 40 (color); p. 85. Montevideo
1996, p. 40 (color); p. 85. São Paulo 1996, p. 45 (color)

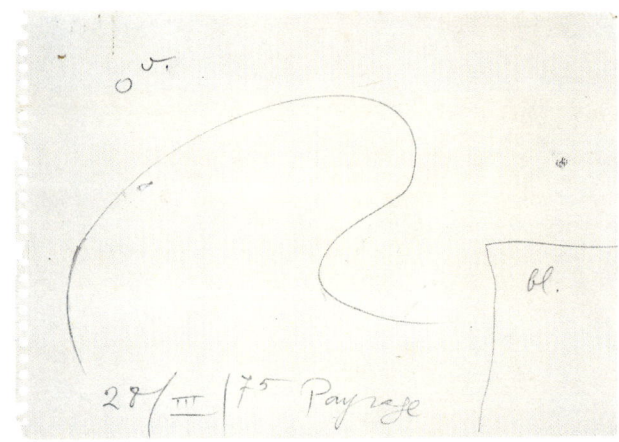

FPJM-909

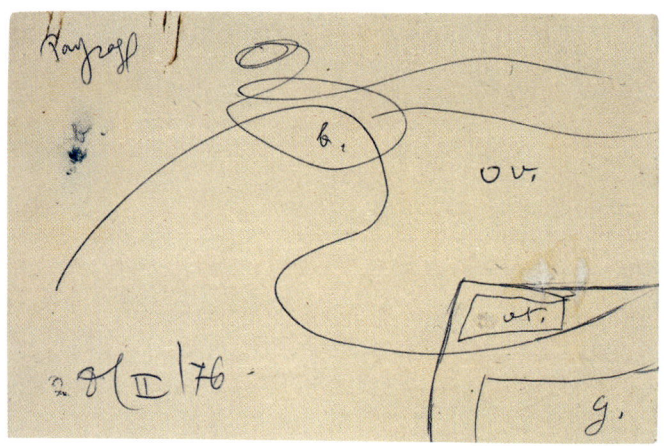

FPJM-910

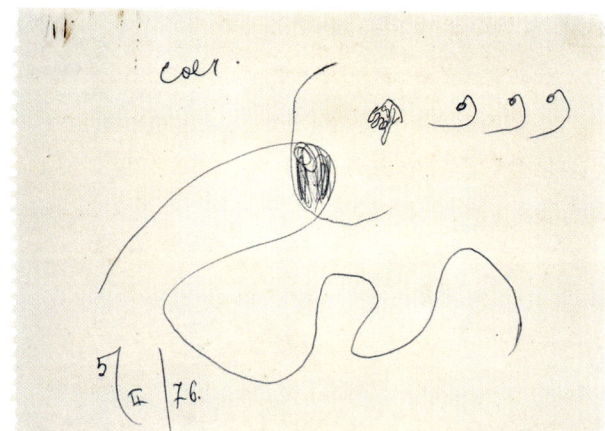

FPJM-911

"Femme au clair de lune" sobre fons gris 26/IX/66

Paysage, 1975
Rotulador y lápiz de grafito sobre cartulina,
11,8 × 15,3 cm
Inscripciones: *v. / b. / Paysage / 30/III/75. /*
g. / vt.
Procedencia: Donación del artista, 1981
FPJM-913

Exposiciones: Palma de Mallorca 1993-1994, p. 66
(color); p. 166. Palma de Mallorca 1996c, lám. 330
(color), p. 190; p. 248

Paysage; Femme récitant un poème;
Vers l'infini; Paysage; L'Accent rouge;
Oiseau s'envolant, 1974
Bolígrafo sobre papel, 18,7 × 32,7 cm
Inscripciones: *cuina / Paysage / Femme réci- /*
tant un poème / Vers l'infini / Paysage / cuina /
1er pis / 1er pis / 14/I/74. / bl. / bl. / b. / v. /
cadmium [?] */ Son Abrines / oiseau s'envolant /*
v. / l'accent rouge / caseta
Procedencia: Donación del artista, 1981
FPJM-914

Femme récitant un poème, 1974 [ca]
Lápiz de grafito sobre papel, 21,7 × 27,6 cm
Inscripciones: *b. / v. / Femme récitant un poème*
Procedencia: Donación del artista, 1981
FPJM-915

Accent rouge I, II i III, 1977
Bolígrafo, lápiz de cera y lápiz de color sobre
papel, 30,6 × 21,1 cm
Inscripciones: *Accent rouge / I / II / 30/I/77. / III*
Procedencia: Donación del artista, 1981
FPJM-916

Exposiciones: Palma de Mallorca 1993-1994, p. 94
(color); p. 169. Palma de Mallorca 1996c, lám. 374
(color), p. 202; p. 249. Santiago de Chile 1997, p. 10;
lám. 20 (color), p. 21; [p. 43]. Nuoro 2001-2002, p. 81
(color); p. 142

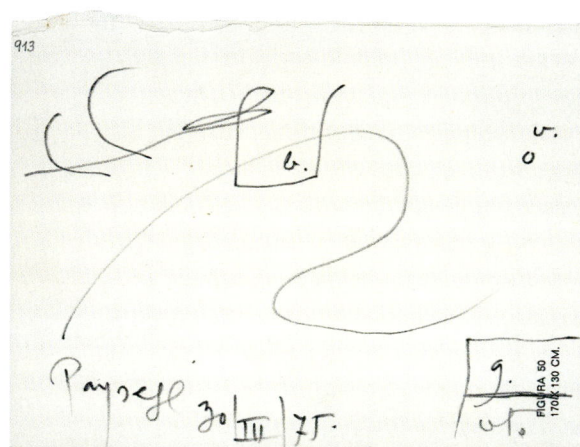
FPJM-913

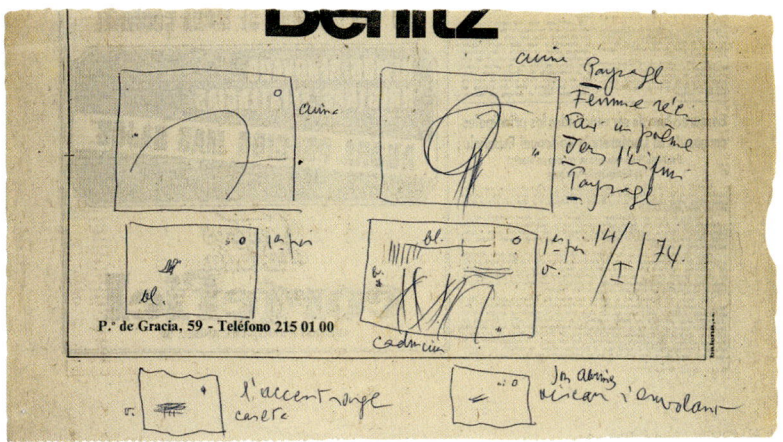
FPJM-914

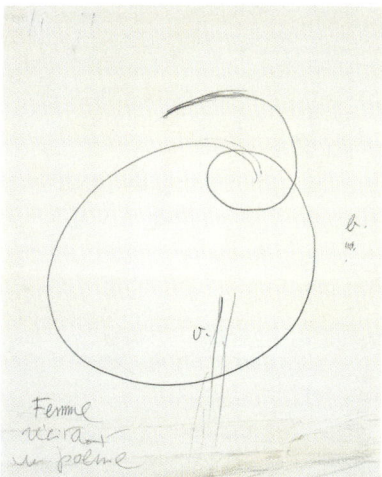
FPJM-915

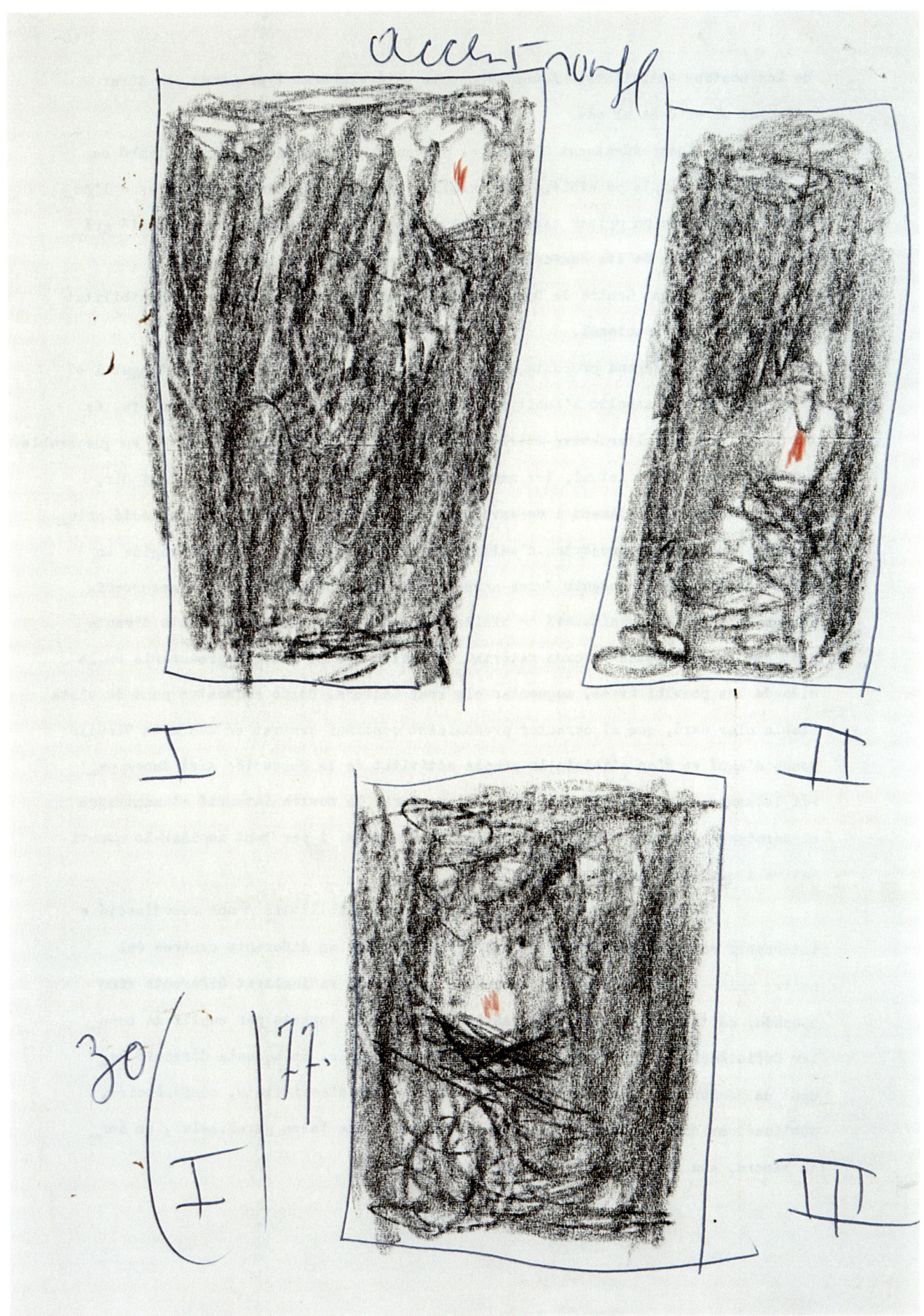

Sin título, 1977
Bolígrafo, lápiz de grafito y lápiz de color sobre papel, 21,2 × 30,7 cm
Inscripciones: *fons negre (Son Boter) / 30/I/77 / algun / signe / degotalls vermell, blau, vert* [sic] *groc / gran degotall blanc que s' estarrami* [?]
Procedencia: Donación del artista, 1981
FPJM-918

Personage attrapant un oiseau, 1975
Bolígrafo sobre papel, 19,8 × 15,5 cm
Inscripciones: *v. / vt. / g. / b. / 17/VIII/75 / Personage attrapant / un oiseau*
Procedencia: Donación del artista, 1981
FPJM-919

Paysage; Paysage; Paysage. Hommage à M.U.; Femme; Paysage, 1977
Bolígrafo sobre cartulina, 17,5 × 22,2 cm
Inscripciones: *Sl / bl.* [?] */ coer. / [–] / b. / [–] / bl / Paysage / Paysage / Paysage. Hommage a M.U. / bl. / Femme / v. / b. / Paysage / g. / bl. / v. / g. / grafisme Prússia / Sl / bl. coer / 18/VII/77*
Procedencia: Donación del artista, 1981
FPJM-920

Femme, oiseau, étoile, 1977
Lápiz de grafito sobre papel, 12,5 × 8,1 cm
Inscripciones: *2/VIII/77. / Femme, oiseau / étoile*
Procedencia: Donación del artista, 1981
FPJM-921

Paysage, 1977
Bolígrafo sobre cartulina, 15,3 × 10,5 cm
Inscripciones: *cad. / vt 14/VIII/77 / Paysage*
Procedencia: Donación del artista, 1981
FPJM-922

Exposiciones: Palma de Mallorca 1993-1994, p. 98 (color); p. 169. Palma de Mallorca 1996c, lám. 379 (color), p. 204; p. 250

Femme, oiseau, constellations, 1977
Bolígrafo sobre cartulina, 16,1 × 11,9 cm
Inscripciones: *coer. / v. / Femme, oiseau / constellations / 14/VIII/77*
Procedencia: Donación del artista, 1981
FPJM-923

Exposiciones: Palma de Mallorca 1994-1995, lám. 96 (color), p. 122

Paysage I, 1977
Bolígrafo sobre cartulina, 16,1 × 12,1 cm
Inscripciones: *coer. / Paysage / 14/VIII/77 / I / v.*
Procedencia: Donación del artista, 1981
FPJM-924

Exposiciones: Palma de Mallorca 1993-1994, p. 96 (color); p. 169. Palma de Mallorca 1996c, lám. 377 (color), p. 204; p. 250

Paysage II, 1977
Bolígrafo sobre cartulina, 15 × 10,5 cm
Inscripciones: *vt. / v. / coer. / g. / 14/VIII/77 / Paysage II*
Procedencia: Donación del artista, 1981
FPJM-925

Exposiciones: Palma de Mallorca 1993-1994, p. 97 (color); p. 169. Palma de Mallorca 1996c, lám. 378 (color), p. 204; p. 250

Sin título, 1976
Bolígrafo sobre papel, 10,9 × 13,7 cm
Inscripciones: *V/VI/76. / I*
Procedencia: Donación del artista, 1981
FPJM-926

Personnages dans un paysage, 1977
Bolígrafo sobre cartulina, 21 × 14,4 cm
Inscripciones: *coer. / v. / v. / v. / v. / g. / vt. / Personnages / dans un paysage / 17/IX/77.*
Procedencia: Donación del artista, 1981
FPJM-927

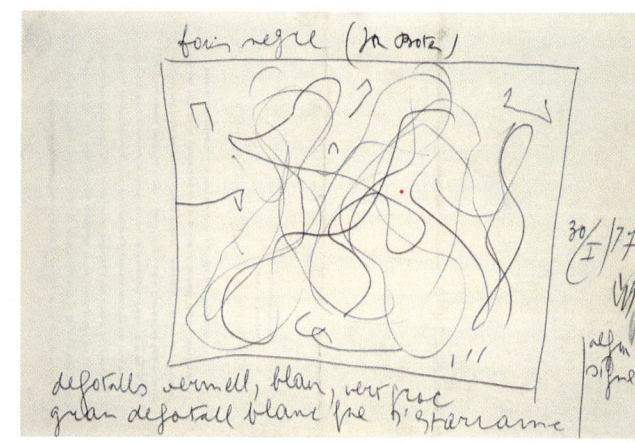

FPJM-918

FPJM-921

FPJM-923

FPJM-926

FPJM-919
FPJM-920

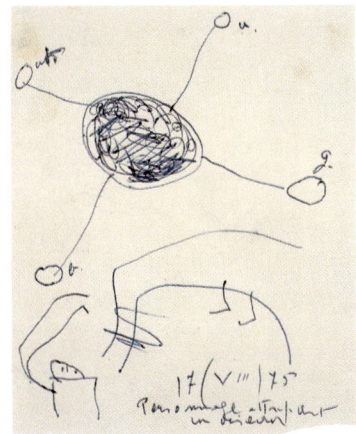

FPJM-922

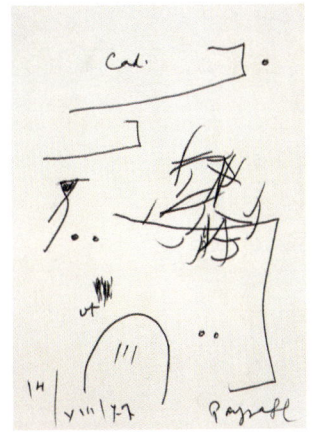

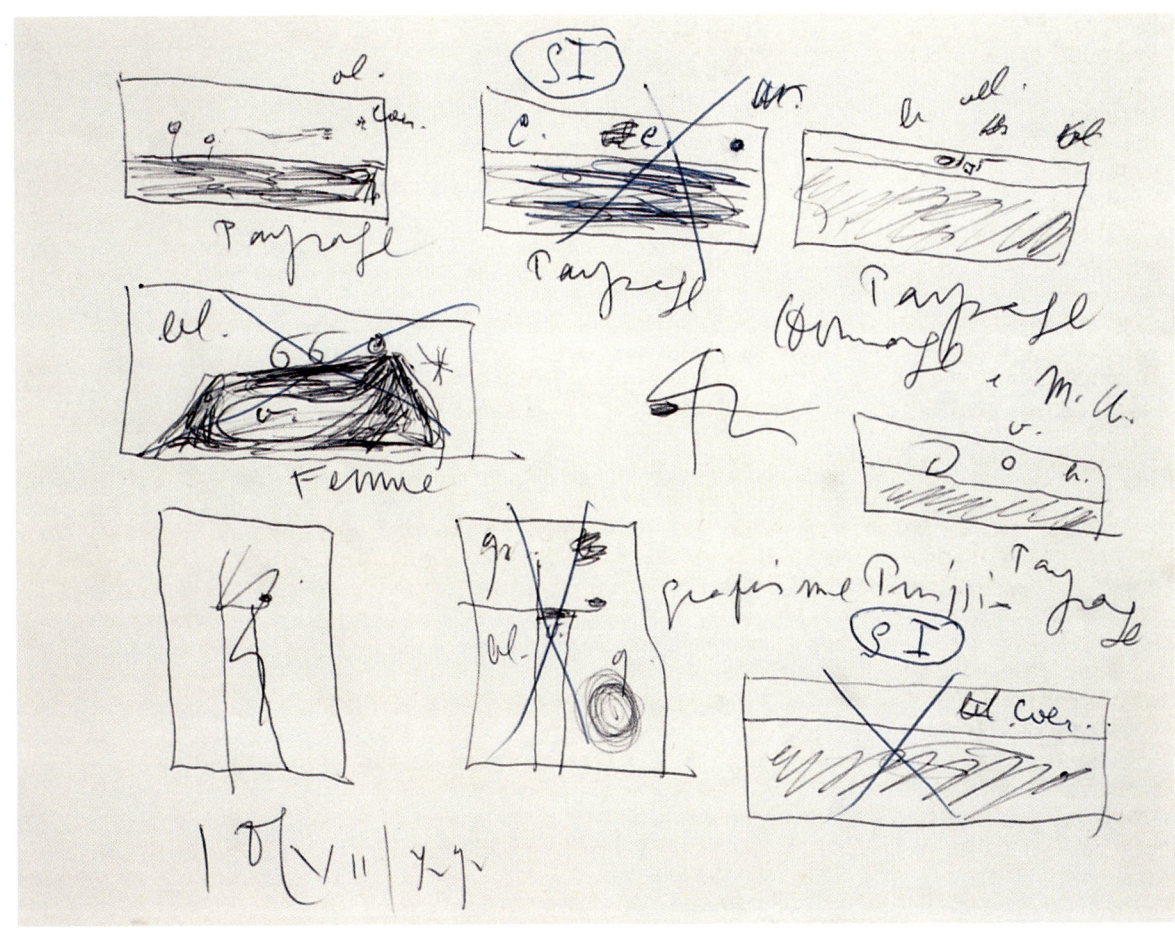

FPJM-924
FPJM-925

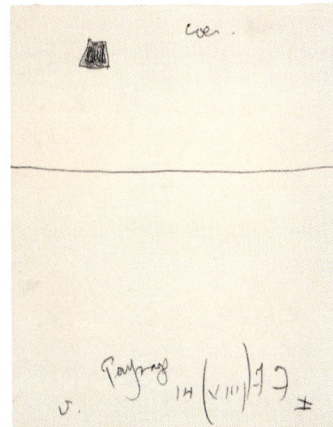

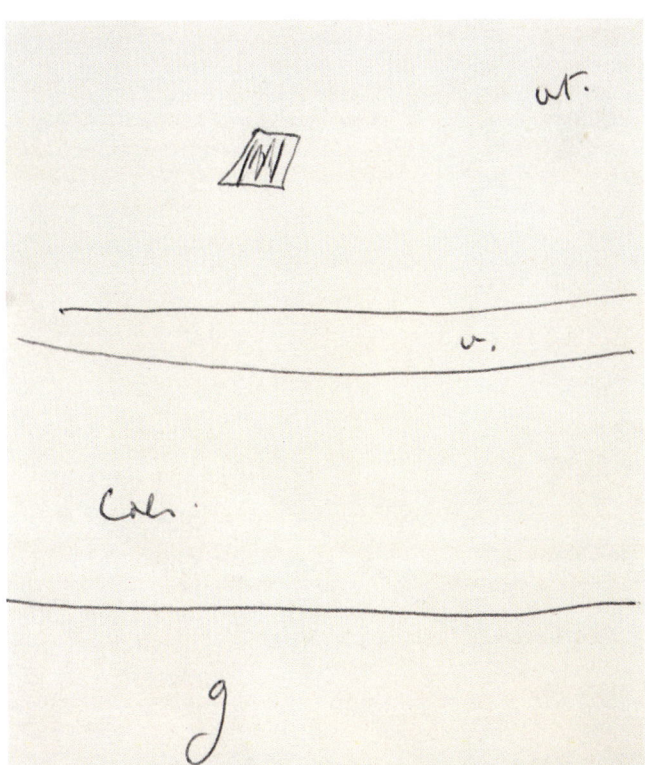

FPJM-927

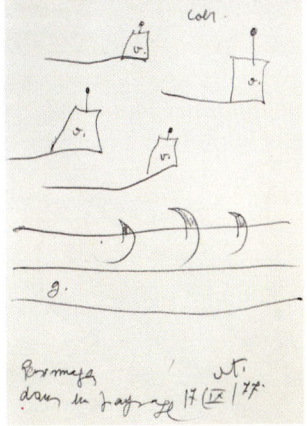

Femme attirée par le soleil, 1977
Bolígrafo sobre papel, 8,1 × 12,6 cm
Inscripciones: *29/V/77 / v. / b. / Femme attirée par / le soleil*
Procedencia: Donación del artista, 1981
FPJM-928

Paysage, 1977
Bolígrafo sobre papel, 12,3 × 7,9 cm
Inscripciones: *Paysage / 24/V/77. / v. / g. / v. / b.*
Procedencia: Donación del artista, 1981
FPJM-929

Femme, oiseau, étoile, 1977
Bolígrafo sobre papel, 12,3 × 7,9 cm
Inscripciones: *Femme, oiseau, / étoile / fons terres / 15/IV/77*
Procedencia: Donación del artista, 1981
FPJM-930

Oiseau dans l'espace, 1977
Bolígrafo sobre papel, 10,9 × 10,9 cm
Inscripciones: *v. / coer. / 18/IX/77 / oiseau dans l'espace*
Procedencia: Donación del artista, 1981
FPJM-931

Personnage et oiseau devant l'espace, 1977
Bolígrafo sobre cartulina, 22,1 × 17,4 cm
Inscripciones: *Personnage / et oiseau devant / l'espace / 9/VIII/77.*
Procedencia: Donación del artista, 1981
FPJM-932

Femmes dans la nuit, 1977
Bolígrafo sobre papel, 12,3 × 7,9 cm
Inscripciones: *Femmes dans la nuit / g. / b. / / 24/ / V/ / 77. / v.*
Procedencia: Donación del artista, 1981
FPJM-933

Exposiciones: Palma de Mallorca 1994-1995, lám. 93 (color), p. 119

Homme perdu dans l'espace; Homme sur terre, oiseau dans l'espace, 1977
Bolígrafo y lápiz de grafito sobre papel, 27,5 × 23,5 cm
Inscripciones anverso: *Homme perdu dans l' / espace / X / Rouge* [?] */ I / III / 7/I/77 / vt. / II / volta* [?] */ Homme sur terre, oiseau / dans l'espace*
Inscripciones reverso: *III*
Procedencia: Donación del artista, 1981
FPJM-934

Paysage I, 1977
Bolígrafo, lápiz de cera y lápiz de color sobre papel, 23,3 × 14,6 cm
Inscripciones: *3/I/77 / I / Paysage / degotalls color / Mullar abans / tela amb / aiguarràs*
Procedencia: Donación del artista, 1981
FPJM-935

Exposiciones: Palma de Mallorca 1993-1994, p. 92 (color); p. 169. Palma de Mallorca 1996c, lám. 371 (color), p. 202; p. 249. Santiago de Chile 1997, lám. 18 (color), p. 20; [p. 43]

Paysage II, 1977
Bolígrafo, lápiz de cera y lápiz de color sobre papel, 22,9 × 14 cm
Inscripciones: *3/I/77 / Paysage II*
Procedencia: Donación del artista, 1981
FPJM-936

Exposiciones: Palma de Mallorca 1993-1994, p. 92 (color); p. 169. Palma de Mallorca 1996c, lám. 372 (color), p. 202; p. 249

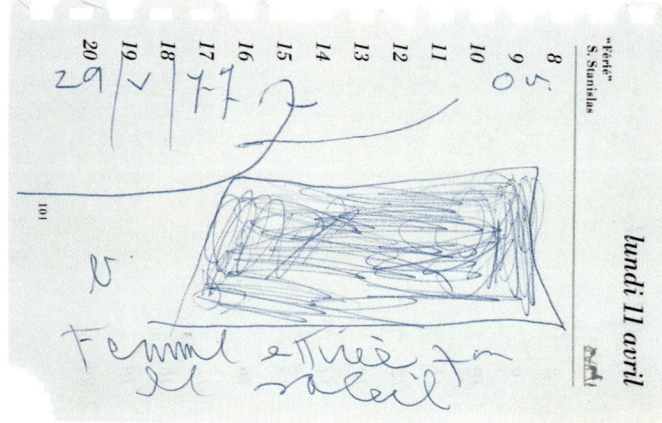

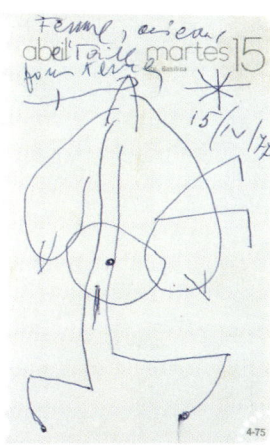

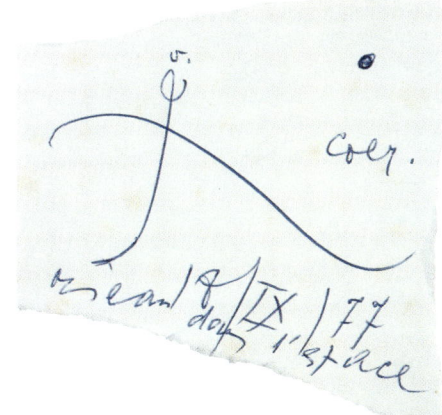

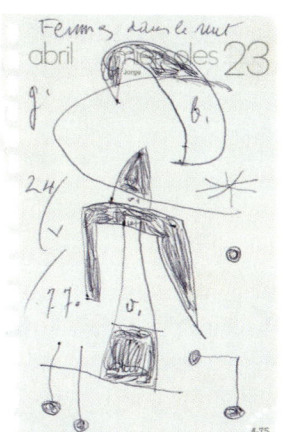

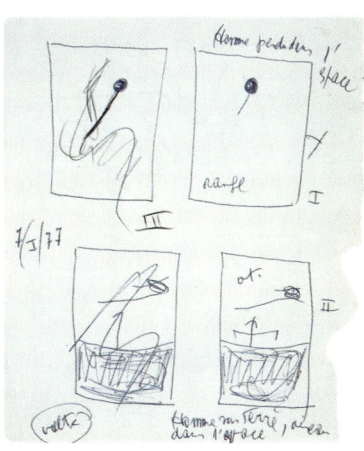

Personnage, oiseau III, 1977
Bolígrafo y lápiz de color sobre papel,
21 × 13,6 cm
Inscripciones: *Personnage, / oiseau / III / 3/I/77.*
Procedencia: Donación del artista, 1981
FPJM-937

Sin título, 1977
Bolígrafo sobre cartulina, 21,4 × 16,4 cm
Inscripciones: *groc escorregut / vt. / 6/I/77 / I*
Procedencia: Donación del artista, 1981
FPJM-938

Personnage attrapant un oiseau, 1977
Bolígrafo sobre cartón, 22,8 × 14,6 cm
Inscripciones: *b. / v. / g. / Personnage /
attrapant un oiseau / 5/II/77*
Procedencia: Donación del artista, 1981
FPJM-939

Exposiciones: Palma de Mallorca 1993-1994, p. 99
(color); p. 169. Palma de Mallorca 1996c, lám. 375
(color), p. 203; p. 249

Bibliografía: Institut d'Estudis Baleàrics 1981, lám. 4
(color), p. 70

*Personnages et oiseaux dans un
paysage*, 1977
Bolígrafo sobre cartulina, 20,6 × 13,5 cm
Inscripciones: *Personnages et oiseaux / dans un
paysage / coer. / v. / 24/I/77*
Procedencia: Donación del artista, 1981
FPJM-940

Femme, oiseau, 1977
Bolígrafo sobre papel, 12,6 × 8,1 cm
Inscripciones: *Femme, oiseau / 16/I/77*
Procedencia: Donación del artista, 1981
FPJM-943b

Femme, oiseau, 1977
Bolígrafo y lápiz de grafito sobre cartulina,
20,9 × 14,1 cm
Inscripciones: *Femme, oiseau / 24/I/77 / g. /
b. / v. / v.*
Procedencia: Donación del artista, 1981
FPJM-944

Exposiciones: Palma de Mallorca 1993-1994, p. 93
(color); p. 169. Palma de Mallorca 1996c, lám. 373
(color), p. 202; p. 249

Paysage II, 1977
Lápiz de cera y bolígrafo sobre papel,
22,6 × 13,7 cm
Inscripciones: *humitejar previament tela /
2/I/77 / Paysage / II / degotall*
Procedencia: Donación del artista, 1981
FPJM-945

Exposiciones: Sevilla 1993-1994, lám. 53.D (color),
p. 117; p. 118. Málaga 1994, lám. 53.D (color), p. 117;
p. 118. Palma de Mallorca 1996c, lám. 370 (color),
p. 202; p. 249. Las Palmas de Gran Canaria
1996-1997, p. 133; lám. 104 (color), p. 136; 230.
Santander 2005, lám. 5 (color), p. 26

Sin título, 1976 [ca]
Bolígrafo sobre papel, 17,1 × 7,6 cm
Inscripciones: *g. tela / fons terra / amb aigua /
bl. / vt.*
Procedencia: Donación del artista, 1981
FPJM-946

Oiseau dans un paysage, 1976
Bolígrafo sobre cartulina, 14,9 × 15,3 cm
Inscripciones: *Personnage, oiseau /
Personnage, / oiseau / capa molt / líquida / de
terra amb / aigua / vt. / bl. / 29/XII/76. / oiseau
dans un / paysage / g. tela*
Procedencia: Donación del artista, 1981
FPJM-947

 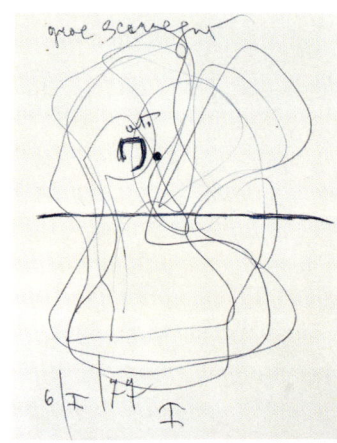

FPJM-937
FPJM-938

FPJM-939
FPJM-940

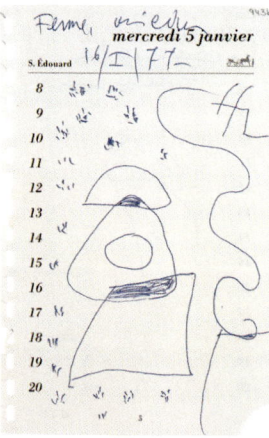 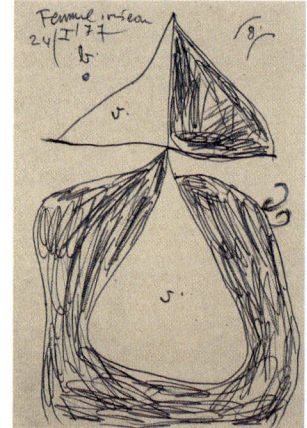

FPJM-943b
FPJM-944

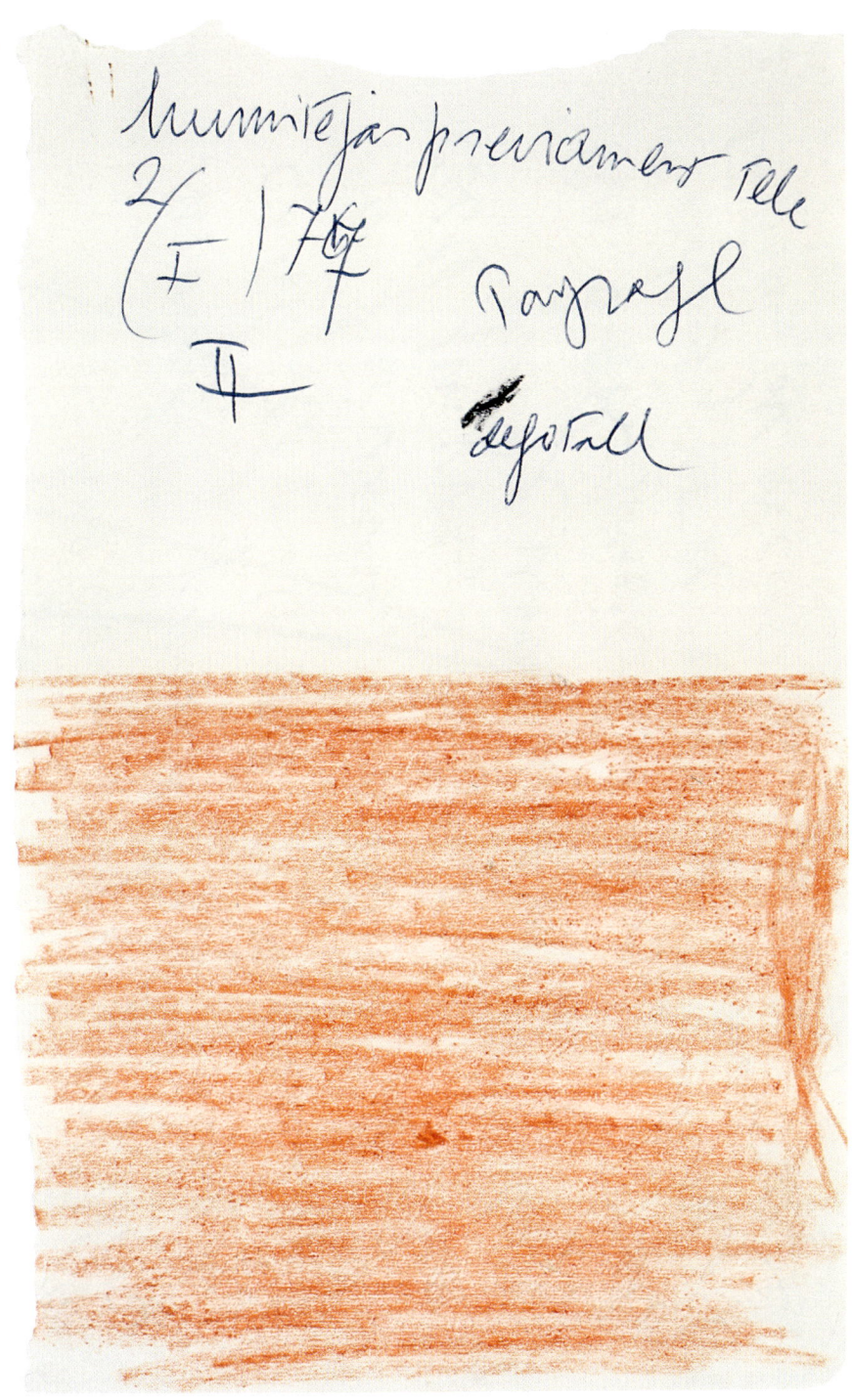

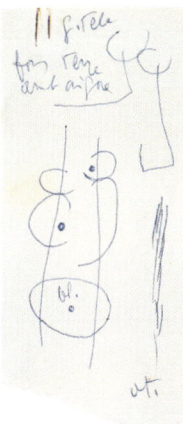
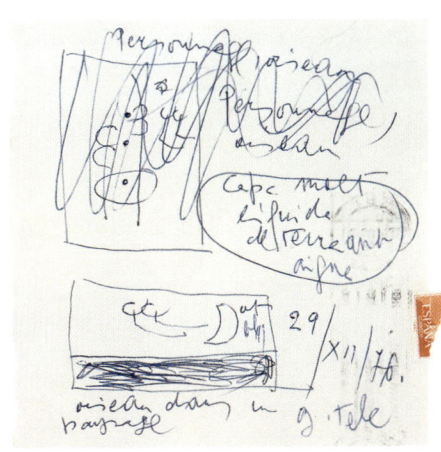

Goutte d'eau dans l'espace, 1976
Bolígrafo sobre cartulina, 21,2 × 10,4 cm
Inscripciones: *Goutte d'eau dans l'espace / g.
tela / 26/XII/76*
Procedencia: Donación del artista, 1981
FPJM-949

Exposiciones: Palma de Mallorca 1993-1994, p. 91
(color); p. 169

goutte d'eau dans l'espace
g. rele
26 / XII / 70

Sin título, 1976
Bolígrafo y lápiz de cera sobre cartulina,
17,5 × 22,4 cm
Inscripciones: *cadmium orange / vt / 26/XII/76*
Procedencia: Donación del artista, 1981
FPJM-950

Personnage, 1976
Lápiz de cera y bolígrafo sobre papel,
21,4 × 15,6 cm
Inscripciones: *Personnage / 18/XII/76.*
Procedencia: Donación del artista, 1981
FPJM-951

Exposiciones: Palma de Mallorca 1993-1994, p. 90
(color); p. 168. Palma de Mallorca 1996c, lám. 368
(color), p. 201; p. 249. Nuoro 2001-2002, p. 78
(color); p. 142. Marugame 2002, lám. 40 (color), p. 48;
p. 77. Mitaka 2002, lám. 40 (color), p. 48; p. 77.
Miyazaki 2002, lám. 40 (color), p. 48; p. 77. Niitsu
2002, lám. 40 (color), p. 48; p. 77

Oiseau s'envolant vers l'étoile, 1976
Bolígrafo y lápiz de grafito sobre cartón,
24,4 × 11,1 cm
Inscripciones: *coer. / oiseau / s'envolant / vers /
l'étoile / g. tela / 13/XII/76. / v.*
Procedencia: Donación del artista, 1981
FPJM-952

Exposiciones: Palma de Mallorca 1994-1995, lám. 92
(color), p. 118

Sin título, 1976
Bolígrafo sobre papel, 14,9 × 11,5 cm
Inscripciones: *11/XII/76 / 80 100 f. / b coer. / v.*
Procedencia: Donación del artista, 1981
FPJM-953

Femme devant la lune, 1976
Bolígrafo y lápiz de color sobre papel,
20,7 × 10,2 cm
Inscripciones: *Femme devant / la lune /
9/XII/76 / b. / g. / v.*
Procedencia: Donación del artista, 1981
FPJM-954

Exposiciones: Palma de Mallorca 1993-1994, p. 91
(color); p. 168. Palma de Mallorca 1996c, lám. 369
(color), p. 202; p. 249. Santiago de Chile 1997,
lám. 19 (color), p. 20; [p. 43]

L'Homme Martyrisé s'évade, 1976
Bolígrafo sobre papel, 20,2 × 14,7 cm
Inscripciones: *L'Homme Martyrisé / s'évade /
10/XII/76*
Procedencia: Donación del artista, 1981
FPJM-955

Exposiciones: Sevilla 1993-1994, lám. 53.C (color),
p. 117; p. 118. Málaga 1994, lám. 53.C (color), p. 117;
p. 118. Palma de Mallorca 1996c, lám. 367 (color),
p. 200; p. 249. Las Palmas de Gran Canaria
1996-1997, p. 133; lám. 103 (color), p. 134; p. 230.
Granada 2004, p. 38 (color); p. 39

Chien aboyant à un oiseau, 1976
Bolígrafo sobre papel, 8,1 × 12,6 cm
Inscripciones: *b. / coer. / v. / Chien aboyant à
un / oiseau / 1/XII/76*
Procedencia: Donación del artista, 1981
FPJM-956a

Bibliografía: Institut d'Estudis Baleàrics 1981, lám. 5
(color), p. 71

Oiseau dans l'espace [?], 1976
Bolígrafo sobre papel, 8,1 × 12,6 cm
Inscripciones: *b. / v. / 3/XII/76 / Oiseau dans /
l'espace* [?]
Procedencia: Donación del artista, 1981
FPJM-956b

Sin título, 1976
Bolígrafo sobre papel, 8,1 × 12,6 cm
Inscripciones: *b. n. / g. / 2/XII/76.*
Procedencia: Donación del artista, 1981
FPJM-957a

Sin título, 1976
Bolígrafo sobre papel, 8,1 × 12,6 cm
Procedencia: Donación del artista, 1981
FPJM-957b

Une dame sortant du concert, 1976
Bolígrafo sobre papel, 14,5 × 10,8 cm
Inscripciones: *vert / orange / tela / écrue /
60 f. / une dame / ~~Femme~~ / sortant du /
3/VIII/76. / concert*
Procedencia: Donación del artista, 1981
FPJM-958

Exposiciones: Palma de Mallorca 1993-1994, p. 88
(color); p. 168. Palma de Mallorca 1996c, lám. 363
(color), p. 200; p. 249. Palma de Mallorca 2005, lám. 8
(color), p. 80

Bibliografía: Institut d'Estudis Baleàrics 1981, lám. 1
(color), p. 68

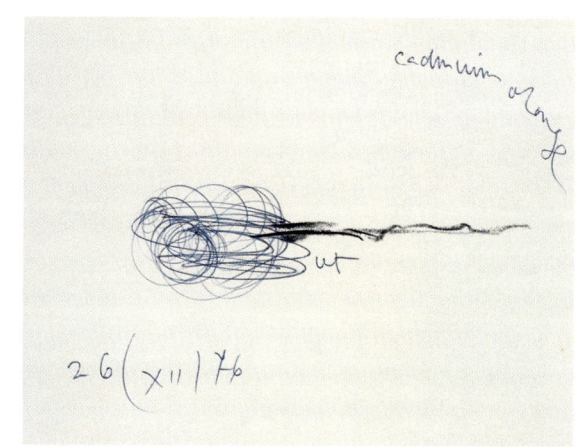

FPJM-950

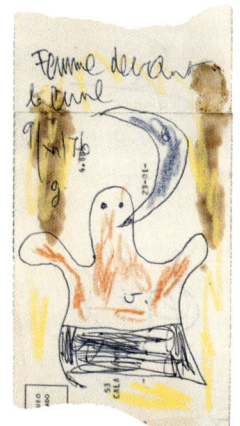

FPJM-954

FPJM-955

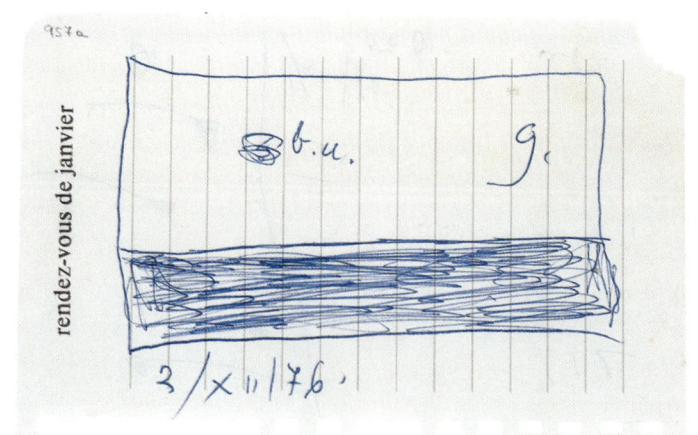

FPJM-957a

FPJM-951
FPJM-952
FPJM-953

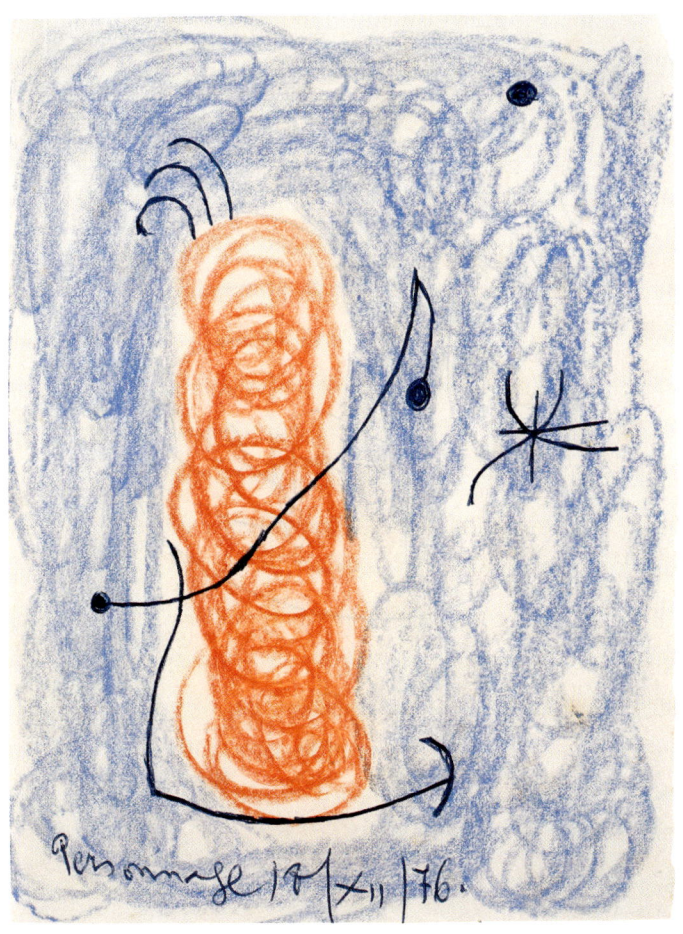

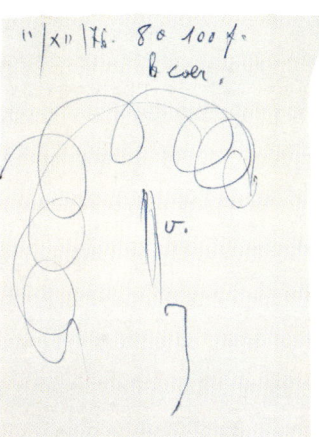

FPJM-956a
FPJM-956b

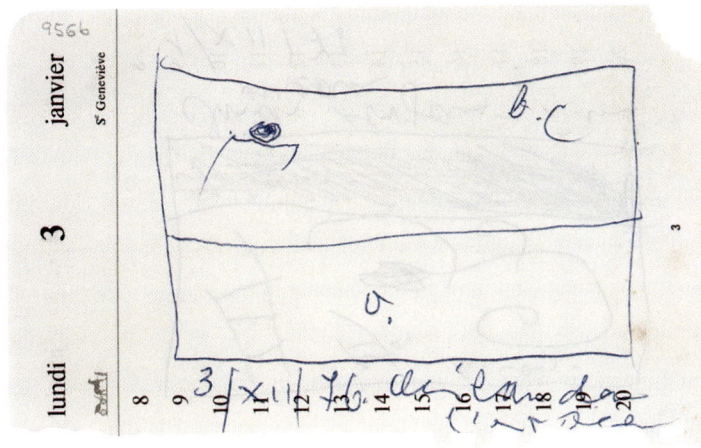

FPJM-957b
FPJM-958

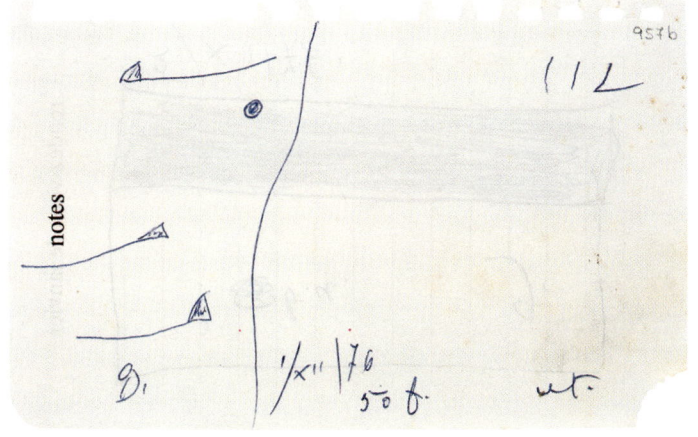

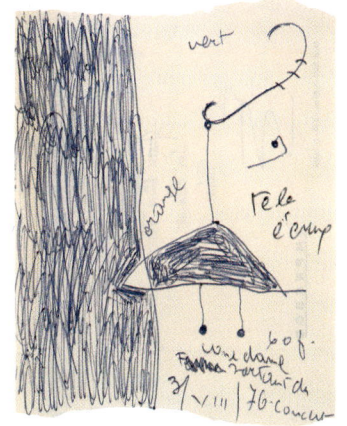

Femme devant le soleil, 1977
Bolígrafo sobre papel, 8,1 × 12,6 cm
Inscripciones: *coer. / v. / g. / 20/III/77 Femme devant le / soleil*
Procedencia: Donación del artista, 1981
FPJM-959

Sin título, 1976
Bolígrafo sobre papel, 12,6 × 8,1 cm
Inscripciones: *v. / coer. / 21/VI/76*
Procedencia: Donación del artista, 1981
FPJM-960.1

Sin título, 1977
Bolígrafo sobre papel, 8,1 × 12,6 cm
Inscripciones: *28/III/77 / b. / v. / g. / v.*
Procedencia: Donación del artista, 1981
FPJM-961

Sin título, 1977
Bolígrafo sobre cartulina, 10,5 × 16,1 cm
Inscripciones: *18/II/77.*
Procedencia: Donación del artista, 1981
FPJM-962

Paysage III, 1976
Bolígrafo sobre cartulina, 10,5 × 21,1 cm
Inscripciones: *violet / g. / coer. / v. / X / Paysage / III / 14/IV [?] /76*
Procedencia: Donación del artista, 1981
FPJM-963

Exposiciones: Palma de Mallorca 1993-1994, p. 86 (color); p. 168. Palma de Mallorca 1996c, lám. 358 (color), p. 198; p. 249. Nuoro 2001-2002, p. 77 (color); p. 142

Sin título, 1976
Bolígrafo sobre papel, 8,1 × 12,6 cm
Inscripciones: *25/VI/76 / vt. / v. / g. / b.*
Procedencia: Donación del artista, 1981
FPJM-964

Sin título, 1976
Bolígrafo sobre papel, 8,1 × 12,6 cm
Inscripciones: *23/VI/76 / X / v.*
Procedencia: Donación del artista, 1981
FPJM-965.1

Sin título, 1976 [ca]
Bolígrafo sobre papel, 8,1 × 12,6 cm
Inscripciones: *vt / g. / v. / b.*
Procedencia: Donación del artista, 1981
FPJM-965.2a

Sin título, 1976 [ca]
Bolígrafo sobre papel, 12,6 × 8,1 cm
Inscripciones: *b. / v.*
Procedencia: Donación del artista, 1981
FPJM-965.2b

Sin título, 1976
Bolígrafo sobre papel, 8,1 × 12,6 cm
Inscripciones: *cad. / vt. / g. / 26/VI/76,*
Procedencia: Donación del artista, 1981
FPJM-966.1

Sin título, 1976
Bolígrafo sobre papel, 8,1 × 12,6 cm
Inscripciones: *X / vt. / 26/VI/76.*
Procedencia: Donación del artista, 1981
FPJM-966.2

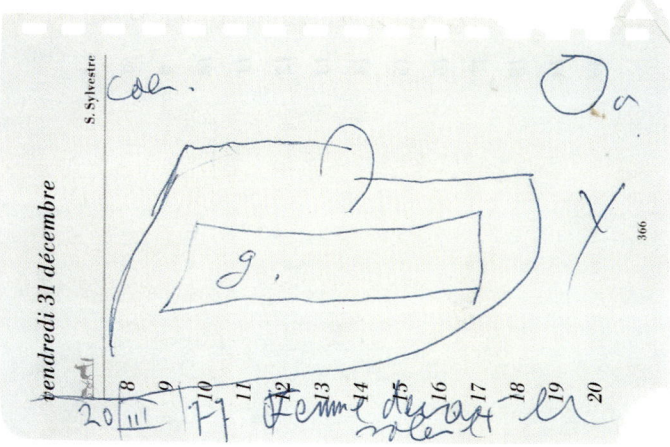

FPJM-959

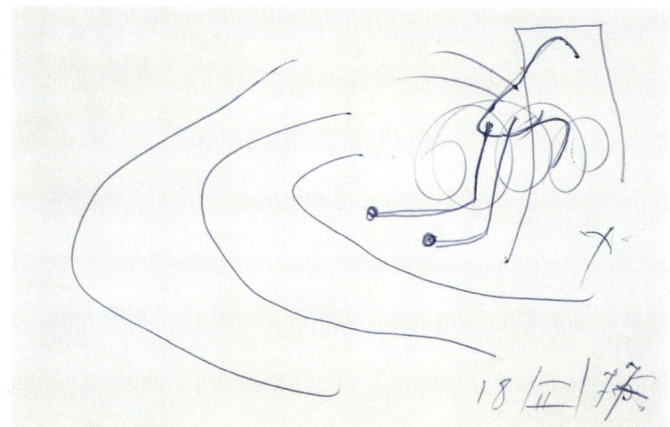

FPJM-962

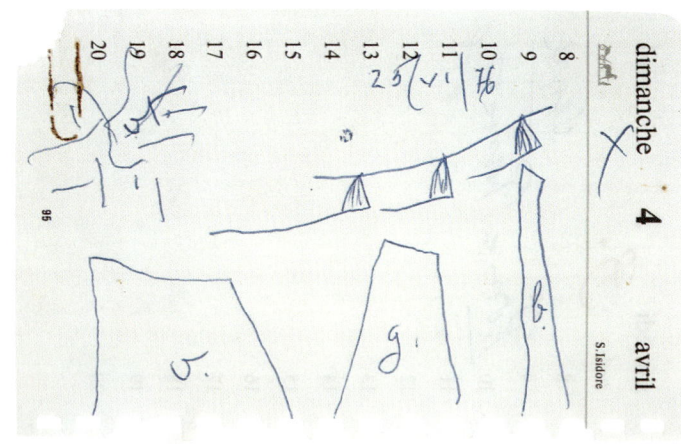

FPJM-964

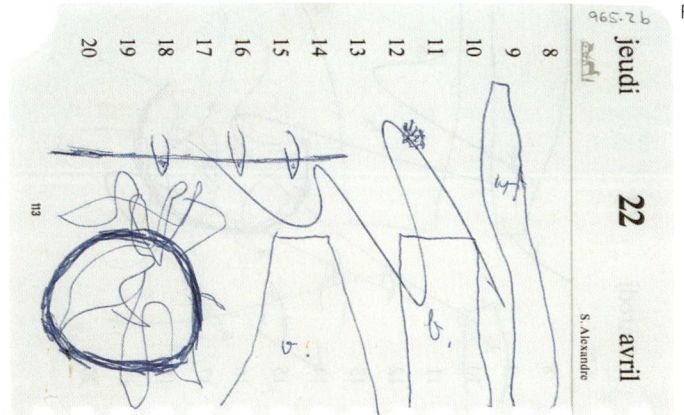

FPJM-965.2b

FPJM-960.1
FPJM-961

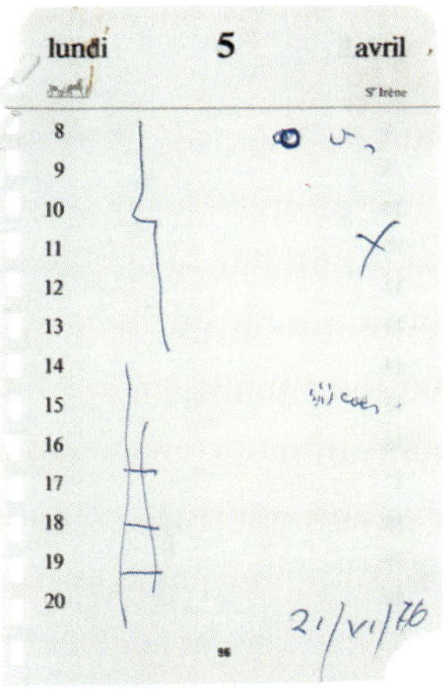

FPJM-963

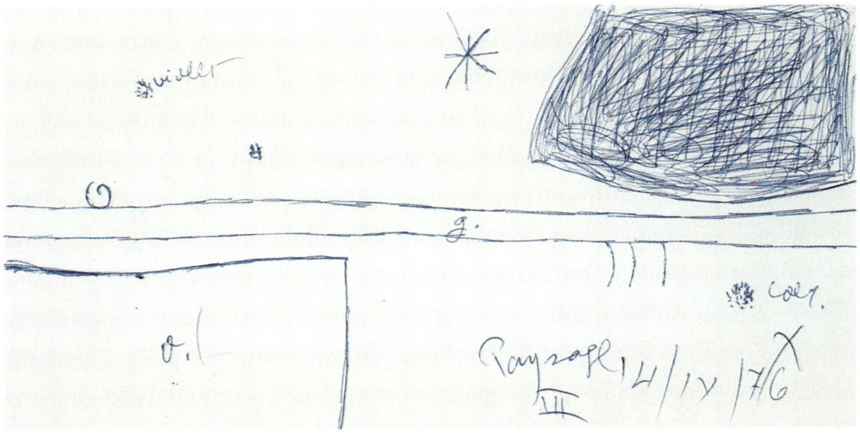

FPJM-965.1
FPJM-965.2a

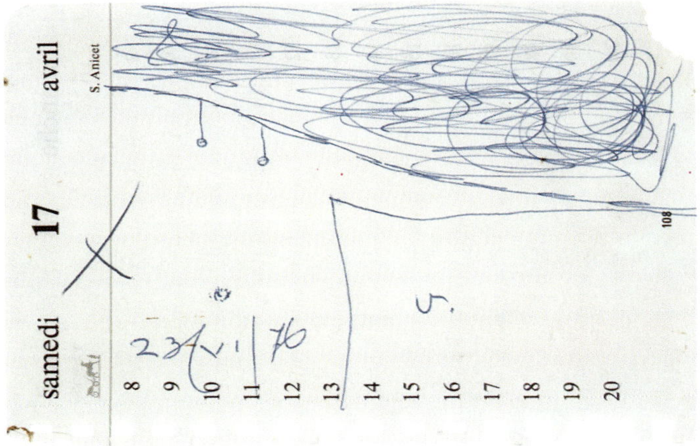

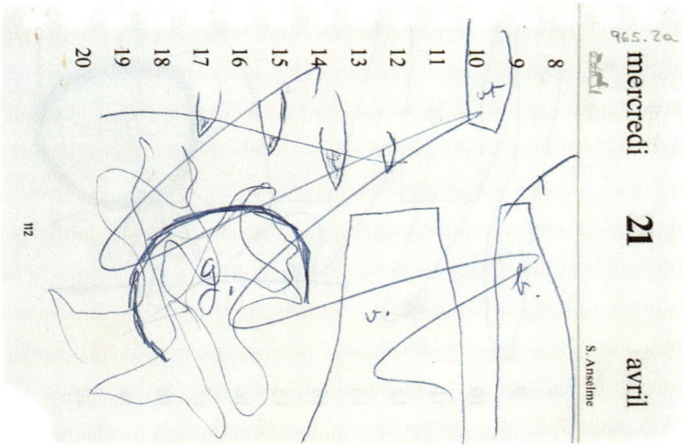

FPJM-966.1
FPJM-966.2

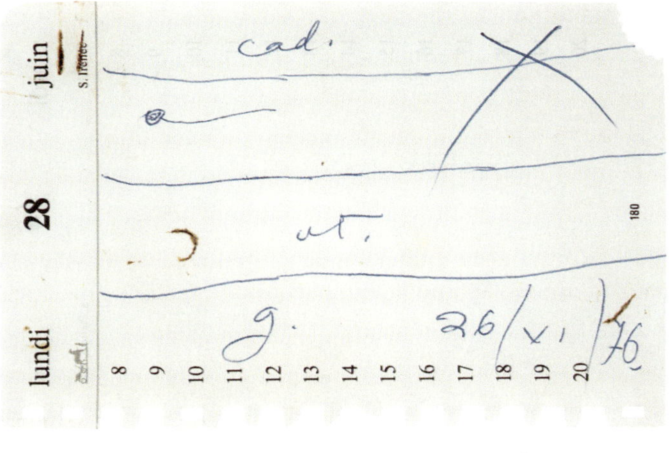

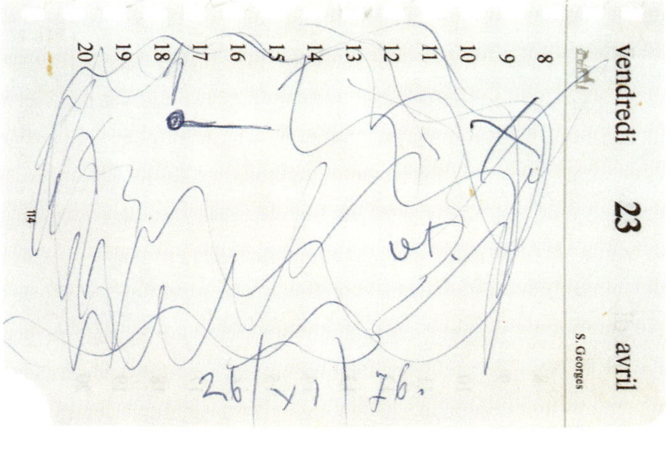

349

Sin título, 1977 [ca]
Bolígrafo sobre papel, 20,4 × 9,8 cm
Procedencia: Donación del artista, 1981
FPJM-967

Oiseaux dans l'espace, 1976
Bolígrafo sobre cartulina, 10,9 × 16,3 cm
Inscripciones: negre / sense [?] / coer. / tele
écrue / v. / 15/XI/76 / Oiseaux dans / l'espace
Procedencia: Donación del artista, 1981
FPJM-968

Oiseau devant la lune, 1977
Bolígrafo sobre papel, 8,1 × 12,6 cm
Inscripciones: 28[?]/III/77 / g. / b. / Oiseau /
devant / la / lune / v.
Procedencia: Donación del artista, 1981
FPJM-969

Tête, 1977
Bolígrafo sobre papel, 12,6 × 8,1 cm
Inscripciones: 29/III/77 / Tête
Procedencia: Donación del artista, 1981
FPJM-970

Tête, oiseau, 1977
Bolígrafo sobre papel, 12,6 × 8,1 cm
Inscripciones: Tête, oiseau / 29/III/77
Procedencia: Donación del artista, 1981
FPJM-971

Chanson de l'aube, 1976
Bolígrafo sobre cartulina, 24,4 × 22,7 cm
Inscripciones: b. / g. / vt. / v. / Chanson de
l'aube / g. tela 20/XI/76
Procedencia: Donación del artista, 1981
FPJM-972

Personnage dans la nuit, 1977
Bolígrafo sobre papel, 12,3 × 7,9 cm
Inscripciones: Personnage dans / la nuit /
29/V/77
Procedencia: Donación del artista, 1981
FPJM-973

Personnage devant le soleil, 1977
Bolígrafo sobre papel, 12,3 × 7,9 cm
Inscripciones: 19/V/77 / Personnage devant / le
soleil / v. / b. / fons R. Prússia [?] délayé /
treballar accents i indrets B. / coeroleum / g.
Procedencia: Donación del artista, 1981
FPJM-974

Exposiciones: Palma de Mallorca 1994-1995, lám. 75
(color), p. 102

Femme dans la nuit, 1977
Bolígrafo sobre papel, 12,6 × 8,1 cm
Inscripciones: 6/VI/77 / Femme dans / la nuit /
g. / v. / b.
Procedencia: Donación del artista, 1981
FPJM-975

Sin título, 1976
Bolígrafo sobre cartulina, 16,3 × 16 cm
Inscripciones: 21/XI/76 / fer abans la mà
impresa, / després abocar bleu coeroleum / i
omplir el fons avec / une poignée de paille,
avec / un chiffon avec la main [?] / ou un
pinceau d'aquells / que usen a Mallorca / per
emblanquinar / d'una manera molt viva.
Procedencia: Donación del artista, 1981
FPJM-976

Exposiciones: Palma de Mallorca 1994-1995, p. 14,
20, 26; lám. 134 (color), p. 156. Las Palmas de Gran
Canaria 1996-1997, lám. 123 (color), p. 144; p. 230.
Santander 2005, lám. 4 (color), p. 24

Femme devant l'azur, étoile, 1977
Bolígrafo sobre papel, 12,6 × 8,1 cm
Inscripciones: 30/V/77. / Femme devant /
l'azur, étoile / B.
Procedencia: Donación del artista, 1981
FPJM-977

Paysage U., 1977
Bolígrafo sobre cartulina, 20,5 × 10,5 cm
Inscripciones: C. / P. / 23/VI/77. / Paysage / U.
Procedencia: Donación del artista, 1981
FPJM-978

Exposiciones: Sevilla 1993-1994, lám. 52.C (color),
p. 114; p. 118. Málaga 1994, lám. 52.C (color), p. 114;
p. 118. Las Palmas de Gran Canaria 1996-1997,
p. 133; lám. 106 (color), p. 136; p. 230

Personnage devant le soleil;
Personnages et oiseaux devant le
soleil; Personnage, enfant et chien
devant le soleil, 1976
Bolígrafo y lápiz de color sobre papel,
27,5 × 23,3 cm
Inscripciones: Personnage / devant le soleil /
Personnages et oiseaux / devant le soleil /
24/XII/76. / Personnage [–] / et enfant et chien
devant le soleil
Procedencia: Donación del artista, 1981
FPJM-980

Exposiciones: Palma de Mallorca 1994-1995, lám. 74
(color), p. 101

La Famille, 1976
Bolígrafo sobre papel, 14,7 × 38,7 cm
Inscripciones: 19/VII/76. / v. / coer. / 7 / La
Famille
Procedencia: Donación del artista, 1981
FPJM-981

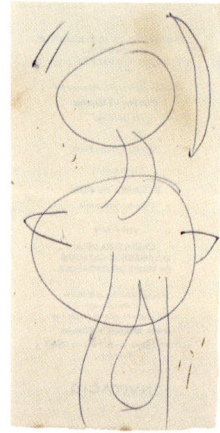

FPJM-967

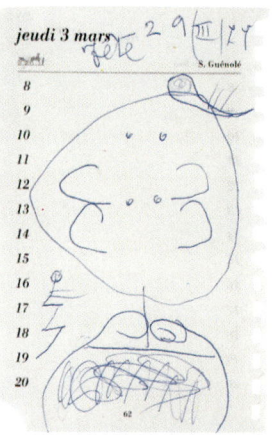

FPJM-970

FPJM-974

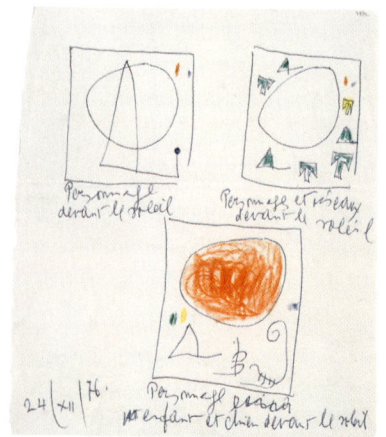

FPJM-980

FPJM-968
FPJM-969

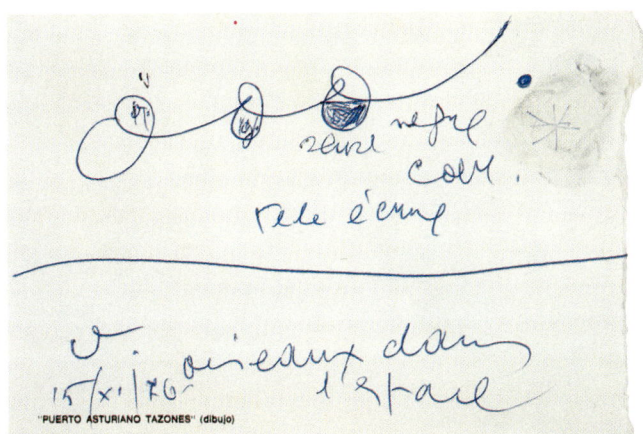

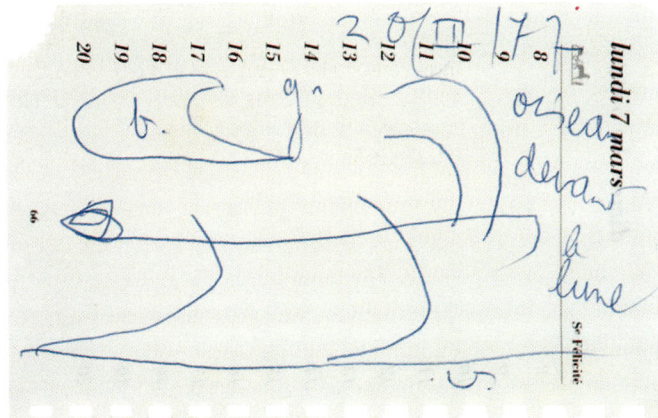

FPJM-971
FPJM-972
FPJM-973

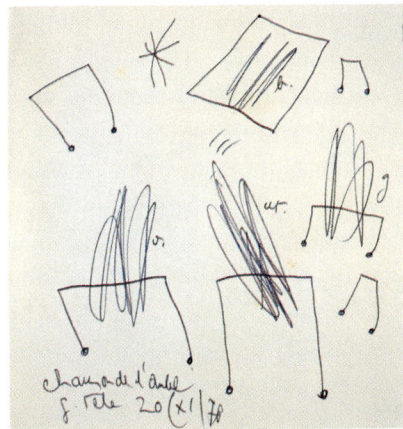

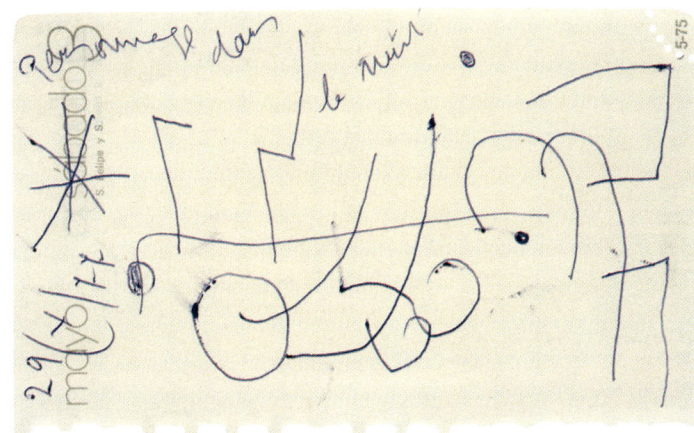

FPJM-975
FPJM-976
FPJM-977
FPJM-978

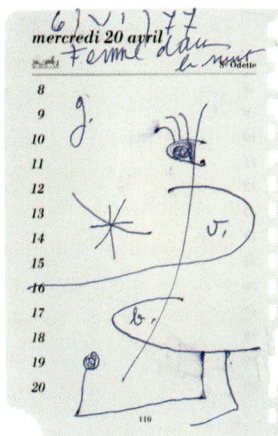

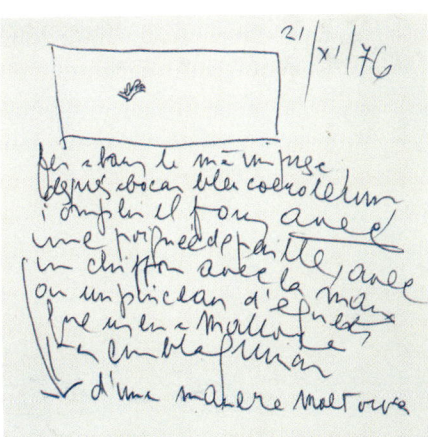

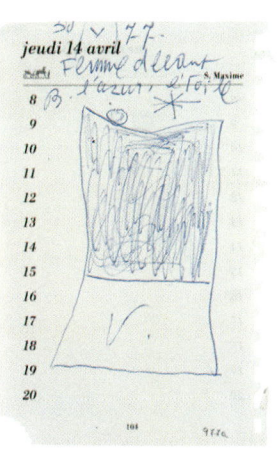

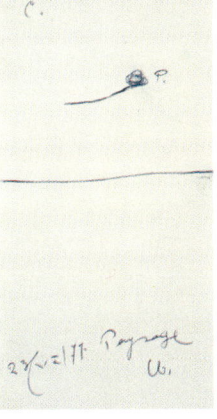

FPJM-981

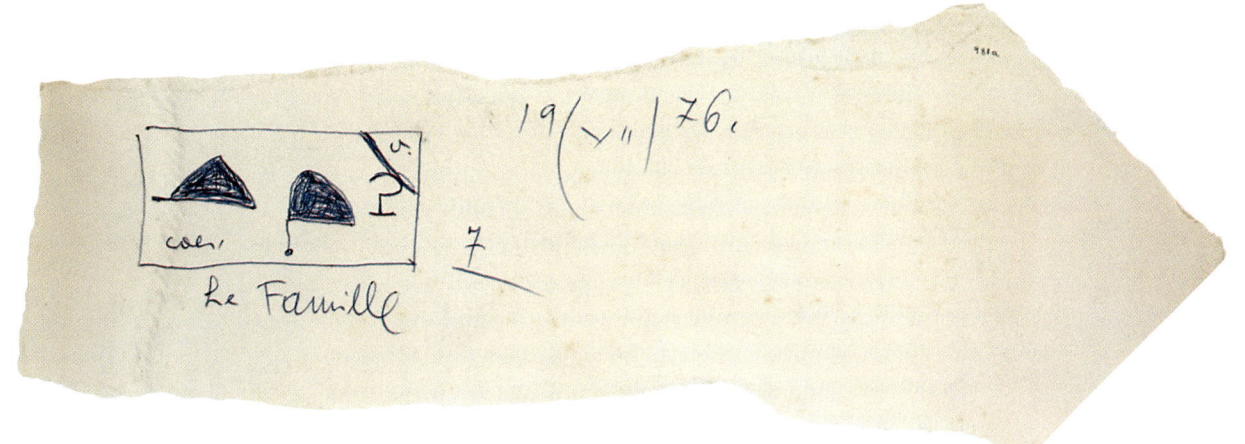

Paysage I, 1976
Bolígrafo sobre cartulina, 13,4 × 22,8 cm
Inscripciones: *b. / g. / més gran / Paysage / v. /*
14/IV/76. / I
Procedencia: Donación del artista, 1981
FPJM-982

Paysage, 1977
Bolígrafo sobre papel, 8,1 × 12,6 cm
Inscripciones: *24/III/77 / Paysage / v.*
Procedencia: Donación del artista, 1981
FPJM-983

Personnage, oiseaux, étoile, 1977
Bolígrafo sobre papel, 12,6 × 8,1 cm
Inscripciones: *28/III/77 / Personnage / oiseaux /*
étoile / ocre/ llapiç [sic] */ oli* [?]
Procedencia: Donación del artista, 1981
FPJM-984

Paysage, 1976
Bolígrafo sobre papel, 31,3 × 44,3 cm
Inscripciones: *P / v. / 120 f. / 19/VII/76. / coer. /*
6 */ Paysage*
Procedencia: Donación del artista, 1981
FPJM-985a

Sin título, sin fecha
Bolígrafo sobre papel, 23,6 × 27,5 cm
Inscripciones: *v. / g. / b. / v. / v. / vt. / g. / b. /* [–]
Procedencia: Donación del artista, 1981
FPJM-986

Paysage, 1976
Bolígrafo sobre cartulina, 10 × 20 cm
Inscripciones: *11/IV/76. / Paysage / v. / coer. /*
g. tela
Procedencia: Donación del artista, 1981
FPJM-987

Exposiciones: Palma de Mallorca 1993-1994, p. 85
(color); p. 168. Palma de Mallorca 1996c, lám. 357
(color), p. 198; p. 249. Nuoro 2001-2002, p. 143

Femme devant la lune, 1976
Bolígrafo sobre cartulina, 16,1 × 11,5 cm
Inscripciones: *b. / g. / v. / 19/IV/76. / Femme*
devant la lune / Tela 2 x 2
Procedencia: Donación del artista, 1981
FPJM-988

Exposiciones: Palma de Mallorca 1994-1995, lám. 90
(color), p. 116

Paysage. Hommage à Urgell, 1976
Bolígrafo sobre papel, 15,5 × 21,4 cm
Inscripciones: *28/VII/76. /* H *Paysage* [–]
Hommage à M Urgell / g. tela / v. / b. / g.
Procedencia: Donación del artista, 1981
FPJM-989

FPJM-982

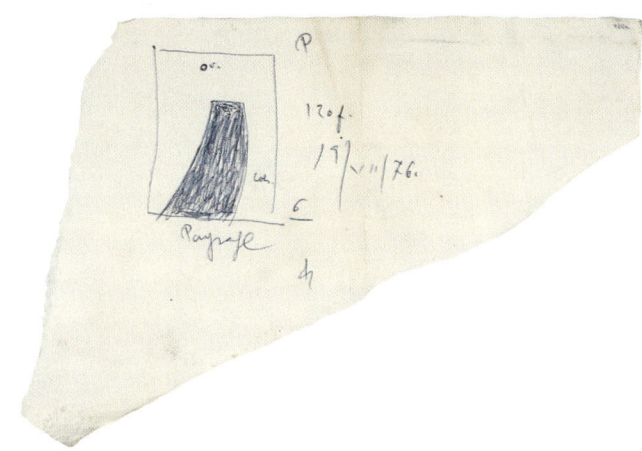

FPJM-985a

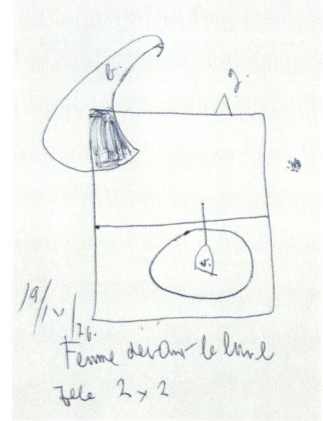

FPJM-988

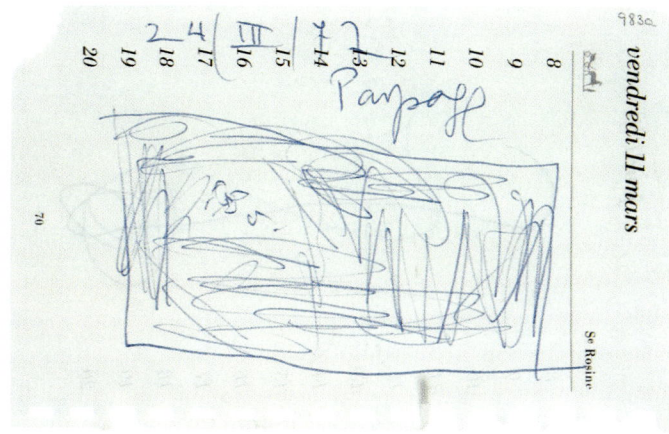
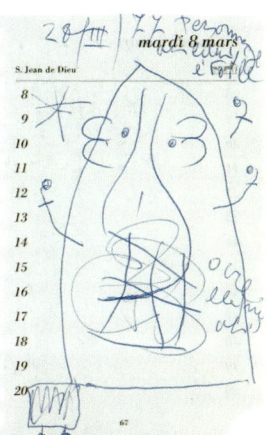

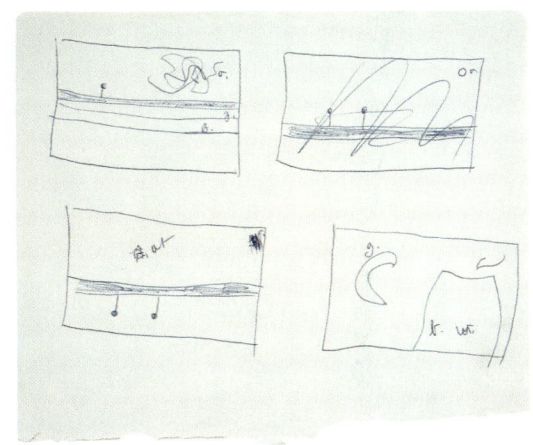

Chien aboyant le soleil, 1975
Bolígrafo sobre papel, 16,9 × 20,7 cm
Inscripciones: *b. / Chien aboyant le soleil /*
12/X/75.
Procedencia: Donación del artista, 1981
FPJM-990

Exposiciones: Palma de Mallorca 1994-1995, p. 13,
20, 25; lám. 73 (color), p. 100

Oiseaux dans un paysage; Oiseaux
dans la nuit, 1974
Bolígrafo y lápiz de color sobre papel,
41,2 × 30,2 cm
Inscripciones: *oiseaux dans un paysage / vt. /*
v. / g. / v. / v. / b. / v. / b. / b. / oiseaux dans la
nuit / 28/IX/74.
Procedencia: Donación del artista, 1981
FPJM-991a

Exposiciones: Palma de Mallorca 1994-1995, p. 13,
20, 25; lám. 87 (color), p. 113

Oiseaux; Vers l'infini; Femme devant le
soleil, 1974
Bolígrafo y lápiz de color sobre papel,
41,2 × 30,2 cm
Inscripciones: *v. / b. / v. / n. / n. / oiseaux /*
blanc / v. / b. / v. / b. / g. / vers l' / infini /
Femme devant / le soleil / 28/IX/74. / [–] / v /
[–] oiseau
Procedencia: Donación del artista, 1981
FPJM-991b

Paysage, 1976
Bolígrafo sobre papel, 15 × 20,7 cm
Inscripciones: *Paysage / coer. / v. / 5/II/76.*
Procedencia: Donación del artista, 1981
FPJM-992

Vers l'infini, 1975
Bolígrafo y lápiz de color sobre papel,
15,6 × 19,3 cm
Inscripciones: *8/XII/75. / b. / coer. / La /*
~~*marche*~~ */ vers l'infini*
Procedencia: Donación del artista, 1981
FPJM-993

Exposiciones: Palma de Mallorca 1994-1995, p. 14,
20, 26; lám. 130 (color), p. 153. Las Palmas de Gran
Canaria 1996-1997, lám. 119 (color), p. 143; p. 230

Le coït dans la nuit sous les
constellations; Le coït, 1975
Bolígrafo y lápiz de color sobre papel,
15,6 × 21,5 cm
Inscripciones: *22/XII/75 / Le coït dans la nuit /*
sous les / constellations / Le coït
Procedencia: Donación del artista, 1981
FPJM-994

Exposiciones: Palma de Mallorca 1993-1994, p. 69
(color); p. 167. Palma de Mallorca 1996c, lám. 344
(color), p. 194; p. 248

Constellation I, 1975
Bolígrafo y lápiz de color sobre papel,
15,6 × 19,2 cm
Inscripciones: *13/XII/75 / Constellation I*
Procedencia: Donación del artista, 1981
FPJM-995

Exposiciones: Palma de Mallorca 1993-1994, p. 74
(color); p. 167. Palma de Mallorca 1996c, lám. 340
(color), p. 193; p. 248

Constellation II, 1975
Bolígrafo y lápiz de color sobre papel,
15,6 × 19,2 cm
Inscripciones: *13/XII/75 / Constellation II*
Procedencia: Donación del artista, 1981
FPJM-996

Exposiciones: Palma de Mallorca 1993-1994, p. 75
(color); p. 167. Palma de Mallorca 1996c, lám. 341
(color), p. 194; p. 248

Constellation III, 1975
Bolígrafo y lápiz de color sobre papel,
15,6 × 19,2 cm
Inscripciones: *13/XII/75 / Constellation III*
Procedencia: Donación del artista, 1981
FPJM-997

Exposiciones: Palma de Mallorca 1993-1994, p. 76
(color); p. 167. Palma de Mallorca 1996c, lám. 342
(color), p. 194; p. 248

Oiseaux, constellations, 1975
Bolígrafo y lápiz de color sobre papel,
15,6 × 19,2 cm
Inscripciones: *22/XII/75 / Oiseaux,*
constellations
Procedencia: Donación del artista, 1981
FPJM-998

Exposiciones: Palma de Mallorca 1993-1994, p. 77
(color); p. 167. Palma de Mallorca 1996c, lám. 343
(color), p. 194; p. 248. Nuoro 2001-2002, p. 74
(color); p. 142

Sin título, 1975
Bolígrafo y lápiz de cera sobre papel,
21 × 15 cm
Inscripciones: *llapiç* [sic] *oli / llapiç* [sic] *oli /*
bl. / 25/XII/75.
Procedencia: Donación del artista, 1981
FPJM-999

Exposiciones: Palma de Mallorca 1993-1994, p. 78
(color); p. 167. Palma de Mallorca 1996c, lám. 345
(color), p. 194; p. 248. Marugame 2002, lám. 38
(color), p. 27; p. 77. Mitaka 2002, lám. 38 (color),
p. 27; p. 77. Miyazaki 2002, lám. 38 (color), p. 27;
p. 77. Niitsu 2002, lám. 38 (color), p. 27; p. 77

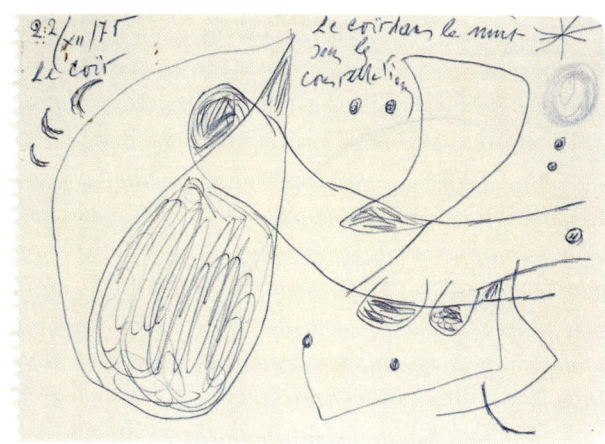

FPJM-994

FPJM-990
FPJM-991a
FPJM-991b

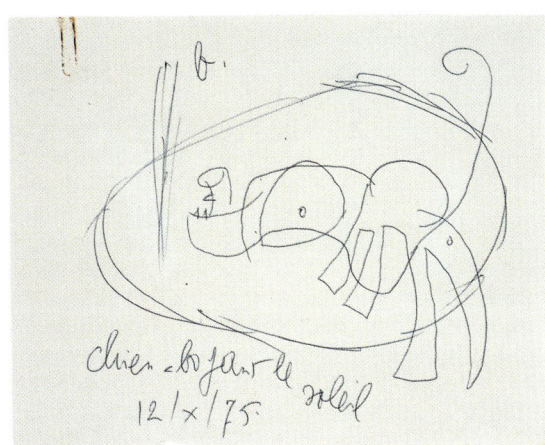  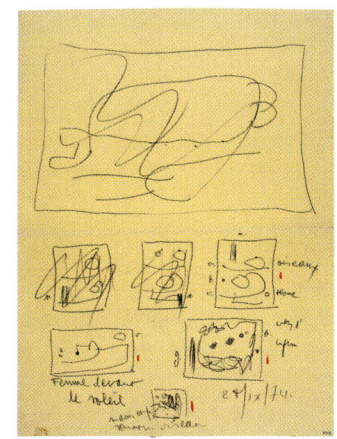

FPJM-992
FPJM-993

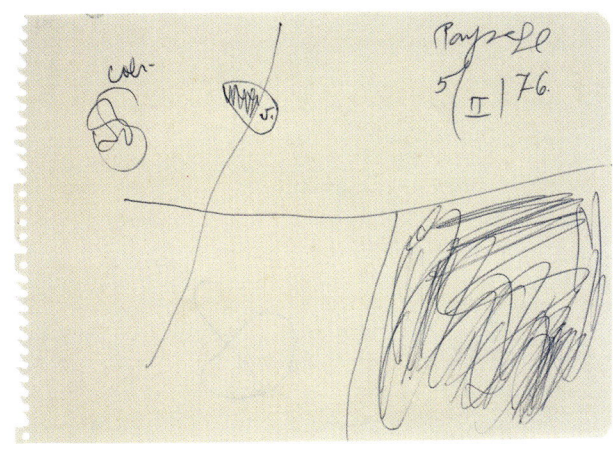 

FPJM-995
FPJM-996

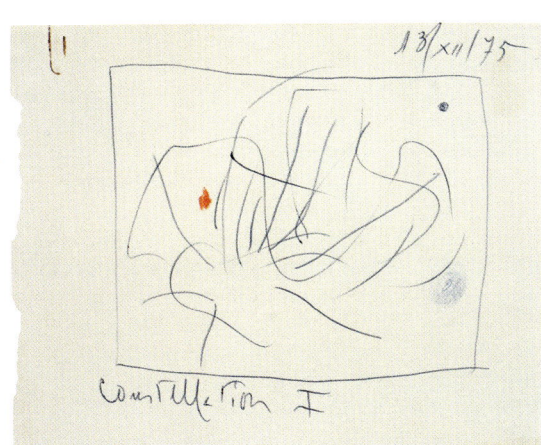 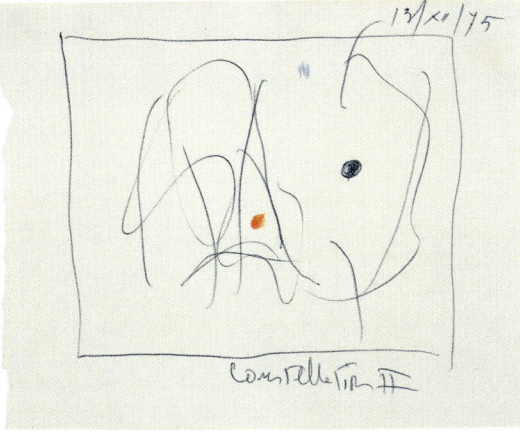

FPJM-997
FPJM-998
FPJM-999

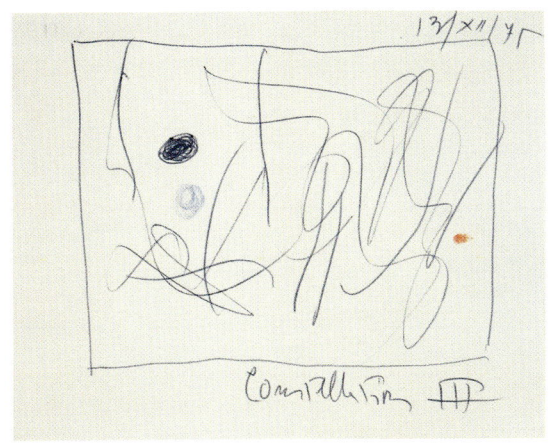  

Femme, oiseau dans la nuit, 1974
Bolígrafo sobre papel, 15,1 × 21 cm
Inscripciones: *29/XI/74 / Femme, oiseau / dans la nuit*
Procedencia: Donación del artista, 1981
FPJM-1000

Exposiciones: Palma de Mallorca 1993-1994, p. 61 (color); p. 166. Palma de Mallorca 1996c, lám. 326 (color), p. 189; p. 248. Las Palmas de Gran Canaria 1996-1997, lám. 167 (color), p. 164; p. 232

Femme, oiseau dans la nuit, 1974
Bolígrafo sobre papel, 15,6 × 21 cm
Inscripciones: *29/XI/74 / Femme / dans la nuit /, oiseau / correccions negre, esquitxos*
Procedencia: Donación del artista, 1981
FPJM-1001

Exposiciones: Palma de Mallorca 1994-1995, lám. 88 (color), p. 114

Personnages dans la nuit I, 1976
Bolígrafo sobre papel, 21 × 29,8 cm
Inscripciones: *b. / v. / g. / 1/II/76 / I / Personnages dans / la nuit*
Procedencia: Donación del artista, 1981
FPJM-1002

Exposiciones: Palma de Mallorca 1993-1994, p. 79 (color); p. 167. Palma de Mallorca 1996c, lám. 348 (color), p. 196; p. 249. Nuoro 2001-2002, p. 143

Chien I, 1976
Bolígrafo sobre papel, 21 × 29,8 cm
Inscripciones: *b. / g. / v. / Chien I / 1/II/76 / II*
Procedencia: Donación del artista, 1981
FPJM-1003

Exposiciones: Palma de Mallorca 1993-1994, p. 81 (color); p. 167. Palma de Mallorca 1996c, lám. 349 (color), p. 196; p. 249. Nuoro 2001-2002, p. 75 (color); p. 142

Chien II, III, 1976
Bolígrafo sobre papel, 21 × 29,8 cm
Inscripciones: *b / g. / v. / 1/II/76 / II / Chien / III*
Procedencia: Donación del artista, 1981
FPJM-1004

Exposiciones: Palma de Mallorca 1993-1994, p. 81 (color); p. 168. Palma de Mallorca 1996c, lám. 350 (color), p. 196; p. 249

Personnage dans un paysage, à minuit IV, 1976
Bolígrafo sobre papel, 21,1 × 29,8 cm
Inscripciones: *v. / g. / b. / 1/II/76 / Personnage dans / un paysage, / à minuit / IV*
Procedencia: Donación del artista, 1981
FPJM-1005

Exposiciones: Palma de Mallorca 1993-1994, p. 79 (color); p. 167. Palma de Mallorca 1996c, lám. 347 (color), p. 195; p. 249. Nuoro 2001-2002, p. 143. Marugame 2002, lám. 39 (color), p. 51; p. 77. Mitaka 2002, lám. 39 (color), p. 51; p. 77. Miyazaki 2002, lám. 39 (color), p. 51; p. 77. Niitsu 2002, lám. 39 (color), p. 51; p. 77

Chien dans la nuit V, 1976
Bolígrafo sobre papel, 21,1 × 29,8 cm
Inscripciones: *b. / v. / g. / 1/2/76 / V / Chien dans la nuit*
Procedencia: Donación del artista, 1981
FPJM-1006

Exposiciones: Palma de Mallorca 1993-1994, p. 80 (color); p. 167. Palma de Mallorca 1996c, lám. 351 (color), p. 196; p. 249

Le repas des fermiers, 1976
Bolígrafo sobre papel, 8,1 × 12,6 cm
Inscripciones: *22/VI/76 / Le / repas / des / fermiers / v. / coer.*
Procedencia: Donación del artista, 1981
FPJM-1007

FPJM-1000

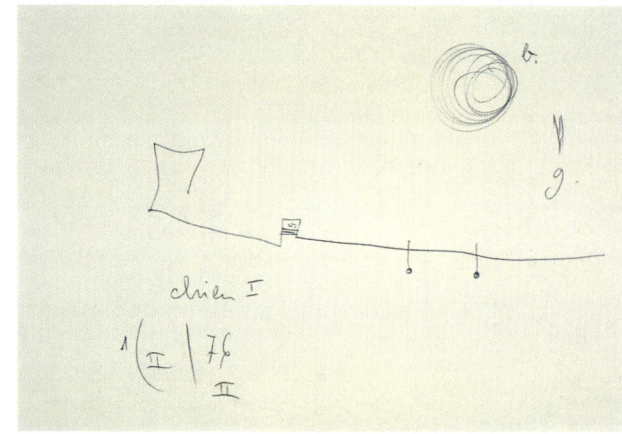

FPJM-1003

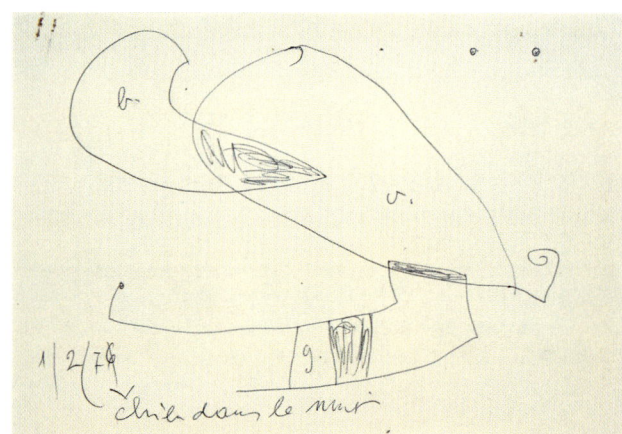

FPJM-1006

FPJM-1001
FPJM-1002

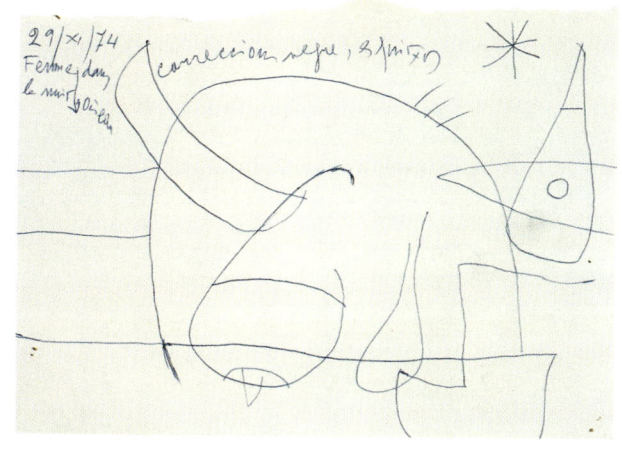
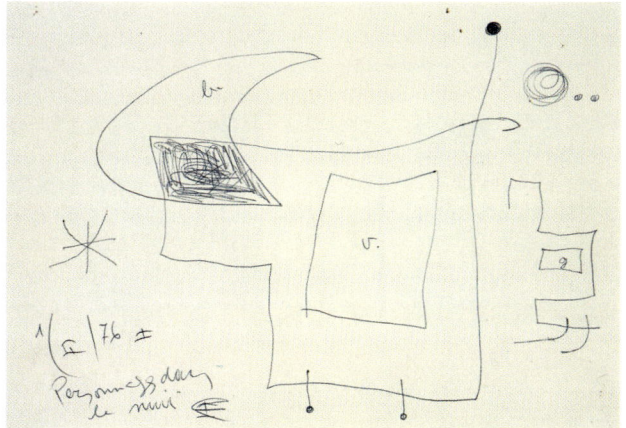

FPJM-1004
FPJM-1005

FPJM-1007

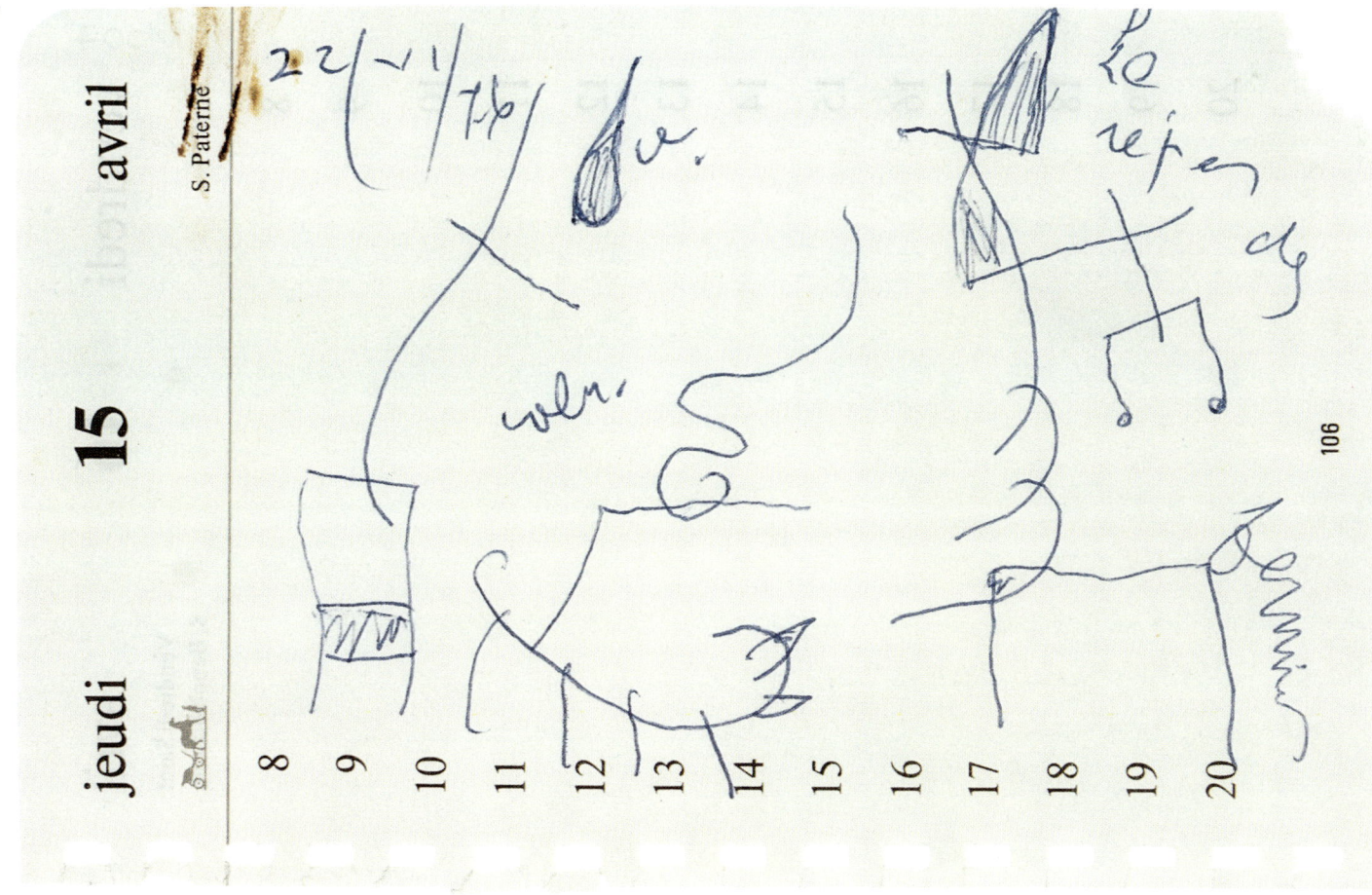

Le repas des fermiers, 1975
Bolígrafo sobre papel, 27,6 × 21,7 cm
Inscripciones: *g. / v. / coer. / Le repas /*
des fermiers / 28/X/75.
Procedencia: Donación del artista, 1981
FPJM-1008

Vers l'infini, 1976
Bolígrafo y lápiz de color sobre papel,
13,9 × 21,1 cm
Inscripciones: *Vers l'infini / Començar per fer*
el sol / 29/II/76
Procedencia: Donación del artista, 1981
FPJM-1009

Exposiciones: Palma de Mallorca 1993-1994, p. 85
(color); p. 168. Palma de Mallorca 1996c, lám. 356
(color), p. 198; p. 249. Nuoro 2001-2002, p. 76
(color); p. 142

Femme, 1975
Bolígrafo sobre papel, 19,8 × 15,5 cm
Inscripciones: *Femme / blanc / 16/X/75 / gran /*
tela / g. / v. / b. / vt.
Procedencia: Donación del artista, 1981
FPJM-1010

Exposiciones: Palma de Mallorca 1993-1994, p. 63
(color); p. 166. Palma de Mallorca 1996c, lám. 333
(color), p. 191; p. 248

Personnage, lune, constellations,
sin fecha
Bolígrafo sobre papel, 8,1 × 12,6 cm
Inscripciones: *6 h. 30 / 5h. 30 / Personnage,*
lune, constellations
Procedencia: Donación del artista, 1981
FPJM-1011.1

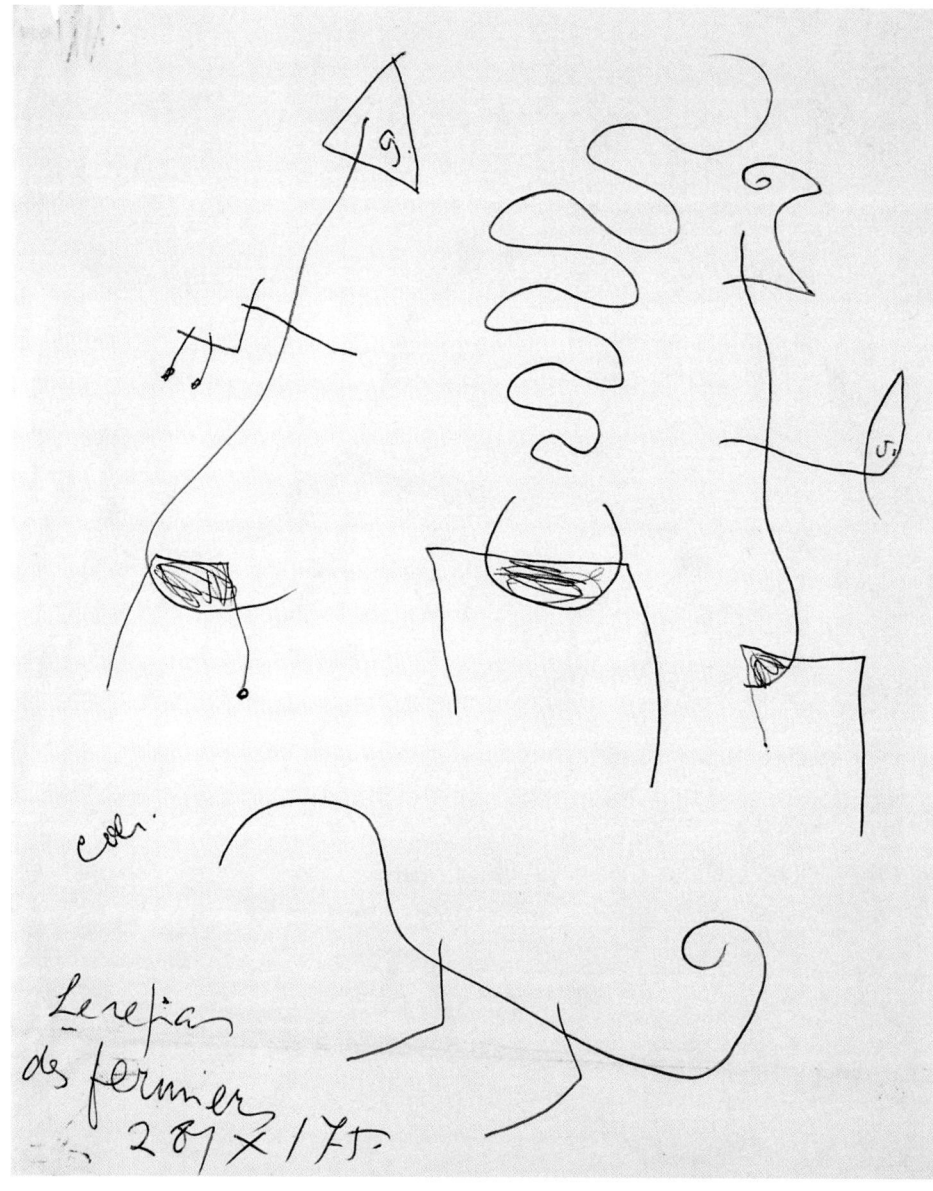

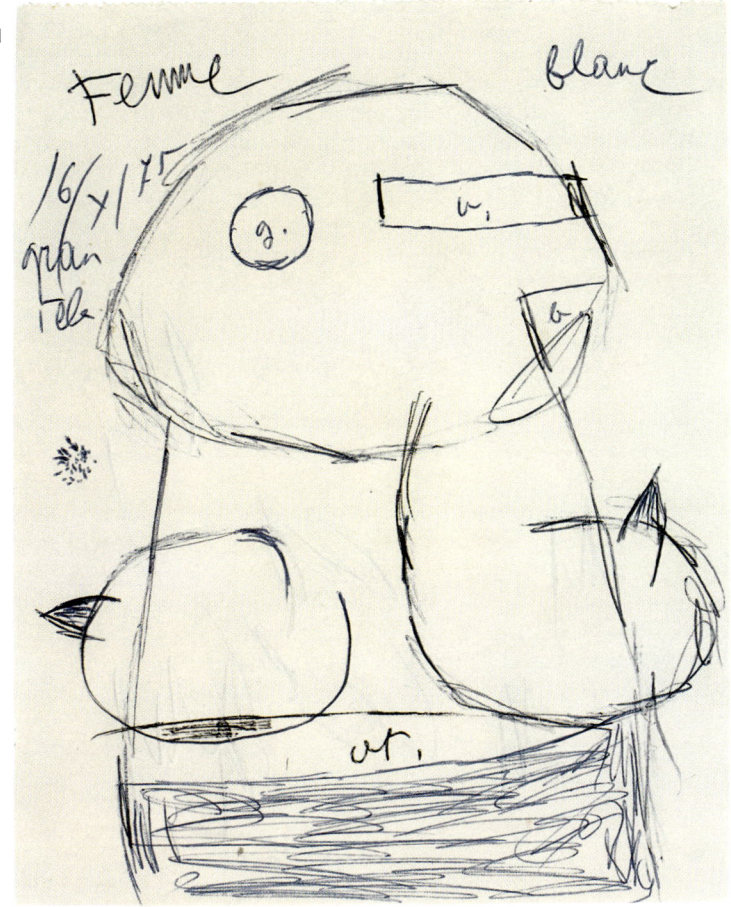

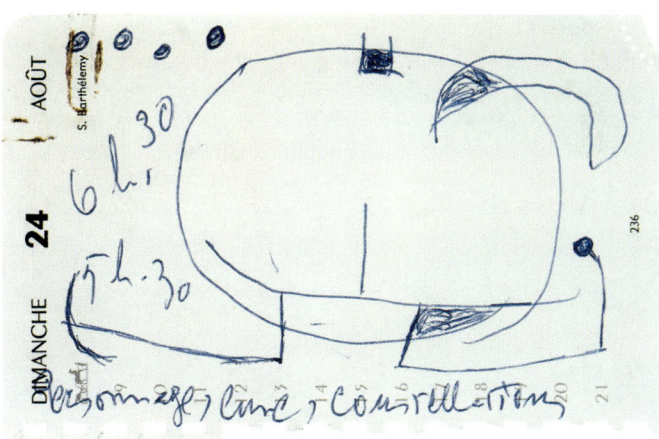

Paysage de Mont-roig, 1975
Lápiz de cera y bolígrafo sobre papel,
12 × 21,4 cm
Inscripciones: *Paysage de Mont-roig / 11/XI/75*
Procedencia: Donación del artista, 1981
FPJM-1012

Exposiciones: Palma de Mallorca 1993-1994, p. 68
(color); p. 166. Palma de Mallorca 1996c, lám. 334
(color), p. 192; p. 248. Nuoro 2001-2002, p. 143.
Marugame 2002, lám. 33 (color), p. 36; p. 77. Mitaka
2002, lám. 33 (color), p. 36; p. 77. Miyazaki 2002,
lám. 33 (color), p. 36; p. 77. Niitsu 2002, lám. 33
(color), p. 36; p. 77

Sin título, 1975
Bolígrafo sobre papel, 9,9 × 17,4 cm
Inscripciones: *22/X/75 / v. / g. / b.*
Procedencia: Donación del artista, 1981
FPJM-1013

Exposiciones: Palma de Mallorca 1994-1995, p. 14,
20, 26; lám. 129 (color), p. 152. Las Palmas de Gran
Canaria 1996-1997, lám. 118 (color), p. 142; p. 230

Sin título, sin fecha
Bolígrafo sobre papel, 6,3 × 16,1 cm
Inscripciones: *b. / g. / v. / vt.*
Procedencia: Donación del artista, 1981
FPJM-1014

Exposiciones: Palma de Mallorca 1994-1995, p. 14,
20, 26; lám. 128 (color), p. 152. Las Palmas de Gran
Canaria 1996-1997, lám. 117 (color), p. 142; p. 230

Paysage, 1975
Bolígrafo y carboncillo sobre papel,
11,8 × 14,8 cm
Inscripciones: *coer. / Paysage / tela gran /
8/VIII/75 / ~~terra~~ / terra / ocre / g. / gran tela*
Procedencia: Donación del artista, 1981
FPJM-1015

L'Espoir, 1974
Bolígrafo sobre papel, 20 × 21 cm
Inscripciones: *g. / ripolí* [sic] */ b. / v. /
23/VI/74 / L'espoir*
Procedencia: Donación del artista, 1981
FPJM-1016

Sin título, 1975
Bolígrafo sobre cartulina, 16,2 × 10,6 cm
Inscripciones: *paper ondulat / tirar negre / ripoli*
[sic] */ paper vidre / groc / accents / rippolí* [sic]
negre / indrets [?] */ blanc / oli / amb / espàtula /
contorns / blanc oli / 22/I/75.*
Procedencia: Donación del artista, 1981
FPJM-1017

Exposiciones: Santander 2005, lám. 7 (color), p. 51

*Personnage, chien, oiseau,
Constellations*, sin fecha
Bolígrafo y lápiz de grafito sobre papel,
27,6 × 21,7 cm
Inscripciones: *coer. / Personnage, / chien, /
oiseau / Constellations*
Procedencia: Donación del artista, 1981
FPJM-1018

Exposiciones: Palma de Mallorca 1994-1995, p. 13, 20,
25; lám. 89 (color), p. 115. Río de Janeiro 1995, p. 44
(color). Buenos Aires 1996, p. 39 (color); p. 85.
Montevideo 1996, p. 39 (color); p. 85. São Paulo 1996,
p. 44 (color)

Le coït au clair de lune, 1973
Bolígrafo sobre cartulina, 10,5 × 14 cm
Inscripciones: *30/V/73. / b. / Le coït au / clair
de / lune / v. / g. / v.*
Procedencia: Donación del artista, 1981
FPJM-1019

Exposiciones: Palma de Mallorca 1994-1995, lám. 86
(color), p. 112

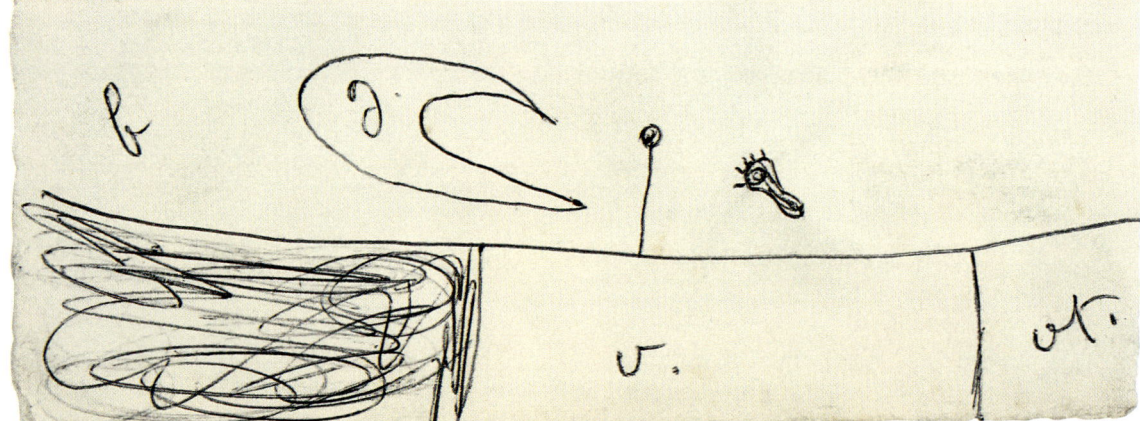

FPJM-1014

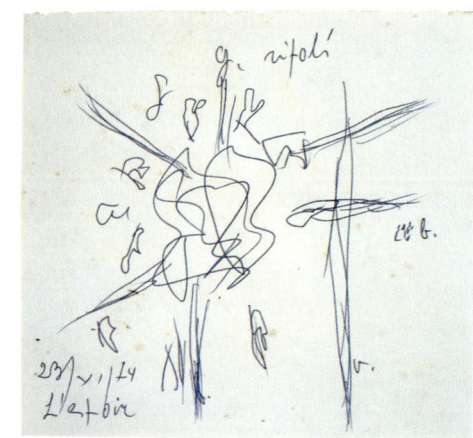

FPJM-1016

FPJM-1012

FPJM-1013
FPJM-1015

FPJM-1017
FPJM-1018
FPJM-1019

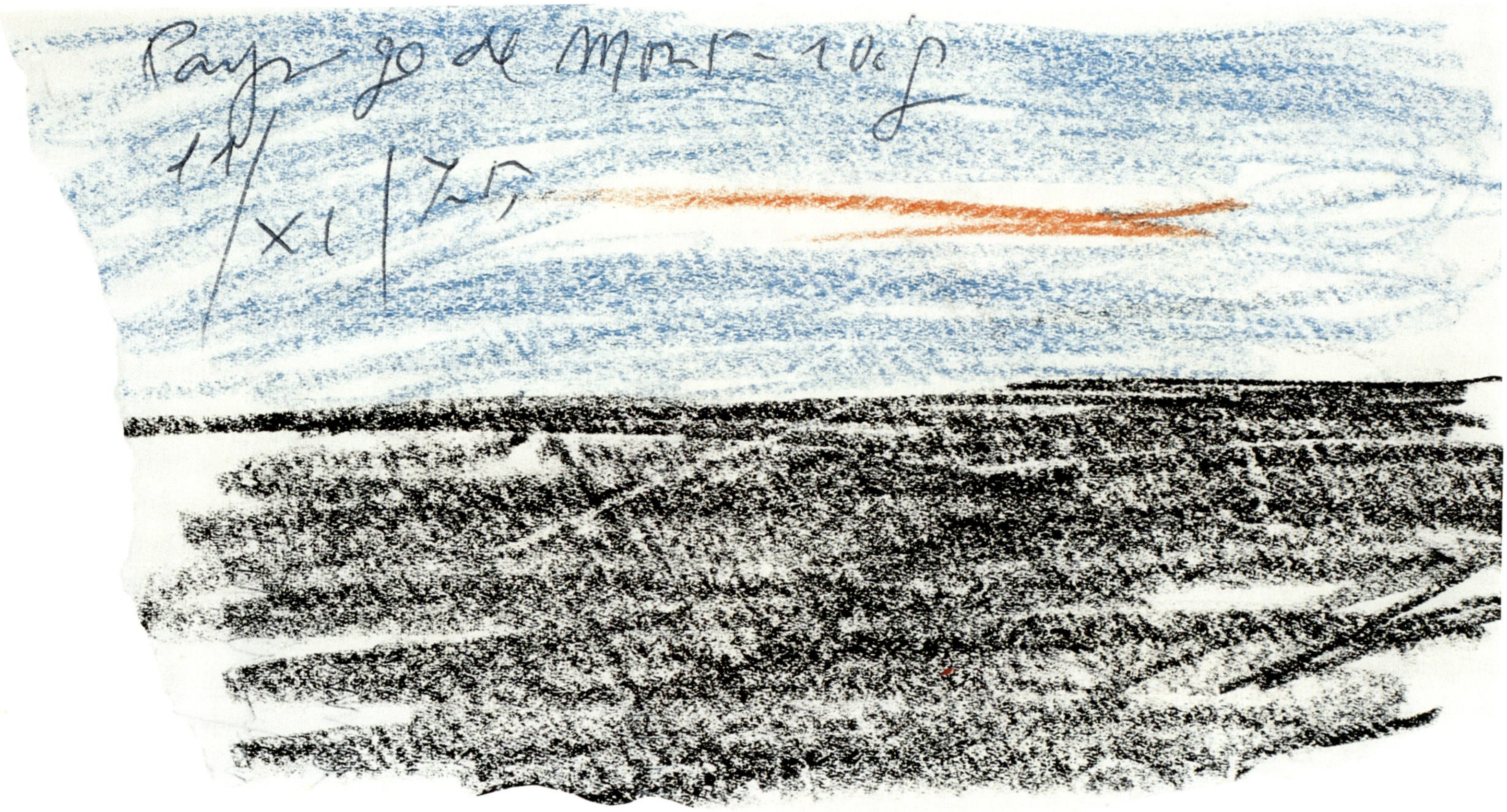

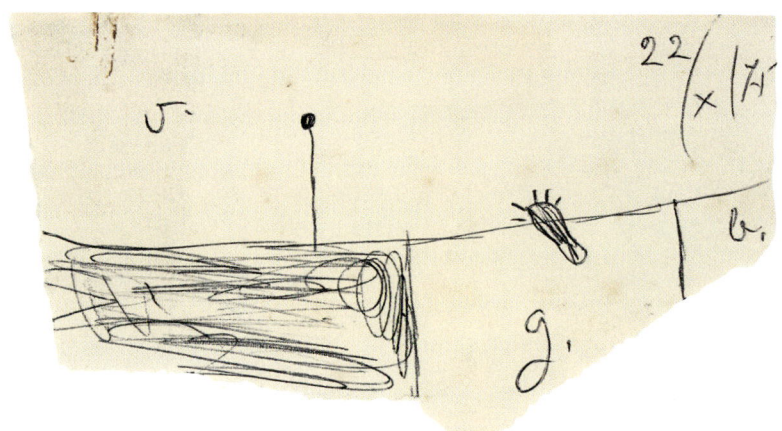

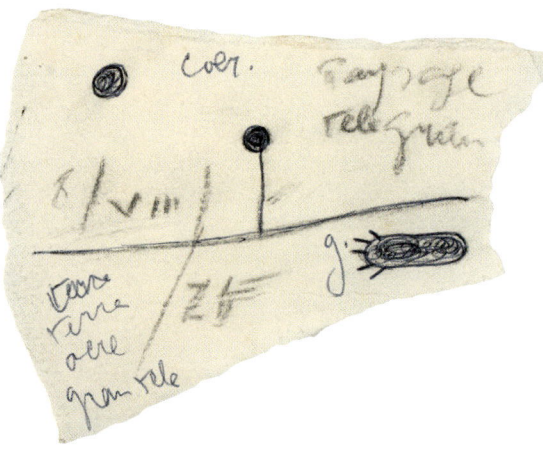

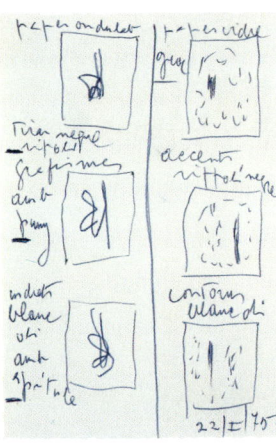

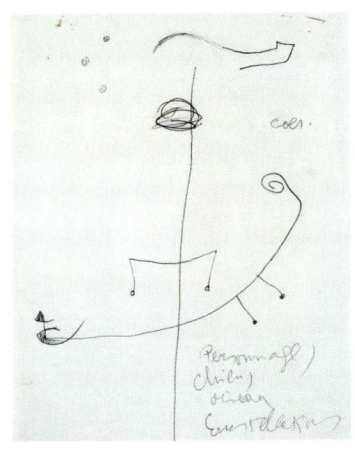

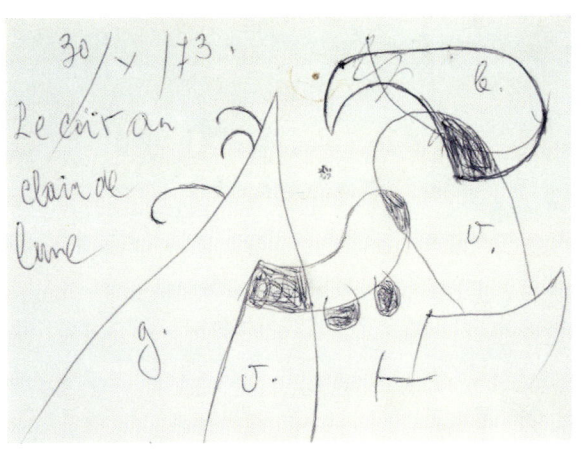

Femme, 1970
Bolígrafo, lápiz de color y lápiz de grafito sobre
papel, 21,4 × 15,4 cm
Inscripciones: *foradar / 21/XII/70 / Femme*
Procedencia: Donación del artista, 1981
FPJM-1020

Exposiciones: Palma de Mallorca 1993-1994, p. 42
(color); p. 164. Palma de Mallorca 1996c, lám. 307
(color), p. 184; p. 247

Femme, 1970
Bolígrafo y lápiz de color sobre papel,
21,4 × 15,3 cm
Inscripciones: *21/XII/70 / Femme*
Procedencia: Donación del artista, 1981
FPJM-1021

Exposiciones: Palma de Mallorca 1993-1994, p. 41
(color); p. 164. Palma de Mallorca 1996c, lám. 306
(color), p. 184; p. 247

Femme, oiseau, 1973
Bolígrafo y lápiz de color sobre papel,
19,8 × 15,4 cm
Inscripciones: ~~fot amb un drap~~ / Femme,
oiseau / 2/III/ 73.
Procedencia: Donación del artista, 1981
FPJM-1022

Peinture murale, 1974
Bolígrafo sobre papel, 42,3 × 29,1 cm
Inscripciones: accent / vert / petita fusta /
blanc / Peinture murale 3/IX/74 / això pot servir
de pont per a fer: / 2 tablers de masonite tacats
(Montroig) / Varis [tablers masonite] (Palma) /
Ring Gaspar / Gran vidre taula Palma / Taules
pintar [Palma] / Gran rotllo paper galliners
(Mont-roig)
Procedencia: Donación del artista, 1981
FPJM-1023

Femme, 1974
Bolígrafo sobre papel, 21,3 × 15,4 cm
Inscripciones: Femme / llanes / llibertat Royo /
1/X/74. / X penjar
Procedencia: Donación del artista, 1981
FPJM-1024

Femme, sin fecha
Bolígrafo sobre papel, 21,3 × 15,3 cm
Inscripciones: *Ring* / Femme / vidre /
contraplacat / 1
Procedencia: Donación del artista, 1981
FPJM-1025.1

Sin título, sin fecha
Bolígrafo sobre papel, 15,4 × 21,3 cm
Inscripciones: porta Montroig / masonite
Mont-roig / masonite / Mont-roig / fusta ~~tela~~
petita / Montroig / tela caseta / 2
Procedencia: Donación del artista, 1981
FPJM-1026

Sin título, sin fecha
Bolígrafo sobre papel, 15,4 × 21,3 cm
Inscripciones: esquitxos blanc / *escultura* / b. /
vt. / g. / v. / fusta Son Boter 3
Procedencia: Donación del artista, 1981
FPJM-1027

Sin título, sin fecha
Bolígrafo sobre papel, 15,3 × 21,4 cm
Inscripciones: Sacs Lelong penjants sostre / *4*
Procedencia: Donación del artista, 1981
FPJM-1028

Sin título, sin fecha
Bolígrafo sobre papel, 15,4 × 21,5 cm
Inscripciones: cartró / corda / els té Royo / *5*
Procedencia: Donación del artista, 1981
FPJM-1029

Personnage devant le soleil, 1977
Bolígrafo sobre cartulina, 10 × 21,5 cm
Inscripciones: 26/ / IV/ / 77 / Personnage
devant / le soleil
Procedencia: Donación del artista, 1981
FPJM-1030

Sin título, 1974
Bolígrafo sobre papel, 15,7 × 21,6 cm
Inscripciones: degotalls / V. / espai blau / B. /
gruix oli / g. / cercle / llapiç [sic] plom [?] /
solament perfil [?] / 2/VII/74.
Procedencia: Donación del artista, 1981
FPJM-1031

Paysage; Paysage; Paysage, 1976
Bolígrafo sobre cartulina, 17,1 × 24 cm
Inscripciones: coer. / v. / Paysage gd. tela / v. /
Paysage / v. / coer / Paysage / 10/IV/76
Procedencia: Donación del artista, 1981
FPJM-1032

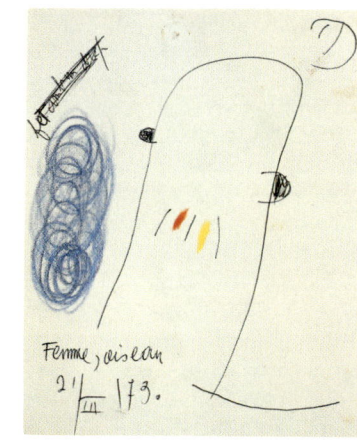

FPJM-1022

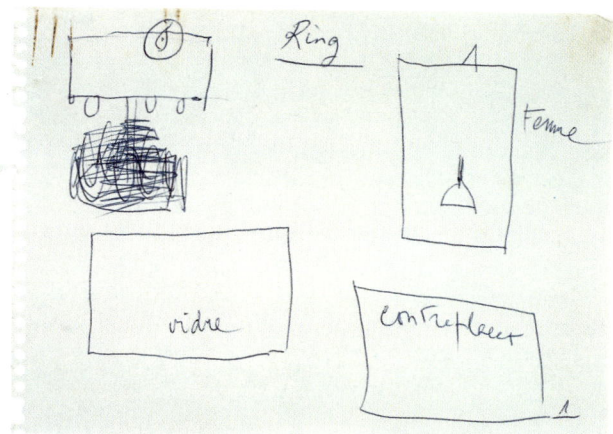

FPJM-1025.1

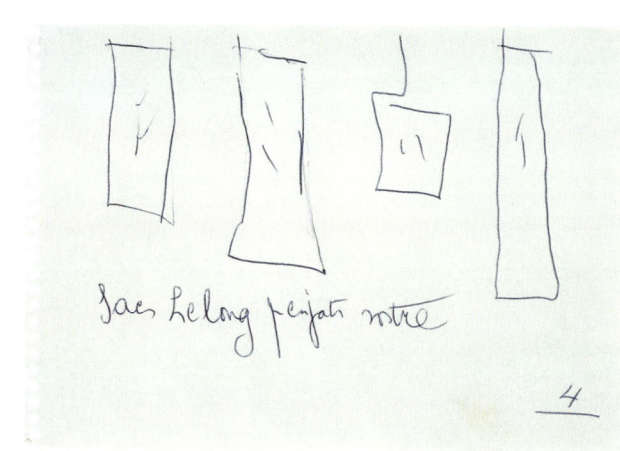

FPJM-1028

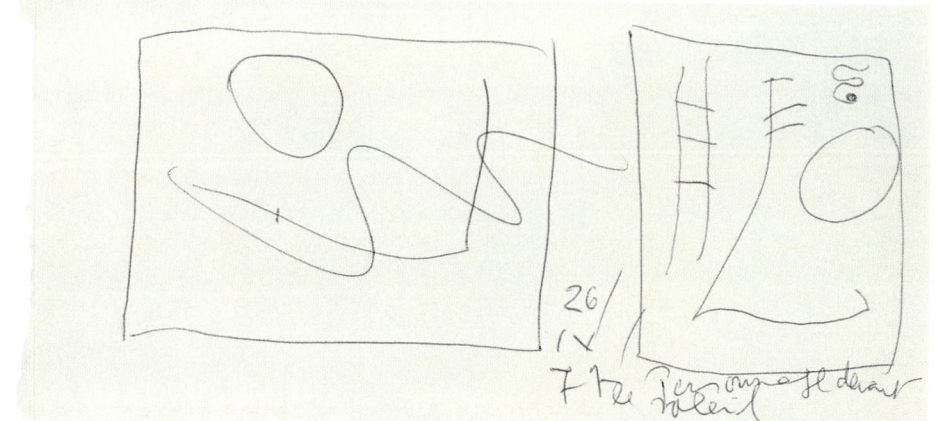

FPJM-1030

FPJM-1023
FPJM-1024

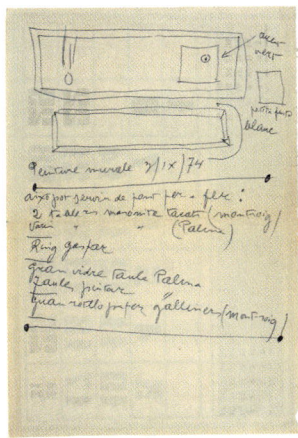

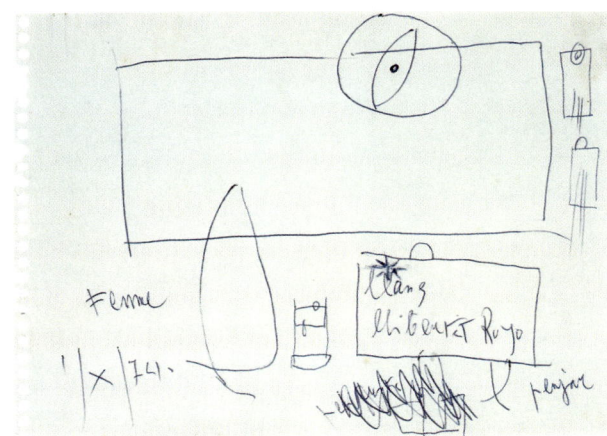

FPJM-1026
FPJM-1027

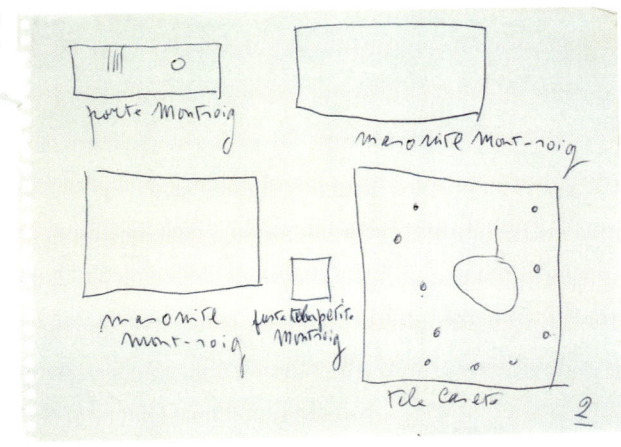

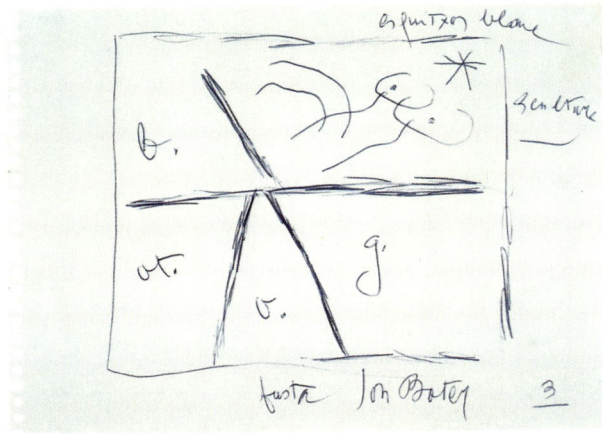

FPJM-1029

FPJM-1031
FPJM-1032

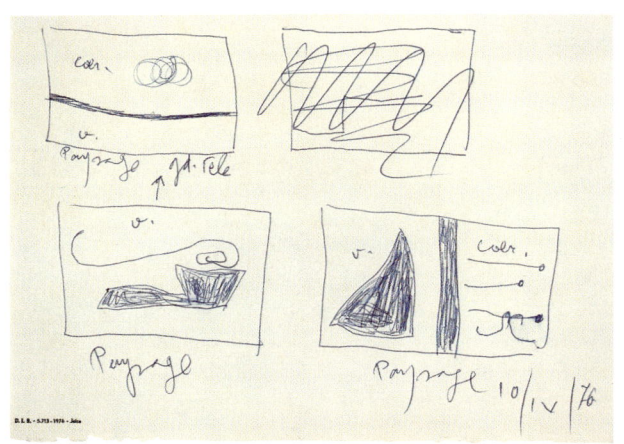

Personnage, soleil, oiseau,
constellations, 1976
Bolígrafo sobre papel, 13,9 × 23 cm
Inscripciones: *g. / R. / Personnage, / soleil, /*
oiseau, / constellations / coer. / 15/VI/76 /
gran tela
Procedencia: Donación del artista, 1981
FPJM-1033

Exposiciones: Palma de Mallorca 1994-1995, lám. 91
(color), p. 117

Femme, oiseau dans la nuit, 1976
Bolígrafo sobre papel, 14,1 × 23,3 cm
Inscripciones: *Femme, oiseau, / dans la nuit /*
v. / b. / gr. tela / g. / 15/VI/76
Procedencia: Donación del artista, 1981
FPJM-1034

Exposiciones: Palma de Mallorca 1993-1994, p. 84
(color); p. 168. Palma de Mallorca 1996c, lám. 360
(color), p. 198; p. 249. Palma de Mallorca 2005, lám. 9
(color), p. 81

Miró, sin fecha
Lápiz de cera, bolígrafo y lápiz de grafito sobre
papel, 21 × 15,2 cm
Inscripciones: *MIRÓ / Mèxic i varis / canviar*
colors fons
Procedencia: Donación del artista, 1981
FPJM-1035

Lucifer, 1975 [ca]
Bolígrafo y lápiz de color sobre papel,
21,6 × 15,6 cm
Inscripciones anverso: *L / F / U / C / ER / I*
Inscripciones reverso: *P. M. / X Amnistie*
Internationale V / gravure ou litho 2 grisos /
personnage / / visage deurant se réferer / sur le
thème des prisoniers / de conscience ou les
droits / humains en général / X le [?] *texte*
deurait être integrué / a la gravure ou litho /
AMNESTY INTERNATIONAL / exposition cet
automme V / toile de 25-30 / LUCIFER V
Procedencia: Donación del artista, 1981
FPJM-1036.1

Sin título, 1974
Bolígrafo y lápiz de cera sobre papel,
27,5 × 20,2 cm
Inscripciones: *Le Moigne / 20/ / VIII/ / 74 /*
Estampar dos [sic] *proves en vermell / grans*
formats
Procedencia: Donación del artista, 1981
FPJM-1037

Exposiciones: Palma de Mallorca 1993-1994, p. 56
(color); p. 165. Palma de Mallorca 1996c, lám. 322
(color), p. 188; p. 248. Las Palmas de Gran Canaria
1996-1997, lám. 163 (color), p. 164; p. 231

Sin título, 1974
Bolígrafo sobre papel, 27,5 × 20,2 cm
Inscripciones: *22/VIII/74. / estampar dos* [sic]
proves vermell litho / Matarasso
Procedencia: Donación del artista, 1981
FPJM-1038.1

Exposiciones: Palma de Mallorca 1993-1994, p. 54
(color); p. 165. Palma de Mallorca 1996c, lám. 323
(color), p. 188; p. 248. Las Palmas de Gran Canaria
1996-1997, lám. 164 (color), p. 164; p. 231

Sin título, 1974
Bolígrafo sobre papel, 27,5 × 20,2 cm
Inscripciones: *20/VIII/74 / Planxa I gran / En*
l'espai blanc caldrà fer / dos passages o tres de
blanc, sigui / perquè els colors que seran
impresos / posteriorment tinguin més potència /
sigui per obtenir un blanc més intens / a n'els
altres colors caldrà / també un o dos passages /
Planxa II gran / als llocs retallats cal varis /
passages de blanc per a obtenir / major intensitat
de color sobreimprès / / i per a diferenciar
netament l' / aureola del paper retallat
Procedencia: Donación del artista, 1981
FPJM-1038.2

Cartell Barcelona; *Cartell Copenhague*;
Cartell Monaco, 1970 [post]
Bolígrafo sobre papel, 42,3 × 28,8 cm
Inscripciones: *Cartell Barcelona / 1 prova /*
Cans / sentit invers / Cartell / Copenhague /
sentit invers / Cartell Monaco / sentit invers /
sentit horizontal
Procedencia: Donación del artista, 1981
FPJM-1039

Sin título, 1976
Bolígrafo sobre papel, 19 × 10,2 cm
Inscripciones: *11/II/76*
Procedencia: Donación del artista, 1981
FPJM-1040

Sin título, 1976
Bolígrafo sobre cartulina, 21 × 11,4 cm
Inscripciones: *30/ / I/ / 76 / aplicar- / hi tubus*
[sic] */ i pedres / i trossos guix / caixa / tubus* [sic]
Procedencia: Donación del artista, 1981
FPJM-1041

Sin título, 1974 [ca]
Lápiz de grafito y bolígrafo sobre papel,
21,5 × 15,6 cm
Inscripciones: *1893 / 1974 / ? / proves en*
negre / tiratge avant lettre
Procedencia: Donación del artista, 1981
FPJM-1042

Sin título, 1968
Bolígrafo y lápiz de grafito sobre papel,
20,8 × 26,9 cm
Inscripciones: *9/VIII/68*
Procedencia: Donación del artista, 1981
FPJM-1043

FPJM-1040

FPJM-1033
FPJM-1034

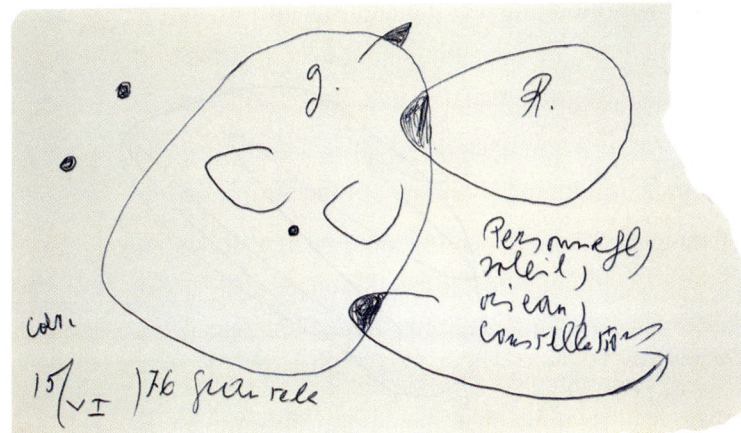
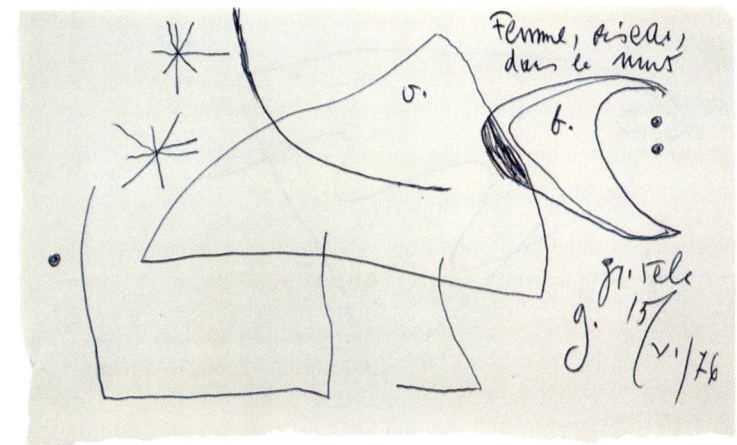

FPJM-1035
FPJM-1036.1
FPJM-1037

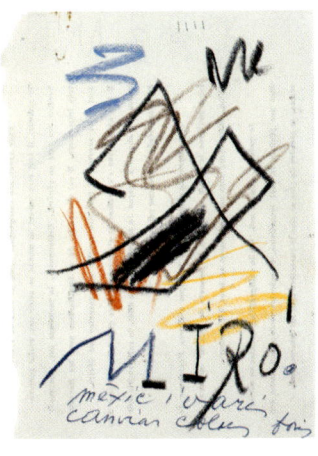

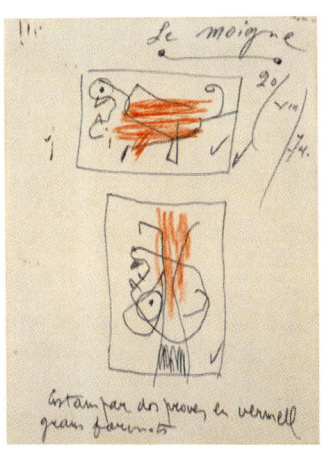

FPJM-1038.1
FPJM-1038.2
FPJM-1039

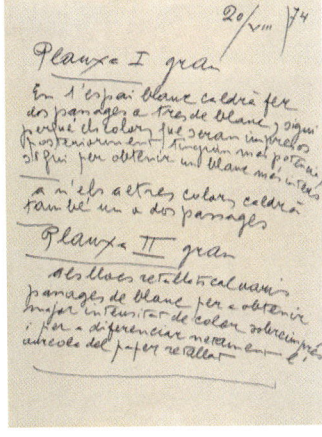

FPJM-1041
FPJM-1042
FPJM-1043

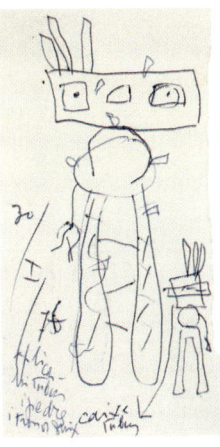

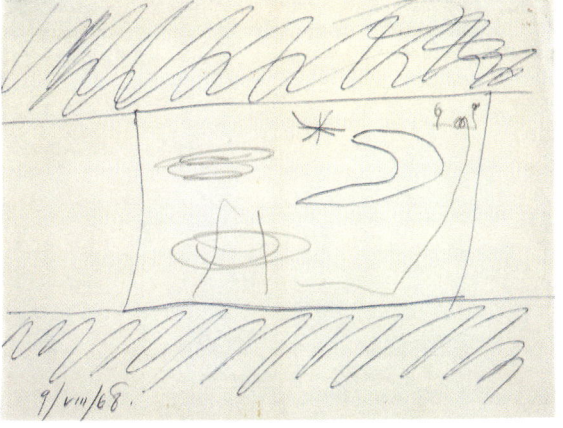

Paysage, 1976
Bolígrafo y lápiz de color sobre papel,
21,8 × 16,9 cm
Inscripciones: *16/IV/76 / Paysage / tela / gd.*
Procedencia: Donación del artista, 1981
FPJM-1044

Sin título, sin fecha
Bolígrafo sobre papel, 29,8 × 21 cm
Inscripciones: *buids / gravar-hi al / blanc
paper / Gravar els trossos amb sucre /
Collocar-los sobre planxa amb fons gris, / com
un mosaïc* [sic]
Procedencia: Donación del artista, 1981
FPJM-1045

Sin título, sin fecha
Bolígrafo sobre papel, 29,8 × 21 cm
Inscripciones: *relleu molt accentuat, / grans /
accents / com pedres / puntets grisos a
l'entorn, / impresos / com una parte en la què
el / gravat central anés impres / penjat / imprès
en negre / colors*
Procedencia: Donación del artista, 1981
FPJM-1046

Oiseau, constellations, 1976
Bolígrafo, lápiz de color y lápiz de cera sobre
papel, 21 × 29,8 cm
Inscripciones: *16/IV/76. tela 120 Oiseau,
constellations*
Procedencia: Donación del artista, 1981
FPJM-1047

Exposiciones: Palma de Mallorca 1993-1994, p. 86
(color); p. 168. Palma de Mallorca 1996c, lám. 359
(color), p. 198; p. 249. Santiago de Chile 1997, p. 10;
lám. 17 (color), p. 20; [p. 43]. Nuoro 2001-2002, p. 143

Quiriquibú, 1976 [ca]
Bolígrafo, lápiz de color y lápiz de grafito sobre
papel, 29,8 × 21 cm
Inscripciones anverso *TEATRE / QUIRIQUI /
BÚ / JOAN BROSSA / volta*
Inscripciones reverso: *3 planxes / sense fons /
amb el puny. diaris. dits. / canya, tros fusta i
bambou. / sanguina per per marcar
emplaçament / raspalls esquitxos*
Procedencia: Donación del artista, 1981
FPJM-1048

Peinture I, 1976
Bolígrafo sobre cartulina, 13,7 × 19,9 cm
Inscripciones: *bl. / g. / b. / vt. / Peinture I / b. /
120 f 60 f. / v. / + / n. / + / g / 22/II/76*
Procedencia: Donación del artista, 1981
FPJM-1049

Peinture II, 1976
Bolígrafo sobre cartulina, 10,7 × 19,5 cm
Inscripciones: *g. vt. b. v. / g. b. 60 / 120 f. /
Peinture II / 22/II/76 / n.*
Procedencia: Donación del artista, 1981
FPJM-1050

Peinture III, 1976
Bolígrafo sobre papel, 20,9 × 14,5 cm
Inscripciones: *g. / b. / v. / vt. / Peinture III /
60 f. 22/II/76.*
Procedencia: Donación del artista, 1981
FPJM-1051

Peinture IV, 1976
Bolígrafo sobre papel, 15 × 20,8 cm
Inscripciones: *Peinture IV / vt. / 60 f. / g. / v. /
22/II/76 / b.*
Procedencia: Donación del artista, 1981
FPJM-1052

Peinture V, 1976
Bolígrafo sobre papel, 15,1 × 20,9 cm
Inscripciones: *negre / bl. / vt / Peinture V /
orange / 22/II/76 / bl.*
Procedencia: Donación del artista, 1981
FPJM-1053

Après la pluie, 1976
Bolígrafo sobre cartulina, 20,6 × 19,4 cm
Inscripciones: *après la pluie / 14/II/76.*
Procedencia: Donación del artista, 1981
FPJM-1054

Exposiciones: Palma de Mallorca 1993-1994, p. 82
(color); p. 168. Palma de Mallorca 1996c, lám. 354
(color), p. 197; p. 249

Personnage, 1977
Bolígrafo sobre cartulina, 15 × 11,1 cm
Inscripciones: *pluma / botella / 9/VIII/77 /
Personnage*
Procedencia: Donación del artista, 1981
FPJM-1055

Tête, sin fecha
Bolígrafo sobre papel, 14,9 × 20,7 cm
Inscripciones: *Tête*
Procedencia: Donación del artista, 1981
FPJM-1056

Tête, sin fecha
Bolígrafo sobre papel, 21,4 × 31,4 cm
Inscripciones: *Tête / 130 cm.*
Procedencia: Donación del artista, 1981
FPJM-1057

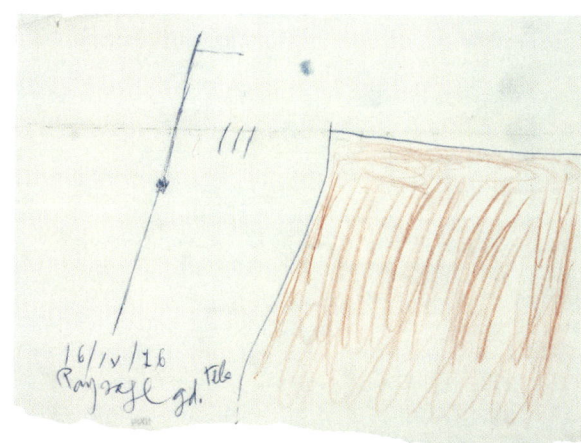

FPJM-1044

FPJM-1048

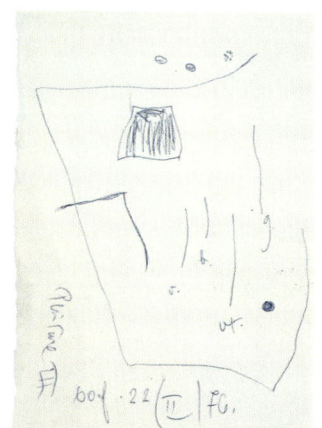

FPJM-1051

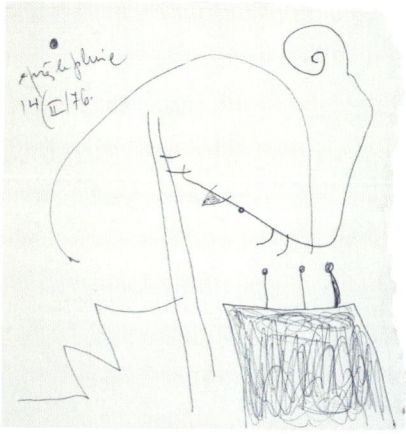

FPJM-1054
FPJM-1055

FPJM-1045
FPJM-1046
FPJM-1047

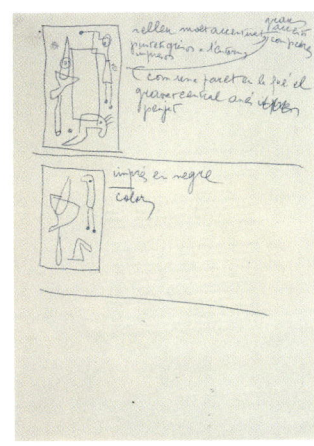

FPJM-1049
FPJM-1050

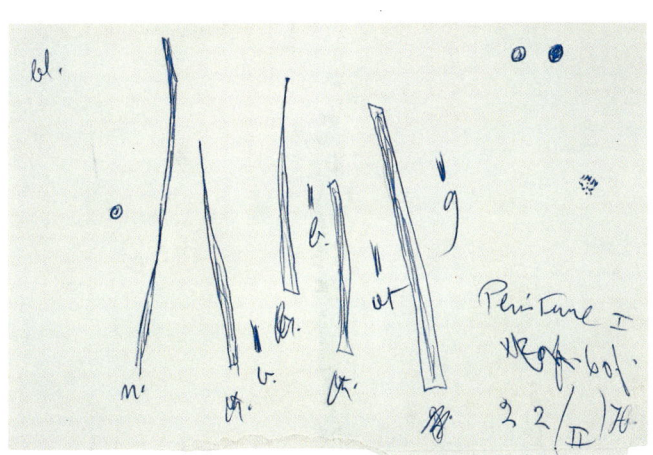
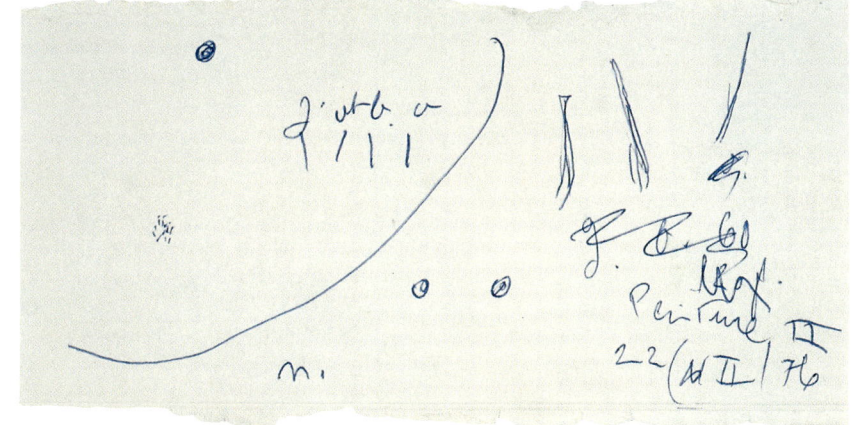

FPJM-1052
FPJM-1053

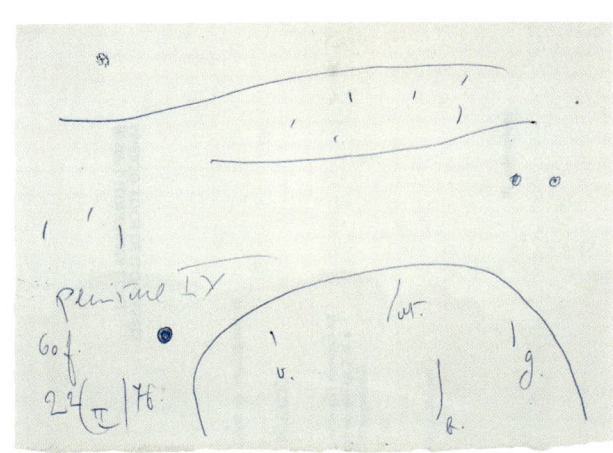
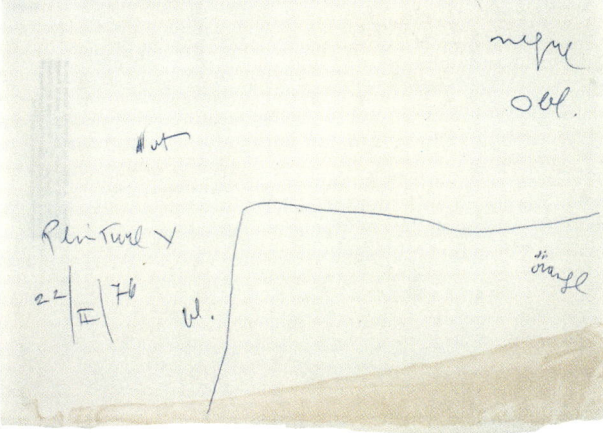

FPJM-1056
FPJM-1057

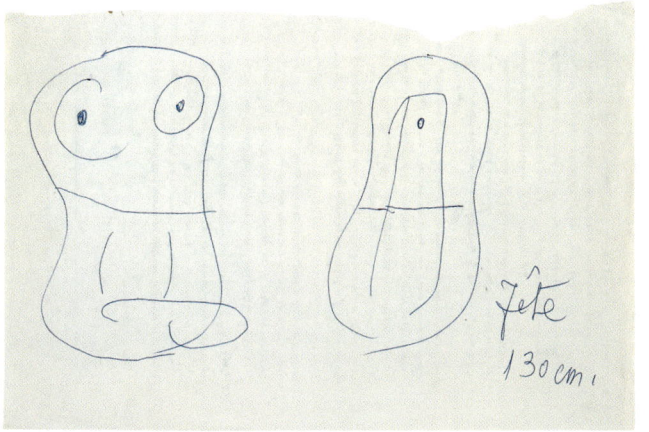

Joan Miró y Joan Barbarà
Sin título, sin fecha
Lápiz de grafito, lápiz de color, rotulador y
bolígrafo sobre papel, 15,9 × 21,8 cm
Inscripciones: *mides «Càntic del Sol» /
12 originals*
Procedencia: Donación del artista, 1981
FPJM-1059

Sin título, sin fecha
Lápiz de cera sobre papel, 14,7 × 19 cm
Inscripciones: *aigua*
Procedencia: Donación del artista, 1981
FPJM-1060

Sin título, sin fecha
Lápiz de cera y bolígrafo sobre papel,
14,8 × 19,1 cm
Inscripciones: *escultura / feta* [?] *Parellada /
Suse* [sic] */ 180 / 10 / com el Dragó del /
Parc Güell / Font mercuri / Calder / recordant groc,
blau bancs / vidres trencats / i ampolles com /
ceràmica i vidres i formigó*
Procedencia: Donación del artista, 1981
FPJM-1061

Exposiciones: Palma de Mallorca 1994-1995, lám. 142
(color), p. 164. Las Palmas de Gran Canaria
1996-1997, lám. 112 (color), p. 140; p. 230

Sin título, 1975
Bolígrafo, lápiz de color, lápiz de cera y lápiz de
grafito sobre papel, 21,5 × 16,6 cm
Inscripciones: *2/VIII/75.*
Procedencia: Donación del artista, 1981
FPJM-1062

Exposiciones: Palma de Mallorca 1993-1994, p. 67
(color); p. 166. Palma de Mallorca 1996c, lám. 332
(color), p. 190; p. 248

Sin título, 1975 [ca]
Bolígrafo, lápiz de color y lápiz de cera sobre
papel, 21,5 × 16,6 cm
Inscripciones: *II*
Procedencia: Donación del artista, 1981
FPJM-1063

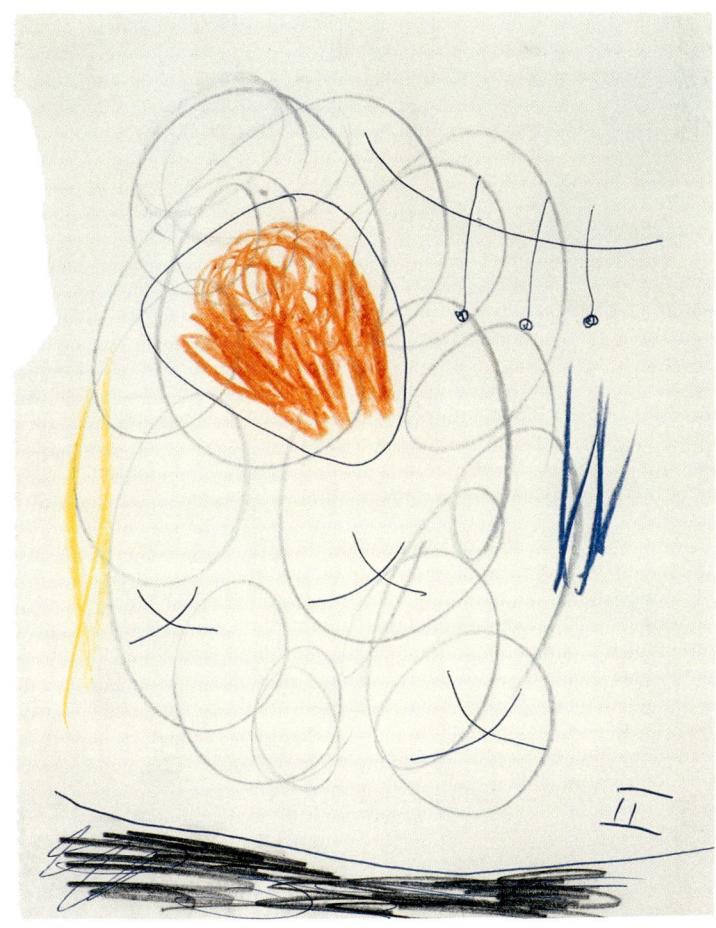

Sin título, 1975 [ca]
Bolígrafo, lápiz de color y lápiz de cera sobre papel, 21,5 × 16,6 cm
Inscripciones: *III / v.*
Procedencia: Donación del artista, 1981
FPJM-1064

Sin título, 1973
Bolígrafo sobre papel, 23,5 × 16,3 cm
Inscripciones: *Tapís / 23/ / VI / /73. / 5 x 5*
Procedencia: Donación del artista, 1981
FPJM-1065

Exposiciones: Palma de Mallorca 1993-1994, p. 48 (color); p. 165. Palma de Mallorca 1996c, lám. 317 (color), p. 186; p. 247. Las Palmas de Gran Canaria 1996-1997, lám. 150 (color), p. 158; p. 231

Gran pedra, sin fecha
Bolígrafo sobre papel, 10 × 20,9 cm
Inscripciones: *Gran pedra / CEAC*
Procedencia: Donación del artista, 1981
FPJM-1066

Sin título, 1975
Bolígrafo y lápiz de color sobre papel, 20 × 21 cm
Inscripciones: *Fons lavis / 12/X/75.*
Procedencia: Donación del artista, 1981
FPJM-1067

Sin título, 1975 [post]
Bolígrafo sobre papel, 17,9 × 33,2 cm
Inscripciones: *CEAC*
Procedencia: Donación del artista, 1981
FPJM-1068

Femme, 1976
Bolígrafo sobre papel, 8,1 × 12,6 cm
Inscripciones: *10/V/ / 76. / 120 cm. / Femme*
Procedencia: Donación del artista, 1981
FPJM-1069a

Femme, 1976
Bolígrafo y lápiz de grafito sobre papel, 8,1 × 12,6 cm
Inscripciones: *120 / cm. / Femme 10/V/76.*
Procedencia: Donación del artista, 1981
FPJM-1069b

La Famille, 1974
Bolígrafo y lápiz de cera sobre papel, 14,2 × 21,4 cm
Inscripciones: *La Famille / vt. / ✳ / ✳ / 18/VIII/ 74. / alt / 230*
Procedencia: Donación del artista, 1981
FPJM-1070

Exposiciones: Palma de Mallorca 1990-1991, p. 40; lám. 34 (color), p. 41. Palma de Mallorca 1993-1994, p. 57 (color); p. 165. Las Palmas de Gran Canaria 1996-1997, lám. 170 (color), p. 167; p. 232. Palma de Mallorca 2005, p. 113 (color)

FPJM-1064

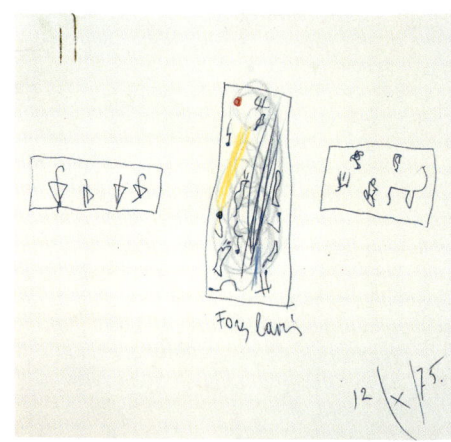

FPJM-1067

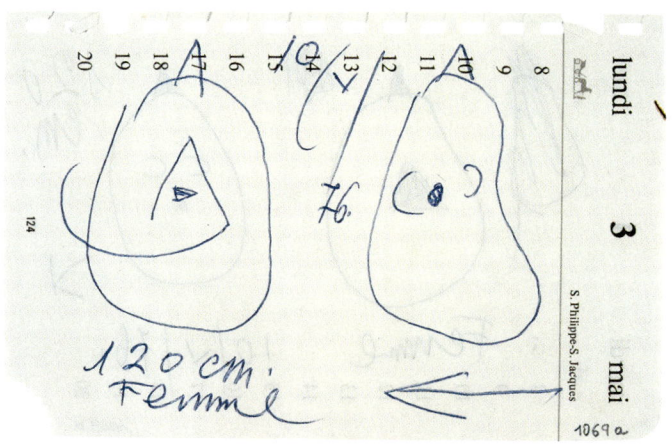

FPJM-1069a

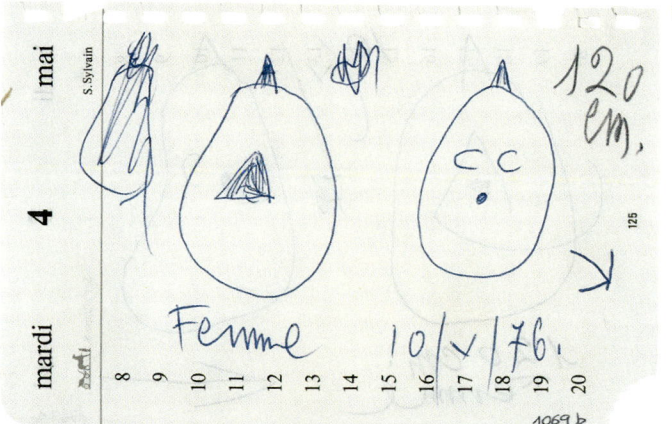

FPJM-1069b

FPJM-1065
FPJM-1066

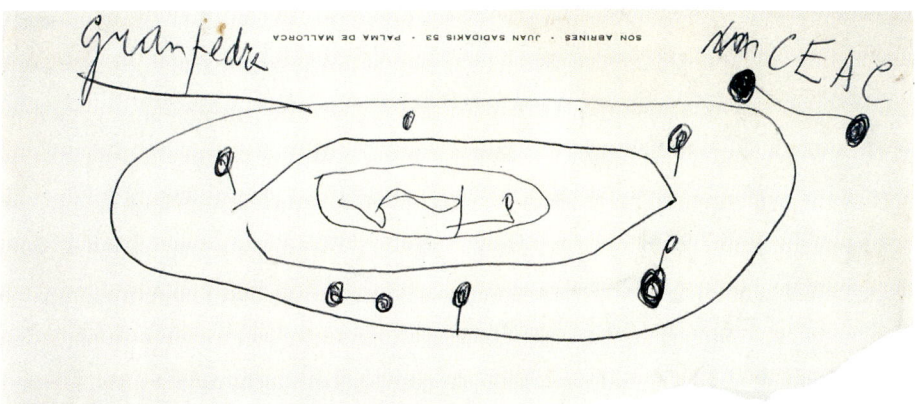

FPJM-1068

FPJM-1070

La Famille, 1974
Bolígrafo sobre papel, 15,6 × 21,7 cm
Inscripciones: *(?) / 16/X/74 La Famille*
Procedencia: Donación del artista, 1981
FPJM-1071

Exposiciones: Palma de Mallorca 1990-1991, p. 40;
lám. 35 (color), p. 41. Palma de Mallorca 1993-1994,
p. 60 (color); p. 166. Las Palmas de Gran Canaria
1996-1997, lám. 172 (color), p. 168; p. 232

Sin título, sin fecha
Bolígrafo sobre cartulina, 23,2 × 18 cm
Procedencia: Donación del artista, 1981
FPJM-1072

Homme et Femme, 1974
Bolígrafo sobre papel, 21,4 × 27,4 cm
Inscripciones: *H. 175 / Homme et Femme /
28/X/74*
Procedencia: Donación del artista, 1981
FPJM-1073

Exposiciones: Palma de Mallorca 1990-1991, p. 40;
lám. 37 (color), p. 42. Palma de Mallorca 1993-1994,
p. 61 (color); p. 166. Las Palmas de Gran Canaria
1996-1997, lám. 174 (color), p. 168; p. 232

Homme et Femme, 1974
Bolígrafo sobre papel, 21,7 × 15,6 cm
Inscripciones: *Homme et / Femme / 19/ / X/ /
74 / 19/X/74.*
Procedencia: Donación del artista, 1981
FPJM-1074

Exposiciones: Palma de Mallorca 1990-1991, p. 40;
lám. 36 (color), p. 42. Palma de Mallorca 1993-1994,
p. 60 (color); p. 166. Las Palmas de Gran Canaria
1996-1997, lám. 173 (color), p. 168; p. 232

Sin título, sin fecha
Bolígrafo y lápiz de cera sobre papel,
21 × 29,6 cm
Inscripciones: *fer una escultura / H. / uns 4 m. /
X no*
Procedencia: Donación del artista, 1981
FPJM-1075

Exposiciones: Palma de Mallorca 1990-1991, lám. 24
(color), p. 32. Washington, D.C. 2002-2003, p. 43;
lám. 19. 6 (color), p. 142; p. 168. Portland 2003, p. 43;
lám. 19. 6 (color), p. 142; p. 168. San Petersburgo
2003, p. 43; lám. 19. 6 (color), p. 142; p. 168

Tête, 1976
Bolígrafo sobre papel, 21 × 29,6 cm
Inscripciones: *Tête / 130 cm. / V/76.*
Procedencia: Donación del artista, 1981
FPJM-1076

Femme, 1976
Rotulador y bolígrafo sobre papel,
26,7 × 38,2 cm
Inscripciones: *1/V/76 / H. / 255. / Femme*
Procedencia: Donación del artista, 1981
FPJM-1077

Exposiciones: Palma de Mallorca 1990-1991, p. 162;
[lám. 29b (color), p. 163]

La Famille, 1978 [ant]
Bolígrafo sobre papel, 21 × 29,4 cm
Inscripciones: *La Famille*
Procedencia: Donación del artista, 1981
FPJM-1078

Exposiciones: Palma de Mallorca 1993-1994, p. 62
(color); p. 166

Tête, 1975
Bolígrafo sobre papel, 16 × 20,9 cm
Inscripciones: *Terminé-chez Susse / a / Tête /
7/III/75 / V 140 V*
Procedencia: Donación del artista, 1981
FPJM-1079

Exposiciones: Palma de Mallorca 1996b, lám. 53.b
(color), p. 158. Palma de Mallorca 1996c, lám. 471
(color), p. 234; p. 253

Tête, 1975
Bolígrafo sobre cartulina, 10,4 × 21,1 cm
Inscripciones: *Tête / 3/IV/75 / H. / 120 / V / m. /
terminé chez Susse*
Procedencia: Donación del artista, 1981
FPJM-1080

Tête, 1975
Bolígrafo sobre papel, 15,4 × 21,4 cm
Inscripciones: *21/II/75 / Tête / 1' 20 m. /
terminé chez Susse*
Procedencia: Donación del artista, 1981
FPJM-1081

Exposiciones: Palma de Mallorca 1996b, lám. 62.a
(color), p. 175

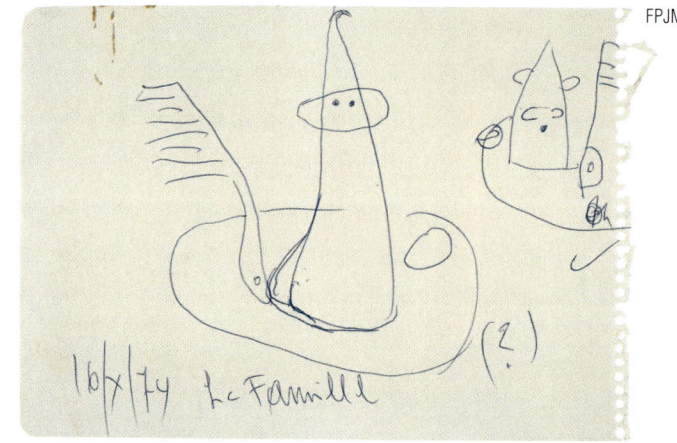

FPJM-1071

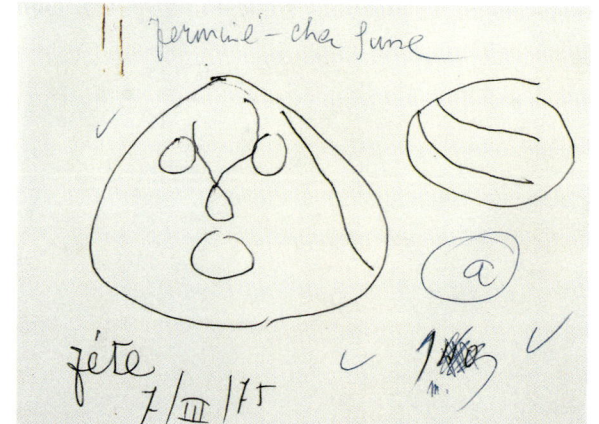

FPJM-1079

FPJM-1072
FPJM-1073
FPJM-1074

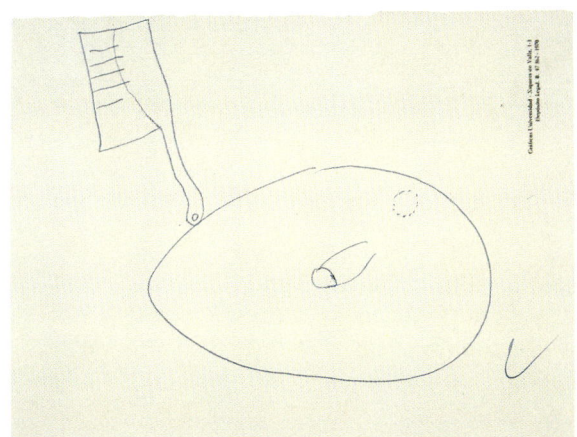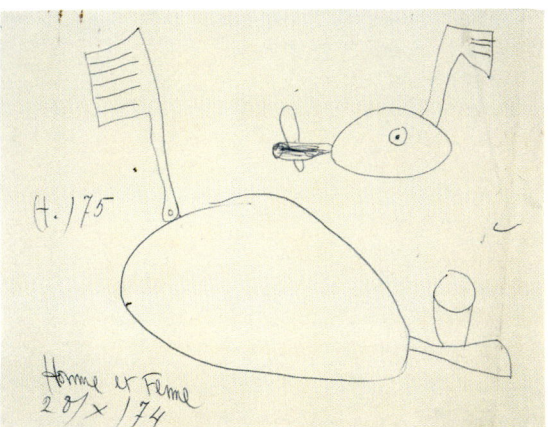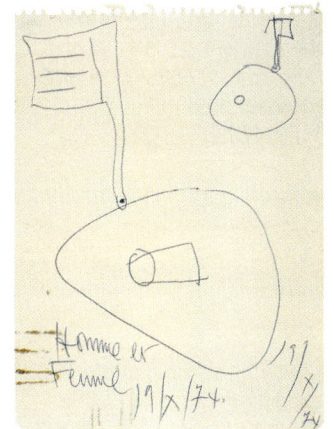

FPJM-1075
FPJM-1076

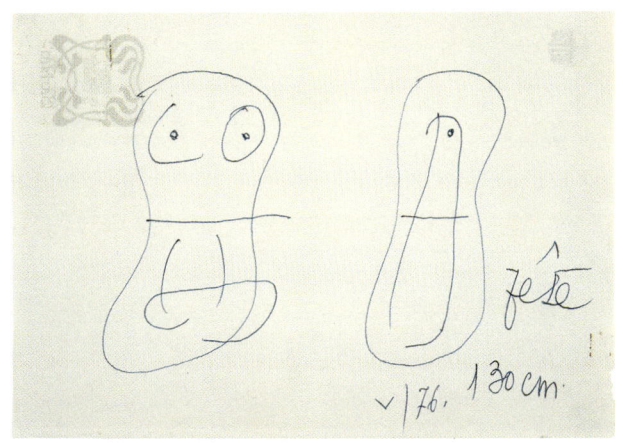

FPJM-1077
FPJM-1078

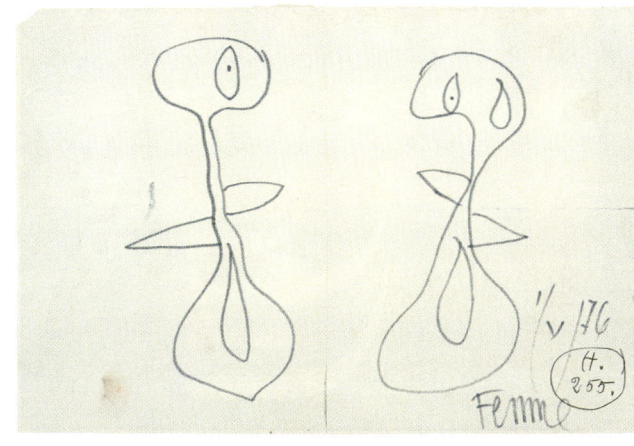

FPJM-1080
FPJM-1081

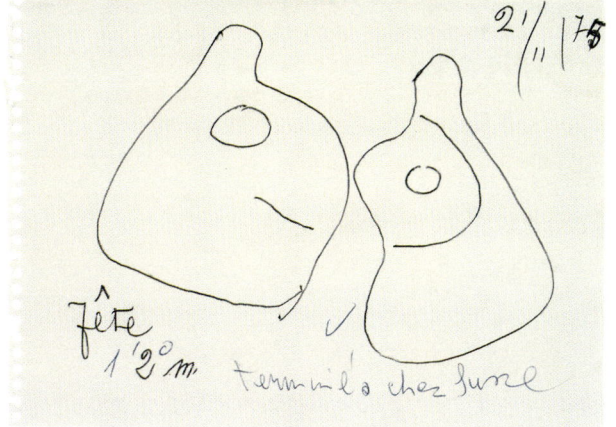

Tête, 1975
Bolígrafo sobre papel, 15,4 × 21,4 cm
Inscripciones: *21/II/75 / Tête / a / ~~150 cm~~.*
Procedencia: Donación del artista, 1981
FPJM-1082

Exposiciones: Palma de Mallorca 1996b, lám. 53.a
(color), p. 158. Palma de Mallorca 1996c, lám. 470
(color), p. 234; p. 253

Tête, oiseau, 1975
Bolígrafo sobre cartulina, 20,8 × 25 cm
Inscripciones: *Tête, / oiseau / 22/II/75 / ~~250 c.~~
~~m~~ 45 long - 56 h.*
Procedencia: Donación del artista, 1981
FPJM-1083

Exposiciones: Palma de Mallorca 1996b, lám. 55.a
(color), p. 162. Palma de Mallorca 1996c, lám. 469
(color), p. 233; p. 253

Personnage, 1973
Bolígrafo sobre papel, 20,5 × 27,4 cm
Inscripciones: *V / h. 240 / 7/IX/73 Personnage*
Procedencia: Donación del artista, 1981
FPJM-1084.1

Exposiciones: Palma de Mallorca 1993-1994, p. 52
(color); p. 165. Las Palmas de Gran Canaria
1996-1997, lám. 159 (color), p. 162; p. 231

Personnage, 1973 [ca]
Bolígrafo sobre papel, 20,5 × 27,4 cm
Inscripciones: *V / Personnage h. 240*
Procedencia: Donación del artista, 1981
FPJM-1085

Tête, 1976
Bolígrafo sobre cartulina, 20,1 × 24,7 cm
Inscripciones: *terminé. chez Susse /
7/III/76 Tête 2 m. h.*
Procedencia: Donación del artista, 1981
FPJM-1087

Tête, 1975
Bolígrafo sobre papel, 15 × 20,7 cm
Inscripciones: *XII/75. / Tête / H. 140 / Fait-chez
Susse*
Procedencia: Donación del artista, 1981
FPJM-1088

Sin título, sin fecha
Bolígrafo sobre papel, 15,6 × 21,6 cm
Inscripciones: *1*
Procedencia: Donación del artista, 1981
FPJM-1092

Sin título, sin fecha
Bolígrafo sobre cartulina, 16,6 × 21,5 cm
Inscripciones: *2*
Procedencia: Donación del artista, 1981
FPJM-1093

Exposiciones: Palma de Mallorca 1996c, lám. 418
(color), p. 219; p. 251

Sin título, sin fecha
Bolígrafo sobre cartulina, 16,7 × 21,5 cm
Inscripciones: *3.*
Procedencia: Donación del artista, 1981
FPJM-1094

Sin título, sin fecha
Bolígrafo sobre cartulina, 16,7 × 21,5 cm
Inscripciones: *4.*
Procedencia: Donación del artista, 1981
FPJM-1095

Sin título, sin fecha
Bolígrafo sobre cartulina, 16,7 × 21,5 cm
Inscripciones: *5.*
Procedencia: Donación del artista, 1981
FPJM-1096

Sin título, sin fecha
Bolígrafo sobre cartulina, 16,7 × 21,5 cm
Inscripciones: *6.*
Procedencia: Donación del artista, 1981
FPJM-1097

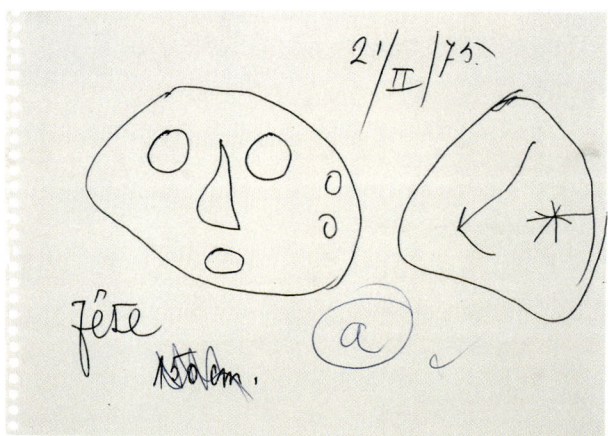
FPJM-1082

FPJM-1085

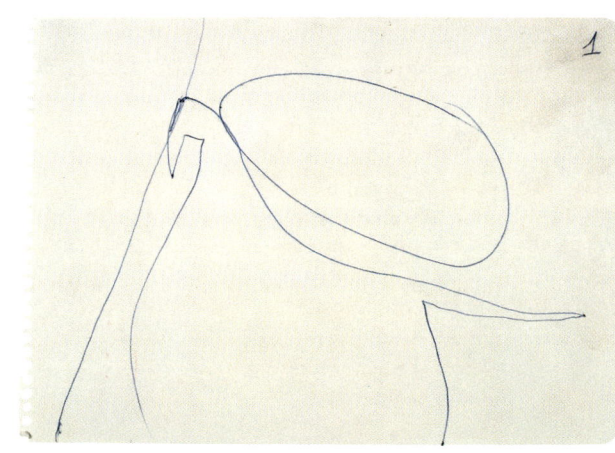
FPJM-1092

FPJM-1095

FPJM-1083
FPJM-1084.1

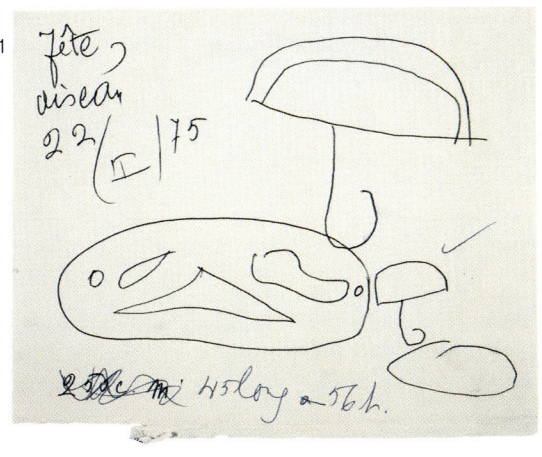

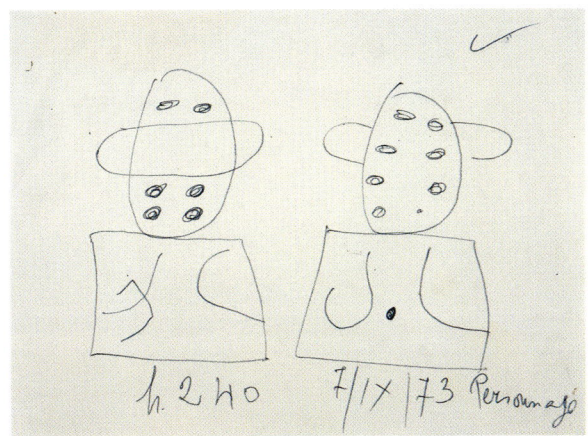

FPJM-1087
FPJM-1088

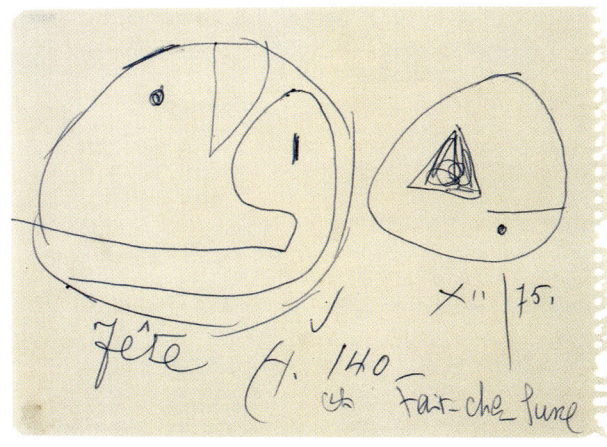

FPJM-1093
FPJM-1094

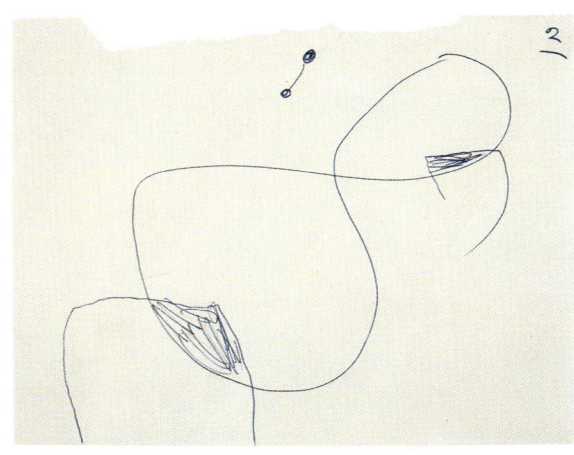

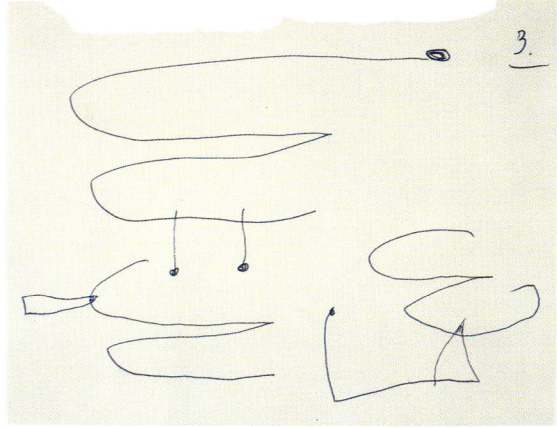

FPJM-1096
FPJM-1097

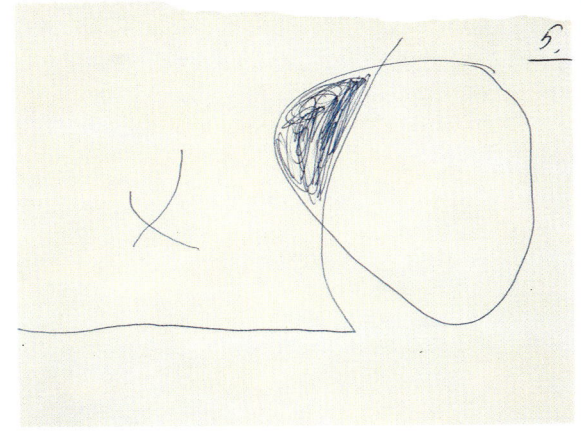

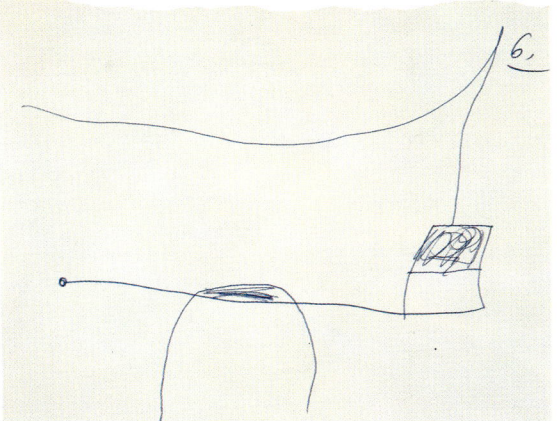

Sin título, sin fecha
Bolígrafo sobre cartulina, 16,7 × 21,5 cm
Inscripciones: _7._
Procedencia: Donación del artista, 1981
FPJM-1098

Sin título, sin fecha
Bolígrafo sobre cartulina, 16,7 × 21,5 cm
Inscripciones: _8._
Procedencia: Donación del artista, 1981
FPJM-1099

Sin título, sin fecha
Bolígrafo sobre cartulina, 16,7 × 21,5 cm
Inscripciones: _9._
Procedencia: Donación del artista, 1981
FPJM-1100

Sin título, sin fecha
Bolígrafo sobre cartulina, 16,7 × 21,5 cm
Inscripciones: _10._
Procedencia: Donación del artista, 1981
FPJM-1101

Sin título, sin fecha
Bolígrafo sobre cartulina, 16,7 × 21,5 cm
Inscripciones: _11._
Procedencia: Donación del artista, 1981
FPJM-1102

Sin título, sin fecha
Bolígrafo sobre cartulina, 16,7 × 21,5 cm
Inscripciones: _11. / bis_
Procedencia: Donación del artista, 1981
FPJM-1103

Sin título, sin fecha
Bolígrafo y lápiz de color sobre cartulina,
16,7 × 21,5 cm
Inscripciones: _12._
Procedencia: Donación del artista, 1981
FPJM-1104

Sin título, sin fecha
Bolígrafo sobre cartulina, 16,7 × 21,5 cm
Inscripciones: _13._
Procedencia: Donación del artista, 1981
FPJM-1105

Sin título, sin fecha
Bolígrafo sobre cartulina, 16,7 × 21,5 cm
Inscripciones: _14._
Procedencia: Donación del artista, 1981
FPJM-1106

Sin título, sin fecha
Bolígrafo sobre cartulina, 16,7 × 21,5 cm
Inscripciones: _15._
Procedencia: Donación del artista, 1981
FPJM-1107

Sin título, sin fecha
Bolígrafo sobre cartulina, 16,7 × 21,5 cm
Inscripciones: _16._
Procedencia: Donación del artista, 1981
FPJM-1108

Sin título, sin fecha
Bolígrafo y lápiz de cera sobre cartulina,
16,7 × 21,5 cm
Inscripciones: _17._
Procedencia: Donación del artista, 1981
FPJM-1109

FPJM-1098

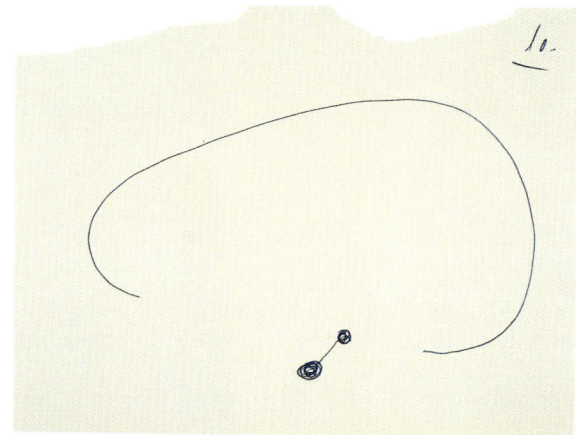

FPJM-1101

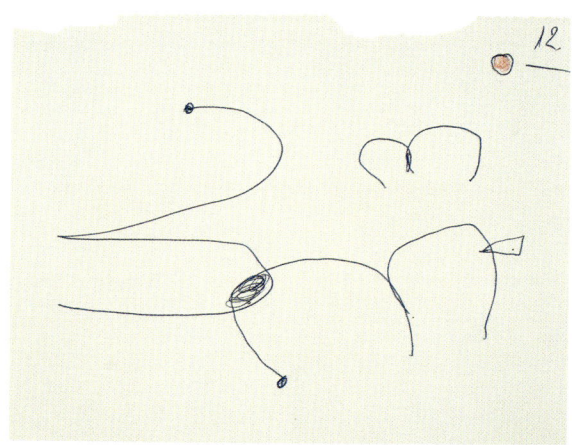

FPJM-1104

FPJM-1107

FPJM-1099
FPJM-1100

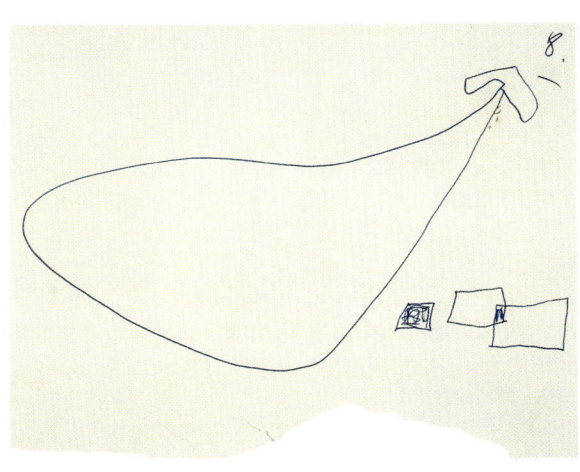

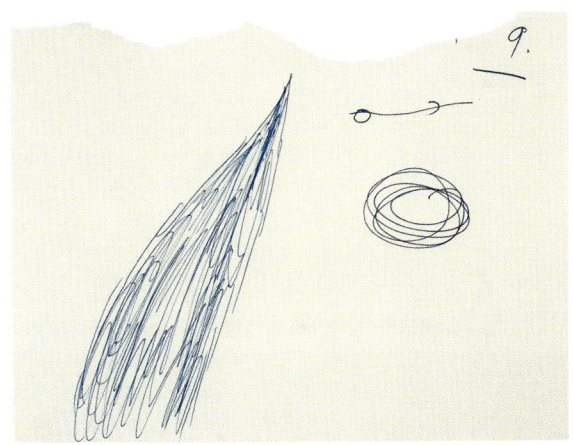

FPJM-1102
FPJM-1103

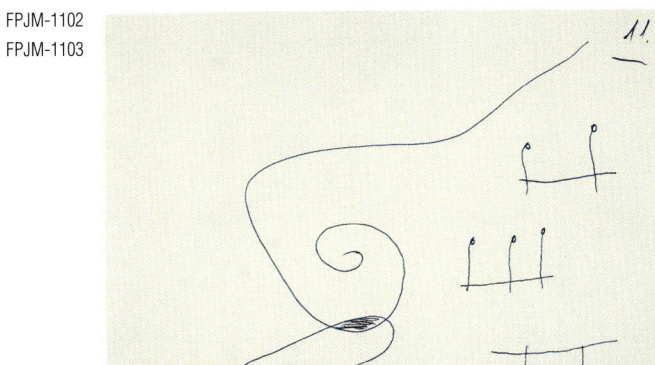

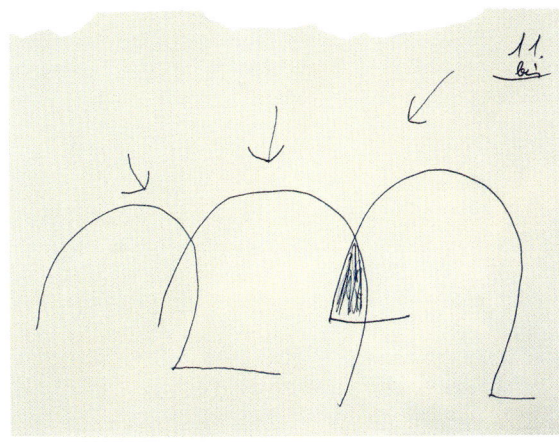

FPJM-1105
FPJM-1106

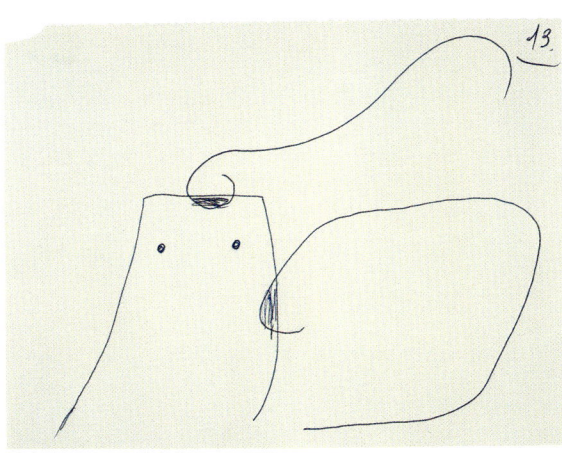

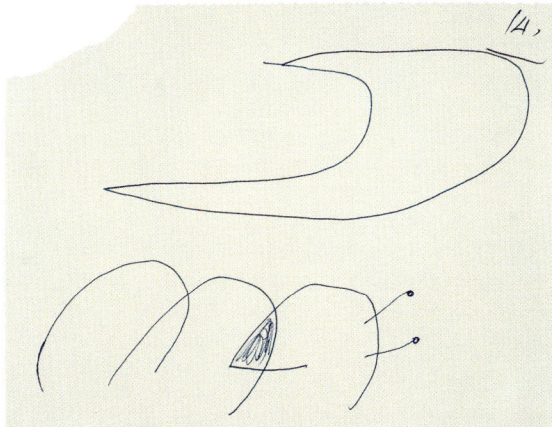

FPJM-1108
FPJM-1109

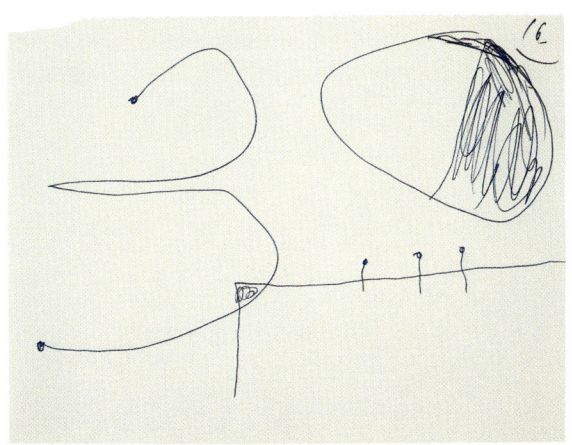

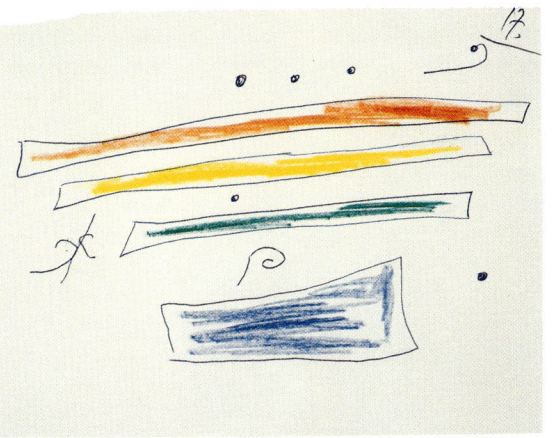

Sin título, sin fecha
Bolígrafo sobre cartulina, 16,7 × 21,5 cm
Inscripciones: *18.*
Procedencia: Donación del artista, 1981
FPJM-1110

Sin título, sin fecha
Bolígrafo sobre cartulina, 16,7 × 21,5 cm
Inscripciones: *19.*
Procedencia: Donación del artista, 1981
FPJM-1111

Sin título, sin fecha
Bolígrafo sobre cartulina, 16,8 × 21,5 cm
Inscripciones: *20.*
Procedencia: Donación del artista, 1981
FPJM-1112

Sin título, sin fecha
Bolígrafo sobre cartulina, 19,9 × 21 cm
Inscripciones: *21.*
Procedencia: Donación del artista, 1981
FPJM-1113

Sin título, sin fecha
Bolígrafo sobre cartulina, 20,8 × 21 cm
Inscripciones: *22.*
Procedencia: Donación del artista, 1981
FPJM-1114

Sin título, sin fecha
Bolígrafo sobre cartulina, 20,1 × 21 cm
Inscripciones: *23.*
Procedencia: Donación del artista, 1981
FPJM-1115

Sin título, sin fecha
Bolígrafo sobre cartulina, 20 × 21 cm
Inscripciones: *24.*
Procedencia: Donación del artista, 1981
FPJM-1116

Sin título, sin fecha
Bolígrafo sobre cartulina, 20 × 21 cm
Inscripciones: *25.*
Procedencia: Donación del artista, 1981
FPJM-1117

Sin título, sin fecha
Bolígrafo sobre cartulina, 20 × 21 cm
Inscripciones: *26.*
Procedencia: Donación del artista, 1981
FPJM-1118

Sin título, sin fecha
Bolígrafo sobre cartulina, 19,9 × 21 cm
Inscripciones: *27.*
Procedencia: Donación del artista, 1981
FPJM-1119

Góngora, 1976
Bolígrafo sobre papel, 17,8 × 21,7 cm
Inscripciones reverso: *Góngora / X/76.*
Procedencia: Donación del artista, 1981
FPJM-1120

Sin título, sin fecha
Bolígrafo sobre cartulina, 21,9 × 27,1 cm
Procedencia: Donación del artista, 1981
FPJM-1121

Sin título, sin fecha
Lápiz de color sobre papel, 11 × 15,9 cm
Procedencia: Donación del artista, 1981
FPJM-1122

Sin título, sin fecha
Bolígrafo sobre papel, 11,6 × 10,3 cm
Inscripciones: *tots colors*
Procedencia: Donación del artista, 1981
FPJM-1123

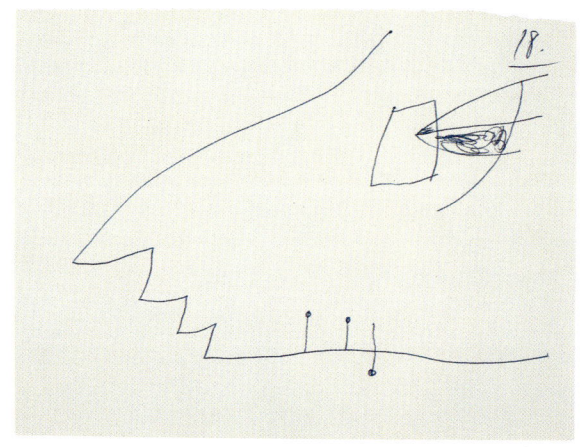

FPJM-1110

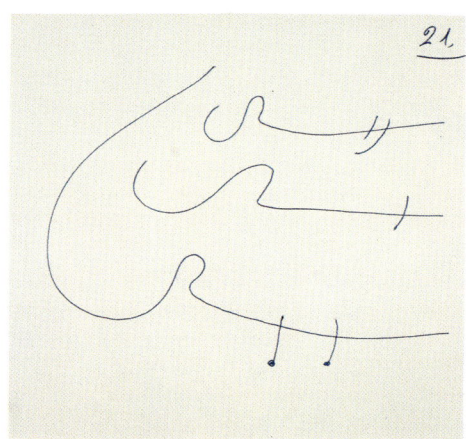

FPJM-1113

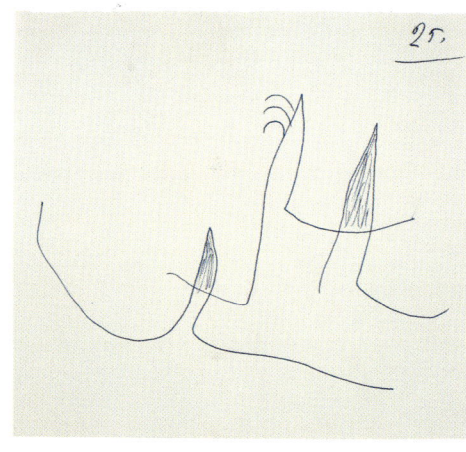

FPJM-1117

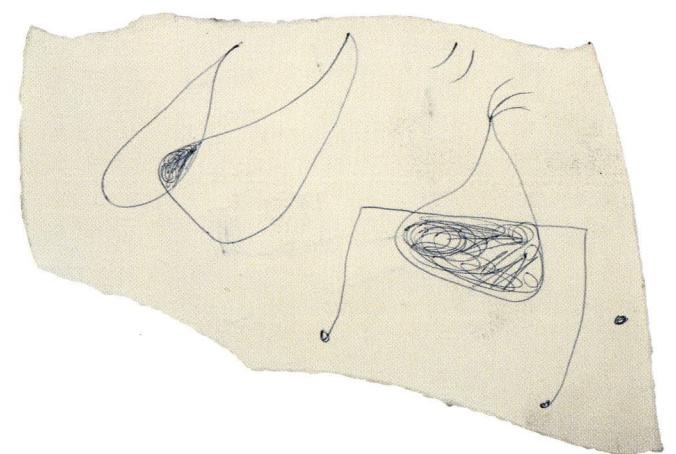

FPJM-1121

FPJM-1111
FPJM-1112

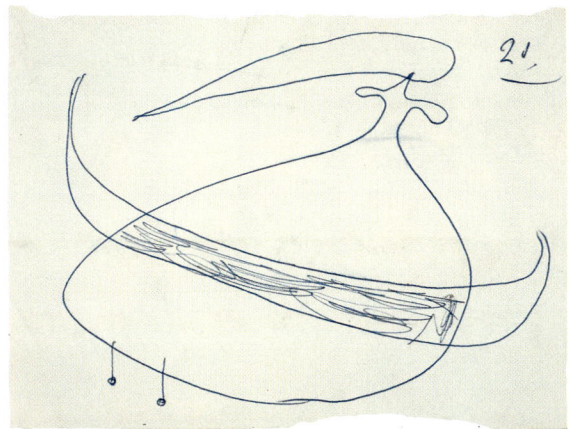

FPJM-1114
FPJM-1115
FPJM-1116

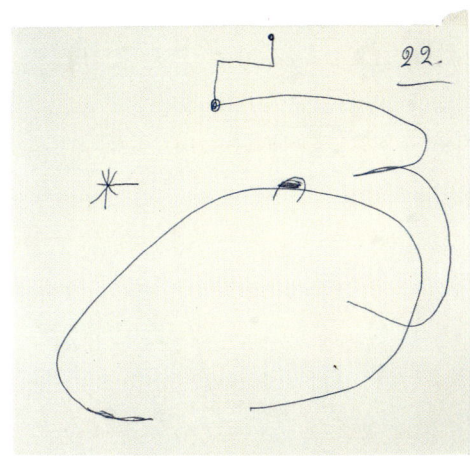
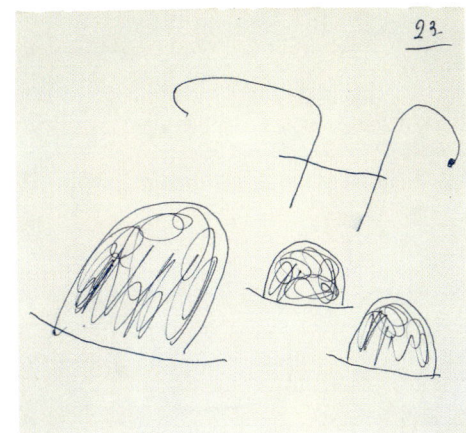
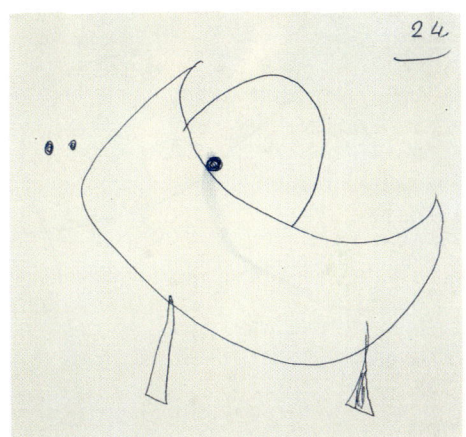

FPJM-1118
FPJM-1119
FPJM-1120

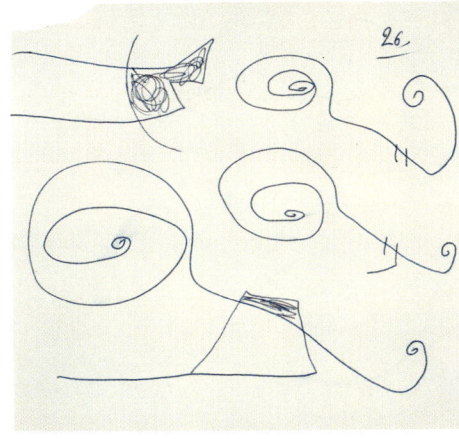
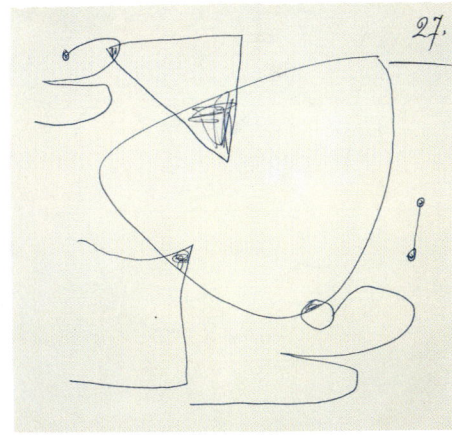

FPJM-1122
FPJM-1123

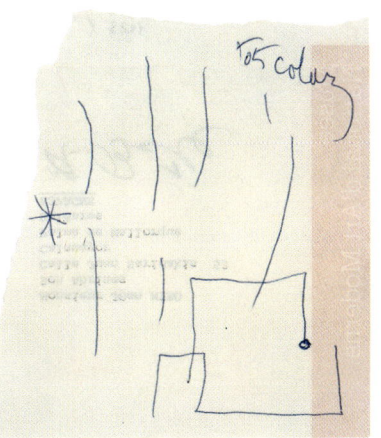

Sin título, 1976 [post]
Lápiz de color sobre papel, 13,8 × 21 cm
Procedencia: Donación del artista, 1981
FPJM-1124

Góngora, sin fecha
Bolígrafo sobre cartulina, 9,8 × 23 cm
Inscripciones: *Góngora / Color aigua* [?]
Procedencia: Donación del artista, 1981
FPJM-1125a

Góngora, sin fecha
Bolígrafo sobre cartulina, 9,8 × 23 cm
Procedencia: Donación del artista, 1981
FPJM-1125b

Sin título, sin fecha
Fotografía y lápiz de color sobre papel,
19,5 × 13,6 cm
Procedencia: Donación del artista, 1981
FPJM-1126

Sin título, sin fecha
Lápiz de cera sobre papel, 21,1 × 15,8 cm
Procedencia: Donación del artista, 1981
FPJM-1127

Sin título, sin fecha
Lápiz de cera sobre papel, 15,4 × 10,1 cm
Procedencia: Donación del artista, 1981
FPJM-1128

Exposiciones: Palma de Mallorca 2005, lám. 10
(color), p. 80

Sin título, 1972 [post]
Lápiz de cera sobre papel, 12,6 × 14 cm
Procedencia: Donación del artista, 1981
FPJM-1129

Sin título, 1976
Bolígrafo y lápiz de color sobre papel,
12 × 16,3 cm
Inscripciones: *31/X/76.*
Procedencia: Donación del artista, 1981
FPJM-1130

Exposiciones: Palma de Mallorca 1993-1994, p. 89
(color); p. 168. Palma de Mallorca 1996c, lám. 366
(color), p. 200; p. 249

Femme, 1976
Bolígrafo sobre papel, 26,6 × 15,2 cm
Inscripciones: *relleu / Femme / 4/IX/76*
Procedencia: Donación del artista, 1981
FPJM-1131

Exposiciones: Palma de Mallorca 1990-1991, lám. 26
(color), p. 34. Palma de Mallorca 1996b, lám. 52.b
(color), p. 156. Palma de Mallorca 1996c, lám. 473
(color), p. 234; p. 253. Las Palmas de Gran Canaria
1996-1997, p. 133; lám. 178 (color); p. 170; p. 232.
Palma de Mallorca 2005, lám. 2 (color), p. 72

Femme, 1976
Bolígrafo sobre papel, 15,6 × 19,2 cm
Inscripciones: *Femme / 29/III/76.*
Procedencia: Donación del artista, 1981
FPJM-1132

Exposiciones: Palma de Mallorca 1996b, lám. 52.a
(color), p. 156. Palma de Mallorca 1996c, lám. 472
(color), p. 234; p. 253. Las Palmas de Gran Canaria
1996-1997, p. 133; lám. 179 (color); p. 170; p. 232

Sin título, sin fecha
Bolígrafo y lápiz de color sobre papel,
16,5 × 11,9 cm
Procedencia: Donación del artista, 1981
FPJM-1133

Paysage, 1976
Bolígrafo sobre cartulina, 11,5 × 17 cm
Inscripciones: *v. / bl. / 4/VIII/76 / Paysage
100 f.*
Procedencia: Donación del artista, 1981
FPJM-1134

Exposiciones: Sevilla 1993-1994, lám. 52.A (color),
p. 114; p. 118. Málaga 1994, lám. 52.A (color), p. 114;
p. 118. Palma de Mallorca 1996c, lám. 364 (color),
p. 200; p. 249. Las Palmas de Gran Canaria
1996-1997, p. 133; lám. 102 (color), p. 136; p. 229

FPJM-1124

FPJM-1126

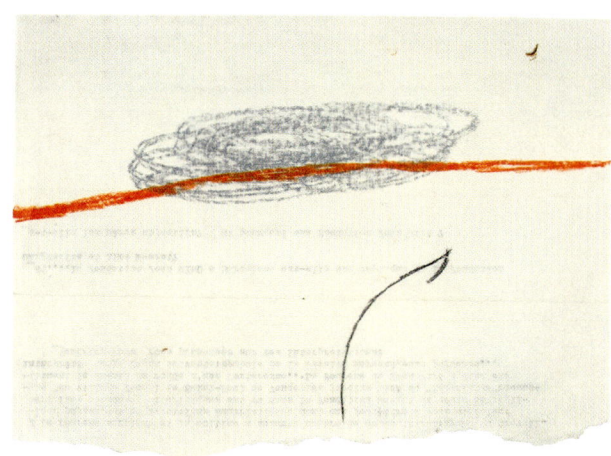

FPJM-1127

FPJM-1132

FPJM-1125a

FPJM-1125b

FPJM-1128
FPJM-1129
FPJM-1130
FPJM-1131

FPJM-1133
FPJM-1134

Góngora, 1976
Lápiz de grafito, lápiz de cera y bolígrafo sobre cartulina, 24,3 × 46,9 cm
Inscripciones: *2/XII/76. / Góngora / P / bl. P. / tots colors / g. b. / g. / v. / v. / Personnage / dans la / nuit / partir de taques de / tots colors, inclus* terres / *Pensar plats col. Joanet i els / fets meus / ennoblir fons / treballar de més en més lliurement*
Procedencia: Donación del artista, 1981
FPJM-1135a

Góngora, 1976
Lápiz de grafito, lápiz de cera y bolígrafo sobre cartulina, 24,3 × 46,9 cm
Inscripciones: *g. / v. / g. / v. / vt. / v. / g. / g. / b. / g. / g. / P / Góngora / Góngora*
Procedencia: Donación del artista, 1981
FPJM-1135b

Sin título, 1976
Bolígrafo sobre papel, 31,1 × 43,2 cm
Inscripciones: *12/ ̶I̶X̶/76 / VIII / pensar / amb el / canti* [sic] *pagès / verd / ocre / groc / g. / ocre / vt*
Procedencia: Donación del artista, 1981
FPJM-1136

Sin título, 1976
Bolígrafo sobre papel, 31,1 × 43,2 cm
Inscripciones: *v. / coer. / 12/VIII / 14/VIII/76 / v. / coer. / coer.*
Procedencia: Donación del artista, 1981
FPJM-1137

Sin título, 1976
Bolígrafo sobre papel, 31,1 × 43,2 cm
Inscripciones: *15/VIII/76 / II / 15/VIII/76 / I*
Procedencia: Donación del artista, 1981
FPJM-1138

Sin título, 1976
Bolígrafo sobre papel, 31,1 × 43,3 cm
Inscripciones: *15/ / VIII/76, / III*
Procedencia: Donación del artista, 1981
FPJM-1139

Sin título, 1976
Bolígrafo y lápiz de color sobre papel, 8,1 × 12,6 cm
Inscripciones: *II. / 29/X/76.*
Procedencia: Donación del artista, 1981
FPJM-1140

Sin título, 1976
Bolígrafo y lápiz de color sobre papel, 21 × 14,7 cm
Inscripciones: *29/X/76. / llapiços* [sic] */ cera / B*[...]. */ l. /* signes de color */ àcid i certs indrets réhaussés / amb sucre / [–]*
Procedencia: Donación del artista, 1981
FPJM-1141

Exposiciones: Palma de Mallorca 1993-1994, p. 87 (color); p. 168. Palma de Mallorca 1996c, lám. 365 (color), p. 200; p. 249

Femme, oiseau, 1976
Bolígrafo sobre papel, 12,1 × 8,1 cm
Inscripciones: *12/V/76, / 120 f oiseau / Femme, / oiseau / b. / g. / g. / v. / vt. / v.*
Procedencia: Donación del artista, 1981
FPJM-1142

Tête et oiseau, constellations, 1976
Bolígrafo, lápiz de color y lápiz de cera sobre papel, 29,8 × 21,1 cm
Inscripciones: *Tête / et oiseau / 120 f / constellations / 9/II/76. / bl.*
Procedencia: Donación del artista, 1981
FPJM-1143

Exposiciones: Palma de Mallorca 1993-1994, p. 83 (color); p. 168. Palma de Mallorca 1996c, lám. 353 (color), p. 196; p. 249

Personnage, flamme; Paysage, 1976
Bolígrafo sobre papel, 19,7 × 29 cm
Inscripciones: *v / coer. / 1 / coer. / v. / 2 / Paysage / Personnage, / flamme / 19/VIII/76 / 120 f. / 4*
Procedencia: Donación del artista, 1981
FPJM-1144.1

L'Espoir, 1976
Bolígrafo sobre papel, 12,6 × 8,1 cm
Inscripciones: *v. / coer. / L' espoir / 22/VI/76*
Procedencia: Donación del artista, 1981
FPJM-1144.2

Femme; Femme, 1976
Bolígrafo sobre cartulina, 28,9 × 41,7 cm
Inscripciones: *v. / coer. / v. / 4 / Femme / coer. / 120 f. / 5 / 19/VII/76 / Femme*
Procedencia: Donación del artista, 1981
FPJM-1145

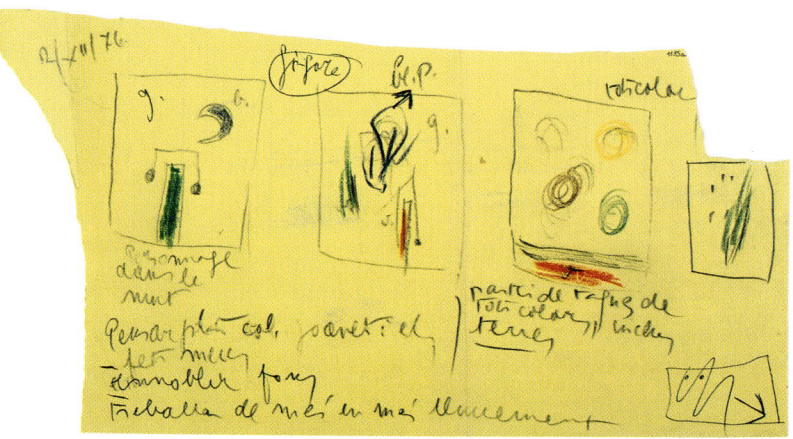

FPJM-1135a

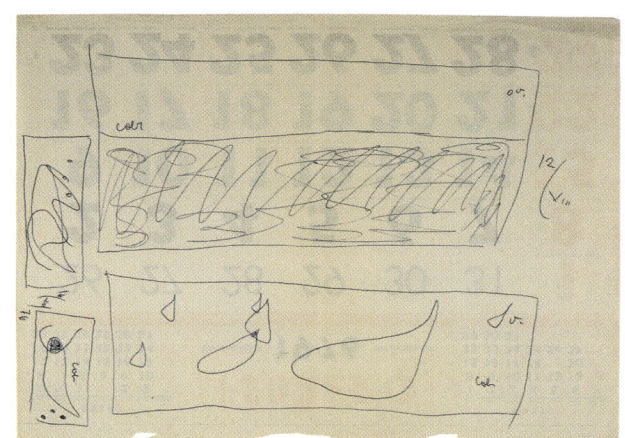

FPJM-1137

FPJM-1140

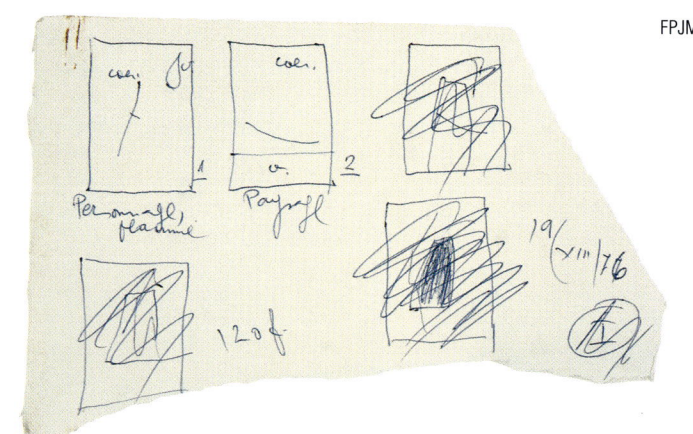

FPJM-1144.1

FPJM-1135b
FPJM-1136

 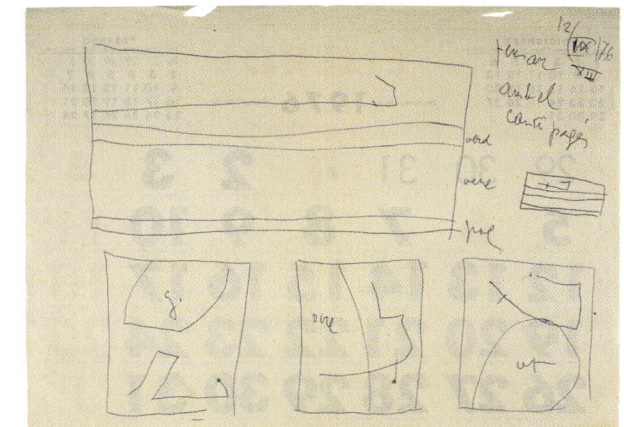

FPJM-1138
FPJM-1139

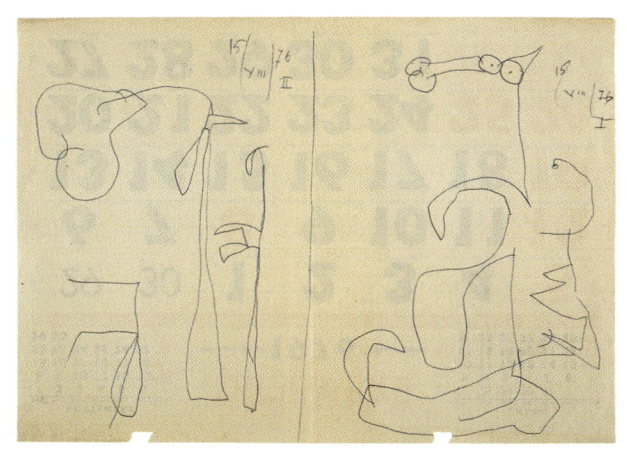 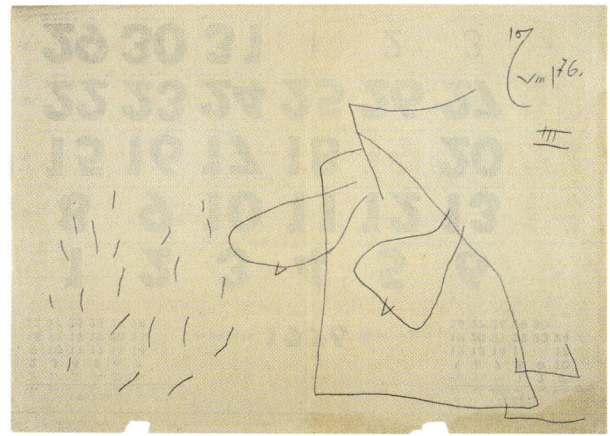

FPJM-1141
FPJM-1142
FPJM-1143

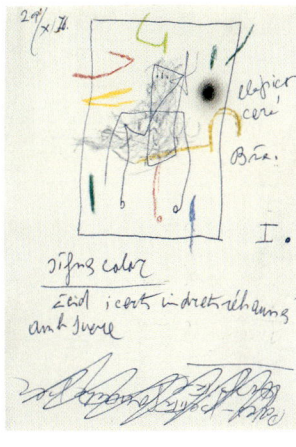 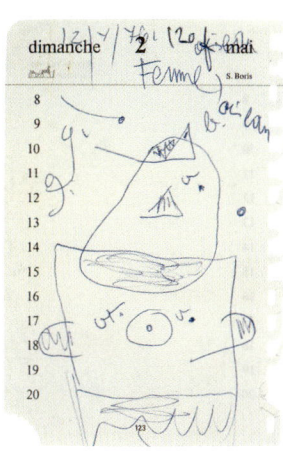 

FPJM-1144.2
FPJM-1145

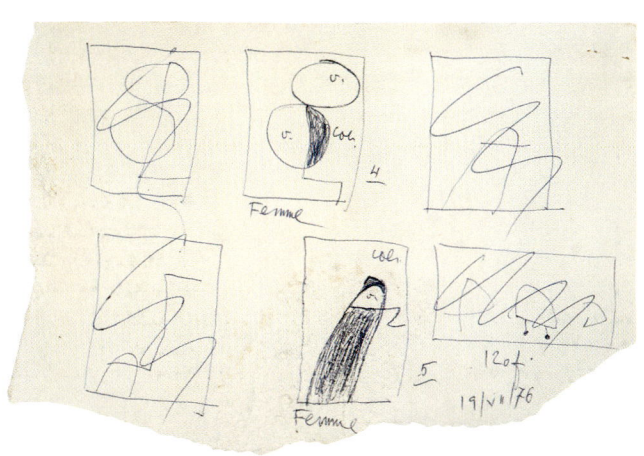

Sin título, sin fecha
Bolígrafo sobre papel, 21,3 × 21 cm
Inscripciones: *Té maqueta Matisse album /*
9 + 3 = 12 / Sucre-Matière-Craquelé / Signes
forts i simples / Bon fons / al revés a la prova /
signes molt lliures, tota manera / pinzells
Procedencia: Donación del artista, 1981
FPJM-1146

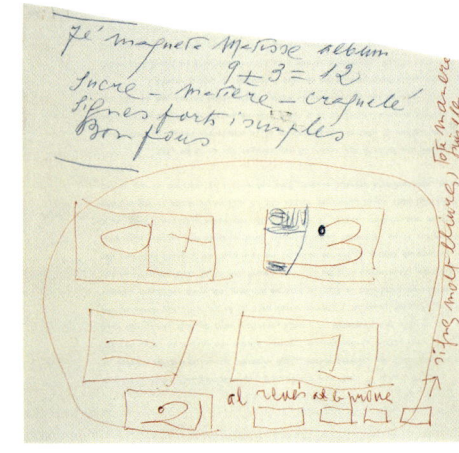
FPJM-1146

Sin título, 1974
Bolígrafo sobre papel, 14,8 × 23,6 cm
Inscripciones anverso: *29/IX/74.*
Inscripciones reverso: [–] *Pol Costa del Ter,*
13 Roda de Ter (Barcelona)
Procedencia: Donación del artista, 1981
FPJM-1147

Sin título, 1969 [ca]
Bolígrafo y lápiz de grafito sobre papel,
13,2 × 25,3 cm
Inscripciones: *carotes com pabelló / roig i /*
negre / colorit com / rectangles / exterior /
pabelló / sol / sol al / darrera / lluna al /
devant / lluna al devo [sic]
Procedencia: Donación del artista, 1981
FPJM-1148

Exposiciones: Barcelona 1994-1995, lám. 215 (color),
p. 256

Sin título, 1969 [ca]
Rotulador y lápiz de color sobre papel,
15 × 21,1 cm
Inscripciones: *I*
Procedencia: Donación del artista, 1981
FPJM-1149

Exposiciones: Palma de Mallorca 1993-1994, p. 32
(color); p. 163. Palma de Mallorca 1996c, lám. 300
(color), p. 182; p. 247

Sin título, 1969 [ca]
Rotulador y lápiz de color sobre papel,
15 × 21,1 cm
Inscripciones: *II*
Procedencia: Donación del artista, 1981
FPJM-1150

Exposiciones: Palma de Mallorca 1993-1994, p. 32
(color); p. 163. Palma de Mallorca 1996c, lám. 301
(color), p. 182; p. 247

Sin título, 1969 [ca]
Rotulador, lápiz de color y bolígrafo sobre papel,
15 × 21,1 cm
Inscripciones: *18/XI/69. / III*
Procedencia: Donación del artista, 1981
FPJM-1151

Exposiciones: Palma de Mallorca 1993-1994, p. 33
(color); p. 164. Palma de Mallorca 1996c, lám. 302
(color), p. 182; p. 247

Sin título, sin fecha
Bolígrafo sobre papel, 27,1 × 20,9 cm
Inscripciones: *ou de la Fundació /* ~~prop de jocs~~
~~d'aigua~~ */ fer-ne quelcom de* màgic *i* sagrat
Procedencia: Donación del artista, 1981
FPJM-1152.1

Exposiciones: Palma de Mallorca 1990-1991, lám. 12
(color), p. 24; p. 33

Sin título, sin fecha
Bolígrafo, lápiz de color y lápiz de grafito sobre
papel, 27,4 × 21,4 cm
Inscripciones: *personatge* ~~grotesc~~ *a / l'interior*
vestit per mi / ~~donant crits amb un / alta-veus i~~
~~font moure / un sol, una / lluna i estels / St.~~
~~Paul ?~~ */ i* ~~troient~~ */ grafismes /* ~~en forma /~~
~~d'ocells / gent que pugi per aquesta escala /~~
~~Happenings~~ */ / recitar frases poètiques X /*
música / Ballet
Procedencia: Donación del artista, 1981
FPJM-1153

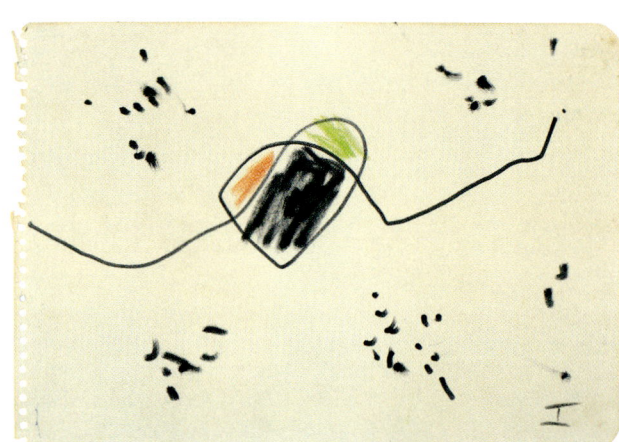
FPJM-1149

Exposiciones: Barcelona 1994-1995, lám. 216 (color),
p. 258. Palma de Mallorca 1996b, lám. 39.a (color),
p. 134. Palma de Mallorca 1996c, lám. 460 (color),
p. 230; p. 253. Salerno 2002-2003, p. 124 (color); p. 182

Sin título, sin fecha
Lápiz de cera y bolígrafo sobre papel,
15,1 × 15,4 cm
Inscripciones: *corda*
Procedencia: Donación del artista, 1981
FPJM-1171

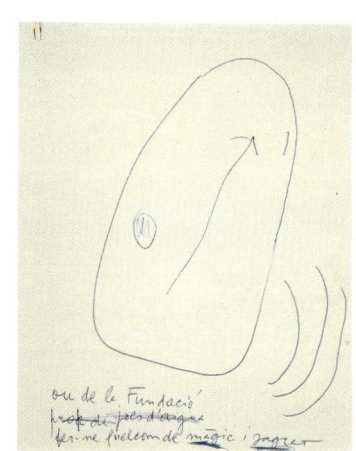
FPJM-1152.1

Sin título, 1972
Lápiz de color, bolígrafo y lápiz de cera sobre
papel, 15,5 × 20 cm
Inscripciones: *2/III/72 / blau / g. / v.*
Procedencia: Donación del artista, 1981
FPJM-1172

Exposiciones: Palma de Mallorca 1993-1994, p. 43
(color); p. 164. Palma de Mallorca 1996c, lám. 311
(color), p. 184; p. 247. Las Palmas de Gran Canaria
1996-1997, lám. 161 (color), p. 161; p. 231

FPJM-1172

FPJM-1147
FPJM-1148

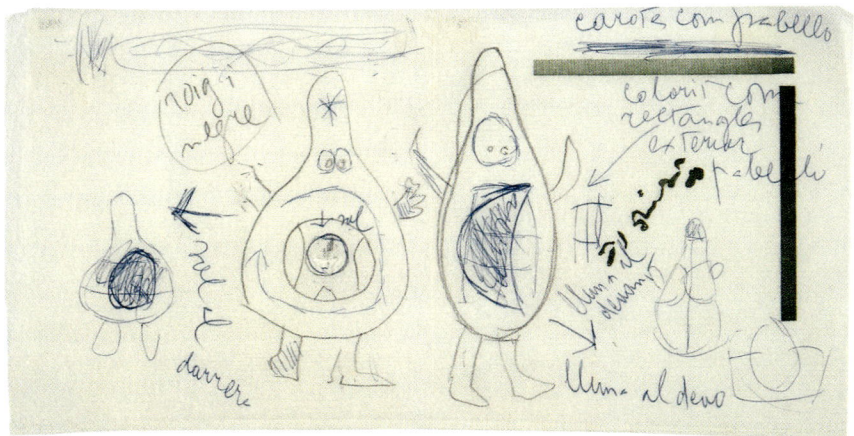

FPJM-1150
FPJM-1151

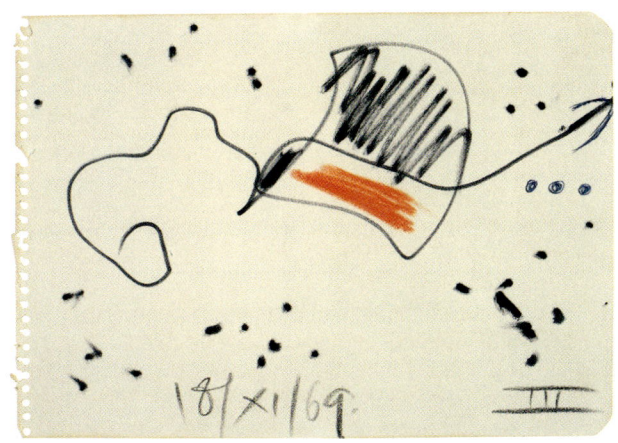

FPJM-1153
FPJM-1171

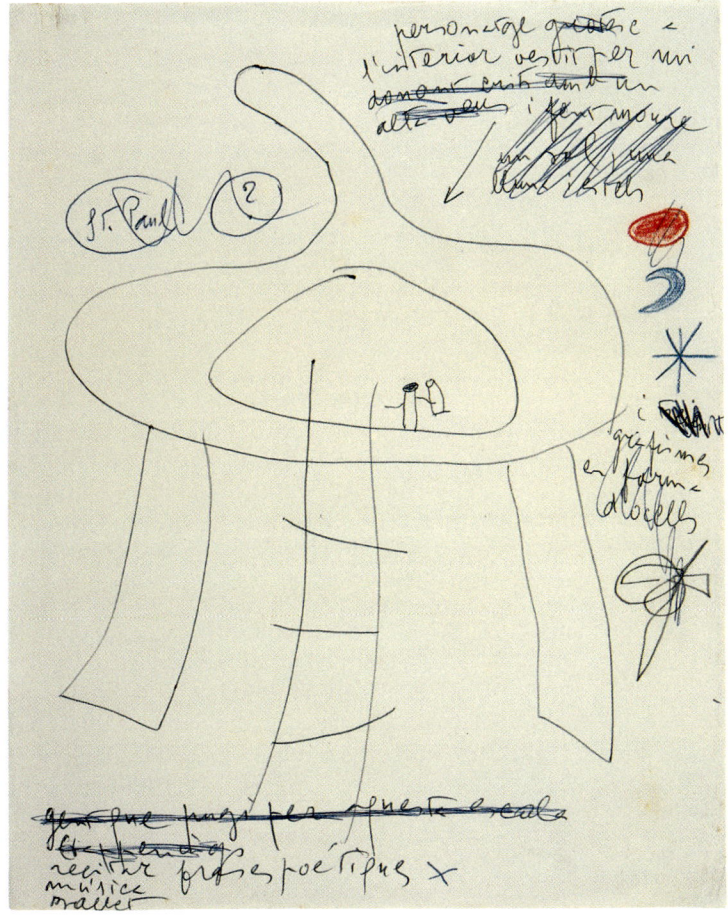

Sin título, sin fecha
Lápiz de cera y bolígrafo sobre papel,
21 × 26,9 cm
Inscripciones: *negre*
Procedencia: Donación del artista, 1981
FPJM-1173

Sin título, sin fecha
Bolígrafo y lápiz de cera sobre papel,
21 × 26,9 cm
Inscripciones: *blanc*
Procedencia: Donación del artista, 1981
FPJM-1174

Sin título, sin fecha
Bolígrafo y lápiz de cera sobre papel,
21 × 26,9 cm
Inscripciones: *espart carro* [?]
Procedencia: Donación del artista, 1981
FPJM-1175.1

Sin título, sin fecha
Bolígrafo sobre papel, 21 × 26,9 cm
Inscripciones: *to arpillera blanc amb / petites
rugositats. grafisme tinta Xina* [sic]
Procedencia: Donación del artista, 1981
FPJM-1175.2

Sin título, 1971 [post]
Bolígrafo, lápiz de grafito y lápiz de color sobre
papel, 27 × 21 cm
Inscripciones: *parlar Noguera-Orozco / i pensar
amb el / de N. Y. / 11'55 x / 6'50*
Procedencia: Donación del artista, 1981
FPJM-1176

Sin título, 1970
Bolígrafo, lápiz de grafito y lápiz de color sobre
papel, 27,5 × 21,6 cm
Inscripciones: *20/III/70.*
Procedencia: Donación del artista, 1981
FPJM-1177.2

Exposiciones: Palma de Mallorca 1993-1994, p. 38
(color); p. 164. Palma de Mallorca 1996c, lám. 305
(color), p. 183; p. 247

John Cage, sin fecha
Lápiz de grafito sobre papel, 19,5 × 22,6 cm
Inscripciones: *John / CAGE*
Procedencia: Donación del artista, 1981
FPJM-1178

Sin título, 1973
Bolígrafo y lápiz de color sobre papel,
14 × 10,4 cm
Inscripciones: *accent / rippolí* [sic] / *Blanc /
27/VI/73.*
Procedencia: Donación del artista, 1981
FPJM-1179

Exposiciones: Las Palmas de Gran Canaria 1996-1997,
lám. 158 (color), p. 160; p. 231. Santander 2005,
lám. 6 (color), p. 51

Sin título, 1973
Bolígrafo y lápiz de color sobre papel,
13,9 × 9,1 cm
Inscripciones: *Fons / negre / g. / contorns /
blancs / f. / 12. / f. / v. / 25/VI/73.*
Procedencia: Donación del artista, 1981
FPJM-1180

Exposiciones: Las Palmas de Gran Canaria 1996-1997,
lám. 157 (color), p. 160; p. 231

Sin título, 1973
Bolígrafo y lápiz de color sobre cartulina,
16,2 × 11,5 cm
Inscripciones: *3 de 30 f. o 20 f. / regalim ripolí*
[sic] *blanc / sobre tela / cobrir de negre /
27/VI/73.*
Procedencia: Donación del artista, 1981
FPJM-1181

Exposiciones: Sevilla 1993-1994, lám. 52.B (color),
p. 114; p. 118. Málaga 1994, lám. 52.B (color), p. 114;
p. 118. Palma de Mallorca 1996c, lám. 319 (color),
p. 187; p. 248. Las Palmas de Gran Canaria
1996-1997, p. 133; lám. 98 (color), p. 134; p. 229.
Nuoro 2001-2002, p. 70 (color); p. 142. Marugame
2002, lám. 28 (color), p. 37; p. 77. Mitaka 2002,
lám. 28 (color), p. 37; p. 77. Miyazaki 2002, lám. 28
(color), p. 37; p. 77. Niitsu 2002, lám. 28 (color),
p. 37; p. 77

Bibliografía: Institut d'Estudis Baleàrics 1981, lám. 4
(color), p. 85

FPJM-1173

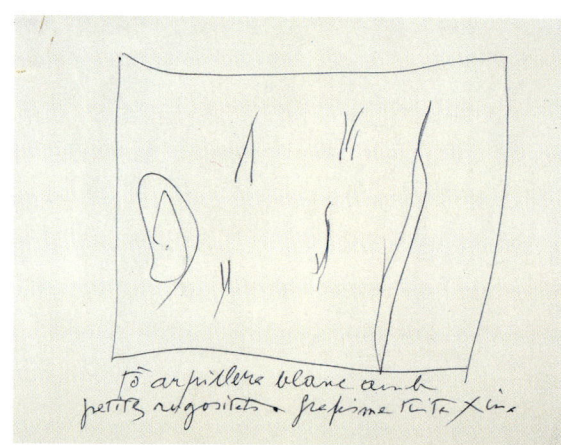

FPJM-1175.2

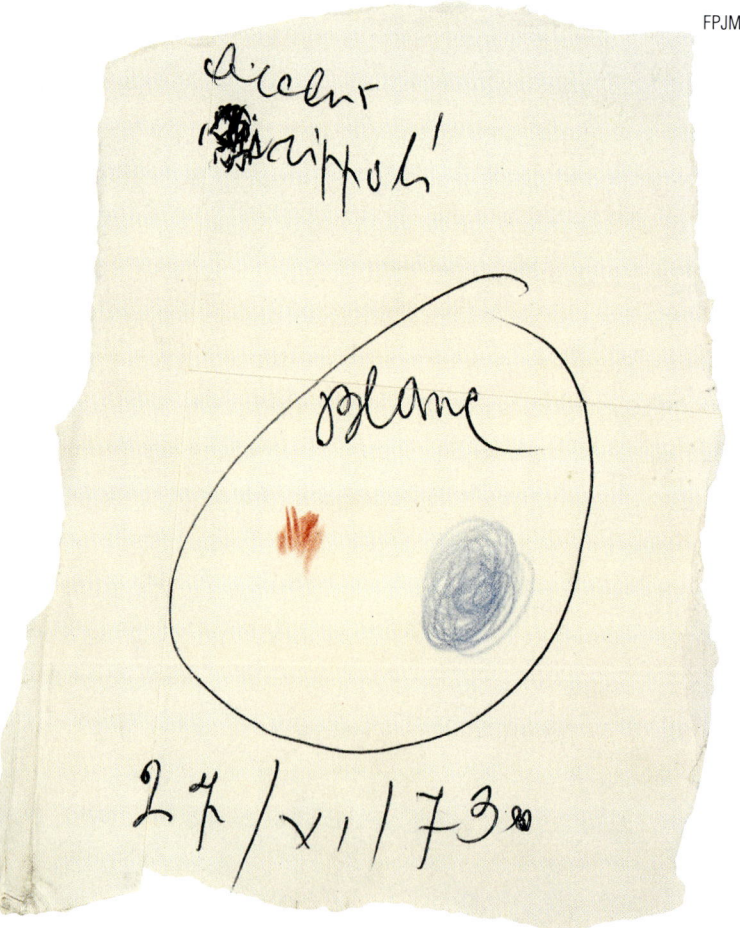

FPJM-1179

FPJM-1174
FPJM-1175.1

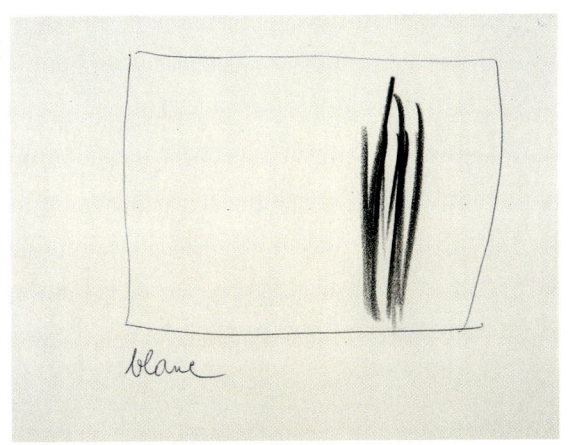

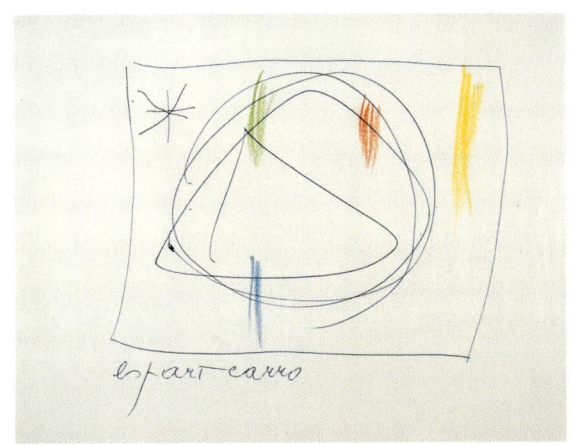

FPJM-1176
FPJM-1177.2
FPJM-1178

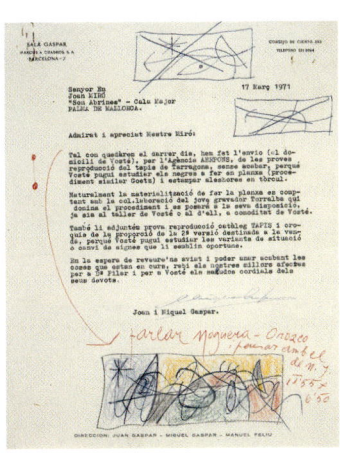

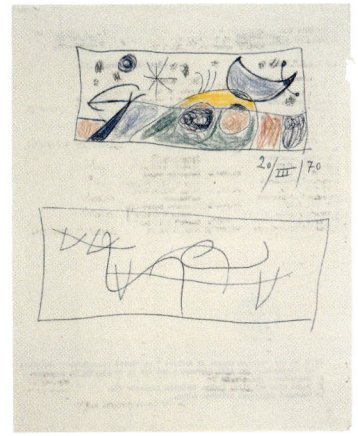

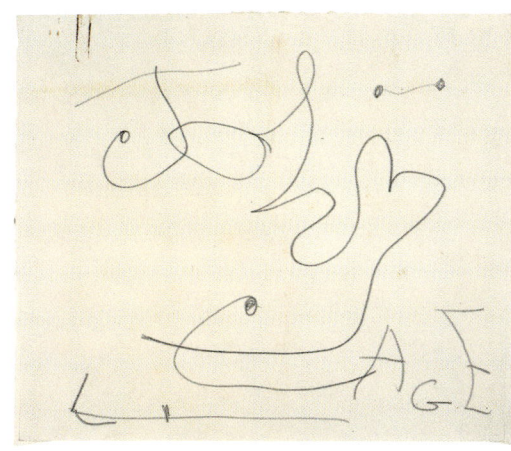

FPJM-1180
FPJM-1181

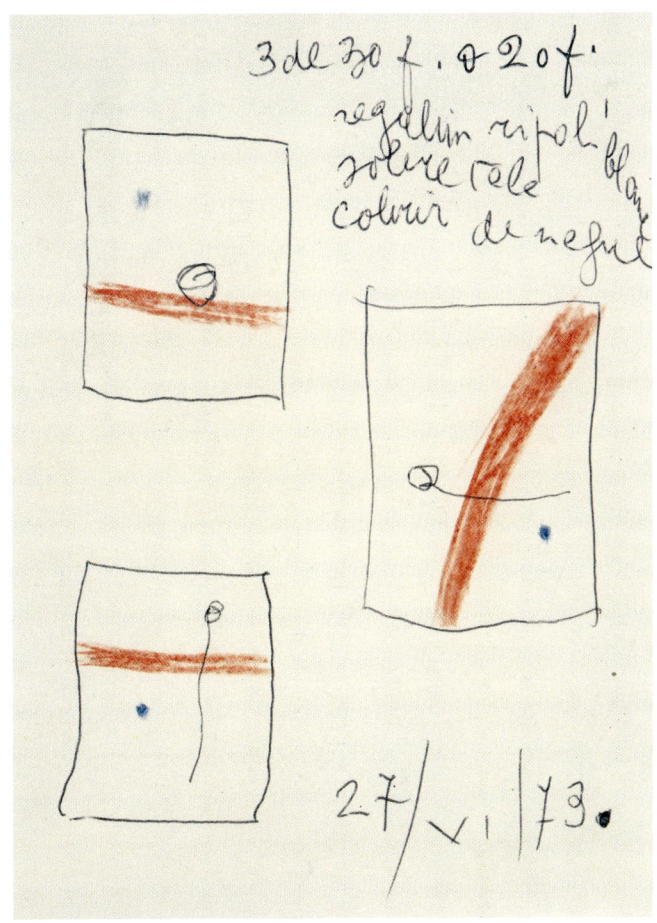

Sin título, 1972
Bolígrafo sobre papel, 21,4 × 15,4 cm
Inscripciones: *cove / escombra / que surt /
vermell b. g. / bossa / amb cargols / colors /
tamany com la d'obgectes* [sic] */ artesania /
21/5/72*
Procedencia: Donación del artista, 1981
FPJM-1182.1

Exposiciones: Palma de Mallorca 1993-1994, p. 47
(color); p. 165. Palma de Mallorca 1996c, lám. 312
(color), p. 185; p. 247. Las Palmas de Gran Canaria
1996-1997, p. 32 (color); lám. 154 (color), p. 158;
p. 231. Nuoro 2001-2002, p. 143

Sin título, 1972 [ca]
Bolígrafo sobre papel, 15,3 × 21,3 cm
Inscripciones: *guants americans*
Procedencia: Donación del artista, 1981
FPJM-1182.2

Sin título, 1972 [ca]
Bolígrafo sobre papel, 21,4 × 15,5 cm
Inscripciones: *Cargols*
Procedencia: Donación del artista, 1981
FPJM-1182.3

Sin título, 1964 [ca]
Lápiz de color y tinta sobre papel, 12,5 × 8 cm
Inscripciones: *Oiseau Bleu / chante mon admi
/ration / pour Georges Braque / mon hommage
à son / honnêteté, comme / le charrue traçant de
sillons bleus / Miró.*
Procedencia: Donación del artista, 1981
FPJM-1183

Bibliografía: Institut d'Estudis Baleàrics 1981, lám. 3
(color), p. 69

Sin título, sin fecha
Lápiz de grafito sobre papel, 12,6 × 11,6 cm
Procedencia: Donación del artista, 1981
FPJM-1184

Sin título, sin fecha
Lápiz de grafito sobre papel, 16,5 × 15,5 cm
Procedencia: Donación del artista, 1981
FPJM-1185

Sin título, sin fecha
Lápiz de grafito sobre papel, 35,3 × 28,9 cm
Procedencia: Donación del artista, 1981
FPJM-1186

Sin título, 1962
Tinta y bolígrafo sobre papel, 14,3 × 11,8 cm
Inscripciones: *cartell* / CLAYEUX - / M–
A-*11/9/62*
Procedencia: Donación del artista, 1981
FPJM-1187

Sin título, sin fecha
Tinta y bolígrafo sobre papel, 9,9 × 22,4 cm
Inscripciones: *Derrière Mirroir / partint cartell i
grafísmes / esquitxos color / nuances / posar-hi
fotos fragmentàries / que són dossier / X / fotos
dibuixos preparatoris / dossier*
Procedencia: Donación del artista, 1981
FPJM-1188

Sin título, 1958
Tinta, lápiz de cera y lápiz de grafito sobre
papel, 10,7 × 26,5 cm
Inscripciones: *Aimé Maeght à la nuit de / la
vieille année vous envoie ses / meilleurs voeux
pour que / le soleil de 1.958 se lève / pour
vous / avec éclat*
Procedencia: Donación del artista, 1981
FPJM-1189

Sin título, sin fecha
Tinta, lápiz de color y lápiz de grafito sobre
papel, 15,4 × 21,2 cm
Inscripciones: *GAL – / verd groc / vous êtes
prié –*
Procedencia: Donación del artista, 1981
FPJM-1190

Sin título, sin fecha
Tinta y lápiz de grafito sobre papel,
27 × 21,1 cm
Inscripciones: *GALer*[...] *M*[...] */ 13. – / vous
êtes prié d'honorer de votre –*
Procedencia: Donación del artista, 1981
FPJM-1191

Sin título, sin fecha
Tinta y lápiz de grafito sobre papel,
27,1 × 21,2 cm
Inscripciones: *GALERIE MAEGHT / ROIM /
MIRÓ / ARTIGAS / SCULPTURES
MONUMENTALES / TERRES DE GRAND / FEU /
DERR - / N*[...] */ MIRÓ / ARTIGAS /
sculptur*[...] */ Joanet*
Procedencia: Donación del artista, 1981
FPJM-1192

Exposiciones: Palma de Mallorca 1992, lám. 46
(color), p. 74

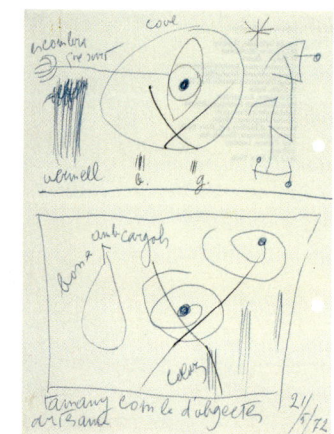

FPJM-1182.1

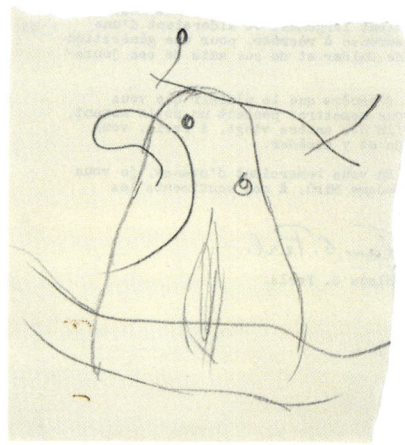

FPJM-1184

FPJM-1190

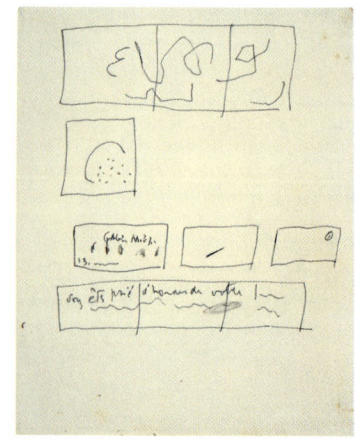

FPJM-1191

FPJM-1182.2
FPJM-1182.3
FPJM-1183

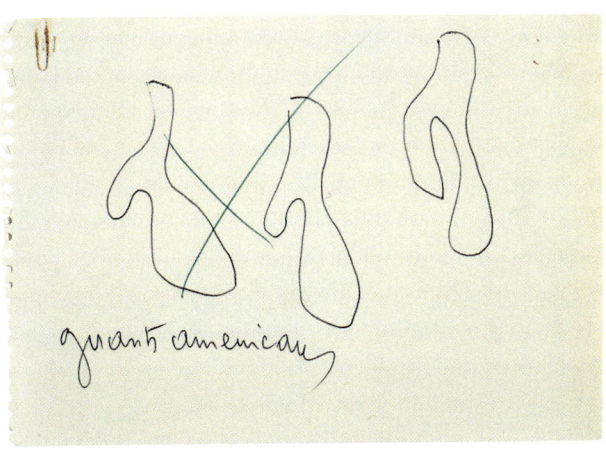

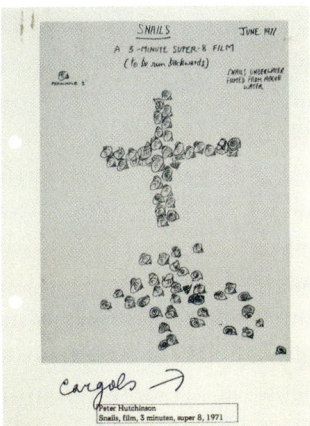

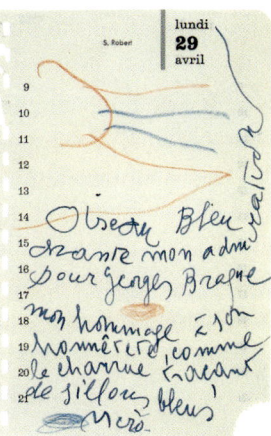

FPJM-1185
FPJM-1186
FPJM-1187

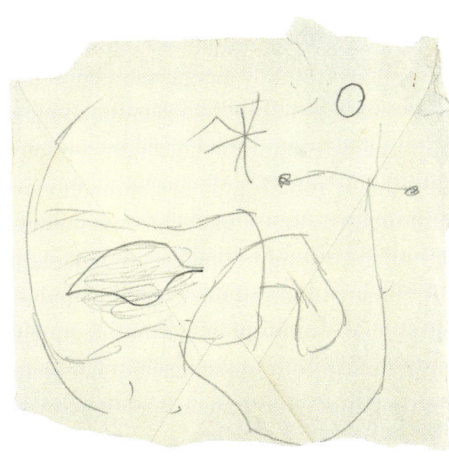

FPJM-1188

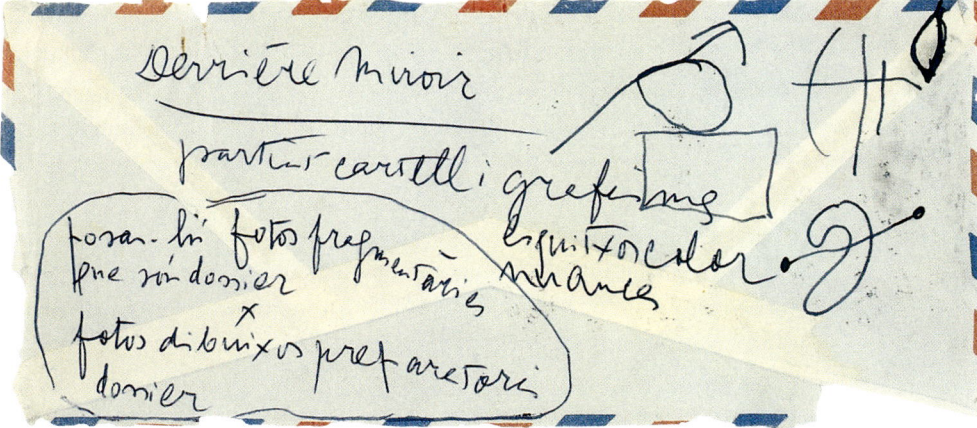

FPJM-1189
FPJM-1192

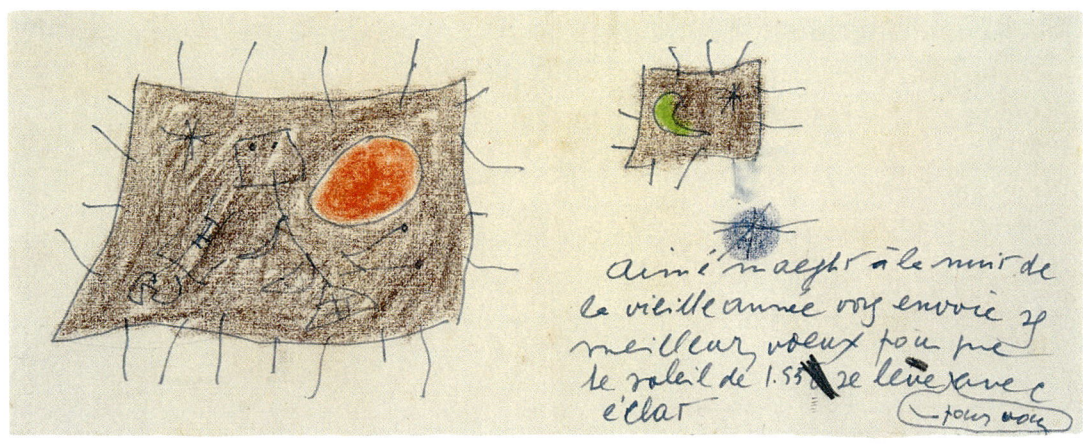

Sin título, sin fecha
Gouache, collage y lápiz de grafito sobre
cartulina y papel, 15,6 × 29,8 cm
Inscripciones: *1 / J.M.*
Procedencia: Donación del artista, 1981
FPJM-1194

Exposiciones: París 1988, [p. 80]; lám. 22 (color),
[p. 81]; p. 131. Santander 2005, p. 148 (color)

Sin título, sin fecha
Gouache, collage y lápiz de grafito sobre
cartulina y papel, 15,6 × 29,5 cm
Inscripciones: *REL-LOTGE / 2 / J. M.*
Procedencia: Donación del artista, 1981
FPJM-1195

Exposiciones: París 1988, [p. 78]; lám. 21 (color),
[p. 79]; p. 131. Santander 2005, p. 149 (color)

Sin título, sin fecha
Lápiz de grafito sobre papel, 13,2 × 22,3 cm
Procedencia: Donación del artista, 1981
FPJM-1196

Joan Miró y Anónimo
Sin título, 1952 [ca]
Lápiz de grafito, lápiz de color, bolígrafo y
papiers collés sobre papel, 24,2 × 105,5 cm
Inscripciones anverso: *paret blanc lleuregament
perlat / rectangle mapa roig pouzzoles / formes
fixades a la paret ben lliurement, però amb
extrema precisió -cercar una bella matèria
omplerta ben lliurement deixant espais als
marges / map / vert / vermell / LL / PLASTER /
S / gr oc / negre (?) / Wall spacer / blau /
escultura / 24'-0» / telephones / glass / Door in
wall / bar in front / COL. / ENTRANCE / COL. /
colors usats en la maqueta, fons matèries / ocre
d'or, sienne cremada, roig cadmium / bleu
coroleum / vert celadon «Blois» / ocre jaune /
tapis marron foncé / Carpet: dark brown /
plafond / blanc / Ceiling: white / murs / gris /
other walls: grey / boiseris [sic] acajou - /
Wood: Cuban mahogany. E natural ash. /
furniture: natural [–] / Scale: 1/4» = 1'- 0» /
SOUTH WALL - NORTH (MAIN) DELEGATES
LOUNGE. / I*
Inscripciones reverso: *MIRÓ*
Procedencia: Donación del artista, 1981
FPJM-1197

Bibliografía: Institut d'Estudis Baleàrics 1981, p. 17
(color)

Oiseaux dans l'espace, 1974
Bolígrafo y lápiz de color sobre papel,
15,2 × 21,1 cm
Inscripciones: *I Taca negra / ~~tirada~~ amb / una
tassa / projectada / II Fons / III alguna ditada /
partint negre / IV ditada negra / difuminada /
28/XII/74 oiseaux dans l'espace / 100 f.*
Procedencia: Donación del artista, 1981
FPJM-1198

Exposiciones: Palma de Mallorca 1993-1994, p. 64
(color); p. 166. Palma de Mallorca 1996c, lám. 328
(color), p. 190; p. 248. Las Palmas de Gran Canaria
1996-1997, lám. 169 (color), p. 165; p. 232. Nuoro
2001-2002, p. 72 (color); p. 142. Marugame 2002,
lám. 32 (color), p. 47; p. 77. Mitaka 2002, lám. 32
(color), p. 47; p. 77. Miyazaki 2002, lám. 32 (color),
p. 47; p. 77. Niitsu 2002, lám. 32 (color), p. 47; p. 77

Sin título, 1974
Bolígrafo sobre cartulina, 17 × 22,5 cm
Inscripciones: *b. / v. / vt. / g. / c. / 2n estat /
28/XII/74. / lavis / nous signes (?) 100 f.*
Procedencia: Donación del artista, 1981
FPJM-1199

Sin título, 1975
Bolígrafo, tinta, lápiz de grafito y lápiz de color
sobre papel, 20,1 × 12,9 cm
Inscripciones: *19/ / VII/ / 75.*
Procedencia: Donación del artista, 1981
FPJM-1200

Exposiciones: Palma de Mallorca 1993-1994, p. 65
(color); p. 166. Palma de Mallorca 1996c, lám. 331
(color), p. 190; p. 248

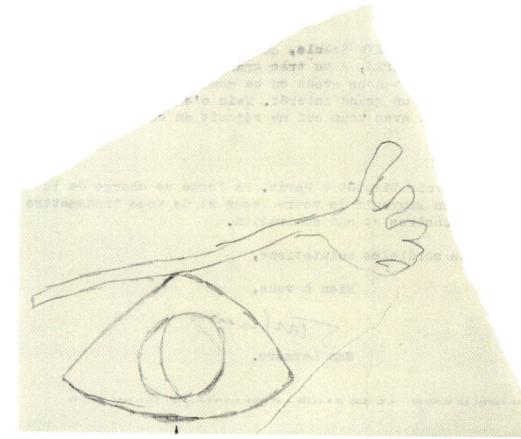

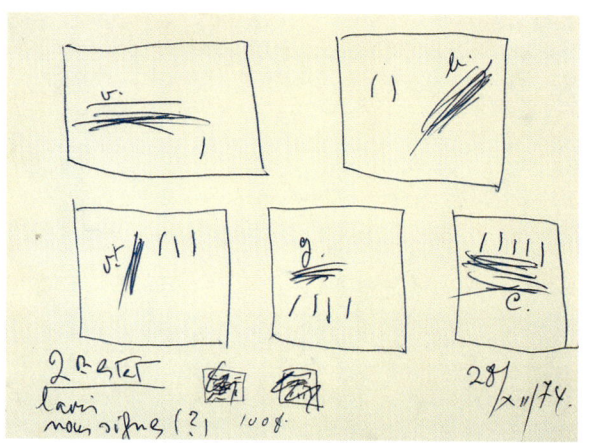

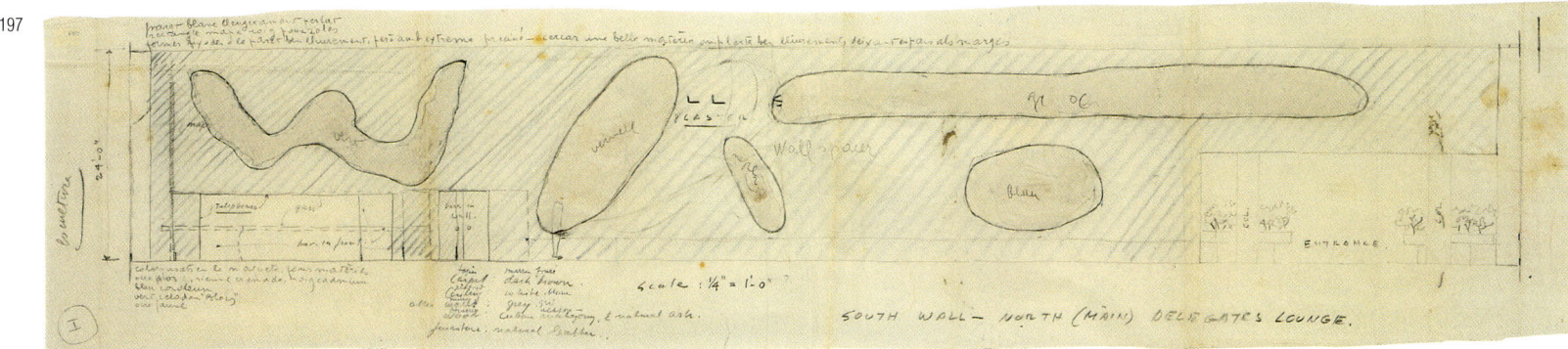

SOUTH WALL — NORTH (MAIN) DELEGATES LOUNGE.

I face negre
amb
una taca
vinglètada

II Fons

III alguna ditada
tou tui negre

IV ditada negre
difuminade

28/XII/74   oiseaux dans l'space
100 f.

L'Oiseau dans l'espace, 1972
Bolígrafo y lápiz de cera sobre cartulina,
15,3 × 10,3 cm
Inscripciones: *5 / 6/ / VIII/ / 72 / L'oiseau /
dans / l'espace / 80 f. Bleu coeroleum*
Procedencia: Donación del artista, 1981
FPJM-1201

Exposiciones: Palma de Mallorca 1993-1994, p. 45
(color); p. 164. Palma de Mallorca 1996c, lám. 313
(color), p. 186; p. 247. Las Palmas de Gran Canaria
1996-1997, lám. 153 (color), p. 159; p. 231.
Marugame 2002, lám. 27 (color), p. 47; p. 77. Mitaka
2002, lám. 27 (color), p. 47; p. 77. Miyazaki 2002,
lám. 27 (color), p. 47; p. 77. Niitsu 2002, lám. 27
(color), p. 47; p. 77

Paysage, 1975
Bolígrafo sobre cartulina, 16,9 × 12,8 cm
Inscripciones: *Paysage 25/I/75 / 40 f. / v. / g. /
g. / g. / v. / b.*
Procedencia: Donación del artista, 1981
FPJM-1202

Paysage I, 1974
Bolígrafo sobre papel, 14,4 × 10,4 cm
Inscripciones: *50 f. / 1/XII/74 / I / v. / Paysage / g.*
Procedencia: Donación del artista, 1981
FPJM-1203

Paysage II, 1974
Bolígrafo sobre cartulina, 7,8 × 7,3 cm
Inscripciones: *50 f. Paysage / 2/XII/74 / II / g.*
Procedencia: Donación del artista, 1981
FPJM-1204

Paysage III, 1974
Bolígrafo sobre papel, 11,2 × 10,7 cm
Inscripciones: *50 f. / Paysage / b. / 2/XII/74 /
III / vt. / g. / v.*
Procedencia: Donación del artista, 1981
FPJM-1205

Le Bel Accent Bleu, 1971
Bolígrafo sobre papel, 15,5 × 19,8 cm
Inscripciones: *b. / v. / 2/XII/71. / Le Bel Accent
Bleu / 120 f.*
Procedencia: Donación del artista, 1981
FPJM-1206

Exposiciones: Palma de Mallorca 1993-1994, p. 37
(color); p. 164. Palma de Mallorca 1996c, lám. 310
(color), p. 184; p. 247. Nuoro 2001-2002, p. 143

Sin título, 1969
Bolígrafo y lápiz de cera sobre papel,
24 × 17,1 cm
Inscripciones: *14/III/69 / III*
Procedencia: Donación del artista, 1981
FPJM-1207

Exposiciones: Palma de Mallorca 1993-1994, p. 34
(color); p. 164. Palma de Mallorca 1996c, lám. 299
(color), p. 182; p. 247. Marugame 2002, lám. 26
(color), p. 37; p. 77. Mitaka 2002, lám. 26 (color),
p. 37; p. 77. Miyazaki 2002, lám. 26 (color), p. 37;
p. 77. Niitsu 2002, lám. 26 (color), p. 37; p. 77

Femme, 1973
Bolígrafo y lápiz de cera sobre papel,
19,7 × 15,5 cm
Inscripciones: *Femme / 21/III/73.*
Procedencia: Donación del artista, 1981
FPJM-1208

Exposiciones: Las Palmas de Gran Canaria 1996-1997,
lám. 156 (color), p. 157; p. 231

FPJM-1201

FPJM-1202
FPJM-1203
FPJM-1204

FPJM-1205
FPJM-1206

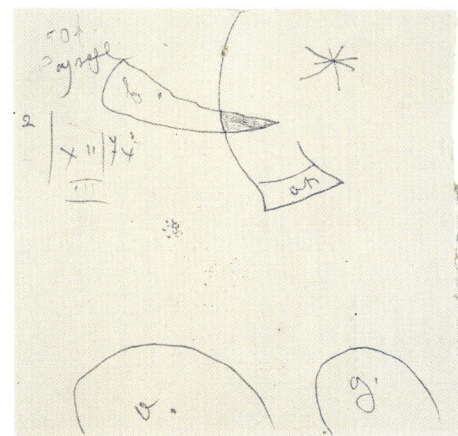 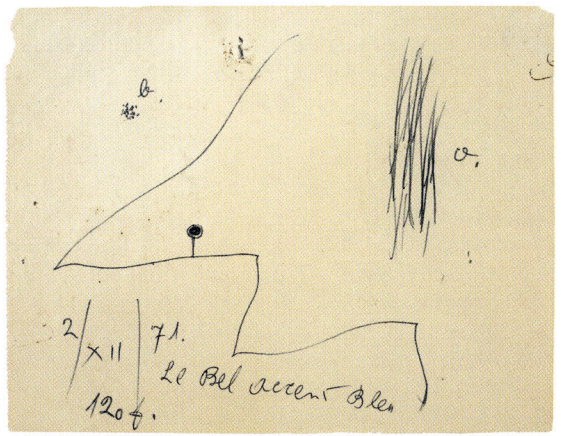

FPJM-1207
FPJM-1208

 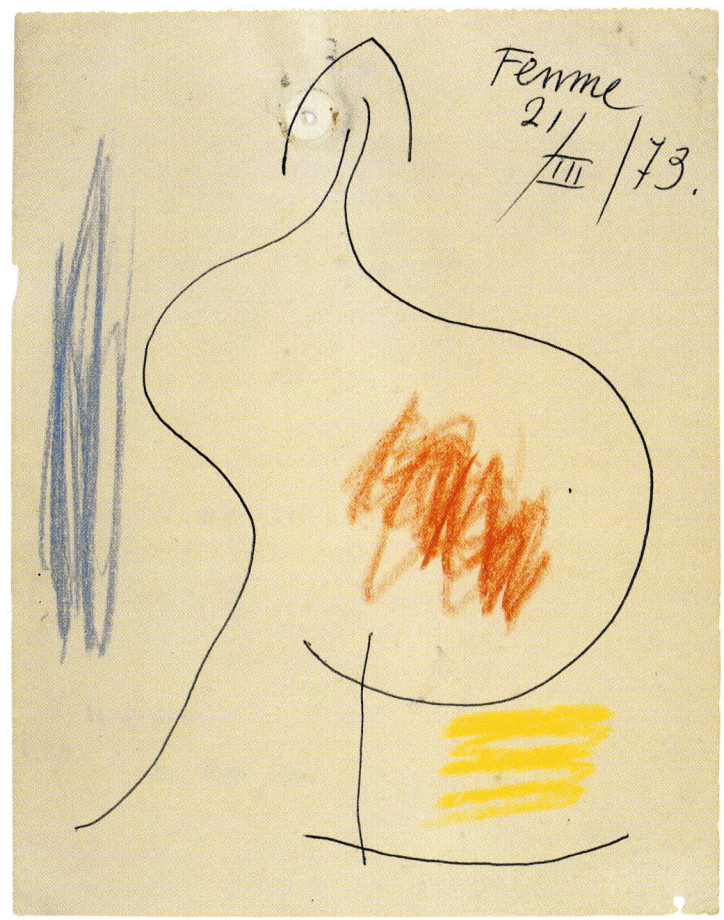

Chez le pédicure, 1979
Bolígrafo sobre papel, 15,3 × 19,7 cm
Inscripciones: *17/IV.79 / Chez le pédicure*
Procedencia: Donación del artista, 1981
FPJM-1209

Oiseau s'envolant, 1974
Bolígrafo y lápiz de color sobre cartulina,
16,9 × 24,4 cm
Inscripciones: *canviar els títols de / les altres
dos* [sic] *teles d' / aquesta sèrie, / b. / bl. /
oiseau s'envolant / 27/XII/74 / g.*
Procedencia: Donación del artista, 1981
FPJM-1210

Exposiciones: Palma de Mallorca 1993-1994, p. 62
(color); p. 166. Palma de Mallorca 1996c, lám. 327
(color), p. 190; p. 248. Las Palmas de Gran Canaria
1996-1997, lám. 168 (color), p. 165; 232. Nuoro
2001-2002, p. 71 (color); p. 142. Marugame 2002,
lám. 31 (color), p. 47; p. 77. Mitaka 2002, lám. 31
(color), p. 47; p. 77. Miyazaki 2002, lám. 31 (color),
p. 47; p. 77. Niitsu 2002, lám. 31 (color), p. 47; p. 77

Oiseau s'envolant, 1975
Bolígrafo sobre papel, 15,5 × 19,8 cm
Inscripciones: *fons negre / cercle blanc, amb
degotalls, com primera tela / b / g. / vermell, /
com grafisme / mà dreta / 1.ª tela / oiseau /
s'envolant / 29/I/75*
Procedencia: Donación del artista, 1981
FPJM-1211

Femme, étoile, 1979
Bolígrafo sobre papel, 19,9 × 15,6 cm
Inscripciones: *b. / g. / 15/IV. 79 / v. / Femme, /
étoile / vt.*
Procedencia: Donación del artista, 1981
FPJM-1212

Exposiciones: Palma de Mallorca 1994-1995, lám. 123
(color), p. 147. Las Palmas de Gran Canaria
1996-1997, lám. 128 (color), p. 149; p. 230

Sin título, sin fecha
Bolígrafo sobre cartulina, 10,4 × 16,1 cm
Inscripciones: *Gili / Fons pastell / [–] /
grafismes / Taques carborúndum sobre cra*[...]
Procedencia: Donación del artista, 1981
FPJM-1213

Sin título, 1964
Bolígrafo sobre papel, 9 × 6 cm
Inscripciones: *7/8/64*
Procedencia: Donación del artista, 1981
FPJM-1214

Exposiciones: Madrid 1986-1987, lám. 39c (color),
p. 93. Barcelona 1987, lám. 39c (color), p. 93. Colonia
1987, lám. 39c (color), p. 105. Palma de Mallorca
1996b, lám. 21.e (color), p. 100. Palma de Mallorca
1996c, lám. 424 (color), p. 220; p. 251. Washington,
D.C. 2002-2003, p. 36; lám. 3.8 (color), p. 101;
p. 165. Portland 2003, p. 36; lám. 3.8 (color), p. 101;
p. 165. San Petersburgo 2003, p. 36; lám. 3.8 (color),
p. 101; p. 165

Sin título, 1964
Bolígrafo sobre papel, 12,6 × 8,1 cm
Inscripciones: *11/9/64*
Procedencia: Donación del artista, 1981
FPJM-1215

Exposiciones: Madrid 1986-1987, lám. 39d, p. 94.
Barcelona 1987, lám. 39d, p. 94. Colonia 1987,
lám. 39d, p. 106. Palma de Mallorca 1996b, lám. 21.f
(color), p. 100. Palma de Mallorca 1996c, lám. 425
(color), p. 221; p. 251. Washington, D.C. 2002-2003,
p. 36; lám. 3.9 (color), p. 101; p. 165. Portland 2003,
p. 36; lám. 3.9 (color), p. 101; p. 165. San Petersburgo
2003, p. 36; lám. 3.9 (color), p. 101; p. 165

Sin título, 1964
Bolígrafo y lápiz de grafito sobre papel,
20 × 15,1 cm
Inscripciones: *24/VII/64*
Procedencia: Donación del artista, 1981
FPJM-1216a

Exposiciones: Madrid 1986-1987, lám. 39e (color),
p. 94. Barcelona 1987, lám. 39e (color), p. 94. Palma
de Mallorca 1996b, lám. 21.d (color), p. 99. Palma de
Mallorca 1996c, lám. 423 (color), p. 220; p. 251.
Washington, D.C. 2002-2003, lám. 3.11 (color),
p. 101; p. 165. Portland 2003, lám. 3.11 (color),
p. 101; p. 165. San Petersburgo 2003, lám. 3.11
(color), p. 101; p. 165

Sin título, 1964
Lápiz de grafito sobre papel, 20 × 15,1 cm
Inscripciones: *7/8/64*
Procedencia: Donación del artista, 1981
FPJM-1216b

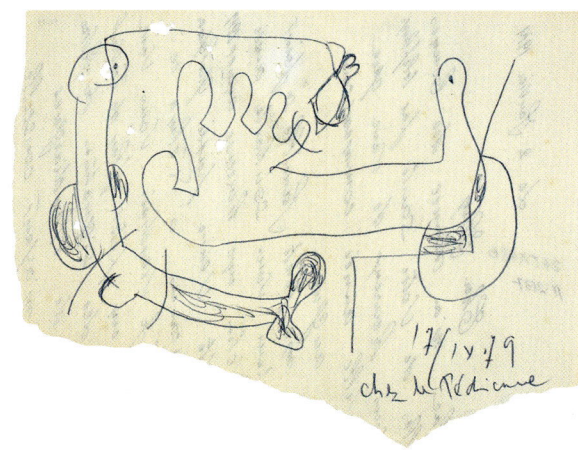
FPJM-1209

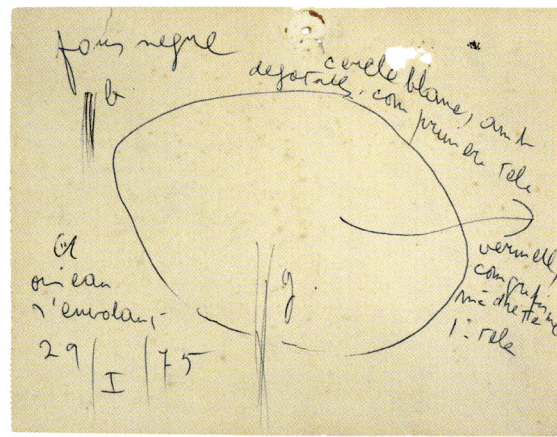
FPJM-1211

FPJM-1212

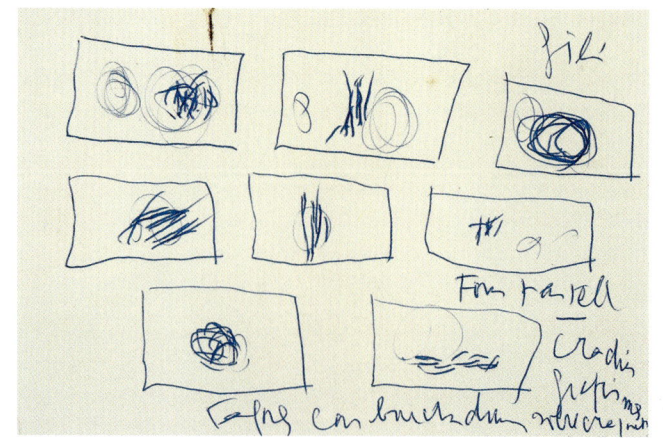
FPJM-1213

FPJM-1210

canvien els títols de
les altres dos teles d'
aquesta sèrie,
a.
b.
oiseau s'
envolant
g.
27 / XII / 74

FPJM-1214
FPJM-1215
FPJM-1216a
FPJM-1216b

MERCREDI 24 NOVEMBRE
Ste Flore
7/8/64

mardi 21 juillet
FÊTE NATIONALE BELGE
11/9/64

24/XII/64

7/8/64

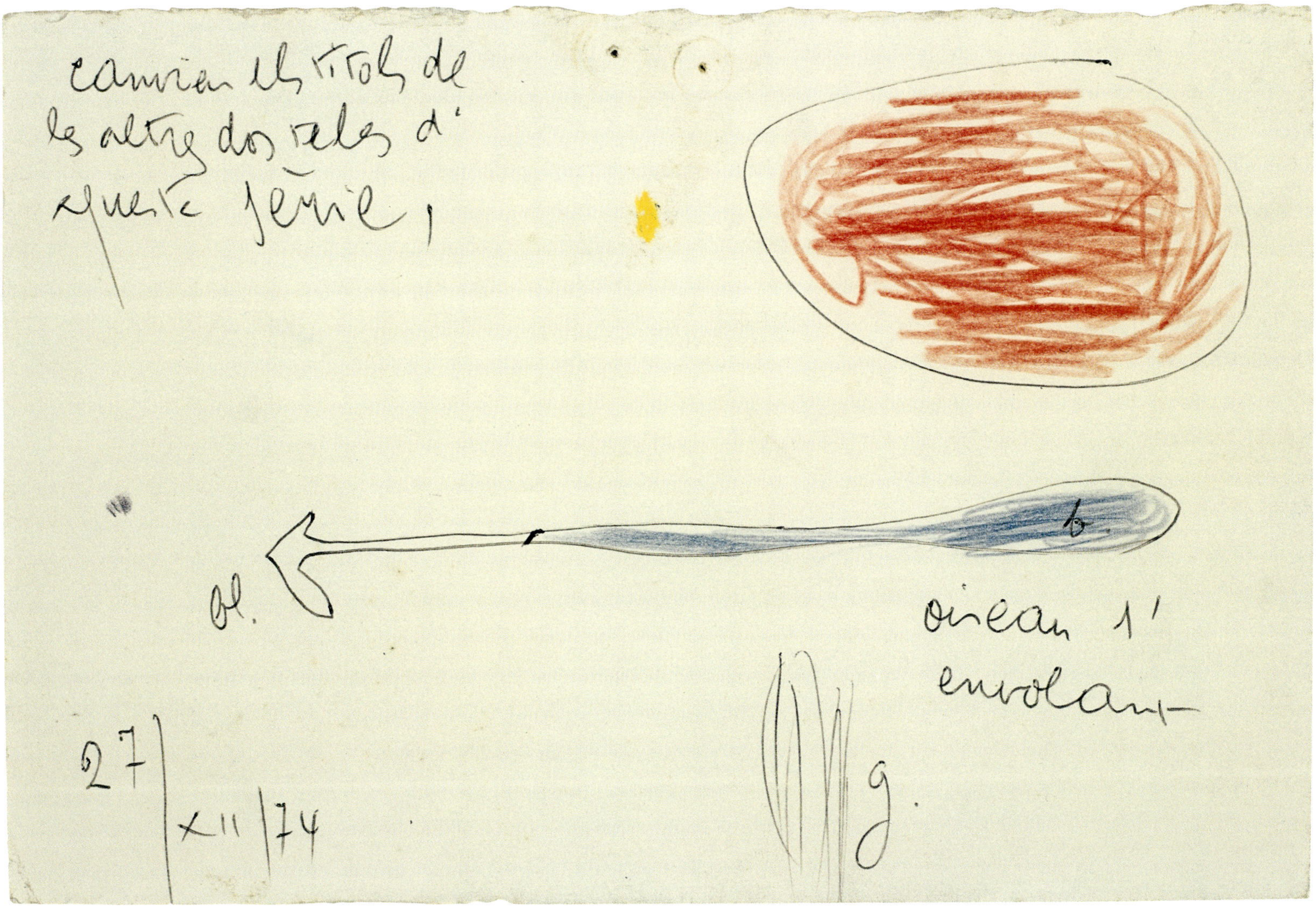

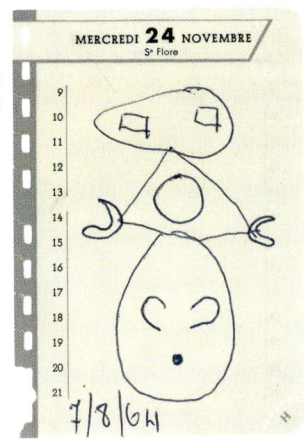

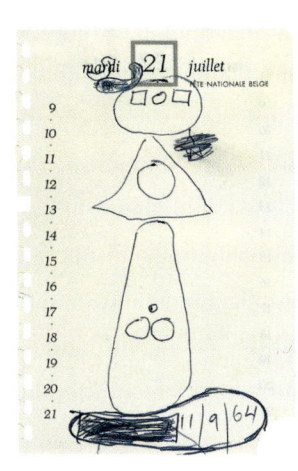

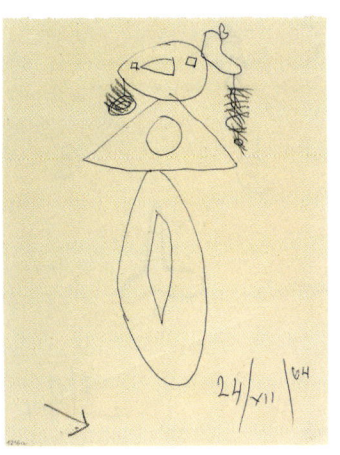

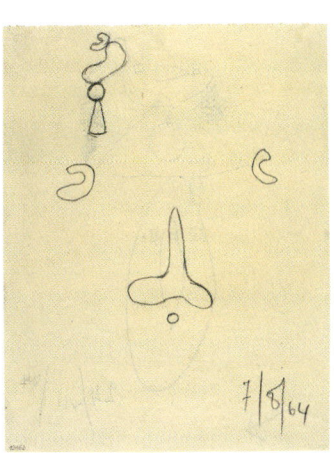

Sin título, 1965
Bolígrafo sobre papel, 19,6 × 14,9 cm
Inscripciones: *10/I/65*
Procedencia: Donación del artista, 1981
FPJM-1217

Exposiciones: Madrid 1986-1987, lám. 41e, p. 101.
Barcelona 1987, lám. 41e, p. 101. Colonia 1987,
lám. 41e, p. 113. Palma de Mallorca 1990-1991, lám. 33
(color), p. 39; p. 40. Palma de Mallorca 1996b, lám. 12.h
(color), p. 77. Palma de Mallorca 1996c, lám. 433
(color), p. 224; p. 252. Washington, D.C. 2002-2003,
p. 35; lám. 1.10 (color), p. 93; p. 164. Portland 2003,
p. 35; lám. 1.10 (color), p. 93; p. 164. San Petersburgo
2003, p. 35; lám. 1.10 (color), p. 93; p. 164

Femme assise, 1964
Bolígrafo sobre papel, 19,8 × 15,1 cm
Inscripciones: *Femme assise / 17/XI/64*
Procedencia: Donación del artista, 1981
FPJM-1218

Exposiciones: Madrid 1986-1987, lám. 41c, p. 100.
Barcelona 1987, lám. 41c, p. 100. Colonia 1987,
lám. 41c, p. 112. Palma de Mallorca 1990-1991,
lám. 32 (color), p. 39; p. 40. Palma de Mallorca 1996b,
lám. 12.g (color), p. 77. Palma de Mallorca 1996c,
lám. 432 (color), p. 223; p. 252. Washington, D.C.
2002-2003, p. 35; lám. 1.9 (color), p. 93; p. 164.
Portland 2003, p. 35; lám. 1.9 (color), p. 93; p. 164. San
Petersburgo 2003, p. 35; lám. 1.9 (color), p. 93; p. 164

Sin título, 1964
Bolígrafo sobre papel, 15,6 × 11,3 cm
Inscripciones: *29/10/64*
Procedencia: Donación del artista, 1981
FPJM-1219

Exposiciones: Palma de Mallorca 1990-1991, lám. 31
(color), p. 38; p. 40. Palma de Mallorca 1996b, lám. 12.f
(color), p. 76. Palma de Mallorca 1996c, lám. 431
(color), p. 222; p. 251. Washington, D.C. 2002-2003,
p. 35; lám. 1.8 (color), p. 93; p. 164. Portland 2003,
p. 35; lám. 1.8 (color), p. 93; p. 164. San Petersburgo
2003, p. 35; lám. 1.8 (color), p. 93; p. 164

Sin título, 1964
Bolígrafo sobre papel, 12,6 × 8,1 cm
Inscripciones: *23/9/64.*
Procedencia: Donación del artista, 1981
FPJM-1220

Exposiciones: Madrid 1986-1987, lám. 41d, p. 100.
Barcelona 1987, lám. 41d, p. 100. Colonia 1987,
lám. 41d, p. 112. Palma de Mallorca 1990-1991,
lám. 30 (color), p. 38; p. 40. Palma de Mallorca 1996b,
lám. 12.e (color), p. 76. Palma de Mallorca 1996c,
lám. 430 (color), p. 222; p. 251. Washington, D.C.
2002-2003, p. 35; lám. 1.6 (color), p. 35; p. 164.
Portland 2003, p. 35; lám. 1.6 (color), p. 35; p. 164. San
Petersburgo 2003, p. 35; lám. 1.6 (color), p. 35; p. 164

Femme assise et oiseau, 1964
Bolígrafo sobre papel, 12,6 × 8,1 cm
Inscripciones: *Femme assise et oiseau / 11/9/64*
Procedencia: Donación del artista, 1981
FPJM-1221

Exposiciones: Palma de Mallorca 1996b, lám. 12.d
(color), p. 75. Palma de Mallorca 1996c, lám. 429
(color), p. 222; p. 251. Nuoro 2001-2002, p. 102
(color); p. 142. Washington, D.C. 2002-2003, p. 35;
lám. 1.7 (color), p. 92; p. 164. Portland 2003, p. 35;
lám. 1.7 (color), p. 92; p. 164. San Petersburgo 2003,
p. 35; lám. 1.7 (color), p. 92; p. 164

Sin título, 1965
Bolígrafo sobre papel, 19,9 × 15,1 cm
Inscripciones: *1/2/65 / I*
Procedencia: Donación del artista, 1981
FPJM-1222

Exposiciones: Palma de Mallorca 1992, lám. 47
(color), p. 74. Palma de Mallorca 1996b, lám. 26.c
(color), p. 113. Palma de Mallorca 1996c, lám. 451
(color), p. 228; p. 252. Las Palmas de Gran Canaria
1996-1997, p. 133; lám. 181 (color), p. 169; p. 232.
Washington, D.C. 2002-2003, p. 38; lám. 8.4 (color),
p. 117; p. 166. Portland 2003, p. 38; lám. 8.4 (color),
p. 117; p. 166. San Petersburgo 2003, p. 38; lám. 8.4
(color), p. 117; p. 166

Sin título, 1965
Bolígrafo sobre papel, 19,9 × 15,1 cm
Inscripciones: *1/2/65 / II*
Procedencia: Donación del artista, 1981
FPJM-1223

Exposiciones: Palma de Mallorca 1993-1994, p. 29
(color); p. 163. Palma de Mallorca 1996b, lám. 26.d
(color), p. 113. Palma de Mallorca 1996c, lám. 452
(color), p. 228; p. 252. Las Palmas de Gran Canaria
1996-1997, p. 133; lám. 182 (color), p. 169; p. 232.
Washington, D.C. 2002-2003, p. 38; lám. 8. 5 (color),
p. 118; p. 166. Portland 2003, p. 38; lám. 8. 5 (color),
p. 118; p. 166. San Petersburgo 2003, p. 38; lám. 8. 5
(color), p. 118; p. 166

Sin título, 1964
Bolígrafo sobre papel, 19,8 × 15,1 cm
Inscripciones: *I / 25/XI/64.*
Procedencia: Donación del artista, 1981
FPJM-1224

Exposiciones: Madrid 1986-1987, lám. 40a, p. 96.
Barcelona 1987, lám. 40a, p. 96. Colonia 1987, lám. 40a,
p. 108. Palma de Mallorca 1996b, lám. 26.a (color),
p. 112. Palma de Mallorca 1996c, lám. 449 (color),
p. 228; p. 252. Las Palmas de Gran Canaria 1996-1997,
p. 133; lám. 175 (color), p. 169; p. 232. Washington, D.C.
2002-2003, p. 38; lám. 7.2 (color), p. 113; p. 166.
Portland 2003, p. 38; lám. 7.2 (color), p. 113; p. 166. San
Petersburgo 2003, p. 38; lám. 7.2 (color), p. 113; p. 166

Sin título, 1964
Bolígrafo sobre papel, 19,8 × 15,1 cm
Inscripciones: *II / 25/XI/64*
Procedencia: Donación del artista, 1981
FPJM-1225a

Exposiciones: Madrid 1986-1987, lám. 40b, p. 97.
Barcelona 1987, lám. 40b, p. 97. Colonia 1987,
lám. 40b, p. 109. Palma de Mallorca 1996b, lám. 26.b
(color), p. 112. Palma de Mallorca 1996c, lám. 450
(color), p. 228; p. 252. Las Palmas de Gran Canaria
1996-1997, p. 133; lám. 176 (color), p. 169; p. 232.
Washington, D.C. 2002-2003, p. 38; lám. 8.2 (color),
p. 117; p. 166. Portland 2003, p. 38; lám. 8.2 (color),
p. 117; p. 166. San Petersburgo 2003, p. 38; lám. 8.2
(color), p. 117; p. 166

Sin título, sin fecha
Bolígrafo sobre papel, 19,8 × 15,1 cm
Procedencia: Donación del artista, 1981
FPJM-1225b

Sin título, 1965
Bolígrafo sobre papel, 15 × 20,7 cm
Inscripciones: *14/3/65*
Procedencia: Donación del artista, 1981
FPJM-1226.1

Exposiciones: Palma de Mallorca 1993-1994, p. 31
(color); p. 163

Oiseau, 1965
Bolígrafo sobre papel, 15 × 20,7 cm
Inscripciones: *Chien oiseau / oiseau volatile /
11/3/65*
Procedencia: Donación del artista, 1981
FPJM-1227

Exposiciones: Palma de Mallorca 1993-1994, p. 31
(color); p. 163

FPJM-1218
FPJM-1219
FPJM-1220

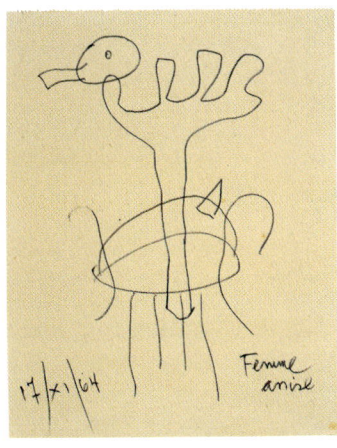

FPJM-1221
FPJM-1222
FPJM-1223

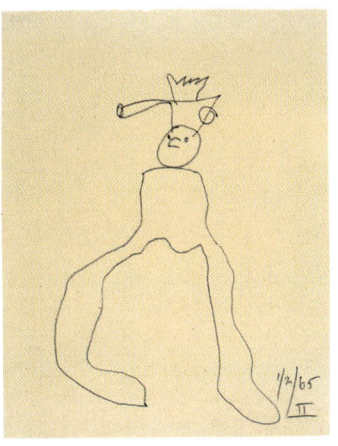

FPJM-1224
FPJM-1225a
FPJM-1225b

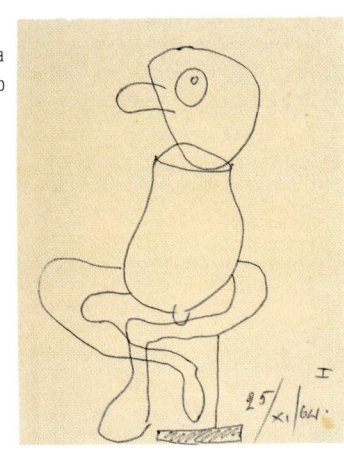

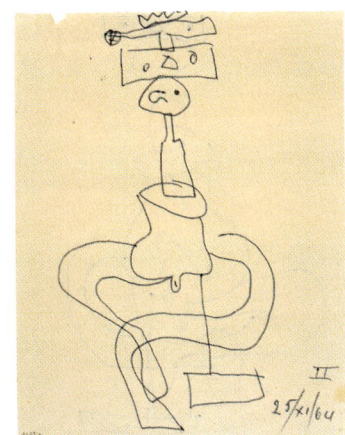

FPJM-1226.1
FPJM-1227

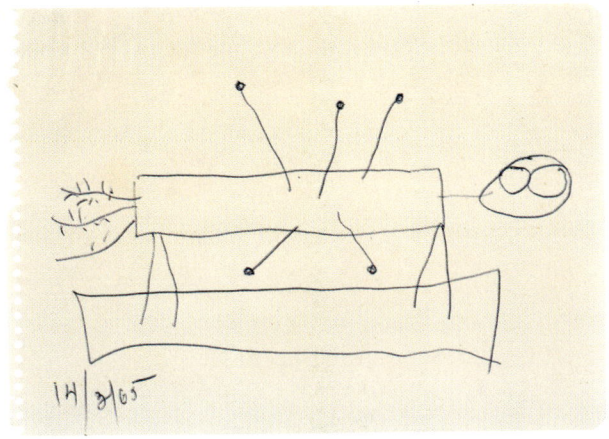

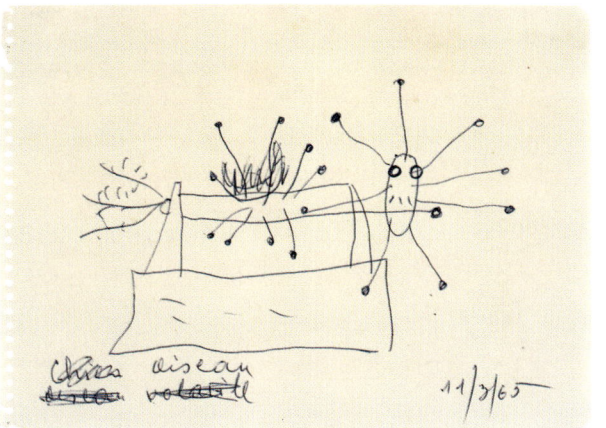

Femme, 1965
Bolígrafo sobre papel, 20,8 × 14,9 cm
Inscripciones: *deixant les imper- / feccions d'haver-se / trencat en un costat / Femme / 10/3/65 / X*
Procedencia: Donación del artista, 1981
FPJM-1237

Exposiciones: Palma de Mallorca 1990-1991, lám. 38 (color), p. 43

Sin título, 1965
Bolígrafo sobre papel, 19,8 × 15,1 cm
Inscripciones: *X / 26/I/65*
Procedencia: Donación del artista, 1981
FPJM-1238

Exposiciones: Palma de Mallorca 1996b, lám. 6.c (color), p. 62. Palma de Mallorca 1996c, lám. 455 (color), p. 229; p. 252. Nuoro 2001-2002, p. 104 (color); p. 143

Sin título, 1965
Bolígrafo sobre papel, 19,8 × 15,2 cm
Inscripciones: *X / 19/I/65*
Procedencia: Donación del artista, 1981
FPJM-1239

Exposiciones: Palma de Mallorca 1996b, lám. 6.b (color), p. 61

Tête, 1964
Bolígrafo sobre papel, 21,4 × 15,5 cm
Inscripciones: *X / Tête / 27/VII/64*
Procedencia: Donación del artista, 1981
FPJM-1240

Exposiciones: Palma de Mallorca 1996b, lám. 8.b (color), p. 65. Palma de Mallorca 1996c, lám. 453 (color), p. 228; p. 252

Tête, 1965
Bolígrafo sobre papel, 19,8 × 15,2 cm
Inscripciones: *X / Tête / 18/I/65*
Procedencia: Donación del artista, 1981
FPJM-1241

Exposiciones: Palma de Mallorca 1996b, lám. 8.c (color), p. 65. Palma de Mallorca 1996c, lám. 454 (color), p. 228; p. 252

Sin título, sin fecha
Bolígrafo sobre papel, 15,1 × 8,8 cm
Inscripciones: *Montroig*
Procedencia: Donación del artista, 1981
FPJM-1242

Exposiciones: Palma de Mallorca 1990-1991, p. 148; [lám. 25b (color), p. 149]. Palma de Mallorca 1996b, lám. 10.b (color), p. 70; lám. 71.b (color), p. 188. Palma de Mallorca 1996c, lám. 439 (color), p. 225; p. 252

Femme, 1964
Bolígrafo sobre papel, 19,6 × 14,9 cm
Inscripciones: *Femme / 13/8/64*
Procedencia: Donación del artista, 1981
FPJM-1243

Exposiciones: Palma de Mallorca 1996b, lám. 10.a (color), p. 70; lám. 71.a (color), p. 188. Palma de Mallorca 1996c, lám. 438 (color), p. 224; p. 252. Nuoro 2001-2002, p. 103 (color); p. 143

Femme, 1965
Bolígrafo sobre papel, 19,8 × 15,2 cm
Inscripciones: *Femme / 29/I/65*
Procedencia: Donación del artista, 1981
FPJM-1245

Exposiciones: Palma de Mallorca 1993-1994, p. 29 (color); p. 163

Sin título, 1965
Bolígrafo sobre papel, 19,9 × 15,2 cm
Inscripciones: *1/2/65 / III*
Procedencia: Donación del artista, 1981
FPJM-1246

Exposiciones: Palma de Mallorca 1990-1991, p. 128; [lám. 19a (color), p. 129]. Palma de Mallorca 1993-1994, p. 30 (color); p. 163

Sin título, 1964
Bolígrafo sobre papel, 9 × 6,1 cm
Inscripciones: *agrandir / 7/8/64*
Procedencia: Donación del artista, 1981
FPJM-1249

Sin título, sin fecha
Bolígrafo sobre papel, 9 × 6,1 cm
Inscripciones: *agrandir*
Procedencia: Donación del artista, 1981
FPJM-1250

Exposiciones: Palma de Mallorca 1996b, lám. 4.a (color), p. 56

Sin título, 1964
Bolígrafo sobre papel, 11,2 × 14,8 cm
Inscripciones: *29/10/64*
Procedencia: Donación del artista, 1981
FPJM-1251

Exposiciones: Palma de Mallorca 1996b, lám. 9.b (color), p. 68. Palma de Mallorca 1996c, lám. 437 (color), p. 224; p. 252

Tête et oiseaux, 1964
Bolígrafo sobre papel, 19,6 × 14,9 cm
Inscripciones: *apojat / Tête et / oiseaux / 11/8/64*
Procedencia: Donación del artista, 1981
FPJM-1252

Exposiciones: Palma de Mallorca 1996b, lám. 9.a (color), p. 68. Palma de Mallorca 1996c, lám. 436 (color), p. 224; p. 252

Fourche, sin fecha
Bolígrafo sobre papel, 12,4 × 8 cm
Inscripciones: *Fourche 4'55*
Procedencia: Donación del artista, 1981
FPJM-1253

Exposiciones: Washington, D.C. 2002-2003, p. 36; lám. 3.1 (color), p. 99; p. 164. Portland 2003, p. 36; lám. 3.1 (color), p. 99; p. 164. San Petersburgo 2003, p. 36; lám. 3.1 (color), p. 99; p. 164

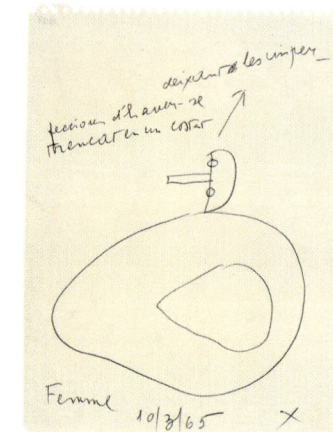
FPJM-1237

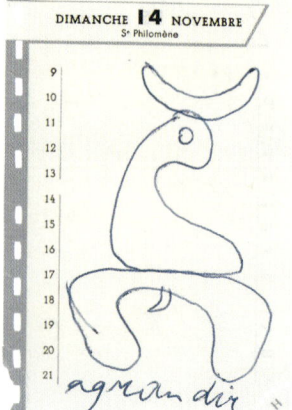
FPJM-1250

FPJM-1238
FPJM-1239
FPJM-1240

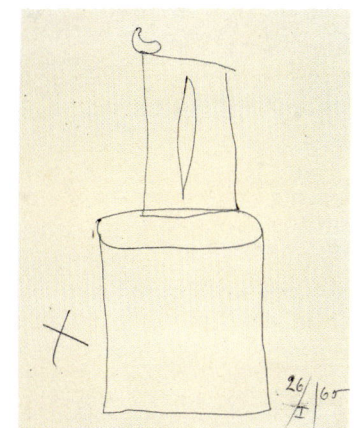

FPJM-1241
FPJM-1242
FPJM-1243

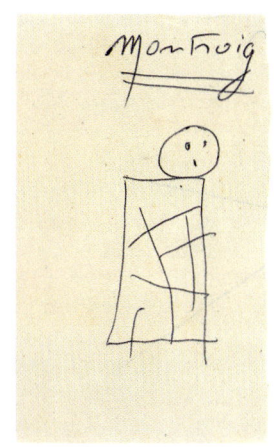

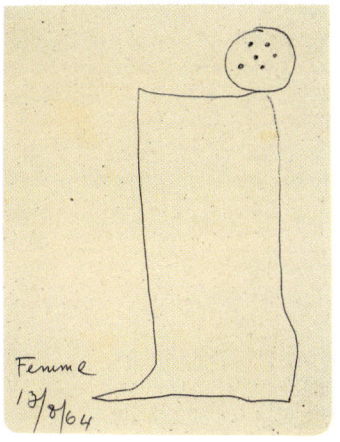

FPJM-1245
FPJM-1246
FPJM-1249

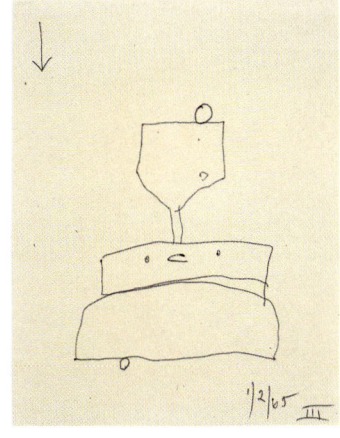

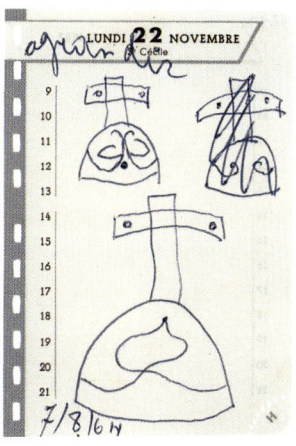

FPJM-1251
FPJM-1252
FPJM-1253

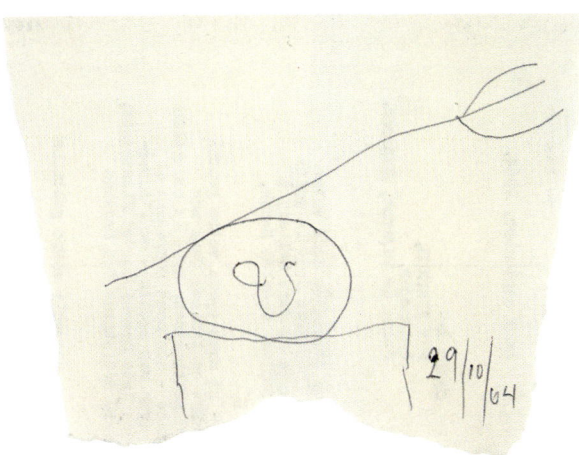

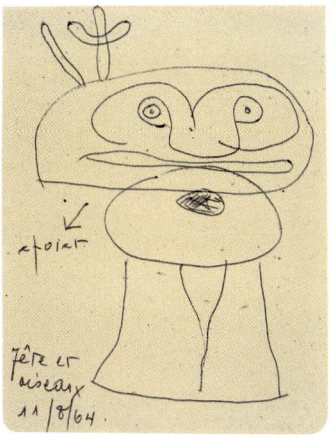

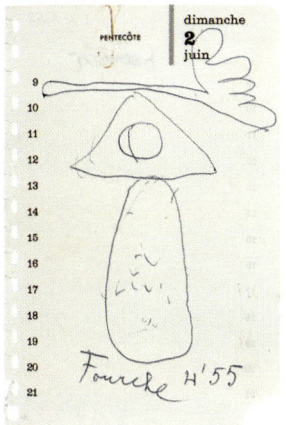

Femme assise, 1961
Bolígrafo sobre papel, 12,5 × 7,9 cm
Inscripciones: *Femme / assise / Cadira blava /*
Forca vermella / 11/5/61
Procedencia: Donación del artista, 1981
FPJM-1254

Exposiciones: Madrid 1986-1987, lám. 41b, p. 99.
Barcelona 1987, lám. 41b, p. 99. Colonia 1987,
lám. 41b, p. 111. Palma de Mallorca 1990-1991,
lám. 28 (color), p. 37; p. 40. Palma de Mallorca 1996b,
lám. 12.a (color), p. 74. Palma de Mallorca 1996c,
lám. 426 (color), p. 222; p. 251. Washington, D.C.
2002-2003, p. 34; lám. 1.2 (color), p. 91; p. 165.
Portland 2003, p. 34; lám. 1.2 (color), p. 91; p. 165. San
Petersburgo 2003, p. 34; lám. 1.2 (color), p. 91; p. 165

Sin título, 1960
Tinta y lápiz de cera sobre papel,
42,9 × 30,9 cm
Inscripciones: *colorir el bronze amb rippolí,*
[sic] */ aiguarràs i flatting* [?] */ fos amb cera*
perduda, i retreballar / les matèries / I /
1/10/60. / II
Procedencia: Donación del artista, 1981
FPJM-1255

Exposiciones: Palma de Mallorca 1990-1991, p. 54;
[lám. 1a (color), p. 55]. Palma de Mallorca 1996b,
lám. 23.a (color), p. 106. Palma de Mallorca 1996c,
lám. 412 (color), p. 218; p. 251. Las Palmas de Gran
Canaria 1996-1997, p. 133; lám. 184 (color), p. 172;
p. 232. Nuoro 2001-2002, p. 143. Salerno 2002-2003,
p. 114 (color); p. 182. Santander 2005, p. 126 (color)

Sin título, 1960
Bolígrafo sobre papel, 42,8 × 30,8 cm
Inscripciones: *muntat en una caixa / embalatge*
pintada negre, / franja [pintada] *vermell / muntat*
en una caixa / embalatge / fons / negre /
enganxat / amb casearti [?] */ 13/12/60 / vermell*
Procedencia: Donación del artista, 1981
FPJM-1257

Exposiciones: Madrid 1986-1987, lám. 81a (color),
p. 173. Barcelona 1987, lám. 81a (color), p. 173.
Colonia 1987, lám. 81a (color), p. 173. Palma de
Mallorca 1996b, lám. 19.a (color), p. 94. Palma de
Mallorca 1996c, lám. 415 (color), p. 218; p. 251.
Nuoro 2001-2002, p. 143. Marugame 2002, lám. 41
(color), p. 40; p. 77. Mitaka 2002, lám. 41 (color),
p. 40; p. 77. Miyazaki 2002, lám. 41 (color), p. 40;
p. 77. Niitsu 2002, lám. 41 (color), p. 40; p. 77

Sin título, 1960
Tinta y bolígrafo sobre papel, 12,5 × 6,5 cm
Inscripciones: *8/12/60 / NO*
Procedencia: Donación del artista, 1981
FPJM-1258

Exposiciones: Palma de Mallorca 1990-1991, p. 148;
[lám. 25a (color), p. 149]. Palma de Mallorca 2005,
lám. 3 (color), p. 72

Sin título, 1961
Bolígrafo sobre papel, 42,7 × 30,5 cm
Inscripciones: *4/11/61*
Procedencia: Donación del artista, 1981
FPJM-1259

Exposiciones: Palma de Mallorca 1990-1991, p. 172;
[lám. 32a (color), p. 173]. Palma de Mallorca 1996b,
lám. 19.b (color), p. 94. Palma de Mallorca 1996c,
lám. 416 (color), p. 218; p. 251. Marugame 2002,
lám. 42 (color), p. 40; p. 77. Mitaka 2002, lám. 42
(color), p. 40; p. 77. Miyazaki 2002, lám. 42 (color),
p. 40; p. 77. Niitsu 2002, lám. 42 (color), p. 40; p. 77

Femme; Femme; Personnage, 1962
Lápiz de grafito sobre papel, 29,5 × 42,8 cm
Inscripciones: *X / Femme / Femme / X / V /*
Personnage / 13/2/62 / II
Procedencia: Donación del artista, 1981
FPJM-1261

Exposiciones: Palma de Mallorca 1996b, lám. 11.a
(color), p. 72. Palma de Mallorca 1996c, lám. 417
(color), p. 218; p. 251

Personnage, 1962
Lápiz de grafito sobre papel, 29,7 × 42,7 cm
Inscripciones: *I. II. III. / com personatges i*
objectes / litúrgics d'una religió / X / més
separat / X / personnage / 13/2/62 III
Procedencia: Donación del artista, 1981
FPJM-1262

Sin título, 1960
Tinta y lápiz de color sobre papel, 14,8 × 9,9 cm
Inscripciones: *suite / 5 teles / Galeta I* [?] */ tronc*
pal / mera / ~~No~~ / 30/9/60
Procedencia: Donación del artista, 1981
FPJM-1263

Femme et oiseau, 1963
Tinta sobre papel, 14,9 × 10 cm
Inscripciones: *Femme / et oiseau / 1/XI/63*
Procedencia: Donación del artista, 1981
FPJM-1264

Exposiciones: Washington, D.C. 2002-2003, p. 36;
lám. 3.4 (color), p. 100; p. 165. Portland 2003, p. 36;
lám. 3.4 (color), p. 100; p. 165. San Petersburgo 2003,
p. 36; lám. 3.4 (color), p. 100; p. 165

Femme et oiseau, 1963
Bolígrafo sobre papel, 18,3 × 10,2 cm
Inscripciones: *Femme et oiseau / Cadena /*
Cadeneta / 27/XI/63
Procedencia: Donación del artista, 1981
FPJM-1265

Exposiciones: Madrid 1986-1987, lám. 39a (color),
p. 93. Barcelona 1987, lám. 39a (color), p. 93. Colonia
1987, lám. 39a (color), p. 105. Palma de Mallorca
1996b, lám. 21.a (color), p. 98. Palma de Mallorca
1996c, lám. 420 (color), p. 220; p. 251. Washington,
D.C. 2002-2003, p. 36; lám. 3.5 (color), p. 100;
p. 165. Portland 2003, p. 36; lám. 3.5 (color), p. 100;
p. 165. San Petersburgo 2003, p. 36; lám. 3.5 (color),
p. 100; p. 165

Femme assise, 1963
Tinta sobre papel, 12,4 × 8 cm
Inscripciones: *femme / assise / attra- / ~~pant~~ /*
~~un~~ / ~~oiseau~~ / pluma en / un costat / 24/XI/63
Procedencia: Donación del artista, 1981
FPJM-1266

Exposiciones: Palma de Mallorca 1990-1991, lám. 29
(color), p. 37; p. 40. Palma de Mallorca 1996b,
lám. 12.c (color), p. 75. Palma de Mallorca 1996c,
lám. 428 (color), p. 222; p. 251. Washington, D.C.
2002-2003, p. 35; lám. 1.5 (color), p. 92; p. 164.
Portland 2003, p. 35; lám. 1.5 (color), p. 92; p. 164. San
Petersburgo 2003, p. 35; lám. 1.5 (color), p. 92; p. 164

FPJM-1254

FPJM-1255
FPJM-1257
FPJM-1258

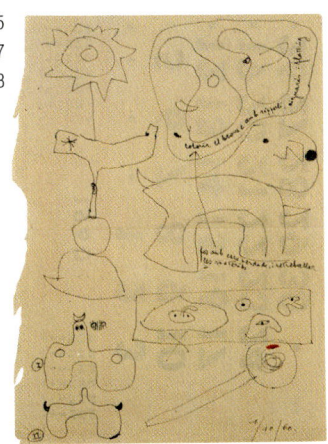

FPJM-1259
FPJM-1261

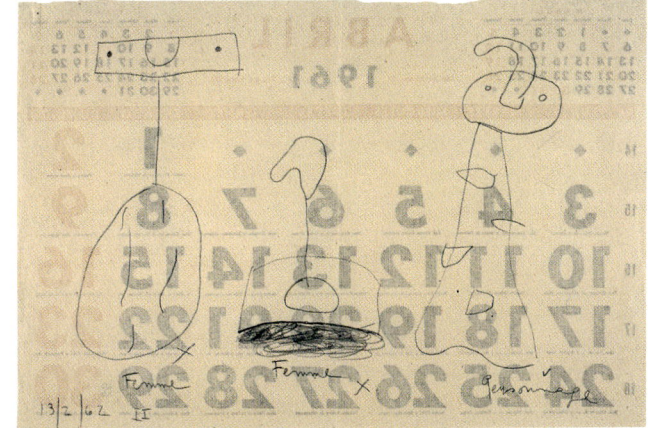

FPJM-1262
FPJM-1263

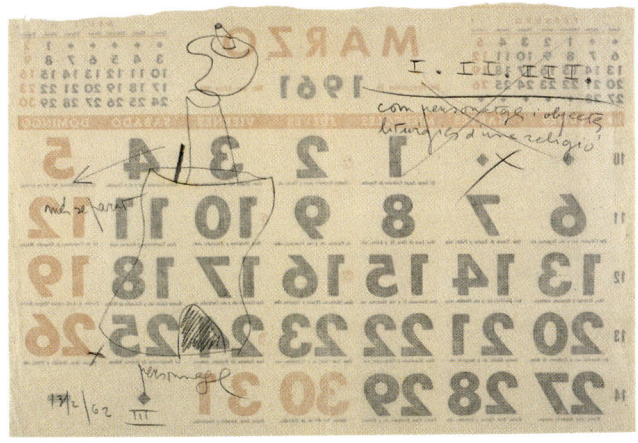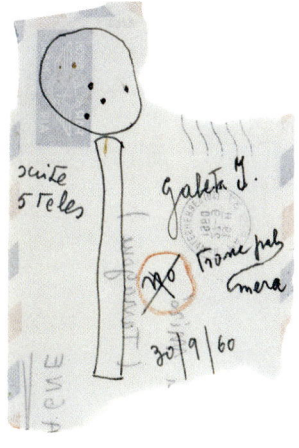

FPJM-1264
FPJM-1265
FPJM-1266

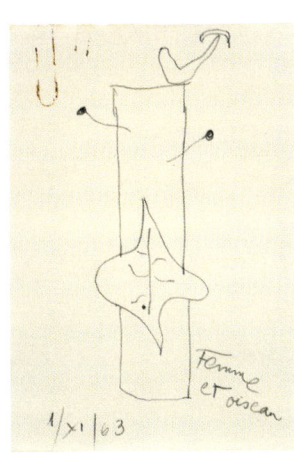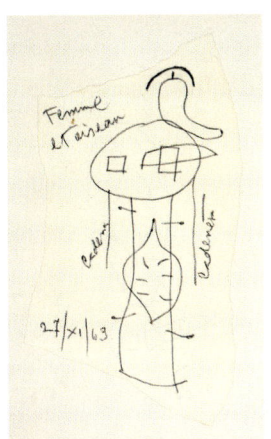

Sin título, 1960
Tinta, lápiz de grafito y lápiz de cera sobre papel, 16,1 × 24,8 cm
Inscripciones: *bronze / blau / Bronze / ? / taula / robada [?] / 27/9/60*
Procedencia: Donación del artista, 1981
FPJM-1267

Exposiciones: Madrid 1986-1987, lám. 38a (color), p. 89. Barcelona 1987, lám. 38a (color), p. 89. Colonia 1987, lám. 38a (color), p. 101. Palma de Mallorca 1996b, lám. 22.a (color), p. 102. Palma de Mallorca 1996c, lám. 409 (color), p. 216; p. 251. Washington, D.C. 2002-2003, p. 38; lám. 6.1 (color), p. 109; p. 165. Portland 2003, p. 38; lám. 6.1 (color), p. 109; p. 165. San Petersburgo 2003, p. 38; lám. 6.1 (color), p. 109; p. 165

Sin título, 1960 [ca]
Bolígrafo sobre papel, 9,8 × 17,3 cm
Inscripciones: *per caixa ensaimades / posar un pes en lloc / d'una cullera*
Procedencia: Donación del artista, 1981
FPJM-1268

Exposiciones: Madrid 1986-1987, lám. 38c, p. 90. Barcelona 1987, lám. 38c, p. 90. Colonia 1987, lám. 38c, p. 102. Palma de Mallorca 1996b, lám. 22.b (color), p. 102. Palma de Mallorca 1996c, lám. 410 (color), p. 216; p. 251. Washington, D.C. 2002-2003, p. 38; lám. 6.5 (color), p. 110; p. 165. Portland 2003, p. 38; lám. 6.5 (color), p. 110; p. 165. San Petersburgo 2003, p. 38; lám. 6.5 (color), p. 110; p. 165

Sin título, 1960
Tinta y lápiz de grafito sobre papel, 21,2 × 13,8 cm
Inscripciones: *2/10/60*
Procedencia: Donación del artista, 1981
FPJM-1269

Exposiciones: Palma de Mallorca 1993-1994, p. 25 (color); p. 163. Palma de Mallorca 1996b, lám. 22.c (color), p. 103. Palma de Mallorca 1996c, lám. 411 (color), p. 217; p. 251. Washington, D.C. 2002-2003, p. 38; lám. 6.4 (color), p. 110; p. 165. Portland 2003, p. 38; lám. 6.4 (color), p. 110; p. 165. San Petersburgo 2003, p. 38; lám. 6.4 (color), p. 110; p. 165

Sin título, 1963
Bolígrafo y lápiz de grafito sobre papel, 21,4 × 15,5 cm
Inscripciones: *pintat de / blanc / (amb ferro) / caretes penjant / amb cadeneta i / decorades amb / colors violents / 18/10/63*
Procedencia: Donación del artista, 1981
FPJM-1270

Exposiciones: Washington, D.C. 2002-2003, lám. 3.3 (color), p. 99; p. 165. Portland 2003, lám. 3.3 (color), p. 99; p. 165. San Petersburgo 2003, lám. 3.3 (color), p. 99; p. 165. Palma de Mallorca 2005, lám. 4 (color), p. 72

Sin título, 1964
Bolígrafo sobre papel, 15,5 × 12,3 cm
Inscripciones: *10/3/64*
Procedencia: Donación del artista, 1981
FPJM-1271

Exposiciones: Palma de Mallorca 1993-1994, p. 28 (color); p. 163. Palma de Mallorca 1996b, lám. 21.c (color), p. 99. Palma de Mallorca 1996c, lám. 422 (color), p. 220; p. 251. Washington, D.C. 2002-2003, p. 36; lám. 3.6 (color), p. 100; p. 165. Portland 2003, p. 36; lám. 3.6 (color), p. 100; p. 165. San Petersburgo 2003, p. 36; lám. 3.6 (color), p. 100; p. 165

Sin título, 1952
Lápiz de grafito sobre papel, 18,2 × 24,8 cm
Inscripciones: *2/52*
Procedencia: Donación del artista, 1981
FPJM-1272

Exposiciones: Palma de Mallorca 1990-1991, lám. 27 (color), p. 36. Madrid 1993b, p. 180 (color); [p. 181] (color, detalle)

Sin título, sin fecha
Bolígrafo y lápiz de color sobre papel, 22,3 × 17,5 cm
Inscripciones: *ratlles / de tots collors* [?] / *accent negre / pintat / Ra*[...] / *varis / signes / tela* / [–]
Procedencia: Donación del artista, 1981
FPJM-1274

Bibliografía: Institut d'Estudis Baleàrics 1981, lám. 8 (color), p. 73

Personnage devant la lune, 1979
Bolígrafo sobre cartulina, 20,9 × 10,5 cm
Inscripciones: *b. / vt. / v. / g. / 17/II. 79 / Personnage / devant / la lune*
Procedencia: Donación del artista, 1981
FPJM-1275

Paraigües, 1972
Bolígrafo sobre papel, 15,7 × 22,2 cm
Inscripciones: *Paraigües / v. / b. / g. / 22/V/72*
Procedencia: Donación del artista, 1981
FPJM-1276

Le crépuscule, 1973
Bolígrafo y lápiz de color sobre papel, 18,4 × 14,3 cm
Inscripciones: *Le crépuscule / més de 120 / 6/II/73.*
Procedencia: Donación del artista, 1981
FPJM-1277

Exposiciones: Las Palmas de Gran Canaria 1996-1997, lám. 155 (color), p. 157; p. 231

Sin título, 1972
Bolígrafo y lápiz de color sobre papel, 15,5 × 19,8 cm
Inscripciones anverso: *20/VIII/ / 72*
Inscripciones reverso: *Boule d'amarrage / La té que portar / en Joanet de / París*
Procedencia: Donación del artista, 1981
FPJM-1278

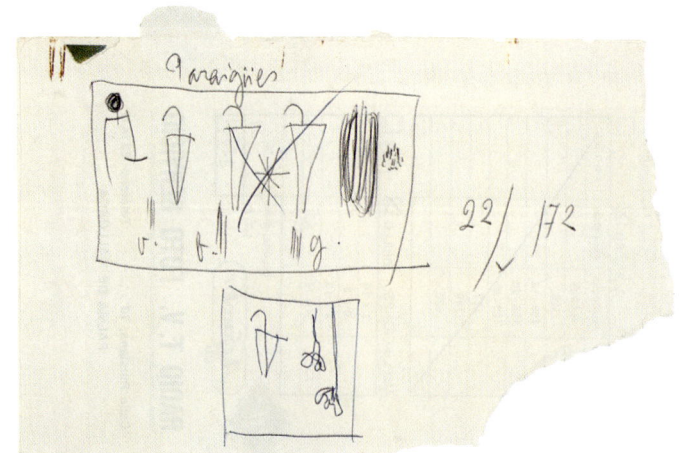

FPJM-1276

FPJM-1267
FPJM-1268

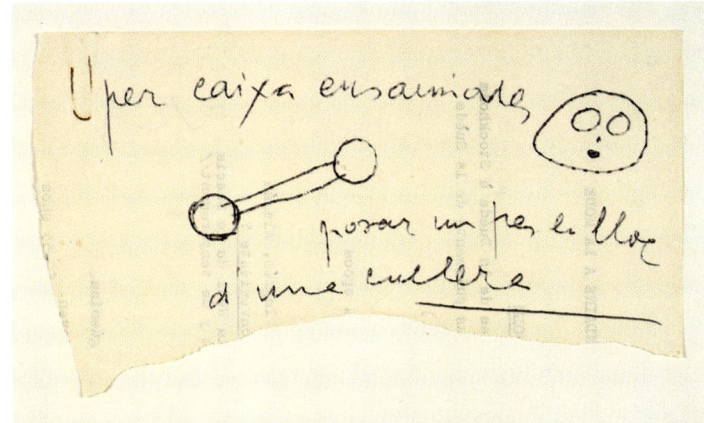

FPJM-1269
FPJM-1270
FPJM-1271

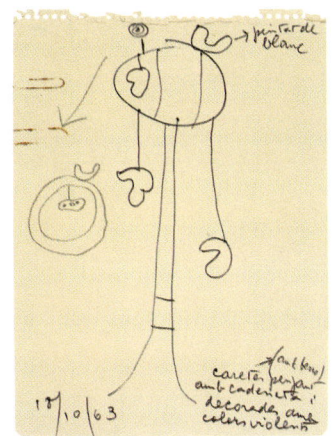

FPJM-1272
FPJM-1274
FPJM-1275

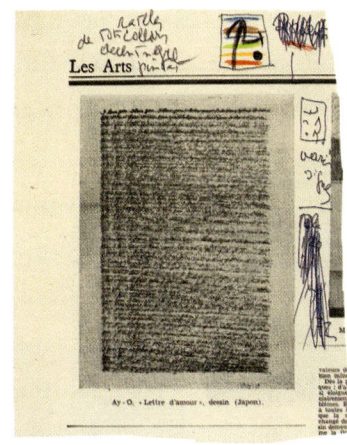

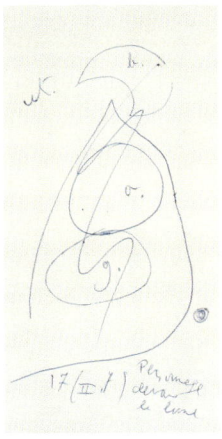

FPJM-1277
FPJM-1278

Sin título, 1972
Rotulador y bolígrafo sobre papel, 27 × 21 cm
Inscripciones: *objecte pescador / tapís / v. / b. / en Joanet ho / prendrà amb cotxe / i m'ho enviarà / 16/VI/72*
Procedencia: Donación del artista, 1981
FPJM-1279

Exposiciones: Palma de Mallorca 1993-1994, p. 44 (color); p. 164. Palma de Mallorca 1996c, lám. 316 (color), p. 186; p. 247. Las Palmas de Gran Canaria 1996-1997, lám. 149 (color), p. 162; p. 231

Sin título, 1972
Bolígrafo sobre papel, 15,5 × 19,8 cm
Inscripciones: *gran tapís / cordes / llana morada / b / g. / 16/VI/72 llanes negres, blaves i grogues*
Procedencia: Donación del artista, 1981
FPJM-1280

Sin título, 1933/1934 [ca]
Lápiz de grafito sobre papel, 45 × 54,6 cm
Inscripciones: *7. d'ombre nat.*
Procedencia: Donación del artista, 1981
FPJM-1281

Exposiciones: Madrid 1993b, p. 178 (color); [p. 179] (color, detalle). Barcelona 1994-1995, p. 149

Sin título, 1963
Bolígrafo sobre papel, 21,6 × 35,5 cm
Inscripciones: *8/5/63*
Procedencia: Donación del artista, 1981
FPJM-1282.1

Sin título, 1964
Bolígrafo sobre papel, 26,9 × 20,9 cm
Inscripciones: *Ballet / 2/64 / partint de / varis / grafismes, ritme com dança*
Procedencia: Donación del artista, 1981
FPJM-1283

Exposiciones: Barcelona 1994-1995, p. 44

Picasso, 1981 [ca]
Bolígrafo y gouache sobre papel, 15,5 × 19,8 cm
Inscripciones: *PICASSO / 1881*
Procedencia: Donación del artista, 1981
FPJM-1290

Sin título, sin fecha
Bolígrafo sobre papel, 13,2 × 9,9 cm
Procedencia: Donación del artista, 1981
FPJM-1291

Mostra de cinema marginal, sin fecha
Lápiz de grafito sobre papel, 16,7 × 38 cm
Inscripciones: *Mostra de cinema / marginal*
Procedencia: Donación del artista, 1981
FPJM-1292

Boceto para la pintura mural de Harkness Commons, Universidad de Harvard, 1950 [ca]
Tinta y lápiz de grafito sobre papel, 26,8 × 61 cm
Inscripciones: *1 / 2 / 4 / 5 / 1 / 2 / 3 / 1 / 5 / 1 / 2 / 2 / 5 / 3 / 2 / 1 / 5 / 1 / 1 / 5 / 2 / 1 / 1 / 3 / 1 / 1 / 2 / 1 / 1 / 5 / 2 / 5 / 1 / 2 / 1 / 1 / 3 / 1 / 4 / 5 / 3 / 1 / 2 / 1 / 1 / 5 / 1 / 2 / 3 / 1 / 5 / 1 / 3 / X Fl / 20 feet x 7 foot* [sic] *2 in. / 6 m. 10 X 2 m. 18 _ / 0'61 m. X 0'218 m.*
Procedencia: Donación del artista, 1981
FPJM-1293

Exposiciones: Palma de Mallorca 1987, p. 166; p. 167 (color). Palma de Mallorca 1996c, lám. 296 (color), p. 180; p. 247. Palma de Mallorca 1998, p. 28. Milán 1999, lám. 41 (color), p. 92; p. 140. Salerno 2002-2003, p. 41 (color); p. 179

Bibliografía: Lanchner 1993, p. 426; Fundació Pilar i Joan Miró 1998, p. 28; Fundació Pilar i Joan Miró a Mallorca 1992, p. 86 (color, detalle)

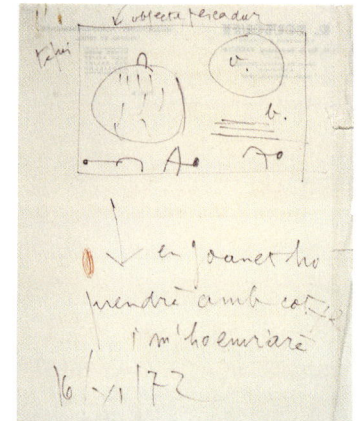

FPJM-1279

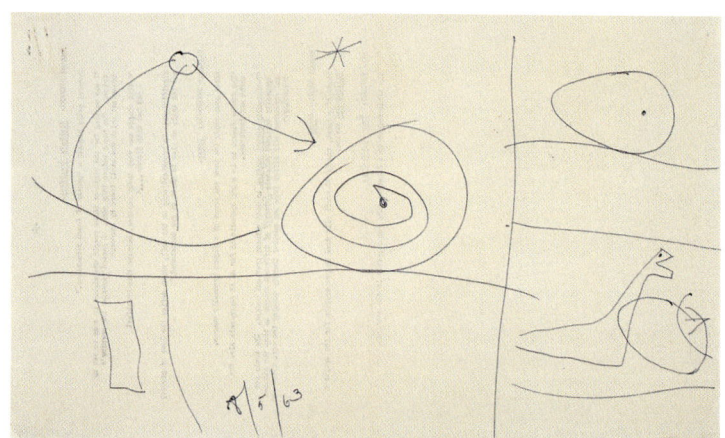

FPJM-1282.1

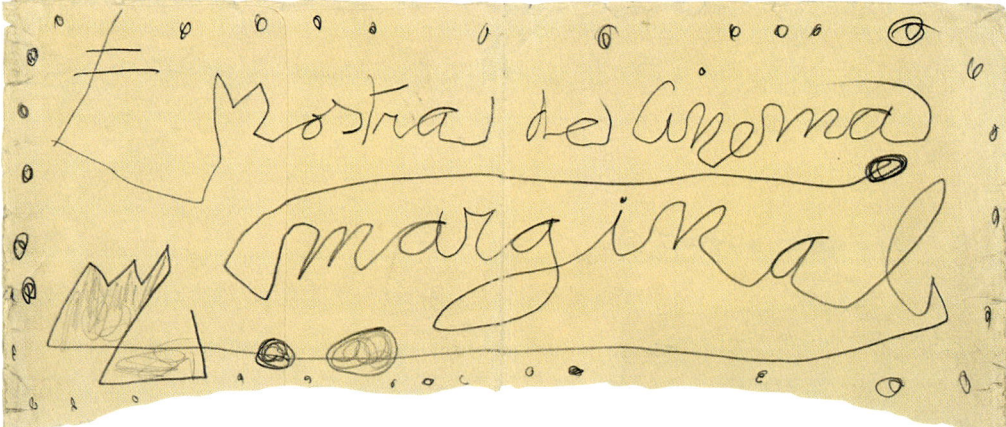

FPJM-1292

FPJM-1280
FPJM-1281

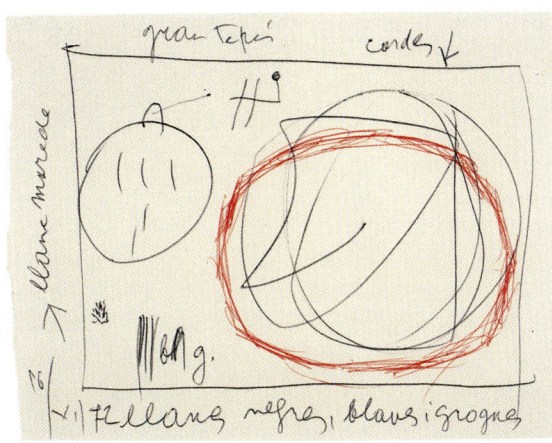 

FPJM-1283
FPJM-1290
FPJM-1291

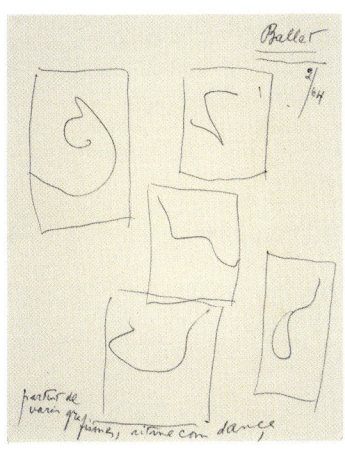  

FPJM-1293

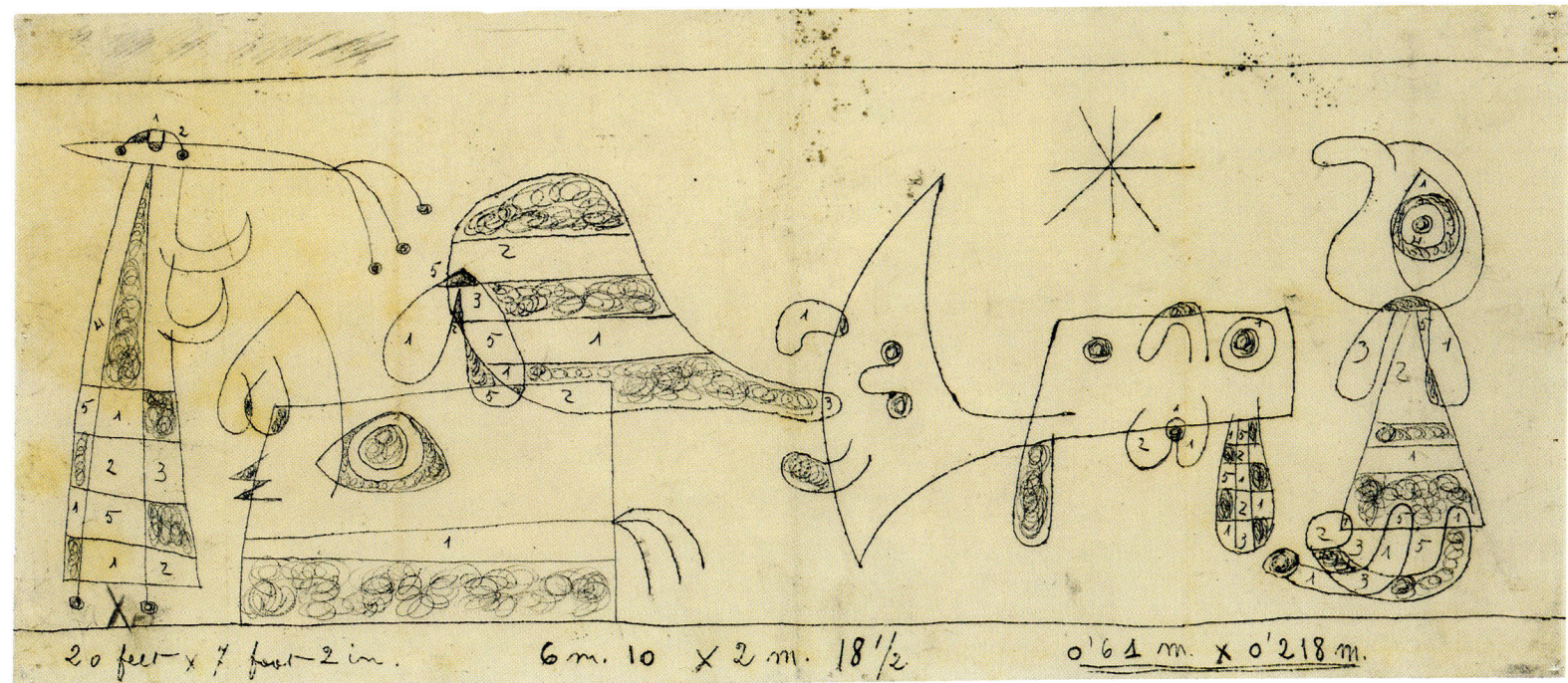

Sin título, 1967
Gouache y lápiz de cera sobre cartulina,
15 × 24,8 cm
Inscripciones: *28/VIII/67*
Procedencia: Donación del artista, 1981
FPJM-1294

Exposiciones: Salerno 2002-2003, p. 44 (color); p. 179

Homme martyrisé s'évadant, 1976
Bolígrafo sobre papel, 12,6 × 8,1 cm
Inscripciones: *Homme martyrisé / s'évadant / g.
tela / 22/VI/76 / coer.*
Procedencia: Donación del artista, 1981
FPJM-1295

Exposiciones: Sevilla 1993-1994, lám. 53.B (color),
p. 117; p. 118. Málaga 1994, lám. 53.B (color), p. 117;
p. 118. Palma de Mallorca 1996c, lám. 361 (color),
p. 199; p. 249. Las Palmas de Gran Canaria
1996-1997, p. 133; lám. 100 (color), p. 134; p. 229.
Granada 2004, p. 38 (color); p. 39

Oiseau dans l'espace, 1978
Bolígrafo sobre cartulina, 16,2 × 12,4 cm
Inscripciones: *Oiseau dans / l'espace /
22/XII.78. / v. / coer.*
Procedencia: Donación del artista, 1981
FPJM-1296

Exposiciones: Sevilla 1993-1994, lám. 53.A (color),
p. 117; p. 118. Málaga 1994, lám. 53.A (color), p. 117;
p. 118. Palma de Mallorca 1996c, lám. 389 (color),
p. 206; p. 250. Las Palmas de Gran Canaria
1996-1997, p. 133; lám. 105 (color), p. 136; p. 230.
Nuoro 2001-2002, p. 143

Sin título, sin fecha
Lápiz de cera, bolígrafo y lápiz de grafito sobre
papel, 20,5 × 27,4 cm
Procedencia: Donación del artista, 1981
FPJM-1297.1

Sin título, sin fecha
Lápiz de cera y bolígrafo sobre papel,
20,5 × 27,4 cm
Inscripciones: *fons fet de [–] / sobre paper
esmeril / algun tras* [sic] */ amb tinte* [sic]
Procedencia: Donación del artista, 1981
FPJM-1298.1

Sin título, sin fecha
Tinta sobre cartulina, 6,2 × 3 cm
Procedencia: Donación del artista, 1981
FPJM-1299a

Sin título, sin fecha
Tinta sobre cartulina, 6,2 × 3 cm
Procedencia: Donación del artista, 1981
FPJM-1299b

Sin título, sin fecha
Bolígrafo sobre papel, 27,4 × 21,4 cm
Procedencia: Donación del artista, 1981
FPJM-1300

Sin título, sin fecha
Bolígrafo sobre papel, 27,4 × 21,3 cm
Procedencia: Donación del artista, 1981
FPJM-1301

Sin título, sin fecha
Bolígrafo sobre papel, 27,4 × 21,4 cm
Procedencia: Donación del artista, 1981
FPJM-1302

Sin título, sin fecha
Bolígrafo sobre papel, 31,5 × 21,6 cm
Inscripciones: *negre / groc / blau / vermell / verd*
Procedencia: Donación del artista, 1981
FPJM-1303

Femme devant la lune, sin fecha
Bolígrafo sobre papel, 19,9 × 15,5 cm
Inscripciones: *Femme devant / la lune*
Procedencia: Donación del artista, 1981
FPJM-1305a

Sin título, sin fecha
Bolígrafo sobre papel, 19,9 × 15,5 cm
Procedencia: Donación del artista, 1981
FPJM-1305b

FPJM-1295

FPJM-1298.1

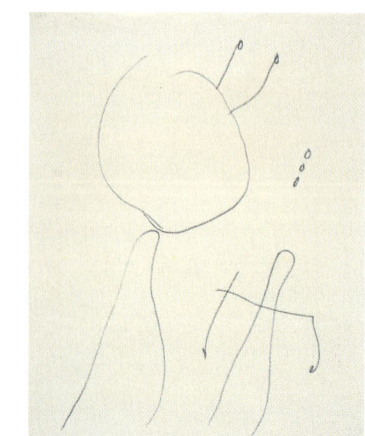

FPJM-1301

FPJM-1296
FPJM-1297.1

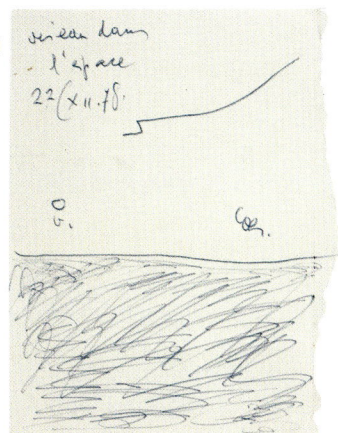

FPJM-1299a
FPJM-1299b
FPJM-1300

FPJM-1302
FPJM-1303
FPJM-1305a
FPJM-1305b

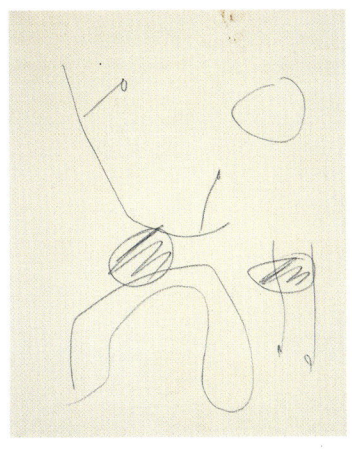

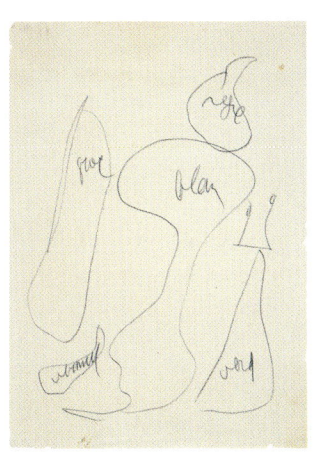

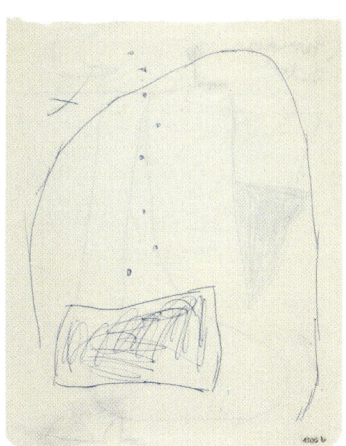

La danse de l'oiseau et les étoiles autour de la lune, 1981 [ca]
Bolígrafo sobre cartulina, 20,1 × 10 cm
Inscripciones: *La danse / de l'oiseau / et / les étoiles / autour de / la lune*
Procedencia: Donación del artista, 1981
FPJM-1306

Exposiciones: Palma de Mallorca 1994-1995, p. 12, 19, 24; lám. 125 (color), p. 149. Las Palmas de Gran Canaria 1996-1997, lám. 130 (color), p. 148; p. 230

Monsieur et Madame, sin fecha
Bolígrafo sobre papel, 15,5 × 19,9 cm
Inscripciones: *page 88 / Monsieur et Madame*
Procedencia: Donación del artista, 1981
FPJM-1307

Exposiciones: Washington, D.C. 2002-2003, lám. 10. 2 (color), p. 122; p. 167. Portland 2003, lám. 10. 2 (color), p. 122; p. 167. San Petersburgo 2003, lám. 10. 2 (color), p. 122; p. 167

Personnage, sin fecha
Bolígrafo sobre cartulina, 20,5 × 16 cm
Procedencia: Donación del artista, 1981
FPJM-1308

Tête devant le soleil, sin fecha
Bolígrafo sobre papel, 19,1 × 13,5 cm
Inscripciones: *Tête devant / le soleil*
Procedencia: Donación del artista, 1981
FPJM-1309

Tête de jeune fille, 1981 [post]
Bolígrafo sobre papel, 21,1 × 15,1 cm
Inscripciones: *Tête de / jeune / fille*
Procedencia: Donación del artista, 1981
FPJM-1310

Femme entourée d'oiseaux, sin fecha
Bolígrafo sobre papel, 13 × 9,7 cm
Inscripciones: *Femme / entourée / d'oiseaux*
Procedencia: Donación del artista, 1981
FPJM-1311

L'Escargot au casque d'argent rentre par la porte dorée, 1981 [post]
Bolígrafo sobre papel, 14,8 × 21,1 cm
Inscripciones: *L'escargot au / casque d'argent / rentre par / la / porte dorée*
Procedencia: Donación del artista, 1981
FPJM-1312

Femme qui s'en va, sin fecha
Bolígrafo sobre papel, 19,9 × 15,5 cm
Inscripciones: *Femme qui / ~~part~~ / s'en va*
Procedencia: Donación del artista, 1981
FPJM-1313

Sin título, sin fecha
Bolígrafo sobre papel, 13,4 × 21,6 cm
Inscripciones: *10 x 2'50*
Procedencia: Donación del artista, 1981
FPJM-1314

Oiseau devant le soleil, sin fecha
Bolígrafo sobre papel, 12,6 × 8,1 cm
Inscripciones: *Oiseaux devant le / soleil*
Procedencia: Donación del artista, 1981
FPJM-1315

Exposiciones: Palma de Mallorca 1994-1995, lám. 72 (color), p. 99

Oiseau lunaire, 1980 [ca]
Bolígrafo sobre cartulina, 20,9 × 22 cm
Inscripciones: *Oiseau lunaire / 3 m.*
Procedencia: Donación del artista, 1981
FPJM-1317

Exposiciones: Palma de Mallorca 1996b, lám. 4.b (color), p. 56

FPJM-1306
FPJM-1307

 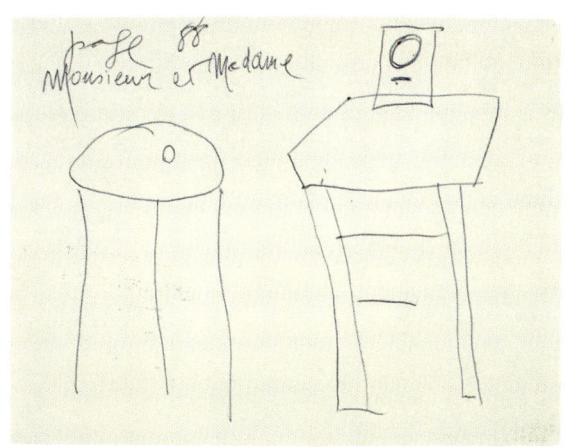

FPJM-1308
FPJM-1309
FPJM-1310

  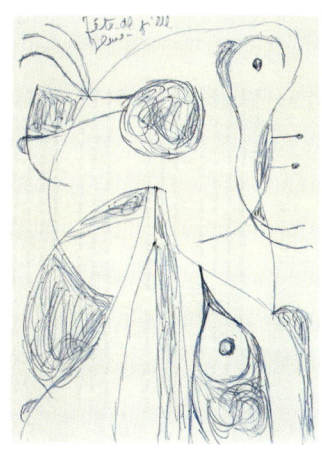

FPJM-1311
FPJM-1312
FPJM-1313

 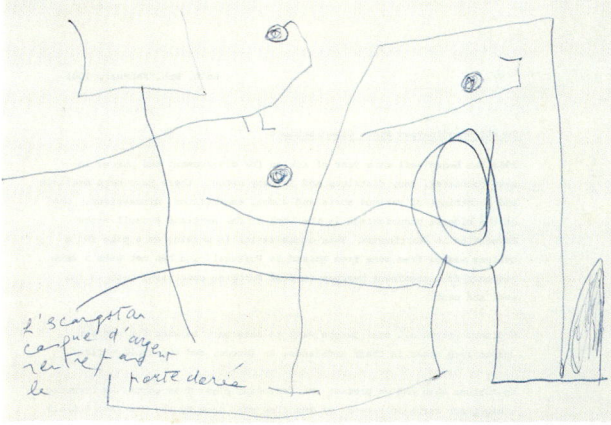 

FPJM-1314
FPJM-1315
FPJM-1317

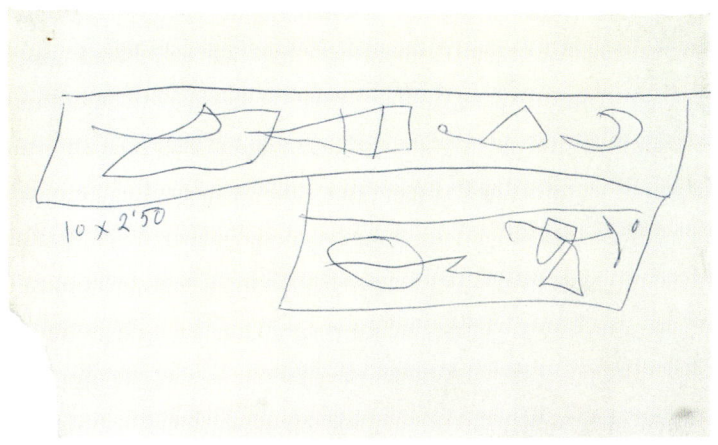 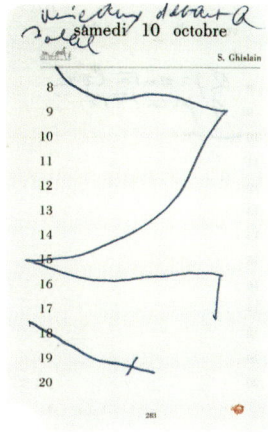 

Sin título, sin fecha
Bolígrafo sobre cartulina, 22 × 16,7 cm
Procedencia: Donación del artista, 1981
FPJM-1318

Sin título, sin fecha
Bolígrafo sobre papel, 12,6 × 8,1 cm
Procedencia: Donación del artista, 1981
FPJM-1319

L'Oiseau s'envole [?], sin fecha
Bolígrafo sobre papel, 12,6 × 8,1 cm
Inscripciones: L'oiseau / s'envole [?]
Procedencia: Donación del artista, 1981
FPJM-1320a

Personnage, sin fecha
Bolígrafo sobre papel, 12,6 × 8,1 cm
Inscripciones: Personnage
Procedencia: Donación del artista, 1981
FPJM-1320b

Personnage, oiseau, sin fecha
Bolígrafo sobre papel, 13,6 × 8,1 cm
Inscripciones: Personnage, oiseau
Procedencia: Donación del artista, 1981
FPJM-1321

Personnage, sin fecha
Bolígrafo sobre papel, 12,6 × 8,1 cm
Inscripciones: Personnage
Procedencia: Donación del artista, 1981
FPJM-1322a

Personnage, sin fecha
Bolígrafo sobre papel, 12,6 × 8,1 cm
Inscripciones: Personnage
Procedencia: Donación del artista, 1981
FPJM-1322b

Personnage, sin fecha
Bolígrafo sobre papel, 12,6 × 8,1 cm
Inscripciones: Personnage
Procedencia: Donación del artista, 1981
FPJM-1323a

Sin título, sin fecha
Bolígrafo sobre papel, 12,6 × 8,1 cm
Inscripciones: x / tapiç [?] / 4 _ X 560
Procedencia: Donación del artista, 1981
FPJM-1323b

Sin título, sin fecha
Bolígrafo y lápiz de color sobre papel,
12,8 × 8,2 cm
Inscripciones: veure exp. Papitu / signar Gaspar
Procedencia: Donación del artista, 1981
FPJM-1324

Personnage en érection, sin fecha
Bolígrafo sobre papel, 12,6 × 8,1 cm
Inscripciones: Personnage en érection
Procedencia: Donación del artista, 1981
FPJM-1325

Personnage, sin fecha
Bolígrafo sobre papel, 12,5 × 8,1 cm
Inscripciones: Personnage
Procedencia: Donación del artista, 1981
FPJM-1326a

Personnage, oiseau, sin fecha
Bolígrafo sobre papel, 12,5 × 8,1 cm
Inscripciones: Personnage, / oiseau
Procedencia: Donación del artista, 1981
FPJM-1326b

Sin título, sin fecha
Bolígrafo sobre papel, 12,6 × 8,1 cm
Procedencia: Donación del artista, 1981
FPJM-1327

L'Échelle de l'évasión, sin fecha
Bolígrafo sobre papel, 12,5 × 8,1 cm
Inscripciones: l'échelle de / l'évasión
Procedencia: Donación del artista, 1981
FPJM-1328

Écriture, sin fecha
Lápiz de color, lápiz de grafito y bolígrafo sobre
papel, 8,1 × 12,5 cm
Inscripciones: écriture
Procedencia: Donación del artista, 1981
FPJM-1329

Femme, oiseaux, Personnage, oiseau,
sin fecha
Bolígrafo sobre papel, 12,6 × 16,1 cm
Inscripciones: Femme, oiseaux / Personnage, /
oiseau
Procedencia: Donación del artista, 1981
FPJM-1330a

Personnage, oiseau, constellation, sin
fecha
Bolígrafo sobre papel, 12,6 × 16,1 cm
Inscripciones: Personnage, / oiseau, /
constellation
Procedencia: Donación del artista, 1981
FPJM-1330b

FPJM-1318

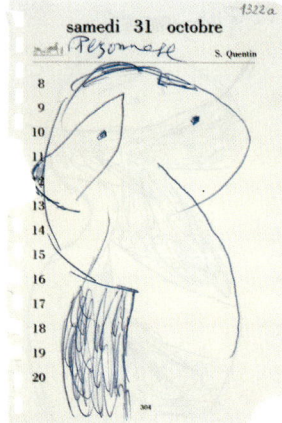

FPJM-1322a

FPJM-1324

FPJM-1329

FPJM-1319
FPJM-1320a
FPJM-1320b
FPJM-1321

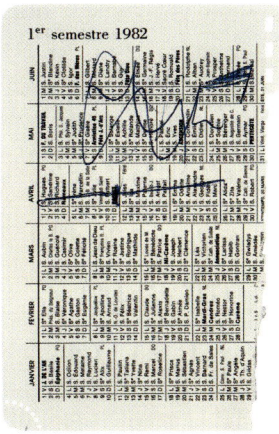
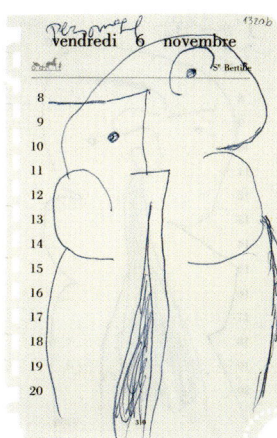
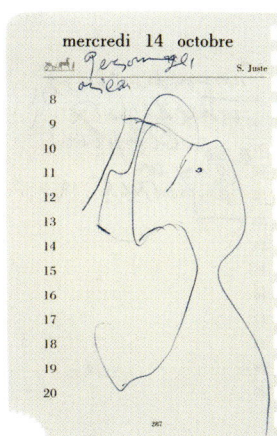

FPJM-1322b
FPJM-1323a
FPJM-1323b

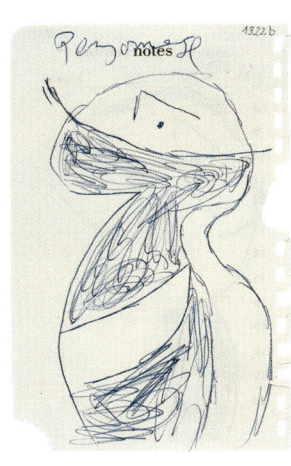
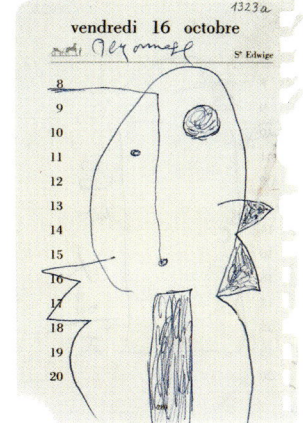
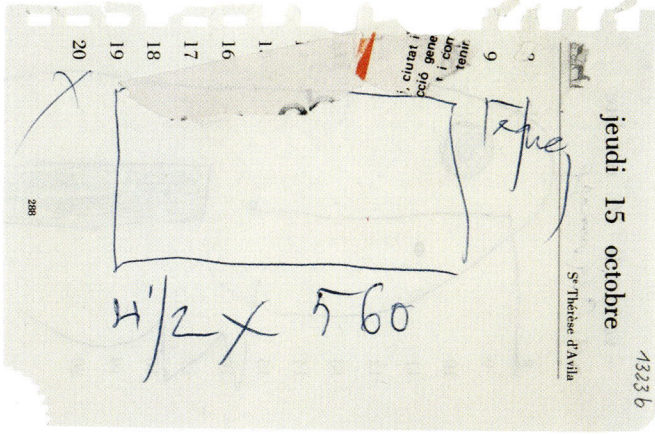

FPJM-1325
FPJM-1326a
FPJM-1326b
FPJM-1327
FPJM-1328

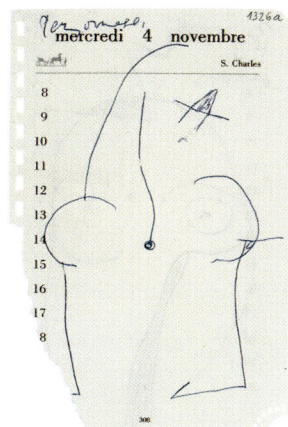
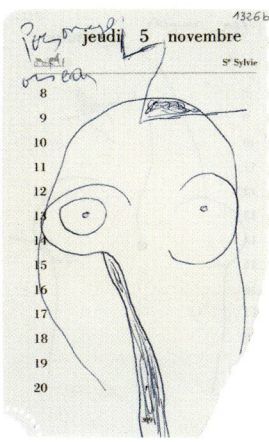

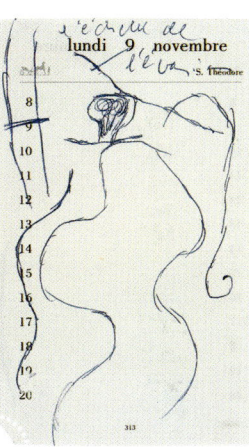

FPJM-1330a
FPJM-1330b

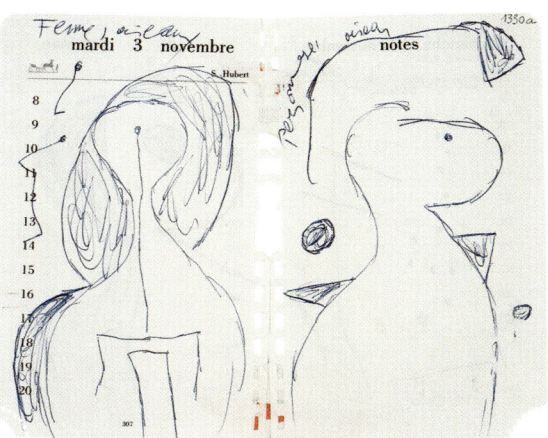
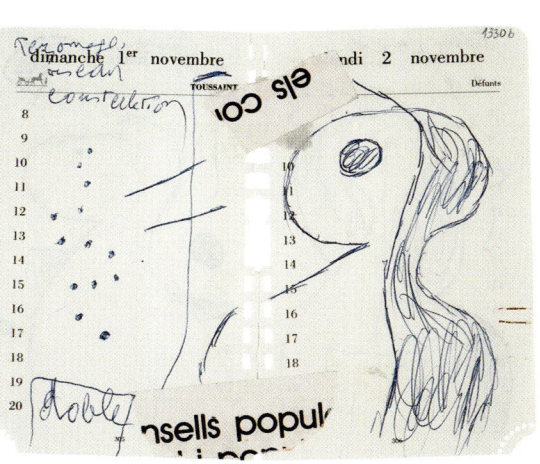

Danseur [?], sin fecha
Bolígrafo sobre papel, 19,5 × 15,5 cm
Inscripciones: ~~M.~~ / ~~Personnage~~ / *Danseur* [?] /
X / *bl.* / *v.*
Procedencia: Donación del artista, 1981
FPJM-1331

Sin título, 1981 [post]
Bolígrafo sobre papel, 15,1 × 21,1 cm
Procedencia: Donación del artista, 1981
FPJM-1332a

Sin título, 1981 [post]
Bolígrafo sobre papel, 20,1 × 15,1 cm
Procedencia: Donación del artista, 1981
FPJM-1332b

Personnage, sin fecha
Bolígrafo y lápiz de grafito sobre cartulina,
23,1 × 16,5 cm
Procedencia: Donación del artista, 1981
FPJM-1333

Femme, oiseaux, sin fecha
Bolígrafo y lápiz de color sobre papel,
12,6 × 8,1 cm
Inscripciones: *Femme, oiseaux / Litos / 1 per
Maeght / 1 Nacions Unides*
Procedencia: Donación del artista, 1981
FPJM-1334

Exposiciones: Washington, D.C. 2002-2003, p. 44;
lám. 24.7 (color), p. 154; p. 169. Portland 2003, p. 44;
lám. 24.7 (color), p. 154; p. 169. San Petersburgo
2003, p. 44; lám. 24.7 (color), p. 154; p. 169

Personnage / ébloui par / la fumée,
sin fecha
Bolígrafo sobre papel, 19,6 × 15,5 cm
Inscripciones: *Personnage / ébloui par / la
fumée*
Procedencia: Donación del artista, 1981
FPJM-1335a

Dans l'espace, sin fecha
Bolígrafo sobre papel, 19,6 × 15,5 cm
Inscripciones: *Dans / l'espace / X*
Procedencia: Donación del artista, 1981
FPJM-1335b

Le baiser, sin fecha
Bolígrafo sobre papel, 22,9 × 15,9 cm
Inscripciones: *Le baiser*
Procedencia: Donación del artista, 1981
FPJM-1336

Femme, oiseau, 1981 [post]
Bolígrafo sobre cartulina, 21,4 × 16 cm
Inscripciones: *Femme, / oiseau*
Procedencia: Donación del artista, 1981
FPJM-1337

Sin título, sin fecha
Bolígrafo sobre papel, 19,7 × 15,5 cm
Procedencia: Donación del artista, 1981
FPJM-1338

Personnage, oiseau, sin fecha
Bolígrafo sobre papel, 11,5 × 17,7 cm
Inscripciones: *Personnage, oiseau*
Procedencia: Donación del artista, 1981
FPJM-1339

Sin título, sin fecha
Lápiz de cera sobre papel, 11 × 8,4 cm
Procedencia: Donación del artista, 1981
FPJM-1344.1

Sin título, 1971 [post]
Lápiz de color y bolígrafo sobre papel,
10,7 × 17 cm
Inscripciones: *VI*
Procedencia: Donación del artista, 1981
FPJM-1345

Sin título, 1971 [post]
Bolígrafo sobre papel, 11,2 × 13,3 cm
Inscripciones: *en negatiu V*
Procedencia: Donación del artista, 1981
FPJM-1346

FPJM-1331

FPJM-1334

FPJM-1337

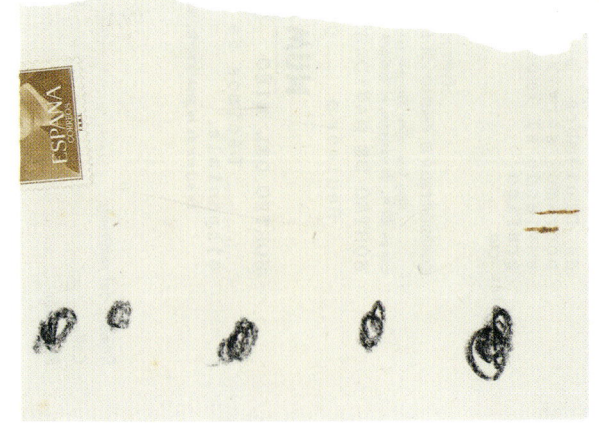

FPJM-1344.1

FPJM-1332a
FPJM-1332b
FPJM-1333

 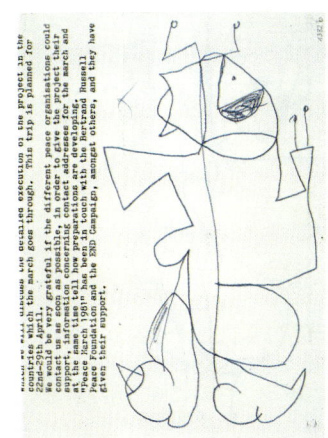 

FPJM-1335a
FPJM-1335b
FPJM-1336

 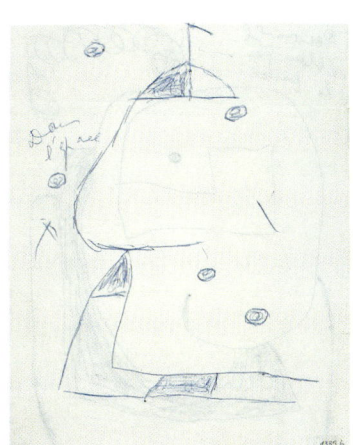 

FPJM-1338
FPJM-1339

 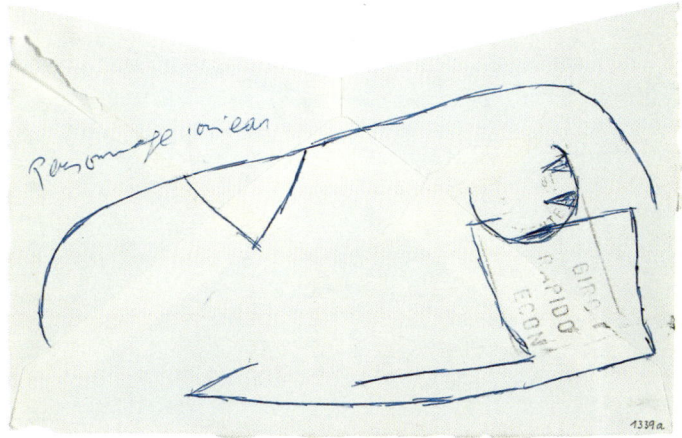

FPJM-1345
FPJM-1346

Sin título, 1971 [post]
Bolígrafo sobre papel, 10,9 × 13,1 cm
Inscripciones: *II*
Procedencia: Donación del artista, 1981
FPJM-1347

Sin título, 1971 [post]
Bolígrafo sobre papel, 10,4 × 16,1 cm
Inscripciones: *I*
Procedencia: Donación del artista, 1981
FPJM-1348

Sin título, 1971 [post]
Bolígrafo sobre papel, 9,5 × 12,9 cm
Inscripciones: *III*
Procedencia: Donación del artista, 1981
FPJM-1349

FPJM-1348

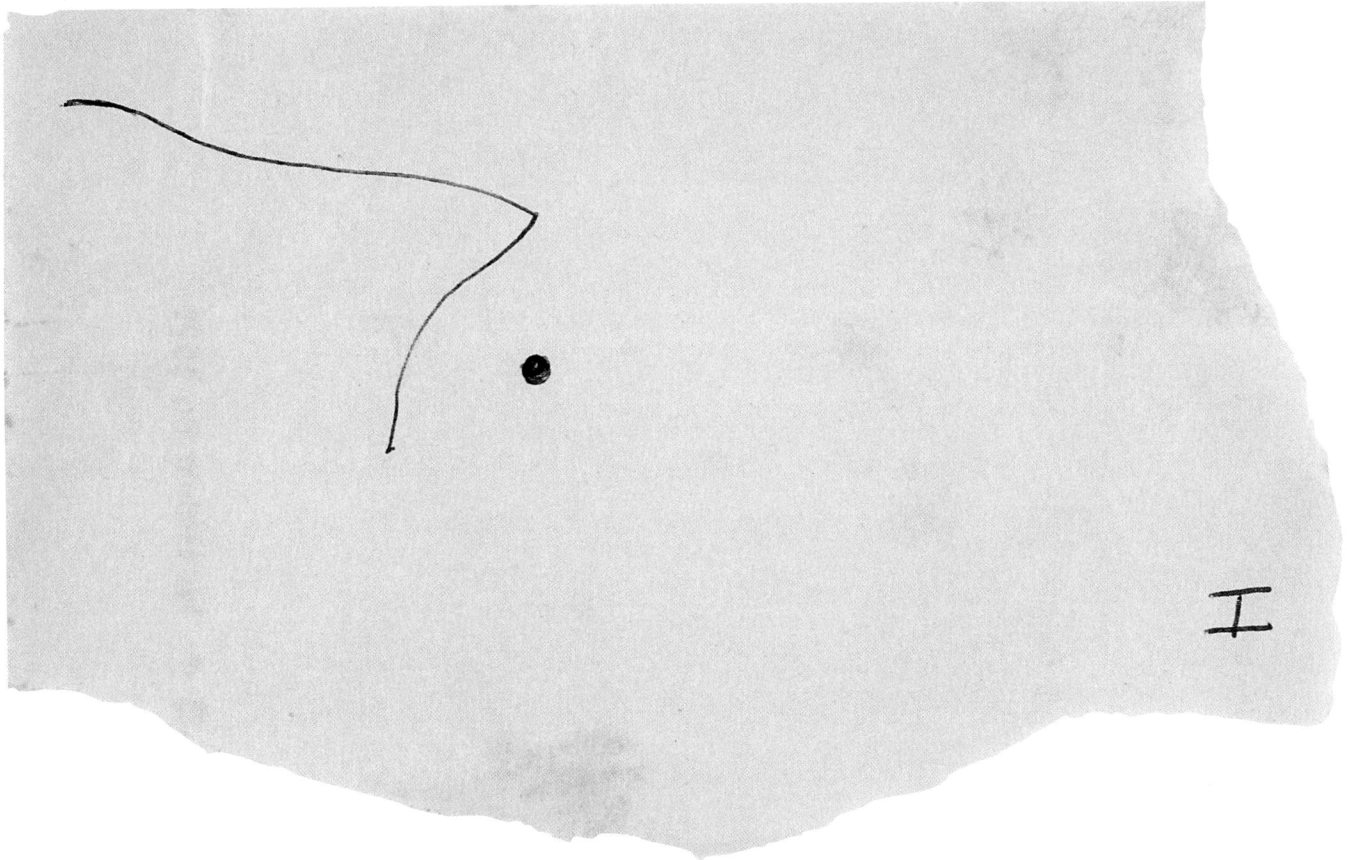

FPJM-1349

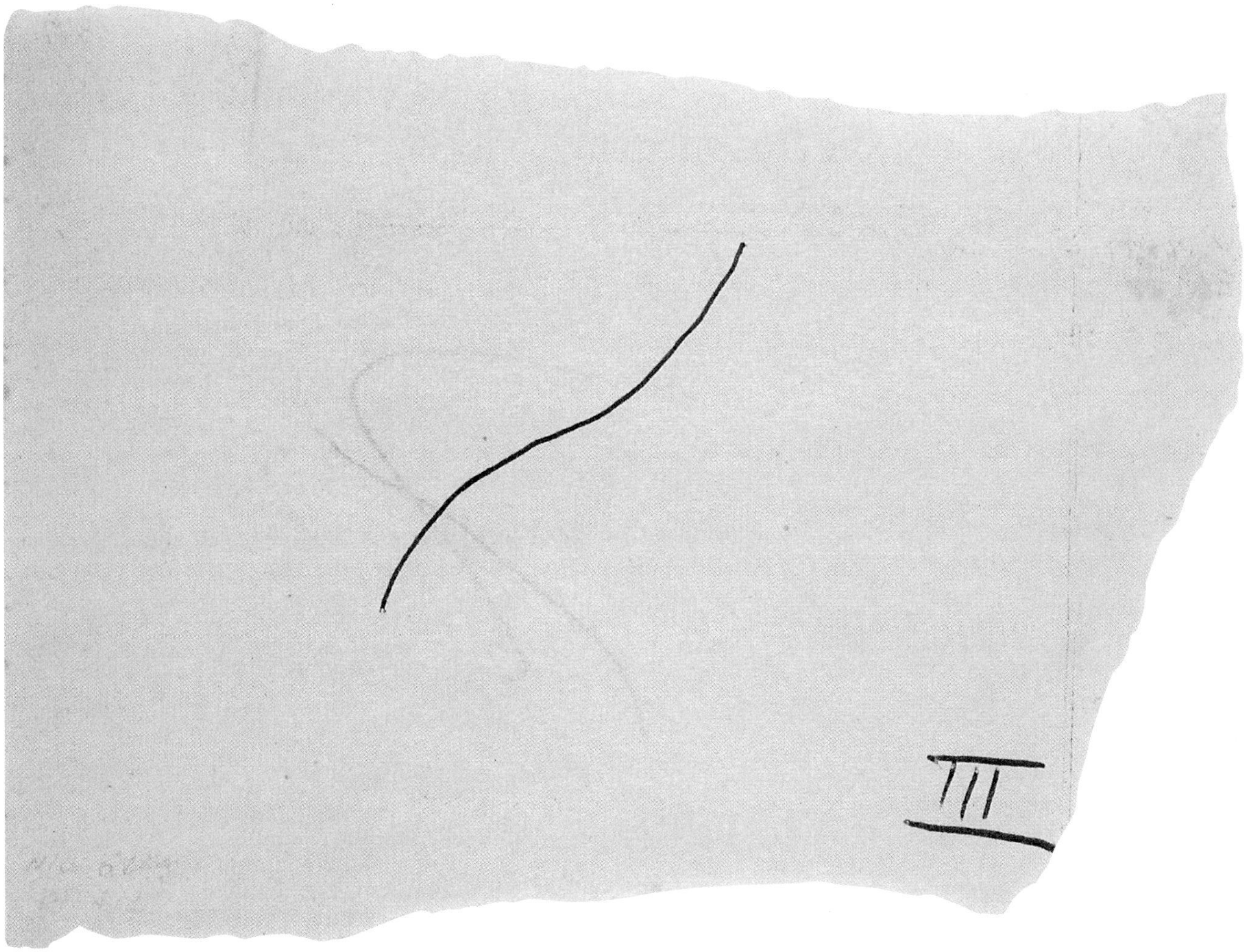

Sin título, 1971 [post]
Bolígrafo sobre papel, 10,7 × 11,8 cm
Inscripciones: *Descomposició / colors / IV*
Procedencia: Donación del artista, 1981
FPJM-1350

Sin título, 1970 [ca]
Lápiz de cera y bolígrafo sobre cartulina,
14,7 × 41,8 cm
Inscripciones: *escriure / noir + / 2 couleurs*
Procedencia: Donación del artista, 1981
FPJM-1351.1

Joan Miró y Fequet et Baudier
Sin título, 1970
Xilografía sobre cartulina, 18,3 × 47 cm
Inscripciones anverso: *Miró / Voeux...*
Inscripciones reverso: *Joan Miró. gravure sur bois*
Procedencia: Donación del artista, 1981
FPJM-1351.2

Sin título, sin fecha
Lápiz de color y lápiz de grafito sobre papel,
31,3 × 52,9 cm
Procedencia: Donación del artista, 1981
FPJM-1352

Sin título, sin fecha
Bolígrafo, lápiz de cera y lápiz de grafito sobre
papel, 31,4 × 52,9 cm
Procedencia: Donación del artista, 1981
FPJM-1353a

Sin título, sin fecha
Lápiz de grafito y lápiz de color sobre papel,
31,4 × 52,9 cm
Procedencia: Donación del artista, 1981
FPJM-1353b

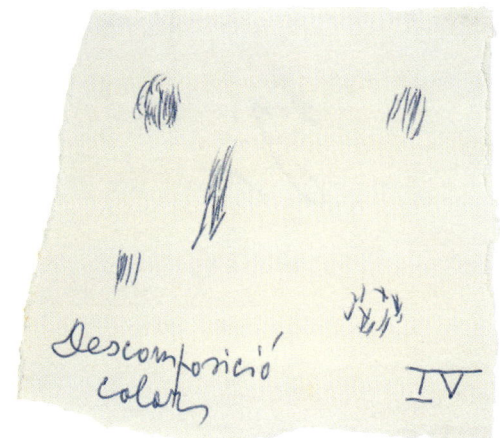
FPJM-1350

FPJM-1351.1

FPJM-1351.2

FPJM-1352

FPJM-1353a

FPJM-1353b

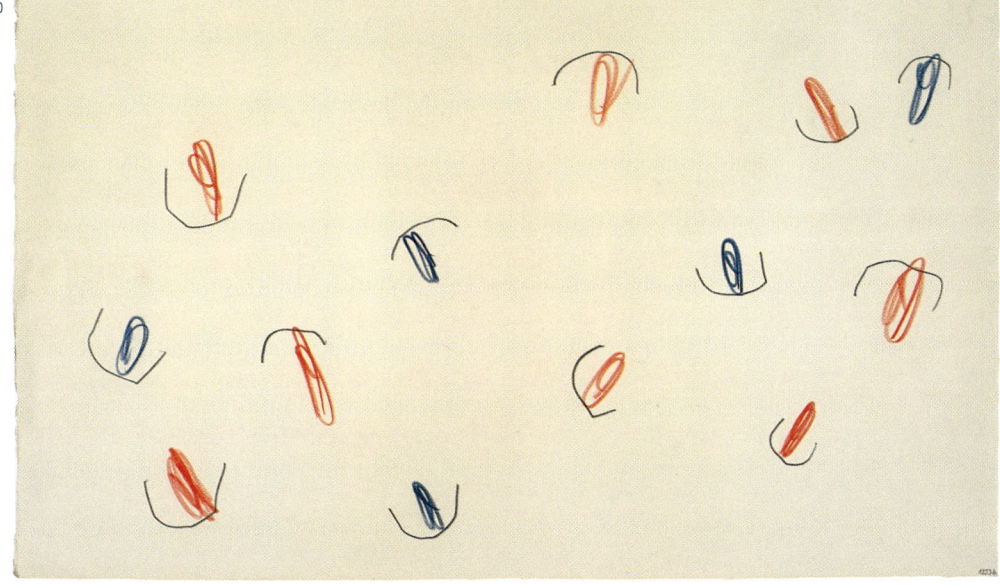

Sin título, sin fecha
Bolígrafo sobre papel, 18,8 × 11,1 cm
Procedencia: Donación del artista, 1981
FPJM-1354

Sin título, sin fecha
Lápiz de grafito sobre papel, 10,2 × 10,4 cm
Inscripciones: *b. c. / v.*
Procedencia: Donación del artista, 1981
FPJM-1355

Sin título, sin fecha
Lápiz de color sobre papel, 12 × 14,8 cm
Procedencia: Donación del artista, 1981
FPJM-1357

Sin título, 1976
Bolígrafo sobre papel, 12,6 × 8,1 cm
Inscripciones: *6/VI/76, / accents color amb cotó / 3 teles 120 f. / cops pinzells amb / burí* [?]
Procedencia: Donación del artista, 1981
FPJM-1358

Exposiciones: Santander 2005, lám. 9 (color), p. 53

Personnage, oiseau, sin fecha
Bolígrafo sobre papel, 8 × 12,6 cm
Inscripciones: *Personnage, oiseau / g. / v.*
Procedencia: Donación del artista, 1981
FPJM-1359

Sin título, 1976
Bolígrafo sobre cartulina, 10 × 16,2 cm
Inscripciones: *coer. / v. / 20/IX/76.*
Procedencia: Donación del artista, 1981
FPJM-1360

Sin título, 1972 [ca]
Bolígrafo sobre papel, 27,6 × 20,6 cm
Inscripciones: *b. / g. / b. / g / Fins aviat, una abraçada / del seu* [–] */ n. / II / v. / n. / amb màxim refinament.*
Procedencia: Donación del artista, 1981
FPJM-1361a

Sin título, 1972 [ca]
Bolígrafo sobre papel, 20,6 × 27,6 cm
Inscripciones: *v. / b. / vt / g.*
Procedencia: Donación del artista, 1981
FPJM-1361b

Sin título, sin fecha
Bolígrafo sobre papel, 8,1 × 12,6 cm
Inscripciones: *Góngora*
Procedencia: Donación del artista, 1981
FPJM-1362

FPJM-1354
FPJM-1355
FPJM-1357

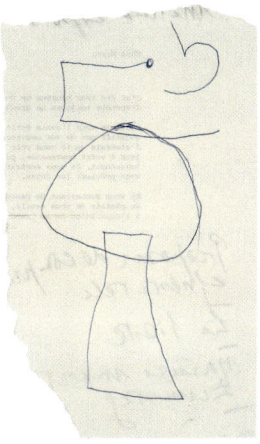

FPJM-1358
FPJM-1359

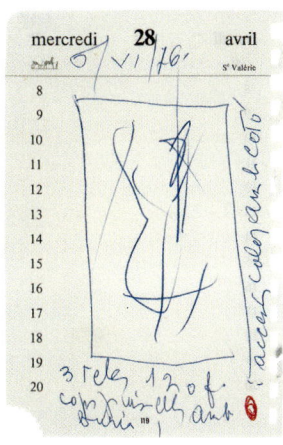
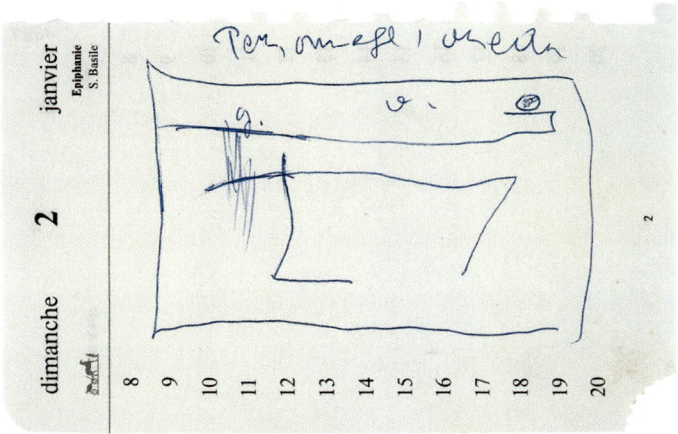

FPJM-1360
FPJM-1361a

FPJM-1361b
FPJM-1362

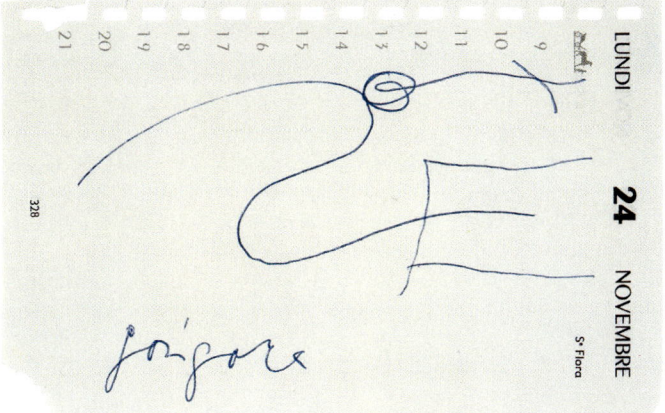

Sin título, 1976 [post]
Lápiz de cera sobre papel, 15,7 × 10,5 cm
Procedencia: Donación del artista, 1981
FPJM-1363

Sin título, sin fecha
Bolígrafo sobre papel, 19,7 × 10,2 cm
Procedencia: Donación del artista, 1981
FPJM-1364

Sin título, 1975
Bolígrafo sobre papel, 11 × 16,2 cm
Inscripciones: *Fons blanc / mancs metallics / 22/I/75,*
Procedencia: Donación del artista, 1981
FPJM-1365

Sin título, 1975
Bolígrafo sobre papel, 10,4 × 14,2 cm
Inscripciones: *21/III/75*
Procedencia: Donación del artista, 1981
FPJM-1366

Sin título, 1976
Bolígrafo sobre cartulina, 15,3 × 24,7 cm
Inscripciones: *g. / vt / 26/XII/76.*
Procedencia: Donación del artista, 1981
FPJM-1367

Sin título, sin fecha
Bolígrafo sobre papel, 12,6 × 8,1 cm
Procedencia: Donación del artista, 1981
FPJM-1368

Sin título, sin fecha
Bolígrafo sobre papel, 12,6 × 8,1 cm
Procedencia: Donación del artista, 1981
FPJM-1369a

Sin título, sin fecha
Bolígrafo sobre papel, 12,6 × 8,1 cm
Procedencia: Donación del artista, 1981
FPJM-1369b

Sin título, 1979
Bolígrafo sobre cartulina, 27,2 × 18,1 cm
Inscripciones: *15/III.79. / Paysage / v. / b.*
Procedencia: Donación del artista, 1981
FPJM-1370

Sin título, 1972
Bolígrafo sobre papel, 22,7 × 19,8 cm
Inscripciones: *per Desnos / secant / colors*
Procedencia: Donación del artista, 1981
FPJM-1371

Sin título, sin fecha
Bolígrafo sobre papel, 12,6 × 8,1 cm
Procedencia: Donación del artista, 1981
FPJM-1372

Sin título, sin fecha
Bolígrafo y lápiz de grafito sobre papel,
20,8 × 21,9 cm
Procedencia: Donación del artista, 1981
FPJM-1373

Tête, 1980
Bolígrafo y lápiz de grafito sobre cartulina,
22,9 × 18,6 cm
Inscripciones: *9/VII. 80 / Tête / b. / vt. / b. / vt./ Miró / g / vt./ b*
Procedencia: Donación del artista, 1981
FPJM-1374

Sin título, sin fecha
Bolígrafo sobre papel, 10,4 × 9,1 cm
Procedencia: Donación del artista, 1981
FPJM-1375

Sin título, sin fecha
Bolígrafo sobre papel, 11 × 13,1 cm
Procedencia: Donación del artista, 1981
FPJM-1376

FPJM-1363

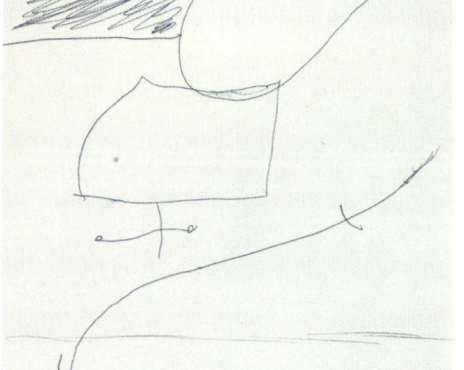

FPJM-1373

FPJM-1364
FPJM-1365
FPJM-1366

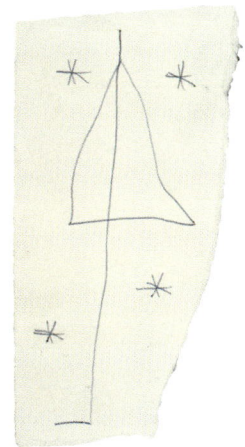
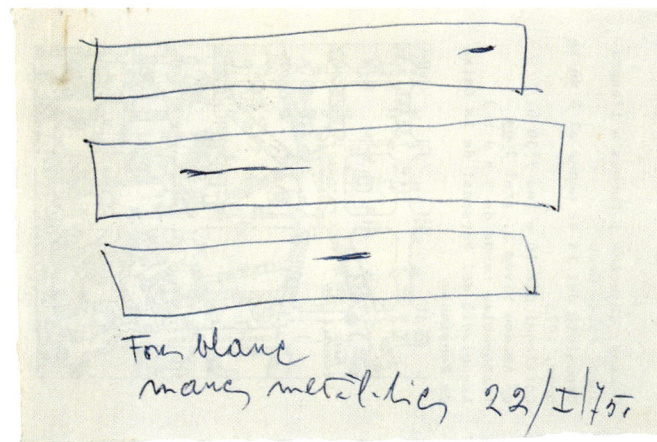
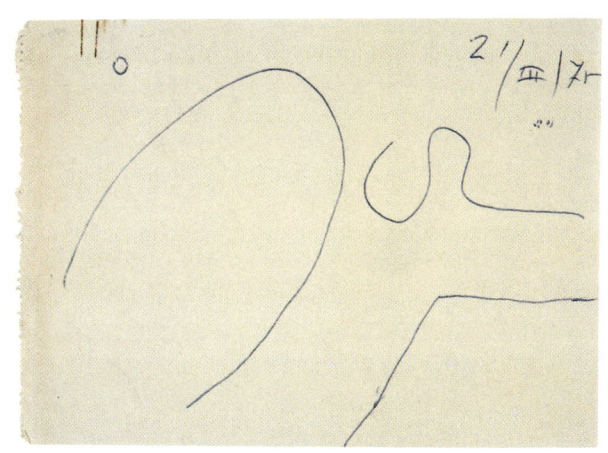

FPJM-1367
FPJM-1368
FPJM-1369a

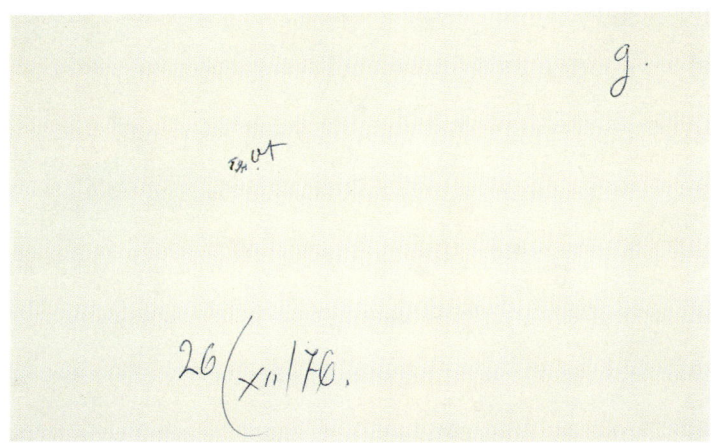
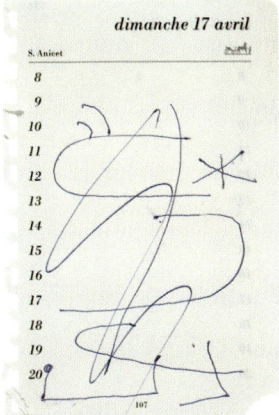
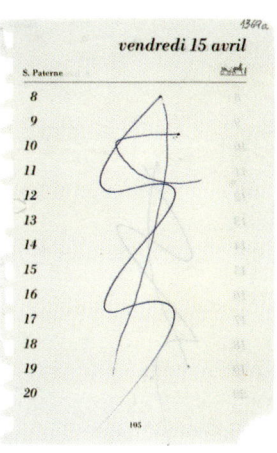

FPJM-1369b
FPJM-1370
FPJM-1371
FPJM-1372

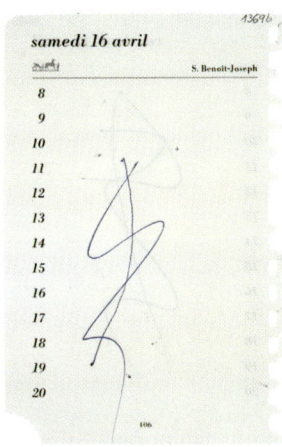
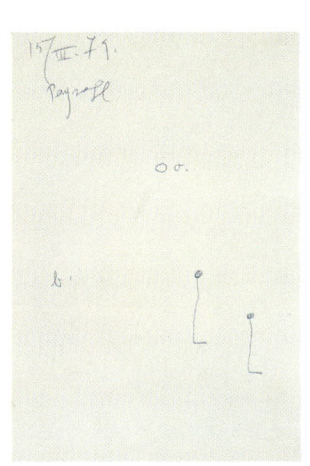

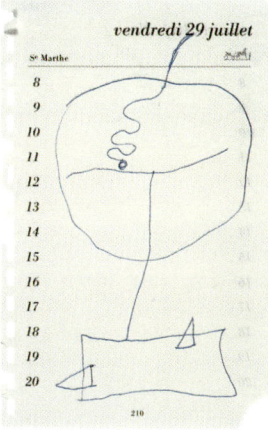

FPJM-1374
FPJM-1375
FPJM-1376

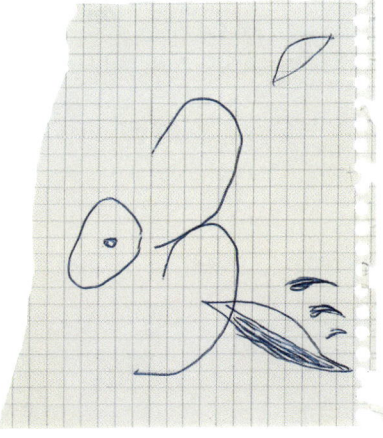
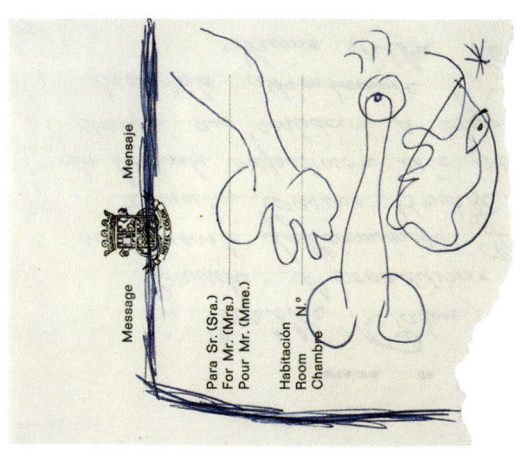

Sin título, sin fecha
Lápiz de cera sobre papel, 21,1 × 15,8 cm
Procedencia: Donación del artista, 1981
FPJM-1377

Sin título, sin fecha
Bolígrafo sobre papel, 11,8 × 8 cm
Procedencia: Donación del artista, 1981
FPJM-1378

Sin título, 1976
Bolígrafo sobre papel, 10,6 × 13,6 cm
Inscripciones: *V/VI/76. III*
Procedencia: Donación del artista, 1981
FPJM-1379

Paysage II, 1976
Bolígrafo sobre cartulina, 11 × 16,7 cm
Inscripciones: *Paysage / orange / II / 14/IV/76. / vt.*
Procedencia: Donación del artista, 1981
FPJM-1380a

Paysage II, 1976
Bolígrafo y lápiz de color sobre cartulina,
11 × 16,7 cm
Inscripciones: *14/IV/76 / Paysage / II.*
Procedencia: Donación del artista, 1981
FPJM-1380b

Sin título, 1978
Bolígrafo sobre papel, 19,5 × 15,5 cm
Inscripciones: *22/II/78*
Procedencia: Donación del artista, 1981
FPJM-1381

Sin título, 1978 [?]
Bolígrafo y lápiz de grafito sobre cartulina,
21 × 14 cm
Inscripciones: *Centre Pompidou / g. vt. / vt. / g. / vt. / b. / MIRÓ / 18/II/78* [?]
Procedencia: Donación del artista, 1981
FPJM-1382

Sin título, sin fecha
Bolígrafo sobre cartulina, 22,8 × 11,4 cm
Inscripciones: *v. / b. / negre* [?]
Procedencia: Donación del artista, 1981
FPJM-1383

Sin título, 1975
Bolígrafo sobre papel, 5,3 × 60 cm
Inscripciones: *27/VII/75*
Procedencia: Donación del artista, 1981
FPJM-1384

Sin título, 1979 [ca]
Bolígrafo sobre cartulina, 22,8 × 16,5 cm
Procedencia: Donación del artista, 1981
FPJM-1385

Sin título, sin fecha
Bolígrafo sobre papel, 12,6 × 8,1 cm
Inscripciones: *de lluïment / àcid i sucre*
Procedencia: Donación del artista, 1981
FPJM-1386

Sin título, sin fecha
Bolígrafo sobre papel, 15,5 × 11 cm
Procedencia: Donación del artista, 1981
FPJM-1387

Sin título, sin fecha
Bolígrafo sobre papel, 12,2 × 9,7 cm
Procedencia: Donación del artista, 1981
FPJM-1388

Sin título, sin fecha
Lápiz de grafito y bolígrafo sobre papel,
15 × 14,1 cm
Procedencia: Donación del artista, 1981
FPJM-1389

FPJM-1377

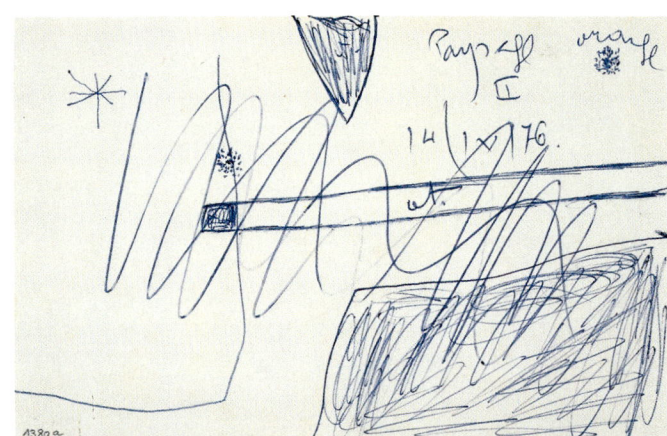

FPJM-1380a

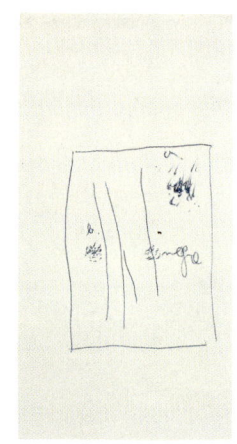

FPJM-1383

FPJM-1389

FPJM-1378
FPJM-1379

 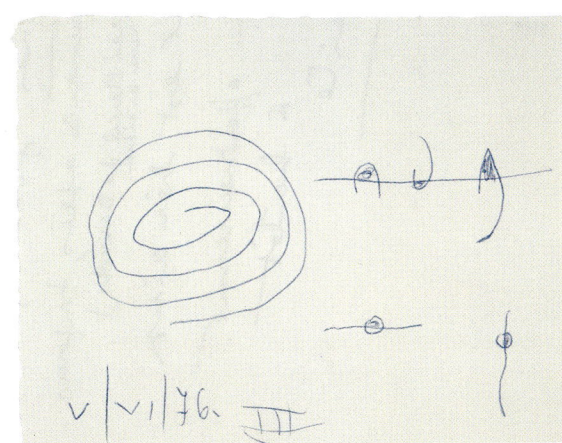

FPJM-1380b
FPJM-1381
FPJM-1382

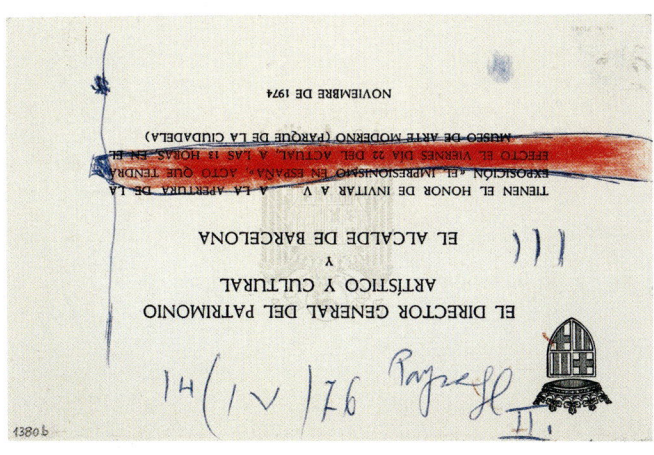  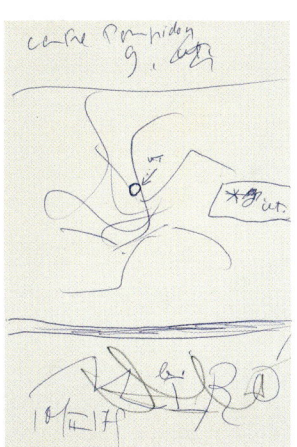

FPJM-1385
FPJM-1386
FPJM-1387
FPJM-1388

 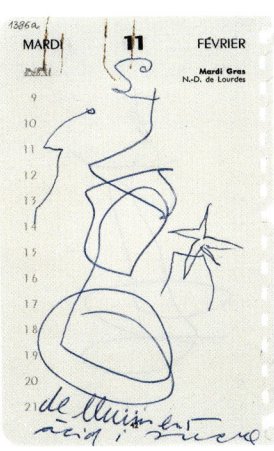 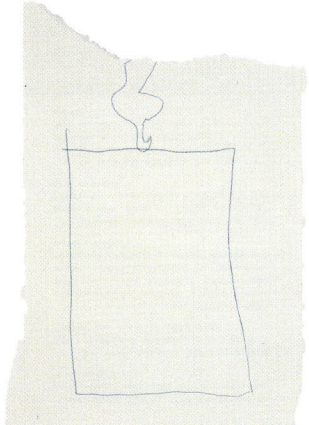 

FPJM-1384

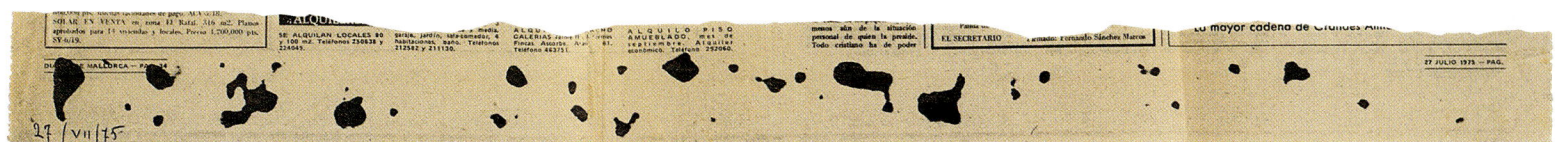

Sin título, sin fecha
Bolígrafo sobre papel, 9,6 × 22,2 cm
Inscripciones: *CEAC*
Procedencia: Donación del artista, 1981
FPJM-1390

Sin título, sin fecha
Bolígrafo sobre papel, 15,6 × 21,6 cm
Procedencia: Donación del artista, 1981
FPJM-1391

Paysage, 1977
Bolígrafo sobre cartulina, 16 × 11,4 cm
Inscripciones: *vt. / Paysage / 14/VII/77 / III*
Procedencia: Donación del artista, 1981
FPJM-1392

Sin título, 1976
Bolígrafo sobre papel, 8,1 × 12,6 cm
Inscripciones: *v. v. / coer / g. / 120 f. / fons
negre / 6/VI/76.*
Procedencia: Donación del artista, 1981
FPJM-1394

Sin título, sin fecha
Bolígrafo sobre papel, 16,5 × 13,7 cm
Procedencia: Donación del artista, 1981
FPJM-1395

Sin título, 1976
Bolígrafo sobre papel, 13,4 × 10,5 cm
Inscripciones: *V/VI/76 / IV.*
Procedencia: Donación del artista, 1981
FPJM-1396

Vol d'oiseaux, 1978
Bolígrafo sobre cartulina, 10,5 × 20,9 cm
Inscripciones: *coer. / 20/ X / 78. / Vol d'oiseaux*
Procedencia: Donación del artista, 1981
FPJM-1398

Femme, oiseau, 1976
Bolígrafo sobre cartulina, 15,5 × 21,3 cm
Inscripciones: *g. tela / Son Boter / tela / 120 /
21 / X / 76. / Femme, oiseau / sobre fons
terrós / solsament un grafisme pur*
Procedencia: Donación del artista, 1981
FPJM-1399

Sin título, 1967
Bolígrafo y lápiz de cera sobre papel,
13,3 × 17,2 cm
Inscripciones: *fons negre / orange / verd /
vermell / 27/XII/67 / grafisme blanc*
Procedencia: Donación del artista, 1981
FPJM-1400

Sin título, 1976
Bolígrafo sobre papel, 13,6 × 10,5 cm
Inscripciones: *tela 120 / ? / V/VI/76 / II*
Procedencia: Donación del artista, 1981
FPJM-1401

Sin título, sin fecha
Bolígrafo sobre cartulina, 14,4 × 18,8 cm
Procedencia: Donación del artista, 1981
FPJM-1403a

FPJM-1390
FPJM-1392

FPJM-1394
FPJM-1395
FPJM-1396

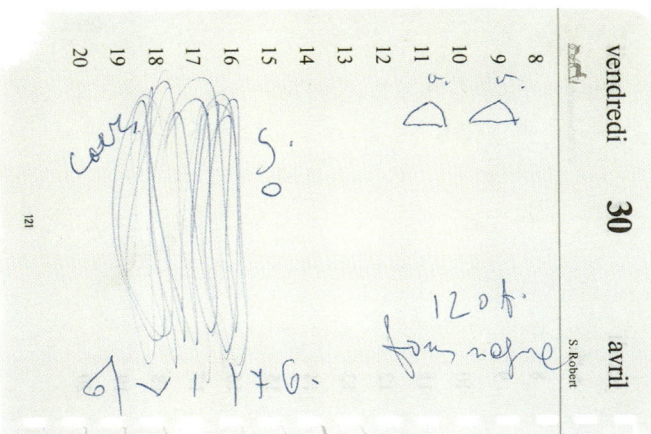

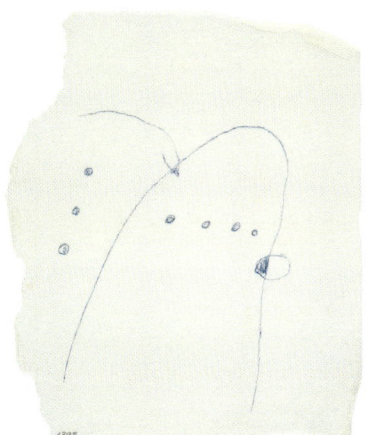

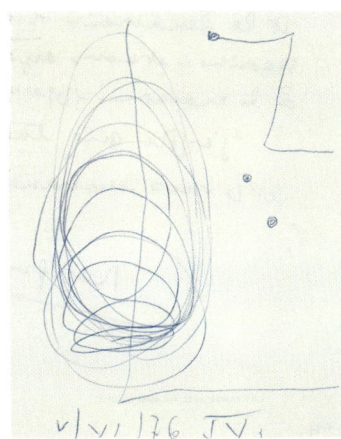

FPJM-1398
FPJM-1399

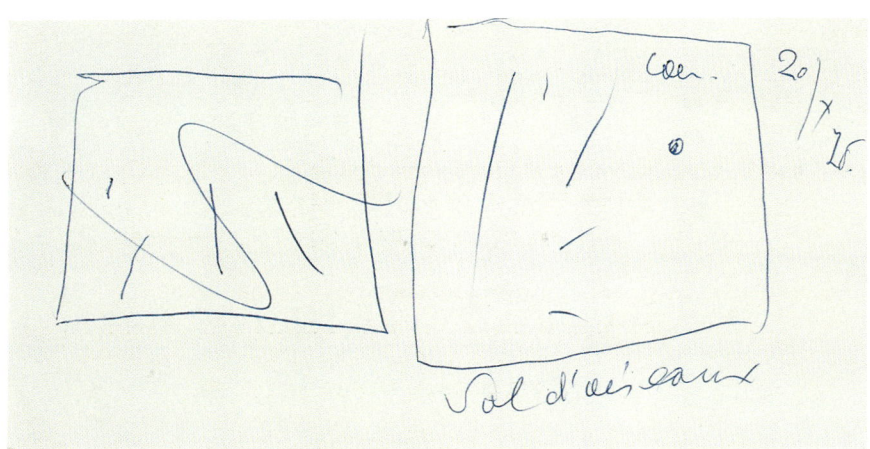

FPJM-1400
FPJM-1401
FPJM-1403a

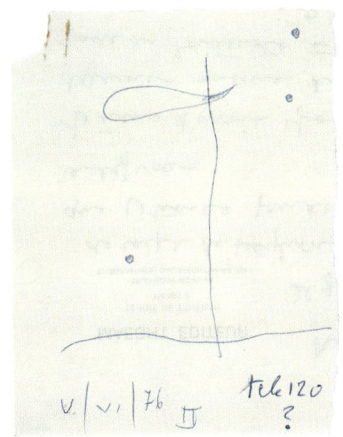

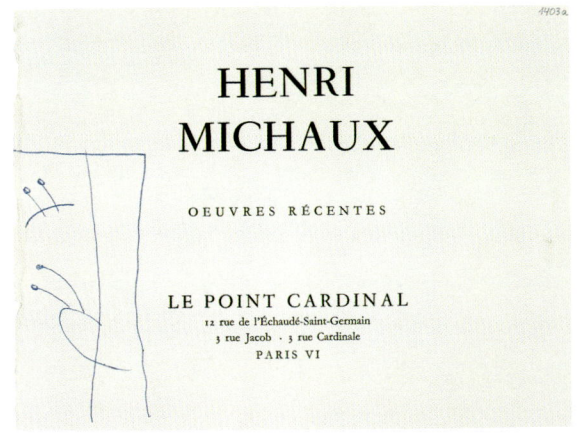

Sin título, sin fecha
Bolígrafo sobre papel, 12,6 × 8 cm
Inscripciones: *50/60 / 77 / 609 de pochoir*
Procedencia: Donación del artista, 1981
FPJM-1404

Exposiciones: Palma de Mallorca 2005, lám. 11
(color), p. 80

Sin título, 1978
Bolígrafo sobre papel, 12,6 × 8,1 cm
Inscripciones: *XII/78 / b. / vt*
Procedencia: Donación del artista, 1981
FPJM-1405

Sin título, sin fecha
Bolígrafo sobre papel, 12,6 × 8,1 cm
Procedencia: Donación del artista, 1981
FPJM-1406a

Sin título, sin fecha
Bolígrafo sobre papel, 8,1 × 12,6 cm
Procedencia: Donación del artista, 1981
FPJM-1406b

Sin título, sin fecha
Bolígrafo sobre papel, 12,5 × 8 cm
Inscripciones: *v. / b*
Procedencia: Donación del artista, 1981
FPJM-1407

Paysage, sin fecha
Bolígrafo sobre papel, 15,5 × 19,8 cm
Inscripciones: *Paysage / b. / g. / X / v. / vt. / M.*
Procedencia: Donación del artista, 1981
FPJM-1408a

Paysage, sin fecha
Bolígrafo sobre papel, 19,8 × 15,5 cm
Inscripciones: *Paysage / X / g. / b. / g. / v. / vt. v.*
Procedencia: Donación del artista, 1981
FPJM-1408b

Sin título, sin fecha
Lápiz de cera sobre papel, 21,1 × 27,4 cm
Procedencia: Donación del artista, 1981
FPJM-1418.1

Sin título, sin fecha
Lápiz de grafito sobre papel, 22,3 × 15,9 cm
Inscripciones: *1 / 2 / les dos restes del motllo
són / per a fer-ne escultures*
Procedencia: Donación del artista, 1981
FPJM-1422

Personnage, 1979
Bolígrafo sobre papel, 19,9 × 15,5 cm
Inscripciones: *b. / g. / v. / vt. / 24/VI. / 79 /
Personnage*
Procedencia: Donación del artista, 1981
FPJM-1423

Femme, oiseau, 1979
Bolígrafo y tinta sobre papel, 19,7 × 15,4 cm
Inscripciones: *b. / 2/IV. 79 / Femme, / oiseau*
Procedencia: Donación del artista, 1981
FPJM-1424a

Personnage, 1979
Bolígrafo sobre papel, 19,9 × 15,5 cm
Inscripciones: *b. / g. / v. / v. / 26/VI. 79. /
Personnage*
Procedencia: Donación del artista, 1981
FPJM-1425a

Femme, 1967
Bolígrafo sobre papel, 11,8 × 11,8 cm
Inscripciones: *fuyant la pourriture* [?] */ Femme /
en / ~~extase~~ / 17/VII/67*
Procedencia: Donación del artista, 1981
FPJM-1426

Paysage, 1979
Bolígrafo sobre papel, 19,9 × 15,5 cm
Inscripciones: *b. / v. / g. / 27/ VI. 79. / Paysage*
Procedencia: Donación del artista, 1981
FPJM-1427

Femme, oiseau, étoile, 1979
Bolígrafo sobre papel, 19,3 × 15,5 cm
Inscripciones: *b. / v. / 8/VIII. 79 / Femme /
oiseau / étoile / g. / v. / vt.*
Procedencia: Donación del artista, 1981
FPJM-1428

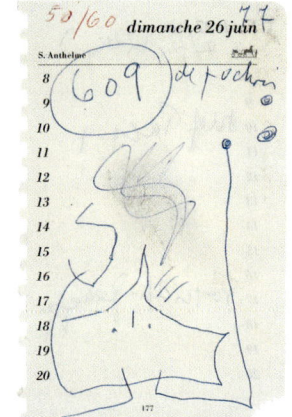

FPJM-1405
FPJM-1406a
FPJM-1406b
FPJM-1407

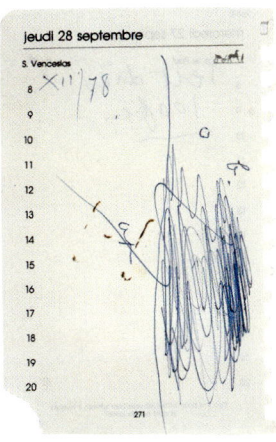 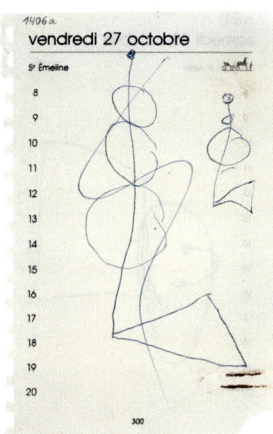 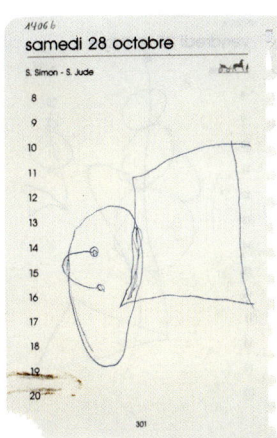 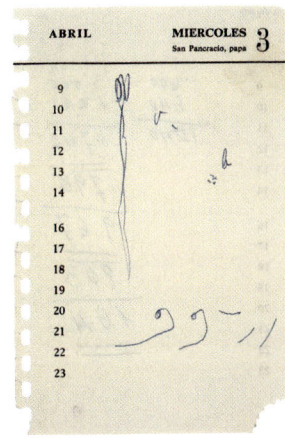

FPJM-1408a
FPJM-1408b
FPJM-1418.1

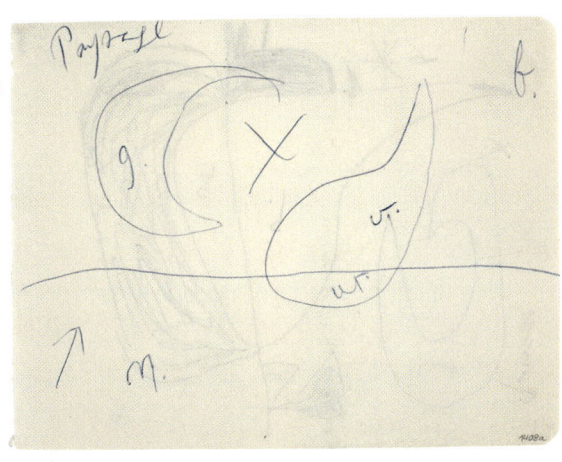  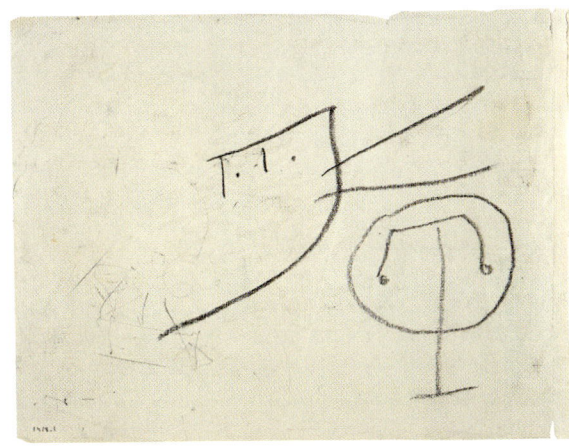

FPJM-1422
FPJM-1423
FPJM-1424a

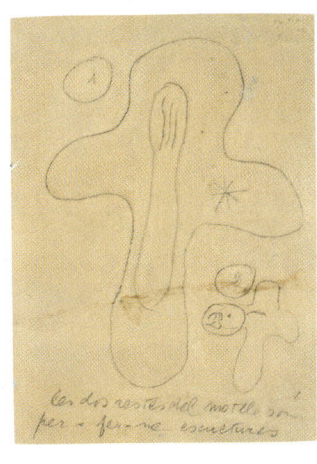  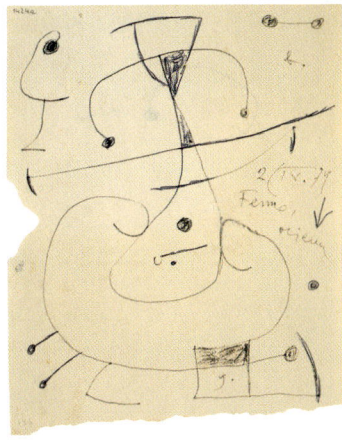

FPJM-1425a
FPJM-1426
FPJM-1427
FPJM-1428

 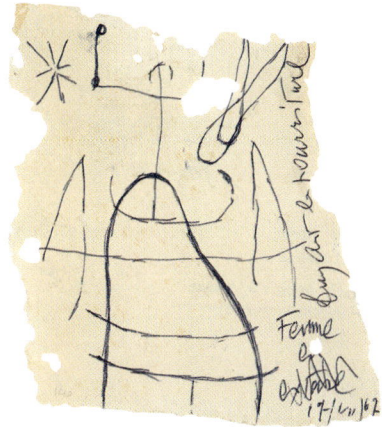  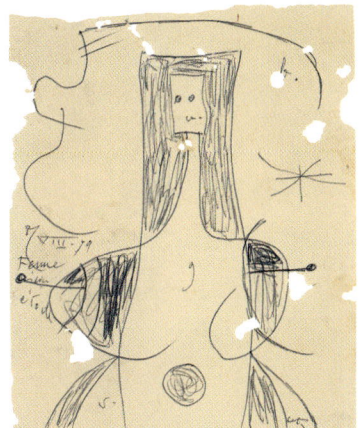

Paysage dans la nuit. Hommage à M.U., 1979
Bolígrafo sobre papel, 15,3 × 19,6 cm
Inscripciones: *b. / g. / v. / 25/ VI. 79 / Paysage dans / la nuit / v. / Homage a M.U.*
Procedencia: Donación del artista, 1981
FPJM-1429

Femme, oiseau II, 1979
Bolígrafo sobre papel, 17,2 × 12,6 cm
Inscripciones: *2/IV. / 79 / II / b. / Femme, / oiseau / v. / g*
Procedencia: Donación del artista, 1981
FPJM-1430

Sin título, 1979 [ca]
Bolígrafo sobre papel, 10,8 × 16,9 cm
Procedencia: Donación del artista, 1981
FPJM-1431

La Fornarina, sin fecha
Bolígrafo sobre papel, 21 × 15,3 cm
Inscripciones: *La Fornarina*
Procedencia: Donación del artista, 1981
FPJM-1432

Bibliografía: Institut d'Estudis Baleàrics 1981, lám. 7 (color), p. 72

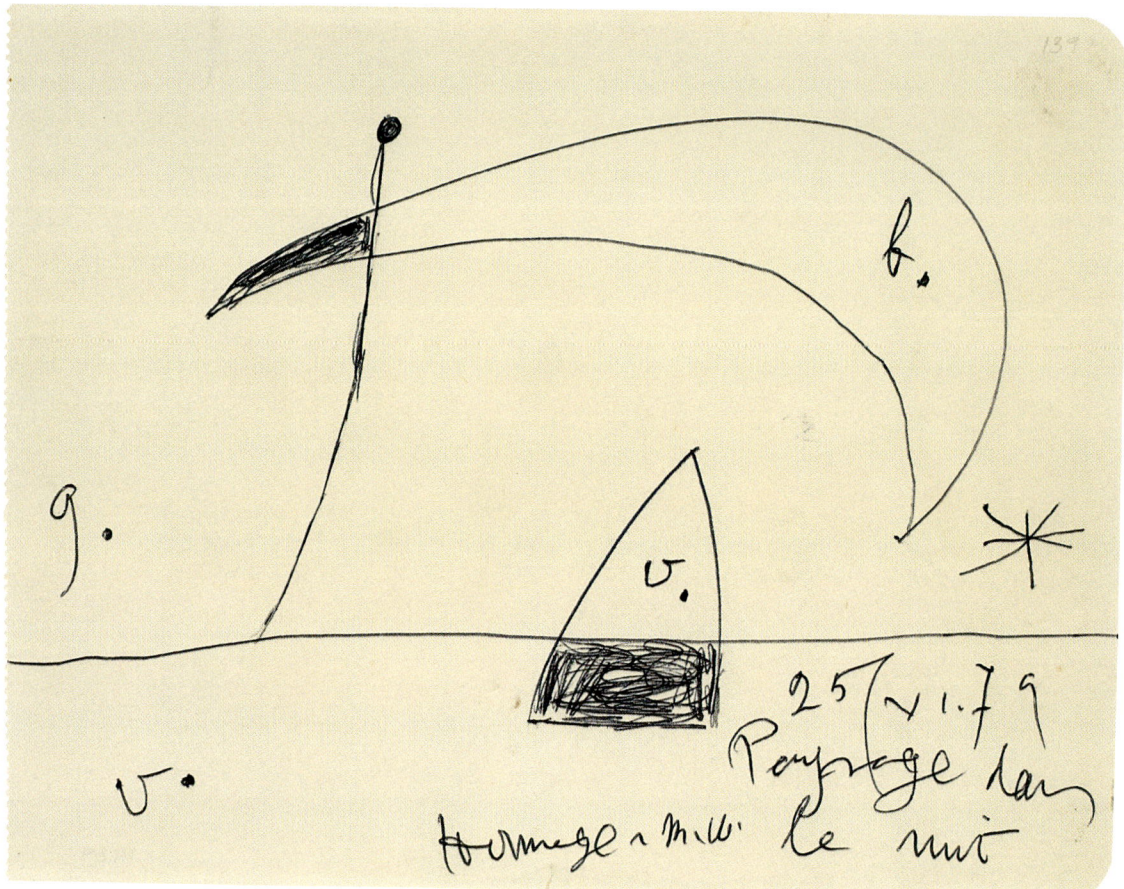

FPJM-1430
FPJM-1431

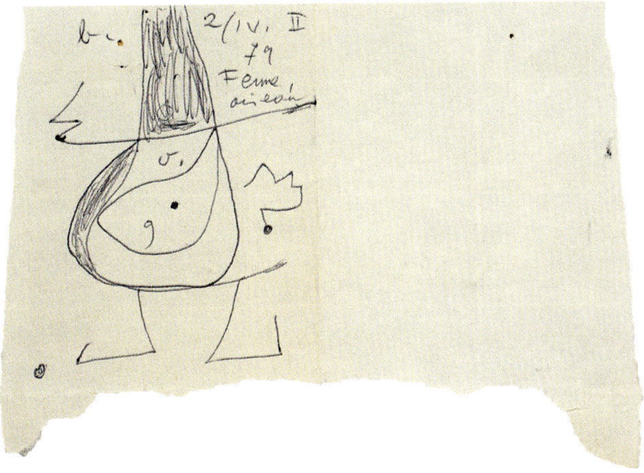

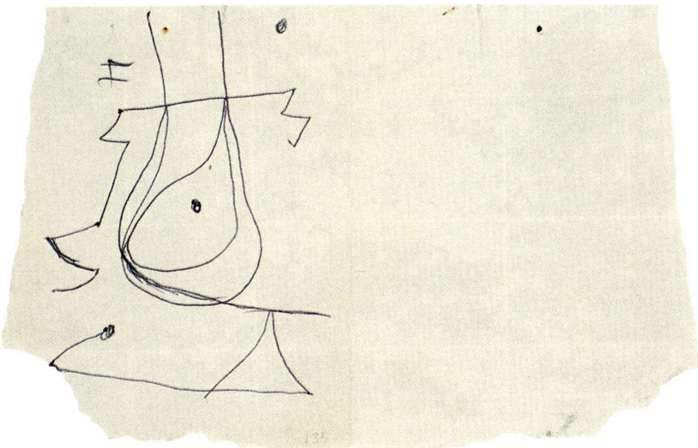

FPJM-1432

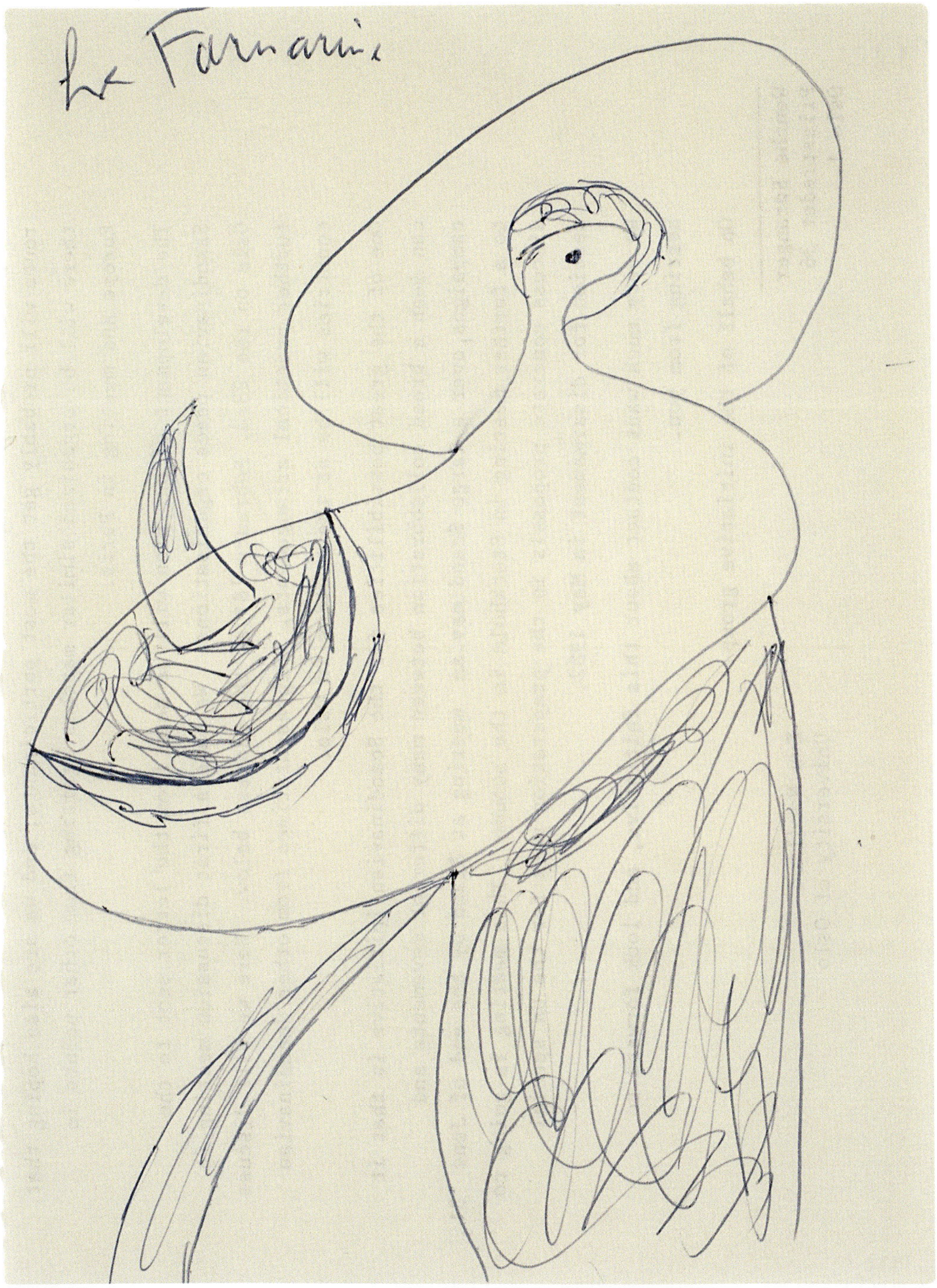

Personnage, oiseau, 1979
Bolígrafo y lápiz de grafito sobre papel,
19,3 × 15,5 cm
Inscripciones: *12/VIII. 79. / Personnage, /
oiseau*
Procedencia: Donación del artista, 1981
FPJM-1433

Personnage devant la lune, 1978
Bolígrafo sobre papel, 14,9 × 10,9 cm
Inscripciones: *4/8/78. / b. / g. / Personnage
devant / la lune*
Procedencia: Donación del artista, 1981
FPJM-1434

Sin título, 1978 [ca]
Lápiz de grafito sobre papel, 19,8 × 15,4 cm
Procedencia: Donación del artista, 1981
FPJM-1435.1

Sin título, 1978 [ca]
Lápiz de grafito sobre papel, 19,8 × 15,4 cm
Procedencia: Donación del artista, 1981
FPJM-1435.2

Sin título, 1978 [ca]
Lápiz de grafito sobre papel, 19,8 × 15,4 cm
Procedencia: Donación del artista, 1981
FPJM-1435.3

Sin título, 1978 [ca]
Lápiz de grafito sobre papel, 19,8 × 15,4 cm
Procedencia: Donación del artista, 1981
FPJM-1435.4

Sin título, 1978 [ca]
Lápiz de grafito sobre papel, 19,8 × 15,4 cm
Procedencia: Donación del artista, 1981
FPJM-1435.5

Sin título, 1978 [ca]
Lápiz de grafito sobre papel, 19,8 × 15,4 cm
Procedencia: Donación del artista, 1981
FPJM-1435.6

Sin título, 1978 [ca]
Lápiz de grafito sobre papel, 19,8 × 15,4 cm
Inscripciones: *b./ g. / v.*
Procedencia: Donación del artista, 1981
FPJM-1435.7

Sin título, 1978 [ca]
Lápiz de grafito sobre papel, 19,8 × 15,4 cm
Procedencia: Donación del artista, 1981
FPJM-1435.8

Sin título, 1978 [ca]
Lápiz de grafito sobre papel, 19,8 × 15,4 cm
Procedencia: Donación del artista, 1981
FPJM-1435.9

Tête, 1978
Lápiz de grafito sobre papel, 19,8 × 15,4 cm
Inscripciones: *14/8. 78 / b. / g. / Tête / v. / gb.*
Procedencia: Donación del artista, 1981
FPJM-1435.10

Paysage, 1978
Bolígrafo sobre papel, 8,8 × 11,9 cm
Inscripciones: *Paysage / 24/7.78.* [?]
Procedencia: Donación del artista, 1981
FPJM-1436a

Paysage, 1978
Bolígrafo sobre papel, 8,8 × 11,9 cm
Inscripciones: *3/8.78 / coer. / v. / Paysage*
Procedencia: Donación del artista, 1981
FPJM-1436b

Paysage, 1978 [?]
Bolígrafo sobre papel, 8,7 × 12 cm
Inscripciones: *31/7.78* [?] */ Paysage / coer. / v.*
Procedencia: Donación del artista, 1981
FPJM-1437

Personnages devant le soleil, 1978
Bolígrafo sobre cartulina, 14,5 × 22,7 cm
Inscripciones: *coer. / v. / 20/VI. 78 /
Personnages devant le soleil*
Procedencia: Donación del artista, 1981
FPJM-1438

FPJM-1433

FPJM-1435.4

FPJM-1435.9

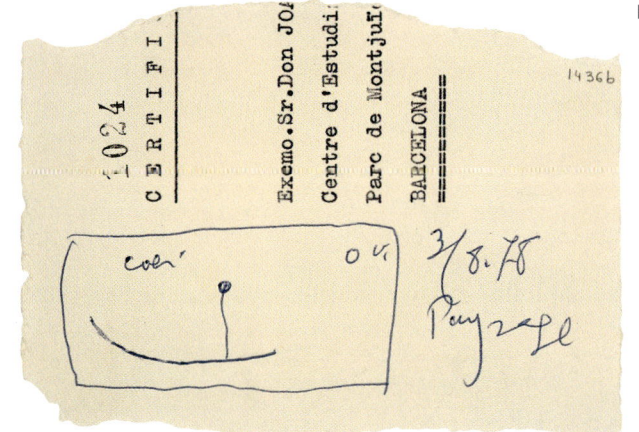

FPJM-1436b

FPJM-1434
FPJM-1435.1
FPJM-1435.2
FPJM-1435.3

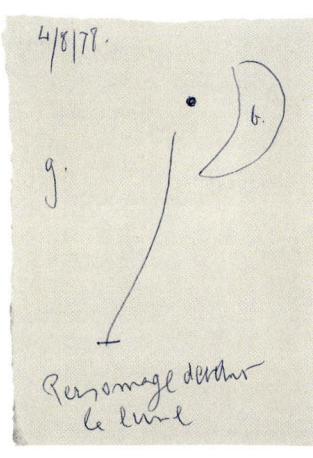

FPJM-1435.5
FPJM-1435.6
FPJM-1435.7
FPJM-1435.8

FPJM-1435.10
FPJM-1436a

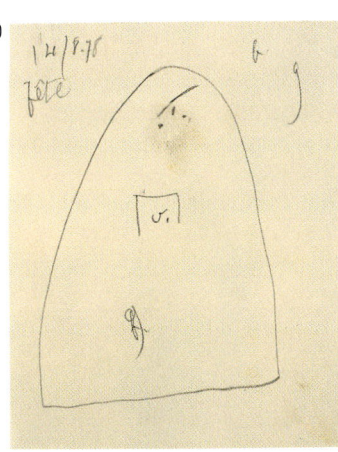
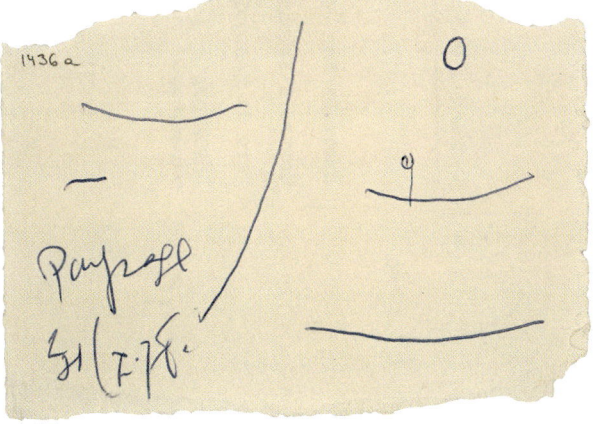

FPJM-1437
FPJM-1438

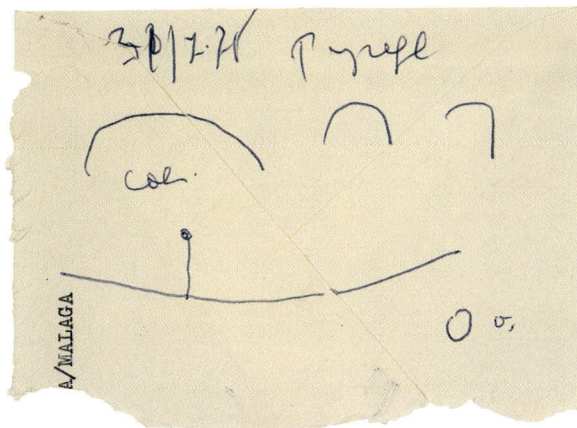
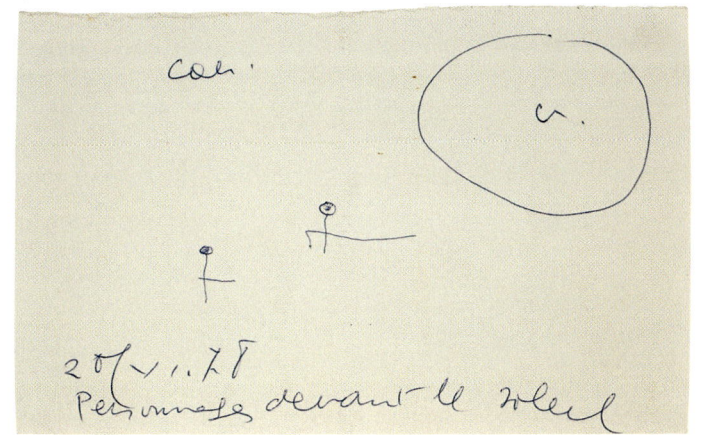

Sin título, 1979
Bolígrafo sobre papel, 19,8 × 15,4 cm
Inscripciones: *29/III. 79 / IV*
Procedencia: Donación del artista, 1981
FPJM-1439

Sin título, 1978 [ca]
Bolígrafo sobre cartulina, 18,9 × 13 cm
Procedencia: Donación del artista, 1981
FPJM-1440

Sin título, sin fecha
Bolígrafo sobre cartulina, 16,1 × 10,8 cm
Procedencia: Donación del artista, 1981
FPJM-1441

Chanteuse, 1978
Bolígrafo sobre papel, 9,1 × 8,5 cm
Inscripciones: *v. / v. / g. / Chanteuse / 18/IX. 78.*
Procedencia: Donación del artista, 1981
FPJM-1442

Sin título, sin fecha
Lápiz de grafito sobre papel, 17,3 × 11,8 cm
Procedencia: Donación del artista, 1981
FPJM-1443

Sin título, sin fecha
Bolígrafo sobre papel, 21,3 × 15,1 cm
Procedencia: Donación del artista, 1981
FPJM-1444

Larme de fumée et soleil rouge sur un ciel bleu, 1978
Bolígrafo sobre cartulina, 10,5 × 21 cm
Inscripciones: *Larme de fumée et / soleil rouge sur un / ciel bleu / v. / coer. / 25/XII. 78*
Procedencia: Donación del artista, 1981
FPJM-1445

Rayon de lune qui glisse, 1978
Bolígrafo sobre cartulina, 16 × 10,9 cm
Inscripciones: *v. / b. / coer. / rayon / de / lune / qui / glisse / 20/XII.78*
Procedencia: Donación del artista, 1981
FPJM-1446a

Sin título, 1978 [ca]
Bolígrafo sobre cartulina, 16 × 10,9 cm
Inscripciones: *v. / v.*
Procedencia: Donación del artista, 1981
FPJM-1446b

Personnage devant le soleil, 1978
Bolígrafo sobre cartulina, 13,8 × 18,7 cm
Inscripciones: *10/9. 78 / b. / v. / Personnage / devant le / soleil*
Procedencia: Donación del artista, 1981
FPJM-1447

Sin título, sin fecha
Bolígrafo sobre papel, 21,1 × 15,1 cm
Inscripciones: *b. / v. / v. / v.*
Procedencia: Donación del artista, 1981
FPJM-1448

Sin título, sin fecha
Bolígrafo sobre papel, 27,5 × 21,1 cm
Inscripciones: *49 / 4 + 9 = / 13*
Procedencia: Donación del artista, 1981
FPJM-1449

Femme, 1976
Bolígrafo sobre papel, 46,2 × 30,9 cm
Inscripciones: *v. / coer. / Femme 3 / ~~v~~ / ~~coer~~ / 3 / Femme / 19/VII/76. / 19/VII/76 / 120 f.*
Procedencia: Donación del artista, 1981
FPJM-1451

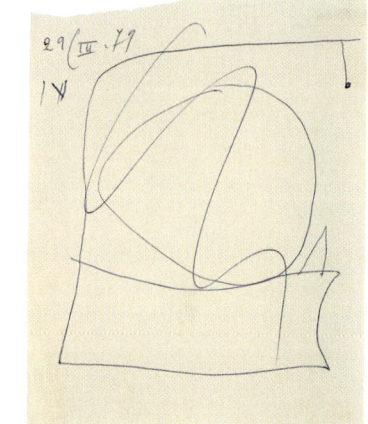

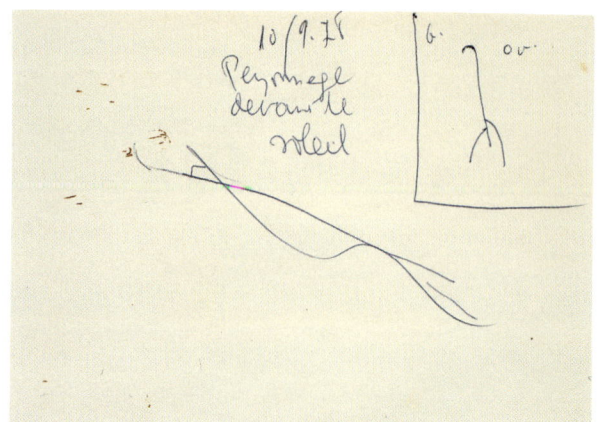

FPJM-1440
FPJM-1441
FPJM-1442
FPJM-1443

FPJM-1444
FPJM-1445

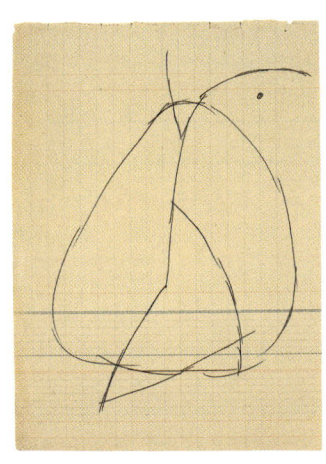 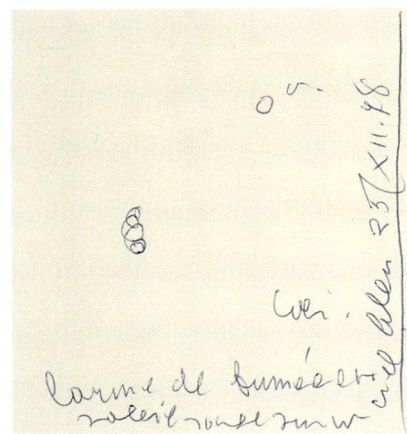

FPJM-1446a
FPJM-1446b

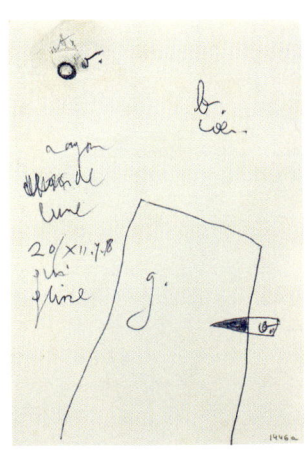 

FPJM-1448
FPJM-1449
FPJM-1451

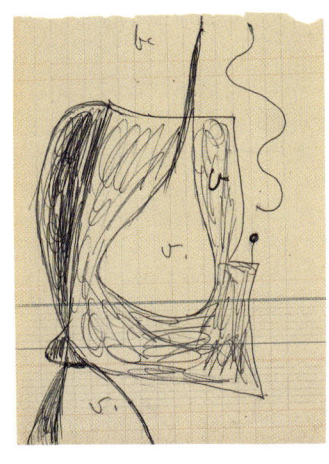 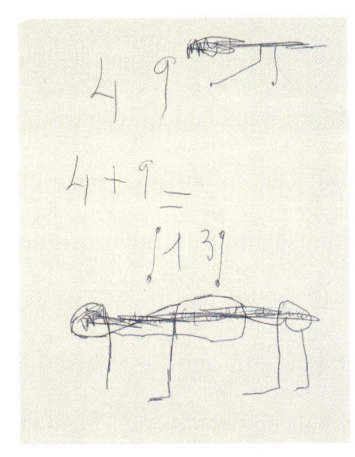 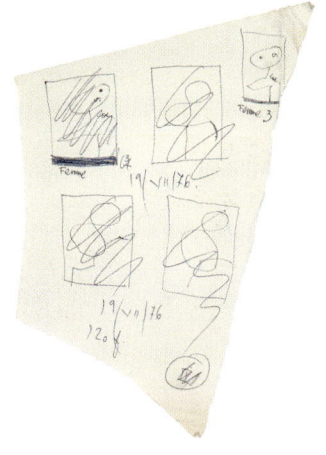

Sin título, sin fecha
Gouache, lápiz de color y bolígrafo sobre papel,
24,1 × 31,6 cm
Procedencia: Donación del artista, 1981
FPJM-1452.1a

Sin título, sin fecha
Lápiz de color y lápiz de grafito sobre papel,
24,1 × 31,6 cm
Procedencia: Donación del artista, 1981
FPJM-1452.1b

Sin título, sin fecha
Lápiz de color y lápiz de grafito sobre papel,
24,1 × 31,6 cm
Procedencia: Donación del artista, 1981
FPJM-1452.2a

Sin título, sin fecha
Lápiz de color y lápiz de grafito sobre papel,
24,1 × 31,6 cm
Procedencia: Donación del artista, 1981
FPJM-1452.2b

Sin título, sin fecha
Bolígrafo sobre papel, 24,1 × 31,6 cm
Procedencia: Donación del artista, 1981
FPJM-1452.4

Sin título, sin fecha
Bolígrafo sobre papel, 24,1 × 31,6 cm
Procedencia: Donación del artista, 1981
FPJM-1452.5

Sin título, sin fecha
Lápiz de grafito y bolígrafo sobre papel,
13,3 × 18,1 cm
Inscripciones: *35 x 23 / a 35*
Procedencia: Donación del artista, 1981
FPJM-1455.1

Sin título, sin fecha
Lápiz de grafito y bolígrafo sobre papel,
13,3 × 18,1 cm
Inscripciones: *35 x 30 / a 35*
Procedencia: Donación del artista, 1981
FPJM-1455.2

Joan Miró y Joan Barbarà
Sin título, sin fecha
Lápiz de grafito y bolígrafo sobre papel,
13,3 × 18,1 cm
Inscripciones: *35 x 19 / a 35 cms*
Procedencia: Donación del artista, 1981
FPJM-1455.3

FPJM-1452.1a

FPJM-1452.2b

FPJM-1455.1

FPJM-1452.1b
FPJM-1452.2a

FPJM-1452.4
FPJM-1452.5

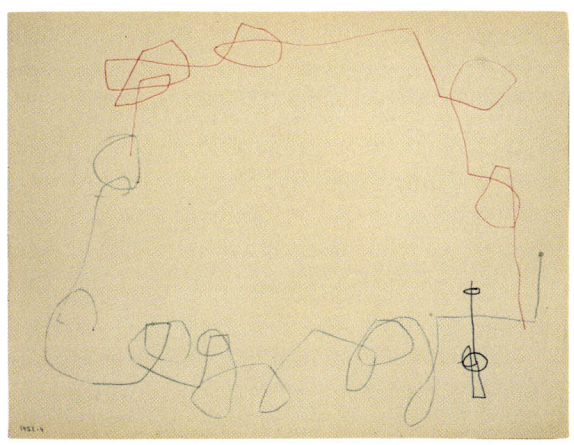

FPJM-1455.2
FPJM-1455.3

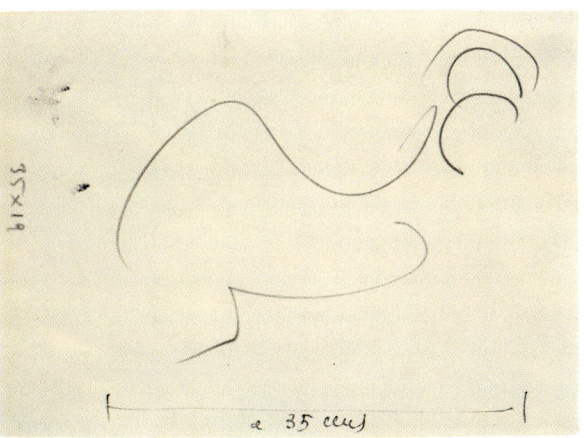

Sin título, sin fecha
Bolígrafo sobre papel, 12,4 × 8 cm
Inscripciones: *gr. / sac / Taller* [?] */ Royo /* [–] */ gran rotllo / pintat negre / penja robes / llana / vermella / Personnage*
Procedencia: Donación del artista, 1981
FPJM-1456.1

Sin título, sin fecha
Bolígrafo sobre papel, 12,4 × 8 cm
Inscripciones: *Taller Royo / taca / negra / llana vermella*
Procedencia: Donación del artista, 1981
FPJM-1456.2

Sin título, sin fecha
Bolígrafo sobre papel, 12,4 × 8 cm
Inscripciones: *Taller Royo / Cartró / llana vermella / corda*
Procedencia: Donación del artista, 1981
FPJM-1456.3

Sin título, sin fecha
Bolígrafo sobre papel, 12,4 × 8 cm
Inscripciones: *taller Royo*
Procedencia: Donación del artista, 1981
FPJM-1456.4

Sin título, sin fecha
Bolígrafo y lápiz de grafito sobre papel, 21,1 × 29,6 cm
Inscripciones: *Mides paret 479 x 296 / De quines mides cal fer / tapis* [sic]*? / Escrit a Sert en 28/VI / Devant / Darrera / Prefereixo les meves mides / Podria oferir la maqueta / a Sert, en homenatge*
Procedencia: Donación del artista, 1981
FPJM-1456.9

Femme entourée de constellations,
sin fecha
Bolígrafo sobre papel, 8,1 × 12,6 cm
Inscripciones: *Femme entourée de / constellations*
Procedencia: Donación del artista, 1981
FPJM-1457

Paysage, 1976
Bolígrafo sobre papel, 8,1 × 12,6 cm
Inscripciones: *coer. / orange / 7/ VI/76 Paysage*
Procedencia: Donación del artista, 1981
FPJM-1458

Sin título, sin fecha
Bolígrafo sobre cartulina, 34,1 × 32,3 cm
Inscripciones: *Bal*[...] */ Portada / <u>A Balenciaga / 34 x 16 cm.</u> / <u>(5.000 exemplars)</u> / <u>Per abans de Nadal</u> / després negre / 2 passages* [?] */ gris*
Procedencia: Donación del artista, 1981
FPJM-1470

Sin título, 1974 [ca]
Bolígrafo sobre papel, 21,4 × 27,4 cm
Inscripciones: *LE / COURTISAN / grotesque*
Procedencia: Donación del artista, 1981
FPJM-1472

Sin título, 1975 [ca]
Bolígrafo sobre papel, 13,3 × 11 cm
Procedencia: Donación del artista, 1981
FPJM-1474

Sin título, 1969
Bolígrafo sobre papel, 10,9 × 15,4 cm
Inscripciones: *Hom*[...] */* [–] */ 12/XII/69 /* [–]
Procedencia: Donación del artista, 1981
FPJM-1476.2

Vogue, sin fecha
Bolígrafo sobre papel, 19,7 × 15,5 cm
Inscripciones: *VOGUE / Tinta xina i colors / violent*
Procedencia: Donación del artista, 1981
FPJM-1477.1

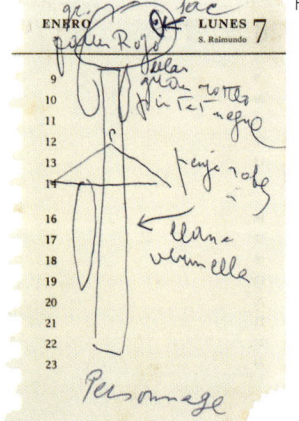

FPJM-1456.1

FPJM-1456.2
FPJM-1456.3
FPJM-1456.4
FPJM-1456.9

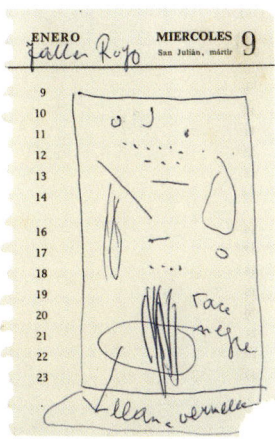 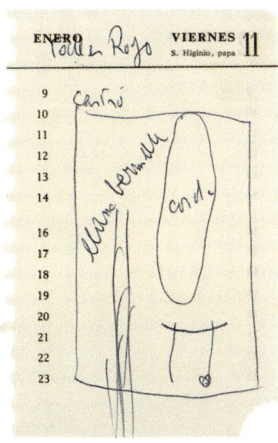 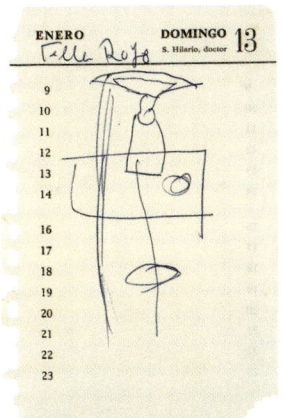 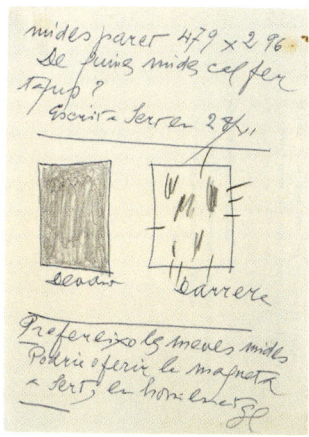

FPJM-1457
FPJM-1458

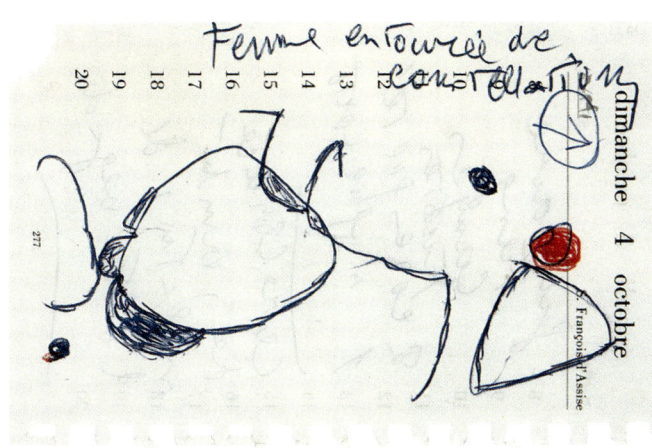 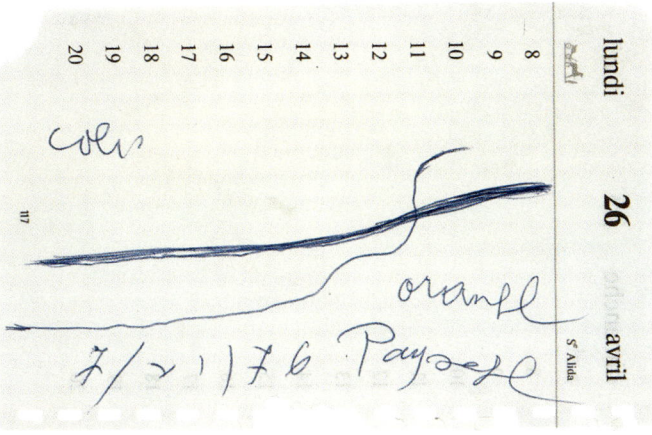

FPJM-1470
FPJM-1472
FPJM-1474

 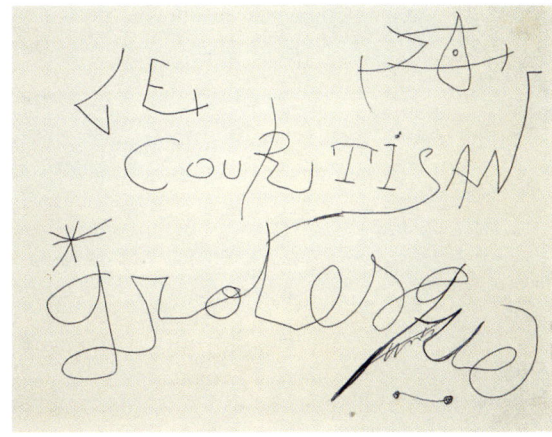 

FPJM-1476.2
FPJM-1477.1

Sin título, 1972
Bolígrafo sobre papel, 20,9 × 17,9 cm
Inscripciones: *b. / v. / b. / g / 23/I/ 72 / II / VI*
Procedencia: Donación del artista, 1981
FPJM-1478.1a

Sin título, 1972 [ca]
Bolígrafo sobre papel, 20,9 × 17,9 cm
Inscripciones: *b. / g. / v. / II*
Procedencia: Donación del artista, 1981
FPJM-1478.1b

Sin título, 1972
Bolígrafo sobre papel, 20,9 × 17,9 cm
Inscripciones: *b. / v. / g. / I / 23/I/72.*
Procedencia: Donación del artista, 1981
FPJM-1478.2a

Sin título, 1972
Bolígrafo sobre papel, 20,9 × 17,9 cm
Inscripciones: *b. / v. / g. / 23/I/72 / II I*
Procedencia: Donación del artista, 1981
FPJM-1478.2b

Sin título, 1972
Bolígrafo sobre papel, 20,9 × 17,9 cm
Inscripciones: *b. / g. / v. / 23/I/72 I / 80 f. /*
100 f.
Procedencia: Donación del artista, 1981
FPJM-1478.3a

Sin título, 1972
Bolígrafo sobre papel, 20,9 × 17,9 cm
Inscripciones: *b. / v. / g. / v. / III 23/I/72 / VII*
Procedencia: Donación del artista, 1981
FPJM-1478.3b

Sin título, sin fecha
Bolígrafo sobre papel, 10,3 × 25,8 cm
Inscripciones: *v. / b. / v. / g. / cadmi* [?] */ n. /*
vert / tots colors / cad.
Procedencia: Donación del artista, 1981
FPJM-1478.4

Sin título, 1972
Bolígrafo sobre cartulina, 14,6 × 10,5 cm
Inscripciones: *Tela 60 o 50 / 100 / I- posar*
color amb tub [?] */ sobre tela / II- incriure això /*
Mer / DDRE / III- abocar aiguarràs / al voltants /
IV- grafisme amb el mateix pinzell / V- colors /
23/IV/72.
Procedencia: Donación del artista, 1981
FPJM-1478.5

Bibliografía: Santander 2005, lám. 7 (color), p. 27

Sin título, sin fecha
Bolígrafo sobre papel, 13,3 × 19,9 cm
Inscripciones: *Treballar dintre l'esprit / de*
Turner. / Varies teles de 80, abocar-hi /
aiguarràs i amb un drap / anar-hi posant colors,
després signes / i anar-hi treballant
Procedencia: Donación del artista, 1981
FPJM-1478.6

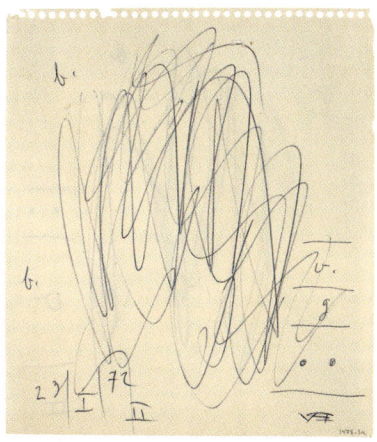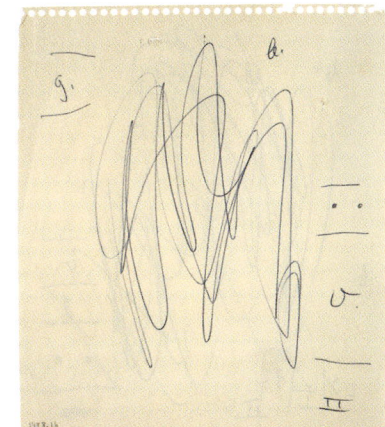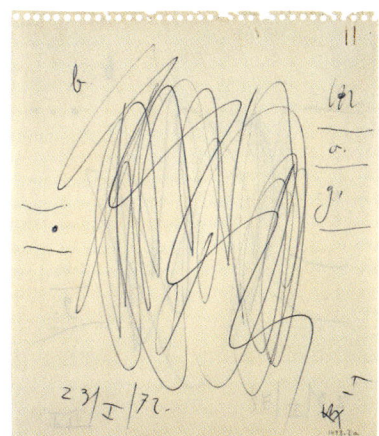

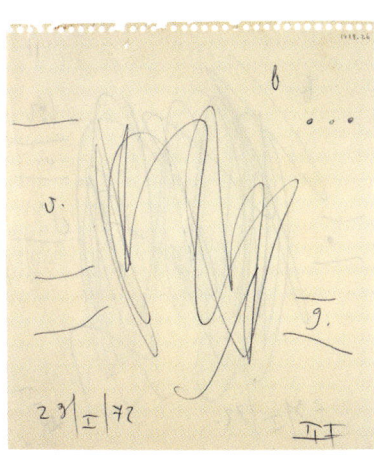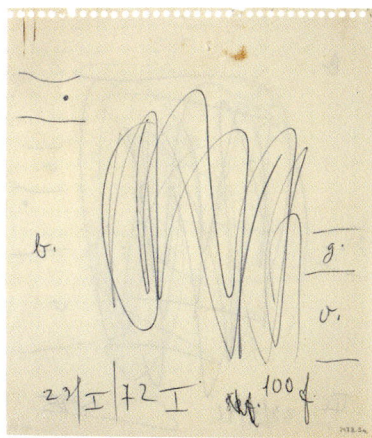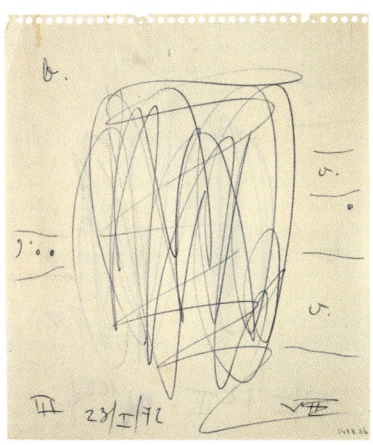

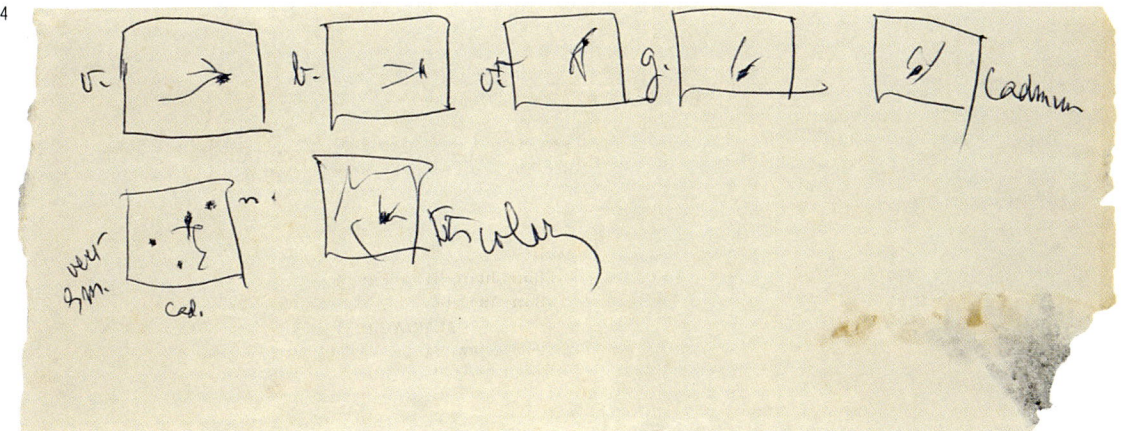

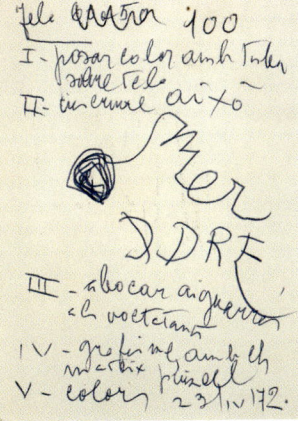

Sin título, sin fecha
Bolígrafo sobre papel, 17,9 × 21 cm
Inscripciones: *René Char / Joan Miró*
Procedencia: Donación del artista, 1981
FPJM-1486.1

Joan Miró y René Char [?]
Char-Miró, sin fecha
Bolígrafo y lápiz de grafito sobre papel,
15,5 × 21,3 cm
Inscripciones anverso: *Graver / à l'envers pour /
que les noms / appa-raissent / à l'endroit, / peut
être mais non / le contraire / les noms apparus /
et lus (?) à l'envers / Ce serait insupportable / et
anti-commercial / R. C. / CHAR-MIRÓ*
Inscripciones reverso: *René Char / Joan Miró*
Procedencia: Donación del artista, 1981
FPJM-1486.2

Sin título, sin fecha
Bolígrafo y lápiz de cera sobre papel,
19 × 14,7 cm
Inscripciones: *100 cm.*
Procedencia: Donación del artista, 1981
FPJM-1487

Sin título, sin fecha
Bolígrafo sobre papel, 15,5 × 14,9 cm
Inscripciones: *quarto* [sic] *bany / Son / Boter*
Procedencia: Donación del artista, 1981
FPJM-1488

Sin título, sin fecha
Bolígrafo sobre papel, 16 × 21,4 cm
Procedencia: Donación del artista, 1981
FPJM-1489.1

Joan Miró [?]
Sin título, sin fecha
Lápiz de grafito y collage sobre cartulina,
14,5 × 11 cm
Inscripciones: *Baix*
Procedencia: Donación del artista, 1981
FPJM-1489.2

Sin título, sin fecha
Gouache y bolígrafo sobre papel, 35 × 22,8 cm
Inscripciones: *per a que no sigui una
superfície / plana freda, matisar-la amb /
colors / fer-hi jo també esquitxos, perquè / agafi
vida / buscar pinzells, per a fer el / grafisme /
Convé amb un paper situar / l'emplaçament de
la taula / i de la persona que hi estarà /
asseguda*
Procedencia: Donación del artista, 1981
FPJM-1490.1

Sin título, 1972 [ca]
Bolígrafo sobre papel, 31,5 × 21,7 cm
Inscripciones: *I segona versió tapis Tarragona /
II Incorporació artesania popular / per a retrobar
un esperit humà / no deformat / III Destrucció o
Revisió velles normes. / per arribar a una
autenticitat / IV Sobreteixims per a donar més
força / Revisió lliure / Sobreteixims*
Procedencia: Donación del artista, 1981
FPJM-1492.1

Sin título, 1972
Bolígrafo sobre papel, 31,5 × 21,7 cm
Inscripciones: *I Segona versió tapis Tarragona /
SOBRETEIXIMS / II Incorporació artesania /
popular per a retrobar / un esperit humà no
deformat / III Destrucció Revisió velles normes /
arribar a una intensitat / IV Sobreteixims per a
donar més força / V Revisió lliure / Miró 9/V/72*
Procedencia: Donación del artista, 1981
FPJM-1492.2

Sin título, sin fecha
Lápiz de cera y aguatinta sobre papel,
120,5 × 80,2 cm
Procedencia: Donación del artista, 1981
FPJM-1493

Joan Miró y Jacques Dupin
Sin título, 1970 [ca]
Bolígrafo sobre papel, 27 × 21,1 cm
Inscripciones: *Paris, 2 décembre 70 / Cher
Joan, / Je t'avais demandé si tu pouvais /
essayer de faire un portrait de Char / (un portrait
poétique) pour l'exposition et / le catalogue. le
temps passe, et je vais / mettre en fabrication [?]
bientôt le catalogue / Peux-tu essayer? / Voici
une photo de Char. / Nous te verrons à
Barcelone (Daniel et / moi) le 11 ou le 12; nous
allons voir / Tàpies et nous serons a Barcelone
pendant / le week-end. On espère beaucoup t'y
rencontrer. / Je t'embrasse / Jacques / Si tu
pouvais me donner le portrait de Char ce serait /
merveilleux*
Procedencia: Donación del artista, 1981
FPJM-FD-115.1b

Sin título, 1974 [ca]
Lápiz de grafito sobre papel, 16,1 × 15,7 cm
Procedencia: Donación del artista, 1981
FPJM-FD-194.2

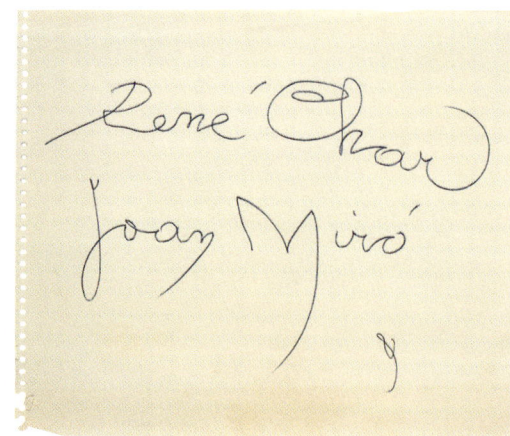

FPJM-1486.1

FPJM-1489.1

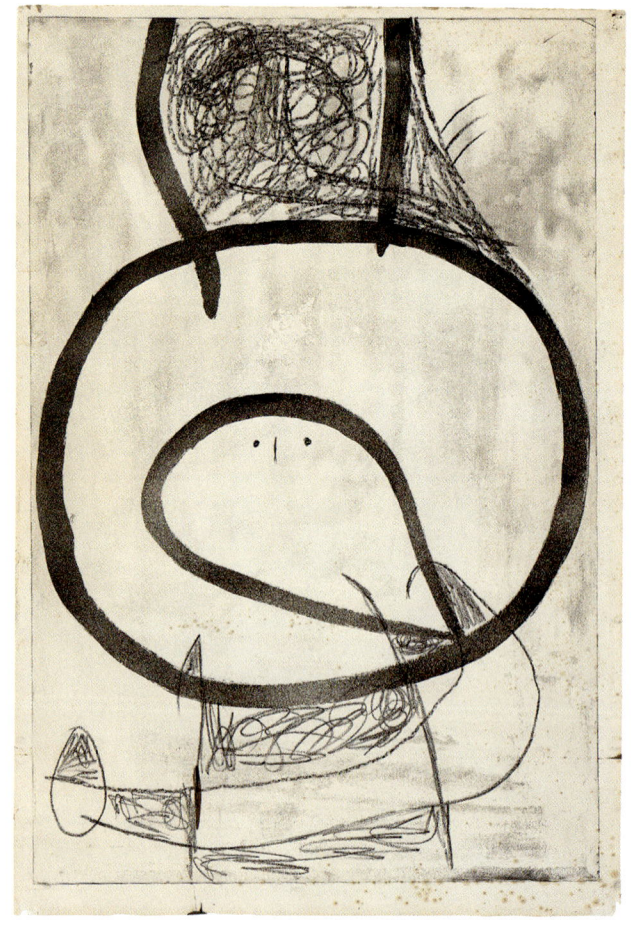

FPJM-1493

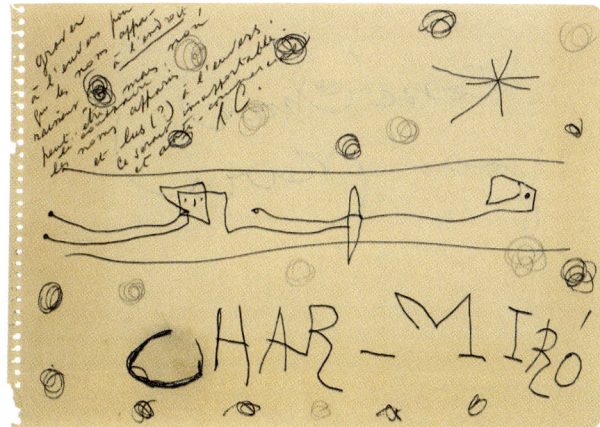

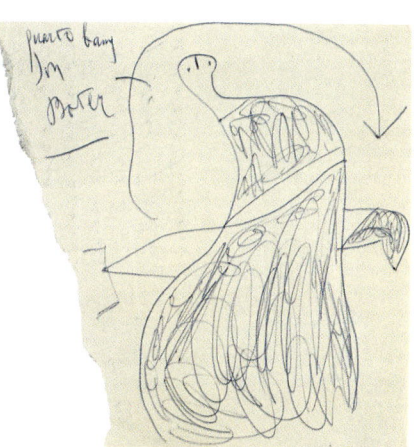

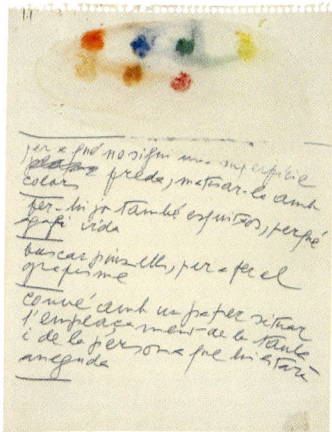
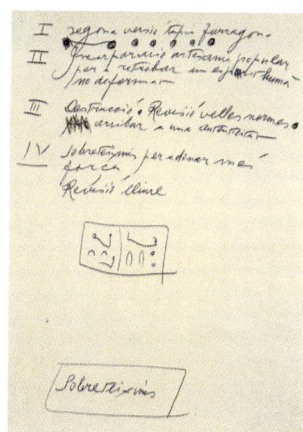
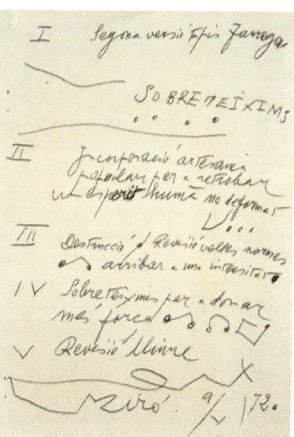

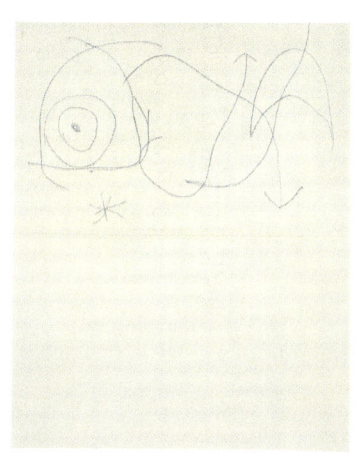

Sin título, 1974
Letras autoadhesivas sobre cartulina,
20,2 × 67,8 cm
Inscripciones: *MIRÓ / M*
Procedencia: Donación del artista, 1981
FPJM-1463.1

Sin título, 1974
Lápiz de grafito, bolígrafo y letras autoadhesivas
sobre papel, 19,8 × 31,1 cm
Inscripciones: *INTRODUCCIÓ / TEXT*
Procedencia: Donación del artista, 1981
FPJM-1463.2a

Sin título, 1974
Lápiz de grafito y bolígrafo sobre papel,
20 × 31,1 cm
Inscripciones: *TEXT*
Procedencia: Donación del artista, 1981
FPJM-1463.3a

Sin título, 1974
Tóner sobre papel, 19,8 × 31,4 cm
Inscripciones: *Dins la badia baleàrica,
Calamajor a la sortida de Ciutat de Majorca /
vers Andratx. El camí es perllonga vorejant el
mar, cobejant la exuberància / de la seva pau i
de la seva calma.Cada estiu s'omple com altres
punts de / la costa i es transforma un poc amb
la disparitat del seu veinatge, variable / dens,
anònim. Nous carrers que abans eren camins
perduts entre les / oliveres; emplaçaments
d'hotels i residències que ahir bastien en*
Procedencia: Donación del artista, 1981
FPJM-1463.5a

Sin título, 1974
Tóner sobre papel, 19,8 × 31,4 cm
Inscripciones: *exclusivitat els verts i els blancs i
els troncs contorsionats dels / ametllers;
barriades noves es van succeint i fatalment
s'apropen per tot / on antany, no fa gaire, es
conreaven aquells camps plens d'onades de
blat. / La Cala, arrupida i jaient, ho suporta i /
mentre / la platge li fa de safata.*
Procedencia: Donación del artista, 1981
FPJM-1463.5b

Sin título, 1974
Tóner sobre papel, 20 × 31,4 cm
Inscripciones: *Des de la bellugadissa barca
estant, enfora, ~~entrada~~ al mar endins es /
distingeix la Cala en el seu horitzó mes* [sic]
*blanca, arranada sota d'un cel / immens, etèri i
flotant, i la muntanyeta clava com una urpa
inofensiva / la seva bocella dins el blau de
l'aigua.*
Procedencia: Donación del artista, 1981
FPJM-1463.6a

Sin título, 1974
Tóner sobre papel, 20 × 31,4 cm
Inscripciones: *Entre rems, frec a frec de la riba,
al retornar d'entrada a les aigües / càlides del
ribàs sentint l'escalf de les roques sangonants
de foc que / atura l'escuma, l'enlaire i la remou
reculant-la de retop.*
Procedencia: Donación del artista, 1981
FPJM-1463.6b

Sin título, 1974
Letras autoadhesivas sobre papel, 20 × 31,5 cm
Inscripciones: *CALAMAJOR*
Procedencia: Donación del artista, 1981
FPJM-1463.7

Sin título, 1974
Collage y lápiz de grafito sobre papel,
19,7 × 31,9 cm
Procedencia: Donación del artista, 1981
FPJM-1463.9a

Maqueta de un libro cuyos textos están
dedicados a Calamayor. Esta maqueta debió
de realizarse en 1974. [págs. 448-457]

FPJM-1463.1

FPJM-1463.5a

FPJM-1463.6b

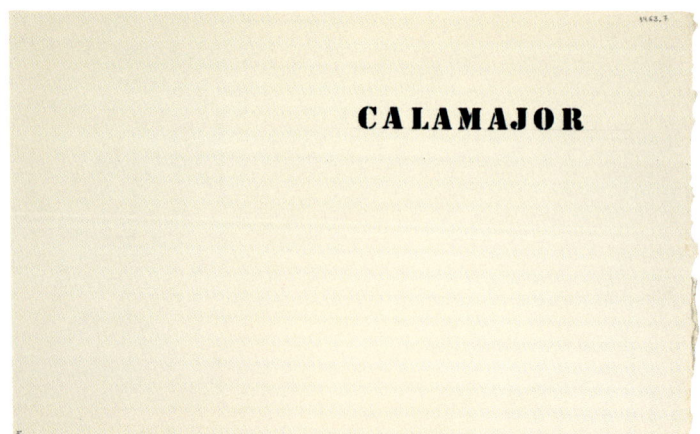

FPJM-1463.7

FPJM-1463.2a
FPJM-1463.3a

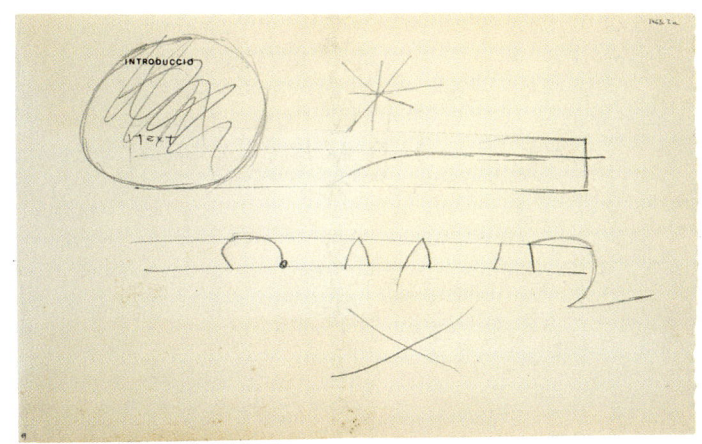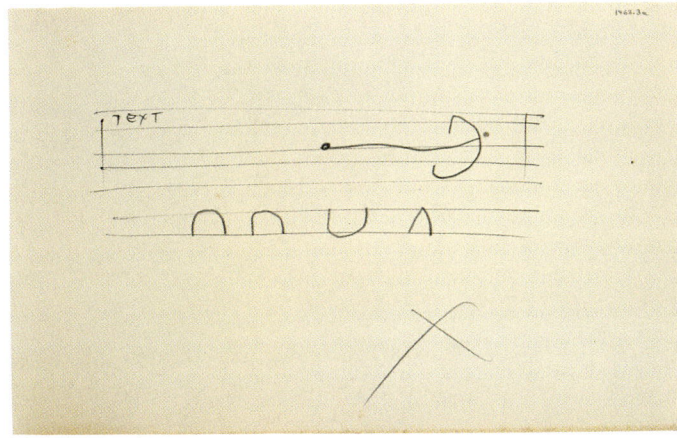

FPJM-1463.5b
FPJM-1463.6a

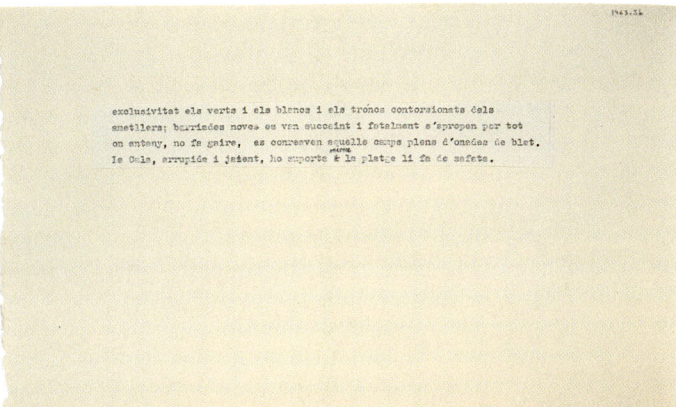

exclusivitat els verts i els blancs i els troncs contorsionats dels
ametllers; barriades noves es van succeint i fatalment s'apropen per tot
en entorn, no fa gaire, es conreaven aquells camps plens d'onades de blat.
La Cala, arrupida i jaient, ho suporta i la platja li fa de safata.

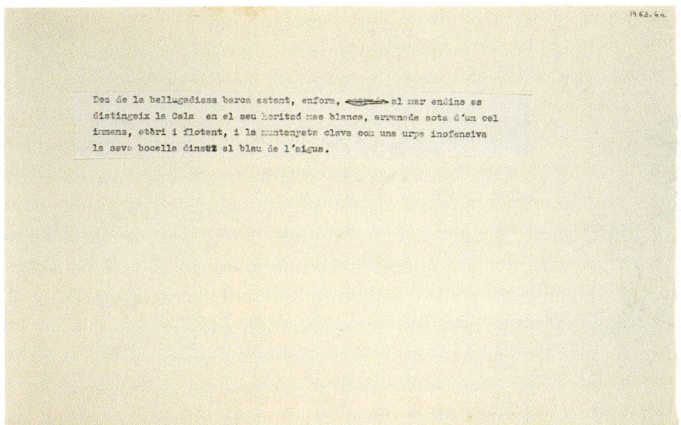

Des de la bellugadissa barca estant, enfora, el mar endins es
distingeix la Cala en el seu horitzó mes blanca, arraulida sota d'un cel
immens, etari i flotant, i la muntanyeta clava com una urpa inofensiva
la seva bocella dins el blau de l'aigua.

FPJM-1463.9a

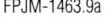

Sin título, 1974
Tóner sobre papel, 19,7 × 31,9 cm
Inscripciones: *Resplendor* [–] *d'escates
nacrades i brillants, algues roents d'esmeralda /
d'arrels i canyes i estrelles de mar fulgents.*
Procedencia: Donación del artista, 1981
FPJM-1463.9b

Sin título, 1974
Collage y lápiz de grafito sobre papel,
19,5 × 31,6 cm
Procedencia: Donación del artista, 1981
FPJM-1463.10a

Sin título, 1974
Tóner sobre papel, 19,5 × 31,6 cm
Inscripciones: *Adés a la sorra una mà cerca
escosellant pedres i vidres roms de colors.*
Procedencia: Donación del artista, 1981
FPJM-1463.10b

Sin título, 1974
Collage y lápiz de grafito sobre papel,
19,8 × 31,4 cm
Procedencia: Donación del artista, 1981
FPJM-1463.11a

Sin título, 1974
Tóner sobre papel, 19,8 × 31,4 cm
Inscripciones: *Silenci suspés i ablanit*
Procedencia: Donación del artista, 1981
FPJM-1463.11b

Sin título, 1974
Collage y lápiz de grafito sobre papel,
19,5 × 31,9 cm
Procedencia: Donación del artista, 1981
FPJM-1463.12a

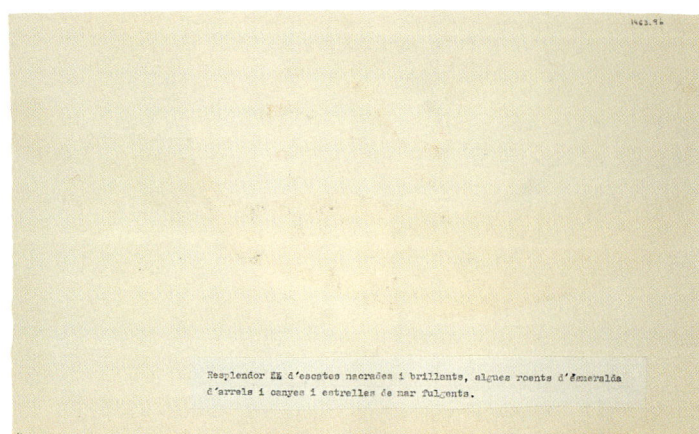

FPJM-1463.9b

FPJM-1463.10b

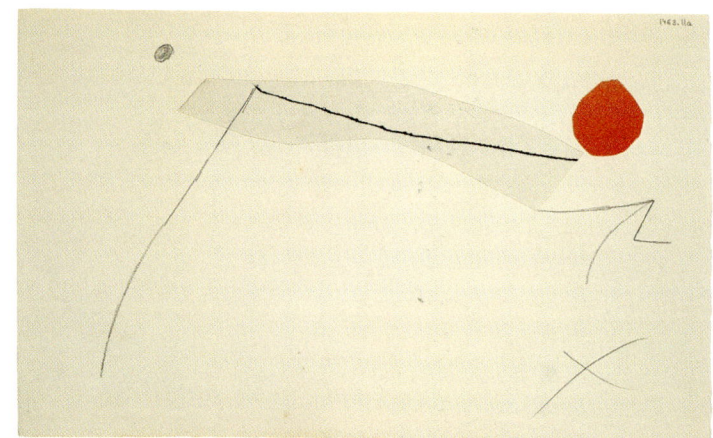

FPJM-1463.11a

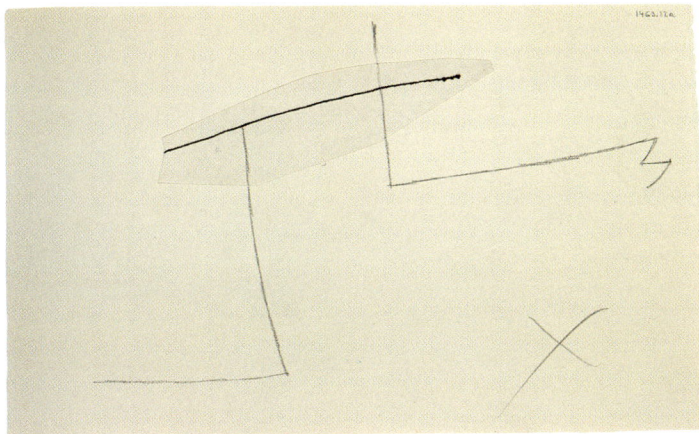

Sin título, 1974
Tóner sobre papel, 19,5 × 31,9 cm
Inscripciones: *la cala encalmada s'esguarda*
l'abast de sa forma arran del mar que ens / parla
i la lluna neix quan la frescor de la mar arriva
Procedencia: Donación del artista, 1981
FPJM-1463.12b

Sin título, 1974
Collage y lápiz de grafito sobre papel,
19,8 × 31,9 cm
Procedencia: Donación del artista, 1981
FPJM-1463.13a

Sin título, 1974
Tóner sobre papel, 19,8 × 31,9 cm
Inscripciones: *argentada i daurada serenor*
del jorn benaurat
Procedencia: Donación del artista, 1981
FPJM-1463.13b

Sin título, 1974
Collage y lápiz de grafito sobre papel,
19,5 × 31,7 cm
Procedencia: Donación del artista, 1981
FPJM-1463.14a

Sin título, 1974
Tóner sobre papel, 19,5 × 31,7 cm
Inscripciones: *eterna com la nit sa diadema*
i el cant de les petxines, simfonia plena
Procedencia: Donación del artista, 1981
FPJM-1463.14b

FPJM-1463.12b

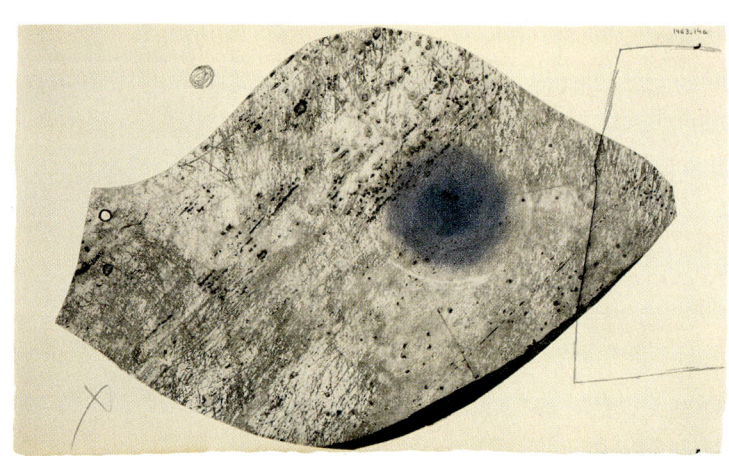

FPJM-1463.13b

FPJM-1463.14a

eterna com la nit es diadema i el cant de les petxines, simfonia plena

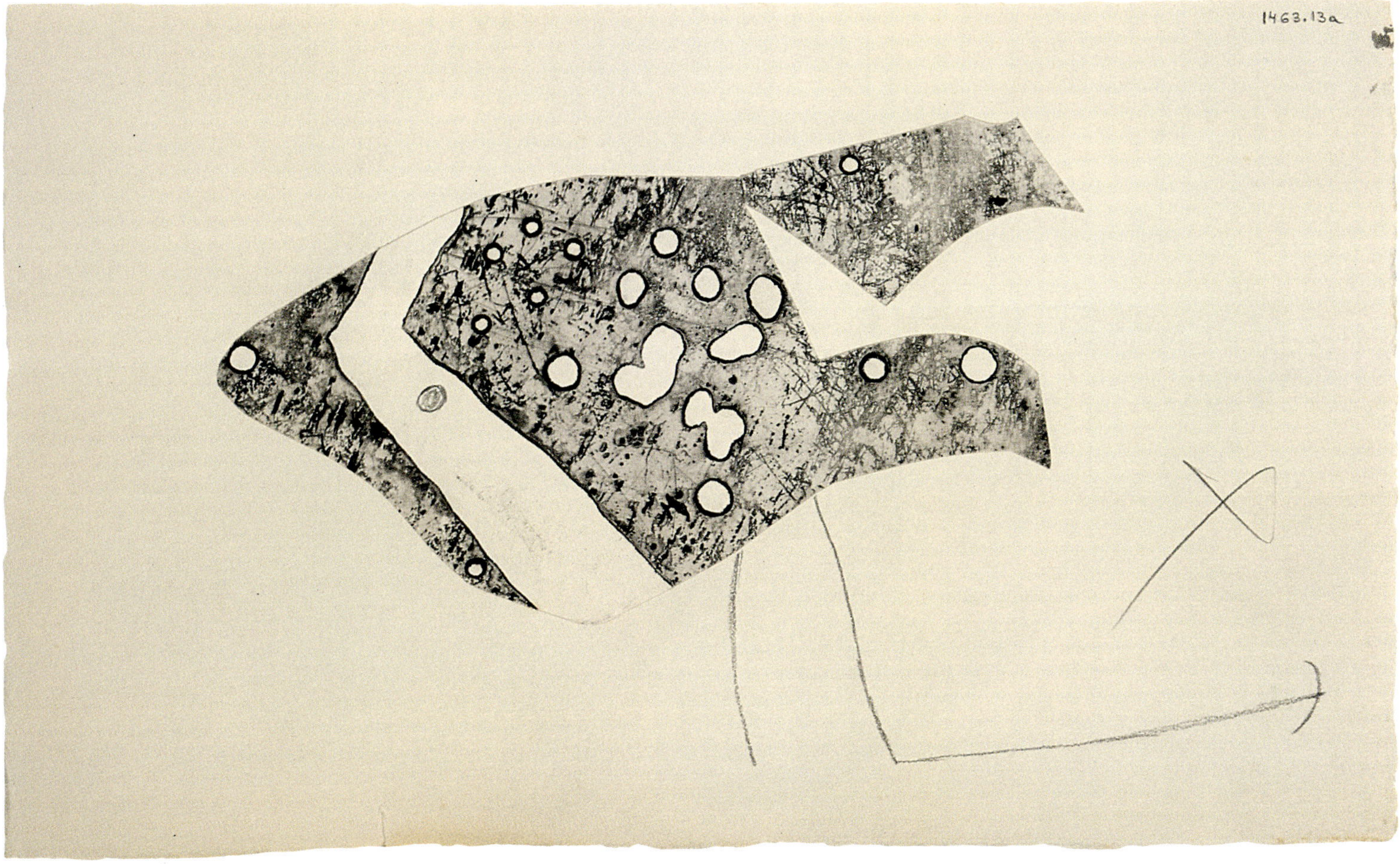

Sin título, 1974
Collage y lápiz de grafito sobre papel,
19,7 × 31,5 cm
Procedencia: Donación del artista, 1981
FPJM-1463.15a

Sin título, 1974
Tóner sobre papel, 19,7 × 31,5 cm
Inscripciones: *Damunt el quarç de l'arena de
variants marbres el sol dança i enlluerna.*
Procedencia: Donación del artista, 1981
FPJM-1463.15b

Sin título, 1974
Collage y lápiz de grafito sobre papel,
19,5 × 31,3 cm
Procedencia: Donación del artista, 1981
FPJM-1463.16a

Sin título, 1974
Tóner sobre papel, 19,5 × 31,3 cm
Inscripciones: *missatges asmaperduts
en el temps que el mar ens retorna*
Procedencia: Donación del artista, 1981
FPJM-1463.16b

Sin título, 1974
Collage y lápiz de grafito sobre papel,
19,5 × 31,4 cm
Procedencia: Donación del artista, 1981
FPJM-1463.17a

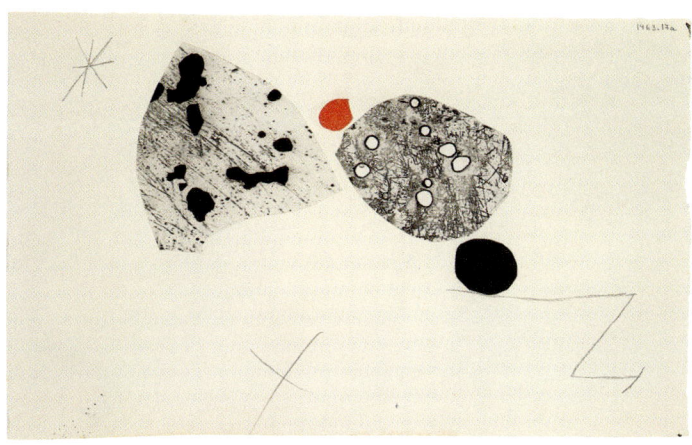

Sin título, 1974
Tóner sobre papel, 19,5 × 31,4 cm
Inscripciones: *revifalles*
Procedencia: Donación del artista, 1981
FPJM-1463.17b

Sin título, 1974
Collage y lápiz de grafito sobre papel,
19,7 × 31,6 cm
Procedencia: Donación del artista, 1981
FPJM-1463.18a

Sin título, 1974
Tóner sobre papel, 19,7 × 31,6 cm
Inscripciones: *Fragments de coses que van
èsser* [sic]
Procedencia: Donación del artista, 1981
FPJM-1463.18b

Sin título, 1974
Tóner sobre papel, 19,7 × 31,6 cm
Inscripciones: *Dins la badia baleàrica jeu
CALAMAJOR / a la sortida de Ciutat de Majorca
vers Andratx. / El camí es perllonga vorejant el
mar satisfet, / cobejant la exuberància de la seva
palma. / Cada estiu s'omple com quasi tots els
punts de la costa / i es transforma un poc amb la
disparitat del seu veïnat / nou, variable, dens,
anònim. Nous carrers que abans / eren camins
perduts entre els ametllers; emplaçaments /
d'hotels i residències que ahir bastien com
exclusius / i naturals concessionaris els verts
argentats i els / troncs contorsionats de les
preeminents oliveres; / barriades noves es van
succeint i fatalment s'apropen / per tot on antany,
no fa gaire, es conreaven aquells / camps plens
d'onades de blat.La CALA ho suporta arrupida i
jaient, mentre la / platge* [sic] *li fa de safata. Des
de la bellugadissa barca, / mar endins estant, es
distingeix la CALA en el seu*
Procedencia: Donación del artista, 1981
FPJM-1463.19

Sin título, 1974
Collage y lápiz de grafito sobre papel,
19,6 × 31,9 cm
Procedencia: Donación del artista, 1981
FPJM-1463.20a

Sin título, 1974
Tóner sobre papel, 19,6 × 31,9 cm
Inscripciones: *singulars a la calma*
Procedencia: Donación del artista, 1981
FPJM-1463.20b

Sin título, 1974
Collage y lápiz de grafito sobre papel,
19,8 × 31,4 cm
Procedencia: Donación del artista, 1981
FPJM-1463.21a

Sin título, 1974
Tóner sobre papel, 19,8 × 31,4 cm
Inscripciones: *del frec de tants anys*
Procedencia: Donación del artista, 1981
FPJM-1463.21b

Sin título, 1974
Collage y lápiz de grafito sobre papel,
19,9 × 31,4 cm
Procedencia: Donación del artista, 1981
FPJM-1463.22a

Sin título, 1974
Lápiz de grafito sobre papel, 19,9 × 31,4 cm
Procedencia: Donación del artista, 1981
FPJM-1463.22b

Sin título, 1974
Collage, lápiz de grafito y letras autoadhesivas
sobre papel, 19,7 × 30,9 cm
Inscripciones: *COLOFÓ / BARCELONA 1974*
Procedencia: Donación del artista, 1981
FPJM-1463.23

FPJM-1463.17b

FPJM-1463.19

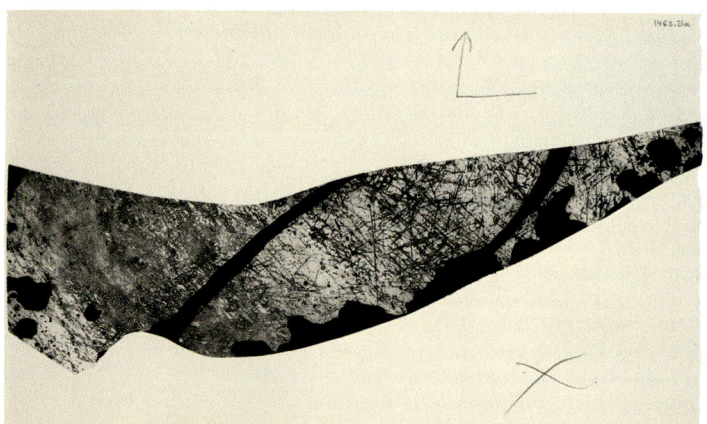

FPJM-1463.21a

FPJM-1463.18a
FPJM-1463.18b

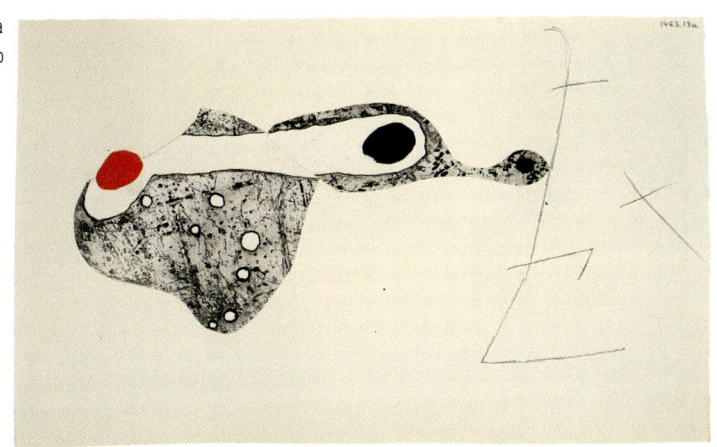

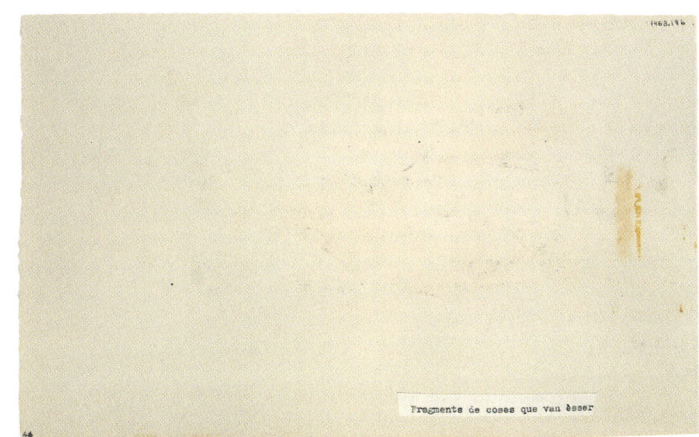

Fragments de coses que van ésser

FPJM-1463.20a
FPJM-1463.20b

singulars a la calma

FPJM-1463.21b
FPJM-1463.22a

del frec de tants anys

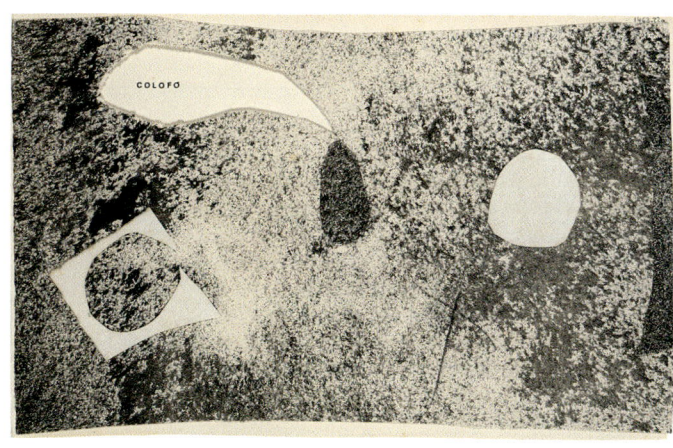

COLOFÓ

FPJM-1463.22b
FPJM-1463.23

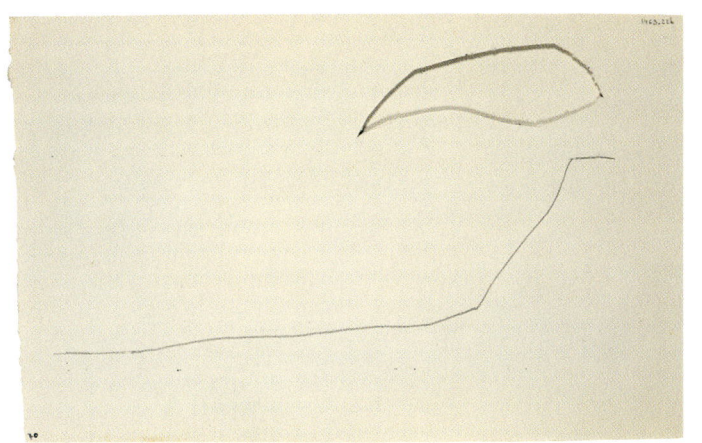

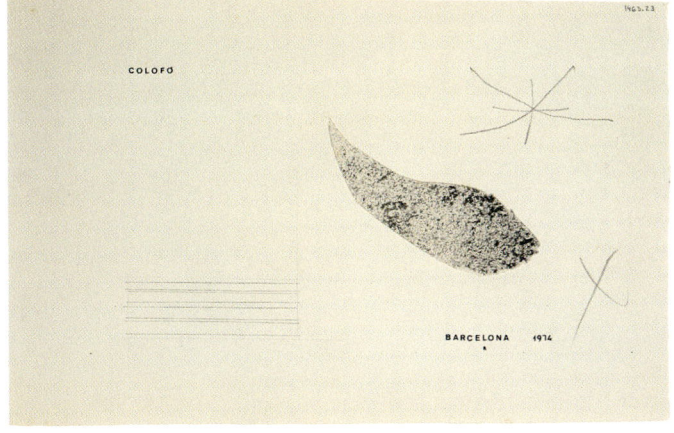

COLOFÓ

BARCELONA 1974

Constellations I, 1975
Bolígrafo y lápiz de color sobre papel,
15,5 × 19,3 cm
Inscripciones: *8/XII/75 / Constellations I.*
Procedencia: Donación del artista, 1981
FPJM-871

Exposiciones: Palma de Mallorca 1993-1994, p. 70
(color); p. 167. Palma de Mallorca 1996c, lám. 337
(color), p. 192; p. 248. Marugame 2002, lám. 35
(color), p. 26; p. 77. Mitaka 2002, lám. 35 (color),
p. 26; p. 77. Miyazaki 2002, lám. 35 (color), p. 26;
p. 77. Niitsu 2002, lám. 35 (color), p. 26; p. 77

Constellations II, 1975
Bolígrafo y lápiz de color sobre papel,
15,6 × 19,2 cm
Inscripciones: *8/XII/75 / II. / Constellations*
Procedencia: Donación del artista, 1981
FPJM-872

Exposiciones: Palma de Mallorca 1993-1994, p. 71
(color); p. 167. Palma de Mallorca 1996c, lám. 338
(color), p. 192; p. 248. Marugame 2002, lám. 36
(color), p. 26; p. 77. Mitaka 2002, lám. 36 (color),
p. 26; p. 77. Miyazaki 2002, lám. 36 (color), p. 26;
p. 77. Niitsu 2002, lám. 36 (color), p. 26; p. 77

Constellations III, 1975
Bolígrafo y lápiz de color sobre papel,
15,6 × 19,2 cm
Inscripciones: *III / 8/XII/75 Constellations*
Procedencia: Donación del artista, 1981
FPJM-873

Exposiciones: Palma de Mallorca 1993-1994, p. 72
(color); p. 167. Palma de Mallorca 1996c, lám. 339
(color), p. 192; p. 248. Marugame 2002, lám. 37
(color), p. 26; p. 77. Mitaka 2002, lám. 37 (color),
p. 26; p. 77. Miyazaki 2002, lám. 37 (color), p. 26;
p. 77. Niitsu 2002, lám. 37 (color), p. 26; p. 77

Constellations, 1975
Bolígrafo y lápiz de color sobre cartulina,
16,9 × 22,8 cm
Inscripciones: *b. / v. / g. / b. / Constellations /
vt. / g. / 23/XI/75*
Procedencia: Donación del artista, 1981
FPJM-898

Exposiciones: Palma de Mallorca 1993-1994, p. 73
(color); p. 167. Palma de Mallorca 1996c, lám. 336
(color), p. 192; p. 248. Marugame 2002, lám. 34
(color), p. 25; p. 77. Mitaka 2002, lám. 34 (color),
p. 25; p. 77. Miyazaki 2002, lám. 34 (color), p. 25;
p. 77. Niitsu 2002, lám. 34 (color), p. 25; p. 77

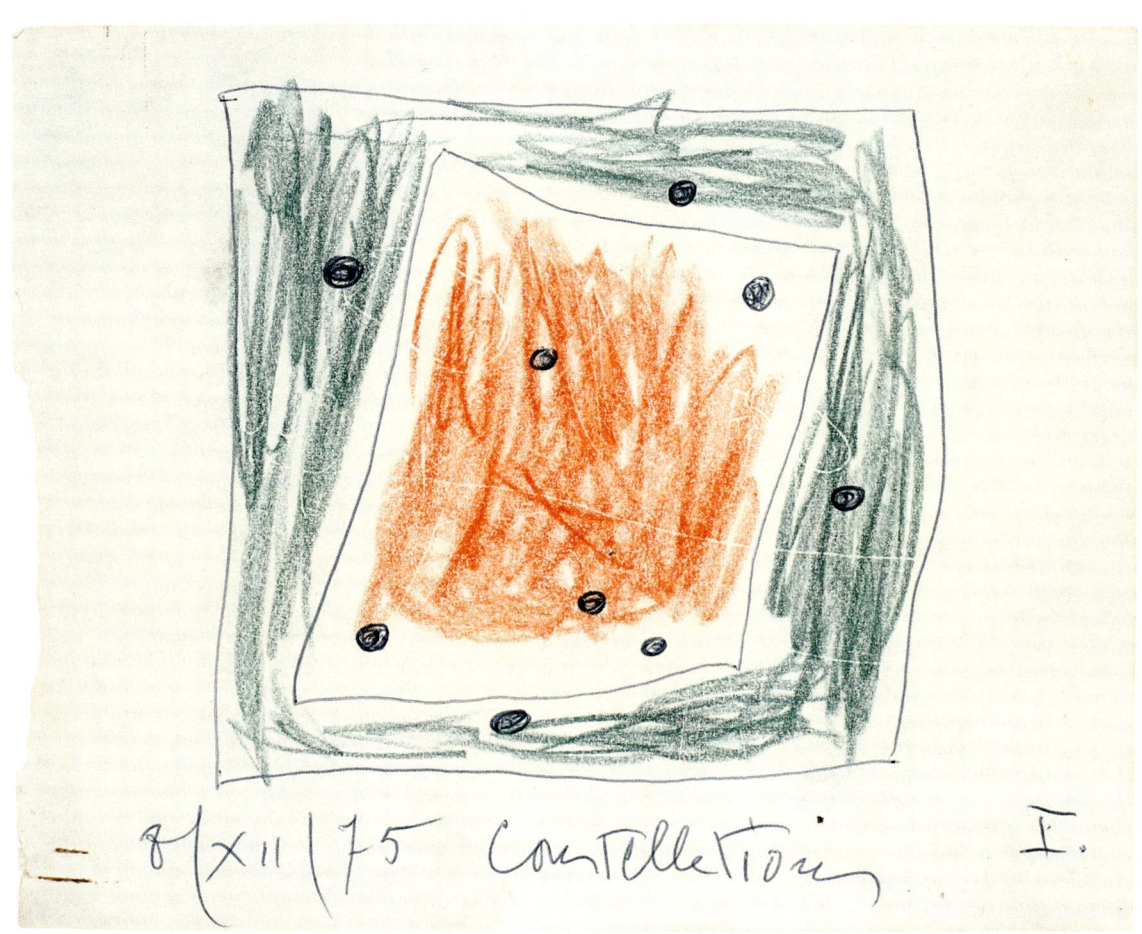

FPJM-872

FPJM-898

Esta serie de dibujos de 1975 titulada *Constellations* atestigua la perdurable fascinación de Miró por este tema. La morfología de estas constelaciones –círculo, cuadrado y triángulo– evoca una pintura del artista japonés Gibon Sengai (1750-1837), en la que represesntaba estas tres formas elementales del universo. Miró conservó un recorte de periódico que reproducía la obra de Sengai.

Maqueta para *Gaudí I*, 1975 [ca]
Gouache, tinta, lápiz de grafito, pastel y collage
sobre papel, 69,7 × 40 cm
Inscripciones: *1.*
Procedencia: Donación de Joan Barbarà y
Successió Miró, 1998
FPJM-600

Exposiciones: Barcelona 2002, p. 62 (color). Granada
2005, p. 16 (color)

Maqueta para *Gaudí II*, 1975 [ca]
Gouache, tinta, lápiz de grafito, pastel y collage
sobre papel, 50,5 × 35,2 cm
Inscripciones: *2 / 2*
Procedencia: Donación de Joan Barbarà y
Successió Miró, 1998
FPJM-601

Exposiciones: Barcelona 2002, p. 65 (color). Granada
2005, p. 17 (color)

Maqueta para *Gaudí III*, 1975 [ca]
Gouache, tinta, lápiz de grafito, pastel y collage
sobre papel, 50 × 35,3 cm
Inscripciones: *3.*
Procedencia: Donación de Joan Barbarà y
Successió Miró, 1998
FPJM-602

Exposiciones: Barcelona 2002, p. 71 (color). Granada
2005, p. 18 (color)

Maqueta para *Gaudí IV*, 1975 [ca]
Gouache, tinta, lápiz de grafito, pastel y collage
sobre papel, 38 × 36,2 cm
Inscripciones: *tournez / 4.*
Procedencia: Donación de Joan Barbarà y
Successió Miró, 1998
FPJM-603a

Exposiciones: Barcelona 2002, p. 63 (color). Granada
2005, p. 19 (color)

Maqueta para *Gaudí V*, 1975 [ca]
Gouache, tinta, lápiz de grafito, pastel y collage
sobre papel, 38 × 36,2 cm
Inscripciones: *4 bis / tournez*
Procedencia: Donación de Joan Barbarà y
Successió Miró, 1998
FPJM-603b

Exposiciones: Barcelona 2002, p. 64 (color). Granada
2005, p. 24 (color).

Maqueta para *Gaudí VI*, 1975 [ca]
Gouache, tinta, lápiz de grafito, pastel y collage
sobre papel, 19,5 × 31,7 cm
Inscripciones anverso: *5.*
Inscripciones reverso: *La Cala es com un mirall,
espill, esmalt. / 24*
Procedencia: Donación de Joan Barbarà y
Successió Miró, 1998
FPJM-604

Exposiciones: Barcelona 2002, p. 76 (color). Granada
2005, p. 25 (color)

Maqueta para *Gaudí VII*, 1975 [ca]
Gouache, tinta, lápiz de grafito, pastel y collage
sobre papel, 31,5 × 19,8 cm
Inscripciones anverso: *6.*
Inscripciones reverso: *amunt i avall / 54*
Procedencia: Donación de Joan Barbarà y
Successió Miró, 1998
FPJM-605

Exposiciones: Barcelona 2002, p. 66 (color). Granada
2005, p. 26 (color)

Maqueta para *Gaudí VIII*, 1975 [ca]
Gouache, tinta, lápiz de grafito, pastel y collage
sobre papel, 32 × 19,5 cm
Inscripciones anverso: *7.*
Inscripciones reverso: *68*
Procedencia: Donación de Joan Barbarà y
Successió Miró, 1998
FPJM-606

Exposiciones: Barcelona 2002, p. 67 (color). Granada
2005, p. 27 (color)

Maquetas para la serie *Gaudí*, dedicada a Antoni Gaudí a quien Miró
conoció en su adolescencia, cuando asistían a las clases de dibujo del
Cercle Artístic de Sant Lluc. Miró sentía una profunda admiración por este
arquitecto modernista catalán, cuya obra consideraba una de sus fuentes de inspiración. Miró partió de estas maquetas para realizar esta serie
de 21 estampas, que creó en colaboración con el grabador Joan
Barbarà. El proceso creativo se llevó a cabo en los talleres de Son Boter,
pero la estampación se realizó en Barcelona, en 1979. [págs. 460-465]

FPJM-601
FPJM-602
FPJM-603a

FPJM-603b

FPJM-604
FPJM-605
FPJM-606

Maqueta para *Gaudí IX*, 1975 [ca]
Gouache, tinta, lápiz de grafito, pastel y collage
sobre papel, 30,2 × 25,2 cm
Inscripciones: *8.*
Procedencia: Donación de Joan Barbarà y
Successió Miró, 1998
FPJM-607a

Exposiciones: Barcelona 2002, p. 68 (color). Granada
2005, p. 32 (color)

Maqueta para *Gaudí X*, 1975 [ca]
Gouache, tinta, lápiz de grafito, pastel y collage
sobre papel, 30,2 × 25,2 cm
Inscripciones: *8 bis*
Procedencia: Donación de Joan Barbarà y
Successió Miró, 1998
FPJM-607b

Exposiciones: Barcelona 2002, p. 69 (color). Granada
2005, p. 33 (color)

Maqueta para *Gaudí XI*, 1975 [ca]
Gouache, tinta, lápiz de grafito, pastel y collage
sobre papel, 19,5 × 32 cm
Inscripciones anverso: *9.*
Inscripciones reverso: *bleves d'algues i pedretes
blaves a bocons i de sobines plens de gràcia / 34*
Procedencia: Donación de Joan Barbarà y
Successió Miró, 1998
FPJM-608

Exposiciones: Barcelona 2002, p. 78 (color). Granada
2005, p. 35 (color)

Maqueta para *Gaudí XII*, 1975 [ca]
Gouache, tinta, lápiz de grafito, pastel y collage
sobre papel, 31,3 × 19,7 cm
Inscripciones anverso: *10.*
Inscripciones reverso: *Al vespre lent la llum es
tendre, la vesllum; s'encen de colors i /
flamegen les muntanyes, ses carenes i la remor
del fullatge. / 56*
Procedencia: Donación de Joan Barbarà y
Successió Miró, 1998
FPJM-609

Exposiciones: Barcelona 2002, p. 61 (color). Granada
2005, p. 42 (color)

Maqueta para *Gaudí XIII*, 1975 [ca]
Gouache, tinta, lápiz de grafito, pastel y collage
sobre papel, 19,6 × 32,3 cm
Inscripciones anverso: *11.*
Inscripciones reverso: *Embriac de colors
esmicolats, esclatants d'argiles i ceràmiques / 18*
Procedencia: Donación de Joan Barbarà y
Successió Miró, 1998
FPJM-610

Exposiciones: Barcelona 2002, p. 77 (color). Granada
2005, p. 47 (color)

Maqueta para *Gaudí XIV*, 1975
Gouache, tinta, lápiz de grafito, bolígrafo, pastel
y collage sobre papel, 38,2 × 28,2 cm
Inscripciones: *28/X/75. / A / tournez*
Procedencia: Donación de Joan Barbarà y
Successió Miró, 1998
FPJM-611a

Exposiciones: Barcelona 2002, p. 73 (color). Granada
2005, p. 54 (color)

Maqueta para *Gaudí XV*, 1975
Gouache, tinta, lápiz de grafito, bolígrafo, pastel
y collage sobre papel, 38,2 × 28,2 cm
Inscripciones: *28/X/75. / tournez / A bis*
Procedencia: Donación de Joan Barbarà y
Successió Miró, 1998
FPJM-611b

Exposiciones: Barcelona 2002, p. 74 (color). Granada
2005, p. 55 (color)

Maqueta para *Gaudí XVI*, 1975
Gouache, tinta, lápiz de grafito, pastel y collage
sobre papel, 38,1 × 28 cm
Inscripciones: *28/X/75 / B.*
Procedencia: Donación de Joan Barbarà y
Successió Miró, 1998
FPJM-612

Exposiciones: Barcelona 2002, p. 75 (color). Granada
2005, p. 56 (color)

Maqueta para *Gaudí XVII*, 1975 [ca]
Gouache, tinta, lápiz de grafito, pastel y collage
sobre cartón, 89,8 × 62,8 cm
Inscripciones: *12.*
Procedencia: Donación de Joan Barbarà y
Successió Miró, 1998
FPJM-613

Exposiciones: Barcelona 2002, p. 60 (color). Granada
2005, p. 57 (color)

Maqueta para *Gaudí XVIII*, 1975 [ca]
Gouache, tinta, lápiz de grafito, lápiz de cera,
pastel y collage sobre papel, 89,8 × 63,7 cm
Inscripciones: *13.*
Procedencia: Donación de Joan Barbarà y
Successió Miró, 1998
FPJM-614a

Exposiciones: Barcelona 2002, p. 79 (color). Granada
2005, p. 58 (color)

Maqueta para *Gaudí XIX*, 1975 [ca]
Lápiz de color, rotulador, lápiz de grafito,
aguafuerte y gofrado sobre papel,
89,8 × 63,7 cm
Inscripciones: *13 bis*
Procedencia: Donación de Joan Barbarà y
Successió Miró, 1998
FPJM-614b

Exposiciones: Barcelona 2002, p. 80 (color). Granada
2005, p. 59 (color)

Maqueta para *Gaudí XX*, 1975 [ca]
Tinta, gouache, lápiz de grafito, pastel y collage
sobre papel, 95 × 81 cm
Inscripciones: *15 / 15.*
Procedencia: Donación de Joan Barbarà y
Successió Miró, 1998
FPJM-615

Exposiciones: Barcelona 2002, p. 72 (color). Granada
2005, p. 61 (color)

Maqueta para *Gaudí XXI*, 1975 [post]
Gouache, tinta, lápiz de grafito, pastel y collage
sobre papel, 102,2 × 64 cm
Inscripciones: *14*
Procedencia: Donación de Joan Barbarà y
Successió Miró, 1998
FPJM-616

Exposiciones: Barcelona 2002, p. 70 (color). Granada
2005, p. 64 (color)

FPJM-609

FPJM-614b

FPJM-610
FPJM-611a

FPJM-611b
FPJM-612
FPJM-613
FPJM-614a

FPJM-615
FPJM-616

Maqueta para *Els gossos II*, 1978 [ca]
Óleo, rotulador, lápiz de cera, bolígrafo, tinta de
estampación y collage sobre papel,
74,2 × 115,8 cm
Inscripciones en el reverso: *2 / 2*
Procedencia: Donación de Joan Barbarà y
Successió Miró, 1998
FPJM-621

Maqueta para *Els gossos IV*, 1978 [ca]
Tinta de estampación, rotulador, lápiz de cera y
collage sobre papel, 73 × 116,6 cm
Inscripciones en el reverso: *4 / 4*
Procedencia: Donación de Joan Barbarà y
Successió Miró, 1998
FPJM-623

Exposiciones: Santander 2005, p. 146 (color)

Maqueta para *Els gossos III*, 1978 [ca]
Tinta de estampación, rotulador, lápiz de cera y
collage sobre papel, 73,2 × 117 cm
Inscripciones en el reverso: *3 / 3*
Procedencia: Donación de Joan Barbarà y
Successió Miró, 1998
FPJM-622

Maquetas para *Els gossos*, una serie de nueve estampas,
que Miró concibió paralelamente al proceso creativo de la
serie *Gaudí*. Miró realizó las estampas de *Els gossos* en colaboración con el grabador Joan Barbarà. La edición de esta
serie tuvo lugar en Barcelona, en 1979. [págs. 466-469]

Maqueta para *Els gossos V*, 1978 [ca]
Tinta de estampación, rotulador, bolígrafo y
collage sobre papel, 73,9 × 115,5 cm
Inscripciones en el reverso: *1 / 1*
Procedencia: Donación de Joan Barbarà y
Successió Miró, 1998
FPJM-624

Exposiciones: Santander 2005, p. 147 (color)

Maqueta para *Els gossos VI*, 1978 [ca]
Gouache, pastel, lápiz de cera, tinta de
estampación y collage sobre papel,
115,6 × 73,9 cm
Procedencia: Donación de Joan Barbarà y
Successió Miró, 1998
FPJM-625

Maqueta para *Els gossos VII*, 1978 [ca]
Gouache, pastel, tinta de estampación y collage
sobre papel, 116,5 × 74 cm
Procedencia: Donación de Joan Barbarà y
Successió Miró, 1998
FPJM-626

Maqueta para *Els gossos VIII*, 1978 [ca]
Gouache, pastel, tinta de estampación y collage
sobre papel, 73,9 × 115,6 cm
Procedencia: Donación de Joan Barbarà y
Successió Miró, 1998
FPJM-627

Maqueta para *Els gossos IX*, 1978 [ca]
Gouache, tinta, pastel, aguafuerte, aguatinta al
azúcar y collage sobre papel, 116,7 × 74 cm
Procedencia: Donación de Joan Barbarà y
Successió Miró, 1998
FPJM-628

FPJM-624

FPJM-627

FPJM-625
FPJM-626

FPJM-628

Sin título, 1978 [ca]
Bolígrafo sobre papel, 20,8 × 15,5 cm
Inscripciones: _Escultures_
Procedencia: Donación del artista, 1981
FPJM-1417.1

Personnage, 1978
Bolígrafo sobre papel, 20,8 × 15,4 cm
Inscripciones: _Personnage / 14/8.78._
Procedencia: Donación del artista, 1981
FPJM-1417.2

Bon à tirer para _Fundació Palma I_, 1978
Tinta, gouache, pastel, aguafuerte y aguatinta
sobre papel, 70,5 × 53 cm
Procedencia: Donación del artista, 1981
FPJM-617

Bon à tirer para _Fundació Palma II_,
1978
Tinta, gouache, pastel, aguafuerte y aguatinta
sobre papel, 70,9 × 52,8 cm
Inscripciones anverso: _En principio dio / BAT_
Inscripciones reverso: _Gaspar_
Procedencia: Donación del artista, 1981
FPJM-618

Bon à tirer para _Fundació Palma III_,
1978
Tinta, gouache, pastel, aguafuerte y aguatinta
sobre papel, 69,8 × 52,3 cm
Inscripciones: _En principio dio / BAT_
Procedencia: Donación del artista, 1981
FPJM-619

Bon à tirer para _Fundació Palma IV_ y
Fundació Palma V, 1978
Tinta, gouache, pastel, aguafuerte y aguatinta
sobre papel, 104 × 69,8 cm
Procedencia: Donación del artista, 1981
FPJM-620

FPJM-617
FPJM-618

FPJM-1417.1
FPJM-1417.2

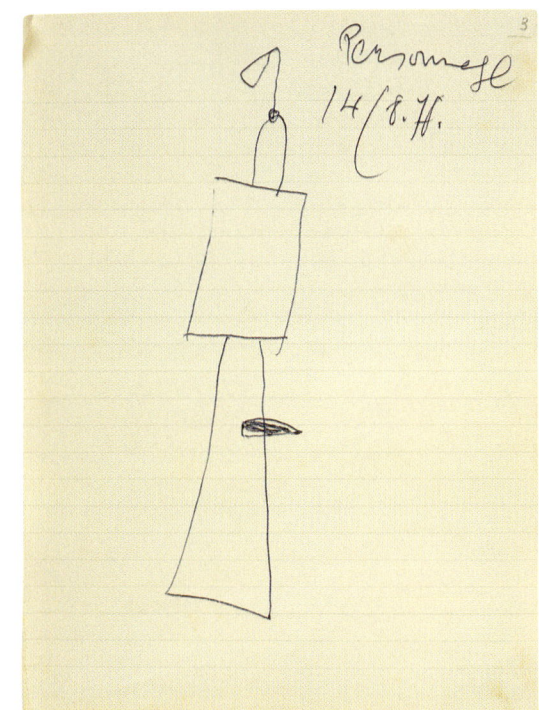

Cuaderno de esculturas en el
que Miró realizó un único dibujo
el 14 de agosto de 1978.

FPJM-619
FPJM-620

Maquetas realizadas por Miró que, con posterioridad, sirvieron como "Bon à tirer" para la estampación de la serie
Fundació Palma, en 1988. El grabador y estampador de
esta serie fue Juan José Torralba, que ya había trabajado
con Miró en la ilustración de *El llibre dels sis sentits*, con
textos de Miquel Martí i Pol, en 1981. Precisamente, Miró
partió de tres estampas de *El llibre dels sis sentits* para
realizar tres de las estampas de la serie *Fundació Palma*.

La fumée s'en va, 1981
Bolígrafo sobre papel, 21,4 × 15,5 cm
Inscripciones: *La fumée s'en va*
Procedencia: Donación del artista, 1981
FPJM-1421.1a

Sin título, 1981
Bolígrafo sobre papel, 21,4 × 15,5 cm
Procedencia: Donación del artista, 1981
FPJM-1421.1b

Tête, 1981
Bolígrafo sobre papel, 21,4 × 15,5 cm
Inscripciones: *Tête*
Procedencia: Donación del artista, 1981
FPJM-1421.2a

Personnage, 1981
Bolígrafo sobre papel, 21,4 × 15,5 cm
Inscripciones: *Personnage*
Procedencia: Donación del artista, 1981
FPJM-1421.3b

Sin título, 1981
Bolígrafo sobre papel, 21,4 × 15,5 cm
Procedencia: Donación del artista, 1981
FPJM-1421.4a

Sin título, 1981
Bolígrafo sobre papel, 21,4 × 15,5 cm
Procedencia: Donación del artista, 1981
FPJM-1421.4b

L'Oiseau et la danseuse, 1981
Bolígrafo sobre papel, 21,4 × 15,5 cm
Inscripciones: *L'oiseau et / ~~dans~~ la danseuse*
Procedencia: Donación del artista, 1981
FPJM-1421.5a

Sin título, 1981
Bolígrafo sobre papel, 21,4 × 15,5 cm
Procedencia: Donación del artista, 1981
FPJM-1421.5b

Sin título, 1981
Bolígrafo sobre papel, 21,4 × 15,5 cm
Procedencia: Donación del artista, 1981
FPJM-1421.6a

Tête devant le soleil, 1981
Bolígrafo sobre papel, 21,4 × 15,5 cm
Inscripciones: *Tête devant / le soleil*
Procedencia: Donación del artista, 1981
FPJM-1421.6b

L'Oiseau et la danseuse, 1981
Bolígrafo sobre papel, 21,4 × 15,5 cm
Inscripciones: *L'oiseau / et ~~la~~ / danseuse*
Procedencia: Donación del artista, 1981
FPJM-1421.7b

Sin título, 1981
Bolígrafo sobre papel, 21,4 × 15,5 cm
Procedencia: Donación del artista, 1981
FPJM-1421.8a

Tête devant le soleil, 1981
Bolígrafo sobre papel, 21,4 × 15,5 cm
Inscripciones: *Tête / devant le soleil*
Procedencia: Donación del artista, 1981
FPJM-1421.9a

Personnage que se leve, 1981
Bolígrafo sobre papel, 21,4 × 15,5 cm
Inscripciones: *Personnage / que se leve*
Procedencia: Donación del artista, 1981
FPJM-1421.10a

Sin título, 1981
Bolígrafo sobre papel, 21,4 × 15,5 cm
Inscripciones: *Dans le gouffre*
Procedencia: Donación del artista, 1981
FPJM-1421.11a

Sin título, 1981
Bolígrafo sobre papel, 21,4 × 15,5 cm
Inscripciones: *v. / b. / g*
Procedencia: Donación del artista, 1981
FPJM-1421.11b

Sin título, 1981
Bolígrafo sobre papel, 21,4 × 15,5 cm
Procedencia: Donación del artista, 1981
FPJM-1421.12a

Oiseau dans un paysage, 1981
Bolígrafo sobre papel, 21,4 × 15,5 cm
Inscripciones: *Oiseau / dans un / paysage*
Procedencia: Donación del artista, 1981
FPJM-1421.12b

Danseuse espagnole, 1981
Bolígrafo sobre papel, 21,4 × 15,5 cm
Inscripciones: *Danseuse / espagnole*
Procedencia: Donación del artista, 1981
FPJM-1421.13b

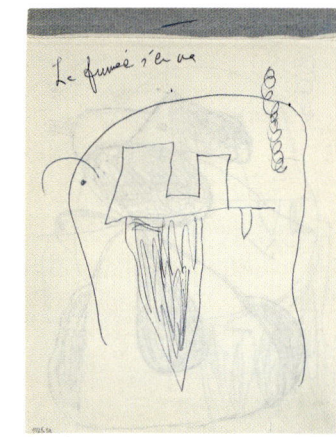

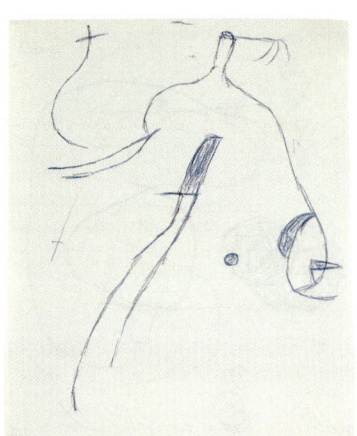

Cuaderno de dibujos. Sobre la cubierta posterior del cuaderno, Miró escribió la fecha de inicio y fin de la realización de esos dibujos: "Començat / 11/ / IX. / 81. / acabat / 30/I X 81." Estos tres cuadernos de dibujos se encuentran entre las obras fechadas más tardías de Miró. [págs. 472-483]

FPJM-1421.1b
FPJM-1421.2a
FPJM-1421.3b
FPJM-1421.4a

  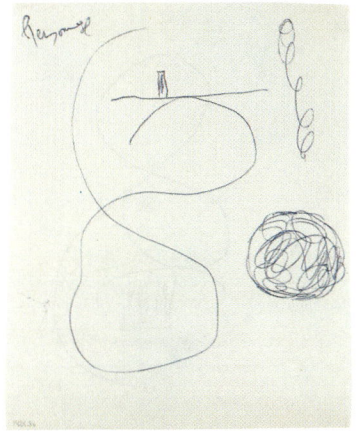 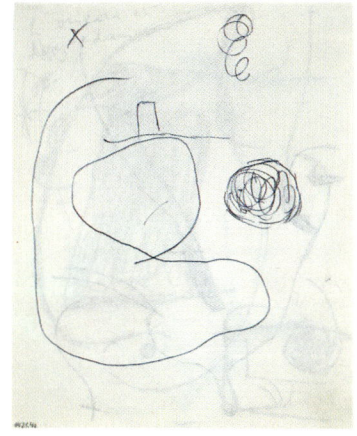

FPJM-1421.5a
FPJM-1421.5b
FPJM-1421.6a
FPJM-1421.6b

  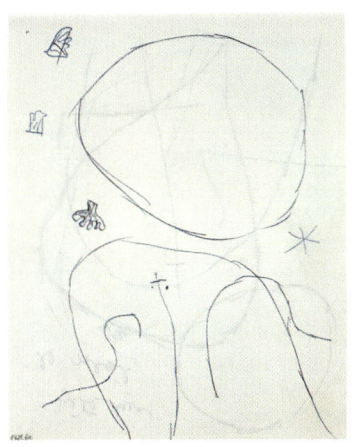 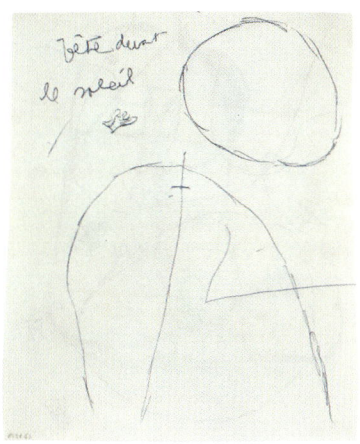

FPJM-1421.7b
FPJM-1421.8a
FPJM-1421.9a
FPJM-1421.10a

 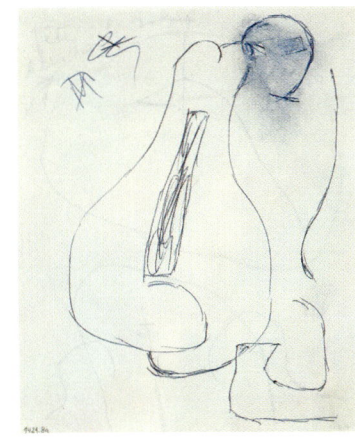 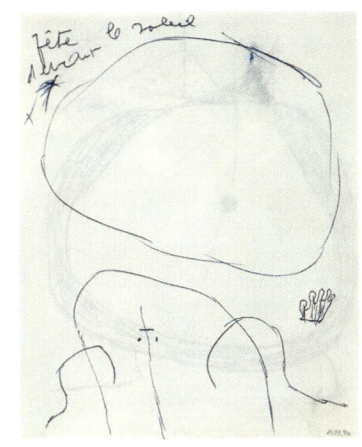 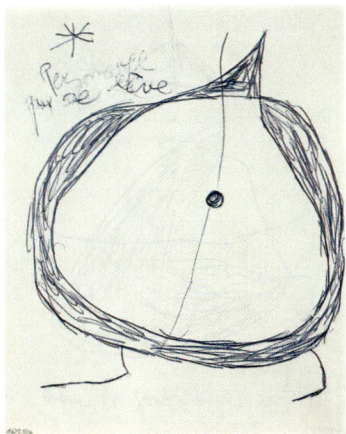

FPJM-1421.11a
FPJM-1421.12a
FPJM-1421.12b
FPJM-1421.13b

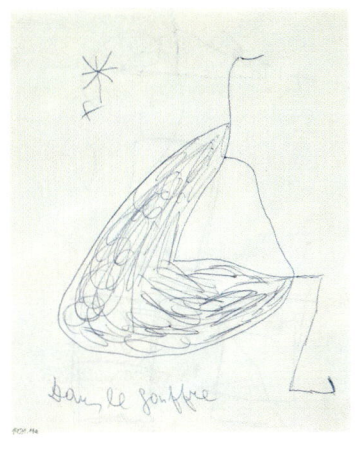 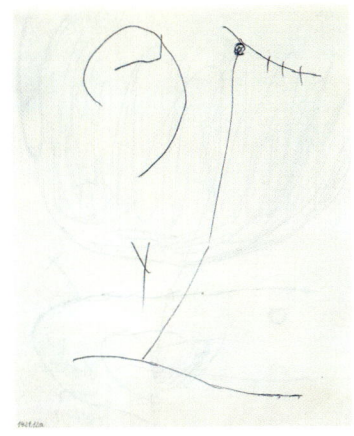 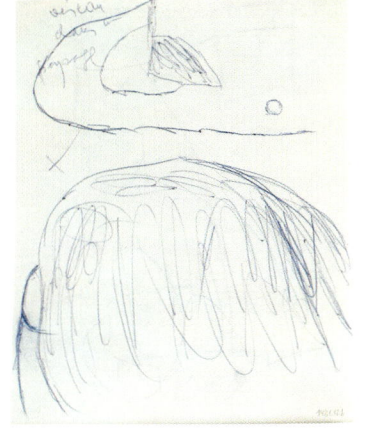 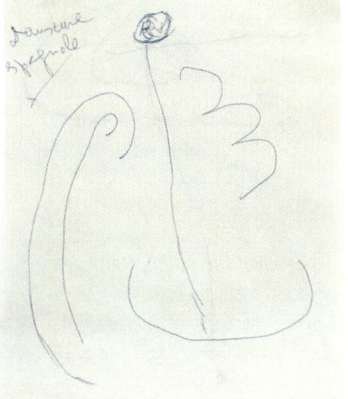

473

Dame au beau chapeau, 1981
Bolígrafo sobre papel, 21,4 × 15,5 cm
Inscripciones: *Dame au / beau chapeau*
Procedencia: Donación del artista, 1981
FPJM-1421.14a

Femme, 1981
Bolígrafo sobre papel, 21,4 × 15,5 cm
Inscripciones: *Femme*
Procedencia: Donación del artista, 1981
FPJM-1421.14b

Danseuse espagnole, 1981
Bolígrafo sobre papel, 21,4 × 15,5 cm
Inscripciones: *n. / v. / g. / bl. / Danseuse
espagnole*
Procedencia: Donación del artista, 1981
FPJM-1421.15a

Sin título, 1981
Bolígrafo sobre papel, 21,4 × 15,5 cm
Procedencia: Donación del artista, 1981
FPJM-1421.15b

Tête devant le soleil, 1981
Bolígrafo sobre papel, 21,4 × 15,5 cm
Inscripciones: *Tête / devant le / soleil*
Procedencia: Donación del artista, 1981
FPJM-1421.16a

L'Inspiration vient au poète, 1981
Bolígrafo sobre papel, 21,4 × 15,5 cm
Inscripciones: *n. / n / L'inspiration / vient au
poète / b.*
Procedencia: Donación del artista, 1981
FPJM-1421.18a

Tête devant le soleil, 1981
Bolígrafo sobre papel, 21,4 × 15,5 cm
Inscripciones: *Tête / devant le soleil / g.*
Procedencia: Donación del artista, 1981
FPJM-1421.18b

Personnage, 1981
Bolígrafo sobre papel, 21,4 × 15,5 cm
Inscripciones: *g. / n. / v. / Personnage / bl.*
Procedencia: Donación del artista, 1981
FPJM-1421.19a

Tête devant le soleil, 1981
Bolígrafo sobre papel, 21,4 × 15,5 cm
Inscripciones: *Tête / devant / le / soleil*
Procedencia: Donación del artista, 1981
FPJM-1421.20a

Tête. Le Poète inspiré, 1981
Bolígrafo sobre papel, 21,4 × 15,5 cm
Inscripciones: *Tête / Le Poète / inspiré*
Procedencia: Donación del artista, 1981
FPJM-1421.20b

Tête devant le soleil, 1981
Bolígrafo sobre papel, 21,4 × 15,5 cm
Inscripciones: *Tête / devant le / soleil*
Procedencia: Donación del artista, 1981
FPJM-1421.22a

*Portrait d'une jeune fille au beau
regard*, 1981
Bolígrafo sobre papel, 21,4 × 15,5 cm
Inscripciones: *Portrait / d'une / jeune - / fille /
au / beau / regard*
Procedencia: Donación del artista, 1981
FPJM-1421.23a

Sin título, 1981
Bolígrafo sobre papel, 21,4 × 15,5 cm
Procedencia: Donación del artista, 1981
FPJM-1421.24b

*Portrait d'une jeune fille au beau
regard*, 1981
Bolígrafo sobre papel, 21,4 × 15,5 cm
Inscripciones: *Portrait d'une / jeune fille au beau
regard*
Procedencia: Donación del artista, 1981
FPJM-1421.25a

Femme, 1981
Bolígrafo sobre papel, 21,4 × 15,5 cm
Inscripciones: *Femme*
Procedencia: Donación del artista, 1981
FPJM-1421.26a

Sin título, 1981
Bolígrafo sobre papel, 21,4 × 15,5 cm
Procedencia: Donación del artista, 1981
FPJM-1421.27a

Dans l'espace, 1981
Bolígrafo sobre papel, 21,4 × 15,5 cm
Inscripciones: *Dans / l'espace / v. / coeur.*
Procedencia: Donación del artista, 1981
FPJM-1421.27b

Sin título, 1981
Bolígrafo sobre papel, 21,4 × 15,5 cm
Procedencia: Donación del artista, 1981
FPJM-1421.28b

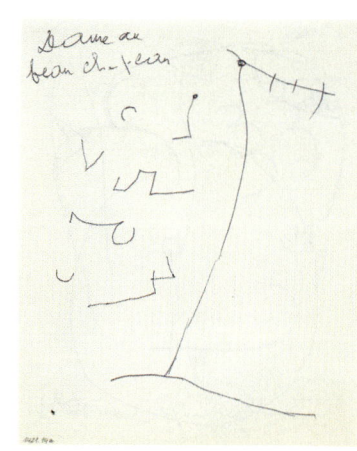

FPJM-1421.14a

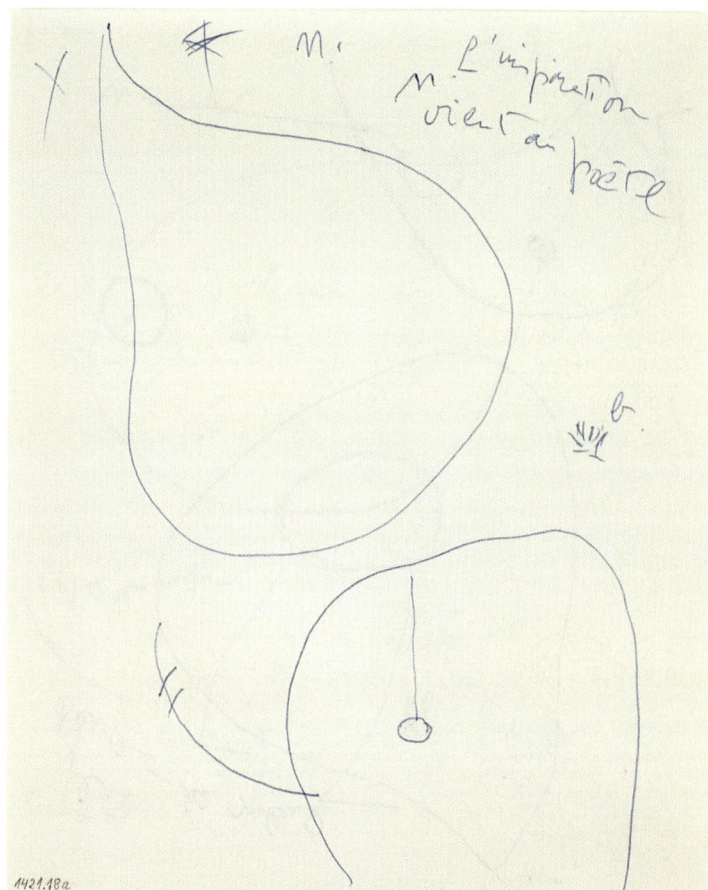

FPJM-1421.18a

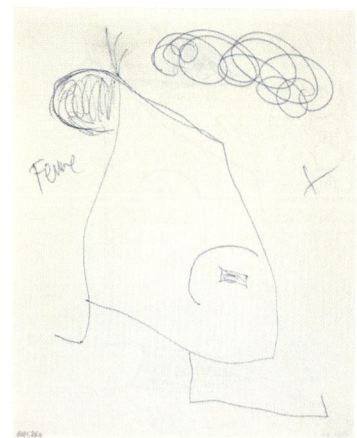

FPJM-1421.26a

FPJM-1421.14b
FPJM-1421.15a
FPJM-1421.15b
FPJM-1421.16a

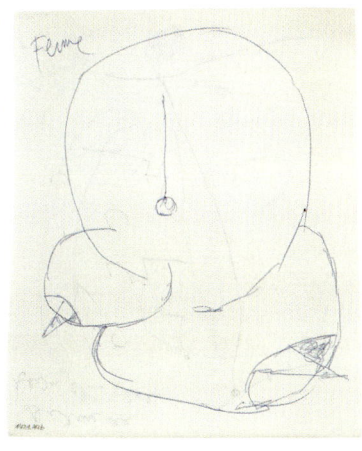
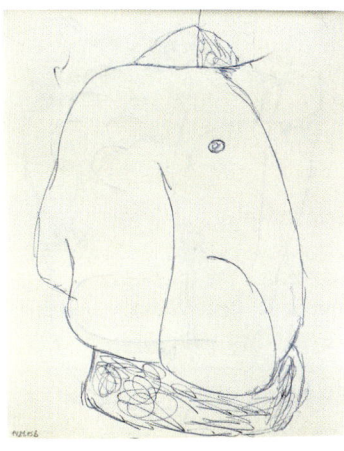
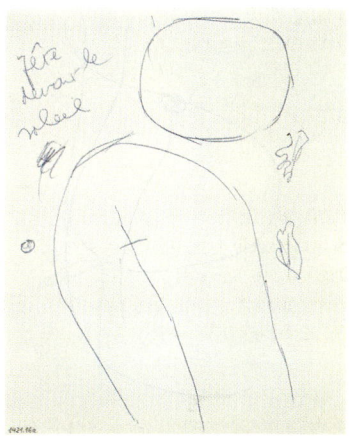

FPJM-1421.18b
FPJM-1421.19a
FPJM-1421.20a
FPJM-1421.20b

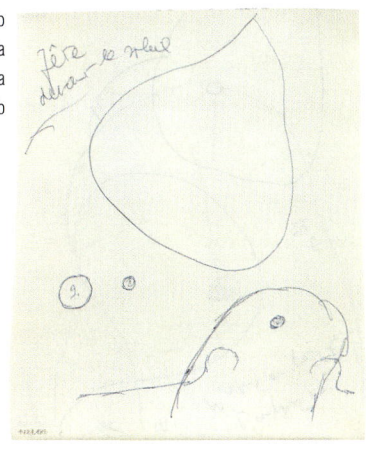
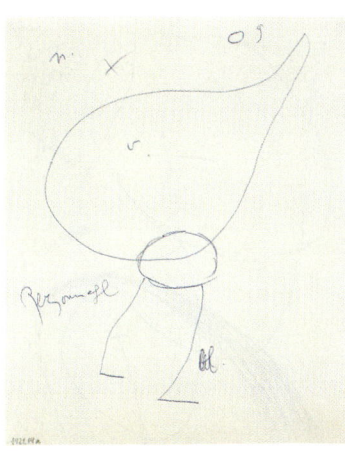
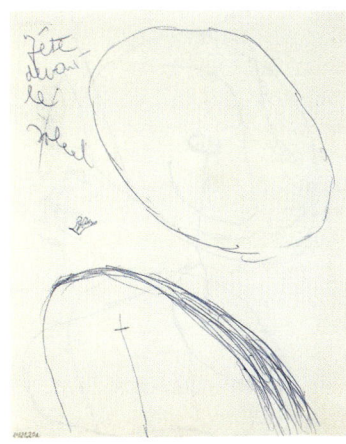
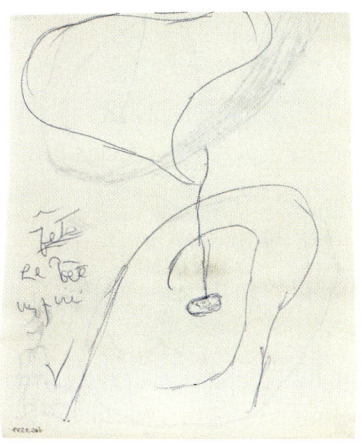

FPJM-1421.22a
FPJM-1421.23a
FPJM-1421.24b
FPJM-1421.25a

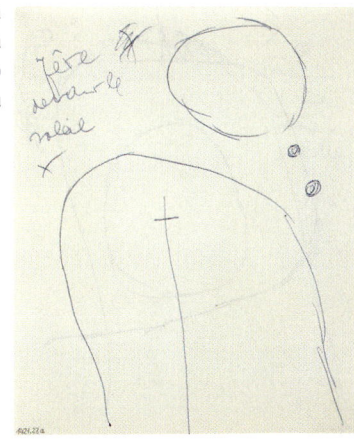
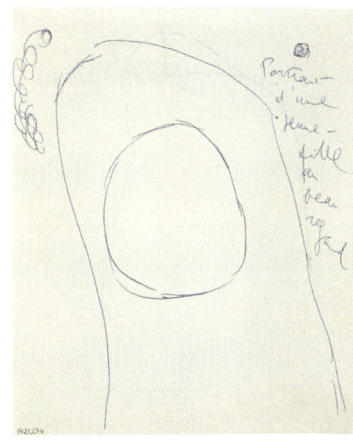

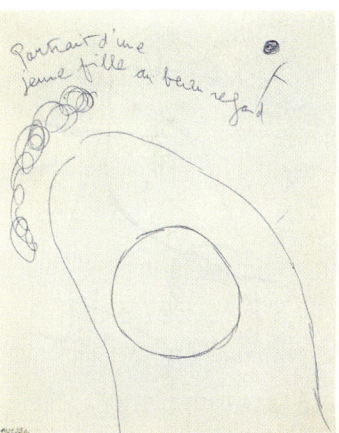

FPJM-1421.27a
FPJM-1421.27b
FPJM-1421.28b

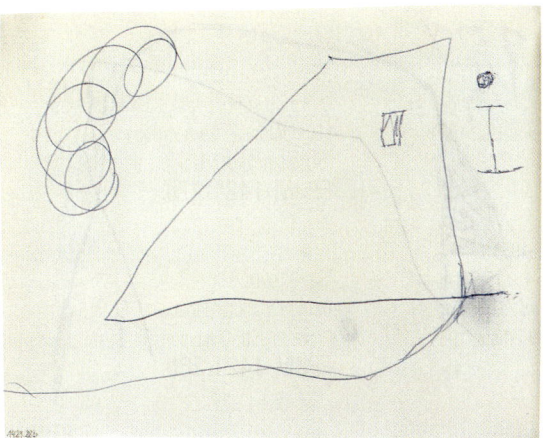

La maison du Poète, 1981
Bolígrafo sobre papel, 21,4 × 15,5 cm
Inscripciones: *La maison du poète*
Procedencia: Donación del artista, 1981
FPJM-1421.29a

Sin título, 1981
Bolígrafo sobre papel, 21,4 × 15,5 cm
Procedencia: Donación del artista, 1981
FPJM-1421.29b

L'Échelle de l'évasion, 1981
Bolígrafo sobre papel, 15,5 × 21,4 cm
Inscripciones: *L'échelle / de l'évasion*
Procedencia: Donación del artista, 1981
FPJM-1421.32a

Le poète s'inspire, 1981
Bolígrafo sobre papel, 21,4 × 15,5 cm
Inscripciones: *Le poète / s'inspire*
Procedencia: Donación del artista, 1981
FPJM-1421.33b

Sin título, 1981
Bolígrafo sobre papel, 21,4 × 15,5 cm
Procedencia: Donación del artista, 1981
FPJM-1421.35b

Sin título, 1981
Bolígrafo sobre papel, 21,4 × 15,5 cm
Procedencia: Donación del artista, 1981
FPJM-1421.36a

Le repas des fermiers, 1981
Bolígrafo sobre papel, 21,4 × 15,5 cm
Inscripciones: *Le / repas des / fermiers / vermell*
Procedencia: Donación del artista, 1981
FPJM-1421.37a

Tête, 1981
Bolígrafo sobre papel, 21,4 × 15,5 cm
Inscripciones: *Tête*
Procedencia: Donación del artista, 1981
FPJM-1421.37b

Paysage, 1981
Bolígrafo sobre papel, 21,4 × 15,5 cm
Inscripciones: *Paysage / b. / vt. / g*
Procedencia: Donación del artista, 1981
FPJM-1421.38a

Sin título, 1981
Bolígrafo sobre papel, 21,4 × 15,5 cm
Procedencia: Donación del artista, 1981
FPJM-1421.38b

Personnage devant le soleil, 1981
Bolígrafo sobre papel, 21,4 × 15,5 cm
Inscripciones: *g. / g. / b. / Personnage / devant le soleil*
Procedencia: Donación del artista, 1981
FPJM-1421.39a

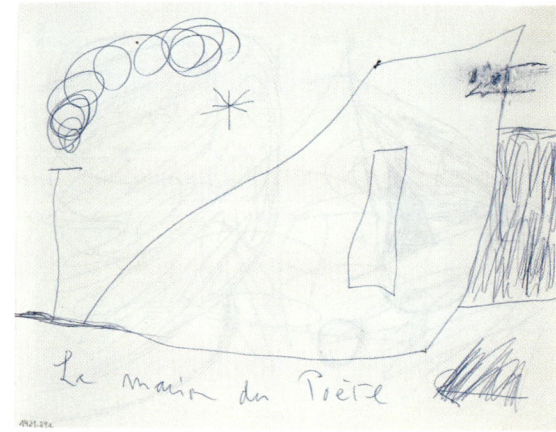

FPJM-1421.29a

FPJM-1421.35b

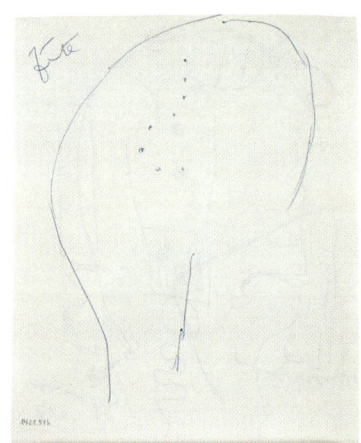

FPJM-1421.37b

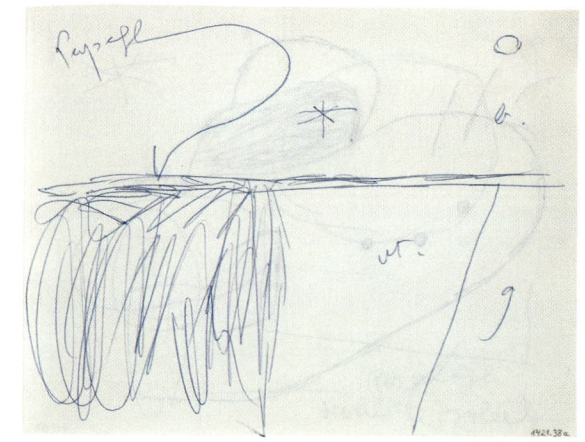

FPJM-1421.38a

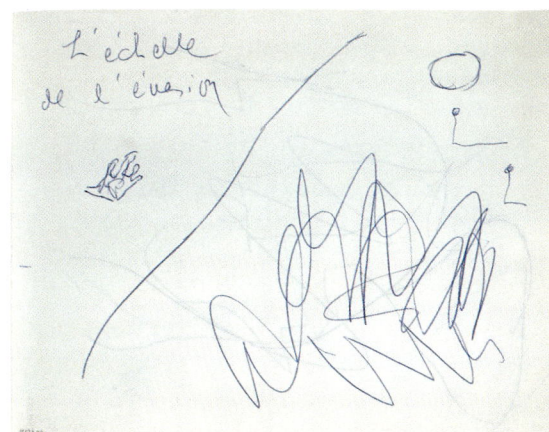
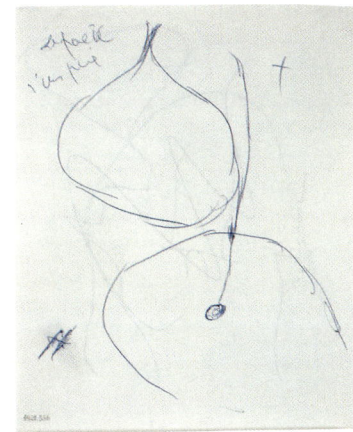

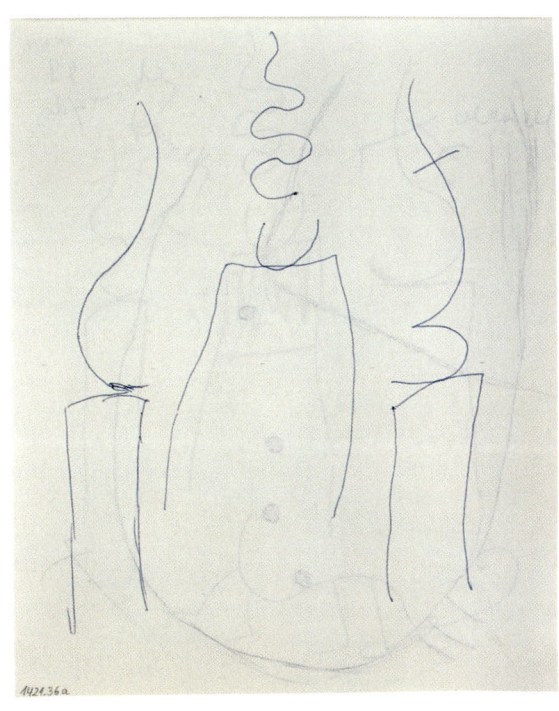
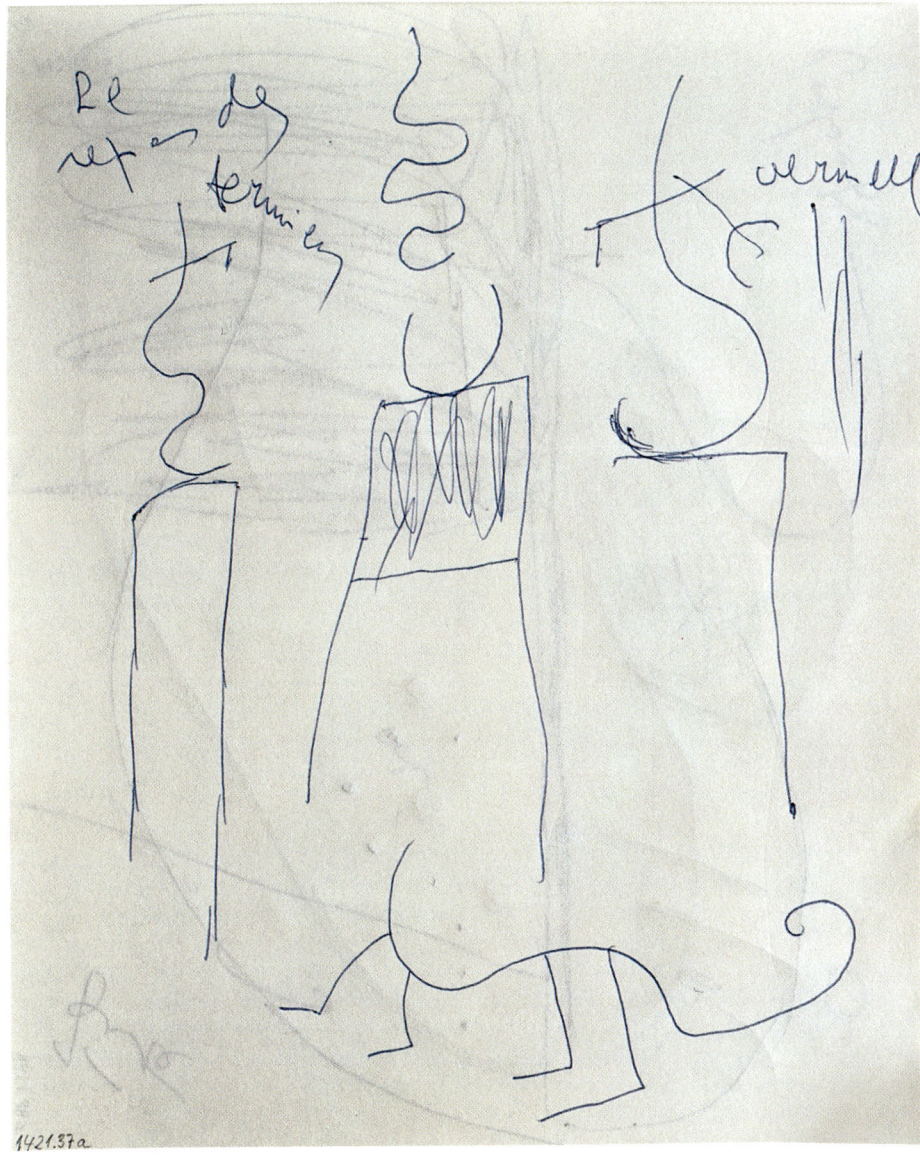

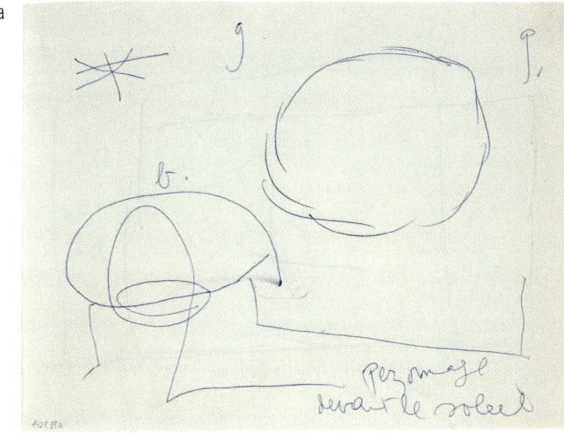

L'Air du matin rafraîchit le parfum des roses; *Femme jouant de la harpe*; *L'Oiseau s'envole*, 1981
Bolígrafo sobre papel, 21,4 × 15,5 cm
Inscripciones: *b. / v. / L'air du matin / rafraichit [sic] / le parfum des roses / g / Femme jouant / de la harpe / L'oiseau s'envole*
Procedencia: Donación del artista, 1981
FPJM-1421.44a

Sin título, 1981
Bolígrafo sobre papel, 21,4 × 15,5 cm
Inscripciones: *I / II / III*
Procedencia: Donación del artista, 1981
FPJM-1421.44b

La poétesse recitant un poème, 1981
Bolígrafo sobre papel, 21,4 × 15,5 cm
Inscripciones: *La poétesse recitant / un poème*
Procedencia: Donación del artista, 1981
FPJM-1421.45a

Sin título, 1981
Bolígrafo sobre papel, 21,4 × 15,5 cm
Inscripciones: *III / g.*
Procedencia: Donación del artista, 1981
FPJM-1421.45b

Paysage, 1981
Bolígrafo sobre papel, 15,5 × 21,4 cm
Inscripciones: *Paysage*
Procedencia: Donación del artista, 1981
FPJM-1421.46a

Tête, 1981
Bolígrafo sobre papel, 21,4 × 15,5 cm
Inscripciones: *Tête*
Procedencia: Donación del artista, 1981
FPJM-1421.46b

Sin título, 1981
Bolígrafo sobre papel, 21,4 × 15,5 cm
Procedencia: Donación del artista, 1981
FPJM-1421.47b

La Force de la Terre, 1981
Bolígrafo sobre papel, 21,4 × 15,5 cm
Inscripciones: *La Force de / la Terre*
Procedencia: Donación del artista, 1981
FPJM-1421.48a

Sin título, 1981
Bolígrafo sobre papel, 15,5 × 21,4 cm
Procedencia: Donación del artista, 1981
FPJM-1421.48b

Sin título, 1981
Bolígrafo sobre papel, 21,4 × 15,5 cm
Procedencia: Donación del artista, 1981
FPJM-1421.49b

Femme dans la nuit, 1981
Bolígrafo sobre papel, 15,5 × 21,4 cm
Inscripciones: *Femme dans la nuit*
Procedencia: Donación del artista, 1981
FPJM-1421.50a

Sin título, 1981
Bolígrafo sobre papel, 15,5 × 21,4 cm
Procedencia: Donación del artista, 1981
FPJM-1421.50b

Paysage, 1981
Bolígrafo sobre papel, 15,5 × 21,4 cm
Inscripciones: *Paysage*
Procedencia: Donación del artista, 1981
FPJM-1421.51a

Sin título, 1981
Bolígrafo sobre papel, 15,5 × 21,4 cm
Procedencia: Donación del artista, 1981
FPJM-1421.51b

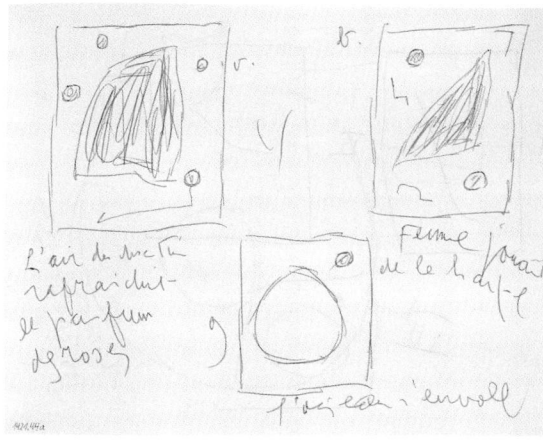
FPJM-1421.44a

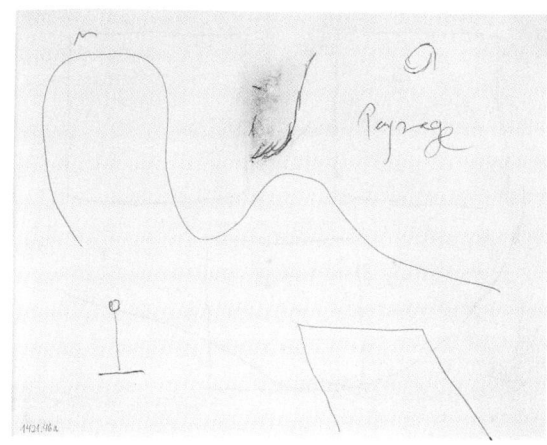
FPJM-1421.46a

FPJM-1421.48b

FPJM-1421.50b

FPJM-1421.44b
FPJM-1421.45a
FPJM-1421.45b

  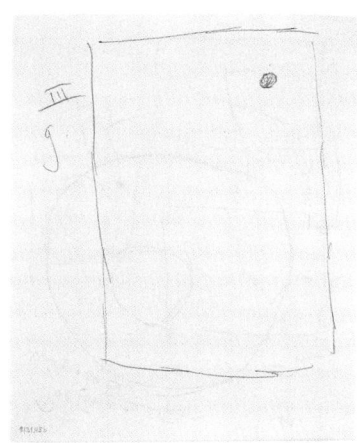

FPJM-1421.46b
FPJM-1421.47b
FPJM-1421.48a

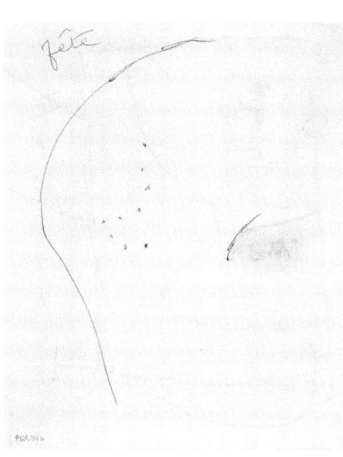  

FPJM-1421.49b
FPJM-1421.50a

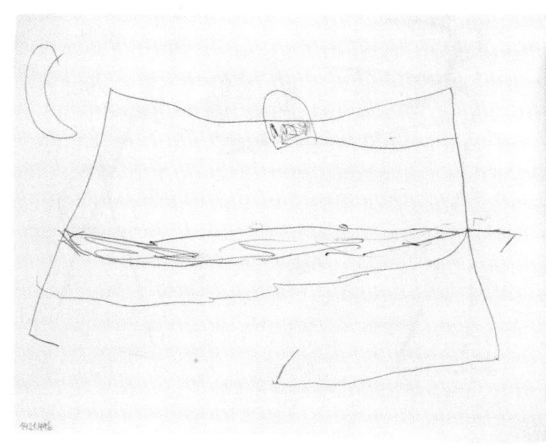 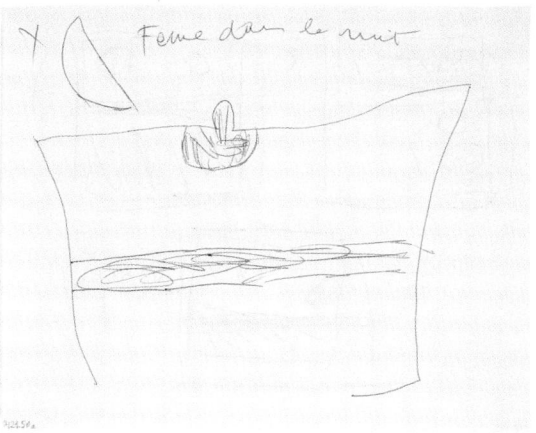

FPJM-1421.51a
FPJM-1421.51b

 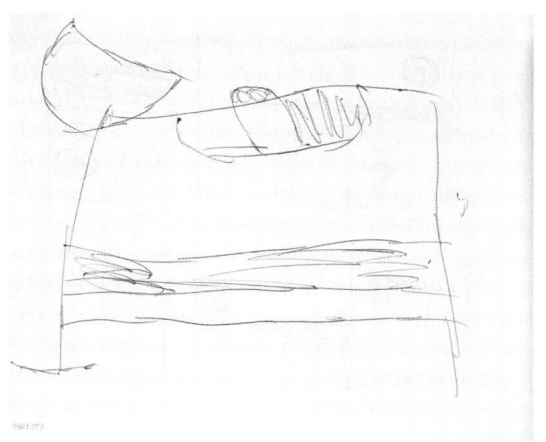

Sin título, 1981
Bolígrafo sobre papel, 15,5 × 21,4 cm
Inscripciones: *g. teles*
Procedencia: Donación del artista, 1981
FPJM-1421.52a

Sin título, 1981
Bolígrafo sobre papel, 15,5 × 21,4 cm
Procedencia: Donación del artista, 1981
FPJM-1421.53a

Sin título, 1981
Bolígrafo sobre papel, 15,5 × 21,4 cm
Procedencia: Donación del artista, 1981
FPJM-1421.53b

Le coït, 1981
Bolígrafo sobre papel, 15,5 × 21,4 cm
Inscripciones: *v. / Le coït*
Procedencia: Donación del artista, 1981
FPJM-1421.54a

Sin título, 1981
Bolígrafo sobre papel, 21,4 × 15,5 cm
Procedencia: Donación del artista, 1981
FPJM-1421.55a

Sin título, 1981
Bolígrafo sobre papel, 21,4 × 15,5 cm
Procedencia: Donación del artista, 1981
FPJM-1421.55b

Constellations, 1981
Bolígrafo sobre papel, 15,5 × 21,4 cm
Inscripciones: *fons grisenc* [?] / *Constellations /
v./ g. / vt. / b.*
Procedencia: Donación del artista, 1981
FPJM-1421.56a

Sin título, 1981
Bolígrafo sobre papel, 21,4 × 15,5 cm
Procedencia: Donación del artista, 1981
FPJM-1421.57a

Personnage, 1981
Bolígrafo sobre papel, 21,4 × 15,5 cm
Inscripciones: *Personnage*
Procedencia: Donación del artista, 1981
FPJM-1421.59a

Personnage, 1981
Bolígrafo sobre papel, 21,4 × 15,5 cm
Inscripciones: *Personnage*
Procedencia: Donación del artista, 1981
FPJM-1421.59b

Le Poète inspiré, 1981
Bolígrafo sobre papel, 21,4 × 15,5 cm
Inscripciones: *Le Poète / inspiré*
Procedencia: Donación del artista, 1981
FPJM-1421.60a

Personnage, oiseau, 1981
Bolígrafo sobre papel, 21,4 × 15,5 cm
Inscripciones: *Personnage, / oiseau*
Procedencia: Donación del artista, 1981
FPJM-1421.60b

Sin título, 1981
Bolígrafo sobre papel, 21,4 × 15,5 cm
Procedencia: Donación del artista, 1981
FPJM-1421.61a

Sin título, 1981
Bolígrafo sobre papel, 21,4 × 15,5 cm
Procedencia: Donación del artista, 1981
FPJM-1421.61b

Sin título, 1981
Bolígrafo sobre papel, 21,4 × 15,5 cm
Procedencia: Donación del artista, 1981
FPJM-1421.62a

Dans l'espace, 1981
Bolígrafo sobre papel, 21,4 × 15,5 cm
Inscripciones: *coer. / Dans l'espace*
Procedencia: Donación del artista, 1981
FPJM-1421.62b

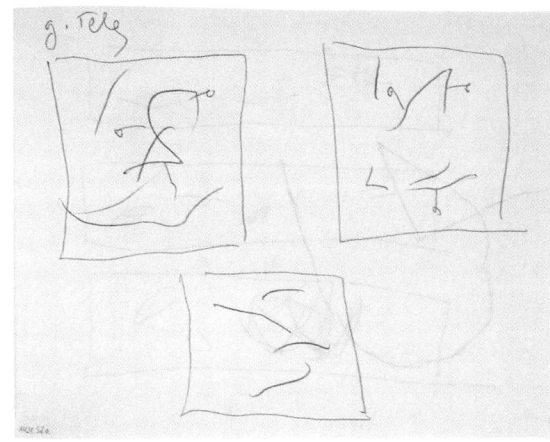

FPJM-1421.52a

FPJM-1421.55a

FPJM-1421.59a

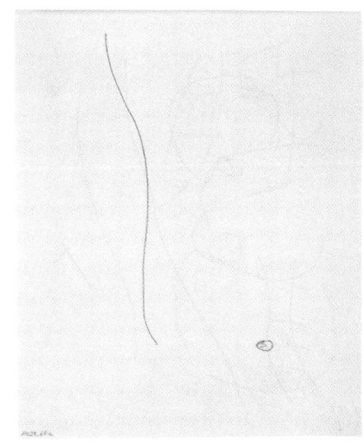

FPJM-1421.61a

FPJM-1421.53a
FPJM-1421.53b
FPJM-1421.54a

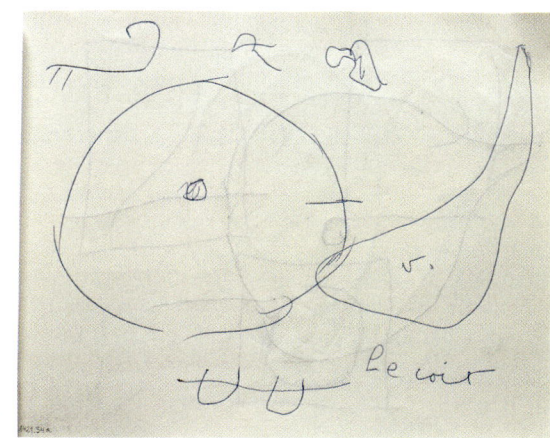

FPJM-1421.55b
FPJM-1421.56a
FPJM-1421.57a

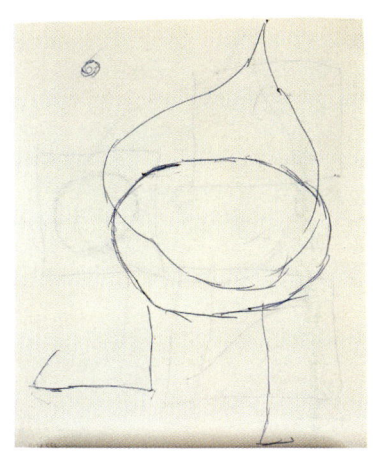
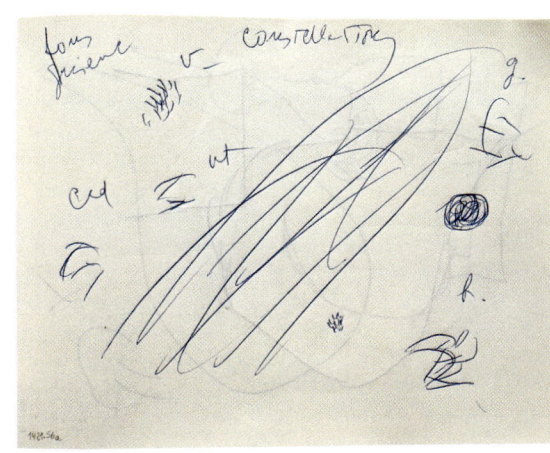

FPJM-1421.59b
FPJM-1421.60a
FPJM-1421.60b

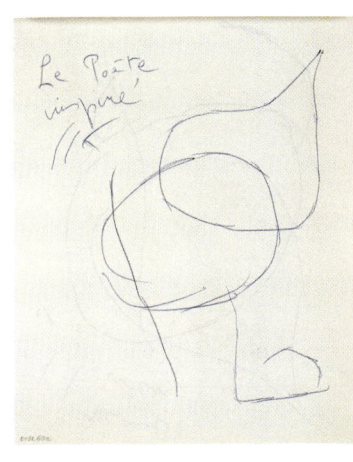
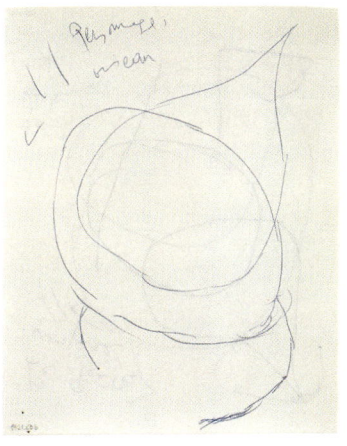

FPJM-1421.61b
FPJM-1421.62a
FPJM-1421.62b

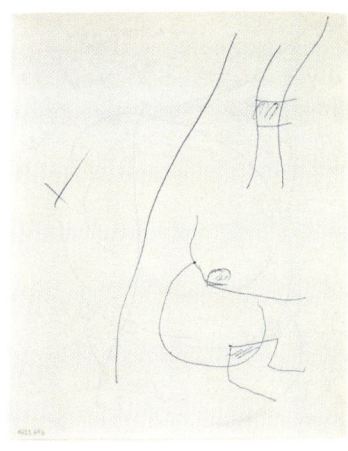
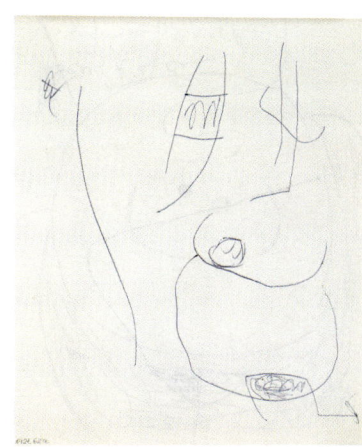

La fumée quitte le sol planté de violettes, 1981
Bolígrafo sobre papel, 21,4 × 15,5 cm
Inscripciones: *La fumée quitte le / sol planté de violettes*
Procedencia: Donación del artista, 1981
FPJM-1421.63a

Sin título, 1981
Bolígrafo sobre papel, 21,4 × 15,5 cm
Inscripciones: *Grafisme blau / amb una escombra*
Procedencia: Donación del artista, 1981
FPJM-1421.64a

Tête, 1981
Bolígrafo sobre papel, 15,5 × 21,4 cm
Inscripciones: *Tête / b.*
Procedencia: Donación del artista, 1981
FPJM-1421.65b

Sin título, 1981
Bolígrafo sobre papel, 15,5 × 21,4 cm
Inscripciones: *b.*
Procedencia: Donación del artista, 1981
FPJM-1421.66a

Sin título, 1981
Bolígrafo sobre papel, 15,5 × 21,4 cm
Procedencia: Donación del artista, 1981
FPJM-1421.67a

Personnage, 1981
Bolígrafo sobre papel, 21,4 × 15,5 cm
Inscripciones: *Personnage*
Procedencia: Donación del artista, 1981
FPJM-1421.68b

Sin título, 1981
Bolígrafo sobre papel, 21,4 × 15,5 cm
Procedencia: Donación del artista, 1981
FPJM-1421.69a

Personnage, 1981
Bolígrafo sobre papel, 21,4 × 15,5 cm
Inscripciones: *Personnage*
Procedencia: Donación del artista, 1981
FPJM-1421.69b

Sin título, 1981
Bolígrafo sobre papel, 21,4 × 15,5 cm
Procedencia: Donación del artista, 1981
FPJM-1421.70b

Sin título, 1981
Bolígrafo sobre papel, 21,4 × 15,5 cm
Procedencia: Donación del artista, 1981
FPJM-1421.71a

Femme, oiseaux, 1981
Bolígrafo sobre papel, 21,4 × 15,5 cm
Inscripciones: *Femme, / oiseaux*
Procedencia: Donación del artista, 1981
FPJM-1421.72a

Personnage, oiseau, 1981
Bolígrafo sobre papel, 21,4 × 15,5 cm
Inscripciones: *Personnage, / oiseau*
Procedencia: Donación del artista, 1981
FPJM-1421.73a

Personnages, oiseau, 1981
Bolígrafo sobre papel, 21,4 × 15,5 cm
Inscripciones: *Personnages / oiseau*
Procedencia: Donación del artista, 1981
FPJM-1421.76b

Sin título, 1981
Bolígrafo sobre papel, 21,4 × 15,5 cm
Procedencia: Donación del artista, 1981
FPJM-1421.77a

Sin título, 1981
Bolígrafo sobre papel, 21,4 × 15,5 cm
Procedencia: Donación del artista, 1981
FPJM-1421.79a

Sin título, 1981
Bolígrafo sobre cartón, 21,4 × 15,5 cm
Inscripciones reverso: *començat / 11 / /IX / 81. / acabat / 30/IX.81, / 50 / 5 x 10*
Procedencia: Donación del artista, 1981
FPJM-1421.80

FPJM-1421.63a

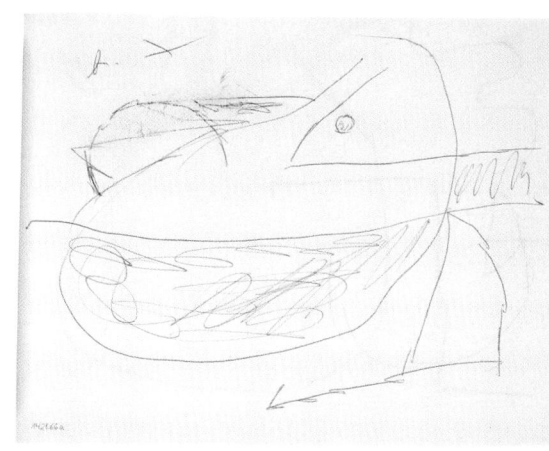
FPJM-1421.66a

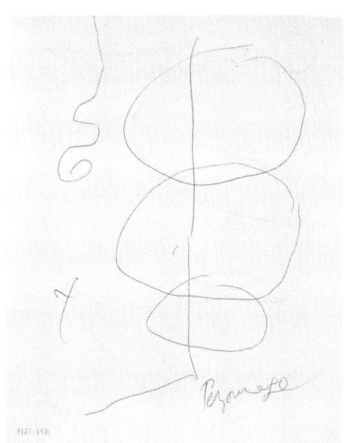
FPJM-1421.69b

FPJM-1421.73a

FPJM-1421.64a
FPJM-1421.65b

 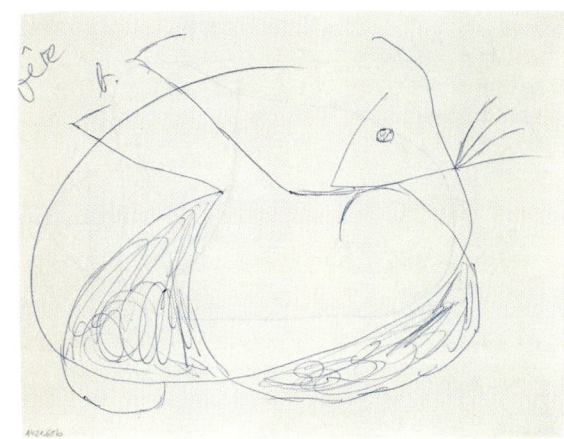

FPJM-1421.67a
FPJM-1421.68b
FPJM-1421.69a

 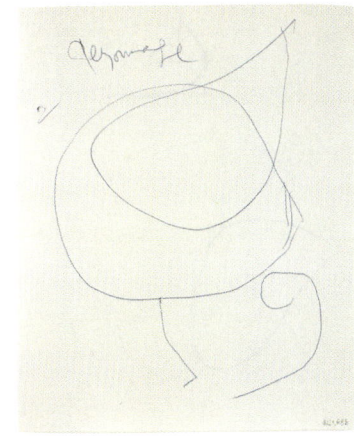 

FPJM-1421.70b
FPJM-1421.71a
FPJM-1421.72a

 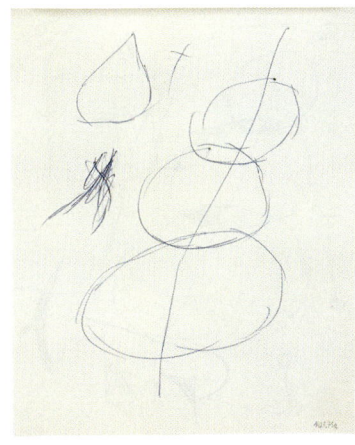 

FPJM-1421.76b
FPJM-1421.77a
FPJM-1421.79a
FPJM-1421.80

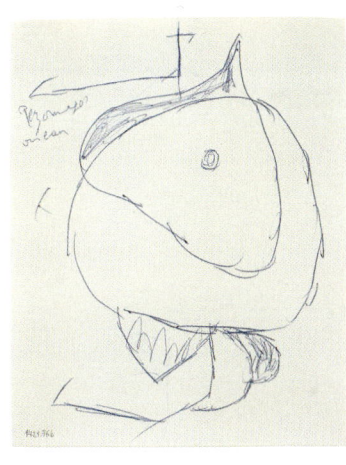 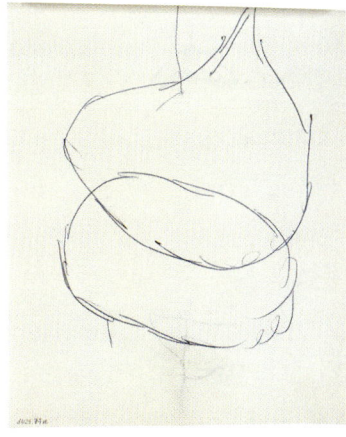  

Tête, 1981
Lápiz de grafito y bolígrafo sobre papel,
21,4 × 15,5 cm
Inscripciones: *Tête*
Procedencia: Donación del artista, 1981
FPJM-1419.1a

Sin título, 1981
Bolígrafo sobre papel, 15,5 × 21,4 cm
Procedencia: Donación del artista, 1981
FPJM-1419.1b

Personnage devant le soleil, 1981
Bolígrafo y lápiz de grafito sobre papel,
15,5 × 21,4 cm
Inscripciones: *Personnage / devant le soleil / X*
Procedencia: Donación del artista, 1981
FPJM-1419.2a

Femme, 1981
Bolígrafo sobre papel, 21,4 × 15,5 cm
Inscripciones: *Femme / X*
Procedencia: Donación del artista, 1981
FPJM-1419.3a

Femme, oiseau, 1981
Bolígrafo sobre papel, 21,4 × 15,5 cm
Inscripciones: *X / Femme, / oiseau*
Procedencia: Donación del artista, 1981
FPJM-1419.4a

*Le vol de l'oiseau remplit de bonheur
la belle femme*, 1981
Bolígrafo sobre papel, 21,4 × 15,5 cm
Inscripciones: ~~*Femme*~~ / ~~*oiseau*~~ / *Le vol de l' /
oiseau remplit / de bonheur la / belle femme*
Procedencia: Donación del artista, 1981
FPJM-1419.5a

Personnage devant la catastrophe, 1981
Bolígrafo sobre papel, 15,5 × 21,4 cm
Inscripciones: *Personnage / devant / la
catastrophe*
Procedencia: Donación del artista, 1981
FPJM-1419.7a

Tête devant le soleil, 1981
Bolígrafo sobre papel, 21,4 × 15,5 cm
Inscripciones: *Tête / devant le / soleil»*
Procedencia: Donación del artista, 1981
FPJM-1419.8a

Femme, 1981
Bolígrafo sobre papel, 21,4 × 15,5 cm
Inscripciones: *Femme / X*
Procedencia: Donación del artista, 1981
FPJM-1419.9

Femme, 1981
Bolígrafo sobre papel, 21,4 × 15,5 cm
Inscripciones: *Femme*
Procedencia: Donación del artista, 1981
FPJM-1419.11a

Sin título, 1981
Bolígrafo sobre papel, 21,4 × 15,5 cm
Procedencia: Donación del artista, 1981
FPJM-1419.11b

Tête devant le soleil, 1981
Bolígrafo sobre papel, 21,4 × 15,5 cm
Inscripciones: *Tête devant / le soleil / X*
Procedencia: Donación del artista, 1981
FPJM-1419.12a

Personnage devant la catastrophe, 1981
Bolígrafo sobre papel, 15,5 × 21,4 cm
Inscripciones: *Personnage / devant la /
catastrophe / X*
Procedencia: Donación del artista, 1981
FPJM-1419.13

Sin título, 1981
Bolígrafo sobre papel, 21,4 × 15,5 cm
Procedencia: Donación del artista, 1981
FPJM-1419.14a

Paysan catalan fumant sa pipe, 1981
Bolígrafo sobre papel, 21,4 × 15,5 cm
Inscripciones: *Paysan / catalan fumant / sa pipe*
Procedencia: Donación del artista, 1981
FPJM-1419.14b

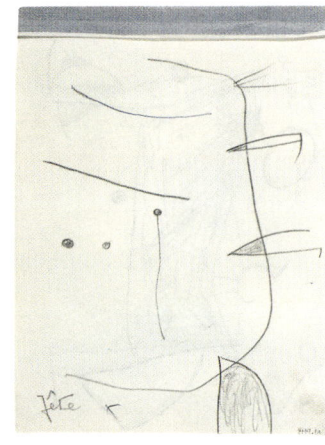

FPJM-1419.1a

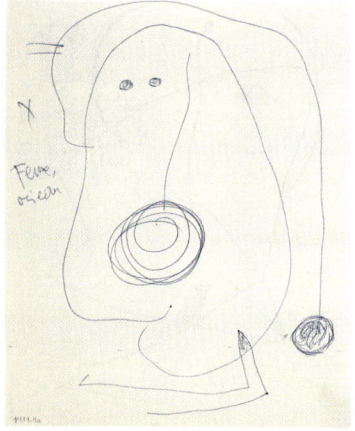

FPJM-1419.4a

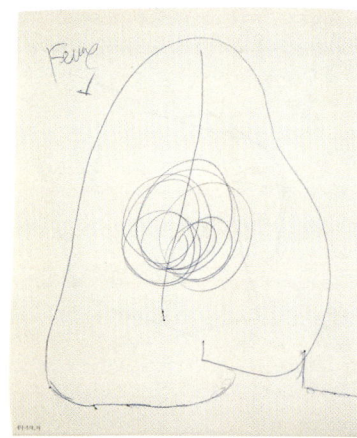

FPJM-1419.9

Cuaderno de dibujos. Sobre la cubierta posterior
del cuaderno, Miró realizó la siguiente anotación:
"Començat / 1/X. 81. / acabat / 23/ / XI / 81."
que nos indica el marco cronológico en el que
fueron creados. [págs. 484-491]

FPJM-1419.1b
FPJM-1419.2a
FPJM-1419.3a

  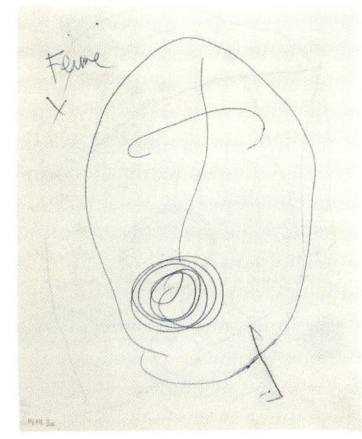

FPJM-1419.5a
FPJM-1419.7a
FPJM-1419.8a

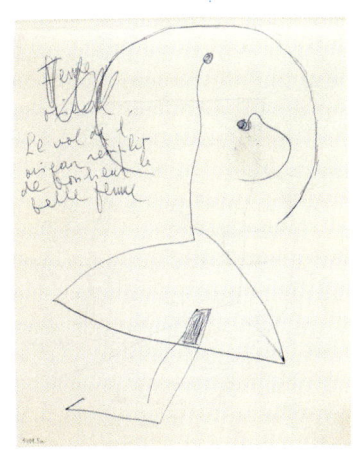 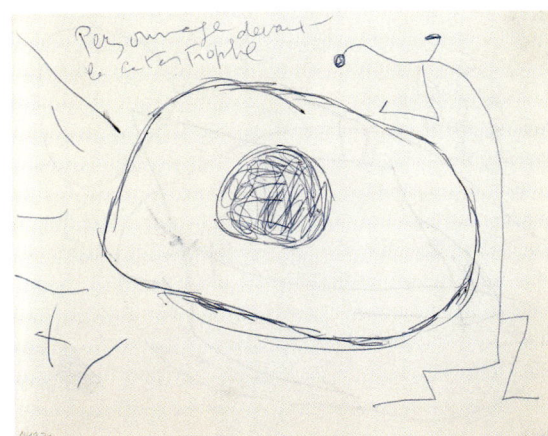 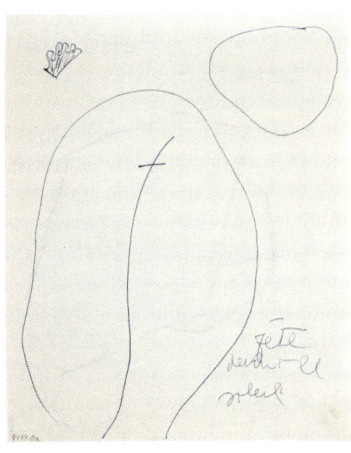

FPJM-1419.11a
FPJM-1419.11b
FPJM-1419.12a

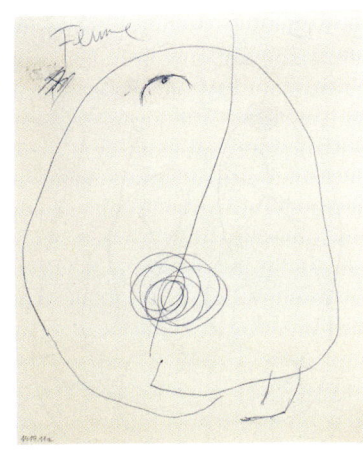 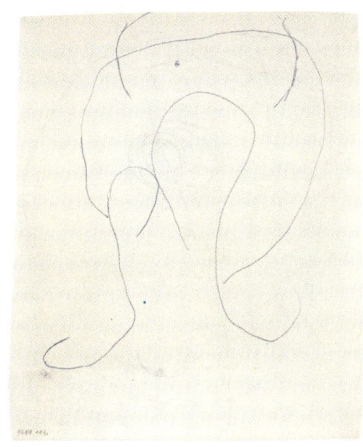 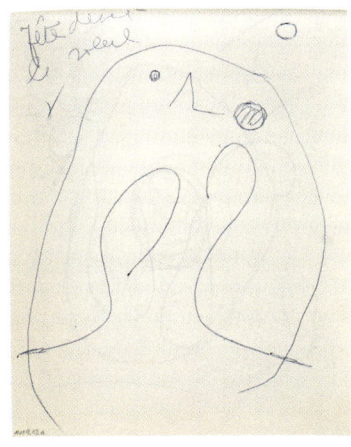

FPJM-1419.13
FPJM-1419.14a
FPJM-1419.14b

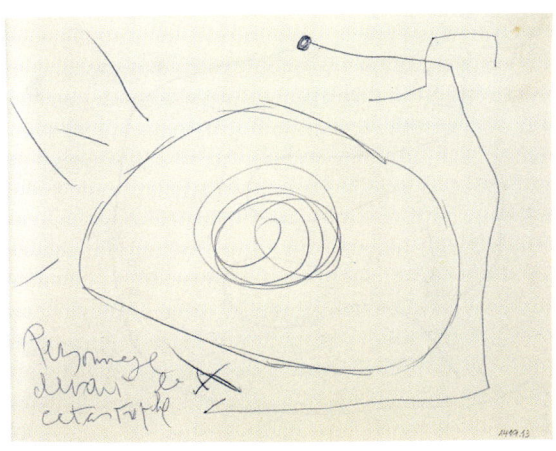  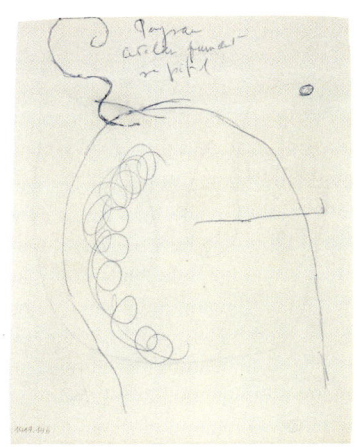

Paysan catalan fume sa pipe devant le soleil, 1981
Bolígrafo sobre papel, 21,4 × 15,5 cm
Inscripciones: ~~Paysan~~ / ~~catalan à~~ / ~~la pipe~~ / ~~devant le~~ / ~~soleil~~ / ~~Fumor~~ / ~~catalan~~ / ~~à la pipe~~ / ~~devant~~ / Paysan catalan / fume sa pipe devant le soleil
Procedencia: Donación del artista, 1981
FPJM-1419.15a

Tête devant le soleil, 1981
Bolígrafo sobre papel, 21,4 × 15,5 cm
Inscripciones: Tête / devant le soleil / X
Procedencia: Donación del artista, 1981
FPJM-1419.16a

Sin título, 1981
Bolígrafo sobre papel, 21,4 × 15,5 cm
Procedencia: Donación del artista, 1981
FPJM-1419.17a

Paysan catalan fumant la pipe, 1981
Bolígrafo sobre papel, 21,4 × 15,5 cm
Inscripciones: Paysan / catalan / fumant la / pipe / X
Procedencia: Donación del artista, 1981
FPJM-1419.18a

La catastrophe, 1981
Bolígrafo sobre papel, 15,5 × 21,4 cm
Inscripciones: La catastrophe / X
Procedencia: Donación del artista, 1981
FPJM-1419.19a

Tête de jeune fille au beau regard, 1981
Bolígrafo sobre papel, 21,4 × 15,5 cm
Inscripciones: Tête de jeune / fille au / beau regard
Procedencia: Donación del artista, 1981
FPJM-1419.22

Portrait de jeune fille au beau regard, 1981
Bolígrafo sobre papel, 21,4 × 15,5 cm
Inscripciones: Portrait de jeune fille / au beau regard / X
Procedencia: Donación del artista, 1981
FPJM-1419.23

Tête aux 3 cheveux, 1981
Bolígrafo sobre papel, 21,4 × 15,5 cm
Inscripciones: X / Tête aux / 3 cheveux
Procedencia: Donación del artista, 1981
FPJM-1419.24

Tête, oiseaux, 1981
Bolígrafo sobre papel, 21,4 × 15,5 cm
Inscripciones: X / Tête, / oiseaux
Procedencia: Donación del artista, 1981
FPJM-1419.32

Le coït, 1981
Bolígrafo sobre papel, 15,5 × 21,4 cm
Inscripciones: Le coït
Procedencia: Donación del artista, 1981
FPJM-1419.34a

Sin título, 1981
Bolígrafo sobre papel, 15,5 × 21,4 cm
Procedencia: Donación del artista, 1981
FPJM-1419.35

L'Oiseau éclair surveille la belle dame qui se promene, 1981
Bolígrafo sobre papel, 21,4 × 15,5 cm
Inscripciones: vermell / L'oiseau / éclair / surveille / la belle dame / qui se / promene
Procedencia: Donación del artista, 1981
FPJM-1419.36

Sin título, 1981
Bolígrafo sobre papel, 15,5 × 21,4 cm
Procedencia: Donación del artista, 1981
FPJM-1419.37

Petite-fille, 1981
Bolígrafo sobre papel, 21,4 × 15,5 cm
Inscripciones: Petite-fille
Procedencia: Donación del artista, 1981
FPJM-1419.38

Femme, 1981
Bolígrafo sobre papel, 21,4 × 15,5 cm
Inscripciones: Femme
Procedencia: Donación del artista, 1981
FPJM-1419.40a

Tête, 1981
Bolígrafo sobre papel, 21,4 × 15,5 cm
Inscripciones: Tête
Procedencia: Donación del artista, 1981
FPJM-1419.40b

Sin título, 1981
Bolígrafo sobre papel, 21,4 × 15,5 cm
Procedencia: Donación del artista, 1981
FPJM-1419.43a

FPJM-1419.15a

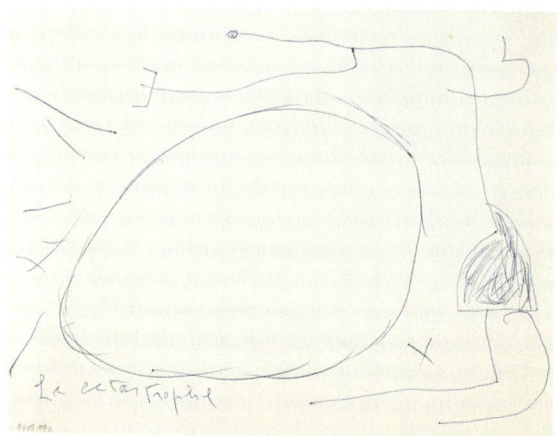
FPJM-1419.19a

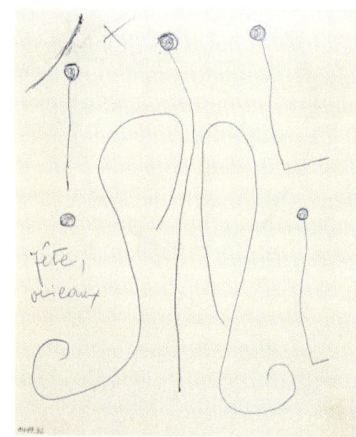
FPJM-1419.32

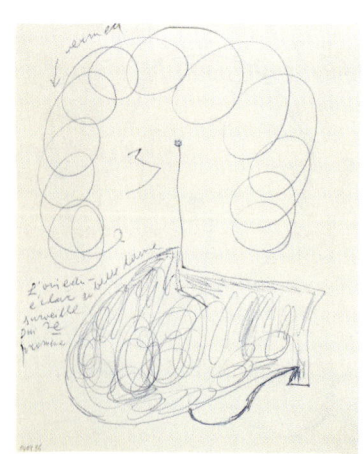
FPJM-1419.36

FPJM-1419.16a
FPJM-1419.17a
FPJM-1419.18a

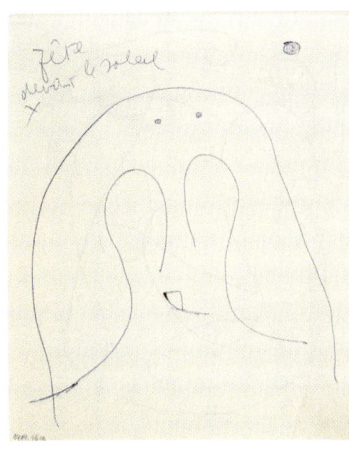 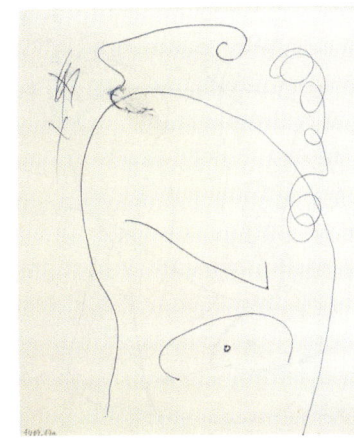 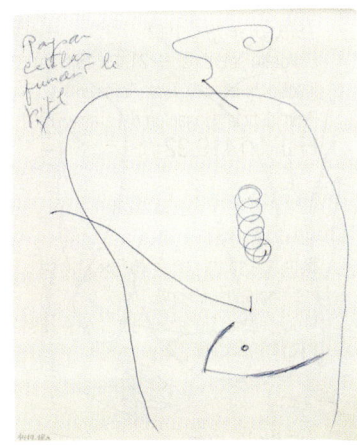

FPJM-1419.22
FPJM-1419.23
FPJM-1419.24

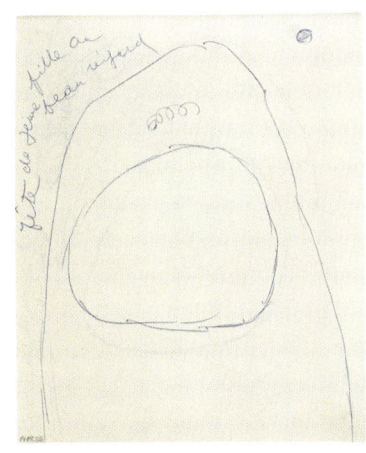 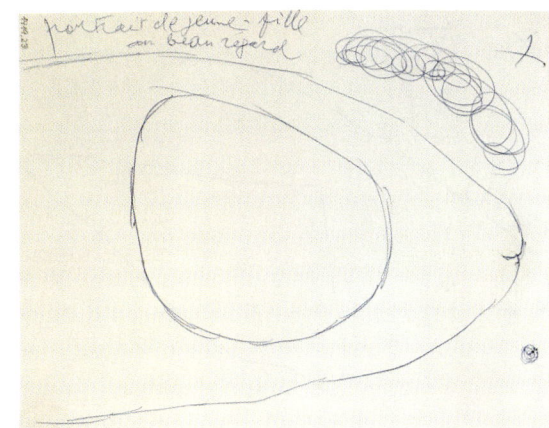 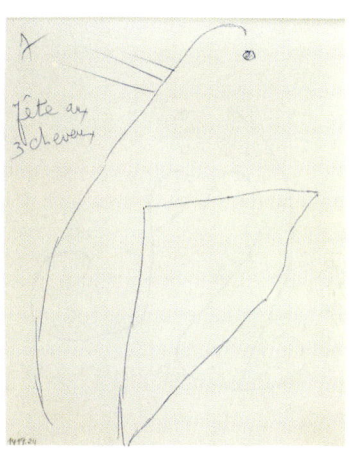

FPJM-1419.34a
FPJM-1419.35

 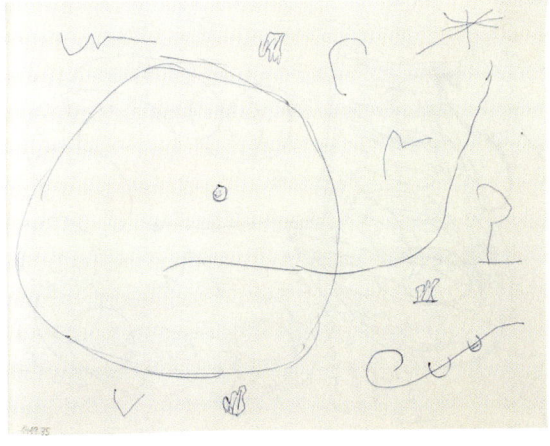

FPJM-1419.38
FPJM-1419.40a
FPJM-1419.40b
FPJM-1419.43a

  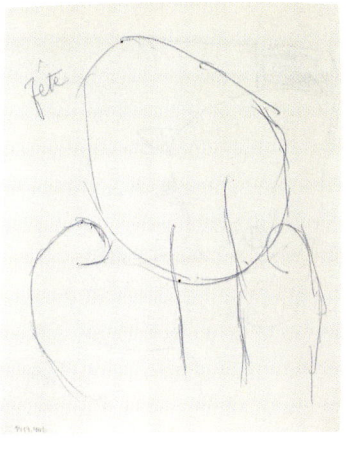 

Femme caressée par un oiseau, 1981
Bolígrafo sobre papel, 21,4 × 15,5 cm
Inscripciones: *Femme / caressée / par un / oiseau*
Procedencia: Donación del artista, 1981
FPJM-1419.47a

Tête, 1981
Bolígrafo sobre papel, 21,4 × 15,5 cm
Inscripciones: *Tête*
Procedencia: Donación del artista, 1981
FPJM-1419.49

Sin título, 1981
Bolígrafo sobre papel, 21,4 × 15,5 cm
Inscripciones: *Tête*
Procedencia: Donación del artista, 1981
FPJM-1419.50

Tête, 1981
Bolígrafo sobre papel, 21,4 × 15,5 cm
Inscripciones: *Tête*
Procedencia: Donación del artista, 1981
FPJM-1419.54

Tête de femme, 1981
Bolígrafo sobre papel, 21,4 × 15,5 cm
Inscripciones: *Tête de femme*
Procedencia: Donación del artista, 1981
FPJM-1419.56a

Tête, 1981
Bolígrafo sobre papel, 21,4 × 15,5 cm
Inscripciones: *Tête*
Procedencia: Donación del artista, 1981
FPJM-1419.58

Tête, 1981
Bolígrafo sobre papel, 21,4 × 15,5 cm
Inscripciones: *Tête*
Procedencia: Donación del artista, 1981
FPJM-1419.60a

Tête dans la nuit, 1981
Bolígrafo sobre papel, 21,4 × 15,5 cm
Inscripciones: *Tête / dans la / nuit*
Procedencia: Donación del artista, 1981
FPJM-1419.62

Paysage, 1981
Bolígrafo sobre papel, 21,4 × 15,5 cm
Inscripciones: *n. / Paysage / v. / g. / bl. / v.*
Procedencia: Donación del artista, 1981
FPJM-1419.63

Tête, 1981
Bolígrafo sobre papel, 21,4 × 15,5 cm
Inscripciones: *Tête*
Procedencia: Donación del artista, 1981
FPJM-1419.64b

Jeune-fille, 1981
Bolígrafo sobre papel, 21,4 × 15,5 cm
Inscripciones: ~~*Fem*~~ / *Jeune- / fille*
Procedencia: Donación del artista, 1981
FPJM-1419.65a

Sin título, 1981
Bolígrafo sobre papel, 21,4 × 15,5 cm
Procedencia: Donación del artista, 1981
FPJM-1419.66a

Femme, 1981
Bolígrafo sobre papel, 21,4 × 15,5 cm
Inscripciones: ~~*F*~~ / *Femme*
Procedencia: Donación del artista, 1981
FPJM-1419.67a

Femme, 1981
Bolígrafo sobre papel, 21,4 × 15,5 cm
Inscripciones: *Feme* [sic]
Procedencia: Donación del artista, 1981
FPJM-1419.68a

Sin título, 1981
Bolígrafo sobre papel, 21,4 × 15,5 cm
Procedencia: Donación del artista, 1981
FPJM-1419.69a

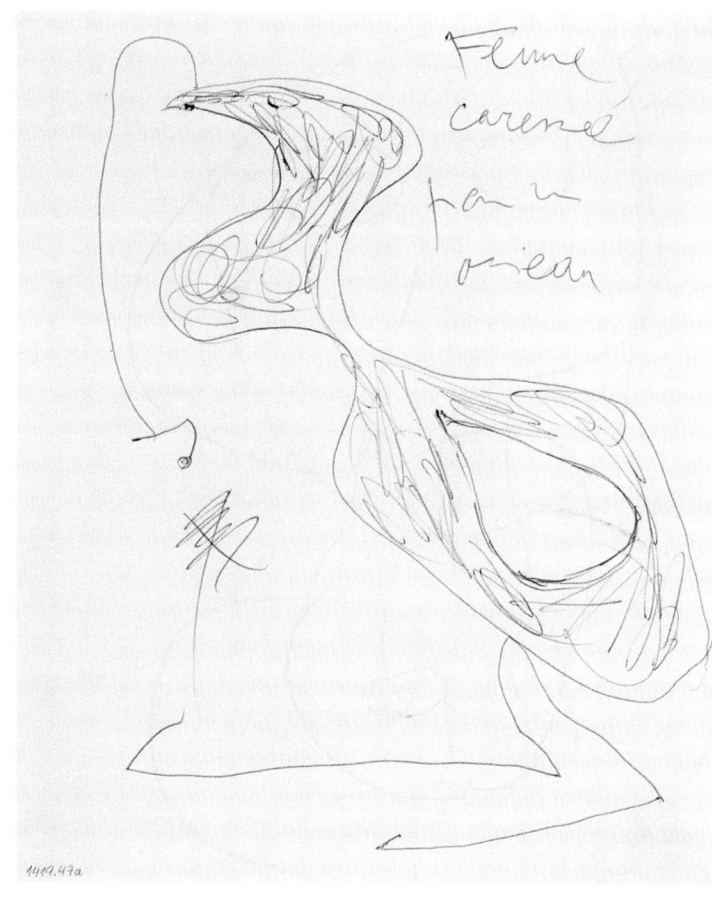

FPJM-1419.47a

FPJM-1419.62

FPJM-1419.49
FPJM-1419.50
FPJM-1419.54

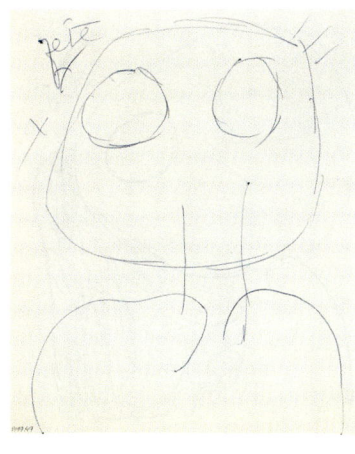  

FPJM-1419.56a
FPJM-1419.58
FPJM-1419.60a

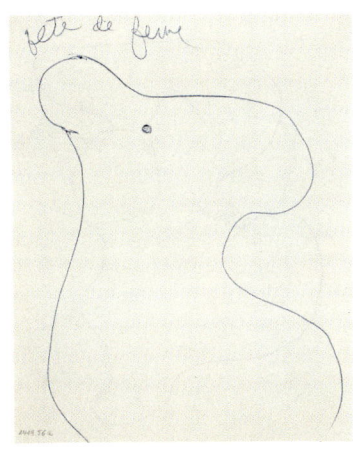  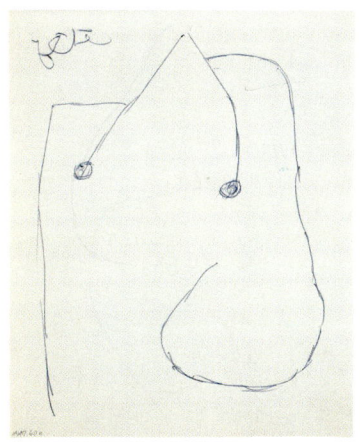

FPJM-1419.63
FPJM-1419.64b
FPJM-1419.65a

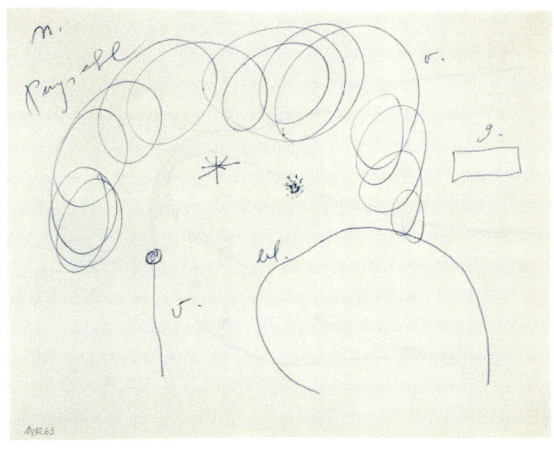 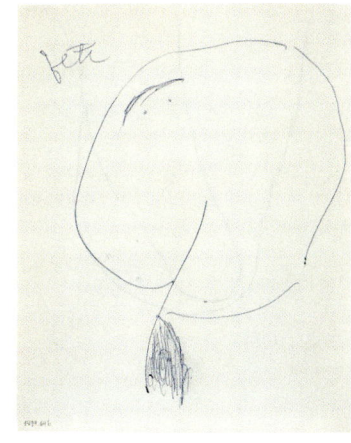 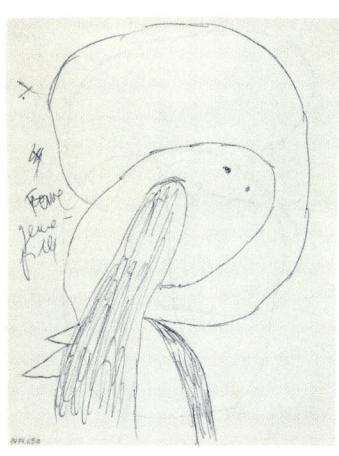

FPJM-1419.67a
FPJM-1419.68a
FPJM-1419.69a

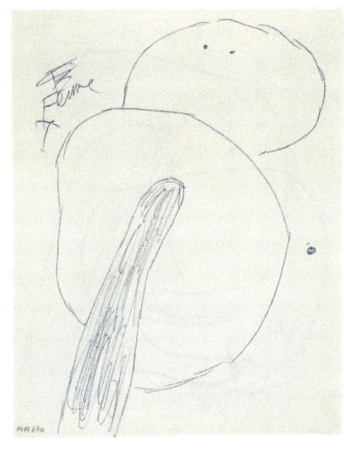 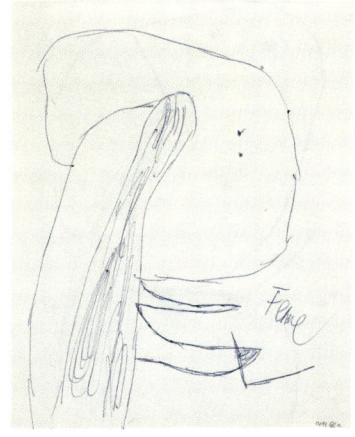 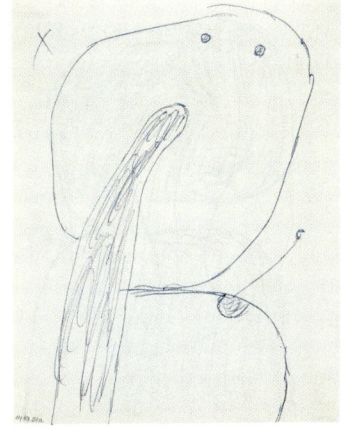

Femme, 1981
Bolígrafo sobre papel, 21,4 × 15,5 cm
Inscripciones: *Femme*
Procedencia: Donación del artista, 1981
FPJM-1419.70a

Tête, 1981
Bolígrafo sobre papel, 21,4 × 15,5 cm
Inscripciones: *Tête*
Procedencia: Donación del artista, 1981
FPJM-1419.70b

La musique des constellations, 1981
Bolígrafo sobre papel, 21,4 × 15,5 cm
Inscripciones: *La / musique / des
constellations / Femme / en extase*
Procedencia: Donación del artista, 1981
FPJM-1419.71a

Tête, 1981
Bolígrafo sobre papel, 21,4 × 15,5 cm
Inscripciones: *Tête*
Procedencia: Donación del artista, 1981
FPJM-1419.72a

Tête à l'abri de la tempête, 1981
Bolígrafo sobre papel, 21,4 × 15,5 cm
Inscripciones: *Tête à l'abri / de la tempête*
Procedencia: Donación del artista, 1981
FPJM-1419.73b

Personnage, 1981
Bolígrafo sobre papel, 21,4 × 15,5 cm
Inscripciones: *Personnage*
Procedencia: Donación del artista, 1981
FPJM-1419.75b

Portrait, 1981
Bolígrafo sobre papel, 21,4 × 15,5 cm
Inscripciones: *Portrait*
Procedencia: Donación del artista, 1981
FPJM-1419.76a

Personnage rêvant de l'évasion, 1981
Bolígrafo sobre papel, 21,4 × 15,5 cm
Inscripciones: *Personnage rêvant / de l'évasion*
Procedencia: Donación del artista, 1981
FPJM-1419.77a

Sin título, 1981
Bolígrafo sobre cartón, 21,4 × 15,5 cm
Inscripciones: *començat / 1/ X. 81. / acabat /
23/ / XI. / 81.*
Procedencia: Donación del artista, 1981
FPJM-1419.79

FPJM-1419.70a

FPJM-1419.72a

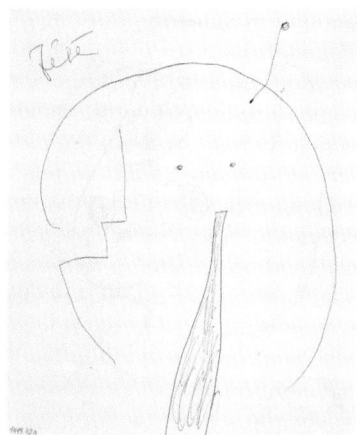

FPJM-1419.75b

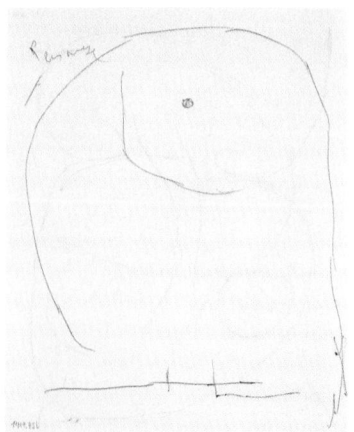

FPJM-1419.70b
FPJM-1419.71a

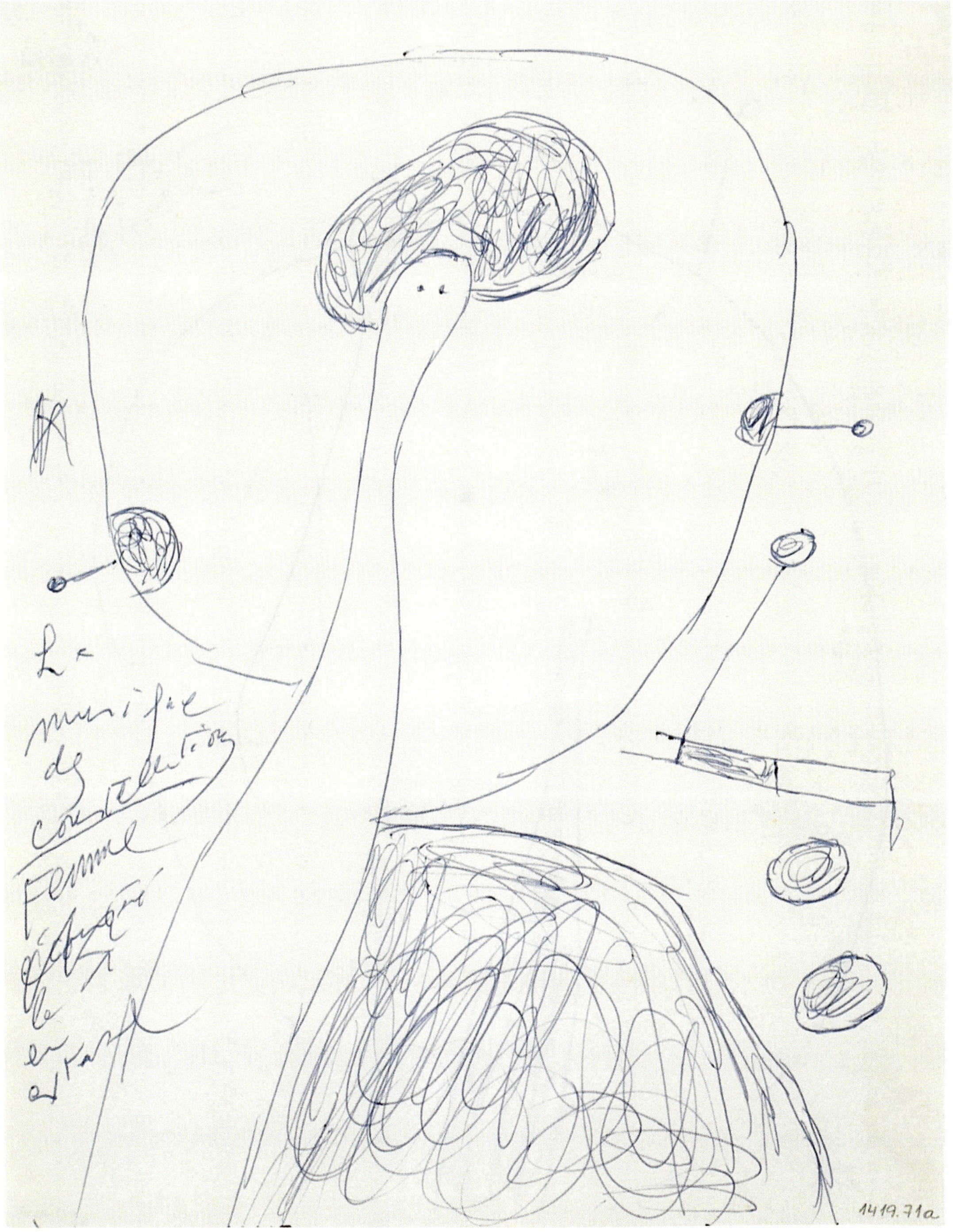

FPJM-1419.73b

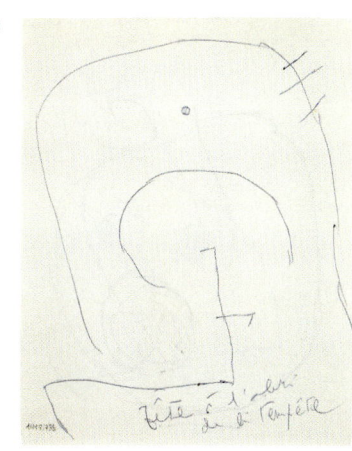

FPJM-1419.76a
FPJM-1419.77a
FPJM-1419.79

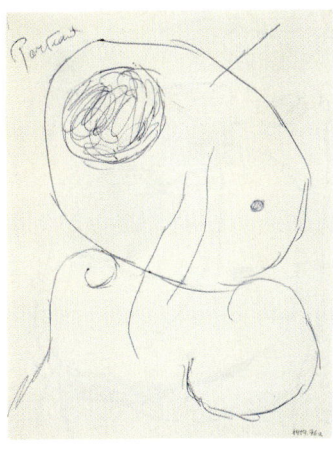

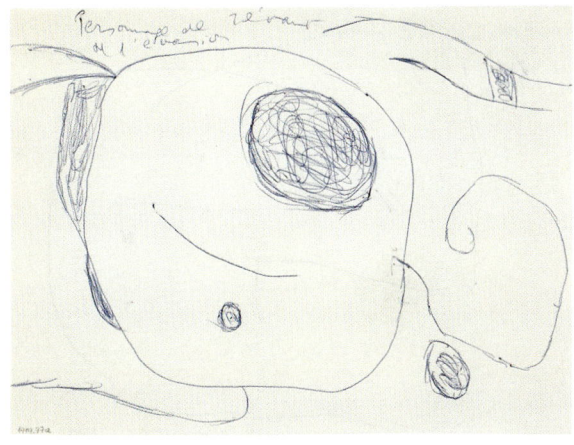

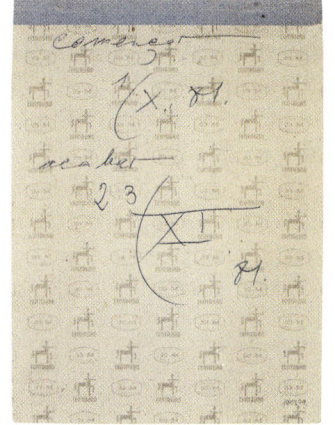

Sin título, 1981 [ca]
Bolígrafo sobre papel, 21,4 × 15,5 cm
Procedencia: Donación del artista, 1981
FPJM-1420.1

Femme, oiseau, 1981 [ca]
Bolígrafo sobre papel, 21,4 × 15,5 cm
Inscripciones: *Femme, oiseau / X*
Procedencia: Donación del artista, 1981
FPJM-1420.2

Femme, 1981 [ca]
Bolígrafo sobre papel, 21,4 × 15,5 cm
Inscripciones: *Femme*
Procedencia: Donación del artista, 1981
FPJM-1420.3a

Sin título, 1981 [ca]
Bolígrafo sobre papel, 15,5 × 21,4 cm
Procedencia: Donación del artista, 1981
FPJM-1420.3b

La nuit approche, 1981 [ca]
Bolígrafo sobre papel, 15,5 × 21,4 cm
Inscripciones: *n. / Nocturne / v. / g. / b. / bl. / bl. / bl. / v. / vt*
Procedencia: Donación del artista, 1981
FPJM-1420.4

Sin título, 1981 [ca]
Bolígrafo sobre papel, 21,4 × 15,5 cm
Procedencia: Donación del artista, 1981
FPJM-1420.5

Femme, oiseau, 1981 [ca]
Bolígrafo sobre papel, 21,4 × 15,5 cm
Inscripciones: *Femme, / oiseau*
Procedencia: Donación del artista, 1981
FPJM-1420.6

Femme, oiseau, 1981 [ca]
Bolígrafo sobre papel, 21,4 × 15,5 cm
Inscripciones: *Femme, / oiseau / X*
Procedencia: Donación del artista, 1981
FPJM-1420.7a

La nuit approche, 1981 [ca]
Bolígrafo sobre papel, 15,5 × 24,4 cm
Inscripciones: *La nuit / approche*
Procedencia: Donación del artista, 1981
FPJM-1420.8

Danseuse espagnole, 1981 [ca]
Bolígrafo sobre papel, 21,4 × 15,5 cm
Inscripciones: *Danseuse / espagnole*
Procedencia: Donación del artista, 1981
FPJM-1420.9

FPJM-1420.1

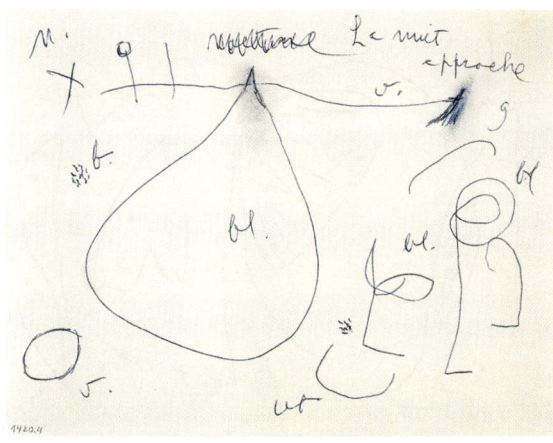
FPJM-1420.4

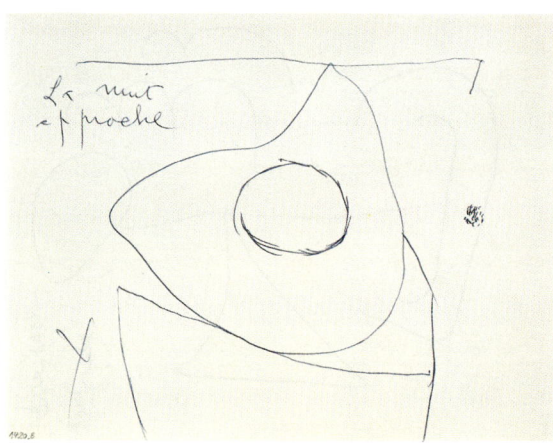
FPJM-1420.8

Cuaderno de dibujos. Sobre la cubierta posterior del cuaderno, Miró anotó la fecha de inicio del cuaderno: "Començat / 27/XI. / 81." En cambio, no anotó la fecha de finalización de estos dibujos. [págs. 492-495]

FPJM-1420.2
FPJM-1420.3a
FPJM-1420.3b

FPJM-1420.5
FPJM-1420.6
FPJM-1420.7a

FPJM-1420.9

Femme dans la nuit, 1981 [ca]
Bolígrafo sobre papel, 21,4 × 15,5 cm
Inscripciones: *Femme dans / la nuit*
Procedencia: Donación del artista, 1981
FPJM-1420.10

Femme, oiseau, 1981 [ca]
Bolígrafo sobre papel, 21,4 × 15,5 cm
Inscripciones: *Femme, / oiseau*
Procedencia: Donación del artista, 1981
FPJM-1420.11

Danseuse espagnole, 1981 [ca]
Bolígrafo sobre papel, 21,4 × 15,5 cm
Inscripciones: *Danseuse / espagnole*
Procedencia: Donación del artista, 1981
FPJM-1420.13

Sin título, 1981 [ca]
Bolígrafo sobre papel, 21,4 × 15,5 cm
Procedencia: Donación del artista, 1981
FPJM-1420.15

Personnage, 1981 [ca]
Bolígrafo sobre papel, 21,4 × 15,5 cm
Inscripciones: *Personnage*
Procedencia: Donación del artista, 1981
FPJM-1420.17a

La nuit approche, 1981 [ca]
Bolígrafo sobre papel, 15,5 × 21,4 cm
Inscripciones: *La nuit / approche / X*
Procedencia: Donación del artista, 1981
FPJM-1420.18

Sin título, 1981 [ca]
Bolígrafo sobre papel, 15,5 × 21,4 cm
Procedencia: Donación del artista, 1981
FPJM-1420.19

Sin título, 1981 [ca]
Bolígrafo sobre papel, 15,5 × 21,4 cm
Procedencia: Donación del artista, 1981
FPJM-1420.21

La nuit approche, 1981 [ca]
Bolígrafo sobre papel, 15,5 × 21,4 cm
Inscripciones: *La nuit / approche*
Procedencia: Donación del artista, 1981
FPJM-1420.28

Sin título, 1981 [ca]
Bolígrafo sobre papel, 21,4 × 15,5 cm
Procedencia: Donación del artista, 1981
FPJM-1420.29

Danseuse espagnole, 1981 [ca]
Bolígrafo sobre papel, 21,4 × 15,5 cm
Inscripciones: *Danseuse espagnole*
Procedencia: Donación del artista, 1981
FPJM-1420.30

Danseuse, 1981 [ca]
Bolígrafo sobre papel, 21,4 × 15,5 cm
Inscripciones: *Danseuse*
Procedencia: Donación del artista, 1981
FPJM-1420.31

Sin título, 1981 [ca]
Bolígrafo sobre cartón, 21,4 × 15,5 cm
Inscripciones: *començat / 27/ / XI. / 81. / 45 / acabat.*
Procedencia: Donación del artista, 1981
FPJM-1420.38

FPJM-1420.10

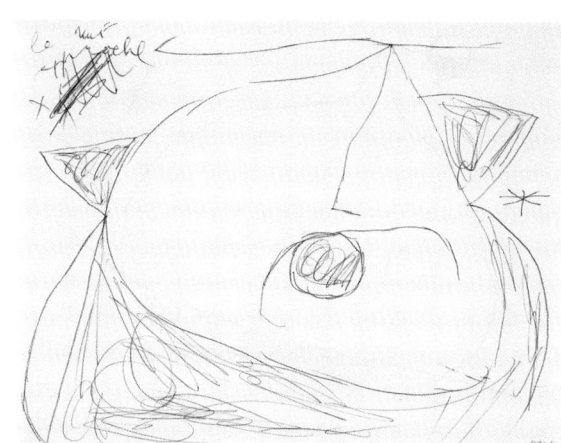
FPJM-1420.18

FPJM-1420.30

FPJM-1420.11
FPJM-1420.13
FPJM-1420.15
FPJM-1420.17a

  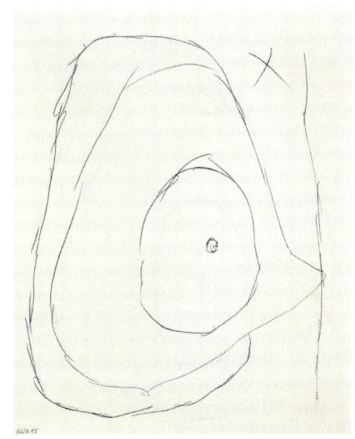 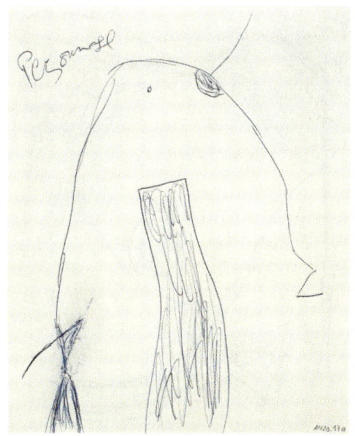

FPJM-1420.19
FPJM-1420.21

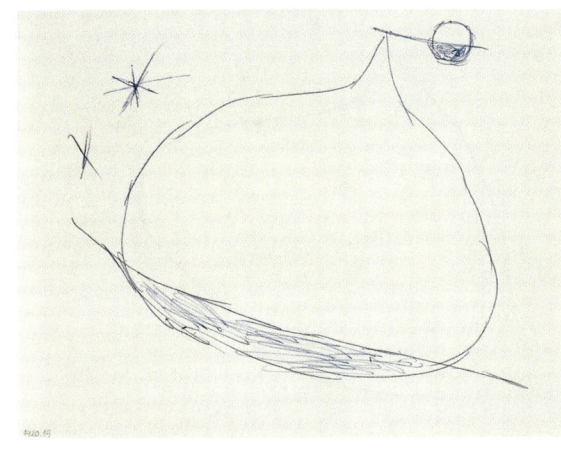 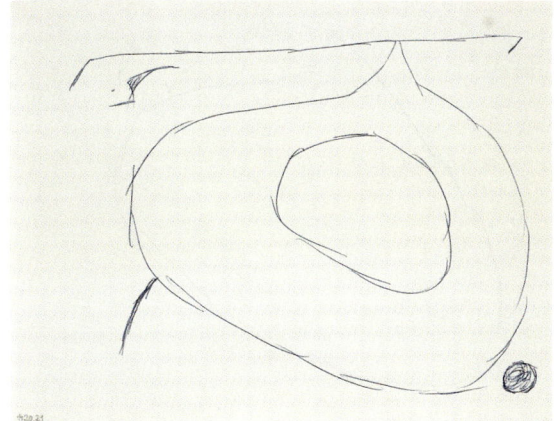

FPJM-1420.28
FPJM-1420.29

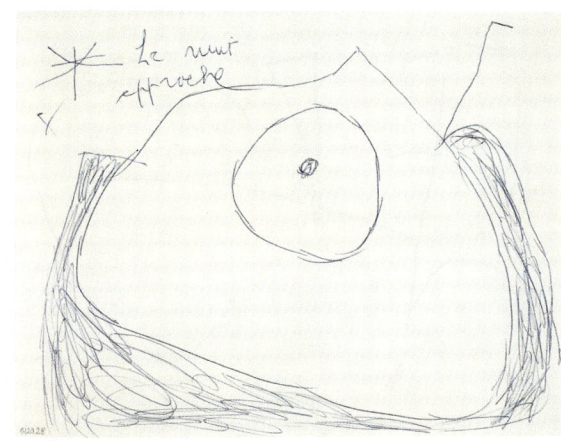 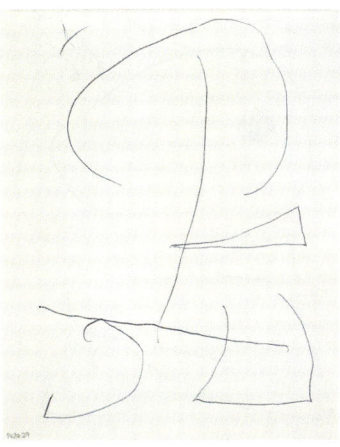

FPJM-1420.31
FPJM-1420.38

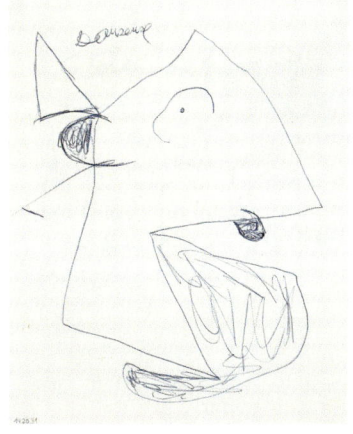 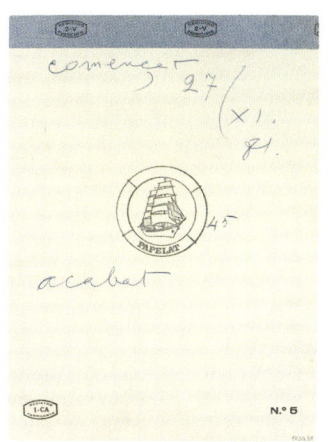

Joan Miró y Joan Barbarà
Lapidari, 1981 [ca]
Rotulador, bolígrafo y lápiz de grafito sobre
papel, 63,5 × 14,4 cm
Inscripciones: *LAPIDARI- / 11 grafismes
negre + frontispici / 11* [grafismes]
*colors + colofó / LAPIDARI / 1 / 2 / 3 / 4 / 5 /
6 / 7 / 8 / 9 / 10 / 11*
Procedencia: Donación de Joan Barbarà, 1994
FPJM-1453

Dibujo preparatorio para *Lapidari*,
1981 [ca]
Lápiz de color, lápiz de grafito, bolígrafo y
rotulador sobre papel, 10,5 × 13,8 cm
Inscripciones: *1*
Procedencia: Donación del artista, 1981
FPJM-1454.1

Exposiciones: Palma de Mallorca 1999, [p. 26 (color)]

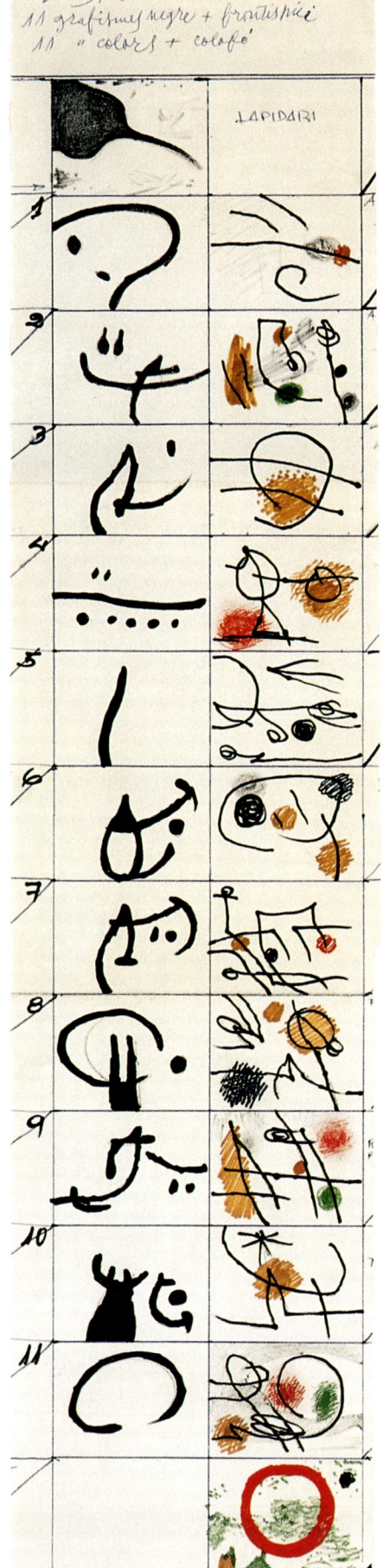

FPJM-1454.1

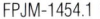

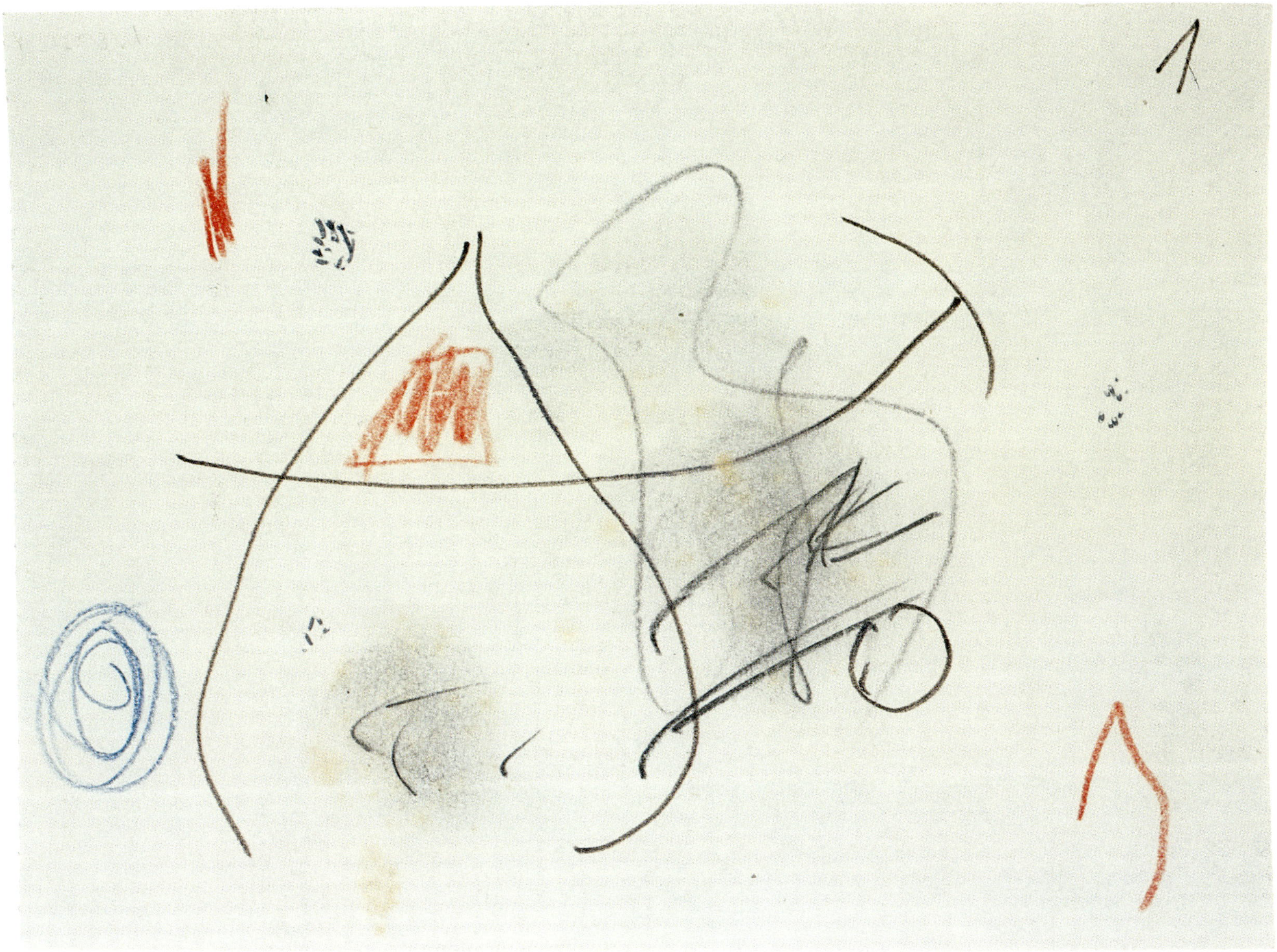

Dibujos relacionados con *Lapidari*, libro de las propiedades de las piedras. En este libro, Miró ilustró once textos anónimos catalanes del siglo XV, seleccionados y prologados por el escritor Pere Gimferrer. Miró realizó este trabajo en colaboración con el grabador Joan Barbarà, en 1981, en los talleres de Son Boter. [págs. 496-503]

Dibujo preparatorio para *Lapidari*,
1981 [ca]
Rotulador sobre papel, 10,5 × 13,8 cm
Inscripciones: *2*
Procedencia: Donación del artista, 1981
FPJM-1454.2

Exposiciones: Palma de Mallorca 1999, [p. 26 (color)]

Dibujo preparatorio para *Lapidari*,
1981 [ca]
Rotulador sobre papel, 10,5 × 13,8 cm
Inscripciones: *3*
Procedencia: Donación del artista, 1981
FPJM-1454.3

Exposiciones: Palma de Mallorca 1999, [p. 26 (color)]

Dibujo preparatorio para *Lapidari*,
1981 [ca]
Rotulador sobre papel, 10,5 × 13,8 cm
Inscripciones: *4*
Procedencia: Donación del artista, 1981
FPJM-1454.4

Exposiciones: Palma de Mallorca 1999, [p. 26 (color)]

Dibujo preparatorio para *Lapidari*,
1981 [ca]
Rotulador sobre papel, 10,5 × 13,8 cm
Inscripciones: *5*
Procedencia: Donación del artista, 1981
FPJM-1454.5

Exposiciones: Palma de Mallorca 1999, [p. 26 (color)]

FPJM-1454.2

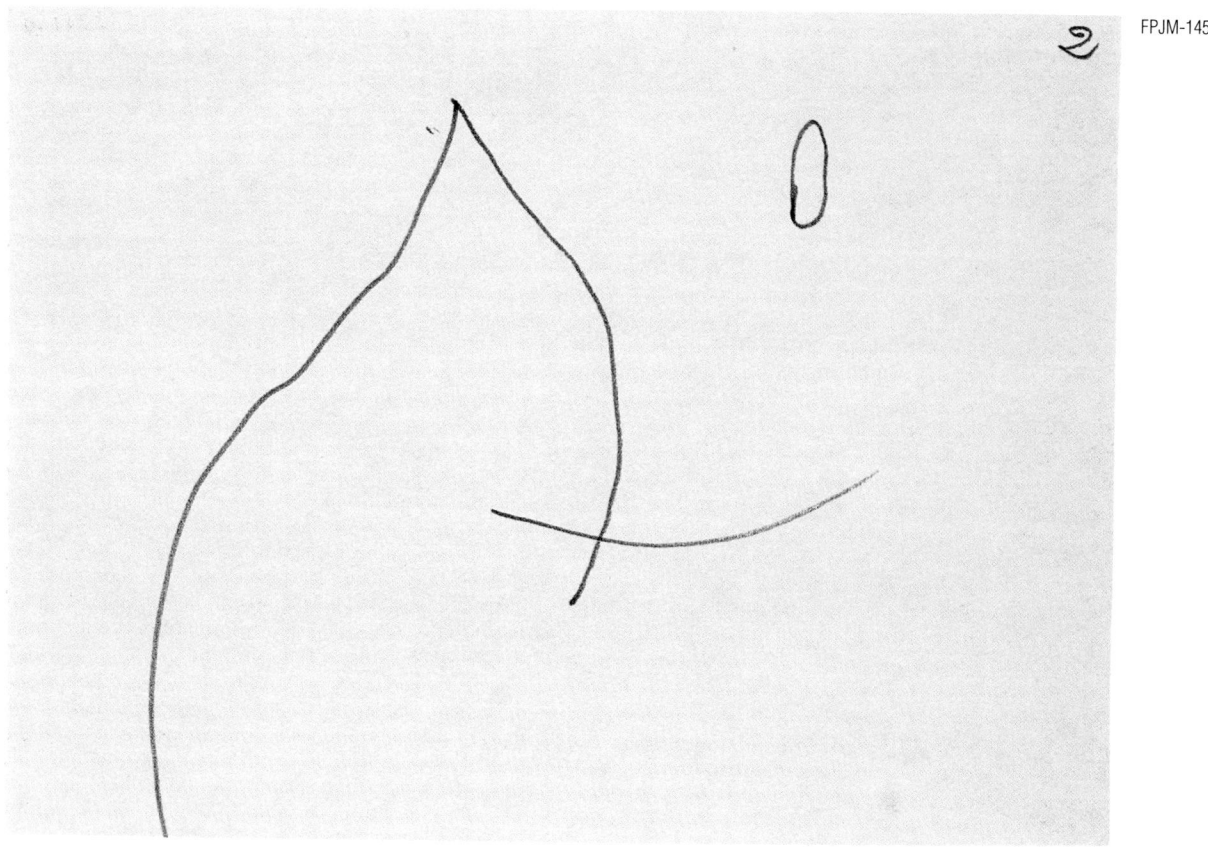

FPJM-1454.4

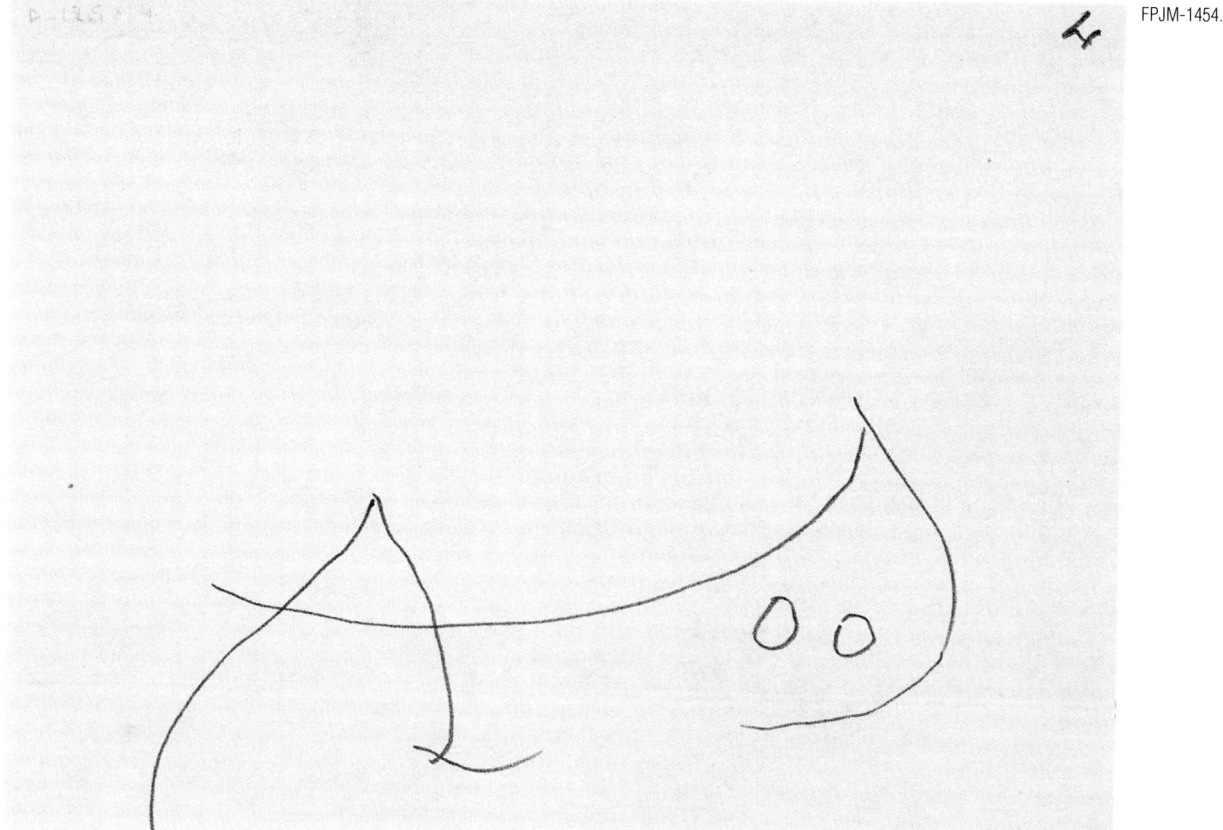

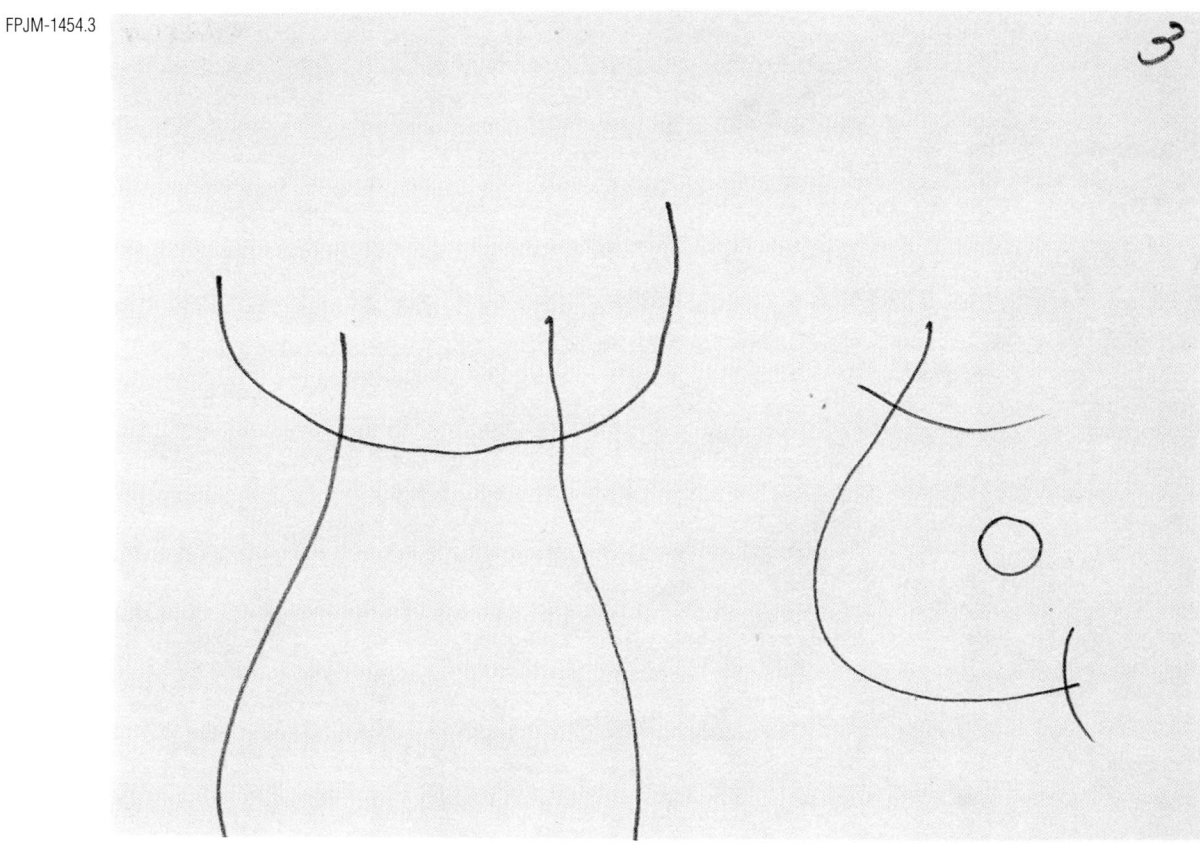

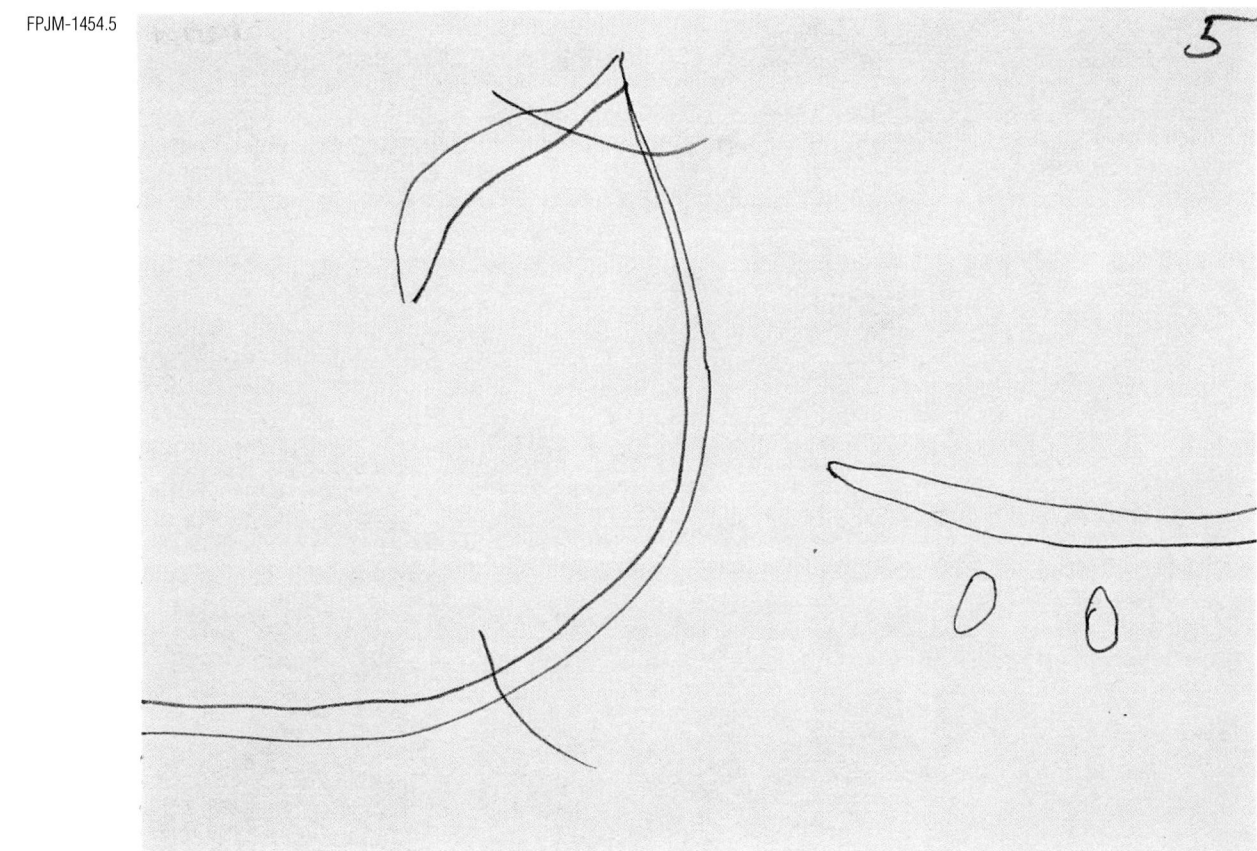

Dibujo preparatorio para *Lapidari*,
1981 [ca]
Rotulador sobre papel, 10,5 × 13,8 cm
Inscripciones: *6*
Procedencia: Donación del artista, 1981
FPJM-1454.6

Exposiciones: Palma de Mallorca 1999, [p. 26 (color)]

Dibujo preparatorio para *Lapidari*,
1981 [ca]
Rotulador sobre papel, 10,5 × 13,8 cm
Inscripciones: *7*
Procedencia: Donación del artista, 1981
FPJM-1454.7

Exposiciones: Palma de Mallorca 1999, [p. 27 (color)]

Dibujo preparatorio para *Lapidari*,
1981 [ca]
Rotulador sobre papel, 10,5 × 13,8 cm
Inscripciones: *8*
Procedencia: Donación del artista, 1981
FPJM-1454.8

Exposiciones: Palma de Mallorca 1999, [p. 27 (color)]

Dibujo preparatorio para *Lapidari*,
1981 [ca]
Rotulador sobre papel, 10,5 × 13,8 cm
Inscripciones: *9*
Procedencia: Donación del artista, 1981
FPJM-1454.9

Exposiciones: Palma de Mallorca 1999, [p. 27 (color)]

FPJM-1454.6

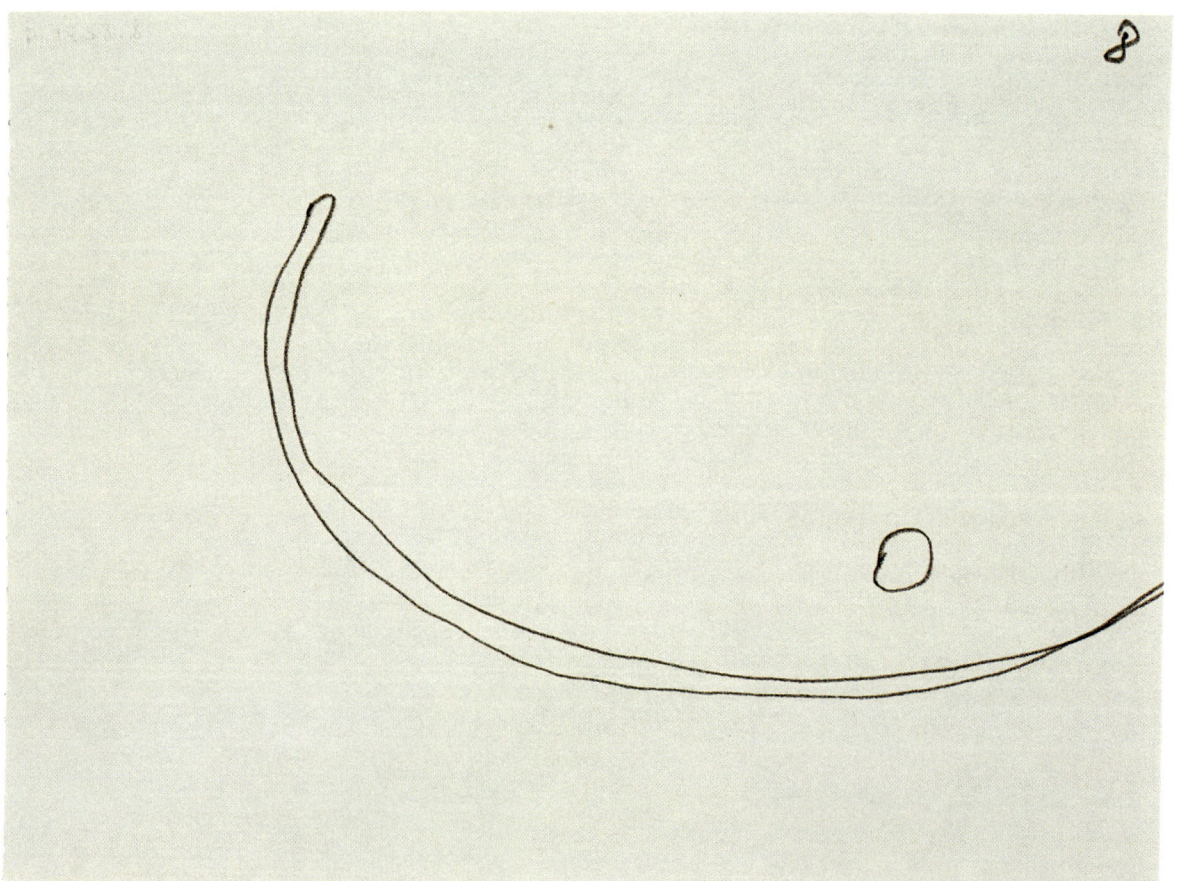

FPJM-1454.8

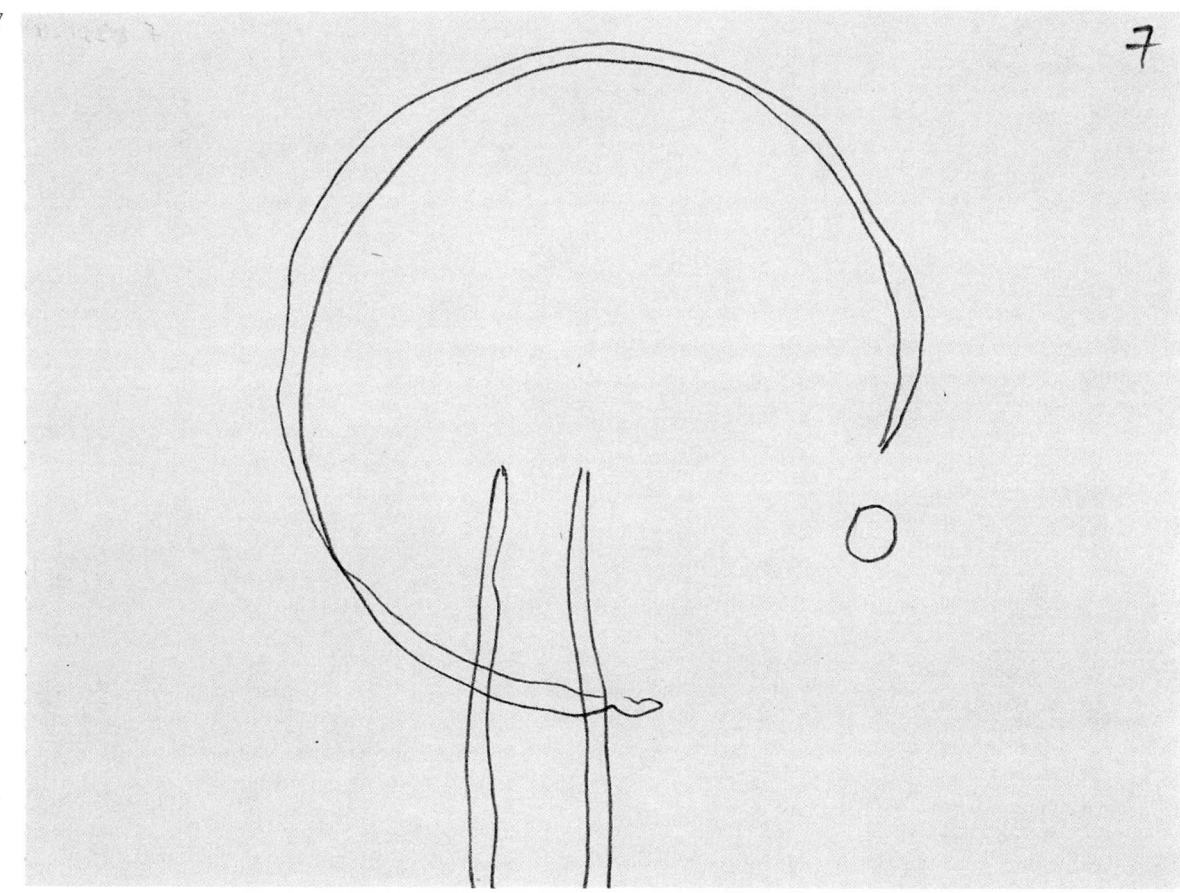

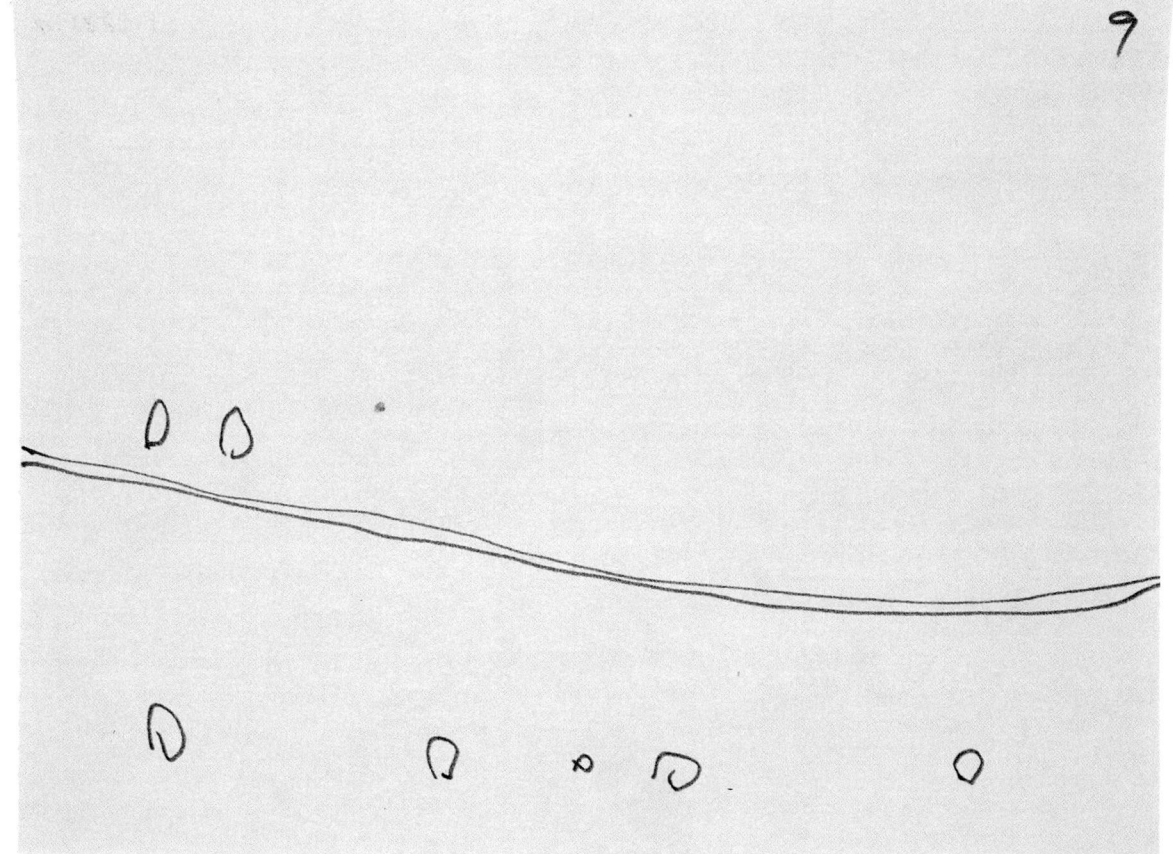

Dibujo preparatorio para *Lapidari*,
1981 [ca]
Rotulador sobre papel, 10,5 × 13,8 cm
Inscripciones: *10*
Procedencia: Donación del artista, 1981
FPJM-1454.10

Exposiciones: Palma de Mallorca 1999, [p. 27 (color)]

Dibujo preparatorio para *Lapidari*,
1981 [ca]
Rotulador sobre papel, 10,5 × 13,8 cm
Inscripciones: *11*
Procedencia: Donación del artista, 1981
FPJM-1454.11

Exposiciones: Palma de Mallorca 1999, [p. 27 (color)]

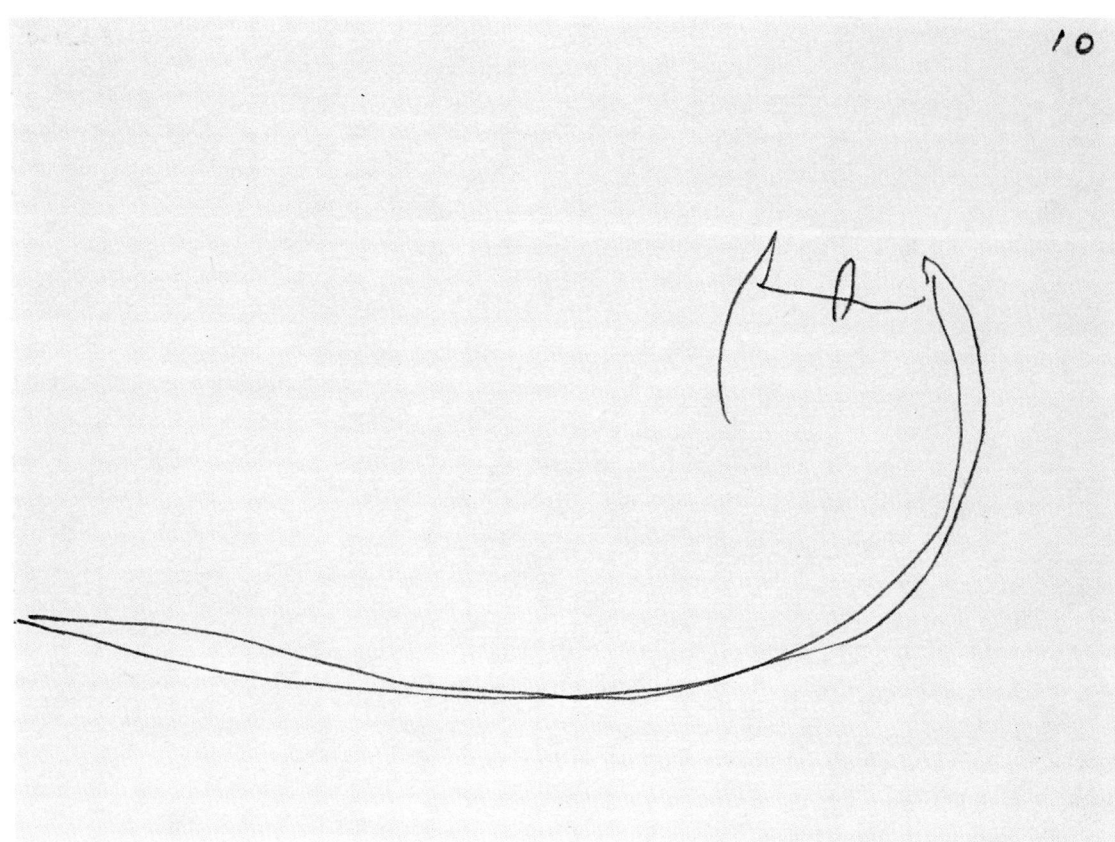

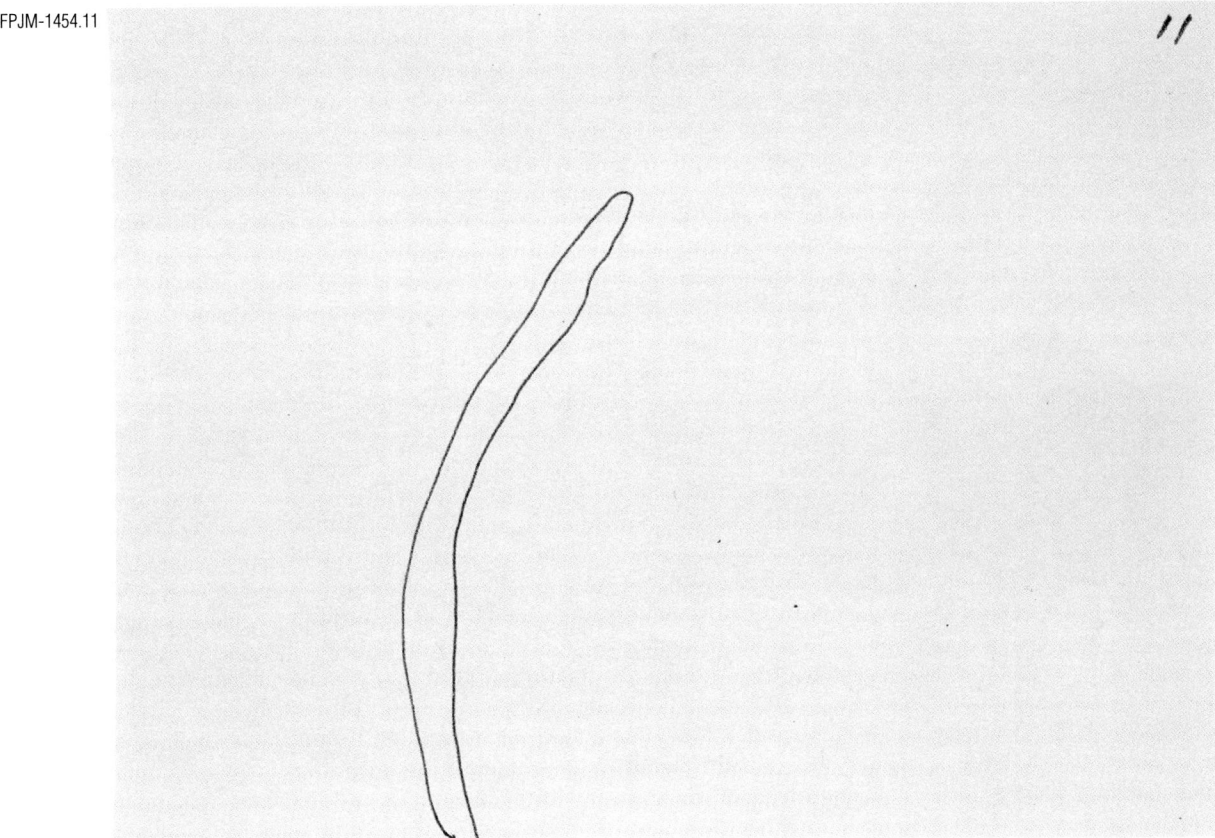

Cronología | Exposiciones | Bibliografía

"No és una obra el que compta, sinó la trajectòria de l'esperit durant la totalitat de la vida, no pas el que s'ha fet en el transcurs d'aquesta, sinó el que deixa entreveure i facilitarà de fer als altres, en una data més o menys llunyana."

Cuaderno "Une femme", 1940-1941 [Fundació Joan Miró, Barcelona].

Cronología

María Luisa Lax y Alejandra Bordoy

Esta cronología se ha redactado partiendo de fuentes primarias y, sobre todo, de fuentes secundarias o bibliográficas. Las fuentes primarias incluyen correspondencia, artículos de prensa, cuadernos de dibujos y obras de Joan Miró, catálogos de exposiciones y material heterogéneo como programas de teatro, planos de proyectos y fotografías. La Fundació Pilar i Joan Miró a Mallorca conserva un copioso fondo documental integrado por correspondencia, hemeroteca y material heterogéneo. Esta cronología pone de relieve esa riqueza e identifica toda la información procedente de esos fondos con el número de inventario del documento fuente. Se han utilizado dos prefijos diferentes, uno para la hemeroteca (H) y otro para la correspondencia (FD), ambos precedidos por el acrónimo de la Fundació Pilar i Joan Miró a Mallorca (FPJM). Es decir, (FPJM: H-428) y (FPJM: FD-551). Los datos relativos a cada publicación aparecen en el siguiente orden: Autor, fecha y número de inventario. Cuando se desconoce el nombre del autor de un artículo, se ha transferido la autoría a la revista o periódico. Todos los artículos de prensa citados en la cronología se han agregado a la bibliografía del catálogo.

Además del fondo documental de la Fundació, se han consultado los siguientes archivos identificados con el acrónimo que figura entre paréntesis a continuación de cada uno de ellos: Biblioteca Nacional de Catalunya: Correspondencia de Joan Miró con Josep-Francesc Ràfols. Frances Loeb Library, Graduate School of Design, Harvard University, Cambridge (FLL): Correspondencia de Joan Miró con Josep Lluís Sert. Fundació Josep Vicenç Foix, Barcelona (FJVF): Correspondencia de Joan Miró con Josep Vicenç Foix. Pierpont Morgan Library, Pierre Matisse Gallery Archives, Nueva York (PML: PMGA): Correspondencia entre Joan Miró y Pierre Matisse y otros documentos referentes a esa relación profesional. The Museum of Modern Art Archives, Nueva York (MoMA Archives, NY). The Solomon R. Guggenheim Foundation, Nueva York (GMA): Correspondencia de Joan Miró sobre varios proyectos en los que participó el Guggenheim Museum de Nueva York. Successió Miró, Palma de Mallorca (CS): Correspondencia de diversos autores dirigida a Joan Miró.

Toda la información incluida en la cronología está acreditada, en las notas, por las referencias documentales o bibliográficas de las que procede. La trascripción de todos los documentos manuscritos citados en la cronología se ha realizado respetando la ortografía y la grafía utilizadas por los autores de los mismos. En el caso de la correspondencia, se indica el autor, el destinatario, la fecha y el archivo o fuente bibliográfica de referencia. La información publicada entre corchetes indica que se trata de datos atribuidos, no seguros.

Joan Miró

1893
1983

1893 El 20 de abril, nace Joan Miró en Barcelona, el hijo mayor de Dolores Ferrà i Oromí y Miquel Miró i Adzaries. Dolores Ferrà es hija de un ebanista de Palma de Mallorca. Miquel Miró es un orfebre y relojero, hijo de un herrero de Cornudella.[1] Su abuelo materno, Joan Ferrà, era también de Palma y su abuela materna, Josefa Oromí, era natural de Barcelona. Sus abuelos paternos, Joan Miró e Isabel Adzaries, eran de Cornudella.[2]

1894 El 9 de diciembre, nace Miquel Miró Ferrà, hermano de Miró.[3]

1895 El 12 de mayo, muere Miquel Miró Ferrà cuando contaba sólo 5 meses.[4]

1896 El 16 de marzo, nace Josefa Miró Ferrà, hermana de Miró.[5]

1897 El 2 de mayo, nace Dolores Miró Ferrà, hermana de Miró.[6]

1900 Miró empieza la enseñanza primaria en una escuela situada en el carrer Regomir número 13. Comienza también clases de dibujo en esa misma escuela. Miró lo evoca retrospectivamente así: "[...] iba a clases de dibujo en la misma escuela, una vez acabada la jornada escolar. El nombre de mi profesor era Civil. Esa clase era como una ceremonia religiosa para mí; me lavaba las manos cuidadosamente antes de tocar el papel y los lápices. Los utensilios eran como objetos sagrados y trabajaba como si estuviera representando un rito religioso. Ese estado mental ha persistido, incluso se ha acentuado. Era incapaz de plasmar un rostro humano de una reproducción, en cambio, dibujaba las hojas de los árboles con sumo cuidado."[7]

A partir de 1900, Miró pasará parte del verano con sus abuelos paternos en Cornudella, y parte, con su abuela materna en Mallorca.[8]

1901 Miró realiza los primeros dibujos que se conservan, en los que plasma temas habituales como objetos, animales y flores de manera realista, pero también representa una temática inusual, *El pedicuro*, que denota un temprano interés por uno de sus motivos recurrentes, el pie.[9]

1906 Miró comienza un cuaderno en el que irá realizando dibujos entre 1906 y 1909, mientras veranea en casa de sus abuelos paternos y maternos. Muchos de estos bocetos son paisajes ejecutados en Cornudella y en Mallorca. En Mallorca, Miró representa edificios emblemáticos como La Llotja y el castillo de Bellver, pero también capta molinos de viento y marinas.[10]

1907 Por iniciativa de su padre, se matricula en la Escuela de Comercio de Barcelona.[11] Paralelamente, asiste a clases en la Escuela de Bellas Artes de la Lonja. Estudia con Modesto Urgell, un pintor romántico de paisajes, que transmite a Miró su interés por los espacios vacíos y los paisajes nocturnos, y con Josep Pascó, profesor de artes decorativas, que introduce a Miró al arte popular.[12] Las primeras obras de Miró, según su propio testimonio: "[Eran] De aspecto decorativo; porque la clase era de composición y eso permitía mayor libertad. Y Pascó notó en mí personalidad ya."[13]

La impronta de Urgell es indeleble, Miró afirma: "Recuerdo dos pinturas de Urgell en particular, ambas caracterizadas por horizontes crepusculares, largos y estrechos que dividían la pintura en dos mitades: una, es una pintura de una luna sobre un ciprés, la otra, con una luna creciente baja en el cielo. Tres formas que se han convertido en obsesiones para mí, representan la huella de Urgell: un círculo rojo, la luna, y una estrella."[14] El influjo de Urgell va más allá de la formación artística de Miró: "[...] Urgell marcó influencia en mi vida; no en pintura, sino en espíritu. [...] Amaba la soledad."[15]

1908 Realiza un paisaje de intensa paleta cromática, el primer óleo conservado de Miró.[16]

1910 Acaba los estudios de comercio y empieza a trabajar como meritorio de contabilidad en la droguería Dalmau Oliveres de Barcelona.[17] Miró guarda un recuerdo muy triste del tiempo que trabajó en esa droguería: "Eso me hizo polvo durante tres años. Se empezaba a trabajar a las ocho de la mañana en el negocio, se paraba de una a tres y luego de vuelta hasta las nueve. No había fin de semana libre. Hasta el domingo por la mañana. No había forma de hacer otra cosa. No era broma. Para mi padre, era preciso hacerse una posición. Y, evidentemente, el dibujo, la pintura, no eran actividades serias."[18] "Fueron tres años de presidio. [...] Me impuse y lo mandé todo a paseo."[19]

La familia de Miró adquiere la masía de Montroig en la provincia de Tarragona.[20]

1911 Miró cae enfermo como consecuencia del malestar generado por su trabajo, y a continuación contrae una fiebre tifoidea. Pasa su convalecencia en la masía de Montroig.[21]

El 20 de julio, se inaugura en Barcelona la "VI Exposición Internacional de Arte". Según el catálogo de esta exposición, Miró mostró una obra titulada *Roquis de Miramar (Mallorca)*, la primera obra exhibida por el artista.[22]

1912 Entre 1912 y 1915, Miró estudia en l'Escola d'Art de Francesc de Galí de Barcelona.[23] En opinión de Miró: "Galí era un hombre de visión amplia [...] no se trataba de pintar una naturaleza muerta o de dibujar a una modelo [...] todos los sábados nos íbamos al campo [...] a la noche, al volver, se tocaba música y se leía poesía. [...] En la academia empecé a leer a los poetas [...]. Y ya no he dejado de hacerlo."[24] Además, Galí ayuda a Miró a vencer sus dificultades con el dibujo: "Galí me ayudo mucho, de modo original y nada académi-

1 Dupin 1993, p. 25; y Fundació Joan Miró 1993, p. 483.
2 Umland 1993, p. 318.
3 Ibídem, p. 318.
4 Ibídem, p. 318.
5 Ibídem, p. 318.
6 Ibídem, p. 318.
7 Carta de Joan Miró a Jacques Dupin, 9 octubre 1957, en Rowell 1987a, pp. 44-45.
8 Rowell 1987a, p. 21.
9 Dupin 1993, pp. 26-27.
10 Fundació Joan Miró 1988, pp. 39-45.
11 Escudero y Montaner 1993, p. 483.
12 Rowell 1987a, p. 21; Dupin 1993, p. 452; y Escudero y Montaner 1993, p. 483.
13 Del Arco marzo 1951 (FPJM: H-1532).
14 Sweeney 1948, p. 208.
15 Del Arco marzo 1951 (FPJM: H-1532).
16 Este paisaje forma parte de la colección de la Fundación Pilar i Joan Miró a Mallorca, FPJM: 116.1a.
17 Rowell 1987a, p. 22; Dupin 1993, pp. 33, 452; y Escudero y Montaner 1993, p. 483.
18 Raillard 1977, p. 151.
19 Del Arco marzo 1951 (FPJM: H-1532).
20 Rowell 1987a, p. 22.
21 Rowell 1987a, p. 22; Dupin 1993, pp. 33, 452-453; y Umland 1993, p. 319.
22 Ayuntamiento de Barcelona 1911; Umland 1993, p. 319; Dupin 1993, pp. 33, 452; Escudero y Montaner 1993, p. 483, indica que la exposición tuvo lugar entre el 29 de abril y el 20 de julio; y Combalía 1990, p. 29, afirma que Miró mostró dos obras en esta exposición.
23 Rowell 1987a, p. 22; y Umland 1993, p. 319.
24 Raillard 1977, pp. 18-19.

25 Ibídem, pp. 121-122.
26 Rowell 1987a, p. 22, afirma que Miró conoció a Joan Prats en 1913.
27 Ibídem, p. 22.
28 Umland 1993, p. 319; y Laugier, de la Beaumelle, y Merly 2004, p. 301.
29 Rowell 1987a, p. 22.
30 Dupin 1993, p. 35.
31 Can Parés 1913; Rowell 1987a, p. 22; Umland 1993, p. 319; y Escudero y Montaner 1993, p. 483.
32 Escudero y Montaner 1993, p. 483.
33 Umland 1993, p. 319.
34 Carta de Joan Miró a Enric Cristòfol Ricart, 31 enero 1915, en Rowell 1987a, pp. 48-49, 308.
35 Umland 1993, p. 319.
36 Ibídem, p. 319; carta de Joan Miró a Bartomeu Ferrà, 15 marzo 1915, en Serra 1984, pp. 226-227; y Fundació Joan Miró 1988, pp. 50-52.
37 Carta de Joan Miró a Bartomeu Ferrà, 15 marzo 1915, en Serra 1984, pp. 226-227.
38 Rowell 1987a, fotografía número 4 de Miró en uniforme militar. La información sobre el servicio militar de Miró es contradictoria. Por un lado, en la carta a Bartomeu Ferrà, Miró afirma que se ha librado del servicio militar por excedente de cupo. Sin embargo, Miró realizó el servicio militar, según testimonio del propio artista: "-Pertenecía al Regimiento de Infantería de Vergara número 57. Naturalmente era un soldado raso." (ver Melià 1975, p. 117). Las discrepancias de datos afectan también al período en que realizó el servicio militar. Por un lado, Jacques Dupin 1961a, p. 62, dice: "Sus comienzos de <<artista pintor>> fueron desgraciadamente contrariados por las obligaciones del servicio militar. Su padre, poco favorable a sus proyectos, se negó a pagar la suma que lo dispensaría totalmente. El eligió la fórmula de exención menos onerosa que implicaba un servicio de diez meses repartido en varios años." Margit Rowell 1987a, p. 22, afirma: "1915 Octubre 1- Diciembre 31: servicio militar, Barcelona. Cumplirá con las exigencias del servicio militar durante tres meses (octubre hasta diciembre) de cada año hasta 1917." Por último Anne Umland 1993, p. 346, observa que en una carta de Miró a Ricart de 10 de junio de 1915, Miró le dice: "Ahora soy un soldado del Regimiento 57 de Infantería ..." Miró, en 1916, llegó a un acuerdo con los militares que le permitía realizar su servicio durante un período de tiempo que comenzaba en octubre (ver carta de Miró a Ricart fechada el 25 de julio de 1916, en lugar de los meses de verano. No obstante, en 1915, Miró fue llamado a filas para realizar el servicio durante un breve período en enero, y por un período más largo con anterioridad al 10 de junio de 1915 (ver dos cartas de Miró a Ricart fechadas el 31 enero de 1915 y 10 de junio de 1915 respectivamente).
39 Umland 1993, p. 319.
40 Ibídem, p. 319.
41 Ibídem, p. 319.
42 Melià 1975, pp. 118-119; y Umland 1993, pp. 319, 346.
43 Umland 1993, pp. 319, 346.
44 Rowell 1987a, p. 22; y Dupin 1993, p. 453.
45 Carta de Joan Miró a Enric Cristòfol Ricart, 7 octubre 1916, en Rowell 1987a, p. 49.
46 Raillard 1977, p. 49; Lubar 1987, p. 17, asegura que en 1916, Miró ya había leído obras de Guillaume Apollinaire. En cambio, Rowell 1987a, p. 23, sitúa estas lecturas en 1917.
47 Umland 1993, p. 319
48 Ibídem, pp. 319, 346.
49 Raillard 1977, p. 140; y Dupin 1993, p. 48.
50 Rowell 1987a, pp. 22-23.
51 Picon 1980, p. 22. Aunque en el libro de Picon, Miró hace estas declaraciones en referencia a una exposición de arte francés que supuestamente había tenido lugar en Barcelona en 1916, es muy probable que las palabras de Miró aludan a la exposición de 1917.
52 Rowell 1987a, p. 23; y Umland 1993, p. 320.
53 Dupin y Lelong-Mainaud 1999, pp. 35, 41-43.
54 Carta de Joan Miró a Enric Cristòfol Ricart, [agosto 1917], en Rowell 1987a, p. 50.
55 Umland 1993, p. 320, 347.
56 Carta de Joan Miró a Josep-Francesc Ràfols, 13 septiembre 1917, en Soberanas y Fontbona 1993, pp. 19-20.

co: me hacía cerrar los ojos y tocar el modelo con los dedos. [...] Y yo dibujaba. [...] Y hoy eso me ha quedado."[25]

Durante el tiempo que asiste a la escuela de Galí, Miró conoce entre otros, a Josep Francesc Ràfols, Enric Cristòfol Ricart, Joan Prats[26] y, tal vez también, a Josep Llorens Artigas. Prats, Ràfols, Ricart y Artigas serían amigos de Miró toda su vida.[27]

Probablemente entre el 20 de abril y el 10 de mayo, Miró visita la "Exposició d'art cubista" en las Galeries Dalmau de Barcelona. En esta exposición se presentaron obras de Gris, Léger, Metzinger, y Marcel Duchamp (*Nu descendant l'escalier*).[28]

1913 En torno al 15 de octubre, Miró se inscribe en clases de dibujo en el Círcol Artístic de Sant Lluc de Barcelona.[29] Miró recibe lecciones de dibujo y su trabajo se centra en la figura humana, partiendo del modelo natural.[30]

Entre el 6 y el 27 de diciembre, seguramente, Miró muestra tres pinturas en la "VIIIª Exposició del Círcol Artístic de Sant Lluc" en Can Parés de Barcelona.[31]

1914 En agosto, comienza la I Guerra Mundial. La neutralidad de España favorece la llegada de artistas extranjeros a Barcelona.[32]

En otoño, posiblemente, comparte con Ricart un estudio en el carrer Arc de Jonqueres de Barcelona.[33]

1915 En enero, Miró se encuentra en Caldetas cuidando de su madre convaleciente de fiebre tifoidea. El 31 de enero, Miró escribe a Ricart desde Caldetas: "El dolor es el hermano inseparable del placer; el uno no puede existir sin el otro. [...] Continuemos siendo visionarios de la vida, amigo mío."[34] Con anterioridad al 31 de enero, Miró es llamado a filas.[35]

Antes del 15 de marzo, regresa a Barcelona y probablemente sigue compartiendo el taller con Ricart, en el carrer Arc de Jonqueres. Miró continúa yendo a clases con Galí. Además, asiste a clases de desnudo en el Círcol Artístic de Sant Lluc y realiza una serie de dibujos de figuras humanas.[36]

El 15 de marzo, desde Barcelona, Miró escribe a Bartomeu Ferrà: "He estado últimamente dos meses en un bellísimo pueblo de nuestra costa: Caldetas, por la convalecencia de mi madre [...] Ahora, de vuelta en Barcelona, trabajo mucho; todo mi esfuerzo es para construir bien, esa es la lucha por lo que no tengo. Será más fuerte mi obra, si además de bella de color está bien de forma. [...] Yo he tenido la suerte de ser excedente de cupo y librarme del servicio."[37]

No obstante, Miró realizará la mili y vestirá el uniforme militar.[38]

Probablemente en el mes de junio, Galí cierra la Escola d'Art para dirigir la Escola Superior de Bells Oficis de Barcelona.[39]

Con anterioridad al 10 de junio, Miró es llamado a cumplir su servicio militar. Seguramente, pasa el verano en Barcelona realizando la mili.[40]

1916 Miró debió de pasar el invierno y la primavera en Barcelona. Durante este período, reside en su casa de Passatge del Crèdit, y pinta en un estudio que comparte con Ricart y, en ocasiones, también con Ràfols, en el carrer Arc de Jonqueres.[41]

Posiblemente, con posterioridad el 6 de enero, Miró conoce a Josep Dalmau, propietario de las Galeries Dalmau, donde se da cita la vanguardia artística de Barcelona.[42]

Con anterioridad al 25 de julio, Miró deja Montroig para incorporarse a su regimiento, debido a una huelga de ferrocarril. No obstante, Miró pasa la mayor parte del verano en Montroig.[43]

Desde el 1 de octubre hasta el 31 de diciembre, posiblemente, continúa su servicio militar en Barcelona.[44] El 7 de octubre, desde Barcelona, escribe a Ricart: "Este verano trabajé duro y realmente mucho. Ahora estoy en Barcelona (vestido de soldado). Por cierto, me están volviendo loco, tanto es así que es imposible hacer nada más. [...] Y, sobre todo, ojalá Dios me conceda que nunca me falte la Santa Ansiedad. Es gracias a ella que los hombres progresan."[45]

Miró aprovecha el servicio militar para leer poesía: "Antes de ir a París había leído *Le Poète assassiné*. Recuerdo muy bien que la primera vez que leí *Le Poète* estaba haciendo el servicio militar. Por las noches hacía guardias: dos horas con el fusil y dos horas de descanso. Durante estas dos últimas, leía a Apollinaire."[46]

Posiblemente, con posterioridad al 7 de octubre, comparte un estudio con Ricart en el carrer Sant Pere Més Baix de Barcelona, un taller que a veces también utiliza Ràfols.[47]

1917 Durante el invierno y la primavera, Miró probablemente reside en Barcelona. Vive en su domicilio habitual y trabaja en el taller que comparte con Enric Cristòfol Ricart, en el carrer Sant Pere Més Baix.[48]

A través de Dalmau, Miró quizás conoce a Francis Picabia. En 1975, Miró explica: "La primera reacción violenta sobre mí provino de la gente que veía en Barcelona, en casa de Dalmau. La llegada de Picabia y de su revista *391* fue muy importan-

te para mí. Y las telas de Picabia me impresionaron." Probablemente, éste fuese el primer contacto de Miró con el movimiento dadaísta.[49]

Del 23 de abril al 1 de julio, Barcelona acoge una gran exposición de arte francés de finales del siglo XIX y principios del XX, seguramente organizada por Ambroise Vollard. La "Exposició d'art francès" muestra obras de Degas, Bonnard, Matisse, Monet, Redon, Signac, Vuillard, Cézanne, Courbet, Daumier, Gauguin, Manet y Toulouse-Lautrec, entre otros.[50] Miró queda impresionado: "Había obras de Manet, Monet e incluso los primeros Matisse. ¡Qué impacto! Pensad que en aquel momento yo ni siquiera había ido a Madrid a ver el Prado... El impacto más fuerte fue Monet, una simple puesta de sol."[51]

Durante el verano, Miró reside en Montroig y visita Siurana, Prades, Cornudella y Cambrils.[52] De esta época datan una quincena de obras, basadas en paisajes y escenas de la vida rural, de marcada influencia "fauve", tales como *Siurana, le sentier; Prades, le village; Mont-roig, le pont; Cambrils, la plage.*[53]

En agosto, probablemente, Miró escribe a Ricart, desde Montroig: "He pintado mucho, cosas muy interesantes: paisajes, naturalezas muertas, figuras... La vida solitaria de Siurana, el primitivismo de esta gente admirable, mi trabajo intensísimo y, ante todo, mi recogimiento espiritual, vivir yo en un mundo creado por mi mente y mi alma, alejado, como Dante, de toda realidad [...] Me he recluido dentro de mí, y a medida en que me he ido convirtiendo en un escéptico acerca de todo cuanto me rodeaba, me he ido acercando más a Dios, a los árboles y a las montañas, a la Amistad. Primitivo como las gentes de Siurana y en un enamorado como Dante."[54]

En torno al 18 de agosto, Miró vuelve a Barcelona, pero poco después parte con su regimiento hacia Sabadell. A finales de agosto, Miró se encuentra de regreso en Montroig.[55]

El 13 de septiembre, Miró escribe a Ràfols, desde Montroig: "Ahora estoy esperando pacientemente el final de mes cuando iré a Barcelona y cogeré mi rifle otra vez durante tres meses, por última vez [...] Entre las cosas que he hecho este verano [...] he trabajado siempre en paisaje, con excepción de una chica de Siurana, y unas mujeres sentadas jugando a las cartas. Todo el resto, pinturas de paisaje, de emoción bien diferente una de otra, y de ejecución también diferente [...] Para mí, el arte del porvenir [...] tiende en todos a emancipar la emoción del artista y a darle una absoluta libertad [...] ¡Que nuestro pincel marque nuestras vibraciones!"[56]

El 1 de octubre, seguramente, Miró se incorpora de nuevo al servicio militar. Desde Barcelona,

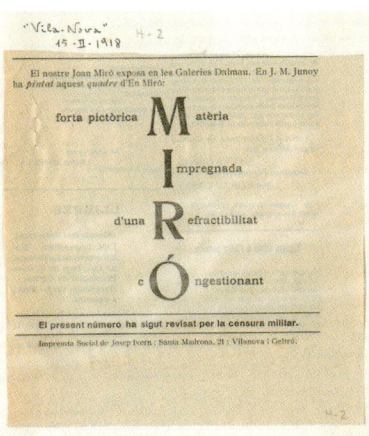

Caligrama de Josep Maria Junoy sobre la exposición de Miró en las Galeries Dalmau, Barcelona, 1918 (FPJM: H-2)

escribe a Ricart: "Creo que después del grandioso movimiento impresionista francés que cantaba a la vida y al optimismo, y los movimientos postimpresionistas, la valentía de los simbolistas, la síntesis de los fauves, y el análisis y la disección del cubismo y futurismo, después de todo eso veremos un arte libre en el que lo 'importante' será la vibración resonante del espíritu creativo."[57]

El 10 de noviembre, probablemente, Miró asiste, en compañía de Joan Prats, a la representación del ballet *Parade*, una producción de los Ballets Russes de Diaghilev, sobre un libreto de Jean Cocteau, vestuario y escenografía de Picasso, y música de Erik Satie, en el Gran Teatre del Liceu de Barcelona.[58]

A finales de diciembre, Miró acaba su servicio militar.[59] Durante el último trimestre del año, Miró lee regularmente las revistas de vanguardia francesas y catalanas, en las Galeries Dalmau.[60]

1918 Durante el invierno y la primavera, Miró posiblemente reside en Barcelona, en su domicilio habitual y trabaja en el taller que comparte con Ricart en el carrer Sant Pere Més Baix.[61]

En febrero, la revista *Arc-voltaic*, dirigida por Joan Salvat Papasseit, publica un dibujo de Miró en la cubierta de su primer y único número. Paralelamente a sus comienzos como artista de vanguardia, Miró se interesa por la vanguardia literaria catalana y empieza a colaborar con escritores y poetas.[62]

Seguramente en febrero, Miró participa en la fundación de la Agrupació Courbet, junto con Ràfols, Ricart, Rafael Sala y Francesc Domingo, a la que más tarde se incorpora Josep Llorens Artigas. La nueva agrupación nace como una escisión del Círcol Artístic de Sant Lluc, en oposición al conservadurismo de algunos de sus miembros.[63]

Desde el 16 de febrero al 3 de marzo, tiene lugar la primera exposición individual de Joan Miró en las Galeries Dalmau de Barcelona, donde muestra 64 pinturas y dibujos realizados entre 1914 y 1917.[64] Las obras expuestas denotan la influencia de Cézanne y la del fauvismo. La exposición de Miró suscita un escándalo debido a que un grupo de visitantes llega a rasgar algunos de los dibujos que se exponían sin enmarcar.[65] La acogida crítica es desigual. Josep Llorens Artigas alaba el estilo personal y las dotes de colorista de Miró: "Joan Miró estudia la realidad y extrae una visión propia que transmite a sus dibujos y a sus pinturas [...]. En la mayoría de las telas, la pincelada es jugosa y amplia [...] el colorido en esas pinturas es limpio y luminoso siempre, indicio de un gran coraje y de una gran sinceridad, dando, en todo caso, una agradable sensación de espontaneidad

y de intuición."[66] Quizá, el crítico más severo es Joan Sacs que resume así sus ideas: "Miró no padece la terrible timidez de casi todos los principiantes; es un magnífico atrevido, y un espíritu permeable a las corrientes modernas... pero, eso sí, por ahora, un detestable colorista. Emplea colores puros y brillantes -excesivamente- pero sin sentir el color: agrio, bárbaro, desentonado, 'gueulard'."[67] La crítica, no obstante, parece coincidir en destacar la audacia de Joan Miró e, incluso, hay quien, como Antonio Vallescá,[68] valora sus aptitudes pictóricas. Años más tarde, en 1928, Miró efectúa el siguiente comentario sobre esta exposición: "De esta exposición nadie adquirió nada y fue Dalmau quien me compró todas las obras expuestas para ayudarme a ir a París con el dinero que me proporcionó [...]."[69] En 1951, Miró retrospectivamente la recuerda así: "Di un golpe en Barcelona. [...] Críticas muy duras, pero al mismo tiempo dejando entrever mi personalidad; también recibí anónimos."[70]

En marzo, *Trossos*, una revista de arte y literatura de vanguardia dirigida por J. V. Foix, publica otro dibujo de Miró. En sus páginas se lee: "Joan Miró es de los nuestros."[71]

Con anterioridad al 14 de abril, Miró viaja a Mallorca, visita Palma y se encuentra con Bartomeu Ferrà.[72]

En torno al 15 de abril, las Galeries Dalmau exponen pinturas de Miró y Ricart, entre otros.[73]

El 17 de abril, Miró se encuentra en Pollensa, desde donde escribe a Dalmau: "Mañana pienso volver a Palma, y allí establecer el cuartel general, y esperar a ver si algún día recibo un aviso de su llegada a Palma [...]."[74]

Entre el 10 de mayo y el 30 de junio, tiene lugar la "Exposició d'Art" del Palacio de Bellas Artes en Barcelona. En una de las salas del Círcol Artístic de Sant Lluc, Miró expone junto a la Agrupació Courbet.[75]

El 11 de mayo, Miró escribe a Ricart: "Ayer tuvo lugar la inauguración de la exposición. La agrupación 'Courbet', teniendo en cuenta nuestra falta de preparación, estuvo bien, amigo mío. [...] Tenemos que prepararnos para el próximo año –la agrupación Courbet tiene que pisotear todos los cuerpos putrefactos y fósiles. [...] A comienzos de la semana próxima, Ràfols y yo comenzaremos un desnudo de Trini. Voy a hacer una tela de 1,20 m. x 1,52 m. Ya veremos qué sale."[76]

En torno al 11 de junio, Miró asiste a una representación del ballet de Stravinsky, *Petrouchka*, en el Gran Teatre del Liceu de Barcelona.[77]

Desde comienzos de julio, Miró se encuentra en Montroig donde pasa todo el verano.[78] Miró

57 Carta de Joan Miró a Enric Cristòfol Ricart [1 octubre 1917], en Rowell 1987a, pp. 52-53.
58 Umland 1993, p. 320; y Meliá 1975, p. 131.
59 Rowell 1987a, p. 23; y Umland 1993, p. 320.
60 Laugier, de la Beaumelle, y Merly 2004, p. 301.
61 Umland 1993, p. 320.
62 Lubar 1987, p. 17.
63 Rowell 1987a, p. 23; y Umland 1993, pp. 320, 347.
64 Galeries Dalmau 1918; y Umland 1993, p. 320.
65 Combalía 1990, p. 46.
66 Llorens Artigas 25 febrero 1918 (FPJM: H-5).
67 Sacs 24 febrero 1918 (FPJM: H-4).
68 Vallescá 7 marzo 1918 (FPJM: H-6).
69 Trabal 14 julio 1928 (FPJM: H-264).
70 Del Arco marzo 1951 (FPJM: H-1532).
71 Lubar 1987, pp. 17-18.
72 Umland 1993, pp. 320, 347.
73 Ibídem, pp. 320, 347.
74 Carta de Joan Miró a Josep Dalmau, 17 abril 1918, en Santos Torroella 1993, p. 66.
75 Umland 1993, pp. 320, 347.
76 Carta de Joan Miró a Enric Cristòfol Ricart, 11 mayo 1918, en Rowell 1987a, pp. 53-54.
77 Umland 1993, pp. 320, 347.
78 Carta de Joan Miró a Enric Cristòfol Ricart, 16 julio 1918, en Rowell 1987a, pp. 54-55; y Lubar 1987, p. 18.

79 Lubar 1987, p. 18; y Umland 1993, pp. 320, 347.

80 Carta de Joan Miró a Enric Cristòfol Ricart, 16 julio 1918, en Rowell 1987a, pp. 54-55.

81 Carta de Joan Miró a Bartomeu Ferrà, 25 julio 1918, en Serra 1984, pp. 230-231.

82 Carta de Joan Miró a Enric Cristòfol Ricart, 4 agosto 1918, en Rowell 1987a, pp. 55-56.

83 Carta de Joan Miró a Josep-Francesc Ràfols, 11 agosto 1918, en Soberanas y Fontbona 1993, pp. 21-22. Los dos paisajes a los que hace referencia podrían ser Le Potager à l'âne, Tuilerie à Montroig, o bien L'Ornière, en Dupin y Lelong-Mainaud 1999, pp. 54-58.

84 Carta de Joan Miró a Josep Dalmau, 15 agosto 1918, en Santos Torroella 1994, pp. 108-109.

85 Carta de Joan Miró a Enric Cristòfol Ricart, 18 octubre 1918, en Rowell 1987a, pp. 57-58.

86 Carta de Joan Miró a Enric Cristòfol Ricart, 27 octubre 1918, en Rowell 1987a. p. 58.

87 Carta de Joan Miró a Josep-Francesc Ràfols, 1 noviembre 1918, en Soberanas y Fontbona 1993, pp. 23-24. El cuadro citado por Miró debe ser Montroig, l'église et le village, en Dupin y Lelong-Mainaud 1999, p. 59.

88 Probablemente se refiere a Apa (Feliu Elías) que tuvo varios pseudónimos.

89 Carta de Joan Miró a Enric Cristòfol Ricart, 10 noviembre 1918, en Rowell 1987a, pp. 59-60.

90 Umland 1993, pp. 320, 347.

91 Ibídem, p. 320.

92 Galeries Laietanes 1919.

93 Rowell 1987a, p. 23; Umland 1993, p. 321; y Sacs 15 junio 1919 (FPJM: H-16).

94 Carta de Joan Miró a Josep-Francesc Ràfols, 28 junio 1919, en Soberanas y Fontbona 1993, pp. 29-30.

95 Umland 1993, p. 321.

96 Dupin y Lelong-Mainaud 1999, pp. 60-61.

97 Miró alude a su Autorretrato de 1919, que más tarde pertenecería a Picasso.

98 Miró se refiere al Nu au miroir de 1919, en Dupin y Lelong-Mainaud 1999, pp. 62-63.

99 Carta de Joan Miró a Enric Cristòfol Ricart, 9 julio 1919, en Rowell 1987a, pp. 60-62.

100 Carta de Joan Miró a Josep-Francesc Ràfols, 10 agosto 1919, en Soberanas y Fontbona 1993, pp. 31-32.

101 El paisaje Mont-roig, vignes et oliviers par temps de pluie repintado en torno a 1978 forma parte de la colección de la Fundació Pilar i Joan Miró a Mallorca (FPJM-121).

102 Carta de Joan Miró a Josep-Francesc Ràfols, 10 agosto 1919, en Soberanas y Fontbona 1993, pp. 31-32.

realiza una serie de pinturas que inauguran un nuevo estilo, entre las que se encuentran Huerto con asno y La casa de la palmera.[79]

El 16 de julio, desde Montroig, escribe a Ricart: "Nada de simplificaciones o abstracciones [...]. Por ahora, lo que más me interesa es la caligrafía de un árbol o un tejado, hoja a hoja, ramita a ramita, hierba a hierba, y teja a teja. Esto no significa que estos paisajes no acaben siendo cubistas o rabiosamente sintéticos [...]."[80]

El 25 de julio, Miró escribe a Bartomeu Ferrà: "Con Ricart tenemos muchas ganas, si no nos falta dinero, de ir a Madrid este invierno; no queremos pasar más tiempo sin ver el Prado [...] A ver si te animas y vienes con nosotros a ver el gran Goya. Días de mutua felicitación para nosotros, fervientes francófilos, son estos de la gloriosa ofensiva de los aliados. A ver si consiguen sacar de una vez a aquella gentuza, y nosotros podremos ir a París, a saturarnos de la gracia francesa, sintetizada en Renoir (¡aquel 'Moulin de la Galette', aquellas mujeres, aquellos desnudos!)"[81]

El 4 de agosto, Miró escribe a Ricart: "Continúo trabajando. Todavía no he acabado ni una sola tela (con la excepción de un boceto de un trillador y algunos dibujos). ¡Hacer caligrafía requiere mucho tiempo, amigo mío!... [...] Después de todos estos años de tener que ir a Barcelona el día 1 de octubre para ser soldado, espero este año disfrutar de una larga estancia en el campo y pasar el otoño aquí hasta que el mal tiempo me eche (creo que será octubre y parte, o todo, noviembre)."[82]

El 11 de agosto, escribe a Ràfols, desde Montroig: "Yo estoy trabajando mucho [...] Esta semana pienso acabar dos paisajes [...] Ya ve que soy muy lento en el trabajo. A medida que trabajo una tela, voy queriéndola; estimación surgida de la lenta comprensión, [...]. Gozo de llegar a comprender en un paisaje una hierbecita –¿por qué despreciarla?– una brizna de hierba es tan graciosa como un árbol o una montaña. Excepto los primitivos y los japoneses, casi todos descuidan, eso tan divino."[83]

El 15 de agosto, Miró escribe a Josep Dalmau, desde Montroig: "Estoy trabajando mucho, con propósitos de pasar una buena estancia en el campo [...] Dénos el gozo este invierno de darle un buen empujón a la 'menagerie' organizando buenas exposiciones. A ver si para empezar la temporada y el II capítulo de su historia nos trae a Picasso y Cézanne. Todos los fervientes admiradores de Francia debemos felicitarnos del triunfo de la nueva ofensiva que desaloje de sus tierras a los enemigos de todos los que somos civilizados. A ver si pronto podemos hacer nuestro cada día más necesario y ansiado viaje a París. VIVE LA FRANCE!"[84]

El 18 de octubre, Miró escribe a Ricart: "Soy realmente feliz aquí. El otoño en el campo es maravilloso (memoria convulsiva de las Estaciones de Haydn). Orquestación divina de las nubes en el cielo [...] No he podido trabajar tanto como a mí me hubiera gustado. [...] en los días en que el tiempo no me permite trabajar fuera al aire libre, soy incapaz de encerrarme en una habitación y hacer una naturaleza muerta. Aquí, me siento atraído únicamente por el campo. Cuando hace viento o llueve, paso todo el día entre los viñedos y los árboles y corriendo con un rifle, cazando solamente algún gorrión que otro. En una palabra, la cuestión es intoxicarse uno mismo del gran optimismo que proporciona el campo."[85]

El 27 de octubre, Miró escribe a Ricart: "El tiempo aquí es maravilloso, con un sol de verano; esto me permite trabajar mucho. En estos momentos, estoy haciendo una tela con una casa con un reloj de sol, una palmera, y una jaula de pájaros colgando del quicio de la puerta."[86]

El 1 de noviembre, Miró escribe a Ràfols: "Ahora estoy trabajando mucho; el tiempo es muy bueno y esto me permite pasarme todo el día delante del caballete. El cuadro del pueblo de Montroig [...] lo he tenido que dejar para ahorrarme ir al pueblo, totalmente invadido por la gripe."[87]

El 10 de noviembre, Miró escribe a Ricart, desde Montroig: "Planeo reformar mi paleta tal como sugiere el 'Démon vert'[88] e introducir, ante todo, algunos tonos terrosos, que, casualmente, me gustan cada día más. Tal como creo que te dije cuando estuviste aquí, he eliminado los colores puros en gran medida, y sólo los utilizo como último recurso. [...] Si el 'démon vert' no tiene inconveniente, recomiendo limón Cadmio, es maravilloso y es Cadmio –que tú me dices que Apa recomienda. Al lado del limón Cadmio, el amarillo cromo es opaco y apagado. Por lo que respecta a los cadmios, Sunyer me dijo que había descubierto el Cadmio rojo [...] ¡Lo buscaré cuando vaya a Barcelona!" Respecto a la siguiente asamblea de la Agrupació Courbet, Miró le pide a Ricart que transmita lo siguiente: "Constituir oficialmente la Agrupació Courbet, para que nunca nadie pueda ponerle obstáculos y pueda ser activa en el mundo oficial del arte (exposiciones de arte en España y en el extranjero)." En esta carta Miró reitera su voluntad de exponer en París: "En lo que concierne a las exposiciones, podemos parafrasear a Foch [...]. En la ofensiva actual, Foch dijo: ¡luchar, luchar, luchar! Nosotros podemos decir PARÍS PARÍS PARÍS."[89]

Posiblemente, a comienzos de diciembre, Miró regresa a Barcelona y permite a Ricart que utilice su estudio del carrer Sant Pere Més Baix.[90]

1919 Miró debió de pasar el invierno y tal vez también la primavera en Barcelona. Vive en su residencia habitual y trabaja en su estudio del carrer Sant Pere Més Baix.[91]

Del 17 al 30 de mayo, Miró participa, junto con la Agrupació Courbet, en la "Exposició de dibuixos" en las Galeries Laietanes de Barcelona.[92]

Entre el 28 de mayo y el 30 de junio, Miró expone con la Agrupació Courbet en la segunda "Exposició d'Art", en una de las salas del Círcol Artístic de Sant Lluc de Barcelona.[93]

A partir del 29 de junio se instala en Montroig.[94] Antes de finales de junio, Miró crea un cartel para L'Instant, una revista franco-catalana.[95] En Montroig, pinta un óleo sobre tela titulado Mont-roig, vignes et oliviers,[96] tal como describe en sus cartas a Ricart y a Ràfols.

El 9 de julio escribe a Ricart: "El autorretrato ya está acabado.[97] Dalmau tiene que enviarlo a París junto con un paisaje, este otoño. No he podido acabar el desnudo.[98] Le he regalado a Dalmau el 'Boceto del trillador'... No te olvides de conseguir todos los detalles que puedas de manera que podamos mirar la posibilidad de ir a París en noviembre. Yo también preguntaré detalles."[99]

El 10 de agosto, Miró escribe a Ràfols: "Yo trabajo mucho –todo el día. Continúo con la tela del pueblo y estoy haciendo otra grande –el paisaje de olivos, algarrobos y viñas que se ve desde mi habitación, tú ya lo recordarás: luz avasalladora."[100] Miró debió de realizar previamente un óleo sobre cartón titulado Mont-roig, vignes et oliviers par temps de pluie que, en los años setenta, utilizó como soporte para realizar otra pintura.[101] Además, en la carta del 10 de agosto, Miró le comenta a Ràfols sus planes de ir a París: "Ricart ya le habrá dicho su determinación de irse, dentro de pocos meses a París [...] Yo definitivamente, me voy a finales de noviembre. Es preciso ir como un luchador y no como un espectador de la lucha si se quiere hacer alguna cosa [...] Es preciso esforzarse, amigo Ràfols, en hacer buena pintura [...] Si vamos dejando pasar el tiempo y nos contentamos con hacer algo interesante, al cabo de poco no se hablará más. Es preciso dejar estar esto e ir buscando siempre, y cavar muy hondo y prepararse para, cuando se tenga la edad madura, empezar a hacer algo verdaderamente interesante."[102]

El 21 de agosto, en otra carta a su amigo Ràfols, Miró hace un balance del trabajo realizado durante el verano: "Sigo trabajando de firme. He estudiado mucho este verano [...] ¡¡imagínese el gozo de ir trabajando tiempo y tiempo y descubrir problemas nuevos!! No he despreciado nada de la realidad, convencido de que todo está contenido en ella. No hay nada anecdótico –ni sombras, ni contraluz, ni crepúsculos; lo que debe hacerse es *pintarlo*. [...] Con todo, las telas de este verano probablemente serán más de *combate* que de *resultado*. Mejor. Tengo fe en lo que haré este invierno. [...] Cavar, cavar bien hondo, como siempre le digo a Ricart, y cavando bien adentro es como aparecerán, esplendorosos, nuevos problemas por resolver, que nos llevarán al camino de huida del *fatal interés santo, momentáneo,* e ir a hacer *buena pintura*."[103]

Durante el verano, desde Montroig, Miró comienza a proyectar su viaje a París para el invierno. A su regreso a Barcelona, Miró piensa hablar con el marchante Pere Mañach o bien aceptar la oferta del galerista Dalmau de enviar obra de Miró a un marchante de París para preparar el viaje del artista catalán a la capital francesa.[104]

El 14 de septiembre, Miró escribe a Ricart: "Estoy absolutamente decidido a ir a París este invierno, siempre que haya actividad artística allí. [...] Si tienes el valor de venir y luchar para salir adelante en la capital del mundo, entonces sacúdete el polvo de la cobardía, olvídate de todo lo demás, y ven conmigo [...] Si tú piensas ir como un luchador, es un crimen continuar perdiendo el tiempo por comodidad nuestra. Ir pensando que quizás las cosas sean mejor mañana. Me importa un bledo el mañana, lo que me interesa es hoy. Además, prefiero mil veces –y digo esto con toda sinceridad- fracasar estrepitosa y mortalmente en París que continuar flotando en estas aguas asquerosas y pestilentes de Barcelona."[105]

En torno al 22 de octubre, de regreso en Barcelona, Miró se entrevista con Dalmau y, tal vez, también con Mañach. Miró escribe a Ricart sobre su viaje a París: "Esta mañana he ido al Consulado de Francia; me han preguntado por qué queríamos ir a París y al decirle que para pintar y estudiar, me han dicho que para empezar tenía que contar con un contrato de trabajo firmado por alguien de París [...] Ahora acabo de hablar con Dalmau; por mi parte yo ya lo tengo resuelto; el mismo marchante de París que me exponga (!) se encargará de firmarlo. [...] Ya entenderás que yo no puedo ir a París hasta que no sepa la fecha exacta de mi exposición allá arriba [...] Pienso ir un mes o dos antes de exponer."[106]

Probablemente en noviembre, Miró escribe a Ricart: "Cuando vengas, hablaremos largo y tendido sobre ir a París. Mientras tanto, estoy haciendo balance de la situación actual, tal como me obligo a hacer de vez en cuando. Te agradecería que le leyeras esto a Ràfols para ver lo que dice. A. Tengo 26 años. B. Del pequeño capital que gané cuando trabajaba de contable sólo me quedan 25 o 30 pesetas (este capital se fue en pintura, un estudio); recientemente, viendo que mi 'fortuna' se estaba acabando, he pedido, con gran disgusto por mi parte, algo de dinero a mi madre. C. Sé confidencialmente que cuando deje

mi casa tendré suficiente dinero para permitirme vivir y funcionar durante algún tiempo. D. Si me quedo en Barcelona, no veo otra solución que hacer cualquier cosa, para poder pintar y ganar el dinero que necesito para hacerlo."[107]

Durante el otoño y el invierno, Miró continúa haciendo preparativos para ir a París, según se desprende de la correspondencia con Ricart y con Ràfols.[108]

A finales de este año, la Agrupació Courbet está prácticamente disuelta.[109]

1920 Probablemente, Miró pasa enero y parte de febrero en Barcelona. Vive en su residencia habitual en Passatge del Crèdit y deja su taller.[110]

El 14 de febrero, Miró escribe a Espinal, que ya estaba instalado en París desde hacía de tres meses, y le comunica que saldrá hacia París a final del mes.[111]

Hacia finales de febrero, Miró realiza su primer viaje a París.[112] Miró se aloja en el Hôtel Rouen, donde se dan cita muchos catalanes, entre otros, el poeta Salvat-Papasseit, el escritor Josep Pla, Ricart, Llorens Artigas y Torres García.[113] En 1975, Miró rememora así este primer viaje: "Dejé Barcelona porque me atraía todo lo que se estaba haciendo en París. Apollinaire acababa de morir: no le conocí. Pero sabía que en París se entendería lo que yo tenía en la cabeza. [...] Cuando llegué a París, con los amigos de Barcelona, fuimos a Notre-Dame-des-Victoires. Teníamos la dirección del hotel de Rouen, atendido por catalanes. Eran buena gente que a los compatriotas pobres, como éramos nosotros, les pedían sólo unas monedas, un precio simbólico, por una habitación. Y además nos invitaban con frecuencia a comer los domingos."[114]

El 2 de marzo, Miró visita a Pablo Picasso acompañado de Ricart: "Estoy en París, felizmente llegado. Sólo andando por la calle, he visto a Sisley, Morisot. Esta mañana hemos ido con Ricart a casa de Picasso. Nos ha recibido muy bien en su taller; hemos visto todo lo que hacía y nos ha enseñado muchas esculturas de arte negro y dos telas de Rousseau."[115]

El 14 de marzo, seguramente, Miró escribe a Ràfols desde el Hôtel Rouen y le describe sus visitas en París a museos y exposiciones -Museo Rodin, Museo Luxemburg, Museo del Louvre. Miró concluye: "La joven pintura catalana es infinitamente superior a la francesa; tengo absoluta confianza en la *intervención salvadora* del arte catalán. ¿Cuándo permitirá Cataluña que los artistas puros puedan ganar lo justo para comer y pintar? Esta aspereza con la que Cataluña trata las cosas del espíritu, puede que sea un calvario redentor."[116]

Con anterioridad al 27 de marzo, Miró se reúne con Dalmau en París para hablar de su exposición.[117] El impacto de París paraliza intelectualmente a Miró: "Viví un año de desorientación absoluta. De manera que intenté ir a alguna Academia y no supe hacer ni una raya. Me colocaba ante los modelos y no sabía dibujar, en absoluto."[118]

El 12 de abril, Miró escribe a Josep Dalmau: "Espero deben de continuar sus gestiones tan bellamente iniciadas aquí en París, por lo de mi exposición. Con el interés con el que se lo toma, y que yo le agradezco muy sinceramente, no dudo de la buena marcha [...] Volví a casa de Picasso con los Mompou; nos recibió muy bien y me regañó por no ir más a menudo. Mostró mucho interés en ver cosas mías [...] Yo aquí apenas trabajo; no es posible. Siento que un mundo nuevo se abre en mi mente."[119]

El 26 de abril visita la ciudad de Reims, desde donde envía una tarjeta postal a su amigo Ràfols.[120]

El 8 de mayo escribe a Ràfols, desde París: "Este París me ha conmocionado totalmente. [...] Dejadme disfrutar, ahora, calladamente, de este nuevo mundo. El Louvre, portentoso (yo que nunca me había movido de Barcelona, ¿se imagina, mi conmoción?). Toda una divinidad. La luz finísima, de finura inexplicable [...] Yo me paso todo el día en los museos y viendo exposiciones [...] Uno de estos días espero a Dalmau; me ha escrito que viene para acabar de arreglar lo mío. Desde que se fue, no he tenido ningún detalle de sus gestiones, así que aún no se cuándo expondré. Durante el tiempo que Dalmau estuvo en París trabajó mucho para mí [...] Logró también hacer entrar obras mías en colecciones particulares, que son reconocidísimas en el mundo de las artes. Claro que, comercialmente, yo no tengo nada que ver, pero esto, para mí, es un gran *reclamo*, y me ahorra muchos años de luchar por aquí."[121]

El 26 de mayo, probablemente, Miró asiste a un festival dadaísta en la Salle Gaveau de París.[122]

A mediados de junio, posiblemente, Miró regresa desde París a Barcelona,[123] donde sólo permanece unas dos semanas antes de trasladarse a Montroig. Allí pinta tres naturalezas muertas que concilian un realismo minucioso con un cubismo decorativo.[124]

El 27 de junio, Miró escribe a Picasso: "Ayer, le envié por correo certificado 4 fotografías de mis obras, conforme a lo que le dije en París. No olvide que todas fueron pintadas antes de conocer Francia. He pasado algunos días en Barcelona. El efecto, después de haber vivido en París es sorprendente. La vida intelectual tiene 50 años de retraso y los artistas dan la impresión de

103 Carta de Joan Miró a Josep-Francesc Ràfols, 21 agosto 1919, en Soberanas y Fontbona 1993, pp. 33-34.
104 Carta de Joan Miró a Josep-Francesc Ràfols, 21 agosto 1919, en Soberanas y Fontbona 1993, pp. 33-34.
105 Carta de Joan Miró a Enric Cristòfol Ricart, 14 septiembre 1919, en Centre d'Art Santa Mònica y Generalitat de Catalunya 1993, p. 105.
106 Carta de Joan Miró a Enric Cristòfol Ricart, octubre 1919, en Centre d'Art Santa Mònica y Generalitat de Catalunya 1993, p. 106; y carta de Joan Miró a Josep-Francesc Ràfols, 21 agosto 1919, en Soberanas y Fontbona 1993, pp. 33-34.
107 Carta de Joan Miró a Enric Cristòfol Ricart, 19 noviembre 1919, en Rowell 1987a, pp. 65-66.
108 Carta de Joan Miró, desde Barcelona, a Enric Cristòfol Ricart, sin fecha; carta de Joan Miró a Enric Cristòfol Ricart, diciembre 1919, en Centre d'Art Santa Mònica y Generalitat de Catalunya 1993, pp. 106-107; y carta de Joan Miró a Josep-Francesc Ràfols, sin fecha, en Soberanas y Fontbona 1993, p. 35.
109 Rowell 1987a, p. 23; y Umland 1993, p. 321.
110 Umland 1993, pp. 321, 348.
111 Laugier, de la Beaumelle, y Merly 2004, p. 306.
112 Umland 1993, pp. 321, 348.
113 Raillard 1977, p. 66; y Rowell 1987a, p. 23.
114 Raillard 1977, pp. 65-66.
115 Carta de Joan Miró a Josep-Francesc Ràfols, [2 marzo 1920], en Soberanas y Fontbona 1993, p. 37.
116 Carta de Joan Miró a Josep-Francesc Ràfols, [14 marzo 1920], en Soberanas y Fontbona 1993, pp. 38-39.
117 Umland 1993, pp. 321, 348.
118 Trabal 14 julio 1928 (FPJM: H-264); y Raillard 1977, pp. 66-67.
119 Carta de Joan Miró a Josep Dalmau, 12 abril 1920, en Santos Torroella 1993, pp. 66-68.
120 Postal de Joan Miró a Josep-Francesc Ràfols, 26 abril 1920, en Soberanas y Fontbona 1993, p. 40.
121 Carta de Joan Miró a Josep-Francesc Ràfols, 8 mayo 1920, en Soberanas y Fontbona 1993, pp. 41-43.
122 Rowell 1987a, p. 23.
123 Carta de Joan Miró a Bartomeu Ferrà, 8 agosto 1920, en Serra 1984, p. 234.
124 Umland 1993, pp. 321, 348; y Dupin 1993, p. 77.

125   Carta de Joan Miró a Pablo Picasso,
    27 junio 1920, en Rowell 1995, p. 85.

126   Carta de Joan Miró a Josep Dalmau, [circa principios
    de julio 1920], en Santos Torroella 1993, pp. 68-70.

127   Dupin y Lelong-Mainaud 1999, pp. 68-69.

128   Carta de Joan Miró a Josep Dalmau,
    18 julio 1920, en Santos Torroella 1993, p. 70.

129   Carta de Joan Miró a Enric Cristòfol Ricart,
    18 julio 1920, en Rowell 1987a, p. 73.

130   Carta de Joan Miró a Josep-Francesc Ràfols,
    25 julio 1920, en Soberanas y Fontbona 1993, p. 45.

131   Carta de Joan Miró a Bartomeu Ferrà,
    8 agosto 1920, en Serra 1984, p. 234.

132   Carta de Joan Miró a Enric Cristòfol Ricart,
    22 agosto 1920, en Rowell 1987a, p. 74.

133   Carta de Joan Miró a Josep-Francesc Ràfols,
    25 julio 1920, en Soberanas y Fontbona 1993, p. 45.

134   Grand Palais des Champs-Elysées 1920.

135   Galeries Dalmau 1920.

136   Carta de Joan Miró a Josep-Francesc Ràfols,
    18 noviembre 1920, en Soberanas y Fontbona 1993,
    p. 46.

137   Postal de Joan Miró a Pablo Picasso,
    28 diciembre 1920, en Laugier, de la Beaumelle,
    y Merly 2004, p. 308.

138   Probablemente, Miró se refiere a La Table
    (Nature morte au lapin).

139   Carta de Joan Miró a Josep-Francesc Ràfols, 28
    enero 1921, en Soberanas y Fontbona 1993, p. 48.

140   Carta de Joan Miró a Josep-Francesc Ràfols, 28
    enero 1921, en Soberanas y Fontbona 1993, p. 48.

141   Postal de Joan Miró a Josep-Francesc Ràfols, 11
    febrero 1921, en Soberanas y Fontbona 1993, p. 49.

142   Umland 1993, p. 321.

143   Dupin 1993, pp. 82-84, 447.

144   Carta de Pablo Picasso a Joan Miró,
    14 febrero 1921 (CS).

145   Carta de Joan Miró a Josep Dalmau,
    [25 febrero] 1921, en Santos Torroella 1994,
    pp. 124-125.

146   Rowell 1993, p. 74.

147   Carta de Joan Miró a Josep Dalmau,
    5/10 marzo 1921, en Santos Torroella 1994,
    pp. 126-129.

148   Umland 1993, p. 322.

149   Las pinturas a las que alude Miró como realizadas
    deben de ser: Portrait d'une danseuse espagnole y
    Nature morte-Le Gant et le journal, en Soberanas y
    Fontbona 1993, p. 50; y Dupin y Lelong-Mainaud
    1999, pp. 70, 73.

150   Carta de Joan Miró a Josep-Francesc Ràfols,
    26 marzo 1921, en Soberanas y Fontbona 1993,
    p. 50.

151   Umland 1993, p. 322; y Dupin 1993, p. 84.

amateurs. ¡Ningún temperamento y muchas pretensiones! [...] De acuerdo con usted, que para ser pintor hay que quedarse en París. Puede que aquí nos llamen ¡malos patriotas! Europa y el campo. Dos excitantes para nuestra sensibilidad y nuestro cerebro. Nuestra actividad en el extranjero es más patriota que la de aquellos que se quedan en casa, sin vistas sobre el mundo. Acabo de llegar del campo, dispuesto a comenzar ferozmente mi trabajo. Unos cuantos meses aquí y después ¡vuelvo a París!"[125]

Hacia principios de julio, Miró escribe a Dalmau desde Montroig: "Le incluyo una lista de colores que me harán falta para hacer la campaña en Mallorca [...] A ver si usted que todo lo arregla, me encuentra un tallercito allí en París."[126]

El 18 de julio, escribe a Josep Dalmau describiéndole las nuevas telas en curso de elaboración [Le Jeu de cartes espagnoles y Le Cheval, la pipe et la fleur rouge]:[127] "He intentado ir a un arte puramente de concepto, que creo debe ser el arte del porvenir [...] Este verano pienso atacar poco el paisaje, prefiero hacer aquí [Montroig] otras cosas que me pasan por el cerebro y esperar el otoño en Mallorca para atacarlo de firme. [...] Hoy he recibido una comunicación de la junta de exposiciones invitándome para concurrir al Salon d'Automne. Creo que sería conveniente que yo concurriese para preparar el terreno para la futura exposición."[128]

El 18 de julio, Miró escribe también a Ricart: "Antes de venir aquí sufrí durante 12 terribles días en Barcelona. [...] con una vida intelectual que está atrasada 50 años. Definitivamente, nunca más Barcelona. París y el campo hasta que muera [...] Hay que ser un Catalán internacional; un Catalán casero, no tiene, ni nunca tendrá, ningún valor en el mundo."[129]

El 25 de julio, Miró escribe a Ràfols desde Montroig: "Fuera de toda fermentación espiritual de París, tan necesaria y capital, y tranquilo ahora en el campo de Catalunya, necesario y capital también, le escribo. ¿Piensa venir a París este invierno? Pienso permanecer en Montroig hasta mediados de octubre, y después, si la época de mi exposición en París me lo permite, irme una temporada a Mallorca a pintar, a fin de poder exponer un buen stock de obras hechas post-París y una selección de avant-París. Trabajo mucho para ir a un arte de concepto, teniendo el natural como punto de partida, nunca como fin. [...] Picasso, al principio, naturalmente, reservado conmigo. Ahora, últimamente, después de conocer obras mías, muy efusivo; horas de conversación en su taller, muy a menudo."[130]

El 8 de agosto, desde Montroig, escribe a Bartomeu Ferrà: "La estancia en París me ha abierto un mundo de ideas, y ahora con la tran-

quilidad excitante del campo me lanzo a trabajar apasionadamente –Tú ya conoces mi ideal, París y el campo de Cataluña (naturalmente, el de Mallorca también)."[131]

El 22 de agosto, Miró escribe a Ricart: "Estoy trabajando tanto como puedo. La gente que ha conseguido hacer algo ha seguido caminos diferentes, pero nunca se han desviado del trabajo duro. Ese tiene que ser el objetivo más poderoso de la vida de un artista."[132]

A mediados de octubre, Miró debió de regresar a Barcelona.[133]

Entre el 15 octubre y el 12 de diciembre, Miró expone su Autorretrato y Mont-roig, l'église et le village, en la sección catalana del Salon d'Automne de París.[134]

Desde el 26 de octubre al 15 de noviembre, Miró muestra tres pinturas en la "Exposició d'art francès d'avantguarda" en las Galeries Dalmau de Barcelona. Probablemente Miró acude a la inauguración de la exposición.[135]

El 18 de noviembre, desde Barcelona, escribe a Ràfols: "Yo solamente venero a Picasso, Dérain, Matisse y Braque. [...] Prefiero más un hombre que fracase durante su búsqueda [...] a otro que vaya haciendo, tan tranquilamente, lo que otros han hecho sudando sangre. [...] Detesto los espíritus adormecidos."[136]

El 28 de diciembre, desde Barcelona, Miró envía una postal de felicitación del año nuevo a Picasso: "En los primeros días de febrero volveré a París. Antes de partir, saludaré a su Madre. Si desea alguna cosa de su parte, dígamelo, será un placer hacerlo."[137]

1921   El 28 de enero, desde Barcelona, Miró escribe a Ràfols: "Mañana acabo la tela (¡ya era hora!).[138] [...] Yo me iré a París entre el 8 y 10 de febrero."[139]

Posiblemente, entre el 8 y el 10 de febrero, parte de Barcelona en dirección a París.[140] En el camino, el 11 de febrero visita, en compañía de Espinal, el Musée Ingres en Montauban, Francia.[141] A partir del 11 de febrero, se instala en París, y se hospeda en el Hôtel Innova, 32 boulevard Pasteur.[142]

Desde París, Miró escribe a Ricart: "Le he cedido todos mis cuadros a Dalmau por mil pesetas con la condición de que organice una exposición en París. Quiero vivir el menor tiempo posible con la pensión que me da la familia [...]."[143]

El 14 de febrero, Picasso escribe a Miró, al Hôtel Innova, le da las gracias por el encargo que Miró le trae desde Barcelona de parte de la

madre del artista malagueño, y concierta una cita para que Miró vaya a visitarlo a su casa, en la rue La Boétie, 23.[144]

El 25 de febrero, Miró escribe a Dalmau: "Yo tengo un buen número de gente importante en París que se interesa por mí. Hace pocos días vino a verme a casa Mr. Picasso. Esta mañana he recibido carta de M. Paul Rosemberg [sic] [...] diciéndome que mañana sábado por la mañana vendrá a casa para ver lo que hago. Para uno de estos días tengo anunciada la visita de M. Kanveiller [sic]. [...] Recuerde que en el convenio entre usted y yo tiene que hacerse mi exposición en la primavera de 1921, en París [...]. Si esta exposición no puede hacerse esta temporada en París, yo sentiré muchísimo anular el compromiso y actuar por mi cuenta."[145]

El 26 de febrero, Paul Rosenberg, a petición de Picasso, visita a Miró en su estudio de la rue Blomet.[146]

El 5 de marzo, Miró empieza una carta para Dalmau: "He podido encontrar una habitación en el Bd. Pasteur, cerca del taller. Mañana tengo que ir con la Sra. madre de Gargallo a que me presente a la conserje para empezar a trabajar. He pasado la mañana de hoy con M. Raynal, [...] hablamos también de mi exposición [...] Fuimos a la 'Licorne' y no encontramos al Director [...]. Le he dicho [a Raynal] que usted vendría a finales de mes, creo que es la única manera de aclarar este cielo tan nublado y negro. [...] Me presentó a M. Kanveiller [sic] [...]. Yo me siento fuerte y valiente para la lucha y no puedo estar quieto viendo como los otros avanzan y yo estoy estancado. Usted, que es testimonio de la manera y entusiasmo con que trabajo, no dudo se pondrá a mi lado para empujarme, y hacerme avanzar."[147]

Antes del 10 de marzo, Dalmau viaja a París. En la primera quincena de marzo, posiblemente, Miró conoce a André Masson a través de Max Jacob y se dan cuenta de que van a ser vecinos de taller.[148]

El 26 de marzo, Miró escribe a Ràfols y le informa: "Yo estoy trabajando mucho: ahora trabajo en una cabeza de una chica; he hecho un bodegón muy grande, y, cuando haya acabado todo eso, quiero comenzar dos telas grandes de figura.[149] Por las noches dibujo desnudos. Mi exposición se inaugurará el 29 de abril en La Licorne (rue de La Boétie). [...] He conocido mucha gente; me he hecho muy amigo de Max Jacob."[150]

Posiblemente, conoce a Pierre Reverdy y quizás a Tristan Tzara.[151]

El 15 de abril, Miró escribe a Dalmau: "[...] nos conviene que lo mío sea petit a petit pero sólidamente. A este propósito me decía Picasso que no me impacientase, que tomara *número de espera* hasta que *me tocase el turno para subir al autobús.* Los que suben de golpe son arribistas que caen con una gran facilidad [...] Le agradeceré me procure activar la impresión del catálogo para que yo pueda repartirlos por aquí con tiempo."[152]

El 29 de abril, se inaugura la primera exposición individual de Miró en París, en Galerie La Licorne, organizada por Dalmau. La exposición consta de 29 pinturas y 15 dibujos.[153] Probablemente al día siguiente de esta inauguración, Miró escribe una carta al Sr. Dalmau: "¡Por fin ya tenemos abierta la exposición! Yo estoy contentísimo con la inauguración. Vino gente de importante representación dentro del mundo del arte y a todos les interesó mucho [...] Ya ve que el comienzo no puede ser mejor."[154]

La acogida crítica es muy positiva, pero es un fracaso comercial.[155] La crítica francesa y catalana se hace eco de la exposición de Miró. René-Jean publica en *Comoedia* una crítica en la que elogia a Miró: "[...] obras que testimonian un innegable don de pintor. Sus retratos son verídicos, concisos, precisos [...]. Le gusta el detalle [...]. Las deformaciones a que somete a ciertas figuras de sus naturalezas muertas, se ordenan como un juego de colores, según un ritmo atrayente, cuyo secreto parece prestado de Picasso. Algunos de sus paisajes [...] son deliciosos. Joan Miró tiene algo del espíritu de los primitivos que tanto disfrutaban con la descripción de los objetos."[156] Miró recuerda así esta exposición, en 1975: "Dalmau [...] organizó en París, en 1921 una exposición de mis obras en la galería La Licorne sin éxito. Después Dalmau quebró: no tenía sentido comercial. Pero el propietario de la galería, el doctor Girardin, [...] se quedó con todo."[157]

El 8 de mayo, Dupuis escribe al director de la galería La Licorne: "He aquí pues, un joven rico en dones seducido por los diferentes medios de expresión que se ofrecen a su fantasía, vislumbro un viaje de exploración entre las formas y los colores, y nos trae de sus investigaciones intentos en los que se cristalizan, sin provocación alguna, las más bellas cualidades de la juventud, con, sin duda también, algunos defectos de esas cualidades, que desembocan en lirismo."[158]

En torno al 11 de mayo, se traslada al Hôtel Namur, rue Delambre, nº 39, París.[159]

Hacia finales de mayo, Miró escribe a Dalmau: "M. Doucet [...] me ha contestado que no se interesaba por grabados. Esta tarde he ido a ver a M. Rosenberg. Me ha dicho que ya tenía suficiente con una pintura. [...] Le agradeceré que tan pronto como me pueda enviar algún franco lo haga, porque yo estoy f... de dinero."[160] En

1975, Miró rememora este período: "Masson, que era un buen amigo, le dijo a Kahnweiler: Vaya a ver a mi vecino. Pero la cosa no funcionó. Picasso me había enviado a Léonce Rosenberg, pero tampoco marchó el asunto. Y con Doucet tampoco. [...] No había manera: yo era un animal aislado del que había que desconfiar un poco."[161]

En torno al 12 o 13 de junio, Miró regresa de París a Barcelona y de ahí se traslada a Montroig,[162] donde comienza a pintar *La masía*.[163] En 1928, Miró recuerda esta etapa en Montroig: "¡Nueve meses de trabajo constante y pesado! ¡Nueve meses cada día pintando y borrando y haciendo estudios y volviéndolos a destruir! *La masía* fue el resumen de toda mi vida en el campo. Desde un gran árbol a un caracolito [...]."[164]

El 31 de julio, Miró escribe a Ràfols desde Montroig: "[...] trabajo todo el santo día, como de costumbre. Trabajo dos telas; [...] son dos paisajes que me ocuparán hasta el invierno, hasta la época de volver a París."[165]

El 15 de agosto, Miró escribe a Ràfols: "Aprecio el interés que os tomáis por ver lo que yo hago. [...] Ahora que acabo de comenzar, hace 1 ½ mes que trabajo, no se puede ver absolutamente nada. Esto espero que os hará comprender y respetar mi sistema de no enseñar a nadie mis telas durante su ejecución."[166]

El 2 de octubre, escribe a Ràfols desde Montroig: "Sigo trabajando con la misma intensidad, y *con la misma humildad de un obrero que trabaja todas las horas de jornal para sostener la familia.* Continúan irresistiblemente *invisibles* mis dos telas. La tela grande supongo que, [...] cuando esté *acabada,* le sorprenderá y creo que le interesará. [...] He alquilado el mismo taller de Gargallo en París, y podré vivir en él. Por lo tanto, este invierno podré trabajar con gran intensidad."[167]

El 25 de diciembre, Miró está en Barcelona.[168] El 30 de diciembre, envía una postal de felicitación a Picasso: "De regreso del campo y esperando el placer de verle de nuevo pronto, reciba mis mejores deseos para 1922."[169]

1922 Desde enero hasta finales de marzo, seguramente, Miró reside en Barcelona, en Passatge del Crèdit.[170] Miró sigue trabajando en *La masía.*[171]

El 15 de abril probablemente, Miró se encuentra ya en París, vive y trabaja en el taller que comparte con el escultor Gargallo, en el 45 de la rue Blomet.[172] Miró continúa trabajando en *La masía.*[173]

El 15 de abril, Miró escribe a Ràfols: "De nuevo en París. [...] Exposición de arte francés desde

Ingres a Braque, interesantísima."[174] En París, Miró entabla amistad con André Masson y Roland Tual.[175]

El 26 de mayo, Léonce Rosenberg escribe a Joan Miró con el fin de concertar una cita para visitarle próximamente, al parecer, en su estudio de la rue Blomet.[176] El 1 de junio, Joan Miró consigna *La masía,* que había acabado en París, al marchante Léonce Rosenberg.[177]

A finales de junio, seguramente, Miró regresa a Barcelona. El 30 de junio, desde Barcelona, Miró escribe a Ràfols: "Al llegar a París estuve todavía un mes entero trabajando en mi tela [*La masía*], sin ver a nadie y encerrado en el taller. Al acabarla, comencé mi *ofensiva,* no dejando por ello de trabajar unas 5 horas por día. [...] Por las noches, iba a un gimnasio a boxear. Mi trabajo intelectual de todo el día me pedía una descongestión física. [...] La responsabilidad de nuestra generación es inmensa y hace falta mucho trabajo y mucho estudio para ejecutarla. Mi tela está donde Léonce Rosenberg, y ha tenido mucho éxito. Si va a París, dígamelo, que yo le daría una carta de presentación para Mr. Rosenberg."[178]

Desde comienzos de julio hasta finales de diciembre, seguramente, Miró reside en Montroig, salvo por algún viaje a Barcelona.[179]

El 10 de julio, Miró escribe a Léonce Rosenberg: "Ya me encuentro en este bello país, donde puedo sin ningún impedimento trabajar toda la jornada. He comenzado mi trabajo y hago mis 8 horas de faena. Espero poder traerle algunas cosas que creo que le interesarán."[180]

Durante el verano, en Montroig, Miró empieza a realizar un grupo de pinturas -*La masovera* y cuatro naturalezas muertas- que constituyen los últimos ejemplos de su fase realista.[181]

El 3 de julio, Juan Gris escribe a Miró invitándole a visitarle en París cuando lo desee.[182]

El 17 de julio, Léonce Rosenberg escribe a Miró: "Me alegro de que esté a gusto en Montroig [...] Será un gran placer ver en otoño el resultado de su trabajo que me interesa mucho."[183]

El 31 de julio, Miró escribe a Roland Tual: "[...] he estado trabajando mucho, especialmente en las fases iniciales de mis telas, y eso requiere un gran esfuerzo —para captar la idea total de la pintura. Durante mis horas libres, llevo una vida de primitivo. Más o menos desnudo, hago ejercicio, corro como un loco en el sol, y salto a la cuerda. [...] Busco en la cocina objetos humildes, cualquier cosa, una espiga de trigo, una parrilla, y los pinto. Para dotar estas cosas de una emoción comunicativa, debemos amarlas enormemente."[184]

152 Carta de Joan Miró a Josep Dalmau, 15 abril 1921, en Santos Torroella 1994, pp. 130-131.
153 Galerie La Licorne 1921.
154 Carta de Joan Miró a Josep Dalmau, [29/30 abril 1921], en Santos Torroella 1993, p. 75.
155 Trabal 14 julio 1928 (FPJM: H-264).
156 René-Jean 7 mayo 1921 (FPJM: H-35).
157 Raillard 1977, p. 51.
158 Carta de Dupuis al director de la Galerie La Licorne, 8 mayo 1921 (CS).
159 Carta de Joan Miró a Antonieta (secretaria de Dalmau), 11 mayo 1921, en Santos Torroella 1993, p. 76.
160 Carta de Joan Miró a Josep Dalmau, c. 31 mayo 1921, en Santos Torroella 1993, p. 76.
161 Raillard 1977, p. 49.
162 Postal de Enric Cristòfol Ricart a Joan Miró, 28 junio 1921 (CS).
163 Umland 1993, p. 322.
164 Trabal 14 julio 1928 (FPJM: H-264).
165 Carta de Joan Miró a Josep-Francesc Ràfols, 31 julio 1921, en Soberanas y Fontbona 1993, p. 52.
166 Carta de Joan Miró a Josep-Francesc Ràfols, 15 agosto 1921, en Soberanas y Fontbona 1993, p. 53.
167 Carta de Joan Miró a Josep-Francesc Ràfols, 2 octubre 1921, en Soberanas y Fontbona 1993, pp. 54-55.
168 Postal de Joan Miró a Josep-Francesc Ràfols, 25 diciembre 1921, en Soberanas y Fontbona 1993, p. 56.
169 Postal de Joan Miró a Pablo Picasso, 30 diciembre 1921, en Laugier, de la Beaumelle, y Merly 2004, p. 311.
170 Umland 1993, pp. 322, 349.
171 Carta de Joan Miró a Josep-Francesc Ràfols, 17 marzo 1922, en Soberanas y Fontbona 1993, p. 57; y Dupin 1993, p. 86.
172 Carta de Joan Miró a Josep-Francesc Ràfols, 15 abril 1922, en Soberanas y Fontbona 1993, p. 58; y carta de Joan Miró a Josep-Francesc Ràfols, 2 octubre 1921, en Soberanas y Fontbona 1993, pp. 54-55.
173 Carta de Joan Miró a Josep-Francesc Ràfols, 30 junio 1922, en Soberanas y Fontbona 1993, p. 59; y Dupin 1993, p. 86.
174 Postal de Joan Miró a Josep-Francesc Ràfols, 15 abril 1922, en Soberanas y Fontbona 1993, p. 58.
175 Rowell 1987a, p. 24; y Umland 1993, p. 322.
176 Carta de Léonce Rosenberg a Joan Miró, 26 mayo 1922 (CS).
177 Recibo de Léonce Rosenberg, 1 junio 1922 (CS); y Umland 1993, p. 322.
178 Carta de Joan Miró a Josep-Francesc Ràfols, 30 junio 1922, en Soberanas y Fontbona 1993, p. 59: "Hace pocos días que he llegado de París y dentro de dos días marcho a Montroig."
179 Umland 1993, p. 322.
180 Carta de Joan Miró a Léonce Rosenberg, 10 julio 1922, en Rowell 1993, p. 74.
181 Dupin 1993, p. 89.
182 Carta de Juan Gris a Joan Miró, 3 julio 1922 (CS).
183 Postal de Léonce Rosenberg a Joan Miró, 17 julio 1922 (CS).
184 Carta de Joan Miró a Roland Tual, 31 julio 1922, en Rowell 1987a, pp. 79-80.

185 Carta de Joan Miró a Léonce Rosenberg, 7 septiembre 1922, en Rowell 1993, p. 76.

186 Carta de Joan Miró a Léonce Rosenberg, 7 septiembre 1922, en Rowell 1993, p. 76; y carta Léonce Rosenberg a Joan Miró, 6 octubre 1922, en Rowell 1993, p. 77.

187 Carta de Joan Miró a Josep-Francesc Ràfols, 1 octubre 1922, en Soberanas y Fontbona 1993, p. 60.

188 Carta de Léonce Rosenberg a Joan Miró, 7 octubre 1922 (CS).

189 Carta de Joan Miró a Léonce Rosenberg, 12 octubre 1922, en Rowell 1993, pp. 78-79.

190 Rowell 1987a, p. 24.

191 Peréz-Jorba 9 noviembre 1922 (FPJM: H-38).

192 Raynal 1 noviembre 1922 (FPJM: H-39).

193 Carta de Joan Miró a Josep-Francesc Ràfols, 12 noviembre 1922, en Soberanas y Fontbona 1993, p. 62.

194 Centre Georges Pompidou 1991, pp. 110-112.

195 Carta de Joan Miró a Josep-Francesc Ràfols, 12 noviembre 1922, en Soberanas y Fontbona 1993, p. 62.

196 Carta de Joan Miró a Léonce Rosenberg, 28 diciembre 1922, en Rowell 1993, pp. 79-80.

197 Carta de Joan Miró a Josep-Francesc Ràfols, [4 marzo 1923], en Soberanas y Fontbona 1993, p. 64.

198 Umland 1993, pp. 322, 349.

199 Prévost, Santos y Portabella 2004, p. 19.

200 Carta de Joan Miró a Léonce Rosenberg, [7 abril 1923], en Rowell 1993, p. 80.

201 Carta de Joan Miró a Pablo Picasso, 15 mayo 1923, en Laugier, de la Beaumelle, y Merly 2004, p. 313.

202 Umland 1993, pp. 322, 349.

203 Nota manuscrita de Joan Miró a Léonce Rosenberg, con el listado de obras en depósito, 20 junio 1923, en Rowell 1993, p. 81; y Lanchner 1993, pp. 21-22, 75-76.

204 Postal de Joan Miró y otros a Kahnweiler, 21 junio 1923, en Laugier, de la Beaumelle, y Merly 2004, p. 313.

205 Umland 1993, p. 323.

206 Carta de Joan Miró a Josep-Francesc Ràfols, 26 septiembre 1923, en Soberanas y Fontbona 1993, p. 67.

207 Carta de Joan Miró a Josep-Francesc Ràfols, 6 julio 1923, en Soberanas y Fontbona 1993, p. 66; Postal de Josep-Francesc Ràfols a Joan Miró, 30 julio 1923 (CS): Ràfols escribe a Miró a Montroig: "Deseo que su 'ofensiva' pictórica estival le sea grata y provechosa."

208 Carta de Joan Miró a Josep-Francesc Ràfols, 26 septiembre 1923, en Soberanas y Fontbona 1993, pp. 67-68.

209 Carta de Joan Miró a Josep-Francesc Ràfols, 7 octubre 1923, en Soberanas y Fontbona 1993, pp. 69-70. Los elementos descritos por Miró a Ràfols aparecen en La Terre labourée y Paysage catalan, en Dupin y Lelong-Mainaud 1999, pp. 80-83.

El 7 de septiembre, Miró escribe a Léonce Rosenberg para solicitarle que presente La masía al Salon d'Automne de París: "Creo que es conveniente dar a conocer esta obra que representa un gran esfuerzo. [...] nombrándole mi representante. El interés que ha demostrado por este cuadro me da la esperanza que hará todo lo que pueda para su admisión en el Salon recomendándolo a los Miembros del Jurado. Me atrevo además a rogarle que enmarque el cuadro a su gusto y lo barnice antes de colgarlo."[185] En efecto, el 23 de septiembre, Rosenberg lo presenta a este salón. Miró figura como autor bajo el nombre de "Jean Miró Ferra", a petición suya.[186]

El 1 de octubre, Miró se encuentra en Barcelona. Desde allí escribe a Ràfols: "He pasado todo el verano en Montroig [...] Ahora acabo de llegar a Barcelona para la boda de mi hermana (12 de octubre); una vez casada me volveré a Montroig, hasta la Navidad; pasaré fiestas en casa y hacia París. Como de costumbre sigo trabajando todo el verano y hago las 8 horas diarias. Trabajo las naturalezas muertas, flores y figura, todo muy simple, y trabajando simultáneamente varias cosas a la vez para descansar del esfuerzo máximo que me representó mi última tela."[187]

El 7 de octubre, Léonce Rosenberg escribe a Miró al Passatge del Crèdit: "Por mi parte admiro intensamente la fe, el coraje y la conciencia que manifiesta y estoy convencido de que se le proclamará un día de forma brillante a sus contemporáneos. Con gran impaciencia espero la alegría de ver las cosas nuevas que habrá hecho y que seguramente aquí tendrán éxito."[188]

El 16 de octubre, Miró responde a Rosenberg: "Estoy orgulloso de las amables palabras que me dedica y le agradezco muchísimo todo el interés que me ha demostrado, lo cual me anima mucho. Trabajo toda la jornada como un simple obrero. Dejaré este campo, tan pronto como mis obras puedan acabarse en París. No he acabado una sola tela. Únicamente me preocupa resolverlas, y una vez hecho esto, iré a acabarlas en París. [...] Será un honor enseñarle a usted, el primero, esas obras, y esté seguro de que mantendré mi palabra y que nadie las verá [las obras] antes que usted. Me atrevo a pedirle de nuevo que haga todo lo posible para dar a conocer esta obra 'La Ferme' en algún sitio. Me gustaría mucho en L'"Esprit nouveau" y en 'Amour de l'Art' [...]."[189]

Del 1 de noviembre al 17 de diciembre, se expone La masía en el Salon d'Automne de París.[190] La Publicidad, un periódico catalán, publica un artículo: "[...] 'La Masía' en su esencia catalana y en su esencia abstracta es un ejemplo como pocas veces se ha visto en nuestra tierra de despojamiento, de austeridad y, sobre todo, de serena alegría. [...] Las cosas están todas en su

lugar colocadas por el arbitrio del pincel del artista, que busca en ellas, se diría, un símbolo, con el fin de que su realidad se abstraiga [...] de la realidad viva."[191] También la crítica de Raynal en L'Intransigeant es elogiosa: "Miró y su sorprendente composición, La masía, donde se unen de manera tan agradable las dotes del creador de imágenes a las del colorista."[192]

El 12 de noviembre, Miró escribe a Ràfols desde Montroig: "Sigo trabajando todo el día como un obrero, intentando concebir las cosas con máxima pasión, pensándolas mucho y resolviéndolas con toda frialdad."[193]

El 17 de noviembre, André Breton da una conferencia en el Ateneo de Barcelona, con motivo de la exposición de Picabia en las Galeries Dalmau. Breton ve por primera vez algunas pinturas de Miró.[194]

En diciembre, Miró regresa de Montroig a Barcelona, para pasar la Navidad en familia.[195] El 28 de diciembre, en una carta a Léonce Rosenberg Miró explica: "Acabo de llegar del campo ya he comezado a arreglar mis asuntos para volver a París en la primera quincena de enero."[196]

1923 Durante los meses de enero y febrero, seguramente Miró reside en Barcelona. Demora su viaje a París, debido a una enfermedad de su madre.[197]

El 4 de marzo, Miró se encuentra ya en París. Sigue trabajando en el taller de la rue Blomet, pero cambia de lugar de residencia. Se instala en el Hôtel de la Haute-Loire, en el 203 del boulevard Raspail. A través de André Masson, Miró conoce a Michel Leiris y, tal vez, a Antonin Artaud, Robert Desnos, Jean Dubuffet, Paul Eluard, Georges Limbour, Raymond Queneau, y Armand Salacrou.[198] Miró recuerda en 1974: "[...] frecuentar a los poetas me ha abierto nuevas puertas, me ha hecho superar el hecho plástico, pictórico, para ir más allá de la pintura: ha sido muy muy importante."[199]

El 7 de abril, Miró escribe a Léonce Rosenberg: "Me permitirá la libertad de ir a buscar mi tela, 'La Ferme', el próximo lunes 9 de abril. Aquel día tengo que exponerla en la galería Caméléon [...] con motivo de la conferencia que el Sr. Schneeberger debe pronunciar a las nueve de la noche acerca de la literatura catalana."[200]

El 15 de mayo, Miró escribe una carta a Picasso, ilustrada con un corazón atravesado por una flecha y acompañado de estas palabras: "¡A la caza de una Mme Miró, de un taller y de un marchante! es gracioso."[201]

Antes de mediados de mayo, probablemente, Miró deja el taller de la rue Blomet.[202]

El 20 de junio, Miró deposita seis naturalezas muertas a Léonce Rosenberg, de la Galerie L'Effort Moderne. Entre ellas –Fleurs et papillon, La Lampe à carbure, L'Épi de blé, Gril et lampe à carbure.[203]

El 21 de junio, Miró visita Nemours, cerca de Fontainebleau, junto con Michel Leiris, y André y Odette Masson, desde donde envían una postal a Kahnweiler.[204]

A finales de junio, Miró regresa a España. Desde julio a diciembre, seguramente, Miró reside en Montroig donde comienza Terre labourée, Le Chasseur y Pastorale, que representan un punto de inflexión en su producción pictórica.[205] Miró explica a Ràfols este cambio: "He logrado deshacerme totalmente del natural, y los paisajes no tienen nada que ver con la realidad exterior."[206]

El 6 de julio, desde Montroig, envía una postal a Ràfols en la que anuncia el comienzo de su campaña estival.[207]

El 26 de septiembre, Miró escribe a Ràfols desde Montroig: "Este año ataco de firme el paisaje, y para descansar, los bodégones. [...] Trabajo siempre en casa y sólo tengo el natural como consulta... Intromisión de figuras (algunas de ellas de gran tamaño) y bestias. En los bodegones cojo objetos vilmente feos. Sé que sigo caminos peligrosísimos y [...], a veces, me entra un pánico propio del caminante que se encuentra en caminos inexplorados antes que él [...] Estoy en unos momentos de mucha claridad de visión de las cosas. [...] Trabajo varias telas a la vez, para lograr trabajar sólo con la fatiga natural del trabajo, nunca del agotamiento. Eso me permite que, cuando cojo los pinceles para ejecutar una tela, después de minuciosamente dibujada, largamente pensada y vista absolutamente dentro de mí, y después de varias etapas de varias semanas de cara a la pared, sin mirarla, lo hago con absoluta seguridad, sin arrepentimientos ni retoques. [...] He conseguido alquilar definitivamente el taller de la rue Blomet [...]."[208]

El 7 de octubre, escribe a Ràfols desde Montroig: "En pleno trabajo y en pleno entusiasmo. Animales monstruosos y animales angelicales. Árboles con orejas y ojos. Y payeses con barretina y escopeta y fumando una pipa. Todos los problemas pictóricos, resueltos. Es preciso explorar todas las chispas de oro de nuestra alma. ¡Algo extraordinario!"[209] En 1975, Miró habla de estas obras: "Después de La Ferme trabajé en Terre labourée. Terre labourée es un desarrollo de La Ferme: están los animales, las lagartijas, el caracol. Pero hay también una ruptura. La elección de los planos ya no se efectúa según la perspectiva, es una elección afectiva. Yo elijo los animales, las plantitas, todo lo que tiene ritmo. Los caracoles, las lagartijas [...]; Pinté un ojo y una oreja, el ojo que ve todo y la oreja que oye todo. Es un ojo general [...] La tela mira al espectador."[210]

El 12 de octubre, Ràfols escribe a Miró a Montroig: "[...] Celebro -y casi envidio- su fuerte entusiasmo por el trabajo. Estoy impaciente por contemplar sus últimas producciones."[211]

Miró, seguramente, pasa la Navidad en Barcelona,[212] como lo hacía habitualmente.

El 31 de diciembre, desde Barcelona, Miró le explica por carta a Picasso su intención de regresar a París a mediados de enero.[213]

1924 En enero, Miró reside en Barcelona. Probablemente viaja a Montroig, donde permanecerá hasta febrero, a pesar de que inicialmente había planeado estar en París alrededor del 15 de enero.[214]

El 17 de enero, Léonce Rosenberg escribe a Miró a Barcelona: "Me alegra saber [...] que su entusiasmo y ánimo no aflojan y espero con impaciente curiosidad la alegría de ver sus nuevas obras [...] He mostrado algunos de sus cuadros que poseo en depósito a varios *amateurs* que los han admirado muy sinceramente pero qué esperan, para pronunciarse definitivamente, a ver las obras más acabadas, es decir, de experiencia más madura [...] El movimiento en favor del arte moderno se puso en marcha hace seis meses y la demanda es muy importante."[215]

Entre marzo y junio, seguramente, Miró reside y trabaja en el 45 de la rue Blomet de París, donde se dan cita muchos de los poetas y escritores vanguardistas. Miró cuenta entre sus amigos a Max Jacob, Michel Leiris, Georges Limbour, Benjamin Péret, Armand Salacrou y Roland Tual.[216] Quizás en ese momento, Miró conoce la obra de Paul Klee[217] a través de un libro que le enseña Masson.[218] Años más tarde, Miró recuerda así esta época: "La rue Blomet es un lugar, un momento decisivo para mí. Descubrí todo lo que soy, todo lo que sería. [...] Algunos días antes de instalarme fui a visitar a Max Jacob, a Montmartre [...]. Es allí dónde conocí por primera vez a André Masson. [...] La rue Blomet era, ante todo, la amistad, el intercambio y el descubrimiento exaltado a través de amigos maravillosos. Los asiduos a esas reuniones en el taller de Masson eran, en primer lugar, Michel Leiris, continúa siendo mi amigo más querido, y Roland Tual, Georges Limbour, Armand Salacrou."[219]

En París, comienza una serie de telas con cuadrícula, ejecutadas en carbón, tiza, lápiz y óleo que revelan la influencia de Giorgio de Chirico y de las obras "mecanicistas" de Francis Picabia. Los ecos del cubismo se manifiestan en la estructura geométrica espacial, la austeridad cromática, la esquematización y la presencia de inscripciones.[220]

En esta época, seguramente, comienza las obras *Carnaval d'Arlequin* y *Tête de Paysan catalan*.[221] En 1975, Miró recuerda: "Cuando hice *Carnaval d'Arlequin*, vivía en la rue Blomet y, en aquel tiempo, no comía. No comer, me producía alucinaciones [...] No estaba en un estado moral trágico. Aunque no comiera, me divertía mucho en esa época [...] Lo que se ve por la ventana es la torre Eiffel; yo no veía la torre Eiffel desde mi casa, pero para mí era una ventana con la torre Eiffel [...]. Para lograr el dibujo de la oreja tuve que luchar. Necesitaba una oreja allí. Pero no una oreja bien dibujada. Tenía que ser primero una oreja, pero también una fuerza expresiva [...] me moría de hambre mientras pintaba *Le Carnaval d'Arlequin*. Aquel fue el peor año. Y yo era incapaz de hacer otra cosa, un oficio manual o artesanal en cualquier otro campo. Pero siempre he comparado aquellos sufrimientos a los del atleta que forma músculos. Hay que remar contra corriente para formar músculos. Si el agua te arrastra, no hay esfuerzo. Era un sufrimiento solitario, muy solitario. Jamás hablaba con nadie, me lo guardaba para mí, cerraba la boca."[222]

El 5 de mayo, probablemente, Miró asiste al estreno de la obra de Raymond Roussel, *Étoile au front*.[223]

El 14 de junio, invitado por Picasso, Miró asiste, en el Théatre de la Cigale, al ballet *Mercure*, con música de Erik Satie, coreografía de Léonide Massine y decorados diseñados por Pablo Picasso.[224] Meses más tarde, Miró escribe a Picasso, en relación a este ballet: "La noche de Mercure fue ¡una hermosa despedida de París! Esos monstruos y su tela *La Femme en chemise* [...] dos fuertes impresiones en mi vida."[225]

En la segunda mitad de junio, probablemente, Miró regresa a España y reside desde finales de junio hasta diciembre en Montroig. Allí crea una serie de pinturas sobre fondos monocromos y un conjunto de dibujos sobre papel Ingres.[226]

Desde Montroig, el 10 de agosto, escribe a Michel Leiris: "Estoy trabajando apasionadamente; los escritores todos mis amigos me han ayudado mucho y me han hecho mejorar mi comprensión de muchas cosas. Pienso en nuestra conversación, cuando usted me dijo que partía de una palabra cualquiera para ver qué resultaba. Yo he hecho una serie de pequeñas cosas sobre madera, en las que parto de alguna forma dada por la misma. Ese punto de partida de una cosa artificial es, en mi opinión, paralela a lo que los escritores pueden conseguir partiendo de un sonido cualquiera [...]. Destrucción casi total de todo lo que dejé el pasado verano y que pensaba retomar. ¡Todavía demasiado real! Me estoy alejando de las convenciones pictóricas (ese veneno). He observado al ordenar mis telas simplemente dibujadas en todo caso ligeramente coloreadas al lado de telas pintadas que estas

últimas conmueven el espíritu menos directamente [...]."[227]

En esta etapa, realiza *Le Baiser*. A propósito de esta obra, en 1975 recuerda: "Para mí el gesto tiene una importancia enorme. En *Le Baiser* hay un hombre que besa a una mujer: los labios que se unen en un signo rojo, y después todo un punteado. Y cabellos. [...] Un ideograma."[228]

El 4 de septiembre, Michel Leiris escribe a Miró desde Nemours: "¡Coraje, mi querido Joan! Trabaje con la decantación de esos cristalitos diseminados en nosotros, que se trata de extraer de su sangre y de sus humores acuosos, concentrándolos en los fuegos helados y trascendentes de la metafísica [...]."[229]

El 15 de octubre, se publica el primer *Manifiesto del Surrealismo*.[230]

El 31 de octubre, Miró escribe a Leiris, desde Montroig: "La escalera de caracol que sube en espiral en el 'Filósofo' de Rembrandt. Hokusai dijo que quería hacer una línea o un punto perceptible, simplemente. [...] Trabajo mucho y no sé todavía cuándo volveré a estar entre ustedes. Muy animado y espero que mis últimas obras les sorprenderán un poco."[231]

El 1 de diciembre, se publica el primer número de la revista *La Révolution surréaliste*.

Antes del 20 de diciembre Miró regresa de Montroig a Barcelona para pasar la Navidad en familia. Miró lleva consigo las obras realizadas durante el verano, para posteriormente enviarlas a París. En uno de los cuadernos de trabajo, Miró elabora una lista de las obras realizadas: veinte obras sobre tela, quince dibujos sobre madera y veintisiete dibujos sobre papel Ingres.[232]

1925 Desde mediados de enero hasta principios de julio, probablemente, Miró reside y trabaja en el 45 de la rue Blomet.[233] Miró trabaja con dedicación, llena cuadernos de dibujos que le servirán como punto de partida para la ejecución de telas.[234] Miró continúa trabajando en obras como *El carnaval de Arlequín* y *Cabeza de campesino catalán II* y *III*.[235]

Con anterioridad al 10 de febrero, Louis Aragon, Paul Eluard y Pierre Neville visitan a Miró en su estudio para ver las obras que había traído desde España. André Breton explica: "Todavía no he visto los 60 cuadros que ha traído de España este otro pintor llamado Miró, que vive en el 45 rue Blomet, vecino de Masson, y que parecen ser bastante extraordinarias. Aragon, Eluard y Naville que las han visto, son incapaces de formular una opinión decisiva al respecto."[236]

El 10 de febrero, Miró escribe a Picasso: "Me ha hecho usted un bien esta mañana. Antes de

210   Raillard 1977, pp. 60, 187.
211   Postal de Josep-Francesc Ràfols a Joan Miró, 12 octubre 1923 (CS).
212   Carta de Joan Miró a Josep-Francesc Ràfols, 26 septiembre 1923, en Soberanas y Fontbona 1993, pp. 67-68.
213   Umland 1993, p. 323.
214   Umland 1993, p. 323; y Laugier, de la Beaumelle, y Merly 2004, p. 316.
215   Carta de Léonce Rosenberg a Joan Miró, 17 enero 1924 (CS).
216   Umland 1993, p. 323.
217   The Solomon R. Guggenheim Foundation 1972, p. 88.
218   Dupin 1987c, p. 103, Miró afirma que Masson y él descubrieron juntos a Paul Klee, a través de unas reproducciones en una gran librería del boulevard Raspail. Más tarde, tuvieron la oportunidad de ver obras de Klee en una pequeña galería en la esquina de la rue Vavin.
219   Dupin 1987c, pp. 100-104.
220   Dupin 1993, pp. 99-100.
221   Umland 1993, p. 323.
222   Raillard 1977, pp. 69-71, 192.
223   Rowell 1987a, p. 24; Raillard 1977, p. 23: "Fui al estreno de l'*Étoile au front* con todo el grupo surrealista. Durante la representación Desnos pronuncia una frase que se hace celebre '¡Nosotros somos la bofetada y ustedes la mejilla!'"
224   Umland 1993, p. 323.
225   Carta de Joan Miró a Pablo Picasso, 15 noviembre 1924, en Rowell 1995, pp. 99-100.
226   Umland 1993, p. 323.
227   Carta de Joan Miró a Michel Leiris, 10 agosto 1924, en Rowell 1987a, pp. 86-87, 311. Esta es la primera alusión específica al papel que el accidente, una mancha, un punto, etc., tienen como punto de partida, como estímulo que pone en marcha su imaginación.
228   Raillard 1977, p. 72.
229   Carta de Michel Leiris a Joan Miró, 4 septiembre 1924 (CS).
230   Umland 1993, p. 323.
231   Carta de Joan Miró a Michel Leiris, 31 octubre 1924, en Rowell 1995, pp. 98-99.
232   Fundació Joan Miró 1988, p. 87.
233   Umland 1993, p. 323; y postal de Joan Miró a Josep-Francesc Ràfols, 17 marzo 1925, en Soberanas y Fontbona 1993, p. 72.
234   Umland 1993, p. 323; y Fundació Joan Miró 1988, pp. 87-101.
235   Umland 1993, p. 323.
236   Carta de André Breton a Simone, 10 febrero 1925, en Centre Georges Pompidou 1991, p. 175.

237 Carta de Joan Miró a Pablo Picasso,
10 febrero 1925, en Rowell 1995, p. 100.

238 Umland 1993, p. 323; y Centre Georges Pompidou
1991, p. 176.

239 Umland 1993, p. 323; y Trabal 14 julio 1928
(FPJM: H-264).

240 Umland 1993, p. 323.

241 Raillard 1977, p. 162.

242 Galerie Pierre 1925a; Rowell 1987, p. 161; Umland
1993, p. 324; y Trabal 14 julio 1928 (FPJM: H-264).

243 Galerie Pierre 1925a; Comoedia 12 junio 1925
(FPJM: H-42); y Leon-Martin 26 junio 1925
(FPJM: H-47).

244 Raillard 1977, p. 23.

245 Centre Georges Pompidou 1991, p. 177;
y Laugier, de la Beaumelle y Merly 2004, p. 321.

246 Raillard 1977, p. 69: En 1975 Miró habla de esta
obra y recuerda "Había partido de la idea de una foto.
[...] No hice un collage ni una reproducción.
Simplemente, pinté la palabra photo. Estaba más en
la línea de Picabia que en la de Breton."

247 Dupin y Lelong-Mainaud 1999, pp. 124-127.

248 Raillard 1977, p. 80.

249 Ibídem, pp. 83, 185.

250 La Révolution surréaliste 1925a, pp. 4, 15.

251 Postal de André Masson a Joan Miró,
26 julio 1925 (CS).

252 Carta de Joan Prats a Joan Miró, 28 julio 1925 (CS).

253 Carta de Sebastià Gasch a Joan Miró,
18 agosto 1925 (CS).

254 Umland 1993, p. 324.

255 Carta de Sebastià Gasch a Joan Miró,
9 octubre 1925 (CS).

256 Umland 1993, p. 324.

257 Ibídem, p. 324.

258 Ibídem, p. 324.

259 La Révolution surréaliste 1925b, pp. 10, 25;
y Dupin y Lelong-Mainaud 1999, pp. 80-81, 89.

260 Umland 1993, p. 324; Rowell 1987a, p. 103; y
Raillard 1977, p. 68: "Había visto reproducciones
anteriormente. Pero para mí aquello fue muy
importante. Klee me hizo sentir que en toda
expresión plástica había algo más que pintura-pintura, que era preciso ir más lejos, para alcanzar zonas
más conmovedoras y profundas."

261 Galerie Pierre 1925b.

262 Umland 1993, p. 324, 350.

263 Carta de Joan Miró a Josep-Francesc Ràfols, 15
noviembre 1925, en Soberanas y Fontbona 1993,
p. 73.

264 Carta de Joan Miró a Sebastià Gasch,
15 noviembre 1925, en Centre d'Art Santa Mònica y
Generalitat de Catalunya 1993, p. 114.

265 Umland 1993, p. 324.

266 Ibídem, p. 324.

267 Ibídem, p. 324.

268 Ibídem, p. 324.

269 Ibídem, p. 324.

270 Malet 1994b, p. 55.

venir a su casa, estaba sumergido en ideas negras que usted me ha ahuyentado. Me ha hablado muy sinceramente. Me da absolutamente igual equivocarme. Prefiero caminar toda mi vida en las tinieblas, con tal de que al final de mi existencia descubra alguna chispa, algún rayo de puro sol, que caminar como todos los jóvenes en una iluminación artificial prestada por los arcs voltaics. Siento de nuevo la necesidad imperiosa de trabajar. Gracias. Sinceramente."[237]

Con posterioridad al 10 de febrero, André Breton debió de conocer a Miró, en su estudio de la rue Blomet, y ve sus obras más recientes. Antes de la exposición de Miró en la Galerie Pierre, en el mes de junio, Breton adquiere dos obras a Miró, Le Chasseur (1923-24) y Le Gentleman (1924).[238]

Con anterioridad al 1 de abril, probablemente, Miró conoce, a través de Evan Shipman, a Jacques Viot, gerente de la Galerie Pierre.[239]

El 1 de abril, seguramente, Miró firma un contrato con Jacques Viot.[240] Miró retrospectivamente lo recuerda así: "En ese momento, Max Ernst y yo habíamos firmado un contrato con Jacques Viot. Nos daba mil quinientos francos al mes. Era muy poco. Apenas para comprar lienzos y subsistir."[241]

Del 12 al 27 de junio, la Galerie Pierre alberga la segunda exposición de Miró en París, organizada por Jacques Viot.[242] Benjamin Péret escribe el prefacio para el catálogo, titulado "Les Cheveux dans les yeux", un texto audaz y poético. Las invitaciones a la exposición llevan la firma de numerosos surrealistas, que reconocen a Miró como adscrito a su grupo.[243] A la exposición de la Galerie Pierre, acude "le Tout-Paris" y "le Tout-Montparnasse". Miró explica: "La gente mundana. Pero al día siguiente, cuando no había nadie, Leiris trajo a Raymond Roussel [...] Me compró un pequeño cuadro, no sé cuál. Pero sobre todo [...] le dijo a Leiris: 'Esto va más allá de la pintura'. Le agradecí mucho esa opinión."[244]

El 2 de julio, probablemente, Miró acude al banquete ofrecido por los surrealistas en la Closerie des Lilas, en honor a Saint-Paul-Roux. Miró debió de ser testigo de los violentos acontecimientos protagonizados por Michel Leiris y Max Ernst. A los gritos respectivos de "¡Abajo Francia!" y "¡Viva Alemania!", Miró, al parecer, agrega "¡Abajo el Mediterráneo!"[245]

Posiblemente, con posterioridad al 5 de julio, Miró viaja a Barcelona, de camino a Montroig, donde comienza la serie de pinturas oníricas que incluyen "pinturas-poema" como Étoiles en des sexes d'escargot, Oh! Un of ces messieurs qui a fait tout ça, Photo ceci est la couleur des mes rêves[246] o Le Corps de ma brune.[247] Miró evoca esta etapa en 1975: "En ese momento estaba muy

cerca de Paul Eluard. Vivíamos en una atmósfera de poesía [...] Pinté una tela donde solamente puse Amour."[248] También realiza en este período Peinture, obra conformada por un fondo azul y un minúsculo círculo en la parte superior izquierda, a la cual se referirá en 1975, explicando: "Quería obtener, con un mínimo, el máximo efecto [...] Yo quería obtener el máximo de pureza [...] Recuerdo que tuve la idea en el metro: cogí el periódico que llevaba y dibujé aquello en un ángulo [...] Tuve una imagen: un círculo, un trazo blanco sobre el fondo azul."[249]

El 15 de julio, La Révolution surréaliste reproduce por primera vez dos obras de Miró, Maternité y Le Chasseur.[250]

El 26 de julio, André Masson escribe a Miró a Montroig: "Buen trabajo mi querido Joan y que nada se nos resista."[251] El 28 de julio, Joan Prats escribe a Miró felicitándole por el éxito obtenido en su "gloriosa" exposición en la Galerie Pierre: "Deseo que siga el brillante camino y que no sea tan avaro en dar a conocer su arte a los amigos de Barcelona."[252]

El 18 de agosto, Gasch escribe a Miró y le comenta las críticas que han aparecido, en la prensa catalana, sobre su exposición en la Galerie Pierre de París.[253]

El 28 de septiembre, desde Montroig, Miró escribe a Gasch: "Estoy trabajando mucho. Regresaré a Barcelona con unas sesenta telas, algunas de ellas tan grandes que tengo que utilizar una escalera para trabajar en ellas."[254]

El 9 de octubre, Gasch escribe a Miró a Montroig dándole la enhorabuena por su situación profesional en París: "Me han sorprendido muy agradablemente las noticias que me da sobre su contrato con M. Jacques Viot en condiciones muy favorables que nunca me podía esperar que obtuviese en París teniendo en cuenta el interesado industrialismo de la mayoría de los marchantes."[255]

El 10 de octubre, Miró escribe a Gasch, desde Montroig: "He embalado todas las telas que están acabadas, es decir, treinta y cinco, algunas de un tamaño increíble [...]. Para Navidad acabaré otra serie, de veinticinco telas, que dejo aquí [...]."[256] En el período comprendido entre finales de verano y el otoño, Miró sigue realizando pinturas oníricas.[257]

Con posterioridad al 10 de octubre, Miró deja Montroig y realiza una corta estancia en Barcelona, para regresar de nuevo a Montroig. En la primera mitad de noviembre, Miró viaja a París.[258]

El 15 de octubre, La Révolution surréaliste publica dos obras de Miró, La Terre labourée y

Le Piège. Obras que fueron adquiridas por Breton.[259]

Entre el 24 de octubre y el 14 de noviembre, Miró visita la exposición de Paul Klee, en la Galerie Vavin-Raspail, que le impresiona profundamente.[260]

Entre el 14 y el 25 de noviembre, tiene lugar la primera exposición de pintura surrealista en la Galerie Pierre, en París. Dos pinturas de Miró (Carnaval d'Arlequin y Dialogue d'insectes) se exhiben junto con obras de Arp, Giorgio de Chirico, Max Ernst, Paul Klee, André Masson, Picasso y Man Ray.[261] Es probable que Miró conociera a Hans Arp, en ese momento.[262]

El 15 de noviembre, Miró escribe a Ràfols desde la rue Blomet comentándole que en Navidad piensa pasar unas semanas en Barcelona.[263] Ese mismo día, Miró escribe a Gasch: "Contentísimo de la tempestad que provoco. Es nuestra especialidad. El día de la inauguración de esta exposición (a las 12 de la noche) la rue Bonaparte estaba militarmente tomada por parejas de policías. En la sala también."[264]

Con posterioridad al 15 de noviembre, posiblemente, Miró regresa a Montroig donde continúa realizando pinturas oníricas. Pasa la Navidad en Barcelona.[265]

1926   En enero, seguramente, Miró se encuentra en Montroig donde continúa realizando pinturas oníricas.[266]

En febrero, probablemente, Miró viaja a París. En la capital francesa, Miró se traslada a un nuevo estudio situado en la rue Tourlaque, 22, Cité des Fusains, alquilado a nombre de Jacques Viot. Allí será vecino de Max Ernst. Seguramente, en febrero, el coleccionista belga René Gaffé adquiere algunas pinturas de Miró, entre las que se encuentran Bailarina española y El nacimiento del mundo.[267]

En marzo, posiblemente, Serge Diaghilev, a instancias de Picasso, pide a Boris Kochno y Serge Lifar que visiten a Miró y Ernst. Con posterioridad, el propio Diaghilev visita a Miró y a Ernst para encargarles el diseño de los decorados y parte del vestuario de Romeo and Juliet, un ballet que estaban preparando los Ballets Russes.[268]

El 20 de abril, Miró y Ernst se encuentran en Montecarlo trabajando en el ballet Romeo and Juliet, conjuntamente con los Ballets Russes.[269] Miró diseña para este ballet, un telón de boca, la escenografía del primer acto y parte del vestuario. El estreno de Romeo and Juliet tiene lugar el 4 de mayo en el Teatro de Montecarlo.[270]

El 18 de mayo, el estreno de Romeo and Juliet en el Teatro Sarah Bernhardt de París se convierte en

PROTESTATION

Il n'est pas admissible que la pensée soit aux ordres de l'argent. Il n'est pourtant pas qui n'apporte la soumission d'un homme qu'on croyait irréductible aux puissances auxquelles il s'opposait jusqu'alors. Peu importent les individus qui se résignent à ce point à en passer par les conditions sociales, l'idée de laquelle ils se réclamaient avant une telle abdication subsiste en dehors d'eux. C'est en ce sens que la participation des peintres Max Ernst et Joan Miró au prochain spectacle des Ballets russes ne saurait impliquer avec le leur le déclassement de l'idée *surréaliste*. Idée essentiellement subversive, qui ne peut composer avec de semblables entreprises, dont le but a toujours été de domestiquer au profit de l'aristocratie internationale les rêves

et les révoltes de la famine physique et intellectuelle.

Il a pu sembler à Ernst et à Miró que leur collaboration avec Monsieur de Diaghilew, légitimée par l'exemple de Picasso, ne tirait pas à si grave conséquence. Elle nous met pourtant dans l'obligation, nous qui avons avant tout souci de maintenir hors de portée des négriers de toutes sortes les positions avancées de l'esprit, elle nous met dans l'obligation de dénoncer, sans considération de personnes, une attitude qui donne des armes aux pires partisans de l'équivoque morale.

On sait que nous ne faisons qu'un cas très relatif de nos affinités artistiques avec tel ou tel. Qu'on nous fasse l'honneur de croire qu'en mai 1926 nous sommes plus que jamais incapables d'y sacrifier le sens que nous avons de la réalité révolutionnaire.

Louis ARAGON — André BRETON

Panfleto de protesta escrito por Louis Aragon y André Breton, lanzado por los surrealistas el día del estreno del ballet "Romeo and Juliet" en el Théâtre Sarah Bernhardt de París el 18 de mayo de 1926 (FPJM: H-74)

un acto de protesta protagonizado por los surrealistas. El grupo surrealista liderado por Breton y Aragon interrumpen la representación del ballet y lanzan unas octavillas acusando a Joan Miró y a Max Ernst de degradar el surrealismo debido a su participación en un espectáculo burgués. La prensa francesa e incluso la prensa internacional se hacen eco de estos alborotos. [271]

El 15 de junio, Aragon y Breton publican una nota de protesta análoga en el número 7 de *La Révolution surréaliste*. [272]

El 9 de julio, fallece el padre de Miró en Montroig. Miró viaja rápidamente a Barcelona, donde permanece junto a su madre hasta mediados de agosto, para a continuación instalarse en Montroig. [273]

El 28 de julio, Pierre Loeb informa a Miró de que Jacques Viot ha desaparecido dejando una considerable deuda tras de sí. Pierre Loeb le propone a Miró hacerse cargo de toda su producción, si en 15 días no han tenido noticias de Viot. En efecto, Loeb se convierte en representante de Miró, aunque se desconoce con exactitud en qué condiciones. [274] Miró rememora este episodio en 1975: "En un momento dado, Jacques Viot abandonó a Pierre Loeb para ocuparse de mí, pero después se marchó a Papeete estafando a todo el mundo. En ese momento Pierre Loeb me contrató, y así empezó todo. Me compraba todo lo que yo hacía y todo lo que había hecho antes." [275]

El 2 de agosto, Miró escribe a Ràfols desde Sant Hilari Sacalm, en Girona: "Aquí, a Sant Hilari, a donde he venido unos días para distraer a mi madre, [...] he trabajado tanto como he podido. En la segunda quincena de agosto, creo que ya estaremos en disposición de ir a Montroig." [276]

El 3 de agosto, Miró escribe a Pierre Loeb: "Trabajo mucho; muy concentrado —el oficio muy estimulado y persiguiendo siempre esta idea de pureza y perfección de los místicos. Pienso trabajar en estas telas mucho tiempo, puesto que aquí me siento aislado y puedo trabajar a gusto, sin ser molestado por nada ni nadie, ajeno a ello. Muy contento de que me hable de hacerse cargo de toda mi producción – Hablaremos de ello a mi llegada – De momento, si el asunto Viot no se arregla, le doy mi palabra de mostrarle, a usted el primero, y de darle preferencia sobre el 40% de mi producción que me correspondería. Esté absolutamente seguro de que no mostraré mi pintura a nadie." [277]

El 6 de agosto, Pierre Loeb escribe a Miró una carta en la que habla de la futura relación profesional entre ambos: "Me alegra saber que está trabajando con calma y alegría y le agradezco lo que me dice con respecto al 40% de su producción que le pertenece. Estoy

convencido de que nos entenderemos muy bien en este tema y pienso que estará satisfecho conmigo. Sus obras no serán dispersadas al azar, pretendo ubicarlas a mi gusto en casas de personas dignas de amarlas." [278]

Desde la segunda quincena de agosto hasta mediados de diciembre, seguramente, Miró reside en Montroig, donde comienza a pintar "paisajes imaginarios". [279] Miró lo recuerda así: "El verano de 1926 fui a Montroig de nuevo, y allí volví a trabajar mucho. En aquellos momentos ya empezaba a sentir una gran responsabilidad y opté por un plan de ataque. Por ello, convinimos con Pierre, que yo viviría completamente encerrado y que no enseñaría mi obra absolutamente a nadie, y así preparar una exposición importante, dando plasticidad a la agresividad que me desbordaba [...], que en el momento de producirse tuviera el efecto de un puñetazo." [280]

El 27 de agosto, Max Ernst escribe a Miró y le advierte de que como consecuencia de la desaparición de Viot, Miró debe alquilar el estudio de rue Tourlaque a su nombre, en substitución del de Jacques Viot. Asimismo, se interesa por el tipo de obras que está realizando: "¿Está haciendo cosas bellas? ¿De qué tipo? ¿Tiene todavía cuadros del tipo de *Carnaval d'Arlequin* y de *Maternité*? Eluard le ruega que se los reserve." [281]

El 23 de septiembre, Miró escribe a Pierre Loeb: "[...] trabajo muchísimo, pero muy lentamente. [...] Siempre me ha gustado ser una mezcla de ermitaño y de guerrero. [...] Cada día estoy más contento con mi trabajo. Trato todas las telas como si fueran un esmalte o una miniatura. [...] No creo que acabe mis telas antes del 15 de noviembre." [282]

El 26 de septiembre, Max Ernst le escribe comunicándole que van a precintar el taller de Miró en la rue Tourlaque y le recomienda que regrese inmediatamente a París. [283]

El 26 de octubre, Max Ernst le escribe al Passatge del Crèdit y le comunica que le avisará en cuanto pueda utilizar de nuevo el estudio de París. [284]

El 31 de octubre, Miró escribe a Pierre Loeb: "Estoy totalmente absorbido por mi trabajo. Si le preguntan por lo que estoy haciendo, responda con mentiras o bromas. Definitivamente me interesa que no se sepa ni se vea nada de lo que hago, hasta mi exposición, que debe ser muy importante, en un gran local. No se trata de una exposición, se trata de un campeonato." [285]

Entre el 19 de noviembre y el 1 de enero de 1927, Miró expone por primera vez en Estados Unidos, en la "International Exhibition of Modern Art" de la Société Anonyme. La exposi-

271   *Paris Midi* 19 mayo 1926 (FPJM: H-75); *Le Figaro* 19 mayo 1926 (FPJM: H-77); *The Dramatic Critic* 19 mayo 1926 (FPJM: H-79); *New York Herald* 19 mayo 1926 (FPJM: H-82); *Paris Times* 19 mayo 1926 (FPJM: H-81); y *Journal de Genève* 20 mayo 1926 (FPJM: H-88).

272   *La Révolution surréaliste* 1926a, p. 31.

273   Carta de Joan Miró a Pablo Picasso, 14 julio 1926, en Laugier, de la Beaumelle y Merly 2004, pp. 326-328: "[...] Le habrá sorprendido que me haya ido sin despedirme. Tristemente, me he tenido que ir de improviso, debido a un telegrama que recibí anunciándome la muerte súbita de mi padre en Montroig [...]."

274   Umland 1993, pp. 325, 352; y carta de Pierre Loeb a Joan Miró, 28 julio 1926 (CS): "Viot se ha escapado después de haberme robado 40.000 francos en cuadros y debiendo dinero a todo el mundo. Una orden de arresto será extendida contra él. Puesto que él me debe más de 500 números de sus cuadros que le he pagado por adelantado y que estamos haciendo negocios conjuntamente, le propongo recoger toda su producción si en quince días no tenemos noticias; en cualquier caso cuento con usted para darme la prioridad."

275   Raillard 1977, pp. 162-163.

276   Carta de Joan Miró a Josep-Francesc Ràfols, 2 agosto 1926, en Soberanas y Fontbona 1993, pp. 74-75; y Umland 1993, pp. 325, 352.

277   Carta de Joan Miró a Pierre Loeb, 3 agosto 1926, en Laugier, de la Beaumelle y Merly 2004, p. 328.

278   Carta de Pierre Loeb a Joan Miró, 6 agosto 1926 (CS).

279   Carta de Joan Miró a Josep-Francesc Ràfols, 2 agosto 1926, en Soberanas y Fontbona 1993, pp. 74-75.

280   Trabal 14 julio 1928 (FPJM: H-264).

281   Carta de Max Ernst a Joan Miró, 27 agosto 1926 (CS).

282   Carta de Joan Miró a Pierre Loeb, 23 septiembre 1926, en Laugier, de la Beaumelle y Merly 2004, p. 329.

283   Carta de Max Ernst a Joan Miró, 26 septiembre 1926 (CS).

284   Carta de Max Ernst a Joan Miró, 26 octubre 1926 (CS).

285   Carta de Joan Miró a Pierre Loeb, 31 octubre 1926, en Laugier, de la Beaumelle y Merly 2004, p. 329.

286 Museum of Fine Art 1982, p. 126; y Tone 1993, pp. 437-438.

287 Carta de Joan Miró a Pierre Loeb, 27 noviembre 1926, en Laugier, de la Beaumelle y Merly 2004, p. 329.

288 Carta de Joan Miró a Josep Vicenç Foix, 5 diciembre 1926 (FJVF).

289 Carta de Max Ernst a Joan Miró, 9 diciembre 1926 (CS).

290 Carta de Joan Miró a Pierre Loeb, 14 diciembre 1926, en Laugier, de la Beaumelle y Merly 2004, p. 329.

291 Umland 1993, pp. 325, 352.

292 Ibídem, pp. 325, 352 (postal de Joan Miró a Enric Cristòfol Ricart, enviada desde París, 1 enero 1927).

293 Jeffet 1988, p. 18; Combalía 1990, p. 84; y Basler 15 febrero 1927 (FPJM: H-192).

294 Carta de Joan Miró a Josep-Francesc Ràfols, 16 enero 1927, en Soberanas y Fontbona 1993, p. 76; y Umland 1993, pp. 325, 352.

295 Trabal 14 julio 1928 (FPJM: H-264).

296 Laugier, de la Beaumelle y Merly 2004, p. 330.

297 Fundació Joan Miró 1994, p. 270.

298 Postal de George Antheil a Joan Miró, 18 febrero 1927 (CS).

299 Carta de Sebastià Gasch a Joan Miró, 21 febrero 1927 (CS). Gasch expone a Zervos los motivos por los que quiere escribir sobre Miró: "Considero francamente a este artista como el pintor español más interesante después de Picasso: el más interesante y sobre todo el más instintivo. Todas las telas de Miró son ricas en este instinto profundo [...] fruto de un pintor dotado de una poderosa vida interior sin la cual la obra de arte no existe [...] Se trata de un creyente, de un apasionado, de un iluminado, en una palabra: de un místico que reúne a los grandes místicos españoles."

300 Carta de Joan Miró a Sebastià Gasch, 24 febrero 1927, en Centre d'Art Santa Mònica y Generalitat de Catalunya 1993, p. 115.

301 Carta de Joan Miró a Josep-Francesc Ràfols, 26 febrero 1927, en Soberanas y Fontbona 1993, p. 77.

302 Carta de Joan Miró a Sebastià Gasch, 7 marzo 1927, en Centre d'Art Santa Mònica y Generalitat de Catalunya 1993, p. 115.

303 Carta de Joan Miró a Josep-Francesc Ràfols, 29 marzo 1927, en Soberanas y Fontbona 1993, p. 78.

304 Umland 1993, pp. 325, 352.

305 Z. 13 mayo 1927 (FPJM: H-201); Ll. 14 mayo 1927 (FPJM: H-200); La Publicitat 17 mayo 1927 (FPJM: H-198); Romea mayo 1927 (FPJM: H-203); y Malet 1994b, p. 55.

306 Carta de Joan Miró a Josep-Francesc Ràfols, 21 julio 1927, en Soberanas y Fontbona 1993, p. 79.

307 Dupin 1993, p. 133.

308 Trabal 14 julio 1928 (FPJM: H-264).

309 Carta de André Breton a Joan Miró, 24 julio 1927 (CS): "Si usted consintiese en diseñar algunas planchas para este pequeño libro, no dude en que me haría un gran favor."

310 Carta de Joan Miró a Pierre Loeb, 18 agosto 1927, en Laugier, de la Beaumelle y Merly 2004, p. 332.

311 Umland 1993, p. 325.

312 Carta de [Francesc] Domingo a Joan Miró, 22 agosto 1927 (CS).

313 Carta de Salvador Dalí a Joan Miró, 1 septiembre 1927 (CS).

314 Umland 1993, p. 326.

315 Carta de Joan Miró a Pierre Loeb, 9 octubre 1927, en Laugier, de la Beaumelle y Merly 2004, p. 333.

316 Galerie Le Centaure 1927.

317 Centre Georges Pompidou 1991, pp. 185-186.

318 Carta de André Breton a Joan Miró, 1 noviembre 1927 (CS); y Cramer 1989, pp. 16-17.

ción, organizada por Marcel Duchamp y Katherine S. Dreier, tiene lugar en The Brooklyn Museum de Nueva York.[286]

El 27 de noviembre, Miró escribe a Pierre Loeb: "Exponer o dar a conocer lo que estoy haciendo desde entonces, podría estropear mi plan de trabajo, y quitarle todo interés y fuerza. [...] Lo que estoy haciendo es muy diferente a lo que hacía, y marca una nueva época [...] Cada vez me atrae más la materia. Pero la materia NO MATERIA ante todo ¡no confundamos! Comienzo cada tela como si fuera la primera que hago. Este trabajo agota mucho, pero preferiría vender cacahuetes en las aceras que repetirme." [287]

El 5 de diciembre, Miró le envía a Josep Vicenç Foix un dibujo para ilustrar el libro de prosa poética Gertrudis de este escritor catalán, que se publicaría un año más tarde. Este será el primer libro ilustrado por Miró.[288]

El 9 de diciembre, Max Ernst le escribe, explicándole que la propietaria de los estudios ha comprometido el estudio de Miró a un coleccionista, y que Miró podría ocupar el estudio de Arp, en frente del de Max Ernst.[289]

El 14 de diciembre, Miró informa a Pierre Loeb que regresará a París hacia el 2 o 3 de enero, y que ha comenzado a dibujar dos grandes telas para el próximo verano.[290]

Hacia mediados de diciembre, seguramente, Miró regresa a Barcelona llevando consigo los "paisajes imaginarios" elaborados durante el verano.[291]

A finales de diciembre, posiblemente, Miró viaja a París con sus nuevos trabajos.[292]

1927 Miró formula, al parecer, por primera vez su deseo de "asesinar la pintura".[293]

Desde principios de enero hasta finales de junio, seguramente, Miró reside y trabaja en la rue Tourlaque, número 22, en el antiguo estudio de Arp, situado frente al estudio de Max Ernst. Allí continúa realizando "pinturas oníricas".[294] En palabras de Miró: "[...] el invierno de 1927 lo pasé recluido en casa en París, y no enseñé nada de lo que hacía a nadie. Me propuse hacer un gran trabajo, un 'surmenage' bárbaro, considerando que esto fuera un experimento de laboratorio que me tendría que dar buen resultado." [295]

El 31 de enero, la revista L'Amic de les Arts publica el poema de Paul Eluard titulado "Joan Miró". Además, se publica el libro de J. V. Foix, Gertrudis, el primer libro ilustrado por Miró. [296]

Durante este año, Miró proyecta un ballet en colaboración con George Antheil, cuyo título

debía de ser Ballet mécanique o Le Jour.[297] El 18 de febrero, Antheil envía una postal a Miró a la rue Tourlaque, en la que le comunica que el Ballet mécanique se estrenará con todos los decorados el mes de junio en Nueva York.[298]

El 21 de febrero, Gasch escribe a Miró y le informa de que Christian Zervos le ha aceptado como colaborador de Cahiers d'art y de su deseo de elaborar un artículo sobre Miró para esta revista. No obstante, su deseo no podrá materializarse de inmediato, puesto que la Galerie Pierre prepara una exposición muy importante de obras de Miró, y habrá que reservarse hasta esa fecha. [299]

El 24 de febrero, Miró escribe a Gasch: "En nombre de la buena amistad que nos une, le ruego encarecidamente que se abstenga de hablar de mí en París. No se sorprenda de la franqueza con la que le hablo, pero se trata de París, donde debo defender mi posición moral a cualquier precio." [300]

El 26 de febrero, Miró escribe a Ràfols, desde el Passatge del Crèdit: "Pasaré unos días aquí, en la ciudad, y me gustaría mucho verle. [...] Dígaselo también a Ricart." [301]

El 7 de marzo, Miró escribe a Gasch: "Usted sabe hasta qué punto el éxito me horroriza y cuánto detesto la moda. Son dos peligros inmensos en París. ¡Mire lo que queda de la generación precedente!" [302]

El 29 de marzo, Miró escribe a Ràfols y le explica que está pasando unos días en Barcelona para formalizar el compromiso con su novia. La boda, en un principio, estaba prevista para el verano de 1928.[303]

A principios de abril, probablemente, Miró está de nuevo en París donde continúa trabajando en las "pinturas oníricas".[304]

El 12 de mayo, los Ballets Russes representan Romeo and Juliet en el Teatro del Liceo de Barcelona.[305]

El 7 de julio, Miró se instala en Montroig.[306] Continúa trabajando durante el verano en un conjunto de "paisajes imaginarios" de carácter onírico.[307] Miró explica: "En verano todavía volví a Montroig donde hice siete grandes telas y entonces consideré que había llegado a un punto final de este período. Naturalmente, había llegado la hora de hacer aquella exposición propuesta [...] no me interesaba luchar sin obtener trofeo en el combate. Prácticamente después de haber hecho estas telas, la exposición ya quedó hecha." [308]

El 24 de julio, Breton escribe a Miró una carta que le entrega Paul Eluard. Breton solicita a

Miró unos dibujos para un pequeño libro titulado Sept Histoires.[309]

El 18 de agosto, Miró escribe a Pierre Loeb: "Trabajo mucho en estos momentos. Estoy en muy buena forma, lo que me permite golpear fuerte. Mi pintura se vuelve cada vez más pintura. Evidentemente, no es esa chusma de pintura-pintura, buena para hacérsela tragar a esos cochinos y que ya es un episodio de la historia del arte por la cual siento el más profundo asco y desprecio, como por toda cosa humana." [310]

El 21 de agosto, Miró escribe a Gasch desde Montroig: "Espero a Pierre [Loeb] a principios de mes. Como sabes, me gustaría presentarle los trabajos de Dalí y de [Francesc] Domingo. ¿Hay alguien más interesante?... Escribiré a Dalí, preguntándole si me permite visitarle con un amigo (nadie debe saber que esta persona es Pierre), de manera que esté preparado para mostrarnos suficientes cosas, que nos den una idea de su trabajo." [311]

El 22 de agosto, Domingo escribe a Miró: "Estoy muy contento y feliz al pensar que se interesan por mí, muchas gracias, querido Miró, créame que si Dios lo quiere, el Arte ganará mucho." [312]

El 1 de septiembre, Dalí escribe a Miró y le expresa su satisfacción por la próxima visita a Figueres de Miró y su amigo.[313]

En octubre, Miró realiza los gouaches para los "pochoirs" concebidos para ilustrar el libro de Lise Hirtz, Il était une petit pie, que se publicaría en noviembre de 1928.[314]

El 9 de octubre, Miró escribe a Pierre Loeb: "Usted sabe bien que quiero conservar a cualquier precio mi nobleza frente a cualquier tipo de especuladores, snobs, críticos y canallas similares." [315]

Entre el 11 y el 25 de octubre, Miró expone por primera vez en Bruselas, en la Galerie Le Centaure, en la exposición "Peinture française contemporaine". [316]

El 17 de octubre, tiene lugar la reapertura de la Galerie surréaliste, con la exposición "Cadavres exquis", en la que se exponen dos obras de Miró pertenecientes a André Breton: La Terre labourée y Le Piège.[317]

El 1 de noviembre, André Breton escribe a Miró y le da las gracias por esta serie de dibujos "admirablemente bellos y sorprendentes", destinados a crear el primer libro ilustrado por Miró.[318]

El 7 de noviembre, Miró escribe a Pierre Loeb: "Considero esta tela como una de las mejores desde hace varios años [Paysage animé]. Es gracioso, porque doy marcha atrás poco a poco en el buen sentido del término. Quizás esté volviendo a 'La Ferme', pero todo ello enriquecido por las investigaciones precedentes, y las cosas inútiles desterradas. Me vuelvo cada vez más, un gran enamorado del oficio. Muy confidencialmente debo decirle que observo con un amor creciente las cosas reales [...]. Usted sabe, Pierre, la vida que llevo aquí, donde estoy completamente absorbido por mi trabajo y por la meditación [...]. Ya veremos lo que haré dentro de un año; las construcciones que pienso hacer este invierno en París comienzan a martillearme la cabeza. Iré a Bélgica y a Holanda, para volver el próximo verano a España ya casado." [319]

En otoño, probablemente en uno de sus viajes a Barcelona para visitar a su madre, Miró escribe a Pierre Loeb en la que expresa su incertidumbre respecto a su futuro: "He trabajado mucho estos días [...]. En estos momentos estoy muy desconcertado, absolutamente embobado en pintura. Siempre que vengo a Barcelona voy al Museo. Paso de Vermeer de Delft a las grafías de las cavernas y no sé para nada, adónde voy o dónde estoy. Lo que me parece bien desde el punto de vista de pintura y de oficio me parece una nulidad desde el punto de vista espiritual y de aquello que satisface mi alma, me hace exigir ir más lejos [...]. ¿Qué será de mí? ¿Qué haré dentro de un año? Pintura ¿cuál?" [320]

El 13 de noviembre, tiene lugar una exposición individual de Miró de un sólo día en la Galerie Pierre, rue des Beaux-Arts, 2, de París. [321]

A finales de noviembre, probablemente, Miró regresa a Barcelona. A finales de diciembre, seguramente, Miró vuelve a Montroig. [322]

A lo largo de este año, Miró conoce a James Johnson Sweeney, un crítico de arte americano. [323]

1928 Miró, seguramente, pasa los dos primeros meses del año en Montroig. [324]

El 2 de enero, Miró escribe a Pierre Loeb desde Montroig: "En este momento espero poder lanzarme a fondo. No sé, menos que nunca, dónde estoy ni adónde voy. Lucha de elementos reales con acontecimientos irreales. [...] Es ridículo querer vivir como artista; debemos aceptar vivir como hombres, humildemente. Es gracias a la humildad que nos volvemos grandes. No obstante, me enorgullece decir que no he perdido ni un solo minuto de mi vida, consciente del rol que debo jugar en la pintura moderna, y que acepto de buen grado la responsabilidad de mando. Todo lo que le digo no es improvisado, sino largamente meditado. No creo tener ningún derecho de destruir mis telas; sería inmoral y orgulloso. Sería tener un extremo de perfección absolutamente imbécil. De la humildad de presentarse desnudo,

a pelo, frente a todos los hombres, con todas mis taras y mis heridas. [...] Quisiera que mi pintura fuera profunda, no sólo en profundidad pictórica [...]. Ganar en profundidad humana luchando por la vida, aceptándola humildemente." [325]

El 7 de febrero, escribe a Ràfols desde Montroig: "Ahora estoy en el campo, que en esta época es un bello milagro de Dios, trabajando mucho para la exposición que tengo que inaugurar el 1 de mayo en Hodebert (Barbazanges, Faubourg Saint-Honoré), y en la cual me quiero lanzar enteramente a fondo. [...] Son grandes telas de 120." [326]

El 11 de febrero, se publica el libro de André Breton, *Le Surréalisme et la peinture*, que incluye comentarios sobre Miró y reproducciones de ocho obras del artista catalán. [327]

Con anterioridad al 19 de febrero, Miró se traslada desde Montroig a Barcelona con sus "paisajes imaginarios". El 19 de febrero, Miró está en París. [328] En la capital francesa, Miró reside en la rue Tourlaque, número 22. Quizás en ese momento, empieza a crear sus primeras "pinturas-collage" denominadas *Danseuse espagnole*. [329]

Del 2 al 15 de abril, Miró participa en la "Exposition surréaliste" en la Galerie Au Sacre du Printemps, junto a Arp, de Chirico, Ernst, Malkine, Masson, Picabia, Man Ray y Tanguy. [330]

Entre el 1 y el 15 de mayo, la Galerie Georges Bernheim & Cie alberga una exposición de Miró organizada por Pierre Loeb con una gran acogida crítica y acompañada del éxito comercial. [331] La crítica de Tériade en *L'Intransigeant* hará fortuna: "Miró es uno de los pintores que nos da mejores esperanzas. Dotado de una sensibilidad aguda en el trazo. Se ha dedicado a expresar en pintura los primeros deseos gráficos del hombre y, en consecuencia, los más directos. Él mismo dice: 'La pintura está en decadencia desde la edad de las cavernas'." [332]

Del 5 al 17 de mayo, Miró realiza un viaje por Bélgica y Holanda, [333] y queda muy impresionado por la pintura de género holandesa del siglo XVII. [334] El 17 de mayo Miró ya se encuentra de regreso en París [335] donde, seguramente, empieza a realizar dibujos y bocetos para la serie de *Interiores holandeses*, partiendo de tarjetas con reproducciones de pintura de los Países Bajos. [336]

El 5 de junio, desde Barcelona, Miró escribe a Ràfols: "Acabo de llegar de París, me gustaría mucho verle antes de casarme: 21 de junio, si Dios quiere. [...] ¿Sabe algo del centenario de Goya [...]?" [337]

El 22 de junio, Miró realiza su primer viaje a Madrid, donde visita el Museo del Prado. [338]

Miró es entrevistado en Madrid para la *Gaceta Literaria* que, el 1 de julio, publica la primera entrevista de Miró. [339]

Ese mismo mes (junio), Miró se traslada a Montroig donde realiza los *Interiores holandeses*. [340] En 1975 Miró recuerda: "Fui a Holanda. Vi esos cuadros de interiores, me interesaron mucho y me serví de ellos como elementos. Los interiores holandeses fueron utilizados como la liebre." [341]

Desde el 9 de julio hasta mediados de diciembre, seguramente, Miró reside en Montroig, salvo por un corto viaje realizado a Barcelona hacia mediados de noviembre. Miró ejecuta cinco pinturas con un estilo detallista, entre los que se encuentran los tres *Interiores holandeses*. [342]

El 9 de julio, desde Montroig, Miró escribe a Pierre Loeb sobre la trascendencia de las obras que está realizando: "Influenciadas, quizás, por los maestros holandeses... Al mismo tiempo estoy preparando otras telas [...] que exigirán un gran esfuerzo por mi parte, uno de los mayores esfuerzos de mi vida y marcarán, quizás, una nueva vía en mi pintura." [343]

El 14 de julio, el periódico catalán *La Publicitat* publica una extensa entrevista a Joan Miró que había sido realizada por Francesc Trabal con anterioridad al 21 de junio, [344] en la que Miró hace un breve repaso desde sus inicios. Miró afirma: "Creo que sólo cuenta el que tiene una cantidad de vida y en la más pequeña raya o en el punto más pequeño pone su sangre y su alma. [...] Todo lo que no tiene esa vida es nulo."

A finales de julio, aparece el número 26 de *L'Amic de les Arts* prácticamente dedicado a Joan Miró, en la que comentan su obra Foix, Cassanyes, Gasch y Dalí. [345]

El 31 de julio, Pierre Loeb escribe a Miró a Montroig. Le pregunta el motivo de su silencio, y le informa del pago de obras. Asimismo, le comunica que le ha regalado a Aragon un "collage-cloutage" (*Danseuse espagnole*), y que piensa regalar otro a Breton. [346]

El 2 de agosto, Miró responde a Pierre Loeb: "Estas telas serán, espero, de la importancia de Terre Labourée y de Carnaval d'Arlequin, si no me rompo los cascos en el camino [...] Extrema humildad... Poner mi alma al desnudo. Es la única cosa que me interesa en mi obra, perfectamente despreocupado de que se diga o se piense que Miró es un hombre inteligente." [347]

El 16 de agosto, escribe a Ràfols, desde Montroig: "Ahora estoy trabajando con una extrema lentitud, como hace muchos años que no lo hacía, y en telas muy importantes." [348]

319 Carta de Joan Miró a Pierre Loeb, 7 noviembre 1927, en Laugier, de la Beaumelle y Merly 2004, p. 333.
320 Carta de Joan Miró a Pierre Loeb, sin fecha, en Laugier, de la Beaumelle y Merly 2004, p. 333.
321 Rowell 1995, p. 34.
322 Umland 1993, p. 326.
323 Rowell 1987a, p. 25.
324 Umland 1993, p. 326.
325 Carta de Joan Miró a Pierre Loeb, 2 enero 1928, en Laugier, de la Beaumelle y Merly 2004, p. 334.
326 Carta de Joan Miró a Josep-Francesc Ràfols, 7 febrero 1928, en Soberanas y Fontbona 1993, pp. 81-82.
327 Laugier, de la Beaumelle y Merly 2004, p. 334.
328 Carta de Joan Miró a Josep-Francesc Ràfols, 19 febrero 1928, en Soberanas y Fontbona 1993, p. 83.
329 Laugier, de la Beaumelle y Merly 2004, p. 336.
330 Centre Georges Pompidou 1991, p. 187.
331 Laugier, de la Beaumelle y Merly 2004, p. 337.
332 Tériade 7 mayo 1928 (FPJM: H-245).
333 Postal de Joan Miró a Josep-Francesc Ràfols desde Bruselas, [5 mayo 1928], y postal de Joan Miró a Josep-Francesc Ràfols desde Amsterdam, [14 mayo 1928], en Soberanas y Fontbona 1993, pp. 86-87.
334 Rubin 1979, pp. 40-45.
335 Carta de Joan Miró a Josep-Francesc Ràfols, 17 mayo 1928, en Soberanas y Fontbona 1993, pp. 88-89.
336 Umland 1993, p. 326.
337 Carta de Joan Miró a Josep-Francesc Ràfols, 5 junio 1928, en Soberanas y Fontbona 1993, p. 90.
338 Postal de Joan Miró a Josep-Francesc Ràfols, 22 junio 1928, en Soberanas y Fontbona 1993, p. 91; Carta de Josep-Francesc Ràfols a Joan Miró, 8 agosto 1928 (CS): "Me alegro de haberle sido útil en mis indicaciones sobre Madrid."
339 Gasch [1 julio 1928] (FPJM: H-296); Soberanas y Fontbona 1993, p. 91; y Umland 1993, pp. 326, 353.
340 Rubin 1979, pp. 40-45 explica que Miró realizó *Interior holandés I* partiendo de una obra de Hendrick Maertensz Sorgh, *El tañedor de laúd*; Dupin 1993, p. 141 expone que Miró se inspiró en una obra de Jan Steen, *La lección de baile del gato*, para realizar *Interior holandés II*; Umland 1993, p. 353 observa que, en cambio, Miró no utilizó ninguna tarjeta como fuente de inspiración para *Interior holandés III*.
341 Raillard 1977, p. 74.
342 Umland 1993, p. 327.
343 Carta de Joan Miró a Pierre Loeb, 9 julio 1928, en Laugier, de la Beaumelle y Merly 2004, p. 338.
344 Trabal 14 julio 1928 (FPJM: H-264); Rowell 1987a, pp. 91-98; y Umland 1993, pp. 326, 353.
345 *L'Amic de les Arts* 30 junio 1928; *La Veu de Catalunya* 27 julio 1928 (FPJM: H-268); y *La Publicitat* 28 julio 1928 (FPJM: H-269).
346 Carta de Pierre Loeb a Joan Miró, 31 julio 1928 (CS).
347 Carta de Joan Miró a Pierre Loeb, 2 agosto 1928, en Laugier, de la Beaumelle y Merly 2004, p. 340.
348 Carta de Joan Miró a Josep-Francesc Ràfols, 16 agosto 1928, en Soberanas y Fontbona 1993, p. 94.

349 Postal de Josep-Francesc Ràfols a Joan Miró, 19 agosto 1928 (CS).

350 Carta de Pierre Loeb a Joan Miró, 14 agosto 1928 (CS).

351 Carta de Pierre Loeb a Joan Miró, 2 septiembre 1928 (CS); y Umland 1993, p. 327.

352 Carta de Pierre Loeb a Joan Miró, 22 septiembre 1928 (CS).

353 Carta de Joan Prats a Joan Miró, 25 septiembre 1928 (CS).

354 Carta de Joan Miró a Pierre Loeb, 11 octubre 1928, en Laugier, de la Beaumelle y Merly 2004, p. 341.

355 Umland 1993, p. 327.

356 Carta de Joan Miró a Pierre Loeb, 12 noviembre 1928, en Laugier, de la Beaumelle y Merly 2004, p. 341.

357 Carta de Pierre Loeb a Joan Miró, 15 noviembre 1928 (CS).

358 Postal de Josep-Francesc Ràfols a Joan Miró, 22 noviembre 1928 (CS).

359 Carta de Alexander Calder a Joan Miró, 10 diciembre 1928 (CS).

360 Postal de Joan Miró a Josep-Francesc Ràfols, 26 diciembre 1928, en Soberanas y Fontbona 1993, p. 99.

361 Laugier, de la Beaumelle y Merly 2004, p. 341.

362 Rowell 1987a, p. 26; Dupin 1993, p. 172; y Behrends 2004, p. 279.

363 Carta de André Breton a Joan Miró, 21 enero 1929 (CS).

364 Dupin 1993, pp. 145-149.

365 Raillard 1977, p. 185.

366 Carta de Joan Miró a Nina Kandinsky, 19 enero 1966, en Rowell 1995, pp. 293-294.

367 Carta de Carl Einstein a Joan Miró, 30 enero 1929 (CS).

368 Rowell 1987a, pp. 107-108.

369 Carta de René Gaffé a Joan Miró, 21 febrero 1929 (CS): "[Un estudio sobre usted] es necesario, obligatorio: hay elementos jóvenes que sólo piden llegar hacia usted. Todavía hace falta que alguien les enseñe el camino [...] Es curioso la filiación espiritual que hay entre su gran *Danseuse espagnole*, y la *Jeune fille à la mandoline* de Picasso. Actualmente están, en mi casa, casi yuxtapuestas; un mismo aire las atraviesa, un mismo espíritu las anima."

370 Postal de Joan Miró a Josep-Francesc Ràfols, 26 febrero 1929, en Soberanas y Fontbona 1993, p. 101.

371 Carta de Salvador Dalí a Joan Miró, 2 marzo 1929 (CS).

372 Carta de Salvador Dalí a Joan Miró, sin fecha (CS).

373 Umland 1993, p. 327.

374 Behrends 2004, p. 279.

375 Tone 1993, p. 438.

376 Carta de Bôske Antheil a Joan Miró, 20 marzo 1929 (CS).

377 Fundació Joan Miró 1994, pp. 31-32.

378 Umland 1993, p. 327; y Laugier, de la Beaumelle y Merly 2004, p. 343.

379 Carta de Joan Miró a Pierre Loeb, 31 marzo 1929, en Laugier, de la Beaumelle y Merly 2004, p. 343.

380 Carta de Joan Miró a Josep-Francesc Ràfols, 5 abril 1929, en Soberanas y Fontbona 1993, p. 102.

381 Umland 1993, pp. 327, 353; y Raillard 1977, p. 83: En la entrevista con Raillard, Miró afirma que él presentó a Dalí y a Buñuel a Breton, sin especificar la fecha.

El 19 de agosto, Ràfols escribe a Miró y le anuncia que lo visitará en Montroig a finales de septiembre: "Quiero aprovechar la visita para ver la mayor cantidad posible de sus obras. Tengo vivísimo interés en conocer este nuevo paso de su gloriosa carrera." [349]

En torno al 25 de agosto, Miró recibe en Montroig la visita de Pierre y Edouard Loeb.[350]

El 2 de septiembre, Pierre Loeb escribe a Miró, desde Palma: "He escrito en la carta a su madre que su pintura me había gustado mucho. Contiene casi todas sus indagaciones hasta la actualidad, y las resume dejando prever un punto de partida hacia una nueva dirección, después de un despojamiento de todas las influencias, que hasta sus últimas pinturas permanecían un poco demasiado visibles y literales. Creo que ahora va a decirnos algo más importante y más libre." [351]

El 22 de septiembre, Pierre Loeb, ya de regreso en París, escribe a Joan Miró: "Espero tener pronto noticias suyas y telas bonitas [...] Esperaré en cualquier caso hasta el final de la serie de retratos para vender, y diré a todos los interesados que todas sus telas están en España y que usted no me las entregará hasta el próximo mes de julio dado que necesita tenerlas a la vista para trabajar. En ese momento, haremos una pequeña exposición en la galería para agruparlas y mostrarlas conjuntamente." [352]

El 25 de septiembre, Joan Prats escribe a Miró a Montroig y le felicita por las últimas obras que ha visto en la Galerie Pierre, haciéndose pasar por un comprador desconocido de Miró: "Me impresionaron profundamente. Son la emoción más viva que he traído de este París apoteósico [...] toda mi absoluta admiración por su impresionante obra." [353]

El 11 de octubre, Miró escribe a Pierre Loeb: "Cada tela resume quizás mi obra y además en cada nueva pintura hay un descubrimiento, por pequeño que sea. Descubrimiento de un pequeño punto [...] de una forma, de un nuevo ritmo, esto es muy importante. [...] Ritmo es un movimiento secreto del alma [...] la única cosa que cuenta en resumen." [354]

En noviembre, se imprime el libro de Lise Hirtz, *Il était une petite pie* ilustrado mediante "pochoirs" creados por Miró.[355]

El 12 de noviembre, Miró escribe a Pierre Loeb: "Trabajo en mi cuarta tela, penúltima de la serie [*Interiores holandeses*], titulada 'Pomme de terre'. Organizarme me ha costado mucho, he sufrido mucho para organizar todas las sensaciones e imágenes que lentamente se han presentado en mi mente. Una vez hecho esto, la realización es menos penosa, y todo se desarro-

lla de una manera más sencilla y más regular. [...] Estimo que en este momento hago un esfuerzo casi tan considerable como cuando hacía la Ferme, menos estéril debo decir, debido a que resumo todo en varias obras." [356]

A mediados de noviembre, seguramente, Miró se encuentra en Barcelona. El 15 de noviembre, Pierre Loeb le escribe a Passatge del Crèdit: "Sabe qué confianza tengo en usted y con qué impaciencia todavía espero sus nuevas obras." [357]

El 21 de noviembre, Miró cena con Ràfols en Barcelona.[358]

El 10 de diciembre, Calder escribe por primera vez a Miró y le solicita que se ponga en contacto con él, para verse en cuanto llegue a París.[359]

El 26 de diciembre, Miró se encuentra ya en París y reside en la rue Tourlaque.[360] En París, Miró participa en una exposición colectiva en homenaje a Paul Guillaume en la Galerie Danthon.[361]

A finales de diciembre, Calder debió de visitar a Miró en su taller de la rue Tourlaque y trabaron una duradera amistad.[362]

1929 Desde enero a junio, posiblemente, Miró reside en París, en la rue Tourlaque, exceptuando dos viajes a Barcelona.[363] Trabaja en una serie conocida como "Retratos imaginarios": *Retrato de la reina Luisa de Prusia*, *Retrato de una dama en 1820*, *La Fornarina* y *Retrato de Mrs. Mills en 1750*. Estas pinturas siguen la línea de *Interiores holandeses*, si bien son fruto de un proceso de depuración.[364] Sobre *La Fornarina*, en 1975 Miró recuerda: "La idea de *La Fornarina* la tuve en el Louvre, cuando vi la Fornarina de Rafael. Partí de la forma del cuerpo. Borré su cara, su mirada; pero hice la construcción como un gran fresco [...] era más bien algo plástico." [365]

Entre el 15 y el 31 de enero, Miró probablemente acude a la primera exposición de Kandinsky en París, que tiene lugar en la Galerie Zak. En 1966 Miró escribe a Nina Kandinsky: "Ese Gran Príncipe del Espíritu, ese Gran Señor, [...]. Recuerdo sus pequeñas exposiciones en la Galerie Zack [...] Sus gouaches me llegaban al fondo del alma." [366]

El 30 de enero, Carl Einstein escribe a Miró para solicitarle una cita para ver sus últimas obras y charlar sobre el artículo que prepara sobre él para la revista *Documents*. [367]

El 12 de febrero, Breton, Aragon y Queneau envían a unas setenta y cinco personas, entre ellas Miró, una circular en la que preguntan acerca de la eficacia de la acción colectiva.[368]

El 21 de febrero, René Gaffé, coleccionista belga de la obra de Miró, escribe a Miró para informarle de que está preparando un libro titulado *Introduction à l'œuvre de Joan Miró*, motivo por el cual le solicita una entrevista.[369]

El 26 de febrero, Miró se encuentra, de paso, unos días en Barcelona.[370]

El 2 de marzo, Dalí escribe a Miró y le comunica su deseo de exponer en París, como "punto de partida oficial" de su obra. Asimismo, le pide consejo y le comenta que por encima de todo aprecia la pintura de Miró, Arp y Picasso, la poesía de Benjamin Péret y el pensamiento de André Breton.[371] Probablemente con posterioridad, Dalí le escribe de nuevo a Miró: "Le agradezco sus consejos, en París efectivamente hay una pandilla de talentos que en contacto con la cordialidad y la comprensión se vuelven completamente putrefactos. El caso de Picasso y de usted son bien ejemplares." [372]

El 13 de marzo, Miró escribe a Gasch y le comenta que ha conocido a Luis Buñuel. [373]

Con anterioridad al 15 de marzo, Miró asiste a la primera representación de *Le Cirque* de Calder, en el estudio de Calder en la rue Cels de París.[374]

Entre el 20 y el 25 de marzo, Miró participa en la "Exposición de pinturas y esculturas de españoles residentes en París" en el Jardín Botánico de Madrid.[375]

El 20 de marzo, Bôske Antheil, mujer del compositor George Antheil, escribe a Joan Miró: "George continua pensando en hacer el ballet con usted, y creo que ahora tendremos mucha más suerte que en Alemania." [376] Posiblemente, se refiere al proyecto inédito iniciado en 1927, titulado *Le Jour*, ballet "mecánico", con música de Georges Antheil, y para el cual Miró había diseñado dos telones y dos conjuntos de personajes.[377]

Alrededor del 22 de marzo, Miró realiza una breve estancia en Barcelona y, a continuación, en Palma.[378]

El 31 de marzo, Miró escribe a Pierre Loeb, desde Barcelona: "En Palma, he visto una procesión tan emocionante como una tela del Greco y mujeres con los ojos fulminantes. Ayer, exploré el barrio vicioso de Barcelona, que me gusta más que el puerto de Amberes. En resumen, estoy en buena disposición para luchar contra la 'maîtresse de Raphaël'." Estas reflexiones podrían estar relacionadas con la pintura *La Fornarina*.[379]

Alrededor del 5 de abril, Miró se encuentra en París.[380] Con anterioridad al 9 de abril, Salvador Dalí llega a París y Miró lo presenta al grupo surrealista.[381]

Sra. Pilar Juncosa, 1929. Cortesía Successió Miró.

Boda de Pilar Juncosa y Joan Miró, 12 de octubre de 1929. Cortesía Successió Miró.

El 15 de abril, Georges Hugnet escribe a Miró en relación con el diseño de unas litografías para ilustrar el libro de Tristan Tzara *L'Arbre des voyageurs*.[382]

El 18 de abril, Breton escribe a Miró para solicitar su colaboración en una edición especial de la revista belga *Variétés* titulada "Le Surréalisme en 1929". Para esta publicación, coordinada por Breton, Eluard y Aragon, se solicita la colaboración de Arp, Ernst y Miró. Asimismo, le manifiesta su admiración por sus últimas pinturas, especialmente el "maravilloso" *Nu*.[383]

Del 11 al 22 de mayo, tiene lugar la exposición individual "Joan Miró", organizada por Pierre Loeb, en la Galerie Le Centaure de Bruselas.[384] Miró acude a la inauguración. El 13 de mayo, Miró se encuentra en Amberes, donde probablemente visita el Museo Steen.[385]

El 28 de mayo, Miró escribe a Robert Desnos y decide aceptar la propuesta de ilustrar la obra de Desnos, *L'Aumonyme*, proyecto que, al parecer, nunca vio la luz.[386]

En junio, aparece publicada, en la revista belga *Variétés*, la respuesta de Miró a la circular enviada el 12 de febrero por Breton, Aragon y Queneau. Miró no define claramente su postura.[387]

En junio, probablemente, Calder escribe una postal a Joan Miró, dirigida a la rue Tourlaque: "¡Recuerdos! Te voy a llevar a América en 2 o 3 semanas. Prepárate."[388]

Hasta finales de junio, Miró posiblemente permanece en París, en la rue Tourlaque.[389]

A finales de junio, Miró debió de viajar a Barcelona. Antes del 17 de julio, Miró se desplaza a Palma de Mallorca, donde tiene lugar el compromiso de Miró y Pilar Juncosa, la hija de unos amigos de la familia de Miró.[390]

En torno al 17 de julio, posiblemente, Miró se encuentra en Montroig y, antes del 23 de julio, recibe la visita de Pauline y Ernest Hemingway.[391] Ese verano, Miró comienza a trabajar en una serie de "papiers collés" muy sobrios, en los que el grafismo cede todo el protagonismo a los papeles de uso cotidiano pegados. Miró empieza a cuestionar sus medios de expresión pictóricos anteriores, su producción da testimonio de su voluntad de "asesinar la pintura".[392]

El 10 de agosto, Camille Goemans escribe a Miró desde Cadaqués, le felicita por su próxima boda y le invita a pasar la luna de miel en Cadaqués, donde también se encuentran Eluard y su familia.[393]

El 23 de agosto, Miró escribe a Pierre Loeb: "El trabajo <u>funciona</u>. Los dibujos con las nuevas

investigaciones de materias, para volverme cada vez más poderoso y elocuente en lo que quiero expresar y decir. En suma, ¡ya veremos! Habrá que exponer, con los cuadros, algunos de estos dibujos recientes; los más sobrios y los más impresionantes en cuanto a materia y los más elocuentes. [...] Vea en éstos, ejercicios de entrenamiento, de soltura y de pegar en el vacío, para tener un golpe cada vez más fuerte, duro y enérgico, todo esto me prepara quizás para un esfuerzo más o menos lúcido, pero en suma, un <u>esfuerzo</u>, un <u>paso hacia adelante</u>, aunque arriesgándome con ello a caer un día en un precipicio y romperme una pierna [...]."[394]

En septiembre, Miró viaja desde Montroig a Barcelona y a Palma de Mallorca. El 7 de septiembre, seguramente, viaja a Palma.[395] El 22 de septiembre, probablemente, Miró regresa a Montroig desde Palma.[396]

El 10 de septiembre, Miró escribe a Pierre Loeb sobre las obras que expondrá en su próxima individual: "El trabajo continúa en marcha; me parece que el <u>conjunto</u> será bastante impresionante y que he alcanzado en mis últimos dibujos una cierta grandiosidad. De todos modos, con las telas de la última época no expondremos sino los más abstractos, poderosos, y sobrios al mismo tiempo [...] deben cerrar un círculo por así decirlo. Los últimos dibujos deben formar parte de lo que me propongo realizar este invierno. Pienso en ello activamente del mismo modo que empiezo a hacer dibujos para esculturas que yo tengo <u>muchas</u> ganas de realizar tarde o temprano."[397]

Del 6 de octubre al 3 de noviembre, Miró participa en la exposición colectiva "Ausstellung abstrakte und surrealistische Malerei und Plastik" en la Kunsthaus de Zürich.[398]

El 12 de octubre, Miró y Pilar Juncosa contraen matrimonio en la iglesia de San Nicolás de Palma de Mallorca. Ambos pasan unos días en Formentor, Mallorca y, a continuación, viajan a Barcelona, donde Miró muestra sus collages a Gasch.[399]

El 22 de noviembre, Miró y Pilar Juncosa están instalados ya en París, en un apartamento del número 3 de la rue François-Mouthon, que también sirve de estudio.[400] Miró lleva consigo los collages realizados durante el verano en Montroig.[401]

El 29 de noviembre, *La Publicitat* publica un artículo de Sebastià Gasch que reivindica un arte intenso y fuertemente expresivo como el de las últimas obras de Miró, unos dibujos en los que juegan un papel importante los materiales más variados como papel de lija, alambre y papel de embalar.[402]

382 Umland 1993, pp. 327, 353; Cramer 1989, pp. 26-27; y Leiris y Mourlot 1972, pp. 29-33.
383 Carta de André Breton a Joan Miró, 18 abril 1929 (CS): "He admirado mucho sus últimas obras en [la galería] Pierre y no me canso de mirar el maravilloso Nu de 1926 que ansiaba desde hacía tiempo."
384 Tone 1993, p. 438.
385 Umland 1993, pp. 327, 353.
386 Ibidem, pp. 327, 353.
387 Rowell 1987a, pp. 107-108; y Umland 1993, pp. 327, 353. Miró responde con un mensaje de independencia: "Indudablemente para llevar a buen término una acción, siempre es preciso un esfuerzo colectivo. No obstante, estoy convencido de que los individuos con una fuerte o excesiva personalidad, enfermiza quizás, fatal si usted quiere, esto es indiscutible, no podrán jamás someterse a la disciplina de cuartel que una acción común exige a cualquier precio."
388 Postal de Alexander Calder a Joan Miró, [Junio 1929] (CS).
389 Carta de André Breton a Joan Miró, 4 junio 1929 (CS); y postal de Salvador Dalí a Joan Miró, 25 junio 1929 (CS).
390 Umland 1993, pp. 327, 353.
391 Ibídem, pp. 327, 353.
392 Dupin 1993, pp. 151-157.
393 Carta de Camille Goemans a Joan Miró, 10 agosto 1929 (CS): "Tenía la impresión de que algo importante estaba pasando por Montroig, lo que explica que no me vea muy sorprendido de conocer la noticia de su próxima boda."
394 Carta de Joan Miró a Pierre Loeb, 23 agosto 1929, en Laugier, de la Beaumelle y Merly 2004, p. 346.
395 Carta de Joan Miró a Josep-Francesc Ràfols, 3 septiembre 1929, en Soberanas y Fontbona 1993, p. 103.
396 Umland 1993, p. 327.
397 Carta de Joan Miró a Pierre Loeb, 10 septiembre 1929, en Laugier, de la Beaumelle y Merly 2004, p. 346.
398 Tone 1993, p. 438.
399 Dupin 1993, pp. 157-158; y Umland 1993, pp. 327, 354.
400 Umland 1993, p. 328; Carta de Joan Miró a Josep-Francesc Ràfols, 7 diciembre 1929, en Soberanas y Fontbona 1993, p. 106.
401 Laugier, de la Beaumelle y Merly 2004, p. 348.
402 Gasch 29 noviembre 1929 (FPJM: H-367).

403 *La Révolution surréaliste* 15 diciembre 1929; y Centre Georges Pompidou 1991, p. 190.

404 Umland 1993, p. 328.

405 Dupin 1993, pp. 407-408; y Leiris y Mourlot 1972, pp. 26-27.

406 Umland 1993, p. 328.

407 Laugier, de la Beaumelle y Merly 2004, p. 348.

408 Umland 1993, p. 328.

409 Saint-Cyr 14 marzo 1930 (FPJM: H-389).

410 Laugier, de la Beaumelle y Merly 2004, p. 348.

411 Umland 1993, p. 328.

412 Carta de Joan Miró a Josep-Francesc Ràfols, 10 marzo 1930, en Soberanas y Fontbona 1993, p. 107

413 Omer 15 marzo 1930 (FPJM: H-391).

414 Galerie Pierre 1930; y Umland 1993, pp. 328, 354.

415 Tériade 18 marzo 1930 (FPJM: H-393).

416 Tone 1993, p. 439, y Aragon 1930, p. 26: "[...] Un tipo curioso, este Miró. Muchas cosas en su pintura recuerdan lo que no está pintado [...] El año pasado llegó totalmente de manera natural a no hacer nada más que no fueran collages [...]."

417 Tone 1993, p. 439; y Laugier, de la Beaumelle y Merly 2004, p. 349.

418 Rowell 1987a, pp. 114, 314; y Dupin 1993, pp. 151, 448.

419 Dupin 1993, p. 151.

420 Carta de Giacometti a Joan Miró, 9 abril 1930 (CS).

421 Raillard 1977, p. 172.

422 Behrends 2004, p. 280.

423 Umland 1930, pp. 328, 354.

424 Picon 1980, pp. 23-24.

425 Museum of Modern Art 1930.

426 Postal de Joan Miró a Josep-Francesc Ràfols, 25 julio 1930, en Soberanas y Fontbona 1993, p. 109: "Estoy muy feliz al deciros que el pasado jueves 17, mi mujer me hizo padre de una niña; las dos están muy bien."

427 Carta de Joan Miró a Pierre Loeb, 27 julio 1930, en Laugier, de la Beaumelle y Merly 2004, p. 352.

428 Umland 1993, pp. 328, 354.

429 Dupin 1993, pp. 161, 361-363.

430 *Comoedia* 11 octubre 1930 (FPJM: H-412); *Paris Midi* 14 octubre 1930 (FPJM: H-415); Antignac 14 octubre 1930 (FPJM: H-414).

431 Gasch 15 octubre 1930 (FPJM: H-416).

432 Carta de Joan Miró a Pierre Loeb, 15 octubre 1930, en Laugier, de la Beaumelle y Merly 2004, p. 350.

433 Valentine Gallery 1930.

434 Melgar enero 1931, p. 18 (FPJM: H-428).

El 15 de diciembre, se publica el último número de la *Révolution surréaliste* (nº 12) que contiene el *Second manifeste du surréalisme*, *L'Enquête sur l'Amour*, y *Notes sur la poésie* (en colaboración con Eluard).[403]

Miró pasa las Navidades en Barcelona.[404]

1930 Miró dibuja su primera litografía, a petición de Christian Zervos, destinada a ilustrar la revista *Cahiers d'art*.[405]

A principios de enero, probablemente, Miró regresa con su esposa Pilar Juncosa a París. Vive y trabaja en el número 3 de la calle François-Mouthon. Miró realiza una serie de pinturas de gran formato con un lenguaje plástico vacilante.[406]

Del 18 de enero al 16 de febrero, Miró muestra dos obras en la exposición "Painting in Paris from American Collections", organizada por Alfred H. Barr, en The Museum of Modern Art de Nueva York. La muestra tiene gran repercusión en los medios de comunicación americanos. Pierre Matisse (por aquel entonces responsable de compras de arte europeo para Valentine Dudensing), debió de conocer a Miró en una de sus frecuentes estancias en Francia.[407]

El 28 de enero, Miró anuncia a Gasch su intención de abandonar temporalmente la pintura y expresarse a través de otros medios plásticos como la escultura: "[Estoy] trabajando mucho sobre la tela de la que le he hablado, que será, pienso, mi adiós a la pintura, al menos por un tiempo, con el fin de consagrarme a otros medios de expresión, bajorrelieves, esculturas, etc., utilizando nuevos vocabularios y elementos de expresión que todavía desconozco."[408]

En marzo, Miró, junto con otros coleccionistas y el Musée d'ethnographie du Trocadéro, colabora en una exposición de arte de África y Oceanía organizada por Charles Ratton, Pierre Loeb y Tristan Tzara en la Galerie Pigalle de París.[409] En el catálogo de la exposición, Miró figura como prestador de una máscara de dos cabezas superpuestas procedente del Archipiélago de Bismarck, Nueva-Bretaña (cat. nº 72).[410]

Desde el 7 al 14 de marzo, Miró expone, sus *Interiores holandeses* y *Retratos imaginarios* en la Galerie Pierre de París.[411]

El 10 de marzo, escribe a Ràfols, desde París: "A principios de mayo, creo que estaremos de regreso en Barcelona, para después ir unas semanas a Palma, para descansar un poco, volveremos después a Barcelona a esperar que mi mujer tenga el bebé, que supongo vendrá al mundo a finales de julio."[412]

El 14 de marzo, seguramente, Miró asiste a la recepción ofrecida por el Musée du Trocadéro con motivo del ingreso de un poste totémico procedente de la Columbia Británica.[413]

Entre el 15 y el 22 de marzo, Miró expone sus *Collages* en la exposición "Oeuvres récentes" en esa misma galería.[414] Tériade analiza así la obra de Miró expuesta: "Miró, después de haber vaciado sus telas de su voluminoso contenido, ha substituido los valores plásticos por signos, por señales o guiños de ojos apenas perceptibles, a veces, enlazados entre sí por trazos de una tenuidad notable."[415]

Del 28 de marzo al 12 de abril, Miró participa en la exposición "La Peinture au défi" en la Galerie Goemans de París, cuyo catálogo incluye el texto homónimo de Louis Aragon.[416]

En abril, tiene lugar la exposición "Arp, Miró, Giacometti", en la Galerie Pierre de París.[417]

El 7 de abril, *L'Intransigeant* publica un artículo de Tériade que critica duramente la pintura surrealista: "Como se sabe, el surrealismo había decretado la muerte de la pintura. 'Quiero asesinarla' había dicho uno de sus practicantes." Miró afirmaría que esa declaración era suya.[418] Su deseo de acabar con la pintura se traduce en las obras creadas entre 1929 y 1930.[419]

El 9 de abril, Giacometti le escribe aceptando la invitación de Joan Miró para recibirlo, posiblemente en la rue François-Mouthon.[420] Sobre Giacometti, Miró comenta en 1975: "Yo tenía ganas de esculpir y le pregunté cómo se hacía. Fui a su taller de Montparnasse y me dijo: *Mira, debes hacerlo así...* Pero cuando empecé, él ya había fallecido."[421]

En la primera quincena de mayo, antes del regreso de Miró a España, Miró y Calder se encuentran en París. Es posible que Calder hubiera visto los collages de Miró, en la exposición del grupo surrealista "La Peinture au défi" en la Galerie Goemans.[422]

Con anterioridad al 14 de mayo, Joan Miró y su esposa Pilar Juncosa regresan a Barcelona, donde realizan una breve estancia, antes de trasladarse a Palma de Mallorca.[423] Mientras permanece en Mallorca, Miró empieza unos cuadernos que le servirán de punto de partida para realizar unos dibujos con lápiz Conté sobre papel Ingres.[424]

Desde el 15 de junio hasta finales de septiembre, Miró participa en la "Summer Exhibition" en The Museum of Modern Art de Nueva York.[425]

En torno a mediados de junio, Miró y su esposa viajan a Barcelona, donde el 17 de julio nace su hija, María Dolores.[426]

El 27 de julio, Miró escribe a Pierre Loeb desde Barcelona. Le expresa su preocupación por lo difícil que le debe resultar representar y defender sus pinturas, no obstante explica: "Por el contrario, usted también comprenderá que es mi primer deber como hombre, y hombre que se acerca a la cuarentena, el asegurar una vida confortable para mi mujer y para mi bebé, y no tolerar bajo ningún concepto la mínima traba al libre vuelo de mi mente. Cuanto más HOMBRE se es, más se vuelve uno artista; no dudaría, pues, para lograr estos dos objetivos, buscar otros medios fuera de la pintura."[427]

Desde mediados de agosto hasta finales de noviembre, probablemente, la familia Miró reside en Montroig.[428] Allí, Miró trabaja en una serie de dibujos sobre papel Ingres y realiza sus primeras obras tridimensionales en madera conocidas como *Construcciones*.[429]

El 14 de octubre, se inaugura una exposición en la Galerie Billet de París, en homenaje a Serge Diaguilev, que muestra maquetas, decorados y figurines diseñados para los Ballets Russes por diversos artistas, entre ellos Miró.[430]

Con anterioridad al 15 de octubre, Miró muestra a Sebastià Gasch, a Joan Prats y a Josep F. Ràfols sus primeras *Construcciones* en madera. Gasch explica el proceso de creación: "Miró ha partido como siempre de la intuición: la revelación inicial encontrada en momentos pasivos de maravillosa inspiración [...] Se ha limitado a trazar el esquema de la construcción encontrada, fijar las medidas y llevarla a un carpintero vulgar para que las realice."[431]

El 15 de octubre, Miró escribe a Pierre Loeb: "Estoy muy contento por su actividad en relación conmigo, y le rindo homenaje por su coraje, yo que en definitiva sólo respeto a la gente valiente. Yo había deseado mucho hacer esa gran exposición [...] Estoy convencido de que puede tener una gran resonancia y crear incluso influencias. La exposición realizada el año pasado en su galería no fue más que el resultado, por así decirlo, de diversas investigaciones o un resumen de toda mi obra [...] aparte de los collages que experimentaban algún riesgo nuevo, el resto no provocaba nada más."[432]

Entre el 20 de octubre y el 8 de noviembre, la Valentine Gallery de Nueva York alberga la primera exposición individual de Miró en Estados Unidos.[433] Pese a la buena acogida crítica, la exposición no fue un éxito de ventas, debido a la crisis económica.[434]

El 26 de octubre, Miró escribe a Pierre Loeb: "Regresaremos a finales de diciembre o principios de enero, como muy tarde, puesto que estimo absolutamente necesario pasar cada año algunos meses en París, como siempre he hecho. Si

Joan Miró, Pilar Juncosa y Dolores Miró, en la Feria del Boulevard Pasteur de París, 15 de marzo de 1931. Cortesía Successió Miró.

considero un veneno el ambiente de París cuando se vive allí siempre, creo que vivir siempre en el campo es un suicidio [...]." [435]

El 18 de noviembre, desde Montroig, Miró escribe a Tristan Tzara sobre dos litografías para *L'Arbre des voyageurs*. Este libro de Tzara, ilustrado con cuatro litografías de Miró, sería publicado antes de finales de año.[436]

Entre el 28 de noviembre y el 3 de diciembre, Miró expone junto con Hans Arp, Salvador Dalí, Max Ernst, Man Ray e Yves Tanguy, con motivo de la proyección de la película de Luis Buñuel y de Dalí, *L'Age d'or*, en Studio 28 de París.[437]

El 7 de diciembre, seguramente, Miró recibe en Barcelona la visita de Joan Prats, Gasch y, tal vez, de Ràfols para enseñarles los últimos dibujos realizados.[438] El 15 de diciembre, Miró está en Palma de vacaciones.[439] El 31 de diciembre, Miró ya se encuentra de nuevo en Barcelona.[440]

1931 Desde principios de enero hasta principios de junio, probablemente, Miró reside en París. Vive y trabaja en el número 3 de la rue François-Mouthon. Para Miró, es una etapa difícil tanto desde el punto de vista artístico como económico.[441]

El 17 de enero, desde París, Miró escribe a Gasch: "Hay una crisis terrible aquí [...] He cerrado un acuerdo con Pierre que, a pesar de no ser satisfactorio, me permitirá como mínimo atravesar un período difícil. Tengo suerte, puesto que casi todos los de mi generación se han roto la crisma." [442]

El 24 de enero, la revista *Ahora* publica una entrevista con Miró en la que afirma su autonomía respecto a los surrealistas: "Del mismo modo que han clasificado a Picasso entre los cubistas, a mí me han dado la etiqueta de superrealista. Pero yo, ante todo y sobre todo, quiero conservar mi independencia rigurosa, absoluta, total. Observo que el surrealismo es una manifestación sumamente interesante del espíritu, un valor positivo; mas no quiero seguir sus rigurosas disciplinas." Además, Miró explica su aversión por la pintura, su voluntad de "asesinar la pintura": "Por mi parte, yo no sé dónde vamos; lo único cierto para mí es que yo me propongo destruir, destruir todo lo que existe en pintura. Siento un asco profundo por la pintura; sólo me interesa el espíritu puro; y no me sirvo de los instrumentos normales en los pintores —pinceles, lienzo, colores— sino para ser certero en los golpes que doy." [443] A pesar de estas declaraciones, en los primeros meses del año, Miró tantea de nuevo su camino en pintura.[444]

Entre el 27 de enero y el 17 de febrero, The Arts Club of Chicago acoge una exposición individual de pintura de Miró, organizada por la Valentine Gallery de Nueva York.[445]

El 5 de febrero, escribe a Ràfols, desde París: "Trabajo de firme, tratando de hacerlo cada día más mal y creándome más dificultades y huyendo del buen gusto [...] La exposición de Nueva York se ha trasladado a Chicago." [446]

El 25 de febrero, Miró escribe a Foix, desde Barcelona, para invitarle a su casa, con el fin de enseñarle a él y a otros amigos las pinturas y los picto-objetos realizados en Montroig.[447]

El 18 de marzo, Miró escribe a René Gaffé sobre Tzara y su libro *L'Arbre des voyageurs*: "[...] debo decirle que él [Tzara] fue uno de los primeros en ver y apreciar mi pintura. Recíprocamente, yo considero su poesía desde hace ya mucho tiempo de gran valor espiritual y su posición Dadá siempre me ha resultado extremadamente atrayente, como clarividencia y como método de acción. [...] He hecho las litografías de la manera que las he hecho porque su poesía –pleno desierto con salpicaduras cegadoras de granos de arena– así me las ha sugerido." [448]

El 8 de abril, escribe a Ràfols desde rue François-Mouthon: "Sigo trabajando de firme, y pegando martilladas a las telas. Estaré en Barcelona del 15 al 30 de junio [...]." [449]

Entre el 25 de abril y el 24 de mayo, Miró participa en la exposición colectiva "L'Art vivant en Europe" en el Palais des Beaux-Arts de Bruselas.[450]

El 27 de abril, Miró probablemente acude a la inauguración de la exposición de Calder "Alexander Calder: Volumes-Vecteurs-Densités; Dessins-Portraits" en la Galerie Percier de París. Entre los retratos realizados en alambre por Calder, figura el de Joan Miró.[451]

El 9 de junio, Miró se encuentra en Barcelona.[452] El 1 de julio, Miró se encuentra en Palma para una breve estancia, antes de recalar finalmente en Montroig.[453] El 3 de julio, el periódico *L'Opinió* informa de la visita de Miró y Gasch al distrito quinto y la Barceloneta. Además, comenta el alboroto que las esculturas recientes de Miró habían causado en París.[454]

Desde mediados o finales de julio hasta finales de noviembre, probablemente, Miró reside en Montroig. Allí empieza una serie de pinturas sobre papel Ingres, así como un grupo de picto-objetos, que incorporan materiales encontrados y ensamblados.[455] Gasch describe así el estudio del artista en Montroig y su proceso creativo: "Su taller parece en estos momentos un almacén de 'bric-à-brac'. Hay los objetos más estrafalarios. Raíces de caña que parecen idolillos negros, fragmentos de esqueleto encontrados en la playa que parecen esculturas egipcias, corchos con incrustaciones de moluscos que tienen calidades riquísimas,

435 Carta de Joan Miró a Pierre Loeb, 26 octubre 1930, en Laugier, de la Beaumelle y Merly 2004, p. 353.
436 Cramer 1989, pp. 26-27; y Leiris y Mourlot 1972, pp. 29-33.
437 Umland 1993, p. 328; y Tone 1993, p. 439.
438 Carta de Joan Miró a Josep-Francesc Ràfols, 3 diciembre 1930, en Soberanas y Fontbona 1993, p. 110.
439 Postal de Joan Miró a Josep-Francesc Ràfols, 15 diciembre 1930, en Soberanas y Fontbona 1993, p. 111.
440 Carta de Joan Miró a Josep-Francesc Ràfols, 31 diciembre 1930, en Soberanas y Fontbona 1993, p. 112.
441 Umland 1993, p. 328.
442 Ibídem, p. 328.
443 Melgar enero 1931 (FPJM: H-428).
444 Dupin 1993, p. 161.
445 Arts Club of Chicago 1931.
446 Carta de Joan Miró a Josep-Francesc Ràfols, 5 febrero 1931, en Soberanas y Fontbona 1993, pp. 113-114.
447 Carta de Joan Miró a Josep Vicenç Foix, 25 febrero 1931 (FJVF).
448 Carta de Joan Miró a René Gaffé, 18 marzo 1931, en Rowell 1995, p. 125.
449 Carta de Joan Miró a Josep-Francesc Ràfols, 8 abril 1931, en Soberanas y Fontbona 1993, p. 117.
450 Société l'Art Vivant, y la Société Auxiliaire des Expositions du Palais des Beaux-Arts, 1931. En esta exposición se exhibe obra, entre otros, de Grosz, Kandinsky, Klee, Munch, Braque, Duchamp, Léger, Mondrian, Dalí, Max Ernst, de Chirico y Picasso.
451 Behrends 2004, p. 280.
452 Postal de Joan Miró a Josep-Francesc Ràfols, [9 junio 1931], en Soberanas y Fontbona 1993, p. 119.
453 *El Matí* 21 junio 1931 (FPJM: H-454); y postal de Joan Miró a Josep-Francesc Ràfols, 1 julio 1931, en Soberanas y Fontbona 1993, p. 120.
454 *L'Opinió* 3 julio 1931 (FPJM: H-460).
455 Umland 1993, p. 329.

456 Gasch 8 octubre 1931 (FPJM: H-469).

457 Carta de Joan Miró a Josep-Francesc Ràfols, 26 agosto 1931, en Soberanas y Fontbona 1993, p. 121.

458 Carta de Joan Miró a Josep-Francesc Ràfols, 2 octubre 1931, en Soberanas y Fontbona 1993, p. 122.

459 Carta de Alexander Calder a Joan Miró, [octubre 1931], en Hutton y Wick 2004, p. 258.

460 Ràfols 2 diciembre 1931 (FPJM: H-482).

461 Fabra 1931a (FPJM: H-483); y Fabra 1931b (FPJM: H-484).

462 Behrends 2004, p. 281.

463 Carta de Joan Miró a Josep Vicenç Foix, 9 diciembre 1931 (FJVF): "[...] también podría ser interesante enviar unos cuantos ejemplares [de su nuevo libro] aquí en depósito ya que si bien no comprenderán el texto, pero mi dibujo – proyecto para un futuro objeto – coincidirá con mi exposición de objetos, ya que hablará de todo eso."

464 Tériade 21 de diciembre 1931 (FPJM: H-489).

465 Carta de Joan Miró a Josep Vicenç Foix, 9 diciembre 1931 (FJVF).

466 Umland 1993, p. 329.

467 Postal de Joan Miró a Josep-Francesc Ràfols, 13 enero 1932, en Soberanas y Fontbona 1993, p. 123; Rowell 1987a, p. 27; y Laugier, de la Beaumelle y Merly 2004, p. 357.

468 Carta de Joan Miró a Christian Zervos, 20 enero 1932, en Rowell 1993, p. 88; y Laugier, de la Beaumelle y Merly 2004, p. 357.

469 Carta de Boris Kochno a Joan Miró, 28 enero 1932, en Malet 1994a, p. 112.

470 Carta de Joan Miró a Christian Zervos, 12 febrero 1932, en Rowell 1993, pp. 88-89.

471 Carta de Joan Miró a Sebastià Gasch, 14 febrero 1932, en Malet 1994a, pp. 72, 76, 113.

472 Behrends 2004, p. 281.

473 Carta de Joan Miró a Sebastià Gasch, 23 febrero 1932, en Malet 1994a, p. 113.

474 Carta de Alexander Calder a Joan Miró, 2 abril 1932 (CS).

475 Carta de Joan Miró a Sebastià Gasch, 9 abril 1932, en Malet 1994a, p. 114.

476 Malet 1994a, p. 77.

477 Gasch 28 de abril de 1932.

478 Malet 1994a, pp. 72-75.

479 Carta de Joan Miró a Sebastià Gasch, 15 abril 1932, en Malet 1994a, p. 114.

480 Umland 1993, p. 330.

481 Carta de Léonide Massine a Joan Miró, 22 abril 1932 (CS).

482 Carta de Schervashidzé a Joan Miró, 12 mayo 1932 (CS).

conchas, muñecas esbozadas, llaves, guijarros, espejillos de la calle de la Boquería, postales del carrer Nou... Objetos estrafalarios que servirán a Miró para montar sus construcciones plásticas. Estos objetos –cada uno de los cuales, aislado, no es nada- al ser distribuidos sobre una madera encontrada en la buhardilla o sobre los residuos de un paragüero "modern-styl", adquieren, al ser yuxtapuestos, una vida intensa y penetrante." [456]

El 26 de agosto, escribe a Ràfols desde Montroig: "Estoy trabajando muy valientemente. A principios del mes que viene, es muy posible que vengan Gasch y Prats, podrías unirte a ellos [...] podríais organizarlo de manera que Ricart os acompañará con el coche [...]." [457]

En torno al 27 de septiembre, Miró recibe la visita de Prats y de Gasch en Montroig. [458]

En octubre, Calder escribe a Miró a Montroig y le invita a la representación de *Le Cirque*, que tendría lugar a finales de octubre, y a visitarle, en cuanto llegase a París, para ver sus últimos móviles. [459]

El 27 de noviembre, probablemente, Miró realiza una muestra privada de su obra, en su casa de Passatge del Crèdit de Barcelona. Entre los asistentes, se encuentran Josep Francesc Ràfols, Joan Prats y Sebastià Gasch. [460]

A principios de diciembre, Miró está ya en París, donde prepara una exposición de escultura organizada por la Galerie Pierre, cuya inauguración estaba prevista para el 18 de diciembre. [461] Miró se encuentra allí con Calder y lo anima a visitar su exposición. [462]

El 9 de diciembre, desde París, Miró envía a Foix un dibujo ejecutado el día anterior, para ilustrar el libro del escritor catalán *KRTU*, que se publicaría al año siguiente. [463]

Desde el 18 de diciembre hasta el 8 de enero de 1932, la Galerie Pierre de París alberga una exposición individual de escultura de Miró. Tériade describe así las obras de esta muestra: "[...] Miró nos enseña sus juguetes, juguetes que él mismo ha confeccionado este verano pacientemente y que él destina sin duda a las personas mayores que somos o, más modestamente, a los niños que han crecido dentro de nosotros. Clavos, llaves, campanas en miniatura, desnudos de muñecos, trozos de madera quemada, péndulos desmontados, cadenas de relojes, raíces recogidas en las playas catalanas y pequeños colores inspirados en los silbatos mallorquines, todos estos objetos montados, más bien enganchados, sobre honestos cuadraditos de madera, en el fondo no son sino los elementos minúsculos contenidos no hace tanto en los vastos espacios de las composiciones de

Miró y que salen hoy de su elemento propio, la pintura, para vivir, lealmente, al parecer, solos, independientes en el espacio real mismo." [464]

Alrededor del 24 de diciembre, Miró regresa a Barcelona. [465]

1932 Joan Prats presenta a Josep Lluís Sert a Joan Miró. [466]

En enero, las dificultades económicas obligan a Miró a permanecer en Barcelona, donde vive y trabaja en el domicilio familiar de Passatge del Crèdit, 4. [467]

El 20 de enero, Miró escribe a Christian Zervos: "[...] No puedo dejar de decirle que la estancia que, a partir de ahora me servirá de estudio, es la misma habitación en la que nací. Esto, después de una vida agitada, y de haber triunfado más o menos, me parece muy curioso [...]." Comoquiera que Pierre Loeb no puede seguir adquiriendo la producción artística de Miró, el pintor catalán se plantea buscar ayuda en Estados Unidos: "[...] voy a escribir a Dudensing para decirle que Pierre [Loeb] ya no se ocupa de mí, para ver si puedo hacer algún negocio con él. Le estaría muy agradecido si en algún momento tiene la oportunidad de hacer alguna cosa por mí, o de hablarle a alguien. Voy a escribir igualmente a Pierre Matisse." [468]

El 28 de enero, Boris Kochno escribe a Miró, le solicita que colabore con el nuevo ballet que se acababa de crear en Montecarlo. Kochno le propone a Miró diseñar la escenografía para *Jeux d'enfants*, con música de Georges Bizet. Kochno agrega: "En caso afirmativo, le haré llegar todos los detalles preliminares de esta obra para que lo piense antes de pasar a la realización de lo que, con su colaboración, puede ser una obra maestra." [469]

El 12 de febrero, Miró escribe a Christian Zervos: "[...] Le agradezco de todo corazón las gestiones que ha hecho dirigidas a Pierre Matisse y espero que me diga cuál es su respuesta. [...] A pesar de esta triste peste de hastío, trabajo de firme con objetos y preparo nuevas pinturas; veremos qué sale de todo eso y qué pasará una vez la crisis haya terminado [...]." [470]

El 12 de febrero, Miró ya había iniciado la negociación con la compañía de Ballets Russes para diseñar la escenografía de *Jeux d'enfants*. El 14 de febrero, Miró y los Ballets Russes habían alcanzado un acuerdo y, ese mismo día, Miró partía para Montecarlo para llevar a cabo ese proyecto. [471]

El 14 de febrero, Miró escribe a Pierre Matisse y le solicita que le organice una exposición. [472]

El 23 de febrero, Miró escribe a Gasch y le explica los preparativos para *Jeux d'enfants*:

"[...] Massine ha venido expresamente del Teatro de la Scala de Milán para colaborar conmigo está haciendo prodigios de coreografía y encuentra soluciones para hacer bailar todo lo que le doy." [473]

El 2 de abril, Calder escribe una postal a Miró, explicándole que Gabrielle Picabia reside en la casa de los Calder en rue de la Colonie, razón por la que han traslado de sitio las pertenencias de Miró, incluida la máscara. [474]

El 9 de abril, desde Montecarlo, Miró escribe a Gasch: "Aquí estamos en pleno trabajo; yo, contento con los objetos, ahora trabajo en ellos personalmente, los carpinteros solamente han hecho el trabajo de oficio, y yo pongo el resto. Lo que me da más miedo son los vestidos, el lunes los veré. La modista [...] me temo que tiene *demasiado gusto*, para que resulte algo viviente, me propongo descoser muchas cosas, decirle que me enhebre una aguja y coserlo yo mismo, aunque no lo he hecho nunca. [...] es la única forma de conseguir algo viviente, que no tenga nada que ver con un baile elegante." [475]

El 14 de abril, se estrena el ballet *Jeux d'enfants*, en el Théâtre de Montecarlo. [476] Un ballet con música de Georges Bizet, libreto de Boris Kochno y coreografía de Léonide Massine, para el que Miró diseña el telón, el decorado, el vestuario y los objetos. El telón lo ejecuta el propio Miró, mientras que el decorado lo realiza el príncipe A. Schervashidzé y el vestuario B. Karinski. [477] Miró diseña un telón de boca que está en consonancia con sus pinturas sobre papel Ingres. El decorado tiene un carácter más bien simbólico, que alude a la dualidad hombre-mujer. [478]

El 15 de abril, Miró escribe a Gasch: "Ayer tuvo lugar la primera representación de mi ballet que fue un éxito. [...] No es preciso decir que me interesaría que éste se representara en Barcelona, y creo que encontraremos las posibilidades de ir allí." [479]

Con posterioridad al 15 de abril, Miró regresa de Montecarlo a Barcelona. [480]

El 22 de abril, Massine escribe a Miró al Passatge del Crèdit: "Me alegra saber que ha trabajado mucho para el éxito de su ballet. [...] Espero ir a París cuando esté allí con los Ballets y ver finalmente qué hago yo en su hermosa puesta en escena." [481]

El 12 de mayo, Schervashidzé escribe a Miró para informarle de los preparativos del estreno de *Jeux d'enfants* en París y comunicarle que el 23 de mayo comienzan los ensayos en el Théâtre des Champs-Elysées. [482]

El 1 de junio, Schervashidzé escribe a Miró: "Madame [Riabouchinska] me ha escrito desde

Miró junto a la compañía de los "Ballets Russes" de Montecarlo, para los que realizó los decorados y el vestuario del ballet "Jeux d'enfants". El estreno tuvo lugar el 14 de abril de 1932 en el Théâtre de Montecarlo. Fondo documental Fundació Pilar i Joan Miró a Mallorca.

El matrimonio Miró y su hija Dolores,1933. Cortesía Successió Miró.

Bruselas que *Jeux d'enfants* ha tenido un éxito inmenso, formidable, más que los otros ballets." [483]

El 4 de junio, Miró se encuentra en París alojado en el Hôtel Récamier. [484]

El 11 de junio, Miró asiste al estreno de *Jeux d'enfants* en el Théâtre des Champs Elysées de París. [485]

El 14 de junio, desde París, Miró informa a Foix del éxito de "su ballet" *Jeux d'enfants* y de la posibilidad de que se represente en el mes de septiembre en Barcelona. [486] El 14 de junio, Massine escribe a Miró al Hôtel Récamier y se disculpa por no haber podido asistir al estreno de *Jeux d'enfants*. [487]

El 15 de junio, probablemente, Miró asiste a la inauguración de la "Exposition de Bronzes et d'Ivoires du Royaume du Bénin" en el Musée d'ethnographie de Trocadéro. [488]

Alrededor del 20 de junio, Miró regresa a Barcelona desde París. [489]

El 20 de junio, Calder escribe a Joan Miró, para informarle de que él y su familia tienen previsto llegar a Barcelona entre el 1 y el 15 de septiembre, y que piensan visitarle en Montroig. [490]

El 11 de julio, Miró le comunica a Foix que ha recibido su libro, a través de Prats, y que lo leerá durante su estancia en Montroig. [491]

El 12 de septiembre, la familia Calder llega a Montroig para pasar entre ocho y diez días, después de su estancia en Barcelona. Miró y Calder escriben a Gasch para invitarle a la representación de *Le Cirque* en Montroig. [492] Miró y los Calder realizan excursiones a Cambrils y Tarragona. [493]

El 16 de septiembre, Miró recibe una postal de Gasch en la que le comunica que no podrá acudir a la presentación del *Le Cirque* de Calder en Montroig. [494]

El 19 de septiembre, Calder representa *Le Cirque* en la masía de Montroig, a la que asiste Gasch. [495]

Del 1 al 25 de noviembre, tiene lugar la primera exposición individual de Miró en la Pierre Matisse Gallery, 51 East 57th Street, de Nueva York, titulada "Joan Miró: Paintings on Paper, Drawings". [496]

El 18 de noviembre, Miró presenta sus obras recientes a los miembros de ADLAN (Amics de l'Art Nou), en las Galeries Syra de Barcelona. [497] Con anterioridad al 13 de diciembre, Miró viaja a París, con una nueva serie de pinturas sobre madera de pequeño formato y pinturas-objeto. En

esta ocasión, Miró se aloja con la familia Calder. Durante esta visita, Calder y Miró dialogan sobre la posibilidad de realizar un "objeto" conjuntamente. [498]

Del 13 al 16 de diciembre, tiene lugar una exposición individual de la obra reciente de Miró, en la Galerie Pierre Colle de París. [499] La exposición tiene buena acogida crítica, pero escaso éxito comercial. El 25 de diciembre, Miró escribe a Pierre Colle: "La exposición que ha organizado en su galería, me ha resultado muy simpática y estoy muy contento de haberla hecho. Sin embargo, no me explico como su clientela no ha comprado un sólo cuadro [...]." [500]

Entre el 18 de diciembre y finales de enero, Miró participa junto a otros artistas españoles, en la exposición "Neuere spanische Kunst", organizada por la Sociedad de Artistas Ibéricos, en la Galerie Flechtheim de Berlín. [501]

El 25 de diciembre Miró está de regreso en Barcelona. [502]

Entre finales de 1932 y comienzos de 1933, Miró expone en Japón, en la "Exposition de la confédération des artistes d'avant-garde Paris-Tokio" en varias ciudades: Tokio, Osaka, Kioto, Foukouoka, Kanazawa y Nagoya. [503]

1933 Miró empieza a trabajar en un proyecto relacionado con el ballet *Ariel*. Miró había escrito: "Alcanzar la música" y "Conseguir un máximo de claridad, fuerza y agresividad plástica [...] una sensación física inmediata que abrirá el camino hacia el alma." [504]

Desde el 1 de enero hasta el 22 de abril aproximadamente, Miró vive y trabaja en Barcelona, en Passatge del Crèdit, 4. [505]

Desde el 26 de enero hasta el 11 de febrero, Miró trabaja en una serie de 18 collages sobre papel Ingres, que servirán de punto de partida para unas pinturas de gran formato realizadas entre el 3 de marzo y el 13 de junio. [506]

El 15 de abril, Jean Hélion escribe a Miró para proponerle su participación en una exposición colectiva en la Galerie Pierre de París: "¿Recuerda que le pedí, el invierno pasado, si aceptaría exponer con cuatro o cinco amigos nuestros? La cosa está a punto de hacerse. Pierre Loeb quiere prestarnos su galería alrededor del 20 de mayo para una exposición de Miró, Pevsner, Arp, Calder, Seligmann, Hélion [...] Tenemos la intención de poner todo nuestro cuidado para que esta exposición sea excelente, la más difundida y capaz de atraer al mayor número posible de gente interesada por la pintura libre." [507]

El 22 de abril, Miró marcha a Montroig, donde pasa unos días. [508]

483 Carta de Schervashidzé a Joan Miró, 1 junio 1932 (CS).
484 Umland 1993, p. 330.
485 Malet 1994a, p. 78.
486 Carta de Joan Miró a Josep Vicenç Foix, 14 junio 1932 (FJVF).
487 Carta de Léonide Massine a Joan Miró, 14 junio 1932 (CS).
488 Laugier, de la Beaumelle y Merly 2004, p. 357.
489 Umland 1993, p. 330.
490 Postal de Alexander Calder a Joan Miró, 20 junio 1932 (CS).
491 Carta de Joan Miró a Josep Vicenç Foix, 11 julio 1932 (FJVF).
492 Carta de Joan Miró y Alexander Calder a Sebastià Gash, 12 septiembre 1932, en Hutton y Wick 2004, p. 259.
493 Behrends 2004, p. 282.
494 Postal de Sebastià Gasch a Joan Miró, 16 septiembre 1932 (CS).
495 Behrends 2004, p. 282.
496 Carnielli y Loudon 2001, pp. 157-158.
497 Umland 1993, p. 330.
498 Behrends 2004, p. 282.
499 Tone 1993, p. 439.
500 Carta de Joan Miró a Pierre Colle, 25 diciembre 1932, en Laugier, de la Beaumelle y Merly 2004, p. 362.
501 Galerie Flechtheim 1932.
502 Carta de Joan Miró a Pierre Colle, 25 diciembre 1932, en Laugier, de la Beaumelle y Merly 2004, p. 362.
503 Musée des Beaux-Arts 1932.
504 Fundació Joan Miró 1994, p. 128.
505 Postal de Joan Miró a Josep-Francesc Ràfols, 1 enero 1933, en Soberanas y Fontbona 1993, p. 125.
506 Umland 1993, p. 330; y Dupin y Lelong-Mainaud 2000, pp. 72-85.
507 Carta de Jean Hélion a Joan Miró, 15 abril 1933 (CS).
508 Postal de Joan Miró a Josep-Francesc Ràfols, 22 abril 1933, en Soberanas y Fontbona 1993, p. 127.

509 Malet 1994a, pp. 76, 78.
510 *La Publicitat* 9 mayo 1933 (FPJM: H-517); *Oberon* 1933 (FPJM: H-518); *Mirador* 17 mayo 1933 (FPJM: H-519); *El Noticiero* [mayo 1933] (FPJM: H-520); *La Publicitat* 19 mayo 1933 (FPJM: H-523); Ll. 19 mayo 1933 (FPJM: H-524 b); X. [Ferrán Mayoral] [mayo 1933] (FPJM: H-525); Moragas 19 mayo 1933 (FPJM: H-526); Fidel [mayo 1933] (FPJM: H-527); y Gasch mayo 1933 (FPJM: H-528). 511 R. 2 junio 1933 (FPJM: H-533); *Excelsior* 8 junio 1933 (FPJM: H-534); *Divoire* 13 junio 1933 (FPJM: H-535); Brussel 15 junio 1933 (FPJM: H-537); y Ribadeau Dumas 16 junio 1933 (FPJM: H-539).
512 Galerie Pierre Colle 1933.
513 Tone 1993, p. 439.
514 Carta de Joan Miró a Josep-Francesc Ràfols, [15 junio 1933], en Soberanas y Fontbona 1993, p. 128.
515 Behrends 2004, p. 283.
516 Cramer 1989, pp. 28-29; y Carta de Georges Hugnet a Joan Miró, 7 enero 1933 (CS).
517 Carta de Douglas Cooper a Joan Miró, 18 julio 1933 (CS).
518 Malet 1994a, p. 78.
519 Carta de Joan Miró a Douglas Cooper, 12 julio 1933, en Laugier, de la Beaumelle y Merly 2004, p. 364.
520 Carta de Joan Miró a Josep Vicenç Foix, 19 julio 1933 (FJVF).
521 Umland 1993, p. 331.
522 Ibídem, p. 331.
523 Behrends 2004, p. 283; y Dupin y Lelong-Mainaud 2000, p. 85.
524 Umland 1993, p. 331.
525 Carta de Joan Miró a Josep Vicenç Foix, 31 agosto 1933 (FJVF).
526 Umland 1993, p. 331.
527 Ibídem, p. 331.
528 Umland 1993, p. 331; Taylor 28 octubre 1933 (FPJM: H-553); *Les Journals des debats* 29 octubre 1933 (FPJM: H-555); I. 3 noviembre 1933 (FPJM: H-563); Kospoth 5 noviembre 1933 (FPJM: H-564); y Campagne 18 noviembre 1933 (FPJM: H-565).
529 Umland 1993, p. 356.
530 Raillard 1977, p. 172.
531 Rowell 1987a, p. 27; Umland 1993, p. 331; y carta de G. Espinouze a Joan Miró, 4 enero 1934 (CS): "[...] Joan Miró no ha perdido ni pizca de su fuerza, [...] y nos complace ver en Bernheim esas líneas vivas y dramáticas, que atrapan la poesía con sus alas de ángel." Carta de Alexander Calder a Joan Miró, 15 noviembre 1933, en Hutton y Wick 2004, p. 260: "Esperamos que tu exposición haya sido un gran éxito."
532 Dupin 1984, p. 31; Dupin 1993, pp. 407-408.
533 Carta de Joan Miró a Josep Vicenç Foix, 1 noviembre 1933 (FJVF).
534 Carta de Joan Miró a Pierre Matisse, 5 noviembre 1933 (PML: PMGA).
535 Carta de Michel Petit-Jean a Joan Miró, 7 noviembre 1933 (CS).
536 Carta de Seligman a Joan Miró, 9 noviembre 1933 (CS). A pesar de que la postal de Seligman, no prueba que Miró estuviese en París en esa fecha, sugiere que así fue.
537 Umland 1993, p. 331.
538 Umland 1993, p. 331; y Laugier, de la Beaumelle y Merly 2004, p. 365.
539 Carta de Joan Miró a Josep Vicenç Foix, 21 diciembre 1933 (FJVF); y Martín 27 diciembre 1933 (FPJM: H-572).
540 Rowell 1987a, pp. 121-122; y Rowell 1995, p. 132.
541 Carta de Joan Miró a Pierre Matisse, 16 diciembre 1933 (PML: PMGA).
542 Carta de Joan Miró a Josep Vicenç Foix, 21 diciembre 1933 (FJVF); invitación de la Pierre Matisse Gallery a la exposición de Miró (FPJM: H-578); y Carnielli y Loudon 2001, p. 160.
543 Postal de Joan Miró a Alexander Calder, 31 diciembre 1933, en Hutton y Wick 2004, p. 261.

El 16 de mayo, se estrena *Jeux d'enfants* en Barcelona, en el Gran Teatre del Liceu.[509] La prensa catalana anuncia la representación de este ballet y, tras el estreno, emite una crítica muy positiva.[510]

En junio, se vuelve a representar *Jeux d'enfants* en París en el Théâtre du Châtelet.[511]

Del 7 al 18 de junio, Miró participa en la "Exposition surréaliste" en la Galerie Pierre Colle de París.[512]

Del 9 al 24 de junio, Miró toma parte en la exposición "Arp, Calder, Hélion, Miró, Pevsner, Seligmann", organizada por Jean Hélion, en la Galerie Pierre de París.[513]

El 15 de junio, seguramente, Miró escribe a Ràfols: "El domingo que viene presento una exposición de las últimas telas antes de llevármelas a París, organizada por el ADLAN y en esa misma casa, en los pisos que Sert tiene para alquilar. Será por la mañana de 11 a 2 y estaría muy contento de que viniese."[514]

El 22 de junio, seguramente, Miró viaja a París con las nuevas pinturas realizadas en Barcelona. Durante su estancia en París, Miró se aloja con la familia Calder, que se disponen a dejar París, a finales de junio, para volver a Estados Unidos. Miró regala al matrimonio Calder una pintura, a cambio Calder le obsequia una especie de volcán mecánico hecho en ébano.[515]

En julio, se publica el libro *Enfances* de Georges Hugnet ilustrado con tres aguafuertes de Miró.[516]

En julio, se inaugura una exposición individual de pinturas de Joan Miró organizada por Douglas Cooper en The Mayor Gallery, Londres.[517]

El 5 de julio, se estrena *Jeux d'enfants* en el Alhambra Theatre de Londres.[518]

El 12 de julio, desde Palma de Mallorca, Miró escribe a Cooper: "Estoy muy contento de tener actualmente una exposición en su galería; desgraciadamente estaba muy cansado y debía regresar a España, lo que me impidió ir a Londres; espero no obstante que para la próxima temporada podamos organizar una exposición más importante que la que acaba de hacer y entonces será para mí un placer asistir."[519]

El 19 de julio, desde Palma, Miró le explica a Foix que Zervos quiere dedicarle un número entero de *Cahiers d'art*. Este número se publicaría en torno a las fechas de la exposición de Miró en la Galerie Georges Berheim, entre el 30 de octubre y el 13 de noviembre, y serviría de catálogo. Miró solicita a Foix que escriba un

texto en catalán sobre las raíces catalanas de la obra de Miró, para *Cahiers d'art*.[520]

Alrededor del 24 de julio, Miró regresa a Barcelona desde Palma.[521]

Desde principios de agosto hasta finales de octubre, probablemente, Miró reside en Montroig. Durante este tiempo, trabaja en una serie de dibujos-collage en los que incorpora postales, anuncios y otras ilustraciones impresas.[522] Miró trabaja también en unos paneles murales, concebidos a modo de friso, para el apartamento de Pierre Loeb.[523]

Después del 27 de agosto, seguramente, Miró pasa dos días en Sitges con Douglas Cooper.[524]

El 31 de agosto, desde Montroig, Miró informa a Foix de la publicación de *Enfances* de Georges Hugnet, ilustrado por Miró y editado por *Cahiers d'art*.[525]

El 14 de octubre, seguramente, Miró se encuentra en Barcelona, Passatge del Crèdit, 4.[526]

Con anterioridad al 27 de octubre y hasta mediados de noviembre, probablemente, Miró reside en el Hôtel Récamier de París.[527]

Entre el 27 de octubre y el 26 de noviembre, Miró participa con el grupo surrealista en la exposición de "Les Surindépendants", junto a Kandinsky, Max Ernst, Man Ray, y Dalí, entre otros.[528] Es posible que Miró conociera a Kandinsky con motivo de esta exposición.[529] En 1975, Miró hablaría así sobre Kandinsky: "Nos conocimos mucho. Lo que hacía me interesaba, [...] había sido muy mal recibido en París por los imbéciles que no comprendían nada. En el sentido de la irradiación, espiritual [...], ha influido sobre mí. Sus escritos me han interesado desde el punto de vista estético, pero era sobre todo la irradiación que emanaba de él."[530]

Del 30 de octubre al 13 de noviembre, la Galerie Georges Berheim, de París, acoge una exposición individual de Joan Miró, organizada por Pierre Loeb, en la que muestra la serie de 18 pinturas según collage. Seguramente, Miró acude a la inauguración.[531]

En noviembre, Miró realiza su primer grabado en cobre, a petición de Tériade. Una punta seca que representa el tema *Dafnis y Cloe*, en un lenguaje muy figurativo.[532]

El 1 de noviembre, desde París, Miró escribe a Foix y le comenta el éxito del ballet *Jeux d'enfants* en Londres.[533]

El 5 de noviembre, desde París, Miró escribe a Pierre Matisse: "Pierre y yo estamos muy contentos, aunque desde el punto de vista de los

negocios no podemos decir gran cosa por el momento, desde el punto de vista moral, ha sido un gran éxito que puede marcar un hito dentro de mi carrera. Pierre me ha dicho que tan pronto esta exposición termine, usted querría organizar una en Nueva York, lo que me entusiasma y halaga mucho."[534]

El 7 de noviembre, le envían a Miró una carta en la que le invitan a ver los objetos de la exposición de arte negro, en el Musée des colonies (Porte Dorée), y a una exposición sobre la prehistoria que incluye reproducciones de pinturas rupestres en el Museo de Trocadéro.[535]

El 9 de noviembre, Miró probablemente, se encuentra todavía en el Hôtel Récamier de París.[536] En torno a esa fecha, Miró regresa a Barcelona.[537]

A finales del otoño, seguramente, Miró empieza a realizar cuatro cartones para tapices por encargo de Mme. Cuttoli.[538]

En diciembre, el ballet *Jeux d'enfants* se representa en el St. James Theatre de Nueva York.[539]

En diciembre, la revista *Minotaure* publica un artículo de Tériade sobre la "Emancipación de la pintura", junto con una encuesta de artistas. En la presentación de la encuesta, Tériade exponía las "nuevas reglas" en pintura: azar, espontaneidad y libertad total respecto al modelo. Miró respondió así: "Es difícil para mí hablar de mi pintura, ya que siempre nace de un estado de alucinación, provocado por cualquier sacudida —sea objetiva o subjetiva— y de la que soy totalmente irresponsable. Respecto a mis medios de expresión, yo me esfuerzo por lograr cada vez más el máximo de claridad, de fuerza, y de agresividad plástica —es decir, por provocar primero una sensación física para llegar después al alma."[540]

El 16 de diciembre, Miró escribe a Pierre Matisse acerca de su próxima exposición en Nueva York. Miró menciona algunas personas que deberían ser invitadas, Massine, Hemingway, el crítico Henry McBride, y Mme. Masson y su hija, entre otros.[541]

Entre el 29 de diciembre de 1933 y el 18 de enero de 1934, Miró expone en la Pierre Matisse Gallery de Nueva York. Esta exposición presenta las pequeñas pinturas sobre madera de 1932 y la serie de pinturas según collage.[542]

El 31 de diciembre, desde Barcelona, Miró escribe a Calder y le aconseja prudencia ante la oferta de los Ballets Russes de colaborar en el montaje de un ballet.[543]

1934 Desde principios de enero hasta finales de febrero, probablemente, Miró reside en Barcelona. Vive y trabaja en Passatge del Crèdit, 4. Miró, seguramente, continúa trabajando en tres de los cartones para tapices. Simultáneamente, Miró explora nuevas técnicas y soportes, y realiza numerosos dibujos y algún collage.[544]

El 7 de febrero, desde Barcelona, Miró escribe a Pierre Matisse acerca de la exposición en su galería: "Estoy muy contento de haber tenido esta exposición en su galería y muy emocionado por el interés con que se la ha tomado [...] Los catálogos de la exposición también están muy bien. [...] Únicamente me permito hacerle un pequeño reproche, yo hubiera preferido que en lugar de *Composición* (que evoca cosas abstractas en un sentido dogmático o superficial), usted hubiera puesto simplemente *Pintura*, junto a la fecha en que fue hecho el cuadro." [545]

El 16 de febrero, Miró muestra sus últimas pinturas a los miembros de ADLAN, en las Galeries Catalònia de Barcelona, antes de exponerlas en París.[546]

Entre finales de febrero y mediados de marzo, Miró reside en París. Seguramente, Miró lleva consigo la serie de dibujos-collage realizada el año anterior.[547]

Antes del 16 de marzo, Miró se encuentra ya en Barcelona, en Passatge de Crèdit y en torno al 19 de abril se desplaza a Montroig.[548]

Desde el 16 al 30 de marzo, Miró expone en The Arts Club of Chicago, en una muestra organizada por la Pierre Matisse Gallery de Nueva York.[549]

El 25 de marzo, Miró escribe a Zervos sobre su intención de quedarse en Barcelona: "[...] En mi opinión, el artista debe permanecer salvajemente aislado de todas las tristes guasas, y sobre todo estar en continuo <u>contacto con su suelo</u>." [550]

El 1 de abril, probablemente, entra en vigor un acuerdo económico entre Miró y Pierre Matisse.[551]

El 29 de abril, desde Barcelona, Miró escribe a Pierre Matisse y muestra su satisfacción por compartir su producción entre Matisse y Pierre Loeb. Miró pide a Matisse que le confirme si a partir del 1 de abril de 1934, y a lo largo de un año, se hará cargo de esa parte de la producción de Miró a cambio de la suma de FF 2.000 al mes. Miró agrega que al expirar el contrato podría ser renovado anualmente, si así lo deseaba Miró, con un preaviso de tres meses por ambas partes. Asimismo, Miró se reserva el derecho de ceder a Pierre Loeb, la mitad de su producción, si Loeb así lo deseaba.[552]

En mayo, probablemente, Matisse escribe a Miró y se disculpa por no haberle informado antes sobre el acuerdo entre él y Pierre Loeb respecto a la división de la producción de Miró entre enero y marzo de 1934.[553]

Alrededor del 2 de mayo, seguramente, Miró realiza una estancia de dos días en París.[554]

Del 3 al 19 de mayo, la Galerie des Cahiers d'art de París acoge una exposición individual de pinturas y dibujos de Miró. Con este motivo, la revista *Cahiers d'art* publica un número dedicado al artista catalán, que sirvió de catálogo de la exposición.[555]

En torno al 11 de mayo, Miró está en Barcelona preparando una exposición para Zurich. Miró escribe a Pierre Matisse: "[...] decirle que en agosto y septiembre, habrá en la Kunsthaus de Zurich una gran exposición con algunos escultores y dos pintores, Max Ernst y yo. Nos convendría pues tener las grandes telas y los pequeños paneles para exponerlos, puesto que se trata de una exposición muy importante." [556]

El 12 de mayo, se inaugura, en el Palais de Beaux-Arts de Bruselas, una exposición organizada por la revista *Minotaure*. Miró muestra su obra, junto a Max Ernst, Klee, Dalí, Arp y Magritte, entre otros.[557]

El 14 de mayo, se inaugura una exposición individual de gouaches y dibujos de Miró, en la East-West Gallery de San Francisco, organizada por Howard Putzel.[558]

En junio, se publica un numero especial de *Cahiers d'art*, dedicado casi enteramente a la obra de Miró, "L'Oeuvre de Joan Miró de 1917 à 1933", bajo la dirección de Christian Zervos. Esta edición estaba compuesta por diecisiete artículos escritos por poetas, críticos y diversas personalidades, e ilustrado por cuarenta reproducciones de obras de todas las épocas de Miró.[559]

El 11 de junio, Miró prosigue los preparativos de la exposición de Zurich, tal y como le escribe a Pierre Matisse: "Será necesario que usted, Zervos, Pierre y yo nos ocupemos seriamente de esta exposición en cuanto tengamos las dimensiones de la sala y empecemos a establecer una lista de las obras que deberíamos exponer. Será necesario también exponer algunos cuadros antiguos importantes para explicar un poco la evolución de mi pintura." [560]

El 16 de julio, Miró se encuentra realizando una breve visita a Palma hasta el día 20 aproximadamente, y después se traslada a Montroig. Desde el 25 de julio y hasta el 11 de agosto, probablemente, Miró pasa unos días en París para reunirse con Pierre Loeb, Pierre Matisse y Zervos. Desde París, Miró regresa a Montroig.[561]

El 22 de agosto, *La Publicitat* publica un poema de Foix dedicado a Miró, titulado "Platges mòbils".[562]

El 26 de agosto, desde Montroig, Miró escribe a Foix y le comenta que ya ha comenzado a plasmar el ballet que tienen en proyecto.[563]

Durante los meses de octubre y noviembre, Miró trabaja en una serie de quince pasteles sobre papel de gran formato. Estas pinturas, denominadas por el propio artista "pinturas salvajes" son una premonición de las guerras que iban a asolar España y Europa. Las obras están pobladas de figuras brutales, aisladas, rebosantes de angustia.[564]

Desde el 11 de octubre al 4 de noviembre, Miró participa en una exposición en la Kunsthaus Zürich, junto a Arp, Giacometti y Max Ernst. Previamente, Miró había mostrado las obras que iba a exponer a su círculo de amigos.[565]

El 12 de octubre, Miró escribe a Pierre Matisse, desde Montroig: "Pienso que está muy bien haber pospuesto mi exposición hasta enero de 1935; es muy importante que también exponga lo que he estado haciendo este último verano y otoño: a) Gouaches grandes. b) Papeles de lija que no tienen nada que ver con los anteriores. c) Pasteles grandes [...] Podrá hacer una exposición muy variada, con cosas muy diversas, que serán, espero, de gran interés [...] En total, habrá cerca de cuarenta cosas, que habré terminado hacia finales de noviembre, inmediatamente después me iré a París y se las enviaré, tal como desea, a comienzos de diciembre. He reflexionado mucho sobre el tema de los títulos, debo confesarle que no encuentro ninguno para las obras en las que parto del azar para llegar a algo real. [...] No obstante, le doy permiso para que les dé los títulos de las *cosas reales* que mis obras puedan sugerirle, siempre que estos títulos no evoquen cualquier tendencia, algo que quiero evitar por completo, por ejemplo: 'Composición' (con tendencia al grupo Abstracción-Creación), o títulos literarios con tendencia surrealista."[566]

El 11 de noviembre, Miró escribe a Pierre Matisse: "Espero que esté bien y dispuesto a llevar a cabo una campaña valiente y eficaz en Nueva York. [...] Estos últimos pasteles están muy pintados como ya le dije. Tengo la impresión de enviarle cosas muy importantes y bastante sensacionales. Tendrá bastante material para hacer una exposición que haga ruido [...]." [567]

El 19 de noviembre, Marcoussis le envía una postal desde Chicago, comentándole que ha estado cenando en casa de unos amigos nuevos americanos, (los Hemingway) y que en frente tenía la obra de Miró, *La Ferme*.[568]

En torno al 25 de noviembre, probablemente, Miró se traslada a París con su producción reciente.[569]

544 Umland 1993, p. 331.
545 Carta de Joan Miró a Pierre Matisse, 7 febrero 1934, en Rowell 1987a, p. 124; y Rowell 1995, p. 133.
546 *La Publicitat* 16 febrero 1934 (FPJM: H-598); *La Publicitat* 21 febrero 1934 (FPJM: H-600); y Font 11 marzo 1934 (FPJM: H-601).
547 Umland 1993, p. 331.
548 Postal de Joan Miró a Josep-Francesc Ràfols, 16 marzo 1934, en Soberanas y Fontbona 1993, p. 130; y Umland 1993, p. 331.
549 Arts Club of Chicago 1934.
550 Carta de Joan Miró a Christian Zervos, 25 marzo 1934, en Rowell 1993, pp. 89-90.
551 Umland 1993, pp. 331, 356.
552 Carta de Joan Miró a Pierre Matisse, 29 abril 1934 (PML: PMGA).
553 Carta de Pierre Matisse a Joan Miró, sin fecha [mayo 1934] (PML: PMGA).
554 Umland 1993, p. 331.
555 Carta de Christian Zervos a Joan Miró, 16 mayo 1934 (CS): "Hasta día de hoy hemos contado 650 visitantes a su exposición, parece que es un récord. Todo el mundo dice que está bien"; *Cahiers d'art* 1934; *La Publicitat* 10 mayo 1934 (FPJM: H-610); *Beaux-Arts* 11 mayo 1934 (FPJM: H-611); y Font 3 junio 1934 (FPJM: H-638).
556 Carta de Joan Miró a Pierre Matisse, 11 mayo 1934, en Laugier, de la Beaumelle y Merly 2004, p. 367.
557 *Comoedia* 22 mayo 1934 (FPJM: H-626); *La Wallomie Liege* 11 mayo 1934 (FPJM: H-614); *Beaux-Arts* 29 mayo 1934 (FPJM: H-630); y V. 10 junio 1934 (FPJM: H-639).
558 Umland 1993, p. 331; Rose 1982, p. 6; carta de Howard Putzel a Joan Miró, 26 mayo 1934 (CS); *Courrier du Pacifique* 13 mayo 1934 (FPJM: H-615); y *Courrier du Pacifique* 20 mayo 1934 (FPJM: H-621).
559 *Cahiers d'art* 1934.
560 Carta de Joan Miró a Pierre Matisse, 11 junio 1934, en Laugier, de la Beaumelle y Merly 2004, p. 367.
561 Umland 1993, p. 331.
562 Foix 1934a (FPJM: H-641).
563 Carta de Joan Miró a Josep Vicenç Foix, 26 agosto 1934 (FJVF). Miró debe de referirse al ballet Ariel, un proyecto en colaboración con Foix y el músico Robert Gerhard, que nunca llegó a materializarse. No obstante, existió un proyecto de ballet anterior a *Ariel*, en el que Miró trabajó en 1935 y para el que creó dibujos entre los que conservó textos de Foix (Gimferrer 1993, p. 154).
564 Dupin 1993, pp. 185-188; y Umland 1993, p. 331.
565 Umland 1993, p. 331; Font 23 agosto 1934 (FPJM: H-642); y Kochnitzky 27 octubre 1934 (FPJM: H-647).
566 Carta de Joan Miró a Pierre Matisse, 12 octubre 1934, en Rowell 1995, p. 134.
567 Carta de Joan Miró a Pierre Matisse, 11 noviembre 1934, en Laugier, de la Beaumelle y Merly 2004, p. 368.
568 Postal de Louis Marcoussis a Joan Miró, 19 noviembre 1934 (CS).
569 *La Publicitat* 24 noviembre 1934 (FPJM: H-653).

570 Carta de Joan Miró a Pierre Matisse,
17 diciembre 1934, en Rowell 1995, pp. 134-135.
571 *D'Ací d'Allà* número extraordinario de Navidad 1934.
572 Umland 1993, p. 331; carta de Georges Braque a
Joan Miró, 9 enero 1935 (CS); y postal de Carl
Einstein a Joan Miró, 3 enero 1935 (CS).
573 Fundació Joan Miró 1994, p. 128.
574 Dupin 1993, pp. 188-189; y Umland 1993, p. 331.
575 Pierre Matisse Gallery 1935.
576 Den Frie Udstillings Bygning de Copenhague 1935.
577 Kunstmuseum 1935.
578 Carta de Pierre Matisse a Henri Matisse,
3 marzo 1935, en Carnielli y Loudon 2001, p. 158.
579 García 1994, pp. 121-124.
580 *Gaceta de Arte* 1935.
581 Umland 1993, p. 332.
582 Umland 1993, p. 332; y postal de Jean Hélion
a Joan Miró, 18 julio 1935 (CS).
583 F. R. D. 6 septiembre 1935 (FPJM: H-688);
y Serge 21 julio 1935 (FPJM: H-691).
584 Umland 1993, p. 332; *L'Intransigeant*
11 julio 1935 (FPJM: H-684).
585 Carta de Joan Miró a Vassily Kandinsky,
12 julio 1935, en Rowell 1993, p. 98.
586 Umland 1993, p. 332.
587 Umland 1993, p. 332; y carta de Howard Putzel a
Joan Miró, 22 enero 1936 (CS).
588 Umland 1993, p. 332.
589 Rowell 1987a, p. 28; Tone 1993, p. 440; Umland
1993, p. 332; y JK 4 diciembre 1935 (FPJM: H-700).
590 Umland 1993, p. 332.
591 Carta de Joan Miró a Alexander Calder,
[mediados-finales diciembre 1935],
en Hutton y Wick 2004, p. 262.
592 Tone 1993, p. 440.
593 Umland 1993, p. 332; Dupin y Lelong-Mainaud
2000, pp. 140-147.
594 *La Publicitat* 12 enero 1936 (FPJM: H-709).
595 *Mirador* 20 febrero 1936 (FPJM: H-707);
y *La Publicitat* 23 enero 1936 (FPJM: H-710).
596 Musée des écoles etrangères contemporaines 1936;
Boll 23 febrero 1936 (FPJM: H-714); y Fosca 29
febrero 1936 (FPJM: H-715).
597 Gray, y AXIS 1936.
598 Rowell 1987a, p. 28.
599 Jardí 1983, pp. 223-224.
600 Carta de Joan Miró a Pierre Matisse,
10 noviembre 1953 (PML: PMGA).
601 Galerie Charles Ratton 1936; y Umland 1993, p. 332.
602 Centre Georges Pompidou 1991, p. 229.

El 17 de diciembre, Miró escribe a Pierre Matisse, desde Passatge del Crèdit: "Como su hermana no estaba en París y yo no supe que su padre estaba allí hasta la víspera de mi partida, [...] solicitamos a Zervos que le representara en el reparto; todo fue bien, sin la menor dificultad. A André Breton, le gustaba mucho un pastel. Me pareció que era una buena política estar en buenos términos con él, ya que los surrealistas se han convertido en *personalidades oficiales* en París. Pierre estuvo de acuerdo conmigo y yo le regalé el pastel. [...] Para esta próxima exposición en Nueva York, quizás sería inteligente no mostrar muchas cosas a los americanos, para no darles la sensación de que dependemos exclusivamente de ellos, lo que nos podría perjudicar. Yo he hablado con Sweeney sobre esto, y él está de acuerdo conmigo. [...] Respecto al enmarcado, cuanto más sencillo y menos elaborado sea, más perfecto y logrado será. Las paredes de mi estudio están encaladas de blanco, y es en este tipo de ambiente –de máxima serenidad y simplicidad– en el que yo imagino mis pinturas, tan alejadas del refinamiento parisino como sea posible." [570]

El número extraordinario de Navidad de la revista *D'Ací d'Allà*, consagrado al arte contemporáneo, abre con una portada creada por Miró. [571]

1935 Desde enero y hasta mediados de junio, probablemente, Miró reside en Barcelona. Vive y trabaja en Passatge del Crèdit, 4. [572]

Ese año, Miró parte del mismo espíritu que había alumbrado el proyecto *Ariel* para ballet, a fin de realizar dibujos y anotaciones destinados a crear un nuevo espectáculo. En un principio, Miró no piensa en un ballet, sino en un espectáculo total que integre danza, canto, textos, proyecciones y la participación del público. Durante el año, Miró define 12 escenas para ese proyecto de espectáculo. [573]

En enero, Miró seguramente empieza a trabajar en una serie de pinturas sobre cartón, una manifestación plástica de un dramatismo análogo a la serie de pasteles del año anterior. Miró sigue trabajando en esta serie hasta finales de mayo. [574]

Del 10 de enero al 9 de febrero, Miró expone pinturas y obras sobre papel en la Pierre Matisse Gallery de Nueva York. [575]

Entre el 15 y el 28 de enero, Miró participa en la "International Kunststudstilling Kubisme-Surrealisme" en Den Frie Udstillings Bygning, Copenhague. [576]

Desde el 24 de febrero hasta el 31 de marzo, Miró participa en la exposición "These, Antithese, Synthese" en el Kunstmuseum de Lucerna. [577]

El 3 de marzo, Pierre Matisse escribe a su padre Henri Matisse: "[...] Ayer vendí un pequeño Miró, con el cual ya van doce, poco a poco las críticas acaban admitiendo que tiene talento que podrá hacer cosas interesantes, cuando se haya cansado de burlarse del público." [578]

El 5 de abril, se inaugurá en el Teatro Barcelona, de la ciudad condal, el ballet *Arlequí* para el que Miró había diseñado el vestuario. Este ballet con música de Schumann está basado en una idea de Joan Magrinyà, quien también había concebido la coreografía inspirada en Mikhail Fokine. [579]

Entre el 11 y el 21 de mayo, Miró participa en la "Exposición Surrealista", organizada por *Gaceta de Arte*, en el Ateneo de Santa Cruz de Tenerife. [580]

Con anterioridad al 18 de junio, Miró viaja a París con sus pinturas sobre cartón, que él mismo interpreta como una revisión de su trabajo. Durante su estancia en París, Miró y Josep Lluís Sert visitan a Kandinsky. [581]

Entre finales de junio y principios de julio, Miró realiza un viaje a Bruselas. [582]

En julio, aparece el número 7 de la revista *Minotaure* con una cubierta diseñada por Miró. [583]

Entre el 2 y el 20 de julio, la Galerie Pierre de París acoge una exposición individual de Miró. [584]

Desde el 12 de julio hasta finales de octubre, probablemente, Miró se encuentra en Montroig. [585] Miró empieza a trabajar en doce pinturas de pequeño formato, la mitad de ellas ejecutadas sobre cobre, y la otra mitad sobre masonita. Miró continua trabajando en esta serie hasta mediados de mayo de 1936. En octubre, Miró acaba las primeras pinturas de esta serie. [586]

Del 14 de octubre al 2 de noviembre, tiene lugar una exposición individual de Miró en la Stanley Rose Gallery de Los Ángeles, organizada por Howard Putzel. [587]

A finales de octubre, probablemente, Miró se traslada desde Montroig a Barcelona. El 16 de noviembre, desde Barcelona, escribe a Pierre Matisse y le explica que no puede separarse de ninguna de sus pinturas sobre cobre o sobre masonita hasta que haya finalizado la serie. [588]

Con posterioridad al 16 de noviembre, Miró viaja a Praga con motivo de una exposición colectiva. Entre el 29 de noviembre y el 2 de enero de 1936, Miró participa en la exposición colectiva "Mezinárodní Výstava I" en la Galerie Spolek výtvarných umelcu Mánes de Praga. [589]

El 11 de diciembre, Miró se encuentra ya de regreso en Barcelona. [590] Tras su regreso a Barcelona, Miró escribe a Calder: "Ahora hemos estado en Praga unos días, deteniéndonos en Alemania y en París. Praga es una ciudad muy interesante. He ido allí por una exposición que han hecho de mis obras." [591]

Entre el 13 y el 31 de diciembre, Miró participa en la "Exposition de dessins surréalistes" organizada por André Breton en Aux Quatre Chemins. [592]

1936 Desde el 1 de enero hasta principios de junio, probablemente, Miró reside en Barcelona. Vive y trabaja en Passatge del Crèdit. Miró continúa trabajando en la serie de pinturas sobre cobre y masonita. [593]

Entre el 13 y el 18 de enero, la Sala Esteve de Barcelona alberga una exposición de Pablo Picasso, organizada por ADLAN Con este motivo, Ràdio Barcelona retransmite unos discursos de Miró, Dalí, Fernández Sabartés y González. ADLAN invita a Paul Eluard a dar una conferencia sobre Picasso, [594] y otra sobre surrealismo, que ilustra con imágenes de obras de diversos artistas, entre ellos, Miró. [595]

Desde el 12 de febrero al 31 de marzo, Miró participa, junto a otros artistas españoles, en la exposición "L'Art espagnol contemporain (peinture et sculpture)" en el Musée des écoles etrangères contemporaines, Jeu de Paume de París. [596] Paralelamente, entre los días 15 y 22 de febrero, Miró participa en la exposición "Abstract and Concrete: An Exhibition of Abstract Painting and Sculpture, 1934 and 1935", en Oxford. [597]

Desde el 2 de marzo al 19 de abril, The Museum of Modern Art de Nueva York acoge la exposición "Cubism and Abstract Art", en la que se muestran cinco obras de Miró. [598]

El 21 de mayo, se inaugura el "I Saló d'Artistes Decorators", en el que Miró colabora con el GATCPAC (*Grup d'Arquitectes i Tècnics Catalans per al Progrés de l'Arquitectura Contemporània*) en un proyecto de decoración de una habitación y una terraza, obra de Josep Lluís Sert, Josep Torres Clavé y Antoni Bonet. [599] La contribución de Miró consistía en un óleo sobre fibrocemento realizado en 1935, al que años más tarde designará como punto de partida para la decoración para las Naciones Unidas (1952-1953), nunca materializada. [600]

Del 22 al 29 de mayo, Miró participa en la "Exposition surréaliste d'objets" en la Galerie Charles Ratton de París, en la que expone un objeto de 1931. [601] En esta exposición los "objetos surrealistas" conviven con elementos naturales, objetos encontrados, primitivos y científicos. [602]

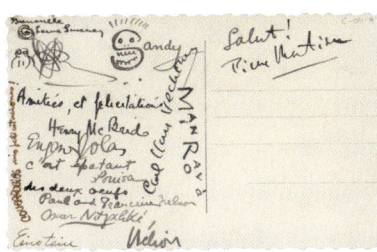

Postal de Calder, Man Ray y Pierre Matisse, entre otros, a Joan Miró, Nueva York, 1936 (FPJM: FD-419)

A principios de junio, Miró debió de trasladarse a París con su producción reciente.[603]

A principios o mediados de junio, Miró viaja a Londres con motivo de la "International Surrealist Exhibition"[604] en las New Burlington Galleries, que tiene lugar entre el 11 de junio y el 4 de julio.[605] Esta muestra se organiza por iniciativa de Herbert Read, con la colaboración de Roland Penrose y David Gascoyne.[606]

Desde el 10 hasta el 15 de junio, Miró participa en la "Exposición de arte contemporáneo", organizada por ADLAN, en el Círculo de Bellas Artes de Santa Cruz de Tenerife.[607]

En julio, se publica el artículo "*Ariel*. Música, maquetas e ideas para un ballet. Robert Gerhard, Joan Miró y Josep Vicens Foix", en la revista *Música viva*, de Bruselas. En este artículo, los tres dan su visión sobre un proyecto conjunto de ballet, iniciado en 1934 e inspirado en el silfo de *La tempestad* de William Shakespeare.[608]

Desde el 14 de julio hasta finales de septiembre, seguramente, Miró reside en Montroig, salvo alguna breve estancia en Barcelona. Miró comienza una serie de veintisiete pinturas sobre masonita.[609]

El 14 de julio, desde Montroig, Miró escribe a Matisse: "Madame P. V. me ha escrito para decirme que ella le ha solicitado algunas pinturas mías para una exposición de un grupo en Londres. Sería preciso que se informara sobre la calidad de los miembros de ese grupo. Eso huele mucho a la imbecilidad de Abstracción-Creación. ¡Dos mujeres pintoras además! ¡Eso tiene el aspecto de oler mal! ¡Sea exigente, ha llegado la hora de ignorar la democracia y la amabilidad!"[610]

El 18 de julio, empieza la Guerra Civil Española.

A principios de agosto, Miró continúa en Montroig, trabajando a su ritmo habitual, pero se muestra preocupado por el impacto económico que la guerra pueda tener.[611]

El 28 de septiembre, desde Barcelona, Miró escribe a Matisse. Le comenta que espera acabar las pinturas que había iniciado durante el verano a mediados de octubre: "Estas pinturas tienen gran poder expresivo y son de una gran fuerza matérica [...] Me habla de mis objetos y me pregunta cómo los he podido concebir. Me siento atraído por una fuerza *magnética* hacia un objeto, sin la menor premeditación, a continuación, me siento atraído por otro objeto que se añade al primero y que a su contacto provoca un choque poético —pasando anteriormente por ese impacto plástico-físico- que hace que la poesía sea realmente conmovedora y sin el cual no tendría tanto efecto."[612]

Antes del 28 de octubre, Miró se traslada a París[613] con sus obras recientes para exponerlas, antes de su envío a Pierre Matisse en Nueva York.[614] Desde París, Miró escribe a Foix, el 2 de noviembre para solicitar su colaboración en una revista llamada *Transition*. La revista estaba pensando publicar poemas de escritores jóvenes catalanes y Miró quería que Foix se ocupara de realizar una selección antológica, en la que el propio Foix estuviera bien representado.[615]

El 16 de noviembre, Miró se encuentra en París, solo y preocupado por la situación de su familia en España: "Todavía no sé si me quedaré aquí para esperar a que la tormenta amaine o si regresaré a España. Mi mujer me ha escrito diciendo que le resulta muy difícil obtener su pasaporte. [...] En el caso de que ella no pueda venir con mi hija a reunirse conmigo, yo regresaré a España para estar con mi pequeña familia, a pesar del riesgo de correr algún peligro, de lo contrario sería cobardía."[616]

A finales de noviembre, seguramente, Miró decide permanecer en París, debido a la Guerra Civil Española.[617]

Desde el 30 de noviembre hasta el 26 de diciembre, la Pierre Matisse Gallery de Nueva York acoge una exposición retrospectiva de Miró.[618] Con motivo de esta exposición Miró recibe una postal de Calder, desde Nueva York, firmada por un grupo de amigos, felicitándole y expresándole su admiración.[619]

Entre el 7 de diciembre de 1936 y el 17 de enero de 1937, Miró participa en la exposición "Fantastic Art, Dada, Surrealism" en The Museum of Modern Art de Nueva York. Esta exposición viaja posteriormente a Philadelphia, Boston, Springfield, Milwaukee, Minneapolis y San Francisco.[620]

El 16 de diciembre, probablemente, Pilar Juncosa y su hija se han reunido ya con Miró en París, donde deciden permanecer hasta que Cataluña recupere la normalidad. Miró consigue seguir trabajando, pese a la gravedad de la situación en España: "Continúo haciendo estudios para una serie de grandes pinturas que dejé en Barcelona y que desearía poder continuar pronto. Al mismo tiempo, estoy escribiendo algunos poemas en francés, o más bien algunos textos poéticos que he concebido simultáneamente a las concepciones plásticas a las que acompañan —como hacían los maestros japoneses o chinos de antaño —esos grandes señores del espíritu."[621] En efecto, a partir de noviembre, Miró había comenzado a escribir textos en prosa poética o en verso, en un cuaderno, el único documento de este tipo creado por Miró, con intención de publicar un libro.[622]

Este año el MoMA adquiere por primera vez una obra de Miró. Se trata de *Paysage catalan*

603 Umland 1993, p. 332.
604 Rowell 1987a, p. 28; y Dupin 1993, p. 458.
605 New Burlington Galleries 1936;
y *The Star* 11 junio 1936 (FPJM: H-732).
606 Centre Georges Pompidou 1991, p. 230.
607 Círculo de Bellas Artes 1936.
608 Fundació Joan Miró 1994, pp. 200, 270.
609 Umland 1993, p. 332; y Dupin 1993, p. 203.
610 Carta de Joan Miró a Pierre Matisse, 14 julio 1936, en Rowell 1995, p. 136.
611 Umland 1993, p. 332.
612 Carta de Joan Miró a Pierre Matisse, 28 septiembre 1936 (PML: PMGA).
613 Umland 1993, p. 332.
614 Rowell 1987a, p. 29.
615 Postal de Joan Miró a Josep Vicenç Foix, 2 noviembre 1936 (FJVF). *Transition* era una revista de la vanguardia literaria que fue creada en París en 1927 por Eugène Jolas y su esposa Maria Jolas. En 1935 James Johnson Sweeney se convirtió en socio de esta revista y a partir de ese momento los siguientes números se editaron en Nueva York (Houghton Library 1999).
616 Carta de Joan Miró a Pierre Matisse, 16 noviembre 1936, en Rowell 1987a, pp. 130-132; y en Rowell 1995, pp. 141-144.
617 Umland 1993, p. 332.
618 Pierre Matisse Gallery 1936.
619 Postal de Alexander Calder a Joan Miró, [diciembre 1936] (FPJM: FD-419). La postal está firmada por Laura y J.J. Sweeney, Alexander y Lousia Calder, Carl Van Vechten, Man Ray, Henry McBride, Eugène Jolas, Paul y Francine Nelson, Nitzschké, Einstein; Hélion, Covarrubias y Pierre Matisse.
620 Museum of Modern Art 1936.
621 Carta de Joan Miró a Pierre Matisse, 18 diciembre 1936, en Rowell 1987a, pp. 133-134; y en Rowell 1995, p. 146.
622 Rowell 1987a, pp. 134-137, 148; Fundació Joan Miró 1988, pp. 189-194; y Cramer 1989, pp. 368-371. El libro de poemas que Miró tenía en mente nunca vio la luz, pero sí llegaron a publicarse algunos poemas sueltos. Así en 1945-46, aparecieron un grupo de poemas en *Cahiers d'art*, bajo el título de "Jeux poétiques (poèmes)". Otros textos aparecieron en la edición de *Le Lézard aux plumes d'or*, con textos e ilustraciones de Miró, que comenzó a prepararse por esas mismas fechas, pero que no se publicó hasta 1971. Por último, gran parte de los textos se publicaron en *Ubu aux Baléares*, publicado también en 1971.

623 Dupin y Lelong-Mainaud 1999, pp. 82-83.
624 Poema manuscrito de Shuzo Takiguchi, titulado "Joan Miró", publicado en 1936, y probablemente entregado por el autor a Miró durante su viaje a Japón en 1966 (FPJM: FD-506). Este poema se publicará en el libro de Shuzo Takiguchi, ilustrado por Miró *En compagnie des étoiles*, Heibon-sha, 1978, en Cramer 1989, pp. 588-589.
625 Rowell 1987a, pp. 29, 146-147; 156; Umland 1993, p. 333; y postal de Alexander Calder a Joan Miró (Hôtel Récamier), 4 enero 1937 (FPJM: FD-56): "Regocijámonos de saber Pilar y la hija [Maria Dolores] en París con su hombre y padre. Buen y salubre año, Sandy, Louisa, y Sandra."
626 Carta de Joan Miró a Pierre Matisse, 12 febrero 1937, en Rowell 1987a, pp. 146-147; y en Rowell 1995, pp. 157-158. Miró debe de referirse a la pintura *Naturaleza muerta con zapato viejo* de 1937, y a la Académie de la Grande Chaumière.
627 Carta de Joan Miró a James Thrall Soby, 3 febrero 1953, en Rowell 1987a, p. 232; y Rowell 1995, pp. 253-254.
628 Umland 1993, pp. 333, 357.
629 Rowell 1987a, p. 29; carta de Joan Miró a Pierre Matisse, 7 marzo 1937, en Rowell 1987a, p. 148; y carta de Joan Miró a Pierre Matisse, 21 marzo 1937, en Rowell 1987a, p. 157.
630 Carta de Joan Miró a Pierre Matisse, 7 marzo 1937, en Rowell 1987a, p. 148; y en Rowell 1995, pp. 158-159.
631 Carta de Joan Miró a Pierre Matisse, 21 marzo 1937, en Rowell 1987a, p. 157; y en Rowell 1995, p. 167.
632 Carta de Joan Miró a Pierre Matisse, 25 abril 1937, en Rowell 1987a, p. 157.
633 Umland 1993, p. 333.
634 Duthuit 1936, pp. 261-264; Rowell 1987a, pp. 149-155; y en Rowell 1995, pp. 160-166.
635 Centre Georges Pompidou 1991, pp. 235-236.
636 Umland 1993, p. 333.
637 Raillard 1977, p. 55.
638 Nippon Salon 1937.
639 Martín 1982, p. 36.
640 Postal de Josep Lluís y Montcha Sert a Joan Miró, 23 agosto 1937 (FPJM: FD-260).
641 Carta de Joan Miró a Pierre Matisse, 3 noviembre 1937, en Rowell 1987a, pp. 157-158.
642 Umland 1993, p. 333.
643 Larrea 1937, pp. 157-159.
644 Tone 1993, p. 442.
645 Rowell 1987a, p. 29.
646 Galerie Beaux-Arts 1938.
647 Carta de Joan Miró a Pierre Matisse, 5 febrero 1938, en Rowell 1995, pp. 39, 169.

(*Le Chasseur*), de 1923-1924, que había pertenecido con anterioridad a André Breton.[623]

Este año se publica un poema de Shuzo Takiguchi dedicado a Joan Miró, en *L'Echange Surréaliste*.[624]

1937 Los dos primeros meses del año, Miró reside en el Hôtel Récamier de París, si bien en algún momento del mes de enero, Miró debió de residir en el Hôtel Chaplain.[625]

El 12 de enero, Miró comparte con Matisse su inquietud por la evolución de la Guerra Civil en España: "Estamos viviendo un terrible drama, todo lo que está ocurriendo en España es tan aterrador como nunca hubiera podido imaginar [...] Me siento desarraigado aquí y muy nostálgico de mi país [...] Todos mis amigos me aconsejan que permanezca en Francia. No obstante, si no fuera por mi mujer y mi hija, yo regresaría a España." Ante la imposibilidad de seguir trabajando en la serie de grandes pinturas que había dejado empezadas en Barcelona, Miró decide cambiar de rumbo y hacer una naturaleza muerta de estilo muy realista, *Naturaleza muerta con zapato viejo*.[626] Miró concede gran importancia a esta pintura y con mirada retrospectiva la interpreta así: "[...] me di cuenta más tarde que había, sin saberlo, símbolos trágicos de la época, la tragedia de un miserable mendrugo de pan y de un viejo zapato, una manzana atravesada por un tenedor cruel y una botella que, como una casa en llamas, extiende el incendio por toda la superficie de la tela." [627]

Desde enero hasta comienzos de marzo, seguramente, Miró utiliza como estudio una habitación que Pierre Loeb le deja en la Galerie Pierre.[628]

Con anterioridad al 7 de marzo, Miró se muda a un apartamento del boulevard Auguste-Blanqui, nº 98, de París, el mismo edificio en el que vive el arquitecto americano Paul Nelson.[629]

El 7 de marzo, desde boulevard Auguste-Blanqui, Miró le envía a Pierre Matisse una foto de un sello que ha diseñado para ayudar a España. Miró se refiere a *Aidez l'Espagne* el "pochoir" en color que diseña en apoyo de la República Española. Además, Miró le explica: "Los dibujos que a veces realizo antes de realizar algunas telas son un documento *íntimo* por así decirlo, que me sirven para llegar a un completo despojamiento plástico y así conseguir la *verdadera expresión del espíritu*. Una vez realizadas las telas, destruyo esos dibujos o los guardo para utilizarlos como trampolín para otras realizaciones." [630]

El 21 de marzo, Miró escribe a Matisse: "El trabajo va muy bien, la naturaleza muerta [*Naturaleza muerta con zapato viejo*] estará pronto acabada, esta tela me absorbe totalmente

y creo que será, junto con *La masía*, la pieza capital en mi obra [...] Al mismo tiempo, hago dibujos y voy por las tardes, algunas veces, a la Academia [Académie de la Grande Chaumière] para hacer dibujos de desnudos." [631]

El 25 de abril, Miró escribe a Pierre Matisse: "El gobierno español me acaba de encargar la decoración del pabellón español en la Exposición de 1937. Solamente nos lo han pedido a Picasso y a mí; él decorará un muro de 7 m. de largo; el mío mide 6. [...] Una vez acabada la Exposición, esta pintura puede descolgarse de la pared y nos pertenecerá. El sello todavía no se ha imprimido." [632]

A finales de abril, Miró acompañado de Calder visita el Pabellón Español de la Exposición Universal de París, todavía en construcción.[633]

En mayo, se publica la entrevista de Miró realizada por Georges Duthuit, "Où allez-vous Miró?", en la revista *Cahiers d'art*. Esta entrevista es el primer texto importante sobre Miró publicado en francés. En él, Miró expresa su admiración por el arte popular, los graffiti y las manifestaciones artísticas anónimas. Además, se niega a que lo califiquen de abstracto: "¿Ha oído usted jamás hablar de una estupidez más considerable que la "abstracción-abstracción?" Y ellos me invitan a su casa desierta, como si los signos que yo transcribo sobre una tela, desde el momento en que ellos corresponden a una representación concreta de mi espíritu, no poseyeran una profunda realidad, ¡no formarán parte de lo real!" [634]

En mayo, se inaugura la primera exposición de la Galería Gradiva, abierta por André Breton en la rue de Seine de París. Se trata de una exposición colectiva en la que se muestra obra de Miró, junto con la de Arp, Bellmer, De Chirico, Dalí, Domínguez, Duchamp, Ernst, Giacometti, Hayter, Klee, Dora Maar, Picasso, Picabia, Man Ray y Tanguy.[635]

Durante junio y principios de julio, Miró debió de realizar *El segador*, un óleo sobre celotex, para el Pabellón de la República Española en la Exposición Universal de París. Miró pinta este mural, cuyo paradero se desconoce, en la propia escalera del Pabellón.[636] En 1975, Miró rememora: "Representa un campesino catalán en rebelión. El campesino tiene una hoz en la mano, una hoz para cortar trigo. El segador, ese es el nombre de su oficio y el que da nombre al cuadro. [...] Cuando lo pinté, durante la guerra civil, quería representar la rebelión de los campesinos catalanes, pero en Cataluña nunca se vio. Sería necesario encontrarlo y llevarlo a Barcelona. [...] Sería necesario que los barceloneses lo vieran, que estuvieran informados de todo nuestro pasado histórico. Es nuestra historia." [637]

Entre el 10 y el 14 de junio, Miró participa en la exposición "Album surréaliste" en el Nippon

Salon de Tokio. El catálogo fue editado por Shuzo Takiguchi y Tiroux Yamanaka.[638]

El 12 de julio, tiene lugar la inauguración del Pabellón Español, en el que se exponen *El segador* de Miró, junto a obras tan importantes como el *Guernica* de Picasso, la *Montserrat* de Julio González, o la *Mercury Fountain* de Alexander Calder.[639]

En torno al 23 de agosto, Joan Miró y su esposa se encuentran, probablemente, en casa de los Nelson en Varengeville, en Normandía.[640]

A principios de noviembre, Miró continúa trabajando en su autorretrato. Al mismo tiempo, ejecuta dibujos, gouaches y pasteles. Además, posa para Balthus que está pintando un retrato de Miró y de su hija Dolores.[641]

El 25 de noviembre, debió de clausurarse la Exposición Universal de París. *El segador*, la pintura de Miró sobre celotex para el Pabellón Español, se desmonta y quizás se traslada a Valencia.[642] La revista *Cahiers d'art* publica un artículo de Juan Larrea sobre *El segador*, titulado "Miroir d'Espagne: A propos du 'Faucheur' de Miró au Pavillon Espagnol de l'Exposition 1937".[643]

En diciembre, la Galerie Pierre de París alberga una exposición individual de Miró.[644]

1938 Desde enero hasta junio o julio, probablemente, Miró reside en París. Vive y trabaja en el boulevard Auguste-Blanqui, 98.[645]

Durante los meses de enero y febrero, Miró participa en la "Exposition internacionale du surréalisme", organizada por André Breton y Paul Eluard, en la Galerie Beaux-Arts de París.[646]

El 5 de febrero, Balthus ya ha acabado el retrato de Miró y de Dolores, la hija del pintor catalán. Por su parte, Miró continúa trabajando en su autorretrato: "He destruido mi autorretrato varias veces; ahora siento que estoy en el camino correcto [...]." Además, Miró aprende la técnica del aguafuerte y la punta seca en el estudio de Marcoussis, así como con Roger Lacourrière y Stanley Hayter: "Voy a grabar en cobre ahora, algo que abrirá nuevas posibilidades para mí." También trabaja en una serie de dibujos de desnudos, que había comenzado un año antes con los modelos de la academia.[647]

El 4 de marzo, Miró ya ha acabado de dibujar su autorretrato, después de haberlo destruido por completo, varias veces. Al mismo tiempo, está haciendo una serie de dibujos y gouache grandes, y continúa aprendiendo a grabar en cobre. Está pensando en hacer dos pinturas grandes y una serie de pequeño formato. Miró sigue viviendo en el apartamento de boulevard

Joan Miró pintando *El Segador*, mural encargado por el gobierno de la República para el pabellón español de la Exposición Universal de París, 1937. Cortesía Successió Miró.

Joan Miró con su hija Dolores, probablemente en el estudio del 98, Bl. Auguste-Blanqui, París, 1938. Cortesía Successió Miró.

Carta de Yves Tanguy solicitando la colaboración de Joan Miró en la reedición de "Chants de Maldoror", París, 6 de abril de 1938 (FPJM: FD-279)

Auguste Blanqui, anhelando contar con su propio estudio: "Nosotros seguimos viviendo en el mismo apartamento, afortunadamente, esperando el maldito día en que podamos tomar la decisión, y tener un gran estudio, que es la primera cosa de la que quiero ocuparme." [648]

El 11 de marzo, Pierre Matisse escribe a Miró para comunicarle que quiere continuar conservando los dos tercios de la producción de Miró, argumentando la magnitud del mercado americano en relación con el europeo. De modo que solicita a Miró mantener las condiciones del contrato tal y como estaban durante un año. [649]

El 6 de abril, Yves Tanguy solicita a Miró la realización de un dibujo para un proyecto de reedición de *Chants de Maldoror*, con un prefacio de André Breton. [650]

Antes del 7 de abril, Miró visita a los Nelson en su casa de Varengeville, en Normandía, donde surge la idea de crear una pintura mural para su comedor. [651]

El 7 de abril, Miró escribe a Pierre Matisse: "La situación en España es muy angustiosa, pero lejos de estar desesperados, tenemos la firme esperanza de que se producirá algún acontecimiento que hará inclinar la balanza a nuestro favor. [...] Ahora estoy haciendo para descansar una serie de telas pequeñas [...]; una vez las haya acabado, abordaré de nuevo mi retrato. Afortunadamente, he conseguido mantener mi entusiasmo por el trabajo y mi disciplina." [652]

Desde el 18 de abril al 7 de mayo, la Pierre Matisse Gallery de Nueva York alberga una exposición individual de Miró. [653]

En mayo, la revista francesa *XXe siècle* publica el testimonio de Miró titulado "Je rêve d'un gran atelier": "En España, donde iba a menudo, nunca tuve un estudio de verdad. [...] Mi sueño, una vez pueda asentarme en algún sitio, es tener un estudio muy grande [...] para tener espacio, muchas telas, porque cuanto más trabajo, más deseo trabajar. Me gustaría probar la escultura, la cerámica, el grabado, y tener un tórculo. Intentar también, en la medida de lo posible, ir más allá de la pintura de caballete que, en mi opinión, tiene un objetivo muy mezquino, y acercarme, a través de la pintura, a las masas humanas en las que nunca he dejado de pensar." [654]

El 20 de mayo, Miró recibe el encargo de Benjamin Péret, de ilustrar el libro titulado *Au paradis des fantômes*. [655]

Del 4 al 28 de mayo, tiene lugar una exposición individual de pinturas de Miró, en The Mayor Gallery de Londres. [656]

Con anterioridad al 21 de junio, Miró asiste a la inauguración de una exposición en homenaje al poeta Guillaume Apollinaire, en la Galerie de Beaune de París. [657]

Miró debió de pasar el verano en Varengeville, en Normandía. Probablemente, empieza las pinturas murales en casa de Francine y Paul Nelson. [658]

El 12 de julio, la familia Miró se encuentra en Calanque de Port Miou [Bouches-du-Rhône], en compañía de Braque. [659]

En septiembre, Miró acaba la pintura destinada a los hijos de Pierre Matisse, Jacky, Peter y Pauley. [660]

Los cuatro últimos meses del año, seguramente, Miró reside en París. Continúa viviendo y trabajando en el boulevard Auguste-Blanqui. En este período, Miró quizás realiza una visita a Varengeville, para acabar los murales de la casa de los Nelson. [661]

Desde el 24 de noviembre al 7 de diciembre, tiene lugar una exposición individual de Miró en la Galerie Pierre de París. [662] Pese al conflicto bélico en España, la noticia de la exposición del pintor catalán tiene eco en la prensa madrileña, que traza un paralelismo entre las pinturas salvajes de Miró y los monstruos de la escena política española: "Ese lenguaje pictórico ¿no puede ser considerado acaso como una trasposición del bajo fondo peninsular donde campan por su respeto los monstruos (¡oh! Franco, Queipo y Compañía más o menos de Jesús) [...]?." [663]

El 23 de diciembre, se inicia la ofensiva bélica de las tropas nacionales sobre Cataluña. [664]

1939 Desde enero hasta julio, Miró debió de residir en París. Continúa viviendo y trabajando en el boulevard Auguste-Blanqui, 98. [665]

A principios de enero, desde París, Miró sigue con preocupación los acontecimientos en España, porque su madre todavía se encuentra en Montroig. [666] El 26 de enero, el ejército nacional rodea la ciudad de Barcelona y la ocupa. [667] En la primera mitad del mes de febrero, Miró tiene noticia de que su amigo Joan Prats está en un campo de concentración. [668]

En su edición enero-marzo, *Verve* publica el texto de Miró "Carnaval d'arlequin". [669]

El 28 de febrero, Hélion se interesa por el impacto de los acontecimientos en Miró y su trabajo: "Esperamos fervientemente que los últimos acontecimientos no entrañen graves consecuencias para usted. El arte es como el hombre, y ambos deben continuar viviendo, independientemente del paraguas que los cobije." [670]

648 Carta de Joan Miró a Pierre Matisse, 4 marzo 1938, en Rowell 1987a, pp. 158-159.
649 Carta de Pierre Matisse a Joan Miró, 11 marzo 1938 (PML: PMGA).
650 Carta de Yves Tanguy a Joan Miró, 6 abril 1938 (FPJM: FD-279); y Centre Georges Pompidou 1991, p. 237.
651 Umland 1993, p. 333.
652 Carta de Joan Miró a Pierre Matisse, 7 abril 1938, en Rowell 1987a, p. 159; y en Rowell 1995. p. 170.
653 Carnielli y Loudon 2001, p. 177.
654 Miró 1987c, pp. 160-162.
655 Cramer 1989, pp. 40-41. Carta de Benjamin Péret a Joan Miró, 20 mayo 1938 (FPJM: FD-228): "[...] Je suis sûr dès maintenant que tu feras quelque chose de magnifique et j'attends le résultat en toute confiance."
656 Mayor Gallery 1938.
657 Lannes 21 junio 1938 (FPJM: H-828).
658 Umland 1993, p. 334; Rowell 1987a, p. 30; y Dupin y Lelong-Mainaud 2000, pp. 214-215.
659 Postal de Joan Miró y Georges Braque a Alexander Calder, 10 agosto 1938, en Hutton y Wick 2004, p. 264.
660 Umland 1993, p. 334; y Dupin y Lelong-Mainaud 2000, pp. 208-209.
661 Umland 1993, p. 334.
662 Rowell 1987a, p. 30.
663 Valdés Leal 3 diciembre 1938 (FPJM: H-847).
664 Thomas, Hugh. *La guerra civil española*. Barcelona: Grijalbo Mondadori, 1976, vol. II, p. 933.
665 Umland 1993, p. 334.
666 Ibídem, p. 334.
667 Thomas, Hugh. *op. cit.*, vol. II, pp. 937-938.
668 Umland 1993, p. 334.
669 Miró 187d, en Rowell 1987a, pp. 163-164. 316.
670 Postal de Jean Hélion a Joan Miró, 28 febrero 1939 (FPJM: FD-151).

671 Gille Delafon 13 enero 1939 (FPJM: H-852);
    Courrier du Pacifique 15 marzo 1939 (FPJM: H-860).
672 Rowell 1987a, p. 30.
673 Beaux-Arts 24 marzo 1939 (FPJM: H-858);
    y Ce Soir 25 marzo 1939 (FPJM: H-859).
674 Tone 1993, p. 442; y Fegdal 5 abril 1939
    (FPJM: H-871).
675 Thomas, Hugh. op. cit., vol. II, pp. 981-982,
    y 1015-1016.
676 Duthuit 1939; y Rowell 1987a, pp. 165-166.
677 Pierre Matisse Gallery 1939.
678 Umland 1993, p. 334; y Marianne 12 abril 1939
    (FPJM: H-873).
679 Tone 1993, p. 442; y Kospoth 22 abril 1939
    (FPJM: H-876).
680 Tone 1993, p. 442; y New York Times
    30 abril 1939 (FPJM: H-881).
681 Carta de Pilar y Joan Miró a la familia Calder, 23
    mayo 1939, en Hutton y Wick 2004, p. 264.
682 Tone 1993, p. 442; y Warnod 21 abril 1939
    (FPJM: H-874).
683 Raillard 1977, p. 129; Umland 1993, p. 334;
    y Dupin 1993, p. 237.
684 Umland 1993, p. 334.
685 Dupin 1993, pp. 243-247.
686 Ibidem, p. 410.
687 Umland 1993, p. 334.
688 Carta de Joan Miró a Pierre Matisse,
    3 noviembre 1939 (PML: PMGA).
689 Martí 1993, p. 512; Onzo 2002; y Takiguchi 1940.
690 Dupin 1993, p. 237.
691 Galería de Arte Mexicano 1940.
692 Umland 1993, p. 335.
693 Carta de Joan Miró a Pierre Matisse,
    12 enero 1940, en Rowell 1987a, p. 168.
694 Dupin y Lelong-Mainaud 2000, p. 232.
695 Ibidem, pp. 232-233.
696 Probablemente se refiere a la serie de pinturas sobre
    arpillera (ver Umland 1993, p. 335 y 358).
697 Carta de Joan Miró a Pierre Matisse,
    4 febrero 1940, en Rowell 1987a, p. 168.
698 Dupin y Lelong-Mainaud 2000, pp. 234-235.
699 Umland 1993, p. 335, 358.
700 Dupin y Lelong-Mainaud 2000, p. 236.
701 Pierre Matisse Gallery 1940.
702 Dupin y Lelong-Mainaud 2000, pp. 236-238.
703 Ibidem, pp. 238-239.

Durante los meses de febrero y marzo, Mme. Cuttoli presenta sus tapices en el Museo de Arte de San Francisco, coincidiendo con la celebración de la Exposición de San Francisco, que se inaugura el 18 de febrero. Se trata de tapices realizados a partir de cartones diseñados por artistas contemporáneos, entre los que se encuentran Miró, Picasso, Braque y Leger. [671]

Desde el 8 al 12 de marzo, la Galerie Pierre de París acoge una exposición individual de Miró.[672] Del 24 de marzo al 5 de abril, Miró expone en la Galerie d'Anjou de París. En la inauguración, Georges Duthuit da una conferencia sobre Miró y la pintura joven contemporánea.[673]

Del 24 de marzo al 5 de abril, tiene lugar la exposición colectiva "Le Rêve dans l'art et la littérature: De l'antiquité au surréalisme", en la Galerie Contemporaine de París. Miró participa junto a otros artistas como Tanguy, Masson y Klee.[674]

El 31 de marzo, las tropas nacionales han concluido la ocupación del territorio español, al día siguiente, se da por finalizada la Guerra Civil Española, y comienza la dictadura de Franco.[675]

En su edición de abril-mayo, Cahiers d'art publica unas declaraciones de Miró, en respuesta a una pregunta de Georges Duhuit sobre la implicación del artista en los acontecimientos de su tiempo. Miró responde: "El mundo exterior, los acontecimientos contemporáneos no cesan de influir al pintor, no es preciso decirlo. El juego de líneas y de colores, si no revela el drama del creador, no es más que un entretenimiento burgués. [...] Si los poderes de regresión conocidos bajo el nombre de fascismo continúan extendiéndose, y entretanto, nos van sumergiendo un poco más adentro del callejón sin salida de la crueldad y la incomprensión, eso será el final de toda dignidad humana." [676]

Del 10 de abril al 6 de mayo, Miró expone pinturas y gouaches en la Pierre Matisse Gallery de Nueva York.[677]

Entre el 14 y el 27 de abril, Miró muestra una serie de autorretratos grabados, realizados en colaboración con Louis Marcoussis, en la London Gallery de Londres.[678]

Del 21 de abril al 5 de mayo, Miró participa en una exposición colectiva de grabados modernos organizada por "Groupe de l'Atelier 17", fundado por el artista británico Stanley William Hayter, en la Galerie de Beaune de París.[679]

Desde el 24 de abril hasta el 1 de junio, Joan Miró participa junto a otros artistas, en una exposición colectiva titulada "Twenty Selected Paintings by Twentieth Century French Moderns", en la Valentine Gallery de Nueva York.[680]

El 23 de mayo, Pilar y Joan Miró escriben al matrimonio Calder y se interesan por el embarazo de Louisa. Miró expresa su preocupación por la situación política en España: "¡Qué tragedia con los refugiados! ¡Pobre España!" [681]

Entre el 20 y el 30 de junio, Miró expone una serie de autorretratos grabados en colaboración con Marcoussis, en la Galerie Jeanne Bucher de París.[682]

Con anterioridad al 25 de agosto, Miró deja París y alquila una casa, "Clos des Sansonettes", en Varengeville, Normandía, donde permanece hasta finales de mayo de 1940. Braque vive en las cercanías, tal como explica Miró en 1975: "Eramos muy amigos. Y le vi mucho durante la guerra, cuando fuimos a vivir a Varengeville, en la casa que nos prestó el arquitecto Paul Nelson. Braque y yo nos volvimos a encontrar con alegría." [683]

El 25 de agosto, Miró escribe a Pierre Matisse: "Yo estaba trabajando bien en este hermoso país, y aquí estamos, ahora inmersos en esta pesadilla." [684]

En Varengeville, entre los meses de agosto y diciembre, Miró realiza dos series de pinturas de pequeño formato, una con fondos rojo-frambuesa y la otra sobre arpillera.[685] Además, durante su estancia en Varengeville, Miró retoma la litografía, con intención de iniciar una serie conocida posteriormente como Serie Barcelona, pero este proyecto no se llega a materializar hasta 1944, en Barcelona.[686]

El 3 de septiembre, Gran Bretaña y Francia declaran la guerra a Alemania, como consecuencia de la invasión de Polonia por parte del ejército alemán. Es el inicio de la II Guerra Mundial.

El 15 de septiembre, desde Varengeville, Miró escribe a Matisse y le dice que ha recuperado su ritmo de vida normal y está satisfecho con su trabajo.[687]

El 3 de noviembre, Miró escribe a Pierre Matisse y le anuncia que ha decidido modificar el acuerdo y entregarle toda su producción. Miró afirma que si hasta ese momento él mismo había decidido conservar la mitad de su obra, era con la intención de estar bien representado en París, cuando la situación hubiera retornado a la normalidad. A cambio, Miró solicita a Matisse que le entregue 320 dólares al mes durante un año.[688]

1940 El escritor japonés Shuzo Takiguchi, publica en Tokio la primera monografía sobre Joan Miró.[689]

Desde enero hasta finales de mayo, Miró debió de vivir en "Clos de Sansonettes", en Varengeville, Normandía.[690]

Durante los dos primeros meses del año, Miró participa en la "Exposición Internacional del Surrealismo" que tiene lugar en la Galería de Arte Mexicano de ciudad de México. La muestra está organizada por André Breton, Wolfgang Paalen y César Moro.[691]

El 12 de enero, realiza un viaje a París para encontrarse con Pierre Loeb.[692]

El 12 de enero, Miró ya ha comenzado a realizar la serie de obras conocida como Constelaciones: "Ahora, estoy haciendo pinturas muy elaboradas y siento que he alcanzado un alto grado de poesía —fruto de la concentración alcanzada gracias a la vida que llevamos aquí." [693] El 21 de enero, Miró ha acabado Le lever du soleil, la primera obra de la serie Constelaciones.[694] L'Échelle de l'évasion, la segunda Constelación, está fechada el 31 de enero.[695]

El 4 de febrero, Miró escribe a Pierre Matisse, desde Varengeville y le envía una lista de la serie de nueve pinturas que ha acabado.[696] Además, Miró le explica: "Ahora estoy trabajando en una serie de 15 o 20 pinturas en témpera y óleo, dimensiones 38 x 46, que ha llegado a ser extremadamente importante. Siento que es una de las cosas más importantes que he hecho nunca, y aunque los formatos son pequeños, dan la impresión de grandes frescos. Con esta serie y la serie anterior, tú podrías preparar una buena, muy buena exposición. [...] no te puedo enviar ni siquiera las que están terminadas, puesto que tengo que tenerlas todo el tiempo delante de mí -para mantener el ímpetu y el estado mental necesario para realizar todo el conjunto." [697]

Los días 12 y 15 de febrero, Miró finaliza la tercera y cuarta Constelación respectivamente, Personnages dans la nuit guidés par les traces phosphorescentes des escargots y Femmes sur la plage.[698] Con anterioridad al 25 de febrero, Miró viaja a París y envía las pinturas sobre arpillera a Pierre Matisse.[699]

El 5 de marzo, Miró acaba la quinta Constelación, Femme à la blonde aisselle coiffant sa chevelure à la lueur des étoiles.[700]

Entre el 12 y el 31 de marzo, la Pierre Matisse Gallery de Nueva York muestra obras del primer período de Miró, entre 1918 y 1925.[701] Los días 16 y 27 de marzo, Miró acaba la sexta y séptima Constelación. Miró regala la sexta Constelación, L'Étoile matinale a su esposa Pilar Juncosa.[702]

El 9 de abril, Alemania invade Dinamarca y Noruega. El 13 de abril, Miró completa la octava Constelación.[703] Al día siguiente, Miró escribe a Pierre Matisse, desde Varengeville: "Esta larga estancia en el campo me ha hecho mucho bien, esta soledad me ha enriquecido mucho. Quiero

Primera monografía sobre Joan Miró escrita por Shuzo Takiguchi, publicada en Tokio en 1940. Fondo documental Fundació Pilar i Joan Miró a Mallorca.

tener suficientes días de vida ante mí para materializar la mayor parte de mis proyectos."[704] El 27 de abril, Miró completa la novena *Constelación*.[705]

El 2 de mayo, desde Varengeville, Miró escribe a Matisse y le comunica que Sweeney tiene intención de escribir una monografía sobre él.[706]

El 10 de mayo, el avance de Hitler continúa, invadiendo Bélgica y Holanda.

El 14 de mayo, Miró acaba la décima *Constelación*, la última realizada en Varengeville.[707] A finales de mayo, los nazis bombardean Normandía y Miró y su familia deciden abandonar Francia.[708] Miró contempla la posibilidad de emigrar a los Estados Unidos, pero Pilar se opone: "Piensa que tú estás muy arraigado a tu país, si te vas a América no serás ni un americano, ni un catalán, ni nada, y yo preferiría regresar, no has hecho nada malo, tú defendiste tu país; tú, cuando hiciste eso, defendías a tu país, en el que había la República, y después ya veremos qué pasa."[709] Así pues, deciden viajar a España, vía París y Perpignan.[710] En 1975, Miró rememora este episodio de su vida: "Al principio de la guerra de 1939 en París no pasaba nada. Pero en un momento dado, nos aconsejaron que saliéramos de París y fuéramos a Varengeville donde teníamos amigos. La presencia de un hospital nos pondría al abrigo de los bombarderos alemanes. [...] De la noche a la mañana empezaron los bombardeos: entonces intenté irme a América con mi amigo, el arquitecto J. L. Sert, pero no había plazas en los barcos. Mi hija Dolores era pequeña. Para mí, era una gran responsabilidad. Y como no pudimos irnos a América, Pilar y yo decidimos regresar a España. [...] Habíamos decidido que Pilar se ocuparía de Dolores y yo de las *Constelaciones*. Yo había comenzado estos gouaches en Varengeville. Eran una carpetita, nuestro único equipaje."[711]

El 1 de junio, Miró se encuentra en Perpignan. El 6 escribe desde allí a Pierre Matisse: "He decidido regresar a casa. Creo que esto es lo más sabio por el momento para salvaguardar a Pilar y a la pequeña [...] Sé que eso supondrá grandes sacrificios por mi parte, pero no puedo permitir que mi pequeña familia permanezca en medio de una tempestad. Estamos pensando en irnos el 8 [...] No sé lo que me esperará a mi llegada [...] pero espero que una vez haya pasado esto, podré concentrarme de nuevo y ponerme a trabajar [...] Este nuevo contacto con el campo catalán y con las obras muy importantes que yo empecé antes de mi partida, sin duda me harán mucho bien, aunque a costa de sacrificios dramáticos."[712] En 1975 Miró rememora estos momentos: "En París cogimos el tren hacia Perpignan. [...] En la parada de Figueras verificaban la lista de sospechosos. Yo

pasé miedo, pero mi nombre no figuraba. En Gerona nos esperaba mi amigo Prats: Sobre todo no vayas a Barcelona. Nos fuimos al campo, a un lugar donde nadie nos conocía. Y más tarde nos las arreglamos para ir a Palma. Allí teníamos a nuestros padres y sobre todo, como la gente de Palma había sufrido la opresión de Franco desde el principio, estaban hartos. Pasé de incógnito. Y dos o tres años después, cuando las cosas se calmaron un poco, me fui a Barcelona."[713]

Antes de finales de julio, Miró se encuentra en Palma, vive con la familia de su mujer. El 22 de agosto, desde la calle Sant Nicolau de Palma, Pilar Juncosa escribe a Matisse: "La casa donde vivimos ahora está cerca de Palma; el aire es fresco y le va bien para la salud a mi marido que pasa el día en su habitación que da a la bahía de Palma."[714]

Durante los meses de septiembre a diciembre, Miró continúa trabajando en la serie de las *Constelaciones*. El 4 de septiembre, Miró acaba la primera *Constelación* realizada en Palma, *Le Chant du rossignol à minuit et la pluie matinale*. El 14 de octubre, finaliza *Le 13 l'échelle a frôlé le firmament*. El 2 de noviembre, concluye *Nocturne*. El 31 de diciembre, termina *La Poétesse*.[715] Años más tarde, Miró recuerda ese período: "En 1940, en Palma, trabajaba en las *Constelaciones* [todavía no tenían ese nombre; en los cuadernos las denominó aguadas, témpera...], en torno a las doce de la mañana me iba a la catedral a escuchar tocar el órgano. Al contrario que mis amigos surrealistas, a mí siempre me ha interesado mucho la música [...]."[716]

Entre diciembre de 1940 y enero de 1941, Miró realiza unos cuadernos con anotaciones. Miró parte de un cuaderno de dibujos comenzado antes de la Guerra Civil y que había quedado inacabado y llena las últimas hojas con notas.[717]

1941 Miró realiza las primeras piezas de cerámica en colaboración con Josep Llorens Artigas.[718]

Desde enero hasta el 12 de junio, seguramente, Miró continúa viviendo en Palma de Mallorca, en el carrer Sant Nicolau.[719] A lo largo de todos estos meses, Miró continúa trabajando en la serie de las *Constelaciones*. El 27 de enero, finaliza la *Constelación*, *Le Réveil au petit jour*. El 11 de marzo, concluye la *Constelación*, *Vers l'arc-en-ciel*.[720]

Del 4 al 29 de marzo, tiene lugar la exposición individual "Joan Miró: Paintings, Gouaches, Drawings" en la Pierre Matisse Gallery de Nueva York. El 25 de febrero, Miró describe a Pierre Matisse el entusiasmo de Picasso al ver estas obras: "Picasso las ha visto y le han parecido muy fuertes, esperemos que en América también provoquen un impacto."[721]

704 Umland 1993, p. 335.
705 Dupin y Lelong-Mainaud 2000, p. 239.
706 Umland 1993, pp. 335, 358.
707 Dupin y Lelong-Mainaud 2000, pp. 240-241.
708 Umland 1993, pp. 335, 358.
709 Fernández 1994, pp. 20-21; y Juncosa 1994, p. 35.
710 Umland 1993, pp. 335, 358.
711 Raillard 1977, p. 30.
712 Umland 1993, p. 335.
713 Raillard 1977, p. 31; y Juncosa 1994, p. 35: Lluís Juncosa explica así el regreso de la familia Miró a España desde Francia: "Perdieron todo el equipaje. Por fin entraron en España, pero, por consejo de Joan Prats, hicieron escala en Quintanes de Voltregà, una finca propiedad de la hermana de Joan. Se encontraron con Joan Prats y nuestro padre. Acordaron que por motivos políticos no era aconsejable ir a Barcelona, y mi padre les ofreció nuestra casa de Palma". En estas circunstancias, Miró pronuncia la siguiente frase: "En Palma, simplemente seré el marido de Pilar."
714 Umland 1993, p. 335.
715 Dupin y Lelong-Mainaud 2000, pp. 241-244.
716 Picon 1980, p. 100.
717 Rowell 1987a, p. 30; y Rowell 1995, p. 183.
718 Miralles 1992, p. 253.
719 Dupin y Lelong-Mainaud 2000, p. 251.
720 Ibídem, pp. 245-248.
721 Carta de Joan Miró a Pierre Matisse, en Carnielli y Loudon 2001, p. 186.

722 Dupin y Lelong-Mainaud 2000, pp. 245-248.
723 Umland 1993, p. 335.
724 Dupin y Lelong-Mainaud 2000, pp. 249-251.
725 Juncosa 1994, p. 36. La dirección de carrer de les Minyones núm. 11, que Lluís Juncosa rememora, no coincide con la dirección que proporciona Umland 1993, es decir, carrer Sant Nicolau, 22, basándose en la correspondencia de Pilar Juncosa con Pierre Matisse.
726 Dupin y Lelong-Mainaud 2000, pp. 252-253; y Umland 1993, p. 336.
727 Rowell 1987a, pp. 175-195.
728 Dupin y Lelong-Mainaud 2000, pp. 252-255.
729 Umland 1993, p. 336.
730 Tone 1993, p. 443.
731 Rose 1982, p. 19.
732 Carta de Joan Miró a Josep Vicenç Foix, 5 enero 1942, desde el carrer Minyones, 11 (FJVF).
733 Umland 1993, p. 336.
734 Ibídem, p. 336.
735 Ibídem, pp. 336, 358.
736 Tone 1993, p. 443; Carta de Agnes Rindge a Alexander Calder, en Behrends 2004, p. 290: "La combinación de ambas [obras] funcionó maravillosamente."
737 Umland 1993, p. 336.
738 Ibídem, p. 336.
739 Tone 1993, p. 443.
740 Ibídem, p. 443.
741 Centre Georges Pompidou 1991, p. 352; y Umland 1993, p. 336.
742 Juncosa 1994, p. 36.
743 Miralles 1992, p. 61.
744 Pierre Matisse Gallery 1942.
745 Umland 1993, p. 336.
746 Tone 1993, p. 443.
747 Umland 1993, p. 336.
748 Tone 1993, p. 443.
749 Umland 1993, p. 336.
750 Ibídem, p. 336.
751 Carta de Joan Miró a Alexander Calder, 15 agosto 1943, en Hutton y Wick 2004, p. 265.
752 Tone 1993, p. 443; y Comoedia 6 noviembre 1943 (FPJM: H-903).
753 Umland 1993, p. 336.
754 Ibídem, p. 336.
755 Ibídem, p. 336.

El 26 de abril, acaba la *Constelación, Femmes encerclées par le vol d'un oiseau*.[722]

El 28 de abril, Pilar Juncosa escribe a Matisse y le explica que Miró se encuentra satisfecho y que está realizando obras de un estilo minucioso y elaborado. Miró valora mucho estas obras y, de momento, no quiere separarse de ellas.[723]

El 14 de mayo, Miró termina la *Constelación, Femmes au bord du lac à la surface irisée par le passage d'un signe*. El 26 de mayo, finaliza la *Constelación, L'Oiseau-migrateur*. El 12 de junio, acaba la *Constelación, Chiffres et constellations amoureux d'une femme*, la última obra de esta serie realizada en Palma.[724] Lluís Juncosa recuerda la etapa de Miró en Palma: "En la buhardilla de nuestra casa, en el carrer de les Minyones, núm. 11, Joan se improvisó un taller y continuó pintando *Les Constellations*, que acabaría finalmente, en el Mas Miró de Mont-roig."[725]

En julio, Miró se encuentra ya en Montroig por primera vez, desde 1936.[726] Ese mismo mes, Miró comienza un cuaderno de anotaciones en el que plasma ideas sobre escultura, aguafuerte, litografía, xilografía, linografía, cerámica, vidrieras, monotipos, pirograbado y pintura.[727]

El 23 de julio, Miró realiza su primera *Constelación*, en Montroig, *Le Bel oiseau déchiffrant l'inconnu au couple d'amoureux*. Miró continúa trabajando en esa serie a lo largo del verano. El 14 de agosto, acaba *Le Crépuscule rose caresse le sexe des femmes et des oiseaux*. El 12 de septiembre, realiza la última *Constelación, Le Passage de l'oiseau divin*.[728]

Con anterioridad al 15 de noviembre, Miró se encuentra de nuevo en Palma. Vive en el carrer de les Minyones, núm. 11.[729]

Entre el 18 de noviembre y el 11 de enero de 1942, tiene lugar la primera gran exposición retrospectiva de Miró, en The Museum of Modern Art de Nueva York, organizada por James Johnson Sweeney.[730] Esta exposición consagra a Miró como figura indiscutible del arte moderno y, sin duda, tiene su repercusión en los artistas americanos.[731]

1942 El 5 de enero, Miró reside en Palma de Mallorca, en carrer Minyones, núm. 11, desde donde envía un saludo a Foix.[732] Miró debió de residir en esta dirección hasta junio, exceptuando un viaje a Barcelona a finales de febrero.[733]

El 15 de febrero, desde Palma, Miró escribe a Ricart: "He creído necesario pasar algún tiempo en Palma [...] estoy pensando en pasar el verano en Montroig y estaría muy contento de verte, de hablar un poco, y de recordar los viejos tiempos del estudio de carrer Sant Pere Més Baix [...]

Paso todo mi tiempo aquí trabajando [...] Apenas veo a nadie, y de este modo puedo escapar sin verme sumergido en esa terrible tragedia del mundo entero."[734]

El 26 de febrero, Miró se encuentra en Barcelona donde visita a su madre que está muy enferma y, posteriormente, regresa a Palma.[735]

Del 7 al 28 de marzo, la gran retrospectiva de Miró organizada por el MoMA, se expone en el Vassar College de Nueva York. En esta ocasión, las obras de Miró dialogan con las de Calder.[736]

En julio, Miró se encuentra de paso en Barcelona, camino de Montroig. El 11 de julio, desde Barcelona, Miró escribe a Pierre Matisse: "Todos estamos muy bien y en unos días nos iremos a Montroig (Tarragona) de vacaciones. El próximo invierno, pensamos pasarlo ya en Barcelona, donde he montado un gran estudio."[737]

Posiblemente a mediados de julio, Miró se encuentra ya en Montroig.[738]

Entre el 27 de julio y el 2 de agosto, el Liceo de La Habana, Cuba, acoge una exposición individual de acuarelas y obra gráfica de Miró.[739]

Entre el 14 de octubre y el 7 de noviembre, Miró participa en la exposición "First Papers of Surrealism", organizada por André Breton y Marcel Duchamp. La muestra tiene lugar en la sede del Coordinating Council of French Relief Societies de Nueva York.[740]

El 20 de octubre, Peggy Guggenheim inaugura su galería Art of This Century, en Nueva York, con obra de su colección personal, entre las que se encuentran *Interior holandés II* y *Mujer sentada II*.[741]

Antes del 29 de octubre, Miró traslada su residencia a Barcelona, a Passatge de Crèdit, núm. 4. La familia Miró llega a ocupar tres pisos, el superior es el taller de Miró.[742]

Entre los meses de noviembre y diciembre, seguramente, Miró visita una exposición de cerámica de Josep Llorens Artigas, en la Librería Argos Editorial de Barcelona. Al parecer, con posterioridad a esta exposición, Miró que, desde 1938, tenía interés en hacer cerámica, le pide a Artigas que colabore de manera habitual con él.[743]

Desde el 8 al 31 de diciembre, la Pierre Matisse Gallery de Nueva York alberga una exposición individual de Miró en la que muestra pintura y dibujos.[744]

1943 Entre enero y junio, posiblemente Miró reside en Barcelona, en Passatge del Crèdit, 4. En el piso superior de esa misma dirección, tiene su estudio.[745]

Desde el 9 de marzo al 3 de abril, Miró participa en la exposición "War and the Artist" en la Pierre Matisse Gallery de Nueva York.[746]

El 10 de marzo, Miró escribe a Josep Lluís Sert: "Estamos bien, ahora vivimos en Barcelona. He cogido el apartamento superior del edificio para mí y lo he convertido en un magnífico estudio [...]."[747]

Entre el 24 de marzo y el 7 de abril, el The Arts Club of Chicago acoge una exposición individual de Miró.[748]

En junio, seguramente, Miró escribe a James Johnson Sweeney: "Además de la pintura, ahora estoy trabajando en una serie de litografías. Voy a empezar también a trabajar en cerámica con Artigas [...] También he estado pensando mucho en escultura [...] Voy a probar cómo me va este verano [...] Todos estos medios de expresión enriquecerán mucho el lenguaje de mi pintura [...]."[749]

El 1 de junio, desde Passatge del Crèdit, núm. 4, escribe a Matisse: "Durante las vacaciones tengo intención de hacer esculturas, en Montroig [...]."[750]

Miró pasa el verano con su familia en Montroig. El 15 de agosto, desde Montroig, Miró escribe a Calder: "[...] pensamos quedarnos aquí hasta principios de octubre para volver a Barcelona. [...] Yo trabajo mucho en cosas muy variadas."[751]

Del 19 de octubre al 15 de noviembre, la Galerie Jeanne Bucher de París alberga una exposición individual del artista.[752] Kandinsky visita esta muestra.[753]

1944 Desde enero a junio, Miró debió de residir y trabajar en Barcelona, Passatge de Crèdit, núm. 4. Durante ese tiempo, Miró continúa realizando cerámicas en colaboración con Llorens Artigas.[754]

En febrero, posiblemente, Miró escribe a Sweeney: "Ya estamos trabajando la cerámica. El fuego produce sorpresas estimulantes [...]. Me estoy alejando cada vez más de la producción pictórica convencional [...]."[755]

El 5 de marzo, desde Lisboa, Paulo Duarte escribe, en nombre de Miró, a Philip L. Goodwin, al Museum of Modern Art de Nueva York. Duarte les propone que expongan la serie *Constelaciones*, según los criterios de Miró: "1 –Estas obras deben exponerse juntas; bajo ningún concepto deben separarse unas de otras; 2 –Creo que deberían exponerse en estricto orden cronológico, lo que explicará mi evolución y mi estado anímico; 3 –Tienen que enmarcarse entre dos láminas de cristal, de manera que se vea el título; 4 –Tienen que enmarcarse de modo muy sencillo,

Joan Miró en su taller de Passatge del Crèdit de Barcelona, 1944.
© Joaquim Gomis, cortesía Odette Gomis.

colgadas en un fondo blanco liso y espaciadas ampliamente [...]." [756]

El 7 de marzo, probablemente, desde Barcelona, Miró escribe a Valentine Dudensing: "He confiado al Museum of Modern Art varias pinturas que considero muy importantes –del período de 1940-41. Creo que albergarán una exposición esta primavera." [757]

En mayo, el fotógrafo Joaquim Gomis capta imágenes de Miró y su entorno. Gomis realiza fotos del estudio de Miró en Passatge del Crèdit, de Miró y Artigas trabajando la cerámica, y de Miró con su amigo Joan Prats. [758]

Con anterioridad al 15 de mayo, Miró finaliza la *Serie Barcelona*, integrada por cincuenta litografías, una serie que había comenzado a gestar entre 1939-1940, durante su estancia en Varengeville. [759]

Entre el 2 de mayo y el 3 de junio, Miró expone pinturas y gouaches, en una exposición individual, en la Pierre Matisse Gallery de Nueva York. [760]

El 27 de mayo, muere Dolores Ferrà, la madre de Joan Miró. [761]

El 17 de junio, desde el Passatge del Crèdit, Miró escribe a Pierre Matisse: "Trabajo mucho como siempre: si he hecho cerámicas y litografías, de la misma manera que este verano voy a hacer escultura, no es para abandonar la pintura [...] al contrario, es para enriquecerla con nuevas posibilidades y para retomarla con nuevo entusiasmo." [762]

El 10 de julio, Duarte desde Lisboa escribe a Goodwin de nuevo para informarle de que ha conseguido enviar a los Estados Unidos veintidós pinturas (las *Constelaciones*), siete cerámicas, y 250 litografías a bordo de un barco con destino a Philadelphia, que tiene prevista su llegada entre el 23 y el 30 de julio. [763]

Durante el verano, probablemente, Miró reside en Montroig. [764] Entre el 7 de agosto y el 20 de septiembre, seguramente, Miró realiza dibujos preparatorios de cuatro esculturas de cerámica: *Tête*, *Personnage*, *Tête* y *Personnage avec un oiseau*. [765]

En otoño, probablemente, Miró reside en Barcelona. Vive y trabaja en Passatge del Crèdit, 4. [766]

Entre el 6 de octubre y el 5 de noviembre, Miró participa junto al grupo surrealista en el Salon d'Automne, en el Palais de Tokio de París. [767]

El 28 de noviembre, Pierre Matisse ya ha decidido hacerse cargo de todas las obras de Miró

enviadas a The Museum of Modern Art –*Constelaciones*, cerámicas y litografías. [768]

El 15 de diciembre, desde Barcelona, Miró escribe a Calder: "[...] hace medio año falleció mi madre, no se si te habrás enterado. Tú ya la conocías, era una mujer muy simpática que encontramos a faltar mucho [...] Aquí hablamos muy a menudo de vosotros. Esperemos que este próximo 1945 nos permitirá vernos de nuevo [...] En Nueva York han recibido una serie de pinturas mías, y el museo va a organizar una exposición mía. ¿Has visto estas pinturas? Sigo trabajando mucho, y supongo que tu también debes hacerlo." [769]

1945   Entre enero y principios de julio, Miró seguramente reside en Barcelona, vive y trabaja en el Passatge del Crèdit, 4. Durante ese período, Miró realiza una serie de pinturas de gran formato sobre fondos blancos, azulados o negros, poblados de figuras de trazos finos y regulares, a modo de arabescos, utilizando colores puros, en atributos femeninos, ojos y extremidades. [770]

Desde el 9 de enero al 3 de febrero, Miró expone en la Pierre Matisse Gallery de Nueva York. La muestra incluye las *Constelaciones*, así como cerámica y litografía. [771] La crítica de *The New York Times* acerca de esta serie de gouaches resulta particularmente reveladora: "Estos gouaches, aunque quizá no sean totalmente indicativos de los objetivos de Miró en 1945, revelan un giro constante hacia un diseño diseminado constituido por figuras diminutas, substituyendo las figuras grandes y asertivas de antaño con su revestimiento de espacio ampliamente abierto. Las figuras diminutas están hilvanadas en líneas entretejidas y, en su conjunto, asemejan constelaciones." [772] Esta exposición de Miró en la Pierre Matisse Gallery, constituye el primer testimonio del arte contemporáneo europeo, en Nueva York, tras el aislamiento provocado por la II Guerra Mundial. [773]

El 17 de enero, Matisse escribe a Miró: "Para nosotros ha sido una gran alegría ver sus obras otra vez después de estos largos años de silencio. La opinión ha sido unánime y el público ha encontrado su trabajo muy emocionante. Ha logrado un grado de intensidad poética sin precedentes, y una maestría deslumbrante tanto en el color como en la línea." [774]

Del 5 al 25 de febrero, la Pierre Matisse Gallery de Nueva York presenta una exposición individual de litografías de Miró. [775]

El 26 de marzo, Miró escribe a Duarte, desde Passatge del Crèdit para agradecerle su cooperación en la organización de la exposición de Miró realizada a principios de año en la Pierre Matisse Gallery: "Estoy trabajando mucho en telas grandes. Este verano hice esculturas, y además he hecho cerámicas con Artigas." [776]

756   Ibídem, p. 336.
757   Ibídem, p. 336.
758   Ibídem, p. 336.
759   Carta de Joan Miró a Paulo Duarte, 15 mayo 1944; y Dupin 1993, p. 410.
760   Pierre Matisse Gallery 1944.
761   Rowell 1987a, p. 31; Umland 1993, p. 336; y carta de Escudero a Joan Miró, 20 julio 1944 (CS).
762   Umland 1993, p. 336.
763   Ibidem, p. 336.
764   Ibidem, p. 336.
765   Fundació Joan Miró 1988, pp. 372-373.
766   Umland 1993, p. 337.
767   Tone 1993, p. 444; *Ce Soir* 8 y 9 octubre 1944 (FPJM: H-911); Elgar 14 octubre 1944 (FPJM: H-919); *Combat* 13 octubre 1944 (FPJM: H-920); y Jakosvky 27 octubre 1944 (FPJM: H-921).
768   Umland 1993, p. 337.
769   Carta de Joan Miró a Alexander Calder, 15 diciembre 1944, en Hutton y Wick 2004, pp. 265-266.
770   Umland 1993, p. 337; Dupin y Lelong-Mainaud 2001b, pp. 45-85; y Dupin 1993, p. 268.
771   Pierre Matisse Gallery 1945.
772   *The New York Times* 14 enero 1945 (FPJM: H-925).
773   Rose 1982, p. 5.
774   Umland 1993, p. 337.
775   Tone 1993, p. 444.
776   Umland 1993, p. 337.

777 Tone 1993, p. 444.
778 Carta de Joan Miró a Monsieur Rebeyrol,
     19 junio 1945, en Rowell 1993, pp. 92-93.
779 Carta de Joan Miró a Christian Zervos,
     13 mayo 1945, en Rowell 1993, pp. 90-91.
780 Umland 1993, p. 337.
781 Carta de Joan Miró a Monsieur Rebeyrol,
     19 junio 1945, en Rowell 1993, pp. 92-93.
782 Umland 1993, p. 337.
783 Carta de Joan Miró a Pierre Loeb,
     30 agosto 1945, en Rowell 1993, p. 85.
784 Postal de Joan Miró a Alexander Calder,
     12 septiembre 1945, en Hutton y Wick 2004, p. 266.
785 Umland 1993, p. 337.
786 Fundació Joan Miró 1988, pp. 375-376;
     y Gimferrer 1993, p. 285.
787 Carta de Joan Miró a Alexander Calder,
     21 diciembre 1945, en Hutton y Wick 2004, p. 266.
788 Umland 1993, p. 337.
789 Carta de Joan Miró a Pierre Loeb, 27 enero 1946,
     en Rowell 1993, pp. 86-87.
790 Carta de Joan Miró a Alexander Calder,
     12 febrero 1946, en Hutton y Wick 2004, p. 267.
791 Institute of Modern Art 1946.
792 Carta de Joan Miró a Alexander Calder,
     18 marzo 1946, en Hutton y Wick 2004, pp. 267-268.
793 Fundació Joan Miró 1988, pp. 375, 376;
     y Gimferrer 1993, p. 285.
794 Carta de Tristan Tzara a Joan Miró,
     24 [23] junio 1946, en Jeffett 1993, p. 89.
795 Umland 1993, p. 337.
796 Carta de Joan Miró a Tristan Tzara,
     20 julio 1946, en Jeffett 1993, p. 90.
797 Umland 1993, p. 337.

Del 27 de marzo al 28 de abril, tiene lugar en la Galerie Vendôme de París una exposición individual de Miró.[777] En una carta a Monsieur Rebeyrol, Miró manifiesta: "[...] He leído los recortes de prensa sobre mi exposición en la Galerie Vendôme y estoy emocionado sobre la manera – inesperada para mí- con la que me han acogido en París después de este trágico paréntesis."[778]

El 7 de mayo, Alemania se rinde ante las fuerzas aliadas. El 13 de mayo, desde Barcelona, Miró escribe a Zervos acerca de los preparativos de una exposición, en París, de obras producidas durante la guerra: "[...] he trabajado mucho durante ese período de tiempo, uno tenía que entrar en acción de un modo u otro, o volarse la tapa de los sesos; no había otra opción: he trabajado en aspectos totalmente nuevos de mi obra –50 grandes litografías, cerámica, esculturas. Tengo alrededor de 400 cosas – dibujos, acuarelas – pasteles – pinturas de todos los formatos [...] Como ve tengo bastante material para hacer una exposición importante [...] Esta exposición debería considerarse no como un simple acontecimiento artístico, sino como un acto de sentido humano, por el hecho de ser una obra realizada durante este período terrible en el cual se quería negar cualquier valor del espíritu y aniquilar todo lo que el hombre tiene de más preciado y digno en la vida [...]."[779]

El 18 de junio, desde Passatge del Crèdit, Miró escribe a Pierre Matisse: "Estoy totalmente decidido a arriesgarlo todo. O encuentro un medio de vivir como los hombres de mi edad (cincuenta y dos años) de la generación anterior –Picasso, Matisse, Braque- o encuentro un medio de pagar mis deudas [...] [y voy] a vivir a Montroig, donde continuaré trabajando con la misma pasión y entusiasmo que siempre –lo que constituye una necesidad para mí y es mi razón de vivir [...]."[780]

El 19 de junio, en una carta a Monsieur Rebeyrol, Miró manifiesta su deseo de volver a París: "He pensado mucho en la exposición sobre mis obras realizadas durante la guerra que debe tener lugar a la vuelta. Estimo que debemos hacer abstracción de la fecha que más me convenga personalmente y que haga acto de presencia en París lo antes posible [...] Es de gran importancia que toda mi obra realizada durante la guerra esté representada en esta exposición, sin que haya ninguna laguna [...]."[781]

A partir del 7 de julio, seguramente, Miró se encuentra ya en Montroig, donde reside hasta finales de septiembre.[782]

El 30 de agosto, Miró escribe a Pierre Loeb: "Puede contar conmigo plenamente. Estaría contento si mi apoyo puede ayudarle con el lanza-

miento de su antigua galería; además estoy convencido de que lo logrará muy rápidamente. [...] Para ambos éste debe ser un tema de confianza mutua. [...] Durante estos años trágicos, no he cesado ni un solo día de trabajar, gracias a lo cual he podido conservar el equilibrio, gracias al trabajo he permanecido en pie, de lo contrario, me hubiera hundido y eso habría sido una catástrofe. Le voy a hablar en los mismos términos empleados con Pierre Matisse. Tengo 52 años pasados y es preciso que enfoque las cosas muy seriamente, de una manera clara y precisa con plena consciencia de las responsabilidades que tengo en la vida, de las cuales no puedo librarme." Miró expone que tiene dos únicos caminos posibles ante él: conseguir una situación material como la que los artistas de la generación anterior tenían a su edad, o bien resolver sus deudas y retirarse al campo para trabajar en completo aislamiento y silencio. Todo ello con la firmeza de huir de una vida mediocre.[783]

El 12 de septiembre, la familia Miró se encuentra en Montroig, en compañía del matrimonio Sert, de Joaquim Gomis y de Joan Prats.[784]

El 3 de octubre, Miró está de regreso en Barcelona, donde permanece hasta julio del año 1946.[785]

En diciembre, realiza maquetas de terracota para las primeras versiones de *Oiseau* en bronce [*Oiseau solaire* y *Oiseau lunaire*].[786]

El 21 de diciembre, Miró escribe a Calder desde Barcelona: "Me has dicho que hacías esculturas en bronce, que tendría mucho interés en conocer. ¿Podrías mandarme fotos? Yo también hago esculturas a veces, es una cosa muy apasionante. Sigo trabajando siempre mucho y espero que pronto podréis ver cosas mías recientes en América. Seguramente iré pronto a París. ¿No piensas tú ir?"[787]

1946 Desde enero hasta finales de julio, posiblemente, Miró reside en Barcelona, en Passatge del Crèdit, 4.[788]

El 27 de enero, Miró escribe a Pierre Loeb sobre una futura exposición en París: "[...] Será preciso que la exposición en la pensamos esté muy bien presentada, lo cual exige mucho tiempo. [...] He trabajado muchísimo durante estos años: el único medio de escapar de tanta miseria. Es por ello que insisto al decirle que esta exposición debe tener una gran resonancia. Insisto sobre mi idea de calidad, en estos momentos no está permitido hacer nada mediocre, hay que lanzarse a fondo y jugar fuerte. [...] En resumen, hay que dar un gran golpe o limitarse, por el momento, a hacer una pequeña exposición que marque simplemente mi presencia. En cualquier caso, jamás medias tintas ni cosas mediocres. [...] Definitivamente quiero que esta exposición sea organizada por usted,

por Pierre Matisse y por Zervos y que ustedes se ocupen del aspecto comercial."[789]

El 12 de febrero, Miró escribe a Calder, desde Barcelona: "Nos gustaría [...] que cuando tengas ocasión nos mandes una fotografía de todos vosotros, siempre os estamos recordando. Yo pienso ir pronto a París [...] ¿Tú no piensas ir? Será estupendo el día que podamos reunirnos otra vez. El año próximo me gustaría mucho venir a pasar una temporada en Nueva York [...] ¿Cómo va el trabajo? Yo sigo siempre trabajando mucho."[790]

Desde el 24 de enero al 3 de marzo, Miró participa en la exposición "Four Spaniards: Dalí, Gris, Miró, Picasso" en The Institute of Modern Art de Boston.[791]

El 18 de marzo, Miró escribe a Calder desde Barcelona: "Las reproducciones de tus esculturas me han interesado mucho, las he observado varias veces, y ha sido algo muy inesperado para mí, marchas sobre un camino lleno de grandes posibilidades. ¡Bravo! La escultura me interesa mucho en este momento, desde hace dos años, durante las vacaciones de verano, no hago otra cosa, y está muy bien para un pintor, salir de vez en cuando de la vieja escuela y del chasis. Tenía la intención de ir a París esta primavera, pero aquí estamos de nuevo atrapados [...] También tengo muchas ganas de ir a verte a Nueva York. ¿Tendrás en tu taller un rincón donde pueda pintar alguna cosa para ti?"[792]

Durante los meses de abril a noviembre, Miró realiza sus primeras esculturas en bronce, *Oiseau* [*Oiseau solaire* y *Oiseau lunaire*].[793]

El 23 o 24 de junio, Tristan Tzara escribe a Miró para solicitar su colaboración en una edición de bibliófilo de *Antitête*: "Se trata de hacer reeditar en una edición de lujo de esta obra -300 ejemplares- de formato 11 cm. x 14 cm. y yo estaría muy contento de tener para esta edición 6 o 8 aguafuertes suyos (de formato interior 11 x 14)."[794]

En julio, Alexina Matisse, la esposa de Pierre Matisse, se reúne con Miró en Barcelona para hablar de un nuevo contrato.[795]

El 20 de julio, desde Barcelona, Miró escribe a Tzara: "[...] haré estos grabados con toda la pasión y amor [...]. Debo partir en unos días al campo y me llevaré su libro para leerlo y releerlo, penetrar bien en su espíritu y comenzar el trabajo a mi regreso."[796]

Desde finales de julio hasta principios de octubre, seguramente, Miró reside en Montroig.[797]

El 16 de agosto, Pierre Matisse escribe a Miró, ofreciéndole adquirir todas las obras de Miró del

Joan Miró en la playa de Montroig, Tarragona, 1946.
© Joaquim Gomis. Cortesía Odette Gomis.

período comprendido entre 1942 y 1946. Además, le brinda la posibilidad de hacer un contrato por la producción artística de 1947-1949.[798]

El 3 de septiembre, Miró escribe a Pierre Matisse sobre la conveniencia de organizar una exposición en Nueva York: "En el mundo futuro, América, plena de dinamismo y de vitalidad, debe jugar un papel de primerísimo plano. Es preciso pues que, en el momento de mi exposición, yo esté en Nueva York para tomar contacto directo y personal con vuestro país [...]."[799]

A principios de octubre, Miró regresa a Barcelona donde permanece hasta febrero de 1947.[800]

El 3 de octubre, Pierre Matisse le propone a Miró crear una decoración con destino a un restaurante de un hotel de Cincinnati. Matisse le sugiere a Miró que lo realice durante su estancia en Estados Unidos.[801]

El 10 de octubre, Miró escribe a Tzara acerca de la edición de bibliófilo de *Antitête*: "Me lanzaré de todo corazón a grabar los cobres. Veo algo muy directo, puntas secas y buriles simultáneamente, no la cocina del aguafuerte."[802]

El 13 de octubre, Miró se muestra entusiasmado ante la oportunidad de realizar el encargo de la pintura mural para Cincinnati.[803]

A partir del 8 de noviembre y hasta el 6 de diciembre, Miró participa en el "Premier Salon d'Art Catalan" en la Galerie Lucien Reyman de París. Esta muestra colectiva fue organizada por L'Amicale des Catalans de París.[804]

El 28 de diciembre, Miró autoriza a Pierre Matisse a firmar el contrato para la decoración de Cincinnati, en su nombre. Además, le comunica que partirán desde Lisboa hacia Nueva York el 8 de febrero de 1947.[805]

1947 Hasta el 5 de febrero, seguramente, Miró reside en Barcelona, en el Passatge del Crèdit, 4.[806]

El 26 de enero, Miró escribe a Matisse en relación con la pintura mural de Cincinnati: "Se realizará rápidamente [...], espontáneamente, pero lo que me lleva tiempo es el trabajo silencioso de reflexión [...]. Hay que tener en cuenta que no se trata en absoluto de hacer un gran cuadro y a pesar de que no será posible hacer una verdadera pintura mural abordando directamente la pared, al fresco, es preciso, al menos, tener la inspiración para hacerla y conservar tanto como sea posible el espíritu de la gran tradición mural."[807]

El 5 de febrero, Miró vuela desde Barcelona a Lisboa.[808] El 8 de febrero, Miró vuela desde Lisboa a Nueva York. Miró, Pilar y Dolores llegan al aeropuerto de La Guardia de Nueva York donde Calder les recoge para trasladarles a un

Thomas Bouchard filmando a Joan Miró mientras realizaba la pintura mural de Cincinnati, en el estudio de Carl Holty de Nueva York, febrero de 1947. Cortesía Successió Miró.

apartamento en 950 First Avenue. En su primer viaje a Estados Unidos, Miró debía realizar la pintura mural para el Terrace Plaza Hotel de Cincinnati.[809]

Desde el 8 de febrero hasta el 15 de octubre, Miró reside en Estados Unidos, fundamentalmente en Nueva York, si bien realiza viajes a Cincinnati y a Connecticut.[810]

Durante su estancia en Nueva York, Miró trabaja en el taller de Stanley William Hayter, Atelier 17, en diversos proyectos. Allí coincide con Jackson Pollock y Louise Bourgeois.[811] Además Nueva York le brinda la oportunidad de reunirse con numerosas personas, entre otras, Pierre Matisse, Josep Lluís Sert, Alexander Calder, James Johnson Sweeney, Kay e Yves Tanguy, Stanley William Hayter, Thomas Bouchard, Peggy Guggenheim, Louise Bourgeois y Clement Greenberg.[812]

El 2 de marzo, Peggy Guggenheim invita a Miró a una velada en Nueva York.[813]

Alrededor del 7 de marzo, la familia Miró realiza la primera de una serie de visitas a la casa y estudio de Calder en Roxbury. Durante una de estas visitas, Calder les ofrece una representación de *Le Cirque*.[814]

El 8 de marzo, el editor suizo Gérald Cramer escribe a Miró a Nueva York para proponerle la ilustración del libro de Paul Eluard, *A toute épreuve*. El 19 de marzo, Miró le responde: "[...] he recibido su carta del 8 de marzo, con el texto de Eluard, y debo decirle con qué entusiasmo lo voy a ilustrar. Únicamente, no creo que me sea posible comenzar este trabajo antes de finales de este verano, puesto que trabajo en estos momentos en una gran pintura mural."[815]

Con anterioridad al 11 de abril, Pierre Matisse y Miró ya habían viajado a Cincinnati.[816]

El 15 de abril, se redacta el contrato que regula las condiciones de creación de la pintura mural de Cincinnati. Mediante este contrato, Miró se compromete a pintar un óleo de 30 pies de anchura por 7 1/2 pies de altura, para cuya aprobación, Miró debía entregar un boceto preparatorio antes del 22 de mayo.[817]

En torno al 9 de mayo, Miró escribe a Tzara, en relación con la ilustración de *Antitête*: "Mi querido amigo; ¡Las 8 planchas están acabadas!"[818]

El 15 de mayo, Miró le escribe de nuevo explicándole las directrices para la estampación de esas planchas.[819]

Desde el 13 de mayo hasta el 7 de junio, Miró expone pinturas y obras sobre papel, en la Pierre Matisse Gallery de Nueva York.[820]

798 Ibídem, p. 337.
799 Carta de Joan Miró a Pierre Matisse, 3 septiembre 1946 (PML: PMGA).
800 Umland 1993, p. 337.
801 Carta de Pierre Matisse a Joan Miró, 3 octubre 1946 (PML: PMGA).
802 Carta de Joan Miró a Tristan Tzara, 10 octubre 1946, en Jeffet 1993, p. 90.
803 Carta de Joan Miró a Pierre Matisse, 13 octubre 1946 (PML: PMGA).
804 Galerie Lucien Reyman 1946.
805 Telegrama de Joan Miró a Pierre Matisse, 28 diciembre 1946 (PML: PMGA).
806 Umland 1993, p. 337.
807 Carta de Joan Miró a Pierre Matisse, 26 enero 1947 (PML: PMGA).
808 Carta de Joan Miró a Pierre Matisse, 26 enero 1947 (PML: PMGA).
809 Carta de Joan Miró a Pierre Matisse, 15 enero 1947; carta de Josep Lluís Sert a Pierre Matisse, 21 enero 1947; carta de Miró a Pierre Matisse, 26 enero 1947; y carta de Joan Miró a Alexander Calder, 21 de diciembre 1946: "Tengo la gran alegría de decirte que el ocho de febrero, cogeremos el avión a Lisboa, para ir a Nueva York. Esperamos este viaje con gran impaciencia."; y Behrends 2004, p. 292.
810 Carta de Joan Miró a Pierre Matisse, 26 enero 1947 (PML: PMGA); carta de Joan Miró a Josep Lluís Sert, 14 octubre 1947; y Umland 1993, p. 337.
811 Dupin 1984, p. 14; y Bourgeois 1994, en Bernadac y Obrist 2000, pp. 271-274.
812 Umland 1993, p. 337.
813 Carta de Peggy Guggenheim a Joan Miró, 2 marzo 1947 (CS).
814 Behrends 2004, p. 293.
815 Carta de Joan Miró a Gérald Cramer, 19 marzo 1947, en Giroud 2002, pp. 10-11.
816 Carta de Pierre Matisse a Mr. E. Ireland (vicepresidente de Thomas Emery's Sons, Inc.), 11 abril 1947 (PML:PMGA).
817 Contrato firmado por Joan Miró, E. F. Ireland (vicepresidente de Thomas Emery's Sons Inc.) y Pierre Matisse como representante de Miró, 15 abril 1947 (PML: PMGA). El boceto para el mural de Cincinnati forma parte de la colección de la Fundació Pilar i Joan Miró (FPJM-570).
818 Carta de Joan Miró a Tristan Tzara, [9 de mayo 1947], en Jeffet 1993, p. 90.
819 Carta de Joan Miró a Tristan Tzara, 15 de mayo 1947, en Jeffet 1993, pp. 90-91.
820 Pierre Matisse Gallery 1947.

821 Contrato entre Thomas Emery's Sons, Inc. y Pierre Matisse, en representación de Joan Miró, 15 abril 1947 (PML: PMGA).

822 Carta de Joan Miró a Tristan Tzara, 10 junio 1947, en Jeffet 1993, pp. 91-92.

823 Tone 1993, p. 445.

824 Leiris, Michel y Fernand Mourlot 1972, pp. 103-105.

825 Carta de Joan Miró a Tristan Tzara, 17 julio 1947, en Jeffett 1993, p. 92.

826 Carta de Joan Miró a Tristan Tzara, 20 julio 1947, en Jeffett 1993, p. 92.

827 Carta de Tristan Tzara a Joan Miró, 30 julio 1947, en Jeffett 1993, pp. 92-93.

828 Umland 1993, p. 338.

829 Carta de Dorothea Ernst a Joan Miró, 26 agosto 1947 (CS).

830 Carta de Marc Chagall a Joan Miró, 1947 (CS).

831 Umland 1993, p. 338.

832 Holty 1959, p. 77.

833 Umland 1993, p. 338.

834 Contrato entre Thomas Emery's Sons, Inc. y Pierre Matisse, en representación de Joan Miró, 15 abril 1947 (PML: PMGA).

835 Nota de Joan Miró y de Pilar Juncosa a Josep Lluís Sert, 14 octubre 1947 (FLL).

836 Nota de Joan Miró y de Pilar Juncosa a Josep Lluís Sert, 14 octubre 1947 (FLL).

837 Carta de Joan Miró a Gérald Cramer, 30 octubre 1947, en Giroud 2002, pp. 14-15.

838 Carta de Joan Miró a Josep Lluís Sert, 19 noviembre 1947 (FLL).

839 Enmienda al contrato para la pintura mural de Cincinnati firmado por Joan Miró, E. F. Ireland (vicepresidente de Thomas Emery's Sons Inc.) y Pierre Matisse como representante de Miró el 15 abril 1947, 22 noviembre 1947 (PML: PMGA).

840 Comunicado de prensa del Museum of Modern Art de Nueva York, 3 marzo 1948 (James Thrall Soby Papers, I.27.7. The Museum of Modern Art Archives, New York).

841 Carta de Joan Miró a Pierre Matisse, 1 diciembre 1947 (PML: PMGA).

842 Umland 1993, p. 338.

843 Carta de Joan Miró a Gérald Cramer, 20 diciembre 1947, en Giroud 2002, pp. 18-19.

844 Postal de Joan Miró a Alexander Calder, 25 diciembre 1947, en Hutton y Wick 2004, p. 269.

845 Lee 1947-1948, en Rowell 1987a, pp. 202-205; y Lee 1947-1948, en Rowell 1995, pp. 223-227.

846 Umland 1993, p. 339.

847 Ehrenström 1988, p. 57; y Giroud 2002, p. 19.

848 Sweeney 1948, en Rowell 1987a, pp. 206-211; y Rowell 1995, pp. 228-234.

849 Umland 1993, p. 339; y carta de Joan Miró a Alexander Calder, 25 febrero 1948, en Hutton y Wick 2004, p. 269.

850 Umland 1993, p. 339.

851 Carta de Joan Miró a Josep Lluís Sert, 2 marzo 1948 (FLL).

852 Comunicado de prensa del Museum of Modern Art de Nueva York, 3 marzo 1948 (JTS, I.27.7. MoMA Archives, NY).

853 Umland 1993, p. 339.

854 Carta de Joan Miró a Gérald Cramer, 15 marzo 1948, en Giroud 2002, pp. 20-21.

855 Pierre Matisse Gallery 1948.

El 22 de mayo, finaliza el plazo de presentación de un boceto preparatorio de la pintura mural de Cincinnati.[821]

El 10 de junio, Miró escribe a Tzara y le propone hacer una edición de *Antitête* que incorpore notas musicales: "[...] edición (2) sobre el papel en blanco en relieve uno de nuestros amigos músicos podría inscribir algunas notas musicales —como un grito penetrante o un canto de pájaro. Plásticamente, las notas musicales son de una gran belleza. Considerando todas estas cosas en su conjunto, se podría superar la idea mezquina del arte en sus especialidades tan limitadas —pintura, música, escultura- para llegar a la expresión del *espíritu puro* y a una completa fusión entre el poeta y el ilustrador." [822]

A partir del 7 de julio, Miró participa en la muestra "Le Surréalisme en 1947: Exposition Internationale du surréalisme" en la Galerie Maeght de París.[823] Con motivo de esta exposición, la Galerie Maeght edita la obra *Le Surréalisme en 1947*, para la que Miró ejecuta su primera litografía en color. [824]

El 17 de julio, Miró escribe a Tzara en relación con la edición de *Antitête*: "Con Hayter, he trabajado mucho para hacer algo verdaderamente magnífico." [825] El 20 de julio, una nueva carta de Miró a Tzara le facilita directrices para la edición de *Antitête*.[826] A finales de julio, el libro de Tzara ya se encuentra en proceso de edición. Su publicación está prevista para febrero o marzo.[827]

En torno al mes de agosto, Miró debe trasladarse al apartamento de Josep Lluís Sert, donde reside hasta el final de su estancia en Nueva York.[828]

El 26 de agosto, Dorothea Ernst escribe una carta a Miró (en Nueva York) en la que le invita a conocer Arizona antes de volver a Europa.[829]

Durante su estancia en Nueva York, Miró recibe una carta de Marc Chagall: "[...] Estoy muy contento de saber que está aquí y de que voy a verle de nuevo después de tantos años terribles." [830]

En septiembre, Arnold Newman toma fotografías de Miró junto a la pintura mural de Cincinnati, en el estudio de Carl Holty.[831] Este artista describe así el boceto que sirvió de punto de partida para esta pintura: "Miró tenía un pequeño boceto a la acuarela (a escala), pero en realidad no era un boceto, un proyecto de cuatro grupos de formas separadas, un diseño general que no obligaba al artista a nada en concreto." [832]

Durante la realización de la pintura mural de Cincinnati, Thomas Bouchard filma imágenes de Miró pintándolo.[833]

El 1 de septiembre, termina el plazo fijado para la creación de la pintura mural de Cincinnati.[834]

El 14 de octubre de 1947, Miró le deja una nota a Josep Lluís Sert en su casa de Nueva York: "La pintura mural ya está acabada y aquí ha dado un golpe. La expondrán en el museo a finales de enero. [...] Esta obra no ha sido sino un ensayo, ahora es preciso trabajar a fondo, en estrecha colaboración con vosotros. Ahora solamente me habré limitado a mostrar las posibilidades infinitas que hay en la pintura mural; hecha en el taller, sin el contacto de la materia y de la arquitectura, y de lo que la rodea, no se puede ir más lejos que hacer una pintura de grandes dimensiones [...]."[835]

El 15 de octubre, Miró y su familia parten en barco desde Nueva York.[836] Ya en Barcelona, Miró comienza a preparar su viaje a París, tal vez vía Ginebra, para hablar con Cramer del proyecto de ilustrar el texto de Paul Eluard.[837]

El 19 de noviembre, Miró escribe a Sert desde Barcelona y le comenta, con resignación, que ha retomado la pintura de caballete; no obstante, en su opinión, el objetivo del artista debería ser la realización de proyectos de gran envergadura humana y colectiva, casi anónima.[838]

El 22 de noviembre, se introduce una enmienda en el contrato inicial de la pintura mural de Cincinnati. Esta enmienda estipula que el mural será entregado a The Museum of Modern Art de Nueva York,[839] para ser expuesto entre el 3 de marzo y el 4 de abril de 1948.[840]

El 1 de diciembre, Miró escribe a Matisse y le explica que Estados Unidos le ha proporcionado una nueva fuerza y un nuevo impulso.[841]

El 12 de diciembre, Pierre Loeb le informa a Miró de que él y Pierre Matisse han decidido anular el acuerdo alcanzado en 1946.[842]

El 20 de diciembre, Miró escribe a Cramer: "Inútil deciros cuán encantado estaría de veros en Barcelona. Yo me voy hoy a Mallorca para pasar las fiestas, y regreso el 5 o el 6, espero que podréis arreglároslas para venir en esa fecha [...]." [843]

El 25 de diciembre, la familia Miró se encuentra en Palma de Mallorca.[844]

En el invierno de 1947-1948, *Possibilities* publica una entrevista de Miró realizada por Francis Lee. Miró explica sus preferencias musicales y artísticas: "Mis escuelas de pintura preferidas se remontan tan lejos como sea posible: la pintura de las grutas prehistóricas —los primitivos. Para mí, el Renacimiento no tiene el mismo interés. Pero tengo un gran respeto por el Renacimiento. En la obra de

Leonardo da Vinci, pienso en el 'espíritu' de la pintura. En la obra de Paolo Uccello, son la plástica y la estructura las que me interesan. [...] creo que me gustan Odilon Redon, Paul Klee y Kandinsky por su 'espíritu'. Desde el punto de vista pictórico –del punto de vista plástico– me gustan Picasso o Matisse. Pero los dos puntos de vista son importantes." [845]

1948   Desde enero a principios de febrero, Miró reside y trabaja en Barcelona, en Passatge del Crèdit, 4.[846]

Probablemente entre el 6 y el 15 de enero, Miró recibe la visita de Gérald Cramer en su estudio de Passatge del Crèdit de Barcelona y hablan de la ilustración del libro de Paul Eluard, *A toute épreuve*.[847]

En febrero, *Partisan Review* publica una entrevista de Miró realizada por James Johnson Sweeney. Miró hace un breve recorrido por su vida y explica su proceso creativo: "En las pinturas que he hecho desde mi regreso de Palma a Barcelona, hay siempre estas tres etapas: primero, la sugestión, normalmente a partir del material; segundo, la organización de estas formas; y tercero, el enriquecimiento de la composición. Las formas toman realidad para mí en el curso del trabajo. [...] La forma se convierte en el signo de una mujer o de un pájaro a medida que trabajo. Incluso algunos trazos de pincel al azar, al limpiarlos, pueden sugerir el inicio de un cuadro. Sin embargo, la segunda etapa es cuidadosamente calculada." [848]

El 18 de febrero, Miró se encuentra por primera vez en París tras ocho años. Miró reside en la capital francesa hasta principios de marzo, y se hospeda en el Hôtel Pont-Royal.[849]

El 21 de febrero, Miró escribe desde París a Matisse: "Recibirá una carta de Mr. Megh [Maeght]. Quiere organizar una gran exposición de mi obra el próximo junio [...] y yo estoy totalmente de acuerdo." [850]

El 2 de marzo, desde París, escribe a Josep Lluís Sert: "Yo estaré aquí todavía dos o tres días, después me iré a Antibes a ver a Picasso y a Matisse y seguidamente a Montroig [...]." [851]

Desde el 3 de marzo al 4 de abril de 1948, The Museum of Modern Art de Nueva York expone la pintura mural realizada por Miró para el Gourmet Restaurant del Terrace Plaza Hotel de Cincinnati.[852]

Después del 8 de marzo, Miró regresa a España, probablemente a Montroig.[853] El 15 de marzo, Miró se encuentra en Barcelona.[854]

Desde el 16 de marzo al 10 de abril, la Pierre Matisse Gallery de Nueva York acoge la exposición individual "Joan Miró".[855]

Joan Miró en casa de Louise Bourgeois, Nueva York, 1947. Cortesía Successió Miró.

Miró y Picasso en Vallauris, 1948. Cortesía Successió Miró.

El 5 de abril, Miró escribe a Cramer sobre los preparativos para ilustrar el texto de Paul Eluard: "Estoy totalmente absorbido por este maldito libro, espero hacer algo sensacional, lo más importante que se haya hecho en grabado sobre madera, desde Gauguin. [...] Nosotros llegaremos a Palma el domingo 11, hablaremos largo y tendido de todo esto, yo registraré el almacén de Ángel para encontrar maderas bonitas, habrá que ponerse en contacto con Guasp. Mallorca es realmente un país muy hermoso, en ciertos lugares, todavía se encuentra la frescura de los primeros días de la creación, lo que no se encuentra en los entornos parisinos que hemos visitado." [856]

El 16 de abril, Miró se encuentra todavía en Palma: "He acabado mis registros en casa de Ángel, donde he encontrado maravillas. Con todos estos hallazgos, mis posibilidades de hacer un buen libro [*A toute épreuve*] aumentan todavía. [...] Salgo el lunes hacia Barcelona y ya podré poner orden en todo esto, el libro tomará cuerpo y forma poco a poco, de manera totalmente natural, como una planta que crece." [857]

El 15 de mayo, desde Barcelona escribe a Sert: "Yo estoy trabajando muy duro y preparando mi viaje a París —los tres- tan pronto tenga mi visado preparado. [...] Ahora estoy haciendo una pintura de 4 x 2 sobre uralita, adquiere una gran cualidad de pintura mural. ¿Cuándo será posible hacer grandes frescos, mosaicos y cerámicas en colaboración con los arquitectos de hoy? Estaría contento de dejar de lado estas puñeterías de la pintura de caballete." [858]

El 17 de mayo, William E. Katzenbach, en nombre de la compañía Katzenbach and Warren, envía a Pierre Matisse una carta en la que le autoriza a solicitar a Joan Miró, Henri Matisse y Alexander Calder su participación en el proyecto "Mural-Scroll". Un proyecto que ya contaba con la colaboración de Roberto Matta. [859]

El 19 de junio, Miró escribe a Gérald Cramer: "Llegaremos a París —los tres- el próximo jueves al Hôtel Pont-Royal. Nuevas ideas vienen siempre a mi cabeza para el libro. [860] Hace unos días en Montroig, paseando por un bosque, se me ocurrió la idea de tomar, como punto de partida, las maravillosas formas de la corteza de los abetos." [861]

El 29 de junio, Pierre Matisse escribe a Miró para proponerle la participación en el proyecto "Mural-Scroll" y pedirle la realización de tres maquetas a escala. La maqueta seleccionada se reproduciría en un panel de mayor formato, mediante serigrafía. [862]

El 12 de julio, desde París, Miró escribe a Sert: "Estoy organizando una exposición para el próximo otoño, y al mismo tiempo estoy trabajando en importantes ilustraciones de libros." [863]

El 8 de agosto, Miró escribe a Josep Carner: "No es preciso que os repita cómo estoy de manera incondicional en todo lo que representa la defensa de nuestra vieja cultura y nuestro espíritu y de cómo mis limitados medios están todos a las órdenes de estos valores." [864]

El 25 de agosto, Miró escribe a Cramer: "Estaré en París a finales de septiembre para ocuparme de mi exposición[865] y regresaré a Barcelona tan pronto haya concluido, teniendo la idea fija de empezar a grabar la madera, y no dejando este trabajo hasta que esté totalmente acabado." [866]

El 30 de agosto, Pierre Matisse escribe a Miró: "Antes de mi partida de París, he hablado con Maeght sobre la parte de contrato que Pierre Loeb ha abandonado. Él está totalmente dispuesto a asumirla y yo debo confirmarle por carta nuestro acuerdo." [867]

Desde el 14 de septiembre al 17 de octubre, Miró participa en la exposición "Picasso, Gris, Miró: The Spanish Masters of Twentieth-Century Painting", en el San Francisco Museum of Art de esa ciudad californiana, exposición que más tarde viajaría al Portland Art Museum. [868]

El 22 de septiembre, Miró ya ha concluido la realización de los tres bocetos al gouache para el proyecto "Mural-Scroll" y se los envía a Pierre Matisse. [869] El 25 de septiembre, Miró expresa así su interés por participar en el proyecto denominado "Mural-Scroll": "Estoy satisfecho de colaborar con Mural-Scrolls, esto brinda una posibilidad de superar la pura especulación de la pintura de caballete, [...] para trabajar a pleno pulmón y dirigirse de una manera más directa a los hombres con esta colaboración humilde y llena de grandeza entre del pintor y el artesano y el técnico, y este espléndido anonimato individual que marcó las grandes épocas de la Antigüedad." [870]

Entre finales de septiembre y principios de octubre, Miró se traslada a París donde prepara su próxima exposición, en la Galerie Maeght, y trabaja en la ilustración del libro de Tristan Tzara *Paleur seul*. [871]

El 21 de octubre, Katzenbach and Warren selecciona el boceto de Miró, que reproduciría mediante serigrafía, para el proyecto "Mural-Scroll", [872] una obra que más tarde se conocería con el título de *El Sol*. [873]

Desde el 19 de noviembre hasta el 18 de diciembre, tiene lugar la primera exposición individual de Miró en la Galerie Maeght de París, en la que se muestra pintura y cerámica. El catálogo aparece publicado en *Derrière le miroir*, [874] Esta exposición supuso el retorno de Miró a la escena parisina. Desde ese momento,

856 Carta de Joan Miró a Gérald Cramer, 5 abril 1948, en Giroud 2002, pp. 22-23.
857 Carta de Joan Miró a Gérald Cramer, 16 abril 1948, en Giroud 2002, pp. 24-25.
858 Carta de Joan Miró a Josep Lluís Sert, 15 mayo 1948 (FLL).
859 Carta de William E. Katzenbach a Pierre Matisse, 17 mayo 1948 (PML: PMGA). El proyecto "Mural-Scroll" consistía en la edición limitada de un revestimiento mural, realizado mediante serigrafía. El impulsor de este proyecto, producido por la casa de papeles pintados Katzenbach and Warren, Inc., fue Roberto Matta. Las serigrafías se realizaron partiendo de bocetos o maquetas originales creadas expresamente por el propio Matta, Joan Miró, Henri Matisse y Alexander Calder (PML: PMGA).
860 Miró se refiere a la ilustración del texto de Paul Eluard *A toute épreuve*.
861 Carta de Joan Miró a Gérald Cramer, 19 junio 1948, en Giroud 2002, pp. 28-29. Esta misma carta está publicada en Rowell 1987a, p. 214; y en Rowell 1995, pp. 235-236, con fecha de 10 de junio de 1948.
862 Carta de Pierre Matisse a Joan Miró, 29 junio 1948 (PML: PMGA).
863 Umland 1993, p. 339. Quizás, Miró se refiere a *Parler seul* de Tristan Tzara y a *A toute épreuve* de Paul Eluard.
864 Carta de Joan Miró a Josep Carner, 8 agosto 1948, en Ortín 1998, pp. 183-184. El escritor catalán Josep Carner mantuvo una relación epistolar con Joan Miró, en la que destacaba la defensa mutua de los valores de la catalanidad y la universalidad.
865 Miró alude a la exposición individual en la Galerie Maeght de París que tendría lugar entre el 19 de noviembre y el 18 de diciembre.
866 Carta de Joan Miró a Gérald Cramer, 25 agosto 1948, en Giroud 2002, pp. 30-31.
867 Carta de Pierre Matisse a Joan Miró, 30 agosto 1948 (PML: PMGA).
868 San Francisco Museum of Art 1948.
869 Carta de Pierre Matisse a Joan Miró, 30 agosto 1948, en la que Matisse solicita a Miró que realice tres bocetos al gouache; y carta de Joan Miró a Pierre Matisse, 22 septiembre 1948 (PML: PMGA).
870 Texto de Joan Miró para la presentación del proyecto "Mural-Scroll" de Katenbach and Warren, 25 septiembre 1948 (PML: PMGA).
871 Carta de Joan Miró a Gérald Cramer, 25 agosto 1948, en Giroud 2002, pp. 30-31; y Umland 1993, p. 339.
872 Actas de una reunión del Editorial Board de "Mural-Scrolls", 20 octubre 1948 (PML: PMGA).
873 La Fundació Pilar i Joan Miró posee uno de los ejemplares de *El Sol*, con el número de serie 14.
874 *Derrière le miroir* noviembre-diciembre 1948; y Tone 1993, p. 445.

875 Rowell 1993, p. 73.
876 Carta de André Breton a Joan Miró,
[29 noviembre 1948], en Rowell 1993, pp. 94-95.
877 Carta de Pierre Matisse a Joan Miró,
23 noviembre 1948 (PML: PMGA).
878 Umland 1993, p. 339.
879 Carta de Joan Miró a Gérald Cramer, 17 enero 1979,
en Giroud 2002, pp. 36-37.
880 Carta de Joan Miró a Gérald Cramer, 4 febrero 1949,
en Giroud 2002, pp. 38-39.
881 Carta de William E. Katzenbach a Pierre Matisse,
26 septiembre 1960 (PML: PMGA); y "Statement of
Royalties due to Pierre Matisse on Sales of
Mural-Scrolls", 17 de febrero de 1950 (PML: PMGA).
Este estado de cuentas informa a Pierre Matisse de
las comisiones por la venta de los "Mural-Scrolls"
de los cuatro artistas del proyecto, en el período
comprendido entre febrero de 1949 y diciembre
de 1949.
882 Carta de Joan Miró a Alexander Calder,
12 marzo 1949, en Hutton y Wick 2004, p. 270.
883 Galerie Blanche 1949.
884 Carta de Joan Miró a Gérald Cramer,
4 abril 1949, en Giroud 2002, p. 40.
885 Pierre Matisse Gallery 1949a.
886 Kunsthalle Bern 1949; y carta de Giedion - CIAM
a Joan Miró, 28 abril 1949 (CS).
887 Cobalto 1949; y Santos Torroella 1994,
sin número de página (entre pp. 96-97).
888 Kunsthalle Basel 1949.
889 Carta de Joan Miró a Gérald Cramer,
21 junio 1949, en Giroud 2002, p. 45.
890 Carta de Joan Miró a Gérald Cramer,
28 junio 1949, en Giroud 2002, pp. 46-47.
891 Carta de Joan Miró a Alexander Calder,
2 julio 1949, en Hutton y Wick 2004, p. 270.
892 Carta de Joan Miró a Gérald Cramer,
18 julio 1949, en Giroud 2002, pp. 48-49.
893 Ehrenström 1988, pp. 64, 71.
894 Carta de Joan Miró a Gérald Cramer,
17 agosto 1949, en Giroud 2002, pp. 50-51.
895 Carta de Joan Miró a Gérald Cramer,
2 octubre 1949, en Giroud 2002, pp. 53-55.
896 Umland 1993, p. 339.
897 Carta de Walter Gropius a Joan Miró,
11 noviembre 1949 (PML: PMGA).
898 Carta de Joan Miró a Gérald Cramer,
9 noviembre 1949, en Giroud 2002, pp. 56-57.
899 Carnielli y Loudon 2001, p. 219.
900 Postal de Joan Miró a Josep-Francesc Ràfols,
22 diciembre 1949, en Soberanas y Fontbona 1993,
p. 132.
901 Carta de Joan Miró a Gérald Cramer,
31 diciembre 1949, en Giroud 2002, pp. 58-59.
902 Umland 1993, p. 339.
903 Carta de Joan Miró a Gérald Cramer,
31 diciembre 1949, en Giroud 2002, pp. 58-59.
904 Carta de Joan Miró a Josep Lluís Sert,
23 enero 1950 (FLL).
905 Carta de Joan Miró a Pierre Matisse
22 febrero 1950 (PML: PMG); y carta de Joan Miró
a Josep Lluís Sert, 22 febrero 1950 (FLL).
906 Umland 1993, pp. 339, 360.
907 Cramer 1989, pp. 76-77; y carta de André Breton a
Joan Miró, 6 enero 1951 (FPJM: FD-360):
"[...] Le dessin dont vous avez orné la première page
de mon exemplaire de l'Anthologie est une merveille;
chaque fois que je le regarde, il fait aussi le bon
temps en moi."
908 Umland 1993, pp. 339, 360.
909 Carta de Joan Miró a Gérald Cramer,
25 junio 1950, en Giroud 2002, p. 64.

Aimé Maeght se convierte en el marchante de Miró en Francia.[875]

El 29 de noviembre, André Breton escribe a Miró en nombre de los surrealistas: "Nuestra vieja amistad hacia usted y el gusto profundo que tenemos por su obra nos hacen temer que usted interprete falsamente la actitud que creemos deber adoptar respecto a su exposición actual. Claro está que, desde el anuncio de su retorno a París, nos alegramos, no sólo de volverle a ver, sino de examinar con la mirada, lo que ha podido traer." [876]

Probablemente entre el 22 y el 24 de diciembre, Pierre Matisse y Maeght se reúnen con Miró en Barcelona para el reparto de las telas del contrato 1947-1948.[877]

1949 Miró reside la mayor parte del año en Barcelona, en Passatge del Crèdit, 4, pero realiza viajes a París, Montroig y Palma. Miró irá progresivamente ampliando su horizonte creativo y dedicándose a otras manifestaciones artísticas -obra gráfica, cerámica y escultura- además de la pintura.[878]

El 17 de enero, desde Barcelona, Miró escribe a Cramer: "Maeght ha venido conmigo a reunirse con Pierre Matisse, que ha llegado de Nueva York y hemos tenido que arreglar muchas cosas juntos." [879]

El 4 de febrero, desde Tarragona, Miró escribe a Cramer: "Estamos aquí para recuperarnos de la gripe. La maqueta del libro empieza a tomar cuerpo [À toute épreuve]." [880]

En febrero, Katzenbach and Warren pone a la venta los "Mural-Scrolls".[881]

El 12 de marzo, desde París, Miró escribe a Calder: "[...] he venido aquí para unos días solamente. A finales de mayo, vendremos los tres juntos por algún tiempo." [882]

Desde el 9 de abril al 3 de mayo, la Galerie Blanche de Estocolmo organiza la exposición "Joan Miró" que muestra pintura, cerámica y litografía.[883]

Del 12 al 22 de abril, Miró se encuentra en Palma de Mallorca.[884]

El 19 de abril, la Pierre Matisse Gallery de Nueva York inaugura la exposición "Joan Miró, 1923-1927" que se prolonga hasta el 14 de mayo. El catálogo se publica en *Derrière le miroir.* [885]

Del 21 de abril al 29 de mayo, Miró participa en una exposición colectiva en la Kunsthalle Bern, de la capital suiza. También se exponen obras de Margrit Linck y Oskar Dalvit.[886]

Desde el 23 de abril al 6 de mayo, tiene lugar una exposición-homenaje a Joan Miró en las Galerías Layetanas de Barcelona, organizada por Ediciones Cobalto. La revista *Cobalto* publica un número dedicado íntegramente a esta exposición, con textos de críticos, poetas y amigos.[887]

Del 14 de junio al 17 de julio, Miró expone en la Kunsthalle de Basilea, "Joan Miró, Otto Abt".[888]

A partir del 26 de junio, seguramente, Miró se encuentra en París donde permanece alrededor de quince días.[889] Miró tiene previsto trabajar con Gérald Cramer y con Paul Eluard en la ilustración de *À toute épreuve*: "No olvide que yo no puedo arriesgarme a empezar los grabados hasta que todo esté absolutamente a punto. La tipografía y los carácteres, con el formato y la ubicación exactos, una simple coma puede hacerme cambiar la composición de un grabado." [890]

El 2 de julio, Miró escribe a Calder desde París: "Aquí todo va bien, vemos a muchos amigos de Nueva York – los Sert [Josep Lluís y Moncha] y Curt [Valentin] están en París. Salgo en ocho días a Barcelona para después ir a Montroig. Pilar y Dolores se han quedado en España." [891]

El 18 de julio, desde Barcelona, Miró escribe a Cramer: "Tengo nuevas ideas encaminadas a obtener el máximo de riqueza y variedad. Necesitaría tampones de bambú y barras de tinta china auténtica." [892]

En julio, la maqueta para *A toute épreuve*, en su primer estado, está acabada. No obstante, Miró la modificará totalmente durante el verano en Montroig y no la terminará hasta el otoño.[893]

El 17 de agosto, Miró se encuentra en Montroig.[894]

El 2 de octubre, desde Montroig, Miró escribe a Cramer en relación con la maqueta de *A toute épreuve*: "Estoy particularmente contento de informarle de que la maqueta acaba de ser terminada. [...] Un libro debería hacerse con la exactitud y la precisión de una maquinaria de relojería. [...] he respetado totalmente su tipografía. Debo felicitarle, a usted y a Eluard, porque está muy lograda –la idea de páginas de color y páginas de descanso es muy hermosa [...]." [895]

El 31 de octubre, desde Barcelona, Miró escribe a Pierre Matisse: "Por el momento, están fundiendo varias esculturas que acabé este verano [...]." [896]

El 11 de noviembre, el arquitecto Walter Gropius escribe a Miró para solicitar su colaboración en la decoración de un Centro de Graduados de la Universidad de Harvard, aunque el encargo todavía no era definitivo. Si el proyecto cristalizaba, Miró debía diseñar un mural, cuyas dimensiones eran 20 pies por 7 pies y dos pulgadas, para un comedor del edificio de estudiantes.[897]

El 19 de noviembre, Miró sale de Barcelona en avión con destino a París, donde realiza una breve estancia de unos días, con la intención de trabajar en la ilustración de *À toute épreuve*, conjuntamente con Cramer y Eluard.[898]

Del 6 al 31 de diciembre, la Pierre Matisse Gallery de Nueva York acoge la exposición individual de Miró, "Joan Miró: Pastels, Gouaches, Drawings, Sculptures. 1933-1943".[899]

El 22 de diciembre, Miró se encuentra en Palma de Mallorca.[900] Miró tenía previsto empezar el año 1950, en Mallorca, trabajando en la ilustración de *À toute épreuve*, junto a Cramer, en la imprenta Guasp. El 31 de diciembre, Miró regresa a Barcelona a causa del fallecimiento de un tío suyo. Esta circunstancia le obliga a Miró a alterar sus planes.[901]

1950 Desde enero a mayo, Miró está en Barcelona, viviendo y trabajando en Passatge del Crèdit, 4.[902]

El 10 de enero, seguramente, Miró se reúne en Barcelona con Cramer y Eluard, para trabajar conjuntamente en el proyecto de ilustración de *À toute épreuve*.[903]

El 23 de enero, Miró escribe a Sert: "Perdona que no te haya escrito antes, pero estos días he tenido a Maeght y a Matisse aquí y no me dejaban un momento libre. Naturalmente, me parece muy interesante que yo haga la gran pintura mural de Cambridge, trabajo ya en la maqueta, lo que sucede, [...] es que no me será posible empezar un trabajo de tal envergadura antes del otoño próximo porque ahora no tengo tiempo." [904]

El 22 de febrero, Miró escribe a Pierre Matisse y a Josep Lluís Sert, en relación con la pintura mural para la Universidad de Harvard. Miró le dice a Sert: "Ahora acabo de enviar a Walter Gropius la maqueta. He puesto todo el corazón y todo el entusiasmo en hacerla; si por un motivo u otro no se tuviera que realizar, yo la ejecutaría para mí." [905]

El 14 de marzo, fue aprobado el boceto para la pintura mural de Harvard.[906]

En junio, Miró realiza una litografía en color para ilustrar la *Anthologie de l'humour noir* de André Breton.[907]

El 2 de junio, la Galerie Maeght inaugura una exposición de obra reciente de Miró.[908] El 25 de junio, Miró se encuentra en París, se aloja en el hotel Pont-Royal y posiblemente visita su exposición. El 1 de julio, regresa a Barcelona.[909]

Miró pintando el mural de Harvard en su taller de Passatge del Crèdit, Barcelona, 1950. Cortesía Successió Miró.

Carta de André Breton a Joan Miró agradeciéndole su colaboración con el libro "Anthologie de l'humour noir", Paris, 6 de enero de 1951 (FPJM: FD-360)

El 5 de julio, Walter Gropius escribe a Miró sobre el mural de Harvard: "Todos estamos encantados con su mural y esperamos que se ciña al boceto que se adaptará a la habitación de maravilla con sus alegres colores. [...] las dimensiones en su boceto no son del todo correctas. El tamaño real de la pintura dentro de su marco es 19' 5-1/2" por 6' 2 1/2" o en centímetros: 593.1 centímetros por 188.6 centímetros." [910]

El 12 de julio, desde Barcelona, Miró escribe a Cramer: "Estaremos todavía en Barcelona, en la fecha que indicáis, en plena mudanza, ay, lo que debido a ese calor no es agradable." [911]

El 16 de julio, Miró escribe a Calder desde Barcelona, junto con Laura y James Johnson Sweeney, Joan Prats y Josep Llorens Artigas. [912]

En verano, seguramente, Miró traslada su residencia al carrer Folgaroles, número 9 de Barcelona, [913] pero todavía conserva su estudio de Passatge del Crèdit. [914]

El 29 de agosto, Miró se encuentra en Montroig. [915]

El 18 de octubre, Miró comienza a pintar la pintura mural de Harvard. [916] En una carta a Pierre Matisse, Miró afirma: "[...] esta bendita tela de Harvard requiere músculos, pero yo espero que quedará bien." [917]

El 18 de octubre, Edgard Varèse escribe a Miró en relación con la música de la película de Thomas Bouchard, *Around and About Miró*. [918]

El 25 de octubre, Miró escribe a Cramer, desde el carrer Folgaroles número 9 de Barcelona. Miró continúa trabajando en la ilustración de *À toute épreuve*. [919]

En noviembre, Miró expone esculturas y obra gráfica, en la Galerie Blanche de Estocolmo. [920]

En diciembre, se publica una ilustración de Miró en el número titulado "Humour Poétique" de la revista *La Nef* (Éditions du Sagittaire), dedicado a obras inéditas de Cocteau, Picabia, Hartung, Artaud, Tzara, Prévert. [921]

El 22 de diciembre, la familia Miró se encuentra en Barcelona, Carrer Folgaroles, 9. [922]

1951 En Barcelona, Miró vive en carrer Folgaroles, 9. Trabaja en su domicilio y en el estudio del Passatge del Crèdit, 4. [923]

El 19 de enero, Georges Charbonnier entrevista a Miró. En sus respuestas, Miró muestra su deseo de hacer su arte accesible al público y se identifica con las manifestaciones artísticas anónimas y populares. Miró habla de pintura, cerámica, obra gráfica y escultura. Con respecto a la escultura,

Miró dice: "Una escultura debería erigirse al aire libre, en plena naturaleza. Es preciso que la escultura se confunda con las montañas, con los árboles, con las piedras; es preciso que, juntos, todos estos elementos hagan un todo." Miró expresa también su interés por el ballet: "El ballet es una forma de entrar [...] en contacto directo, físico, con el público. Me gustaría hacer el argumento yo mismo. Y, como músico, me hubiera gustado Béla Bartók o Schöenberg. Desde luego, el ballet es el modelo mismo de arte colectivo." [924]

El 26 de enero, Miró concluye *Peinture murale*, realizada para Harvard. [925] Miró identifica los motivos de esta pintura mural como un toro y unas figuras. [926]

El 29 de enero, Miró escribe a Josep Lluís Sert desde el Carrer Folgaroles: "Todo este tiempo con la gran tela para Harvard, al final de la jornada estaba agotado. Por fin acabo de terminarla [...], creo que es lo más potente que he hecho, y que puede aguantar el tipo al lado de nuestros frescos románicos. Una vez seca, a finales de febrero, me la llevo a París para exponerla allí [...] desde allí la enviaré a New York." [927]

En marzo, Miró ofrece una entrevista en Barcelona, en la cual plasma una revisión de los comienzos, la formación y las exposiciones realizadas: "[En París] di otro golpe en 1920. Después, París sin perder contacto con Barcelona. Y luego exposiciones: doce en París, ocho en Nueva York, tres o cuatro en Londres, Chicago, Estocolmo, Alemania, etc. Y cuadros en los museos más importantes del mundo." Miró también habla de su oficio: "Más que en la ingenuidad me interesa encontrar la fuente donde mana la primera expresión plástica. [...] Concentración y tensión, no cuando pinto, sino en la preparación de mi obra." En esta ocasión, Miró define su pintura de la siguiente manera: "Tomando punto de partida en las grandes civilizaciones muy remotas, salto al futuro desde aquel trampolín, sin detenerme en el presente, por considerarlo anecdótico y pasajero y como época transitoria." Miró se considera "absolutamente sincero" y manifiesta que "es la sinceridad lo que da la fuerza a un hombre." [928]

Del 6 al 31 de marzo, la Pierre Matisse Gallery de Nueva York muestra una exposición individual de Miró, titulada "Paintings and Sculpture, 1946-1950". [929] La crítica valorará esta exposición de forma muy positiva: "Ningún otro surrealista puede sugerir tan bien en pintura el sentimiento de alegría. [...] Miró es un artista hecho para el deleite. [...] Es el poeta-pintor de nuestro tiempo." [930] Una exposición en la cual "se despliega toda la alegre destreza y fantasía de Miró" [931] y cuya "novedad reside principalmente en el énfasis en la textura y en el espacio." [932]

910 Carta de Walter Gropius a Joan Miró, 5 julio 1950 (FPJM: FD-425).
911 Carta de Joan Miró a Gérald Cramer, 12 julio 1950, en Giroud 2002, p. 65.
912 Carta de Miró a Calder, 16 julio 1950, en Hutton y Wick 2004, p. 271.
913 Carta de Joan Miró a Gérald Cramer, 12 julio 1950, en Giroud 2002, p. 65.
914 Carta de Joan Miró a Josep Lluís Sert, 29 enero 1951 (FLL).
915 Carta de Joan Miró a Josep-Francesc Ràfols, 29 agosto 1950, en Soberanas y Fontbona 1993, p. 134.
916 Dupin y Lelong-Mainaud 2001b, pp. 176-177.
917 Carta de Joan Miró a Pierre Matisse, desde la calle Folgarolas nº 9, de Barcelona, sin fecha (PML: PMGA).
918 Carta de Edgard Varèse a Joan Miró, 18 octubre 1950 (FPJM: FD-288): "Bouchard y yo hemos hablado del tema Sonido y Música –Como un comentario acompañará la película sólo episódicamente aparecerá la música: arte aplicada o factor decorativo. Yo contemplo el uso de fragmentos folklóricos; sardanas, canto de los pescadores de Costa Brava, tambores-gritos [...] y frases y pasajes de obras de vuestros compatriotas Albéniz y Granados."
919 Carta de Joan Miró a Gérald Cramer, 25 octubre 1950, en Giroud 2002, p. 66.
920 Galerie Blanche 1950.
921 *La Nef* diciembre 1950 (FPJM: H-1455).
922 Postal de Joan Miró a Alexander Calder, 22 diciembre 1950, en Hutton y Wick 2004, p. 271.
923 Umland 1993, p. 339.
924 Charbonnier 1951, en Rowell 1987a, pp. 216-224; y en Rowell 1995, pp. 238-246.
925 Dupin y Lelong-Mainaud 2001b, pp. 176-177.
926 Rubin 1979, pp. 87, 132.
927 Carta de Joan Miró a Josep Lluís Sert, 29 enero 1951 (FLL).
928 Del Arco marzo 1951 (FPJM H-1532).
929 Carnielli y Loudon 2001, p. 224.
930 Preston 11 marzo 1951 (FPJM: H-1533).
931 *The New Yorker* 17 marzo 1951 (FPJM: H-1537).
932 B., M. abril 1951 (FPJM: H-1542).

933 Santos Torroella 15 marzo 1951 (FPJM: H-1500).
934 Carta de Joan Miró a Gérald Cramer, 9 marzo 1951, en Giroud 2002, p. 69.
935 *Derrière le miroir* marzo-mayo 1951; Umland 1993, p. 339, p. 445; Conlan 2 mayo 1951 (FPJM: H-1526); *Combat* 9 enero 1951 (FPJM: H-1461); y Warnod 30 abril 1951 (FPJM: H-1523).
936 Gindertael 8 mayo 1951 (FPJM: H-1530).
937 Arts – Documents julio 1951 (FPJM: H-1574).
938 Rico 1 abril 1951 (FPJM: H-1512); y *L'Intransigeant* 28 marzo 1951 (FPJM: H-1513).
939 Montalais 5 mayo 1951 (FPJM: H-1529).
940 Carta de Joan Miró a Pierre Matisse, 7 abril 1951 (PML: PMGA).
941 *La Dépêche Démocratique* 10 abril 1951 (FPJM: H-1520).
942 Carta de Joan Miró a Josep-Francesc Ràfols, 21 mayo 1951, en Soberanas y Fontbona 1993, p. 135.
943 Carta de Joan Miró a Gérald Cramer, 21 julio 1951, en Giroud 2002, pp. 72-73.
944 Carta de Joan Miró a Josep-Francesc Ràfols, 13 agosto 1951, en Soberanas y Fontbona 1993, p. 136.
945 *Nation Belge* 6 octubre 1951 (FPJM: H-1592); y Distel 11 octubre 1951 (FPJM: H-1597).
946 Behrends 2004, p. 294.
947 Carta de Joan Miró a Pierre Matisse, 31 octubre 1951 (PML: PMGA).
948 Pierre Matisse Gallery 1951.
949 Carta de Joan Miró a Gérald Cramer, 27 noviembre 1951, en Giroud 2002, pp. 74-75.
950 Umland 1993, p. 339.
951 Postal de Joan Miró a Josep-Francesc Ràfols, 16 marzo 1952, en Soberanas y Fontbona 1993, p. 137; y carta de Joan Miró a Gérald Cramer, 5 marzo 1952, en Giroud 2002, pp. 78-79.
952 Rowell 1987a, p. 33; y The Solomon R. Guggenheim Foundation 1972, p. 37.
953 Carta de Pierre Matisse a Joan Miró, 19 marzo 1952 (PML: PMGA).
954 Carta de Joan Miró a Pierre Matisse, 30 marzo 1952 (PML: PMGA).
955 Carnielli y Loudon 2001, p. 226.
956 *New York Herald Tribune* 20 abril 1952 (FPJM: H-1666); Devree 20 abril 1952 (FPJM: H-1668); y Fitzsimmons mayo 1952 (FPJM: H-1700).
957 Carta de Joan Miró a Pierre Matisse, 5 mayo 1952 (PML: PMGA).
958 Carta de Joan Miró a Pierre Matisse, 5 mayo 1952 (PML: PMGA).
959 Telegrama de Pierre Matisse a Joan Miró (al hotel Pont-Royal, París), 21 mayo 1952: "ARRIVEE LUNDI CINCINNATI MERCREDI BOSTON JEUDI / DEPART DIX JUIN PRIERE CABLER ACCORD / MATISSE."; telegrama de Joan Miró (desde París) a Pierre Matisse, 23 mayo 1952: "SUIS ACCORD STOP PARTIRAI PARIS VINGTHUIT AMITIES= / MIRÓ" (PML: PMGA); y Umland 1993, pp. 339, 360.
960 Telegrama de Pierre Matisse a Joan Miró (al hotel Pont-Royal, París), 21 mayo 1952; telegrama de Joan Miró (desde París) a Pierre Matisse, 23 mayo 1952 (PML: PMGA); y Umland 1993, pp. 339, 360.
961 Detzel 11 junio 1952 (FPJM: H-1822).
962 Telegrama de Pierre Matisse a Joan Miró (al hotel Pont-Royal, París), 21 mayo 1952; telegrama de Joan Miró (desde París) a Pierre Matisse, 23 mayo 1952; y Umland 1993, pp. 339, 360.
963 Umland 1993, pp. 339, 360.
964 Carta de Joan Miró a Josep Lluís Sert, 22 diciembre 1952 (FLL).
965 Telegrama de Pierre Matisse a Joan Miró (al hotel Pont-Royal, París), 21 mayo 1952; telegrama de Joan Miró (desde París) a Pierre Matisse, 23 mayo 1952 (PML: PMGA); y Umland 1993, pp. 339, 360.

El 15 de marzo, se publica una entrevista de Miró realizada por Santos Torroella. En esta ocasión Miró se dirige a los pintores jóvenes: "Ante todo, que conserven el sentido racial español y que sean sinceros. Si necesitan mirarse en algo, ahí está nuestra gran pintura románica [...] El que quiera hacer algo tiene que huir de lo fácil y no prestar la menor atención a toda esa burocracia pictórica que carece de la más pequeña inquietud espiritual." Al hablar de los artistas españoles, Miró afirma: "Hoy las distancias no existen; lo documental en arte no posee ningún valor. Es preciso sentir un impulso de universalidad; no quedarse encajonados en tópicos estrechos." En relación con la poesía, Miró destaca a San Juan de la Cruz y a Santa Teresa: "Es posible [que dejen huella en mi obra], pero no de una manera directa, sino como consecuencia del estado de tensión espiritual que provocan en mí." Pese a su habitual desdén por la pintura abstracta, Miró hace una salvedad con Mondrian, debido a la autenticidad de su obra.[933]

El 15 de marzo, Miró llega a París con la intención de trabajar con Roger Lacourière, en las pruebas de impresión de la maqueta de *À toute épreuve*.[934]

Durante los meses de marzo a mayo, se expone la *Peinture murale* de Harvard en la exposición "Sur quatre murs" en la Galerie Maeght de París. En esta exposición se muestran obras de gran formato de Picasso, Matisse, Léger, Braque, Rouault, y Chagall.[935] Sobre la pintura mural de Miró se hacen eco numerosos medios de comunicación: "Un gran panel destinado a una universidad americana es a la vez sobrio y firme, como debe ser en una pintura que debe animar un muro sin por ello negarlo. El fondo, en el cual se difuminan imperceptibles tonalidades, detiene la luz en el plano exacto de la superficie."[936] "Esta obra aérea y marítima, donde nos aparecen resumidas las mejores cualidades de Miró, es un mapa del mundo tal y como podemos imaginarlo hoy en día. [...] Esta obra es algo cósmico; sitúa a Miró en el primer rango de los pintores actuales."[937]

A finales de marzo, Miró probablemente pasa unos días en Saint-Paul-de-Vence.[938] Allí se encuentra con Picasso, Matisse y Jacques Prévert, entre otros. Al llegar a París, comenta: "Parece que estuviéramos en los Champs-Elysées, con la diferencia de que allí [Saint-Paul-de-Vence], los veo a todos al mismo tiempo."[939]

El 7 de abril, Miró se encuentra en París.[940]

Del 14 al 29 de abril, Miró participa junto a otros artistas (Léger, Villon, Arp, y Bazaine) en el Salon de Printemps des Amis de l'Art, en Clermont-Ferrand.[941]

Alrededor del 21 de mayo, Miró regresa de París a Barcelona.[942]

Del 3 al 11 de julio, Miró está de nuevo en París. El 21 de julio, Miró ya se encuentra en Montroig,[943] donde probablemente pasa el verano con su familia.[944]

El 6 de octubre, Miró participa en la "IIe Exposition Internationale d'Art Expérimentale" en el Palais des Beaux-Arts de Liège, Bélgica. Esta iniciativa cultural estuvo organizada por Pierre Alechinsky.[945]

Del 14 de octubre al 4 de noviembre, tiene lugar la exposición "Calder-Miró" en The Contemporary Arts Association de Houston. Esta es la primera exposición conjunta de ambos artistas tras la guerra.[946]

El 31 de octubre, Miró escribe a Matisse: "Acabamos de volver de Baleares donde he podido descansar durante unos días, ahora en plena forma quiero lanzarme a fondo."[947]

Entre el 20 de noviembre y el 15 de diciembre, Miró expone pinturas de su primer período en la Pierre Matisse Gallery de Nueva York.[948]

El 4 de diciembre, Miró vuela a París, con la intención de permanecer una semana aproximadamente.[949]

1952 Miró reside en Barcelona, en el carrer Folgaroles, 9. Trabaja en su domicilio y en el taller del Passatge del Crèdit, 4.[950]

El 16 de marzo, Miró se encuentra en París, con intención de quedarse una semana. Miró viaja a París llevando consigo un conjunto de matrices xilográficas para *À toute épreuve*.[951] En esas fechas Miró, posiblemente, visita la primera exposición individual de Jackson Pollock en París, en el Studio Paul Facchetti, en la rue de Lille, 17.[952]

El 19 de marzo, Matisse escribe a Miró: "El arquitecto jefe del inmueble de las Naciones Unidas me ha encargado que le pregunte si estaría interesado en hacer una decoración en una de las salas más importantes del inmueble. [...] Esperan que si ese proyecto le interesa, haga una maqueta [...]. Se trata del Salón de Delegados de las Naciones Unidas, [...]. Es absolutamente evidente que es preciso que vea esa ubicación usted mismo y hacer el viaje. [...] me parece que su presencia es indispensable aquí, y yo le animo a venir."[953]

El 30 de marzo, Miró escribe a Matisse: "El trabajo que me propone hacer, en nombre de sus amigos, es apasionante. Muy diferente, por supuesto, del de la decoración de iglesias, a la que yo he podido escapar. [...] Usted sabe que preparo una gran exposición en París para mayo de 1953, exposición que considero de una importancia capital en mi carrera y en mi vida, ya en un momento de plena madurez. Estoy en estos momentos en la etapa de eclosión de mis obras, etapa que exige el máximo de tensión; hasta que lleguen a un desenlace objetivo, me resulta imposible desviar mi espíritu hacia otros fines que exijan incluso más concentración y esfuerzo por la responsabilidad y la fuerza de proyección humana que requieren."[954]

Del 15 de abril al 17 de mayo, tiene lugar una exposición individual de Miró en la Pierre Matisse Gallery de Nueva York.[955] La crítica en general elogia el evento: "[...] una verdadera 'danse fantastique' de óleos, hasta varios gouaches recientes, obras de una gran imaginación, entretenidas, virtuosas, extremadamente habilidosas."[956]

El 5 de mayo, Miró escribe a Pierre Matisse desde Barcelona: "De acuerdo en pegar un salto a Nueva York, me fío plenamente si usted me lo aconseja. [...] Le solicito también que organice mi tiempo para que mi estancia en Nueva York sea de corta duración. Necesitaría ir a Cincinnati y a Harvard para hacerme una idea de cómo quedan mis pinturas en el lugar y sitio que les fue asignado, lo que es muy importante para mí."[957]

El 16 de mayo, Miró viaja a París con su familia para pasar unas semanas.[958]

El 1 de junio, seguramente, Miró viaja en avión desde París a Nueva York. El 2 de junio debió de llegar a Nueva York.[959]

El 4 de junio, probablemente, Miró va a Cincinnati[960] para ver por primera vez su mural instalado en el Gourmet Restaurant del Terrace Plaza Hotel. La prensa local se hace eco de la llegada de Miró a Cincinnati. Al preguntarle por el significado del mural, Miró responde que refleja los motivos y figuras que se observan en la naturaleza. Además de admirar el mural emplazado en el Gourmet Restaurant, Miró visita el Cincinnati Art Museum.[961]

El 5 de junio, posiblemente, Miró viaja a Cambridge para ver la pintura mural que él había realizado para Harkness Commons en la Universidad de Harvard.[962]

Entre el 6 y el 9 de junio, probablemente, Miró visita a Josep Lluís Sert en Long Island.[963] Allí trabaja en la maqueta preliminar de un proyecto mural para las Naciones Unidas, que no se llegaría a realizar.[964]

El 10 de junio, Miró regresa a Barcelona.[965]

El 19 de octubre, Miró escribe a Matisse acerca de la maqueta para el proyecto de las Naciones Unidas: "La maqueta para U. N. estará acabada en unos días, como es algo de una gran respon-

Miró con el boceto del mural de Harvard en su taller de Passatge del Crèdit de Barcelona, 1952. Este boceto pertenece a la colección de la Fundació Pilar i Joan Miró a Mallorca (FPJM-1293). Cortesía Successió Miró

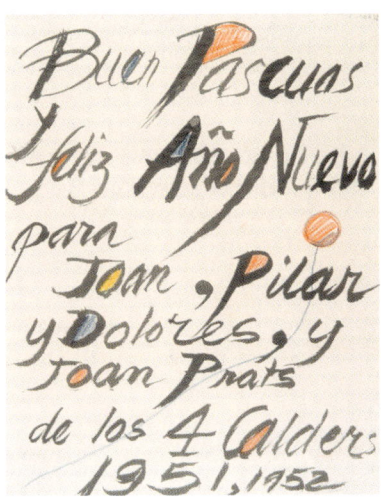

Carta de la familia Calder a la familia Miró y Joan Prats, felicitándoles el año nuevo, desde Conneticut, diciembre de 1951 (FPJM: FD-63)

sabilidad para mí, yo me he lanzado de todo corazón. [...] Una vez esté acabada, se lo haré saber para ponernos de acuerdo sobre lo que hay que hacer." 966

En otoño, tiene lugar la primera visita del matrimonio Miró a Josep Llorens Artigas, en su finca "El Racó" de Gallifa, a fin de preparar su próxima colaboración en cerámica. Miró queda fascinado por el entorno natural de Gallifa e incluso pinta sobre unas rocas.967

El 11 de noviembre, la maqueta para el proyecto de Naciones Unidas ya está acabada: "La maqueta está muy bien hecha, en masonita plegable, todo muy bien dibujado y colocado en su lugar de manera que uno pueda hacerse bien la idea. Desplegada mide 117 x 39 cm. sobre un espesor de 2 cm. 1/2." 968

Hacia el 15 de noviembre, Miró viaja a París donde realiza una estancia de unas dos semanas. Miró tiene la intención de trabajar con Lacourière en la ilustración de *À toute épreuve*.969

El 26 de noviembre, Miró se encuentra en París con una copia de su maqueta para Naciones Unidas, probablemente, con intención de enviarla a Estados Unidos.970

El 5 de diciembre, se inaugura la galería L'Étoile Scellée con una exposición colectiva de dibujos, objetos, pinturas y collages surrealistas, en la que Miró participa, junto a de Chirico, Ernst, Tanguy, Duchamp y Man Ray. 971

El 9 de diciembre, Miró parte de París con dirección a Ginebra, en su camino de regreso a Barcelona.972 Miró deja la copia de la maqueta de las Naciones Unidas en París.973

El 12 de diciembre, Miró se encuentra en Ginebra.974

El 22 de diciembre, Miró escribe a Sert y le explica que ha dejado la maqueta para Naciones Unidas en París, a la espera de que el proyecto se materialice: "Llegado el caso en que yo envíe la maqueta, enviaré también conjuntamente una memoria acerca de mis ideas sobre decoración mural en el edificio indicado [...]." 975 Miró describe así su proyecto: "He concebido esta pared, pintada de un color gris perla claro, con numerosas formas yuxtapuestas, cantando sobre su superficie, en el espacio. Estas formas, de materiales bellos y nobles, de colores sobrios, se recortarán de una manera muy viva, descartando todo procedimiento estrictamente mecánico y fijados a continuación a la pared. El fondo, ocupado también de una manera muy viva, proporcionará bellas materias, lo que resulta indispensable para humanizarlas. Estas formas grandes se enriquecerán al mismo tiem-

po con grafismos de trazo neto y agudo y con potentes masas de color." 976

1953 De enero a mayo, Miró vive en Barcelona, carrer Folgaroles, 9. Trabaja en su domicilio y en Passatge del Crèdit, 4. 977

Este año, Miró se encuentra con Llorens Artigas en Montroig para decidir los trabajos que iban a realizar conjuntamente.978

A principios de febrero, Thomas Bouchard, el productor norteamericano especializado en películas artístico-culturales, viaja a Barcelona para continuar el rodaje de *Around and About Miró*, un documental sobre la vida y obra de Miró, iniciado en Nueva York en 1947.979

El 15 de marzo, Miró escribe a Cramer: "Perdone mi silencio pero estoy desbordado por el trabajo. Usted sabe que preparo una gran exposición de cosas recientes para el mes de junio en París, que será la más importante de mi vida. Además, Thomas Bouchard ha venido para acabar su película en color sobre mí, comenzada en Nueva York en 1947 y que, en principio, debe proyectarse en la inauguración de mi exposición. Me resulta imposible pues prever las fechas de mis desplazamientos, sea a París sea a Palma, donde Bouchard también debe rodar, puesto que usted sabe que yo vengo de allí por parte materna." 980

Probablemente el 16 de mayo, Matisse escribe a Miró sobre el proyecto de Naciones Unidas: "Después de largos debates sobre el tema de la decoración de U. N. he decidido recuperar las maquetas después de haber hablado con Sert." 981

El 19 de junio, se inaugura una exposición individual de Miró en la Galerie Maeght de París. La exposición obtiene nutridas críticas, muy positivas en su mayoría.982

El mes de agosto, se publica *La Clé des champs*, de André Breton, con una litografía a color de Miró.983

Con anterioridad al 10 de noviembre, Miró y su familia pasan unos días en Mallorca. 984

El 10 de noviembre, Miró escribe a Matisse inquieto por dar a conocer la génesis de las ideas que alumbraron las maquetas para Naciones Unidas: "Escribo a Sert para que se ponga en contacto con usted para escribir un artículo en una revista de arquitectura importante y hable de cómo históricamente estas ideas surgieron en 1936 para más tarde ser desarrolladas. Podría hacer fotos de las maquetas que retiró de las U. N. y con una foto, punto de partida, del fibro-cemento recortado que él tiene en su estudio." 985

966 Carta de Joan Miró a Pierre Matisse, 19 octubre 1952 (PML: PMGA).

967 Miralles 1992, pp. 71-72; y Pierre y Corredor-Matheos 1974, p. 126.

968 Carta de Joan Miró a Pierre Matisse, 11 noviembre 1952 (PML: PMGA).

969 Carta de Joan Miró a Gérald Cramer, 1 noviembre 1952; y carta de Joan Miró a Gérald Cramer, 27 noviembre 1952, en Giroud 2002, pp. 82-83, 84-85.

970 Carta de Joan Miró a Pierre Matisse, 26 noviembre 1952 (PML: PMGA).

971 AuInoyes 5 diciembre 1952 (FPJM: H-1837); y Centre Georges Pompidou 1991, p. 410.

972 Carta de Joan Miró a Pierre Matisse, 7 diciembre 1952 (PML: PMGA).

973 Carta de Joan Miró a Josep Lluís Sert, 22 diciembre 1952 (FLL).

974 Dibujo de Joan Miró dedicado a Gérald Cramer, 12 diciembre 1952, en Giroud 2002, p. 83.

975 Carta de Joan Miró a Josep Lluís Sert, 22 diciembre 1952 (FLL).

976 Texto de Joan Miró, sin fecha (PML: PMGA).

977 Umland 1993, p. 340.

978 Miralles 1992, p. 72: "Sabían que querían crear formas nuevas a partir de formas inspiradas en elementos naturales [...] Sabían lo que querían hacer, pero no cómo lo harían."

979 Destino 7 febrero 1953 (FPJM: H-1892); y *La Vanguardia* 4 febrero 1953 (FPJM: H-1896).

980 Carta de Joan Miró a Gérald Cramer, 15 marzo 1953, en Giroud 2002, pp. 90-91.

981 Carta de Pierre Matisse a Joan Miró, 16 mayo [1953] (PML: PMGA). La carta está escrita a mano y el último número del año parece un tres, pero podría tratarse de otro número.

982 *Derrière le miroir* [junio-agosto 1953]: Le Figaro 22 junio 1953 (FPJM: H-1944): "Nos sitúa en plena magia, en pleno sueño. Entramos en un mundo irreal y alegre, y sentimos una impresión exultante de libertad"; y C. de R. 26 junio 1953 (FPJM: H-1945): "Su universo se expande hacia terrenos cada vez más vastos, devora la materia sea cual sea (tela, cemento, madera, masonita), atrapa la luz con frenesí."

983 Cramer 1989, pp. 88-89. Miró debió de diseñar una portada para los primeros 25 ejemplares del tiraje de Les Éditions du Sagittaire, Centre Georges Pompidou 1991, p. 411.

984 Carta de Joan Miró a Pierre Matisse, 10 de noviembre 1953 (PML: PMGA); y carta de Joan Miró a Josep Lluís Sert, 11 noviembre 1953 (FLL).

985 Carta de Joan Miró a Pierre Matisse, 10 de noviembre 1953 (PML: PMGA). Miró se refiere a un óleo sobre fibrocemento pintado en 1935 que, en aquel momento, era propiedad de Josep Lluís Sert. En la actualidad, este óleo pertenece a la colección del Fogg Art Museum de la Universidad de Harvard.

986 Carta de Joan Miró a Josep Lluís Sert, 11 noviembre 1953 (FLL).

987 Texto de Josep Lluís Sert, sin fecha (FPJM: NIG-3643). Aunque el texto no está fechado, su contenido parece indicar que Sert lo escribió dos años más tarde de que Miró viajará a Nueva York con motivo del proyecto para Naciones Unidas. Miró realizó este viaje en junio de 1952, de modo que el texto pudo haber sido escrito en torno a 1954. En opinión de Sert, Miró había aportado una nueva fórmula de pintura mural que substituía la idea del "mural continuo" por un tratamiento multifocal. Sert narra la génesis de este nuevo planteamiento cuyos inicios sitúa en 1936, fecha en que Miró había colaborado con "G.A.T.C.P.A.C." (Grup d'Arquitectes i Tècnics Catalans per al Progrés de l'Arquitectura Contemporània) en la realización de un stand para el "Saló d'Artistes Decoradors".

988 Pierre Matisse Gallery 1953.

989 Carta de Pierre Matisse a Joan Miró, 13 diciembre 1953 (PML: PMGA).

990 Carta de Joan Miró a Gérald Cramer, 14 diciembre 1953, en Giroud 2002, pp. 92-93.

991 Kaiser Wilhelm Museum 1954; y Tone 1993, p. 446.

992 Miralles 1992, pp. 72-73; y Pierre y Corredor-Matheos 1974, p. 131.

993 Postal de Joan Miró a Josep-Francesc Ràfols, 13 marzo 1954, en Soberanas y Fontbona 1993, p. 138.

994 Carta de Joan Miró a Pierre Matisse, 17 abril 1954 (PML: PMGA).

995 Carta de Joan Miró a Pierre Matisse, 8 junio 1954 (PML: PMGA).

996 Cartier 21 junio 1954 (FPJM: H-2179); y La Vanguardia 20 junio 1954 (FPJM: H-2180).

997 Carta de Joan Miró a Gérald Cramer, 15 agosto 1954, en Giroud 2002, pp. 98-99.

998 Prévert 1954 (FPJM: H-2234).

999 Cramer 1989, pp. 118-119; y Grandmaison 20 octubre 1956 (FPJM: H-2621).

1000 Carta de Joan Miró a Pierre Matisse, 14 septiembre 1954 (PML: PMGA).

1001 Carta de Josep Lluís Sert a Joan Miró, 19 septiembre 1954, en Col·legi Oficial d'Arquitectes de Balears 1990, p. 20.

1002 Carta de Joan Miró a Josep Lluís Sert, 27 octubre 1954, en Col·legi Oficial d'Arquitectes de Balears 1990, p. 22.

1003 Carta de Joan Miró a Pierre Matisse, 27 octubre 1954 (PML: PMGA).

1004 Carta de Joan Miró a Josep Lluís Sert, 5 noviembre 1954, en Col·legi Oficial d'Arquitectes de Balears 1990, p. 22.

1005 Dupin 1961a, p. 461.

1006 Carta de Joan Miró a Josep Lluís Sert, 3 febrero 1954, en Col·legi Oficial d'Arquitectes de Balears 1990, p. 22.

1007 Carta de Joan Miró a Gérald Cramer, 16 abril 1955, en Giroud 2002, pp. 104-105.

1008 Carta de Joan Miró a Josep Lluís Sert, 24 abril 1955, en Col·legi Oficial d'Arquitectes de Balears 1990, p. 26.

1009 Carta de Joan Miró a Josep Lluís Sert, 7 junio 1955, en Col·legi Oficial d'Arquitectes de Balears 1990, p. 26.

1010 Carta de Joan Miró a Pierre Matisse, 16 agosto 1955 (PML: PMGA).

El 11 de noviembre, en efecto, Miró escribe a Josep Lluís Sert y le propone escribir un artículo que explique el proyecto para Naciones Unidas y documente sus conversaciones sobre decoración mural.[986] Probablemente, más adelante, en respuesta a esta solicitud, Sert escribe un texto titulado "Joan Miró. A New Approach to Mural Painting".[987]

Del 17 de noviembre al 12 de diciembre, tiene lugar una exposición individual de pinturas recientes de Miró, en la Pierre Matisse Gallery de Nueva York.[988]

El 13 de diciembre, Matisse escribe a Miró sobre el éxito de su exposición y sobre el proyecto de Naciones Unidas: "Harrison vino [a la exposición] el sábado y quedó muy impresionado. Por primera vez, le he visto un poco emocionado. Ha retomado el tema de las U. N. No tienen dinero [...], pero le gustaría saber cuánto pediría usted por la decoración para la que hizo las maquetas. Por primera vez, la curiosidad de Harrison se había despertado realmente. Siempre se había tratado de que alguien donara esta decoración a las Naciones Unidas, tal como se lo había dicho a usted antes de su viaje." [989]

El 14 de diciembre, Miró se encuentra en Barcelona, desde dónde escribe a Cramer para tratar del proyecto À toute épreuve: "En cuanto a nuestro trabajo, estoy contento de decirle que todos los tacos están totalmente dibujados, y que queda poca madera por grabar. Una vez esté todo acabado, habrá que ponerse de acuerdo con Lacourière para editar de una sola vez todas las pruebas de ensayo, lo que nos permitirá guardar una unidad que facilitará editar las pruebas en su estado definitivo." [990]

1954 El 10 de enero de 1954, se inaugura una exposición retrospectiva de Miró en el Kaiser Wilhelm Museum de Krefeld. Esta exposición viajará también a Stuttgart y a Berlín.[991]

El 25 de febrero, comienzan las primeras hornadas de cerámicas de Miró en Gallifa. Esta etapa de trabajo durará dos años y medio, con un ritmo intenso de creación, revisión y retoque de las piezas, produciendo un resultado extraordinario de 80 hornadas y 234 piezas cerámicas.[992]

El 13 de marzo, Miró se encuentra en París.[993]

El 17 de abril, Miró escribe a Matisse desde Palma de Mallorca, expresándole su intención de mudarse a Palma: "Este país es maravilloso... Estamos a punto de comprar una casa cerca de Palma en un espléndido terreno. Dividir mi tiempo entre aquí [Palma] y París, y de vez en cuando hacer un viaje a Nueva York, sería ideal para el trabajo y la salud." [994]

El 8 de junio, Miró escribe a Matisse desde Barcelona comunicándole que se van a Palma unos días más tarde, y que cree que llegarán a un acuerdo definitivo para comprar un terreno.[995]

Del 19 de junio al 17 de octubre, Miró participa en la XXVII Bienal de Venecia, en la que presenta un conjunto retrospectivo de pinturas, aguafuertes y litografías. La Bienal otorga a Miró el Gran Premio de Grabado.[996]

El 15 de agosto, Miró se encuentra en Montroig.[997]

En septiembre, Jacques Prévert publica la serie de poemas titulada "Romancero Miró", en Les Lettres nouvelles.[998] Esta serie de poemas darán lugar a un libro sobre Miró, publicado por Prévert y Ribemont-Dessaignes, y editado por Maeght, en 1956.[999]

El 14 de septiembre, Miró escribe a Matisse, desde Barcelona, comunicándole que ha llevado a Sert a Palma para ver el terreno que habían elegido [probablemente para construir su futura casa y taller]. A Sert le entusiasma el lugar y le sugiere ideas magníficas para el taller.[1000]

El 19 de septiembre, Sert escribe a Miró: "Los planos de tu estudio quedarán listos, en líneas generales esta semana. Creo que te gustarán, y la construcción es de un tipo que encajará bien en el paisaje. Proyecto la cubierta toda con bóvedas huyendo de las armaduras que recordarían una fábrica o un taller mecánico. Con los planos del anteproyecto, te enviaré una descripción detallada [...]. A principios de la próxima semana empezarán la maqueta de estudio." [1001]

El 27 de octubre, Miró escribe a Josep Lluís Sert, desde Barcelona: "Mañana [...] nos vamos a Palma una semana, allí sobre el terreno me haré más idea, ya te escribiré, posiblemente Enric te tendrá que hacer algunas preguntas técnicas para ir más orientado [...]."[1002]

El 27 de octubre, Miró escribe también a Matisse y le comunica que ya ha recibido los planos de Sert para el nuevo taller de Mallorca y que sueña con trabajar en él.[1003]

El 5 de noviembre, desde Palma de Mallorca, Miró escribe a Sert: "He mirado detenidamente el plano del taller sobre el terreno, lo encuentro muy bien resuelto, con ganas de poder trabajar allí pronto. [...] El poder ver desde el balcón el espacio del taller con las telas me parece muy acertado. Mirando el plano no he entendido muy bien si también se ve al pasar, el interior del almacén. Si es así, y teniendo en cuenta que habrá telas que estarán en reposo y que yo preferiré no ver, que también habrá bastidores desmontados y otros materiales, ¿no crees que sería preferible localizar esa pieza del edificio de manera que no se vea el interior al bajar a trabajar y concentrar mi visión en el gran taller?" [1004]

1955 Durante el período de construcción del nuevo taller de Mallorca, y a lo largo de unos cuatro años, Miró centra su actividad en la cerámica y en la obra gráfica. Realiza pocas pinturas, a excepción de una decena de obras de pequeño formato sobre cartón.[1005]

El 3 de febrero, desde Barcelona, Miró escribe a Sert: "En Montroig, con calma, he mirado tus últimos planos, harás algo muy bueno, muy nuestro, con un gran sentido de lo de aquí. [...] Ya tienes en cuenta que la medida prevista para la superficie de trabajo es basándose en las dimensiones del mural de Cincinnati 12 m. x 3 m. Esta gran superficie, así como mi manera de trabajar desplazándome continuamente, a pesar de que trabaje en dimensiones más normales, creo que debe hacernos pensar en que, cubriendo esta superficie de baldosas de La Bisbal, que son magníficas, si no se toma la precaución de poner un aislante muy eficaz se correría el riesgo de tener los pies fríos [...]." [1006]

El 16 de abril, Miró está en París, alojado en el Hotel Pont-Royal, y trabaja en la ilustración de À toute épreuve.[1007]

El 24 de abril, Miró escribe a Sert, desde París: "Nos acaba de escribir Maria Dolors que han recibido la maqueta, dice que es magnífica [...]. Aquí cuando digo a los amigos que vamos a instalarnos en Baleares y que Sert me hace el taller causa una gran impresión, yo ya me impaciento por ir allí, pero todavía nos toca estar unos días más en París, este verano ya nos instalaremos provisionalmente en Palma, eso nos permitirá vigilar los últimos detalles de las obras e irme aclimatando para el trabajo [...]." [1008]

El 7 de junio, Miró escribe a Sert, desde Palma de Mallorca: "Ahora acabamos de llegar a Palma. Lo primero que he visto es la maqueta que es sensacional [...]. Enric creo que ha respetado muy bien todas tus ideas, las obras están un poco atrasadas [...]. Estoy contentísimo y muy honrado de tener esa construcción tuya, instalado aquí y con esas condiciones de trabajo, creo que podré hacer una obra fecunda [...]."[1009]

El 16 de agosto, Miró escribe a Matisse, desde Palma de Mallorca. En esa carta le comunica que la casa y el taller avanzan, bajo la supervisión de Sert, que acaba de pasar unos días en Palma. Miró espera que estará acabado a finales de año. Asimismo, le explica que sus frecuentes escapadas a Gallifa, al taller de Artigas, le sirven para calmar sus nervios, dado que la cerámica exige grandes esfuerzos de concentración.[1010]

El 18 de octubre, Georges A. Salles, Vicepresidente del Comité des Conseillers

Pierre Matisse, Pilar Juncosa, Patricia Matisse y Joan Miró en París, 14 de julio de 1953. Cortesía Successió Miró.

Artistiques del Ministère de l'Éducation Nationale de Francia, en nombre de UNESCO, solicita oficiosamente la colaboración de Miró para la decoración de la nueva sede de este organismo internacional, en París: "El Comité desearía confiaros la decoración (pintura o relieve) de una pared de piedra de 15 metros de longitud por dos metros 30 de altura [...]."[1011]

El 20 de octubre, Miró se encuentra en Montroig, desde donde escribe a Matisse para comunicarle que ha recibido una carta de Georges Salles solicitándole que haga un gran mural para UNESCO y en principio piensa aceptar.[1012] Así lo explica Miró en 1958: "En 1955, los directores de la UNESCO me invitaron a participar en la decoración de los nuevos edificios que la organización estaba construyendo en la Place Fontenoy de París. Me ofrecieron, cerca del edificio de Conferencias, dos muros perpendiculares de 3 m. de altura, uno de 15 m. de largo y el otro de 7,5 m. Les sugerí realizarlos en cerámica con la ayuda de Llorens Artigas [...] Mi idea fue aceptada y conocí a los arquitectos [...] El arte mural es lo contrario de la creación solitaria; a pesar de que debes preservar tu personalidad como artista, debes también comprometerla profundamente en un esfuerzo colectivo. Es una experiencia fascinante."[1013]

Con anterioridad al 15 de noviembre, Miró ya ha aceptado el encargo de decoración para la nueva sede de UNESCO en París. Miró tiene previsto trasladarse a París hacia finales del mes de noviembre en relación con ese proyecto.[1014]

El 11 de diciembre, Sert escribe a Miró pidiéndole que le informe sobre el desarrollo de las obras del taller Sert de Palma de Mallorca. Asimismo, le explica a Miró que la exposición en la Universidad de Harvard ha sido todo un éxito y que se ha programado una semana dedicada a Miró. Entre estas actividades se proyecta en *première* el film de Thomas Bouchard *Around and About Miró*, en el Fogg Museum de la Universidad de Harvard.[1015]

El 26 de diciembre, Miró escribe a Matisse, desde Barcelona, explicándole que ha visto a los arquitectos de la sede de la UNESCO en París y que va a realizar un gran mural cerámico de 15 m. x 3 m.[1016] Ese mismo día, Miró escribe también a Calder: "Todavía no nos hemos instalado en Palma, esperando a que la casa esté terminada. El taller, construido en base a los planos de Sert, será magnífico [...] He estado recientemente en París, y me he entrevistado con los arquitectos de la Unesco, me dijeron que debes hacer un gran móbil, ¡bravo! Yo tengo que realizar un gran muro de 15 m. en cerámica, al aire libre."[1017]

1956 Entre enero y mayo, Miró reside en Barcelona, realizando frecuentes viajes a Gallifa para continuar trabajando la cerámica.[1018]

El 6 de enero, se inaugura una exposición retrospectiva de Miró en el Palais des Beaux-Arts de Bruselas, que seguidamente viajará al Stedelijk Museum de Amsterdam y a la Kunsthalle de Basilea.[1019] La exposición recibe críticas muy positivas.[1020]

El 16 de enero, Miró escribe a Matisse desde Barcelona y le informa que tiene previsto ir a París en primavera.[1021]

El 10 de febrero, Miró escribe a Cramer sobre la ilustración de *À toute épreuve*: "Trabajo con Tormo en las modificaciones de la tipografía de ciertas páginas del libro [...], eso me ha llevado, naturalmente, a retrabajar ciertas planchas para guardar el equilibrio. Tormo se va mañana a París 4 o 5 días, le he confiado la maqueta con las rectificaciones para enseñársela a Madame Lacourière y a Frèlaut, puesto que es preciso que todos mis colaboradores conserven el fuego sagrado para llevar a cabo ese trabajo. [...] Preparo una gran exposición de cerámica para el mes de mayo, no me será posible ir a París antes de que ese trabajo esté acabado, después podría poner a punto con Frélaut todo lo que queda por hacer, y esperemos que esta vez se firme el 'bon à tirer' definitivo."[1022]

En el mes de mayo, la revista *L'Oeil* publica una entrevista con Miró realizada por Rosamond Bernier, en la que habla de su trabajo como ceramista. Miró narra sus inicios en el campo de la cerámica: "Ya en 1922, en mi masía de Montroig, cerca de Tarragona, había hecho, inspirándome directamente en elementos naturales, esculturas que, algunos años más tarde, fueron moldeadas en escayola y sirvieron de punto de partida para cerámicas." Miró explica los materiales de sus obras: "En su mayoría materiales tradicionales: arcillas refractarias, pastas cerámicas, loza, barnices de plomo, esmaltes de estaño, óxidos metálicos." Expone también la variedad de sus piezas: "Es alfarería de todo tipo: esculturas, platos, guijarros, piedras grabadas, pequeños objetos preciosos de vitrina, cerámicas arquitectónicas, placas, composiciones, montajes, huevos, círculos, piedras, vasijas."[1023]

El 10 de mayo, finaliza la última gran serie de cerámicas elaboradas en Gallifa, concluyen así dos años y medio de intenso trabajo entre Miró y Artigas.[1024]

De junio a agosto, tiene lugar la exposición de cerámicas de Miró y Artigas, titulada "Terres de Grand Feu" en la Galerie Maeght de París.[1025] El 28 de junio, desde el Hôtel Pont-Royal de París, Miró escribe a Jean Cassou, conservador-jefe del Musée national d'art moderne para invitarle a ver sus esculturas expuestas en la Galerie Maeght: "Nos hemos adentrado con Artigas por caminos peligrosos. Personalmente me gustaría tener su parecer sobre nuestra aventura."[1026]

1011 Carta de Georges A. Salles [Vicepresidente del Comité des Conseillers Artistiques del Ministère de l'Éducation Nationale de Francia] a Joan Miró, 1 octubre 1955 (FPJM: FD-551).
1012 Carta de Joan Miró a Pierre Matisse, 20 octubre 1955 (PML: PMGA).
1013 Miró 1987g, pp. 242-245.
1014 Carta de Bernard Zehrfuss [del grupo de arquitectos del proyecto UNESCO] a Joan Miró, 15 noviembre 1955 (FPJM: FD-550).
1015 Carta de Josep Lluís Sert a Joan Miró, 11 diciembre 1955 (FPJM: FD-261): "El film es realmente magnífico, y creo muestra tu obra y sus raíces como deben ser"; y *The Boston Herald* 8 diciembre 1955 (FPJM: H-2443).
1016 Carta de Joan Miró a Pierre Matisse, 26 diciembre 1955 (PML: PMGA).
1017 Carta de Joan Miró a Alexander Calder, 26 diciembre 1955, en Hutton y Wick 2004, p. 272.
1018 Umland 1993, p. 340.
1019 Cartas de Robert Giron a Joan Miró, 14 enero 1956 (FPJM: FD-220), 27 enero 1956 (FPJM: FD-221). En ellas se manifiesta el gran éxito alcanzado por la exposición, y se lamenta el que Miró no hubiese asistido a la inauguración, puesto que a ella acudieron sus antiguos amigos de Bruselas y muchos admiradores.
1020 Sosset 6 enero 1956 (FPJM: H-2452); Caso 8 enero 1956 (FPJM: H-2454); y H.W. 19 abril 1956 (FPJM: H-2512).
1021 Carta de Joan Miró a Pierre Matisse, 16 enero 1956 (PML: PMGA).
1022 Carta de Joan Miró a Gérald Cramer, 10 febrero 1956, en Giroud 2002, pp. 108-109.
1023 Bernier mayo 1956 (FPJM: H-2530).
1024 Miralles 1992, p. 73; y Pierre y Corredor-Matheos 1974, p. 131.
1025 Miralles 1992, p. 73; Pierre y Corredor-Matheos 1974, p. 149; y Besson 28 junio 1956 (FPJM: H-2549).
1026 Carta de Joan Miró a Jean Cassou, 28 junio 1956, en Rowell 1993, p. 97.

1027 Carta de Joan Miró a Gérald Cramer, [3 julio 1956]; y carta de Joan Miró a Gérald Cramer, 21 julio 1956, en Giroud 2002, pp. 110-111.

1028 Carta de Joan Miró a Pierre Matisse, 16 enero 1956 (PML: PMGA).

1029 Carta de Joan Miró a Gérald Cramer, 8 septiembre 1956, en Giroud 2002, pp. 112-115.

1030 Rowell 1987a, p. 33.

1031 Carta de Joan Miró a Gérald Cramer, 26 septiembre 1956, en Giroud 2002, pp. 114-115.

1032 Postal de Joan Miró a Gérald Cramer, 10 octubre 1956, en Giroud 2002, pp. 116-117.

1033 Carta de Joan Miró a Pierre Matisse, 8 noviembre 1956 (PML: PMGA).

1034 Carta de Joan Miró a Josep Lluís Sert, 9 noviembre 1956, en Col·legi Oficial d'Arquitectes de Balears 1990, p. 36.

1035 Carnielli y Loudon 2001, pp. 234-235.

1036 Miró se refiere a una exposición de obra gráfica que tendría lugar en Krefeld, en el Museum Haus Lange. Esta muestra se expuso más tarde en Berlín Occidental, Munich, Colonia y Hamburgo (Tone 1993, p. 447).

1037 Miró alude al libro de Paul Eluard, À toute épreuve.

1038 Carta de Joan Miró a Gérald Cramer, 28 diciembre 1956, en Giroud 2002, pp. 118-119.

1039 Umland 1993, p. 340.

1040 Bernier 1961, en Rowell 1995, pp. 277-278.

1041 La Vanguardia 18 enero 1957 (FPJM: H-2698).

1042 Postal de Joan Miró a Gérald Cramer, 17 enero 1957, en Giroud 2002, pp. 120-121.

1043 Carta de Joan Miró a Alexander Calder, 8 febrero 1957, en Hutton y Wick 2004, pp. 272-273.

1044 Testimonio del Sr. Manuel Arce propietario de la Galería Sur de Santander y dibujo realizado por Miró durante su estancia en Santander. El 10 de noviembre del año 2000, el director del Museo de Altamira, José Antonio Lasheras y María Luisa Lax se entrevistaron con el Sr. Arce en Santander. Manuel Arce recordaba muy bien la visita de Miró a Santander en marzo de 1957 y les enseñó un dibujo que Miró realizó durante su estancia en Santander. El dibujo está firmado, dedicado, y fechado: "Santander // 8/3/57."

1045 Rowell 1987a, pp. 242-245.

1046 Tarjeta de visita de Joan Miró a Josep-Francesc Ràfols, 18 marzo 1957, en Soberanas y Fontbona 1993, p. 139.

1047 Carta de Joan Miró a Josep Lluís Sert, 30 marzo 1957 (FLL).

1048 Umland 1993, p. 340; y Tone 1993, p. 447.

1049 Carta de Joan Miró a Josep Lluís Sert, 30 marzo 1957 (FLL).

1050 J. D. 19 mayo 1957 (FPJM: H-2769); Dartigues 19 mayo 1957 (FPJM: H-2770); y Humbourg 18 mayo 1957 (FPJM: H-2772).

1051 Umland 1993, p. 340; y Rowell 1987a, p. 34.

1052 Umland 1993, p. 341.

1053 Carta de Joan Miró a Gérald Cramer, 24 septiembre 1957, en Giroud 2002, pp. 122-123.

1054 Postal de Joan Miró a Josep-Francesc Ràfols, 19 octubre 1957, en Soberanas y Fontbona 1993, p. 141.

1055 Carta de Joan Miró a Gérald Cramer, 19 octubre 1957, en Giroud 2002, pp. 124-125.

En julio, probablemente, Miró se encuentra en París y se aloja en el Hotel Pont-Royal entre el 3 y 22 de ese mes. El día 22, Miró se traslada de París a Barcelona, llevando consigo la maqueta y las pruebas de ensayo de À toute épreuve.[1027]

En otoño, Miró comienza a "liquidar" el taller de Passatge del Crèdit y de Folgarolas para comenzar el traslado e instalarse definitivamente en Palma. En la tranquilidad y la soledad del nuevo taller diseñado por Sert en Palma, Miró pensaba concebir y preparar el mural cerámico para la UNESCO.[1028]

El 8 de septiembre, Miró se encuentra en Palma de Mallorca.[1029]

Durante el mes de septiembre, Miró probablemente se desplaza a Gallifa, donde comienza a trabajar con Artigas en los murales cerámicos para la UNESCO.[1030]

El 26 de septiembre, Miró está de nuevo en Palma.[1031]

A partir del 10 de octubre, Miró viaja a París, donde pasará varios días.[1032]

El 8 de noviembre, Miró escribe a Matisse, desde Son Abrines, Mallorca, comunicándole que las maquetas de los dos murales cerámicos para la UNESCO ya están terminadas y que han impresionado mucho a los arquitectos. Asimismo, Miró le dice que todavía están instalándose en el nuevo taller, lo que le resulta molesto y no le permite trabajar con la intensidad que desearía.[1033]

El 9 de noviembre, Miró escribe a Sert, desde Palma de Mallorca: "El taller está ya completamente listo y es extraordinariamente magnífico, ardo en deseos de ponerme a trabajar, pero me contengo porque de hacerlo así me lanzaría demasiado a fondo y no acabaría nunca de poner en orden la casa y sobre todo la biblioteca [...]. Yo no puedo trabajar seriamente sin haber creado previamente un ambiente propicio para hacerlo [...]."[1034]

Del 4 al 30 de diciembre, tiene lugar la exposición de cerámicas de Miró y Artigas, titulada "Sculpture in Ceramic: Terres de Grand Feu" en la Pierre Matisse Gallery de Nueva York. La exposición fue "sensacional" y entusiasmó tanto al público como a la crítica.[1035]

El 28 de diciembre, Miró escribe a Cramer: "La casa y el taller comienzan a estar en pie, ¡ya era hora! [...] Se prepara para este invierno una gran exposición de toda mi obra grabada en los museos de las seis ciudades más importantes de Alemania.[1036] Creo que será importante que en esas ciudades sepan que el libro[1037] está en preparación y listo para aparecer, bien exponien-do dos o tres pruebas, o bien anunciándolo simplemente, para guardar mejor el efecto de la sorpresa."[1038]

1957 Instalado en Mallorca, en "Son Abrines", Miró comienza a organizar su nuevo taller, reexaminando paralelamente toda su obra artística.[1039] Miró lo recuerda así, de manera retrospectiva: "En el nuevo estudio tuve espacio suficiente por primera vez. Pude desembalar cajas que contenían obras realizadas muchos años atrás [...] Cuando saqué todo ello, en Mallorca, comencé a hacer mi autocrítica. Me 'corregí' fríamente, objetivamente [...]. Fue un impacto, una verdadera experiencia. Fui despiadado conmigo mismo. Destrocé muchas telas, y sobre todo muchos dibujos y gouaches. Miraba una serie completa, separaba un grupo de obras para quemarlas, volvía con más, y luego las destrozaba. Hubo dos o tres grandes 'purgas' como ésa en varios años. Hay muchas obras que me gustaría retomar. [...] Mi obra actual surge de todo lo que aprendí durante ese período." [1040]

Del 9 al 25 de enero, tiene lugar una exposición individual de Miró titulada "Litografías originales de Joan Miró" en la Sala Gaspar de Barcelona.[1041]

El 24 de enero, Miró se encuentra en París con intención de quedarse ocho días. Miró supervisa el proceso de ilustración de À toute épreuve.[1042]

El 8 de febrero, Miró escribe a Calder desde Son Abrines, Palma: "[...] No acabamos nunca con la instalación del taller [...] la instalación y los trabajos para la Unesco han absorbido todo mi tiempo."[1043]

El 8 de marzo, Miró se encuentra en Santander, en compañía del fotógrafo Francesc Català-Roca, del ceramista Josep Llorens Artigas y de su hijo Joan Gardy Artigas. En ese viaje, Miró visita las cuevas de Altamira por primera vez,[1044] para contemplar "el ejemplo más antiguo de arte mural del mundo." Miró inicia así un peregrinaje a sus fuentes de inspiración con el fin de enriquecer el proceso de creación de los murales cerámicos para la UNESCO en París. Ese peregrinaje comprendía también la pintura románica catalana, y la arquitectura de Gaudí, en concreto, el Parc Güell.[1045]

El 18 de marzo, se encuentra en Palma de Mallorca.[1044]

El 30 de marzo, Miró escribe a Sert: "Habrás recibido una postal que te enviamos desde Altamira, viaje que nos fue de gran utilidad para nuestro trabajo en los murales de la UNESCO. Estos están realizados invocando los frescos románicos de nuestro museo = Gaudí = Altamira. Bajo ese patrocinio, que los ángeles nos protejan." Además, le explica su adaptación al nuevo taller de Palma de Mallorca: "[...] todavía no he podido normalizar mi ritmo de trabajo y de vida. Un intervalo así, de larga y callada reflexión, interrumpido solamente por el trabajo de la UNESCO, me convenía. Saldré [de este intervalo] con un nuevo impulso de renovación y potencialidad. Voy poniendo cosas de alfarería popular y de pescador en el taller y patio, todo queda grandioso, esto me dictará una nueva concepción plástica, grandiosa, por el ambiente del taller y de la poesía y luz del paisaje."[1047]

En abril, se presenta la exposición de obra gráfica "Miró: Das graphische Werk" en el Museum Haus Lange de Krefeld. La exposición viajará a Berlín, Munich, Colonia, Hannover y Hamburgo.[1048]

A finales de abril, Miró probablemente viaja a París, donde permanecerá dos meses.[1049]

Del 17 de mayo al 17 de junio, tiene lugar la exposición "Miró: peintures, lithographies, sculptures, céramiques" en la Galerie Matarasso de Niza.[1050]

Probablemente en agosto, Miró empieza a preparar con Jacques Dupin la gran monografía sobre su vida y su obra, que se publicaría en 1961.[1051]

El 9 de agosto, Matisse escribe a Miró, manifestándole su alegría porque éste último haya aceptado publicar una edición facsímil de la serie de las Constellations. Posteriormente, Miró le propondrá a Matisse que el texto de dicha publicación lo realice André Breton.[1052]

El 24 de septiembre, Miró se encuentra en Montroig pasando unas semanas de descanso. Desde allí, escribe a Cramer: "Estoy obsesionado en estos momentos con la idea de encontrar papeles que se presten a mis proyectos. Usted me ha hablado de papel china o japón grueso, si hay en Suiza, ¿podría procurarme algunas hojas de diversos formatos? [...] Creo que también debe de haber en su país papeles totalmente corrientes para los tenderos de ultramarinos y para envolver la carne en las carnicerías, lo que sería otro gran recurso de grandes posibilidades."[1053]

El 19 de octubre, Miró se encuentra ya de regreso en Palma de Mallorca.[1054] Desde allí, escribe a Cramer: "[...] Me resulta imposible prever cuándo podré ir a París, puesto que Artigas y yo estamos en este momento en plena actividad para los murales, momentos decisivos en los que mi responsabilidad está más que nunca en juego."[1055]

El 19 de noviembre, desde Palma, Miró escribe a Cramer: "Disculpe mi retraso en responderle, pero he estado ausente, en casa de Artigas

Joan Miró frente al taller diseñado por Josep Lluís Sert, Palma de Mallorca, julio de 1957. Cortesía Successió Miró.

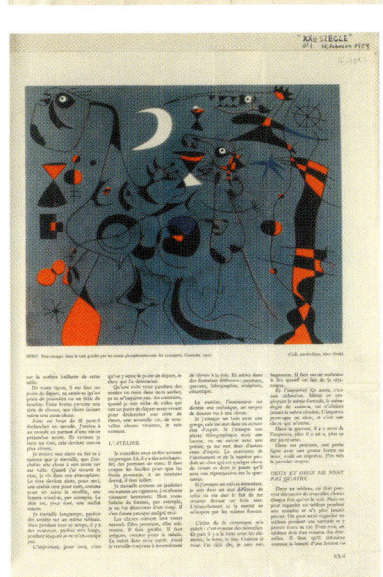

"Miró: Je travaille comme un jardinier..." Entrevista realizada por Yvon Taillandier, publicada en la revista *XXe siècle*, París, 16 de febrero de 1959 (FPJM: H-3097)

trabajando en el gran mural de la Unesco. Ahora espero a que él me haga una nueva señal para volver a toda prisa. [...] No puedo prever cuándo podré ir a París, esto dependerá de los resultados de las hornadas."[1056]

1958 En Palma de Mallorca, Miró continúa organizando el nuevo taller diseñado por Sert. Este proceso le permite hacer una revisión de bocetos y dibujos realizados a lo largo de su vida.[1057]

El 2 de enero, Miró escribe a Cramer: "En el mes de enero corriente, tan pronto como me sea posible, iré a París para poner todo en orden [...] Hemos tenido un problema con nuestro horno de cerámica lo que nos ha trastornado un poco y retrasado."[1058]

El 21 de enero, Miró escribe a Breton desde Palma, manifestándole su satisfacción porque Breton haya aceptado escribir el texto para las *Constelaciones*.[1059]

El 28 de enero, James Thrall Soby, Conservador del Departamento de Pintura y Escultura del Museum of Modern Art de Nueva York, escribe a Miró en referencia a los planes de organizar una gran exposición retrospectiva de Miró.[1060]

El 8 de febrero, Miró escribe a Cramer: "Voy a casa de Artigas para trabajar un poco con él e ir inmediatamente después a París, adonde llegaremos el martes 18 por la tarde."[1061]

El 1 de abril, Miró escribe a Matisse desde Gallifa, explicándole que está trabajando en los últimos retoques del mural de la UNESCO.[1062]

Del 25 abril al 5 de junio, tiene lugar la exposición *A toute épreuve* en la Galerie Berggruen, París.[1063] Se trata del libro de poemas de Paul Eluard ilustrado por Joan Miró en el Atelier Lacourière et Frélaut de París, y editado por Gérald Cramer, en Ginebra.[1064]

El 19 de mayo, Miró escribe a Matisse desde Palma, comunicándole que los murales para la UNESCO están prácticamente acabados. Miró espera que Artigas le avise para la revisión final.[1065]

El 29 de mayo, se realiza en Gallifa la última hornada de cerámica para los murales de la UNESCO.[1066]

Con anterioridad al 13 de junio, el *Mural de la luna* ya había sido trasladado a París, pero todavía estaba pendiente de instalación.[1067]

Durante el mes de agosto, Miró debió de trabajar con Sert en Saint-Paul-de-Vence.[1068]

El 25 de agosto, Miró escribe a Matisse desde Palma, anunciándole que le han concedido el

premio Guggenheim por los murales de UNESCO.[1069]

El 3 de noviembre, se inaugura oficialmente la nueva sede de la UNESCO, Place de Fontenoy de París.[1070]

Del 4 al 29 de noviembre, tiene lugar la exposición "Peintures Sauvages, 1934 to 1953" en la Pierre Matisse Gallery de Nueva York.[1071]

En diciembre, André Breton publica un artículo en *L'Oeil* titulado "Constellations de Joan Miró".[1072]

1959 Tras cuatro años de inactividad pictórica, Miró retoma la pintura y realiza obras sobre tela, cartón, arpillera o madera, en general, de pequeño formato.[1073]

El 4 de enero, René Char anuncia a Miró que recibirá unos poemas de René Cazelles. Además, Char le expresa su impaciencia por ver su libro ilustrado por Miró que está estampando Louis Broder.[1074] En efecto, el 16 de mayo, Broder le envía a Miró las pruebas del libro de Char para su aprobación.[1075]

Desde el 20 de enero hasta el mes de marzo, tiene lugar la presentación y exposición del libro *Constellations*, en edición facsímil, en la Galerie Berggruen de París. Se exponen algunas de las *Constelaciones* de la serie original integrada por 23 gouaches, y se presenta el libro editado por Pierre Matisse, con una introducción y 22 textos de André Breton.[1076]

El 15 de febrero, la revista *XXe siècle* publica un artículo titulado "Je travaille comme un jardinier", reflexiones del propio Miró recopiladas por Yvon Taillandier. Miró explica en profundidad el desarrollo de su proceso creativo, las fuentes de su obra, su ambiente de trabajo: "El espectáculo del cielo me sobrecoge. Me estremezco cuando veo, en un cielo inmenso, la luna creciente o el sol [...] Las cosas más sencillas me proporcionan ideas [...] Considero mi taller como un huerto [...] trabajo como un jardinero o como un viñatero. Las cosas surgen lentamente [...] siguen su curso natural. Crecen, maduran. Se desarrollan en mi espíritu. Trabajo en muchas cosas a la vez, e incluso en disciplinas diferentes: pintura, grabado, litografía, escultura, cerámica... La materia, el instrumento, me dictan una técnica, un medio de dar vida a una cosa."[1077]

En un artículo publicado en marzo, Miró expresa sus planes de trabajo: "Voy a combinar formatos grandes y pequeños. Será una auténtica *ensalada*. Voy a hacer cosas inmensas [...] siento que estoy al borde de una evolución brutal. Siento que ahora soy capaz de pintar cosas que no hubiera podido pintar hace tres años."[1078]

1056 Carta de Joan Miró a Gérald Cramer, 19 noviembre 1957, en Giroud 2002, pp. 126-127.
1057 Umland 1993, p. 341.
1058 Carta de Joan Miró a Gérald Cramer, 2 enero 1958, en Giroud 2002, p. 129.
1059 Umland 1993, p. 341.
1060 Umland 1993, p. 341.
1061 Carta de Joan Miró a Gérald Cramer, 8 febrero 1958, en Giroud 2002, pp. 130-131.
1062 Carta de Joan Miró a Pierre Matisse, 1 abril 1958 (PML: PMGA).
1063 Fabre 26 abril 1958 (FPJM: H-2894); y *New York Herald Tribune* 30 abril 1958 (FPJM: H-2896).
1064 Cramer 1989, pp. 142-145.
1065 Carta de Joan Miró a Pierre Matisse, 19 mayo 1958 (PML: PMGA).
1066 Pierre y Corredor-Matheos 1974, p. 176.
1067 Carta de Bernard Zehrfuss a Joan Miró, 13 junio 1958 (FPJM: FD-547).
1068 Carta de Joan Miró a Pierre Matisse, 23 agosto 1958 (PML: PMGA).
1069 Carta de Joan Miró a Pierre Matisse, 25 agosto 1958 (PML: PMGA); Genauer 17 octubre 1958 (FPJM: H-2996); y Knox 17 octubre 1958 (FPJM: H-2997).
1070 *La Vanguardia* 4 noviembre 1958 (FPJM: H-3020); y *Soir-Express* 4 noviembre 1958 (FPJM: H-3027).
1071 Pierre Matisse Gallery 1958; *New York Herald Tribune* 9 noviembre 1958 (FPJM: H-3033); y Devree 9 noviembre 1958 (FPJM: H-3034).
1072 Breton diciembre 1958 (FPJM: H-3072).
1073 Dupin y Lelong-Mainaud 2002b, pp. 17-55.
1074 Carta de René Char a Joan Miró, 4 enero 1959 (FPJM: FD-103); René Char parece aludir a su libro *Nous avons* ilustrado por Miró, y que fue publicado en 1959. Además, René Char debe de referirse al libro de Cazelles titulado *La rame et la roue*, ilustrado por Miró, y publicado en 1960 (Cramer 1989, pp. 152-153 y 172-173).
1075 Carta de Louis Broder a Joan Miró, 16 mayo 1959 (FPJM: FD-45).
1076 Moulin 19 febrero 1959 (FPJM: H-3104).
1077 Taillandier 16 febrero 1959 (FPJM: H-3097).
1078 Schneider marzo 1959 (FPJM: H-3249).

1079 Carta de Joan Miró a Pierre Matisse,
2 marzo 1959 (PML: PMGA).
1080 Carnielli y Loudon 2001, p. 245; e Invitación de la
exposición (FPJM: H-3142).
1081 Soby 1959.
1082 Genauer 22 marzo 1959 (FPJM: H-3115);
y Devree 22 marzo 1959 (FPJM: H-3116).
1083 Carta de Josep Lluís Sert a Joan Miró,
21 marzo 1959 (FPJM: FD-574).
1084 Carta de Pierre Matisse a Joan Miró,
22 marzo 1959 (FPJM: FD-576).
1085 Carta de Joan Miró a Pierre Matisse,
30 marzo 1959 (PML: PMGA).
1086 Carta de Joan Miró a Pierre Matisse,
14 abril 1959 (PML: PMGA).
1087 *The New York Times* 19 mayo 1959
(FPJM: H-3135); y *New York Herald Tribune*
19 mayo 1959 (FPJM: H-3137).
1088 Tres facturas de la agencia de viajes Humbert Travel
Service, Inc., fechadas 8, 12 y 13 mayo de 1959
respectivamente, parecen indicar que Miró viajó en
ferrocarril el 21 de mayo de Nueva York a Boston
y el día 22 de Boston a Philadelphia ida y vuelta.
1089 Carta de James Thrall Soby a Agnes Mongan,
del Fogg Museum of Art, mayo 1959.
1090 Carta de Joan Miró, desde el Hotel Gladstone de
Nueva York a James Sweeney, 18 mayo 1959
(PML: PMGA).
1091 Carta de Joan Miró a Josep Lluís Sert,
9 julio 1959 (FLL).
1092 Rowell 1987a, p. 34; y Habasque septiembre 1959
(FPJM: H-3191).
1093 Carta de André Breton a Joan Miró, 1 agosto 1959
(FPJM: FD-40). En la "Exposition Internationale du
Surréalisme", Miró estuvo representado con *L'Objet
du couchant*, Galerie Daniel Cordier, París, en
Durozoi 2004, pp. 586-590.
1094 Carta de José Pierre a Joan Miró,
28 octubre 1959 (FPJM: FD-43).
1095 Carta de Joan Miró a Josep Lluís Sert,
9 octubre 1959 (FLL).

El 2 de marzo, Miró escribe a Matisse desde Palma de Mallorca, y le comunica que ha recibido una carta de Sweeney invitándole a Washington el 18 de mayo para la entrega del premio Guggenheim de manos del presidente Eisenhower. Miró responde afirmativamente a dicha invitación.[1079]

Del 17 de marzo al 11 de abril, tiene lugar la presentación de la edición facsímil de *Constellations* en la Pierre Matisse Gallery de Nueva York. Se exponen algunos originales de la serie de 23 gouaches, y se presenta el libro editado por Pierre Matisse, con una introducción y 22 "Proses parallèles" de André Breton y el texto "The Atmosphere Miró" de James Johnson Sweeney.[1080]

Del 18 de marzo al 10 de mayo, tiene lugar una exposición retrospectiva de Miró en The Museum of Modern Art de Nueva York, organizada por William S. Lieberman. El autor del catálogo es James Thrall Soby.[1081] Miró recibe elogios entrañables y críticas muy positivas.[1082] Sert escribe a Miró: "Todavía estoy bajo la impresión de tu exposición. Es algo que estoy seguro que ¡ni tú te imaginas! Conocía casi todas las telas expuestas, pero ver el conjunto es otra cosa, es la única forma de hacerse cargo de la continuidad de tu obra. Más de cien telas son muchas y a pesar de eso no se siente ninguna monotonía, ni siquiera repetición. Todo vibra, ¡la vida está en todos lados! Junto con la vida, están los valores permanentes de lo popular, la tierra, los objetos transformados."[1083] Pierre Matisse también le expresa su entusiasmo tanto por la exposición del MoMA como por la de la Pierre Matisse Gallery: "La exposición es un triunfo absoluto [...] Desde el punto de vista artístico y político estoy muy, muy contento. Lo que más me gusta es que por primera vez, se ha sentido el drama, lo trágico que hay en el fondo de su obra. Esta tensión que le ha conducido desde los primeros comienzos hasta las últimas obras expuestas. Por fin el publico se da cuenta de que no se trataba de un mariposeo, sino de una aventura peligrosa a la cual se tiró de cabeza."[1084]

El 30 de marzo, Miró escribe a Matisse desde Palma de Mallorca, comunicándole los planes de su próximo viaje a Estados Unidos. La ida está reservada para el martes 21 de abril por avión desde Barcelona.[1085]

El 14 de abril, Miró escribe a Matisse, desde Palma de Mallorca, y le habla de su futuro viaje a Estados Unidos. Miró dice que permanecerá en Nueva York hasta la clausura de su exposición y a continuación hará pequeños viajes. Tiene previsto visitar a Sert y a Calder, viajar a Chicago y a Philadelphia, y contactar con los pintores americanos, dado que la pintura americana le interesa mucho.[1086]

El 18 de mayo, el presidente Eisenhower hace entrega a Miró del premio *Guggenheim International Award*, en la Casa Blanca, Washington D. C.[1087]

Unos días más tarde, el 21 de mayo, Miró viaja a Boston.[1088] En Cambridge, Miró visita su pintura mural de Harkness Commons, queda impresionado por su deficiente estado de conservación y propone su substitución por un mural de cerámica.[1089]

El 29 de mayo, Miró deja Nueva York a bordo del trasatlántico *S.S. Liberté*.[1090]

El 9 de julio, Miró escribe a Sert desde Barcelona. En esa carta le habla del impacto de su visita a Estados Unidos: "La estancia en Estados Unidos ha marcado ahora, en mi edad ya madura y formada, un impacto fortísimo que naturalmente repercutirá en mi obra."[1091]

Del 11 de julio al 11 de octubre, Miró expone en la "Documenta II" de Kassel, Alemania.[1092]

El 1 de agosto, Breton escribe a Miró para solicitar su participación en la "Exposition Internationale du Surréalisme" que debía tener lugar en la Galerie Daniel Cordier, a partir del 15 de diciembre. Siguiendo los deseos de este galerista, la exposición versaría sobre el erotismo. André Breton deseaba que Miró estuviera ampliamente representado por obras bidimensionales y tridimensionales, tanto recientes como de su primer período.[1093] No obstante, el coordinador de la exposición José Pierre topa con dificultades a la hora de conseguir los préstamos.[1094]

El 9 de octubre, Miró escribe a Sert, desde Montroig: "Dentro de pocos días volvemos a Palma [...] Una vez allí comenzaré a trabajar a fondo, que ya lo ansío. Aquí también he trabajado mucho, poniendo en orden cosas que tienen como punto de partida este ambiente." Asimismo, Miró muestra su entusiasmo por el proyecto de la nueva fundación Maeght, en Saint-Paul-de-Vence: "Maeght me envió un pliego de fotos de la maqueta en su estado último, es una cosa admirable. También he ido anotando ideas que te sugeriré si nos vemos este invierno en la colocación de la primera piedra [...] es una obra que permitirá lanzarse en grandes realizaciones y dar vida a grandes ideas." Además, Miró le anuncia a Sert: "Acabo de adquirir 'Son Boter', la magnífica casa que estaba detrás de la nuestra. [...] Me servirá también para hacer telas y esculturas monumentales y así descongestionar el taller [...]. Pienso instalar también prensas para litho y aguafuerte."[1095]

Del 7 al 20 de noviembre, tiene lugar una exposición individual de obra gráfica de Miró en la Sala Gaspar de Barcelona.

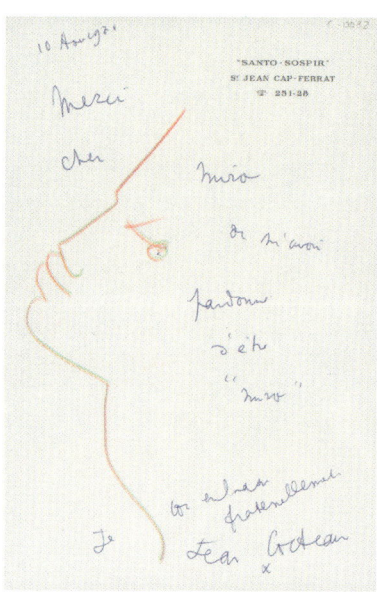

Saludo de Jean Cocteau enviado a Joan Miró, desde St. Jean Cap-Ferrat, 10 de agosto de 1959 (FPJM: FD-82)

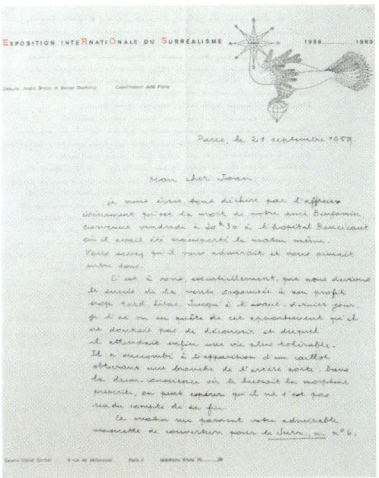

Carta de André Breton a Joan Miró, hablándole de la exposición de algunas obras de Miró en la "Exposition Internationale Surréaliste", París, 21 de septiembre de 1959 (FPJM: FD-41)

"La rame et la roue" de René Cazelles, libro ilustrado con litografías de Miró, 1960. Fondo documental Fundació Pilar i Joan Miró a Mallorca.

Se exponen 1 Makémono, 10 aguafuertes, 12 litografías, y la serie *Constellaciones*.[1096]

El 7 de diciembre, Michel Leiris le envía a Miró los poemas titulados "Marrons sculptés pour Miró", que darían origen a un libro ilustrado con una litografía a color de Joan Miró.[1097]

El 11 de diciembre, René Cazelles le comunica a Miró la emoción que ha sentido al ver las pruebas de las litografías creadas por Miró para ilustrar su libro *La rame et la roue*.[1098]

Primera colaboración de Miró con André Frénaud para el libro de poemas *Noël au chemin de fer*. Miró realizó dos grabados a la punta seca.[1099]

1960 Entre 1959 y 1965, Miró realiza una serie de pinturas sobre cartón. A lo largo de 1960, utiliza diversidad de materiales como soportes. Aprovecha hábilmente sus texturas e irregularidades o las genera. Explora las técnicas más variadas: Óleo, acrílico, ceras, gouache, carboncillo, pastel, y tiza, entre otras.[1100]

El 25 de enero, Joan Artigas escribe a Pierre Matisse comunicándole que Miró le ha hablado del proyecto de la realización de un mural cerámico para substituir la pintura de Miró de la Universidad de Harvard. Artigas le solicita a Matisse que se ponga en contacto con los arquitectos y les pida las dimensiones exactas que debería tener el futuro mural de cerámica.[1101]

El 15 de febrero, Miró escribe a Sert, desde "Son Abrines": "Estoy trabajando con toda intensidad. El taller está completamente lleno de telas y casi no se puede circular. Afortunadamente tengo 'Son Boter' con una cantidad imponente de grandes telas que están esperando su turno para que una vez preparadas, vayan al taller para trabajarlas [...] Como instrumento de trabajo el taller es magnífico, con esa finalidad concebido admirablemente." En esa misma carta, Miró le comunica que, junto a Pierre Matisse, han pensado un "plan de ataque muy inteligente" para la próxima exposición en la Pierre Matisse Gallery de Nueva York. Se trataba de exponer las obras recientes, la gran pintura mural de Harvard hecha en 1948 y el gran mural del propio Sert.[1102]

Probablemente en febrero, Miró se reúne con Josep Llorens Artigas y su hijo Joan, en Gallifa a fin de estudiar la realización del gran mural cerámico que reemplazaría a la pintura mural de Harvard.[1103]

El 13 de abril, Miró escribe a Matisse, desde Palma, y le comunica que Sert ya le ha enviado las dimensiones para la cerámica de Harvard. Miró se ha visto con Artigas en Barcelona y han hablado en profundidad de ese trabajo. Artigas creía que el mural podría estar terminado para finales de 1960. Para Miró, había dos maneras

de enfrentarse a ese trabajo: Bien, hacer una reproducción de la pintura, lo que carecía de interés para él, o bien hacer una nueva versión de la pintura, en colaboración con Artigas y su hijo, lo que le resultaba apasionante. Previamente, Matisse debía lograr el compromiso firme del Comité de Harvard, para poder comenzar los trabajos preparatorios que, previsiblemente, serían largos.[1104]

El 9 de junio, el Embajador de los Estados Unidos en España viaja a Mallorca para condecorar a Miró con la insignia de Miembro de Honor de la Academia Nacional de Bellas Artes y Letras de los Estados Unidos.[1105]

El 24 de julio, Miró escribe a Calder desde Son Abrines: "Sentimos en el alma dejar París sin haberos hecho una visita en el campo [...] Tú me dijiste que os quedaríais allí, durante bastante tiempo, por lo que damos por hecho, cuando volvamos, pasar a verte."[1106]

El 31 de agosto, Aimé Maeght escribe a Miró para hablarle del proyecto de la Fondation Maeght: "[...] Me ha trastocado y emocionado profundamente sentir su entusiasmo, su amor por esa obra, que también será una gran obra colectiva [...] Hemos estudiado detenidamente con Sert todos los problemas referentes a su colaboración, está personalmente muy contento y orgulloso de su colaboración y particularmente en la mentalidad de respeto a la arquitectura que usted hace."[1107]

El 18 de septiembre, Miró escribe a Sert, desde Montroig, donde tiene previsto pasar un mes, y a continuación una semana en Barcelona. Miró le habla de su intención de trabajar en grandes formatos: "Al retomar el trabajo, cuando vuelva, [...] pondré un poco de orden para colocar una nueva etapa de telas de gran formato." También le comunica que Artigas ya está realizando las primeras cocciones para la cerámica que reemplazará la pintura mural de Harvard.[1108]

El 12 de noviembre, Miró escribe a Matisse, desde Palma y le comunica que el gran mural de Harvard le va a sorprender. En un principio, Miró había pensado hacer una versión de la pintura mural, pero finalmente ésta sólo había servido de pretexto. En ese momento, Miró estaba esperando el resultado de la cocción. Miró deseaba exponerlo en Nueva York, antes de instalarlo en Harvard.[1109]

El 12 de noviembre, Miró escribe a Sert, y le comunica que acaba de llegar de Gallifa, donde ha trabajado en la cerámica de Harvard: "Creo que ésta te sorprenderá, me he lanzado a fondo. Esto, juntamente con otras posibilidades sobre las que hemos hablado a fondo con Artigas, creo puede abrir y enriquecer nuevos horizontes para Saint-Paul y otras colaboraciones."[1110]

1096 *La Vanguardia* 13 noviembre 1959 (FPJM: H-3190); y del Castillo 20 noviembre 1959 (FPJM: H-3187).

1097 Carta de Michel Leiris a Joan Miró, 7 diciembre 1959 (FPJM: FD-161). Este libro se editó en Ginebra en 1961, en Cramer 1989, pp. 202-203.

1098 Carta de René Cazelles a Joan Miró, 11 diciembre 1959 (FPJM: FD-71). Este libro se publicó en 1960, en Cramer 1989, pp. 172-173.

1099 Cramer 1989, pp. 158-159. Carta de André Frénaud a Joan Miró, 5 diciembre [1957/1959] (FPJM: FD-362.1a): "Me congratulo de esta primera colaboración, a la espera de un libro más importante."

1100 Dupin y Lelong-Mainaud 2002b, pp. 17-28, 68-73.

1101 Carta de Joan Artigas a Pierre Matisse, 25 enero 1960 (PML: PMGA).

1102 Carta de Joan Miró a Josep Lluís Sert, 15 febrero 1960 (FLL).

1103 Carta de Joan Miró a Josep Lluís Sert, 15 febrero 1960 (FLL).

1104 Carta de Joan Miró a Pierre Matisse, 13 abril 1960 (PML: PMGA).

1105 *Última Hora* 10 junio 1960 (FPJM: H-3283).

1106 Carta de Joan Miró a Alexander Calder, 24 julio 1960, en Hutton y Wick 2004, p. 273.

1107 Carta de Aimé Maeght a Joan Miró, 31 agosto 1960 (FPJM).

1108 Carta de Joan Miró a Josep Lluís Sert, 18 septiembre 1960 (FLL).

1109 Carta de Joan Miró a Pierre Matisse, 12 noviembre 1960 (PML: PMGA).

1110 Carta de Joan Miró a Josep Lluís Sert, 12 noviembre 1960 (FLL).

1111 Carta de Josep Lluís Sert a Joan Miró, 7 diciembre 1960 (FLL).
1112 Carta de Joan Miró a Josep Lluís Sert, 15 diciembre 1960 (FLL).
1113 Cela enero 1961 (FPJM: H-3251).
1114 Figueruelo 31 enero 1961 (FPJM: H-3252).
1115 Derrière le miroir febrero 1961; y Galerie Maeght 17 febrero 1961 (FPJM: H-3256).
1116 Umland 1993, p. 341; y carta de Joan Miró a Josep Lluís Sert 26 marzo 1961 (FLL).
1117 Canaday 26 febrero 1961 (FPJM: H-3261); y E. G. 26 febrero 1961 (FPJM: H-3262).
1118 Carta de Alexander Calder a Klaus Perls, noviembre 1960, y carta de Joan Miró a Klaus Perls, 12 noviembre 1960, en Hutton y Wick 2004, pp. 273-274. Calder dijo de Miró: "[...] Nos hicimos muy buenos amigos y acudimos a muchas cosas juntos, incluido el gimnasio. Llegué a amar su pintura, su color, sus personajes, e intercambiamos obras. [...] El gimnasio es algo del pasado, pero Miró y yo seguimos adelante." Miró homenajeó a Calder, dedicándole un poema: "Mon vieux Sandy, ce costaud à l'/âme de rossignol qui souffle des mobiles / ce rossignol qui pose son nid / à ses mobiles / ces mobiles frottent l'écorce / de la sphère couleur orange / où habite mon grand ami Sandy."
1119 Dupin y Lelong-Mainaud 2002b, pp. 106-109.
1120 Bernier 1961, en Rowell 1995, pp. 279-280.
1121 Carta de Joan Miró a Josep Lluís Sert, 13 marzo 1961 (FLL): "Tengo el gusto de decirte que estoy trabajando en vuestro mural, creo que irá bien, y será una obra digna"; Carta de Joan Miró a Josep Lluís Sert, 15 febrero 1960 (FLL); Dupin y Lelong-Mainaud 2002b, pp. 110-111.
1122 Carta de Joan Miró a Josep Lluís Sert, 26 marzo 1960 (FLL); Derrière le miroir abril 1961; Cartier 8 mayo 1961 (FPJM: H-3267); y Continent 13 mayo 1961 (FPJM: H-3269).
1123 Miró se refiere a su segunda exposición en la Galerie Maeght. Carta de Joan Miró a Gerald Cramer, 27 mayo 1961, en Giroud 2002, p. 137.
1124 Musée de l'Athénée 1961.
1125 Carta de Joan Miró a Josep Lluís Sert 13 marzo 1961 (FLL); y Derrière le miroir junio 1961.
1126 Carta de Joan Miró a Gérald Cramer, 23 septiembre 1961, en Giroud 2002, pp. 138-139. Miró se refiere a la exposición individual de pinturas y cerámicas en la Pierre Matisse Gallery de Nueva York.
1127 Pierre Matisse Gallery 1961.
1128 Carta de Joan Miró, desde Son Abrines, a Pierre Matisse, 31 octubre 1961 (PML: PMGA).
1129 Carta de Pilar Juncosa a Lluís Juncosa, escrita desde Nueva York, 3 diciembre 1961 (FPJM: FD-204).
1130 Carta de Joan Miró a Pierre Matisse, 29 diciembre 1961 (PML: PMGA).
1131 Dupin 1961a.
1132 Carta de Joan Miró a Gérald Cramer, 27 febrero 1962, en Giroud 2002, pp. 140-141.
1133 Carta de Joan Miró a Gérald Cramer, 14 mayo 1962, en Giroud 2002, pp. 142-143.
1134 Dupin y Lelong-Mainaud 2002b, pp. 116-119.
1135 Umland 1993, p. 341.
1136 Musée national d'art moderne Paris, y Ministère d'Etat Affaires Culturelles 1962.
1137 Umland 1993, p. 341.
1138 Carta de Joan Miró a Josep Lluís Sert, 3 octubre 1962 (FLL).
1139 Carta de Joan Miró a Josep Lluís Sert, 3 octubre 1962 (FLL).
1140 Carta de Joan Miró a Josep Lluís Sert, 6 diciembre 1962 (FLL).
1141 Derrière le miroir junio-julio 1963.
1142 Carta de Joan Miró a Gérald Cramer, 9 febrero 1963, en Giroud 2002, pp. 144-145.
1143 Derrière le miroir junio-julio 1963.

El 7 de diciembre, Sert escribe a Joan Miró y le explica que la Universidad de Harvard está interesada en que la pintura mural de Harkness Commons se exponga definitivamente en el Fogg Art Museum, una vez ésta haya sido reemplazada por el mural cerámico.[1111]

El 15 de diciembre, Miró escribe a Sert y le comunica que el propietario de la pintura mural de Harkness Commons es ahora Pierre Matisse. Además, Miró le anuncia a Sert que el nuevo mural de cerámica está casi acabado, únicamente falta volver a hornear algunos fragmentos: "Creo te impresionará mucho, no tiene nada que ver con la pintura. Es una obra mía capital."[1112]

1961 En enero, Miró concede una entrevista en la que habla de sus proyectos: "Con los murales de la UNESCO detrás de mí, puedo comenzar un trabajo serio. Veo que comienza una nueva época para mí. Tengo que trabajar mucho sobre cosas que empecé aquí en Palma, hace veinte años. Es parte del ciclo. Todo tiene su ciclo, las estrellas, los insectos, una obra de arte. Es la llamada de la tierra [...] Hace veinte años pintaba constelaciones. Ahora he vuelto a esos lienzos, a esos dibujos [...] En Mallorca quiero hacer esculturas monumentales, para colocar entre los árboles y sobre las rocas de la costa."[1113]

El 30 de enero, se expone el mural cerámico de Harvard en la Sala Gaspar de Barcelona.[1114] Del 17 al 28 de febrero, se expone en la Galerie Maeght de París.[1115] Finalmente, antes de su instalación definitiva en Cambridge, se expone en el Solomon R. Guggenheim Museum de Nueva York, del 30 de marzo al 16 de abril.[1116]

Del 21 de febrero al 1 de abril, tiene lugar la exposición "Alexander Calder, Joan Miró" en las Perls Galleries de Nueva York. La exposición obtiene un gran éxito de público y las críticas son entusiastas.[1117] Para esa ocasión, el galerista Klaus Perls solicita a los dos artistas que escriban textos de homenaje recíproco para el catálogo de la exposición.[1118]

El 4 de marzo, Miró finaliza el tríptico Bleu I, Bleu II, Bleu III.[1119] Miró explica en una entrevista: "Las últimas obras, son las tres grandes telas azules. Me ha llevado mucho tiempo hacerlas. No pintarlas, sino pensarlas. Me exigió un esfuerzo enorme, una gran tensión interior, para lograr el despojamiento buscado. La etapa preliminar fue de tipo intelectual... Fue como un preámbulo a la celebración de un rito religioso, sí, como una entrada en un monasterio [...] Sabía que arriesgaba todo, una debilidad, un error, y todo se hubiera echado a perder [...] Esas telas son la culminación de todo lo que había probado hasta entonces."[1120]

El 20 de marzo, finaliza la pintura mural destinada a la residencia de Josep Lluís Sert en Cambridge, Estados Unidos.[1121]

El 10 de abril, Miró se encuentra en París, con el fin de preparar su próxima exposición individual en la Galerie Maeght, cuya inauguración tiene lugar el día 28 de abril.[1122]

El 27 de mayo, Miró escribe a Cramer: "Estaré en París el 11 junio para preparar mi segunda exposición. [...] No olvides nuestro viaje a Cabrera que nos dará ideas para el libro."[1123]

Del 10 de junio al 14 de junio, tiene lugar la exposición "Joan Miró: Oeuvre graphique original, céramiques" en el Musée de l'Athénée de Ginebra.[1124]

Del 23 de junio al 31 de julio, tiene lugar una exposición de pinturas murales en la Galerie Maeght de París. En ella, se incluye el tríptico Bleu I, Bleu II, Bleu III, así como la pintura mural realizada para Josep Lluís Sert.[1125]

El 23 de septiembre, Miró escribe a Cramer desde Montroig: "He pensado mucho en el libro, que puede convertirse en algo muy importante, pero para abordar semejante aventura es preciso que tenga el espíritu libre, después de haber puesto en marcha mi exposición de Nueva York."[1126]

Del 31 de octubre al 25 de noviembre, tiene lugar una exposición individual de Joan Miró en la Pierre Matisse Gallery de Nueva York.[1127]

El 17 de noviembre, Joan Miró y Pilar Juncosa viajan desde París a Nueva York.[1128] Durante su estancia en Nueva York, acuden a la cena en honor de Miró ofrecida por la Academia de Bellas Artes, y el artista atiende a los diversos medios de comunicación norteamericanos y españoles (televisión, radio, prensa...). El 3 de diciembre, en una carta escrita a su hermano Lluís Juncosa, Pilar le comunica que la exposición "The Art of Assemblage", en The Museum of Modern Art, ha sido un éxito y por ello la han prolongado varias semanas. Pilar explica su intención de viajar a Boston, para asistir a un cocktail ofrecido por la Universidad de Harvard y otro ofrecido en casa de los Sert.[1129]

El 29 de diciembre, Miró escribe a Pierre Matisse, desde Palma de Mallorca, agradeciéndole su amabilidad durante su estancia en Nueva York. Esas semanas en Nueva York, han sido para Miró un gran estímulo, y le comunica que tiene en mente realizar grandes telas.[1130]

Jacques Dupin publica la monografía Joan Miró.[1131]

1962 Con anterioridad al 27 de febrero, Miró realiza un viaje a Gallifa, al taller de Josep Llorens Artigas.[1132]

Con anterioridad al 14 de mayo, Miró pasa de nuevo unos días en Gallifa con Josep Llorens Artigas y su hijo Joan Gardy Artigas.[1133]

Entre el 18 y el 22 de mayo, Miró finaliza una nueva serie de pinturas de gran formato: Peinture murale jaune orange, Peinture murale vert y Peinture murale rouge.[1134]

El 27 de mayo, Miró escribe a Dupin comentándole los planes de instalar un estudio de grabado en Palma.[1135]

Desde junio a noviembre, tiene lugar una gran retrospectiva de Joan Miró, en el Musée national d'art moderne de París. En esa exposición, se incluyen pinturas de 1914 a 1962, dibujos, gouaches, collages, grabados y litografías, cerámicas, libros ilustrados y esculturas.[1136]

En julio, Miró posiblemente se desplaza a Saint-Paul-de-Vence, donde se reúne con Sert para planificar un proyecto conjunto para la Fondation Maeght.[1137]

En septiembre, la familia Miró pasa una temporada en Montroig. A principios de octubre, se trasladan a Palma de Mallorca. El 3 de octubre, Miró escribe a Sert: "He ido pensando mucho en nuestro trabajo [Fondation Maeght], apasionante. Debemos tenerlo todo bien maduro para comenzar la realización con la máxima eficacia. Papitu [Artigas] está acabando el horno y ya prepara material, muy entusiasmado. Yo iré la semana próxima [a Gallifa]."[1138]

A finales de octubre, probablemente, Miró viaja a París.[1139]

1963 En enero, probablemente, Miró viaja a Gallifa para trabajar en el proyecto de la Fondation Maeght de Saint-Paul-de-Vence.[1140] Desde 1962 y a lo largo de ese año, Miró trabaja junto con Artigas, en las esculturas monumentales de cerámica que configuran el Labyrinthe de la Fondation Maeght: "Monumentos a la vida, máscaras de mujer y de madre, representaciones del principio femenino de la naturaleza y de la masculinidad fecundadora, homenaje a la confusión de las especies y al nacimiento de híbridos [...]."[1141]

Hacia mediados de febrero, Miró viaja a Saint-Paul-de-Vence para trabajar allí en colaboración con Artigas, sin duda, en el Labyrinthe de la Fondation Maeght.[1142]

El 13 de junio, se inaugura la exposición de cerámicas monumentales de Miró y Artigas en la Galerie Maeght de París.[1143]

El 14 de agosto, Thomas M. Messer, Director del Solomon R. Guggenheim Museum, escribe a Miró y le propone el encargo de un mural cerámico en honor de Alicia Patterson Guggenheim.[1144]

El 1 de septiembre, Miró se encuentra en Montroig con intención de permanecer allí hasta principios de octubre.[1145]

El 23 de septiembre, Miró responde al Sr. Messer: "[...] Su nueva propuesta de poner a mi disposición grandes superficies murales para decorarlas, me honra y halaga mucho. Esa idea me apasiona. [...] Dentro de algunos meses mi mente estará más libre y despejada para poder hacerlo."[1146]

El 26 de octubre, se inaugura la exposición "Joan Miró 'Album 19'" en la Sala Gaspar de Barcelona.[1147]

En noviembre, la pintura de Miró para Harkness Commons cambia de manos, y es adquirida por The Museum of Modern Art de Nueva York,[1148] noticia que causa gran alegría a Miró.[1149]

El 9 de noviembre, Miró escribe a Thomas M. Messer, en relación con el proyecto mural destinado al Guggenheim: "[...] La idea que me sugiere para el museo me apasiona, y es trabajando en colaboración y con un intercambio continuo de puntos de vista, que podremos hacer algo notable. En cuanto haya ordenado un poco mi trabajo y mis ideas, pegaré un salto a Nueva York."[1150]

El 26 de noviembre, Miró escribe a Sert, desde Palma, comunicándole que acaba de regresar de Saint-Paul-de-Vence: "[...] puedo darte noticias precisas y optimistas de la Fundación [Maeght]. Tu arquitectura es magnífica." En esta carta, Miró hace una revisión de todas las esculturas monumentales que ha realizado para los jardines de la Fundación Maeght.[1151] Miró manifiesta su entusiasmo por esos proyectos escultóricos: "Durante años y años, soñé con construir un arco monumental donde los hombres pudieran pasar por debajo y los pájaros anidar en la cima. Y bien, esto se ha hecho en Saint-Paul."[1152]

Del 5 al 30 de noviembre, tiene lugar la exposición "Joan Miró and Josep Llorens Artigas. Ceramics: Terres Nouvelles" en la Pierre Mattisse Gallery de Nueva York.[1153]

El 16 de diciembre, Bruce J. Graham, del estudio de arquitectos Skidmore, Owings & Merrill de Chicago, escribe a Matisse para proponerle un proyecto a Joan Miró. El proyecto promovido por B. E. Bensinger, "Chairman of the Board of the Brunswick Corporation", estaba destinado a una plaza contigua al edificio Brunswick de Chicago. Se solicita a Miró que diseñe bien un mural cerámico bien una obra vertical en el mismo material, en la escala que él elija.[1154]

1964 Con anterioridad al 24 de enero, Miró pasa unos días en Gallifa trabajando la cerámica con Artigas.[1155]

El 5 de marzo, Miró escribe a Sert, desde Saint-Paul-de-Vence, donde trabaja en la instalación de las esculturas monumentales de la Fundación Maeght: "Nosotros ya hemos hecho esta etapa, la más importante, de trabajo. Todo lo demás irá viniendo por sí solo. Todo queda magnífico y me parece que te gustará y te sorprenderá. Hemos ido más lejos de lo que todos creíamos."[1156]

El 16 de marzo, Miró escribe a Pierre Matisse sobre su proyecto para Chicago y le pide que le envíe la maqueta de la Plaza de Chicago a Palma: "[...] te confirmo mi telegrama diciéndote que envíes la maqueta de la Plaza de Chicago a Palma. He visto recientemente a Penrose en St. Paul, él cree que es sobre el mismo emplazamiento en el que Picasso debe erigir su gran escultura."[1157]

El 17 de marzo, Miró escribe a Klaus Perls, adjuntándole un texto destinado al prólogo de un cuaderno de dibujos sobre el circo de Calder, que se presentaba en las Perls Galleries, de Nueva York. Miró explica: "Hace treinta y cinco años (es un número impresionante de años) Sandy y Louisa vinieron a verme a Montroig, donde concebí *La Ferme*; dónde los árboles, las montañas, el cielo, la casa, las viñas, han permanecido igual. [...] Un día invité a todos mis vecinos, los granjeros y los obreros del distrito, a ver el Circo que Calder había traído. Todo el mundo se quedó paralizado y totalmente sobrecogido. Después de la función, mientras tomábamos la tradicional copa de vino tinto todos juntos, me di cuenta de la gran fiesta que había significado para ellos."[1158]

El 21 de marzo, Matisse escribe a Miró: "La maqueta de Chicago le ha sido expedida directamente [...] En efecto, se trata de un emplazamiento contiguo a la gran plaza en la que se tiene que erigir la escultura de Picasso. [...] Los trabajos de construcción siguen su curso y deben estar acabados para la primavera de 1965, pero la inauguración del proyecto Picasso-Miró se deja para una fecha ulterior bien el verano o el otoño próximo. Esto le debería dar la posibilidad de dar un salto a Chicago antes de lanzarse a su proyecto definitivo. En efecto, los arquitectos deben ir a ver a Picasso en mayo e [...] irán a verle al mismo tiempo."[1159]

El 24 de marzo, Bruce J. Graham escribe a Miró y le envía documentación gráfica sobre el emplazamiento del proyecto del artista catalán para Chicago: "Ya usted sabe que Pablo Picasso está preparando un esquema para la plaza pública que está enfrente. Teníamos la idea de que esa obra se realizaría en un enorme y amplio espacio abierto; y en contra-posición pensábamos que el espacio de Brunswick

consistiría de un medio ambiente más íntimo y protegido. Estamos de acuerdo con Ud. que es sumamente importante poder 'vivir' estos espacios y experimentar la escala de los edificios."[1160]

La segunda quincena de abril, Miró se traslada a Gallifa para trabajar en un mural cerámico, de 30 metros, para la Handelshochschule de Saint-Gall en Suiza.[1161]

Del 27 de junio al 5 de octubre, Miró participa en la "Documenta III" de Kassel.[1162]

El 28 de julio, se inaugura la Fondation Maeght, el edificio diseñado por Josep Lluís Sert, en Saint-Paul-de-Vence, y las esculturas monumentales del *Labyrinthe* realizadas por Miró y Artigas.[1163] Posiblemente Miró se entrevista en Saint-Paul-de-Vence con Bruce J. Graham, de Skidmore, Owings & Merrill, para tratar sobre el proyecto de escultura monumental destinado a Chicago.[1164]

El 6 de agosto, Miró escribe a Thomas M. Messer, hablándole de los proyectos para el Guggenheim Museum: "[...] Tengo ideas muy precisas sobre mi exposición en el museo. Para el gran mural en cerámica, también tengo ideas, que hemos tratado en profundidad con mis colaboradores Artigas, padre e hijo."[1165]

Del 26 de agosto al 10 de octubre, tiene lugar la exposición "Joan Miró: Thirty Years of His Graphic Art", en The Institute of Contemporary Arts de Londres, en colaboración con The Arts Council of Great Britain.[1166]

Paralelamente, del 27 de agosto al 11 de octubre, tiene lugar una gran exposición retrospectiva de Miró en la Tate Gallery de Londres.[1167] La exposición exhibe alrededor de 235 obras realizadas entre 1912 y 1964: Pinturas, dibujos, collages, esculturas y cerámicas.[1168] Por motivos familiares, Miró no puede acudir a la inauguración.[1169] Esa misma exposición se presenta en la Kunsthaus Zürich del 31 de octubre al 6 de diciembre.[1170]

En septiembre, Miró viaja a Londres, acompañado de su mujer Pilar. Durante este viaje visitan el London Zoo, donde Miró quería ver "serpientes, pajaritos y criaturas de la noche."[1171]

El 14 de octubre, Miró escribe a Matisse: "[...] prefiero trabajar aquí en las ideas que deben servirme como punto de partida para el conjunto de la realización y madurar bien las cosas. Un viaje a Chicago en estos momentos correría un gran riesgo de enredarme y de modificar mi concepción inicial. [...] La primera sugerencia de los arquitectos que sólo me solicitaban dos murales, no me ha entusiasmado nada. Por el contrario, la última

1144 Carta de Joan Miró a Thomas M. Messer, 23 septiembre 1963 (GMA).
1145 Carta de Joan Miró a Gérald Cramer, 1 septiembre 1963, en Giroud 2002, pp. 146-147.
1146 Carta de Joan Miró a Thomas M. Messer, 23 septiembre 1963 (GMA).
1147 *La Vanguardia* 27 octubre 1963 (FPJM: H-3339).
1148 Telegrama de Pierre Matisse a Joan Miró, 29 noviembre 1963.
1149 Carta de Joan Miró a Pierre Matisse, 17 de diciembre 1963 (PML: PMGA).
1150 Carta de Joan Miró a Thomas M. Messer, 9 noviembre 1963 (GMA).
1151 Carta de Joan Miró a Josep Lluís Sert, 26 noviembre 1963 (FLL).
1152 Carta de Joan Miró a Pierre Matisse, 14 octubre 1963 (PML: PMGA).
1153 Pierre Matisse Gallery 1963.
1154 Carta de Bruce J. Graham (Skidmore, Owings and Merrill) a Pierre Matisse, 16 de diciembre 1963 (PML: PMGA).
1155 Carta de Joan Miró a Gérald Cramer, 24 enero 1964, en Giroud 2002, pp. 148-149.
1156 Carta de Joan Miró a Josep Lluis Sert, 5 marzo 1964 (FLL).
1157 Carta de Joan Miró a Pierre Matisse, 16 marzo 1964 (PML: PMGA).
1158 Carta de Joan Miró a Klaus Perls, 17 marzo 1964, en Hutton y Wick 2004, pp. 274-275.
1159 Carta de Pierre Matisse a Joan Miró, 21 marzo 1964 (PML: PMGA).
1160 Carta de Bruce J. Graham (Skidmore, Owings and Merrill) a Joan Miró, 24 marzo 1964 (PML: PMGA).
1161 Carta de Joan Miró a Patricia [Matisse], 5 abril 1964 (PML: PMGA); y Pierre y Corredor-Matheos 1974, pp. 182-185.
1162 Tone 1993, p. 449.
1163 Verots 29 julio 1964 (FPJM: H-3376).
1164 Carta de Joan Miró a Pierre Matisse, 14 octubre 1964 (PML: PMGA).
1165 Carta de Joan Miró a Thomas M. Messer, 6 agosto 1964 (GMA).
1166 Tone 1993, p. 449.
1167 Rowell 1987, p. 35.
1168 Barra 31 octubre 1964 (FPJM: H-3362).
1169 Penrose 2001, p. 156.
1170 Tone 1993, p. 449.
1171 Penrose 2001, p. 156.

1172 Carta de Joan Miró a Pierre Matisse, 14 octubre 1964 (PML: PMGA).
1173 Carta de Joan Miró a Josep Lluís Sert, 17 noviembre 1964 (FLL).
1174 Uribarri 26 noviembre 1964 (FPJM: H-3379).
1175 *La Vanguardia* 12 diciembre 1964 (FPJM: H-3365).
1176 Carta de Pierre Matisse a Joan Miró, 17 diciembre 1964 (PML: PMGA).
1177 Figueruelo 19 diciembre 1964 (FPJM: H-3369).
1178 Carta de Hélène Prigogine a Joan Miró [1964] (FPJM: FD-234): "Le estoy infinitamente agradecida de haber reconocido de esta forma estos poemas y de haberlos, de alguna manera, autentificado"; y Cramer 1989, pp. 250-251.
1179 Carta de Thomas M. Messer a Joan Miró, 24 marzo 1965 (GMA).
1180 Carta de Joan Miró a Pierre Matisse, 12 mayo 1965 (PML: PMGA).
1181 Carta de Joan Miró a Pierre Matisse, 20 mayo 1965 (PML: PMGA).
1182 Carta de Joan Miró a Pierre Matisse, 20 mayo 1965 (PML: PMGA).
1183 *Derrière le miroir* mayo 1965.
1184 Dupin y Lelong-Mainaud 2002b, pp. 152-153.
1185 Ibídem, pp. 171-174.
1186 Carta de Joan Miró a Pierre Matisse, 2 agosto 1965 (PML: PMGA).
1187 Carta de Joan Miró a Pierre Matisse, 2 agosto 1965 (PML: PMGA); y carta de Joan Miró a Pierre Matisse, 15 agosto 1965 (PML: PMGA).
1188 Carta de Joan Miró, desde Montroig, a Pierre Matisse, 5 septiembre 1965 (PML: PMGA).
1189 Carta de Joan Miró a Patricia Matisse, 6 octubre 1965 (PML: PMGA).
1190 Carta de Joan Miró a Pierre Matisse, 5 septiembre 1965 (PML: PMGA).
1191 Carta de Joan Miró a Thomas M. Messer, 6 octubre 1965 (GMA).
1192 Rowell 1987a, pp. 273, 321.
1193 Behrends 2004, p. 296.
1194 Pierre Matisse Gallery 1965.
1195 Rowell 1987a, p. 35.
1196 Jouffroy y Teixidor 1980, pp. 229-247. Miró trabajará con diversos talleres de fundición: Parellada (Barcelona); Susse, Clémenti, Scuderi y Valsuani (Francia); Fratelli Bonvicini (Verona).
1197 Ver dibujos preparatorios FPJM-666 y FPJM-667.
1198 Carta de B. E. Bensinger (Brunswick Corporation, Chicago) a Pierre Matisse, 3 febrero 1966 (PML: PMGA).
1199 Carta de Joan Miró a Josep Lluís Sert, 10 febrero 1966 (FLL).

proposición del señor Graham en Saint-Paul de hacer una gran escultura y dos murales me apasiona y me brinda posibilidades muy grandes. [...] Durante años y años yo he soñado con construir algo monumental en la plaza de una ciudad bella y brutal, esto podría hacerse en Chicago. [...] he realizado la maqueta de la gran escultura en su estado bruto, sin prejuicios."[1172]

El 17 de noviembre, Miró escribe a Sert, desde Palma, explicándole que acaban de llegar de Zurich y París: "Todo ha sido un éxito. En Londres 50.000 visitantes en la exposición, lo que es un récord. Vuestro mural provocó un gran efecto [...] Yo este año tengo un programa de trabajo y de desplazamientos muy cargado. Estamos trabajando para lo de la Plaza de Chicago."[1173]

El 26 de noviembre, Miró concede una entrevista en la cual confiesa: "Yo no sueño con el paraíso, pero tengo la convicción profunda de una sociedad mejor que ésta en la que vivimos en este momento y en la que estamos todavía prisioneros. Tengo fe en la cultura colectiva futura, vasta como los mares y las tierras de nuestro globo, en la que crecerá la sensibilidad de cada individuo. Se volverán a crear talleres como en la Edad Media, y los alumnos participarán plenamente aportando cada uno su contribución. En cuanto a mí, mi deseo ha sido siempre trabajar en equipo, fraternalmente. En América el artesanado ha sido matado. Tenemos que salvarlo en Europa. Creo que va a revivir con fuerza y belleza. Estos últimos años han visto además, la revalorización de los medios de expresión de la artesanía: cerámicas, litografías, grabados, aguafuertes, pinturas sobre tejidos... Todos estos objetos, menos caros que un cuadro y a menudo tan auténticos en la afirmación plástica se desplazarán cada vez más. La oferta no bastará ya a la demanda y el desarrollo y el entendimiento artísticos no serán ya para unos cuantos, sino para todos."[1174]

Del 11 al 31 de diciembre, tiene lugar una triple exposición de Joan Miró en la Sala Gaspar y las galerías René Metras y Belarte de Barcelona.[1175]

El 17 de diciembre, Matisse escribe a Miró: "Le adjunto un grupo de fotografías y un plano del espacio del Museo Guggenheim que el Sr. Guggenheim querría que usted decorara con un mural. El Sr. Messer, el director, me ha dicho que este proyecto es una memoria pero no me ha dicho a quién. Por esta razón, el Sr. Guggenheim concede una gran importancia a este proyecto y está muy impaciente por saber si aceptaría hacerlo [...]."[1176]

El 19 de diciembre, Miró afirma en una entrevista: "Trabajo como hortelano: el taller es un huerto y los elementos de trabajo las herramientas; cuando empiezo una tela es como si plantara un árbol... la dejo allí y con el tiempo añado, podo, corrijo y

orienta a mi gusto [...] Soy un hombre normal: trabajo nueve o diez horas en mi estudio; luego leo -actualmente a Góngora y poetas chinos-, paseo por el campo o escucho música; busco algo que me sostenga la vibración durante las horas que no pinto."[1177]

Elabora un aguafuerte para el libro *Ponts suspendus* de Hélène Prigogine.[1178]

1965 El 24 de marzo, Thomas M. Messer, Director del Guggenheim Museum, escribe a Miró, rogándole la confirmación de su próximo viaje a Nueva York, y la posibilidad de dar cierta prioridad al proyecto de la cerámica mural en honor a Alicia Patterson. Asimismo, Messer le habla del proyecto de la futura exposición retrospectiva de Miró en el Guggenheim.[1179]

El 12 de mayo, desde Palma, Miró escribe a Matisse: "Este trabajo para Chicago es algo que me apasiona y que tiene grandes posibilidades, pero para tener una idea clara, precisa y viva, hay que estar en el lugar y recibir "conmociones directas". Eso podría hacerlo en el momento de mi exposición en su galería, lo mismo que el estudio del muro para el Guggenheim."[1180]

Con anterioridad al 20 de mayo, el arquitecto Bruce Graham visita a Miró en Palma de Mallorca y a continuación viajan juntos a Gallifa a fin de ver las maquetas para Chicago.[1181]

A comienzos de junio, posiblemente, Miró realiza una breve estancia en París.[1182]

El 4 de junio, se inaugura la exposición "Miró: Cartons" en la Galerie Maeght. Miró expone 32 obras realizadas entre 1959 y 1963. Dupin define así las obras presentadas: "El cartón para Miró no es un soporte neutro, sino un material vivo, y activo, un terreno desconocido que él explora. [Miró] no le impone su capricho, le solicita su complicidad."[1183]

A lo largo del mes de julio, Miró realiza un gran número de telas, entre las cuales cabe destacar la serie de tres obras *Oiseau dans l'espace I, II, II,*[1184] y la serie de pinturas realizadas sobre otras pinturas de paisajes comprados probablemente en mercadillos. Miró reutilizó esta serie de paisajes, en algunos casos invirtiendo su orientación (*Vol de canards, femme, étoile* y *Personnage au lever du soleil au bord d'une rivière*...) para elaborar nuevas pinturas.[1185]

El 2 de agosto, desde Montroig Miró escribe a Matisse: "Nos quedaremos aquí hasta finales de septiembre. [...] en unos días me iré a Gallifa a fin de trabajar en la maqueta para Chicago [...] En octubre, cuando vaya a N. Y. para la exposición, la llevaré a Chicago para ponerla totalmente a punto in situ con los arquitectos, esto nos permitirá a

nuestro regreso confiarla a Susse para estudiar la cuestión de la ampliación y la fundición [...]."[1186]

Entre el 2 y el 15 de agosto, Miró pasa unos días en Gallifa con Joan Gardy Artigas, donde trabaja en la maqueta de escayola destinada a Chicago.[1187]

Durante el mes de septiembre, probablemente, Miró reside en Montroig hasta finales de mes.[1188]

El 23 de octubre, Miró posiblemente viaja a Nueva York desde París.[1189] En su tercer viaje a los Estados Unidos, Miró reside en Nueva York y posteriormente viaja a Chicago.[1190] En ese viaje, probablemente, Miró se reúne con Thomas M. Messer, director del Guggenheim Museum de Nueva York, para tratar en profundidad los proyectos destinados a dicho museo.[1191] En Chicago, seguramente, Miró admira *La Grande Jatte* de Seurat, en The Art Institute of Chicago.[1192] Asimismo, Miró visita a Calder en Roxbury.[1193]

Del 26 de octubre al 20 de noviembre, tiene lugar la exposición "Joan Miró: Cartones" en la Pierre Matisse Gallery de Nueva York.[1194]

1966 Miró realiza las primeras esculturas monumentales en bronce (*L'Oiseau Solaire*, *L'Oiseau Lunaire*) en el taller Susse-Fondeur de Arcueil.[1195]

A partir de este año, Miró trabaja intensamente en los proyectos de escultura en bronce, partiendo habitualmente de dibujos preliminares, maquetas en arcilla o yeso de los objetos encontrados y, posteriormente, creando las esculturas mediante la fundición a la cera perdida.[1196]

En enero, Miró realiza dos dibujos relacionados con la escultura monumental para Chicago, en los que, seguramente, examina la aplicación del color en la escultura.[1197]

El 3 de febrero, Pierre Matisse es informado de que se ha decidido abandonar, al menos temporalmente, el proyecto de escultura monumental de Miró para Chicago.[1198]

El 10 de febrero, Miró escribe a Sert y le comunica que acaba de regresar de Saint-Paul-de-Vence, donde ha estado junto a Joan Artigas y su hijo: "El impacto que causa la Fundación es todavía más fuerte que la última vez que la visité [...] Rectificaremos algunas cosas y enriqueceremos el laberinto, de esta manera quedará como una cosa única en el mundo [...] Únicamente el vitral que me han reservado quedará para la siguiente etapa. En el año 68, por mi aniversario, Maeght quiere llenar toda la Fundación de obras mías, como lo hará el Guggenheim, y querríamos que todo estuviese acabado."[1199]

Miró durante su viaje a Japón, 1966. Cortesía Successió Miró.

El 1 de marzo, Matisse informa a Miró de que ha hablado con Bill Hartman sobre el proyecto de Chicago. Le explica que, a pesar de que Bensinger se ve obligado a abandonar el proyecto por el momento, Hartman está en conversaciones con otras personas para poder materializarlo.[1200]

El 8 de marzo, Miró escribe a Thomas Messer y le comunica que el nombre "ALICE", que debe plasmar sobre el mural cerámico del Guggenheim, le proporciona nuevas posibilidades y medios de expresión. Le informa que los ceramistas no tendrán ningún problema desde el punto de vista técnico. En esta carta Miró explica toda la obra que está realizando para la próxima exposición en el Guggenheim: "Además de las telas de todos los formatos, estamos trabajando junto con Artigas en 4 grandes vasijas cerámicas, de técnicas muy variadas. Estoy de lleno en la escultura, esculturas pequeñas, medianas y monumentales."[1201]

El 8 de marzo, Miró escribe a Matisse: "Estoy contento de lo que me decís sobre la escultura de Chicago. Esa ciudad me apasiona, yo quería escribiros, y esto en términos confidenciales, que es absolutamente necesario encontrar un medio para que esta estatua se erija, como lo habíamos previsto y no que dormite en un taller, en breve, que ella interprete su papel en la vida."[1202]

Del 26 de abril al 26 de mayo, tiene lugar la exposición "Joan Miró" en Marlborough Fine Art de Londres.[1203]

En mayo, probablemente Miró y su esposa pasan varias semanas en París.[1204]

El 14 de julio, Shuzo Takiguchi escribe por primera vez a Miró: "Estoy muy contento de que venga a Japón, con motivo de su exposición, tan esperada. Desde que escribí un pequeño, no obstante el primer libro sobre su arte, en Japón en 1940, he conservado siempre una profunda admiración por usted y por sus creaciones. [...] Simplemente esperándole con impaciencia le escribo esta curiosa carta de identificación."[1205]

El 25 de agosto, Miró escribe a Cramer: "Acabamos de pasar algunos días en Montroig para ver a Dolores que se recupera bien, aunque lentamente [...] A finales de septiembre, tomaremos el avión a Tokio [...]."[1206]

El 25 de agosto, Miró y Artigas ya han comenzado el gran mural para el Guggenheim Museum: "Estoy muy esperanzado con el resultado del primer estado. Esperemos que para las próximas etapas nuestro gran amigo el FUEGO, nos aporte también su riqueza y belleza."[1207]

Del 29 de agosto al 9 de octubre, tiene lugar una gran exposición retrospectiva de Miró en el Museo Nacional de Arte Moderno de Tokio. Esta misma exposición se expone en el Museo

Nacional de Arte Moderno de Kyoto, del 20 de octubre al 30 de noviembre, con el patrocinio del periódico *Mainichi*.[1208] En esta gran exposición se mostraron 162 piezas entre telas, grabados, gouaches, esculturas en bronce, cerámicas, tapices, y un *emakimono* de más de diez metros.[1209]

Del 15 de septiembre al 23 de octubre, tiene lugar la exposición "Joan Miró: Prints and Books" en el Philadelphia Museum of Art de Filadelfia.[1210]

El 20 de septiembre, Miró realiza su primer viaje a Japón, en compañía de su mujer Pilar Juncosa, del matrimonio Llorens Artigas y de Aimé Maeght. Tras recibir una calurosa bienvenida, visitan la exposición de Miró en Tokio, y el 26 de septiembre, llegan a Kyoto. Durante ese viaje a Japón, Miró conoce personalmente al poeta japonés Shuzo Takiguchi, autor de la primera monografía sobre Joan Miró.[1211] Miró recuerda así su visita a Japón: "Fui dos veces y me recibieron de manera fantástica. En el aeropuerto me quedé asombrado. Me esperaba una muchedumbre. Allí el impacto fue muy fuerte."[1212]

El 1 de diciembre, Matisse escribe a Miró, en referencia al proyecto de Chicago: "Después de la retirada de Bensinger (probablemente debido a sus asociados), Bill quería continuar el proyecto y buscar el dinero en otro lado, pero ayer me dijo que eso presenta dificultades debido al hecho de que el lugar designado se encuentra en la propiedad de Bensinger."[1213] El 27 de diciembre, Miró escribe a Matisse: "Esperemos que se consiga colocar la escultura en Chicago, lo que me apasiona mucho."[1214]

El 27 de diciembre, Miró escribe al doctor Rafael Orozco en relación con un proyecto de tapiz para Tarragona: "Aprovechando mi estancia en el "Mas" [Montroig], iría a Tarragona para concretar exactamente el emplazamiento y las medidas del tapiz, técnica y manera de realizarlo. A partir de ese momento haría la maqueta y entraría en contacto con los talleres de Tarrasa, con esta colaboración y disciplina podrían hacer una cosa viva y digna."[1215]

1967 A lo largo del año, Miró realiza numerosas esculturas en bronce en los talleres de Parellada (Barcelona) y T. Clémenti y Susse-Fondeur (Francia).[1216]

El 13 de febrero, Miró parte hacia Gallifa para trabajar en el mural cerámico destinado al Solomon R. Guggenheim Museum de Nueva York.[1217]

Alrededor del 13 de abril, queda instalado el mural cerámico *Alice* en el Guggenheim Museum de Nueva York.[1218] Miró viaja a Estados Unidos[1219] para asistir a la inauguración del mural, el 18 de mayo.[1220]

1200 Carta de Pierre Matisse a Joan Miró, 1 marzo 1966 (PML: PMGA).
1201 Carta de Joan Miró a Thomas M. Messer, 8 marzo 1966 (GMA).
1202 Carta de Joan Miró a Pierre Matisse, 8 de marzo 1966 (PML: PMGA).
1203 Tone 1993, p. 449.
1204 Carta de Joan Miró a Thomas M. Messer, 21 abril 1966 (GMA).
1205 Carta de Shuzo Takiguchi a Joan Miró, 14 julio 1966 (FPJM: FD-503).
1206 Carta de Joan Miró a Gérald Cramer, 25 agosto 1966, en Giroud 2002, pp. 154-155.
1207 Carta de Joan Miró a Thomas M. Messer, 25 agosto 1966 (GMA).
1208 Tone 1993, p. 449.
1209 Cabañas 2000, p. 22.
1210 Tone 1993, p. 449.
1211 En septiembre de 1966, Shuzo Takiguchi le entrega a Miró una copia manuscrita del poema homenaje a Miró titulado "Avec des étoiles de Miró" (FPJM: FD-505).
1212 Raillard 1977, p. 136.
1213 Carta de Pierre Matisse a Joan Miró, 1 diciembre 1966 (PML: PMGA).
1214 Carta de Joan Miró a Pierre Matisse, 27 diciembre 1966 (PML: PMGA).
1215 Carta de Joan Miró al doctor Rafael Orozco [Instituto Médico Quirúrgico de Cruz Roja Española de Tarragona] 27 diciembre 1966.
1216 Jouffroy y Teixidor 1980, pp. 229-232. Sobre *Femme assise et enfant* (1967), Miró hablará en 1975: "Yo no lo hago para jugar. Estimo que esto va sobre esto. Y si sobre una silla hecha solamente para sentarse, una silla que no se ve, instala usted un objeto, esta se hace viviente", en Raillard 1977, p. 116.
1217 Carta de Joan Miró a Pierre Matisse, 12 febrero 1967 (PML: PMGA): Miró sugiere a Matisse que tal vez estaría bien inaugurar el mural al mismo tiempo que la exposición en la Galería Matisse el mes de noviembre. Eso podría ser un golpe con doble repercusión.
1218 Carta de Thomas M. Messer a Harry F. Guggenheim, 16 abril 1967 (GMA).
1219 Carta de Joan Miró a Thomas M. Messer, 5 julio 1967 (GMA).
1220 Solomon R. Guggenheim Museum, y Yale University Press 1987, p. 228.

1221 Carta de Joan Miró a Gérald Cramer,
17 abril 1967, en Giroud 2002, pp. 158-159.
1222 *Derrière le miroir* abril-mayo 1967.
1223 Carta de Joan Miró a Josep Lluís Sert,
4 julio 1967 (FLL).
1224 Umland 1983, p. 343. Probablemente, Miró se refiere
al taller de fundición de Parellada, Barcelona.
1225 Carta de Joan Miró a Josep Lluís Sert,
4 julio 1967 (FLL).
1226 Podría tratarse del libro ilustrado *Proverbes à la
main*, publicado en 1970, en Cramer 1989,
pp. 348-349.
1227 Carta de Shuzo Takiguchi a Joan Miró, 7 julio 1967
(FPJM: FD-509). "Le agradezco sinceramente su
amistad, es una gran emoción ver mis poemitas
impresos junto a sus magníficos dibujos. ¡Es fruto de
la amistad latente desde hace tanto tiempo!" Se
refiere al poema "Itinéraire", que aparece en el
catálogo de la exposición "L'Oiseau solaire, l'oiseau
lunaire, étincelles", publicado en *Derrière le miroir*
abril-mayo 1967.
1228 Carta de Joan Miró al [doctor Rafael Orozco]
5 septiembre de 1967. Aunque Miró comienza la
carta con "Distinguido amigo", sin precisar el
nombre de la persona a la que escribe esa carta,
el contenido parece indicar que está dirigida
al doctor Orozco.
1229 Umland 1993, p. 343.
1230 Miró, sin duda, se refiere a la Fundació Joan Miró
de Barcelona, a la que Miró donó finalmente las
matrices xilográficas de *À toute épreuve*.
1231 Carta de Joan Miró a Gérald Cramer,
3 octubre 1967, en Giroud 2002, pp. 160-161.
1232 Carnielli y Loudon 2001, p. 266.
1233 Cramer 1989, pp. 302-305.
1234 Carta de Miró a Patricia Matisse, 28 enero 1968
(PML: PMGA); y Carta de Miró a Pierre Matisse,
19 mayo 1968 (PML: PMGA). En esta última carta,
Miró le comenta a Matisse que la maqueta que les
regala mide 4 metros y que quedaría muy bien en
el jardín de Patricia y Pierre Matisse en Saint Jean.
1235 Umland 1993, p. 343; y Pierre y Corredor-Matheos
1974, pp. 154, 184.
1236 Carta de Joan Miró a Josep Lluís Sert,
18 marzo 1968 (FLL).
1237 Tone 1993, p. 449.
1238 *La Vanguardia* 20 abril 1968 (FPJM: H-3450).
1239 Del Arco 27 abril 1968 (FPJM: H-3472).
1240 Carta de Joan Gardy Artigas a Pierre Matisse,
12 mayo 1968 (PML: PMGA).
1241 Miró se refiere a la maqueta de la escultura *Projet
pour un monument pour la ville de Barcelone*,
también denominada *Moon, Sun and One Star* o en
su versión monumental *Miró's Chicago*. Se trata de
la misma escultura que Miró había concebido en
1964, para el proyecto de escultura monumental de
Chicago.
1242 Carta de Joan Miró a Pierre Matisse,
19 mayo 1968 (PML: PMGA).
1243 Carta de Joan Miró a Pierre Matisse,
19 mayo 1968 (PML: PMGA).
1244 Behrends 2004, p. 296.
1245 Umland 1993, p. 343.
1246 Fondation Maeght 1968; Carta de Joan Miró
a Pierre Matisse, 19 mayo 1968 (PML: PMGA);
Elgar 29 julio 1968 (FPJM: H-3648); y Cutler
23 julio 1968 (FPJM: H-3626).
1247 Gich 29 octubre 1969 (FPJM: H-3575).
1248 Vadon 28 julio 1968 (FPJM: H-3640).

El 18 de abril, Miró viaja a París con motivo de la exposición que inaugura el día 20 en la Galerie Maeght.[1221]

Durante los meses de abril y mayo, la Galerie Maeght de París alberga la exposición de Miró "L'Oiseau solaire, l'oiseau lunaire, étincelles" que muestra, pintura, escultura, dibujo y cerámica.[1222]

Con anterioridad al 4 de julio Miró ya trabaja, junto a Llorens Artigas, en *La Déesse de la Mer*: "Una gran escultura cerámica de 2 m. para ser sumergida en el Cap d'Antibes, en la Cathédrale de la Fourmigue. Estará expuesta unos meses en la Fondation [Maeght], antes de que esta *Déesse de la Mer* se vaya a vivir con los peces y las estrellas de mar."[1223]

El 4 de julio, Miró escribe a Matisse en relación con la creación de esculturas: "[...] He pasado algunos días en Barcelona trabajando en mi fundición. Esta última serie es muy bella; las voy a enviar a París después de las vacaciones, para ver y estudiar qué debe hacerse con las patinas y acabarlas."[1224]

El 4 de julio, Miró escribe a Sert y le expone el desarrollo de los proyectos escultóricos de la Fondation Maeght: "El gran *Oiseau* de mármol ya está allí, muy impresionante. Ahora comenzaré el gran mural para mi sala. Las gárgolas quedan muy bien [...] Los signos para la torre de la chimenea muy buenos, ahora se está trabajando en la escultura que irá en la cima de esta torre y finalizando el tejado que sirve de soporte a la gran cabeza roja de cerámica, todo funciona bien."[1225]

El 7 de julio, Takiguchi escribe a Miró para proponerle la realización de un libro conjunto de poemas de Takiguchi ilustrados por Joan Miró, en varios idiomas.[1226] Asimismo, le felicita por el gran éxito de la exposición realizada en la Galerie Maeght y le agredece su amistad.[1227]

El 5 de septiembre, desde Montroig, Miró escribe al [doctor Orozco] en relación con un proyecto de tapiz para Tarragona: "[...] este verano he trabajado en la maqueta para la tapicería que les destino. Ahora falta estudiar las posibilidades para la realización técnica. El próximo viernes nos vamos a Palma, pasando antes unos breves días en Barcelona, allí podré ver a los técnicos de los talleres y podremos todos establecer un plan de trabajo. Podré más tarde ir a Tarragona y precisarlo todo, ya le avisaré."[1228]

En octubre, posiblemente, otorgan a Miró el *Carnegie International Grand Prize for Painting*.[1229]

El 3 de octubre, Miró escribe a Cramer: "Al volver de Montroig me he encontrado con una gran caja conteniendo una bella colección de made-

ras grabadas para nuestro libro. [...] Tengo la intención, cuando se presente la ocasión, de ofrecerlas al Museo de Barcelona,[1230] puesto que considero que este libro es una obra capital. Me voy dentro de unos días a París para una breve estancia [...]."[1231]

Del 14 de noviembre al 9 de diciembre, tiene lugar la exposición "Oiseau Solaire, Oiseau Lunaire, Étincelles" en la Pierre Matisse Gallery de Nueva York.[1232]

El 13 de diciembre se imprime *Haï-Ku*, el libro de 16 poemas que Miró ilustró tras regresar de su primer viaje a Japón.[1233]

1968 El 28 de enero, Miró escribe a Patricia Matisse y le comunica que les ha ofrecido a ella y a Pierre Matisse, la maqueta completa, [presumiblemente Miró se refiere a la maqueta del proyecto de Chicago], en bronce, cemento e incrustaciones de cerámica que Joanet [Artigas] estaba a punto de acabar. Miró había regalado la escayola a Hartmann.[1234]

A finales de febrero, posiblemente, Miró se desplaza a Gallifa, para trabajar en el mural de la Fondation Maeght de Saint-Paul-de-Vence. Se trata de un mural cerámico de 12 x 3 m. El primero en ser manipulado en el "hangar" anejo a los hornos de Gallifa, instalado para trabajar más cómodamente en futuras cerámicas murales.[1235]

El 18 de marzo, Miró le anuncia a Sert que ha recibido el encargo de realizar un gran mural cerámico para el Aeropuerto de Barcelona: "[...] Un mural cerámico de 50 m x 10 para el aeropuerto, emplazado en el exterior, de manera que sería lo primero que verían los viajeros de vuelos internacionales y que puede considerarse como una <u>bienvenida</u>."[1236]

Del 27 de marzo al 9 de junio, se incluye la obra de Miró en una exposición titulada "Dada, Surrealism, and Their Heritage" organizada por The Museum of Modern Art de Nueva York. Esta exposición viajará a Los Ángeles y a Chicago.[1237]

El 20 de abril, Miró cumple 75 años y para conmemorarlo se organizan diversos actos de homenaje y exposiciones.[1238] Con motivo de su aniversario Miró afirma: "[...] Convencido y con la neta impresión de que mi obra empieza ahora [...] Lo que me llena de pasión, es el convencimiento de que me lanzo a zonas y horizontes vírgenes para mí mismo; aunque soy consciente de que este camino responde a una lógica rigurosa de los kilómetros de camino, u horas de vuelo que he dejado atrás."[1239]

El 12 de mayo, Joan Gardy Artigas escribe a Pierre Matisse y le comunica que la maqueta de cemento negro para la escultura de Chicago está prácticamente acabada.[1240]

El 19 de mayo, Miró escribe a Matisse y le explica que ha decidido ofrecer el monumento originalmente destinado a Chicago [*Miró's Chicago*], a la ciudad de Barcelona: "Joanet acaba de escribirme para decirme que él ha terminado la gran maqueta,[1241] en estado definitivo [...] Yo ofrezco este monumento a la Ciudad de Barcelona, éste acaba con la bandera catalana cuatro barras, se encontrará a la entrada de la ciudad, como signo de bienvenida a los que llegan por vía terrestre. Sert se ocupará del emplazamiento, detrás de los jardines y de calcular las dimensiones. [...] Para los pasajeros que lleguen por aire, voy a hacer un gran mural de 50 x 10 en el nuevo aeropuerto [...] me las ingeniaré para que tenga la bandera catalana." En esta misma carta Miró le solicita a Matisse, el préstamo de la maqueta de este proyecto, para la exposición que prepara para Saint-Paul de-Vence y para Barcelona.[1242]

En junio, Miró realiza su último viaje a los Estados Unidos. Es nombrado Doctor Honoris Causa por la Universidad de Harvard, Cambridge, Massachusetts: "Creo que he hecho bien en aceptarlo. Sert dice que es un gran honor y que es preciso que vaya. La ceremonia tendrá lugar el 13 [de junio], pero debería estar allí dos o tres días antes. Estoy desbordado de trabajo, pero daremos un salto rápido."[1243]

El 21 de julio, Miró asiste a la fiesta del 70 cumpleaños de Alexander Calder, en Saint-Paul-de-Vence.[1244]

El 22 de julio, la Fondation Maeght organiza una cena para celebrar el 75 aniversario y la exposición retrospectiva de Miró.[1245]

Del 23 de julio al 30 de septiembre, tiene lugar una exposición retrospectiva de Miró, en la Fondation Maeght de Saint-Paul-de-Vence. Con motivo de esta exposición, Matisse presta la maqueta que le había ofrecido Miró, en bronce y cemento, titulada *Etude pour un monument offert à la ville de Barcelone*, proyecto originalmente destinado a Chicago.[1246] Probablemente con motivo de esta exposición, Miró recibió la visita de una comisión de la Exposición Universal de 1970 de Osaka, solicitándole el encargo de un gran mural destinado al Pabellón del Gas.[1247]

El 28 de julio, la escultura *Déese de la Mer* es sumergida en el fondo del mar de Saint-Juan-les-Pins, Cap d'Antibes, en la llamada Cathédrale de la Fourmigue. Miró asiste a este acontecimiento: "Fue un momento maravilloso. Una nueva era acaba de comenzar en mi obra, con la colocación a 18 metros de profundidad de esta primera escultura submarina." Ese mismo día, Miró visita a Picasso en Notre-Dame-de-Vie en Mougins.[1248]

Miró y Calder en la Fondation Maeght de Saint-Paul-de-Vence, julio de 1968. Cortesía Successió Miró.

El 17 de agosto, Josep Lluís Sert escribe a Miró explicándole las conversaciones mantenidas con el Ayuntamiento de Barcelona sobre el emplazamiento de la futura Fundación Miró. Tras haberse barajado distintas ubicaciones -Diagonal, Tibidabo y Montjuïc- la opción de Montjuïc parece la mejor: "[...] Montjuïc es más el corazón de Barcelona. Tiene vistas dominando la ciudad, para las esculturas puedes tener un fondo de cielo y montañas. Estará rodeado de un gran parque, con otros museos, instalaciones deportivas, centrales de televisión, cine etc. Es un lugar concurrido por todo tipo de gente, que quiere decir más popular."[1249]

El 1 de septiembre, Miró escribe al [doctor Orozco] en relación con el proyecto del tapiz para Tarragona: "A mediados de septiembre iremos a pasar unas semanas a Montroig ¿Estará usted en Tarragona? Al llegar ya le telefonaré para podernos ver y comenzar los estudios previos y definitivos que permitan ejecutar este invierno la tapicería para la clínica que usted dirige con tanto éxito."[1250]

Durante la segunda quincena de septiembre, Miró y su esposa se encuentran en Montroig.

El 1 de octubre, Miró escribe a Sert acerca de la futura fundación de Barcelona: "Ante la incógnita de lo que será del Mas Miró, taller de 'Son Abrines' y taller de 'Son Boter' con la casita que está al lado, creo que es de una importancia capital poder localizarlo todo destacando no sólo los valores humanos de eso, sino también los objetos y cosas que tanto han marcado mi trabajo [...]. La obra mía que quedará por hacer, comenzada, en curso de ejecución, o con simples anotaciones, en todas las técnicas o medios de expresión, podrá convertirse en un valioso elemento de estudio o documentación para los estudiantes o especialistas, prever un local adecuado."[1251]

El 2 de octubre, realizan una breve estancia en Barcelona, seguidamente viajan a Palma, y más tarde a París.[1252]

El 2 de noviembre, Josep Lluís Sert escribe a Miró: "En el Ayuntamiento me prometieron enviar las alturas de los apartamentos colindantes al Parc Cervantes en la Diagonal, eso es muy necesario para determinar la altura de la escultura monumental. [...] En referencia al nuevo museo Miró discutimos el emplazamiento, el mejor creo que es el Parc de Montjuich o en los terrenos colindantes [...] Este museo ha de ser un lugar vivo, sin pretensiones de monumentalidad, humano, con una gran variedad de espacios."[1253]

El 15 de noviembre Sert envía a Miró unas notas sobre el Museo de Montjuïc, es decir, la futura Fundació Miró de Barcelona. Sert describe la

arquitectura, las salas, terrazas, jardines, la luz. Miró escribe sus impresiones en los márgenes: "Muy importante -¡Hacer un lugar vivo, de libre discusión, reuniones de poetas, músicos, pintores, artesanos! Teatro clásico y de ensayo. Cine. Ballet. Prever todo tipo de actividad cultural pensando en el nuevo mundo que se está formando, no limitándose a reuniones de intelectuales."[1254]

Desde 19 de noviembre hasta el 20 de enero de 1969, tiene lugar una exposición retrospectiva de Miró, en el Recinte de l'Antic Hospital de la Santa Creu, Barcelona. Esta exposición monográfica presenta cerca de 400 obras realizadas entre 1914 y 1968, incluyendo diversidad de soportes y técnicas: dibujos, pinturas, esculturas, cerámicas, grabados, litografías, libros ilustrados y carteles. En esta ocasión, se expone la maqueta titulada *Estudio para un monumento ofrecido a la ciudad de Barcelona*, proyecto que Miró ofrecía en homenaje a su ciudad natal, y que finalmente se realizó en la ciudad para la cual se concibió inicialmente, Chicago.[1255] Miró manifiesta su entusiasmo públicamente: "Estoy muy emocionado en presentar esta exposición, la más importante y completa que se ha organizado sobre mi obra. Que sea mi homenaje a Barcelona y a Cataluña. [...] Si mi obra es fuerte irradiará un mensaje. Querría con este mensaje juntarme a las nuevas generaciones que preparan nuevos horizontes."[1256]

1969 A lo largo de este año, la producción de esculturas en bronce y en bronce pintado se intensifica. Habitualmente Miró trabaja a partir de objetos encontrados, posteriormente combinados, manipulados y transformados. Buenos ejemplos de esta producción son las esculturas: *Projet pour un monument, L'Équilibriste, Femme aux beaux seins, L'Oiseaux se niche sur les doigts en fleur, Homme et femme dans la nuit, Monument dressé en plein océan a la gloire du vent, Oiseau perché sur un arbre*.[1257]

En torno al 17 de enero, Miró recibe la visita de Roland Penrose, en los talleres de Son Abrines y Son Boter de Palma. Roland Penrose está preparando un libro sobre Miró.[1258]

Del 15 de marzo al 11 de mayo, tiene lugar la exposición retrospectiva "Joan Miró" en Haus der Kunst de Munich.[1259]

El 10 de abril, Miró escribe a Roland Penrose, desde Palma: "La obra gráfica ocupa cada vez más un lugar destacado e importante en mi producción, y en el mensaje que quiero que ésta tenga."[1260]

Durante los meses de mayo a julio, Miró participa en una exposición retrospectiva titulada "Spanish Artists: Gris, Picasso, Miró, Chillida, Tàpies" en la Galerie Beyeler, Basel.[1261]

1249 Carta de Josep Lluís Sert a Joan Miró, 17 agosto 1968 (FPJM: FD-323).
1250 Carta de Joan Miró al [doctor Rafael Orozco] 1 septiembre de 1968. Aunque Miró comienza la carta con "Distinguido amigo", sin precisar el nombre de la persona a la que escribe esa carta, el contenido parece indicar que está dirigida al doctor Orozco.
1251 Carta de Joan Miró a Josep Lluís Sert, 1 octubre 1968 (FLL).
1252 Carta de Joan Miró a Josep Lluís Sert, 1 octubre 1968 (FLL).
1253 Carta de Josep Lluís Sert a Joan Miró, 2 noviembre 1968.
1254 Carta de Josep Lluís Sert a Joan Miró, 15 noviembre 1968 (FPJM: FD-325).
1255 Ajuntament de Barcelona 1968; y carta de Joan Miró a Pierre Matisse, 19 mayo 1968 (PML: PMGA).
1256 *Baleares* 11 marzo 1968 (FPJM: H-3498).
1257 Jouffroy y Teixidor 1980, pp. 234-235. Teixidor en Jouffroy y Teixidor 1980, p. 112, explica: "Se trata siempre de no perder el hilo de las metamorfosis. Las combinaciones más audaces y las transformaciones más complejas no cesan de estar sometidas al objeto elemental que las ha provocado. [...] Para Miró, a menudo, la escultura implica el molde previo del objeto encontrado, y que su mano inventiva lleva de una forma a otra, sin dejar de ser la cosa original. El bronce unifica las materias. Se impone una misma coloración. En realidad, es una pátina que recubre todo. [...] Es fácil identificar en estas piezas, los objetos originales que les sirvieron de base y que las han preservado de toda fosilización."
1258 *Baleares* 17 enero 1969 (FPJM: H-3556).
1259 Tone 1993, p. 450.
1260 Umland 1993, p. 343.
1261 Galerie Beyeler 1969.

1262 Raillard 1977, p. 177.
1263 Carta de Joanet [Artigas] a Pierre y Patricia Matisse, 5 junio 1969 (PML: PMGA); y Pierre y Corredor-Matheos 1974, p. 184.
1264 Tone 1993, p. 450; y Carta de Joan Miró a Gérald Cramer, 8 julio 1969, en Giroud 2002, pp. 166-167.
1265 Carta de Joan Miró a Gérald Cramer, 8 julio 1969, en Giroud 2002, pp. 166-167.
1266 Carta de Joan Miró a Gérald Cramer, 15 agosto 1969, en Giroud 2002, pp. 168-169.
1267 Carta [borrador] de Joan Miró a Shuzo Takiguchi, 15 agosto 1969 (FPJM: FD-512).
1268 Carta [borrador] de Joan Miró a Shuzo Takiguchi, 28 septiembre 1969 (FPJM: FD-514).
1269 Jiménez y Pizá 14 octubre 1969 (FPJM: H-3577).
1270 Carta de Joan Miró a Gérald Cramer, 26 octubre 1969, en Giroud 2002, p. 170.
1271 Gich 29 octubre 1969 (FPJM: H-3575).
1272 Pierre y Corredor-Matheos 1974, p. 184.
1273 Miró recibió una carta del autor dramático japonés Fukuda, director del "Pabellón de la risa", en la que le pedía su colaboración y le explicaba que el tema correspondía al vocablo japonés *warai*: "Una risa capaz de atenuar la tensión entre los hombres y que refleje una pacífica armonía [...] Antes de abandonar el pabellón, los visitantes se encontraran de repente frente a una obra suya, que deberá suscitar la risa más inocente y llena de vida (en el sentido de afirmación de la vida humana)", en *Chroniques de l'art vivant* marzo 1970 (FPJM: H-3823); y Dupin 1993, p. 463.
1274 Canals i Gual 1993, pp. 29-30.
1275 Pierre y Corredor-Matheos 1974, p. 229.
1276 Jouffroy y Teixidor 1980, pp. 236-237.
1277 Fundació Joan Miró 1988, p. 14.
1278 Canals i Gual 1993, p. 31.
1279 Tone 1993, p. 450.
1280 Padilla 8 enero 1970 (FPJM: H-3819).
1281 Rowell 1995, pp. 298-299.
1282 Carnielli y Loudon 2001, p. 271.
1283 Fundació Joan Miró 1988, pp. 14-15.
1284 *Derrière le miroir* junio 1970.

En mayo, tiene lugar la exposición individual "Miró otro", organizada por el Col·legi d'Arquitectes de Barcelona. Miró pinta una obra de carácter efímero sobre los cristales de la fachada del edificio, que dura el tiempo de la exposición. En 1975, Miró explica: "Los arquitectos jóvenes querían hacer una exposición de choque, de ataque, lo contrario de la exposición antológica oficial que se había hecho antes; el pintor de los museos. Yo no fui a la exposición oficial. Estaba en Barcelona, pero en el último momento hice anunciar que no iría para no encontrarme con las autoridades. Pero sí estaba para los arquitectos jóvenes; y a las tres de la mañana – para que no hubiese nadie, no era un espectáculo – estaba pintando sobre la acera [...], lo que me interesaba era el gesto instantáneo sobre el fondo preparado, donde había inscripciones en catalán en favor de la libertad de Cataluña."[1262]

En junio, Miró y Artigas trabajan conjuntamente en el mural de la fachada del aeropuerto de Barcelona. Paralelamente, trabajan en el proyecto mural de Osaka, Japón.[1263]

Del 9 de junio al 27 de septiembre, tiene lugar la exposición "Joan Miró: Oeuvre gravé et lithographié" en la Galerie Gérald Cramer de Ginebra. Joan Miró y su esposa viajan a Ginebra con motivo de esa exposición.[1264]

El 8 de julio, Miró escribe a Cramer: "[...] al volver de viaje he tenido que irme a casa de Artigas para trabajar en una cerámica para Osaka de 10 m. x 5 m. 40, lo que me ha dejado bastante cansado."[1265]

El 15 de agosto, Miró escribe a Cramer: "He asistido recientemente al concierto de Stockhausen en Saint-Paul. Aparte de la gran admiración que siento por él, somos también buenos amigos. [...] Nosotros nos iremos pronto a Montroig para estar en forma para todo lo que me espera en Osaka en otoño."[1266]

El 15 de agosto, Miró escribe a Takiguchi: "A principios de noviembre debo pasar una estancia en Osaka, debido a un trabajo que me han encargado. Me alegra pues la idea de verle pronto. Entonces podremos fijar un plan de trabajo para el libro que tenemos en proyecto desde hace tanto tiempo y sobre el que no he dejado de pensar." Además, Miró le explica el origen y la finalidad del proyecto "Proverbes à la main".[1267] En otra carta del 28 de septiembre, Miró le comunica a Takiguchi que ya ha finalizado el mural cerámico para Osaka. Asimismo, le expresa su deseo de que el libro que realizan conjuntamente sea "ligero y precioso como una flor".[1268]

El 14 de octubre, Miró declara: "Yo creo que el trabajo es mi vida y mi naturaleza [...] Cuando no estoy con las manos sobre el pincel, o sobre la masa, para crear la forma y el color... estoy cavilando nuevas formas, imaginándolas, creándolas o 'recreándolas'. [...] Ahora he terminado este mural para la "Expo-70". A mi regreso de Japón tendré que reemprender los interrumpidos trabajos del mural y el monumento para Barcelona. Al mismo tiempo no dejo de pintar óleos... y de ultimar una gran exposición de escultura que en abril se presentará en Nueva York, para ir después en junio a París, y de ahí a otras muchas capitales."[1269]

A principios de noviembre, probablemente, Miró realiza un viaje a París.[1270]

En torno al 13 de noviembre, Miró realiza su segundo viaje a Japón.[1271] El motivo del viaje era el encargo de un mural destinado al Pabellón de la Compañía de Gas de la Exposición Universal de Osaka, que tendría lugar en 1970.[1272] A esta gran cerámica mural, realizada en Gallifa, con la colaboración de Josep Llorens Artigas, Miró añade una pintura efímera, titulada "Risa inocente", que debía ser destruida junto con el pabellón, un conjunto de bronces pintados y unas "calabazas habitadas" diseñadas con el fin de recibir o acompañar a los visitantes del pabellón.[1273] Estas esculturas preludiaban los personajes que Miró diseñaría para la obra *Mori el Merma* (1977).

A finales de este año, Miró visita una exposición colectiva en la Sala Gaspar, en la que admira una serie de tapices de Josep Royo. Miró siente interés por esta práctica artesanal y solicita conocer personalmente al autor. Josep Royo y Joan Miró se conocen en la Sala Gaspar, y de este encuentro surge el deseo común de hacer un gran tapiz, *Tapís Tarragona*, en los talleres de la Casa Aymat de San Cugat.[1274]

1970 Durante el año, Miró finaliza dos proyectos de cerámica mural en colaboración con Llorens Artigas: la cerámica mural para el Aeropuerto de Barcelona, y el mural cerámico para el Pabellón del Gas de la Exposición Universal de Osaka.[1275]

A lo largo de este año, la producción de esculturas en bronce es numerosa. Miró trabaja paralelamente en diversos talleres de fundición: Parellada (Barcelona), Fratelli Bonvicini (Verona), T. Clémenti (Meudon), Susse-Fondeur (Arcueil). Algunas de las esculturas fundida este año son: *L'Équilibriste*, *Oiseau migrateur posé sur la tête d'une femme en pleine nuit*, *Tête de taureau* y *Le Guerrier*.[1276]

En enero, Sert trabaja en los primeros bocetos del edificio de la Fundació Miró de Barcelona. Estos bocetos muestran la complejidad del edificio, con lucernarios similares a los de la Fondation Maeght, rampas y terrazas. En estos dibujos preliminares se adivina la ubicación del edificio en el Parc de Montjuïc, elección que todavía despertaba polémica en Barcelona.[1277]

En marzo, Miró comienza a trabajar en el proyecto del *Tapís Tarragona*, para el cual realiza una maqueta en pintura, que servirá como base para hacer el tapiz. Este tapiz surge como donación de Miró en agradecimiento al equipo médico del Hospital de la Creu Roja de Tarragona, por haber atendido a su hija Dolores tras un accidente de tráfico. De este modo el tapiz adopta como título el nombre de la ciudad. Con la entrega de esta obra, Miró deja patente su enraizamiento con las tierras de Tarragona.[1278]

Del 9 de marzo al 11 de mayo, tiene lugar la exposición "Joan Miró: Fifty Recent Prints" en The Museum of Modern Art de Nueva York. Esta misma exposición viaja a Río Piedras, Bogotá, Caracas, Maracaibo, Buenos Aires, Montevideo y Santiago.[1279]

El 15 de marzo, se inaugura oficialmente la Exposición Universal de Osaka.[1280]

El 20 de abril, Margit Rowell entrevista a Miró en París. La entrevista se centra en la relación de Miró con la pintura americana de posguerra, así como la influencia de sus visitas al Japón. Respecto a la pintura americana, Miró expresa: "[...] Me mostró una dirección que quería tomar y que hasta entonces había permanecido en la fase de deseo. Cuando vi esas pinturas [probablemente las obras de Pollock], me dije a mí mismo, 'Tú también puedes hacerlo; persíguelo, ¡ya ves que es lícito!' No debe olvidar que crecí en el contexto de la Escuela de París. Para liberarse, ¡no fue fácil!" En lo que concierne a la influencia del Japón: "[...] Me fascinó el trabajo de los calígrafos japoneses y ello influyó decisivamente en mi método de trabajo. Trabajo cada vez más en un estado de trance. [...] Y considero mi pintura cada vez más gestual."[1281]

Del 5 de mayo al 5 de junio, tiene lugar la exposición individual de Miró, titulada "Sculpture in Bronze and Ceramic, 1967-1969, Recent Etchings and Lithographs" en la Pierre Matisse Gallery de Nueva York.[1282]

En la primavera de este año, se finaliza el anteproyecto y la maqueta de la Fundació Joan Miró en Barcelona. Sert había planteado un nuevo dibujo para el edificio, más simple y geométrico. Este proyecto recoge ya todas las características del proyecto definitivo en cuanto a espacios de exposición, dimensiones y recorrido.[1283]

El 4 de junio tiene lugar una exposición individual de esculturas de Miró en la Galerie Maeght de París. Esta exposición se compone de 53 esculturas realizadas en bronce, entre 1967 y 1970.[1284]

El 7 de junio, Shuzo Takiguchi escribe a Miró: "Estoy muy emocionado de ver nuestro 'Proverbes à la main' [...] Esta edición es un gran monumento de nuestra amistad, y también de la amistad Miró–Japón. Sus litografías originales en deliciosa variación, son maravillosas, en las cuales dos seres-personajes nos observan y hablan en el espejo cósmico de todas las estaciones."[1285] En otra carta del 10 de agosto, Takiguchi informa a Miró que el libro será presentado mediante una exposición en la Minami Gallery de Tokio, a principios de septiembre.[1286]

El 18 de agosto, Sert escribe a Miró, proponiéndole una reunión para hablar de los planos preliminares del Centre d'Estudis d'Art Contemporani (CEAC) de Barcelona.[1287]

El 19 de agosto, Miró probablemente se encuentra en Saint-Paul-de-Vence, desde donde concede una entrevista en la que habla sobre su labor escultórica: "[...] Reúno cosas en mi estudio, que es muy grande. Coloco los objetos alrededor del suelo, y elijo esto o aquello. Combino diferentes objetos, y a veces reutilizo elementos de otras esculturas. [...] No comienzo las esculturas desde los dibujos, sino directamente desde los objetos... Nunca hago dibujos de ellos, únicamente pongo los objetos juntos. [...] Tiene que ver con la insólita unión de formas reconocibles. En la mayoría de esculturas, se combinan varios objetos."[1288]

En septiembre, se inaugura el mural cerámico del aeropuerto de Barcelona.[1289] Miró explica el proceso de creación del mural cerámico para el aeropuerto de Barcelona: "Cada vez que venía a Barcelona me pasaba todas las mañanas en el aeropuerto. Tomaba un café y luego me daba un paseo por los alrededores para vivir con intensidad el medio ambiente donde sería emplazada la obra. Una vez hube conseguido compenetrarme bien, llegué a la conclusión de que era absolutamente necesario que pudiera ser contemplada a distancia. [...] Tenía en consecuencia que producir un gran impacto, [...] La obra se ha de mover y estar incorporada dentro del conjunto del paisaje y del edificio. Para lograr tal compenetración decidí tratarlo arquitectónicamente. Y lo concebí a base de grandes volúmenes de color. [...] Perdí horas, muchas horas de sueño, obsesionado por encontrar solución a estos dos problemas [...] ¡me costó mucho parirlo! La tensión me dejó agotado."[1290]

El 6 de octubre, se inaugura una exposición de obra gráfica y gouaches de Miró en la Sala Pelaires de Palma de Mallorca.[1291]

Entre diciembre y enero de 1971, tiene lugar una exposición individual de Miró en la Galleria Arte Borgogna de Milán.[1292]

1971 Miró realiza su primer tapiz en colaboración con Josep Royo.[1293]

El 13 de febrero, Miró hace donación, a la ciudad de Barcelona, del mural realizado conjuntamente con Llorens Artigas para el Aeropuerto de Barcelona.[1294]

Del 26 de junio al 29 de agosto, tiene lugar una exposición individual de Miró en el Casino de Knokke-le-Zoute en Bélgica.[1295]

A principios de julio, Miró trabaja en la maqueta del tapiz para The World Trade Center de Nueva York, encargado por el Committee on Art de The Port of New York Authority.[1296]

Del 28 de septiembre al 22 de octubre, tiene lugar la exposición individual de Miró titulada "Homenatge a Joan Prats" en la Sala Gaspar de Barcelona.[1297]

En octubre, seguramente, Miró y Maurice Tuchman se entrevistan en París y este último le propone realizar una escultura monumental para Los Angeles County Museum of Art.[1298]

El 3 de octubre, se inaugura la exposición "Miró: Sculptures" en el Walker Art Center de Minneapolis. Esta exposición viaja a The Cleveland Museum of Art y The Art Institute of Chicago.[1299] La exposición tiene lugar del 3 de octubre al 28 de noviembre.

El 6 de octubre, Miró escribe a Matisse y le comenta que el Sr. Tuchman, de Los Angeles County Museum, quiere verle en París. Miró tiene la impresión de que es para algo importante.[1300] El mismo día 6 de octubre, Matisse responde a Miró y le advierte que desconfíe de Tuchman.

El 14 de octubre, seguramente, Miró se encuentra en París para asistir a la inauguración de "Miró: Peintures sur papier - Dessins", entre octubre y noviembre, en la Galerie Maeght de París.[1301]

El 4 de noviembre, Miró realiza un boceto titulado *Femme devant la foule* para el proyecto de escultura monumental de Los Angeles County Museum of Art.[1302]

El 6 de noviembre, el poeta Rafael Alberti escribe a Miró y habla de la posibilidad de realizar una carpeta de obra gráfica conjuntamente. Alberti le sugiere bien hacer una carpeta análoga a la que había dedicado a Picasso o bien escribir unos poemas dedicados a Miró, ilustrados con grabados del artista catalán.[1303]

Del 17 de noviembre al 6 de diciembre, tiene lugar la exposición individual "Dessins" en la Galerie Maeght de París.[1304]

Del 23 de noviembre al 31 de diciembre, tiene lugar la presentación del poema y las ilustracio-

nes de "Le Lézard aux plumes d'or" en la Galerie Berggruen de París. Esta exposición se presenta posteriormente, del 4 de diciembre al 25 de enero 1972, en la Galeria Pierre de Estocolmo.[1305]

1972 Entre 1971 y 1972, Miró realiza, junto a Llorens Artigas, un mural cerámico destinado a decorar un muro interior de la Kunsthaus de Zürich. Este mural titulado *Vol d'oiseau*, se instaló provisionalmente en la entrada del museo, a la espera de su lugar definitivo tras una futura ampliación.[1306]

Miró y Llorens Artigas realizan también otro mural cerámico concebido inicialmente para la Cinémathèque, en el Palais de Chaillot de París. No obstante, el mural nunca llegó a instalarse en ese lugar y finalmente sería adquirido, cinco años más tarde, por la Diputación Provincial de Álava.[1307]

El 4 de enero, Rafael Alberti escribe a Miró, en relación con un proyecto de ilustrar unos textos del poeta: "Para tu trabajo, creo que será imprescindible tengas antes mis palabras, que espero armonizarán perfectamente con esa música de fondo que ya tú estás viendo con tu gran oído de pintor."[1308]

Con posterioridad al 6 de enero, seguramente, Miró pasa unos días en Montroig.[1309]

Del 14 de enero al 19 de febrero, tiene lugar la exposición "Joan Miró: 15 Litografías Originales – Homenatge a Joan Prats" en la Galería Vandrés, Madrid.[1310]

Del 1 de febrero al 12 de marzo, tiene lugar la exposición "Miró Bronzes" en la Hayward Gallery de Londres.[1311]

Desde el 2 de febrero hasta el 12 de marzo, The Cleveland Museum of Art acoge la exposición "Miró Sculptures".[1312]

El 29 de febrero, se inaugura la exposición de litografías de Miró titulada "Homenatge a Joan Prats", en la Sala Pelaires: "No es mi exposición. Es la exposición dedicada a un amigo de toda la vida, Joan Prats, con quien yo jugué de niño, con quien estudié de mozo y que, en la madurez, me aconsejó siempre y en las vacas flacas me ayudó y siempre estuvo a mi lado, ocurriera lo que ocurriese."[1313]

El 29 de febrero, Miró se entrevista con el embajador de Chile en España, y con su agregado cultural. En este encuentro, el embajador chileno solicita a Miró la donación de una obra para crear una colección con destino al Museo de la Resistencia Salvador Allende, en Santiago de Chile.[1314] En efecto, Miró realizaría dos donaciones a este museo, que en la actualidad se denomina Museo de la Solidaridad Salvador Allende.[1315]

1285 Carta de Shuzo Takiguchi a Joan Miró, 7 junio 1970 (FPJM: FD-519).
1286 Carta de Shuzo Takiguchi a Joan Miró, 10 agosto 1970 (FPJM: FD-520).
1287 Umland 1993, p. 343.
1288 Walker Art Center 1971 [pp. 11-18].
1289 Pierre y Corredor-Matheos 1974, pp. 184, 187. Miró trabajó en el mural, en colaboración con Llorens Artigas, a lo largo de dos años aproximadamente, debido al gran formato de esta obra, 50 x 10 m. El mural está integrado por 4.865 piezas y fue concluido en 1970.
1290 Permanyer 21 marzo 1971 (FPJM: H-3910). Al término de la conversación sobre el mural de Barcelona, Miró saca una hoja y lee en voz alta su propósito de donación para Barcelona: "A) Mural del Aeropuerto: la bienvenida a la gente que llega por aire. B) Monumento de los Jardines Cervantes, de treinta metros de altura: para la gente que va por carretera, por tierra. C) Mosaico del Pla de l'Os, en las Ramblas: para la gente que llega por mar y que entra en la ciudad. D) Centre d'Estudis d'Art Contemporani (C.E.A.C) Joan Miró: como una puerta abierta hacia el futuro y de intercambio cultural internacional, con mi fe absoluta en que Cataluña tiene un gran papel a jugar en el mundo de mañana."
1291 Invitación a la exposición Joan Miró en la Sala Pelaires (FPJM: H-3849).
1292 Rowell 1987a, p. 36.
1293 Dupin y Lelong-Mainaud 2003b, p. 254.
1294 *La Vanguardia* 14 febrero 1971 (FPJM: H-3897).
1295 Rowell 1987a, p. 36; y Carta de Nicole Verdoodt a Joan Miró, 20 septiembre 1971 (FPJM: FD-290).
1296 Carta de S. S. Wenegrat a Daniel Lelong, 12 de julio de 1971. En ella, el Sr. Wenegrat afirma haber recibido una carta de Lelong en la que le informaba de que Miró estaba trabajando en la maqueta del tapiz destinado a The World Trade Center. La carta señala que el Committee on Art de The Port of New York Authority seguía interesado en el proyecto y que quería que Miró les presentase la maqueta en otoño, con el fin de decidir si le hacían el encargo. Miró realizó un dibujo en el dorso de la carta, tres días después de recibirla. Las indudables semejanzas formales con el tapiz de The Port of New York Authority, indican que este dibujo está relacionado con el proyecto que menciona la carta. (FPJM- 675).
1297 Escudero y Montaner 1993, p. 494.
1298 Carta de Damienne de Truchis (Galerie Maeght de París) a Maurice Tuchman (Los Angeles County Museum of Art), 22 septiembre 1971 (LACMA); carta de Joan Miró a Pierre Matisse, 6 octubre 1971; carta de Pierre Matisse a Joan Miró, 6 octubre 1971; y carta de Joan Miró a Pierre Matisse, 12 octubre 1971 (PML: PMGA).
1299 Walker Art Center Minneapolis, 1971; y Carta de Martin Friedman a Joan Miró, 11 octubre 1971 (FPJM: FD-291).
1300 Carta de Joan Miró a Pierre Matisse, 6 octubre 1971 (PML: PMGA).
1301 Carta de Damienne de Truchis (Galerie Maeght de París) a Maurice Tuchman (Los Angeles County Museum of Art), 22 septiembre 1971 (LACMA); y *Derrière le miroir* octubre-noviembre 1971.
1302 Colección de la Fundació Pilar i Joan Miró a Mallorca (FPJM-640).
1303 Carta de Rafael Alberti a Joan Miró, 6 noviembre 1971 (FPJM: FD-4).
1304 Escudero y Montaner 1993, p. 494.
1305 Ibídem, pp. 494-495.
1306 Pierre y Corredor-Matheos 1974, pp. 184-191. Se ha identificado este mural con el título *Oiseaux qui s'envolent*, en Escudero y Montaner 1993, p. 495.
1307 González de Durana 2002, p.17.
1308 Carta de Rafael Alberti a Joan Miró, 4 enero 1972 (FPJM: FD-5).
1309 Carta de Joan Miró al doctor Rafael Orozco 24 diciembre de 1971.
1310 Tone 1993, p. 450.
1311 Ibídem, p. 451.
1312 Ibídem, p. 450.
1313 Bonet 29 febrero 1972 (FPJM: H-3938); y Bauzá y Pizá 1 marzo 1972 (FPJM: H-3939).
1314 Bauzá y Pizá 1 marzo 1972 (FPJM: H-3939).
1315 Carta de Hortensia Bussi, viuda de Salvador Allende, a Joan Miró, 29 mayo 1980 (FPJM: FD-14).

1316 Tone 1993, p. 450.
1317 Carta de Rafael Alberti a Joan Miró, 2 marzo 1972 (FPJM: FD-6).
1318 Pierre Matisse Gallery 1972.
1319 Carta de Martin H. Bush (Wichita State University) a Joan Miró, 10 abril 1973 (PML: PMGA).
1320 Tone 1993, p. 450.
1321 Ibidem, p. 451.
1322 Canals i Gual 1993, p. 42.
1323 Carta de Pierre Matisse a Joan Miró, 17 mayo 1972 (PML: PMGA).
1324 Raillard 1977, p. 95.
1325 Fundació Joan Miró 1988, p. 461.
1326 Tone 1993, p. 451.
1327 Escudero y Montaner 1993, p. 495.
1328 Carta de Pierre Matisse a Joan Miró, 24 junio 1972 (PML: PMGA).
1329 Escudero y Montaner 1993, p. 495.
1330 Carta de Margit Rowell (Guggenheim Museum de Nueva York) a Joan Miró, 26 julio 1972 (FPJM: FD-243).
1331 Carta de Beth Straus (Presidenta del Consejo Municipal de Asuntos Culturales de Nueva York) a Joan Miró, 11 agosto 1972 (FPJM: FD-275).
1332 Carta de Margit Rowell (Guggenheim Museum de Nueva York) a Joan Miró, 26 septiembre 1972 (FPJM: FD-246).
1333 Cuaderno de dibujo de la colección de la Fundació Pilar i Joan Miró a Mallorca, en cuya cubierta anterior hay una inscripción que reza: "CENTRAL PARK". Miró realiza un único boceto, fechado en 22 de septiembre.
1334 Carta de Margit Rowell (Guggenheim Museum de Nueva York) a Joan Miró, 26 septiembre 1972 (FPJM: FD-246).
1335 Escudero y Montaner 1993, p. 495.
1336 Carta de Daniel Lelong (Galerie Maeght) a Patricia Sieminski (Los Angeles County Museum of Art), 6 octubre 1972 (LACMA).
1337 Tone 1993, p. 451.
1338 Solomon R. Guggenheim Foundation 1972; y carta de Margit Rowell a Joan Miró, 26 julio 1972 (FPJM: FD-243).
1339 Galerie Beyeler 1972-1973.
1340 Diario de Mallorca 4 enero 1973 (FPJM: H-3994).
1341 Carta de Daniel Lelong (Galerie Maeght) a Maurice Tuchman (Los Angeles County Museum of Art), 4 enero 1973 (LACMA).
1342 Castell 21 enero 1973 (FPJM: H-3997).
1343 Diario de Mallorca 1 febrero 1973 (FPJM: H-3998).
1344 Documento de recepción de Los Angeles County Museum of Art, fecha de recepción 7 febrero 1973 (PML: PMGA).
1345 Carta de Joan Miró a Pierre Matisse, 11 febrero 1973 (PML: PMGA).
1346 Carta de Joan Miró a Pierre Matisse, 11 febrero 1973 (PML: PMGA).
1347 Carta de Margit Rowell (Guggenheim Museum de Nueva York) a Joan Miró, 19 febrero 1973 (FPJM: FD-247).
1348 Kunstverein 1973.
1349 Derrière le miroir abril 1973.
1350 Canals i Gual 1993, p. 46.

En febrero tiene lugar la exposición "Joan Miró: Opere scelte dal 1924 al 1960" en Artelevi de Milán.[1316]

El 2 de marzo, el proyecto de ilustrar unos textos de Alberti se va concretando. Alberti muestra su contrariedad porque el proyecto se limite a ilustrar un solo poema con un único grabado, puesto que él tenía en mente algo más novedoso y ambicioso.[1317]

Del 21 de marzo al 15 de abril, tiene lugar la exposición individual de Joan Miró, titulada "Miró: Sobre Papel", en la Pierre Matisse Gallery de Nueva York.[1318]

El 10 de abril, Martin H. Bush de la Wichita State University escribe a Miró para proponerle la creación de un mosaico mural para un centro de arte en construcción en esa universidad de Kansas.[1319]

Desde el 15 de abril al 28 de mayo, The Art Institute of Chicago alberga la exposición "Miró Sculptures".[1320]

Del 16 de mayo al 17 de junio, tiene lugar la exposición "Joan Miró: Sobreteixims i esculturres" en la Sala Gaspar de Barcelona,[1321] que presenta por primera vez los tapices realizados por Miró en colaboración con Josep Royo.[1322]

El 17 de mayo, Pierre Matisse le propone a Miró realizar un proyecto para la nueva ala de la National Gallery of Art de Washington, cuyo arquitecto es Pei. David Scott, en representación de la National Gallery, desea entrevistarse con Miró y exponerle el proyecto personalmente.[1323] En 1975, Miró explica: "Me apasiona la arquitectura. Y también en relación con mi trabajo. Por ejemplo, la National Gallery de Washington construye un nuevo edificio destinado al arte moderno. Hace unos días vinieron a pedirme que hiciera un tapiz de once metros por tres. Es una tarea apasionante. Los arquitectos vinieron aquí para que examináramos juntos el proyecto."[1324]

El 30 de mayo, Miró concluye la maqueta, un óleo sobre tela, para el tapiz del World Trade Center de Nueva York.[1325]

Del 4 de junio al 30 de julio, tiene lugar la exposición "Joan Miró: Das plastische Werk" en la Kunsthaus de Zürich.[1326]

Desde el 5 de junio y durante el mes de julio, tiene lugar la exposición individual de Miró "Peintures, gouaches, dessins" en la Galerie Maeght de Zuric.[1327]

El 24 de junio, Matisse le envía a Miró la foto de la maqueta de la nueva ala de la National Gallery of Art de Washington.[1328]

El 27 de junio, queda constituida y clasificada legalmente la Fundació Joan Miró de Barcelona.[1329]

El 26 de julio, Margit Rowell, del Guggenheim Museum de Nueva York, escribe a Miró para proponerle extraoficialmente el encargo, por parte del New York City Cultural Council, de realizar una escultura monumental para la ciudad de Nueva York. Desde el principio, Central Park se baraja como posible ubicación de esta escultura.[1330]

El 11 de agosto, Beth Straus, del New York City Cultural Council, propone a Miró erigir una escultura monumental para Nueva York. En principio, el Cultural Council deseaba contar con fotos de la maqueta de la escultura elegida por Miró y después disponer de la maqueta y saber las características de la escultura.[1331]

El 18 de septiembre, Margit Rowell escribe a Miró para informarle de que se están examinando distintos lugares para la escultura de Miró destinada a los niños de Nueva York, entre ellos tres jardines de Central Park. No obstante, esperan poder contar con la presencia de Miró para tomar una decisión en firme.[1332]

El 22 de septiembre, Miró inicia un cuaderno de dibujos relacionados con el proyecto de Central Park.[1333]

El 26 de septiembre, Rowell escribe a Miró y le envía un plano de Central Park con los tres jardines infantiles preseleccionados, marcados en rojo. Además, le envía fotos de estas tres posibles ubicaciones, y de una cuarta en otro parque junto al río.[1334]

Del 30 de septiembre al 29 de octubre, tiene lugar una exposición retrospectiva de Miró en el Liljevalchs Konsthall de Estocolmo.[1335]

A principios de octubre, Miró trabaja en Palma de Mallorca, en la aplicación de color de la maqueta para la escultura de Los Angeles County Museum.[1336]

Del 18 de octubre al 18 de noviembre tiene lugar la exposición "Joan Miró" en las Acquavella Galleries de Nueva York.[1337]

Desde el 27 de octubre al 1 de enero de 1973, The Solomon R. Guggenheim Museum de Nueva York alberga la exposición "Joan Miró: Magnetic Fields", organizada por Margit Rowell y Rosalind Krauss.[1338]

Desde diciembre de 1972 hasta febrero de 1973, tiene lugar la exposición "Miró, Calder" en la Galerie Beyeler de Basilea.[1339]

1973 A principios de enero, le es impuesta a Joan Miró, la Orden de Bernardo O'Higgins, la más alta

distinción que concede el gobierno chileno, por deseo de Salvador Allende, en agradecimiento a la donación de una pintura al Museo de la Solidaridad de Santiago de Chile.[1340]

El 4 de enero, Miró ya ha acabado la maqueta para la escultura monumental de Los Angeles County Museum y la envía a la Galerie Maeght de París para su posterior expedición a Los Ángeles.[1341]

En la segunda quincena de enero, comienzan las obras para la construcción del "Centre d'Estudis d'Art Contemporani. Fundació Joan Miró", en Montjuïc, Barcelona.[1342]

Alrededor del 1 de febrero, Miró viaja a Roma, donde visita la exposición de dibujos y gouaches del poeta Rafael Alberti, en la que se exhiben también algunas obras de Joan Miró, en señal de homenaje del poeta español al artista catalán.[1343]

El 7 de febrero, la maqueta de Miró para la escultura monumental de Los Angeles County Museum of Art ya ha llegado a la ciudad californiana.[1344]

El 11 de febrero, Miró escribe a Matisse: "[...] me gustaría atacar el gran mosaico para la Universidad de Wichita. Los técnicos que deben realizarlo ya han venido a verme y nos hemos entendido y compenetrado muy bien."[1345]

Con posterioridad al 11 de febrero, Miró pasa unos diez días en Saint Paul-de-Vence.[1346]

El 19 de febrero, Margit Rowell escribe a Miró sobre el proyecto de escultura monumental para Nueva York y le solicita fotos de las maquetas de las esculturas que se encuentren en ese momento en Haligon. Además, le solicita información sobre el material y la escala de la escultura para seleccionar la posible ubicación en función de estas características.[1347]

Del 31 de marzo al 29 de abril, tiene lugar la exposición "Joan Miró: Das graphische Werk" en el Kunstverein de Hamburgo.[1348]

En abril, tiene lugar una exposición titulada "Sobreteixims et sacs" en la Galerie Maeght de París.[1349] Royo explica el proceso creativo de esta manera: "[...] unos tapices que después, con Miró, quemamos parcialmente; enganchamos diversos objetos, como paraguas, cubos, trapos de colores cosidos, y, en fin, todos los utensilios que teníamos al alcance. Era una obra patética, fuerte y agresiva, que Cirici denominó "sobreteixims", porque era tejido sobre tejido, y con este nombre se les conoce hoy día."[1350]

Del 14 de abril al 30 de junio, tiene lugar una exposición titulada "Sculptures de Miró,

Poema acróstico de Rafael Alberti iluminado por él mismo. Alberti lo creó para el libro "Maravillas con variaciones acrósticas en el jardín de Miró", ilustrado por Joan Miró, [14 julio 1973]. Fondo documental Fundació Pilar i Joan Miró a Mallorca.

céramiques de Miró et Llorens Artigas" en la Fondation Maeght de Saint-Paul-de-Vence.[1351]

El 20 de abril, Miró cumple 80 años.[1352] Con motivo de la celebración de su aniversario Miró declara: "Estoy mejor que nunca, en plena forma física y creadora. Y con muchas ganas de trabajar. No concibo mi vida sin el trabajo." [1353]

El 20 de abril, *Diario de Mallorca* publica una entrevista con Miró, en la que habla de una serie de obra gráfica denominada *Serie Mallorca*: "Porque la he hecho aquí, sobre esta mesa, y porque Mallorca identifica una época. Aquí he vivido durante muchos años. En los años cuarenta realicé la serie Barcelona, y desde entonces, no había vuelto a grabar otra serie. Ahora la Serie Mallorca formará un puente con la de Barcelona. El próximo año figurará en la exposición de obra gráfica que el Petit Palais de París organizará con motivo de mi aniversario [...] El Museo de la Ville de París organizará otra muestra de escultura y cerámica."[1354]

El 24 de abril, tiene lugar la presentación de la *Serie Mallorca* en la Sala Pelaires de Palma. Miró tiene previsto exponer esta serie junto con la *Serie Barcelona* en el Fogg Art Museum de la Universidad de Harvard, así como en Suecia, Inglaterra y Japón.[1355]

Del 1 al 25 de mayo, tiene lugar la exposición individual "Joan Miró: Paintings, Gouaches, Sobreteixims, Sculpture, Etchings" en la Pierre Matisse Gallery de Nueva York.[1356]

El 3 de mayo, se celebran en Barcelona una serie de actos para festejar el 80 aniversario de Joan Miró. Por la tarde, se inauguran, en presencia del artista, cuatro exposiciones en la Calle Consejo de Ciento: Galerías René Metras, Nova, Adrià y Sala Gaspar. Por la noche, se ofrece una cena homenaje a Miró, a la que acuden centenares de personas vinculadas al mundo cultural de Barcelona.[1357]

El 29 de mayo, Margit Rowell escribe a Miró: "Por lo que respecta a la escultura de Nueva York, estoy contenta de saber que hay dos maquetas en proceso en Haligon que le parecen adecuadas para este proyecto."[1358]

El 5 de junio, Miró escribe a Cramer: "Me voy a principios de la semana que viene a Barcelona. Nos hemos puesto de acuerdo con Muga para grabar el cartel. Puedes indicarle el formato para preparar las planchas."[1359]

Durante los meses de junio y julio, tiene lugar la exposición "Joan Miró: His Graphic Work" en Tel Aviv Museum de Tel Aviv.[1360]

Del 7 de junio al 10 de septiembre, tiene lugar una exposición individual de carteles de Miró en el museo de arte de Kristeanstads, Suecia.[1361]

Del 15 de junio al 30 de septiembre, Miró participa en la exposición "Sculptures en montage" en Passy-Plateau-d'Assy, Francia.[1362]

Del 4 de julio al 22 de diciembre, Miró participa en la exposición "Oeuvre gravé original" en el Musée de l'Athénée de Ginebra.[1363]

El 14 de julio, Alberti le envía a Miró el texto *Maravillas con variaciones acrósticas en el jardín de Miró*, con la idea de crear conjuntamente un libro ilustrado: "[...] Creo que esto que yo te mando se presta a nuevas invenciones, a nuevas fantasías sacadas de tu jardín inagotable."[1364]

Del 10 de octubre al 27 de enero de 1974, The Museum of Modern Art de Nueva York acoge la exposición individual de Miró titulada "Miró in the Collection of The Museum of Modern Art".[1365]

Del 16 de octubre al 10 de noviembre, tiene lugar la exposición "Joan Miró: Livres illustrés, lithographies en couleur" en la Galerie Gérald Cramer de Ginebra.[1366]

Del 19 de octubre al 9 de noviembre, la Pierre Matisse Gallery de Nueva York alberga la exposición individual "Joan Miró: Sobreteixims".[1367]

El 28 de octubre, Miró escribe a Matisse y le comenta que piensa trabajar en la maqueta del mosaico de Wichita y en el tapiz de Washington porque los dos proyectos le apasionan. No obstante, su actividad en esos momentos se centra en la preparación de la exposición del Grand Palais.[1368]

El 5 de noviembre, Miró reclama la maqueta que presentó para el proyecto de escultura monumental de Los Angeles County Museum of Art, a falta de una decisión.[1369]

Del 15 de noviembre al 15 de enero de 1974, tiene lugar la exposición individual "Miró 80" en el Colegio de Arquitectos de Palma de Mallorca.[1370]

En diciembre, elabora una serie de telas quemadas (*Toiles brûlées*): "Recientemente he quemado una serie de telas. Las quemé por motivos plásticos y de oficio, porque ello proporciona un hermoso resultado, y por otro lado para contestar *merde* a todas esas personas que dicen que estas telas valen una fortuna. Yo las quemo."[1371] En cuanto al procedimiento Miró expone: "Yo hacía nacer la belleza de la materia de una tela o de un papel quemados. Lo que me interesaba era ese nacimiento, no sólo el gesto de decir *merde* a las subastas, las cotizaciones y todas esas estupideces. Eché pintura en polvo sobre una tela virgen y

1351 Fondation Maeght 1973.
1352 La prensa se hace eco de este acontecimiento y dedica a Miró números especiales, documentando su trayectoria artística y vital. Es el caso de *La Vanguardia* 13 abril 1973 (FPJM: H-4006).
1353 Pizá 20 abril 1973 (FPJM: H-4022a).
1354 Planas Sanmarti 20 abril 1973 (FPJM: H-4018).
1355 Ibídem, 20 abril 1973 (FPJM: H-4018).
1356 Carnielli y Loudon 2001, p. 275.
1357 *La Vanguardia* 5 mayo 1973 (FPJM: H-4033).
1358 Carta de Margit Rowell (Guggenheim Museum de Nueva York) a Joan Miró, 29 mayo 1973 (PML: PMGA).
1359 Carta de Joan Miró a Gérald Cramer, 5 junio 1973, en Giroud 2002, pp. 175-176. Miró se refiere al cartel que Miró crea para Gérald Cramer con motivo de la exposición "Livres illustrés et lithographies" que tuvo lugar entre 16 de octubre al 10 de noviembre de 1973.
1360 Tel-Aviv Museum 1973.
1361 Escudero y Montaner 1993, p. 495.
1362 Ibídem, p. 495.
1363 Ibídem, p. 495.
1364 Carta de Rafael Alberti a Joan Miró, 14 julio 1973 (FPJM: FD-10).
1365 Tone 1993, p. 451.
1366 Ibídem, p. 451.
1367 Pierre Matisse Gallery 1973b.
1368 Carta de Joan Miró a Pierre Matisse, 28 octubre 1973 (PML: PMGA).
1369 Carta de Daniel Lelong (Galerie Maeght de París) a Maurice Tuchman (Los Angeles County Museum of Art), 5 noviembre 1973 (LACMA).
1370 Colegio de Arquitectos de Baleares, Sala Pelaires, y Caja de Ahorros de las Baleares 1973.
1371 Raillard 1977, p. 27.

1372 Ibídem, pp. 133-134.
1373 Rowell 1987a, p. 37.
1374 *Baleares* 5 enero 1974 (FPJM: H-4054).
1375 Dupin y Lelong-Mainaud 2003b, pp. 182-185.
1376 Raillard 1977, pp. 44-45.
1377 Dupin y Lelong-Mainaud 2003b, pp. 178-179.
1378 Carta de Margit Rowell a Joan Miró, al parecer, erróneamente fechada 15 de mayo 1974 (FPJM: FD-248). La fecha de la carta conservada en la Fundació Pilar i Joan Miró a Mallorca debe de estar equivocada. En los archivos de la Pierre Matisse Gallery, hay una copia de esta carta y la fecha está corregida, en lugar de 15 de mayo, dice 15 de marzo. La carta va precedida de una tarjeta escrita también por Rowell y fechada 10 de abril sin año, aunque presumiblemente escrita en 1974. La fecha de la tarjeta induce a pensar que, efectivamente, la carta debió de ser escrita en marzo y no en mayo. También el "Report on Miró Sculpture for Visual Arts Committee of the New York City Cultural Council", fechado 10 abril 1974, parece confirmar que la carta de Margit Rowell a Miró fue escrita el 15 de marzo.
1379 Tone 1993, p. 451.
1380 Escudero y Montaner 1993, p. 495.
1381 Bauzá y Pizá 14 mayo 1974 (FPJM: H-4061).
1382 Taillandier 30 mayo 1974, en Rowell 1987a, p. 283.
1383 Ministère des affaires culturelles et de l'environnement 1974.
1384 Canals i Gual 1993, p. 53. Pere Portabella dirigió una película documental sobre la confección del tapiz 6 x 11 m. de la exposición de homenaje a Miró que tuvo lugar en el Grand Palais de París, Canals i Gual 1993, p. 74.
1385 Tone 1993, p. 451.
1386 Taillandier 30 mayo 1974 en Rowell 1987a, pp. 283-286.
1387 Carta de Shuzo Takiguchi a Joan Miró, 8 junio 1974 (FPJM: FD-526). El libro se publicó en Tokio en 1978, en Cramer 1989, pp. 588-589.
1388 Schneider 16 junio 1974 (FPJM: H-4085).
1389 *Paris Match* 17 agosto 1974 (FPJM: H-4089).
1390 Informe sobre l'espectacle Miró-Claca (FPJM: FD-588).
1391 Carta de H. Landais a Joan Miró, 7 noviembre 1974 (FPJM: FD-167).
1392 Tone 1993, p. 451.
1393 Carta de Margit Rowell a Joan Miró, 21 noviembre 1974 (PML: PMGA).
1394 Carta de David W. Scott (Planning Consultant de la National Gallery de Washington) a Pierre Matisse, 4 diciembre 1974 (PML: PMGA).

le prendí fuego. La pintura avivaba el fuego. Mientras ardía, moví la tela hacía la izquierda y hacia la derecha. Tenía cerca agua y una escoba para poder detener la combustión en cualquier momento [...] Las hermosas materias, el azar y la posibilidad de detenerme. Desde ese punto de vista, no hay diferencia con las telas pintadas [...] Después advertí que tenían vida por los dos lados, por delante y por detrás, como un tapiz."[1372]

1974 Se inaugura la escultura monumental *Oiseau lunaire*, en la plaza Robert Desnos de París, donde estuvo situado el estudio de Miró, en el número 45 de la rue Blomet.[1373]

En torno al 5 de enero, probablemente, Joan Miró es condecorado con la Legión de Honor francesa, la más alta distinción honorífica concedida por Francia.[1374]

El 9 de febrero, finaliza el tríptico *L'Espoir du condamné a mort I-II-III*.[1375] Un año más tarde, en 1975, Miró relata: "Hace años en una tela grande pinté un trazo, un trazo blanco pequeño; y en otra, uno azul. Y llegó un día, cuando le dieron garrote a ese pobre muchacho catalanista, Salvador Puig Antich. Sentí que era eso. El día que lo mataron. Terminé esa tela el día en el que lo mataron. Sin saberlo. [...] Su muerte. Una línea que se iba a interrumpir. Es un tríptico, que llamé *L'Espoir du condamné a mort*."[1376]

El 9 de febrero, da por acabado el tríptico *Feux d'artifice I-II-III*.[1377]

El 15 de marzo, Margit Rowell escribe a Miró sobre el proyecto de escultura para Nueva York. Rowell prefiere una escultura de escala humana, puesto que estaría destinada a los niños, y propone realizar la escultura *Femme Oiseau* de 3 m. de altura, en epoxy. Rowell solicita la colaboración de Miró para contar con una maqueta de la escultura para su presentación.[1378]

Durante los meses de mayo a julio, tiene lugar la exposición individual "Miró" en la Galerie Melki de París.[1379]

Del 10 de mayo al 15 de junio, tiene lugar la exposición individual "Obra gràfica. Sèrie Barcelona. 1972-73" en la Sala Gaspar de Barcelona.[1380]

El 14 de mayo, se inaugura la exposición homenaje a Miró, titulada "Sèrie Barcelona 1972-1973" en la Galería 4 Gats de Palma de Mallorca.[1381]

En mayo, probablemente, Miró se traslada a París, dónde supervisa el montaje de su exposición en el Grand Palais. Miró expresa su concepción de esta muestra: "La exposición en el Grand Palais es un ambiente. Por este motivo, para mí era muy importante estar allí cuando se colgaban las obras. Quería participar.

Pensé mucho en ello e incluso tomé notas."[1382]

Del 17 de mayo al 13 de octubre, tiene lugar la exposición retrospectiva "Joan Miró" en el Grand Palais de París.[1383] En esta retrospectiva se presentan pinturas, esculturas, objetos, tapices y cerámicas. Entre los tapices, se expuso uno de gran formato (6 x 11 metros), que según cuenta Josep Royo, fue el inicio de otros proyectos de tapices de gran formato: "Aquella obra provocó un impacto importante, y por ello vinieron luego los encargos de los tapices para la National Gallery of Art de Washington (6 x 11 m), para la Fundació Miró (5 x 7 m), para la Fondation Maeght de Saint-Paul-de-Vence (2,80 x 4,80 m); para "la Caixa" (2 x 5 m)."[1384]

Paralelamente, en estas mismas fechas, del 17 de mayo al 13 de octubre, tiene lugar la exposición "Miró: L'Oeuvre graphique" en el Musée d'Art Moderne de la Ville de París. Esta exposición viajará a continuación a la Fundaçao Calouste Gulbenkian de Lisboa (del 25 noviembre al 12 enero 1975).[1385]

El 30 de mayo, Miró concede una entrevista a Yvon Taillandier, en la que comenta las exposiciones que en esos momentos se presentan en París, así como sus nuevos procedimientos de trabajo: "Muy a menudo, dibujo una línea negra en un lienzo en blanco, colocado en horizontal sobre el suelo, y después levanto el lienzo. Entonces el color se desliza. Controlo el chorreo. Cuando me parece correcto, vuelvo a tumbar el lienzo en el suelo. Estoy haciendo esto cada vez más. Pero es bastante reciente. Es como las pinturas quemadas [...] no es difícil controlar el progreso del fuego, y de esta manera se pueden obtener texturas preciosas. [...] Me interesan las texturas que se pueden obtener con colores de secado lento. [...] Trabajo por etapas. Primera etapa, los negros; y a continuación el resto, que viene determinado por los negros. [...] A veces utilizo un caballete. No obstante eso es cada vez más raro. Pongo mis telas sobre caballetes o en el suelo. Cuando están sobre el suelo, puedo caminar sobre ellas, y eso es práctico, especialmente en el caso de las telas grandes."[1386]

El 8 de junio, Takiguchi le envía a Miró los poemas que constituirán "En compagnie des étoiles", un libro de poemas consagrado a Miró, y le solicita que lo ilustre.[1387]

El 16 de junio, Miró concede una entrevista a Pierre Schneider, en la que explica: "Mis trabajos no son obras de arte sino acontecimientos humanos. Cuando veo eso detrás de mí lo que me impresiona es el hecho humano. [...] Me siento cada vez más liberado. Estoy interesado en la pintura, por supuesto, pero, sobre todo, me interesa el contacto con el mundo. [...]

Nunca tomo vacaciones. Si dejo de trabajar pierdo el equilibrio [...] Eso es la libertad. He llegado a una edad -más de 81 años- en la que ya no estoy atado a nada. A menudo digo que la última palabra que querría pronunciar al morir es la palabra 'merde'."[1388]

Alrededor del 17 de agosto, Miró y su esposa asisten al décimo aniversario de la Fondation Aimé et Marguerite Maeght, en Saint-Paul-de-Vence. Numerosos artistas y personas relacionadas con la fundación acuden al evento: Giacometti, Calder, Chillida, Adami, Palazuelo, Gardy-Artigas, Bury, Lelong y Dupin, entre otros.[1389]

En noviembre, el grupo teatral la Claca, en el marco del II Festival Internacional de Titelles de Barcelona, propone a un gran número de pintores catalanes la realización de una serie de marionetas para un espectáculo y una exposición. Joan Miró se muestra interesado en el proyecto y sugiere una colaboración más profunda, la creación de todo un espectáculo. De ahí surge la idea de colaborar en la representación de *Mori el Merma*.[1390]

El 7 de noviembre, el director de los Museos de Francia agradece a Joan Miró el haber hecho posible la exposición del Grand Palais y le comunica el gran éxito de público alcanzado.[1391]

Del 9 de noviembre al 12 de enero, tiene lugar la exposición "Joan Miró" en el Louisiana Museum, en Humlebaek, Dinamarca.[1392]

El 21 de noviembre, Margit Rowell escribe a Miró en relación con el proyecto de escultura monumental para Nueva York. Rowell cuenta ya con el presupuesto para fundir la escultura *Femme-oiseau* en bronce, pero los costes previstos de producción son demasiado elevados, de manera que Rowell sugiere a Miró fabricarla en una materia plástica o bien en hormigón.[1393]

El 4 de diciembre, David W. Scott, de la National Gallery of Art de Washington escribe a Matisse: "Las noticias de que Miró espera acabar la maqueta antes de final de año son de lo más alentadoras. [...] Por lo que respecta al diseño del tapiz: como sabe, hemos suministrado a Miró información general sobre la ubicación, y yo he tratado este proyecto con él en dos ocasiones. Él tiene planos y alzados del edificio, y fotografías de la maqueta del edificio [...], así como un dibujo que muestra el tamaño del tapiz y su localización en la pared [...]."[1394]

1975 A principios de este año, posiblemente, Miró escribe a Margit Rowell sobre el proyecto escultórico para Nueva York: "En efecto, la fundición de un gran bronce cuesta muy cara [...] Nosotros trabajamos ahora en París en una escultura de 15 m. de altura que deberá colocarse en la Défense y que será también de colores brillantes y sólidos. [...] hemos descartado hacerla en materia plástica porque el resultado es de una gran frialdad y no me fío mucho de la solidez de los colores. [...] tú sabes bien que la colocación de una escultura mía en Central Park me interesa mucho y que estaría encantado de ofrecerla a la ciudad de Nueva York."[1395]

El 20 de enero, Ramon Viladàs escribe a Daniel Lelong acerca del tapiz para la National Gallery of Art de Washington: "Miró está de acuerdo en hacer una maqueta para esta tapicería y hacerla ejecutar por Royo en Tarragona."[1396]

El 29 de enero, Miró escribe a Cramer: "Te envío la maqueta del linóleo, creo que eso puede ser un éxito."[1397]

El 13 de febrero, Miró escribe a Dominique Bozo, conservador del Musée national d'art moderne, para tratar la adquisición por parte del museo de *L'Objet du couchant*, realizado en 1937: "Estoy muy contento [...] de ver cuánto se interesan para que la colección de mis obras en el Museo sea importante y representativa. L'objet du Couchant es muy importante y muy histórico [...] Fue pintado en Montroig con un tronco de algarrobo, árbol de gran belleza [...] los demás objetos fueron encontrados al azar durante mis paseos. [...] Le puedo decir también, a título de información, que este objeto fue considerado como una farsa por todo el mundo salvo, claro está, por Bréton, que inmediatamente, quedó sobrecogido por su lado mágico."[1398]

El 18 de febrero, J. Carter Brown, director de la National Gallery of Art de Washington, escribe a Pierre Matisse: "Como sabe, la National Gallery of Art está interesada en explorar la posibilidad de encargar un gran tapiz que sería diseñado por Joan Miró para la pared sur del Patio Central del nuevo East Building. El encargo de este tapiz depende fundamentalmente de la aceptación por parte de la Galería de una maqueta que ejecutará Miró que representará el diseño del tapiz (en la medida en que un diseño de una obra con relieve puede traducirse a otro medio. Una vez aceptada la maqueta, prevemos que la Galería procederá a negociar dos contratos, uno con Miró y con usted, como su representante, para pagar los honorarios del diseño del artista (incluyendo los derechos de la maqueta), el otro con usted y la Galerie Maeght, para la producción del tapiz por el taller de Royo. Así pues, esperamos que usted solicite a Miró que prepare y nos envíe la maqueta."[1399]

Del 8 de abril al 2 de mayo, tiene lugar la exposición "Joan Miró: Paintings and Sculptures, 1969-1974", en la Pierre Matisse Gallery de Nueva York.[1400]

Entre abril y mayo, tiene lugar la presentación de los libros *Càntic del Sol*, de Francisco de Asís y *Quatre colors aparien el món*, de J. V. Foix.[1401]

El 10 de junio, se inaugura extraoficialmente el CEAC, Centre d'Estudis d'Art Contemporani, Fundació Joan Miró. El edificio diseñado por Josep Lluís Sert se sitúa en el Parc de Montjuïc de Barcelona.[1402] Durante el mes de junio, tiene lugar en la Fundació Joan Miró, la exposición "Pintura, escultura i sobreteixims de Miró a la Fundació".[1403]

El 21 de octubre, Miró recibe la visita de J. Carter Brown: "Vi a Miró en la tarde del 21 de octubre. Deduje que no se había encontrado bien, y su mujer le mantenía a paso lento. Él me enseñó su estudio, con las muestras de mármol, las fotografías a color, y algunas muestras de hilos, y me dijo que ahí sería donde crearía la maqueta para el tapiz. [...] Durante mis conversaciones con Miró, el aspecto negativo que más le preocupaba era la insistencia de Pierre Matisse de que enviara la maqueta a Washington. [...] Yo especifiqué que la maqueta pasaría a ser propiedad de la National Gallery, y no pareció tener ninguna objeción. [...] La impresión que extraje de su estudio es que no hay muchas cosas en proceso en este momento, y que ahora todo depende de su salud y energía. Me dijo que sólo recientemente había desarrollado una idea clara de cómo quería proceder con esto."[1404]

Miró trabaja sobre la maqueta del mural cerámico para el edificio de laboratorios de IBM en Barcelona.[1405]

En noviembre, Miró está trabajando también en la maqueta para ilustrar el libro *Soledades* de Góngora. En una entrevista, Miró explica: "Tengo las *Soledades* a la entrada del taller, junto a la escalera, y todas las mañanas al entrar leo un breve fragmento, muy breve. Eso basta. Todos los días. Un poco como los monjes [...] Es un libro apasionante, pero muy difícil de hacer. Es preciso que haya un equilibrio plástico dictado por la tipografía y, además, que yo penetre en el espíritu de Góngora. [...] Para conseguirlo necesitaré quizás veinticinco aguafuertes. Lo que me gusta de Góngora es su rigor plástico y sus chispazos [...] ¡Hace tanto tiempo que pensaba en Góngora!"[1406]

El 20 de noviembre, muere Francisco Franco y España inicia la transición hacia la democracia. Miró expresará en diciembre de 1975: "*Songe et Mensonge de Franco* era posible para Picasso, porque él era descriptivo, en tanto que yo... Todos mis personajes son grotescos. Sí, aquel puede ser Franco. Yo comienzo un personaje sin pensar en Franco, y cuando termino puedo decir: Este es Franco. Con toda seguridad."[1407]

Del 5 de diciembre al 31 de enero de 1976, tiene lugar la exposición retrospectiva "Un camí compartit (Miró-Maeght)" en la Galería Maeght de Barcelona.[1408] Según Miró, Maeght es algo más que un marchante: "[...] es un amigo y un hombre muy, muy valiente. Me ha ayudado mucho."[1409]

El 10 de diciembre, Miró ya ha acabado la maqueta para el mosaico mural de la Wichita State University. Gabriel Loire de Chartres se ocuparía de su fabricación.[1410]

La Association Internationale des Arts Plastiques le encarga la elaboración de un cartel en apoyo a la campaña de "Droits de l'Homme".[1411]

Durante 1975, tienen lugar los contactos preliminares por carta entre Miró y Joan Baixas, director del grupo teatral la Claca.[1412]

1976   Miró realiza dos obras para la ciudad de Barcelona. Por una lado, el pavimento Mosaico del Pla de l'Os para la Rambla de Barcelona, en vidrio artificial coloreado.[1413] Por otro lado, crea un mural cerámico para el edificio de la empresa I.B.M. de Barcelona, en arcilla refractaria.[1414] Ambos proyectos se realizan en colaboración con Joan Gardy Artigas.

En marzo, Joan Miró se entrevista por primera vez con los directores del grupo teatral la Claca. Miró se muestra interesado por las posibilidades plásticas que ofrece el "teatre de ninots". La compañía propone crear un trabajo de dramaturgia partiendo de la obra de Miró, sin condicionamiento alguno de obra literaria o de guión previo. De este encuentro, surge el embrión de la obra *Mori el Merma*, un espectáculo festivo y callejero sobre el tema de la tiranía, utilizando el ejemplo de Ubu.[1415]

El 28 de marzo, Miró acaba *Personnages oiseaux*, la maqueta para el mosaico de la Wichita State University.[1416]

El 28 de marzo, Miró acaba la maqueta para el tapiz de la National Gallery de Washington.[1417]

Del 13 de abril al 8 de mayo, tiene lugar la exposición "Joan Miró: Sculpture" en la Pierre Matisse Gallery de Nueva York.[1418] En esta exposición, se presentan 26 esculturas en bronce y bronce pintado, realizadas entre 1967 y 1975.

El 19 de abril, Miró escribe a Calder, desde Palma: "Planeamos ir a París en mayo [...] La Fundación [de Barcelona] abre oficialmente sus puertas en junio, recibirás en su momento una invitación, te puedes imaginar la alegría que tendríamos todos los amigos si estuvieras entre nosotros para la ocasión." Miró solicita a Calder que haga donación a la Fundación de la escultura expuesta en Barcelona, a cambio Miró le regalará a Calder una obra suya.[1419]

1395   Carta de Joan Miró a Margit Rowell (Guggenheim Museum de Nueva York), sin fecha. Presumiblemente esta carta debió escribirse a principios del año 1975. Una nota escrita a mano al pie de la carta, con caligrafía de Pierre Matisse, indica que la carta fue recibida en el mes de enero. Además, el contenido de la carta es muy similar al de una carta de Ramón Viladás a Pierre Matisse, fechada el 20 de enero de 1975.

1396   Carta de Ramón Viladàs (abogado de Miró) a Pierre Matisse, 20 enero 1975 (PML: PMGA).

1397   Carta de Joan Miró a Gérald Cramer, 29 enero 1975, en Giroud 2002, pp. 178-179. Miró y Cramer colaboran de nuevo en la ilustración de *Hommage à San Lazzaro* de Alain Jouffroy publicado en 1977.

1398   Carta de Joan Miró a Dominique Bozo, 13 febrero 1975, en Rowell 1993, pp. 95-97.

1399   Carta de J. Carter Brown (director de la National Gallery de Washington) a Pierre Matisse, 18 febrero 1975 (PML: PMGA).

1400   Pierre Matisse Gallery 1975.

1401   Escudero y Montaner 1993, p. 496. Ver Cramer 1989, pp. 482-485, 526-527.

1402   *La Vanguardia* 8 junio 1975 (FPJM: H-4127) y carta de Oriol Bohigas a Joan Miró, 20 junio 1975 (FPJM: FD-312).

1403   Tone 1993, p. 452.

1404   *Memorandum for the File* redactado por J. Carter Brown (director de la National Gallery de Washington), 28 octubre 1975 (PML: PMGA).

1405   Raillard 1977, p. 95.

1406   Ibídem, pp. 105-107. La Fundació Pilar i Joan Miró conserva dibujos probablemente asociados a este proyecto de ilustrar la obra de Góngora que, desgraciadamente, quedó inacabado. Según Rosa Maria Malet, (Fundació Joan Miró 1989, p. 87), Miró estaba trabajando en *Soledades* de Góngora y en *Liberté* de Paul Eluard cuando cayó enfermo, de modo que estos proyectos nunca llegaron a terminarse.

1407   Ibídem, p. 189.

1408   Gutiérrez 4 enero 1976 (FPJM: H-4135); Escudero y Montaner 1993, p. 496.

1409   Raillard 1977, p. 181.

1410   Carta de Martin H. Bush (Vice President de la Wichita State University) a Joan Miró, 10 diciembre 1975 (PML: PMGA).

1411   Carta de Dunbar Marshall a Joan Miró, 12 diciembre 1975 (FPJM: FD-287): "Usted ha confirmado, una vez más, la fuerza universal de la imagen al servicio de las ideas."

1412   Informe sobre l'espectacle Miró-Claca (FPJM: FD-588).

1413   Gimferrer 1978, pp. 224-225. La Fundació Joan Miró de Barcelona conserva la maqueta del mosaico del Pla de l'Os, realizada por Miró en 1976, en Fundació Joan Miró 1988, p. 456.

1414   Gimferrer 1978, p. 224.

1415   Informe sobre l'espectacle Miró-Claca (FPJM: FD-588).

1416   Dupin y Lelong-Mainaud 2004, pp. 44-45.

1417   Dupin y Lelong-Mainaud 2004, pp. 100-101; y National Gallery of Art de Washington 2004.

1418   Pierre Matisse Gallery 1976.

1419   Carta de Joan Miró a Alexander Calder, 19 abril 1976, en Hutton y Wick 2004, p. 275.

1420 Seguramente, Miró se refiere a la maqueta del tapiz titulado *Femme* para la National Gallery of Art de Washington y a la del mosaico titulado *Personnages oiseaux* (28 de marzo 1976) para la Wichita State University.
1421 Carta de Joan Miró a Pierre Matisse, 21 abril 1976 (PML: PMGA).
1422 Carta de Alexander Calder a Joan Miró, 23 abril 1976, en Hutton y Wick 2004, p. 275.
1423 Dupin y Lelong-Mainaud 2004, p. 36.
1424 Carta de Joan Miró a Pierre Matisse, 21 abril 1976 (PML: PMGA).
1425 Kjell A. Johansson, junio 1976 (FPJM: H-4874).
1426 Escudero y Montaner 1993, p. 496.
1427 *Baleares* 15 junio 1976 (FPJM: H-4146); y Cramer 1989, pp. 536-537, 486-489.
1428 Escudero y Montaner 1993, p. 496; y Serrano 4 julio 1976 (FPJM: H-4150).
1429 Borrador de contrato enviado por J. Carter Brown (Director de la National Gallery de Washington) a Pierre Matisse, 22 junio 1976 (PML: PMGA).
1430 Carta de David W. Scott (Planning Consultant de la National Gallery de Washington) a Pierre Matisse, 24 junio 1976 (PML: PMGA).
1431 Carnielli y Loudon 2001, p. 279.
1432 Carta-contrato enviado por J. Carter Brown (Director de la National Gallery de Washington) a Pierre Matisse, 10 diciembre 1976 (PML: PMGA).
1433 Informe sobre l'espectacle Miró-Claca (FPJM: FD-588).
1434 Rowell 1987a, p. 37.
1435 Informe sobre l'espectacle Miró-Claca (FPJM: FD-588).
1436 Ibídem, (FPJM: FD-588).
1437 Raillard 1993, pp. 229-230.
1438 Ibídem, pp. 236-237.
1439 Ibídem, p. 236.
1440 Ibídem, p. 236.
1441 Carta de Joan Gardy Artigas a Joan Miró, 14 agosto 1977 (FPJM: FD-18); y Carta de Toshio Matsubara a Joan Miró, 4 septiembre 1977 (FPJM: FD-187).

El 21 de abril, Miró escribe a Matisse y le dice que Català-Roca ha hecho fotos de las maquetas[1420] y se las enviará directamente a Matisse: "Las dimensiones de las maquetas son: Tapiz 252 x 169. Mosaico 145 x 310 [...] estas maquetas están hechas al óleo sobre tela, lo que me ha permitido trabajar con un impulso mayor y tener una idea más exacta de lo que podía dar de sí, desde el punto de vista de la proporción y de la materia definitiva a realizar. [...] el proyecto de Texas me ha proporcionado muchas ideas, imposibles de explicar por carta."[1421]

El 23 de abril, Calder escribe a Miró y le comunica que puede quedarse con la escultura [para la Fundación Joan Miró de Barcelona], y que estaría encantado de recibir una tela de Miró a cambio.[1422] Miró había pintado para Calder *Personnage aux 3 cheveux, oiseaux, constellations* el 7 de marzo de 1976.[1423]

Seguramente, hacia finales de mayo, Miró viaja a París donde permanece unas tres semanas.[1424]

En junio, se presenta una exposición de carteles de Joan Miró en el Castillo de Bäckaskog en Suecia.[1425]

Del 10 de junio al 31 de julio, tiene lugar la exposición "Miró. Eaux-fortes et lithographies récentes de grand format" en la Galerie Maeght, de París.[1426]

El 14 de junio, tiene lugar la presentación de los libros ilustrados por Miró *El pi de Formentor* de Miquel Costa i Llobera, y *Espriu-Miró*, en la Galeria 4 Gats de Palma de Mallorca. Miró explica: "Quiero dejar constancia de que esto es algo más que una pura manifestación artística. Es –si se me permite- un mensaje, un grito que yo lanzo para que Mallorca despierte y reencuentre su personalidad, hoy en día ya tan adulterada y adormecida."[1427]

El 18 de junio, se inaugura formalmente la Fundación Joan Miró, con la exposición "Joan Miró: Pintures, escultures i dibuixos de les col·leccions de la Fundació". Joan Miró dona al centro 5.000 dibujos, entre los cuales se seleccionaron 475 dibujos para esta exposición.[1428]

El 22 de junio, J. Carter Brown redacta un borrador de contrato: "En nombre de los Patronos de la National Gallery of Art [...] me complace encargar a la Galerie Maeght y a usted, como su representante, para que sea tejido por el Taller de Royo en España para la Galería un tapiz único basado en un diseño único de Joan Miró, tal como se representa en una maqueta titulada *Femme*, según los términos siguientes: 1. El tapiz medirá aproximadamente 35 pies de altura por 23 pies 4 pulgadas de anchura, y su fabricación será supervisada por el Sr. Miró. 2. Los honorarios totales que le abonará la Galería son 150.000 $.

[...] 3. El tapiz finalizado será entregado a la Galería en o con anterioridad al 31 de diciembre, 1977 [...]."[1429]

El 24 de junio, David W. Scott de la National Gallery of Art de Washington escribe a Matisse: "Le adjunto borradores de dos contratos separados que están interrelacionados en el sentido de que el contrato para tejer el tapiz no puede ser ejecutado excepto después de la ejecución del contrato de adquisición de la maqueta."[1430]

Del 16 de noviembre al 16 de diciembre, tiene lugar la exposición "Joan Miró. Aquatints: Grands Formats, 1974-1975" en la Pierre Matisse Gallery de Nueva York.[1431]

El 10 de diciembre, J. Carter Brown, director de la National Gallery of Art de Washington, envía a Matisse las condiciones contractuales del encargo del tapiz de Miró: "En nombre de los Patronos de la National Gallery of Art [...] acuerdo aquí adquirirle a usted, como agente de Joan Miró, un diseño único del Sr. Miró para un tapiz y la maqueta, titulada *Femme*, que representa este diseño, incluyendo todo derecho, título, e interés en el diseño y en la maqueta, por la suma de 100.000 $ [...]."[1432]

En diciembre, el grupo teatral la Claca empieza a crear los personajes teatrales para su espectáculo *Mori el Merma*, inspirados en una interpretación libre de los dibujos de Miró sobre el tema de Ubu.[1433]

Miró prepara un mural cerámico para el Wilhelm Hack Museum, Ludwigshafen.[1434]

1977 A finales de enero, Miró se desplaza a Barcelona para ver por primera vez el material elaborado por el grupo teatral la Claca. La impresión es muy positiva y Miró comienza a sugerir la manera de pintar todo el material para la obra teatral.[1435]

La última semana de marzo, Miró colabora con el grupo teatral catalán la Claca, en Sant Esteve de Palautordera. En un viejo teatro, Miró pinta los personajes, decorados y objetos creados para la representación de la obra *Mori el Merma*. Durante siete días, se realizan una veintena de piezas (dos grandes lonas, seis gigantes, cinco máscaras, y numerosos objetos) elaboradas y decoradas con los más diversos procedimientos y materiales. Català-Roca documenta estas sesiones y registra imágenes en un film.[1436]

En mayo, refiriéndose a la transición que ha vivido España, Miró explica: "Ahora tengo grandes esperanzas respecto al porvenir [...] *Aidez l'Espagne*, que hice en 1937, hace justamente cuarenta años. Se advierte ahora que las líneas que había escrito bajo el dibujo del campesino catalán eran proféticas: contra las *fuerzas obsoletas* ya se ven bien los *inmensos recursos creativos del pueblo español* que se han impuesto, y *ese impulso que asombrará al mundo*. Y se verá en todos los dominios, incluso el artístico; se verá lo que ha de dar. [...] No se puede asfixiar esa profunda fuerza creativa. Y en Cataluña ya se ha puesto en marcha, con más fuerza que antes, con un gran poder de invención."[1437]

En mayo, en París, Miró habla de sus proyectos monumentales en preparación: "Acaban de instalar un mosaico en las Ramblas, donde la gente se pasea, cerca del Liceo. En la misma acera; es algo muy emocionante para mí. Estoy contento de estas huellas que dejo, y me gustaría dejar más. Sería necesario que el proyecto de escultura que hice para la entrada de Barcelona, que ahora está suspendido, se concluya. [...] La escultura tendrá veinticinco metros de alto, es más grande que la de La Défense en París. Me agradaría verla finalizada. [...] Esta mañana he ido a Chartres a ver el taller donde se realiza un mosaico que hice para Texas. También hay otro en Osaka. En Tarragona preparan un tapiz para Washington. Y este año instalarán aquí [París], en La Défense, la gran escultura. También trabajaré en las maquetas de Ubu Rey."[1438]

Del 27 de junio al 30 de julio, tiene lugar una exposición de obra gráfica "Homenatge als poetes catalans" al Centre de Lectura de Reus. Miró explica: "Para el verano de 1977 Jacques Dupin ha organizado dos exposiciones en dos pueblos catalanes, uno español, Reus, y otro francés, Céret. Esto señala a la vez la unidad de la cultura catalana y mi desconfianza hacia el centralismo [...]."[1439]

Entre julio y septiembre, tiene lugar una exposición individual de pintura, escultura y obra gráfica en el Musée d'Art Moderne de Céret. Miró opina al respecto: "Céret me parece una buena elección. Nunca he hecho una exposición ahí, ni he pintado [...] Céret tiene tradición pictórica. Picasso, Juan Gris, Dérain y Matisse pintaron allí [...]. Expondré algunos cuadros y muchas obras gráficas, más fáciles de transportar. Y también los libros en que he trabajado con poetas franceses y catalanes. La noche de la inauguración los jóvenes de la Claca, de Barcelona, harán una representación con unos títeres que yo les hice."[1440]

En agosto, el mural cerámico que Miró había diseñado para la Exposición Internacional de Osaka se instala en el Museo Nacional de Arte Internacional de Osaka.[1441]

El 9 de agosto, Miró escribe a Cramer: "Me disculpo por el retraso en responderle, pero al volver de París, como estaba agotado, mi doctor me ordenó por un cierto tiempo, que todavía dura, un reposo absoluto. [...] Como en lo

Miró en el Taller Sert de Palma de Mallorca, febrero de 1976. Cortesía Successió Miró.

sucesivo, yo solo podré ocuparme de mi trabajo, que es más que suficiente, te ruego te dirijas a Jacques Dupin, que es mi representante."[1442]

El 5 de octubre, seguramente, Royo acaba el tapiz de la National Gallery of Art de Washington.[1443]

El 13 de octubre, se presenta en la Fundación Miró de Barcelona el gran tapiz para la National Gallery de Washington D. C. El tapiz, realizado en el taller de Josep Royo, mide 6 por 11 metros. Josep Royo explica: "Conseguí lanas muy buenas en Sabadell, que me permitían hacer obras de grandes dimensiones [...] La confección era conflictiva, atendiendo al peso final de la obra, cuatro mil kilogramos, que exigía lanas muy resistentes, aparte de un telar expresamente para este trabajo. Además, una vez acabado, se tuvo que tirar un trozo de pared del estudio al suelo para poder sacarlo."[1444]

El 30 de noviembre, el Ministro de Cultura ofrece a Joan Miró la presidencia del Patronato del Museo Español de Arte Contemporáneo.[1445]

1978 Miró es nombrado Presidente de Honor del Institut de Projecció Exterior de la Cultura Catalana, entidad cuyo propósito es dar a conocer el hecho catalán alrededor del mundo.[1446]

Realización de una litografía a color para el libro *En compagnie des étoiles* de Shuzo Takiguchi.[1447]

El 8 de enero, Martin H. Bush visita a Miró en Palma de Mallorca y le informa de que el mosaico mural para la Wichita State Univesity había sido acabado el 20 de diciembre de 1977.[1448]

Con anterioridad al 2 de febrero, Miró recibe la propuesta de realizar un mural para la fachada del Wilhem Hack Museum de Ludwigshafen en Alemania.[1449]

El 7 de febrero, Roland Penrose se encuentra en Palma de Mallorca para realizar una entrevista a Joan Miró.[1450]

El 9 de febrero, Roland Penrose y un equipo de la BBC inician el rodaje de un programa sobre Joan Miró y su obra. Este equipo de televisión graba imágenes de Miró trabajando, así como de los personajes creados por Miró para el grupo de teatro catalán la Claca.[1451]

El 14 de febrero, Miró asiste al ensayo de la obra de teatro *Mori el Merma* en el Teatro Principal de Palma de Mallorca.[1452] El estreno tiene lugar el 7 de marzo.[1453] Miró habla sobre los personajes pintados por él: "Estos maniquíes me han apasionado. Aúnan la tradición de los carnavales, de los desfiles de gigantes. Se puede hacer decir cualquier cosa a una marioneta, con una movilidad en el ata-

que que va más allá de las palabras y las explicaciones."[1454]

El 11 de abril, el mural de Miró realizado en Chartres ya ha llegado a Wichita y está previsto acabar su instalación a principios de septiembre.[1455]

Del 13 de abril al 15 de mayo, tiene lugar la exposición "11 obres inèdites" (pinturas y dibujos sobre papel) en la Sala Gaspar de Barcelona.[1456]

El 19 de abril, el Ayuntamiento de Barcelona acuerda la concesión de la Medalla de Oro de la Ciudad a Joan Miró coincidiendo con su 85 aniversario.[1457]

El 20 de abril, el Ayuntamiento de Palma de Mallorca acuerda la concesión de la Medalla de Oro de la Ciudad a Joan Miró coincidiendo con su 85 aniversario.[1458]

El [24] de abril, el Consell de la Generalitat acuerda conceder a Miró la primera Medalla de Oro de la Generalitat.[1459]

El 4 de mayo, se inauguran dos exposiciones antológicas de Miró, en Madrid. El Museo Español de Arte Contemporáneo, desde el 4 de mayo al 23 de julio, acoge la exposición "Joan Miró: Pintura".[1460] Joan Miró y Pilar Juncosa acuden a la inauguración.[1461] Paralelamente, las Salas de la Dirección General de Patrimonio Artístico albergan, desde el 4 de mayo al 20 de julio, la muestra "Joan Miró: Obra gráfica".[1462] Miró comenta así su visita a la exposición de pintura: "Es un buen resumen de mi biografía y una selección atinada de mi obra. Me emociona encontrarme así, de improviso, con *mis hijos*, incluso con los *más rebeldes*, y me complace que ello ocurra en Madrid, tras años de ausencia y desesperanza. Sé que estoy de algún modo contribuyendo a abrir al exterior las puertas de la nueva España [...]."[1463]

El 4 de mayo, se hace público un real decreto que otorga a Miró la Gran Cruz de la Orden de Isabel la Católica.[1464]

El 5 de mayo, se inaugura la exposición individual "Pinturas de 1916 a 1974" en la Galeria Theo de Madrid.[1465]

Del 10 de mayo al 30 de junio, tiene lugar la exposición "Miró: Dibuixos, gouaches, monotips" en la Galeria Maeght de Barcelona.[1466]

De mayo a junio, tiene lugar la presentación del libro *Tres Joans*, con textos de Joan Brossa ilustrados por un aguafuerte de Joan Miró, en la Galería Joan Prats de Barcelona.[1467]

El 7 de junio, se estrena en el Teatro del Liceo de Barcelona *Mori el Merma*, representado por

1442 Carta de Joan Miró a Gérald Cramer, 9 agosto 1977, en Giroud 2002, pp. 188-189.
1443 Dupin y Lelong-Mainaud 2004, pp. 100-101; y National Gallery of Art de Washington 2004.
1444 Canals i Gual 1993, pp. 44-45, 75; Rowell 1987a, p. 37.
1445 *El País* 1 diciembre 1977 (FPJM: H-4181).
1446 Carta del IPECC a Joan Miró, 9 junio 1978 (FPJM: FD-379): "Tendrà que ser una persona catalana de renombre universal."
1447 Cramer 1989, pp. 588-589; y Carta de Kunihiko Shimonaka a Joan Miró, 29 diciembre 1978 (FPJM: FD-408).
1448 Carta de Martin H. Bush (Vice President de la Wichita State University) a Joan Miró, 7 diciembre 1977 (FPJM: FD-51); carta de Martin H. Bush a Pierre Matisse, 28 febrero 1978 (PML: PMGA); y anotaciones a mano, seguramente, escritas por Martin H. Bush durante su estancia en el Hotel Fénix de Palma de Mallorca, probablemente, en torno al 8 de enero de 1978 (FPJM: FD-52.2). La descripción técnica del proyecto mural *Personages oiseaux* se expone en un informe elaborado por los Ateliers Gabriel & Jacques Loire de Chartres, fechado diciembre 1977. El trabajo se realizó partiendo de una pintura al óleo de Joan Miró de 1976. Los trabajos del taller duraron quince meses y en ellos participaron Joan Miró y Joan Gardy Artigas (FPJM: FD-166).
1449 Baleares 2 febrero 1978 (FPJM: H-4193).
1450 Cela Conde 7 febrero 1978 (FPJM: H-4195).
1451 Torres 10 febrero 1978 (FPJM: H-4198).
1452 Maldonado 15 febrero 1978 (FPJM: H-4200); y *Baleares* 15 febrero 1978 (FPJM: H-4200).
1453 Baixas 1994, p. 237.
1454 Bernard 4 septiembre 1978 (FPJM: H-4249).
1455 Carta de Martin H. Bush (Vice President de la Wichita State University) a Joan Miró, 11 abril 1978 (FPJM:FD-53).
1456 Escudero y Montaner 1993, p. 496.
1457 *La Vanguardia* 20 abril 1978 (FPJM: H-4211).
1458 Verd 21 abril 1978 (FPJM: H-4220).
1459 Fernández 3 mayo 1978 (FPJM: H-4224).
1460 Dirección General del Patrimonio Artístico, Archivos y Museos, i Fundació Joan Miró 1978.
1461 Nota de bienvenida a Madrid del Ministro de Cultura (FPJM: FD-200); y Fernández 3 mayo 1978 (FPJM:H-4224).
1462 Fernández 3 mayo 1978 (FPJM: H-4224); y Tone 1993, p. 452.
1463 Amón 18 junio 1978 (FPJM: H-4229).
1464 *Diario de Mallorca* 5 mayo 1978 (FPJM: H-4225).
1465 Escudero y Montaner 1993, p. 496.
1466 Tone 1993, p. 452.
1467 Escudero y Montaner 1993, p. 496; y Cramer 1989, pp. 592-593.

1468   Tele Exprés 8 junio 1978 (FPJM: H-4228).
1469   Carta de Charles W. Milliard (Chief Curator of the Hirshhorn Museum and Sculpture Garden, Smithsonian Institution) a Pierre Matisse, 28 julio 1978 (PML: PMGA).
1470   Carta de Pierre Matisse a Charles W. Milliard (Hirshhorn Museum and Sculpture Garden), 9 agosto 1978 (PML: PMGA).
1471   Martorell 5 septiembre 1978 (FPJM: H-4252).
1472   Centre Georges Pompidou 1978.
1473   Belden 1 noviembre 1978 (FPJM: H-4273).
1474   Escudero y Montaner 1993, p. 496.
1475   Carta de Tsutomu Matsumori a Joan Miró, 13 octubre 1978 (FPJM: FD-534).
1476   Marchesseau diciembre 1978 (FPJM: H-4285).
1477   Musée d'Art Moderne de la Ville de Paris, y Fondation Maeght, 1978.
1478   Diario de Mallorca 21 octubre 1978 (FPJM: H-4263).
1479   Carta de Martin H. Bush (Vice President de la Wichita State University) a Joan Miró, 30 octubre 1978.
1480   GSV 8 noviembre 1978 (FPJM: H-4260).
1481   Fidalgo 14 noviembre 1978 (FPJM: H-4283).
1482   Raillard 1977, p. 114.
1483   Carnielli y Loudon 2001, p. 284.
1484   Escudero y Montaner 1993, p. 496.
1485   Carta de Charles W. Milliard (Hirshhorn Museum and Sculpture Garden) a Pierre Matisse, 1 diciembre 1978 (PML: PMGA).
1486   Carta de Charles W. Milliard (Hirshhorn Museum and Sculpture Garden) a Pierre Matisse, 15 diciembre 1978 (PML: PMGA).
1487   Carta de Pierre Matisse a Joan Miró, 29 diciembre 1978 (PML: PMGA).
1488   Carta de Jaime de Urzáiz (director de la revista Cuaderno de Cultura) a Joan Miró, 2 marzo 1979; y Cuaderno de Cultura Extra 1978 (FPJM: H-4295).
1489   Escudero y Montaner 1993, p. 496.
1490   Carta de Josep Lluís Sert a Joan Miró, 28 febrero 1979 (FPJM: FD-263).
1491   Carta de Pierre Matisse a Joan Miró y Pilar Juncosa, 30 julio 1979 (PML: PMGA).
1492   Carta de Charles W. Milliard (Hirshhorn Museum and Sculpture Garden) a Pierre Matisse, 2 marzo 1979 (PML: PMGA).
1493   Ultima Hora 27 marzo 1979 (FPJM: H-4309).
1494   Estatutos de la Fundación Pública Municipal "Pilar i Joan Miró a Mallorca".
1495   Carta de Pierre Matisse a Ramon Viladàs (abogado de Joan Miró), 30 marzo 1979 (PML: PMGA).
1496   Tone 1993, p. 452.

el grupo teatral la Claca. Miró asistió a la representación acompañado del Presidente de la Generalitat, el Sr. Tarradellas.[1468]

El 28 de julio, Charles W. Millard (Chief Curator del Hirshhorn Museum and Sculpture Garden) escribe a Pierre Matisse interesándose por una maqueta de una escultura, Femme devant la foule, que Miró había diseñado para Los Angeles County Museum, para un proyecto que no se había llegado a materializar. Millard está estudiando la posibilidad de realizarla para el Hirshhorn Museum and Sculpture Garden.[1469]

El 3 de septiembre, probablemente, Miró recibe en Palma de Mallorca la visita de Pierre Matisse.[1470]

El 4 de septiembre, se inaugura en Palma de Mallorca una exposición antológica con obras creadas entre 1910 y 1978, para la que Miró diseña el cartel, la invitación y la cubierta del catálogo. Miró y Pilar Juncosa asisten a la inauguración, presidida por los reyes de España. En Sa Llotja de Palma, el rey Juan Carlos I impone a Joan Miró la Gran Cruz de Isabel la Católica. Paralelamente, el Palau Solleric de Palma de Mallorca alberga una muestra de artistas y escritores en homenaje a Joan Miró.[1471]

El 20 de septiembre, se inaugura la exposición "Dessins de Miró, provenant de l'atelier de l'artiste et de la Fondation Joan Miró de Barcelone" en el Musée national d'art moderne, Centre Georges Pompidou de París.[1472]

Del 20 de septiembre al 5 de noviembre, tiene lugar la exposición de pintura y obra gráfica en el Edwin A. Ullrich Museum of Art de la Wichita State University, de Kansas.[1473]

Del 3 de octubre al 10 de noviembre, tiene lugar la exposición individual "Eaux-fortes. Gravures pour des poèmes de Salvador Espriu" en el Centre d'Études Catalanes de París.[1474]

El 13 de octubre, la editorial Heibonsha de Tokio informa a Miró de la publicación del libro En compagnie des étoiles. El libro está compuesto por una serie de poemas de Takiguchi en homenaje a Miró, así como por una litografía en color del artista catalán. Para conmemorar la aparición de este libro, se está organizando una exposición para el mes de noviembre en la Nantenshi Gallery de Tokio.[1475]

El 14 de octubre, Miró se encuentra en Saint-Paul-de-Vence. En una entrevista, habla de sus proyectos: "Una escultura de 14 m. de altura para Nueva York, cerca de Central Park. Dos cerámicas de 60 m. x 10 m., una para un museo alemán, la otra para el Palacio de Congresos de Madrid. [...] Pienso también en una gran vidriera en dos partes para la Fundación Maeght, y en una gran escultura, sin destinatario."[1476]

El 19 de octubre, se inaugura la exposición "Miró: Cent Sculptures, 1962-1978" en el Musée d'Art Moderne de la Ville de Paris.[1477]

El 20 de octubre, se hace público el deseo de Miró de donar sus talleres a la ciudad de Palma. La donación debe hacerse efectiva a la muerte del pintor.[1478]

El 31 de octubre, tiene lugar la inauguración del mosaico mural Personnages oiseaux en la Wichita State University de Kansas.[1479]

El 7 de noviembre, se clausuran las exposiciones de homenaje a Joan Miró en Palma de Mallorca –Sa Llotja y Casal Solleric. El acto de clausura en Sa Llotja cuenta con la presencia de Miró y su esposa. En el transcurso del acto, el ministro de Cultura, Pío Cabanillas, le encarga la creación de un mural para el Palacio de Congresos y Exposiciones de Madrid.[1480]

El 13 de noviembre, tiene lugar la inauguración de la escultura monumental Couple d'amoureux en La Défense de París, con fuegos artificiales y animación callejera a cargo del grupo teatral la Claca.[1481] En 1975, Miró ya había explicado este proyecto: "La escultura permite actuar sobre el paisaje. [...] Estoy haciendo una gran escultura de 15 metros de alto, para la Défense de París, de colores muy violentos. Se trata de jugar con la arquitectura, no con un paisaje natural; con grandes edificios de cemento, acero y vidrio. Esta escultura quedará frente a la de Calder."[1482]

Del 21 de noviembre al 16 de diciembre, tiene lugar la exposición "Joan Miró: Recent Paintings, Gouaches, and Drawings from 1969 to 1978" en la Pierre Matisse Gallery de Nueva York.[1483]

Del 22 de noviembre al 19 de enero de 1979, tiene lugar una exposición individual de pinturas de Miró en la Galerie Maeght de París.[1484]

El 1 de diciembre, Millard informa a Pierre Matisse de que el Hirshhorn Museum and Sculpture Garden, en principio, ha aprobado la adquisición de la escultura monumental de Miró, pendiente aún de concretar las cuestiones económicas.[1485]

El 15 de diciembre, Millard informa a Pierre Matisse de que el Hirshhorn Museum and Sculpture Garden se plantea reducir la escala de la escultura monumental de Miró para adaptarla al espacio más reducido de la Plaza de ese museo, siempre y cuando Miró esté de acuerdo.[1486]

El 29 de diciembre, Matisse escribe a Miró: "Por otro lado, el 20 de enero, el director de un gran banco del sur, cuyo arquitecto es I. M. Pei debe ir con éste a veros a Palma para hablar del proyecto de una inmensa escultura de quince o veinte metros de altura. Cuando regrese a St. Jean le telefonearé para saber si usted está de acuerdo con esta cita."[1487]

Miró crea la portada para un número extraordinario de la revista Cuaderno de Cultura dedicado a la cultura catalana.[1488]

1979   En enero, tiene lugar la exposición individual "Sculptures in Humor and Adventure 1944-75" en el Museu d'Art Seibu de Tokio. Posteriormente, la exposición viaja a Nagoya, Fukui y Osaka.[1489]

El 28 de febrero, Josep Lluís Sert escribe a Miró en relación con la vidriera diseñada por el artista catalán para la Fundación Maeght de Saint-Paul-de-Vence: "He visto nuevamente el emplazamiento de tu vidriera. Creo que puede ser de un gran efecto orientada al mediodía, y se puede iluminar desde el exterior por las noches."[1490]

En marzo, seguramente, Miró recibe la visita del arquitecto Ieoh Ming Pei, en Palma de Mallorca, para hablar de la aplicación del color en la escultura Femme echevelée, destinada a un proyecto de escultura monumental para Houston, Texas.[1491]

El 2 de marzo, Millard escribe a Matisse para informarle de que el Hirshhorn Museum and Sculpture Garden sigue interesado en la escultura monumental de Miró. Así pues, le solicita una maqueta para presentarla ante el Committee on Collections, en la próxima reunión de mediados de mayo.[1492]

El 26 de marzo, el decano de la Facultad de Filosofía y Letras de la Universitat de les Illes Balears comunica a Joan Miró la decisión de nombrarle Doctor Honoris Causa de esa facultad.[1493]

El 27 de marzo, el pleno del Ayuntamiento aprueba los Estatutos de la Fundación Pública Municipal "Pilar i Joan Miró a Mallorca".[1494]

El 30 de marzo, Matisse escribe a Ramon Viladàs en relación con un encargo para Miró: "Se trata de un proyecto muy importante de una escultura monumental para un edificio en los Estados Unidos. Este proyecto está en estudio y hemos convenido no hablar de él hasta que haya sido aceptado. En ese momento, yo os consultaré como abogado de Miró para el acuerdo final."[1495]

Desde el 10 de abril al 13 de mayo, la Hayward Gallery de Londres acoge la exposición "Drawings by Joan Miró from the Artist's Studio and the Joan Miró Foundation, Barcelona".[1496]

El 26 de abril, el periódico *Última Hora* publica unas declaraciones de Miró: "Siento la misma ilusión creadora de toda la vida. Los últimos seis meses de reposo forzado, por mi caída en los talleres, han servido para ordenar mis ideas [...]. Acabo de terminar los bocetos para el mural de 60 metros por 20 que se montará en el Palacio de Congresos y Exposiciones de Madrid. Ahora estoy trabajando en una escultura de 40 metros para Nueva York [...] y en unos vitrales para una pequeña iglesia de las afueras de París, en Senlis, convertida por el pianista Cziffra en un centro cultural. Estos son algunos de los proyectos en los que trabajo estos días, y también estoy realizando los bocetos para una escultura monumental de unos 30 metros de altura, con escalera interior, para el Parque del Mar, de Palma."[1497]

El 29 de abril, Montroig le rinde un cálido homenaje a Miró, al que asisten él y su esposa Pilar. Montroig le otorga a Miró la Medalla de Oro de la ciudad y le nombra Hijo Adoptivo.[1498]

Desde abril a mayo, tiene lugar la exposición "Zeichnungen und Malereien auf Papier von Joan Miró" en la Galerie Maeght de Zurich.[1499]

Del 17 de mayo al 28 de julio, la Galerie Patrick Cramer de Ginebra presenta la exposición "Joan Miró: 60 Livres illustrés".[1500]

Desde el 26 de mayo al 30 de septiembre, Orsanmichele, en Florencia, alberga la exposición "Joan Miró: Pittura, 1914-1978".[1501] Paralelamente, tiene lugar la exposición "Joan Miró: Grafica, 1930-1978" en el Museo Civico de Siena, y la exposición "Joan Miró: Scultura, 1931-1972" en el Palazzo Pretorio de Prato.[1502]

De junio a septiembre, la Galerie Beyeler de Basilea, alberga la exposición "Jean Arp, Joan Miró".[1503]

El 8 de junio, Miró presenta en la Fundació Joan Miró de Barcelona un tapiz diseñado por él y tejido por Josep Royo.[1504]

El 15 de junio, Fernando Gamboa, director del Museo de Arte Moderno de Méjico, llega a Palma para entrevistarse con Miró. Gamboa está preparando una exposición antológica del artista catalán en Ciudad de México, para el año siguiente.[1505]

El 18 de junio, la Comisión del Hirshhorn Museum and Sculpture Garden ya ha aprobado unánimemente el proyecto de escultura monumental de Miró. Queda aún pendiente la aprobación del Secretary of the Smithsonian.[1506]

De junio a julio, la Galería Maeght de Barcelona expone "Homenatge a Gaudí. 100 gravats i 4 escultures".[1507]

Desde el 7 de julio al 30 de septiembre, la Fundación Maeght de Saint-Paul-de-Vence acoge la exposición "Joan Miró: Peintures, sculptures, dessins, céramiques, 1956-1979".[1508] Miró viaja a Saint-Paul-de-Vence para asistir a la inauguración de esta exposición, así como de las vidrieras de la Fundación.[1509] La realización de estas dos vidrieras para la Fundación Maeght conduce a Miró a un territorio todavía ignoto, en colaboración con Charles Marcq, director del Atelier Simon de Reims.[1510] Paralelamente a esta exposición retrospectiva de Miró, durante el mes de julio, el grupo teatral la Claca representa la obra *Mori el Merma*.[1511]

El 21 de julio, el periódico catalán *Avui* abre con una portada diseñada por Miró para conmemorar el número mil.[1512]

El 31 de julio, posiblemente, el Museo Español de Arte Contemporáneo presenta la maqueta de Miró para el mural destinado al Palacio de Congresos y Exposiciones de Madrid.[1513]

El 22 de septiembre, se inauguran las vidrieras diseñadas por Miró para la Capilla Real de Saint Frambourg en Senlis, Francia. Estas vidrieras habían sido encargadas por Georges Cziffra y realizadas en colaboración con el Atelier Simon de Reims.[1514]

El 2 de octubre, Miró es investido Doctor Honoris Causa por la Universitat de Barcelona. Miró asiste a la investidura para la que había preparado un discurso sobre la responsabilidad cívica del artista:[1515] "En este sentido, entiendo que un artista es alguien que, entre el silencio de los otros, utiliza su voz para decir algo, y que tiene la obligación de que ese algo no sea algo inútil, sino algo que sirva a los hombres. Que el hecho de poder decir algo, cuando la mayor parte de la gente no tiene opción de expresarse, le obliga a que esta voz sea en cierto modo profética. Que sea, en cierto modo, la voz de su comunidad. Que cuando un artista habla desde un país como el nuestro, cruelmente marginado por una historia adversa, es preciso que haga sentir su voz por el mundo, para afirmar, contra todas las ignorancias, todos los malentendidos y todas las malas fes, que Cataluña existe, que es original y está viva."[1516]

El 15 de octubre, la Galería 4 Gats de Palma de Mallorca inaugura una exposición de obra gráfica, en la que Miró presenta las últimas obras producidas en su taller de Son Boter. Miró acompañado de su esposa Pilar visita la exposición.[1517]

El 12 de octubre, Miró escribe a Cramer: "Te agradezco que me hayas enviado estas tarjetas magníficas de esos extraordinarios grafismos de los Alpes Marítimos. Es un mundo mágico, ¡Es mi mundo! [...] Partiremos a finales de mes para Nueva York [...]."[1518]

El 8 de noviembre, el Hirshhorn Museum and Sculpture Garden decide abandonar el proyecto de escultura monumental de Miró.[1519]

1980 Del 5 de enero al 3 de febrero, el Amos Anderson Museum de Helsinki, acoge una exposición individual de esculturas de Miró.[1520]

Del 24 de enero al 12 de febrero, el Museo Isetan de Tokio, alberga la exposición de Miró "Oeuvres sur papier, peintures, graphiques".[1521]

El 29 de enero, Miró escribe a Cramer: "He tardado mucho en escribirte, este comienzo de año no ha sido brillante para mí ni para todos nosotros. David y Emilio han tenido un accidente de coche [...] y mi hermana está gravemente enferma, y esperamos que nos deje en cualquier momento."[1522]

El 31 de enero, Miró recibe la visita de Pierre Matisse en Palma de Mallorca para hablar, entre otros temas, del proyecto de escultura monumental para Houston, Texas. Ese día, Miró realiza un dibujo que reproduce la escultura *Femme échevelée* con inscripciones indicando las distintas partes del cuerpo.[1523]

Desde el 19 de marzo al 27 de abril, la Washington University of Art de San Luis presenta la exposición "Joan Miró: The Development of a Sign Language". Posteriormente, se muestra en Chicago, en The David and Alfred Smart Gallery, desde el 15 de mayo al 18 de junio.[1524]

El 20 de marzo, se inaugura la exposición retrospectiva "Miró: Selected Paintings" en el Hirshhorn Museum and Sculpture Garden, Smithsonian Institution, Washington D. C. A partir del 8 de junio, itinera a la Albright-Knox Art Gallery, Buffalo.[1525]

Del 13 de mayo al 7 de junio, se muestra la exposición "Miró: Painted Sculpture and Ceramics" en la Pierre Matisse Gallery de Nueva York.[1526]

El 15 de mayo, fallece Dolores Miró Ferrà, la hermana de Miró, en Barcelona.[1527]

El 27 de mayo, Matisse escribe a Miró: "Tal como os he dicho por teléfono el primer proyecto de la 'Femme échevelée' ha tenido que abandonarse debido a problemas de construcción. En su lugar, Pei ha elegido 'Personnage et Oiseau' [...] de la que adjunto una fotocopia con anotaciones de las dimensiones y de los colores. Esta escultura se ampliará diez veces lo que nos dará una altura de cerca de 15 metros. Por necesidades de la construcción la base triangular (en verde en el dibujo) será de acero, los otros elementos (en rojo sobre el dibujo) serán de bronce con la

1497   Prat 26 abril 1979 (FPJM: H-4314).
1498   Serra 30 abril 1979 (FPJM: H-4317).
1499   Tone 1993, p. 452.
1500   Ibídem, p. 452.
1501   Umland 1993, p. 345; y Tone 1993, p. 452.
1502   Escudero y Montaner 1993, p. 496.
1503   Tone 1993, p. 452.
1504   *Catalunya Exprés* 8 de junio 1979 (FPJM: H-4324).
1505   Riutord 16 junio 1979 (FPJM: H-4330).
1506   Carta de Charles W. Milliard (Hirshhorn Museum and Sculpture Garden) a Pierre Matisse, 18 junio 1979 (PML: PMGA).
1507   Escudero y Montaner 1993, p. 496.
1508   Tone 1993, p. 452.
1509   *Bertolino* 6 julio 1979 (FPJM: H-4331); *Roux* 8 julio 1979 (FPJM: H-4332); y Escudero y Montaner 1993, p. 496.
1510   Fondation Maeght 2001, p. 203.
1511   *Bertolino* 6 julio 1979 (FPJM: H-4331).
1512   Avui 21 julio 1979 (FPJM: H-4335).
1513   *Última Hora* 27 julio 1979 (FPJM: H-4337).
1514   Escudero y Montaner 1993, p. 496.
1515   *Diario de Mallorca* 21 septiembre 1979 (FPJM: H-4346); *La Vanguardia* 20 septiembre 1979 (FPJM: H-4347); y *La Vanguardia* 3 octubre 1979 (FPJM: H-4351).
1516   Fundació Joan Miró 1993a, p. 480.
1517   Monserrat 16 octubre 1979 (FPJM: H-4359).
1518   Carta de Joan Miró a Gérald Cramer, 12 octubre 1979, en Giroud 2002, pp. 190-191. Miró se refiere a unas imágenes de los pictogramas del Vallée des Merveilles, en el sur de Francia.
1519   Carta de Charles W. Milliard (Hirshhorn Museum and Sculpture Garden) a Pierre Matisse, 8 noviembre 1979 (PML: PMGA).
1520   Escudero y Montaner 1993, p. 497.
1521   Ibídem, p. 497.
1522   Carta de Joan Miró a Gérald Cramer, 29 enero 1980, en Giroud 2002, pp. 192-193.
1523   Carta de Pierre Matisse a Ieoh Ming Pei, 5 febrero 1980 (PML: PMGA).
1524   Tone 1993, p. 453.
1525   Carta de Abram Lerner a Joan Miró, 24 abril 1980 (FPJM: FD-450); y carta de Pierre Matisse a Joan Miró, 28 abril 1980 (FPJM: FD-449): "¡La exposición es magnífica! Jamás con 45 obras de 1914 à 1974, sesenta años de pintura, ha estado tan bien representado. La selección se ha hecho con mucho esmero y da la impresión de que cada obra es una obra maestra. He visto, con gran emoción que de las 45 obras expuestas, 35 provenían de la galería, ilustrando toda mi carrera de marchante en la defensa y presentación de su obra en América, con 35 exposiciones individuales en la galería, sin contar con las exposiciones colectivas, en las que por descontado, usted estuvo siempre presente. Esta maravillosa aventura, como también lo ha sido para usted, ha supuesto una de las riquezas más grandes de mi vida, por lo que le estoy profundamente agradecido."
1526   Invitación de Pierre Matisse y otros a Joan Miró, 13 mayo 1980 (FPJM: FD-418).
1527   Umland 1993, p. 345.

1528 Carta de Pierre Matisse a Joan Miró,
      27 mayo 1980 (FPJM: FD-429).
1529 Carta de Hortensia Bussi a Joan Miró,
      29 mayo 1980 (FPJM: FD-14).
1530 Rowell 1987a, p. 38; y Carta de Chest Rael a Joan
      Miró, 25 junio 1980 (FPJM: FD-392).
1531 Carta de Helmut Jahn a Daniel Lelong
      (Galerie Maeght), 30 junio 1980.
1532 Dupin 1994, p. 204.
1533 Telex de Bruce Graham a Daniel Lelong,
      3 de septiembre 1980 (FPJM: FD-405). El texto de
      este telex resulta difícil de leer, debido a la omisión
      y/o superposición de letras. No obstante, es posible
      descifrar el contenido general del mismo.
1534 Dupin 1994, p. 204.
1535 Diario de Mallorca 5 octubre 1980 (FPJM: H-4369);
      carta de Iñigo Cavero Lataillade a Joan Miró,
      16 septiembre 1981 (FPJM: FD-411); y carta de
      Terence A. Todman a Joan Miró, 3 octubre 1980
      (FPJM: FD-438).
1536 Cramer 1989, pp. 614-615; y carta de Miquel
      Martí i Pol a Joan Miró, 11 noviembre 1980
      (FPJM: FD-321).
1537 La Vanguardia 14 noviembre 1980 (FPJM: H-4371).
1538 Telegrama de Pierre Matisse a Joan Miró,
      7 de noviembre 1980; carta de J. Hugh Roff
      (President of United Energy Resources, Houston,
      Texas) a Joan Miró, 19 enero 1981; y carta de Pierre
      Matisse a Joan Miró, 1 mayo 1981 (PML: PMGA).
1539 Acta de donación de los talleres de Joan Miró a la
      Fundació Pilar i Joan Miró a Mallorca, 7 marzo 1981.
1540 Contrato entre Block 67 Limited y United Energy
      Resources, Inc., por un lado, y Pierre Matisse Gallery
      Corporation, 13 abril 1981 (PML: PMGA).
1541 Carta del alcalde de Chicago (Office of the Mayor)
      a Sr. y Sra. Matisse, 19 marzo 1981; y Green 21 abril
      1981; carta de Bruce Graham a Joan Miró,
      3 noviembre 1980 (FPJM: FD-400); Rowell 1987a.
      p. 39; y Lax 2003, p. 102.
1542 Kneeland 1981.
1543 Carta de Joan Miró a Gerald D. Hines
      (Block 67 Limited, Houston, Texas),
      24 abril 1981 (PML: PMGA).
1544 Carta de Pierre Matisse a Joan Miró,
      1 mayo 1981 (PML: PMGA).
1545 Tone 1993, p. 453.
1546 Dupin 1994, p. 204.
1547 Carta de Barbara Rose (Curator of Exhibitions and
      Collections del Museum of Fine Arts de Houston)
      a Hugh Roff (United Energy Resources, Houston,
      Texas), 2 octubre 1981 (PML: PMGA).
1548 Carta de Hugh Roff (United Energy Resources,
      Houston, Texas) a Ieoh Ming Pei,
      9 octubre 1981 (PML:PMGA).
1549 Comune di Milano 1981.

posiblidad de que vayan pintados. Este monumento estará situado sobre la plaza delante de la entrada a este rascacielos (80 pisos de altura) y cuyo aspecto general exterior es de una gran sobriedad de línea y de colores. Por esta razón y como se había previsto para el proyecto 'Femme échevelée' creemos que sería deseable tener algunos elementos coloreados."[1528]

El 29 de mayo, Hortensia Bussi, viuda de Salvador Allende, agradece a Miró la donación de una obra con destino al Museo de la Resistencia Salvador Allende: "Con inmenso orgullo lo recibimos por el alto símbolo artístico y humano que Ud. representa. Con tanto mayor motivo valoramos su gesto en las actuales circunstancias de infortunio y exilio."[1529]

De mayo a agosto, se presenta la exposición retrospectiva "Miró: una realidad, un arte", en el Museo de Arte Moderno de Ciudad de México. La exposición itinera al Museo de Bellas Artes de Caracas.[1530]

El 30 de junio, el arquitecto Helmut Jahn escribe a Daniel Lelong: "Me alegré de saber la postura positiva que Miró ha adoptado acerca de la escultura para el State of Illinois Center. [...] ha surgido la preferencia por una pieza que se genere de los rasgos particulares de este edificio específico, más bien que un transplante de la escultura del Brunswick."[1531]

A iniciativa del director de la Bienal de Venecia, Luigi Carluccio, se retoma el proyecto de ballet L'Oeil oiseau. En julio, en Barcelona, Miró se reúne con Carluccio, el compositor italiano Sylvano Bussotti, el coreógrafo Joseph Russillo, Jacques Dupin y Gardy Artigas, entre otros, para hablar de este ballet.[1532]

El 3 de septiembre, Bruce Graham escribe a Daniel Lelong y le informa de que el alcalde de Chicago ha decidido aprobar la financiación de la escultura de Miró, con unos recursos económicos superiores a los provistos por el Estado de Illinois. Esta nueva financiación asegura la viabilidad del proyecto de escultura monumental e implica que la escultura ya no tiene que erigirse dentro del edificio del State of Illinois Center. Bruce Graham quiere saber cuánto antes qué preparativos debe hacer en relación con Artigas y Miró.[1533]

En otoño, Miró accede a que el director de la Bienal de Venecia, Luigi Carluccio, ponga en marcha la realización del ballet L'Oeil oiseau.[1534]

En octubre, el Rey Juan Carlos I impone a Miró la Medalla de Oro de Bellas Artes del Estado Español.[1535]

Con anterioridad al 11 de noviembre, Miró realiza seis aguafuertes para acompañar el libro de poemas, Llibre del sis sentits de Miquel Martí i Pol.[1536]

El 13 de noviembre, la Fundació Joan Miró de Barcelona y el Centre Cultural de La Caixa de Pensions de Barcelona, inauguran una exposición antológica de obra gráfica que agrupa obras producidas por Miró a lo largo de 50 años.[1537]

El 23 de noviembre, en Palma de Mallorca, Miró recibe la visita de Pierre Matisse, Tana y Pei, acompañados, por los señores Hines y los señores Love, a los que Miró presenta la maqueta de Personnage et oiseaux.[1538]

1981 El 7 de marzo, Joan Miró y Pilar Juncosa firman el acta de donación de los talleres del artista - Son Abrines y Son Boter- en favor de la Fundació Pilar i Joan Miró a Mallorca.[1539]

El 13 de abril, se firma el contrato entre Block 67 Limited y United Energy Resources, Inc., por un lado, y Pierre Matisse Gallery Corporation, en su nombre y como representante de Joan Miró, por otro, que acordaba la venta de dos esculturas de Joan Miró –Femme échevelée y Personnage et oiseaux, así como una maqueta de madera de Personnage et oiseaux pintada por Miró.[1540]

El 20 de abril, coincidiendo con su 88 aniversario de Miró, se inaugura finalmente la escultura monumental denominada Miró's Chicago, en la Brunswick Plaza de Chicago, Illinois.[1541] El New York Times informa: "El Sr. Freehling fue el presidente del comité de ciudadanos que recaudaron 250.000 $ para equiparar la donación hecha por el Alcalde Jane M. Byrne en representación de la ciudad. El Sr. Miró donó la escultura, pero costó medio millón de dólares construirla y erigirla."[1542]

El 24 de abril, Miró escribe a Hines: "Mediante esta carta de autorización, aquí autorizo a Pierre Matisse y a la Pierre Matisse Gallery Corporation [...] a actuar como mis agentes en la venta de los derechos de mis esculturas tituladas 'Disheveled woman' [Femme échevelée] y 'Personage and birds' [Personnage et oiseaux] y otorgar a Block 67 Limited y a United Energy Resources Inc. el derecho único y exclusivo a reproducir 'Personage and birds' como una escultura monumental de hasta cincuenta pies de altura para que

sea fabricada y ubicada en o cerca de United Energy Plaza, en Houston, Texas [...]."[1543]

El 1 de mayo, Matisse escribe a Miró: "Creo que estamos a punto de firmar el contrato para la escultura monumental de 15 metros para Houston, 'Personnage et Oiseaux', de la que nosotros fuimos a ver la maqueta de colores en Palma el pasado noviembre."[1544]

Del 4 de julio al 12 de septiembre, la Galerie Herbage de Cannes alberga la exposición "Joan Miró: Retrospective de l'oeuvre gravé, 1964-1978".[1545]

El 25 de septiembre, se estrena, en el teatro La Fenice de Venecia, el ballet L'Ucello Luce con decorados y vestuario de Miró, libreto de Jacques Dupin partiendo de cuadernos de dibujos de Miró, música de Sylvanno Bussotti, y coreografía de Joseph Russillo.[1546]

El 2 de octubre, Barbara Rose escribe a Hugh Roff y le dice que ha visitado a Miró en Barcelona y que él está muy entusiasmado con la escultura y la exposición de Houston. Miró le ha pedido a Rose que la inauguración de la exposición tenga lugar el 20 de abril, coincidiendo con su 89 aniversario. Miró se encuentra bien de salud y desea poder asistir a la inauguración de su escultura.[1547]

El 9 de octubre, Hugh Roff escribe a Pei para proponerle el programa de viaje de Miró a Houston, para el que United Energy Resources pone su jet privado a disposición de Miró. Según este programa, Miró saldría de Palma hacia Houston el 17 de abril. El 19, estaba prevista la inauguración de la exposición en el Museum of Fine Arts y al día siguiente, la de la escultura monumental de Miró, Personnage et oiseaux. El regreso de Miró a Palma estaba programado para el 21 de abril. Este calendario dependía del hecho de que la escultura estuviera lista para ser inaugurada el 20 de abril.[1548]

Del 27 de octubre al 6 de diciembre, Milán acoge la exposición "Miró Milano: Pittura, scultura, ceramica, disegni, sobreteixims, grafica". Se trata de una exposición de Miró en siete sedes diferentes: Castello Sforzesco (pinturas 1914-1980); Rotonda di Via Besana (obra gráfica); Palazzo del Senato (escultura); Palazzo Dugnani (escultura); Galleria del Naviglio (cerámica); Galleria del Milione (dibujos y gouaches); y Studio Marconi (tapices, carteles y obras diseñadas para teatro).[1549]

Entre octubre y noviembre, la Harcourts Gallery de San Francisco acoge la exposición "Joan Miró: Important Paintings, Sculpture and Graphic Works".[1550]

El 6 de noviembre, se inauguran dos esculturas de bronce de Miró en la plaza de Pío XII y en los jardines de S'Hort del Rei de Palma de Mallorca.[1551]

Del 17 de noviembre al 19 de diciembre, la Pierre Matisse Gallery de Nueva York acoge la exposición "Miró: Early Drawings and Collages, 1919-1949".[1552]

Del 1 al 23 de diciembre, las Waddington Galleries de Londres albergan la exposición individual de esculturas "Joan Miró".[1553]

El 8 de diciembre, Miró y su esposa Pilar acuden al parque del Escorxador de Barcelona para decidir la altura de la escultura de hormigón y cerámica, con la ayuda de una maqueta.[1554]

1982 En enero, se presenta en el Teatro Comunale de Florencia, el ballet *L'Ucello Luce*.[1555]

El 6 de febrero, Pilar Juncosa escribe a Cramer: "Joan está siempre muy cansado, pero estos últimos días, afortunadamente está un poco mejor. Estoy triste de ver durante tanto tiempo a mi marido enfermo, pero resignada porque él no sufre y yo puedo conservarlo cerca de mí."[1556]

El 20 de abril, tiene lugar la inauguración de la escultura monumental *Personage and Birds* [*Personnage et oiseaux*], en la United Energy Plaza, sede de la Texas Commerce Tower en Houston, Texas. Miró, desgraciadamente, no puede asistir.[1557]

Desde el 21 de abril al 27 de junio, el Museum of Fine Arts de Houston de Texas acoge una exposición titulada "Miró in America", que explora el impacto de la obra de Miró en los artistas americanos.[1558]

Del 12 de agosto al 3 de octubre, la Scottish National Gallery of Modern Art de Edimburgo alberga la exposición "Miró's People: Joan Miró, Paintings and Graphics of the Human Figure, 1920-1980".[1559]

En el mes de agosto queda instalada la escultura monumental *Dona i ocell*, en el parque del Escorxador, de Barcelona. La escultura, realizada por Miró en colaboración con Joan Gardy Artigas, se realizó en cemento recubierto por "trencadís" de cerámica. El 28 de septiembre, Oriol Bohigas escribe a Miró sobre la escultura monumental de Miró *Dona i ocell*: "La escultura del Escorxador ya luce esplendorosamente en medio del lago. No hay duda de que se ha convertido en el elemento más significativo de la ciudad. [...] Tal vez, durante estos días de estancia en Barcelona será una buena ocasión para hablar de las otras esculturas que han de completar el conjunto del Escorxador. Joanet ya tiene preparadas las maquetas. Barcelona os rogaría todavía otro esfuerzo para acabar el gran parque mironiano."[1560]

1983 Entre el 21 de enero y el 27 de febrero, el Solomon R. Guggenheim Museum de Nueva York alberga la exposición "An Homage to Joan Miró at Ninenty".[1561]

Del 5 de abril al 7 de mayo, la Sala Gaspar de Barcelona acoge la exposición "90è aniversari de Joan Miró. Obra gràfica 1929-1972".[1562]

Desde el 14 al 26 de abril, The Museum of Modern Art de Nueva York muestra la exposición "Joan Miró: A Ninetieth-Birthday Tribute".[1563]

En España, Miró recibe un homenaje, para conmemorar su 90 aniversario, organizado por el Ayuntamiento de Barcelona, la Generalitat de Cataluña, el Ministerio de Cultura y la Fundació Joan Miró de Barcelona.[1564] El 16 de abril, en Barcelona, comienzan los actos de homenaje a Miró con la inauguración de su escultura monumental *Dona i ocell*, en el parque del Escorxador. Miró no puede asistir por motivos de salud.[1565]

El 19 de abril, se inaugura la exposición "Miró, l'home" que transforma Passatge del Crèdit, la calle donde había nacido Miró, en un testimonio gráfico de su vida.[1566] Además, ese mismo día, se inaugura la escultura *Femme* en el patio del Ayuntamiento de Barcelona.[1567]

El 20 de abril, la Fundació Joan Miró de Barcelona inaugura la exposición "Joan Miró: Anys vint −Mutació de la realitat". Esta exposición también se muestra, durante los meses de junio y julio, en el Museo Español de Arte Contemporáneo.[1568]

De abril a mayo, la Galería Joan Prats de Barcelona acoge la exposición "Joan Miró / Edicions Polígrafa: 20 anys de col·laboració".[1569] En mayo, la Galerie Maeght de París alberga la exposición "Joan Miró: peintures, oeuvres sur papier, sculptures".[1570]

Del 10 de mayo al 18 de junio, la Pierre Matisse Gallery de Nueva York acoge la muestra "Joan Miró: Ninety Years: Sculpture, Gouaches, and Mixed Media".[1571]

El 26 de mayo, se inaugura la exposición de esculturas y gouaches "Miró comme un enchanteur" en la Galerie Adrien Maeght de París.[1572]

Del 24 de septiembre al 13 de noviembre, tiene lugar la exposición "Joan Miró: Skulpturen" en la Städtische Galerie im Prinz-Max-Palais en Karlsruhe.[1573]

Entre el 2 de diciembre y el 8 de enero de 1984, tiene lugar la exposición "Retrospective 1960-1980" en la Künstlerhaus de Viena.[1574]

El 25 de diciembre, Joan Miró fallece en su casa de Son Abrines en Palma de Mallorca.[1575]

El 27 de diciembre, tiene lugar el funeral de Miró en la iglesia de San Nicolás de Palma de Mallorca.[1576]

El 29 de diciembre, Miró es inhumado en el panteón familiar del cementerio de Montjuïc de Barcelona.[1577]

1550 Tone 1993, p. 453.
1551 *Diario de Mallorca* 7 noviembre 1981.
1552 Carnielli y Loudon 2001, p. 287.
1553 Tone 1993, p. 453.
1554 M.R.A. 9 diciembre 1981 (FPJM: H-4411).
1555 Dupin 1994, p. 227.
1556 Carta de Pilar Juncosa a Gérald Cramer, 6 febrero 1983, en Giroud 2002, pp. 196-197.
1557 Programa de la inauguración de la escultura monumental *Personage and Birds*, 20 abril 1982 (PML: PMGA).
1558 Museum of Fine Arts 1982.
1559 Tone 1993, p. 454.
1560 Carta de Oriol Bohigas a Joan Miró, 28 septiembre 1982 (FPJM: FD-35).
1561 Tone 1993, p. 454.
1562 Escudero y Montaner 1993, p. 497.
1563 Umland 1993, p. 345.
1564 *El País* 9 abril 1983 (FPJM: H-4437).
1565 *Avui* 17 abril 1983 (FPJM: H-4441); *Avui* 6 abril 1983; *El País* 9 abril 1983 (FPJM: H-4427); e Iglesias del Marquet 13 abril 1983 (FPJM: H-4438).
1566 *El Periódico* 20 abril 1983 (FPJM: H-4485).
1567 *El País* 19 abril 1983 (FPJM: H-4452); y *Avui* 20 abril 1983 (FPJM: H-4482).
1568 Tone 1993, p. 454.
1569 Escudero y Montaner 1993, p. 497.
1570 Ibídem, p. 497.
1571 Carnielli y Loudon 2001, p. 288.
1572 Escudero y Montaner 1993, p. 498.
1573 Tone 1993, p. 454.
1574 Escudero y Montaner 1993, p. 498.
1575 *Última Hora* 26 diciembre 1983 (FPJM: H-4539).
1576 *Diario de Mallorca* 27 diciembre 1983 (FPJM: H-4556); y *Última Hora* 27 diciembre 1983 (FPJM: H-4570).
1577 Prieto 30 diciembre 1983 (FPJM: H-4599).

Exposiciones

Esta relación de exposiciones incluye únicamente las muestras en las que han participado obras de la colección permanente de la Fundació Pilar i Joan Miró. Las exposiciones más importantes de Joan Miró, celebradas a lo largo de su vida, se han incorporado a su cronología. Las exposiciones se presentan en orden cronológico, según la fecha de inauguración. Los datos relativos a cada exposición aparecen de la manera siguiente: Ciudad, Museo. "Título exposición", fecha inauguración-fecha clausura. El conjunto de exposiciones de un mismo año va precedido por el año en negrita. Los datos de una misma exposición van encabezados por el nombre de la ciudad seguido del año. Si una misma ciudad fue sede de dos o más exposiciones dentro de un mismo año, se ha agregado al año de la exposición un sufijo alfabético que indica la secuencia cronológica.

Exhibitions

This list of exhibitions only includes those in which work from the permanent collection of the Fundació Pilar i Joan Miró was shown. Major exhibitions of Joan Miró's work held throughout his life have been included in the chronology of the artist. The exhibitions are presented in chronological order according to the opening date. The details of each exhibition are shown as follows: City, Museum. "Title of the exhibition", opening date-closing date. Exhibitions held during the same year are headed by the corresponding year in bold type, while the details of each particular exhibition are headed by the name of the city, followed by the year. If one city was the venue for two or more exhibitions in the same year, an alphabetical suffix has been added to the year of the exhibition to indicate the chronological order.

1986

MADRID 1986-1987
Madrid, Museo Nacional Centro de Arte Reina Sofía. "Miró escultor", 21 octubre 1986-18 enero 1987.

1987

BARCELONA 1987
Barcelona, Fundació Joan Miró. "Miró escultor", 29 enero-29 marzo 1987.

COLONIA 1987
Colonia, Museum Ludwig. "Miró: Der Bildhauer", 10 abril-8 junio 1987.

PALMA DE MALLORCA 1987
Palma de Mallorca, Palau Solleric. "Joan Miró, Son Abrines i Son Boter", 29 mayo-18 julio 1987.

1988

ZARAGOZA 1988
Zaragoza, Lonja-Aljaferia. "Miró", 28 enero-21 febrero 1988.

FRANKFURT 1988
Frankfurt, Schirn Kunsthalle Frankfurt. "Miró, Gemälde, Plastiken, Zeichnungen und Graphik", 14 mayo-31 julio 1988.

SÃO PAULO 1988
São Paulo, Museo de Arte de São Paulo. "Joan Miró: Pintura, escultura, tapiz, cerâmica, obra gráfica, cartazes", agosto-septiembre 1988.

RIO DE JANEIRO 1988
Rio de Janeiro, Paço Imperial do Rio de Janeiro. "Joan Miró: Pintura, escultura, tapiz, cerâmica, obra gráfica, cartazes", septiembre-octubre 1988.

PARÍS 1988
París, Casa de España. "El sueño interrumpido de Miró", 12 octubre-27 diciembre 1988.

1989

ROMA 1989
Roma, Accademia di Spagna. "I Miró di Miró", 29 marzo-4 junio 1989.

SAINT-PAUL-DE-VENCE 1989
Saint-Paul-de-Vence, Fondation Maeght. "L'oeuvre ultime: De Cézanne à Dubuffet", 4 julio-4 octubre 1989.

VERONA 1989
Verona, Palazzi Scaligeri. "I Miró di Miró", 12 julio-24 septiembre 1989.

BARCELONA 1989-1990
Barcelona, Palau Robert. "Els Tallers de Miró", 23 noviembre 1989-7 enero 1990.

1990

OPORTO 1990
Oporto, Fundacão de Serralves. "Os Mirós de Miró", 2 marzo-22 abril 1990.

SAINT-PAUL-DE-VENCE 1990
Saint-Paul-de-Vence, Fondation Maeght. "Joan Miró: Rétrospective de l'oeuvre peint", 4 julio-7 octubre 1990.

PALMA DE MALLORCA 1990-1991
Palma de Mallorca, Llonja. "Esculteres de Miró", 14 diciembre 1990-17 febrero 1991.

1991

KASAMA 1991
Kasama, Kasama Nichido Museum of Art. "The Art of Joan Miró from Mallorca", 4 enero-17 febrero 1991.

KIOTO 1991
Kioto, Daimaru Museum Kyoto. "The Art of Joan Miró from Mallorca", 28 febrero-5 marzo 1991.

TOKIO 1991
Tokio, Daimaru Museum Tokyo. "The Art of Joan Miró from Mallorca", 21 marzo-9 abril 1991.

FUKUOKA 1991
Fukuoka, Daimaru Museum Fukuoka. "The Art of Joan Miró from Mallorca", 25 abril-7 mayo 1991.

LA CORUÑA 1991
La Coruña, Palacio Municipal de Exposiciones Kiosko Alfonso. "El mundo creativo de Miró", 18 julio-4 agosto 1991.

VIGO 1991
Vigo, Sala de Exposiciones del Centro Cultural Caixavigo. "El mundo creativo de Miró", 5 septiembre-20 octubre 1991.

1992

SEVILLA 1992
Sevilla, Pavelló de les Illes Balears, Exposició Universal de Sevilla 1992. "Balears'92: Natura i Progrés: Pavelló de les Illes Balears, Exposició Universal de Sevilla 1992", 20 abril-12 octubre 1992.

PALMA DE MALLORCA 1992
Palma de Mallorca, Casal Solleric. "En Miró de Mallorca", 28 julio-18 septiembre 1992.

1993

MADRID 1993a
Madrid, Museo Nacional Centro de Arte Reina Sofía. "Joan Miró: Campo de estrellas", 20 enero-22 marzo 1993.

BARCELONA 1993a
Barcelona, Fundació Joan Miró. "Joan Miró: 1893-1993", 20 abril-30 agosto 1993.

BARCELONA 1993b
Barcelona, Palau de la Virreina. "Miró ceramista", 22 abril-31 agosto 1993.

MADRID 1993b
Madrid, Casa del Monte de Caja de Madrid. "Siete pintores españoles de la Escuela de París", 7 octubre-30 noviembre 1993.

NUEVA YORK 1993-1994
Nueva York, The Museum of Modern Art. "Joan Miró", 17 octubre 1993-11 enero 1994.

BUENOS AIRES 1993
Buenos Aires, Salas Nacionales de Cultura Palais Glace. "El último sueño de Miró", 18 octubre-12 diciembre 1993.

CARACAS 1993-1994
Caracas, Centro Cultural Consolidado. "Miró: Su último sueño", 21 octubre 1993-15 enero 1994.

PALMA DE MALLORCA 1993-1994
Palma de Mallorca, Fundació Pilar i Joan Miró a Mallorca. "Dibuixos de Joan Miró", 9 noviembre 1993-23 enero 1994.

SEVILLA 1993-1994
Sevilla, Pabellón Mudéjar de Sevilla. "Interiores de Miró", 9 noviembre 1993-18 enero 1994.

1994
MÁLAGA 1994
Málaga, Palacio Episcopal de Málaga. "Interiores de Miró", 17 marzo-17 abril 1994.

PRATO 1994
Prato, Museo Pecci. "Gli ultimi sogni di Miró", 16 julio-30 octubre 1994.

BARCELONA 1994-1995
Barcelona, Fundació Joan Miró. "Miró en escena", 1 diciembre 1994-12 febrero 1995.

PALMA DE MALLORCA 1994-1995
Palma de Mallorca, Fundació Pilar i Joan Miró a Mallorca. "Dibuixos inèdits de Joan Miró", 19 diciembre 1994-26 febrero 1995.

1995
ROLANDSECK 1995
Rolandseck, Stiftung Hans Arp und Sophie Taeuber-Arp, Bahnhof Rolandseck. "Bildhauerzeichnungen", 29 enero-2 mayo 1995.

BEIJING 1995
Beijing, China Art Gallery. "Miró: Spirit of Orient", 30 marzo-7 mayo 1995.

SHANGHAI 1995
Shanghai, Shanghai Art Museum. "Miró: Spirit of Orient", 18 mayo-15 junio 1995.

HONG KONG 1995
Hong Kong, Hong Kong Museum of Art. "Miró: Spirit of the Orient", 29 septiembre-18 octubre 1995.

RIO DE JANEIRO 1995
Rio de Janeiro, Centro Cultural Banco do Brasil. "Miró: Caminhos da expressão", 11 octubre-17 diciembre 1995.

TAIPEI 1995
Taipei, National Taiwan Art Education Institute. "Miró: Spirit of the Orient", 4 noviembre-3 diciembre 1995.

BANGKOK 1995
Bangkok, The Art Center, Center of Academic Resources Chulalongkorn University, y Queen Sirikit National Convention Center. "Miró: The Spirit of the Orient", 12-26 diciembre 1995.

1996
SÃO PAULO 1996
São Paulo, Museo de Arte Moderna de São Paulo. "Miró: Caminhos da expressão", 9 enero-15 febrero 1996.

BUENOS AIRES 1996
Buenos Aires, Centro Cultural Borges. "Miró: Caminos de la expresión", 19 marzo-19 mayo 1996.

PALMA DE MALLORCA 1996a
Palma de Mallorca, Llonja. "Aproximació a l'avantguarda a Mallorca, 1959-1982", 28 marzo-12 abril 1996.

PALMA DE MALLORCA 1996b
Palma de Mallorca, Fundació Pilar i Joan Miró a Mallorca. "Poesia a l'espai. Miró i l'escultura", 30 marzo-2 junio 1996.

MADRID 1996
Madrid, Centro Cultural de la Villa de Madrid. "Gerardo Diego y los pintores", 9 abril-12 mayo 1996.

PALMA DE MALLORCA 1996c
Palma de Mallorca, Fundació Pilar i Joan Miró a Mallorca, Casal Solleric, y Casal Balaguer. "Palma, territori Miró", 23 junio-25 agosto 1996.

MONTEVIDEO 1996
Montevideo, Museo Nacional de Artes Visuales. "Miró: Caminos de la expresión", 7 julio-18 agosto 1996.

BREMEN 1996-1997
Bremen, Neues Museum Weserburg Bremen. "Picasso, Guston, Miró, de Kooning: In vollkommener Freiheit", 20 octubre 1996-7 febrero 1997.

LAS PALMAS DE GRAN CANARIA 1996-1997
Las Palmas de Gran Canaria, Fundació Pilar i Joan Miró a Mallorca, y Centro Atlántico de Arte Moderno. "Joan Miró: Territorios creativos", 5 diciembre 1996-2 febrero 1997.

1997
BARCELONA 1997-1998
Barcelona, Museu d'Art Contemporani de Barcelona. "Pintura dels setanta a Barcelona: Superfície i color", 19 septiembre 1997-6 enero 1998.

SANTIAGO DE CHILE 1997
Santiago de Chile, Galería de Arte Isabel Aninat. "Joan Miró: Más allá del lenguaje de la pintura", 29 septiembre-7 noviembre 1997.

1998
TOKIO 1998
Tokio, Mitsukoshi Nihombasi. "Miró: Obras de la colección de la Fundació Pilar i Joan Miró a Mallorca", 23-30 marzo 1998.

PALMA DE MALLORCA 1998
Palma de Mallorca, Fundació Pilar i Joan Miró a Mallorca. "Miró-Artigas: Ceràmiques", 24 junio-20 septiembre 1998.

ROMA 1998-1999
Roma, Museo del Risorgimento, Palazzo del Vittoriano. "Miró: La trasgressione", 6 noviembre 1998-21 febrero 1999.

1999
CATANIA 1999
Catania, Castello Ursino. "Miró: La trasgressione", 12 marzo-25 abril 1999.

MILÁN 1999
Milán, Spazio Oberdan. "L'ultimo Miró", 8 mayo-18 julio 1999.

PALMA DE MALLORCA 1999
Palma de Mallorca, Fundació Pilar i Joan Miró a Mallorca. "Miró-Barbarà: Processos del gravat", 14 mayo-3 octubre 1999.

DORTMUND 1999
Dortmund, Museum am Ostwall Dortmund. "Joan Miró: Werke aus Mallorca", 15 agosto-15 noviembre 1999.

2000
TORONTO 2000-2001
Toronto, The George R. Gardiner Museum of Ceramic Art. "Miró: Playing with Fire", 7 septiembre 2000-7 enero 2001.

NUEVA YORK 2000-2001
Nueva York, Salander-O'Reilly Galleries. "Miró: 16 Late Masterworks", 27 noviembre 2000-6 enero 2001.

2001
VIENA 2001
Viena, Kunstforum. "Miró: Später Rebell", 14 marzo-4 junio 2001.

MADRID 2001-2002
Madrid, Fundación Pedro Barrié de la Maza. "París, París, París: 20 Artistas Españoles de la Escuela de París", 18 octubre 2001-6 enero 2002.

NUORO 2001-2002
Nuoro, Museo d'Arte Provincia di Nuoro. "Miró: Orizzonte lirico", 26 octubre 2001-24 febrero 2002.

2002
MARUGAME 2002
Marugame, Marugame Genichiro-Inokuma Museum of Contemporary Art. "Miró. In the light of Mallorca", 9 junio-21 julio 2002.

BARCELONA 2002
Barcelona, Centre d'Art Santa Mònica. "Impacte Gaudí", 2 julio-30 septiembre 2002.

MADRID, Y MÉXICO D.F. 2002
Madrid, y México D.F., Círculo de Bellas Artes, Madrid, y Palacio Postal, México D.F. "Traslaciones España-México: Pintura y Escultura. 1977-2002", 23 julio-20 noviembre 2002.

MIYAZAKI 2002
Miyazaki, Miyazaki Prefectural Art Museum. "Miró. In the light of Mallorca", 27 julio-1 septiembre 2002.

MITAKA 2002
Mitaka, Mitaka City Gallery Art. "Miró. In the light of Mallorca", 7 septiembre-14 octubre 2002.

WASHINGTON, D.C. 2002-2003
Washington, D.C., Corcoran Gallery of Art. "The Shape of Color: Joan Miró's Painted Sculpture", 21 septiembre 2002-6 enero 2003.

NIITSU 2002
Niitsu, Niitsu Museum of Art. "Miró. In the light of Mallorca", 9 noviembre-29 diciembre 2002.

SALERNO 2002-2003
Salerno, Complesso di Santa Sofia - Chiesa della SS. Addolorata. "Mediterraneo Miró", 16 noviembre 2002-16 enero 2003.

SALAMANCA 2002-2003
Salamanca, Centro de Arte de Salamanca. "Comer o no Comer: O las relaciones del arte con la comida en el siglo XX", 23 noviembre 2002-19 enero 2003.

2003
MARTIGNY 2003
Martigny, Fondation Pierre Gianadda. "De Picasso à Barceló: Les artistes espagnols", 31 enero-9 junio 2003.

SAN PETERSBURGO 2003
San Petersburgo, Salvador Dalí Museum. "The Shape of Color: Joan Miró's Painted Sculpture", 1 febrero-4 mayo 2003.

PORTLAND 2003
Portland, Portland Art Museum. "The Shape of Color: Joan Miró's Painted Sculpture", 20 junio-21 septiembre 2003.

2004
GRANADA 2004
Granada, Centro José Guerrero. "Joan Miró: Traspasando los límites", 5 febrero-25 abril 2004.

MANTUA 2004
Mantua, Centro Internazionale d'Arte e di Cultura di Palazzo Te. "Bambini nel tempo: L'infanzia e l'arte", 9 mayo-4 julio 2004.

LIVERPOOL 2004
Liverpool, Tate Liverpool. "A Secret History of Clay: from Gauguin to Gormley", 28 mayo-30 agosto 2004.

2005
GRANADA 2005
Granada, Fundación Rodríguez-Acosta. "Miró a Gaudí", 24 febrero-3 abril 2005.

PALMA DE MALLORCA 2005
Palma de Mallorca, Fundació Pilar i Joan Miró a Mallorca. "Louise Bourgeois. Repairs in the sky", 19 marzo-12 junio 2005.

SANTANDER 2005
Santander, Fundación Marcelino Botín. "Joan Miró: Topografías", 8 julio-18 septiembre 2005.

TOYOTA 2005
Toyota, Toyota Municipal Museum of Art. "Naturaleza & Arte. Gaudí, Miró, Dalí", 16 julio-19 septiembre 2005.

Bibliografía

Esta bibliografía incluye únicamente las publicaciones utilizadas en la elaboración de la cronología de Joan Miró y en la relación de exposiciones de obras de la Fundació Pilar i Joan Miró. No constituye, pues, una relación exhaustiva de textos sobre Miró. La secuencia básica de los datos bibliográficos es: Autor. Título. Ciudad: Editorial, año, página. Esos datos van encabezados por el nombre del autor, o en su defecto por el título de la publicación, y el año de edición. En el caso de que un mismo autor haya editado más de una publicación en un mismo año, esa fecha va seguida de un sufijo alfabético que indica el orden dentro del año. La información publicada entre corchetes indica que se trata de datos atribuidos, no seguros. Los artículos de prensa de los fondos documentales de la Fundación se han identificado con el acrónimo de la Fundación, seguido del número de inventario del documento (FPJM: H-4212). La información procedente de páginas web incorpora la dirección electrónica entre comillas tipográficas simples.

Bibliography

This bibliography only includes those publications used in the creation of the chronology of Joan Miró and publications relating to the list of exhibitions of work from the Fundació Pilar i Joan Miró collection. It does therefore not constitute an exhaustive list of texts about Miró. The bibliographical references follow this basic order: Author. Title. City: Publishers, year, page. These details are headed by the name of the author or, failing that, the title of the publication and year of publication. If one author published more than one publication in the same year, that date is followed by an alphabetical suffix indicating the chronological order within the year. Information shown between square brackets signifies that it is unconfirmed attributed data. Press articles from the documentary archives of the Fundación Pilar i Joan Miró are identified with the foundation's acronym, followed by the inventory number of the corresponding document (FPJM: H-4212). In the case of information from web pages, the Internet address is shown between angle brackets.

ABADIE 1993
Abadie, Daniel. "Miró: Au commencement était la peinture", *BeauxArts Magazine* (París), núm. 112 (1993), pp. 60-76.

ACQUAVELLA GALLERIES 1972
Acquavella Galleries. *Joan Miró*. Nueva York: Acquavella Galleries, Inc., 1972.

AJUNTAMENT DE BARCELONA 1968
Ajuntament de Barcelona. *Miró: Barcelona, 1968-1969*. Barcelona: Polígrafa, 1968.

AJUNTAMENT DE BARCELONA 1984
Ajuntament de Barcelona. *Joan Miró: Sèrie Barcelona*. Barcelona: Ajuntament de Barcelona, 1984.

ÀMBIT SERVEIS EDITORIALS 1996
D'Ací i d'Allà, número extraordinario de Navidad (diciembre 1934), en Àmbit Serveis Editorials. *D'Ací i d'Allà: Edició Facsímil*, vol. 3. Barcelona: Àmbit Serveis Editorials, 1996.

AMÓN 1978
Amón, Santiago. "Tres horas con Joan Miró", *El País Semanal* (Madrid), 18 junio 1978 (FPJM: H-4229).

ANNELY JUDA FINE ART 1995
Annely Juda Fine Art. *Joan Miró: Sculptures and Works on Paper*. Londres: Annely Juda Fine Art, 1995.

ANTHEIL 1934
Antheil, Georges. *Cahiers d'art* (París), vol. 9, núms. 1-4 (1934), p. 36.

ANTIGNAC 1930
Antignac, Gaston. "The Dance in Paris", *Chicago Tribune* ([Chicago]), 14 octubre 1930 (FPJM: H-414).

APOLLONIO 1969
Apollonio, Umbro. *Miró*. Londres: Thames and Hudson, 1969.

ARAGON 1930
Aragon, Louis. *La Peinture au défi*. París: Galerie Goemans, 1930.

ARTS - DOCUMENTS 1951
Arts - Documents (Ginebra), julio 1951 (FPJM: H-1574).

ARTS CLUB OF CHICAGO 1931
Arts Club of Chicago. *Paintings by Joan Miro*. Chicago: The Arts Club of Chicago, 1931.

ARTS CLUB OF CHICAGO 1934
Arts Club of Chicago. *Paintings by Joan Miró*. Chicago: The Arts Club of Chicago, 1934.

ARTS COUNCIL OF GREAT BRITAIN 1979
Arts Council of Great Britain, y Hayward Gallery. *Drawings by Miró from the Artist's Studio and the Joan Miró Foundation, Barcelona*. Londres: Arts Council of Great Britain, 1979.

ASAHI SHIMBUN 1991
Asahi Shimbun. *The Art of Joan Miró from Mallorca*. Kioto: Asahi Shimbun, 1991.

AUDITORIO DE GALICIA 1991
Auditorio de Galicia. *Joan Miró: Obras maestras en Galicia*. Santiago de Compostela: Auditorio de Galicia, 1991.

AULNOYES 1952
Aulnoyes, François des. "Galerie patronnée par le groupe surréaliste. "L'Étoile Scellée" ouvre aujourd'hui ses portes", *Combat* (París), 5 diciembre 1952 (FPJM: H-1837).

AVUI 1979A
"Joan Miró ha confegit expressament un original dedicat al número 1.000 del nostre diari", *Avui* (Barcelona), 21 julio 1979 (FPJM: H-4335).

AVUI 1979B
"Universitat de Barcelona: Miró, Mompou i Vilar, nous doctors honoris causa", *Avui* (Barcelona), 3 octubre 1979 (FPJM: H-4350).

AVUI 1983A
"Oberts els actes d'homenatge a Joan Miró: Avui continuaran al passeig Marítim", *Avui* (Barcelona), 17 abril 1983 (FPJM: H-4441).

AVUI 1983B
"Celebració internacional al Saló de Cent: Solemne acte d'homenatge als 90 anys de Joan Miró: Una estàtua del pintor, a l'Ajuntament", *Avui* (Barcelona), 20 abril 1983 (FPJM: H-4482).

AYUNTAMIENTO DE BARCELONA 1911
Ayuntamiento de Barcelona. *VI Exposición Internacional de Arte*. Barcelona: Ayuntamiento de Barcelona, 1911.

AYUNTAMIENTO DE ZARAGOZA 1988
Ayuntamiento de Zaragoza. *Miró*. Zaragoza: Ayuntamiento de Zaragoza, 1988.

B. 1951
B., M. "Joan Miró", *Art Digest*, abril 1951 (FPJM: H-1542).

BAIXAS 1994
Baixas, Joan. "Nedar contra corrent fa bíceps", en Fundació Joan Miró. *Miró en escena*. Barcelona: Fundació Joan Miró, 1994.

BALEARES 1968
"Joan Miró, un hombre joven", *Baleares* (Palma de Mallorca), 11 marzo 1968 (FPJM: H-3498).

BALEARES 1969
"Sir Roland Penrose, una de las primeras autoridades en arte, de Inglaterra: Ha venido a Mallorca solamente para charlar con su amigo Joan Miró, sobre el que prepara un extenso libro", *Baleares* (Palma de Mallorca), 17 enero 1969 (FPJM: H-3556).

BALEARES 1974
"París: La legión de honor a Joan Miró", *Baleares* (Palma de Mallorca), 5 enero 1974 (FPJM: H-4054).

BALEARES 1978A
"Mural de Joan Miró para Alemania", *Baleares* (Palma de Mallorca), 2 febrero 1978 (FPJM: H-4193).

BALEARES 1978B
"Miró y su teatro", *Baleares* (Palma de Mallorca), 15 febrero 1978 (FPJM: H-4199).

BARRA 1964
Barra, Alfonso. "Exposición Miró, en la Tate Gallery", *Blanco y Negro* ([Madrid]), 31 octubre 1964 (FPJM: H-3362).

BASILE 1997
Basile, Franco. *Joan Miró: Vedi alla voce sogno.* Bolonia: Edizioni Marescalchi, 1997.

BASLER 1927
Basler, Adolph. "Beaux-Arts", *Les Marges*, 15 febrero 1927 (FPJM: H-192).

BAUZÁ Y PIZÁ 1972
Bauzá y Pizá, José. "Miró a Joan Prats: Exposición de litografías en Sala Pelaires", *Diario de Mallorca* (Palma de Mallorca), 1 marzo 1972 (FPJM: H-3939).

BAUZÁ Y PIZÁ 1974
Bauzá y Pizá, José. "Sumándose al de París: Homenaje a Miró en Palma: 4 Gats expone la serie Barcelona 1972-74", *Diario de Mallorca* (Palma de Mallorca), 14 mayo 1974 (FPJM: H-4061).

BEAUX-ARTS 1934A
"Joan Miró", *Beaux-Arts* ([París]), 11 mayo 1934 (FPJM: H-611).

BEAUX-ARTS 1934B
"Minotaure" à Bruxelles", *Beaux-Arts* ([París]), 29 mayo 1934 (FPJM: H-630).

BEAUX-ARTS 1939
"A l'Associaction des Peintres", *Beaux-Arts* ([París]), 24 marzo 1939 (FPJM: H-858).

BEHRENDS FRANK 2004
Behrends Frank, Susan. "Chronology: The Intersecting Lives of Alexander Calder and Joan Miró", en Susan Behrends Frank. *Calder, Miró.* Basilea: Fondation Beyeler, y The Phillips Collection, 2004, pp. 277-299.

BELDEN 1978
Belden, Dorothy. "WSU Mural a tribute to Spanish Artist", *The Wichita Eagle* (Kansas), 1 noviembre 1978 (FPJM: H-4273).

BERNADAC 1999
Bernadac, Marie-Laure. "Ceci est l'écriture de mes rêves... dessins de Miró", en Centre Georges Pompidou. *Joan Miró: La collection du Centre Georges Pompidou, Musée national d'art moderne.* París: Éditions du Centre Georges Pompidou, 1999, pp. 24-25.

BERNADAC 2000
Bernadac, Marie-Laure, y Hans-Ulrich Obrist. *Louise Bourgeois. Destruction of the Father. Reconstruction of the Father. Writings and Interviews 1923-1997.* Londres: Violette Editions, 2000.

BERNARD 1978
Bernard, René. "Rentrée: Le choc Miró", *L'Express* (París), 4-10 septiembre 1978 (FPJM: H-4249).

BERNARD 1987
Bernard, René. "Miró to L'Express: Violence Liberates", *L'express* (París), 4-10 septiembre 1978, en Margit Rowell. *Joan Miró: Selected Writings and Interviews.* Londres: Thames and Hudson, 1987, pp. 303-305.

BERNE KUNSTHALLE 1949
Berne Kunsthalle. *Joan Miro, Margrit Linck, Oskar Dalvit.* Berna: Berne Kunsthalle, 1949.

BERNIER 1956
Bernier, Rosamond. "Miró céramiste", *L'Oeil* (París), núm. 17 (mayo 1956), pp. 46, 49-53 (FPJM: H-2530).

BERNIER 1987
Bernier, Rosamond. "Propos de Joan Miró", *L'Oeil* (París), núms. 79-80 (julio-agosto 1961), en Margit Rowell. *Joan Miró: Selected Writings and Interviews.* Londres: Thames and Hudson, 1987, pp. 257-260.

BERTOLINO 1979
Bertolino, Georges. "Joan Miro (86 ans) à la fondation Maeght: "Plus que l'art lui-même, ce qui compte c'est ce qu'il jette en l'air!", *Nice-Matin* (Niza), 6 julio 1979 (FPJM: H-4331).

BESSON 1956
Besson, George. "Grand feu sur Miro", *Les Lettres Françaises* ([París]), 28 junio 1956 (FPJM: H-2549).

BIÉTRY SALINGER 1934
Biétry Salinger, Jehanne. "Joan Miro", *Courrier du Pacifique*, 20 mayo 1934 (FPJM: H-621).

BLANCHON 1999
Blanchon, Claire. "Miró: Sculpteur", en Centre Georges Pompidou. *Joan Miró: La collection du Centre Georges Pompidou, Musée national d'art moderne.* París: Éditions du Centre Georges Pompidou, 1999, pp. 26-29.

BOLL 1936
Boll, André. "Les Belles Expositions", *Notre Temps*, 23 febrero 1936 (FPJM: H-714).

BONET 1972
Bonet, Juan. "El balancín: Joan Miró y la amistad", *Baleares* (Palma de Mallorca), 29 febrero 1972 (FPJM: H-3938).

BONNEFOY 1970
Bonnefoy, Yves. *Miró.* Milán: Silvana Editoriale d'Arte, 1970.

BORRÀS 1975
Borràs, Maria Lluïsa. *Sert: Arquitectura Mediterrània.* Barcelona: Polígrafa, 1975.

BORRÀS 2000
Borràs, Maria Lluïsa. "Joan Miró et Guernica sur le continent américain", en Musées de Strasbourg, y Museo Nacional Centro de Arte Reina Sofía. *Les Surréalistes en exil et les débuts de l'École de New York.* Estrasburgo: Musées de Strasbourg, 2000, pp. 71-77.

BOURCIER 1987
Bourcier, Pierre. "Article (Excerpts)", *Les nouvelles littéraires* (París), agosto 1968, en Margit Rowell. *Joan Miró: Selected Writings and Interviews.* Londres: Thames and Hudson, 1987, p. 275.

BRETON 1958
Breton, André. "Constellations de Joan Miró", *L'Oeil* (París), diciembre 1958 (FPJM: H-3072).

BRUSSEL 1933
Brussel, Robert. "La musique au théâtre", *Figaro* ([París]), 15 junio 1933 (FPJM: H-537).

BUCCI 1970
Bucci, Mario. *Joan Miró.* Barcelona: Ediciones Nauta, 1970.

BUJOSA 1981
Bujosa, Guillem. "Miró a lloure", en Institut d'Estudis Baleàrics. *Ànima de foc: El procés creatiu de Joan Miró*, núms. 47-48. Palma de Mallorca: Institut d'Estudis Baleàrics, 1981, pp. 16-21.

C. DE R. 1953
C. de R. "Galerie Maeght. Miró: Force de la nature", *Le Monde* (París), 26 junio 1953 (FPJM: H-1945).

CABAÑAS 2000
Cabañas, Pilar. *La fuerza de oriente en la obra de Joan Miró.* Madrid: Electa, 2000.

CAHIERS D'ART 1934
"Les expositions", *Cahiers d'Art* (París), 1934 (FPJM: H-586).

CAJA DE AHORROS DE ASTURIAS 1990
Caja de Ahorros de Asturias. *Miró en la Caja.* Asturias: Caja de Ahorros de Asturias, 1990.

CAJA DE MADRID 1993
Caja de Madrid. *Siete pintores españoles de la Escuela de París.* Madrid: Caja Madrid, 1993.

CALAS 1982
Calas, Nicolás y Elena. *Joan Miró litógrafo: 1969-1972*, vol. IV. Barcelona: Polígrafa, 1982.

CALDENTEY 1960
Caldentey, Quinito. "Joan Miró en su estudio de Palma", *El Noticiero Universal* (Barcelona), 18 junio 1960.

CAMPAGNE 1933
Campagne, J. -M. "Les arts: Les Surindépendants", *Germinal*, 18 noviembre 1933 (FPJM: H-565)

CA'N PARÉS 1913
Ca'n Parés. *VIIIª Exposició del Círcol Artístic de Sant Lluc.* Barcelona: Ca'n Parés, 1913.

CANADAY 1961
Canaday, John. "Calder and Miró: One's Mobiles, the Other's Paintings, In a Just About Perfect Show", *The New York Times* (Nueva York), 26 febrero 1961 (FPJM: H-3261).

CANALS I GUAL 1993
Canals i Gual, Josep. *Royo: A Miró. A Sant Cugat.* Barcelona: Ajuntament de Sant Cugat del Vallés, 1993.

CARNIELLI 2001
Carnielli, Alessandra, y Margaret Loudon. "Chronology", en Alessandra y Margaret Loudon Carnielli. *Pierre Matisse and His Artists.* Nueva York: The Pierpont Morgan Library, 2001, pp. 152-295.

CARTIER 1954
Cartier, Jean-Albert. "La XXVIIe Biennale Internationale de Venise est ouverte", *Combat* (París), 21 junio 1954 (FPJM: H-2179).

CARTIER 1961
Cartier, Jean-Albert. "Les dernières peintures de Miró", *Combat* ([París]), 8 mayo 1961 (FPJM: H-3267).

CASA DE ESPAÑA DE PARÍS 1988
Casa de España de París, Ministerio de Asuntos Exteriores, Ministerio de Trabajo y Seguridad Social, y Ministerio de Cultura. *El sueño interrumpido de Miró.* Madrid: Ministerio de Asuntos Exteriores, Ministerio de Trabajo y Seguridad Social, y Ministerio de Cultura, 1988.

CASAL SOLLERIC 1992
Casal Solleric. *En Miró de Mallorca.* Palma de Mallorca: Casal Solleric, y Ajuntament de Palma, 1992.

CASO 1956
Caso, Paul. "La rétrospective Miro: Au Palais des Beaux-Arts", *Le Soir* (Bruselas), 8 enero 1956 (FPJM: H-2454).

CASSOU 1957
Cassou, Jean, y Joan Miró. "Miró sur la plage", *Papeles de Son Armadans* (Palma de Mallorca), núm. 21 (1957), pp. 243-244.

CASTELL 1973
Castell, Jaime. "La obra de Miró estará compendiada en el Centre d'Estudis d'Art Contemporani", *Vanguardia Española* (Barcelona), 21 enero 1973 (FPJM: H-3997).

CATALÀ-ROCA 1984
Català-Roca, Francesc, y Lluís Permanyer. *Miró: Noranta anys.* Barcelona: Edicions 62, 1984.

CATALUNYA EXPRÉS 1979
"Miró presentó ayer su tapiz monumental", *Catalunya Exprés* (Barcelona), 8 junio 1979 (FPJM: H-4324).

CATOIR 1995
Catoir, Barbara. *Miró on Mallorca.* Munich: Prestel-Verlag, 1995.

CE SOIR 1939
"Galerie d'Anjou", *Ce Soir*, 25 marzo 1939 (FPJM: H-859).

CE SOIR 1944
"Le Salon s'Automne 1944: La Liberté de la peinture: La Peinture de la liberté", *Ce Soir*, 8 octubre 1944 (FPJM: H-911).

CELA 1956
Cela, Camilo José. "La llamada de la tierra", *Papeles de Son Armadans* (Palma de Mallorca), núm. 21 (diciembre 1956), pp. 227-239.

CELA 1961
Cela, Camilo José. "Out of the Earth: A Visit with Joan Miró", *The Atlantic Monthly* (Boston), enero 1961 (FPJM: H-3251).

CELA CONDE 1978
Cela Conde, Camilo José. "Sir Roland Penrose, uno de los críticos de arte más prestigiosos del mundo: "Ha triunfado la libertad", *Última Hora* (Palma de Mallorca), 7 febrero 1978 (FPJM: H-4195).

CENTRE D'ART SANTA MÒNICA 1993
Centre d'Art Santa Mònica, y Generalitat de Catalunya. *Miró-Dalmau-Gasch: L'aventura per l'art modern, 1918-1937.* Barcelona: Generalitat de Catalunya, 1993.

CENTRE GEORGES POMPIDOU 1978
Centre Georges Pompidou. *Dessins de Miró provenant de l'atelier de l'artiste et de la Fondation Joan Miró de Barcelone.* París: Centre Georges Pompidou, 1978.

CENTRE GEORGES POMPIDOU 1982
Centre Georges Pompidou. "Miró", en Centre Georges Pompidou. *Paul Eluard et ses amis peintres, 1895-1952.* París: Centre Georges Pompidou, 1982, pp. 154-156.

CENTRE GEORGES POMPIDOU 1991
Centre Georges Pompidou. *André Breton: La Beauté convulsive.* París: Centre Georges Pompidou, 1991.

CENTRE GEORGES POMPIDOU 1999
Centre Georges Pompidou, y Musée d'art contemporain de Bordeaux. *Miró: La collection du Centre Georges Pompidou, Musée national d'art moderne.* París: Éditions du Centre Georges Pompidou et Réunion des musées nationaux, 1999.

CENTRE GEORGES POMPIDOU 2002
Centre Georges Pompidou. *La Révolution surréaliste.* París: Éditions du Centre Georges Pompidou, 2002.

CENTRO DE ARTE DE SALAMANCA 2002
Centro de Arte de Salamanca. "Joan Miró", en Centro de Arte de Salamanca. *Comer o no Comer: O las relaciones del arte con la comida en el siglo XX.* Salamanca: Centro de Arte de Salamanca, 2002, pp. 300-301.

CENTRO INTERNAZIONALE D'ARTE E DI CULTURA DI PALAZZO TE 2004
Centro Internazionale d'Arte e di Cultura di Palazzo Te. *Bambini nel tempo: L'infanzia e l'arte.* Milán: Skira, 2004.

CENTRO JOSÉ GUERRERO 2004
Centro José Guerrero. *Joan Miró: Traspasando los límites.* Granada: Diputación de Granada, 2004.

CERCLE D'ART 1999
Cercle d'Art. *Miró: 1893-1983.* París: Cercle d'Art, 1999.

CHARBONNIER 1987
Charbonnier, Georges. "Interview with Georges Charbonnier. French National Radio", en Margit Rowell. *Joan Miró: Selected Writings and Interviews.* Londres: Thames and Hudson, 1987, pp. 217-224.

CHEVALIER 1987
Chevalier, Denys. "Miró", *Aujourd'hui: Art et Architecture* (París), vol. 7, núm. 39 (noviembre 1962), en Margit Rowell. *Joan Miró: Selected Writings and Interviews.* Londres: Thames and Hudson, 1987, pp. 262-271.

CHILO 1971
Chilo, Michel. *Miró: L'artiste et l'œuvre.* París: Maeght, 1971.

CÍRCULO DE BELLAS ARTES 1936
Círculo de Bellas Artes. *Exposición de arte contemporáneo.* Santa Cruz de Tenerife: Círculo de Bellas Artes, 1936.

CÍRCULO DE BELLAS ARTES 2002
Círculo de Bellas Artes, y Palacio Postal de México. *Traslaciones España-México: Pintura y Escultura, 1977-2002.* España: Sociedad Estatal para la Acción Cultural Exterior, 2002, pp. 168-177.

CIRICI PELLICER 1971
Cirici Pellicer, Alexandre. *Miró llegit: Una aproximació estructural a l'obra de Joan Miró.* Barcelona: Edicions 62, 1971.

CIRICI PELLICER 1973
Cirici Pellicer, Alexandre. "La Sèrie Mallorca", en Sala Pelaires. *Sèrie Mallorca.* Palma de Mallorca: Sala Pelaires, 1973.

CIRICI PELLICER 1976
Cirici Pellicer, Alexandre. "La Fundació Miró", en Alexandre Cirici Pellicer. *Presència de Joan Prats.* Barcelona: Polígrafa, 1976, pp. 50-51.

CIRICI PELLICER 1977
Cirici Pellicer, Alexandre. *Miró - Mirall.* Barcelona: Polígrafa, 1977.

CIRICI PELLICER 1978
Cirici Pellicer, Alexandre. *Miró et son temps.* París: Polígrafa, y Société Française du Livre, 1978.

CIRLOT 1949
Cirlot, Juan Eduardo. *Joan Miró.* Barcelona: Cobalto, 1949.

CIRLOT 2001
Cirlot, Lourdes. "El Carnaval del Arlequín, punto de partida del estilo de Joan Miró", *Matèria: Revista d'ART* (Barcelona), núm. 1 (2001), pp. 243-270.

CLACA 1977
Claca. "Informe sobre l'espectacle Miró-Claca", 24 junio 1977 (FPJM: FD-588).

CLAY 1971
Clay, Julien. "Miró sculpteur", *XXe Siècle* (París), núm. 37 (1971), pp. 33-51.

COBALTO 1949
"Joan Miró", *Cobalto* (Barcelona), 1949.

COL·LEGI OFICIAL D'ARQUITECTES DE BALEARS 1990
Col·legi Oficial d'Arquitectes de Balears, Fundació Pilar i Joan Miró, y Conselleria de Cultura, Educació i Esports del Govern Balear. *Taller per a Joan Miró.* Palma de Mallorca: Col·legi Oficial d'Arquitectes de Balears, 1990.

COLEGIO DE ARQUITECTOS DE ALMERÍA 1996
Colegio de Arquitectos de Almería. "Documentos de Arquitectura: Fundación Pilar y Joan Miró. Rafael Moneo", *Documentos de Arquitectura* (Almería), núm. 34 (1996).

COLEGIO DE ARQUITECTOS DE BALEARES 1973
Colegio de Arquitectos de Baleares, Sala Pelaires, y Caja de Ahorros de las Baleares. *Miró 80.* Mallorca: Colegio de Arquitectos de Baleares, Sala Pelaires, Caja de Ahorros de las Baleares, 1973.

COMBALÍA 1990
Combalía, Victoria. *El descubrimiento de Miró: Miró y sus críticos, 1918-1929.* Barcelona: Ediciones Destino, 1990.

COMBALÍA 1994
Combalía, Victoria. "L'amistad entre Foix i Miró", en Generalitat de Catalunya, Fundació J.V. Foix, y "la Caixa". *J. V. Foix: Investigador en poesia i amic de les arts.* Barcelona: "la Caixa", 1994, pp. 102-113.

COMBALÍA 1998
Combalía, Victoria. "Miró-Picasso: correspondencia", en Victoria Combalía. *Picasso-Miró: Miradas cruzadas.* Madrid: Electa, 1998, pp. 112-122.

COMBAT 1944
"Au Salon d'Automne: Peinture baroque et Sculpture classique", *Combat*, 13 octubre 1944 (FPJM: H-920).

COMBAT 1951
Combat ([París]), 9 enero 1951 (FPJM: H-1461).

COMOEDIA 1925
"Nouvelles au fusain", *Comoedia* ([París]), 12 junio 1925 (FPJM: H-42).

COMOEDIA 1930
"Une rétrospective des décors pour Diaghilew", *Comoedia* ([París]), 11 octubre 1930 (FPJM: H-412).

COMOEDIA 1934
"De Braque à Dalí à Bruxelles", *Comoedia* ([París]), 22 mayo 1934 (FPJM: H-626).

COMOEDIA 1943
Comoedia ([París]), 6 noviembre 1943 (FPJM: H-903).

COMUNE DI MILANO 1981
Comune di Milano. *Miró Milano.* Milán: Comune di Milano, 1981.

COMUNE DI SALERNO [2002]
Comune di Salerno. *Mediterraneo Miró.* Frosinone: Edizioni Bianchini, [2002].

CONLAN 1951
Conlan, Barnett D. "Colour as Delicate as Fine Porcelain", *Daily Mail* (Londres), 2 mayo 1951 (FPJM: H-1526).

CONTINENT 1961
"Arts: Miró-miroir", *Continent*, 13 mayo 1961 (FPJM: H-3269).

CORBELLA I LLOBET 1993
Corbella i Llobet, Domènec. *Entendre Miró: Anàlisi del llenguatge mironià a partir de la Sèrie Barcelona 1939-44.* Barcelona: Universitat de Barcelona, 1993.

CORCORAN GALLERY OF ART 2002
Corcoran Gallery of Art. *The Shape of Color: Joan Miró's Painted Sculpture.* Washington, D.C.: Scala, 2002.

CORREDOR-MATHEOS 1971
Corredor-Matheos, José. *Miró.* Madrid: Dirección General de Bellas Artes, Servicio de Publicaciones del Ministerio de Educación y Ciencia, 1971.

CORREDOR-MATHEOS 1980
Corredor-Matheos, José. *Los carteles de Miró.* Barcelona: Polígrafa, 1980.

CORTES DE ARAGÓN 1988
Cortes de Aragón, y Ayuntamiento de Zaragoza. *Miró.* Zaragoza: Ayuntamiento de Zaragoza, y Concejalía de Acción Cultural, 1988.

COURRIER DU PACIFIQUE 1934
"Vernissage, demain soir, de l'Exposition Miro", *Courrier du Pacifique*, 13 mayo 1934 (FPJM: H-615).

COURRIER DU PACIFIQUE 1939
"Le carnet de la semaine", *Courrier du Pacifique*, 15 marzo 1939 (FPJM: H-860).

COURTHION 1956
Courthion, Pierre. "Jeux et fantaisie de Miró", *XXe Siècle* (París), núm. 6 (1956), pp. 41-44.

CRAMER 1989
Cramer, Patrick. *Joan Miró: Catalogue raisonné des livres illustrés.* Ginebra: Patrick Cramer, 1989.

CRAMER 1992A
Cramer, Patrick. *Joan Miró litógrafo: 1972-1975*, vol. V. París: Maeght, 1992.

CRAMER 1992B
Cramer, Patrick. *Joan Miró litógrafo: 1976-1981*, vol. VI. París: Maeght, 1992.

CUADERNO DE CULTURA: REVISTA GENERAL DE CULTURA 1978
Cuaderno de Cultura: Revista general de cultura (Madrid), 1978 (FPJM: H-4295).

CUTLER 1968
Cutler, Carol. "Miró: His Latest Paintings Sing of Both Youth, Maturity", *International Herald Tribune*, 23 julio 1968 (FPJM: H-3626).

DARTIGUES 1957
Dartigues, Fernand. "Les grandes expositions: Joan Miró chez Matarasso", *Cannes-Midi* (Cannes), 19 mayo 1957 (FPJM: H-2770).

DEL ARCO 1947
del Arco, Manuel. "Ud. dirá... Juan Miró", *Diario de Barcelona* (Barcelona), 12 diciembre 1947 (FPJM: H-1110).

DEL ARCO 1951
del Arco, Manuel. "Frente a la fama: La gente conocida vista por Del Arco: Joan Miró", *Destino* (Barcelona), marzo 1951 (FPJM: H-1532).

DEL ARCO 1963
del Arco. "Mano a mano: Joan Miró", *La Vanguardia* (Barcelona), 26 octubre 1963 (FPJM: H-3338).

DEL ARCO 1968
del Arco. "Mano a mano: Joan Miró", *Tele-expres* (Barcelona), 27 abril 1968 (FPJM: H-3472).

DEL CASTILLO 1959
del Castillo, A. "Arte: Juan Miró, en Sala Gaspar", *Diario de Barcelona* (Barcelona), 20 noviembre 1959 (FPJM: H-3187).

DEN FRIE UDSTILLINGS BYGNING DE COPENHAGUE 1935
Den Frie Udstillings Bygning de Copenhague. *International Kunststudstilling Kubisme-Surrealisme.* Copenhague: Den Frie Udstillings Bygning de Copenhague, 1935.

DERRIÈRE LE MIROIR 1948
"Joan Miró", *Derrière le miroir*, núms. 14-15 (noviembre-diciembre 1948).

DERRIÈRE LE MIROIR 1951
"Sur quatre murs", *Derrière le miroir* (París), núms. 36-38 (marzo-mayo 1951).

DERRIÈRE LE MIROIR [1953]
"Miró", *Derrière le miroir* (París), núms. 57-59 ([junio-agosto 1953]).

DERRIÈRE LE MIROIR 1956
"Miró, Artigas", *Derrière le miroir*, núms. 87-89 (junio-agosto 1956).

DERRIÈRE LE MIROIR 1961A
"Miró: Céramique murale pour Harvard", *Derrière le miroir* (París), núm. 123 (febrero 1961).

DERRIÈRE LE MIROIR 1961B
"Miró", *Derrière le miroir* (París), núms. 125-126 (abril 1961).

DERRIÈRE LE MIROIR 1961c
"Peintures murales", *Derrière le miroir*
(París), núm. 128 (junio 1961).

DERRIÈRE LE MIROIR 1963
"Miró, Artigas", *Derrière le miroir*,
núms. 139-140 (junio-julio 1963).

DERRIÈRE LE MIROIR 1965
"Miró: Cartons", *Derrière le miroir*,
núms. 151-152 (mayo 1965).

DERRIÈRE LE MIROIR 1967A
"L'Oiseau solaire, l'oiseau lunaire,
étincelles", *Derrière le miroir* (París),
núms. 164-165 (abril-mayo 1967).

DERRIÈRE LE MIROIR 1967B
"Miró: Aquarelles, album femmes, haï-ku",
Derrière le miroir, núm. 169
(diciembre 1967).

DERRIÈRE LE MIROIR 1970
"Miró: Sculptures",
Derrière le miroir, núm. 186 (junio 1970).

DERRIÈRE LE MIROIR 1971
"Miró: Peintures sur papier. Dessins",
Derrière le miroir (París), núms. 193-194
(octubre-noviembre 1971).

DERRIÈRE LE MIROIR 1973
"Miró: Sobreteixims", *Derrière le miroir*
(París), núm. 203 (abril 1973).

DESNOS 1934
Desnos, Robert. *Cahiers d'art* (París),
vol. 9, núms. 1-4 (1934), pp. 25-26.

DESTINO 1953
"Nueva York - Barcelona. El cine y el pintor
Juan Miró", *Destino* (Barcelona),
7 febrero 1953 (FPJM: H-1892).

DETZEL 1952
Detzel, Helen. "Pattern, Figures Painted.
What Does Hotel Mural Show? "Nothing",
Says Spanish Artist", *The Cincinnati Times-
Star* (Cincinnati), 11 junio 1952
(FPJM: H-1822).

DEVREE 1952
Devree, Howard. "Extending Horizons:
Kirchner and Expressionism -Joan Miro-
Cézanne Exhibition a Great Success",
New York Times (Nueva York),
20 abril 1952 (FPJM: H-1668).

DEVREE 1958
Devree, Howard. "Week of Variety: Visitors
from the St. Louis Museum-Fine Prints-
Pollock-Miró", *New York Times* (Nueva
York), 9 noviembre 1958 (FPJM: H-3034).

DEVREE 1959
Devree, Howard. "Paradox of Miró:
Museum Opens a Retrospective Show.
Two Individual Painters", *The New York
Times* (Nueva York), 22 marzo 1959
(FPJM: H-3116).

DIARIO DE MALLORCA 1973A
"Fotonoticia: Chile y Joan Miró",
Diario de Mallorca (Palma de Mallorca),
4 enero 1973 (FPJM: H-3994).

DIARIO DE MALLORCA 1973B
"Alberti expone en Roma", *Diario de
Mallorca* (Palma de Mallorca),
1 febrero 1973 (FPJM: H-3998).

DIARIO DE MALLORCA 1978A
"La Gran Cruz de Isabel la Católica a Joan
Miró", *Diario de Mallorca* (Palma de
Mallorca), 4 mayo 1978 (FPJM: H-4212).

DIARIO DE MALLORCA 1978B
"Inaugurada la exposición homenaje a Joan
Miró: La Gran Cruz de la Orden de Isabel la
Católica, concedida al pintor", *Diario de
Mallorca* (Palma de Mallorca), 5 mayo 1978
(FPJM: H-4225).

DIARIO DE MALLORCA 1978C
"Los estudios de Joan Miró, en So
N'Abrines, cedidos a la ciudad", *Diario de
Mallorca* (Palma de Mallorca), 21 octubre
1978 (FPJM: H-4263).

DIARIO DE MALLORCA 1979
"De la Universidad de Barcelona:
Miró y Frederic Mompou, doctores
"honoris causa", *Diario de Mallorca*
(Palma de Mallorca), 21 septiembre 1979
(FPJM: H-4346).

DIARIO DE MALLORCA 1980
"Joan Miró, el genio premiado",
Diario de Mallorca (Palma de Mallorca),
5 octubre 1980 (FPJM: H-4369).

DIARIO DE MALLORCA 1983
"Conmoción en todo el mundo por la
muerte de Joan Miró: Con él desaparece
uno de los últimos gigantes de la pintura
contemporánea", *Diario de Mallorca*
(Palma de Mallorca), 27 diciembre 1983
(FPJM: H-4556).

DIEHL 1979
Diehl, Gaston. *Miró*. Suiza: Bonfini Press
Corporation, 1979.

DIRECCIÓN GENERAL
DEL PATRIMONIO ARTÍSTICO 1978
Dirección General del Patrimonio Artístico,
Archivos y Museos, y Fundació Joan Miró.
Joan Miró: Pintura. Barcelona: Polígrafa,
1978.

DISTEL 1951
Distel, Blaise. "Au Palais des Beaux-Arts à
Liège: La Deuxième Exposition
Internationale d'Art Expérimental",
Le Matin (Amberes), 11 octubre 1951
(FPJM: H-1597).

DIVOIRE 1933
Divoire, Fernand. "Dernière heure theatrale:
Scuola di Ballo: Aux ballets russes de
Monte-Carlo", *Le Rempart*, 13 junio 1933
(FPJM: H-535).

DOVER ART LIBRARY 1983
Dover Art Library. *Miró Lithographs:
40 Works by Joan Miró*. Nueva York: Dover
Publications, 1983.

DUPIN 1960
Dupin, Jacques. "Miró: L'Oeuvre
graphique", *XXe Siècle* (París),
núm. 15 (1960), pp. 102-109.

DUPIN 1961A
Dupin, Jacques. *Miró*.
París: Flammarion, 1961.

DUPIN 1961B
Dupin, Jacques. "Peintures récentes de
Miró", *XXe Siècle* (París), núm. 16 (1961),
pp. 32-37.

DUPIN 1972
Dupin, Jacques. *Miró escultor*.
Barcelona: Polígrafa, 1972.

DUPIN 1984
Dupin, Jacques. *Miró Engraver: 1928-1960*,
vol. I. París: Daniel Lelong éditeur, 1984.

DUPIN 1987A
Dupin, Jacques. "The Birth of Signs", en
Solomon R. Guggenheim Museum, y Yale
University Press. *Joan Miró: A
Retrospective*. Nueva York: The Solomon R.
Guggenheim Museum, y Yale University
Press, 1987, pp. 33-40.

DUPIN 1987B
Dupin, Jacques. "Miró's Woman in Revolt,
1938", en Solomon R. Guggenheim
Museum, y Yale University Press. *Joan
Miró: A Retrospective*. Nueva York: The
Solomon R. Guggenheim Museum, y Yale
University Press, 1987, pp. 41-45.

DUPIN 1987C
Dupin, Jacques. "Memories of the Rue
Blomet, Transcribed by Jacques Dupin,
1977", en Margit Rowell. *Joan Miró:
Selected Writings and Interviews*. Londres:
Thames and Hudson, 1987, pp. 100-104.

DUPIN 1989
Dupin, Jacques. *Miró graveur: 1961-1973*,
vol. II. París: Daniel Lelong éditeur, 1989.

DUPIN 1991
Dupin, Jacques. *Miró graveur: 1973-1975*,
vol. III. París: Daniel Lelong éditeur, 1991.

DUPIN 1993
Dupin, Jacques. *Miró*.
Barcelona: Polígrafa, 1993.

DUPIN 1994
Dupin, Jacques. "L'Oeil oiseau", en
Fundació Joan Miró. *Miró en escena*.
Barcelona: Fundació Joan Miró, 1994,
pp. 203-227.

DUPIN 1999
Dupin, Jacques, y Ariane Lelong-Mainaud.
*Joan Miró: Catalogue raisonné. Paintings,
1908 - 1930*, vol. I. París: Daniel Lelong
y Successió Miró, 1999.

DUPIN 2000
Dupin, Jacques, y Ariane Lelong-Mainaud.
*Joan Miró: Catalogue Raisonné. Paintings,
1931 - 1941*, vol. II. París: Daniel Lelong
y Successió Miró, 2000.

DUPIN 2001A
Dupin, Jacques, y Ariane Lelong-Mainaud.
Miró Engraver: 1976-1983, vol. IV. París:
Daniel Lelong éditeur, 2001.

DUPIN 2001B
Dupin, Jacques, y Ariane Lelong-Mainaud.
*Joan Miró: Catalogue Raisonné. Paintings,
1942 - 1955*, vol. III. París: Daniel Lelong
y Successió Miró, 2001.

DUPIN 2002A
Dupin, Jacques, y Jean Suquet. "Un livre
naufragé...", en Marcel Duchamp, y Joan
Miró. *Demande d'emploi*. París: L'Échoppe,
2002, pp. 43-66.

DUPIN 2002B
Dupin, Jacques, y Ariane Lelong-Mainaud.
*Joan Miró: Catalogue raisonné. Paintings,
1959 - 1968*, vol. IV. París: Daniel Lelong y
Successió Miró, 2002.

DUPIN 2003A
Dupin, Jacques. "Miró y la realidad
catalana", en Museo Patio Herreriano.
Càntic del sol: Joan Miró. Valladolid:
Museo Patio Herreriano, 2003, pp. 14-25.

DUPIN 2003B
Dupin, Jacques, y Ariane Lelong-Mainaud.
*Joan Miró: Catalogue raisonné. Paintings,
1969 - 1975*, vol. V. París: Daniel Lelong
y Successió Miró, 2003.

DUPIN 2004
Dupin, Jacques, y Ariane Lelong-Mainaud.
*Joan Miró: Catalogue Raisonné. Paintings,
1976 - 1981*, vol. VI. París: Daniel Lelong
y Successió Miró, 2004.

DUROZOI 1997
Durozoi, Gérard. "Miró", en Gérard Durozoi.
Histoire du mouvement surréaliste.
París: Hazan, 1997, pp. 122-125.

DUROZOI 2004
Durozoi, Gérard. *Histoire du mouvement
surréaliste*. París: Hazan, 2004.

DUTHUIT 1936
Duthuit, Georges. "Où allez-vous Miró?",
Cahiers d'art (París), vol. 11, núms. 8-10
(1936), pp. 261-264.

DUTHUIT 1939
Duthuit, Georges. "Enquête",
Cahiers d'art (París), vol. 14,
núms. 1-4 (1939), pp. 65-73.

E. G. 1961
E. G. "Miró and Calder in Tandem",
Herald Tribune ([Nueva York]),
26 febrero 1961 (FPJM: H-3262).

EDITORIAL AUSA 1990
L'Amic de les Arts (Sitges), núm. 26 (30
julio 1928), en Editorial Ausa. *L'Amic de
les Arts*. Sabadell: Editorial Ausa, 1990,
pp. 197-204.

EHRENSTRÖM 1988
Ehrenström, Annick. *Un éditeur genevois:
Gérald Cramer: Au fil de ses archives de
1942 à 1986*. Ginebra: Bibliothèque
publique et universitaire de Genève, 1988.

EL GUÍA 1993
"Joan Miró: 100 años", *El Guía* (Barcelona),
Tercera Época, núm. 19 (1993).

EL MATÍ 1931
"Joan Miró", *El Matí* ([Barcelona]),
21 junio 1931 (FPJM: H-454).

EL NOTICIERO [1933]
"De Sociedad", *El Noticiero* ([Barcelona]),
[mayo 1933] (FPJM: H-520).

EL PAÍS 1977
"Joan Miró, presidente del Patronato del
Museo de Arte Contemporáneo: Chillida,
Tàpies, Palazuelo y Sempere ocuparán
otros cargos", *El País* (Barcelona),
1 diciembre 1977 (FPJM: H-4181).

EL PAÍS 1983A
"El 90º aniversario de Joan Miró tendrá un
amplio eco institucional y ciudadano: Una
exposición sobre la obra del artista será el
centro de los actos", *El País* (Barcelona),
9 abril 1983 (FPJM: H-4437).

EL PAÍS 1983B
"Miró 90 anys", *El País* (Barcelona),
19 abril 1983 (FPJM: H-4452).

EL PERIÓDICO 1983
"La calle donde nació Miró, convertida en
exposición: El artista, "muy emocionado
por los actos que se hacen en Barcelona",
según su mujer", *El Periódico* (Barcelona),
20 abril 1983 (FPJM: H-4485).

ELGAR 1944
Elgar, Frank. "Nouvelle visite au Salon
d'Automne", *Carrefour*,
14 octubre 1944 (FPJM: H-919).

ELGAR 1968
Elgar, Frank. "A Saint-Paul de Vence:
La Fondation Maeght présente une
admirable rétrospective Miro", *Le Parisien*
(París), 29 julio 1968 (FPJM: H-3648).

ELUARD 1937
Eluard, Paul. "Naissances de Miró",
Cahiers d'art (París), vol. 12, núms. 1-3
(1937), pp. 78-83.

ERBEN 1988
Erben, Walter. *Joan Miró: 1893-1983. Mensch und Werk.* Colonia: Benedikt Taschen, 1988.

ESCUDERO 1993
Escudero, Carme, y Teresa Montaner. "Cronologia", en Fundació Joan Miró. *Joan Miró: 1893-1993.* Barcelona: Fundació Joan Miró, 1993.

ESTIENNE 1951
Estienne, Charles. "Deux éclairages: Kandinsky & Miró", *XXe Siècle* (París), núm. 1 (1951), pp. 21-36.

ESTIVILL 1936
Estivill, Angel. "Juan Miró, el pintor puro", *La Noche* ([Barcelona]), 18 febrero 1936 (FPJM: H-3710).

EXCELSIOR 1933
"Les Ballets Russes de Monte-Carlo", *Excelsior*, 8 junio 1933 (FPJM: H-534).

F. R. D. 1935
F. R. D. "Le Minotaure", *Semaine à Paris* ([París]), 6 septiembre 1935 (FPJM: H-688).

FABRA 1931A
Fabra. "El pintor Juan Miró", *La Vanguardia* ([Barcelona]), 11 diciembre 1931 (FPJM: H-483).

FABRA 1931B
Fabra. "Una exposició d'escultures de Joan Miró", *La Publicitat* (Barcelona), 11 diciembre 1931 (FPJM: H-484).

FABRE 1958
Fabre, Dominique. "Un chef-d'œuvre a Paris: L'éditeur genevois Gérald Cramer a présenté Eluard illustré par Miró", *Journal de Geneve* (Ginebra), 26 abril 1958 (FPJM: H-2894).

FEGDAL 1939
Fegdal, Charles. "Du Nouveau dans l'Art", *Semaine à Paris* ([París]), 5 abril 1939 (FPJM: H-871).

FERNÁNDEZ 1978
Fernández, Berta. "Dos exposiciones antológicas de Joan Miró en Madrid: Los Reyes le ofrecieron ayer un almuerzo en La Zarzuela", *Diario de Mallorca* (Palma de Mallorca), 3 mayo 1978 (FPJM: H-4224).

FERNÁNDEZ 1994
Fernández, Emilio. "Monòlegs d'una bella memòria", en Fundació Pilar i Joan Miró. *Estel fulgurant.* Palma de Mallorca: Fundació Pilar i Joan Miró, 1994, pp. 15-28.

[FERRÁN MAYORAL] [1933]
[Ferrán Mayoral, J.]. *El Diari Mercantil*, [mayo 1933] (FPJM: H-525).

FERREIRA 1952
Ferreira, Carlos. "Juicios contradictorios sobre Joan Miró: "Yo no hago arte revolucionario", *Índice* (Madrid), 15 abril 1952 (FPJM: H-1670).

FIDALGO 1978
Fidalgo, Feliciano. "Inaugurada en París una escultura monumental de Miró", *El País* (Barcelona), 14 noviembre 1978 (FPJM: H-4283).

FIDEL [1933]
Fidel. "La música: Teatre Liceu: Ballets Russos", *L'Opinió* ([Barcelona]), [mayo 1933] (FPJM: H-527).

FIGUERUELO 1961
Figueruelo, Antonio. "Noches de la ciudad", *El Noticiero Universal* (Barcelona), 31 enero 1961 (FPJM: H-3252).

FIGUERUELO 1964
Figueruelo, Antonio. "Miró: "El que la gente comprenda mi pintura es cuestión de cultura y entrenamiento", *Diario de Mallorca* (Palma de Mallorca), 19 diciembre 1964 (FPJM: H-3369).

FITZSIMMONS 1952
Fitzsimmons, James. "All Sorts of Wonderful Events", *The Art Digest*, mayo 1952 (FPJM: H-1700).

FITZSIMMONS 1958
Fitzsimmons, James. *Miro: Peintures sauvages, 1934 to 1953.* Nueva York: Pierre Matisse Gallery, 1958.

FOIX 1934A
Foix, J. V. "Un poema cada dimecres: Platges mòbils: Per a Joan Miró", *La Publicitat* (Barcelona), 22 agosto 1934 (FPJM: H-641).

FOIX 1934B
Foix, J. V. "Joan Miró", *Cahiers d'art* (París), vol. 9, núms. 1-4 (1934), p. 52.

FONDATION BEYELER 2004
Fondation Beyeler, y The Phillips Collection. *Calder, Miró.* Basilea: Fondation Beyeler, y The Phillips Collection, 2004.

FONDATION MAEGHT 1968
Fondation Maeght. *Miró.* Saint-Paul: Maeght, 1968.

FONDATION MAEGHT 1973
Fondation Maeght. *Sculptures de Miró, céramiques de Miró et Llorens Artigas.* Saint-Paul: Maeght, 1973.

FONDATION MAEGHT 1979
Fondation Maeght. *Joan Miró: Peintures, sculptures, dessins, céramiques. 1956-1979.* Francia: Fondation Maeght, 1979.

FONDATION MAEGHT 1984
Fondation Maeght. *Hommage à Joan Miró.* París: Arte, 1984.

FONDATION MAEGHT 2001
Fondation Maeght. *Joan Miró: Métamorphoses des formes. Collection de la Fondation Maeght.* París: Arte, y Adrien Maeght, 2001.

FONDATION PIERRE GIANADDA 1997
Fondation Pierre Gianadda. *Miró.* Martigny: Fondation Pierre Gianadda, 1997.

FONDATION PIERRE GIANADDA 2002
Fondation Pierre Gianadda. "Joan Miró", en Fondation Pierre Gianadda. *De Picasso à Barceló: Les artistes espagnols.* Martigny: Fondation Pierre Gianadda, 2002, pp. 80-91.

FONDAZIONE AMBROSETTI ARTE CONTEMPORANEA 1997
Fondazione Ambrosetti Arte Contemporanea, y Giò Marconi. *Joan Miró: Scultore.* Milán: Skira Editore, 1997.

FONT 1934A
Font, Martí. "Posicions: La darrera etapa Miró", *La Publicitat* (Barcelona), 11 marzo 1934 (FPJM: H-601).

FONT 1934B
Font, Martí. "Cahiers d'Art": (1 – 4 - 1934): París", *La Publicitat* (Barcelona), 3 junio 1934 (FPJM: H-638).

FONT 1934C
Font, Martí. "Les hores: Exposició de Zuric, 1934.", *La Publicitat* (Barcelona), 23 agosto 1934 (FPJM: H-642).

FOSCA 1936
Fosca, François. "L'Espagne au Jeu de Paume", *Je suis partout*, 29 febrero 1936 (FPJM: H-715).

FREEMAN 1980
Freeman, Judi. "Miró and the United States", en Charles W. Millard. *Miró: Selected Paintings.* Washington, D.C.: Smithsonian Institution Press, i Hirshhorn Museum and Sculpture Garden, 1980, pp. 35-41.

FREIXA 1979
Freixa, Jaume. *Josep Ll. Sert.* Barcelona: Gustavo Gili, 1979.

FUCHS 1988
Fuchs, Rudi, Johannes Gachnang, y Cristina Mundici. *Joan Miró: Viaggio delle figure.* Milán: Gruppo Editoriale Fabbri, 1988.

FUKUDA 1970
Fukuda, Tsuneari. "Osaka: Nombreux rires de Miró dans le pavillon du gaz", *L'Art Vivant*, pp. 6-7 (París), marzo 1970 (FPJM: H-3823).

FUNDAÇAO DE SERRALVES 1990
Fundaçao de Serralves. *Os Mirós de Miró.* [Oporto]: [Fundaçao de Serralves], 1990.

FUNDACIÓ JOAN MIRÓ 1988
Fundació Joan Miró. *Obra de Joan Miró: Dibuixos, pintura, escultura, ceràmica, tèxtils.* Barcelona: Polígrafa, 1988.

FUNDACIÓ JOAN MIRÓ 1989
Fundació Joan Miró. *109 llibres amb Joan Miró.* Barcelona: Polígrafa, 1989.

FUNDACIÓ JOAN MIRÓ 1993A
Fundació Joan Miró. *Joan Miró: 1893-1993.* Barcelona: Fundació Joan Miró, 1993.

FUNDACIÓ JOAN MIRÓ 1993B
Fundació Joan Miró, Ajuntament de Mont-Roig del Camp, y "la Caixa". *Joan Miró: escultures i obra gràfica.* Barcelona: "la Caixa", 1993.

FUNDACIÓ JOAN MIRÓ 1994
Fundació Joan Miró. *Miró en escena.* Barcelona: Fundació Joan Miró, 1994.

FUNDACIÓ JOAN MIRÓ 1997
Fundació Joan Miró, y Katsuta Kazumasa. *Joan Miró, equilibri a l'espai: Obres procedents de la col·lecció Kazumasa Katsuta: 18 setembre - 2 novembre 1997.* Barcelona: Edicions de l'Eixample, 1997.

FUNDACIÓ JOAN MIRÓ 2001
Fundació Joan Miró. *Joan Miró: Desfilada d'obsessions.* Barcelona: Fundació Joan Miró, 2001.

FUNDACIÓ PILAR I JOAN MIRÓ A MALLORCA 1987
Fundació Pilar i Joan Miró a Mallorca. *Joan Miró, Son Abrines i Son Boter: Olis, dibuixos i graffiti.* Palma de Mallorca: Fundació Pilar i Joan Miró a Mallorca, 1987.

FUNDACIÓ PILAR I JOAN MIRÓ A MALLORCA [1991A]
Fundació Pilar i Joan Miró a Mallorca, y Ajuntament de Palma. *El mundo creativo de Miró.* [Palma de Mallorca]: Fundació Pilar i Joan Miró a Mallorca, y Ajuntament de Palma, [1991].

FUNDACIÓ PILAR I JOAN MIRÓ A MALLORCA [1991B]
Fundació Pilar i Joan Miró a Mallorca, y Caixavigo. *El mundo creativo de Miró.* [Palma de Mallorca]: Fundació Pilar i Joan Miró a Mallorca, y Caixavigo, [1991].

FUNDACIÓ PILAR I JOAN MIRÓ A MALLORCA [1991C]
Fundació Pilar i Joan Miró a Mallorca, Ajuntament de Palma, Ayuntamiento de La Coruña, y Caixavigo. *El mundo creativo de Miró.* [Vigo]: Fundació Pilar i Joan Miró a Mallorca, Ajuntament de Palma, Ayuntamiento de La Coruña, y Caixavigo, [1991].

FUNDACIÓ PILAR I JOAN MIRÓ A MALLORCA 1992A
Fundació Pilar i Joan Miró a Mallorca. *Benvinguts al Territori Miró.* Palma de Mallorca: Fundació Pilar i Joan Miró a Mallorca, y Ajuntament de Palma, 1992.

FUNDACIÓ PILAR I JOAN MIRÓ A MALLORCA 1992B
Fundació Pilar i Joan Miró a Mallorca, Fundació Joan Miró, y Edicions 62. *David: Escritos de David Fernández Miró.* Barcelona: Edicions 62, 1992.

FUNDACIÓ PILAR I JOAN MIRÓ A MALLORCA 1993-1994
Fundació Pilar i Joan Miró a Mallorca, y Centro Cultural Consolidado. *Miró: Su último sueño.* Caracas: Centro Cultural Consolidado, 1993-1994.

FUNDACIÓ PILAR I JOAN MIRÓ A MALLORCA 1993A
Fundació Pilar i Joan Miró a Mallorca. *Dibuixos de Joan Miró.* Palma de Mallorca: Electa, 1993.

FUNDACIÓ PILAR I JOAN MIRÓ A MALLORCA 1993B
Fundació Pilar i Joan Miró a Mallorca, y Junta de Andalucía. *Interiores de Miró.* Madrid: Ave del Paraíso Ediciones, 1993.

FUNDACIÓ PILAR I JOAN MIRÓ A MALLORCA 1993C
Fundació Pilar i Joan Miró a Mallorca, y Salas Nacionales de Cultura Palais Glace. *El último sueño de Miró: Pinturas, dibujos, grabados y esculturas desde sus talleres de Mallorca.* Madrid: Electa, 1993.

FUNDACIÓ PILAR I JOAN MIRÓ A MALLORCA 1993D
Fundació Pilar i Joan Miró a Mallorca, y Universitat de les Illes Balears. *Fundació Pilar i Joan Miró a Mallorca: Catàleg* [CD-ROM]. Palma de Mallorca: Universitat de les Illes Balears, 1993.

FUNDACIÓ PILAR I JOAN MIRÓ A MALLORCA 1993E
Fundació Pilar i Joan Miró a Mallorca, y Fundació Caixa de Catalunya. *Mirar Miró: En Joan Miró de Català-Roca.* [Barcelona]: Fundació Caixa de Catalunya, 1993.

FUNDACIÓ PILAR I JOAN MIRÓ A MALLORCA 1994A
Fundació Pilar i Joan Miró a Mallorca. *Dibuixos inèdits de Joan Miró.* Palma de Mallorca: Fundació Pilar i Joan Miró a Mallorca, 1994.

FUNDACIÓ PILAR I JOAN MIRÓ A MALLORCA 1994B
Fundació Pilar i Joan Miró a Mallorca, y Museo Pecci. *Gli ultimi sogni di Miró.* Milán: Charta, 1994.

FUNDACIÓ PILAR I JOAN MIRÓ A MALLORCA 1994C
Fundació Pilar i Joan Miró a Mallorca. *Estel fulgurant*. Palma de Mallorca: Fundació Pilar i Joan Miró a Mallorca, 1994.

FUNDACIÓ PILAR I JOAN MIRÓ A MALLORCA 1995A
Fundació Pilar i Joan Miró a Mallorca, Centro Cultural Banco do Brasil, y Museo de Arte Moderna de São Paulo. *Miró: Caminhos da expressão*. Brasil: Centro Cultural Banco do Brasil, 1995.

FUNDACIÓ PILAR I JOAN MIRÓ A MALLORCA 1995B
Fundació Pilar i Joan Miró a Mallorca, China Art Gallery, y Shanghai Art Museum. *Miró: Spirit of Orient*. Palma de Mallorca: Fundació Pilar i Joan Miró a Mallorca, 1995.

FUNDACIÓ PILAR I JOAN MIRÓ A MALLORCA 1995C
Fundació Pilar i Joan Miró a Mallorca, y Hong Kong Museum of Art. *Miró: Spirit of the Orient*. Hong Kong: Urban Council of Hong Kong, 1995.

FUNDACIÓ PILAR I JOAN MIRÓ A MALLORCA 1995D
Fundació Pilar i Joan Miró a Mallorca, y National Taiwan Art Education Institute. *Miró: Spirit of the Orient*. [Taipei]: National Taiwan Art Education Institute, 1995.

FUNDACIÓ PILAR I JOAN MIRÓ A MALLORCA 1995E
Fundació Pilar i Joan Miró a Mallorca, Queen Sirikit National Convention Center, y Art Center, Center of Academic Resources Chulalongkorn University. *Miró: The Spirit of the Orient*. Bangkok: Fundació Pilar i Joan Miró a Mallorca, 1995.

FUNDACIÓ PILAR I JOAN MIRÓ A MALLORCA 1996A
Fundació Pilar i Joan Miró a Mallorca. *Palma, territori Miró*. Palma de Mallorca: Fundació Pilar i Joan Miró a Mallorca, 1996.

FUNDACIÓ PILAR I JOAN MIRÓ A MALLORCA 1996B
Fundació Pilar i Joan Miró a Mallorca. *Poesia a l'espai: Miró i l'escultura*. Palma de Mallorca: Fundació Pilar i Joan Miró a Mallorca, 1996.

FUNDACIÓ PILAR I JOAN MIRÓ A MALLORCA 1996C
Fundació Pilar i Joan Miró a Mallorca, Centro Cultural Borges, y Museo Nacional de Artes Visuales. *Miró: Caminos de la expresión*. [Buenos Aires]: Centro Cultural Borges, 1996.

FUNDACIÓ PILAR I JOAN MIRÓ A MALLORCA 1996D
Fundació Pilar i Joan Miró a Mallorca, Ministerio de Educación y Cultura, y Centro Atlántico de Arte Moderno. *Joan Miró: Territorios creativos*. [Madrid]: Tabapress, 1996.

FUNDACIÓ PILAR I JOAN MIRÓ A MALLORCA 1997
Fundació Pilar i Joan Miró a Mallorca, y Galería de Arte Isabel Aninat. *Joan Miró: Más allá del lenguaje de la pintura*. [Chile]: [Galería de Arte Isabel Aninat], 1997.

FUNDACIÓ PILAR I JOAN MIRÓ A MALLORCA 1998A
Fundació Pilar i Joan Miró a Mallorca, Comune di Roma, Regione Lazio, Successió Miró, Museo Nacional Centro de Arte Reina Sofía, y Ajuntament de Palma. *Miró: La trasgressione*. Roma: Viviani arte, 1998.

FUNDACIÓ PILAR I JOAN MIRÓ A MALLORCA 1998B
Fundació Pilar i Joan Miró a Mallorca. *Miró - Artigas: Ceràmiques*. Palma de Mallorca: Fundació Pilar i Joan Miró a Mallorca, 1998.

FUNDACIÓ PILAR I JOAN MIRÓ A MALLORCA 1998C
Fundació Pilar i Joan Miró a Mallorca, y Instituto Español de Comercio Exterior. *Miró: Obras de la colección de la Fundació Pilar i Joan Miró a Mallorca*. Madrid: [Instituto Español de Comercio Exterior], 1998.

FUNDACIÓ PILAR I JOAN MIRÓ A MALLORCA 1998D
Fundació Pilar i Joan Miró a Mallorca, y Museo de Arte Moderno de Bogotá. *Miró en Mallorca*. [Bogotà]: Panamericana Editorial Ltda., 1998.

FUNDACIÓ PILAR I JOAN MIRÓ A MALLORCA 1999A
Fundació Pilar i Joan Miró a Mallorca, Comune di Catania, Successió Miró, y Ajuntament de Palma. *Miró: La trasgressione*. Catania: Prospettive arte, 1999.

FUNDACIÓ PILAR I JOAN MIRÓ A MALLORCA 1999B
Fundació Pilar i Joan Miró a Mallorca, y Museum am Ostwall Dortmund. *Joan Miró: Werke aus Mallorca*. Bad Breisig: Palace Editions. Europe, 1999.

FUNDACIÓ PILAR I JOAN MIRÓ A MALLORCA 1999C
Fundació Pilar i Joan Miró a Mallorca, Provincia di Milano, Successió Miró, y Ajuntament de Palma. *L'ultimo Miró*. Milán: Mazzotta, 1999.

FUNDACIÓ PILAR I JOAN MIRÓ A MALLORCA 1999D
Fundació Pilar i Joan Miró a Mallorca, y Ajuntament de Palma. *Joan Miró: Homenatge a Pilar Juncosa*. Barcelona: Edicions de l'Eixample, 1999.

FUNDACIÓ PILAR I JOAN MIRÓ A MALLORCA 1999E
Fundació Pilar i Joan Miró a Mallorca. *Miró - Barbarà: Processos del gravat*. Barcelona: Edicions de l'Eixample, 1999.

FUNDACIÓ PILAR I JOAN MIRÓ A MALLORCA 1999F
Fundació Pilar i Joan Miró a Mallorca, Ajuntament de Palma, y Kulturbetriebe Stadt Dortmund. *Joan Miró: Werke aus Mallorca. Gemälde, Skulpturen und Arbeiten auf Papier von 1966-1981*. Bad Breisig: Palace Editions Europe, 1999.

FUNDACIÓ PILAR I JOAN MIRÓ A MALLORCA 2000
Fundació Pilar i Joan Miró a Mallorca, Salander-O'Reilly Galleries, y Ajuntament de Palma. *Miró: 16 Late Masterworks*. Nueva York: Salander-O'Reilly Galleries, 2000.

FUNDACIÓ PILAR I JOAN MIRÓ A MALLORCA 2001
Fundació Pilar i Joan Miró a Mallorca, y Kunstforum Wien. *Miró: Später Rebell*. Viena: Edition Minerva, 2001.

FUNDACIÓ PILAR I JOAN MIRÓ A MALLORCA 2002
Fundació Pilar i Joan Miró a Mallorca, y Col·legi Oficial d'Arquitectes de les Illes Balears. *Rafael Moneo: De la Fundación a la Catedral de L.A. 1990-2002*. [Madrid]: Fundació Pilar i Joan Miró a Mallorca, i Col·legi Oficial d'Arquitectes de les Illes Balears, 2002.

FUNDACIÓ PILAR I JOAN MIRÓ A MALLORCA 2005
Fundació Pilar i Joan Miró a Mallorca. *Louise Bourgeois. Repairs in the sky*. Palma de Mallorca: Fundació Pilar i Joan Miró a Mallorca, 2005.

FUNDACIÓN BILBAO BIZKAIA KUTXA 1998
Fundación Bilbao Bizkaia Kutxa. *Joan Miró 1951-1977: Esculturas. Obra Gráfica*. Bilbao: Fundación Bilbao Bizkaia Kutxa, 1998.

FUNDACIÓN MARCELINO BOTÍN 2005
Fundación Marcelino Botín, y Fundació Pilar i Joan Miró a Mallorca. *Joan Miró: Topografías*. Santander: Fundación Marcelino Botín, 2005.

FUNDACIÓN PEDRO BARRIÉ DE LA MAZA 2001
Fundación Pedro Barrié de la Maza. "Joan Miró", en Fundación Pedro Barrié de la Maza. *París, París, París: 20 Artistas Españoles de la Escuela de París*. Madrid: Fundación Pedro Barrié de la Maza, 2001, pp. 139-153.

FUNDACIÓN RODRÍGUEZ-ACOSTA 2005
Fundación Rodríguez-Acosta. *Miró a Gaudí*. Granada: Fundación Rodríguez-Acosta, 2005.

LA GACETA DE ARTE 1935
La Gaceta de Arte. *Exposición Surrealista*. Santa Cruz de Tenerife: La Gaceta de Arte, 1935.

GAFFÉ 1934
Gaffé, René. *Cahiers d'art* (París), vol. 9, núms. 1-4 (1934), pp. 30-33.

GALERIA 42 1974
Galeria 42. *Joan Miró: Album Salvat Papasseit, Le lézard aux plumes d'or*. Barcelona: Galeria 42, 1974.

GALERIA BARCELONA 1993
Galeria Barcelona. *Joan Miró*. Barcelona: Galeria Barcelona, 1993.

GALERIA BARCELONA 1998
Galeria Barcelona, y Galeria Arcadi Calzada. *Miró*. Barcelona: G.BCN., 1998.

GALERÍA DE ARTE MEXICANO 1940
Galería de Arte Mexicano. *Exposición Internacional del Surrealismo*. México, D.F.: Galería de Arte Mexicano, 1940.

GALERÍA FERNANDO LATORRE 1993
Galería Fernando Latorre. *Joan Miró: Obra sobre papel*. Madrid: Alfredo Melgar Ediciones, 1993.

GALERIA JOAN PRATS - ARTGRÀFIC 1993
Galeria Joan Prats - Artgràfic. *Miró-Prats: Una amistad fructífera*. Barcelona: Polígrafa, 1993.

GALERIA MAEGHT 1979
Galeria Maeght. *Joan Miró: Homenatge a Gaudí. 100 gravats i 4 escultures recents (1978 - 1979)*. Barcelona: Edicions 62, 1979.

GALERIA MAEGHT 1990
Galeria Maeght. *Joan Miró: Gravador*. Barcelona: Edicions de l'Eixample, 1990.

GALERIA RENÉ METRAS 1973
Galeria René Metras. *Oda a Joan Miró*. Barcelona: Polígrafa, 1973.

GALERÍA THEO 1989A
Galería Theo. *Miró: Obras de 1916 a 1976*. Madrid: Theo editor, 1989.

GALERÍA THEO 1989B
Galería Theo. *Miró: Obras de 1925 a 1976*. Madrid: Theo editor, 1989.

GALERIA TRISTAN BARBARÀ 1993
Galeria Tristan Barbarà, y Musée d'Art Moderne de Céret. *Joan Miró: Miró, inèdit i pòstum. Miró, oeuvres inédites*. Figueras: [Galeria Tristan Barbará, i Musée d'art moderne Céret], 1993.

GALERÍA VANDRÉS 1971
Galería Vandrés. *Joan Miró: 15 litografías originales. Homenatge a Joan Prats*. Madrid: Polígrafa, 1971.

GALERIE ADRIEN MAEGHT 1989
Galerie Adrien Maeght. *Miró*. París: Maeght, 1989.

GALERIE BEAUX-ARTS 1938
Galerie Beaux-Arts. *Exposition Internationale du Surréalisme*. París: Galerie Beaux-Arts, 1938.

GALERIE BEYELER 1969
Galerie Beyeler. "Joan Miró", en Galerie Beyeler. *Spanish Artists: Gris, Picasso, Miró, Chillida, Tàpies*. Basilea: Galerie Beyeler, 1969, pp. 46-61.

GALERIE BEYELER 1972-1973
Galerie Beyeler. *Miró, Calder*. Basilea: Galerie Beyeler, 1972-1973.

GALERIE BEYELER 1974
Galerie Beyeler. *Surréalisme et peinture*. Basilea: Galerie Beyeler, 1974.

GALERIE BEYELER 1979
Galerie Beyeler. *Jean Arp, Joan Miró*. Basilea: Galerie Beyeler, 1979.

GALERIE BEYELER 1986
Galerie Beyeler. *Aus privaten Sammlungen*. Basilea: Galerie Beyeler, 1986.

GALERIE BEYELER 1999
Galerie Beyeler. *Arp & Miró*. Basilea: Galerie Beyeler, 1999.

GALERIE BLANCHE 1949
Galerie Blanche. *Joan Miró: Målningar, keramik, litografier*. Estocolmo: Galerie Blanche, 1949.

GALERIE BLANCHE 1950
Galerie Blanche. *Joan Miró: Skulptur och grafik*. Estocolmo: Galerie Blanche, 1950.

GALERIE CHARLES RATTON 1936
Galerie Charles Ratton. *Exposition surréaliste d'objets*. París: Galerie Charles Ratton, 1936.

GALERIE FLECHTHEIM 1932
Galerie Flechtheim. *Neuere spanische Kunst*. Berlín: Galerie Flechtheim, 1932.

GALERIE GMURZYNSKA 1998
Galerie Gmurzynska. *Miró: Rebellion against Form*. Colonia: Galerie Gmurzynska, 1998.

GALERIE LA LICORNE 1921
Galerie La Licorne. *Exposition de peintures et dessins de Joan Miró*. París: Galerie La Licorne, 1921.

GALERIE LE CENTAURE 1927
Galerie Le Centaure. *Peinture française contemporaine*. Bruselas: Galerie Le Centaure, 1927.

GALERIE LELONG 1987
Galerie Lelong. *Joan Miró: Les dernières estampes*, Repères: Cahiers d'art contemporain, núm. 38. París: Daniel Lelong, 1987.

GALERIE LELONG 1989
Galerie Lelong. *Miró: 13 Sculptures*. Zurich: Galerie Lelong, 1989.

GALERIE LELONG 1990
Galerie Lelong. *Joan Miró: L'Atelier de Gravure*, Repères: Cahiers d'art contemporain, núm. 68. París: Galerie Lelong, 1990.

GALERIE LUCIEN REYMAN 1946
Galerie Lucien Reyman. *Premier Salon d'Art Catalan*. París: Galerie Lucien Reyman, 1946.

GALERIE MAEGHT 1961
Galerie Maeght. "Galerie Maeght: Joan Miró: Céramique murale", (FPJM: H-3256).

GALERIE MAEGHT 1979
Galerie Maeght. *Zeichnungen und Malereien auf Papier von Joan Miró*. Zurich, 1979.

GALERIE MAEGHT 1983
Galerie Maeght. *Joan Miró: 90e anniversaire*. París: Maeght, 1983.

GALERIE MAEGHT LELONG 1985A
Galerie Maeght Lelong. *Miró: Sculptures*, Repères: Cahiers d'art contemporain, núm. 22. París: Maeght, 1985.

GALERIE MAEGHT LELONG 1985B
Galerie Maeght Lelong. *Miró: Sculptures*. Zurich: Galerie Maeght Lelong, 1985.

GALERIE PATRICK CRAMER 1987
Galerie Patrick Cramer. *Gravures et lithographies de Joan Miró à la Galerie Patrick Cramer*. Ginebra: Patrick Cramer, 1987.

GALERIE PIERRE 1925A
Galerie Pierre. *Exposition Joan Miró*. París: Galerie Pierre, 1925.

GALERIE PIERRE 1925B
Galerie Pierre. *Exposition: La Peinture surréaliste*. París: Galerie Pierre, 1925.

GALERIE PIERRE 1930
Galerie Pierre. *Exposition Joan Miró*. París: Galerie Pierre, 1930.

GALERIE PIERRE COLLE 1933
Galerie Pierre Colle. *Exposition Surréaliste*. París: Galerie Pierre Colle, 1933.

GALERIES DALMAU 1918
Galeries Dalmau. *Exposició Joan Miró*. Barcelona: Galeries Dalmau, 1918.

GALERIES DALMAU 1920
Galeries Dalmau. *Exposició d'art francès d'avantguarda*. Barcelona: Galeries Dalmau, 1920.

GALERIES LAIETANES 1919
Galeries Laietanes. *Exposició de dibuixos*. Barcelona: Galeries Laietanes, 1919.

GARCÍA 1994
García, Xavier. "Miró en uns moments de Magrinyà", en Fundació Joan Miró. *Miró en escena*. Barcelona: Fundació Joan Miró, 1994.

GASCH [1928]
Gasch, Sebastià. "Arte: Joan Miró", *La Gaceta Literaria* (Madrid), [1 julio 1928] (FPJM: H-296).

GASCH 1929
Gasch, Sebastià. "Les Arts: L'elogi del mal gust", *La Publicitat* (Barcelona), 29 noviembre 1929 (FPJM: H-367).

GASCH 1930
Gasch, Sebastià. "Escultures de Joan Miró", *La Publicitat* (Barcelona), 15 octubre 1930 (FPJM: H-416).

GASCH 1931
Gasch, Sebastià. "Joan Miró a Montroig", *Mirador* ([Barcelona]), 8 octubre 1931 (FPJM: H-469).

GASCH 1932
Gasch, Sebastià. "Resurrecció dels ballets russos", *Mirador* (Barcelona), 28 abril 1932

GASCH 1933
Gasch, Sebastià. "Els ballets russos de Monte-Carlo al Liceu", *Mirador* ([Barcelona]), mayo 1933 (FPJM: H-528).

GASSNER 1994
Gassner, Hubertus. *Joan Miró: Der magische Gärtner*. Colonia: DuMont, 1994.

GAYA NUÑO 1952
Gaya Nuño, Juan Antonio. "Los 60 años de Juan Miró", *Insula* (Barcelona), octubre 1952 (FPJM: H-1818).

GENAUER 1958
Genauer, Emily. "Joan Miro Gets $10.000 Guggenheim Art Prize", *New York Herald Tribune* (Nueva York), 17 octubre 1958 (FPJM: H-2996).

GENAUER 1959
Genauer, Emily. "Oh, Miro, Miro on the Wall, Are You Cruelest of All?", *New York Herald Tribune* (Nueva York), 22 marzo 1959 (FPJM: H-3115).

GENERALITAT DE CATALUNYA 1983
Generalitat de Catalunya, Ajuntament de Barcelona, y Fundació Joan Miró. *Joan Miró: Anys 20. Mutació de la realitat. 90è aniversari de Joan Miró*. Barcelona: Polígrafa, 1983.

GENERALITAT DE CATALUNYA 1988
Generalitat de Catalunya, y Comissió Catalana del Cinquè Centenari del Descobriment d'Amèrica. *Joan Miró: Pintura, escultura, tapiz, cerámica, obra gráfica, cartazes*. Barcelona: Generalitat de Catalunya, i Comissió Catalana del Cinquè Centenari del Descobriment d'Amèrica, 1988.

GENERALITAT DE CATALUNYA 1993
Generalitat de Catalunya. *Joan Miró: L'arrel i l'indret*. Barcelona: Generalitat de Catalunya, 1993.

GEORGE R. GARDINER MUSEUM OF CERAMIC ART 2000
George R. Gardiner Museum of Ceramic Art. *Miró: Playing with Fire*. Toronto: The George R. Gardiner Museum of Ceramic Art, 2000.

GICH 1969
Gich, Juan. "Arte y artistas: Miró y Llorens Artigas en Osaka", *La Vanguardia* (Barcelona), 29 octubre 1969 (FPJM: H-3575).

GILLE DELAFON 1939
Gille Delafon, S. . "L'art décoratif", *Beaux-Arts* ([París]), 13 enero 1939 (FPJM: H-852).

GIMFERRER 1978
Gimferrer, Pere. *Miró: Colpir sense nafrar*. Barcelona: Polígrafa, 1978.

GIMFERRER 1993
Gimferrer, Pere. *Les arrels de Miró*. Barcelona: Polígrafa, 1993.

GINDERTAEL 1951
Gindertael, R. V. "Du tableau a l'art monumental: Sur quatre murs", *Combat*, 8 mayo 1951 (FPJM: H-1530).

GIRALT-MIRACLE 1994
Giralt-Miracle, Daniel. *El crit de la terra: Joan Miró i el camp de Tarragona*. Tarragona: Diputació de Tarragona, Museu d'Art Modern, 1994.

GIROUD 2002
Giroud, Jean-Charles, ed. *Joan Miró - Gérald Cramer: Une correspondance à toute épreuve*. Ginebra: Patrick Cramer, 2002.

GÓMEZ SICRE 1947
Gómez Sicre, José. "Encuentro con Joan Miró", *El Nacional* (Caracas), 2 noviembre 1947.

GOMIS 1994
Gomis, Joaquim, y Daniel Giralt-Miracle. "Miró vist per Gomis: Retrat d'un univers", en Joaquim, y Daniel Giralt-Miracle Gomis. *Joaquim Gomis - Joan Miró: Fotografies 1941-1981*. Barcelona: Editorial Gustavo Gili, 1994.

GONZÁLEZ DE DURANA 2002
González de Durana, Javier. "Un mural de Joan Miró y Josep Llorens Artigas en Artium", *Apuntes de Estética ARTIUM* (Álava), núm. 2 (2002), pp. 17-38.

GOVERN BALEAR 1993
Govern Balear. *Miró (1893-1983): Damunt paper*. Inca: Govern Balear, 1993.

GRAND PALAIS DES CHAMPS-ELYSÉES 1920
Grand Palais des Champs-Elysées. *Salon d'Automne*. París: Grand Palais des Champs-Elysées, 1920.

GRANDE GALLERY ODAKYU 1984
Grande Gallery Odakyu, Shinano Museum of Fine Arts, Hanshin Department Store's Art Gallery, Funabashi Seibu Museum of Arts, y Miyagi Museum of Art. *Retrospective Exhibition of Miró*. Japón: Fukushima Prefectural Museum of Modern Art, 1984.

GRANDMAISON 1956
Grandmaison, Le Breton. "Les litanies de Joan Miró récitées par Jacques Prévert: Vernissage a la Galerie Maeght", *Combat* (París), 20 octubre 1956 (FPJM: H-2621).

GRAY 1936
Gray, Nicolette, y AXIS. *Abstract and Concrete: An Exhibition of Abstract Painting and Sculpture, 1934 and 1935*. Oxford: Gray, Nicolette, i AXIS, 1936.

GREEN 1981
Green, Larry. "Chicagoans Puzzled but Proud of New Joan Miró Statue", *Oakland Tribune*, 21 abril 1981.

GREEN 1991A
Green, Christopher, y Hilton Kramer. *Joan Miró i la mort de la pintura: Dos excursos*. Barcelona: Editorial Barcanova, 1991.

GREEN 1991B
Green, Christopher. *Picasso y Miró, 1930: El mago, el niño y el artista*. Valencia: Instituto Valenciano de Arte Moderno, 1991.

GREEN 2000
Green, Christopher. "Asesinar la pintura", en Christopher Green. *Los impresionistas y los creadores de la pintura moderna: De Chirico, Ernst, Miró, Magritte*. Barcelona: Carroggio, 2000, pp. 158-181.

GREENBERG 1948
Greenberg, Clement. *Joan Miró*. Nueva York: The Quadrangle Press, 1948.

GRISWOLD 2001
Griswold, William M. *Pierre Matisse and His Artists*. Nueva York: The Pierpont Morgan Library, 2001.

GROHMANN 1934
Grohmann, Will. "Vom abstrakten Realismus zur realen Abstraktion (zu Mirós Bildern)", *Cahiers d'art* (París), vol. 9, núms. 1-4 (1934), p. 38.

GSV 1978
GSV. "Pío Cabanillas clausuró ayer la exposición homenaje a Joan Miró: Firma de la primera "carta cultural" entre Cultura y el Ayuntamiento", *Diario de Mallorca* (Palma de Mallorca), 8 noviembre 1978 (FPJM: H-4260).

GUÉGUEN 1934
Guéguen, Pierre. *Cahiers d'art* (París), vol. 9, núms. 1-4 (1934), pp. 44-46.

GUÉGUEN 1957
Guéguen, Pierre. "L'Humour féerique de Joan Miró", *XXe Siècle* (París), núm. 8 (1957), pp. 39-44.

GUILLY 1948
Guilly, René. "En déballant avec Joan Miro ses sculptures et ses tableaux de terre cuite", *Combat* (París), 25 octubre 1948 (FPJM: H-3713).

GUTIÉRREZ 1976
Gutiérrez, Fernando. "Otra vez Joan Miró", *La Vanguardia Española* (Barcelona), 4 enero 1976 (FPJM: H-4135).

H. W. 1956
H. W. "Le surréalisme de Joan Miró: Une intéressante exposition à Bâle", *L'Alsace* (Mulhouse), 19 abril 1956 (FPJM: H-2512).

HABASQUE 1959
Habasque, Guy. "Confrontation internationale", *L'Oeil* ([París]), septiembre 1959 (FPJM: H-3191).

HAMMOND 2000
Hammond, Paul. *Constellations of Miró, Breton*. San Francisco: City Lights Books, 2000.

HAUS DER KUNST MÜNCHEN 1994
Haus der Kunst München. *Elan Vital oder Das Auge Des Eros: Kandinsky, Klee, Arp, Miró, Calder*. Munich: Haus der Kunst München, 1994.

HEMINGWAY 1934A
Hemingway, Ernest. "Joan Miró: Paintings: December 29th - January 18th, 1934: Pierre Matisse Gallery, New York", (FPJM: H-578).

HEMINGWAY 1934B
Hemingway, Ernest. "The Farm", *Cahiers d'art* (París), vol. 9, núms. 1-4 (1934), pp. 28-29.

HENRY 1935
Henry, Maurice. "Joan Miró", *Cahiers d'art* (París), vol. 10, núms. 5-6 (1935), pp. 115-116.

HIRMER VERLAG MÜNCHEN 1988
Hirmer Verlag München, y Schirn Kunsthalle Frankfurt. *Miró, Gemälde, Plastiken, Zeichnungen und Graphik.* [Frankfurt]: Hirmer Verlag München, 1988.

HOLTY 1959
Holty, Carl. "Artistic Creativity", *Bulletin of the Atomic Scientists* (Chicago), núm. 2 (febrero 1959).

HOPPE 1934
Hoppe, Ragnar. *Cahiers d'art* (París), vol. 9, núms. 1-4 (1934), pp. 34-35.

HOUGHTON LIBRARY 1999
Houghton Library. "Transition. Papers of the Magazine Transition: Guide", en Houghton Library. *Transition. Papers of the Magazine Transition.* Harvard University, 1999. <http://oasis.harvard.edu/html/hou00047.html>.

HUBERT 1947
Hubert, Juin. "Poème mesquin pour Joan Miró", *Cahiers d'art* (París), vol. 22 (1947), p. 293.

HUGNET 1931A
Hugnet, Georges. "L'homme de face", *Cahiers d'art* (París), vol. 6, núms. 9-10 (1931), p. 432.

HUGNET 1931B
Hugnet, Georges. "Joan Miró ou l'enfance de l'art", *Cahiers d'art* (París), vol. 6, núms. 7-8 (1931), pp. 335-340.

HUGNET 1940
Hugnet, Georges. "Joan Miró", *Cahiers d'art* (París), vol. 15, núms. 3-4 (1940), p. 48.

HUIDOBRO 1934
Huidobro, Vicente. *Cahiers d'art* (París), vol. 9, núms. 1-4 (1934), pp. 40-43.

HUMBOURG 1957
Humbourg, Paul. "Feu d'artifice et affluence hier chez Matarasso à Nice pour le vernissage: Joan Miró", *Le Patriote* (Niza), 18 mayo 1957 (FPJM: H-2772).

HUNTER 1958
Hunter, Sam. *Joan Miro: L'Oeuvre gravé.* París: Calmann-Lévy, 1958.

HUTTON 2004
Hutton, Elizabeth, y Oliver Wick. "The Correspondence of Alexander Calder and Joan Miró", en Elizabeth, y Oliver Wick Hutton. *Calder, Miró.* Basilea: Fondation Beyeler, i The Phillips Collection, 2004, pp. 257-275.

I. 1933
I., P. "Les vrais indépendants et les surindépendants", *À París* ([París]), 3 noviembre 1933 (FPJM: H-563).

IBARZ 1983
Ibarz, Mercè. "Tot a punt per a l'exposició del 90 aniversari de Miró: La vídua de Hemingway no cedeix "La masia", *Avui* (Barcelona), 6 abril 1983 (FPJM: H-4427).

IGLESIAS DEL MARQUET 1983
Iglesias del Marquet, Josep. "Els noranta anys de Miró celebrats amb molts actes", *Diario de Barcelona* (Barcelona), 13 abril 1983 (FPJM: H-4438).

IL COLLEZIONISTA D'ARTE CONTEMPORANEA 1972
Il Collezionista d'Arte Contemporanea. *Miró: Opere 1954-1972.* Roma: Il Collezionista d'Arte Contemporanea, 1972.

INSTITUT CATALÀ D'ESTUDIS MEDITERRANIS 1989
Institut Català d'Estudis Mediterranis. *Els Tallers de Miró.* Barcelona: Institut Català d'Estudis Mediterranis, 1989.

INSTITUT D'ESTUDIS BALEÀRICS 1981
Institut d'Estudis Baleàrics. *Ànima de foc: El procés creatiu de Joan Miró.* Palma de Mallorca: Institut d'Estudis Baleàrics, 1981.

INSTITUTE OF MODERN ART 1946
Institute of Modern Art. *Four Spaniards: Dalí, Gris, Miró, Picasso.* Boston: Institute of Modern Art, 1946.

J.D. 1957
J.D. "L'exposition Miró", *Nice-Matin* (Niza), 19 mayo 1957 (FPJM: H-2769).

JAKOVSKI 1934
Jakovski, Anatole. *Cahiers d'art* (París), vol. 9, núms. 1-4 (1934), p. 58.

JAKOVSKY 1944
Jakovsky, Anatole. "Le Salon de la libération et le surréalisme", *Action*, 27 octubre 1944 (FPJM: H-921).

JARDÍ 1983
Jardí, Enric. *Els moviments d'avantguarda a Barcelona.* Barcelona: Edicions del Cotal, 1983.

JEAN 1959
Jean, Marcel. *Histoire de la peinture surréaliste.* París: Seuil, 1959.

JEFFET 1988
Jeffet, William. "Una "constel·lació" d'imatges: poesia i pintura, Joan Miró 1929-1941", en William Jeffet. *Impactes: Joan Miró 1929-1941.* Barcelona: Fundació Joan Miró, 1988, pp. 17-24.

JEFFETT 1992
Jeffett, William. *Objects into Sculpture; Sculpture into Objects: A Study of the Sculpture of Joan Miró in the Context of the Parisian and Catalan Avant-gardes, 1928-1983, vol. II.* Londres: University of London, Courtauld Institute of Art, 1992.

JEFFETT 1993
Jeffett, William. "L'Antitête: The Book as Object in the Collaboration of Tristan Tzara and Joan Miró, 1946-47", *The Burlington Magazine*, vol. 135, núm. 1079 (febrero 1993), pp. 81-93.

JIMÉNEZ 1969
Jiménez, Jaime y Antonio Pizá. "Joan Miró hará a Palma un gran presente: El gran pintor nos habla en exclusiva internacional, su participación en la "Expo-70" de Osaka", *Baleares* (Palma de Mallorca), 14 octubre 1969 (FPJM: H-3577).

JK 1935
Jk. "Mezinárodní výstava v Praze", *Právo Lidu*, 4 diciembre 1935 (FPJM: H-700).

JOHANSSON 1976
Johansson, Kjell A. "Miró en Escania", *Dagens Nyheter (Estocolm)* (Estocolmo), junio 1976 (FPJM: H-4874).

JOUFFROY 1980
Jouffroy, Alain, y Joan Teixidor. *Miró: Sculptures.* París: Maeght Éditeur, 1980.

JOUFFROY 1987
Jouffroy, Alain. *Miró.* París: Hazan, 1987.

JOUFFROY 2004
Jouffroy, Alain. *Miró: L'inventeur.* París: Hazan, 2004.

JOURNAL DE GENÈVE 1926
"Chahut à propos d'un ballet russe à Paris", *Journal de Genève* (Ginebra), 20 mayo 1926 (FPJM: H-88).

JUIN 1967
Juin, Hubert. *Joan Miró.* París: Editions Bordas, i Revues et Publications, 1967.

JUNCOSA 1994
Juncosa, Lluís. "Apunts per a una petita biografia", en Fundació Pilar i Joan Miró. *Estel fulgurant.* Palma de Mallorca: Fundació Pilar i Joan Miró, 1994, pp. 29-42.

KAISER WILHELM MUSEUM 1954
Kaiser Wilhelm Museum. *Miró.* Krefeld: Kaiser Wilhelm Museum, 1954.

KNEELAND 1981
Kneeland, Douglas E. "Miró Joins a Picasso at Outdoor Art Plaza in Chicago", *The New York Times* (Nueva York), 21 abril 1981.

KNOX 1958
Knox, Sanka. "Joan Miro's Ceramic Wall Designs Win \$10,000 Guggenheim Art Prize", *The New York Times* (Nueva York), 17 octubre 1958 (FPJM: H-2997).

KOCHNITZKY 1934
Kochnitzky, Léon. *Nouvelles Littéraires*, 27 octubre 1934 (FPJM: H-647).

KOSPOTH 1933
Kospoth, B. J. "Surindependants Show Offers Striking Contrast With Sober Salon d'Automne", *Chicago Tribune* ([Chicago]), 5 noviembre 1933 (FPJM: H-564).

KOSPOTH 1939
Kospoth, B. J. "American Artists Participating in Number of French Exhibits", *New York Herald Tribune* ([Nueva York]), 22 abril 1939 (FPJM: H-876).

KUNSTFORUM WIEN 2001
Kunstforum Wien. *Miró: Später Rebell.* Viena: Edition Minerva, 2001.

KUNSTHALLE BASEL 1949
Kunsthalle Basel. *Joan Miró, Otto Abt.* Basilea: Kunsthalle Basel, 1949.

KUNSTHALLE BERN 1949
Kunsthalle Bern. *Joan Miró, Margrit Linck, Oskar Dalvit.* Berna: Kunsthalle Bern, 1949.

KUNSTHAUS ZÜRICH 1986
Kunsthaus Zürich, y Städtische Kunsthalle Düsseldorf. *Joan Miró.* Alemania: Kunsthaus Zürich, i Städtische Kunsthalle Düsseldorf, 1986.

KUNSTMUSEUM 1935
Kunstmuseum. *These, Antithese, Synthese.* Luzerna: Kunstmuseum, 1935.

KUNSTVEREIN 1973
Kunstverein. *Joan Miró: Das graphische Werk.* Hamburgo: Kunstverein, 1973.

"LA CAIXA" 1980
"la Caixa". *Miró escultor.* Madrid: "la Caixa", 1980.

"LA CAIXA" 1993
"la Caixa". *Veure Miró: La irradiació de Miró en l'art espanyol.* Barcelona: "la Caixa", 1993.

"LA CAIXA" 1997
"la Caixa". *Joan Miró: Litógrafo.* Barcelona: "la Caixa", 1997.

LA DÉPÊCHE DÉMOCRATIQUE 1951
"L'art contemporain au Salon de Printemps des "Amis de l'Art", *La Dépêche Démocratique*, 10 abril 1951 (FPJM: H-1520).

LA NEF 1950
"Humour Poétique", *La Nef*, diciembre 1950 (FPJM: H-1455).

LA PUBLICITAT 1927
"Comentaris: Els ballets russos i els pintors catalans", *La Publicitat* (Barcelona), 17 mayo 1927 (FPJM: H-198).

LA PUBLICITAT 1928
"Informació catalana", *La Publicitat* (Barcelona), 28 julio 1928 (FPJM: H-269).

LA PUBLICITAT 1933A
"Els ballets russos al Liceu", *La Publicitat* (Barcelona), 9 mayo 1933 (FPJM: H-517).

LA PUBLICITAT 1933B
"Les Lletres i les Arts: Itineraris", *La Publicitat* (Barcelona), 19 mayo 1933 (FPJM: H-523).

LA PUBLICITAT 1934A
"Avui a la nit: Joan Miró a Adlan", *La Publicitat* (Barcelona), 16 febrero 1934 (FPJM: H-598).

LA PUBLICITAT 1934B
"Galeries d'Art Catalònia: A.D.L.A.N presenta Joan Miró", *La Publicitat* (Barcelona), 21 febrero 1934 (FPJM: H-600).

LA PUBLICITAT 1934C
"Joan Miró", *La Publicitat* (Barcelona), 10 mayo 1934 (FPJM: H-610).

LA PUBLICITAT 1934D
"Miró", *La Publicitat* (Barcelona), 24 noviembre 1934 (FPJM: H-653).

LA PUBLICITAT 1935
"Miró", *La Publicitat* (Barcelona), 12 noviembre 1935 (FPJM: H-694).

LA PUBLICITAT 1936A
"Demà a la Sala Esteve: Picasso", *La Publicitat* (Barcelona), 12 enero 1936 (FPJM: H-709).

LA PUBLICITAT 1936B
"A L'Ateneu Enciclopèdic Popular: Avui tindrà lloc una conferència sobre "El Surrealisme", a càrrec del poeta Paul Eluard", *La Publicitat* (Barcelona), 23 enero 1936 (FPJM: H-710).

LA RÉVOLUTION SURRÉALISTE 1975A
La Révolution surréaliste (París), núm. 4 (15 julio 1925), en *La Révolution surréaliste.* París: Éditions Jean-Michel Place, 1975, pp. 4, 15.

LA RÉVOLUTION SURRÉALISTE 1975B
La Révolution surréaliste (París), núm. 5
(15 octubre 1925), en *La Révolution
surréaliste*. París: Éditions Jean-Michel
Place, 1975, pp. 10, 25.

LA RÉVOLUTION SURRÉALISTE 1975C
La Révolution surréaliste (París), núm. 7
(15 junio 1926), en *La Révolution
surréaliste*. París: Éditions Jean-Michel
Place, 1975,
p. 31.

LA RÉVOLUTION SURRÉALISTE 1975D
La Révolution surréaliste (París), núm. 8
(1 diciembre 1926), en *La Révolution
surréaliste*. París: Éditions Jean-Michel
Place, 1975, p. 19.

LA RÉVOLUTION SURRÉALISTE 1975E
La Révolution surréaliste (París),
núms. 9-10 (1 octubre 1927), en
La Révolution surréaliste. París: Éditions
Jean-Michel Place, 1975, p. 62.

LA RÉVOLUTION SURRÉALISTE 1975F
La Révolution surréaliste (París), núm. 11
(15 marzo 1928), en *La Révolution
surréaliste*. París: Éditions Jean-Michel
Place, 1975, coberta posterior.

LA RÉVOLUTION SURRÉALISTE 1975G
La Révolution surréaliste (París), núm. 12
(15 diciembre 1929), en *La Révolution
surréaliste*. París: Éditions Jean-Michel
Place, 1975

LA VANGUARDIA 1953
"Crónica de la jornada: Ante el homenaje a
Juan Miró", *La Vanguardia* (Barcelona),
4 febrero 1953 (FPJM: H-1896).

LA VANGUARDIA 1954
"El triunfo de Miró en la Bienal de Venecia:
El ilustre artista ha obtenido el Gran Premio
de Grabado", *La Vanguardia* (Barcelona),
20 junio 1954 (FPJM: H-2180).

LA VANGUARDIA 1957
"Arte y Artistas: De exposiciones: Miró, en
"Sala Gaspar", *La Vanguardia* (Barcelona),
18 enero 1957 (FPJM: H-2698).

LA VANGUARDIA 1958
"Inauguración de la nueva sede de la
U.N.E.S.C.O. en París", *La Vanguardia*
(Barcelona), 4 noviembre 1958
(FPJM: H-3020).

LA VANGUARDIA 1959
"Exposiciones: Juan Miró, en "Sala
Gaspar", *La Vanguardia* (Barcelona),
13 noviembre 1959 (FPJM: H-3190).

LA VANGUARDIA 1963
"Álbum 19": Exposición de Joan Miró",
La Vanguardia (Barcelona), 27 octubre
1963 (FPJM: H-3339).

LA VANGUARDIA 1964
"Barcelona: Triple exposición de obras de
Joan Miró", *La Vanguardia* (Barcelona),
12 diciembre 1964 (FPJM: H-3365).

LA VANGUARDIA 1968
"El miércoles empezarán los actos del
"Año Miró", *La Vanguardia* (Barcelona),
20 abril 1968 (FPJM: H-3450).

LA VANGUARDIA 1971A
"El mural de Joan Miró, del aeropuerto,
donado a Barcelona: La obra, realizada
por el ceramista Llorens Artigas, queda
en propiedad del Ayuntamiento",
La Vanguardia Española (Barcelona),
14 febrero 1971 (FPJM: H-3897).

LA VANGUARDIA 1971B
"Cuatro importantes donaciones de
Joan Miró a Barcelona", *La Vanguardia
Española* (Barcelona), 21 marzo 1971
(FPJM: H-3910).

LA VANGUARDIA 1973A
"Los 80 años de Joan Miró",
La Vanguardia Española (Barcelona),
13 abril 1973 (FPJM: H-4006).

LA VANGUARDIA 1973B
"Actos de homenaje a Joan Miró: Cuatro
galerías de arte ofrecieron una exposición
de sus obras", *La Vanguardia* (Barcelona),
5 mayo 1973 (FPJM: H-4033).

LA VANGUARDIA 1975
"Pasado mañana se abre al público la
Fundación Miró", *La Vanguardia Española*
(Barcelona), 8 junio 1975 (FPJM: H-4127).

LA VANGUARDIA 1978
"Barcelona: La Medalla de Oro de la
Ciudad, a Joan Miró: Acuerdo, en sesión
extraordinaria, de la Comisión Municipal
Ejecutiva: Gratitud de Barcelona al artista
por sus esfuerzos en favor de la cultura
catalana", *La Vanguardia* (Barcelona),
20 abril 1978 (FPJM: H-4211).

LA VANGUARDIA 1979A
"Universidad de Barcelona: Miró, Mompou
y Pierre Vilar doctores "honoris causa",
La Vanguardia (Barcelona), 20 septiembre
1979 (FPJM: H-4347).

LA VANGUARDIA 1979B
"Miró, Mompou y Vilar, doctores "honoris
causa": Solemne apertura del curso
universitario: "Miró, Mompou y Pierre Vilar
simbolizan nuestras aspiraciones de
catalanidad", *La Vanguardia* (Barcelona),
3 octubre 1979 (FPJM: H-4351).

LA VANGUARDIA 1980
"Exposición antológica en la Fundación
Miró: Reúne más de cuatrocientas obras",
La Vanguardia (Barcelona), 14 noviembre
1980 (FPJM: H-4371).

LA VANGUARDIA 1982
"Joan Miró: "Ja hi veig!", *La Vanguardia*
(Barcelona), 18 septiembre 1982
(FPJM: H-4417).

LA VEU DE CATALUNYA 1928
"El número de "L'Amic de les Arts" dedicat
a Joan Miró", *La Veu de Catalunya*
(Barcelona), 27 julio 1928 (FPJM: H-268).

LA WALLOMIE LIEGE 1934
"Aux Palais de Beaux-Arts de Bruxelles:
Exposition du Minotaure", *La Wallomie
Liege*, 11 mayo 1934 (FPJM: H-614).

LANCHNER 1993
Lanchner, Carolyn. *Joan Miró*. Nueva York:
The Museum of Modern Art, 1993.

LANNES 1938
Lannes, Roger. "On se souvient
d'Apollinaire", *Le Journal*, 21 junio 1938
(FPJM: H-828).

LARREA 1937
Larrea, Juan. "Miroir d'Espagne: A propos
du Faucheur de Miró au Pavillion Espagnol
de l'Exposition 1937", *Cahiers d'art* (París),
vol. 12, núms. 4-5 (1937), pp. 157-159.

LASSAIGNE 1963
Lassaigne, Jacques. *Miro: Étude
biographique et critique*. Ginebra: Skira,
1963.

LAUGIER 2002
Laugier, Claude, Sonia Villegas, Isabelle
Cahn, Marie-Laure Crosnier-Leconte,
Margarida Cortadella, y Colette Guiraudon.
"Cronología", en Ajuntament de Barcelona,
Institut de Cultura: Museu Picasso, y
Réunion des Musées Nationales.
París-Barcelona 1988-1937. Tours: Réunion
des Musées Nationales, 2002.

LAUGIER 2004
Laugier, Claude, Agnès de la Beaumelle, y
Isabelle Merly. "Chronologie 1917-1934",
en Centre Pompidou. *Joan Miró 1917-
1934: La Naissance du monde*. París:
Éditions du Centre Pompidou, 2004,
pp. 297-375.

LAX 2003
Lax, María Luisa. *Los proyectos de Joan
Miró para los Estados Unidos
representados en la colección de la
Fundació Pilar i Joan Miró a Mallorca*,
2003 [inédito].

LE FIGARO 1926
"Dernière heure theatrale: Incidents aux
Ballets russes", *Le Figaro* (París),
19 mayo 1926 (FPJM: H-77).

LE FIGARO 1953
"Les Expositions: Jean Miró et l'irréel...
Sonia Delaunay", *Le Figaro* (París),
22 junio 1953 (FPJM: H-1944).

LE JOURNAL DES DEBATS 1933
"Les deux salons de la Porte de Versailles:
Les Surindépendants", *Le Journal des
Debats*, 29 octubre 1933 (FPJM: H-555).

LE QUOTIDIEN 1926
"Un incident aux Ballets Russes",
Le Quotidien ([París]), 19 mayo 1926
(FPJM: H-80).

LE SURRÉALISME AU SERVICE
DE LA RÉVOLUTION 1976
Le Surréalisme au service de la révolution.
París: Éditions Jean-Michel Place, 1976.

LEE 1987
Lee, Francis. "Interview with Miró",
Possibilities (Nueva York), 1947-1948,
en Margit Rowell. *Joan Miró: Selected
Writings and Interviews*. Londres:
Thames and Hudson, 1987, pp. 202-205.

LEIRIS 1929
Leiris, Michel. "Joan Miró", *Documents*
(París), vol. 1, núm. 5 (1929), pp. 263-269.

LEIRIS 1947
Leiris, Michel. *The Prints of Joan Miro*.
Nueva York: Curt Valentin Gallery, 1947.

LEIRIS 1972
Leiris, Michel, y Fernand Mourlot.
Joan Miró Litógrafo, vol. I.
Barcelona: Polígrafa, 1972.

LEON-MARTIN 1925
Leon-Martin, Louis. "Coups de bichon:
A la Galerie Pierre: Joan Miró", *Paris Soir*
(París), 26 junio 1925 (FPJM: H-47).

LILJEVALCHS KONSTHALL 1972
Liljevalchs Konsthall. *Miró*. Estocolmo:
Liljevalchs Konsthall, 1972.

L'INTRANSIGEANT 1935
"Rue de Seine", *L'Intransigeant* ([París]),
11 julio 1935 (FPJM: H-684).

L'INTRANSIGEANT 1951
"L'âge d'or", *L'Intransigeant* ([París]),
28 marzo 1951 (FPJM: H-1513).

LL. 1927
Ll., J. "Gran teatre del Liceu: Balls russos
de Diaghilew: "Romeu i Julieta" i Zèfir i
Flora", *La Veu de Catalunya* (Barcelona),
14 mayo 1927 (FPJM: H-200).

LL. 1933
Ll., J. "Els ballets russos de Montecarlo:
"Jocs d'infants". - "La competència".",
La Veu del Vespre ([Barcelona]), 19 mayo
1933 (FPJM: H-524 b).

LLORENS I ARTIGAS 1918
Llorens i Artigas, Josep. "Les exposicions:
Les pintures d'En Joan Miró", *La Veu de
Catalunya* (Barcelona), 25 febrero 1918
(FPJM: H-5).

LOEB 1946
Loeb, Pierre. *Voyages à travers la peinture*.
París: Bordas, 1946.

L'OPINIÓ 1931
"Joan Miró a Barcelona", *L'Opinió*
([Barcelona]), 3 julio 1931 (FPJM: H-460).

LUBAR 1987
Lubar, Robert. "Miró before The Farm: A
Cultural Perspective", en Solomon R.
Guggenheim Museum, y Yale University
Press. *Joan Miró: A Retrospective*. Nueva
York: The Solomon R. Guggenheim
Museum, i Yale University Press, 1987, pp.
10-28.

LUBAR 2000
Lubar, Robert. "Mediterráneo: Los colores
de una idea", en Robert Lubar. *Los
impresionistas y los creadores de la pintura
moderna: De Chirico, Ernst, Miró, Magritte*.
Barcelona: Carroggio, 2000, pp. 129-157.

LUBAR 2002
Lubar, Robert. "El nacionalismo lingüístico
de Miró", en Galeries nationales du Grand
Palais, y Museu Picasso. *París-Barcelona:
1888-1937*. Barcelona: Réunion des
Musées Nationales, i Museu Picasso-Institut
de Cultura de Barcelona, 2002,
pp. 400-421.

LUCCHESE 1952
Lucchese, Romeo. "Juicios contradictorios
sobre Joan Miró: "Yo no hago arte
revolucionario".", *Índice* (Madrid),
15 abril 1952 (FPJM: H-1670).

M. R. A. 1981
M. R. A. "Se instalará en un ángulo del lado
del Parque del Escorxador: La escultura
de Miró medirá 22 metros", *El noticiero
universal* (Barcelona), 9 diciembre 1981
(FPJM: H-4411).

MACMILLAN 1982
Macmillan, Duncan. "Miró's Public Art",
en Barbara Rose. *Miró in America*. Houston:
The Museum of Fine Arts, 1982, pp. 101-
112.

MALDONADO 1978
Maldonado, Rafael. "Miró y su teatro:
Asistió ayer al ensayo de la obra "Mori el
Merma", cuya escenografía ha realizado",
Baleares (Palma de Mallorca),
15 febrero 1978 (FPJM: H-4200).

MALET 1983
Malet, Rosa Maria.
Joan Miró. Barcelona: Polígrafa, 1983.

MALET 1992
Malet, Rosa Maria. *Joan Miró*. Col·lecció
Pere Vergés de biografies, núm. 47.
Barcelona: Edicions 62, 1992.

MALET 1994A
Malet, Rosa Maria. "Jeux d'enfants", en Fundació Joan Miró. *Miró en escena*. Barcelona: Fundació Joan Miró, 1994, pp. 71-116.

MALET 1994B
Malet, Rosa Maria. "Romeo and Juliet en ballet", en Fundació Joan Miró. *Miró en escena*. Barcelona: Fundació Joan Miró, 1994, pp. 49-68.

MALMÖ KONSTHALL 1993
Malmö Konsthall, Bokförlaget Bra Böcker, y Wiken. *Joan Miró: Posters affischer*. [Malmö]: Mälmo Konsthall, 1993.

MARCHESSEAU 1978
Marchesseau, Daniel. "Interview de Joan Miró par Daniel Marchesseau à Saint-Paul-de-Vence le 14 d'octobre 1978", *L'Oeil* (Lausana), diciembre 1978 (FPJM: H-4285).

MARIANNE 1939
"Le courier des arts", *Marianne* ([París]), 12 abril 1939 (FPJM: H-873).

MARTÍ 1993
Martí, Teresa. "Bibliografia", en Fundació Joan Miró. *Joan Miró: 1893-1993*. Barcelona: Fundació Joan Miró, 1993.

MARTÍN 1982
Martín, Fernando. *El pabellón español en la Exposición Universal de París en 1937*. Sevilla: Publicaciones de la Universidad de Sevilla, 1982.

MARTORELL 1978
Martorell, Juan. "Los Reyes inauguraron las exposiciones de Sa Llotja y el Palau Solleric", *Última Hora* (Palma de Mallorca), 5 septiembre 1978 (FPJM: H-4252).

MARUGAME GENICHIRO-INOKUMA MUSEUM OF CONTEMPORARY ART 2002
Marugame Genichiro-Inokuma Museum of Contemporary Art, Miyazaki Prefectural Art Museum, Mitaka City Gallery of Art, y Niitsu Museum of Art. *Miró: In the Light of Mallorca*. Japón: Marugame Genichiro-Inokuma Museum of Contemporary Art, Miyazaki Prefectural Art Museum, i Mitaka City Arts Foundation, 2002.

MASSINE 1934
Massine, Léonide. *Cahiers d'art* (París), vol. 9, núms. 1-4 (1934), p. 50.

MAYOR GALLERY 1938
Mayor Gallery. *Miró: Paintings and Gouaches*. Londres: The Mayor Gallery, 1938.

McCANDLESS 1982
McCandless, Judith. "Miró Seen by his American Critics", en Barbara Rose. *Miró in America*. Houston: The Museum of Fine Arts, 1982, pp. 49-66.

MELGAR 1931
Melgar, Francisco. "Los artistas españoles en París: Juan Miró", *Ahora* (Madrid), enero 1931 (FPJM: H-428).

MELIÀ 1975
Melià, Josep. *Joan Miró: Vida i gest*. Barcelona: Dopesa, 1975.

MESSER 1987
Messer, Thomas M. "Miró's Alicia Mural at the Guggenheim", en Solomon R. Guggenheim Museum, y Yale University Press. *Joan Miró: A Retrospective*. Nueva York: The Solomon R. Guggenheim Museum, i Yale University Press, 1987, pp. 226-229.

METZGER 2001
Metzger, Rainer. "Joan Miró - Später Rebell", en Rainer Metzger. *Kunstforum international*. Ruppichteroth: Kunstforum, 2001.

MILLARD 1980
Millard, Charles W. "Miró", en Charles W. Millard. *Miró: Selected Paintings*. Washington, D.C.: Smithsonian Institution Press, i Hirshhorn Museum and Sculpture Garden, 1980, pp. 13-33.

MINGUET 2000
Minguet, Joan M. *Joan Miró. L'artista i el seu entorn cultural (1918-1983)*. Barcelona: Publicacions de l'Abadia de Montserrat, 2000.

MINISTÈRE DES AFFAIRES CULTURELLES ET DE L'ENVIRONNEMENT 1974
Ministère des affaires culturelles et de l'environnement. *Joan Miró*. París: Editions des Musées Nationaux, 1974.

MINISTERIO DE CULTURA 1987
Ministerio de Cultura, Dirección General de Bellas Artes y Archivos, y Museo Nacional Centro de Arte Reina Sofía. *Miró en las colecciones del Estado*. Madrid, 1987.

MINK 1993
Mink, Janis. *Joan Miró: 1893-1983*. Alemania: Benedikt Taschen, 1993.

MIRADOR 1933
"Els ballets russos", *Mirador* ([Barcelona]), 17 mayo 1933 (FPJM: H-519).

MIRADOR 1936
"Sobrerealisme autèntic", *Mirador* ([Barcelona]), 20 febrero 1936 (FPJM: H-707).

MIRALLES 1992
Miralles, Francesc. *Llorens Artigas: Catàleg d'obra*. Barcelona: Fundació Llorens Artigas, i Polígrafa, 1992.

MIRÓ 1945
Miró, Joan. "Jeux poétiques", *Cahiers d'art* (París), vols. 20-21 (1945-1946), pp. 269-272.

MIRÓ 1959
Miró, Joan. "Cómo hice los murales para la Unesco", *Blanco y Negro* (Madrid), núm. 2457 (6 junio 1959).

MIRÓ 1987A
Miró, Joan. "Statement", *Variétés* (Bruselas), junio 1929, en Margit Rowell. *Joan Miró: Selected Writings and Interviews*. Londres: Thames and Hudson, 1987, p. 108.

MIRÓ 1987B
Miró, Joan. "Statement", *Minotaure*, núms. 3-4 (diciembre 1933), en Margit Rowell. *Joan Miró: Selected Writings and Interviews*. Londres: Thames and Hudson, 1987, p. 122.

MIRÓ 1987C
Miró, Joan. "Je rêve d'un grand atelier", *XXe Siècle* (París), mayo 1938, en Margit Rowell. *Joan Miró: Selected Writings and Interviews*. Londres: Thames and Hudson, 1987, pp. 161-162.

MIRÓ 1987D
Miró, Joan. "Carnaval d'Arlequin", *Verve* (París), enero-marzo 1939, en Margit Rowell. *Joan Miró: Selected Writings and Interviews*. Londres: Thames and Hudson, 1987, p. 164.

MIRÓ 1987E
Miró, Joan. "Statement", *Cahiers d'art* (París), núms. 1-4 (abril-mayo 1939), en Margit Rowell. *Joan Miró: Selected Writings and Interviews*. Londres: Thames and Hudson, 1987, p. 166.

MIRÓ 1987F
Miró, Joan. "Statement", *XXe Siècle* (París), vol. 5, núm. 9 (junio 1957), en Margit Rowell. *Joan Miró: Selected Writings and Interviews*. Londres: Thames and Hudson, 1987, p. 240.

MIRÓ 1987G
Miró, Joan. "Ma dernière oeuvre est un mur", *Derrière le miroir* (París), núms. 107-109 (junio-julio 1958), en Margit Rowell. *Joan Miró: Selected Writings and Interviews*. Londres: Thames and Hudson, 1987, pp. 242-245.

MITSUKOSHI NIHOMBASI 1998
Mitsukoshi Nihombasi. *Miró: Obras de la colección de la Fundació Pilar i Joan Miró a Mallorca*. Japón, 1998.

MODERNA MUSEET SKEPPSHOLMEN 1998
Moderna Museet Skeppsholmen. *Joan Miró: Creator of new worlds*. [Estocolmo]: Moderna Museet, 1998.

MONEO 1998
Moneo, Rafael. "La estrella de Miró", en Luca Montemaggi i Carmen Rodríguez. *El último museo*. Barcelona: Ars Mediterranea, 1998, pp. 24-27.

MONÉS 1978
Monés, Pere (fot.). "Miró-Claca abrió las puertas del Liceo", *Tele-expres* (Barcelona), 8 junio 1978 (FPJM: H-4228).

MONTALAIS 1951
Montalais, J. "Le peintre Joan Miró doit son succès au nombre 13, à Hemingway et au café", *Le rouge et le noir*, 5 mayo 1951 (FPJM: H-1529).

MORAGAS 1933
Moragas, Rafael. "Vida Musical: Anoche en el Liceo, los "Bailes Rusos" manifestaron el arte de Bizet, Pruna, Miró, Auric y Derain, e impusieron saludable renovación escénica", *La Noche*, 19 mayo 1933 (FPJM: H-526).

MOULIN 1959
Moulin, Raoul-Jean. "Miró", *Les Lettres Françaises* ([París]), 19 febrero 1959 (FPJM: H-3104).

MUSÉE D'ART MERCIAN KARUIZAWA 1995
Musée d'art Mercian Karuizawa. *Miró, le Labyrinthe des Rêves: L'époque féconde de Majorque*. Tokio: Musée d'art Mercian Karuizawa, 1995.

MUSÉE D'ART MODERNE DE LA VILLE DE PARIS 1978
Musée d'Art Moderne de la Ville de Paris, y Fondation Maeght. *Miró: Cent sculptures, 1962-1978*. París: Musée d'Art Moderne de la Ville de Paris, 1978.

MUSÉE D'ART MODERNE VILLENEUVE D'ASCQ 1986
Musée d'Art Moderne Villeneuve d'Ascq, y Communaute Urbaine de Lille. *Joan Miró*. Villeneuve d'Ascq: Musée d'Art Moderne Villeneuve d'Ascq, 1986.

MUSÉE DE L'ATHÉNÉE 1961
Musée de l'Athénée. *Joan Miró: Œuvre graphique original, céramiques*. Ginebra: Galerie d'Art Edwin Engelberts, 1961.

MUSÉE DES BEAUX-ARTS 1932
Musée des Beaux-Arts. *Exposition de la confédération des artistes d'avant-garde Paris-Tokio*. Tokio: Musée des Beaux-Arts, 1932.

MUSÉE DES BEAUX-ARTS DE MONTRÉAL 1986
Musée des Beaux-Arts de Montréal. *Miró à Montréal*. Montréal: Musée des Beaux-Arts de Montréal, 1986.

MUSÉE DES ECOLES ETRANGÈRES CONTEMPORAINES 1936
Musée des Ecoles Etrangères Contemporaines. *L'Art espagnol contemporain (peinture et sculpture)*. París: Musée des Ecoles Etrangères Contemporaines, 1936.

MUSÉE MANDET - RIOM 1990
Musée Mandet - Riom. *Miró: Oeuvre gravé*. París: Maeght, 1990.

MUSÉE NATIONAL D'ART MODERNE PARIS 1962
Musée National d'Art Moderne Paris, y Ministère d'Etat Affaires Culturelles. *Joan Miró*. París: Ministère d'Etat Affaires Culturelles, 1962.

MUSÉE OLYMPIQUE LAUSANNE 1994
Musée Olympique Lausanne. *Miró: Matière et couleur*. España: Comité International Olympic, 1994.

MUSÉE TOULOUSE LAUTREC ALBI 1981
Musée Toulouse Lautrec Albi. *Miró*. Albí: Société des amis du Musée d'Albi, 1981.

MUSEO D'ARTE PROVINCIA DI NUORO 2001
Museo d'Arte provincia di Nuoro. *Miró: Orizzonte lirico. Pittura, scultura e disegni*. Milán: Skira, 2001.

MUSEO DEL GRABADO ESPAÑOL CONTEMPORÁNEO 1993
Museo del Grabado Español Contemporáneo. *Joan Miró: Obra gráfica*. Marbella: Museo del Grabado Español Contemporáneo, 1993.

MUSEO NACIONAL CENTRO DE ARTE REINA SOFÍA 1986
Museo Nacional Centro de Arte Reina Sofía, Fundació Joan Miró, y Museum Ludwig. *Miró escultor*. Madrid: Ediciones El Viso, 1986.

MUSEO NACIONAL CENTRO DE ARTE REINA SOFÍA 1990
Museo Nacional Centro de Arte Reina Sofía, Dirección General de Bellas Artes, Archivos y Bibliotecas, Ministerio de Cultura, y Govern Balear. *Esculturas de Miró*. Palma de Mallorca: Gràfiques García, 1990.

MUSEO NACIONAL CENTRO DE ARTE REINA SOFÍA 1993
Museo Nacional Centro de Arte Reina Sofía. *Joan Miró: Campo de estrellas*. Madrid: Museo Nacional Centro de Arte Reina Sofía, 1993.

MUSEO NACIONAL CENTRO DE ARTE REINA SOFÍA 1995
Museo Nacional Centro de Arte Reina Sofía. *Miró Grabador: En los fondos del Museo Nacional Centro de Arte Reina Sofía.* Madrid: T.F. Editores, 1995.

MUSEO PABLO SERRANO 2001
Museo Pablo Serrano, Fundació Joan Miró, y Gobierno de Aragón. *Universo Miró.* Zaragoza: Gobierno de Aragón, 2001.

MUSEO THYSSEN-BORNEMISZA 1996
Museo Thyssen-Bornemisza. *Juegos Surrealistas: 100 Cadáveres Exquisitos.* Madrid: Fundación Colección Thyssen-Bornemisza, 1996.

MUSEO THYSSEN-BORNEMISZA 1997
Museo Thyssen-Bornemisza. *Joan Miró: Campesino catalán con guitarra, 1924.* Madrid: Lunwerg, 1997.

MUSEU D'ART CONTEMPORANI DE BARCELONA 1997
Museu d'Art Contemporani de Barcelona. "Joan Miró", en Museu d'Art Contemporani de Barcelona. *Pintura dels setanta a Barcelona: Superfície i color.* Barcelona: Museu d'Art Contemporani de Barcelona, 1997, pp. 118-123.

MUSEU DE CERÀMICA 1993
Museu de Ceràmica, y Ajuntament de Barcelona. *Miró ceramista.* Barcelona: Electa, 1993.

MUSEUM KUNST PALAST 2002
Museum Kunst Palast. *Joan Miró: Schnecke Frau Blume Stern.* Düsseldorf: Prestel Verlag, 2002.

MUSEUM LUDWIG 1987
Museum Ludwig. *Miró: Der Bildhauer.* Colonia: Ediciones El Viso, 1987.

MUSEUM OF FINE ARTS 1982
Museum of Fine Arts. *Miró in America.* Houston: The Museum of Fine Arts, 1982.

MUSEUM OF MODERN ART 1930
Museum of Modern Art. *Summer Exhibition.* Nueva York: The Museum of Modern Art, 1930.

MUSEUM OF MODERN ART 1936
Museum of Modern Art. *Fantastic Art, Dada, Surrealism.* Nueva York: The Museum of Modern Art, 1936.

MUSEUM OF MODERN ART 1998
Museum of Modern Art. *Joan Miró: Black and Red Series. A New Acquisition in Context.* Nueva York: [The Museum of Modern Art], 1998.

NADEAU 1964
Nadeau, Maurice. *Histoire du surréalisme.* París: Seuil, 1964.

NATION BELGE 1951
"L'art expérimental. La deuxième exposition se tient à Liège", *Nation Belge* (Bruselas), 6 octubre 1951 (FPJM: H-1592).

NATIONAL ARTS CLUB 1993
National Arts Club, Consell Insular de Mallorca, y Dowling College. *Miró: Mallorca. Gravats i Litografies.* Mallorca: Ingrama, 1993.

NATIONAL GALLERY OF ART WASHINGTON 2004
National Gallery of Art Washington. "The Collection", en National Gallery of Art Washington. *National Gallery of Art Washington Website.* National Gallery of Art Washington, 2004. <http://www.nga.gov/cgi-bin/psearch>.

NEUES MUSEUM WESERBURG BREMEN 1997
Neues Museum Weserburg Bremen. *Picasso, Guston, Miró, de Kooning: In vollkommener Freiheit... Painting for themselves: Late Works.* Bremen: Neues Museum Weserburg Bremen, 1997.

NEW BURLINGTON GALLERIES 1936
New Burlington Galleries. *The International Surrealist Exhibition.* Londres: New Burlington Galleries, 1936.

NEW YORK HERALD 1926
"Young Artists' Row Halts Stage Number", *New York Herald* ([Nueva York]), 19 mayo 1926 (FPJM: H-82).

NEW YORK HERALD TRIBUNE 1952
"Miró Fantasies", *New York Herald Tribune* (Nueva York), 20 abril 1952 (FPJM: H-1666).

NEW YORK HERALD TRIBUNE 1958
"More by Miro", *New York Herald Tribune* (Nueva York), 9 noviembre 1958 (FPJM: H-3033).

NEW YORK HERALD TRIBUNE 1959
"President Gives Guggenheim Art Award to Miro", *New York Herald Tribune* (Nueva York), 19 mayo 1959 (FPJM: H-3137).

NEW YORK TIMES 1933
"Ballet Russe offers new Composition: Massine's "Jeux d'Enfants" Is Merry Fable of Toys Briefly Endowed With Life", *New York Times* ([Nueva York]), 27 diciembre 1933 (FPJM: H-572).

NEW-YORK HERALD TRIBUNE 1958
New-York Herald Tribune (Nueva York), 30 abril 1958 (FPJM: H-2896).

NIPPON SALON 1937
Nippon Salon. *Album surréaliste.* Tokio: Nippon Salon, 1937.

O SECULO 1947
"Joan Miró: Um dos "seis" grandes pintores da escola sobre-realista, camarada de Picasso e de Matisse, atravessa Lisboa a caminho da America", *O Seculo* (Lisboa), 9 febrero 1947 (FPJM: H-1053).

OBERON 1933
Oberon. "Els ballets russos al Liceu: Carnet musical", *El Matí* ([Barcelona]), mayo 1933 (FPJM: H-518).

OMER 1930
Omer, Georges. "Un "potlach" au Musée du Trocadéro: Pour la réception du premier mât totémique arrivé en France", *Paris Midi* (París), 15 marzo 1930 (FPJM: H-391).

ONZO 2002
Onzo, Noboru. "About Shuzo Takiguchi", en TAMA Art University. *Shuzo Takiguchi Archives' Website.* TAMA Art University, 2002. <http://archive.tamabi.ac.jp/bunko/takiguchi/t-st(E).htm>.

ORTÍN 1998
Ortín, Marcel. "Epistolari entre Josep Carner i Joan Miró", en Albert Manent, y Jaume Medina. *Epistolari de Josep Carner.* Barcelona: Curial Edicions Catalanes, 1998, pp. 177-184.

PADILLA 1970
Padilla, Javier M. de. "Osaka: La Expo 70 casi a punto", *La Vanguardia Española* (Barcelona), 8 enero 1970 (FPJM: H-3819).

PALAU SOLLERIC 1987
Palau Solleric. *Joan Miró: Jardiner d'estrelles, caçador de somnis.* Palma de Mallorca: [Ajuntament de Palma], 1987.

PALAZZI SCALIGERI 1989
Palazzi Scaligeri. *I Miró di Miró.* Roma: Newton Compton editori / Cidac / Mostra, 1989.

PALAZZO VITELLI S. EGIDIO 1987
Palazzo Vitelli S. Egidio. *Pablo Picasso - Joan Miró.* Città di Castello: Comune di Città di Castello, 1987.

PALERMO 2002
Palermo, Charles. "Translucidez táctil: Miró, Leiris, Einstein", *Apuntes de Estética ARTIUM* (Álava), núm. 2 (2002), pp. 73-99.

PARCERISAS 1995
Parcerisas, Pilar. "L'Avantguarda i el Romànic al segle XX", en Museu Nacional d'Art de Catalunya. *Agnus Dei: L'art romànic i els artistes del segle XX.* Barcelona: Museu Nacional d'Art de Cataluntya, 1995, pp. 8-37.

PARIS MATCH 1974
"Une fantastique palette de peintres et sculpteurs chez Maeght", *Paris Match* (París), 17 agosto 1974 (FPJM: H-4089).

PARIS MIDI 1926
"La bagarre aux Ballets russes: M. André Breton nous expose le point de vue des surréalistes", *Paris Midi* (París), 19 mayo 1926 (FPJM: H-75).

PARIS MIDI 1930
"Pour célébrer la mémoire de Serge de Diaghilew des fidèles exposent les maquettes des ballets russes", *Paris Midi* ([París]), 14 octubre 1930 (FPJM: H-415).

PARIS TIMES 1926
"In Paris and the Provinces; Scenery Adds Battle to Ballet: Sur-réalistes Prove Virility by Rioting in Paris Theatre and Fighting Police", *Paris Times* (París), 19 mayo 1926 (FPJM: H-81).

PARROT 1945
Parrot, Louis. "Joan Miro", en Galerie Vendôme. *Joan Miro.* París: Galerie Vendôme, 1945.

PELAIRES CENTRE CULTURAL CONTEMPORANI 1990
Pelaires Centre Cultural Contemporani. *Miró i Pelaires: Vint anys després.* Palma de Mallorca: Pelaires, 1990.

PELAIRES CENTRE CULTURAL CONTEMPORANI 1993
Pelaires Centre Cultural Contemporani. *Lluna Miró: Un segle.* Palma de Mallorca: Pelaires, 1993.

PENROSE 1970
Penrose, Roland. *Miró.* Londres: Thames and Hudson, 1970.

PENROSE 1972
Penrose, Roland. *Creación en el espacio de Joan Miró.* Barcelona: Polígrafa, 1972.

PENROSE 1975
Penrose, Roland. "Joan Miró", *The Times* (Londres), 1975.

PENROSE 1991
Penrose, Roland. *Miró.* Barcelona: Ediciones Destino, 1991.

PENROSE 2001
Penrose, Antony. *Roland Penrose: The Friendly Surrealist.* Londres: Prestel, 2001.

PEÑUELA 2002
Peñuela, Eduardo. "Naturalezas muertas e interiores holandeses: La (in)discreta presencia de la metáfora", *Matèria: Revista d'ART* (Barcelona), núm. 2 (2002), pp. 99-130.

PÉRET 1925
Péret, Benjamin. "Joan Miro", en Galerie Pierre. *Joan Miro.* París: Galerie Pierre, 1925.

PÉREZ-JORBA 1922
Pérez-Jorba, J. "Des de París: Els artistes catalans en el Saló de Tardor", *La Publicidad* (Barcelona), 9 noviembre 1922 (FPJM: H-38).

PERMANYER 1971
Permanyer, Luís. "Cuatro importantes donaciones de Joan Miró a Barcelona", *La Vanguardia Española* (Barcelona), 21 marzo 1971 (FPJM: H-3910).

PERMANYER 1977
Permanyer, Lluís. "Pinta los títeres de una parodia de la dictadura: Experiencia insólita de Joan Miró", *Gaceta ilustrada* (Barcelona), 3 julio 1977 (FPJM: H-4170).

PERMANYER 1978
Permanyer, Lluís. "Revelaciones de Joan Miró sobre su obra", *Gaceta Ilustrada* (Barcelona), 23 abril 1978 (FPJM: H-4223).

PERUCHO 1970
Perucho, Joan. *Joan Miró i Catalunya.* Barcelona: Polígrafa, 1970.

PESQUERO RAMÓN 1995
Pesquero Ramón, Sadurní. *El Mediterráneo y Joan Miró.* Mallorca: Editorial Cap Farrutx, 1995.

PHILADELPHIA MUSEUM OF ART 1987
Philadelphia Museum of Art, Fort Worth Art Museum, y San Francisco Museum of Modern Art. *The Captured Imagination: Drawings by Joan Miró from the Fundació Joan Miró, Barcelona.* Nueva York: The American Federation of Arts, 1987.

PICON 1980
Picon, Gaëtan. *Joan Miró: Carnets catalans.* Barcelona: Polígrafa, 1980.

PICON 1995
Picon, Gaëtan. *Surrealists and Surrealism: 1919-1939.* Ginebra: Skira, 1995.

PIERRE 1974
Pierre, José, y José Corredor-Matheos. *Céramiques de Miró et Artigas.* París: Maeght, 1974.

PIERRE MATISSE 1959
Pierre Matisse. *Joan Miró: Constellations. Introduction et vingt-deux proses parallèles par André Breton.* Nueva York: Pierre Matisse, 1959.

PIERRE MATISSE GALLERY 1935
Pierre Matisse Gallery. *Joan Miró, 1933-1934.* Nueva York: Pierre Matisse Gallery, 1935.

PIERRE MATISSE GALLERY 1936
Pierre Matisse Gallery. *Joan Miró.* Nueva York: Pierre Matisse Gallery, 1936.

PIERRE MATISSE GALLERY 1939
Pierre Matisse Gallery. *Joan Miró: Paintings, Gouaches*. Nueva York: Pierre Matisse Gallery, 1939.

PIERRE MATISSE GALLERY 1940
Pierre Matisse Gallery. *Joan Miró: Early Paintings, 1918-1925*. Nueva York: Pierre Matisse Gallery, 1940.

PIERRE MATISSE GALLERY 1942
Pierre Matisse Gallery. *Miró*. Nueva York: Pierre Matisse Gallery, 1942.

PIERRE MATISSE GALLERY 1944
Pierre Matisse Gallery. *Joan Miró: Paintings and Gouaches*. Nueva York: Pierre Matisse Gallery, 1944.

PIERRE MATISSE GALLERY 1945
Pierre Matisse Gallery. *Joan Miró: Ceramics 1944, Tempera Paintings 1940 to 1941, Lithographs 1944*. Nueva York, 1945.

PIERRE MATISSE GALLERY 1947
Pierre Matisse Gallery. *Joan Miró*. Nueva York: Pierre Matisse Gallery, 1947.

PIERRE MATISSE GALLERY 1948
Pierre Matisse Gallery. *Joan Miró*. Nueva York: Pierre Matisse Gallery, 1948.

PIERRE MATISSE GALLERY 1949A
Pierre Matisse Gallery. *Joan Miró, 1923-1927*. Nueva York: Pierre Matisse Gallery, 1949.

PIERRE MATISSE GALLERY 1949B
Pierre Matisse Gallery. *Miró: Pastels, Gouaches, Drawings, Sculptures. 1933-1943*. Nueva York: Pierre Matisse Gallery, 1949.

PIERRE MATISSE GALLERY 1951
Pierre Matisse Gallery. *The Early Paintings of Joan Miró*. Nueva York: Pierre Matisse Gallery, 1951.

PIERRE MATISSE GALLERY 1953
Pierre Matisse Gallery. *Miró: Recent paintings*. Nueva York: Pierre Matisse Gallery, 1953.

PIERRE MATISSE GALLERY 1958
Pierre Matisse Gallery. *Miró: Peintures sauvages, 1934 to 1953*. Nueva York: Pierre Matisse Gallery, 1958.

PIERRE MATISSE GALLERY 1961
Pierre Matisse Gallery. *Miró: 1959 - 1960*. Nueva York: Pierre Matisse Gallery, 1961.

PIERRE MATISSE GALLERY 1963
Pierre Matisse Gallery. *Miró Artigas: Ceramics*. Nueva York: Pierre Matisse Gallery, 1963.

PIERRE MATISSE GALLERY 1965
Pierre Matisse Gallery. *Miró: Cartones*. Nueva York: Pierre Matisse Gallery, 1965.

PIERRE MATISSE GALLERY 1972
Pierre Matisse Gallery. *Miró sobre papel: Oils, Mixed Media, Collages, Gouaches, Watercolors, Drawings, 1964-1971*. Nueva York: Pierre Matisse Gallery, 1972.

PIERRE MATISSE GALLERY 1973A
Pierre Matisse Gallery. *Miró: Paintings, Gouaches, Sobreteixims, Sculpture, Etchings*. Nueva York: Pierre Matisse Gallery, 1973.

PIERRE MATISSE GALLERY 1973B
Pierre Matisse Gallery. *Miró: Sobreteixims*. Nueva York: Pierre Matisse Gallery, 1973.

PIERRE MATISSE GALLERY 1975
Pierre Matisse Gallery. *Miró: Paintings and Sculpture, 1969-1974*. Nueva York: Pierre Matisse Gallery, 1975.

PIERRE MATISSE GALLERY 1976
Pierre Matisse Gallery. *Miró: Sculpture*. Nueva York: Pierre Matisse Gallery, 1976.

PIERRE MATISSE GALLERY 1980
Pierre Matisse Gallery. *Miró: Painted Sculpture and Ceramics*. Nueva York: Pierre Matisse Gallery, 1980.

PIERRE MATISSE GALLERY 1981
Pierre Matisse Gallery. *Miró: Early Drawings / Collages, 1919-1949*. Pierre Matisse Gallery, 1981.

PIERRE MATISSE GALLERY 1985
Pierre Matisse Gallery. *Miró-Artigas: Terres de Grand Feu*. Nueva York: Pierre Matisse Gallery, 1985.

PIERRE MATISSE GALLERY 1987
Pierre Matisse Gallery. *Miró: The Last Bronze Sculptures 1981-1983*. Nueva York: Pierre Matisse Gallery, 1987.

PIZÁ 1973
Pizá, Antonio. "Joan Miró cumple hoy 80 años: Los ochenta años de Joan Miró: "Estoy mejor que nunca, en plena forma física y creadora", *Baleares* (Palma de Mallorca), 20 abril 1973 (FPJM: H-4022a).

PIZÀ 1976
Pizà, Antonio. "Pretendo lanzar un ¡Despierta Mallorca! para que la isla reencuentre su personalidad y su empuje", *Baleares* (Palma de Mallorca), 15 junio 1976 (FPJM: H-4146).

PLANAS SANMARTÍ 1973
Planas Sanmartí, Jacint. "Los ochenta años de Joan Miró", *Diario de Mallorca* (Palma de Mallorca), 20 abril 1973 (FPJM: H-4018).

PRAT 1979
Prat, Consuelo. "Declaraciones de Joan Miró con motivo del 86 aniversario: "Siento la misma ilusión creadora de toda la vida", *Última Hora* (Palma de Mallorca), 26 abril 1979 (FPJM: H-4314).

PRAT 1990
Prat, Jean-Louis. *Joan Miró: Rétrospective de l'œuvre peint*. París: Fondation Maeght, 1990.

PRAT 1997
Prat, Jean-Louis. *Miró*. Suiza: Fondation Pierre Giannada, 1997.

PRESTON 1951
Preston, Stuart. "Fantasy to Realism", *The New York Times* (Nueva York), 11 marzo 1951 (FPJM: H-1533).

PRÉVERT 1954
Prévert, Jacques. "Romancero Miró", *Les Lettres Nouvelles*, septiembre 1954 (FPJM: H-2234).

PRÉVERT 1956
Prévert, Jacques, y G. Ribemont-Dessaignes. *Joan Miró*. París: Maeght, 1956.

PRÉVOST 2004
Prévost, Clovis, Carlos Santos i Pere Portabella. *Joan Miró: Miró parle*. París: Maeght Éditeur, 2004.

PRIETO 1983
Prieto, Pedro. "Miró, enterrado frente a Mallorca: El vicepresidente del Gobierno y tres ministros entre los numerosos asistentes", *Última Hora* (Palma de Mallorca), 30 diciembre 1983 (FPJM: H-4599).

PROVINCIA DI REGGIO EMILIA - ASSESSORATO ALLA CULTURA 1993
Provincia di Reggio Emilia - Assessorato alla Cultura, Regione Emilia Romagna - Instituto per i Beni Culturali, y Fundació Joan Miró. *1893-1993. Joan Miró: Dalla figurazione al gesto. Opera grafica*. Milán: Charta, 1993.

PUNYET MIRÓ 1993
Punyet Miró, Joan, y Gloria Lolivier-Rahola. *Joan Miró: Le Peintre aux étoiles*. París: Gallimard, 1993.

PUNYET MIRÓ 1996
Punyet Miró, Joan. *Miró: L'atelier*. París: Éditions Assouline, 1996.

PUNYET MIRÓ 1997
Punyet Miró, Joan. "Alexander Calder i Joan Miró: Una amistat, una complicitat", en Fundació Joan Miró. *Calder*. Barcelona: Fundació Joan Miró, 1997.

QUENEAU 1949
Queneau, Raymond. *Joan Miró ou le poète préhistorique*. París: Skira, 1949.

QUENEAU 1975
Queneau, Raymond. *Joan Miró litógrafo: 1953-1963*, vol. II. Barcelona: Polígrafa, 1975.

R. 1933
R., N. "Les ballets russes de Monte-Carlo", *Semaine à Pàris* ([París]), 2 junio 1933 (FPJM: H-533).

RÀFOLS 1931
Ràfols, [Josep Francesc]. "Carnet d'art: Les recents creacions de Miró", *El Matí* ([Barcelona], 2 diciembre 1931 (FPJM: H-482).

RAILLARD 1977
Raillard, Georges. *Ceci est la couleur des mes rêves*. París: Seuil, 1977.

RAILLARD 1989
Raillard, Georges. *Miró*. París: Hazan, 1989.

RAILLARD 1993
Raillard, Georges. *Conversaciones con Miró*. Barcelona: Gedisa, 1993.

RAYNAL 1922
Raynal, M. *L'Intransigeant* ([París]), 1 noviembre 1922 (FPJM: H-39).

RAYNAL 1934
Raynal, Maurice. *Cahiers d'art* (París), vol. 9, núms. 1-4 (1934), pp. 22-24.

READ 1934
Read, Herbert. *Cahiers d'art* (París), vol. 9, núms. 1-4 (1934), p. 52.

RENÉ-JEAN 1921
René-Jean. "Les Petites Expositions", *Comoedia* (París), 7 mayo 1921 (FPJM: H-35).

RIBADEAU DUMAS 1933
Ribadeau Dumas, François. "Saison russe à Paris", *Semaine à Paris* ([París]), 16 junio 1933 (FPJM: H-539).

RIBOT MARTÍN 2000
Ribot Martín, Domènec. *Miró*. [Madrid]: Susaeta, 2000.

RICO 1951
Rico, Francis. "Le Festival du Cinéma de Cannes se courra sur 200 km... de films", *Journal du Dimanche*, 1 abril 1951 (FPJM: H-1512).

RIUTORD 1979
Riutord, Francisco. "Fernando Gamboa, director del Museo de Arte Moderno de Méjico en Palma: "El próximo año vamos a presentar una exposición antológica de Miró", *Diario de Mallorca* (Palma de Mallorca), 16 junio 1979 (FPJM: H-4330).

ROBERT (FOT.) 1979
Robert (fot.). "Universitat de Barcelona: Miró, Mompou i Vilar, nous doctors honoris causa", *Avui* (Barcelona), 3 octubre 1979 (FPJM: H-4350).

RODITI 1958
Roditi, Edouard. "Miró Interview", *Arts* (Nueva York), vol. 33, núm. 1 (1958), p. 48.

ROMEA 1927
Romea, Alfredo. "Gran teatro del Liceo: Los bailes rusos", *Las Noticias*, junio 1927 (FPJM: H-203).

ROSE 1982
Barbara, Rose. "Miró in America", en Museum of Fine Arts. *Miró in America*. Houston: The Museum of Fine Arts, 1982.

ROUX 1979
Roux, Tristan. "Les expositions sur la Cote d'Azur: Joan Miro à la fondation Maeght: "L'inspiration? Maix ça tombe du ciel!", *Nice-Matin* (Niza), 8 julio 1979 (FPJM: H-4332).

ROWELL 1976
Rowell, Margit. *Joan Miró: Peinture = Poésie*. París: Éditions de la Différence, 1976.

ROWELL 1987A
Rowell, Margit, ed. *Joan Miró: Selected Writings and Interviews*. Londres: Thames and Hudson, 1987.

ROWELL 1987B
Rowell, Margit. "Joan Miró: 1893-1983", en Musée National d'Art Moderne. *La Collection du Musée National d'Art Moderne, Centre Georges Pompidou*. París: Centre Georges Pompidou, 1987, pp. 430-435.

ROWELL 1987C
Rowell, Margit. "Interview with Margit Rowell", en Margit Rowell. *Joan Miró: Selected Writings and Interviews*. Londres: Thames and Hudson, 1987, pp. 279-280.

ROWELL 1993
Rowell, Margit. "Joan Miró: Lettres à Léonce Rosenberg, Pierre Loeb, Christian Zervos, Marie Cuttoli, Rebeyrol, Vassily et Nina Kandinsky", *Les Cahiers du Musée National d'Art Moderne* (París), núm. 43 (1993), pp. 72-101.

ROWELL 1995
Rowell, Margit, ed. *Écrits et entretiens*. París: Daniel Lélong, 1995.

RUBIN 1979
Rubin, William. *Miró in the Collection of The Museum of Modern Art*. Nueva York: The Museum of Modern Art, 1979.

RUSSELL 1999
Russell, John. *Matisse: Father & Son*. Nueva York: Harry N. Abrams, Inc., 1999.

SA NOSTRA - CAIXA DE BALEARS 1990
Sa Nostra - Caixa de Balears. *Joan Miró, i el seu món*. Palma de Mallorca: Sa Nostra, 1990.

SA NOSTRA - CAIXA DE BALEARS 1993
Sa Nostra - Caixa de Balears. *Joan Miró*.
Palma de Mallorca: Sa Nostra, 1993.

SABATER 1978
Sabater, Gaspar. *Joan Miró y Mallorca*.
Palma de Mallorca: Ediciones Cort, 1978.

SACS 1918
Sacs, Joan. "Exposición Juan Miró
en las Galerías Dalmau", *La Publicidad*
(Barcelona), 24 febrero 1918 (FPJM: H-4).

SACS 1919
Sacs, J. "Agua en descomposición; Retrato
de una nación", *La Publicidad* (Barcelona),
15 junio 1919 (FPJM: H-16).

SAINT-CYR 1930
Saint-Cyr, Charles de. "Une très belle
exposition: Afrique et Océanie",
Semaine à Paris ([París]),
14 marzo 1930 (FPJM: H-389).

SALA GASPAR 1973
Sala Gaspar. *Joan Miró: Serie Grabados
originales, Barcelona 1972-73*.
Barcelona: Sala Gaspar, 1973.

SALA GASPAR 1975
Sala Gaspar. *Joan Miró: Cinc gravats
perquè acompanyin cinc poemes de
Salvador Espriu*. Barcelona: Sala Gaspar,
1975.

SALA PELAIRES (PALMA) 1970
Sala Pelaires (Palma). "[Invitació exposició
Joan Miró a la Sala Pelaires]", *Invitació
inauguració* (Palma de Mallorca),
6 octubre 1970 (FPJM: H-3849).

SALA TÁNDEM 1993
Sala Tándem. *Miró publicitario*.
Barcelona: Sala Tándem, 1993.

SALAS DE EXPOSICIONES DE LA
BIBLIOTECA NACIONAL 1977
Salas de Exposiciones de la Biblioteca
Nacional. *De Bonnard a Miró: (Homenaje a
Tériade)*. Madrid: Ministerio de Educación y
Ciencia - Patronato Nacional de Museos,
1977.

SAN FRANCISCO MUSEUM OF ART
1948
San Francisco Museum of Art. *Picasso,
Gris, Miró: The Spanish Masters of
Twentieth-Century Art*. San Francisco:
San Francisco Museum of Art, 1948.

SANTOS TORROELLA 1951
Santos Torroella, Rafael. "Miró aconseja a
nuestros pintores jóvenes: Huir de lo fácil
y conservar el sentido racial español",
Correo Literario (Madrid),
15 marzo 1951 (FPJM: H-1500).

SANTOS TORROELLA 1993
Santos Torroella, Rafael. "Unas cartas de
Miró a Dalmau", *Kalías* (Valencia), vol. 5,
núm. 9 (1993), pp. 64-77.

SANTOS TORROELLA 1994
Santos Torroella, Rafael. *35 años de Joan
Miró*. Barcelona: Parsifal Ediciones, 1994.

SANTOS TORROELLA 1995
Santos Torroella, Rafael. "Miró i les seves
arrels", en Museu Nacional d'Art de
Catalunya. *Agnus Dei: L'art romànic
i els artistes del segle XX*. Barcelona:
Museu Nacional d'Art de Catalunya, 1995,
pp. 58-61.

SCHEIDEGGER 1993
Scheidegger, Ernst. *Huellas de un
encuentro: Joan Miró a Catalunya*.
París: Maeght, 1993.

SCHIFF 1952
Schiff, Gert. "Miró: Ich bin nie Abstrakt:
Gespräch mit dem spanischen Maler
Joan Miró", *Die Welt*, diciembre 1952
(FPJM: H-1849).

SCHILDKRAUT 1996
Schildkraut, Joseph J., y Aurora Otero.
*Depression and the Spiritual in Modern Art:
Homage to Miró*. Inglaterra: John Wiley
& Sons, 1996.

SCHIRN KUNSTHALLE FRANKFURT
1988
Schirn Kunsthalle Frankfurt, y Hirmer Verlag
München. *Miró: Gemälde, Plastiken,
Zeichnungen und Graphik. Werke aus den
Kunstsammlungen des spanischen Staates*.
Frankfurt: Schirn Kunsthalle Frankfurt,
i Hirmer Verlag München, 1988.

SCHMALENBACH 1987
Schmalenbach, Werner. "Drawings of the
Late Years", en Solomon R. Guggenheim
Museum, y Yale University Press. *Joan
Miró: A Retrospective*. Nueva York:
The Solomon R. Guggenheim Museum,
i Yale University Press, 1987, pp. 46-53.

SCHNEIDER 1959
Schneider, Pierre. "Miró", *Horizon*,
marzo 1959 (FPJM: H-3249).

SCHNEIDER 1974
Schneider, Pierre. "París rinde homenaje a
un español: Habla Joan Miró", *Gaceta
Ilustrada* (Barcelona), 16 junio 1974
(FPJM: H-4085).

SEIBU MUSEUM OF ART 1979
Seibu Museum of Art. *Miró Sculptures*.
Japón: The Seibu Museum of Art, 1979.

SERGE 1935
Serge. "7 Minotaure: Nature nocturne",
Comoedia ([París]), 21 julio 1935
(FPJM: H-691).

SERRA 1979
Serra, Miguel. "Ayer, en Montroig:
Homenaje a Joan Miró: La plaza del
generalísimo se llama ahora "Joan Miró",
Última Hora (Palma de Mallorca),
30 abril 1979 (FPJM: H-4317).

SERRA 1984
Serra, Pere. *Miró i Mallorca*.
Barcelona: Polígrafa, 1984.

SERRANO 1976
Serrano, María Dolores. "Infatigable Miró:
Regala 5.000 dibujos a su Fundación",
La Gaceta Ilustrada (Barcelona),
4 julio 1976 (FPJM: H-4150).

SIMS REED GALLERY [2001]
Sims Reed Gallery. *Miró: Lithographs
and Etchings 1933-1977*. Londres:
Sims Reed Gallery London, [2001]

SOBERANAS 1993
Soberanas, Amadeu, y Francesc Fontbona.
*Joan Miró: Cartes a J.F. Ràfols
(1917 / 1958)*. Barcelona: Editorial
Mediterrània, 1993.

SOBY 1959
Soby, James Thrall. *Joan Miró*. Nueva York:
The Museum of Modern Art, 1959.

SOCIÉTÉ L'ART VIVANT 1931
Société l'Art Vivant, y Société Auxiliaire des
Expositions du Palais des Beaux-Arts. *L'Art
vivant en Europe*. Bruselas: Société l'Art
Vivant, i Société Auxiliaire des Expositions
du Palais des Beaux-Arts, 1931.

SOIR-EXPRESS 1958
"Le nouveau siège de l'U.N.E.S.C.O. a été
inauguré par M. Coty", *Soir-Express*
(Saint-Étienne), 4 noviembre 1958
(FPJM: H-3027).

SOLOMON R. GUGGENHEIM MUSEUM
1987
Solomon R. Guggenheim Museum,
y Yale University Press. *Joan Miró: A
Retrospective*. Nueva York: Solomon R.
Guggenheim Museum, i Yale University
Press, 1987.

SOSSET 1956
Sosset, L.-L. "Joan Miró: Du 7 janvier au
5 février, une rétrospective retrace
l'ensemble de sa carrière depuis 1915: Joan
Miró et la critique", *Les Beaux-Arts*
(Bruselas),
6 enero 1956 (FPJM: H-2452).

SPRENGEL MUSEUM HANNOVER 1996
Sprengel Museum Hannover. *Joan Miró:
Druckgraphik aus dem Besitz des Sprengel
Museum Hannover*. Hanover: Sprengel
Museum, 1996.

SVENSK-FRANSKA KONSTGALLERIERT
1972
Svensk-Franska Konstgalleriert. *Joan Miró:
Homenatge a Joan Prats*. Estocolmo:
Svensk-Franska Konstgalleriert, 1972.

SWEENEY 1934
Sweeney, James Johnson. *Cahiers d'art*
(París), vol. 9, núms. 1-4 (1934), pp. 46-49.

SWEENEY 1959
Sweeney, James Johnson. *The Miro
Atmosphere*. Nueva York: George
Wittenborn, 1959.

SWEENEY 1970
Sweeney, James Johnson. *Joan Miró*.
Barcelona: Polígrafa, 1970.

SWEENEY 1987
Sweeney, James Johnson. "Joan Miró:
Comment and Interview", *Partisan Review*
(Nueva York), núm. 2 (febrero 1948), en
Margit Rowell. *Joan Miró: Selected
Writings and Interviews*. Londres: Thames
and Hudson, 1987, pp. 207-211.

TAILLANDIER 1959
Taillandier, Yvon. "Miró: Je travaille comme
un jardinier...", *XXe siècle* (París),
16 febrero 1959 (FPJM: H-3097).

TAILLANDIER 1987
Taillandier, Yvon. "Miró: Now I Work on
The Floor", *XXe Siècle* (París), núm. 43
(1974), en Margit Rowell. *Joan Miró:
Selected Writings and Interviews*. Londres:
Thames and Hudson, 1987, pp. 282-286.

TAKIGUCHI 1940
Takiguchi, Shuzo. *Miró*.
Tokio: Atelier, 1940.

TAPIÉ 1970
Tapié, Michel. *Miró*.
Milán: Fratelli Fabbri Editori, 1970.

TATE LIVERPOOL 2004
Tate Liverpool. *A Secret History of Clay:
from Gauguin to Gormley*.
Liverpool: Tate Publishing, 2004

TAYLOR 1933
Taylor, Berta Fanning. "Sur-Independent
Show Opens at Pte. de Versailles",
New York Herald Tribune ([Nueva York]),
28 octubre 1933 (FPJM: H-553).

TEIXIDOR 1978
Teixidor, Joan.
Joan Miró litógrafo: 1964-1969, vol. III.
Barcelona: Polígrafa, 1978.

TELE-EXPRES 1978
"Miró-Claca abrió las puertas del Liceo",
Tele-expres (Barcelona), 8 junio 1978
(FPJM: H-4228).

TEL-AVIV MUSEUM 1973
Tel-Aviv Museum. *Miró: His Graphic Work*.
Tel Aviv: The Tel-Aviv Museum, 1973.

TÉRIADE 1928
Tériade, E. "On expose...", *L'Intransigeant*,
7 mayo 1928 (FPJM: H-245).

TÉRIADE 1930
Tériade, E. "Joan Miró", *L'Intransigeant*
([París]), 18 marzo 1930 (FPJM: H-393).

TÉRIADE 1932
Tériade, E. "Joan Miró", *L'Intransigeant*
([París]), 21 diciembre 1932
(FPJM: H-489).

THE BOSTON HERALD 1955
"Music: Joan Miró", *The Boston Herald*
(Boston), 8 diciembre 1955
(FPJM: H-2443).

THE DRAMATIC CRITIC 1926
The Dramatic Critic. "Performance Starts
during Uproar", *Daily Mail* (Londres),
19 mayo 1926 (FPJM: H-79).

THE NEW YORK TIMES 1939
"Other Shows", *The New York Times*
([Nueva York]), 30 abril 1939
(FPJM: H-881).

THE NEW YORK TIMES 1945
"Miró, Hayter, Rothko", *The New York
Times* ([Nueva York]), 14 enero 1945
(FPJM: H-925).

THE NEW YORK TIMES 1959
"President Presents Award to Miro, Spanish
Artist", *The New York Times* (Nueva York),
19 mayo 1959 (FPJM: H-3135).

THE NEW YORKER 1951
The New Yorker (Nueva York),
17 marzo 1951 (FPJM: H-1537).

THE SOLOMON R. GUGGENHEIM
FOUNDATION 1972
The Solomon R. Guggenheim Foundation.
Joan Miró: Magnetic Fields. Nueva York:
The Solomon R. Guggenheim Foundation,
1972.

THE STAR 1936
"The Star Man's Diary", *The Star*,
11 junio 1936 (FPJM: H-732).

TONE 1993
Tone, Lilian. "Exhibition History", en
Lanchner, Carolyn. *Joan Miró*. Nueva York:
The Museum of Modern Art, 1993.

TORRES 1978
Torres, Toni. "Un equipo de la BBC-TV,
inglesa, ayer, en el estudio de Joan Miró:
"No puedo estar sin trabajar", *Última Hora*
(Palma de Mallorca), 10 febrero 1978
(FPJM: H-4198).

TRABAL 1928
Trabal, Francesc. "Una conversa amb Joan
Miró", *La Publicitat* (Barcelona),
14 julio 1928 (FPJM: H-264).

TZARA 1940
Tzara, Tristan. "A propos de Joan Miró",
Cahiers d'art (París), vol. 15, núms. 3-4
(1940), pp. 37-47

TZARA 1945
Tzara, Tristan. "Pour passer le temps...",
Cahiers d'art (París), vols. 20-21
(1945-1946), pp. 277-293.

ÚLTIMA HORA 1960
"Joan Miró", miembro de honor de la
Academia Nacional de Bellas Artes y Letras
de EE.UU.", *Última Hora* (Palma de
Mallorca), 10 junio 1960 (FPJM: H-3283).

ÚLTIMA HORA 1978
"Última Hora: Extraordinario dedicado a
Joan Miró", *Última Hora* (Palma de
Mallorca), 1978.

ÚLTIMA HORA 1979A
"Joan Miró, "Honoris Causa" por la
Universidad Balear: Al igual que Camilo
José Cela", *Última Hora* (Palma de
Mallorca), 27 marzo 1979 (FPJM: H-4309).

ÚLTIMA HORA 1979B
"El 31 de julio, en el Museo de Arte
Contemporáneo: Miró presentará el boceto
para el Palacio de Congresos", *Última Hora*
(Palma de Mallorca), 27 julio 1979
(FPJM: H-4337).

ÚLTIMA HORA 1979C
"El artista asistió a la inauguración de su
exposición en "Quatre Gats": "Darrers
gravats de Joan Miró fets a Son Boter",
Última Hora (Palma de Mallorca),
16 octubre 1979 (FPJM: H-4359).

ÚLTIMA HORA 1983A
"Ha muerto Miró: Ayer, a las tres de la
tarde, en su casa de So N'Abrines",
Última Hora (Palma de Mallorca),
26 diciembre 1983 (FPJM: H-4539).

ÚLTIMA HORA 1983B
"En So N'Abrines, acompañado de su
familia: Ha muerto Joan Miró",
Última Hora (Palma de Mallorca),
26 diciembre 1983 (FPJM: H-4541).

ÚLTIMA HORA 1983C
"El mundo entero rinde homenaje a
Joan Miró: "The Washington post" destaca
la noticia en portada y a cinco columnas",
Última Hora (Palma de Mallorca),
27 diciembre 1983 (FPJM: H-4570).

UMLAND 1992
Umland, Anne. "Joan Miró's Collage of
Summer 1929: "La Peinture au défi"?",
en Museum of Modern Art, New York.
Essays on Assemblage. Nueva York: The
Museum of Modern Art, 1992, pp. 42-77.

UMLAND 1993
Umland, Anne. "Chronology",
en Lanchner, Carolyn. *Joan Miró*. Nueva
York: The Museum of Modern Art, 1993.

URIBARRI 1964
Uribarri, Rafael. "Joan Miró: El hombre:
La exposición y la obra", *Diario de Navarra*
([Pamplona]), 26 noviembre 1964
(FPJM: H-3379).

V. 1934
V., G. "Du côte des surréalistes: L'exposition
du "Minotaure" à Bruxelles", *Vie Française*,
10 junio 1934 (FPJM: H-639).

VADON 1968
Vadon, Bernard. "Après l'immersion de sa
"Déesse de la Mer" au large de Juan-les-
Pins Joan Miró a rencontré Picasso à
Mougins: En septembre prochain, le célèbre
sculpteur descendra revoir son œuvre à
bord de la soucoupe du commandant
Cousteau", *Nice Matin* (Niza), 28 julio 1968
(FPJM: H-3640).

VALDÉS LEAL 1938
Valdés Leal, F. "Una exposición del pintor
español Joan Miró", *La Voz de Madrid*
([Madrid]), 3 diciembre 1938
(FPJM: H-847).

VALENTINE GALLERY 1930
Valentine Gallery.
Joan Miró. Nueva York: Valentine Gallery,
1930.

VALLESCÁ 1918
Vallescá, Antonio. "Crónicas de arte:
Galería Dalmau", *El Liberal* ([Barcelona]),
7 marzo 1918 (FPJM: H-6).

VALLIER 1960
Vallier, Dora. "Avec Miró", *Cahiers d'art*
(París), vols. 33-35 (1960), pp. 161-174.

VERD 1978
Verd, Sebastià. "Joan Miró, medalla de oro
de la ciudad", *Diario de Mallorca* (Palma de
Mallorca), 21 abril 1978 (FPJM: H-4220).

VEROTS 1964
Verots, J.C. "Hier soir, à Saint-Paul-de-
Vence M. André Malraux, ministre d'Etat a
pris possession au nom de la France de la
"Fondation Maeght", *Nice-Matin* (Niza),
29 julio 1964 (FPJM: H-3376).

VIOT 1934
Viot, Jacques. *Cahiers d'art* (París), vol. 9,
núms. 1-4 (1934), pp. 57-58.

VIOT 1936
Viot, Jacques. "Un ami: Joan Miró",
Cahiers d'art (París), vol. 11, núms. 8-10
(1936), pp. 257-260.

VOLBOUDT 1961
Volboudt, Pierre. "Univers de Miró",
XXe Siècle (París), núm. 17 (1961),
pp. 151-153.

WALKER ART CENTER 1971
Walker Art Center. *Miró: Sculptures*.
Minneapolis: Walker Art Center, 1971.

WARNOD 1933
Warnod, André. "Les Beaux Arts: Joan Miró
un surréaliste qui est aussi un peintre",
Comoedia ([París]), 6 noviembre 1933
(FPJM: H-562).

WARNOD 1939
Warnod, André. "Dans les ateliers", *Beaux
Arts* ([París]), 21 abril 1939 (FPJM: H-874).

WARNOD 1951
Warnod, André. "Les expositions",
Le Figaro (París), 30 abril 1951
(FPJM: H-1523).

WEELEN 1971
Weelen, Guy. *Miró: 1940-1955*. Barcelona:
Editorial Gustavo Gili, 1971.

WEELEN 1984
Weelen, Guy. *Miró*. París: Nouvelles
Éditions Françaises, 1984.

WEMBER 1959
Wember, Paul. *Joan Miró*. Wiesbaden:
Farbige Lithographien, 1959.

XURIGUERA 1929
Xuriguera, Ramón. "Una estona amb Joan
Miró", *La Publicitat* (Barcelona),
15 junio 1929 (FPJM: H-337).

YOKOHAMA MUSEUM OF ART 1992
Yokohama Museum of Art. *Joan Miró:
Centennial Exhibition: The Pierre Matisse
Collection*. [Japón]: Yokohama Museum
of Art, 1992.

Z. 1927
Z. "Gran Teatro del Liceo: Los bailes rusos",
La Vanguardia (Barcelona), 13 mayo 1927
(FPJM: H-201).

ZERVOS 1934
Zervos, Christian. "La Jeune Peinture: Joan
Miró", *Cahiers d'art* (París), vol. 9,
núms. 1-4 (1934), pp. 11-21.

ZERVOS 1949
Zervos, Christian. "Remarques sur les
œuvres récentes de Miró", *Cahiers d'art*
(París),
vol. 24, núm. 1 (1949), pp. 114-138.

ZEVI 1976
Zevi, Bruno. *Arquitectura de Sert a la
Fundació Miró*. Barcelona: Polígrafa, 1976.

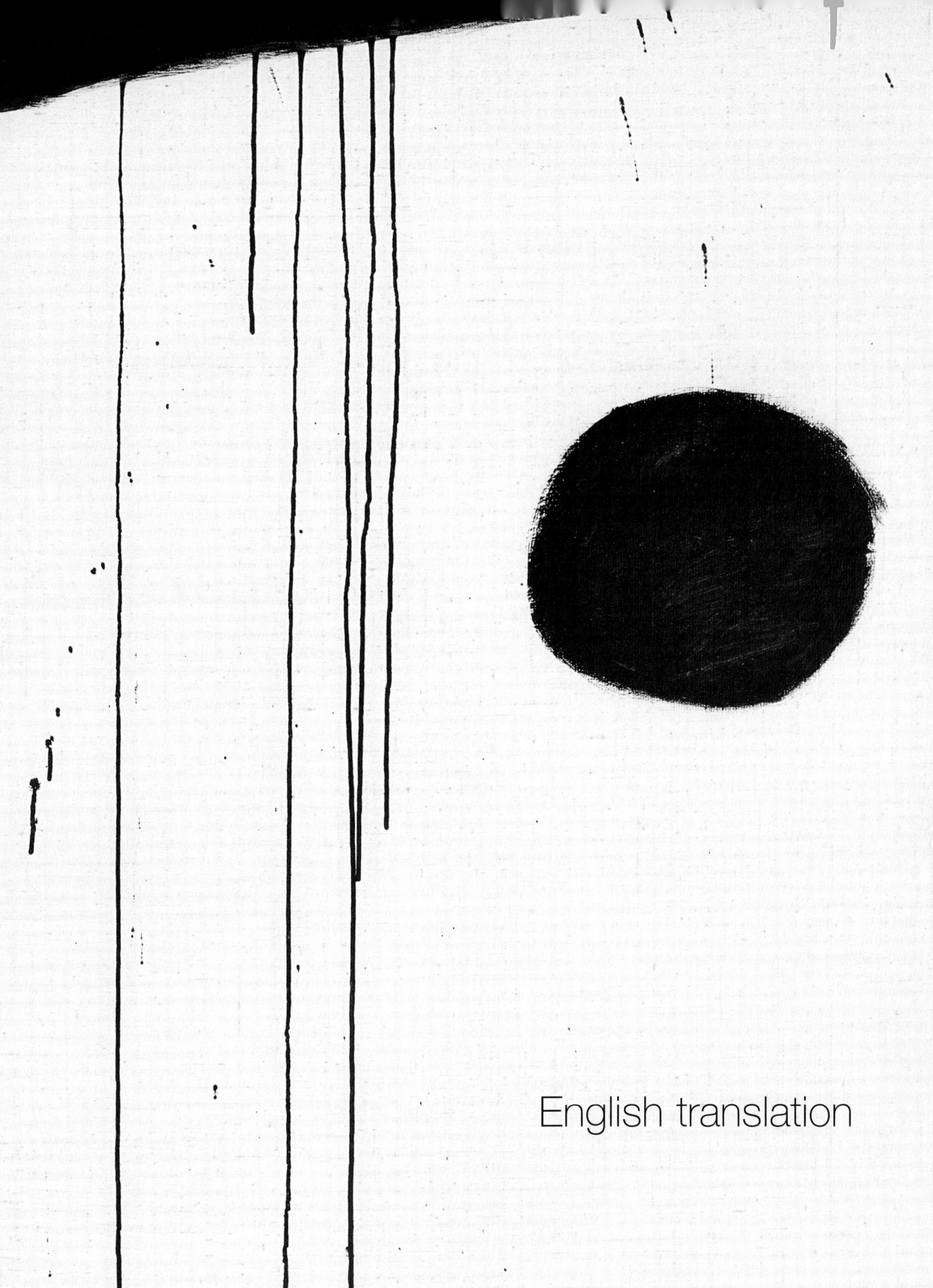

English translation

Rogelio Araújo
Chairman of the Fundació Pilar i Joan Miró a Mallorca

This catalogue of work by Joan Miró from the permanent collection of the Fundació Pilar i Joan Miró a Mallorca is a posthumous tribute to its founders, Joan Miró and Pilar Juncosa, and to their daughter, Dolores Miró, whose article for the catalogue allows us to share her family memories.

On March 7th 1981, Joan Miró and his wife Pilar Juncosa donated the artist's studios, the Sert studio and Son Boter, and the work, documents and objects that were treasured inside them to the Fundació Pilar i Joan Miró a Mallorca. The rich legacy that Miró bequeathed comprises paintings, drawings, sculptures and graphic work. Nonetheless, this catalogue only presents part of the work by Miró from the foundation's permanent collection: paintings, sculptures and drawings. In total the museographic collection is made up of 118 paintings on canvas, 275 works of art of differing techniques on different kinds of supports, 1,512 drawings and 35 sculptures.

The wide variety of work contained in the collection reflects the diversity of techniques, materials and procedures used by Miró, often allowing us to reconstruct the artist's creative process. The numerous projects for paintings, sculptures, ceramics, murals, graphic work and tapestries document and bear witness to Miró's inexhaustible creativity during his mature period. The work in the collection spans a broad period of time, from 1908 to 1981, although most was created from the sixties onwards. The oldest painting in the foundation's collection is a landscape that Miró painted in 1908: the earliest oil to have been conserved by the Catalan artist. However, most of the collection's dated paintings were produced throughout the sixties and seventies. As for three-dimensional works of art, the foundation possesses unique examples by Miró like the two "assemblages" from the seventies, the ceramic sculpture *Femme et oiseau*, two terracottas made in 1980, and bronze sculptures from a limited edition that were mostly made in the sixties and seventies. The oldest drawings in the collection are five drawings associated with the ballet *Arlequí*, which date back to around 1935. From that date onwards, the collection includes drawings from all decades up until 1981, when the artist made his last sketchbooks.

This catalogue presents a selection of paintings, drawings and sculptures from the collection totalling of over 1,700 works of art. Preceding the presentation are six articles on the subjects of Miró, the museographic collection and the foundation's architectural heritage. Through these articles, María Dolores Miró introduces us to the human side of Miró, William Jeffett offers his interpretation of the Fundació Pilar i Joan Miró collection, Georges Raillard reveals Miró the artist to us, Jaume Freixa contextualizes the project for the creation of the Sert studio, Bartomeu Bestard explores the origins of Son Boter, and Rafael Moneo explains the conception and design of his building. The catalogue also includes a chronology of Joan Miró, thus emphasizing the immense value of the foundation's documentary archives which comprise correspondence, a publications library, photographs and a variety of other material. This section is followed by a list of exhibitions at which the works of art published in this catalogue have been shown and it concludes with a bibliography.

I would like to thank María Dolores Miró, William Jeffett, Georges Raillard, Jaume Freixa, Bartomeu Bestard and Rafael Moneo for their articles which, thanks to their generosity, have served to enrich this catalogue. I am particularly grateful to María Dolores Miró, whose testimony and person will live on in our memories. Lastly, I would like to extend these grateful thanks to all those whose work and dedication have made this publication a reality.

Joan Miró's legacy in Mallorca: Genesis and aims
Magdalena Aguiló Victory
Fundació Pilar i Joan Miró's Director

The basic singularity of the Fundació Pilar i Joan Miró a Mallorca is its capacity to introduce visitors to the artist's creative process through direct contact with the atmospheric setting of his studios, with their utensils, objects, unfinished canvases and other remaining traces, in an environment of lasting energy that still sparks with Miró's creative force. Introducing visitors to that unique creative spirit itself justifies the foundation's existence, but if we also add the opportunity to show them its rich architectural heritage and a collection that is closely linked with the artwork from the final decades of Joan Miró's life, the whole foundation becomes unique to the world.

The Fundació Pilar i Joan Miró a Mallorca "was created as a result of the donation to the city of Palma by Joan Miró and his family of the four studios in which the artist had worked intensely since 1956 through until his death in 1983, so as to make them a stimulus and reference for future generations of artists". It was no mere coincidence that Miró chose the island of Mallorca as a base. As well as having family links with the island, the artist found the necessary tranquillity there, together with the Mediterranean setting that forms the emotional core of his art. When the artist had finally settled down in Mallorca in 1956, he was able to make his big dream come true and have a large, functional studio where he could work on large scale canvases. The person entrusted with making this dream a reality was his friend, architect Josep Lluís Sert, who worked in close collaboration with Miró, as demonstrated by the considerable amount of correspondence that was exchanged during the project.

In 1959, Joan Miró incorporated another new studio, Son Boter. This was a large 18th century Mallorcan house next to Son Abrines, which complemented his need for space as well as ensuring added privacy. He was able to buy it thanks to the New York Guggenheim Award, which he received in recognition of the ceramic murals he had created for the UNESCO in 1956. Built onto the house are an engraving studio on the right and a lithography studio on top of a water tank, where Joan Miró worked with the assistance of engraver Joan Barbarà and lithographer Damià Caus.

Son Boter has become an exceptional tool in understanding the creative process used by the artist. Huge examples of graffiti can still be seen on its whitewashed walls, some inspiring later sculptures. The sheer size of the graffiti reflects the artist's desire for it to live on. The walls and floor bear evidence of working methods close to those of abstract American expressionists, with marks and signs of dripping everywhere. At times the drips reach unsuspected heights, reflecting an intense energy and gestural violence that do not correspond to Miró's advanced age. The marks on the ceilings of the house are proof of the physical gestures involved in the process of painting large pictures on the floor (which literally implied getting in among the paint itself). The paintings in our collection confirm these observations: in the sixties and seventies, Joan Miró was extraordinarily active. With the heart of a transgressor, he revised and purged his work and, far from resting on the laurels of past successes, he rebelled against the technical craftsmanship he had acquired and struggled to incorporate new experimental ideas.

Son Boter's rooms offer us a careful insight into the personality and methods of the artist. The graffiti has just undergone a complex process of restoration, and a final solution to guarantee its future conservation is still pending. As a result, the foundation was forced to close the rooms to the public for a while. Nonetheless, we would like visitors to have controlled access to its interiors, since they are a vital testimonial and aid in understanding his work.

In the final years of his life, the artist became seriously concerned about the future of his Son Abrines and Son Boter working environments. Once again his friend Sert intervened, advising him to create a foundation open to young creators and specialists interested in studying his work, as had already been done in Barcelona. In 1981 the public municipal foundation known as the Fundació Pilar i Joan Miró a Mallorca was created, whose objectives are defined in its statutes:

"The foundation's aim is the promotion and diffusion of artistic understanding, facilitating the creative work of future artists in close and constant collaboration with all sectors of society, going beyond the normal limits of a museum by offering a dynamic, cardinal reality that explains the aesthetics of contemporary art through experience."

In accordance with the wishes of its founders, the foundation must be governed by a Board of Trustees who safeguard the correct interpretation of the institution's objectives and ensure their proper fulfilment. The trustees meet yearly at an ordinary general meeting. The Board appoints a Governing Committee with executive and administrative functions to ensure the consolidation of a dynamic educational and cultural centre for the people of Mallorca.

Three years after the death of Joan Miró, his widow Pilar Juncosa decided to extend the donation by ceding new land on which the main building of the foundation would be situated: a building in which the artist's desired objectives could be achieved, as outlined in the foundation's statutes. Architect Rafael Moneo (then Dean of the Harvard Graduate School of Design, just as J. Ll. Sert had once been) was commissioned with designing the plans for the building. In 1992 the foundation finally achieved its present form when the new building by Rafael Moneo was added to the Sert and Son Boter studios.

Unlike other more spectacular museums with contemporary architecture, the main building designed by Moneo brings spectators into close, intimate contact with the work on exhibit. When visitors reach the floor where the rooms with the permanent collection and temporary exhibitions are located, everything seems to be hidden away and they are forced to discover each section, one after the other. The architecture encourages a sense of individual intimacy, allowing spectators to internalize the implicit story that each room has to offer. The architecture generates an atmosphere filled with silence, facilitating visual dialogue with the work.

When the foundation came into being, contemporary art was still hard to find in Palma. Joan Miró's generosity in helping certain Mallorcan gallery owners promote contemporary art (which was almost inexistent on the island) is well known. Over the years, conditions have changed considerably, public and private art centres and galleries have multiplied, and there is a greater sensitivity to contemporary forms of art. Even so, the foundation has more sense than ever as a pioneer in exploring new aesthetic ideas in contemporary art, as a beacon and stimulus for Mallorcans and visitors alike, and in encouraging new artists from around the world through its workshops. The foundation remains committed to preserving the memory of Joan Miró in its purest state and to enhancing it with the legacies of today.

The Collection and its Diffusion

The collection owned by the Fundació Pilar i Joan Miró a Mallorca is a monographic one, dedicated to a single artist and focused primarily on the last decades of his life. The selected paintings, drawings and sculptures by Joan Miró that are presented in this catalogue comprise some 1,700 works of art, although the museographic collection is actually more extensive. As well as these selected works of art, we also possess a rich variety of graphic work by Joan Miró and other work that reflects the creative process involved in its production, plus a collection of objects associated with his personal universe that enrich the Sert and Son Boter studios. We also have a collection of graphic work produced in our workshops during the decade that they have been in operation: workshops attended by young artists from all over the world and, occasionally, famous ones like Wolf Vostell or Peter Philips.

At the same time, the collection also features work by other artists, most from tributes that were organized to celebrate the 80th or 85th birthday of Joan Miró. They are mainly small or medium-sized works of art on a variety of different supports, particularly paper. This group of about 300 items reflects trends in contemporary Spanish art from the 1970s, as well as a limited number of works by international artists. A special mention should be made of work by Tàpies, Chillida, Saura, Clavé, Arrollo, Canogar, Equipo Crónica, Chirino, Feito, Francés, Genovés, Guerrero, Guinovart, Gordillo, Hernández Pijoan, Rueda, Millares, Mompó, Muñoz, Ràfols Casmada, Sempere, Villalba, Arranz Bravo and Bartolozzi. (2)

The foundation's documentary archives are made up of some 800 items of correspondence and another 5,000 documents from the publications library, including eight volumes of articles from the national and international press about Miró, published between 1918 and 1958. Other items include photographs, books from the artist's personal library, notes and a variety of documents that Miró had conserved.

The library open to the public in general specializes in the work of Joan Miró and the artist as a person. It contains some 15,000 documents, including books and exhibition catalogues through an exchange programme with other libraries, as well as audiovisual material and national and international magazines and journals.

There is a very limited likelihood of the collection being enlarged, given the high market value of Joan Miró's work. However, we aspire to complete it by encouraging new gifts or loans, exchanging certain works of art with other institutions and, insofar as is possible, trying to acquire new work that can guarantee greater coherence in certain areas.

The rooms in which the collection is presented to the public must offer an atmosphere of silence, both visually and aurally, so as to encourage a sense of intimacy between the work and the spectator, as intended by the building's architecture. From that point onwards, it is our task to complement this visual dialogue by supplying the necessary tools in terms of information and the contextualization of the work on exhibit, taking advantage, if appropriate, of the means offered by new technologies in order to offer spectators the necessary keys and ensure a deeper understanding. It is our responsibility as a museum to promote a high understanding of the work of Joan Miró.

As the foundation in charge of this legacy, it is our duty to guarantee its diffusion and to act as intermediaries, reducing any shortcoming in the public's knowledge and understanding of these works of art. Although Joan Miró has become one of the contemporary art world's leading figures, his work is not always well interpreted, particularly that of the more mature artist, which forms the cornerstone of this collection.

In this respect, the foundation's collection is exhibited in four different ways. The rooms where the permanent collection is shown are modified in order to offer new insights in consonance with current sensibilities. The presentation of the collection has also been significantly enhanced by new works of art that have generously been loaned to us by the Miró family. They comprise eleven paintings (including works as significant as *Toile brûlée* (1973) and *Cercle rouge étoile* (1965) to mention just two), and two sculptures (the current *Maternité* (1973), which holds pride of place by the covered entrance to the main building, and *Personnage* (1982), which welcomes visitors to the foundation).

From time to time we like to organize thematic exhibitions, based on items from the collection and research into implicit aspects of Miró's work. These exhibitions have a dual function, with exhibitions at the foundation itself, designed to offer new insights into the collection, or its external promotion through exhibitions of work loaned to other museums in Spain and abroad.

We are also willing to loan one or more works of art from the collection to other museums on a temporary basis to enrich their collections. Likewise, we are interested in borrowing work from museums to improve on initiatives organized at the foundation. We wish to have two or three exhibitions of work from the collection available at all times to offer other museums. It is a very enriching experience from the perspective of research into the collection, because it allows us to study, systematize and catalogue the chosen themes and make further progress in our analysis and understanding of the works of art.

During the course of its existence and even before its actual inauguration, the foundation has presented exhibitions of work from its collection in cities in Europe (Paris, Rome, Vienna, Cologne, Frankfurt, Prato, Milan, Oporto etc), Japan on a number of different occasions (Tokyo, Kyoto, Fukuoka, Osaka etc), China, Thailand, South America (Buenos Aires, Montevideo, Santiago de Chile, Rio de Janeiro, Caracas, Sao Paulo etc) and the USA and Canada (New York, Washington, Toronto), as well as cities throughout Spain. The list of exhibitions shown at the end of this catalogue confirms the incredible extent to which the collection has been made known to the public.

The Fundació Pilar i Joan Miró a Mallorca aspires to act as a key reference, providing those interested in studying the work of Joan Miró with all the necessary information from its documentary archives as well as contributing through its own research and investigation. The challenges it faces are to overcome the historical shortcomings implicit in the role of a museum and to complete tasks as essential as inventories, the introduction of the DOMUS documentation and museographic management programme or the completion of a database with details of our bibliographic materials (some 15,000 documents).

Education

Given the complexity of contemporary art, considerable care must be taken in the design of strategies to promote a good quality understanding of art. The foundation has traditionally played a pioneering role in research into educational formulae for children, students and families, facilitating an entertaining insight into work presented at the foundation. The recent educational publication "Els dissabtes jugam amb Miró. Compartir art en família a la Fundació Pilar i Joan a Mallorca. 1995-2005" [1] is a testimonial to the wide range of activities that have been organized over the last ten years. We are not simply interested in being a tourist attraction, but in helping to form future interlocutors who can contribute to reflection on and the enjoyment of contemporary art. It is important not to focus on short-term activities or on trying to achieve spectacular results but on research into educational strategies, social integration and experimentation with new collectives. Just as new contemporary art centres have started to abound locally, there has also been a rise in the number of educational activities directed at children in Palma. Consequently, given the foundation's ongoing aspiration to open up new horizons for society, one of its aims is to design educational experiences able to attract new plural groups of young people and adults in order to integrate the foundation into the city's cultural and social fabric. At no time should we forget its founders' desire to create a dynamic centre open to all members of the public that plays an educational role and generates instruments which can be used to observe (or challenge) 21st century art, thus infusing the foundation with added vitality.

Exhibitions and Temporary Activities

Since the construction in 1992 of the new main building designed by Moneo, the Fundació Pilar i Joan Miró has programmed over one hundred temporary exhibitions aimed at introducing the public to the widest possible variety of contemporary art, contextualizing the collection within its 20th century framework, and promoting creative work by new emerging artists. Exhibitions have been organized of artists who were contemporaries of Joan Miró to encourage a better understanding of the period in which he lived and the circumstances surrounding his work. These artists include Kosuth, Vostell, Bourgeois and Jasper Johns. Work by a selection of Spain's better known artists has also been shown, including García Sevilla, Sicilia, Perejuame or P. Navares, in addition to exhibitions of a fine sample of Mallorcan artists. We must also highlight the presence of young international artists, thanks to the foundation's workshops, as demonstrated by the exhibition and publication of a catalogue to mark the 10th Anniversary of the foundation's Graphic Art Workshops in 2004 (4).

We are also keen to forge ties between the permanent collection and our temporary exhibitions, building bridges between them so that they do not seem to be two separate departments, stimulating new fields of research and exploring any new possibilities that the contents of the collection might offer. One very fruitful example was the recent comparison and investigation of procedures used by Joan Miró and Louise Bourgeoise, aimed at establishing links between different languages as a means of achieving new insights.

As well as its temporary exhibitions, the foundation also organizes other activities to complement reflections about today's art and other current issues. We are referring to its programme of conferences, seminars, round tables and presentations of books and magazines. The foundation aspires to become a focus of reflection, generating ways of thinking that can promote dialogue and raise new issues. The contemporary art world has chosen a complex method of interpreting reality, using channels that are often hard to interpret based on irony, transgression or poetry. We are eager to provide the keys that can help interpret contemporary art: keys which, in the final instance, are no more than attempts to understand the world. To echo the words of Joan Miró: "What interests me is not the painting's permanence, but what it irradiates: its message, what it will do to transform people's spirits a little" (5).

Apart from these activities of a more contemplative nature, the foundation also organizes other fun-oriented programmes including concerts, theatre and puppet theatre, dance, performance art and occasionally fashion shows. Additionally, each year a tribute is paid to its founder on the day of San Joan (the artist's patron saint), when a series of different activities are held and a huge, widely assorted audience gathers just as the artist would have liked.

The Workshops

It was Miró's wish to keep the spirit of creativity and transgression alive in his studios after his death, and this has become a reality in his Son Boter studios. Summer after summer, artists from all over the world gather and work there at the workshops organized by the foundation. In this privileged setting, young artists and other better-known ones carry out projects, exchange ideas and share creative experiences. In recognition of the lesson learnt from their maestro, the foundation's workshops have maintained his desire to act as a stimulus for experimentation through artistic initiatives of all kinds whilst continuing to respect traditional techniques.

Our workshops have achieved external recognition, as demonstrated by the "10th National Engraving Award" that they received in the Spanish chalcography category in 2001. The foundation has engraving, lithography, silk-screening and photography workshops, and recently it opened its doors to new technologies by incorporating digital printing systems. We aim to promote closer ties between artists and contemporary creation, taking advantage of all the resources that society offers in order to help them find the instrument that best suits their own personal language. The underlying objective behind this decade of continual work is to seek a balance between memory and innovation, and between a respect for traditional techniques and an intense desire for contemporaneity.

Grants and Awards

Since 1993, the foundation has organized the special Pilar Juncosa and Sotheby's Award and the Pilar Juncosa Grants in its desire to promote creative and investigative work by new generations. The grants have contributed toward new trends as well as promoting diversity and close contact with other cultures.

Eleven artists have been chosen to receive the special award, one each year between 1993 and 2004.

The Pilar Juncosa Grants include different categories: a grant for research into subjects connected with Miró, grants for educational projects and grants for training, experimentation and creation in the graphic art workshops.

The award procedure for the foundation's grants and prizes is currently under review so that a series of changes can be made to ensure wider diffusion and better efficiency.

The collection's genesis is a love story: the result of a love affair with an island, and an artist and his family's generosity toward the people of Mallorca. After many years' wait, the contents of the collection have now been made public for all to know. Up until now, access to the collection was inevitably hampered by the fact that it was impossible to exhibit all of it. This catalogue contributes toward the foundation's reputation as a serious institution by guaranteeing scientific rigour and by giving the collection greater coherence through research and assessments that help us explore the creative process of the artist during his later life. It will also make the collection better known outside the island, and we hope that it will serve as a instrument in the promotion of new future research activities.

Lastly, we would like to thank all the collaborators who have made this publication possible and, once again, the Miró family for their constant support for the Foundation. I would also like to mention the directors who preceded me, Miquel Servera, Pablo J. Rico and Aurelio Torrente for their contribution in making this project comes truth. And finally, I would also like to highlight the effort and dedication of our Collections Department over the last few years in the creation of this catalogue in its final format.

All that remains is for me to invite you to journey through the Fundació Pilar i Joan Miró with this catalogue and experience the thrill of retracing the artist's steps in his Son Abrines and Son Boter studios, making a dream come true by helping to perpetuate the vital, transgressive spirit that characterized Joan Miró during the final years of his life.

1. "On Saturdays we play with Miró. Sharing art as a family at the Fundació Pilar i Joan Miró a Mallorca. 1995-2004."

The Fundació Pilar i Joan Miró a Mallorca
Dolores Miró[*]

"This country is marvelous, you must get to know it at some point, it is a place both very international and very apart from the world at the same time. We are about to buy a house near Palma on a splendid piece of land. Dividing my time between here, Paris, and from time to time making a trip to New York will be ideal for both work and health."[1] My father was 61 when he wrote the above letter to Pierre Matisse, his United States art dealer. He needed to get away and distance and protect himself from museum directors, curators, journalists and collectors so that he could work in peace in some unspoilt paradise far from civilization and its social norms.

In 1954, Mallorca was an unspoilt Mediterranean location like the *Côte d'Azur* where Pablo Picasso had been working for years, irradiating the same energy and same purity. At that point, Miró was no doubt searching for the same thing Picasso hoped to find in Mougins: silence; the necessary, obligatory silence that all creative urges demand of their intermediary before anything can materialize. So great are their demands that nothing and no one can interrupt the link between the artist's soul and the setting. This withdrawal by the creator involves a leap in the dark if he or she is to flee all the parasitism associated with any kind of tendentious behaviour liable to disturb the artist's peace.

I remember my father hesitating whether to buy a property close by what is now Son Dureta Hospital, guided by the more practical advice of my mother, in order to be nearer to Palma. We should not forget that back then going to live in Cala Mayor meant moving relatively far from the city centre, because Joan de Saridakis Street was just a narrow, bumpy road covered in mud in winter and dust in summer up which a man called "En Bolleta" used to travel every day in a cart pulled by a donkey to bring us 'ensaimadas', bread and milk. The feudal Mallorca that my parents and I knew before the rapid development of tourism was an authentic marvel. Cala Mayor was a neighbourhood rather like the wood that surrounds Bellver Castle, although almond and carob trees grew there instead of pines. My mother's brother, the architect Enrique Juncosa, was asked to build the house where my parents would live, Son Abrines. Once the work was over, my parents made the final move from Barcelona, even though we still lacked creature comforts as commonplace as a telephone or a car. The dusks were so spectacular that Camilo José Cela paid tribute to them in this affectionate dedication: "Dear Joan Miró, Pascual Duarte also felt what is known as the call of the earth, the inexorable, inevitable call of the earth. But his was a harsh land, Miró, and its call bloody and bitter. I beg you to forgive it. We all owe a debt to something: the delicate flower of the basil plant has no more poetry than a sharp prick given with the fierce iron of hate. Or stupor. Do you remember that painting I stabbed in your presence? Its wound, that wound I made with something akin to loving care, sealed the spouting blood of my disillusionment. It's all very simple, as you will see. The orange coloured moon that floats over the mountains above your house some twilight evenings is no more certain or true. Kindest regards from your admirer and friend, José Cela."[2]

In around 1965, however, at the height of the Franco regime, with no town planning legislation or territorial planning instrument, a series of monstrous buildings began to appear inspired by the greed and small-mindedness of unscrupulous building developers. "They're like devils sprouting from the earth," my father repeated over and over again. He could not believe his eyes. Right in front of the gate of his house towered a frightful building, while a few metres further down other similar ones were being built. My father, who was naturally taciturn and

pessimistic, decided to give up and, after lunch, he suggested to my mother and I that we should consider going to live somewhere else. After a week of reflection, the only thing that prevented him from doing so was the idea that he would have to leave behind the studio designed by Sert, and he would feel broken hearted if he abandoned Mallorca, leaving that magnificent, unique building behind him. It is important to remember that, on numerous occasions, Josep Lluís Sert commented to us how shocked and stupefied he was to see those awful buildings. "They use materials of such inferior quality and they are so badly built that they won't survive the passing of time," he said with a mixture of indignation and sadness. Were he still alive, he would see how right he was, as many of the buildings that surround the *Fundació Pilar i Joan Miró a Mallorca* are in a deplorable state, on the verge of becoming ruins.

Nevertheless, thanks to the generosity of my parents and the family, the *Fundació Pilar i Joan Miró a Mallorca* is a reality that should make all Mallorcans proud. It is an oasis of beauty and tranquillity in a desert monopolized and dominated by ugliness. Its discrete design, blending in perfectly with the garden's carob trees and bougainvilleas, is a subtle reminder of the beauty of Mediterranean gardens and their austere links with the region's climate. In my opinion, the architectural heritage formed by the Sert studio, Son Boter and the Moneo building is spectacular in its contrast and singularity.

In 1956 the Sert studio and my parents' home were both completed, allowing them to make the final move over from Barcelona. During the building work, my father commented to Sert: "I looked carefully at the studio plan on site and I found it very well resolved; I am looking forward to being able to work there soon… The fact of being able to look down into the studio space and the paintings from the balcony seems to me very successful. Looking at the plan, I could not determine if you would at the same time see the interior of the storage area. If this is so, and keeping in mind that there will be paintings that will be set aside there, which I rather prefer not to see, and that there will also be disassembled stretchers and other materials, don't you think it would be better to place this part of the building in such a way that I would not see the interior when I come down to work so as to concentrate my vision on the large studio?"[3] The degree of concentration my father achieved when he worked in the Sert studio was so great that the location of the inside balcony, the stairs and the indirect light from the big upper windows were extremely important. Today, when you visit the studio, you can still sense the tranquillity and the atemporal feel, taking us back to that not so distant time when the artist moved about the studio, evoking the sensation that he might appear at any minute. The studio's architectural value is incalculable. It is the only building in Mallorca designed by Sert. Imagine how amazed the people of Cala Mayor were by the contrast created by this light, white building crowned by seagull's wings, with doors and windows of different colours. The building's avant-garde design left everyone open-mouthed. Sert was a genius ahead of his time and the studio that my parents gave the Mallorcan people proves this.

In 1959, thanks to the Guggenheim Award he had received, my father was able to buy Son Boter: a large Mallorcan house built in 1650 where the large triptychs he made in the 1970s could be installed with relative ease, along with endless other objects that he would later use in the creation of his sculptures. The engraving press he set up in the stable block also overcame the constant need to travel to Dutrou's studio in Paris or to Barbarà's Barcelona-based one, enabling his collaborators to assist him in his own studio. Hundreds of engravings were created and printed at Son Boter. Watching him scratch away at a copper plate with an Albacete knife or let the dogs tread on the plates, and seeing the acid bite into the surface of the metal until it was almost perforated were all magnificent sights. In this superb building in 1974 the triptych *L'Espoir du condamné à mort* was created (Miró Foundation, Barcelona): a tribute to the young Catalan militant Puig Antich, garrotted by Franco. The frustration, anguish and desperation that my father suffered during those long weeks live on in the metaphorical blood transfusion that can still be seen on Son Boter's internal walls, where a stream of black paint stands out against the immaculate white surface. My father devoted himself entirely to his art. It was his life. And we are fortunate to be able to immerse ourselves in that atmosphere when we visit Son Boter. I just hope with all my heart that we are able to fully appreciate the artistic value of the legacy he left us. Before bringing this paragraph to an end, I must comment on the importance of the building's graffiti. Most of it was associated with future sculptures to be made in the Clémenti or Susse foundries in Paris, the Bonvicini foundry in Verona, or the Parellada foundry in Barcelona. In addition to the graffiti, inscriptions can also be seen in French (the language in which he worked), such as *Objet dans le calme,* or even a picture of the bird that is used as the foundation's distinctive logo. After its recent restoration, the public can now visit the inside of this studio.

The Moneo building was created when exhibition space was needed for the huge collection of paintings, drawings, sculptures, ceramics, engravings and lithographs that my parents donated to the city of Palma. Naturally the family raised no objection to the donation of the almond grove where the Moneo building would later be built to Palma City Council. Rafael Moneo, a pupil of Josep Lluís Sert at Harvard and a person familiar with my father's imperious desire for elegance and sobriety in questions relating to architecture, designed a building that, as he himself commented to me: "Pays homage to your father's work by creating a symbiosis, when seen from the sky, between the line of the horizon and the stars in the firmament, in their capacity as universal symbols for navigators. The star-shaped building with its sharp angles also stands defiant against the hideousness of the buildings that surround us, in full defence of the beauty it safeguards deep within it". It was a grandiloquent, beautifully reasoned tribute to my father, who unfortunately never saw the finished building since he died in 1983 and the foundation was opened to the public in 1992. So as not to overburden the municipal coffers, motivated by our deep conviction in the artist's humanistic and democratic ideals, with the collaboration of Sotheby's we auctioned 42 works of art at the Ritz

Hotel in Madrid. It was 1986 and although the resulting proceeds were a great help in contributing towards the construction of the building, the council of Socialist mayor, Ramon Aguiló, provided the necessary capital to finish off the work.

The result is spectacular. The top level of the Moneo building has that marvellous sheet of water that reflects the sky and creates a surprising continuity with the sea. The star-shaped room is sober and restrained, with no superfluous or missing element: only what is absolutely necessary. Few museums have this marvellous architectural framework, where you can visit not one but two of the artist's studios. Monet's studio at Giverny is a clear example of a symbiosis between the studio and the gardens, with vegetation that he brought to life time and time again on his canvases. There is also Paul Cézanne's studio in Aix-en-Provence, where we can see the cupid, skull, pots and, needless to say, different versions of Mount Saint-Victoire which he created in differing shades of colour on his canvases. Gustave Moreau made it possible for us to visit his studio in Paris. Brancussi and Bacon's studios are not exactly the same as they once were, since they have been removed from their original context to a site opposite the Pompidou Centre in Paris, in the first case, and to Dublin in the second. Dalí's studio in Port Lligat is extraordinary, allowing us to observe the surrealist magic of the Catalan artist. As for Picasso, despite having museums in Paris and Barcelona and another recently inaugurated one in Malaga, he was unable to leave us a fully intact studio, since none of the many studios he possessed is open to the public.

The Maeght Foundation in Saint-Paul-de-Vence opened its doors to the public in 1964, the Miró Foundation in Barcelona in 1976, and the *Fundació Pilar i Joan Miró a Mallorca* in 1992. My father repeatedly told me how he wanted these three cultural institutions to form a triangle, and this has materialized in the form of a constant process of collaboration through joint exhibitions, theatre performances, concerts of classical, contemporary or jazz music and endless collaborative initiatives inspired by the perpetual imaginative drive of their directors. The Palma foundation plays an important role in this project, because it is the only one that runs courses in engraving, lithography and ceramics in the studios where my father worked. I am sure that many artists would love to work in them, and they can be used as a springboard to make people aware of the infrastructure that the foundation has at its disposal.

This comprehensive catalogue of the foundation's collection highlights its rich artistic variety. Starting with the paintings, as well as numerous oil paintings, we can see that many have been produced with acrylic paint. During the last decade of his life, my father worked with greater vehemence and more violence, in, needless to say, a greater destructive frenzy. The foundation's paintings illustrate the devastating force of an explosive energy, unlike the energy most people associate with Miró. It is true that many of these canvases are unfinished, because they are unsigned, undated and also have no title. I would like to take advantage of this occasion to stress once again that it is incorrect to call this group of

paintings "Miró's Mirós", as if they were his favourite works or his much preferred or most characteristic canvases. Nothing could be further from the truth. It is their singularity that makes these paintings important. They show us Joan Miró's creative process. They reflect the starting point, the initial inspiration, the first feeling of excitement, the first blood transfusion, the umbilical chord linking them to the artist and gradually absorbing his living energy. On few occasions, in few studios and few foundations are we able to enjoy heritage such as this. My father worked in a trance, overwhelmed by a myriad of sensations his creative frenzy produced. Volcanic eruptions and rainbows of pure colour flood our eyes whilst simultaneously he pays homage to his mentor, Modest Urgell, banishing the shadows of death he now senses hovering near through this catharsis. The legacy the foundation possesses is unlike that of the Miró Foundation in Barcelona. Whilst the Barcelona collection is much more characteristic and homogenous, this collection has an incomparable intrinsic force.

As for bronze sculptures, the foundation has a huge collection of work from the Parellada foundry. The bronzes date back to the same period as the canvases, facilitating a progressive analysis by observers by allowing them to note similarities between the paintings and the sculptures. Rather than using the term "sculptures", it might be more apt to use the word "assemblages" for works of art that have spiritual links with the "objet trouvé" heralded by Duchamp. From the improbable constructions of the 1930s, there was a swing towards a daring defence of anything humble, forgotten, or discarded, elevating it on high, "freezing it" forever under the irregular green patina of a layer of bronze as if it were a Greek, Etruscan or Roman relic found in a sunken ship. That was my father's desire, he told me: to leave some reference of the singularity of the objects used in his assemblages, keeping the container, but adding a symbolic, metaphorical content that echoed his poetic lucubrations.

The foundation's ceramics are very important. Beginning with the murals by Artigas and Carrió, which bring an air of originality to the cement surface of the Moneo building, we then pass to the large ceramics in the garden, whose ceramic sections were made in Gallifa and bronze parts in the Parellada foundry. *Femme et Oiseau*, a ceramic made by Miró and Artigas in 1962 which was fired for two days at 1250º C in Artigas' wood-fired kiln in Gallifa, is an obvious symbiosis between the penis and the vagina as key elements in the creation and continuity of life. My father's subtle audacity, concealed under the cheerful glazes he used, lent this splendid work of art enormous potential and room for interpretation. In 1981 Hans Spinner, a German ceramicist living, I believe, in Grasse, created eleven ceramics with my father in the Mas Bernard pottery studio next to the Maeght Foundation. The scratches and deep wounds, still open today, that Miró's fingers left in the clay express the tension, force, violence and even rage liberated during that creative act. The foundation's ceramics are clearly highly relevant and they give the collection considerable variety.

The extensive repertoire of drawings shown in this catalogue once again highlights how important this unique

collection is. The foundation possesses a noteworthy repertoire of work on paper made during the late stages of Miró's life. One distinctive example is a work made of wooden planks nailed to a piece of yellow sandpaper. It is amazing. I remember seeing it in the Sert studio when it was being made. My father was not a talkative person and he did not like to give explanations. However, during my visits to the Sert studio I often delighted in the incredible variety of his work: on cardboard, card, newspaper, pages torn off the kitchen calendar, sandpaper, ham wrappings and letters that he received from different correspondents. In the back courtyard behind the Sert studio, I remember him leaving a series of cardboard sheets exposed to the bad weather and adverse climatic conditions. After they had been subjected to the day's heat, the night's humidity and rain and sunlight, he took them inside his studio to see if shapes could be evoked from the irregularities and blotches.

The foundation is clearly enriched by its noteworthy architectural setting and its permanent collection. This publication is a fundamental tool in understanding and appreciating their importance within the context of my father's development as an artist. The works of art that make up the collection leave clear proof of the importance of Joan Miró's last 27 years of life in Mallorca. He settled down permanently in Son Abrines at the age of 63, staying in the same house until his death at the age of 90. Those 27 years represent a period of enormous creativity whose results we are fortunate to be able to enjoy here today at the foundation. My mother, Pilar Juncosa, wrote the following text for the catalogue of the 1986 auction sale that was used to finance the construction of the Moneo building. Let us keep it fresh in our memories and never forget what they did for us: "It is my wish that this donation should be used to create the necessary infrastructure to fulfil the objectives indicated with my husband in the foundation's deed of incorporation and also verbally on several occasions: "the creation of a dynamic centre for the promotion of culture, which completes the triangle also formed by the other two Barcelona and Saint-Paul-de-Vence foundations. A place where the work of Joan Miró and his development can be observed and studied. Where, in the Son Boter studio and the studio designed by architect Josep Lluís Sert, the 'atmosphere of Miró' can be breathed".

*   *Maria Dolores Miró, Joan Miró's daughter (Barcelona 1930 – Palma de Mallorca 2004).*

1. Extract from a letter from Joan Miró to Pierre Matisse. April 17th 1954. Anne Umland. Chronology for the exhibition "Joan Miró" at New York's Museum of Modern Art, 1993.

2. Dedication in a novel from Camilo José Cela to Joan Miró. January 1958. Palma de Mallorca. Written in the novel *La Familia de Pascual Duarte*, Barcelona: Ediciones Destino, S.L., 1955. The Joan Miró library collection, from the archives of his heirs, Palma de Mallorca.

3. Extract from a letter from Joan Miró to Josep Lluís Sert, dated October 27th 1954. Anne Umland. Chronology for the exhibition "Joan Miró" at New York's Museum of Modern Art, 1993.

Miró in his Studio
Georges Raillard[*]

In the studio built by his friend Sert, at the foot of the steep stairs that lead to the heart of the nave, Miró rediscovered the poetry book he had chosen. Every day, before starting work, he read poetry: passwords spoken at the entrance of a building closed to the landscape.

A building of silence. This music lover, receptive to Varese and Cage, charmed by Stockhausen, 'recharged' ' with music elsewhere. In times past he had gone to listen to music in Palma cathedral, where Gaudi left his mark. But at work, he did not identify with the *Dancer listening to Organ in a Gothic Cathedral*, painted in 1945. Miró used his vital energy and intelligence of reality in silence, to give form and colours to his dream of reforming the world.

"Changing life", Rimbaud wrote. Miró echoes the French poet (1854-1881) he loved so much: in order to change life, one has to "change views". There is a play on the words life and view in French, 'vie' and 'vue'. Like the twisted yarn stretched taut between two playful cats in *The Harlequin's Carnival* (1925), a painting produced simultaneously by dreams and by the hallucinations the artist experienced in his youth as a result of hunger. Miró remembers. Lodged close to the signature, an eye is both a spectator and an actor in an enigmatic world where, as in a Carnival, the sclerotic values and functions of a society that claims it is serious, the roles are reversed, making way for the theatre of mockery and joy. Everything is seen through a different eye.

Miró's works are aimed primarily at our eyes. They sow unrest there. Before making us dream of harmony. A dialogue of the eyes. The most fundamental sign in Miró's language is the eye. From the beginning of his work to the final drawings in Palma, a multitude of eyes. Their gaze fixed on us. Drawn, painted, round, slanting, set in wrinkles like spiders, proliferating, ever more threatening, transforming, governing the faces, becoming the beacons of the compositions.

His own gaze, in the *Self-portrait* of 1919, is full of all his potential. Naturally, Joan Miró's intense blue eyes were all kindness. But they turned steely if his essential principles were involved, in particular the one that mattered to him most: freedom of the spirit. And he had a third gaze, his creative look. It could not be seen directly, one received the reflection of it in his works. This gaze was capable of combing the space between things, of making it visible, of noticing the smallest object, of establishing networks between visible and invisible realities, exposing them "in novelty", as the poets Baudelaire and Rimbaud desired.

From another *Self-portrait* he made a *Poetic artwork*. It has two dates: 1937 and 1960. In 1937 Spain was ravaged by civil war. Miró painted a huge mural composition, *The Reaper,* now lost, for Republican Spain in the international Exposition in Paris. He also painted a poster in which, under the call sent out by a militiaman, one can read the following political declaration in Miró's calligraphy: "In this struggle, I see outdated forces on the fascist side, and on the other side I see the people, whose immense creative resources will give Spain an impetus that will astonish the world".

That year Miró created a monstrous population of characters with sharp teeth and bloated bodies. But at the same time he drew a self-portrait contrary to this world of violence: his suit and tie arranged tidily. An exact drawing, with precise details. But in the portrait's eyes he sowed a sun, a star. He himself becomes the "fire-carrier" in these gloomy times.

In 1960, on a copy of the 1937 drawing, in thick black strokes, Miró painted the lines of strength that make up his language on the portrait: two circles show the eyes, and two loops mark out the body. A world to be constantly redrawn.

Almost mythological, enigmatic, a mediator of the vegetable, animal, terrestrial, cosmic kingdoms, an eye dominates *Ploughed land* (1923). It emerges from the foliage of a carob tree, the tree identified by Miró with his root-taking. The eye beams forth in the *Catalan landscape* (1923-24). In *The Family* (1924) an eye, stationed at a window, fixes the scene. It finds its verse in feminine genitals in germination. Growth is always threatening, Miró said. One head has five eyes, threatening or in disarray, in the *Morning star*. Offered by Miró to his wife, this gouache is one of the 23 *Constellations* painted in 1940-41, in Varengeville, and then in Palma and Montroig after the German invasion of France. The eyes register the violence. And they emit it. They envelop the spectator in the dispersion of the world. In 1934 a *Man* became a jumble of shapes and colours.

Eyes are also bearers of clear-sightedness in the gloom. The title *Characters in the night* insists on this repeatedly. "Eyes are everywhere," Miró said to me of the Roman frescos in Montjuïc that represent bodies covered with eyes, like the one in Ezekiel's vision. He specified by saying, "The whole world is looking at you. There are eyes everywhere. For me everything is alive – this tree has as much life as these animals, it has a soul, a spirit, it isn't just a trunk and some leaves.

These bodies sown with eyes are in themselves ambiguous: *Woman, Bird and Star* or *Woman in front of the sun,* drawn in 1942, project these bodies, for which no name can possibly exist, to date. The eyes wander. They find female genitals. At birth they seize on the signs, among which fertility is the result of scattered, moving sensuality. Miró called this movement of encounter of distinct realities 'coït' (coition).

His work is the result of an exchange between the living eye of the world and our gaze, rendered sharp by this worldly life, often invisible, and which the artist makes us notice. This exchange takes place when painting does not restrict itself to the conventional view of things, to "good taste", and the rules by which conduct is defined, social and political constraint is exercised and the dulling of men is organised by the powers-that-be. Miró demanded the right to excessiveness for all. He himself exercised it in all of his works.

He was able to recognise himself in the words André Breton used to open *Surrealism and Painting* in 1928: "The savage eye exists". In 1934 Miró would give the name "savage paintings" to pastels. He fixed characters where growth and degeneration, turgescence, murderous outbursts and stilted roars of laughter become confused. All mixed up together, and crossbred. His compatriot, J.V. Foix, a poet, used to say of his friend, "Miró should be the great foreigner ".

A whole series of faces from the years 34-35 are haunted by sarcasm and decomposition. At times it has been said that they reflect the threat which hung over the world at the time. Perhaps. But one can never reduce one of Miró's works to an artistic response, a political situation. These faces come from 'elsewhere', from 'yonder', from 'a stranger' that the artist explores. Miró is in sympathy, in symbiosis, with Rimbaud. He made the words of the famous "Letter from the Seer" his own: "I say that one has to be a 'seer', become a 'seer'. The poet becomes a 'seer' through a long, immense and reasoned 'unsettling' of 'all his senses'. All forms of love, of suffering, of madness; he seeks himself, he uses up all the poisons in himself, keeping only the quintessence. (…) Because in truth, the poet is a fire-stealer. He is given responsibility by humanity, even by 'animals'; he must make them feel, listen to his inventions, make them palpable; if what he retrieves from 'yonder' has a form, he gives form; if it is shapeless, shapelessness. Finding language".

Miró's encounter with the world is material, corporeal. In his studio, in order to explain two essential words in his language, "Woman" and "Bird", he mad two movements in space with his arm: this is 'bird'!, this is 'woman'! He distinguished the bodies. Still in his studio, to help me fathom the movement of a large painting, he positioned himself behind me and guided my hand along the figures, so that I could follow their progression, and palpate the life in them.

Here, in Son Abrines, he spoke of Picasso, "One day he said to me: 'Pure creation is a little piece of graffiti, a small gesture on a wall. That is true creation'. This is why the first stage is very important for me. I am interested in the birth". In 1925 he named a large painting *The birth of the world*.

Sometimes he exhibited his role as a mediator: the letters of his name articulate a whole *Landscape* (*The grasshopper*, 1926), where an "escape ladder" secures contact between worldly things and the stellar networks. His signature was anything but the guarantee of authenticity of a work; "My signature is always a graphic element. It opens up the communication and is a plastic art element within that communication. A graphic item, the letters of my name, and the accent on the 'o', it goes 'snap' and links up to the rest. It's a bird, a rocket, a curve that goes up to the top, whoosh! And the signature adapts to the canvas. Here it is like a little spider in a corner". In *The Potato* (1928) the monogram, M, occupies the whole hand-palette of a character produced by a germination.

Rimbaud ascribed colours to the vowels, Miró looked at words, handled them. In 1928 André Breton pronounced this judgement: "I hope Miró will not contradict me if I say that he has other worries than finding someone for whom this is a pure pleasure of the spirit or the eyes. "You can say everything with the rainbow of words": subscribing, as I believe one must, to this maxim of Xavier Forneret's, is not dwelling on the contemplation of this rainbow, it is more than that, it is finding out what Miró says".

The poets showed him the way, accompanied him. Tristan Tzara, René Char, Paul Eluard, Joan Brossa, Jacques Dupin... all shared their pathway with Miró. Work is an opening for the poet, as it is for the painter. "Werk ist Weg", wrote Paul Klee, whom Miró admired.

In pictures, and sometimes in words, Miró said which was his 'path'. This union of the two languages was most fruitful during the *Constellations* series. More than a quarter of a century after they had been painted, they were brought together in a book where, facing the stencil reproductions, the title given to them by Miró appears. And under that title, the poet André Breton wrote "parallel prose".

In this way the 3rd *Constellation* brought together nightmarish characters, all eyes, teeth, thrusts and migrations of sexes following and emphasising progression in stippling. Miró wrote opposite what he painted, "Characters in the night guided by the phosphorescent tracks of snails". And Breton answered to both the painting and the title, "Rare are those who have had need of such aid in broad daylight – that broad daylight in which ordinary mortals like to think they can see clearly. They are called Gérard [Nerval], Xavier [Forneret], Arthur [Rimbaud] ... those who knew that the marked routes, with their proud signposts and leaving nothing to desire in the very tangible terms of footholds, lead absolutely nowhere ".

Miró explored multiple territories in the night. One becomes aware of this diversity by confining oneself to the only works that Breton was close to at one time or another. They were *The Harlequin's Carnival*, *Ploughed land*, *Trap*, *Man with pipe*, *Head*. And also the radical "constructions": *Spanish dancer* (1928), a collage-object made from a small feather fixed to a hat with a hatpin, the couple, man and woman, a small wood panel accompanied by a chain (1931). And *The sunset object* (1937), carved from a carob-tree trunk painted vermilion, with a blue eye, exposing black spider-genitals in its scar. Miró stuck a piece of scrap iron and a shackle into the trunk linked to fertility in his native land, and marked with signs of life. The composition cannot be read like a text: the syntax of the objects and the signs does not form a sentence with a univocal sense. It does not await deciphering. It causes a shock.

This was always Miró's ambition, and his worry: striking a blow. Making the spectator feel it. In this way he or she penetrates into the work, the observer becoming the actor. In this he was true to the invitation of his friend Marcel Duchamp, doubtless the artist he admired the most: "I love his plays on words", he told me.
And in the poetics of Duchamp, as in those of Rimbaud, he found turmoil cast over halted meanings. An eye and genitals exist side by side in a painting. Violence and humour occur at the same time. One can see this in the *Ubus* Miró drew on several occasions. Ubu, an appalling dictator and a ridiculous little man, both born of Alfred Jarry's *King Ubu*. Ubu, puffed up with vanity, wandering, with mother Ubu, in the Balearics (1971).

But during the same, hard, years, he painted *The hope of the man condemned to death* (1974), a triptych where a curved line is interrupted three times, and each time accompanied by a mark of pure colour, red, blue, yellow. Miró had just painted this large canvas when I had these conversations, to which I have already referred several times, with him in Palma. He told me how it was revealed to him that he had represented, without realising it at the time, the torture and death of the young Catalan militant Salvador Puig Antich.

For the painter, as for the poet, words are never simple. Miró wrote "Poetic games". He drew-wrote "The dog barking at the moon awakens the cockerel".

What better way to state that one never governs the way of signs: you set your sights on the moon and you get the cockerel.

The poet and the artist have escape in mind, the blue of *This is the colour of my dreams* (1925). Only the poet and the artist lead towards this. In Palma, right here, indicating the studio where transformations and metamorphoses took place, where a new language was being elaborated, Miró said to me, "My truth is Son Boter".

* Georges Raillard is the author of "Ceci est la couleur de mes rêves", Seuil, Paris, 1977, a book with rich dialogs between the author and Joan Miró.

A Studio for Joan Miró in Mallorca: A Testing Ground for a Better Future
Jaume Freixa*

The commission to design a studio for Miró had a special significance for Sert. Not only was it a way of honouring the friendship that had united them since their youth, but it also meant the creation of a studio for a representative of a new means of artistic expression that Sert loved and helped to disseminate, because he saw it as expressing contemporary desires and sensitivities that could be transposed to the field of architecture. In addition, Son Abrines was situated in a wonderfully Mediterranean setting: the same Mediterranean Sert and his companions had "discovered" in Ibiza in 1928, whose marvellous popular architecture they had revealed to the avant-garde architects of the CIAM.

When he designed the Son Abrines project for a studio, Josep LLuís Sert was living and working in the United States. He was 52 years old (or 53, according to recent discoveries) and he had been a United States citizen for three years. He had an office in New York in partnership with Paul Lester Wiener and a house in Long Island (a residential area of New York, still with a very low density of buildings and, back then, in the midst of the countryside) which had been featured in House and Garden, a highly popular magazine that could always be found in doctors' waiting rooms and hairdressers. By then Sert could visit Spain without being arrested, as had occurred in 1942, but not only was the total "ban from exercising the profession" still valid, decreed by the new Board of Governors of the Architects Association of Catalonia and the Balearic Islands immediately after the occupation of Barcelona in 1939, but his name was (and still would be for many years to come) silenced and censored from all publications, together with the names of other members of the GATEPAC. This is no place for conjecture on the feelings (no doubt impassioned and contradictory, as the feelings that torment exiles often are) that Sert must also have shared towards his native country, with which he maintained very discrete links through a limited circle of friends like Joan Miró, Joan Prats or Sixte Yllescas, but we can assume that in 1954 he felt more American than ever because he had reached a decisive point in his integration into the civil society of his country of adoption. On the one hand, Sert had been Dean of the faculty of the Graduate School of Design at Harvard University since the autumn of 1953. On the other, the State Department had just commissioned him with his first official project: the design of the United States Embassy in Baghdad, the capital of Iraq and kingdom of the new Arab monarchy destined to play an important strategic role in the Near East due to its rich oil reserves. Having achieved a post at Harvard, which he held in conjunction with the position of Chairman or Head of Studies responsible for drawing up programmes and selecting members of teaching staff, thanks to the reputation he had forged through articles and conferences where he acted as spokesman for the vanguard of the Modern Movement in architecture (still identified with the CIAM,[1] which he had presided since 1947), the Baghdad commission finally gave him the opportunity to put into practice all the theories on new aesthetics that he had been preaching to audiences with differing degrees of success. Here was the chance to propose regionalism and monumentality as important values in building design (or, to put it more conventionally, the incorporation of a certain character and representational identity), as opposed to the reductionist uniformity of the "international style" and its monotonous versions in iron and glass. These were ideas Sert had been forced to defend, supported by the work of other architects, particularly Le Corbusier. For Sert it also represented the opportunity to find a niche in the North-American architectural market, which was expected to face a huge demand as a knock-on result of the economic boom of the post-war years. Like so many other architects who began to exercise their profession just before the Second World War, Sert now found himself picking up his professional career alongside much younger colleagues: those generations who would eventually bring the Modern Movement into vogue in the United States, finally drawing the curtain on the eclectic Beaux-Arts forms that managed to survive up until the mid 1950s in conservative environments like Boston.

Miró's studio was designed at the same time as the Baghdad embassy. The latter was a project twenty times larger and logically it must have taken up most of the available time and occupied most members of staff. In consequence, Sert probably kept the Miró project more or less to himself, reserving it for free moments or travel time when he allowed himself the luxury of private thought. This is confirmed by numerous sketches drawn by Sert himself: a phenomenon that would be repeated two years later when his future house in Cambridge (Massachusetts) was the pretext for an even greater number of sketches than the studio for Miró.

With commissions as different in size as the ones mentioned above, Sert began to move away from town planning, where he had made considerable efforts, making theoretical discoveries but carrying out few practical projects. He began a new life in Cambridge where he spent most of the week, and it was easy to assemble a group of loyal ex-pupils who would form the initial core of his future office.

The Background to the Project

An architect's relationship with his project moves beyond the "maternal" or gestational stage of personal sketches when it passes to the harsh light of the drawing board and to the hands of a colleague. It is a traumatic moment like the birth of a child, when solid lines and precise measurements finally confirm whether the formal decisions taken by the person who dreamt up the project retain their appeal when they are transposed to the reality of genuine building materials with all their substance and texture and with the genuine solidity of a real structure. It was very probably in the improvised office above his garage in Brattle Street, (Cambridge Massachusetts) that Sert handed his sketches of Miró's studio to his draughtsmen for them to be copied.

Once on the drawing board, the small Mallorcan project must have been assigned to someone who worked directly with Sert. An accurate, solid model was made of wood and plaster, which still exists today. In his small office in Cambridge, Sert had four assistants: Joseph Zalewski, Gerald Howes, Knud Bastlund and Fumihiko Maki (one Polish, one American, one Danish and the other Japanese). According to Knud Bastlund, it was Zalewski (who was somewhat older than the others and had worked for Le Corbusier before emigrating to the United States[2]) who made the splendid drawings of the façades in ink, enhanced by shading made with screen tone (Zip-a-tone). This technique, which can also be seen in the sections and elevations of the United States Embassy in Baghdad and the Presidential Palace in Cuba, was a graphic art technique that was just beginning to be used in advertising. Even so, equally or even more attractive than those illustrations are the hand-drawn sketches often in perspective made by Sert himself, with a slightly shaky but accurate hand and always with a touch of colour and shade. It is more than possible that the sketches were made during the weekly trips Sert and his wife, Moncha, were forced to make, almost always by train, since going to live in Cambridge in order to spend the weekends at their lovely Long Island home and also maintain the neces-

sary contact with Sert's partner at Town Planning Associates. It is therefore in a first-class train compartment or in the privacy of his small studio in the house in the Locust Valley woods that we can imagine Sert at work with his paper and pencils. Back then in the mid 1950s, the parties the Serts gave in their New York home were famous for the warm, friendly atmosphere created in their 11 x 16 metre (or 22 metre including the gallery) living room, further improved by first-class whisky and *tapas* prepared by Moncha. The beneficiaries of those feasts were most likely his professional colleagues (old and new) and, on a steady basis, the contingent of students graduating from Sert's class every month of June. All of them, like the Serts, had to travel down there from Cambridge, MA or Boston.

A New Plastic Language

With the studio he designed for Miró, Sert broke onto the contemporary architectural scene, with a strong, well-defined, highly personal architectural language.

After almost twenty years building nothing but very simple homes and planning town centres that never got beyond the drawing board, it was to be expected that this project had all the energy of an *opera prima*, with the added benefit of years of reflection and considerable travel. What is most interesting is the fact that this project represents not just the distillation of many years of experimentation, but also the seeds of innovative ideas that would later be incorporated (and perfected and developed) in many subsequent projects. These projects would be carried out over the next twenty-four years (between 1955 and 1979) and they would confirm Sert's success as an architect, making his twilight career a long, brilliant one full of awards and other forms of recognition.

Miró's studio might be described as having a main section formed by a single rectangular nave with a height equivalent to two storeys. Joined to this at one end is another smaller, secondary section, positioned at right angles to the first, so that they together form what is commonly known as an L-shape. This secondary section contains the entrance from the higher part of the land on which the studio stands, an area that also offers access to big house already on the property. The studio occupies part of a field of carob trees on a slope filled with hillside terraces typical of the Mallorcan countryside, supported by dry-stone walls. To make room for the studio, a much wider base was needed than that provided by the narrow hillside terraces. Indeed, a base possibly three times wider was needed. Consequently, the walls erected to support the new platform were twice as high as normal. As a result, seen from the few fields that remain further down the hillside, the building seems to rise up arrogantly on a formidable stone podium, whilst when viewed from the top hillside terraces behind the building it seems to be sunk into the hill. In contrast, if you approach it on the same level from the road leading to the platform on which the building rests, the sensation is more pleasant. This feeling is confirmed as you walk round the outside of the building because, after crossing a terrace at the bottom of the main façade, you come across another larger, more secluded

terrace, rather like a courtyard, behind the building. From this terrace, Miró's studio seems to be surrounded by stone walls as if the mountain had welcomed it into its very heart.

The Outer Casing

Following his studies of tropical habitats and his designs for buildings and churches in latitudes close to the equator, Sert developed a considerable sensitivity and feeling for natural comfort, partly based on the idea of preventing façades from building up too much heat by using lattices, eaves, *brise-soleils* etc, and partly on permitting and controlling currents of air in and through the building's interior. This second point of interest led him to incorporate double roofs or interior courtyards. Needless to say, these added architectural elements were formidable resources in giving texture, light and shade, coordination and colour to the outer casing of his buildings and, in order to filter atmospheric agents and sunlight, these façades were unusually thick. With the exception of his own home in Cambridge, all his projects in the 1950s (the United States Embassy in Baghdad, Joan Miró's studio we are dealing with here, the Presidential Palace in Havana and the Maeght Foundation which he began to design in 1958) all share this kind of "thick skin". Mlró's studio is a prime example and testing ground for all these projects. The southern façade has lots of relief work, with four different layers. Firstly, jutting out at the top, there are strong projections formed by the outlines of the vaulted roof sections and roof slabs. A second layer of the façade consists of the outer face of a series of narrow, deep columns which frame a series of ceramic panels at first-floor level. This second layer also comprises latticework and a balcony with big vertical slats used to protect the third layer: the first floor windows. Finally, the ground floor reveals another layer, set back almost one metre behind the second, formed by windows and doors.

As if that were not enough, in addition to the natural shades of baked clay framed by the white concrete structure, the façade also incorporates the use of primary colours (blue, red and yellow) for doors and other openings. In this case, the colours are perhaps a gesture of affinity with the ideas of the painter for whom the studio was being designed.

All the above features are subject to a sense of visual control closely associated with the world of painting, even the fact that one's perception changes with distance. When viewed from a mid distance, it is the mesh-like appearance of the building's white-painted structure (despite its ambiguous relationship with the window frames as if the latter were subdivisions of the former) that acts as a link for the façade's different features, hanging them like a basket from the strong "flying bird" of its roof and unifying everything.

The roof owes its imposing, soaring appearance to the lines of its silhouette and, above all, to the projection formed by the extremes of its roof slabs. Protruding beyond the façade on which they rest, they act like visors, jutting out under the strong Mediterranean sun and projecting shadows down onto the façade, enlivening surfaces that already have a good deal of texture.

On the roof, the two highest sections were not originally skylights but aerators, with slats that can still be seen from inside. During several trips to the Middle East in connection with the Baghdad Embassy project, Sert was attracted by the aerators that rose up into the air like fat bumps on the local houses and he decided to adapt them for use on vaulted roofs in order to ensure permanent ventilation. Of course, although Mallorca has a mild climate, it was not entirely suited to his hypothesis, and glass had to be fitted in the high windows. Nevertheless the idea was soon transformed into different skylights and these would be a feature of other future projects by Sert as a superb means of capturing light. Sert's research on these external openings and on light control would later be published as his "Theory of the Three Windows" (for ventilation, looking through and providing light), and this might have given rise to the openings positioned in very different parts of the building, some sealed with transparent material and some not.[3]

Through these façades, more than their actual interiors, Sert was proposing a new architectural vocabulary and, by doing so, he converted this modest project into a second professional début: a testing ground for new plastic expression. In combination with the materials used to form the studio walls, the expressive exuberance of its roof and the beauty of its carpentry represent a complete break-away from the severity of pre-war functionalism, with its smooth, so reductive geometrism. In his own individual way, Sert also shared Le Corbusier's formal impetus, which had evolved since 1933 and progressed toward a highly abstract form of sculptural plastics, reaching a peak with the creation of his chapel at Ronchamp (1950). This whole movement towards the formal characterization of each building and the plastic expression of its author contrasts with the Spanish architectural panorama of the mid 1950s, which was still governed by functionalist beliefs attributable to the cultural catching-up process after the Spanish Civil War and post-war ideological control (only very slightly invigorated by Aalto's influence on certain Madrid architects). It might be said that this strongly Mediterranean building has no connection with the history of contemporary Catalan or Spanish architecture, even though it was included in the first anthology of Spanish architecture.[4]

Everything about the studio that was created for Miró in Son Abrines transmits the optimistic message that it is possible to design forms able to stimulate the imagination and stir the emotions using inexpensive building systems (which are sometimes traditional ones) without abandoning functionality as a priority. This is coherent with declarations[5] made by Sert himself a few years earlier.

Almost half a century later, we still need to listen to his message and learn from his optimism.

* Jaume Freixa is an architect and professor at the Polytechnic University of Catalonia. He worked for 10 years (1969-1979) in the firm of Josep Lluís Sert, Jackson and Associates in Cambridge, Massachusetts.

1. Congrés Internationaux d'Architecture Moderne (International Congresses of Modern Architecture): nine congresses held in different European cities between 1928 and 1953, which brought together groups of architects interested in the problems of modern architecture and town planning.

2. Joseph Zalewski, (born Warsaw 1911, died Boston 1980). Zalewski, who collaborated professionally with Sert from the very beginning of his early career in New York, taught at Harvard University's Graduate School of Design from 1954 and worked as a partner in the offices of Sert, Jackson and Gourley from 1958. Zalewski accompanied Sert when project decisions were made, acting as a kind of "in-house critic". Knud Bastlund (Copenhagen, 1930-1993) was a Danish architect and one of Sert's first group of students. Later he taught at the Royal Academy of Architecture in Denmark. He wrote the first monographic work about Sert: "José Luis Sert", published by Artemis in Zurich in 1967. The information quoted in the article is taken from an interview in 1986.

3. A conference given in 1963 at the R.I.B.A. in London. Dealt with previously in "Windows and Walls, an Approach to Design", an article published in Architectural Record in May 1962.

4. Carlos Flores, Arquitectura española contemporánea, Madrid: Aguilar, 1961.

5. Josep Lluís Sert, Jacqueline Tyrwhitt and Ernesto Nathan Rogers, "Centres of Community Life" in The Heart of the City: Towards the Humanisation of Urban Life, New York: Pellegrini and Cudahy, 1952, pp. 13-14.
The complete sentences is as follows:
"The need for the superfluous is as old as mankind. This must now be openly recognised and an end made of the deceptive attitudes that try to find a functional justification for elements that are frankly superfluous when judged by the stern architectural standards of the twenties. This does not mean buildings should not be functional. They should, as much as we have always wanted them to be. Elements that can be added towards a greater architectural expression, a richer plasticity, a more sculptural quality should not hinder function in any way. Neither should the elements lending more expression to a building borrow anything from past styles. The best painters and sculptors of our time have found new means of expression. They show us the way towards a more completed architecture…"

Son Boter
Bartolomé Bestard[*]

The Fundació Pilar i Joan Miró stands at the top of a hillside in the Cala Mayor district of Palma, in the west of the city. Despite the building work that has gone on in recent decades, it is a privileged location with views of the Bay of Palma to the south and the Sierra de Tramontana mountains to the north. At the foot of the hill is the old road that linked Palma to Andratx, now known as Calle Joan Miró. To the north is a road connecting Cala Mayor to the districts of Génova and La Bonanova.

The foundation was created in 1981, after Pilar Juncosa and Joan Miró donated part of the land belonging to Son Abrines, including the Sert studio and a property called Son Boter. Finally, in 1991 a new building was made, designed by the architect Rafael Moneo, and this became the main foundation building.

Son Boter was bought by the Miró-Juncosa family in 1959. This acquisition allowed the family to extend Son Abrines, the property they already owned, giving Joan Miró further privacy and, more particularly, a bigger area to create and store the large works of art that the artist would go on to make. Miró himself pointed this out to his friend Josep Lluís Sert in a letter dated October 9th 1959: "I've just bought 'Son Boter', the magnificent house behind ours. As well as being a good investment, more particularly it offers us privacy from tiresome neighbours. I'll also be able to use it to create very big canvases and sculptures, freeing space in the studio. It will also be used for the 'Foundation'"[1]. This was no doubt one of the most important episodes in the history of Son Boter, although not the only one. I will now list some of the historic events that took place on the property, as well as describing its main building, in order to familiarize people with this part of the Fundació Pilar i Joan Miró.

Its Origins

The name

The name Son Boter can be traced back to the 14th century, when the property took the name of its owner. In 1393 a merchant from the Santa Cruz parish of Palma, Lorenzo Boter, bought a vineyard from Nicolás de Déu. The land bordered the Porto Pi road, Calvià road and other land already owned by Boter.[2] In this way, several pieces of adjoining land came into the possession of the merchant, and this must have given rise to the name Son Boter which has survived to the present day, even if the land he built up did not have exactly the same dimensions as the final property.

This traditional use of the owner's surname preceded by the contraction Son (meaning açò d'en or this of) to name a property dates back to medieval times. Today when we talk about Son Boter, we are referring to the house and its immediate vicinity, but for centuries it was used to describe the estate and not the buildings we can see today on the property. These must date back to the late 18th century.

Ownership

Immediately after the Christian conquest of Ciudad de Mallorca (as Palma was known) by King Jaime I of Aragón, the island's lands were shared out among the monarch and leading noblemen who had contributed toward the military campaign. This was known as the Repartiment: a set of documents listing the island's different properties and their new owners. In the 1230 Repartiment, the concept of a piece of land known as a caballería appears. These were areas of land subject to a feudal form of control known in written history as fee simple absolute or absolute ownership. The freehold owners of a piece of land were entitled to a series of land rights. Meanwhile, its beneficial users could exploit the land but they were also obliged to pay its freehold owners.

From the 17th century onward and possibly even before, the Son Boter estate formed part of a caballería called

Son Vich, owned by the Rossinyol family. In 1653 Jaime Rossinyol sold it to a canon, Jerónimo Ballester de Togores, Count of Ayamans. From then on, the *caballería* belonged to the Count of Ayamans and his successors. The 1742 property register lists the properties belonging to Jaime Ballester de Togores, Count of Ayamans. These include the Son Vich *caballería*, "which, as well as feudal payments of hens, also possesses tithes and other entitlements levied on those living in the rural estate known as Son Vich, which constitutes the said 'caballería', situated in the city municipality beside Bellver Castle. Its boundaries are Bellver Castle, the Son Berga estate, the mountain known as Burguesa, the Bendinat estate, and the sea shore along Cala Mayor, Cala Formatge, and Porto Pi until the cove known as El Puente del Diablo and Cala de la Torre d'en Carrós…"[3]. In 1930, Mariano Gual de Togores, Count of Ayamans, sold the allodial rights and all tributes levied on the Son Boter estate to Gabriel Jaume Coll,[4] and these were inherited by his daughter Juana Ana Jaume Llabrés.[5]

In parallel, Son Boter's beneficial users (in other words, those entitled to exploit or use the land) also changed over the course of history. In the late 14th century, the beneficial owner of the piece of land known as Son Boter was Lorenzo Boter, the merchant after whom it was called. In the 18th century, the property belonged to the Martorell family,[6] originally from the town of Pollensa. In the early 19th century, Juana Martorell Danús inherited it from her father.[7] Juana married the first court bailiff of the Mallorca Law Courts, Francisco de Asprer y de Canal. Her son, Francisco, went on to inherit Son Boter, followed in turn by his son, Francisco de Asprer y Fuster de Puigdorfila. In 1868, Don Francisco sold the property to Catalina Rosselló Pujol, whose granddaughter married Rafael de Isasi Ransone.[8] Teresa de Isasi, their daughter, owned it until the late 1950s when it was sold. Finally, in 1959, Son Boter was bought by the Miró-Juncosa family.

In about 1874, the following description was made of Son Boter: "…situated at a point called La Bonanova and covering an area of about nine and three quarter 'cuarteradas', … bordering the road to Génova to the north, the old road to Andraitx to the south, the Son Abrines estate belonging to Nicolás Siquier to the east, and properties known as Can Sebas, owned by Don Juan (alias 'Sebas'), and Cala Mayor, owned by Miguel Alemany, to the west"[9]. For many years (perhaps from the late 14th century, when different pieces of land were united following transactions by Lorenzo Boter), Son Boter probably remained much the same in size as the description we have just quoted.

The Building

In Mallorcan architecture, the gothic influence persisted well into the 18th century, with the survival of medieval reminiscences, forms and features. It is from the 17th century onwards that some variation in traditional Mallorcan architecture can be seen.[10] The 18th century, when the building in question was made, was characterized by little new building work. Instead, building activities tended to concentrate on alterations or extensions to existing properties. From the second half of the

1700s, there was a greater interest and focus on rural buildings. This phenomenon was partly due to a change in mentality by society, as a result of which the countryside occasionally came to be regarded as a place for leisure and escape as well as a production centre for the agricultural sector.[11] The most striking example is *Son Berga Nou* in Establiments, on the outskirts of Palma. Newly built in 1776, this house was globally conceived as a place for rest, relaxation and leisure, both in terms of the building itself and its surroundings (the garden, orchard and wood). It had very little to do with the traditional concept of an agricultural estate and was much more closely associated with the new way of life and mentality of Palma's well-off social class. Other contemporary examples are the Canet estate in Esporlas, the Alfabia estate or Raixa in Buñola.

At the same time, in the late 18th century a new trend in building emerged (which became even more popular throughout the 19th century) for houses that were midway between an urban mansion and a *possessió* or rural estate. I am referring to a whole series of buildings that began to appear in semi-rural, semi-urban areas (outside the city walls but within a short distance of the city). The Son Armadans, El Terreno and Cala Mayor areas are perhaps the most representative examples of this phenomenon. Initially only isolated buildings started to appear, intended for use as residences during the spring and summer months. Their occupants went there in search of tranquillity, for family get-togethers or simply for leisure purposes in summer. The first examples include a property called *El Terreno* (which belonged to the Despuig family and was originally the intended destination for a series of antiques from Cardinal Antonio Despuig's study that were finally sent to another property called *Raixa*) or the house of the naturalist and painter, Cristóbal Vilella, later known as *Son Catlaret*, built as a result of a royal concession granted in 1784. Another example is Corb Marí, which belonged to the Barceló family, also built thanks to a royal concession granted in 1805. It is in this context that Son Boter's main house was built. It is a house of mixed characteristics, halfway between a country house and an urban home. Its end purpose was none other but to accommodate its owners during the spring and summer, allowing them to spend their summers or free time there. It is not therefore a genuine country house but instead an example of the first generation of holiday homes that appeared in Mallorca in the late 18th century.

Son Boter has three separate estate buildings: the main house designed to accommodate the estate's owners, another much smaller one behind the first, where the people who looked after the estate lived, and lastly a rectangular water tank of no mean size. In this article I will concentrate on the main building.

The first thing that strikes you as you look at Son Boter is its architectural unity. The house, which almost certainly dates back to the late 18th century, is the result of a single architectural design project. Although this may initially seem normal, it was in fact an exception, given the architectural scenario back then.[12] As a result, right

from the very outset we notice how well-balanced its different elements are, with an order that only enhances the beauty of the building. This unity can also be observed in its carpentry and metal door fittings, with the use of the same models throughout the entire building except for the occasional more modern design.

Another characteristic of Son Boter is its architectural style: the legacy of local building traditions. This is demonstrated by the use of building materials, the shape of its windows and doorways and the internal layout of the house. By this I mean that although the house was destined for use as a holiday home, it has the same traditional design used in agricultural estates: a phenomenon that would disappear, as we saw, in the late 19th century with the strong emergence of a Mallorcan middle class who brought new architectural ideas with them.

Son Boter's main façade overlooks the sea at Cala Mayor. The façade is a rectangular wall made of some kind of earth, stone and lime mortar, except for the corners and the windows and doorways which are faced with sandstone known locally as *marés*. The façade is longer than it is high, although this by no means hinders its harmonic proportions and sense of unity. Heightwise, it is divided into three sections corresponding to the building's internal layout, with a ground floor, main first floor and an attic. An extra section can be seen which was built on to the west side of the house at a later date. It runs from the front to the back façade and was originally designed as a garage for carriages, with a roof that was turned into a first-floor terrace. Years later, when it was owned by Joan Miró, this garage was divided into two floors and made into a printing workshop.

The windows and doors in the façade were designed in an ordered, symmetrical way. The ground floor has a main entrance, flanked by two windows that were later made into small doorways. The main entrance has a round arch, known in Mallorca as a *portal foráneo*. As for the built-on garage, which currently houses the graphic workshops of the *Fundació Pilar i Joan Miró*, it has a central doorway with an elliptical arch that lets in plenty of light. Originally designed as an entrance for carriages, at a later date a small window was added above it.

At first-floor level, the façade has a central window composed of a vertical rectangle that stands above the ground-floor entrance. It is flanked by two smaller ones. All three have sandstone mouldings at the bottom, typical of traditional Mallorcan architecture. To complete this description of the first floor, I must also include the terrace, mentioned above, over the old garage. This runs from the front to the back façade, with an iron railing fixed to pilasters, finished off with sandstone cyma moulding. This type of railing is typical of terraces and balconies built in Palma in the late 19th century and early 20th century.

Finally at the top attic-level, there are three small openings in the façade reminiscent of the old covered roof terraces of traditional Mallorcan houses.

The windows have outer shutters, as do the two lateral doorways (that were also originally windows, as mentioned above). The main entrance has a two-leaf wooden door, and both the doorknocker and the outer lock fitting have ornamentation typical of traditional Mallorcan craftsmanship. These ironwork designs can also be seen inside the building on the internal shutters of the windows and on hinges and railings.

When you enter the building, a large rectangular room connects the different parts of the house. It is flanked by four other rooms, two on each side, all of a similar size. The first room on the left was once a dining room,[13] and a small stone sink can still be seen in one corner together with a beautiful built-in cupboard that must once have been used as a dresser. Once again we can appreciate its ironwork with traditional local designs, as mentioned above, but in this case even more splendid. The back left-hand room, which adjoins the latter, used to be the kitchen. To reach the back right-hand room, you must go down some steps, because it has a lower floor. This room must once have been used as a storeroom or silo, as indicated by the cone-shaped chute that passes through the wall from the east façade outside, used to deliver goods to the room. As for the ground-floor carpentry, except for two doors, it corresponds to the same general pattern used throughout the house: flat-surfaced single-leaf doors with round wooden knobs in the middle, and windows with internal wooden panels and ironwork, except for the two windows in the main façade that were converted into doors.

At the back of the first room you enter, a striking-looking staircase leads up to the first floor. The stairs themselves have a medieval design that was very common in Mallorca during the medieval period although its use has almost died out in modern times. Nevertheless, in exceptional cases very late examples can be found, like the staircases made in the 18th century at the entrance to the cells of Lluc Monastery or Son Boter. In contrast, the banister is more in keeping with the rest of the house. It is made of iron, with simple, unornamented flat rods finished off at the top where they meet the handrail with round, flattened brass balls. The staircase has two sections, forming an L shape. At the point where they meet, there is a landing leading to a small room known traditionally as a study, where the owner would have his office.

On the top landing there are three doors: one leading to the servants' quarters, the second to the attic and the third to the main room. This is the same size as the ground-floor entrance room and there is a fireplace on one side. The wall opposite the entrance contains the main window, which overlooks the front door downstairs. The room leads to two others, one on either side. On the left, it originally led to a chapel and on the right there was an office which still leads to the terrace. The other rooms were bedrooms.

Finally, the attic was used for many different things, particularly for keeping certain types of food like tomatoes, onions and garlic.

Traditionally, since far distant times, Son Boter was run as an agricultural estate with vineyards and almond groves.

At the end of the 18th century, the Martorell family decided to build a house, very probably so that they could spend the spring and summer there. Its proximity to Palma and rural setting made it a prime location for their holidays and it was used as such during the entire 19th and first half of the 20th centuries. In 1959, Joan Miró bought the property and it became a new creative space for the artist, who conserved the building in its original condition.

* Bartolomé Bestard is the city chronicler of Palma de Mallorca.

1. The Josep Lluís Sert Collection, Special Collections of the Frances Loeb Library, Harvard University, Graduate School of Design.

2. Mallorca Diocesan Archives, Santa Clara Parish Archives-371. Published by Joan Rosselló i Lliteras, "Els pergamins de l'arxiu parroquial de Santa Creu" (Parchments from the Santa Cruz Parish Archives), Palma, 1989, p. 177.

3. Mallorca Diocesan Archives, Royal Land Registry -1153, folio 69.

4. Land Register. Property 114, entry 14.

5. Land Register. Property 28,981, entry 4.

6. The Martorell family is documented as existing in Mallorca in the 13th century. Proof of the family's ancient roots and its nobility are the 14th century stone family crests that can still be seen on one of Palma's oldest houses in Calle Sans. The branch of the Martorell family we are dealing with here originally came from the town of Pollensa and they are documented as existing since the 13th century [extract from Montaña].

7. Juana Martorell Danús inherited it from her father, Juan Martorell Landívar, the son of Berenguer Martorell Bennàssar. The latter was born in Pollensa in 1716, although like many other 18th century Mallorcan families, the family soon resided in Palma for certain months of the year.

8. Catalina Rosselló Pujol married Honorato Salvá. One of their daughters, Margarita, married Francisco González y Brianes and their daughter, Catalina, married Rafael de Isasi.

9. Land Register. Property 114, entry 2.

10. This is pointed out by Catalina Catarellas Camps, La arquitectura mallorquina desde la ilustración a la restauración (Mallorcan Architecture from the Enlightenment to the Restoration), Palma: Institute for Balearic Studies, 1981, p. 37.

11. Ibidem, p. 118.

12. Ibidem, p. 103.

13. A "cuarterada" is equivalent to 7,103 m2.

Between Son Abrines and Son Boter: The Fundació Pilar i Joan Miró a Mallorca
Rafael Moneo[*]

It is not hard to imagine what the area round Son Abrines was like when Miró returned to Mallorca in 1949. The piece of land that was his from then on overlooked the sea, with views of Bellver Castle and the top of the Sierra de Na Burguesa hills whose lower slopes divide the Bay of Palma from the Bendinat coast. Miró wished to live there and enjoy the Mallorca he had known in his youth, and he asked his brother-in-law, the architect Enric Juncosa, to build him a home. The house Juncosa built Pilar and Joan Miró blended harmoniously into the background setting, combining the ideals of both highbrow and popular architecture. Consequently, Miró's house, which at first sight could be the home of a well-off Palma resident, soon became a magnet for painters, critics and art dealers, who came to visit Miró in the knowledge that this was the place where one of the 20th century's most outstanding artists produced his amazing work.

In the mid 1950s, Miró felt the need for a bigger studio and he asked his old friend, Josep Lluís Sert, to design one for him. The two men had worked together on various different occasions following their first collaborative experience when they worked on the design of the Spanish pavilion for the 1937 Paris Expo. Sert, who was then Dean of Harvard's Graduate School of Design, was delighted to accept the commission. The commission would enable him to return to his native country and, more importantly, to fulfil an old desire: to propose a possible example of Mediterranean architecture. The studio Sert built for Miró is a masterpiece in design, skilfully combining local materials with advanced design techniques, with an intelligent use of light and colour. It is a tribute to architecture as a spatial concept and, at the same time, to architectural design. The studio Sert designed for Miró was also a whole new experiment and a foretaste of what would later be one of his most successful works, the Maeght Foundation in Saint-Paul-de-Vence.

Years later, Miró added another house, Son Boter, to his property. By doing so, he satisfied an old desire that had nagged him since first going to live on the hillside: he had long wished to become the owner of the first house ever built on those lands. "I've just bought Son Boter," said Miró in a letter to Josep Lluís Sert in 1959, "the magnificent house behind ours. As well as being a good investment, more particularly it offers us privacy from tiresome neighbours. I'll also be able to use it to create very big canvases and sculptures, freeing space in the studio". From the very top of the hillside amid a small pine grove, Miró had an even better view of the island landscape that was so dear to him. By purchasing Son Boter, Miró was now paying a tribute to the past, because Son Boter is a prime example of the history of Mallorca. Its balanced proportions, solid walls, elegant doorways and windows, and the logic that prevails over the design of all its architectural features clearly denote a selective past. By adding Son Boter to Son Abrines, Miró completed the framework for his universe. The use the painter made of its walls, with that unforgettable graffiti that bears witness to his capacity of a painter, demonstrates how dearly Miró loved the new house.

Nevertheless, while Miró was extending his protective mantle over the hillside, the sudden explosion in tourism to the Balearic Islands began to become noticeable in the area. The constant construction of apartment blocks around the painter's property soon left its mark. An area that had once been a clear example of how the Mallorcan people made use of their island soon became a vulgar outlying district of Palma, with inferior quality buildings that highlighted the lack of sensitivity, if not greed, of their developers. Miró must have suffered very greatly when he witnessed how his fellow countrymen put into practice their concept of ownership in such an irresponsible way. What had once been a bucolic hillside only continued to be so within the boundaries of the painter's property, whose limits were marked by a solid masonry wall. On the other side of the wall, apartment blocks sprang up with no apparent respect for regulations although seemingly they complied with them. Having reached a decision not to argue with his neighbours, one by one Miró lost the images of Palma he so adored.

In the summer of 1986, when Pilar Juncosa de Miró's brother, the doctor Luis Juncosa, and the then Director of the foundation, Miguel Servera, took me to see the place where the new building was to be made, I was dismayed. The surrounding landscape was barely visible from the property. A place that had once overlooked Palma had now become part of the city itself. Right from the outset I felt that the new building should react against such a hostile environment and even today when I have to describe the architecture of the foundation building, I feel obliged to mention this first gut feeling I had when I saw the place. The first sketch I still possess of what would later become the foundation shows the idea of a wall that would literally ignore the new buildings, focusing our vision on the house built by architect, Enric Juncosa, and the Sert studio. In the background is the silhouette of the foothills of the mountains (still Mallorca), with our attention focused just on Miró. Entering what someone called "Miró territory" was only possible if you blocked out the obsessive presence of the huge blocks of flats that rose up around the estate formed by Son Abrines and Son Boter. A wall was therefore built, leading to the creation of a linear building with hardly any doors or windows to the north and a portico on the south side, where the foundation's different services are located, and a zigzagging fragmented room (or, to put it more simply, a star-shaped room) specially designed to house the collection of paintings by Miró that the foundation owns. Thus today, when visitors enter the foundation from the Bonanova road, the wall shelters them as they walk along, attracted by the balcony they can see at the end. Once they reach it, they find themselves in another world: one that opens up in search of a lost sea. The water is there again, though. The new building has recovered it, using it to welcome visitors. The water transports us to that distant bay Joan Miró's eyes rested on with such satisfaction. Its coolness alleviates the effects of the sun and, from the shady portico when we turn our backs to the sea, we find ourselves in the same setting Joan Miró lived in, with his home, his studio and, in the distance, Son Abrines and Son Boter. Water crowns the irregular, star-shaped building, instantly bringing to mind images of military architecture, citadels and defensive walls. The foundation building reacts energetically to the harsh environment. Striking and sharp-edged like the remains of a bastion, the gallery building ignores the surrounding environment. It responds irately to the negligence with which the once beautiful hillside has been developed. The foundation building turns in on itself, using its aggressive, zigzagging geometry to protect itself from the mediocre buildings around it. Defended by a series of pools, reminiscent of the glacis of walled cities, it defiantly resists the surrounding environment and the burning

Mallorca sun with solid walls in which a dense network of "brise-soleils" (an architectural feature so popular with Josep Lluís Sert) allows light to filter in but not the sun's rays. The gallery-museum defies the surrounding environment, resisting and ignoring it. That is why the windows are protected by concrete diaphragms, followed by a subtle alabaster membrane, freeing us from that deplorable example of urban development. Only from the lower windows do we have contact with the garden, so that our eyes are inevitably drawn towards it.

The gallery's jerky, fragmented architecture makes it easy to exhibit Joan Miró's work there. The zigzagging, fragmented interior of the foundation building echoes that kind of perception of Miró's work. The gallery is an indefinable room, impossible to describe, infused with light from an unexpected chain of reflections that have nothing whatsoever to do with the focused, continuous light associated with conventional skylights. Someone commented that the hazy light that envelops us in the gallery is reminiscent of a wet sea bed and that the skylights in the pool-roof account for and indeed guarantee this. You can understand how delighted I would be if this generous comment were true. If so, his paintings, sculptures and ceramics and the objects he gathered with such interest and care from Mallorca's beaches would now find themselves in a secluded gallery rather like the seabed Miró so adored. Through the low windows the reflected water of the pools enters, contributing to that underwater atmosphere the gallery suggests. The water is an allusion to Miró. It breaths life into the texture of the walls on which his works hang, making the reds, yellows and blues vibrate, making them revel in the vitality of that constant change, in the life the painter sought to give his colours.

The garden also plays a key role in that deliberate dispute between the foundation building and other surrounding ones. The garden is an anchor, mooring the foundation building firmly to the earth via the pools and ponds mentioned above, which contribute so strongly to its fresh, cool atmosphere. The figurative freshness the interior is designed to transmit is thus maintained outside. Water is one of the garden's fundamental components. It is a garden with murmuring background water (the lost sea) where traditional Mallorcan plants form closed ranks, creating a dense green space. In the garden, Miró's sculptures rise up above pools and ponds, and on its walls there is a beautiful mosaic by the ceramicist María Antonia Carbó, further emphasizing the global, integral vision of architecture that we understand Miró to have had. The cafeteria can also be regarded as one of the garden's active components, designed to reflect the same spirit of Miró as the gallery. In it there is a mural: yet another example of the highly productive collaborative relationship between the painter and the Llorens family of ceramicists. Thus not only is it a place for visitors to rest. It also offers one of the most comprehensive visions of "Miró territory".

As for the foundation's design, I shall now describe it following the same itinerary that visitors to the foundation make. After walking along the wall to the foundation building and sensing Miró's presence under the portico

where he enjoyed the coolness of the water and the view of the house and studio where he worked and lived, let us imagine that our visitors cross the threshold into the foundation building. On this top floor (the formal entrance to the building), they will see the reception and a staircase that leads down to the lower floors. This top floor contains the foundation's administrative services and the offices of the conservation team and the Director. Going down the stairway, they find themselves in a spacious area mainly occupied by a bookshop and store, with the entrance to the gallery. This same area, which is rather like an indoor square with splendid views of Son Abrines, also leads to a corridor that runs parallel to the longitudinal wall you see when you first enter the foundation. The corridor leads to a conference room, library and exhibition room (in this last case used to keep the foundation in contact with up-to-date forms of artistic expression). Another lower floor, which can be reached directly from outside, contains the restoration workshop and the storerooms used for graphic work, paintings and sculptures. As Miró said, the foundation must be a centre for living art and this is reflected by the building's design. Finally, I should add that, thanks to the uneven terrain, all these rooms have natural light and they always offer views of the garden, the gallery, their sculptures and their mosaics.

From what I have said, it is easy to understand how much the architecture of the foundation building has been conditioned by its setting and by a respect for the presence and work of Joan Miró. That is why local materials were chosen to make the building. The tradition of staggered hillside terraces has been maintained, by both the long wall and the fractured geometry of the gallery. Dry stone is replaced by roughened mass concrete. In reality, the only two materials used are the almost rock-like mass concrete and Santanyí stone (which is so popular on the island). A terse red stucco surface highlights the shadows of the open-air corridors that overlook that garden and the water that collects after gushing so generously over the edges of the pool on the roof. Everything in the foundation (including its interiors, where alabaster filters the light from windows transformed into amazing, huge lamps) has something akin to an invented geology, like one of those objects discovered by Miró during his keen scrutiny of the ground on which he trod (although, in this case on another scale).

The city of Palma needed to pay public tribute to one of its most eminent residents. As an architect, I am very proud to have contributed to this by having had the fortune to design the building of the foundation that bears both his name and that of his wife, Pilar Juncosa: a building, as I have emphasized here, intended to echo the spirit of his work, whilst also conserving the memory of his years in Mallorca; a piece of architecture that would physically enrich a place so dear to him.

* Rafael Moneo, Pritzker Prize in 1996 and Professor of Architecture, Graduate School of Design, Harvard University. Architect of the Fundació Pilar i Joan Miró a Mallorca.

'Il faut toujours replacer l'art dans la vie':
The Collection of the Fundació Pilar i
Joan Miró
William Jeffett[*]

The collection of the Fundació Pilar i Joan Miró offers a central key to the understanding Joan Miró's mature work as an artist. The crucible of the collection is the Son Abrines studio built for him by the architect José Luis Sert in 1956. The construction and move to the studio prompted one of the most significant transitions for Miró's artistic development. It offered at once a re-appraisal of earlier work and ample space for a new, energetic direction which would culminate in the prodigious work of the late 1960s and 1970s. Miró filled the studio with objects which would provoke inspiration and complement the figures conjured up in painting and embodied in sculpture. The studio represented what the artist once called the 'Miró Atmosphere' -a poetic space for artistic production.

In the 1960s Miró stayed in touch not only with the artistic developments of a younger generation of American and European artists, but with the tumultuous social transformations then taking place. In May 1969 Miró clandestinely executed, working through the night, an ephemeral mural on the glass façade of the Col·legi d'Arquitectes in Barcelona as an expression of solidarity with younger artists. This alternative presentation of 'Miró Otro' was staged at the time of the more official exhibition held at the Hospital de Santa Creu, which was a continuation of Miró's 1968 retrospective at the Fondation Maeght in St Paul de Vence. 'Miró Otro' signified Miró's commitment to an ephemeral and transient notion of poetic expression; it was one which undermined the increasing economic value of easel painting as it sought a direct form of communication with the audience. Miró established a poetic form of resistance against the stultifying last years of the Franco Dictatorship.

In May 1974 the Grand Palais presented a large Miró retrospective. Determined not to appear moribund, Miró embarked on one of his most productive periods, so as to present himself as a contemporary artist. As he explained to Jeanine Warnod in the pages of Le Figaro:

> Cette exposition est le contraire d'une retrospective. Je veux montrer un Miró vivant. Des toiles anciennes. Il en faut, bien sûr, et je ne les renie pas, mais l'important, c'est de poursuivre la lutte entre moi et ce que je fais, entre moi et le malaise que je ressens lorsque mon travail ne me satisfait pas.[1]

Most of the paintings for the 1974 exhibition were executed in the Son Abrines studio. In preparation for the exhibition, sculptural works and some larger paintings - such as the magisterial canvas measuring more than six metres, Personnages et oiseaux dans la nuit (19 January 1974, Centre Georges Pompidou)- were undertaken in the Son Boter studio, the seventeenth-century building adjacent to the Sert Studio which Miró acquired in 1960. Again Miró sought to project the breadth of his work rather than capitulate to his reputation as a painter. Painting was complemented by assemblage objects, bronze

and polyester sculpture, tapestries ("Sobreteixims") and ceramics in demonstration of the artist's vital capacity to be a contemporary compromised with the current situation. The retrospective further demonstrated Miró's challenge to easel painting and his affirmation of non-painterly materials as an aggressive assertion of freedom in the face of repression. Paris additionally offered him a public platform by which he could challenge Franco's Spain on an international level with the powerful triptych L'Espoir du condamné à morte I-III (1974; Fundació Joan Miró, Barcelona), painted in homage to the recently executed Catalan anarchist Salvador Puig Antich (2 March 1974). This point was underscored by Jacques Dupin in his catalogue essay,

> Le tableau le plus difficile d'accès peut-être, et le plus important, sans doute, de cette exposition, est un tryptique intitulé L'Espoir du condamné à morte. Il a été commencé longtemps avant l'arrestation, le jugement et la condemnation à mort d'un jeune militant anarchiste de Catalogne. Il a été terminé quelques jours avant l'exécution de ce dernier par le procédé du garrot.[2]

Not only was the 1974 exhibition a key moment in the artist's mature evolution, it prompted numerous explorations following the exhibition. The collection of the Fundació Pilar i Joan Miró is especially marked by the impact of this Paris exhibition, and it is not possible fully to understand Miró in the 1960s and 1970s without taking account of this collection. The 131 paintings were the contents of the studios. In addition there are 29 bronzes, the majority cast at Parellada, the foundry Miró favoured in the 1970s, two assemblage sculptures and two large-format ceramic sculptures. Over one hundred independent drawings reflect the artist's direct approach to the drawing medium. A large group of hundreds of preparatory drawings (and sketchbooks) take the form of annotated sketches for the most part and can be related for the most part to painting and sculpture. It is here that the full plenitude of Miró's creativity is revealed as artistic process. Further, there are graphic works, printing plates and maquettes for public projects such as murals, demonstrating Miró's capacity to integrate multiple areas of interest into a unified artistic vision.

Painting

Miró's painting was in step with the tenor of the times. His trips to Japan in 1966 and 1969 opened up a renewed interest in a calligraphic mark-making, as in three Untitled paintings (FPJM-9, FPJM-17, FPJM-85), an approach which was in keeping with the orientalism of the period (the importance of the Gutai group, Yoko Ono and Yayoi Kusama) and the concern with pictographic approaches to language then under consideration by French writers such as Roland Barthes. In a second register, Miró was equally engaged in exploring the energy and aggression of a more violent approach to painting (as in FPJM-14 and FPJM-15) which paralleled the heterodox approach of many younger French artists. Miró's interest in polluting the purity of painting with heterogenous elements is essential and motivated by the recuperation of his earlier

stance stated as the 'assassination of painting', as can be seen in the collage painting Personnage, oiseaux, 1976 (FPJM-146). Beyond these two extremes of writing and an aggressive undermining of painting, there are the heavy black architectures, as always signifying figures or symbolic of the night as in two Untitled paintings from 1973 (FPJM-6 and FPJM-8) and another two Untitled and undated canvases (FPJM-100 and FPJM-101). These parallel positions ranging from Robert Motherwell (Elegy to the Spanish Republic) to that of younger Spanish artists such as Miró's friend José Guerrero (La Brecha de Viznar, though here colour also comes into play). In addition, there is a highly controlled, almost minimal approach where Miró's figures are reduced to carefully rendered forms set against a void. These spare, sometimes monochrome, works seek the maximum expression with the minimum of means and may be considered alongside the painterly minimalism of Robert Ryman and Cy Twombly, as in Tête, also known as La joie d'une fillette devant le soleil, (22 April 1960-11 April 1964; FPJM-105) and the two canvases Untitled (FPJM-19 and 21); equally the example of Larry Poons comes to mind in paintings such as La Chanson des voyelles (24 April 1966; Museum of Modern Art, New York).

The Collection of the Fundació Pilar i Joan Miró gives us a unique insight into Miró's working process and offers a cautionary warning as regards assumptions of degree of finish. Of the group of 24 dated canvases dating from July and early August 1978 (FPJM-50, 58-81), all but one are monochrome and consist of black marks on a white ground. That they are dated introduces confusion as regards the question of finish. Is this the date of commencement of each work in the series? As Pablo Rico has pointed out, these works may be related to a group of drawings executed from May-December of 1978.[3] None of these bears a direct relation to the paintings, but they are related on the grounds of an open-ended exploration of a particular vocabulary almost as a parallel thinking-through exercise commensurate with Miró's increasingly spontaneous approach to painting. On the question of finish, one can only agree with Robert Lubar and the authors of the Miró painting catalogue raisonné: one must accept the paintings on their own terms, including any dates and inscriptions by the artist, and resist the temptation to speculate on what can perhaps never be certain. For Lubar,

> Such arguments, however, are largely unproductive inasmuch as the nature of Miró's artistic practice in the final years of his life and the aesthetic conditions that define his "old-age" style are eclipsed by the demands of the marketplace for "finished" works and the question of institutional legitimation, whether the argument is for or against the work being "complete".[4]

And for the authors of the catalogue raisonné,

> We accept these handwritten inscriptions without question and as a result refrain from any conjectural or subjective judgments pertaining to the interpretation of the level of the completion of a given work.[5]

Nevertheless, this series raises a number of points: that Miró worked on numerous paintings at any moment and over a period of time; that drawing was part of the thinking process, even if it increasingly became more a matter of process than the transfer of a fully realised pictorial concept; and (at least in this case) that Miró began by working out the architecture of the figures as a spontaneous oil sketch analogous on a different scale to drawing (for the drawings see FPJM-712a-b, 735, 739, 748, 754, 755, 756b, 762, 764, 773-775). That the drawings are in many cases executed on pages torn from the artist's diary and given that both the drawings and the paintings are dated reveals the extent to which Miró approached painting as a form of diary writing. That he had pages from his diary screened onto large canvases with the idea of some new (never realised) series further supports this point.[6]

Returning to the 1974 retrospective, it is significant that Jacques Dupin emphasised the aggression implicit in the recent paintings, especially the artist's call for the assassination of painting. For Dupin, the presentation of a series of burned paintings (paintings on which petrol had been poured and then ignited so as to burn away the central part of the support leaving the stretchers exposed) best embodied this rejection of the medium:

> Ces toiles continuent, de manière radicale, ostentoire même, toute une ligne d'oeuvres relevant de l'art insulté et de la convention mise en pièces. «Assassinat de la peinture», ce mot d'ordre lancé par Miró n'a jamais été recouvert.[7]

Miró happily explained to Yvon Taillander (1974),

> It's like the burned paintings. I discovered that you can burn the canvas and the stretcher by pouring gasoline on them and lighting it, or by using a blowtorch. It's not difficult to the control the progress of the fire, and in this way you can obtain some very beautiful textures.[8]

Concomitant with this anti-art position -as he said 'ce sont des anti-tableaux'[9]- was Miró's affirmation of primordialism with the slogan that, 'Painting has been in a state of decadence since the time of the caves'. Here prehistoric cave painting is extolled as a more authentic model than that of European art history. The inclusion of handprints in several paintings in the collection of the Fundació Pilar i Joan Miró reveal that, beyond mere spontaneity, Miró sustained an engagement with such concepts and working methods. As is evident in *Poème* (29 April 1966; FPJM-98) and two *Untitled* paintings (FPJM-20 and 86), the inclusion of handprints was far from gratuitous and was essential to an exploration of the process of primary mark-making, a return to the most primordial mode of representation, the imprint.

Rémi Labrusse has persuasively argued that Miró's 'assassination of painting' is bound to his affirmation of cave painting in the anthropological concept of the 'potlatch' (as understood by the French anthropologist Marcel Mauss), an excess of expenditure. Labrusse further argues,

> Pour donner à cette guerre contre le présent un tour autre que purement négateur ou simplement nostalgique, il fallait rompre la chaîne de l'histoire en même temps qu'on rêvait que se rompait celle de l'histoire

de l'art : l'idée primitive a éte chargé de l'accomplissement de cette mission. Rien de plus flou et rien de plus constant que la référence, chez Miró et chez ses amis, à un primitivisme qui, délibérément, est extirpé des cadres de la chronologie, et d'ailleurs aussi assez largement de la géographie, pour former une sorte de socle vaste et mouvant, en tous points contraire à l'historicité occidentale, un socle où circulent et se confondent un «âge des cavernes» d'autant plus précieux que sa dation demeurait à l'époque indécise, un univers de mythes remontant au-delà de toute transmission identifiable, un chapelet de cultures «exotiques»...[10]

Beyond Miró's tendency to paint directly with his fingers and hands and the primary use of handprints, he kept numerous Oceanic and Precolumbian objects in the Sert studio as talismanic objects and primordial sources of inspiration. In doing so, he invested the painting act with the power of myth.

A stripping down to essentials characterises a number of the most striking paintings in the collection of the Fundació Pilar i Joan Miró as in the largely monochromatic group of three unsigned, undated and *Untitled* paintings which use black and white to demarcate austere landscapes (FPJM-106, 109, 110) depicted on portrait format canvases. As all are the same format 216 x 174 cm), it is tempting to read them as a triptych. One drawing supports the reading of the group as a triptyx (FPJM-1181). To this group may be added the also unsigned, undated and *Untitled* (FPJM-108) landscape presented in a landscape format (174 x 293 cm). Without speculating on the state of finish, these works all reveal a high degree of resolution and an austere purity which gives them a remarkable poetic coherence. They consist of areas of white and black which denote an isolated and empty landscape inhabited only by a single celestial sphere and devoid of human presence. In their austerity this group of paintings suggest Miró's aspiration towards the void, a kind of transcendence of space and unity with nature. Drawings from 1979, 1977 and 1976 respectively suggest the possible subject as a landscape homage to Modest Urgell, the first bearing the inscription: 'Paysage Hom. à Modest Urgell'), the symbolist landscape painter and one of Miró's most important teachers (FPJM-724, 978 and 989). (See also the 1978 drawing which bears the inscription 'Hommage à U.' FPJM-828a). Further, as María de Corral has recently pointed out, the paintings seem uncannily close to Miró's own verbal description of Urgell's landscapes as stated in an 1948 interview.[11]

> And there was the influence of two early teachers: Urgell and Pasco. Urgell's was very important. Even today I recognize forms constantly appearing in my work that originally impressed me in his painting... I remember two paintings of Urgell in particular, both characterized by long, straight, twilit horizons which cut the pictures in halves: one a painting of a moon above a cypress tree, another with a crescent moon low in the sky. Three forms which have become obsessions with me represent the imprint of Urgell: a red circle, the moon, and a star. They keep coming back, each time slightly different.[12]

This link with Urgell is supported by an additional drawing from as early as 1972 and 3 sketchbook drawings dating from 1981 in the Fundació Joan Miró which consist of spare spherical bodies set against a wide horizon lines; these are devoted to the subject of 'Hommage Urgell, 21/VII/72' and 'Paysage Homage à M.U.' (FJM-3263, 11784, 11945b, 11946). If this group of drawings emphasises the aspect of landscape, another group of drawings indicate the idea of freedom in flight understood as mental liberation. Three drawings from 1976 bear the annotation 'L'homme martyrisé s'évadant (FPJM-955, 905, 1295) supporting such a reading.

This group of paintings further suggests an awareness of other artistic models. Much has been said of Miró's engagement with American Abstract Expressionism.[13] His influence on Robert Motherwell is obvious, and it is well know that he took an interest in younger American artists, but here the black and white palette and austere treatment of the canvas suggest European post-war models. In particular Antonio Saura's series *Retrato Imagninario de Goya* and *El Perro de Goya* (1960 onwards) come to mind for their similar lack of colour and austere treatment of landscape as almost devouring the figure of either the artist or his partially buried dog.[14] In this way Miró's group of paintings points to a possible Spanish content and are distinct from other works in the collection, though there are indeed a number of other monochrome black and white canvases. Some other back and white works in the collection suggest further relations with younger artists who likely paid hommage to Miró as the only artistic model available in Mallorca. Notably works like Miró's *Untitled* (1979; FPJM) point towards Ferrán García Sevilla's *Deus* series (1981-1982; MACBA, Barcelona), the latter artist's first paintings following his conceptual period of the 1970s.[15] Similarly, the various works utilising a heavy black architecture set against white in such a way as to create ambiguities of figure and ground (the black architectures being read as either figures or as symbolic of night), suggest some of the black and white paintings by Miguel Angel Campano dating from the 1990s. Works like Campano's *Sin título* (1993; Galería Carles Taché); *EH3* (1993; Galería Carles Taché), *Sin título* (1993; Colección Banco de España) and *Dilip* (1994) come to mind for their austerity.[16] While the question of influence is certainly without interest, it is also clear that for these artists Miró was a key reference point; all of which is to say that this particular group of paintings by Miró may have had an impact beyond their immediate aesthetic qualities.[17]

The largest and most important painting in the collection of the Fundació Pilar i Joan Miró is the undated and *Untitled* painting (FPJM-53). Consisting of a painterly black ground, the figures are rendered as either painted form or gesturally applied paint. This technique takes us back to Miró's painting approach in the mid-1920s, where the ground sets the scene for the often transparent figurations floating against its surface. While most of Miró's grounds in the mid-1920s were either brown, blue or white, there is one notable and celebrated exception: *La naissance du monde* (1925; Museum of Modern Art) notable for its schematic and transparent figuration. There is clearly no direct reference to this painting, but a general relation between Miró's works of the mid-1920s and period beginning in the early 1960s has been well established by Margit Rowell and Rosalind Krauss. Perhaps Miró's later *Untitled* painting represents a transparent white female figure in the foreground accompanied by birds rendered in red at the left and right? The white and red paint spatterings may be read alternately as stars, water or even fireworks; and the blue sphere suggests a celestial body, such as the moon, and a proximity to the sea. Measuring 270 x 355 cm, this work stands alongside the already mentioned *Personnages et oiseaux dans la nuit* (1974) as a masterpiece of Miró's later years.

From Painting to Collage

In his later years Miró favoured the use of non-artistic materials in the making of collages or paintings informed by a collage logic. For example, a number of works are executed on unorthodox and sometimes ephemeral supports. Several independent drawings are executed on sheets of newspaper (FPJM-479, 480, 519, 523, 571) or involved collage directly used in the drawing process (FPJM-481, 482, 488). On the scale of painting, Miró executed a large group of works on the rough and industrial supports like cardboard, plywood and tablex (FPJM-119-143). These recall his penchant for masonite and celotex in the 1930s and his famous 1933 series of paintings based on collages. Here the rough surface of cardboard or plywood serves as a spark analogous to collage in the generation of pictorial figures, whether understood as painterly marks or as a collage element. Though most of these are undated and untitled, one bears the title *Femmes et oiseaux devant le soleil* and dates from 27 July 1973 (FPJM-137). This date allows us to link them, at least conceptually, to the 1974 Paris retrospective with its emphasis on the murder of painting, even if we allow for the probability that many of these works were executed later on. The rough application of the pigment in the undated and *Untitled* (FPJM-135), together with the exposed areas of the support, reveal the degree to which these are raw anti-paintings. A collage element intrudes directly in the more lyrical *Untitled* (FPJM-85), with the appendage of a dangling cord from which Miró perhaps intended to support a found object. In a similar work with the title *Oiseau* (9 february 1974; Fundació Joan Miró 4763) with exactly the same dimensions, -a work presented in the 1974 retrospective- a glove dangles from a similar cord, tentatively allowing us to date this work from 1974.

The most important collage and assemblage painting in the Fundació Pilar in Joan Miró is *Personnage, oiseaux* (signed and dated 18 February 1976; FPJM-146), which is painted on a torn sandpaper support measuring 171.5 x 125.2 cm, to which a reversed piece of sandpaper and crudely cut pieces of wood are nailed, the nails themselves introducing a register of aggression. The paint is a rich, brown colour and the sandpaper support yellow, while the only touches of bright colour are the areas of blue and green applied sparingly to the surface of the support and to the pieces of wood. Such a work can be related to the smaller, but earlier *Painting-Object* on plywood in the Fundació Joan Miró (28 May - 29 July 1972; FJM-7233), which includes a piece of newspaper and a glove fixed to the surface and was presented in the Paris

retrospective. The use of sandpaper again the 1935 series *Signs and Figurations* executed on large sheets of sandpaper, though these later works are far more aggressive in tone. There is, however, a surplus material component included in the Fundació Pilar i Joan Miró's *Personnage, oiseaux* in the form of human excrement. In his November 1975 conversations with Georges Raillard (published 1977), conducted in the studios in Mallorca, Miró explained in no uncertain terms,

> Oui, oui, c'est de la merde. J'étais là, j'avais envie de chier; j'ai laissé tomber mon pantalon, et là, j'ai chié sur les papiers de verre jaunes tout neufs. Et puis, vlan! j'ai appuyé l'autre carton dessus. Et j'ai laissé, et ça a donné cette belle matiére.[18]

Miró takes painting back to the most raw materials of human expression, the primordial gesture of the child playing with excrements, at the same time that he denounces the commercial exploitation of painting by the art market. Rather, in works like *Personnage, oiseaux*, Miró proposes a purely poetic stance set apart from the process of market legitimation.

Miró was not alone in the use of non-artistic materials aimed at the destruction of painting in the 1960s and 1970s. While he distanced himself from the fashionable Piero Manzoni of *Merde d'artista* fame, it is worth mentioning the example of Gérard Gasiorowski's excrement paintings known as *Les Jus* (1978-1979) and three-dimensional recreation of Cézanne's apples in excrement known as *Les tourtes (d'après Les Pommes de Cézanne)* (1977-1979), these the by-product of the reclusive artist's identification with the primitive and savage. For Gasiorawski, 'Je savais alors que je pourrais tracer, modeler, peindre. J'ai fait *Les Tourtes*, et ce n'était pas simple, j'ai fait *Les Jus* aussi. Et là, j'ai été sûr que je pourrais répondre en peinture, au plus grand dénuement'.[19] For Daniel Spoerri's Eat Art movement, food and a ceremonial presentation of banquets was the substance for an ephemeral art. This was best stated in his film *Resurrection* (1969), directed by Tony Morgan, in which, using the device of reverse projection, excrement is miraculously transformed into a meal (meat) and finally restored from the abattoir to its identity as a cow grazing in a pasture. Miró's excremental vision was rooted in the popular tradition of the Caganer.

More generally, Miró's use of collage was in keeping with the anti-art stance of much of the most interesting art of the period, what Laurence Bertrand Dorléac has recently termed 'l'ordre sauvage'.[20] Notable are Raymond Hains and Jacques de Villeglé's negative collages known as 'déchirures' and consisting of lacerated and torn posters taken from the street, which date from the period of the Algerian war (1957-1961 onwards) and are symbolic of a torn and divided France, la France déchirée (see the 1961 exhibition 'La France déchirée', Galerie J., Paris).[21] Nikki de St Phalle's *Tirs* actions (c. 1961) consisted of the shooting of painting-targets using a 22 calibre rifle in a gesture literally devised to 'faire saigner la peinture'.[22] Jean Tinguely's painting-machines known as *Meta-matics* (1959) were subversive of the category of paintings and introduced a subversive

idea of destruction into art. The painter was no longer necessary and painting a redundant mechanical activity. In Tinguely's *Homage à New York*, presented in the garden at the Museum of Modern Art (17-18 March 1960), an elaborate machine, once set in motion, self-destructed in a violent gesture. Surrealism in general and Miró in particular may have offered an example for the younger generation, as Tinguely noted in an interview, 'J'étais influencé par les surréalistes, je pense, par Tanguy, Dalí... Miró aussi. Avec des couleurs pures, ou alors ça pourrissait. Il y avait dans ma peinture une espèce de pourrissement qui se fait toujours....'.[23] The impossibility of painting pointed Tinguely to the machine, just as Miró's rejection of painting pointed him towards the realm of three dimensions. Concomitant with the burned paintings in the Paris show was the shift beyond a now absent and transparent painting towards sculpture and other tactile interventions in real space such as the elaborate 'Sobreteixims'.

A note on drawings in the Fundació Pilar i Joan Miró Preparatory Drawings for Paintings

Any clear relationship between Miró's paintings and the preparatory drawings for paintings in the collection of the Fundació Pilar i Joan Miró is difficult to establish. This is in part because Miró developed ideas increasing from earlier paintings with the idea of making new works. Further, he had many ideas which were never realised, as Miró by late 1979 could no longer go up the stairs to the studio, though he did continue drawing. By early 1982 he could no longer work and was not able to travel. Still during the late 1970s Miró continued working intensely with the idea of new triptychs and multi-painting series building on the work leading up to the 1974 exhibition. Indeed, much of this later work evolved out of the concerns first laid out in the retrospective, especially the large group of works made specially for the exhibition.

Independent drawings

Apart from preparatory drawings for paintings, there are a large number of independent drawings. As with painting, there is little point in speculating about the degree of finish. Miró's drawing technique was related to his painting technique and ever less reliant on preparatory plans in the strictest sense, the resolution of the composition being worked out in the process of drawing directly on the paper support. The drawing collection of the Fundació Pilar i Joan Miró reveals the same spontaneous approach to execution to be found in the substantial group of late drawings dating mainly from 1975-1978 that Miró gave to the Centre Georges Pomidou in 1979 at the time of his drawing retrospective. That exhibition revealed Miró to be working at the height of his power as a draughtsman. Pierre Georgel wrote in the catalogue of Miró's drawings, likening it to a form of writing,

> ...la fusion des matériaux et des techniques, mais aussi de la forme et de la informe, de l'image et du geste, de ce qui se trace et ce qui s'imprime, s'incise, se déchire, de la volonté et du hazard, de l'écriture personnelle, toujours plus fougueuse, et de l'écriture des choses...[24]

Process is, therefore, central to Miró's later drawing approach. Miró's drawings reveal a high degree of openness in the sense of the word as used by Umberto Eco. This is not a closed and hermetic universe, but a constantly shifting and engaging approach to the medium, with the viewer invited to make multiple readings of any given image. The mature Miró reveals in drawing the same dynamic characteristics often to be found in the work of young artists.

Sculpture

The sculpture collection of the Fundació Pilar i Joan Miró is principally composed of a group of bronze sculptures cast at Parellada near Barcelona from the late 1960s onwards. These very unorthodox bronzes have rough, variegated green patinas which seek to retain the unfinished state of the raw bronze following the casting process, that is the condition of the metal prior to chasing and final finishing. Of course, this quality requires the same effort as the normal finishing process of making a more traditional bronze. But Miró sought a primordial effect distinct from the more classically finished works made at foundries such as Susse, Clementi (both Paris) and Bonvicini (Verona), which are generally characterised by smooth, dark green or black patinas more in keeping with the traditional use of the media. The Parellada sculptures are perhaps the closest to the ethos of Miró's studios, for they depart from assemblages of found objects and usually are based on objects which Miró first gathered in the studios and later cast as lost-wax bronzes. Just as Miró sought a recuperation of anti-art in painting, so in sculpture he looked to the non-art area of assemblage, so as to make sculpture an intervention in the field of the real. Miró's sculptures depart from real objects, transforming them into fantastic creatures through the alchemical process of bronze casting (the transformation of a liquid into a solid), only to return them to the physical world of the real. It would be wrong to suggest that there is a some sort of mystical process at work here, for these are profoundly material works; it is only that they are co-extensive with our own space. The sculptures represented in the Fundació Pilar i Joan Miró provide a significant representation of those present in the Paris retrospective. (Other examples of FPJM-401, 402, 403, 405, 406, 407, 409, 413, 414, 423, 424 were presented in the Paris exhibition.)

The objects Miró used in sculpture as models form part of a sculptural vocabulary and iconography distinct from, but parallel to, painting. It is worth mentioning some of the repertory of models found in these sculptures. For example, in *Femme* (1967; FPJM-400) we find a fragment of a broken ceramic urn. A plaster foot figures as the main element composing the figure in *Personnage et oiseau* (1967; FPJM-401), the substitution foot for body suggesting a body contact with the earth, the body here understood as a conduit of terrestrial energy. A metal rake, a bent nail and pieces of wood make up *Jeune fille* (1967; FPJM-421); a crushed football forms a woman's body in *Femme* (1967; FPJM-398). A large wooden spoon and a hat box are conjoined to make a poetic *Horloge du vent* (1967; FPJM-402). A fragment of an urn represents the torso of a woman and

a loaf of bread the sun in *Femme soleil* (1967; FPJM-420). A wicker basket makes up the head of a figure in *Personnage et oiseau* (1968; FPJM-406). Metal objects compose faces in *Tête* (1968; FPJM-410) and *Femme* (1969; FPJM-422). Implements such as a long fork and a large spoon make up the female body in *Femme aux beaux seins* (1969; FPJM-409) and *Jeune fille rêvant de l'évasion* (1969; FPJM-408). A gourd and fragments of a toy doll make up the body of *L'Équilibriste* (1969; FPJM-412). A plaster hand becomes a bird resting on a section of a tree trunk in *L'Oiseau se niche sur les doigts en fleur* (1969; FPJM-424). Another gourd, this time with long forks radiating outward, becomes the head of a menacing figure in *Personnage* (1969; FPJM-423). The very tools used in bronze casting appear in some sculptures: a hammer and a metal can appear in *Personnage* (1970; FPJM-427) and a bellows in *Personnage* (1970; FPJM-425); both demonstrate how the sculptural process was invested in the poetic act.

Further Miró used other processes than found object assemblage, and indeed modelled elements were often mixed with found objects in the assemblage. An imprint of his own foot in clay becomes the figure in *Personnage* (1968; FPJM-403). Imprints of objects, modelled relief components, and linear marks incised in the surface make up the repertory of images in the sand-cast *Bas relief* (1970; FPJM-415), in this case the use of sand casting technique made some of these effects possible in a way distinct from that of lost wax casting.

Two non-bronze assemblages are notable. One consists of a rolled newspaper which is painted and bound by a cord, transforming it presumably into a figure, though it is *Untitled* (signed and dated 1/II/1972; FPJM-417). The other consists of painted wooden elements -a circular plank representing a female head, face or torso- and brightly coloured red and yellow cords to make up a woman with long-hair in the undated, probably very late December 1973 or early 1974, *Personnage* (FPJM-418). The materials and the likely dates of both works link them with the large-scale 'Sobreteixims' which figured so prominently in the 1974 retrospective. Here sculpture and painting (on the level of colour) merge in an inventive form of three-dimensional figuration.

The preparatory drawings and sketchbooks for sculpture held in the archives of the Fundació Pilar i Joan Miró reveal that Miró his thinking about each sculpture over a period of a period of years. The earliest preparatory sketchbook drawings for the sculptures of the 1960s date from 1958 and are related to the period when Miró was planning the elaborate sculpture garden for the Fondation Marguerite et Aimé Maeght in St Paul de Vence. Though most of the sculptures were only cast beginning in 1967, Miró made numerous drawings especially during the years 1961-1965.

Unlike the later preparatory drawings for paintings, where Miró seems to be exploring many options, the preparatory drawings for sculptures are directly related to specific identifiable works. The inscriptions in the drawings reveal different compositional possibilities and options for titles, but usually the final title is present in at

least one drawing. There is some evidence that Miró used the preparatory sketches as a kind of record of the state of the finished sculptures, and it is likely that he went back to drawings to add further annotations indicating for example what foundry was making the bronze. The additions are often executed in a different coloured ink. In the earliest sketchbook drawings, Miró worked in pencil, but afterwards he tended to work in ink drawing with a biro. The drawings represent a specific record of Miró though process both on the mark-making level of composition and on the textual level of annotation. Studies for a wide range of Miró's sculpture are present in the holdings of the Fundació Pilar i Joan Miró, and the range of works represented goes well beyond the scope of the sculptures found in the collection.

A number of the inscriptions are revealing. In the 1958 drawing for *L'Oiseau solaire* (1966; Successió Miró), Miró indicates his intention to enlarge the model, and writes 'com un signe' suggesting that sculpture functions as a linguistic sign in space, the three-dimensional equivalent of calligraphy (FPJM-1409.2b). In the drawings for *Torse de femme* (1966; FJM-7255) and for *Tête* (1966; FJM-7256), Miró indicates his technical preference for wax casting, 'La major part escultures fer les fondre amb cera perdida' (25/4/1964; FPJM-1411.17a.1). A drawing for the painted sculpture *Femme et oiseau* (1967; Acquavella Modern Art) identifies the form of the head as originating in an ensaimada box, 'per caixa ensaïmada' (FPJM-1268), while the drawing for the *Sa majesté* (1967-1968; Acquavella Modern Art) indicates the base/body of the figure as being made from 'tronc palmera' (FPJM-1409.11a), and coloured wax pencils elsewhere in the same drawing and referring to other works are used to indicate possible colour choices. An inscription on a sketchbook page, dated 5/12/1963 reads 'Especular mb matèries / bronze... Grans possibilitats / i accents / color violents...', suggesting an experimental approach to bronze and the use of colour. (FPJM-1411.4.2) Various annotations indicate colour in the drawings for the painted bronzes of 1967-1969, as in the drawing for *Femme et oiseau* (1967; Acquavella Modern Art): 'cap bronze nas pintat vermell/ silló natural [pintat] blau' (FPJM-1409.11a). The biro drawing for the assemblage with coloured cord called *Personnage* (dated 3/XII/73; FPJM-418) explains the feminine gender and the link with the concurrent 'Sobreteixims', as Miró writes alongside the sketch 'Personnage / Femme / Sobreteixim' (FPJM-692) and allows us to date it as late 1973 or early 1974, that is as one of the works executed in preparation for the 1974 retrospective.

Towards a Monumentality of Colour

Miró's preoccupation with sculpture led him to a concern with monumental public sculpture conceived as a vehicle for projecting colour into the social realm of the urban environment. Much of this work in sculpture was undertaken in collaboration with the enlarger Robert Haligon, whose studio was located near Paris in Périgny-sur-Yerres. Haligon worked also with Jean Dubuffet and Nikki de St Phalle in the casting of polyester resin, a relatively new material which was lighter than bronze and had the added advantage of being easily painted with a climate resistent painting process. Miró's approach to monumentality fused his painterly concerns with more sculptural ones.

The collection of the Fundació Pilar i Joan Miró contains many preparatory projects for such monumental sculptures. While *Projet pour un monument* (1972 for the plaster; Acquavella Modern Art and 1972-1979 for the bronze; Successió Miró) was never realised in the monumental terms Miró desired, he worked on this project throughout the decade. Initially it was planned for outside the entrance of the Los Angeles County Museum of Art, then for Central Park in a small park near the East River and finally for the Hirshhorn Museum and Sculpture Gallery. Two photo montages demonstrate Miró thinking about the Los Angeles and New York settings (FPJM-1460 and FPJM-1459). The sketches dating from November 1971 reveal Miró's conception of the enormous, larger than life scale, as the drawing on an envelope bearing the inscription 'Femme s'adressant à la foule' (FPJM-641) or the drawing with coloured pencils, which bears the similar annotation 'Femme devant la foule' (FPJM-638). Another undated, and likely later drawing bears the title inscription 'Maternité' (FPJM-1089) suggesting a link with Jean Tinguely and Nikki de St Phalle's *Hon Elle, la femme-cathédrale* (Stockholm 1966), a painted sculpture representing a woman whose body we can enter. A number of Miró's polychrome sculptures were realised in 1974, and included in the Paris retrospective. A drawing for *Personnage* (1974; Unknown location) in coloured pencils reveals the extent to which colour lay at the very inception of the work (FPJM-877a), though importantly the final colour selection differs from that of the drawing; another drawing related to the same work suggests a scale of nearly two metres height (30/X/1971; FPJM-651). While the biro line drawing for *Pere Ubu* (27/III/1974; Helly Nahmand Galleries, London) does not include colour, it traces the formal contours of the sculpture accurately and recuperates a subject Miró addressed consistently throughout his life (FPJM-1416.5a). The drawing for *Personange* (1974; "Col·lecció Testimoni" de "la Caixa", Barcelona), consisting of a massively enlarged clothes pin and stone, again reveals the aspiration towards overwhelming monumentality and bears the indication of scale as '15 à 20 m.'. Again Miró uses coloured pencils to indicate the impact colour would project in a public setting. That the sketchbook containing this drawings is labelled 'Central Park' suggests that it is an alternate project related to the already mentioned project for New York.

If some of Miró's monumental projects were never realised, or only realised at a scale considerably smaller than his initial intention, a number of public commissions were completed. The most important one was realised in polyester resin, again Miró working with Haligon, and was twelve metres tall: *Couple d'amoreaux aux jeux de fleurs d'amandier. Monument pour La Défense* (1978; Etablissement public pour l'aménagement de la region de la Défense). This was followed by two other major public commissions in 1982, the first in Houston and the second in Barcelona.

Personnage et oiseaux (1982) was located in the city centre of Houston and set adjacent to a newly-built skyscraper designed by I.M. Pei. Pei and his team of engineers were instrumental in seeing through the realisation of Miró's monumental painted bronze and steel sculpture which was fabricated in the US. A sketchbook drawing tells us that the composition and the title for this work dates as early as 1963 (5/12/63; PPJM 1411.13), though there is also a smaller unpainted bronze version (1970; FJM-7333). A later, but undated drawing again indicates Miró's focus on size and scale and bears the notes, 'entièrement peint / (non a l'huile) / 3 élements / acier / 15 M./ Texas' (FPJM-1316). Finally a technical drawing, not in Miró's hand indicated the areas of steel and bronze and the possible position in colours in the upper bronze areas representing the birds of the title. A small wooden maquette was made in November and painted by Miró with the assistance of his grandson Emilio and presented to Pei and his clients later that same month. The sculpture was fabricated in 1981 and planned for installation in April 1982. The final sculpture followed the colours set out in the maquette.

Miró's last significant public commission was *Femme and oiseau* (1982), located on the sight of a slaughterhouse, now renamed Parc Joan Miró. Miró worked with Joan Gardy Artigas, the son of the ceramist Josep Llorens Artigas, and the sculpture was fabricated in concrete into which ceramic fragments are embedded in hommage to a technique called "trencada". Again the project was the fruit of many years of contemplation and derived from a much earlier ceramic version of *Femme et oiseau* (1962; FPJM-428) made in collaboration with Llorens Artigas which is now in the collection of the Fundació Pilar i Joan Miró. The ceramic bears touches of mainly red and black applied to the surface of the material before the firing. An undated drawing indicates the original conception of the composition was entirely intended as ceramic (FPJM-660). The problem was how to transform this material and a polychrome surface onto an altogether different scale. In 1981 a reduced plaster maquette was made so that Miró and Artigas could use coloured papers to determine the placement of the ceramic shards destined to be encrusted in the surface. As with the Houston project and Paris projects, *Femme et oiseau* is set in an urban context, but offers a monument to feminine vitality as a means of humanising the geometry of the male urban environment.

Preparatory Drawings for Other Public Projects

As we have seen, Miró's late work sought to go beyond painting and situate art within the wider field of experience, principally with the aim of addressing the public. For this reason, his work is profoundly democratic in character. Public sculpture commissions and the presentation of exhibitions such as the 1968-1969 and 1974 retrospectives were one means of achieving this aim. Miró sought to fuse outdoor works with the environment of the viewer. Miró deployed colour in the public sphere in a deliberate contrast with the 'grey' later years of the Dictatorship. The collection of the Fundació Pilar i Joan Miró holds sketchbooks and preparatory drawings relating to three of Miró most important later commissions.

Fondation Maeght (1957-1964)

One sketchbook lays out the complex and environmental and architectural project for the Fondation Marguerite et Aimé Maeght with its fountains, ceramic and white marble sculptures, ceramic mural and two monumental sculptures respectively in iron and concrete (Sketchbook FPJM-1410). As we have seen, some of Miró's earliest thoughts regarding the rich sculptural production of the 1960s and 1970s dates from the period of reflection when he planned the Fondation Maeght in collaboration with Sert. Ceramic (apart from its use as a sculptural material) was an important vehicle for the inclusion of colour into architectural surfaces, as in the ceramic wall mural and a polychrome inclined rotunda mural, works which clearly pay hommage to Gaudí's Parc Güell. Drawings relating to these colourful works bear the inscriptions indicating the rôle of colour, 'Com si fes una pared, posar dalles / de varis colors...' (FPJM-1410.11b);

ciment natural, / negre / o colors / amb podres grosses incrustades com foto porta Son Boter / pedres tallades irregularment / ceràmica / rajoles verdes / palets riera grossos, negre (FPJM-1410.14a)

...ceràmica / o aplicacions / ceràmica / algun signe grabat / empremtes de les / mans o peus / ... pedres marge i matèries, / vidres, ferros, ceràmiques / incrustades, cagaferro... (FPJM-1410.21a).

Again Miró pays hommage to Gaudí's technique of "trencada", '...matières molt nobles i / severes / algún accent / Veure / Park Guell [sic] / Colònia [Güell]...' (FPJM-1410.18).

Other sketches suggest the monumentality of the large sculptural elements: the large concrete *L'Arc de la Fondation* representing a figure in an architectural vocabulary (FPJM-1410.4b and FPJM-1410.5) and the large *La Fourche* (FPJM-1410.10, 1410.11, 1410.15, 1410.16a), which he specifically designates as 'Esculptures monumentales' (FPJM-1410.10). While this complex project merits more detailed analysis, this is not the place for such a study. Suffice it to say that this extensive sketchbook is fundamental in fully grasping the implications of this elaborate environmental project. For both Maeght and Miró, it represented a post-war sense of optimism, in the words of Maeght,

mon cher Joan, nous réaliserons / une oeuvre unique au monde qui restera / dans le temps et dans les esprits, comme le temoignage de nôtre civilization qui a / travers les guerres, les bouleuversements sociaux / et scientifiques aura laissé à l'humanité un des plus pur message spirituel et artistique / de tous les temps, ce sont ces temoignes / que je voudrai rendre perceptible aux generations / qui nous suivront, et montrer a nos petits / enfants, qeu dans notre epoque materialiste / l'esprit est resté present et très efficaces... (FPJM-1410.23.1; NB: orthography uncorrected).

Mural Barcelona Airport (1968-1970)

In 1970 Miró completed a large-scale and polychrome ceramic mural on the façade of the main entrance to the Barcelona airport. The mural represented a colourful gateway between Miró's native Barcelona and the rest of the world, for the Catalan capital had always struggled to maintain outward-looking connections with Europe and the rest of the world in contrast to the inward-looking and provincial capital: Madrid. Executed at a time of censorship, and much like the 1968-1969 retrospective (organised in France and sent to Barcelona), this was an act of aesthetic resistance with a political resonance which foretold the political transition which only came with the biological solution of 20 November 1975, and clearly it was a willful assertion of Catalonia's desire for links beyond the Pyrenees. Equally it was a public site and offered a vehicle to connect in a direct way with the public.

Miró began the preparatory drawings in 1968, where the initial idea is two distinct figures (they can be read as either two birds or a woman and bird) which slightly overlap with forms interpenetrating, clearly a symbol of spiritual flight and resistance (numbered 'I', 15/XII/1968; FPJM-668). Miró made one drawing (numbered 'III', FPJM-669b) and two photomontages (numbered 'II' and 'IV'; FPJM-669a and 670) indicating the specifics of the architectural site, which retain the distinction between the two figures (FPJM-669b, FPJM-669a, FPJM-670). As the idea progressed the two figures were fused together in a more integrated, interpenetrating and transparent sense. The last two drawings of the series (numbered 'VI' and 'VII'; FPJM-671 and 672) greater approximate the final composition, especially the later one, whose annotation explains,

> Fons molt noble / Que no sigui fred / Algun accident de matèria o color per enriquir-lo, / que vingui naturalment, no buscat... / Es de gran importància resoldre la matèria / de la paret de l'extrem de l'edifici... (FPJM-672).

The material was a vehicle conveying vitality in opposition to both a cold commercialism and the oppressive political climate.

Ramblas Mural (1974-1976)

In 1976 Miró, with the assistance of Joan Gardy Artigas, installed a round ceramic mural in the paving stones of Barcelona's Ramblas, the city's most crowded walkway, so that the pedestrians could walk on it. Bearing the title *Pla de l'Os*, this work radically situated the public on and inside the work of art; and the work of art was dispersed among the public. Here Miró went beyond the idea of monumentality (in the sense of the sculptural object) towards a fusion with the space of the people. As early as 1959, Miró famously addressed his growing interest in ceramic murals, precisely for its connection with the masses,

> Mural painting interests me because it requires anonymity, because it reaches the masses directly and because it plays a role in architecture. Truly successful architecture... is anonymous. The taste for anonymity leads to collective work. That is why doing ceramics with Artigas interests me so much. Anonymous work must be both collective and very personal... The world is moving towards collectivity. Anonymity allows me to renounce my self, but in renouncing myself I come to affirm myself even more... The same process makes me look for the noise hidden in silence,, the movement in immobility, life in inanimate things, the infinite in the finite, forms in a void, and myself in anonymity. This is the negation of the negation that Marx spoke of. In negating the negation, we affirm.[25]

A collective approach to ceramic, therefore, entailed the erasure of the artist as isolated creator and his solidarity with the public. Moreover, this amounted to a spiritual act of resistance. The horizontal (democratic) orientation of the Ramblas mural expressed both resistance and an anonymous unity with the masses. It was not even necessary to notice the presence of this work for its effect to take place. Miró began the project in 1974, the year prior to the death of Franco (1975), and it is telling that it was only completed in 1976, almost as an announcement of a new social opening. Three drawings probably related to this project reveal Miró's thinking. The most resolved drawing uses coloured pencils to indicate the centrality of colour for the project (16/VIII/1974; FPJM-642) and points to the model of painted architecture in Brazil, bearing the inscription, 'Rio Janeiro / linees esfonsades / pedres que a usar-se...'. A second undated drawing is less detailed in the representation of the coloured areas and makes reference again to Gaudí, '...com el Dragó del / Parc Güell... recordant groc, blau blancs / vidres trencats / i ampolles com / ceràmica i vidres i formigó' (FPJM-1061). Finally, a third undated drawing represents a largely resolved composition, with two figures and a variegated coloured field; the annotations again evoke Gaudí's use of "trencada": 'ciment / formes negres creusés / incrustar-hi objectes / i colors de / tota manera / vidres trencats / ceràmics [trencades] / botelles / ferros...' (FPJM-648). While in the finished version Miró opted only for coloured and regular-shaped ceramic tiles, it is clear the inspiration for this popular method of production was based in a more fragmented source material presumably intended to fuse into a new a stronger identity in the final image.

The Ramblas mural represented less the avant-garde fusion of art and life but an insertion, or even a re-insertion, of art in life. As we have seen this position represented both a rejection of painting and a return to an affirmation of primordial instinct. As Miró proclaimed in the post-war years to the critic of *Combat*,

> A Lisbonne et au Brésil... la céramique joue un très grand rôle dans le revêtement des maisons. Il est question que j'aille au Brésil travailler avec des architectes. Cela m'interesse beaucoup: il faut toujours replacer l'art dans la vie.[26]

The completion of the Ramblas project represented the culmination of Miró situating art in the flow of ordinary life. Arguably this was one of the most important aims of his later work, and one amply represented in the collection and archives of the Fundació Pilar i Joan Miró.

* *Dr William Jeffett is Curator of Exhibitions, Salvador Dalí Museum, St Petersburg, Florida.*

1. Jeanine Warnod, 'La peinture est "en décadence depuis l'âge des cavernes"', *Le Figaro* (Paris) 18-V-1974.

2. Jacques Dupin, 'Notes sur les peintures récentes', *Joan Miró*, Paris: Grand Palais, 1974, p. 25. For a recent account of the execution see Javier Tusell and Genoveva G Quiepo de Llano, *Tiempo de incertidumbre: Carlos Aris Navaroo entre el franquismo y la transición,* Barcelona: Crítica, 2003.

3. See Pablo Rico, *Interiores de Miró*, Sevilla: El Pabellón Mudéjar, 1993-1994, pp. 106-107.

4. Robert Lubar, 'Last Miró', *Joan Miró: traspasando los límites*, Granada: Centro José Guerrero, 2004, p. 18.

5. Jacques Dupin and Ariane Lelong-Mainaud, *Joan Miró: Catalogue raisonné. Paintings Volume VI: 1976-1981*, Paris: Daniel Lelong - Successió Miró, 2004, p. 165.

6. See *Interiores de Miró, op. cit.,* pp. 120-129.

7. Jacques Dupin, 1974, *op. cit.*, p. 25.

8. Yvon Taillandier, 'Miró: Now I Work on the Floor', *XXième Siècle*, Paris: 30 May 1974, reprinted and translated in Margit Rowell, *Joan Miró: Selected Writings and Interviews*, London: Thames and Hudson, 1986, p. 285.

9. Jacques Michel, 'Miró chez Miró', *Le Monde* (Paris), 6-VI-1974.

10. Rémi Labrusse, 'Le Potlatch' in *Joan Miró 1917-1934*, Paris: Centre Georges Pompidou, 2004, p. 40.

11. María de Corral, 'A Soul Unbared', *Joan Miró: traspasando los límites, op. cit.*, p. 10.

12. James Johnson Sweeney, 'Joan Miró: Comment and Interview', *Partisan Review* (New York), February 1948, reprinted in Margit Rowell, 1986, op. cit., pp. 207-208.

13. Barbara Rose, *Miró in America*, Houston: The Museum of Fine Arts, 1982; and Rosalind Krauss and Margit Rowell, *Magnetic Fields*, New York: Solomon R. Guggenheim Museum, 1972.

14. See *Antonio Saura Pinturas 1956-1985*, Madrid: Centro de Arte Reina Sofía, 1989.

15. *Ferrán García Sevilla*, Barcelona: Generalitat de Catalunya, 1989.

16. *Miguel Angel Campano*, Madrid: Museo Nacional Centro de Arte Reina Sofía, 1999.

17. Campano would have seen the Fundació Pilar i Joan Miró.

18. Georges Raillard, *Miró: Ceci est la couleur de mes rêves*, Paris: Seuil, 1977, p. 40. See also my *The Shape of Color: Joan Miró's Painted Sculpture*, London: Scala, 2002, p. 37.

19. *Gérard Gasiorowski: C'est à vous, Monsieur Gasiorowski*, Paris: Centre Georges Pompidou, 1995, p. 87.

20. Laurence Bertrand Dorléac, *L'Ordre sauvage: violence, dépense et sacré dans l'art des années 1950-1960,* Paris: Gallimard, 2004.

21. Ibidem, pp. 198-200.

22. Ibidem, p. 218.

23. Ibidem, pp. 241-242.

24. Pierre Georgel, 'Les dessins de Miró', *Dessins de Miró*, Paris: Centre Pompidou, 1979, p. 12.

25. Yvon Taillandier, 'I Work Like a Gardener' *XXième Siècle* (Paris), 15 February 1959 translated in Margit Rowell, 1986, *op. cit.*, pp. 252-253. Note that an edited version of this text appeared in the 1974 retrospective catalogue.

26. René Guilly, 'En déballant avec Joan Miró ses sculptures et ses tableaux de terre cuite' [interview], (Paris), 25-X-1948, p. 4.

Chronology

María Luisa Lax and Alejandra Bordoy

This chronology was created using primary sources and, above all, secondary ones or bibliographical material. The primary sources include correspondence, press articles, sketchbooks and work by Joan Miró, exhibition catalogues and miscellaneous material such as theatre programmes, plans for projects and photographs. The Fundació Pilar i Joan Miró a Mallorca possesses abundant documentary materials, including correspondence, a newspaper and periodicals library and varying other types of material. This chronology only serves to underline the rich variety of material, identifying all the information from these archives with the inventory number of the source document. Two different prefixes have been used, one for the newspaper and periodicals library (H) and another for correspondence (FD), both preceded by the acronym for the Fundació Pilar i Joan Miró a Mallorca (FPJM). That is, (FPJM: H-428) and (FPJM: FD-551). The details of publications are shown in the following order: author, date and inventory number. When an article's author is unknown, the authorship is transferred to the newspaper or periodical. All the press articles cited in the chronology have been included in the bibliography of the catalogue.

In addition to the documentary archives of the Fundació Pilar i Joan Miró a Mallorca, the following archives were also consulted, identified with the acronym shown in brackets after each one: the Biblioteca Nacional de Catalunya, for correspondence between Joan Miró and Josep-Francesc Ràfols; the Frances Loeb Library of Harvard University's Graduate School of Design, Cambridge (FLL), for correspondence between Joan Miró and Josep Lluís Sert; the Fundació Josep Vicenç Foix, Barcelona (FJVF), for correspondence between Joan Miró and Josep Vicenç Foix; the Pierre Matisse Gallery Archives at Pierpont Morgan Library, New York (PML: PMGA) for correspondence between Joan Miró and Pierre Matisse and other documents relating to their professional relationship; the Museum of Modern Art Archives, New York (MoMA Archives, NY); the Solomon R. Guggenheim Foundation, New York (GMA) for correspondence by Joan Miró about several projects in which the New York Guggenheim Museum was involved; Successió Miró (the Miró Estate), Palma de Mallorca (CS) for correspondence by several different writers to Joan Miró.

The footnotes show the documentary or bibliographical sources from which all the information included in the chronology was taken. In the transcription of all handwritten documents cited in the chronology, the spelling and written style of their respective authors has been observed. In the case of correspondence, the author, recipient, date and corresponding archives or bibliographical source are all shown. Information between square brackets signifies that it is unconfirmed attributed information.

Joan Miró

1893

1983

1893   Joan Miró is born in Barcelona on April 20th, the eldest son of Dolores Ferrà i Oromí and Miquel Miró i Adzaries. His mother is the daughter of a cabinet-maker, Joan Ferrà from Palma de Mallorca, and Josefa Oromí from Barcelona. His father, a goldsmith and watchmaker, is the son of a blacksmith from Cornudella,[1] called Joan Miró, and Isabel Adzaries, also from Cornudella.[2]

1894   On December 9th Miquel Miró Ferrà, Joan Miró's brother, is born.[3]

1895   On May 12th Miquel Miró Ferrà dies at the age of just 5 months.[4]

1896   On March 16th Josefa Miró Ferrà, Joan Miró's sister, is born.[5]

1897   On May 2nd, Dolores Miró Ferrà, another sister, is born.[6]

1900   Miró goes to primary school at number 13 Carrer Regomir. At school there, he also begins drawing classes. Looking back, Miró recalls: "[...] I took drawing lessons at the same school after the regular school day was over. My teacher's name was Civil. That class was like a religious ceremony for me; I washed my hands carefully before touching the paper and pencils. The implements were like sacred objects, and I worked as though I were performing a religious rite. This state of mind has persisted, even more pronounced. I was unable to copy a human face from a reproduction; however, I drew the leaves of trees with loving care."[7]

From 1900, Miró spends part of the summer with his paternal grandparents in Cornudella and part with his maternal grandmother in Mallorca.[8]

1901   Miró makes the first of his drawings to have been conserved, working in a realistic style on typical themes like objects, animals or flowers. Nonetheless, he also makes a drawing with an unusual theme, *El pedicuro* (The Pedicurist), reflecting an early interest in one of his recurring motifs, the foot.[9]

1906   Miró begins a sketchbook, where he makes drawings between 1906 and 1909 while spending the summer with his paternal and maternal grandparents. Many of the sketches are landscapes made in Cornudella and Mallorca. In Mallorca, Miró makes drawings of emblematic buildings like the Llotja[10] or Bellver Castle, although he also draws windmills and seascapes.[11]

1907   At his father's suggestion, he enrols at the School of Commerce in Barcelona.[12] At the same time, he attends classes at La Lonja School of Fine Art. He studies under Modesto Urgell, a Romantic landscape painter, who passes on his interest in empty spaces and nocturnal landscapes to Miró. He also studies under Josep Pascó, a teacher of decorative arts, who introduces Miró to popular art.[13] According to Miró, his first works: "[Were] decorative in appearance, because it was a class in composition, which allowed for greater freedom. And even back then Pascó noticed that I had a certain talent."[14]

Urgell's influence never fades. Miró declares: "I remember two paintings of Urgell in particular, both characterized by long, straight, twilit horizons which cut the pictures in halves: one a painting of a moon above a cypress tree, another with a crescent moon low in the sky. Three forms which have become obsessions with me represent the imprint of Urgell: a red circle, the moon, and a star."[15] Urgell's influence is not just artistic: "Urgell left his mark on my life: not on my painting but spiritually. [...] He loved solitude."[16]

1908   Miró paints a landscape with a strong colour scheme, the first oil painting of his that has been conserved.[17]

1910   He completes his commercial studies and begins to work as an unpaid trainee clerk for Dalmau Oliveres, a hardware store in Barcelona.[18] Miró's memories of the time spent working there are very depressing: "They were three years of hell. Work started at eight in the morning, we stopped from one to three o'clock, and then continued until nine o'clock. There was no weekend off until Sunday morning. It was impossible to do anything else. It was no joke. As my father saw it, you had to work your way up to a good job and, needless to say, drawing and painting were not serious activities."[19] "They were three years of imprisonment. [...] I forced myself to do it and deliberately turned my back on all the rest."[20]

Miró's family buys a farmhouse in Montroig, in the province of Tarragona.[21]

1911   Miró falls ill as a result of his general unease with his work, subsequently catching typhoid fever. He convalesces in Montroig.[22]

On July 20th the "VI International Art Exhibition" opens in Barcelona. According to the exhibition catalogue, Miró exhibits a work entitled *Roquis de Miramar (Mallorca)*: his first exhibit ever.[23]

1912   Between 1912 and 1915 Miró studies at Francesc de Galí School of Art in Barcelona.[24] In his opinion: "Galí was a man with a broad vision [...] it wasn't just a question of painting a still life or drawing a model [...] every Saturday we went to the country [...] at night, when we came back, there was music and poetry. At the academy I began to read poetry [...]. And I've never stopped."[25] Galí also helps Miró to overcome his drawing problems. For example,

1   Dupin 1993, p. 25; and Fundació Joan Miró 1993a, p. 483.
2   Umland 1993, p. 318.
3   Ibidem, p. 318.
4   Ibidem, p. 318.
5   Ibidem, p. 318.
6   Ibidem, p. 318.
7   Letter from Joan Miró to Jacques Dupin, October 9th 1957, in Rowell 1987a, pp. 44-45.
8   Rowell 1987a, p. 21.
9   Dupin 1993, pp. 26-27.
10   Translator's note: a former Guild Hall.
11   Fundació Joan Miró 1988, pp. 39-45.
12   Escudero and Montaner 1993, p. 483.
13   Rowell 1987a, p. 21; Dupin 1993, p. 452; and Escudero and Montaner 1993, p. 483.
14   Del Arco, March 1951 (FPJM: H-1532).
15   Sweeney 1948, p. 208.
16   Del Arco, March 1951 (FPJM: H-1532).
17   The landscape belongs to the art collection of the Fundació Pilar i Joan Miró a Mallorca, FPJM: 116.1a.
18   Rowell 1987a, p. 22; Dupin 1993, pp. 33, 452; and Escudero and Montaner 1993, p. 483.
19   Raillard 1977, p. 151.
20   Del Arco, March 1951 (FPJM: H-1532).
21   Rowell 1987a, p. 22.
22   Rowell 1987a, p. 22; Dupin 1993, pp. 33, 452-453; and Umland 1993, p. 319.
23   Barcelona City Council 1911; Umland 1993, p. 319; Dupin 1993, pp. 33, 452; Escudero and Montaner 1993, p. 483, indicate that the exhibition was held from April 29th to July 20th; and Combalía 1990, p. 29, states that Miró exhibited two items there.
24   Rowell 1987a, p. 22; and Umland 1993, p. 319.
25   Raillard 1977, pp. 18-19.

26   Ibidem, pp. 121-122.
27   Rowell 1987a, p. 22, states that Miró met Joan Prats in 1913.
28   Ibidem, p. 22.
29   Umland 1993, p. 319; and Laugier, de la Beaumelle, and Merly 2004, p. 301.
30   Rowell 1987a, p. 22.
31   Dupin 1993, p. 35.
32   Can Parés 1913; Rowell 1987a, p. 22; Umland 1993, p. 319; and Escudero and Montaner 1993, p. 483.
33   Escudero and Montaner 1993, p. 483.
34   Umland 1993, p. 319.
35   Letter from Joan Miró to Enric Cristòfol Ricart, January 31st 1915, in Rowell 1987a, pp. 48-49, 308.
36   Umland 1993, p. 319.
37   Ibidem, p. 319; letter from Joan Miró to Bartomeu Ferrà, March 15th 1915, in Serra 1984, pp. 226-227; and Fundació Joan Miró 1988; pp. 50-52.
38   Letter from Joan Miró to Bartomeu Ferrà, March 15th 1915, in Serra 1984, pp. 226-227.
39   Rowell 1987a, photograph no. 4 of Miró in military uniform. Information about Miró's military service is contradictory. In a letter to Bartomeu Ferrà, on the one hand, Miró states that he avoids doing his military service because he is surplus to requirements. Nevertheless, he also alludes to doing it: "I belonged to Vergara Infantry Regiment Number 57. Naturally I was a private." (See Melià 1975, p. 117). There are also discrepancies about the dates of his military service. On the one hand, Jacques Dupin 1961a, p. 62, says: "His early career as a 'painter' was unfortunately hindered by the need to do his military service. His father, who did not go along with Miró's plans, refused to pay the money that would excuse him completely from his military service. He chose the least onerous form of exemption, which involved doing ten months' service over a period of several years." Margit Rowell 1987a, p. 22, writes: "1915 October 1st-December 31st: military service, Barcelona. Will fulfill military service requirements for three months (October through December) of every year through 1917." Finally, Anne Umland 1993, p. 346, observes that in a letter from Miró to Ricart, dated June 10th 1915, Miró declares: "I am now a soldier of the 57th Infantry Regiment..." In 1916, Miró made arrangements with the military allowing him to serve during a period beginning in October (see Miró's letter to Ricart, from Montroig, Saint James's Day [July 25], 1916) as opposed to the summer months. In 1915, however, as witnessed not only by his June 10, 1915, letter to Ricart but also by an earlier one, January 31, 1915, he was called to serve briefly in January and for a longer period beginning sometime before June 10, 1915 (see the two letters from Miró to Ricart dated January 31st 1915 and June 10th 1915 respectively).
40   Umland 1993, p. 319.
41   Ibidem, p. 139.
42   Ibidem, p. 139.
43   Melia 1975, pp. 118-119; and Umland 1993, pp. 319, 346.
44   Umland 1993, pp. 319, 346.
45   Rowell 1987a, p. 22; and Dupin 1993, p. 453.
46   Letter from Joan Miró to Enric Cristòfol Ricart, October 7th 1916, in Rowell 1987a, p. 49.
47   Raillard 1977, p. 49; Lubar 1987, p. 17, assures us that in 1916 Miró had already read work by Guillaume Apollinaire. In contrast, Rowell 1987a, p. 23, records it as happening in 1917.
48   Umland 1993, p. 319
49   Ibidem, pp. 319, 346.
50   Raillard 1977, p. 140; and Dupin 1993, p. 48.
51   Rowell 1987a, pp. 22-23.
52   Picon 1980, p. 22. Although in Picon's book, Miró makes these statements in reference to an exhibition of French art that supposedly takes place in Barcelona in 1916, Miró is most likely talking about the 1917 exhibition.
53   Rowell 1987a, p. 23; and Umland 1993, p. 320.
54   Dupin and Lelong-Mainaud 1999, pp. 35, 41-43.
55   Letter from Joan Miró to Enric Cristòfol Ricart, [August 1917], in Rowell 1987a, p. 50.
56   Umland 1993, pp. 320, 347.

"Galí helped me a great deal in an original, not at all academic way: he made me close my eyes and touch the model with my fingers. [...] And I was drawing. [...] That has stayed with me."[26]

While he is at Galí's school of art, Miró meets Josep Francesc Ràfols, Enric Cristòfol Ricart and Joan Prats,[27] amongst others, and perhaps also Josep Llorens Artigas. Prats, Ràfols, Ricart and Artigas become Miró's lifelong friends.[28]

Very probably between April 20th and May 10th Miró visits the "Exhibition of Cubist Art" held at Galeries Dalmau in Barcelona. At the exhibition, work by Gris, Léger, Metzinger and Marcel Duchamp (Nu descendant l'escalier) is exhibited.[29]

1913   On approximately October 15th Miró enrols to take drawing classes at the Círcol Artístic de Sant Lluc in Barcelona.[30] He studies drawing and concentrates on the human figure, using real-life models.[31]

From December 6th to 27th, very probably, Miró exhibits three paintings at the "VIIIth Exhibition of the Círcol Artístic de Sant Lluc" at Can Parés in Barcelona.[32]

1914   The 1st World War begins in August. Spain's neutrality encourages foreign artists to come to Barcelona.[33]

In the autumn, possibly, Miró shares a studio with Ricart in Carrer Arc de Jonqueres, Barcelona.[34]

1915   In January Miró is in Caldetas, looking after his mother who is getting over typhoid fever. On the 31st he writes to Ricart from Caldetas: "'Pain is the inseparable brother of pleasure'; the one cannot exist without the other. [...] Let us serenely continue to be visionaries of life, my friend."[35] Before January 31st Miró has been called up to do his military service.[36]

He returns to Barcelona by March 15th and probably continues sharing a studio with Ricart in Carrer Arc de Jonqueres. Miró continues his classes with Galí and he also studies nude drawing at the Círcol Artístic of Sant Lluc, producing a series of drawings of human figures.[37]

By March 15th Miró writes to Bartomeu Ferrà from Barcelona: "I have just spent two months in a very beautiful village on our coast, a village called Caldetes, where I went to accompany my mother during her convalesce [...] And now, back in Barcelona, I am working hard; all my efforts are directed towards constructing properly, it is my struggle to achieve what I have not got. My work will be stronger if, in addition to beauty of colour, it has a well-constructed form. [...] I was lucky enough to be declared surplus to quota, so I've freed myself from military service."[38] Despite this comment, Miró does, in fact, have to put on a uniform and do his military service.[39]

By June, Galí probably closes his Escola d'Art in order to direct Barcelona's Escola Superior dels Bells Oficis, a school of decorative arts and design.[40]

Before June 10th, Miró has been summoned to do his military service. He possibly spends the summer in Barcelona doing it.[41]

1916   Miró almost certainly spends the winter and spring in Barcelona. During this period, he lives at his home in Passatge de Crèdit and paints in a studio that he shares with Ricart and sometimes Ràfols in Carrer Arc de Jonqueres.[42]

Possibly some time after January 6th Miró meets Josep Dalmau, the owner of Galeries Dalmau: a meeting point for Barcelona's avant-garde art world.[43]

Before July 25th Miró leaves Montroig when he is summoned to join his regiment due to a railway workers' strike. Despite this, he spends most of the summer in Montroig.[44]

From October 1st to December 31st, possibly, he continues doing his military service in Barcelona.[45] On October 7th he writes to Ricart from Barcelona: "I worked hard this summer and really a lot. I am in Barcelona now (dressed as a soldier). Incidentally, they are driving me crazy, so much so that it is impossible to do anything else. [...] And, above all, may God grant that I never lack for Holy Anxiety. It is thanks to her that men progress."[46]

Miró takes advantage of his military service to read poetry: "Before going to Paris, I had read Le Poète assassiné. I remember very clearly that when I first read it I was doing my military service. At night I had guard duty: two hours with my rifle, followed by two hours' rest. During the latter, I read Apollinaire."[47]

After October 7th he possibly shares a studio with Ricart in Carrer Sant Pere Més Baix in Barcelona, one that is sometimes also used by Ràfols.[48]

1917   During the winter and spring, Miró probably lives in Barcelona at his usual address, working in a studio that he shares with Enric Cristòfol Ricart in Carrer Sant Pere Més Baix.[49]

Through Dalmau, Miró perhaps meets Francis Picabia. In 1975 Miró explains: "The first violent reaction was brought about by the people I saw in Barcelona at Dalmau's home. Picabia's arrival, together with his magazine 391, was very important for me. And Picabia's paintings had a big impact on me." This is very likely Miró's first contact with Dadaism.[50]

From April 23rd to July 1st, Barcelona hosts a big exhibition of French art from the late 19th and early 20th centuries, probably organized by Ambroise Vollard. At the "Exposició d'art francès", works of art by the following artists are shown: Degas, Bonnard, Denis, Matisse, Monet, Redon, Signac, Vuillard, Cézanne, Courbet, Daumier, Gauguin, Manet and Toulouse-Lautrec, among others.[51] It makes a great impression on Miró: "There were paintings by Manet, Monet and even early ones by Matisse. What an impact they made! And to think that at that time I hadn't even been to Madrid to see the Prado Museum… Monet made the greatest impression, with a simple sunset."[52]

During the summer Miró lives in Montroig and visits Siurana, Prades, Cornudella and Cambrils.[53] About fifteen works of art date back to the period, based on landscapes and scenes of rural life with a clear Fauve Art influence. They include Siurana, Le sentier; Prades, Le village; Mont-roig, Le pont; and Cambrils, La plage.[54]

Very probably in August Miró writes to Ricart from Montroig: "I have painted quite a lot, very interesting things: landscapes, still lifes, figures… The solitary life at Siurana, the primitivism of these admirable people, my intensive work, and especially, my spiritual retreat and the chance to live in a world created by my spirit and my soul, removed, like Dante, from all reality [...] I have withdrawn inside myself, and the more skeptical I have become about things around me the closer I have become to God, the trees, the mountains, and to Friendship. A primitive like the people of Siurana and a lover like Dante."[55]

On approximately August 18th Miró returns to Barcelona, but shortly afterwards he leaves with his regiment for Sabadell. In late August he is once again in Montroig.[56]

On September 13th Miró writes to Ràfols from Montroig. "Now I'm patiently awaiting the end of the month when I'll go to Barcelona and pick up my rifle again for three months for the last time [...] Among the things I've done this summer [...] I've worked constantly on landscapes, with the exception of a girl from Siurana and some women sitting and playing cards. All the others are landscapes, reflecting different emotions and styles [...] For me, the art of the future [...] tends in all cases to free the artist's emotions, giving him full reign [...] May our paintbrush mark our vibrations!"[57]

On October 1st, very probably, Miró once again does his military service. From Barcelona he writes to Ricart: "I think that after the grandiose French Impressionist movement which sang of life and optimism, and the post-Impressionist movements, the courage of the Symbolists, the synthesism of the Fauves, and the analysis and dissection of Cubism and Futurism, after all that we will see a free Art in which the 'importance' will be in the resonant vibration of the creative spirit."[58]

Probably on November 10th, accompanied by Joan Prats, Miró attends a performance of the ballet *Parade*, a production by Diaghilev's Ballets Russes based on a libretto by Jean Cocteau, costumes and stage décor by Picasso, and music by Erik Satie at Barcelona's Gran Teatre del Liceu.[59]

In late December Miró finishes his military service.[60] During the last four months of the year, he regularly reads avant-garde French and Catalan magazines in Galeries Dalmau.[61]

1918 During the winter and spring, Miró possibly lives in Barcelona at his normal address, working in the studio he shares with Ricart in Carrer Sant Pere Més Baix.[62]

In February, the magazine *Arc-voltaic*, directed by Joan Salvat Papasseit, publishes a drawing by Miró on the cover of its one and only issue. As he takes his first steps as an avant-garde artist, Miró also takes an interest in avant-garde Catalan literature, starting to collaborate with writers and poets.[63]

Probably in February Miró helps to found the Courbet Group with Ràfols, Ricart, Rafael Sala and Francesc Domingo, and later Josep Llorens Artigas. It is a splinter group from the Círcol Artístic de Sant Lluc, given the Courbet Group's disagreement with the conservatism of some of its members.[64]

From February 16th to March 3rd, the first sole exhibition of Joan Miró's work is held at Galeries Dalmau in Barcelona, where he exhibits 64 paintings and drawings created between 1914 and 1917.[65] The work on exhibit reflects the influence of Cézanne and Fauve Art. The exhibition is the cause of a scandal when a group of visitors manage to tear some of the unframed drawings on display.[66] The critics are divided. Josep Llorens Artigas praises the personal style and Miró's colourist talents: "Joan Miró studies reality and extracts a personal

vision which he transmits to his drawings and paintings [...]. On most of the paintings, the brushstrokes are lavish and laden with paint [...] the colour on these paintings is always bright and clean, a sign of great courage and sincerity, always giving a pleasant sensation of spontaneity and intuition."[67] The critic who is perhaps the most severe is Joan Sacs. He summarizes his impressions as follows: "Miró does not suffer from the terrible shyness that characterizes almost all beginners. He is magnificently daring, with a spirit open to modern trends... but at present he is an awful colourist. He over-uses pure, bright colours, without any feeling for colour: they are acid, barbaric, clashing, 'gueulard'."[68] Nevertheless, the critics seem to coincide in highlighting Joan Miró's audacity and there are even some, like Antonio Vallescá,[69] who praise his skill as a painter. Years later, in 1928, Miró makes the following comment about the exhibition: "No one bought anything from that exhibition and Dalmau purchased all the exhibited work from me to help me to go to Paris with the proceeds [...]."[70] In 1951, Miró looks back on his first exhibition: "I made an impression in Barcelona. [...] There were very harsh reviews but also allusions to my talent; I also got anonymous letters."[71]

In March, *Trossos* (an avant-garde magazine specializing in art and literature, directed by J. V. Foix) publishes another drawing by Miró. In its pages, the words "Joan Miró is one of us" are written.[72]

Before April 14th, Miró travels to Mallorca, visiting Palma and meeting Bartomeu Ferrà.[73]

On approximately April 15th Galeries Dalmau exhibits work by Miró and Ricart, among other artists.[74]

On April 17th Miró writes to Dalmau from Pollensa: "Tomorrow I'm planning to return to Palma, set up my headquarters there, and wait and see if one day I hear you've arrived in Palma [...]."[75]

From May 10th to June 30th an exhibition is held in Barcelona entitled "Exposició d'art del Palacio de Bellas Artes". In one of the rooms reserved for the Círcol Artístic de Sant Lluc, Miró exhibits work with the Courbet Group.[76]

On May 11th Miró writes to Ricart: "Yesterday was the opening of the exhibition. The "Courbet" group, considering our lack of preparation, looked good, my friend. [...] We have to prepare for next year- the Courbet Group has to step over all the rotting bodies and fossils. [...] At the beginning of next week, Ràfols and I will start a nude of Trini. I am going to do a 1.20 m x 1.52 m canvas. We shall see what comes out."[77]

On about June 11th Miró attends a performance of the ballet *Petrouchka* by Stravinsky at Barcelona's Gran Teatre del Liceu.[78]

In early July Miró is in Montroig, where he spends the whole summer.[79] He makes a series of paintings that herald a new style, including *Vegetable Garden and Donkey* and *House with Palm Tree*.[80]

On July 16th he writes to Ricart from Montroig: "No simplifications or abstractions [...]. Right now what interests me most is the calligraphy of a tree or a rooftop, leaf by leaf, twig by twig, blade of grass by blade of grass, and tile by tile. This does not mean that these landscapes will not finally end up being Cubist or wildly synthetic [...]."[81]

On July 25th Miró writes to Bartomeu Ferrà: "[...] Ricart and I are very anxious to go to Madrid this winter, if we oave enough cash; we don't want to go any longer without seeing the Prado. [...] Why don't you make up your mind to come with us and see the great Goya? These are days of great happiness for us fervent Francophiles, with the glorious offensive by the Allies. Let's see if they succeed in throwing that rabble out once and for all, and we'll be able to go to Paris again and revel in the delights of France, synthesized in Renoir (his *Moulin de la Galette*, his women, his nudes!)."[82]

On August 4th Miró writes to Ricart: "I continue working. I have not yet been able to finish a single canvas (with the exception of a sketch of a thresher and some drawings). Doing calligraphy is very time-consuming, my friend!... [...] After all these years of having to go to Barcelona on October 1st to be a soldier, I am hoping this year to have a long stay in the country and spend the autumn here until the bad weather drives me away (I think it will be October and part, or all, of November)."[83]

On August 11th he writes to Ràfols from Montroig: "I'm working hard [...] This week I hope to finish two landscapes [...] As you see, I work very slowly. As I work on a canvas, I fall in love with it, love that is born of slow understanding [...]. Joy at learning to understand a tiny blade of grass in a landscape. Why belittle it? A blade of grass is as enchanting as a tree or a mountain. Apart from the primitives and the Japanese, almost everyone overlooks this which is so divine."[84]

On August 15th Miró writes to Josep Dalmau from Montroig: "I'm working hard with a view to enjoying my stay in the country [...] Delight us this winter by giving the 'menagerie' a good push and organizing some good exhibitions.

57 Letter from Joan Miró to Josep-Francesc Ràfols, September 13th 1917, in Soberanas and Fontbona 1993, pp. 19-20.
58 Letter from Joan Miró to Enric Cristòfol Ricart [October 1st 1917], in Rowell 1987a, pp. 52-53.
59 Umland 1993, p. 320; and Melià 1975, p. 131.
60 Rowell 1987a, p. 23; and Umland 1193, p. 320.
61 Laugier, de la Beaumelle and Merly 2004, p. 301.
62 Umland 1993, p. 320.
63 Lubar 1987, p. 17.
64 Rowell 1987a, p. 23; and Umland 1993, pp. 320, 347.
65 Galeries Dalmau 1918; and Umland 1993, p. 320.
66 Combalía 1990, p. 46.
67 Llorens Artigas February 25th 1918 (FPJM: H-5).
68 Sacs, February 24th 1918 (FPJM: H-4).
69 Vallescá, March 7th 1918 (FPJM: H-6).
70 Trabal, June 14th 1928 (FPJM: H-264).
71 Del Arco, March 1951 (FPJM: H-1532).
72 Lubar 1987, pp. 17-18.
73 Umland 1993, pp. 320, 347.
74 Ibidem, pp. 320, 347.
75 Letter from Joan Miró to Josep Dalmau, April 17th 1918, in Santos Torroella 1993, p. 66.
76 Umland 1993, pp. 320, 347.
77 Letter from Joan Miró to Enric Cristòfol Ricart, May 11th 1918, in Rowell 1987a, pp. 53-54.
78 Umland 1993, pp. 320, 347.
79 Letter from Joan Miró to Enric Cristòfol Ricart, July 16th 1918, in Rowell 1987a, pp. 54-55; and Lubar 1987, p. 18.
80 Lubar 1987, p. 18; and Umland 1993, pp. 320, 347.
81 Letter from Joan Miró to Enric Cristòfol Ricart, July 16th 1918, in Rowell 1987a, pp. 54-55.
82 Letter from Joan Miró to Bartomeu Ferrà, June 25th 1918, in Serra 1984, pp. 230-231.
83 Letter from Joan Miró to Enric Cristòfol Ricart, August 4th 1918, in Rowell 1987a, pp. 55-56.
84 Letter from Joan Miró to Josep-Francesc Ràfols, August 11th 1918, in Soberanas and Fontbona 1993, pp. 21-22. The two landscapes he refers to might be *Le Potager à l'âne*, and *Tuilerie à Montroig*, or else *L'Ornière*, in Dupin and Lelong-Mainaud 1999, pp. 54-58.

85   Letter from Joan Miró to Josep Dalmau, August 15th 1918, in Santos Torroella 1994, pp. 108-109.

86   Letter from Joan Miró to Enric Cristòfol Ricart, October 18th 1918, in Rowell 1987a, pp. 57-58.

87   Letter from Joan Miró to Enric Cristòfol Ricart, October 27th 1918, in Rowell 1987a, p. 58.

88   Letter from Joan Miró to Josep-Francesc Ràfols, November 1st 1918, in Soberanas and Fontbona 1993, pp. 23-24. The painting mentioned by Miró must be *Montroig, l'église et le village*, in Dupin and Lelong-Mainaud 1999, p. 59.

89   He is probably referring to Apa (Feliu Elias), who had various pseudonyms.

90   Letter from Joan Miró to Enric Cristòfol Ricart, November 10th 1918, in Rowell 1987a, pp. 59-60.

91   Umland 1993, pp. 320, 347.

92   Ibidem, p. 320.

93   Galeries Laietanes 1919.

94   Rowell 1987a, p. 23; Umland 1993, p. 321; and Sacs, June 15th 1919 (FPJM: H-16).

95   Letter from Joan Miró to Josep-Francesc Ràfols, June 28th 1919, in Soberanas and Fontbona 1993, pp. 29-30.

96   Umland 1993, p. 321.

97   Dupin and Lelong-Mainaud 1999, pp. 60-61.

98   Miró is referring to his *Self Portrait* produced in 1919, which would later belong to Picasso.

99   Miró is referring to *Nu au miroir* de 1919, in Dupin and Lelong-Mainaud 1999, pp. 62-63.

100 Letter from Joan Miró to Enric Cristòfol Ricart, July 9th 1919, in Rowell 1987a, pp. 60-62.

101 Letter from Joan Miró to Josep-Francesc Ràfols, August 10th 1919, in Soberanas and Fontbona 1993, pp. 31-32.

102 The landscape *Mont-roig, vignes et oliviers par temps de pluie*, repainted in approximately 1978, is part of the art collection of the Fundació Pilar i Joan Miró a Mallorca (FPJM-121).

103 Letter from Joan Miró to Josep-Francesc Ràfols, August 10th 1919, in Soberanas and Fontbona 1993, pp. 31-32.

104 Letter from Joan Miró to Josep-Francesc Ràfols, August 21st 1919, in Soberanas and Fontbona 1993, pp. 33-34.

105 Letter from Joan Miró to Josep-Francesc Ràfols, August 21st 1919, in Soberanas and Fontbona 1993, pp. 33-34.

106 Letter from Joan Miró to Enric Cristòfol Ricart, September 14th 1919, in Centre d'Art Santa Mònica and Generalitat de Catalunya 1993, p. 105.

Let's see if, to begin the season and the 2nd chapter of your history, you can bring us Picasso and Cézanne. As fervent admirers of France, we should all congratulate ourselves on the triumph of the new offensive, which will rid its lands of all the enemies of the civilized. Let's see if soon we can make our increasingly essential, much desired trip to Paris. VIVE LA FRANCE!"[85]

On October 18th Miró writes to Ricart: "I am truly happy here. Autumn in the country is wonderful (convulsive recollection of Haydn's *Seasons*). Divine orchestration of the clouds in the sky [...] I have not been able to work as much as I have liked. [...] on the days when the weather does not permit me to work out of doors, I am simply incapable of shutting myself up in a room and doing a still life. Here I am only attracted by the countryside. When it is windy or raining I spend the entire day among the vines and the trees and running about with a rifle, hunting down nothing more than some sparrow or other. Never mind, the thing is to intoxicate yourself with this great optimism the country gives."[86]

On October 27th Miró writes to Ricart: "The weather here is wonderful, with summerlike sun; this allows me to work a great deal. Right now I am doing a canvas with a house with a sun dial, a palm tree, and bird cage hanging in the doorway."[87]

On November 1st Miró writes to Ràfols: "I'm hard at work now. The weather's very good, so I can spend all day in front of my easel. I've had to stop working on [...] the painting of the town of Montroig so that I don't have to go into town, since everyone's got flu there."[88]

On November 10th Miró writes to Ricart from Montroig: "I plan to re-form my palette as the 'Green Devil'[89] suggests and introduce, above all, some earth tones, which, incidentally, I like better every day. As I think I told you when you were here, I have eliminated the pure colours to a great extent, only using them as a last resort. [...] If the 'Green Devil' has no objection, I recommend *Cadmium lemon*. It's wonderful and it is cadmium, which you tell me Apa recommends. Next to cadmium lemon, chrome yellow is opaque and dull. As regards cadmiums, Sunyer told me he had discovered *Cadmium red* [...] I will look for it when I go to Barcelona!" As for the next meeting of the Courbet Group, Miró asks Ricart to transmit the following message: "Get the Courbet Group officially constituted so that no one can ever have any objection to it and so that it can be active in the official art world (art exhibits in Spain and abroad)." In the letter, Miró reiterates his desire to exhibit work in Paris: "As far as exhibitions are concerned, we could

paraphrase Foch [...]. During the current offensive, Foch said, *fight, fight, fight!* We can say PARIS, PARIS, PARIS, [...]."[90]

Possibly in early December Miró returns to Barcelona and allows Ricart to use his studio in Carrer Sant Pere Més Baix.[91]

1919 Miró almost certainly spends the winter and perhaps the spring in Barcelona. He lives at his usual address in the city and works in his studio in Carrer Sant Pere Més Baix.[92]

From May 17th to 30th, Miró and the Courbet Group take part in the "Exhibition of Drawings" held at Barcelona's Galeries Laietanes.[93]

From May 28th to June 30th, Miró exhibits work with the Courbet Group at the second edition of the "Art Exhibition", held in one of the rooms of the Círcol Artístic de San Lluc in Barcelona.[94]

From June 29th onwards he goes to stay in Montroig.[95] Some time before the end of June, Miró creates a poster for *L'Instant*, a Franco-Catalan magazine.[96] In Montroig he paints an oil painting on canvas entitled *Mont-roig, vignes et oliviers*,[97] as he describes in his letters to Ricart and Ràfols.

On July 9th he writes to Ricart: "[...] The self-portrait is already finished.[98] Dalmau has to send it to Paris along with a landscape this fall. I was not able to finish the nude.[99] I made Dalmau a gift of the 'Sketch of the Thresher'... Don't forget to get all the details you can so that we can see about going to Paris in November. I'll be asking for details too."[100]

On August 10th Miró writes to Ràfols: "I'm working hard, all day long. I'm continuing with the canvas of the town and making another big one of the olives, carob trees and vines you can see from my bedroom. You'll remember the scene, full of dazzling light."[101] Miró must have previously done an oil painting on cardboard entitled *Mont-roig, vignes et oliviers par temps de pluie*, which he uses in the seventies as a support for another painting.[102] In the letter of August 10th Miró also comments on his plans to go to Paris to Ràfols: "Ricart will already have told you that he is set on going to Paris in a few months [...] I'm *definitely* going at the end of November. It is important to go as a *fighter* and not as one of the *fight's spectators* if you really want to achieve something [...] It's important Ràfols, my friend, to strive to produce *good paintings* [...] If we let time pass and merely content ourselves with doing something interesting, there'll soon be no more talk. We must leave all this and engage

in a continuous search, exploring in depth and preparing ourselves so that, when we are more mature, we can *begin* to do something *really interesting*."[103]

On August 21st in another letter to his friend Ràfols, Miró sums up the work he has done over the summer: "[...] I'm still hard at work. I've studied a lot this summer [...] Imagine the joy of working so long and still discovering new problems!! I haven't scorned any of the *reality* in the conviction that *it is there that everything lies*. There is nothing anecdotal, neither shadows, nor back light nor dusks. The thing is to *paint it*. [...] All in all, this summer's paintings will probably represent more of a *fight* than *good results*. All the better. I have faith in what I'll do this winter. [...] Explore, explore in depth, as I always say to Ricart, and by doing so we will come across splendorous new problems to be resolved that can help us elude that *lethal momentary spark of interest*, stirring us to produce *good paintings*."[104]

During the summer in Montroig, Miró begins to plan his trip to Paris for the coming winter. On his return to Barcelona, Miró intends to talk to the art dealer, Pere Mañach, or else accept the offer by gallery owner, Dalmau, to send work by Miró to a dealer in Paris in order to pave the way for the trip by the Catalan artist to the capital of France.[105]

On September 14th Miró writes to Ricart: "I'm fully determined to go to Paris this winter, so long as there is artistic activity there. [...] If you have the heart to come and fight to get ahead in the capital of the world, then shake off the dust of cowardice, forget everything else and come along... [...] If you plan to go there as a fighter, it's a crime to keep on wasting time because it is easier to go on thinking that perhaps things will be better tomorrow. I don't give a damn about tomorrow, what interests me is today. Besides, I would a thousand times rather – and I say this in all sincerity - fail utterly and totally in Paris than go on suffering in these filthy, stinking waters of Barcelona."[106]

On approximately October 22nd, on his return to Barcelona, Miró goes to see Dalmau and perhaps also Mañach. Miró writes to Ricart about his trip to Paris: "This morning I went to the French Consulate. They asked me why we wanted to go to Paris and, when I told them that it was to paint and study, they said that to start with I had to have an employment contract signed by someone in Paris [...] I've just spoken to Dalmau and I've managed to sort out my own situation. The dealer who exhibits my paintings in Paris (!) will sign one. [...] You'll understand that I can't go to Paris until I know the exact date of my exhibition there [...] I plan to go a month or so before the exhibition."[107]

Probably in November Miró writes to Ricart: "When you come we will talk at length about going to Paris. Meanwhile I am taking stock of the current situation, as I oblige myself to do now and then. I'd appreciate if you would read this to Ràfols to see what he says. A. I am 26 years old. B. Of the small capital I earned as a clerk I have only 25 or 30 pesetas left (this capital went for paints, a studio); lately now I have dared to admit that my 'fortune' was running out and have asked, with great distaste on my part, my mother for some money. C. I know confidentially that when I leave home I will have enough money to permit me to live and function for a while. D. If I stay in Barcelona, I see no other solution but to do any old thing in order to be able to paint and earn the money I need to do it."[108]

During the autumn and winter, Miró continues preparing his trip to Paris, as can be inferred from his correspondence with Ricart and Ràfols.[109]

By the end of the year, the Courbet Group has virtually been dissolved.[110]

1920   Miró probably spends January and part of February in Barcelona. He lives at his usual place of residence in Passatge de Crèdit and gives up his studio.[111]

On February 14th Miró writes to Espinal, who already went to live in Paris three months before, telling him that he intends to leave for Paris at the end of the month.[112]

Near the end of February, Miró makes his first trip to Paris.[113] He stays at the Hôtel Rouen, where many Catalans congregate including the poet Salvat-Papasseit, the writer Josep Pla, Ricart, Llorens Artigas and Torres García.[114] In 1975 Miró recalls his first trip: "I left Barcelona because I was attracted by everything that was going on in Paris. Apollinaire had just died: I didn't know him but I knew that in Paris they would understand what was going on in my head. [...] When I reached Paris, with friends from Barcelona, we went to Notre-Dame-des-Victoires. We had the address of a hotel called the Hôtel Rouen, run by Catalans. They were good people who only asked for a few francs from poor compatriots like us: a symbolic price for a room. What's more, they often invited us to Sunday lunch too."[115]

On March 2nd Miró visits Pablo Picasso, accompanied by Ricart: "I'm in Paris, having happily arrived. Just walking down the street I saw Sisley and Morisot. This morning we went

with Ricart to Picasso's home. He gave us a warm welcome to his studio. We saw everything he was doing and he showed us many sculptures of black art and two canvases by Rousseau."[116]

Very probably on March 14th Miró writes to Ràfols from the Hôtel Rouen and describes his visits to museums and exhibitions in Paris: the Rodin Museum, Luxemburg Museum, and the Louvre. Miró ends by saying: "New Catalan painting is infinitely better than its French equivalent. I have full confidence in the *redeeming intervention* of Catalan art. When will Catalonia allow pure artists to earn enough to paint and make a living? This harshness with which Catalonia treats things of the spirit might be a redemptory torture."[117]

Before March 27th Miró meets Dalmau in Paris to talk about his exhibition.[118] Paris has such an impact on Miró that it leads to an intellectual block: "I spent a whole year in an absolute daze, so I tried to go to an academy but I couldn't even draw a line. I stood in front of the models and I was completely unable to draw."[119]

On April 12th Miró writes to Josep Dalmau: "I hope the formalities that you so kindly set in motion here in Paris for my exhibition are proceeding. Given your interest, which I am sincerely grateful for, I'm sure they are progressing [...] I returned to Picasso's home with the Mompous and he gave us a warm welcome and told me off for not coming more often. He said he would be very interested to see work of mine [...] I scarcely work here. It's impossible. I feel like a new world is opening up in my mind."[120]

On April 26th he visits the city of Reims, where he sends a postcard to his friend Ràfols.[121]

On May 8th Miró writes to Ràfols from Paris: "[...] Paris has moved me completely. [...] Let me now enjoy this new world in silence. The magnificent Louvre (I who had never moved from Barcelona, can you imagine how much it stirred me?). It is divine. The fine light, so fine that it is impossible to explain [...] I spend all day in museums or else seeing exhibitions [...] One of these days I expect to see Dalmau. He wrote to say that he is coming to finish organizing my exhibition. Since he went, I haven't heard a thing about the arrangements he is making, so I still don't know when I'll exhibit my work. While Dalmau was in Paris, he did a lot of work for me [...] He also managed to get work of mine included in private collections that are very well considered in the world of art. Obviously commercially I have nothing to do with it, but for me it is excellent publicity and it avoids years of having to struggle here."[122]

On May 26th, probably, Miró attends a Dadaist festival at the Salle Gaveau in Paris.[123]

He returns to Barcelona in mid June, possibly,[124] where he only stays for about two weeks before going on to Montroig. He paints three still lifes there that manage to combine detailed realism with decorative Cubism.[125]

By June 27th Miró writes to Picasso: "Yesterday I sent you 4 photographs of my work by registered post, as I said I would in Paris. Don't forget that they were all painted before I'd ever been to France. I've been spending a few days in Barcelona. The effect, after living in Paris, is surprising. Intellectual life is 50 years behind the times and the artists seem to be *amateurs*. No temperament and many pretensions! [...] I agree with you: to be a painter, you've got to stay in Paris. Maybe here they call us bad patriots! Europe and the country. Two stimuli for our sensitivities and our brains. Our activity abroad is more patriotic than that of artists who stay at home, with no vision of the world. I've just got back from the country and am ready to get down to some hard work. A few months here and then I'll be back in Paris!"[126]

In about early July Miró writes to Dalmau from Montroig: "I enclose a list of colours that I'll need to paint the Mallorcan countryside [...] Maybe you, who manages to arrange everything, can find me a little studio in Paris."[127]

On July 18th he writes to Josep Dalmau, describing the new paintings he is working on [*Le Jeu de cartes espagnoles* and *Le Cheval, la pipe et la fleur rouge*]:[128] "I've tried to move towards a purely conceptual style of art, which I think will be the art of the future. [...] This summer I plan not to work too much on landscapes, I prefer to do other things that occur to me here [Montroig] and wait for autumn in Mallorca to have a real go at them. [...] Today I had a letter from the Exhibition Committee inviting me to take part in the *Salon d'Automne*. I think it'd be a good idea so as to pave the way for the future exhibition."[129]

On July 18th Miró also writes to Ricart: "Before coming here I suffered for 12 terrible days in Barcelona [...] with an intellectual life that is 50 years behind the times. Definitely, *never again in Barcelona*. Paris and the country *until I die* [...] You have to be an *International Catalan*, a *homespun* Catalan is not, and never will be, worth anything in the world."[130]

On July 25th Miró writes to Ràfols from Montroig: "I'm writing to you away from all that paramount *spiritual fermentation* in Paris,

107   Letter from Joan Miró to Enric Cristòfol Ricart, October 1919, in Centre d'Art Santa Mònica and Generalitat de Catalunya, p. 106; and letter from Joan Miró to Josep-Francesc Ràfols, August 21st 1919, in Soberanas and Fontbona 1993, pp. 33-34.

108   Letter from Joan Miró to Enric Cristòfol Ricart, November 19th 1919, in Rowell 1987a, pp. 65-66.

109   Letter from Joan Miró in Barcelona to Enric Cristòfol Ricart, undated; letter from Joan Miró to Enric Cristòfol Ricart, December 1919, in Centre d'Art Santa Mònica and Generalitat de Catalunya, pp. 106-107; and letter from Joan Miró to Josep-Francesc Ràfols, undated, in Soberanas and Fontbona 1993, p. 35.

110   Rowell 1987a, p. 23; and Umland 1993, p. 321.

111   Umland 1993, pp. 321, 348.

112   Laugier, de la Beaumelle, and Merly 2004, p. 306.

113   Umland 1993, pp. 321, 348.

114   Raillard 1977, p. 66; and Rowell 1987a, p. 23.

115   Raillard 1977, pp. 65-66.

116   Letter from Joan Miró to Josep-Francesc Ràfols, [2nd March 1920], in Soberanas and Fontbona 1993, p. 37.

117   Letter from Joan Miró to Josep-Francesc Ràfols, [March 14th 1920], in Soberanas and Fontbona 1993, pp. 38-39.

118   Umland 1993, pp. 321, 348.

119   Trabal, July 14th 1928 (FPJM: H-264); and Raillard 1977, pp. 66-67.

120   Letter from Joan Miró to Josep Dalmau, April 12th 1920, in Santos Torroella 1993, pp. 66-68.

121   Postcard from Joan Miró to Josep-Francesc Ràfols, April 26th 1920, in Soberanas and Fontbona 1993, p. 40.

122   Letter from Joan Miró to Josep-Francesc Ràfols, May 8th 1920, in Soberanas and Fontbona 1993, pp. 41-43.

123   Rowell 1987a, p. 23.

124   Letter from Joan Miró to Bartomeu Ferrà, August 8th 1920, in Serra 1984, p. 234.

125   Umland 1993, pp. 321, 348; and Dupin 1993, p. 77.

126   Letter from Joan Miró to Pablo Picasso, June 27th 1920, in Rowell 1995, p. 85.

127   Letter from Joan Miró to Josep Dalmau, [circa early July 1920], in Santos Torroella 1993, pp. 68-70.

128   Dupin and Lelong-Mainaud 1999, pp. 68-69.

129   Letter from Joan Miró to Josep Dalmau, July 18th 1920, in Santos Torroella 1993, p. 70.

130   Letter from Joan Miró to Enric Cristòfol Ricart, July 18th 1920, in Rowell 1987a, p. 73.

131 Letter from Joan Miró to Josep-Francesc Ràfols, July 25th 1920, in Soberanas and Fontbona 1993, p. 45.

132 Letter from Joan Miró to Bartomeu Ferrà, August 8th 1920, in Serra 1984, p. 234.

133 Letter from Joan Miró to Enric Cristòfol Ricart, August 22nd 1920, in Rowell 1987a, p. 74.

134 Letter from Joan Miró to Josep-Francesc Ràfols, July 25th 1920, in Soberanas and Fontbona 1993, p. 45.

135 Grand Palais des Champs-Elysées 1920.

136 Galeries Dalmau 1920.

137 Letter from Joan Miró to Josep-Francesc Ràfols, November 18th 1920, in Soberanas and Fontbona 1993, p. 46.

138 Postcard from Joan Miró to Pablo Picasso, December 28th 1920, in Laugier, de la Beaumelle, and Merly 2004, p. 308.

139 Miró is probably referring to La Table (Nature morte au lapin).

140 Letter from Joan Miró to Josep-Francesc Ràfols, January 28th 1921, in Soberanas and Fontbona 1993, p. 48.

141 Letter from Joan Miró to Josep-Francesc Ràfols, January 28th 1921, in Soberanas and Fontbona 1993, p. 48.

142 Postcard from Joan Miró to Josep-Francesc Ràfols, February 11th 1921, in Soberanas and Fontbona 1993, p. 49.

143 Umland 1993, p. 321.

144 Dupin 1993, pp. 82-84, 447.

145 Letter from Pablo Picasso to Joan Miró, February 14th 1921 (CS).

146 Letter from Joan Miró to Josep Dalmau. [February 25th] 1921, in Santos Torroella 1994, pp. 124-125.

147 Rowell 1993, p. 74.

148 Letter from Joan Miró to Josep Dalmau, March 5th/10th 1921, in Santos Torroella 1994, pp. 126-129.

149 Umland 1993, p. 322.

150 The paintings that Miró refer to as being finished must be Portrait d'une danseuse espagnole and Nature morte-Le Gant et le journal, in Soberanas and Fontbona 1993, p. 50; and Dupin and Lelong-Mainaud 1999, pp. 70, 73.

151 Letter from Joan Miró to Josep-Francesc Ràfols, dated March 26th 1921, in Soberanas and Fontbona 1993, p. 50.

152 Umland 1993, p. 322; and Dupin, 1993, p. 84.

153 Letter from Joan Miró to Josep Dalmau, dated April 15th 1921, in Santos Torroella 1994, pp. 130-131.

154 Galerie La Licorne 1921.

155 Letter from Joan Miró to Josep Dalmau, [April 29th/30th 1921], in Santos Torroella 1993, p. 75.

156 Trabal, July 14th 1928 (FPJM: H-264).

157 René-Jean, May 7th 1921 (FPJM: H-35).

158 Raillard 1977, p. 51.

now peacefully in the also *paramount* Catalan *countryside*. Are you planning to come to Paris this winter? I intend to stay in Montroig until mid October and then, the dates of my Paris exhibition permitting, spend a while in Mallorca painting so that I can exhibit a good stock of post-Paris work and a selection of pre-Paris work. I'm striving to move towards a *conceptual* style of art, using nature as a starting point but never as a goal. [...] Picasso, who was understandably reserved in his initial relations with me, has been very effusive recently after seeing some of my work. We've often spent hours conversing in his studio."[131]

On August 8th Miró writes to Bartomeu Ferrà from Montroig: "My stay in Paris opened up a whole world of ideas and now, with the *exciting* tranquillity of the country, I've hurled myself into to work with abandon. You know my ideal: Paris and the Catalan countryside (and that of Mallorca too, of course)."[132]

On August 22nd Miró writes to Ricart: "I'm working as *much as I can*. People who have managed to do something have followed different paths, *but they never deviated from hard work.* It has to be the greatest goal in the life of an artist."[133]

In mid October Miró almost certainly returns to Barcelona.[134]

From October 15th to December 12th Miró exhibits his *Self-Portrait* and *Mont-roig, l'église et le village* in the Catalan section of the Salon d'Automne in Paris.[135]

From October 26th to November 15th, Miró exhibits three paintings at the "Exhibition of Avant-Garde French Art" held at Galeries Dalmau in Barcelona. Miró probably attends the opening of the exhibition.[136]

On November 18th he writes to Ràfols from Barcelona: "I only worship Picasso, Dérain, Matisse and Braque. [...] I prefer a man who fails during his search [...] to one who calmly does what others have sweated blood to do. [...] I hate *dormant spirits.*"[137]

On December 28th Miró sends a postcard from Barcelona to wish Picasso a happy new year: "At the beginning of February I'll be back in Paris. Before I leave, I'll go and pay my respects to your mother. If you want her to send you anything, just tell me and I'll be pleased to help."[138]

1921 On January 28th Miró writes to Ràfols from Barcelona: "Tomorrow I'll finish the painting (and about time too!).[139] [...] I'm going to Paris between February 8th and 10th."[140]

Possibly between February 8th and 10th Miró leaves Barcelona for Paris.[141] On the way, on February 11th, he visits the Musée Ingres in Montauban, France, with Espinal.[142] From February 11th, he settles in Paris, staying at the Hôtel Innova at number 32 Boulevard Pasteur.[143]

Miró writes to Ricart from Paris: "I've given all my paintings to Dalmau for one thousand pesetas on the condition that he organizes an exhibition in Paris. I want to spend as little time as possible living on the allowance that my family gives me [...]."[144]

On February 14th Picasso writes to Miró at the Hôtel Innova, thanking him for the things Miró had brought him from Barcelona from his mother. He also arranges for Miró to visit him at his home at 23 Rue La Boétie.[145]

Miró writes to Dalmau on February 25th: "Quite a number of important people in Paris are taking an interest in me. A few days ago Mr. Picasso came to see me at home. This morning I had a letter from Monsieur Paul Rosenberg [sic] [...] saying that tomorrow morning (Saturday) he would pay a visit to see what I am working on. I'm also expecting a visit one of these days from Monsieur Kanveiller [sic]. [...] Remember that, according to the agreement we made, my exhibition has to take place in the spring of 1921 in Paris [...]. If the exhibition can't take place this season in Paris, I'll very regretfully have to cancel the agreement and take steps myself."[146]

On February 26th, at Picasso's request, Paul Rosenberg visits Miró in his studio in Rue Blomet.[147]

On March 5th Miró begins a letter to Dalmau: "I've found a room in Boulevard Pasteur, near the studio. Tomorrow I've got to accompany Gargallo's mother so that she can introduce me to the caretaker and I can get started on my work. Today I spent the morning with Monsieur Raynal, [...] we also spoke about my exhibition [...] We went to the 'Licorne' but we couldn't find the director [...]. I told him [Raynal] that you would be coming at the end of the month. I think it's the only way to deal with such a black-looking panorama. [...] He introduced me to Monsieur Kanveiller [sic] [...]. I feel strong and valiant and ready for the fight. It's impossible for me to do nothing and stand by while others advance and I get nowhere. I'm sure, given your first-hand knowledge of how I work and how keenly I do it, you will come and encourage me and make me progress."[148]

Dalmau travels to Paris some time before March 10th. Through Max Jacob, Miró meets André Masson, probably in the first half of

March, and they realize that they are going to have neighbouring studios.[149]

On March 26th Miró writes to Ràfols and tells him: "I'm working hard. Now I'm concentrating on the head of a girl. I've done a huge still life and, when I've finished all this, I want to start work on two big canvases of figures.[150] At night I draw nudes. My exhibition will open on *April 29th* at *La Licorne* (Rue de La Boétie). [...] I've met lots of people and I've become good friends with Max Jacob."[151]

Miró perhaps meets Pierre Reverdy and Tristan Tzara.[152]

On April 15th Miró writes to Dalmau: "[...] My career must be handled *petit à petit* but steadily. On the subject, Picasso advised me not to doubt but to *take a number* and *wait my turn* to board the *bus*. Those who get on all at once are 'arrivistes' and they easily fall off [...] I'd be grateful if you could send me the printed catalogues so that I can distribute them here in good time."[153]

On April 29th the first solo exhibition of Miró's work in Paris opens at Galerie La Licorne, organized by Dalmau. The exhibition is composed of 29 paintings and 15 drawings.[154] Miró writes a letter to Mr. Dalmau, probably the day after the opening: "The exhibition has finally opened! I'm really pleased with the opening. Lots of very important people from the world of art came and they were all very interested [...] As you see, there couldn't be a better start."[155]

The exhibition is very well received by the critics but it is a commercial failure.[156] French and Catalan critics mention the exhibition of Miró's work. René-Jean publishes a review in *Comoedia* where he praises the artist: "[...] work that bears witness to the painter's undeniable talent. His portraits are true to life, concise, precise [...]. He likes detail [...]. The distortions to which he subjects certain forms in his still lifes are organized like a game of colours, following an appealing pattern whose secrets seem to have been passed on to him by Picasso. Some of his landscapes [...] are delightful. Joan Miró has something of the spirit of the primitives, who so enjoyed describing objects."[157]

Miró looks back on the exhibition in 1975: "Dalmau [...] organized a Paris exhibition of my work at the gallery, La Licorne, in 1921 but without success. Afterwards he went bankrupt. He didn't have any commercial sense. But the owner of the gallery, Doctor Girardin, [...] kept everything."[158]

On May 8th Dupuis writes to the director of La Licorne: "So here is a highly talented young man, seduced by the different means of expression that yield to his fantasies. I envisage a journey of exploration through shape and colour. From his investigations, he will bring us attempts in which the finest of youth's qualities gel, with no provocation whatsoever, together, no doubt, with the occasional defect in them, culminating in lyricism."[159]

On approximately May 11th Miró moves to the Hôtel Namur, at 39 Rue Delambre, Paris.[160]

Towards the end of May, he writes to Dalmau: "Monsieur Doucet [...] replied that he wasn't interested in engravings. This afternoon I went to see Monsier Rosenberg. He told me that he already had enough with one painting. [...] I would be grateful if you could send me a franc or two as soon as possible, because I've r.. out of cash."[161] In 1975, Miró looked back on the period: "Masson, who was a good friend, told Kahnweiler: Go and see my neighbour. But it didn't work. Picasso had sent me to Léonce Rosenberg, but that didn't work either. The same happened with Doucet. [...] It was impossible: I was an isolated animal to be slightly mistrusted."[162]

On approximately June 12th or 13th Miró returns from Paris to Barcelona and then travels on to Montroig,[163] where he begins to paint The Farm.[164] In 1928 Miró recalled that stage in Montroig: "Nine months of constant hard work! Nine months spending each day painting, erasing, doing studies and then destroying them again! The Farm summarized my entire life in the countryside. From a big tree to a tiny snail [...]."[165]

On July 31st Miró writes to Ràfols from Montroig: "[...] I'm working all the damn day, as usual. I'm concentrating on two paintings. [...] They're two landscapes that will keep me busy till winter, until it's time to go back to Paris."[166]

On August 15th Miró writes to Ràfols: "I appreciate your interest in what I'm doing. [...] Since I've just started (I've been working for 1 ? months), there's absolutely nothing to see. I hope this will make you understand and respect my system of not showing anyone my paintings while I'm working on them."[167]

On October 2nd he writes to Ràfols from Montroig: "I'm still working with the same intensity and the same humility as a labourer who works all day long to support his family. My two paintings still persist in being invisible. I imagine that the big one [...] will surprise you when it's finished and I think you'll find it interesting. [...] I've rented the same studio from Gargallo in Paris and I'll be

able to live in it, so this winter I'll be able to work very hard indeed."[168]

Miró spends December 25th in Barcelona.[169] On December 30th he sends a congratulatory postcard to Picasso: "I'm back in the country and hoping to see you again soon. Best wishes for 1922."[170]

1922 From January through to late March, very probably, Miró stays in Barcelona in Passatge del Crèdit.[171] He continues working on The Farm.[172]

Probably on April 15th Miró is back in Paris, living and working in the studio that he shares with the sculptor, Gargallo, at number 45 Rue Blomet.[173] Miró continues working on The Farm.[174]

On April 15th he writes to Ràfols: "I'm back in Paris again. [...] A fascinating exhibition of French art from Ingres to Braque."[175] In Paris Miró makes friends with André Masson and Roland Tual.[176]

On May 26th Léonce Rosenberg writes to Joan Miró to arrange an appointment for a visit in the near future, apparently to Miró's studio in Rue Blomet.[177] On June 1st Miró leaves The Farm, which he has finished in Paris, in the care of art dealer, Léonce Rosenberg.[178]

In late June, very probably, Miró returns to Barcelona. On June 30th he writes to Ràfols from Barcelona: "When I got to Paris, I spent a further month working on the painting [The Farm], without seeing anyone, locked away in my studio. When I finished it, I began my offensive, although I still worked for about 5 hours a day. [...] At night I went to a gym to box. My intellectual work throughout the day demanded some kind of physical exercise to clear my mind. [...] Our generation has a huge responsibility, and much effort and study are needed to meet this commitment. My painting is with Léonce Rosenberg, and it has been very successful. If you go to Paris, tell me and I'll give you a letter of introduction for Mr. Rosenberg."[179]

Miró almost certainly spends the period from early July until late December in Montroig, except for the occasional trip to Barcelona.[180]

On July 10th Miró writes to Léonce Rosenberg: "I'm in this beautiful country now, where I can work all day long without any hindrance. I've started work and I do my 8 hours' stint. I hope to be able to bring you a few things that I think will interest you."[181]

During the summer in Montroig Miró begins to work on a group of paintings (La masovera

and four still lifes), which will be the last examples of his realist phase.[182]

On July 3rd Juan Gris writes to Miró, inviting the latter to visit him in Paris whenever he wants.[183]

On July 17th Léonce Rosenberg writes to Miró: "I'm pleased you're happy in Montroig [...] It will be a great pleasure in the autumn to see the outcome of your work, which I'm very interested in."[184]

On July 31st Miró writes to Roland Tual: "[...] I have been working a lot, especially on the early stages of my canvases, and yhis demands a great effort to capture the total idea of the painting. During my off-hours, I lead a primitive existence. More or less naked, I do exercises, I run like a madman out in the sun, and jump rope. [...] I look through the kitchen for humble things, any kind of thing, an ear of corn, a grill, and make a picture from them. In order to give a communicative emotion to these things, we must them enormously."[185]

On September 7th Miró writes to Léonce Rosenberg to ask him to show The Farm at the Paris Salon d'Automne: "I think it's a good idea to show this particular work, which involved such great effort. [...] appointing you my representative. The interest you have shown in this painting gives me hope that you will do all you can to get it exhibited at the Salon, recommending it to the Members of the Jury. Might I also ask you to frame the painting as you see fit and varnish it before it is hung?"[186] As requested, on September 23rd Rosenberg shows it at the exhibition. Miró is named as the artist, using the formula "Jean Miró Ferra" at his request.[187]

On October 1st Miró is in Barcelona. From there he writes to Ràfols: "I've spent all summer in Montroig [...] Now I've just arrived in Barcelona for my sister's wedding (October 12th). Once she's married, I'll go back to Montroig until Christmas. I'll spend the holiday at home and then go to Paris. As usual I continue working all summer long, doing 8 hours a day. I'm working on still lifes, flowers and figures: all very basic. I'm working on different things at the same time as a rest after the big effort of my last painting."[188]

On October 7th Léonce Rosenberg writes to Miró in Passatge del Crèdit: "I greatly admire the faith, courage and awareness you demonstrate, and I am convinced that one day your contemporaries will recognize your brilliance. I can't wait to see the new work you'll have done, which will no doubt be a success here."[189]

159 Letter from Dupuis to the Director of Galerie La Licorne, May 8th 1921 (CS).
160 Letter from Joan Miró to Antonieta (Dalmau's secretary), May 11th 1921, in Santos Torroella 1993, p. 76.
161 Letter from Joan Miró to Josep Dalmau, circa May 31st 1921, in Santos Torroella 1993, p. 76.
162 Raillard 1977, p. 49.
163 Postcard from Enric Cristòfol Ricart to Joan Miró, June 28th 1921 (CS).
164 Umland 1993, p. 322.
165 Trabal, July 14th 1928 (FPJM: H-264).
166 Letter from Joan Miró to Josep-Francesc Ràfols, July 31st 1921, in Soberanas and Fontbona 1993, p. 52.
167 Letter from Joan Miró to Josep-Francesc Ràfols, August 15th 1921, in Soberanas and Fontbona 1993, p. 53.
168 Letter from Joan Miró to Josep-Francesc Ràfols, October 2nd 1921, in Soberanas and Fontbona 1993, pp. 54-55.
169 Postcard from Joan Miró to Josep-Francesc Ràfols, December 25th 1921, in Soberanas and Fontbona 1993, p. 56.
170 Postcard from Joan Miró to Pablo Picasso, December 30th 1921, in Laugier, de la Beaumelle, and Merly 2004, p. 311.
171 Umland 1993, pp. 322, 349.
172 Letter from Joan Miró to Josep-Francesc Ràfols, March 17th 1922, in Soberanas and Fontbona 1993, p. 57; and Dupin 1993, p. 86.
173 Letter from Joan Miró to Josep-Francesc Ràfols, April 15th 1922, in Soberanas and Fontbona 1993, p. 58; and letter from Joan Miró to Josep-Francesc Ràfols, October 2nd 1921, in Soberanas and Fontbona 1993, pp. 54-55.
174 Letter from Joan Miró to Josep-Francesc Ràfols, June 30th 1922, in Soberanas and Fontbona 1993, p. 59; and Dupin 1993, p. 86.
175 Postcard from Joan Miró to Josep-Francesc Ràfols, April 15th 1922, in Soberanas and Fontbona 1993, p. 58.
176 Rowell 1987a, p. 24; and Umland 1993, p. 322.
177 Letter from Léonce Rosenberg to Joan Miró, May 26th 1922 (CS).
178 Receipt from Léonce Rosenberg, June 1st 1922 (CS); and Umland 1993, p. 322.
179 Letter from Joan Miró to Josep-Francesc Ràfols, June 30th 1922, in Soberanas and Fontbona 1993, p. 59. "I arrived from Paris just a few days ago and in two days I'm off to Montroig."
180 Umland 1993, p. 322.
181 Letter from Joan Miró to Léonce Rosenberg, July 10th 1922, in Rowell 1993, p. 74.
182 Dupin 1993, p. 89.
183 Letter from Juan Gris to Joan Miró, July 3rd 1922 (CS).
184 Postcard from Rosenberg to Joan Miró, July 17th 1922 (CS).
185 Letter from Joan Miró to Roland Tual, July 31st 1922, in Rowell 1987a, pp. 79-80.
186 Letter from Joan Miró to Léonce Rosenberg, September 7th 1922, in Rowell 1993, p. 76.
187 Letter from Joan Miró to Léonce Rosenberg, September 7th 1922, in Rowell 1993, p. 76; and letter from Léonce Rosenberg to Joan Miró, October 6th 1922, in Rowell 1993, p. 77.
188 Letter from Joan Miró to Josep-Francesc Ràfols, October 1st 1922, in Soberanas and Fontbona 1993, p. 60.
189 Letter from Léonce Rosenberg to Joan Miró, October 7th 1922 (CS).

190 Letter from Joan Miró to Léonce Rosenberg, October 12th 1922, in Rowell 1993, pp. 78-79.
191 Rowell 1987a, p. 24.
192 Peréz-Jorba, November 9th 1922 (FPJM: H-38).
193 Raynal, November 1st 1922 (FPJM: H-39).
194 Letter from Joan Miró to Josep-Francesc Ràfols, November 12th 1922, in Soberanas and Fontbona 1993, p. 62.
195 Centre Georges Pompidou 1991, pp. 110-112.
196 Letter from Joan Miró to Josep-Francesc Ràfols, November 12th 1922, in Soberanas and Fontbona 1993, p. 62.
197 Letter from Joan Miró to Léonce Rosenberg, December 28th 1922, in Rowell 1993, pp. 79-80.
198 Letter from Joan Miró to Josep-Francesc Ràfols, [March 4th 1923], in Soberanas and Fontbona 1993, p. 64.
199 Umland 1993, pp. 322, 349.
200 Prévost, Santos and Portabella 2004, p. 19.
201 Letter from Joan Miró to Léonce Rosenberg, [April 7th 1923], in Rowell 1993, p. 80.
202 Letter from Joan Miró to Pablo Picasso, May 15th 1923, in Laugier, de la Beaumelle, and Merly 2004, p. 313.
203 Umland 1993, pp. 322, 349.
204 Handwritten note from Joan Miró to Léonce Rosenberg, with a list of work in the latter's care, June 20th 1923, in Rowell 1993, p. 81; and Lanchner 1993, pp. 21-22, 75-76.
205 Postcard from Joan Miró and others to Kahnweiler, June 21st 1923, in Laugier, de la Beaumelle, and Merly 2004, p. 313.
206 Umland 1993, p. 323.
207 Letter from Joan Miró to Ràfols, September 26th 1923, in Soberanas and Fontbona 1993, p. 67.
208 Letter from Joan Miró to Josep-Francesc Ràfols, July 6th 1923, in Soberanas and Fontbona 1993, p. 66; Postcard from Josep-Francesc Ràfols to Joan Miró, July 30th 1923 (CS): Ràfols writes to Miró in Montroig: "I hope that your summer painting 'offensive' is enjoyable and rewarding."
209 Letter from Joan Miró to Josep-Francesc Ràfols, September 26th 1923, in Soberanas and Fontbona 1993, pp. 67-68.
210 Translator's note: traditional Catalan hat.
211 Letter from Joan Miró to Josep-Francesc Ràfols, October 7th 1923, in Soberanas and Fontbona 1993, pp. 69-70. The items described by Miró to Ràfols appear in La Terre labourée and Paysage catalan, in Dupin and Lelong-Mainaud 1999, pp. 80-83.
212 Raillard 1977, pp. 60, 187.
213 Postcard from Josep-Francesc Ràfols to Joan Miró, October 12th 1923 (CS).
214 Letter from Joan Miró to Josep-Francesc Ràfols, September 26th 1923, in Soberanas and Fontbona 1993, pp. 67-68.
215 Umland 1993, p. 323.
216 Umland 1993, p. 323; and Laugier, de la Beaumelle, and Merly 2004, p. 316.
217 Letter from Léonce Rosenberg to Joan Miró, January 17th 1924 (CS).

On October 16th Miró answers Rosenberg: "I'm proud of your kind words and very grateful for all the interest you've shown in me. It's a great encouragement. I'm working all day long like a simple labourer. I'll leave the countryside as soon as my work can be finished in Paris. I haven't finished a single painting. My only concern is to resolve them, and once I've done that I'll come to Paris and finish them. [...] It will be an honour to show you the paintings before anyone else. You can rest assured that I'll keep my word and no one will see them [the paintings] before you. Can I ask you once again to do everything you can to show the painting 'La Ferme' somewhere. I would be very pleased if it was exhibited at L'Esprit nouveau' and 'Amour de l'Art' [...]."[190]

From November 1st to December 17th, The Farm is exhibited at the Salon d'Automne in Paris.[191] La Publicidad, a Catalan newspaper, publishes an article: "[...] In its Catalanism and basic abstraction, The Farm is an example, rarely seen in Catalonia, of exfoliation, austerity and, above all, serene contentment. [...] Everything is in its place, put there at the decision of the artist's brush, which might be said to seek a symbol in them in order to abstract their reality [...] from the living reality."[192] The review by Raynal in L'Intransigeant is also full of praise: "Miró and his surprising composition, The Farm, where his talent as a creator of images blends so well with his gift as a colourist."[193]

On November 12th Miró writes to Ràfols from Montroig: "I'm still working all day long like a labourer, trying to conceive things with the utmost passion, mulling them over a great deal and resolving them as objectively as possible."[194]

On November 17th André Breton gives a conference at the Barcelona Athenaeum to mark the exhibition of Picabia's work at Galeries Dalmau. Breton sees some of Miró's paintings for the first time.[195]

In December Miró returns to Barcelona from Montroig to spend Christmas with his family.[196] On December 28th, in a letter to Léonce Rosenberg, Miró explains: "I've just come back from the country. I've already started arranging my return to Paris in the first half of January."[197]

1923 Miró almost certainly spends January and February in Barcelona. He puts off his journey to Paris because his mother is ill.[198]

By March 4th Miró is back in Paris. He continues working in the studio in Rue Blomet, but changes his place of residence. He goes to live at the Hôtel de la Haute-Loire, at 203 Boulevard Raspail. Through André Masson, he meets Michel Leiris and perhaps Antonin Artaud, Robert Desnos, Jean Dubuffet, Paul Eluard, Georges Limbour, Raymond Queneau, and Armand Salacrou.[199] In 1974 Miró recalls: "[...] being around poets has opened up new doors for me. It has helped me transcend plastic, pictorial concepts, going beyond painting. It has been very, very important."[200]

On April 7th Miró writes to Léonce Rosenberg: "If you don't mind, I'll come and collect my painting, La Ferme, next Monday April 9th. I have to exhibit it at Galerie Caméléon that day [...] because Mr. Schneeberger is giving a conference on Catalan literature at nine o'clock in the evening."[201]

On May 15th Miró writes a letter to Picasso, illustrated with a heart pierced by an arrow and accompanied by these words: "On a hunt for a Mrs. Miró, a studio and a dealer! What a laugh."[202]

Before mid May, probably, Miró leaves the studio in Rue Blomet.[203]

On June 20th Miró leaves six still lifes in the care of Léonce Rosenberg, from the Galerie L'Effort Moderne. They include Fleurs et papillon, La lampe à carbure, L'Épi de blé, and Gril et lampe à carbure.[204]

On June 21st Miró visits Nemours, near Fontainebleau, with Michel Leiris, and André and Odette Masson, where he sends a postcard to Kahnweiler.[205]

In late June Miró returns to Spain. From July to December, probably, he stays in Montroig, where he begins work on Terre labourée, Le Chasseur and Pastorale, which represent a change in his paintings.[206] Miró explains this change to Ràfols: "I've managed to do away completely with anything lifelike and the landscapes have nothing to do with the external reality."[207]

On July 6th he sends a postcard to Ràfols from Montroig, where he announces the beginning of his summer campaign.[208]

On September 26th he writes to Ràfols from Montroig: "This year I'm having a real go at landscapes and doing still lifes to rest. [...] I always work at home and I've only got nature as a reference... The intrusion of figures (some large) and animals. In the still lifes, I use vile, ugly objects. I know I'm treading a very hazardous path and [...] sometimes I feel the same panic as someone who journeys through unexplored territory. [...] I'm going through a period of great clarity of vision. [...] I'm working on several paintings at the same time so that I only feel the natural fatigue that comes with work and never exhaustion. That means that when I pick up a brush to paint a canvas, after very carefully making a drawing, considering it at length and visualizing the end result fully in my mind and then turning the canvas to the wall several times and not looking at it for several weeks, I paint it with total confidence, with no regret and no touching it up again. [...] I've finally managed to rent the studio in Rue Blomet [...]." [209]

On October 7th he writes to Ràfols from Montroig: "Work in full swing and fully enthusiastic. Monstrous and angelical animals. Trees with ears and eyes. And countrymen with a barretina[210] and rifle, smoking a pipe. All the pictorial problems resolved. It's a question of exploring all the sparks of gold in our souls. Quite extraordinary!"[211] In 1975 Miró talks about these paintings: "After La Ferme, I worked on Terre labourée, which develops La Ferme: the animals, lizards and snail are all there, but there is a breakaway. My choice of planes is no longer based on perspective, but on the emotions. I choose the animals, the little plants, everything that has rhythm. The snails, the lizards [...]; I painted an eye and an ear, the all-seeing eye and the all-hearing ear. It's a general eye [...] The canvas looks at the spectator."[212]

On October 12th Ràfols writes to Miró in Montroig: "[...] I'm pleased about (and almost envious of) your great enthusiasm for your work. I'm eager to see your latest work."[213]

Miró almost certainly spends Christmas in Barcelona,[214] as he usually does.

On December 31st, Miró writes to Picasso from Barcelona, explaining his plans to return to Paris in mid January.[215]

1924 Miró spends January in Barcelona. He probably travels to Montroig, where he stays until February, despite having originally planned to be in Paris on about January 15th.[216]

On January 17th Léonce Rosenberg writes to Miró in Barcelona: "I'm pleased to hear [...] that your enthusiasm hasn't flagged and I am eager to see your new work [...] I showed some of your paintings that are in my care to several amateurs, who genuinely admired them but are waiting to see examples of more polished work, by which I mean work of greater maturity, before making any definite pronouncement [...] The movement to promote Modern Art began six months ago and there is a very big demand."[217]

From March to June, very probably, Miró lives and works at number 45 Rue Blomet in Paris, where many avant-garde poets and writers meet up. Miró's friends include Max Jacob, Michel Leiris, Georges Limbour, Benjamin Péret, Armand Salacrou and Roland Tual.[218] At that time Miró perhaps becomes familiar with the work of Paul Klee[219] through a book shown to him by Masson.[220] Years later Miró remembers the period: "Rue Blomet was a decisive place and time for me. I discovered everything I was and would be. [...] A few days before I went to live there, I went to visit Max Jacob in Montmartre [...]. That was where I first met André Masson. [...] Above all else, Rue Blomet represented friendship, an interchange of ideas and impassioned discoveries thanks to marvellous friends. The ones who regularly attended those get-togethers at Masson's studio were primarily Michel Leiris (who continues to be my dearest friend) and Roland Tual, Georges Limbour, and Armand Salacrou."[221]

In Paris he starts work on a series of canvases with a grid, made with charcoal, chalk, crayons and oils, revealing the influence of Giorgio de Chirico and Francis Picabia's "mechanical" work. Cubist influences are evident in the spatial geometrical structure, sober use of colour, schematization and inclusion of inscriptions.[222]

During this period he almost certainly starts work on *Harlequin's Carnival* and *Tête de paysan catalan*.[223] In 1975 Miró recalls: "When I painted *Carnaval d'Arlequin*, I was living in Rue Blomet, and at the time I wasn't eating anything. Not eating made me hallucinate [...] I wasn't in a tragic state, morally speaking. Although I was starving hungry, I had a lot of fun back then [...] What you can see through the window is the Eiffel Tower. I couldn't see the tower from my home, but for me it was a window with the Eiffel Tower [...]. I really had to struggle to draw the ear. I needed an ear there, but not a well-drawn one. It had, above all else, to be an ear, but one with expressive force [...]. I was starving when I painted *Carnaval d'Arlequin*. That was the worst year. And I was incapable of doing anything else: manual work or craft work of any other kind. But I have always compared that suffering to an athlete who builds up his muscles. You've got to row against the current to build up muscles. If the water pulls you back, you're not making any effort. It was a solitary state of suffering, very solitary. I never spoke to anyone about it, I kept it all in and kept my mouth shut."[224]

Probably on May 5th, Miró attends the opening night of *Étoile au front*, a play by Raymond Roussel.[225]

On June 14th, at Picasso's invitation, Miró attends a performance of the ballet *Mercure* at the Théatre de la Cigale, with music by Erik Satie, choreography by Léonide Massine and stage décor by Picasso.[226] Months later Miró writes to Picasso about the ballet: "The night of the performance of Mercure was a lovely farewell before leaving Paris! Those monsters and your painting, *La Femme en chemise* [...], made two great impressions on my life."[227]

Probably in the second half of June Miró returns to Spain, living in Montroig from the end of the month through to December. He produces a series of paintings there on monochrome backgrounds and a set of drawings on Ingres paper.[228]

On August 10th he writes to Michel Leiris from Montroig: "I am working furiously; you and all my other writer friends have given me much help and improved my understanding of many things. I think about our conversation, when you told me how you started with a word and watched to see where it would take you. I have done a series of small things on wood, in which I take off from some form in the wood. Using an artificial as a point of departure like this, I feel, is parallel to what writers can obtain by starting with an arbitrary sound [...]. More or less total destruction of everything I left behind last summer and which [I] thought I would pick up again. Still too real! I am moving away from all pictoral conventions (that poison). In spreading out my canvases, I have noticed that the ones that have been painted touch the spirit less directly than the ones that are simply drawn [...]."[229]

During this period he produces *Le Baiser*. In 1975, Miró recalls the work: "For me gesture is enormously important. In *Le Baiser*, a man is kissing a woman, with their lips joining to form a red mark and then dots. And hair. [...] An ideogram."[230]

On September 4th, Michel Leiris writes to Miró from Nemours: "Courage, my dear Joan! Work by decanting those tiny crystals that are scattered throughout us. It is a question of extracting them from your blood and watery humours, concentrating them in the icy, transcendent fires of metaphysics [...]."[231]

On October 15th the first edition of the *Surrealist Manifest* is published.[232]

On October 31st Miró writes to Leiris: "The spiral staircase that rises up in Rembrandt's 'Philosopher'. Hokusai said he simply wanted to make a line or perceptible point. [...] I'm working hard and still don't know when I'll be back with you. I feel very cheerful and hope my latest work will surprise you a bit."[233]

On December 1st the first edition of the magazine *La Révolution surréaliste* is published.

Before December 20th Miró has returned from Montroig to Barcelona in order to spend Christmas with his family. He brings the work he has done over the summer so that he can send it all to Paris. In one of the sketch books he uses, he draws up a list of the work he has done: twenty canvases, fifteen drawings on wood and twenty-seven drawings on Ingres paper.[234]

1925 Miró spends the period from mid January through to early July, probably, living and working at number 45 rue Blomet in Paris.[235] He works with great dedication, filling sketchbooks with drawings that will serve as a starting point for his paintings.[236] He continues working on paintings like *Harlequin's Carnival* and *Head of a Catalan Peasant II* and *III*.[237]

Before February 10th, Miró is visited at his studio by Louis Aragon, Paul Eluard and Pierre Neville, who come to see the work he has brought with him from Spain. André Breton explains: "I still haven't seen the 60 paintings which that other painter called Miró, who lives at 45 rue Blomet next to Masson, brought from Spain. Apparently they are rather extraordinary. Aragon, Eluard and Neville, who have seen them, are incapable of forming a definitive opinion about them."[238]

On February 10th Miró writes to Picasso: "You did me a favour this morning. Before going to your house, I was plunged in a depression that you managed to dispel. You spoke very sincerely to me. I don't care at all about making mistakes. I prefer to spend all my life in the shade, providing I find a spark or ray of pure sunlight at the end of it, rather than walking like all young people under the artificial glare of a spotlight. Once again I feel an urgent need to work. My sincere thanks."[239]

After February 10th André Breton very probably meets Miró in his studio in rue Blomet and sees his latest work. Before the exhibition of Miró's work at Galerie Pierre in June, Breton buys two paintings from Miró: *Le Chasseur* (1923-24) and *Le Gentleman* (1924).[240]

Before April 1st, probably, Miró meets Jacques Viot, the director of Galerie Pierre, through Evan Shipman.[241]

Almost certainly on April 1st, Miró signs a contract with Jacques Viot.[242] In retrospect, Miró remembers it thus: "At that time, Max

218 Umland 1993, p. 323.
219 The Solomon R. Guggenheim Foundation 1972, p. 88.
220 Dupin 1987c, p. 103, Miró declares that he and Masson both discover Paul Klee through a series of reproductions in a big bookshop in Boulevard Raspail. Later they are able to see work by Klee in a small gallery on the corner of Rue Vavin.
221 Dupin 1987c, pp. 100-104.
222 Dupin 1993, pp. 99-100.
223 Umland 1993, p. 323.
224 Raillard 1977, pp. 69-71, 192.
225 Rowell 1987a, p. 24; Raillard 1977, p. 23, "I went to the opening performance of l'*Étoile au front* with the whole Surrealist group. During the performance, Desnos came out with a phrase that would become famous: 'We are the blow and you are the cheek!'"
226 Umland 1993, p. 323.
227 Letter from Joan Miró to Pablo Picasso, November 15th 1924, in Rowell 1995, pp. 99-100.
228 Umland 1993, p. 323.
229 Letter from Joan Miró to Michel Leiris, August 10th 1924, in Rowell 1987a, pp. 86-87, 311. This is the first specific reference to the role that an accident, a blot or a dot etc. could play as a starting point, as a stimulus for the imagination.
230 Raillard 1977, p. 72.
231 Letter from Michel Leiris to Joan Miró, September 4th 1924 (CS).
232 Umland 1993, p. 323.
233 Letter from Joan Miró to Michel Leiris, October 31st 1924, in Rowell 1995, pp. 98-99.
234 Fundació Joan Miró 1988, p. 87.
235 Umland 1993, p. 323; and postcard from Joan Miró to Josep-Francesc Rafols, March 17th 1925, in Soberanas and Fontbona 1993, p. 72.
236 Umland 1993, p. 323; and Fundació Joan Miró 1988, pp. 87-101.
237 Umland 1993, p. 323.
238 Letter from André Breton to Simone, February 10th 1925, in Centre Georges Pompidou 1991, p. 175.
239 Letter from Joan Miró to Pablo Picasso, February 10th 1925, in Rowell 1995, p. 100.
240 Umland 1993, p. 323; and Centre Georges Pompidou 1991, p. 176.
241 Umland 1993, p. 323; and Trabal, July 14th 1928 (FPJM: H-264).
242 Umland 1993, p. 323.

243 Raillard 1977, p. 162.
244 Galerie Pierre 1925a; Rowell 1987a, p. 161; Umland 1993, p. 324; and Trabal, July 14th 1928 (FPJM: H-264).
245 Galerie Pierre 1925a; *Comoedia*, June 12th 1925 (FPJM: H-42); and Leon-Martin, June 26th 1925 (FPJM:H-47).
246 Raillard 1977, p. 23.
247 Centre Georges Pompidou 1991, p. 177; and Laugier, de la Beaumelle and Merly 2004, p. 321.
248 Raillard 1977, p. 69: In 1975 Miró talks about this work, recalling "I had started out with the idea of a photo. [...] I didn't make a collage or a copy. I simply painted the word *photo*. It was more along the lines of Picabia than Breton."
249 Dupin and Lelong-Mainaud 1999, pp. 124-127.
250 Raillard 1977, p. 80.
251 Ibidem, pp. 83, 185.
252 *La Révolution surréaliste* 1925a, p. 4, 15.
253 Postcard from André Masson to Joan Miró, July 26th 1925 (CS).
254 Letter from Joan Prats to Joan Miró, July 28th 1925 (CS).
255 Letter from Sebastià Gasch to Joan Miró, August 18th 1925 (CS).
256 Umland 1993, p. 324.
257 Letter from Sebastià Gasch to Joan Miró, October 9th 1925 (CS).
258 Umland 1993, p. 324.
259 Ibidem, p. 324.
260 Ibidem, p. 324.
261 *La Révolution surréaliste* 1925b, pp. 10, 25; and Dupin and Lelong-Mainaud 1999, pp. 80-81, 89.
262 Umland 1993, p. 324; Rowell 1987a, p. 103; and Raillard 1977, p. 68: "I had seen reproductions before, but for me it was a very important experience. Klee made me feel that in all plastic expression there was something more than painting alone, that it was necessary to go beyond painting to reach more profound, more moving areas."
263 Galerie Pierre 1925b.
264 Umland 1993, pp. 324, 350.
265 Letter from Joan Miró to Josep-Francesc Ràfols, November 15th 1925, in Soberanas and Fontbona 1993, p. 73.
266 Letter from Joan Miró to Sebastià Gasch, November 15th 1925, in Centre d'Art Santa Mònica and Generalitat de Catalunya 1993, p. 114.
267 Umland 1993, p. 324.
268 Ibidem, p. 324.
269 Ibidem, p. 324.
270 Ibidem, p. 324.
271 Ibidem, p. 324.
272 Malet 1994b, p. 55.
273 *Paris Midi*, May 19th 1926 (FPJM: H-75); *Le Figaro*, May 19th 1926 (FPJM: H-77); *The Dramatic Critic*, May 19th 1926 (FPJM: H-79); *New York Herald*, May 19th 1926 (FPJM: H-82); *Paris Times*, May 19th 1926 (FPJM: H-81); and *Journal de Genève*, May 20th 1926 (FPJM: H-88).
274 *La Révolution surréaliste* 1926a, p. 31.
275 Letter from Joan Miró to Pablo Picasso, July 14th 1926, in Laugier, de la Beaumelle and Merly 2004, p. 328: "[...] You will have been surprised by my leaving without saying goodbye. Sadly I had to leave in all haste after I received a telegram informing me of the sudden death of my father in Montroig [...]."

Ernst and I had signed a contract with Jacques Viot. He gave us 1500 francs a month. It was very little, hardly enough to buy canvases and get by."[243]

From June 12th to 27th, the second Paris exhibition of Miró's work is held at Galerie Pierre, organized by Jacques Viot.[244] Benjamin Péret writes the introduction to the catalogue, entitled "Les Cheveux dans les yeux": a daring, poetic article. The invitations to the exhibition are signed by numerous Surrealists, who regard Miró to be a member of their group.[245] "Le Tout-Paris" and "le Tout-Montparnasse" attend the exhibition at Galerie Pierre. Miró explains: "[...] High society. But the following day, when no one was there, Leiris brought Raymond Roussel [...] He bought a small picture from me, I don't know which. But, above all, [...] he said to Leiris: 'This goes beyond painting'. I was very grateful for that opinion."[246]

Miró attends a banquet, probably on July 2nd, given by the Surrealists at Closerie des Lilas in honour of Saint-Paul-Roux. Miró must surely witness the violent events involving Michel Leiris and Max Ernst. In response to respective cries of "Down with France!" and "Long Live Germany!", Miró apparently shouts "Down with the Mediterranean!"[247]
After July 5th, possibly, Miró travels to Barcelona on route to Montroig, where he begins a series of dream paintings, which include "poem-paintings" such as *Étoiles en des sexes d'escargot*, *Oh! Un de ces messieurs qui a fait tout ça*, *Photo ceci est la couleur des mes rêves*[248] or *Le corps de ma brune*.[249] Miró recalls the period in 1975: "At that time I was very close to Paul Eluard. We lived in an atmosphere of poetry [...] I made a painting where I just put the word *Amour*."[250] During that period he also paints *Peinture*, a work with a blue background and tiny circle in the top left-hand corner. He refers to it in 1975, explaining: "I wanted to make the maximum impact with just the bare minimum [...] I wanted to achieve maximum purity [...] I remember that the idea first came to me in the underground: I picked up a newspaper that I had with me and drew it on one corner [...] I had an image: a circle, a white shape on a blue background."[251]

On July 15th, *La Révolution surréaliste* reproduces two paintings by Miró for the first time: *Maternité* and *Le Chasseur*.[252]

On July 26th André Masson writes to Miró in Montroig: "Well done my dear Joan, and may nothing be beyond us."[253] On July 28th Joan Prats writes to Miró congratulating him on the success of his "glorious" exhibition at Galerie Pierre: "I hope your brilliant career continues

and that you are less mean in showing your art to your Barcelona friends."[254]

On August 18th Gasch writes to Miró, commenting on all the reviews in the Catalan press about his exhibition at Galerie Pierre in Paris.[255]

On September 28th Miró writes to Gasch from Montroig: "I'm working hard. I'll come back to Barcelona with about sixty paintings, some so big that I have to use a ladder to work on them."[256]

On October 9th Gasch writes to Miró in Montroig, congratulating him on his professional situation in Paris: "I was very pleasantly surprised by the news you gave me about your contract with Monsieur Jacques Viot under very favourable terms. I would never have expected you to achieve such terms in Paris, given the business-minded self-interest of most dealers."[257]

On October 10th Miró writes to Gasch from Montroig: "I packed all the canvases that are finished, that is, thirty-five, some of them of incredible size [...]. For Christmas I will finish another series, of twenty-five canvases, which I am leaving here [...]."[258] From the end of the summer and throughout the autumn, Miró continues his dream paintings.[259]

After October 10th Miró leaves Montroig and stays for a short time in Barcelona, before returning once again to Montroig. In the first half of November he travels to Paris.[260]

On October 15th, *La Révolution surréaliste* publishes two works of art by Miró, *La Terre labourée* and *Le Piège*, which are both bought by Breton.[261]

Between October 24th and November 14th Miró visits the exhibition by Paul Klee at Galerie Vavin-Raspail. It makes a great impression on him.[262]

From November 14th to 25th, the first exhibition of Surrealist painting is held at Galerie Pierre in Paris. Two paintings by Miró (*Harlequin's Carnival* and *Dialogue d'insectes*) are exhibited alongside work by Arp, Giorgio de Chirico, Max Ernst, Paul Klee, André Masson, Picasso and Man Ray.[263] Miró probably meets Hans Arp at the time.[264]

On November 15th Miró writes to Ràfols from rue Blomet, commenting that at Christmas he is planning to spend a few weeks in Barcelona.[265] On the same day he also writes to Gasch: "[...] Very pleased about the storm I cause. It is our speciality. On the day of the opening of the exhibition (at 12 p.m.), rue

Bonaparte was taken by siege by policemen in pairs, the exhibition room too [...]."[266]

After November 15th, possibly, Miró returns to Montroig, where he continues working on dream paintings. He spends Christmas in Barcelona.[267]

1926 In January, very probably, Miró is in Montroig, where he continues his dream paintings.[268]

In February, probably, he travels to Paris. In the French capital, Miró moves to a new studio at number 22 rue Tourlaque, Cité des Fusains, rented in Jacques Viot's name. There he is a neighbour of Max Ernst. In February, very probably, the Belgian collector René Gaffé buys some of Miró's paintings, including *Portrait of a Spanish Dancer* and *Birth of the World*.[269]

In March, possibly, Serge Diaghilev asks Boris Kochno and Serge Lifar to visit Miró and Ernst at the request of Picasso. Later, Diaghilev himself visits Miró and Ernst to ask them to design the stage décor and some of the costumes for *Romeo and Juliet*, a ballet which the Ballets Russes is preparing.[270]

By April 20th Miró and Ernst are in Monte Carlo, working on the ballet *Romeo and Juliet* with the Ballet Russes.[271] Miró designs a drop curtain, the stage décor for the first act and some of the costumes for the ballet. The opening performance of *Romeo and Juliet* is held on May 4th at Monte Carlo Theatre.[272]

On May 18th the first Paris performance of *Romeo and Juliet* at the Sarah Bernhardt Theatre turns into a protest demonstration by the Surrealists. The Surrealist group, headed by Breton and Aragon, interrupt the performance of the ballet, throwing pamphlets into the audience accusing Joan Miró and Max Ernst of degrading Surrealism by taking part in a bourgeois spectacle. The disruption is mentioned in the French press and even echoed in international newspapers.[273]

On June 15th Aragon and Breton publish a parallel note of protest in issue no. 7 of *La Révolution surréaliste*.[274]

On July 9th Miró's father dies in Montroig. Miró hastily returns to Barcelona,[275] where he stays with his mother until mid August, when he goes to live in Montroig.

On July 28th Pierre Loeb informs Miró that Jacques Viot has disappeared, leaving considerable debts behind him. Pierre Loeb suggests that he should take charge of all Miró's work if nothing is heard from Viot in two weeks. Indeed Loeb becomes Miró's agent, although the exact terms of the agreement are not known.[276] Miró recalls the episode in 1975: "At a certain point, Jacques Viot left Pierre Loeb to represent me, but then he went off to Papeete, swindling everyone. Pierre Loeb then signed an agreement with me, and that's how everything began. He bought everything I was doing and had already done."[277]

On August 2nd Miró writes to Ràfols from Sant Hilario Sacalm, Gerona: "Here in Sant Hilari, where I've come to keep my mother entertained for a few days, [...] I've worked as much as possible. In the second half of August I think we'll be ready to go to Montroig."[278]

On August 3rd Miró writes to Pierre Loeb: "[...] I'm working hard, concentrating heavily and feeling the work to be very stimulating, focusing always on the mystics' idea of purity and perfection. I plan to spend a long time working on these paintings, as I feel isolated out here and can work as I please, without being interrupted by anyone or anything not concerned with what I'm doing. I'm very pleased to hear you talk about taking charge of all my work. We'll talk it over on my arrival. For the moment, if the Viot business doesn't work out, I give you my word that you'll be the first to see and have preference over what would be my 40 % of the work. Rest assured that I won't show my paintings to anyone else [...]."[279]

On August 6th Pierre Loeb writes a letter to Miró in which he talks about the future professional relationship between them both: "I'm pleased to hear you're working happily in peace and quiet. Thank you for your comments about the 40 % of the work that is yours. I'm convinced we'll come to a good understanding and I think you'll be satisfied with me. Your work won't be scattered about at random, I plan to place the paintings as I think best in the homes of people who are worthy of loving them."[280]

From the second half of August through, almost certainly, until mid December Miró stays in Montroig, where he begins to paint "imaginary landscapes".[281] The artist recalls: "[...] In the summer of 1926 I went to Montroig again and once again worked very hard there. At that point I began to feel a great responsibility and I chose a plan of attack. For that reason, we agreed with Pierre that I would shut myself away completely and not show my work to absolutely anyone, thus preparing for an important exhibition and giving artistic expression to the aggression that was bursting out of me [...], which had the same effect as a punch when it occurred [...]."[282]

On August 27th Max Ernst writes to him in Passatje del Crèdit, warning him that, due to the disappearance of Viot, Miró should rent the studio in rue Tourlaque in his own name and not that of Jacques Viot. He also enquires about the kind of work that Miró is doing: "Are you making beautiful things? What kind? Have you still got any paintings like Carnaval d'Arlequin and Maternité? Eluard asks you to put them aside for him."[283]

On September 23rd Miró writes to Pierre Loeb: "[...] I'm working very hard, but very slowly. [...] I've always enjoyed being a combination of a hermit and a warrior. [...] With every passing day I feel happier with my work. I treat all the paintings as if they were enamels or miniatures. [...] I don't think I'll finish the paintings by November 15th [...]."[284]

On September 26th Max Ernst writes to tell him that they are going to seal Miró's studio in rue Tourlaque and he urges him to return to Paris immediately.[285]

On October 26th Max Ernst writes to him at his Passatge del Crèdit address, telling him that he will let him know when he can use the Paris studio again.[286]

On October 31st Miró writes to Pierre Loeb: "[...] I'm completely absorbed by my work. If they ask you what I'm doing, lie or joke. I quite definitely don't want anything that I'm working on to become known or seen until the exhibition, which must be very important in a big gallery. It's not an exhibition we are talking about but a championship [...]."[287]

From November 19th to January 1st 1927, Miró's work is shown for the first time in the United States at the Société Anonyme's "International Exhibition of Modern Art". The exhibition, organized by Marcel Duchamp and Katherine S. Dreier, is held at the Brooklyn Museum in New York.[288]

On November 27th Miró writes to Pierre Loeb: "[...] Exhibiting or letting people know what I've been doing since then could spoil my plan of work and eliminate all the interest appeal and impact. [...] What I'm doing is very different from what I was doing before and it heralds a new era [...] Materials interest me more and more, but NON MATERIAL matter above all. Don't let us be confused! I begin each painting as if it was the first I had ever done. This work is exhausting, but I'd prefer to sell peanuts on a street corner than repeat the same work over and over again [...]."[289]

On December 5th Miró sends the Catalan writer, Josep Vicenç Foix, a drawing to illustrate the book of poetic prose, Gertrudis, that Foix has written, which will be published

the following year. This is the first book illustrated by Miró.[290]

On December 9th Max Ernst writes to him, explaining that the owner of the studios has promised to rent Miró's studio to a collector and that Miró can take over Arp's which is opposite his own.[291]

On December 14th Miró notifies Pierre Loeb that he will be returning to Paris on January 2nd or 3rd, telling him that he has begun to sketch two big paintings for the following summer.[292]

In mid December, very probably, Miró returns to Barcelona, taking his "imaginary landscapes" that he has painted over the summer.[293]

In late December, possibly, Miró travels to Paris with his new work.[294]

1927 For the first time, apparently, Miró expresses a desire to "assassinate painting".[295]

Very probably from early January through to late June, Miró lives and works at number 22 rue Tourlaque, Arp's former studio opposite that of Max Ernst. He continues to create "dream paintings".[296] In the words of the artist: "[...] I spent the winter of 1927 shut away at home in Paris and I didn't show anyone anything I was doing. I decided to do a great job, an incredible 'surmenage', like a laboratory experiment that simply had to come out well [...]."[297]

On January 31st the magazine L'amic de les arts publishes a poem by Paul Eluard entitled "Joan Miró". J. V. Foix's book Gertrudis, is also published, the first book to be illustrated by Miró.[298]

During the year Miró plans a ballet in collaboration with George Antheil, whose title is to be Ballet mécanique or Le jour.[299] On February 18th Antheil sends a postcard to Miró at his rue Tourlaque address, informing him that Ballet mécanique will have its opening performance with all the stage décor in the month of June in New York.[300]

On February 21st Miró receives a letter from Gasch, informing him that Christian Zervos has accepted Gasch as an associate writer for Cahiers d'Art and that the latter wants to write an article about Miró for the magazine. Nevertheless, his plan does not immediately materialize because Galerie Pierre is preparing a very important exhibition of Miró's work and Gasch has to postpone the article until then.[301]

On February 24th Miró writes to Gasch: "[...] I appeal to our good friendship, and beg you to

276 Umland 1993, pp. 325, 352; and letter from Pierre Loeb to Joan Miró, July 28th 1926 (CS): "Viot has escaped after stealing 40,000 francs-worth of paintings from me, owing money to all and sundry. An order for his arrest will be issued. As he owes me over 500 numbers of your paintings, which I paid for in advance, and we are doing business together, I suggest that I collect all your paintings if we have no news in two weeks. In any case, I'm counting on you to give me preference."

277 Raillard 1977, pp. 162-163.

278 Letter from Joan Miró to Josep-Francesc Ràfols, August 2nd 1926, in Soberanas and Fontbona 1993, pp. 74-75; and Umland 1993, pp. 325, 352.

279 Letter from Joan Miró to Pierre Loeb, August 3rd 1926, in Laugier, de la Beaumelle and Merly 2004, p. 328.

280 Letter from Pierre Loeb to Joan Miró, August 6th 1926 (CS).

281 Letter from Joan Miró to Josep-Francesc Ràfols, August 2nd 1926, in Soberanas and Fontbona 1993, pp. 74-75.

282 Trabal, July 14th 1928 (FPJM: H-264).

283 Letter from Max Ernst to Joan Miró, August 27th 1926 (CS).

284 Letter from Joan Miró to Pierre Loeb, September 23rd 1926, in Laugier, de la Beaumelle and Merly 2004, p.329.

285 Letter from Max Ernst to Joan Miró, September 26th 1926 (CS).

286 Letter from Max Ernst to Joan Miró, October 26th 1926 (CS).

287 Letter from Joan Miró to Pierre Loeb, October 31st 1926, in Laugier, de la Beaumelle and Merly 2004, p. 329.

288 Rose 1982, p. 126; and Tone 1993, pp. 437-438.

289 Letter from Joan Miró to Pierre Loeb, November 27th 1926, in Laugier, de la Beaumelle and Merly 2004, p. 329.

290 Letter from Joan Miró to Josep Vicenç Foix, December 5th 1926 (FJVF).

291 Letter from Max Ernst to Joan Miró, December 9th 1926 (CS).

292 Letter from Joan Miró to Pierre Loeb, December 14th 1926, in Laugier, de la Beaumelle and Merly 2004, p. 329.

293 Umland 1993, pp. 325, 352.

294 Umland 1993, pp. 325, 352 (postcard from Joan Miró to Enric Cristòfol Ricart, sent from Paris, January 1st 1927).

295 Jeffet 1988, p. 18; Combalía 1990, p. 84; and Basler, February 15th 1927 (FPJM: H-192).

296 Letter from Joan Miró to Josep-Francesc Ràfols, January 16th 1927, in Soberanas and Fontbona 1993, p. 76; and Umland 1993, pp. 325, 352.

297 Trabal, July 14th 1928 (FPJM: H-264).

298 Laugier, de la Beaumelle and Merly 2004, p. 330.

299 Fundació Joan Miró 1994, p. 270.

300 Postcard from George Antheil to Joan Miró, February 18th 1927 (CS).

301 Letter from Sebastià Gasch to Joan Miró, February 21st 1927 (CS). Gasch explains to Zervos why he wants to write about Miró: "I frankly consider this artist to be the most interesting Spanish painter after Picasso: the most interesting and, above all, the most instinctive. All Miró's paintings are rich in that deep instinct [....], the product of a painter with a powerful inner life without which works of art would not exist [....] He is a believer, an enthusiast, a visionary, in a word: a mystic who unites the great Spanish mystics."

302 Letter from Joan Miró to Sebastià Gasch, February 24th 927, in Centre d'Art Santa Mònica and Generalitat de Catalunya 1993, p. 115.

303 Letter from Joan Miró to Josep-Francesc Ràfols, February 26th 1927, in Soberanas and Fontbona 1993, p. 77.

304 Letter from Joan Miró to Sebastià Gasch, March 7th 1927, in Centre d'Art Santa Mònica and Generalitat de Catalunya 1993, p. 115.

305 Letter from Joan Miró to Josep-Francesc Ràfols, March 29th 1927, in Soberanas and Fontbona 1993, p. 78.

306 Umland 1993, pp. 325, 352.

307 Z. May 13th 1927 (FPJM: H-201); Ll. May 14th 1927 (FPJM: H-200); La Publicitat May 17th 1927 (FPJM:H-198); Romea May 1927 (FPJM: H-203); and Malet 1994b, p. 55.

308 Letter from Joan Miró to Josep-Francesc Ràfols, July 21st 1927, in Soberanas and Fontbona 1993, p. 79.

309 Dupin 1993, p. 133.

310 Trabal July 14th 1928 (FPJM: H-264).

311 Letter from André Breton to Joan Miró, July 24th 1927 (CS): "If you would agree to design some plates for this small book, you would be doing me a great favour."

312 Letter from Joan Miró to Pierre Loeb, August 18th 1927, in Laugier, de la Beaumelle and Merly 2004, p. 332.

313 Umland 1993, p. 325.

314 Letter from [Francesc] Domingo to Joan Miró, August 22nd 1927 (CS).

315 Letter from Salvador Dalí to Joan Miró, September 1st 1927 (CS).

316 Umland 1993, p. 326.

317 Letter from Joan Miró to Pierre Loeb, October 9th 1927, in Laugier, de la Beaumelle and Merly 2004, p. 333.

318 Galerie Le Centaure 1927.

319 Centre Georges Pompidou 1991, pp. 185-186.

320 Letter from André Breton to Joan Miró, November 1st 1927 (CS); and Cramer 1989, pp. 16-17.

321 Letter from Joan Miró to Pierre Loeb, November 7th 1927, in Laugier, de la Beaumelle and Merly 2004, p. 333.

322 Letter from Joan Miró to Pierre Loeb, undated, in Laugier, de la Beaumelle and Merly 2004, p. 333.

323 Rowell 1995, p. 34.

324 Umland 1993, p. 326.

325 Rowell 1987a, p. 25.

326 Umland 1993, p. 326.

327 Letter from Joan Miró to Pierre Loeb, January 2nd 1928, in Laugier, de la Beaumelle and Merly 2004, p. 334.

328 Letter from Joan Miró to Josep-Francesc Ràfols, February 7th 1928, in Soberanas and Fontbona 1993, pp. 81-82.

329 Laugier, de la Beaumelle and Merly 2004, p. 334.

refrain from talking about me in Paris. Don't be surprised by my frankness, but it is a question of defending my moral position in Paris at any price [...]." [302]

On February 26th Miró writes to Ràfols from Passatge del Crèdit: "I plan to spend a few days in the city and I'm eager to see you. [...] Tell Ricart too." [303]

On March 7th Miró writes to Gasch: "[...] You know to what extent success horrifies me and how I detest fashion. These are huge dangers in Paris. Look what is left of the generation that preceded ours! [...]" [304]

On March 29th Miró writes to Ràfols and explains that he is spending a few days in Barcelona to formalize his engagement to his fiancée. In principle the wedding is scheduled to take place in the summer of 1928. [305]

In early April, probably, Miró is back in Paris, where he continues working on his "dream paintings". [306]

On May 12th the Ballets Russes perform Romeo and Juliet at Barcelona's Teatro del Liceo. [307]

On July 7th Miró goes to stay in Montroig, [308] where he continues working throughout the summer on a group of imaginary, dream landscapes. [309] Miró explains: "[...] In the summer I still returned to Montroig, where I made seven big paintings. Then I considered that I had reached the end of that period. Naturally, the time had come to do the proposed exhibition [...] I wasn't interested in struggling on without getting a trophy in the process. Almost immediately after the paintings were finished, the exhibition was arranged [...]." [310]

On July 24th Breton writes Miró a letter that is delivered to him by Paul Eluard. Breton asks Miró to create a number of drawings for a small book entitled Sept Histoires. [311]

On August 18th Miró writes to Pierre Loeb: "I'm working hard at the moment. I'm in good form, which really means I can get somewhere. My painting is getting more and more like painting. Obviously it's not that 'mere painting' rubbish, good for stuffing down those pigs' throats, which is an episode in the history of art that I find utterly despicable and disgusting, like all human things." [312]

On August 21st Miró writes to Gasch from Montroig: "I'm expecting Pierre [Loeb] at the beginning of the month. As you know, I'd like to introduce him to the work of Dalí and

[Francesc] Domingo. Is there anyone else of interest?... I'll write to Dalí, asking him if he'll let me visit him with a friend (no one must know that it is Pierre), so that he is ready to show us enough things to give us an idea of his work." [313]

On August 22nd Domingo writes to Miró: "I'm very pleased and delighted about this interest in me. Many thanks, dear Miró. Believe me, Art will gain a lot, God willing." [314]

On September 1st Dalí writes to Miró, telling him how pleased he is about the imminent visit to Figueres by Miró and his friend. [315]

In October Miró makes the gouaches for the "pochoirs" needed to illustrate the book Il était une petit pie by Lise Hirtz, which is published in November 1928. [316]

On October 9th Miró writes to Pierre Loeb: "You know that I do not wish my nobility to be tarnished by any kind of speculators, snobs, critics or similar rabble." [317]

From October 11th to 25th, Miró exhibits work for the first time in Brussels at Galerie Le Centaure, at an exhibition entitled "Peinture française contemporaine". [318]

On October 17th Galerie Surréaliste reopens with an exhibition entitled "Cadavres exquis", where two works by Miró belonging to André Breton are exhibited: La Terre labourée and Le Piège. [319]

On November 1st André Breton writes to Miró and thanks him for the "remarkably beautiful and surprising" series of drawings to be used to create the first book illustrated by Miró. [320]

On November 7th Miró writes to Pierre Loeb: "I consider this painting to be one of the best I have done in several years [Paysage animé]. It's curious, because I gradually go backwards in the positive sense of the word. Perhaps I'm going back to 'La Ferme', enriched by previous investigations and having thrown out anything useless. I'm becoming increasingly enamoured of my profession. In total confidence I must tell you that I observe real things with an increasing sense of love [...]. You know, Pierre, the life I lead here, where I'm completely absorbed by my work and by contemplation [...]. We'll see what I'm doing in a year's time. The work I'm planning to create this winter in Paris is beginning to make my head pound. I'm going to Belgium and Holland and when I come back to Spain next summer I'll be married." [321]

In the autumn, probably on one of his trips to Barcelona to visit his mother, Miró writes to

Pierre Loeb, expressing his uncertainty with regard to his future: "I've been working very hard lately [...]. At the moment I'm feeling very disconcerted, absolutely enthused by painting. Whenever I come to Barcelona, I go to the Museum. I go from Delft's Vermeer to cave paintings, and I haven't a clue where I'm going or where I am. What seems right to me from an artistic, professional point of view seems worthless spiritually in terms of what satisfies my soul. It demands that I should go farther [...]. What will become of me? What will I be doing in a year's time? Painting? What kind?" [322]

On November 13th a solo exhibition of Miró's work is held at Galerie Pierre at 2 rue des Beaux-Arts in Paris. [323]

In late November, probably, Miró returns to Barcelona. Almost certainly at the end of December he returns to Montroig. [324] During the year Miró meets James Johnson Sweeney, an American art critic. [325]

1928 Miró almost certainly spends the first two months of the year in Montroig. [326]

On January 2nd he writes to Pierre Loeb from Montroig: "At the moment I'm hoping to immerse myself completely in my work. I know even less than ever where I am or where I'm going. A combat between real elements and unreal events. [...] It's absurd to want to live as an artist. We should accept that we have to live humbly like men. Through humility we become great. Nevertheless, I'm proud to say that I haven't wasted a single minute of my life, aware of the role I must play in modern painting, and I happily accept the responsibility of leadership. Nothing I am telling you is improvised, but instead carefully meditated. I don't think I have any right to destroy my paintings. It would be immoral and arrogant. It would mean being ridiculously perfectionist. The humility of presenting myself naked to mankind, with all my faults and battle scars. [...] I would like my paintings to be profound, not just pictorially [...]. Gaining in human profundity by struggling to live and humbly accepting it." [327]

On February 7th Miró writes to Ràfols from Montroig: "Now I'm in the country, which at this time of year is a beautiful divine miracle. I'm working hard for the exhibition that is due to open on May 1st in Hodebert (Barbazanges, Faubourg Saint-Honoré), which I want to immerse myself in completely. [...] They are large 120 cm canvases." [328]

On February 11th André Breton's book Le Surréalisme et la peinture is published, including comments on Miró and reproductions of eight of his works of art. [329]

Before February 19th Miró moves back to Barcelona from Montroig with his "imaginary landscapes". By February 19th he is in Paris.[330] In the French capital he lives at number 22 rue Tourlaque. It is perhaps at this time that he begins to create his first collage paintings called *Danseuse espagnole*.[331]

From April 2nd to 15th Miró takes part in the "Exposition Surréaliste", held at Galerie Au Sacre du Printemps, together with Arp, De Chirico, Ernst, Malkine, Masson, Picabia, Man Ray and Tanguy.[332]

From May 1st to 15th, Galerie Georges Bernheim & Cie holds an exhibition of work by Miró organized by Pierre Loeb. It is very popular with the critics as well as being a commercial success.[333] The review by Tériade in *L'Intransigeant* brings Miró success: "Miró is one of the greatest hopes in painting. His brushstrokes show considerable sensitivity. He has devoted himself to expressing man's earliest graphic desires (and, as such, his most direct) through paint. Miró himself says: 'Painting has been in decadence since the age of the caveman'."[334]

From May 5th to 17th Miró travels in Belgium and Holland,[335] and is very impressed by Dutch 17th century painting.[336]

By May 17th Miró is back in Paris[337] where he almost certainly starts work on a set of drawings and sketches for the series of Dutch interiors, using postcards with reproductions of Dutch paintings.[338]

On June 5th Miró writes to Ràfols from Barcelona: "I've just arrived from Paris. I'd very much like to see you before I get married, on June 21st God willing! [...] Do you know anything about the centenary of Goya [...]?"[339]

On June 22nd Miró makes his first trip to Madrid, where he visits the Prado Museum.[340] He is interviewed in Madrid for the *Gaceta literaria* (Literary Gazette), which publishes the first interview with Miró on July 1st.[341]

That same month (June), Miró goes to stay in Montroig, where he makes his *Dutch Interiors*.[342] In 1975 Miró looks back on the period: "I went to Holland. I saw those paintings of interiors, they fascinated me and I used them as features. Dutch interiors like the hare were used."[343]

From July 9th until mid December, very probably, Miró stays in Montroig, with the exception of a short trip to Barcelona in about mid November. Miró makes five paintings in a detailed style, including the three Dutch Interiors.[344]

On July 9th he writes to Pierre Loeb from Montroig, describing the importance of the paintings he is creating: "Influenced, perhaps, by the Dutch masters... I'm preparing other paintings at the same time [...] which will require a great deal of effort on my part, one of the greatest efforts in my life, and they may herald a new way forward in my painting."[345]

On July 14th the Catalan newspaper, *La Publicitat*, publishes a long interview with Joan Miró by Francesc Trabal, made prior to June 21st,[346] where Miró briefly looks back at his career since his early days as an artist. He declares: "For me, the only thing that counts is what has a certain amount of life, and it is important to leave one's blood and soul in the tiniest of lines or smallest of dots. [...] Anything without that life is worthless."

In late July, issue 26 of *L'Amic de les Arts* comes out, dedicated almost entirely to Joan Miró, in which Foix, Cassanyes, Gasch and Dalí comment on his work.[347]

On July 31st Pierre Loeb writes to Miró in Montroig. He enquires as to the reason for his silence and notifies him of the payment of some works of art. He also tells Miró that he has given Aragon a "collage-cloutage" (*Danseuse espagnole*) as a present and that he is planning to give another to Breton.[348]

On August 2nd Miró replies: "I hope these painting will be as important as Terre Labourée and Carnaval d'Arlequin, if I don't go crazy in the attempt [...] Extreme humility... Laying my soul bare. It is the only thing that interests me in my work. I don't care the slightest what people say or whether they think Miró is an intelligent fellow."[349]

On August 16th he writes to Ràfols from Montroig: "I'm working extremely slowly now, as I haven't done for several years, concentrating on very important paintings."[350]

On August 19th Ràfols writes to Miró, announcing that he will visit him in Montroig in late September: "I want to take advantage of my visit to see as much of your work as possible. I am really eager to find out about this new step forward in your glorious career."[351]

On approximately August 25th Miró is visited in Montroig by Pierre and Edouard Loeb.[352]

On September 2nd Pierre Loeb writes to Miró from Palma: "In the letter to your mother, I said that I had liked your paintings a lot. They contain almost all your exploratory work to date, summarizing it and offering a glimpse of a new departure point in another direction,

after getting rid of all the influences that seemed slightly too visible and literal, even in your last paintings. Now I believe you will tell us something of importance, something freer."[353]

On September 22nd Pierre Loeb writes to Joan Miró once he is back in Paris: "I hope to hear from you soon and await your lovely paintings [...] I'll wait until the end of the series of portraits before selling them and I'll tell anyone who is interested that all your paintings are in Spain and that you won't be sending them to me until next July because you need them in sight to work. At that point we'll arrange a small exhibition in the gallery to group them together and exhibit them all."[354]

On September 25th Joan Prats writes to Miró in Montroig, congratulating him on his latest works of art which he has seen at Galerie Pierre, pretending to be a buyer who does not know Miró: "[...] They made a profound impact on me. They are the most vivid emotion that I have brought back from that dazzling Paris [...] all my total admiration for your impressive work."[355]

On October 11th Miró writes to Pierre Loeb: "Each painting perhaps summarizes my work and also, in each new one, there is a discovery however small it may be. The discovery of a small dot [...] a shape, a new rhythm, this is very important. [...] Rhythm is a secret movement of the soul [...] in short, the only thing that counts."[356]

In November Lise Hirtz's book, *Il était une petite pie*, illustrated with "pochoirs" by Miró, is published.[357]

On November 12th Miró writes to Pierre Loeb: "I'm working on my fourth painting, the penultimate of the series [Dutch Interiors], entitled "Pomme de terre". I have found getting organized very difficult. I've found it very hard to organize all the sensations and images that have slowly emerged in my mind. Once that is done, creating them is less difficult and everything proceeds in a simple, more regular way. [...] I calculate that at the moment I am making an effort almost as great as when I was painting La Ferme, although less unproductive I should say because I summarize everything in a few works of art."[358]

In mid November, probably, Miró is in Barcelona. On November 15th Pierre Loeb writes to him at his Passatge del Crèdit address: "You know the confidence I have in you and how eagerly I still await your new paintings."[359]

330 Letter from Joan Miró to Josep-Francesc Ràfols, February 19th 1928, in Soberanas and Fontbona 1993, p. 83.
331 Laugier, de la Beaumelle and Merly 2004, p. 336.
332 Centre Georges Pompidou 1991, p. 187.
333 Laugier, de la Beaumelle and Merly 2004, p. 337.
334 Tériade May 7th 1928 (FPJM: H-245).
335 Postcard from Joan Miró to Josep-Francesc Ràfols from Brussels, [May 5th 1928], and postcard from Joan Miró to Josep-Francesc Ràfols from Amsterdam, [May 14th 1928], in Soberanas and Fontbona 1993, pp. 86-87.
336 Rubin 1979, pp. 40-45.
337 Letter from Joan Miró to Josep-Francesc Ràfols, May 17th 1928, in Soberanas and Fontbona 1993, pp. 88-89.
338 Umland 1993, p. 326.
339 Letter from Joan Miró to Josep-Francesc Ràfols, June 5th 1928, in Soberanas and Fontbona 1993, p. 90.
340 Postcard from Joan Miró to Josep-Francesc Ràfols, June 22nd 1928, in Soberanas and Fontbona 1993, p. 91; letter from Josep-Francesc Ràfols to Joan Miró, August 8th 1928 (CS): "I'm pleased to have been useful in the indications I gave you regarding Madrid."
341 Gasch [July 1st 1928] (FPJM: H-296); Soberanas and Fontbona 1993, p. 91; and Umland 1993, pp. 326, 353.
342 Rubin 1979, pp. 40-45 explains that Miró created *Dutch Interior I* using a painting by Hendrick Maertensz Sorgh, *The Lute Player*, as a starting point; Dupin 1993, p. 141 states that Miró was inspired by a painting by Jan Steen, *The Cat's Dancing Lesson*, for *Dutch Interior II*; Umland 1993, p. 353 observes that Miró did not use any postcard as a source of inspiration for *Dutch Interior III*.
343 Raillard 1977, p. 74.
344 Umland 1993, p. 327.
345 Letter from Joan Miró to Pierre Loeb, July 9th 1928, in Laugier, de la Beaumelle and Merly 2004, p. 338.
346 Trabal, July 14th 1928 (FPJM: H-264); Rowell 1987a; pp. 91-98; and Umland 1993, pp. 326, 353.
347 *L'Amic de les Arts*, June 30th 1928; *La Veu de Catalunya*, July 27th 1928 (FPJM: H-268); and *La Publicitat*, July 28th 1928 (FPJM: H-269).
348 Letter from Pierre Loeb to Joan Miró, July 31st 1928 (CS).
349 Letter from Joan Miró to Pierre Loeb, August 2nd 1928, in Laugier, de la Beaumelle and Merly 2004, p. 340.
350 Letter from Joan Miró to Josep-Francesc Ràfols, August 16th 1928, in Soberanas and Fontbona 1993, p. 94.
351 Postcard from Josep-Francesc Ràfols to Joan Miró, August 19th 1928 (CS).
352 Letter from Pierre Loeb to Joan Miró, August 14th 1928 (CS).
353 Letter from Pierre Loeb to Joan Miró, September 2nd 1928 (CS); and Umland 1993, p. 327.
354 Letter from Pierre Loeb to Joan Miró, September 22nd 1928 (CS).
355 Letter from Joan Prats to Joan Miró, September 25th 1928 (CS).
356 Letter from Joan Miró to Pierre Loeb, October 11th 1928, in Laugier, de la Beaumelle and Merly 2004, p. 341.
357 Umland 1993, p. 327.
358 Letter from Joan Miró to Pierre Loeb, November 12th 1928, in Laugier, de la Beaumelle and Merly 2004, p. 341.
359 Letter from Pierre Loeb to Joan Miró, November 15th 1928 (CS).

360   Postcard from Josep-Francesc Ràfols to Joan Miró, November 22nd 1928 (CS).
361   Letter from Alexander Calder to Joan Miró, December 10th 1928 (CS).
362   Postcard from Joan Miró to Josep-Francesc Ràfols, December 26th 1928, in Soberanas and Fontbona 1993, p. 99.
363   Laugier, de la Beaumelle and Merly 2004, p. 341.
364   Rowell 1987a, p. 26; Dupin 1993, p. 172; and Behrends 2004, p. 279.
365   Letter from André Breton to Joan Miró, January 21st 1929 (CS).
366   Dupin 1993, pp. 145-149.
367   Raillard 1977, p. 185.
368   Letter from Joan Miró to Nina Kandinsky, January 19th 1966, in Rowell 1995, pp. 293-294.
369   Letter from Carl Einstein to Joan Miró, January 30th 1929 (CS).
370   Rowell 1987a, pp. 107-108.
371   Letter from René Gaffé to Joan Miró, February 21st 1929 (CS): "[A study on your work] is necessary, obligatory: there are young people who just ask to get where you are. Someone is still needed to show them the way [...] The spiritual links between your great *Danseuse espagnole* and Picasso's *Jeune fille à la mandoline* are strange. At present they are both in my house, almost side by side: the same current of air penetrates them, the same spirit enlivens them."
372   Postcard from Joan Miró to Josep-Francesc Ràfols, February 26th 1929, in Soberanas and Fontbona 1993, p. 101.
373   Letter from Salvador Dalí to Joan Miró, March 2nd 1929 (CS).
374   Letter from Salvador Dalí to Joan Miró, undated (CS).
375   Umland 1993, p. 327.
376   Behrends 2004, p. 279.
377   Tone 1993, p. 438.
378   Letter from Böske Antheil to Joan Miró, March 20th 1929 (CS).
379   Fundació Joan Miró 1994, pp. 31-32.
380   Umland 1993, p. 327; and Laugier, de la Beaumelle and Merly 2004, p. 343.
381   Letter from Joan Miró to Pierre Loeb, March 31st 1929, in Laugier, de la Beaumelle and Merly 2004, p. 343.
382   Letter from Joan Miró to Josep-Francesc Ràfols, April 5th 1929, in Soberanas and Fontbona 1993, p. 102.
383   Umland 1993, pp. 327, 353; and Raillard 1977, p. 83. In the interview with Raillard, Miró states that he introduces Dalí and Buñuel to Breton, without specifying the date.
384   Umland 1993, pp. 327, 353; Cramer 1989, pp. 26-27; and Leiris and Mourlot 1972, pp. 29-33.
385   Letter from André Breton to Joan Miró, April 18th 1929 (CS): "I greatly admired your latest work in [Galerie] Pierre and I do not tire of looking at the marvellous *Nu* you painted in 1926 that I have longed to have for sometime."
386   Tone 1993, p. 438.
387   Umland 1993, pp. 327, 353.
388   Ibidem, pp. 327, 353.
389   Rowell 1987a, pp. 107-108; and Umland 1993, pp. 327, 353. Miró replies with a message of independence: "There is no doubt that when the action is taken, it is always the result of a collective effort. Nevertheless, I am convinced that individuals whose personalities are strong or excessive, unhealthy perharps, deadly if you like, that is nos the question here, these people will never be able to give in to the militarylike discipline that communal action necessarily demands."
390   Postcard from Alexander Calder to Joan Miró, [June 1929] (CS).
391   Letter from André Breton to Joan Miró, June 4th 1929 (CS); and postcard from Salvador Dalí to Joan Miró, June 25th 1929 (CS).
392   Umland 1993, pp. 327, 353.
393   Ibidem, pp. 327, 353.
394   Dupin 1993, pp. 151-157.
395   Letter from Camille Goemans to Joan Miró, August 10th 1929 (CS): "I had the impression that something important was happening in Montroig, which explains why I'm not very surprised to learn about your coming wedding."

On November 21st Miró dines with Ràfols in Barcelona.[360]

On December 10th Calder writes to Miró for the first time and asks him to get in contact so that they can meet when Calder arrives in Paris.[361]

Before December 26th Miró is back in Paris, living in rue Tourlaque.[362] In Paris he takes part in a joint exhibition as a tribute to Paul Guillaume at Galerie Danthon.[363]

At the end of December, Calder almost certainly visits Miró at his studio in Rue Tourlaque and a lasting friendship begins.[364]

1929   From January through to June, possibly, Miró lives in rue Tourlaque in Paris, except for two trips to Barcelona.[365] He works on a series known as the "Imaginary Portraits": *Queen Louise of Prussia, Portrait of a Lady in 1820, La Fornarina* and *Portrait of Mrs. Mills in 1750*. These paintings are of a similar style to his *Dutch Interiors*, although they are the result of a process of refinement.[366] On the subject of *La Fornarina*, Miró recalls in 1975: "The idea of creating *La Fornarina* came to me in the Louvre, looking at Raphael's La Fornarina. I started out with the shape of the body. I erased her face and her expression, but I constructed it like a big fresco [...] it was something rather plastic."[367]

Between January 15th and 31st Miró probably attends the first exhibition by Kandinsky at Galeri Zak in Paris. In 1966 Miró writes to Nina Kandinsky: "[...] That Great Spiritual Prince, that Great Man, [...] I remember his small exhibitions at Galerie Zack [...] His gouaches reached deep into my soul."[368]

On January 30th Carl Einstein writes to Miró to arrange to see his latest work and talk about an article he is preparing about Miró for the magazine *Documents*.[369]

On February 12th Breton, Aragon and Queneau send some seventy-five people, including Miró, a circular in which they ask how efficient collective action is.[370]

On February 21st René Gaffé, a Belgian collector of Miró's work, writes to Miró to tell him that he is preparing a book entitled *Introduction à l'œuvre de Joan Miró*, requesting an interview.[371]

On February 26th Miró spends a few days in Barcelona, as he passes through the city.[372]

On March 2nd Dalí writes to Miró and tells him of his desire to exhibit his work in Paris, as an "official starting point" for his work. He also asks Miró for advice and comments that,

above all others, he appreciates the work Miró, Arp and Picasso, the poetry of Benjamin Péret and the thinking of André Breton.[373] Probably at a later date Dalí once again writes to Miró: "Thank you for your advice. In Paris there really is a talented gang who become totally rotten when they enter into contact with cordiality and understanding. Picasso and you are both exemplary."[374]

On March 13th Miró writes to Gasch and comments that he has met Luis Buñuel.[375]

Before March 15th, Miró attends the first performance of Calder's "Circus" at Calder's studio in rue Cels in Paris.[376]

From March 20th to 25th Miró takes part in the "Exhibition of Paintings and Sculptures by Spaniards Resident in Paris", at the Botanical Gardens in Madrid.[377]

On March 20th Böske Antheil, the wife of composer George Antheil, writes to Joan Miró: "George is still thinking of doing the ballet with you and I think we'll be much luckier now than in Germany."[378] Possibly she is referring to the unpublished project, first started in 1927, untitled *Le Jour*: a "mechanical" ballet with music by Georges Antheil, for which Miró designed two backcloths and two sets of characters.[379]

On approximately March 22nd Miró stays briefly in Barcelona and then travels on to Palma.[380]

On March 31st he writes to Pierre Loeb from Barcelona: "In Palma I saw a procession as exciting as a painting by El Greco and women with eyes like daggers. Yesterday I explored Barcelona's den of vice, which I prefer to the Port of Amberes. In short, I'm ready and willing to take up the fight against 'Raphael's maîtresse'." These thoughts might be related to the painting *La Fornarina*.[381]

On about April 5th Miró is in Paris.[382] Some time before April 9th Salvador Dalí arrives in Paris and Miró introduces him to the Surrealist group.[383]

On April 15th Georges Hugnet writes to Miró about the design of a series of lithographs needed to illustrate the book by Tristan Tzara *L'Arbre des voyageurs*.[384]

On April 18th Breton writes to Miró to ask him to collaborate on a special issue of the Belgian magazine *Variétés*, entitled "Le Surrealisme en 1929". For this issue, coordinated by Breton, Eluard and Aragon, they are requesting the collaboration of Arp, Ernst and Miró. At the same time, he also declares his admiration for

Miró's latest paintings, particularly the "marvellous" *Nu*.[385]

From May 11th to 22nd, the solo exhibition "Joan Miró" is held, organized by Pierre Loeb at Galerie Le Centaure in Brussels.[386] Miró attends the opening. On May 13th Miró is in Amberes where he probably visits the Steen Museum.[387]

On May 28th Miró writes to Robert Desnos and decides to accept his proposal to illustrate the book by Desnos, *L'Aumonyme*: a project that apparently never materializes.[388]

In June Miró's answer to the circular sent out on February 12th by Breton, Aragon and Queneau is published in the Belgian magazine *Variétés*. Miró does not clearly define his stance.[389]

In June, probably, Calder writes a postcard to Joan Miró, addressed to rue Tourlaque: "My best regards! I'm going to take you to America in 2 or 3 weeks. Get ready."[390]

Until late June Miró possibly stays in Paris in rue Tourlaque.[391]

At the end of June Miró almost certainly travels to Barcelona. Before July 17th, he goes to Palma de Mallorca, where the engagement takes place between Miró and Pilar Juncosa, the daughter of friends of Miró's family.[392]

On about July 17th, possibly, Miró is in Montroig where he is visited, some time prior to July 23rd, by Pauline and Ernest Hemingway.[393] That summer Miró starts work on a series of very sober looking "papiers collés", where the focus of attention are collaged pieces of everyday paper rather than graphic work. Miró begins to question his former means of pictorial expression. His work reflects his desire to "assassinate painting".[394]

On August 10th Camille Goemans writes to Miró from Cadaqués, congratulating him on his coming wedding and inviting him to spend his honeymoon in Cadaqués, where Eluard and his family are also staying.[395]

On August 23rd Miró writes to Pierre Loeb: "[...] Work is going well. The drawings with new research into materials, allowing me to express and say what I wish more powerfully and with greater eloquence. In a word, we'll see! Some of these recent drawings must be exhibited with the paintings: the most austere and the most impressive from the perspective of the materials and the most eloquent. [...] See them as training exercises in fluidity and as blind attempts to make an increasingly strong, energetic, powerful impression. All this is perhaps preparation for an effort that may turn out to be either more or less lucid but is still an effort, a step forward, despite the risk of one day falling off a precipice and breaking a leg [...]."[396]

In September Miró travels from Montroig to Barcelona, going on to Palma almost certainly on September 7th.[397] On September 22nd, probably, Miró returns to Montroig from Palma.[398]

On September 10th Miró writes to Pierre Loeb about the oils he will exhibit at his next solo exhibition: "Work progresses. I think the whole exhibition will make quite an impact and that I have reached a certain degree of excellence in my last drawings. At any rate, with the paintings from my last period, we'll only exhibit the most abstract, powerful and yet sober ones [...] they must bring a circle to an end, so to speak. The latest drawings must form part of what I propose to do this winter. I'm thinking actively about it in the same way that I begin to make drawings for sculptures which I would really like to make sooner or later."[399]

From October 6th to November 3rd Miró takes part in the joint exhibition "Ausstellung abstrakte und surrealistische Malerei und Plastik" at the Kunsthaus in Zurich.[400]

On October 12th Miró and Pilar Juncosa are married in the Church of San Nicolás in Palma de Mallorca. They spend a few days in Formentor and Mallorca and then travel to Barcelona, where Miró shows his collages to Gasch.[401]

By November 22nd Miró and Pilar Juncosa are living in Paris in an apartment at number 3 rue François-Mouthon, which is also used as a studio.[402] Miró takes the collages with him that he has made in Montroig over the summer.[403]

On November 29th La Publicitat publishes an article by Sebastià Gasch, which upholds intense, strongly expressive art like Miró's latest work: a series of drawings in which a wide variety of completely different materials play an important role, such as emery paper, wire and wrapping paper.[404]

On December 15th the last issue of Révolution surréaliste is published (no. 12), containing the Second manifeste du surréalisme, L'Enquête sur l'Amour, and Notes sur la poésie (in collaboration with Eluard).[405]

Miró spends Christmas in Barcelona.[406]

1930 Miró draws his first lithograph, at the request of Christian Zervos, to illustrate the magazine Cahiers d'art.[407]

In early January, probably, Miró returns to Paris with his wife Pilar Juncosa. He lives and works at number 3 rue François-Mouthon. Miró makes a series of large paintings with a somewhat hesitant plastic language.[408]

From January 18th to February 16th Miró exhibits two works of art at the exhibition "Painting in Paris from American Collections", organized by Alfred H. Barr, at New York's Museum of Modern Art. The exhibition is widely commented on in the American media. Pierre Matisse (at the time responsible for purchasing European works of art for Valentine Dudensing) almost certainly meets Miró during one of Matisse's frequent stays in France.[409]

On January 28th Miró tells Gasch that he is thinking of abandoning painting temporarily and using other artistic means to express himself such as sculptures: "[I am] working pretty much on the canvases I already mentioned to you, which will be, I think, my good-bye to painting, at least for some time, in order to attack new means of expression, bas-relief, sculptures, etc., using new vocabularies and elements of expression I am still ignorant."[410]

In March, together with other collectors and the Musée d'ethnographie du Trocadéro, Miró collaborates on an exhibition of art from Africa and Oceania organized by Charles Ratton, Pierre Loeb and Tristan Tzara at Galerie Pigalle in Paris.[411] In the catalogue, Miró is shown to have loaned a mask with two superimposed heads from the Bismark Archipelago, New Britain (cat. no. 72).[412]

From March 7th to 14th Miró exhibits his Dutch Interiors and Imaginary Portraits at Galerie Pierre in Paris.[413]

On March 10th he writes to Ràfols from Paris: "In early May I think we'll be back in Barcelona. After spending a few weeks in Palma, to rest a little, we'll return to Barcelona for my wife to have the baby, who I imagine will be born in late July."[414]

On March 14th, very probably, Miró attends a reception given by the Musée du Trocadéro to mark the new addition of a totem pole from British Columbia to the museum collection.[415]

From March 15th to 22nd Miró exhibits his Collages at the exhibition "Oeuvres récentes" at the same gallery.[416] Tériade makes the following analysis of the work shown by Miró: "After having emptied his canvases of their voluminous content, Miró has replaced plastic values with signs, signals or hints that are barely perceptible, sometimes interlaced by remarkably tenuous brushstrokes."[417]

From March 28th to April 12th Miró takes part in the exhibition "La Peinture au défi" at Galerie Goemans in Paris, whose catalogue includes an article of the same title by Louis Aragon.[418]

In April the exhibition "Arp, Miró, Giacometti" is held at Galerie Pierre in Paris.[419]

On April 7th L'Intransigeant publishes an article by Tériade with a harsh criticism of Surrealist painting: "As is generally known, Surrealism had decreed the death of painting. 'I want to assassinate it [painting]' said one of its practitioners." Miró will declare that the words are his.[420] His desire to finish with painting is reflected by the works of art created between 1929 and 1930.[421]

On April 9th Giacometti writes to Miró, accepting his invitation for a visit, possibly to Miró's rue François-Mouthon address.[422] In 1975 Miró refers to Giacometti: "I wanted to sculpture things and I asked him how it was done. I went to his studio in Montparnasse and he said: Look, you must do it like this... But when I actually started, he had already died."[423]

In the first half of May, before Miró's return to Spain, Miró and Calder meet in Paris. Calder may have seen Miró's collages at the exhibition by the Surrealist group, "La Peinture au défi", held at Galerie Goemans.[424]

By May 14th Joan Miró and his wife Pilar Juncosa are back in Barcelona, where they stay briefly before going on to Palma de Mallorca.[425] While he is in Mallorca, Miró begins a series of sketchbooks which will act as a starting point for a number of drawings in conte pencil on Ingres paper.[426]

From June 15th to the end of September, Miró takes part in the "Summer Exhibition" at New York's Museum of Modern Art.[427]

In about mid June, Miró and his wife travel to Barcelona, where their daughter, María Dolores, is born on July 17th.[428]

On July 27th Miró writes to Pierre Loeb from Barcelona. He expresses his concern at how difficult it must be for Loeb to represent him and defend his paintings. Nevertheless, he explains: "[...] On the other hand, you will also understand that it is my first duty as a man, and a man almost in his forties, to create a comfortable life for my wife and baby and not

396 Letter from Joan Miró to Pierre Loeb, August 23rd 1929, in Laugier, de la Beaumelle and Merly 2004, p. 346.
397 Letter from Joan Miró to Josep-Francesc Ràfols, September 3rd 1929, in Soberanas and Fontbona 1993, p. 103.
398 Umland 1993, p. 327.
399 Letter from Joan Miró to Pierre Loeb, September 10th 1929, in Laugier, de la Beaumelle and Merly 2004, p. 346.
400 Tone 1993, p. 438.
401 Dupin 1993, pp. 157-158; and Umland 1993, pp. 327, 354.
402 Umland 1993, p. 328; Letter from Joan Miró to Josep-Francesc Ràfols, December 7th 1929, in Soberanas and Fontbona 1993, p. 106.
403 Laugier, de la Beaumelle and Merly 2004, p. 348.
404 Gasch, November 29th 1929 (FPJM: H-367).
405 La Révolution surréaliste December 15th 1929; and Centre Georges Pompidou 1991, p. 190.
406 Umland 1993, p. 328.
407 Dupin 1993, pp. 407-408, and Leiris and Mourlot 1972, pp. 26-27.
408 Umland 1993, p. 328.
409 Laugier, de la Beaumelle and Merly 2004, p. 348.
410 Umland 1993, p. 328.
411 Saint-Cyr, March 14th 1930 (FPJM: H-389).
412 Laugier, de la Beaumelle y Merly 2004, p. 348.
413 Umland 1993, p. 328.
414 Letter from Joan Miró to Josep-Francesc Ràfols, March 10th 1930, in Soberanas and Fontbona 1993, p. 107.
415 Omer, March 15th 1930 (FPJM: H-391).
416 Galerie Pierre 1930; and Umland 1993, pp. 328, 354.
417 Tériade, March 18th 1930 (FPJM: H-393).
     418 Tone 1993, p. 439, and Aragon 1930, p. 26: "[...] Miró is a strange fellow. Many things in his paintings remind you of the unpainted [...] Last year, in a fully natural way he reached a stage where he did nothing but collages [...]."
419 Tone 1993, p. 439; and Laugier, de la Beaumelle and Merly 2004, p. 349.
420 Rowell 1987a, pp. 114, 314; and Dupin 1993, pp. 151, 448.
421 Dupin 1993, p. 151.
422 Letter from Giacometti to Joan Miró, April 9th 1930 (CS).
423 Raillard 1977, p. 172.
424 Behrends 2004, p. 280.
425 Umland 1930, pp. 328, 354.
426 Picon 1980, pp. 23-24.
427 Museum of Modern Art 1930.
428 Postcard from Joan Miró to Josep-Francesc Ràfols, July 25th 1930, in Soberanas and Fontbona 1993, p. 109: "I am delighted to tell you that last Thursday 17th my wife made me the father of a little girl. They are both very well."

429 Letter from Joan Miró to Pierre Loeb, July 27th 1930, in Laugier, de la Beaumelle and Merly 2004, p. 352.

430 Umland 1993, pp. 328, 354.

431 Dupin 1993, pp. 161, 361-363.

432 Comoedia, October 11th 1930 (FPJM: H-412); Paris Midi, October 14th 1930 (FPJM: H-415); Antignac, October 14th 1930 (FPJM: H-414).

433 Gasch October 15th 1930 (FPJM: H-416).

434 Letter from Joan Miró to Pierre Loeb, October 15th 1930, in Laugier, de la Beaumelle and Merly 2004, p. 350.

435 Valentine Gallery 1930.

436 Melgar January 1931, p. 18 (FPJM: H-428).

437 Letter from Joan Miró to Pierre Loeb, October 26th 1930, in Laugier, de la Beaumelle and Merly 2004, p. 353.

438 Cramer 1989, pp. 26-27; and Leiris and Mourlot 1972, pp. 29-33.

439 Umland 1993, p. 328, and Tone 1993, p. 439.

440 Letter from Joan Miró to Josep-Francesc Ràfols, December 3rd 1930, in Soberanas and Fontbona 1993, p. 110.

441 Postcard from Joan Miró to Josep-Francesc Ràfols, December 15th 1930, in Soberanas and Fontbona 1993, p. 111.

442 Letter from Joan Miró to Josep-Francesc Ràfols, December 31st 1930, in Soberanas and Fontbona 1993, p. 112.

443 Umland 1993, p. 328.

444 Ibidem, p. 328.

445 Melgar, January 1931 (FPJM: H-428).

446 Dupin 1993, p. 161.

447 Arts Club of Chicago 1931.

448 Letter from Joan Miró to Josep-Francesc Ràfols, February 5th 1931, in Soberanas and Fontbona 1993, pp. 113-114.

449 Letter from Joan Miró to Josep Vicenç Foix, February 25th 1931 (FJVF).

450 Letter from Joan Miró to René Gaffé, March 18th 1931, in Rowell 1995, p. 125.

451 Letter from Joan Miró to Josep-Francesc Ràfols, April 8th 1931, in Soberanas and Fontbona 1993, p. 117.

452 Société l'Art Vivant, and Société Auxiliaire des Expositions du Palais des Beaux-Arts, 1931. At the exhibition, among other artists, work by Grosz, Kandinsky, Klee, Munch, Braque, Duchamp, Leger, Mondrian, Dalí, Max Ernst, de Chirico and Picasso is exhibited.

453 Behrends 2004, p. 280.

454 Postcard from Joan Miró to Josep-Francesc Ràfols, [June 9th 1931], in Soberanas and Fontbona 1993, p. 119.

455 El Matí, June 21st 1931 (FPJM: H-454); and postcard from Joan Miró to Josep-Francesc Ràfols, July 1st 1931, in Soberanas and Fontbona 1993, p. 120.

456 L'Opinió, July 3rd 1931 (FPJM: H-460).

457 Umland 1993, p. 329.

458 Letter from Joan Miró to Josep-Francesc Ràfols, August 26th 1931, in Soberanas and Fontbona 1993, p. 121.

459 Letter from Joan Miró to Josep-Francesc Ràfols, October 2nd 1931, in Soberanas and Fontbona 1993, p. 122.

460 Letter from Alexander Calder to Joan Miró, [October 1931], in Hutton and Wick 2004, p. 258.

permit, at any price, even the tiniest of shackles on my freedom of imagination. The more one becomes a MAN, the more one becomes an artist. So to achieve these two objectives, I would not hesitate to seek means other than painting."[429]

From mid August to late November, probably, the family lives in Montroig.[430] There, Miró works on a series of drawings on Ingres paper and makes his first three-dimensional works of art on wood known as Constructions.[431]

In October an exhibition opens at Galerie Billet in Paris, as a tribute to Serge Diaguilev, with displays of models, stage décor and figurines designed for the Ballets Russes by different artists, including Miró.[432]

Some time prior to October 15th Miró shows Sebastià Gasch, Joan Prats and Josep F. Ràfols his first wooden Constructions. Gasch explains the creative process: "As always, Miró has started out using his intuition: the initial revelation discovered during passive moments of marvellous inspiration [...] He has limited himself to sketching a general outline of the construction, decided the measurements and taken it to a commonplace carpenter for it to be made."[433]

On October 15th Miró wrote to Pierre Loeb: "[...] I am very pleased at your initiatives on my behalf and I would like to pay tribute to your courage, in my capacity as one who definitely only respects brave people. I had longed to do that great exhibition [...] I'm convinced it might have big repercussions and even create influences. The exhibition last year at your gallery was merely the outcome, so to speak, of different investigations or else a synthesis of all my work [...] apart from the collages, which implied a certain new risk, the rest did not spark off anything else."[434]

From October 20th to November 8th, New York's Valentine Gallery holds the first solo exhibition of Miró's work in the United States.[435] Although it is well received by the critics, it is not a commercial success given the economic crisis.[436]

On October 26th Miró writes to Pierre Loeb: "We'll return in late December or early January at the latest, because I think it's absolutely vital to spend a few months each year in Paris, as I've always done. Although I believe that the atmosphere in Paris is poisonous if one always lives there, I think that always living in the country is suicide [...]."[437]

On November 18th Miró writes to Tristan Tzara from Montroig about two lithographs for L'Arbre des voyageurs. This book by Tzara, illustrated with four lithographs by Miró, will be published before the end of the year.[438]

From November 28th to December 3rd, Miró exhibits work with Hans Arp, Salvador Dalí, Max Ernst, Man Ray and Yves Tanguy to mark the projection of the film by Luis Buñuel and Dalí, L'Age d'or, at Studio 28 in Paris.[439]

Almost certainly on December 7th Miró is visited in Barcelona by Joan Prats, Gasch and perhaps Ràfols so that they can see the latest drawings he has made.[440] On December 15th Miró is in Palma on holiday.[441] On December 31st he is once again in Barcelona.[442]

1931   Miró spends the period from early January through to early June, probably, in Paris, living and working at number 3 Rue François-Mouthon. For the artist, it is a difficult period artistically and financially.[443]

On January 17th Miró writes to Gasch from Paris: "There is a terrible crisis here [...] I have managed to make an agreement with Pierre, if not a brilliant one, at least adequate enough to be able to weather… this tough period. I am lucky, since almost everyone from my generation has had his neck broken."[444]

On January 24th the magazine Ahora publishes an interview with Miró where he declares his independence from the Surrealists: "Just as Picasso has been classified a Cubist, they've labelled me a Superrealist. However, over and above all else, I want to conserve my rigorous, absolute and total independence. I regard Surrealism as a very interesting form of spiritual expression, a positive value, but I do not wish to follow its rigorous disciplines." Miró also explains his aversion to painting, to "assassinating painting": "I personally don't know where we're heading. The only thing that is clear to me is that I propose to destroy everything that is a part of painting. I feel a deep revulsion for painting. I am only interested in pure spirit. I only use tools that are typical of painters (brushes, a canvas, colours) to achieve what I want."[445] Despite these declarations, in the early months of the year, Miró once again explores what path to take in painting.[446]

From January 27th to February 17th, the Arts Club of Chicago hosts a solo exhibition of paintings by Miró, organized by New York's Valentine Gallery.[447]

On February 5th Miró writes to Ràfols from Paris: "I'm working hard, trying to do it worse each day, creating more difficulties for myself and fleeing good taste [...] The New York exhibition has moved to Chicago."[448]

On February 25th Miró writes to Foix from Barcelona, inviting him home so that he can show Foix and other friends the paintings and object-paintings he has made in Montroig.[449]

On March 18th Miró writes to René Gaffé about Tzara and his book L'Arbre des voyageurs: "[...] I should tell you that he [Tzara] was one of the first to see and appreciate my painting. In return, I have long regarded his poetry as having a great spiritual value, and his Dadaist stance has always been extremely appealing to me as a form of clairvoyance and method of action. [...] I made the lithographs as I did because that was what his poetry (total desert, with blinding, spattering grains of sand) suggested."[450]

On April 8th he writes to Ràfols from Rue François-Mouthon: "I'm still working hard, hammering the canvases. I'll be in Barcelona from June 15th to 30th [...]."[451]

From April 25th to May 24th, Miró takes part in the joint exhibition "L'Art vivant en Europe" at the Palais des Beaux-Arts in Brussels.[452]

On April 27th Miró probably attends the opening of the exhibition of Calder's work "Alexander Calder: Volumes-Vecteurs-Densités; Dessins-Portraits" at Galerie Percier in Paris. One of the wire portraits made by Calder is that of Joan Miró.[453]

On June 9th Miró is in Barcelona.[454] By July 1st he stays briefly in Palma before finally going on to Montroig.[455] On July 3rd the newspaper L'Opinió mentions a visit by Miró and Gasch to Barcelona's Distrito Quinto and to La Barceloneta. It also comments on the excitement that Miró's recent sculptures have inspired in Paris.[456]

From mid or late July until late November, probably, Miró stays in Montroig. He begins a series of paintings there on Ingres paper and a group of object-paintings that incorporate found materials.[457]

On August 26th Miró writes to Ràfols from Montroig: "I'm working with great courage. At the beginning of next month, Gasch and Prats might be coming. You could join them [...] you could organize it so that Ricart brings you in the car [...]."[458]

On approximately September 27th Miró is visited by Prats and Gasch in Montroig.[459]

In October Calder writes to Miró in Montroig, inviting him to a performance of Le Cirque in late October. He also asks Miró to visit him when he arrives in Paris so that he can show Miró his latest mobiles.[460]

Miró spends the summer working in his studio in Montroig. Gasch describes it as follows: "His studio currently looks like a 'bric-à-brac' store. There are the weirdest of objects. Roots of reed plants that look like little black idols, fragments of skeletons found on the beach that look like Egyptian sculptures, corks with shellfish incrusted in them that have a wonderfully rich quality about them, shells, sketched dolls, keys, pebbles, little mirrors from Calle de la Boquería, postcards from Carrer Nou..., bizarre objects that Miró will use to assemble his plastic constructions. These objects, each of which is nothing on its own, take on an intense, penetrating life when juxtaposed and laid on a piece of wood found in the attic or on the remains of a 'modern-style' umbrella stand."[461]

On November 27th, probably, Miró gives a private exhibition of his work at his home in Passatge del Crèdit in Barcelona. Those who attend it include Josep Francesc Ràfols, Joan Prats and Sebastià Gasch.[462]

In early December, Miró is back in Paris where he prepares an exhibition of sculptures organized by Galerie Pierre, whose inauguration is scheduled to take place on December 18th.[463] There, Miró meets Calder and encourages him to go and see his exhibition.[464]

On December 9th Miró sends the Catalan writer, Foix, a drawing from Paris, made the day before, to illustrate a book Foix has written, *KRTU*, which will be published the following year.[465]

From December 18th to January 8th 1932, Galerie Pierre in Paris holds a solo exhibition of Miró's work. Tériade makes the following description of the work on show: "[...] Miró shows us his playthings, toys that he himself has patiently made this summer, no doubt directed at the adults we are or, to put it more modestly, at the children that have matured inside us. Nails, keys, miniature bells, nude dolls, bits of burnt wood, disassembled pendulums, watch chains, roots collected from the beaches of Catalonia and patches of colour inspired by Mallorcan whistles, all assembled or rather hooked together on honest little squares of wood. Basically, they are simply the tiny components featured not so long ago in the vast spaces of Miró's compositions, which today have emerged from their own element, painting, to live - apparently loyally - alone and independent in real space."[466]
On about December 24th Miró returns to Barcelona.[467]

1932   Joan Prats introduces Josep Lluís Sert to Joan Miró.[468]

In January, financial hardships force Miró to stay in Barcelona, where he lives and works at the family home at number 4 Passatge del Crèdit.[469]

On January 20th Miró writes to Christian Zervos: "[...] I must tell you that the room that will now be my studio is the same room where I was born. After a tumultuous life in which I have more or less triumphed, it seems very odd to me [...]." Because Pierre Loeb can no longer continue to buy Miró's work, the Catalan painter decides to seek help in the United States. "[...] I'm going to write to Dudensing to tell him that Pierre [Loeb] is no longer in charge of my work to see if I can do a business deal with him. I would be very grateful if you get the chance to do something for me at some point or talk to someone. I'm going to write to Pierre Matisse as well."[470]

On January 28th Boris Kochno writes to Miró, asking him to collaborate on a new ballet that has just been created in Montecarlo. Kochno suggests that Miró should design the scenery for *Jeux d'enfants*, with music by Georges Bizet. Kochno adds: "If you agree, I'll send you all the preliminary details of the ballet, so that you can think about it before helping to create what, with your collaboration, could be a masterpiece."[471]

On February 12th Miró writes to Christian Zervos: "[...] I thank you with all my heart for your assistance with regard to Pierre Matisse. I'll wait for you to tell me what his answer is. [...] Despite this unfortunate bother, I am working hard on objects and preparing new paintings. We'll see what comes out of all this and what will happen once the crisis is over [...]."[472]

By February 12th Miró has already started negotiating the design of the scenery for *Jeux d'enfants* with the Ballets Russes. By February 14th Miró and the Ballets Russes have reached an agreement, and that same day Miró leaves for Montecarlo to work on the project.[473]

On February 14th Miró writes to Pierre Matisse and asks him to organize an exhibition.[474]

On February 23rd Miró writes to Gasch and tells him about the preparations for *Jeux d'enfants*: "[...] Massine has come on purpose from the Scala de Milan to collaborate with me. He is doing a splendid job at the choreography, finding ways to make everything that I propose dance."[475]

On April 2nd Calder writes a postcard to Miró, explaining that Gabrielle Picabia is living at the Calder's house in Rue de la Colonie and that, as a result, Miró's belongings, including his mask, have been moved from there.[476]

On April 9th Miró writes to Gasch from Montecarlo: "Here we are working flat out. I'm pleased with the objects, and working on them myself now; the carpenters have only done the technical part and I am adding the rest. What I fear most are the costumes; I'll see them on Monday. The dressmaker [...], I fear has *too much taste*; in order to make something that's alive, I intend to unsew a lot of things, tell her to thread the needle for me and I'll sew them myself, although I've never done it before. [...] it's the only way to produce something that's alive, something that has nothing to do with an elegant ball."[477]

On April 14th the opening performance of the ballet *Jeux d'enfants* takes place at the Théâtre de Montecarlo,[478] with music by Georges Bizet, a libretto by Boris Kochno and choreography by Léonide Massine, for whom Miró has designed the backcloth, stage décor, costumes and objects. The backcloth is made by Miró himself, whilst the stage décor is made by Prince A. Schervashidzé and the costumes by B. Karinski.[479] Miró designs a drop curtain similar to his paintings on Ingres paper. The stage décor is more symbolic in nature, alluding to the duality between the male and the female.[480]

On April 15th Miró writes to Gasch: "Yesterday was the first performance of my ballet, which was a great success. [...] I hardly need say that I would like it to be performed in Barcelona and I think we'll find a way to get there."[481]

After April 15th Miró returns to Barcelona from Montecarlo.[482]

On April 22nd Massine writes to Miró at his Passatge del Crèdit address: "I'm pleased to hear that you worked hard to make your ballet a success. [...] I hope to come to Paris when you are there with the Ballets and finally see what I am to do on your lovely stage set."[483]

On May 12th Schervashidzé writes to Miró to tell him about the preparations for the opening of *Jeux d'enfants* in Paris and notify him that rehearsals will begin on May 23rd at the Théâtre des Champs-Elysées.[484]

On June 1st Schervashidzé writes to Miró: "Madame [Riabouchinska] has written to me from Brussels to say that *Jeux d'enfants* was a hugely big success, more so than other ballets."[485]

By June 4th Miró goes to Paris and stays at the Hôtel Récamier.[486]

On June 11th Miró attends the opening performance of *Jeux d'enfants* at the Théâtre des Champs Elysées in Paris.[487]

461   Gasch, October 8th 1931 (FPJM: H-469).
462   Ràfols, December 2nd 1931 (FPJM: H-482).
463   Fabra 1931a (FPJM: H-483); and Fabra 1931b (FPJM: H-484).
464   Behrends 2004, p. 281.
465   Letter from Joan Miró to Josep Vicenç Foix, December 9th 1931 (FJVF): "[...] it also might be interesting to send a few copies [of your new book] to keep here, because although they won't understand the text, my drawing, Project for a Future Object , will tally with the exhibition of objects, since it deals with all that."
466   Tériade, December 21st 1931 (FPJM: H-489).
467   Letter from Joan Miró to Josep Vicenç Foix, December 9th 1931 (FJVF).
468   Umland 1993, p. 329.
469   Postcard from Joan Miró to Josep-Francesc Ràfols, January 13th 1932, in Soberanas and Fontbona 1993, p. 123; Rowell 1987a, p. 27; and Laugier, de la Beaumelle and Merly 2004, p. 357.
470   Letter from Joan Miró to Christian Zervos, January 20th 1932, in Rowell 1993, p. 88; and Laugier, de la Beaumelle and Merly 2004, p. 357.
471   Letter from Boris Kochno to Joan Miró, January 28th 1932, in Malet 1994a, p. 112.
472   Letter from Joan Miró to Christian Zervos, February 12th 1932, in Rowell 1993, pp. 88-89.
473   Letter from Joan Miró to Sebastià Gasch, February 14th 1932, in Malet 1994a, pp. 72, 76, 113.
474   Behrends 2004, p. 281.
475   Letter from Joan Miró to Sebastià Gasch, February 23rd 1932, in Malet 1994a, p. 113.
476   Letter from Alexander Calder to Joan Miró, April 2nd 1932 (CS).
477   Letter from Joan Miró to Sebastià Gasch, April 9th 1932, in Malet 1994a, p. 114.
478   Malet 1994a, p. 77.
479   Gasch, April 28th 1932.
480   Malet 1994a, pp. 72-75.
481   Letter from Joan Miró to Sebastià Gasch, April 15th 1932, in Malet 1994a, p. 114.
482   Umland 1993, p. 330.
483   Letter from Léonide Massine to Joan Miró, April 22nd 1932 (CS).
484   Letter from Schervashidzé to Joan Miró, May 12th 1932 (CS).
485   Letter from Schervashidzé to Joan Miró, June 1st 1932 (CS).
486   Umland 1993, p. 330.
487   Malet 1994a, p. 78.

488   Letter from Joan Miró to Josep Vicenç Foix,
      June 14th 1932 (FJVF).
489   Letter from Léonide Massine to Joan Miró,
      June 14th 1932 (CS).
490   Laugier, de la Beaumelle and Merly 2004, p. 357.
491   Umland 1993, p. 330.
492   Postcard from Alexander Calder to Joan Miró,
      June 20th 1932 (CS).
493   Letter from Joan Miró to Josep Vicenç Foix,
      July 11th 1932 (FJVF).
494   Letter from Joan Miró and Alexander Calder to
      Sebastià Gash, September 12th 1932, in Hutton
      and Wick 2004, p. 259.
495   Behrends 2004, p. 282.
496   Postcard from Sebastià Gasch to Joan Miró,
      September 16th 1932 (CS).
497   Behrends 2004, p. 282.
498   Carnielli and Loudon 2001, pp. 157-158.
499   Umland 1993, p. 330.
500   Behrends 2004, p. 282.
501   Tone 1993, p. 439.
502   Letter from Joan Miró to Pierre Colle, December 25th
      1932, in Laugier, de la Beaumelle and Merly 2004, p.
      362.
503   Galerie Flechtheim 1932.
504   Letter from Joan Miró to Pierre Colle, December 25th
      1932, in Laugier, de la Beaumelle and Merly 2004, p.
      362.
505   Musée des Beaux-Arts 1932.
506   Fundació Joan Miró 1994, p. 128.
507   Postcard from Joan Miró to Josep-Francesc Ràfols,
      January 1st 1933, in Soberanas and Fontbona 1993,
      p. 125.
508   Umland 1993, p. 330; and Dupin and Lelong-Mainaud
      2000, pp. 72-85.
509   Letter from Jean Hélion to Joan Miró, April 15th 1933
      (CS).
510   Postcard from Joan Miró to Josep-Francesc Ràfols,
      April 22nd 1933, in Soberanas and Fontbona 1993, p.
      127.
511   Malet 1994a, pp. 76, 78.
512   La Publicitat, May 9th 1933 (FPJM: H-517); Oberon
      1933 (FPJM: H-518); Mirador, May 17th 1933
      (FPJM:H-519); El Noticiero [May 1933] (FPJM: H-
      520); La Publicitat, May 19th 1933 (FPJM: H-523); Ll.
      May 19th 1933 (FPJM: H-524 b); X. [Ferrán Mayoral]
      [May 1933] (FPJM: H-525); Moragas May 19th 1933
      (FPJM: H-526); Fidel [May 1933] (FPJM: H-527); and
      Gasch May 1933 (FPJM: H-528).
513   R. June 2nd 1933 (FPJM: H-533); Excelsior, June 8th
      1933 (FPJM: H-534); Divoire, June 13th 1933
      (FPJM:H-535); Brussel, June 15th 1933 (FPJM: H-
      537); and Ribadeau Dumas, June 16th 1933 (FPJM:
      H-539).
514   Galerie Pierre Colle 1933.
515   Tone 1993, p. 439.
516   Letter from Joan Miró to Josep-Francesc Ràfols, [June
      15th 1933], in Soberanas and Fontbona 1993, p. 128.
517   Behrends 2004, p. 283.
518   Cramer 1989, pp. 28-29; and letter from Georges
      Hugnet to Joan Miró, January 7th 1933 (CS).
519   Letter from Douglas Cooper to Joan Miró, July 18th
      1933 (CS).
520   Malet 1994a, p. 78.
521   Letter from Joan Miró to Douglas Cooper, July 12th
      1933, in Laugier, de la Beaumelle and Merly 2004, p.
      364.
522   Letter from Joan Miró to Josep Vicenç Foix, July 19th
      1933 (FJVF).
523   Umland 1993, p. 331.

On June 14th, from Paris, Miró informs Foix of the success of "his ballet", *Jeux d'enfants*, and tells him that it might be performed in Barcelona in September.[488] On the same date, Massine writes to Miró at the Hôtel Récamier in Paris and apologizes for not being able to attend the opening performance of *Jeux d'enfants*.[489]

Probably on June 15th Miró attends the inauguration of the "Exposition de Bronzes et d'Ivoires du Royaume du Bénin" at the Musée d'Ethnographie de Trocadéro.[490]

On approximately June 20th Miró returns to Barcelona from Paris.[491]

On June 20th Calder writes to Joan Miró to tell him that he and his family plan to arrive in Barcelona between September 1st and 15th and that they are thinking of visiting him in Montroig.[492]

On July 11th Miró informs Foix that he has received his book, delivered by Prats, saying that he will read it during his stay in Montroig.[493]

On September 12th the Calder family comes to Montroig to spend eight or ten days there, after their stay in Barcelona. Miró and Calder write to Gasch to invite him to a performance of *Le Cirque* in Montroig.[494] Miró and the Calder family go on outings to Cambrils and Tarragona.[495]

On September 16th Miró receives a postcard from Gasch, telling him that he will not be able to attend the presentation of Calder's *Le Cirque* in Montroig.[496]

On September 19th Calder performs *Le Cirque* at the Montroig farmhouse, which is attended by Gasch.[497]

From November 1st to 25th, the first solo exhibition of Miró's work at the Pierre Matisse Gallery is held at 51 East 57th Street, New York, entitled "Joan Miró: Paintings on Paper, Drawings".[498]

By November 18th, presumably, Miró presents his recent work to members of ADLAN (Friends of New Art) at Barcelona's Galeries Syra.[499]

Before December 13th Miró travels to Paris with a new series of small paintings on wood and object-paintings. On this occasion, he stays with the Calder family. During the visit, Calder and Miró talk about the possibility of making a joint "object".[500]

From December 13th to 16th, a solo exhibition of Miró's recent work is held at Galerie Pierre Colle in Paris.[501] The exhibition is well received

by the critics but is not much of a commercial success. On December 25th Miró writes to Pierre Colle: "I liked the exhibition that your gallery organized and I am very glad to have done it. However, I can't understand why your clients did not buy one single painting [...]."[502]

From December 18th to the end of January, Miró takes part in the exhibition "Neuere spanische Kunst", together with other Spanish artists. Organized by the Sociedad de Artistas Ibéricos, it is held in Berlin's Galerie Flechtheim.[503]

On December 25th Miró is once again back in Barcelona.[504]

Between late 1932 and early 1933, Miró exhibits work in Japan at the "Exposition de la confédération des artistes d'avant-garde Paris-Tokio", held in several different cities: Tokyo, Osaka, Kyoto, Foukouoka, Kanazawa and Nagoya.[505]

1933   Miró starts work on a project associated with the ballet *Ariel*. Miró had written: "Accomplishing music" and "Achieving maximum clarity, force and plastic aggression [...] an immediate physical sensation that will open up a pathway to the soul."[506]

From approximately January 1st to April 22nd, Miró lives and works in Barcelona at number 4 Passatge del Crèdit.[507]

From January 26th to February 11th, Miró works on a series of 18 collages on Ingres paper which will serve as a starting point for a series of large paintings made between March 3rd and June 13th.[508]

On April 15th Jean Hélion writes to Miró to suggest that he take part in a joint exhibition at Galerie Pierre in Paris: "Do you remember that I asked you last winter if you would agree to exhibit work with four or five friends of ours? It's about to happen. Pierre Loeb wants to lend us his gallery on about May 20th for an exhibition of work by Miró, Pevsner, Arp, Calder, Seligmann and Hélion [...] We intend to do all we can to make sure it is a first-rate exhibition, as well as being the most widely known, able to attract the greatest number of people interested in free painting."[509]

By April 22nd Miró goes to Montroig to spend a few days there.[510]

On May 16th *Jeux d'enfants* is performed for the first time in Barcelona at the Gran Teatre del Liceu.[511] The Catalan press announces the performance of the ballet and, after the opening performance, it has very good reviews.[512]

In June *Jeux d'enfants* is performed again in Paris at the Théâtre du Châtelet.[513]

From June 7th to 18th Miró takes part in the "Exposition surréaliste" at Galerie Pierre Colle in Paris.[514]

From June 9th to 24th, he takes part in the exhibition "Arp, Calder, Hélion, Miró, Pevsner, Seligmann", organized by Jean Hélion at Galerie Pierre in Paris.[515]

On June 15th, very probably, Miró writes to Ràfols: "Next Sunday I'm having an exhibition of my recent paintings, organized by ADLAN, before I take them to Paris. It will take place here in the same building, in the apartments Sert has for rent, in the morning from 11 a.m. to 2 p.m. I'd be very pleased if you could come."[516]

By June 22nd, probably, Miró travels to Paris with the new paintings he has done in Barcelona. During his stay in Paris, Miró stays with the Calder family who are preparing to leave Paris in late June to return to the States. Miró gives the couple a painting and, in exchange, Calder gives him a kind of mechanical volcano made of ebony.[517]

In July *Enfances* is published, a book by Georges Hugnet illustrated with three etchings by Miró.[518]

In July a solo exhibition of paintings by Joan Miró is held, organized by Douglas Cooper at the Mayor Gallery in London.[519]

On July 5th *Jeux d'enfants* opens for the first time at the Alhambra Theatre in London.[520]

On July 12th Miró writes to Cooper from Palma de Mallorca: "I'm very happy to have an exhibition of my work at your gallery at the moment. Unfortunately I was very tired and had to return to Spain, so I couldn't come to London. Nevertheless, I hope that we can organize a more important exhibition than this one for the next season and then it'll be a pleasure to attend."[521]

On July 19th Miró explains to Foix from Palma that Zervos wants to devote an entire issue of *Cahiers d'art* to his work. The issue will come out at about the same time as the exhibition of Miró's work at Galerie Georges Berheim, between October 30th and November 13th, and it can be used as a catalogue. Miró asks Foix to write an article in Catalan for *Cahiers d'art* about the Catalan origins of Miró's work.[522]

On approximately July 24th Miró returns to Barcelona from Palma.[523]

From early August to late October, probably, Miró stays in Montroig. During this period he works on a series of collage-drawings which incorporate postcards, adverts and other printed illustrations.[524] Miró also works on a series of mural panels in the form of a frieze for Pierre Loeb's apartment.[525]

After August 27th Miró spends two days in Sitges, possibly with Douglas Cooper.[526]

On August 31st, Miró notifies Foix from Montroig of the publication of *Enfances* by Georges Hugnet, illustrated by Miró and published by *Cahiers d'art*.[527]

By October 14th, presumably, Miró is in Barcelona at number 4 Passatge del Crèdit.[528]

Before October 27th through to mid November, probably, Miró stays at the Hôtel Récamier in Paris.[529]

From October 27th to November 26th, together with the Surrealist group, Miró takes part in the exhibition "Les Surindépendants", with Kandinsky, Max Ernst, Man Ray and Dalí, among others.[530] Miró perhaps meets Kandinsky as a result of the exhibition.[531] In 1975, Miró has this to say about Kandinsky: "We got to know each other a lot. What he was doing interested me, [...] he had had a very bad reception in Paris from the imbeciles that understood nothing. He has influenced me [...] in the sense of spiritual irradiation. His writing interested me aesthetically, but it was mainly what he radiated."[532]

From October 30th to November 13th, Galerie Georges Bernheim in Paris holds a solo exhibition of Joan Miró's work, organized by Pierre Loeb, where the series of 18 paintings based on collages are shown. Miró almost certainly attends the opening.[533]

In November Miró makes his first copperplate, commissioned by Tériade. It is a drypoint, representing the theme of *Daphe and Chloe* using a highly figurative language.[534]

On November 1st Miró writes to Foix from Paris and comments on the success of the ballet *Jeux d'enfants* in London.[535]

On November 5th Miró writes to Pierre Matisse from Paris: "Pierre and I are very happy, although from a business point of view we can't say much at the moment. In terms of my morale, it has been a great success, perhaps proving to be a landmark in my career. Pierre told me that as soon as this exhibition finishes, you want to organize one in New York. I'm very keen and very flattered."[536]

On November 7th Miró is sent a letter inviting him to see the objects on show at the

exhibition of black art held at the Musée des colonies (Porte Dorée) and to visit an exhibition on the Prehistoric Age, including reproductions of cave paintings, at the Musée du Trocadéro.[537]

On November 9th Miró is probably still staying at the Hôtel Récamier in Paris.[538] Close to that date he returns to Barcelona.[539]

In late autumn, probably, Miró starts work on four cartoons for tapestries, commissioned by Mme. Cuttoli.[540]

In December, the ballet *Jeux d'enfants* is performed at St. James Theatre in New York.[541]

In December the magazine *Minotaure* publishes an article by Tériade on the "Emancipation of Painting", together with a survey based on interviews with artists. In the introduction to the survey, Tériade describes the "new rules" for painting: accident, spontaneity and total freedom from reference to a model. Miró responds by saying: "It is difficult for me to talk about my painting, since it is always born in a state of hallucination, brought on by some jolt or other – whether objective or subjective – which I am not in the least responsible for. As for my means of expression, I struggle more and more to achieve a maximum clarity, force, and plastic aggressiveness. In other words, to provoke an immediate physical sensation that will then make its way to the soul."[542]

On December 16th Miró writes to Pierre Matisse about his next exhibition in New York. Miró mentions some people who should be invited: Massine, Hemingway, the critic Henry McBride, and Mme. Masson and her daughter, among others.[543]

Miró's exhibition at the Pierre Matisse Gallery in New York takes place from December 29th 1933 to January 18th 1934. He exhibits his small paintings on wood, made in 1932, and a series of paintings based on collages.[544]

On December 31st Miró writes to Calder from Barcelona and advises him to be prudent in his response to the request by the Ballets Russes for him to collaborate in the creation of a ballet.[545]

1934 Miró stays in Barcelona from early January through to late February, probably, living and working at number 4 Passatge del Crèdit. He almost certainly continues working on three of the cartoons for the tapestries. At the same time, he explores new techniques and supports and makes numerous drawings and the occasional collage.[546]

On February 7th, Miró writes to Pierre Matisse from Barcelona about the exhibition at his gallery: "I am very happy to have had this exhibition at your gallery and very touched by the interest you took in it. [...] The catalog of the show is also very good. [...] If I may make one small criticism, instead of the title *Composition* (which evokes abstract things in a dogmatic or superficial sense), I would have preferred that you had simply put *Painting*, along with the date of the picture."[547]

On February 16th Miró exhibits his latest paintings to members of ADLAN at Barcelona's Galeries Catalònia, before exhibiting them in Paris.[548]

From late February to mid March, Miró stays in Paris. He almost certainly takes the series of collage-based drawings with him that he made the previous year.[549]

Before March 16th Miró is back in Barcelona at his Passatge de Crèdit address, and on approximately April 19th he goes to Montroig.[550]

From March 16th to 30th an exhibition of Miró's work is held at the Arts Club of Chicago, organized by the Pierre Matisse Gallery in New York.[551]

On March 25th Miró writes to Zervos about his plans to stay in Barcelona: "[...] In my opinion, artists must remain savagely isolated from all that wretched kidding around and, above all, keep in constant contact with their land."[552]

On April 1st, probably, a financial agreement between Miró and Pierre Matisse becomes valid.[553]

On April 29th Miró writes to Pierre Matisse from Barcelona, telling him how pleased he is for his work to be divided between Matisse and Pierre Loeb. Miró asks Matisse to confirm whether for a period of one year from April 1st 1934, Matisse will take charge of that part of his work in exchange for a monthly stipend of 2,000 French francs. Miró adds that when the agreement expires, it can be renewed on a yearly basis if he (Miró) wishes to do so, with both parties giving three months' advance notice to the other. Likewise Miró reserves the right to give Pierre Loeb half his work if Loeb wants it.[554]

In May, probably, Matisse writes to Miró, apologizing for not having notified him previously of the agreement between Pierre Loeb and Matisse regarding the division of any work produced by Miró between January and March 1934.[555]

524 Ibidem, p. 331.
525 Behrends 2004, p. 283; and Dupin and Lelong-Mainaud 2000, p. 85.
526 Umland 1993, p. 331.
527 Letter from Joan Miró to Josep Vicenç Foix, August 31st 1933 (FJVF).
528 Umland 1993, p. 331.
529 Ibidem, p. 331.
530 Umland 1993, p. 331; Taylor, October 28th 1933 (FPJM: H-553); *Les Journals des debats*, October 29th 1933 (FPJM: H-555); I. November 3rd 1933 (FPJM: H-563); Kospoth, November 5th 1933 (FPJM: H-564); and Campagne, November 18th 1933 (FPJM: H-565).
531 Umland 1993, p. 356.
532 Raillard 1977, p. 172.
533 Rowell 1987a, p. 27; Umland 1993, p. 331; and letter from G. Espinouze to Joan Miró, January 4th 1934 (CS): "[...] Joan Miró hasn't lost any of his force, [...] and at the Bernheim it is a pleasure to see those vivid, dramatic lines that capture poetry in their angel wings". Letter from Alexander Calder to Joan Miró, November 15th 1933, in Hutton and Wick 2004, p. 260: "We hope that your exhibition was a big success."
534 Dupin 1984, p. 31; Dupin 1993, pp. 407-408.
535 Letter from Joan Miró to Josep Vicenç Foix, November 1st 1933 (FJVF).
536 Letter from Joan Miró to Pierre Matisse, November 5th 1933 (PML: PMGA).
537 Letter from Michel Petit-Jean to Joan Miró, November 7th 1933 (CS).
538 Letter from Seligman to Joan Miró, November 9th 1933 (CS). Although the postcard from Seligman does not prove that Miró is in Paris on that date, it suggests that he probably is.
539 Umland 1993, p. 331.
540 Umland 1993, p. 331; and Laugier, de la Beaumelle and Merly 2004, p. 365.
541 Letter from Joan Miró to Josep Vicenç Foix, December 21st 1933 (FJVF); and Martin, December 27th 1933 (FPJM: H-572).
542 Rowell 1987a, pp. 121-122; and Rowell 1995, p. 132.
543 Letter from Joan Miró to Pierre Matisse, December 16th 1933 (PML: PMGA).
544 Letter from Joan Miró to Josep Vicenç Foix, December 21st 1933 (FJVF); invitation from the Pierre Matisse Gallery to Miró's exhibition (FPJM: H-578); and Carnielli and Loudon 2001, p. 160.
545 Postcard from Joan Miró to Alexander Calder, December 31st 1933, in Hutton and Wick 2004, p. 261.
546 Umland 1993, p. 331.
547 Letter from Joan Miró to Pierre Matisse, February 7th 1934, in Rowell 1987a, p. 124; and Rowell 1995, p.133.
548 *La Publicitat*, February 16th 1934 (FPJM: H-598); *La Publicitat*, February 21st 1934 (FPJM: H-600); and Font, March 11th 1934 (FPJM: H-601).
549 Umland 1993, p. 331.
550 Postcard from Joan Miró to Josep-Francesc Ràfols, March 16th 1934, in Soberanas and Fontbona 1993, p.130; and Umland 1993, p. 331.
551 Arts Club of Chicago 1934.
552 Letter from Joan Miró to Christian Zervos, March 25th 1934, in Rowell 1993, pp. 89-90.
553 Umland 1993, pp. 331, 356.
554 Letter from Joan Miró to Pierre Matisse, April 29th 1934 (PML: PMGA).
555 Letter from Pierre Matisse to Joan Miró, undated [May 1934] (PML: PMGA).

556 Umland 1993, p. 331.

557 Letter from Christian Zervos to Joan Miró,
May 16th 1934 (CS): "To date we have counted 650
visitors to your exhibition. It seems to be a record.
Everyone says it's good"; Cahiers d'art 1934;
La Publicitat, May 10th 1934 (FPJM: H-610);
Beaux-Arts, May 11th 1934 (FPJM: H-611);
and Font, June 3rd 1934 (FPJM: H-638).

558 Letter from Joan Miró to Pierre Matisse,
May 11th 1934, in Laugier, de la Beaumelle
and Merly 2004, p. 367.

559 Comoedia, May 22nd 1934 (FPJM: H-626);
La Wallonie Liege, May 11th 1934 (FPJM: H-614);
Beaux-Arts, May 29th 1934 (FPJM: H-630);
and V. June 10th 1934 (FPJM: H-639).

560 Umland 1993, p. 331; Rose 1982, p. 6;
letter from Howard Putzel to Joan Miró,
May 26th 1934 (CS); Courrier du Pacifique,
May 13th 1934 (FPJM: H-615); and Courrier du
Pacifique, May 20th 1934 (FPJM: H-621).

561 Cahiers d'art 1934.

562 Letter from Joan Miró to Pierre Matisse,
June 11th 1934, in Laugier, de la Beaumelle
and Merly 2004, p. 367.

563 Umland 1993, p. 331.

564 Ibidem, p. 331.

565 Foix 1934a (FPJM: H-641).

566 Letter from Joan Miró to Josep Vicenç Foix, August
26th 1934 (FJVF). Miró must be referring to the ballet
ballet Ariel, a project in collaboration with Foix and the
musician Robert Gerhard which never materializes.
Nonetheless, there was a project for a ballet prior to
Ariel which Miró worked on in 1935. He created
drawings for it, among which texts by Foix were kept
(Gimferrer 1993, p. 154).

567 Dupin 1993, pp. 185-188; and Umland 1993, p. 331.

568 Umland 1993, p. 331; Font, August 23rd 1934 (FPJM:
H-642); and Kochnitzky, October 27th 1934 (FPJM:H-
647).

569 Letter from Joan Miró to Pierre Matisse, October 12th
1934, in Rowell 1995, p. 134.

570 Letter from Joan Miró to Pierre Matisse, November
11th 1934, in Laugier, de la Beaumelle and Merly
2004, p.368.

571 Postcard from Louis Marcoussis to Joan Miró,
November 19th 1934 (CS).

572 La Publicitat, November 24th 1934 (FPJM: H-653).

573 Letter from Joan Miró to Pierre Matisse, December
17th 1934, in Rowell 1995, pp. 134-135.

574 D'Ací d'Allà, special Christmas issue 1934.

575 Umland 1993, p. 331; letter from Georges Braque to
Joan Miró, January 9th 1935 (CS); and postcard from
Carl Einstein to Joan Miró, January 3rd 1935 (CS).

576 Fundació Joan Miró 1994, p. 128.

577 Dupin 1993, pp. 188-189; and Umland 1993, p. 331.

578 Pierre Matisse Gallery 1935.

579 Den Frie Udstillings Bygning, Copenhagen 1935.

580 Kunstmuseum 1935.

On approximately May 2nd, probably, Miró spends two days in Paris.[556]

From May 3rd to 19th, Galerie des Cahiers d'art in Paris hosts a solo exhibition of paintings and drawings by Miró. To mark the exhibition, the magazine Cahiers d'art publishes an issue dedicated to the Catalan artist, which is used as a catalogue for the exhibition.[557]

On about May 11th, Miró is in Barcelona preparing for an exhibition in Zurich. Miró writes to Pierre Matisse: "[...] tell you that in August and September, there will be a big exhibition at the Kunsthaus in Zurich with some sculptors and two painters, Max Ernst and I, so we ought to have the big paintings and the small panels to put on show because it's a very important exhibition."[558]

On May 12th an exhibition opens at the Palais de Beaux-Arts in Brussels, organized by the magazine Minotaure. Miró exhibits work there, together with Max Ernst, Klee, Dalí, Arp and Magritte, among others.[559]

On May 14th a solo exhibition of gouaches and drawings by Miró opens at the East-West Gallery in San Francisco, organized by Howard Putzel.[560]

In June a special issue of Cahiers d'art is published, devoted almost entirely to Miró's work and entitled "L'oeuvre de Joan Miró de 1917 à 1933", under the direction of Christian Zervos. The issue is composed of seventeen articles by poets, critics and different personalities, illustrated with forty reproductions of work from all Miró's different periods as an artist.[561]

On June 11th Miró continues his preparations for the Zurich exhibition, as he describes to Pierre Matisse: "You, Zervos, Pierre and I must deal seriously with this exhibition as soon as we have the room dimensions and can begin to draw up a list of work to be shown. Some important older paintings must also be exhibited to give an idea how my painting has evolved."[562]

By July 16th Miró makes a brief trip to Palma until about the 20th. Afterwards, he goes to Montroig.[563]

From July 25th to August 11th, probably, Miró spends a few days in Paris to meet Pierre Loeb, Pierre Matisse and Zervos. From Paris he returns to Montroig.[564]

On August 22nd, La Publicitat publishes a poem by Foix dedicated to Miró, entitled "Platges mòbils".[565]

On August 26th Miró writes to Foix from Montroig, commenting that he has already begun to form an idea of the ballet they are planning.[566]

During the months of October and November, Miró works on a series of fifteen pastels on big sheets of paper. These paintings, referred to by the artist himself as "savage paintings", auger the wars that will devastate Spain and Europe. They are filled with savage figures, isolated and bursting with anguish.[567]

From October 11th to November 4th, Miró takes part in an exhibition at the Zurich Kunsthaus, together with Arp, Giacometti and Max Ernst. Prior to it, Miró showed the work he was planning to exhibit to his circle of friends.[568]

On October 12th Miró writes to Pierre Matisse from Montroig: "I think it's a very good thing to have put off my exhibition until January 1935. It's very important for you also to exhibit what I've been doing this last summer and autumn: a) large gouaches b) emery papers which have nothing to do with the earlier ones c) large pastels [...] You will be able to mount a well-assorted exhibition, with very different things that will be of considerable interest, I hope [...] In total, there will be about forty things I will have finished by the end of November. Immediately after that, I'll go to Paris and send them to you, as you requested, at the beginning of December. I've thought about the business of the titles a great deal. I must confess that I can't find any title for the work where I start off at random and end up with something real. [...] Nonetheless, I give you permission to choose titles evocative of the real things my works of art suggest, provided that these titles do not evoke any particular tendency. This is something I would like to avoid completely, for example 'composition', (which is reminiscent of the Abstraction-Creation group) or literary titles of a Surrealist nature."[569]

On November 11th Miró writes to Pierre Matisse: "I hope you are well and ready to undertake a courageous, efficient New York campaign. [...] These latest pastels are very thickly painted, as I told you. I have the impression I'm sending you very important, fairly sensational things. You'll have enough material to mount an exhibition that causes a stir [...]."[570]

On November 19th Marcoussis sends Miró a postcard from Chicago, commenting that he has dined at the home of new American friends (the Hemingways) and that, opposite him, was Miró's painting, La Ferme.[571]

On approximately November 25th, probably, Miró goes to Paris with his latest work.[572]

On December 17th Miró writes to Pierre Matisse from Passatge del Crèdit: "As your sister was not in Paris and I didn't find out that your father was there until just before I left [...] we asked Zervos to represent you in the dividing up of my work. Everything went well, without the slightest hitch. André Breton liked one pastel very much. I thought it would be good politics to keep on good terms with him, because the Surrealists have become official figures in Paris. Pierre agreed with me and I gave him the pastel as a gift. [...] For the coming New York exhibition, it might be intelligent not to show too many things to the Americans, so that they don't get the feeling we depend solely and exclusively on them, which might be detrimental. I discussed it with Sweeney, and he agreed with me. [...] As for the frames, the simpler and less elaborate they are, the more perfect and more effective the work will be. The walls of my studio are white-washed, and it is in this kind of setting, one of total serenity and simplicity, that I imagine my paintings, as far removed from Parisian refinement as possible."[573]

The special Christmas issue of the magazine D'Ací d'Allà, dedicated to contemporary art, has a cover by Miró.[574]

1935 From January to mid June, probably, Miró stays in Barcelona, living and working at number 4 Passatge del Crèdit.[575]

In the same spirit with which he approached the project for the ballet Ariel, Miró creates a series of drawings and notes for a new show. Initially Miró is not thinking of creating a ballet but an all-round show that includes dance, singing, texts, projections and audience participation. During the year, he outlines 12 scenes for the planned show.[576]

In January Miró probably starts work on a series of paintings on cardboard, with a plastic dramatic quality similar to that of the series of pastels he created the previous year. Miró continues working on the series until late May.[577]

From January 10th to February 9th, Miró exhibits paintings and work on a paper support at New York's Pierre Matisse Gallery.[578]

From January 15th to 28th, Miró takes part in the "International Kunststudstilling Kubisme-Surrealisme" at Den Frie Udstillings Bygning in Copenhagen.[579]

From February 24th to March 31st, Miró takes part in the exhibition "These, Antithese, Synthese" at the Kunstmuseum in Lucerne.[580]

On March 3rd Pierre Matisse writes to his father, Henri Matisse: "[...] Yesterday I sold a small Miró. That makes twelve. Gradually the critics are finally coming to admit that he has talent, that he could do something interesting when he has got fed up of making fun of the public." [581]

On April 5th the ballet *Arlequí* has its opening performance at the Teatro Barcelona in the city of the same name, with costumes designed by Miró. The ballet, with music by Schumann, is based on an idea by Joan Magrinyà, who also did the choreography, inspired by Mikhail Fokine. [582]

From May 11th to 21st, Miró takes part in the "Surrealist Exhibition", organized by *Gaceta de Arte* at the Athenaeum in Santa Cruz de Tenerife. [583]

Some time prior to June 18th Miró travels to Paris, taking his painting on cardboard, which he regards as a review of his work. During his stay in Paris, Miró and Josep Lluís Sert visit Kandinsky. [584]

At some point between late June and early July, Miró makes a trip to Brussels. [585]

In July, issue number 7 of the magazine *Minotaure* comes out with a cover designed by Miró. [586]

From July 2nd to 20th, Galerie Pierre in Paris holds a solo exhibition of Miró's work. [587]

From July 12th to late October, probably, Miró is in Montroig. [588] He starts work on twelve small paintings, half on copper and the other half on masonite. Miró continues working on the series until mid May 1936. In October he finishes the first paintings of the series. [589]

From October 14th to November 2nd, a solo exhibition of his work is held at the Stanley Rose Gallery in Los Angeles, organized by Howard Putzel. [590]

In late October, probably, Miró moves from Montroig to Barcelona. On November 16th he writes to Pierre Matisse from Barcelona and explains why he cannot be separated from any of his paintings on copper or masonite until he has finished the series. [591]

After November 16th Miró travels to Prague to take part in the joint exhibition "Mezinárodní Výstava I" at Galerie Spolek výtvarných umelcu Mánes from November 29th to January 2nd 1936. [592]

On December 11th Miró is back in Barcelona. [593] Following his return, he writes to

Calder: "We were in Prague recently for a few days, and stopped in Germany and in Paris. Prague is a very interesting city. I went there for an exhibition they did of my work." [594]

From December 13th to 31st, Miró takes part in the exhibition "Exposition de dessins surréalistes", organized by André Breton at Aux Quatre Chemins. [595]

1936 From January 1st to early June, probably, Miró stays in Barcelona, living and working at his Passatge del Crèdit address. He continues working on the series of paintings on copper and masonite. [596]

From January 13th to 18th, the Sala Esteve in Barcelona holds an exhibition of work by Pablo Picasso, organized by ADLAN. To mark the event, Radio Barcelona broadcasts a series of speeches by Miró, Dalí, Fernández Sabartés and González. ADLAN invites Paul Eluard to give a conference on Picasso [597] and another on Surrealism, which he illustrates with images of work by different artists, including Miró. [598]

From February 12th to March 31st, together with several other Spanish artists, Miró takes part in the exhibition "L'Art espagnol contemporain (peinture et sculpture)" at the Musée des Ecoles Etrangères Contemporaines, Jeu de Paume in Paris. [599] At the same time, from February 15th to 22nd, Miró takes part in another exhibition, "Abstract and Concrete: An Exhibition of Abstract Painting and Sculpture, 1934 and 1935" in Oxford. [600]

From March 2nd to April 19th, New York's Museum of Modern Art holds an exhibition entitled "Cubism and Abstract Art", with five works of art by Miró. [601]

On May 21st the first edition of the "Saló d'Artistes Decoradors", a design show, opens. At the show Miró collaborates with the GATCPAC (*Group of Catalan Architects for the Development of Contemporary Architecture*) on a design project for a room and terrace by Josep Lluís Sert, Josep Torres Clavé and Antoni Bonet. [602] Miró's contribution consists of an oil painting on fibre cement, made in 1935, which years later he will refer to as the departure point for the mural for the United Nations (1952-1953), never materialized. [603]

From May 22nd to 29th Miró takes part in the "Exposition surréaliste d'objets" at the Galerie Charles Ratton in Paris, where he exhibits an object made in 1931. [604] At the exhibition, "Surrealist objects" are exhibited side by side with natural elements, objets trouvées and primitive and scientific objects. [605]

In early June Miró almost certainly goes to Paris with his latest work. [606]

In early or mid June, Miró travels to London for the "International Surrealist Exhibition" [607] at New Burlington Galleries, which takes place from June 11th to July 4th. [608] The exhibition is organized at the initiative of Herbert Read, with the collaboration of Roland Penrose and David Gascoyne. [609]

From June 10th to 15th, Miró takes part in the "Exhibition of Contemporary Art", organized by ADLAN, at the Círculo de Bellas Artes in Santa Cruz de Tenerife. [610]

In July the article "*Ariel*. Music, models and ideas for a ballet. Robert Gerhard, Joan Miró and Josep Vicens Foix" is published in the magazine *Música Viva* in Brussels. In the article, the three authors explain their vision of a joint project for a ballet started in 1934, inspired by the sprite in *The Tempest* by William Shakespeare. [611]

From July 14th to late September, probably, Miró stays in Montroig, except for the occasional brief trip to Barcelona. He begins a series of twenty-seven paintings on masonite. [612]

On July 14th Miró writes to Matisse from Montroig: "Madame P. V. has written to tell me that she has requested some of my paintings for an exhibition by a group of artists in London. It is important to find out the quality of the work of the members of the group. It sounds suspiciously like that stupid Abstraction-Creation. With two women painters, what's more! It smells fishy! Be demanding. The time has come to ignore democracy and courtesy!" [613]

On July 18th the Spanish Civil War begins.

In early August Miró is still in Montroig, working at his usual pace, although he is concerned about the economic impact that the war might have. [614]

On September 28th Miró writes to Matisse from Barcelona. He comments that he hopes to complete the paintings he began in the summer in mid October: "These paintings have a great expressive power and material force [...] You talk of my objects and ask me how I could come up with them. I feel attracted to an object by a *magnetic* force, without the slightest premeditation. Then I feel attracted by another object that is added to the first which, on contact with it, creates a poetic collision, passing first through that plastic-physical impact that makes poetry truly moving, without which it could have no effect." [615]

581   Letter from Pierre Matisse to Henri Matisse, March 3rd 1935, in Carnielli and Loudon 2001, p. 158.
582   García 1994, pp. 121-124.
583   *Gaceta de Arte* 1935.
584   Umland 1993, p. 332.
585   Umland 1993, p. 332; and postcard from Jean Hélion to Joan Miró, July 18th 1935 (CS).
586   F. R. D. September 6th 1935 (FPJM: H-688); and Serge, July 21st 1935 (FPJM: H-691).
587   Umland 1993, p. 332; *L'Intransigeant*, July 11th 1935 (FPJM: H-684).
588   Letter from Joan Miró to Vassily Kandinsky, July 12th 1935, in Rowell 1993, p. 98.
589   Umland 1993, p. 332.
590   Umland 1993, p. 332; and letter from Howard Putzel to Joan Miró, January 22nd 1936 (CS).
591   Umland 1993, p. 332.
592   Rowell 1987a, p. 28; Tone 1993, p. 440; Umland 1993, p. 332; and JK December 4th 1935 (FPJM: H-700).
593   Umland 1993, p. 332.
594   Letter from Joan Miró to Alexander Calder, [mid-late December 1935], in Hutton and Wick 2004, p. 262.
595   Tone 1993, p. 440.
596   Umland 1993, p. 332; Dupin and Lelong-Mainaud 2000, pp. 140-147.
597   *La Publicitat*, January 12th 1936 (FPJM: H-709).
598   *Mirador*, February 20th 1936 (FPJM: H-707); and *La Publicitat*, January 23rd 1936 (FPJM: H-710).
599   Musée des ecoles etrangères contemporaines 1936; Boll, February 23rd 1936 (FPJM: H-714); and Fosca, February 29th 1936 (FPJM: H-715).
600   Gray, and AXIS 1936.
601   Rowell 1987a, p. 28.
602   Jardí 1983, pp. 223-224.
603   Letter from Joan Miró to Pierre Matisse, November 10th 1953 (PML: PMGA).
604   Galerie Charles Ratton 1936; and Umland 1993, p. 332.
605   Centre Georges Pompidou 1991, p. 229.
606   Umland 1993, p. 332.
607   Rowell 1987a, p. 28; and Dupin 1993, p. 458.
608   New Burlington Galleries 1936; and *The Star*, June 11th 1936 (FPJM: H-732).
609   Centre Georges Pompidou 1991, p. 230.
610   Círculo de Bellas Artes 1936.
611   Fundació Joan Miró 1994, pp. 200, 270.
612   Umland 1993, p. 332; and Dupin 1993, p. 203.
613   Letter from Joan Miró to Pierre Matisse, July 14th 1936, in Rowell 1995, p. 136.
614   Umland 1993, p. 332.
615   Letter from Joan Miró to Pierre Matisse, September 28th 1936 (PML: PMGA).

616   Umland 1993, p. 332.
617   Rowell 1987a, p. 29.
618   Postcard from Joan Miró to Josep Vicenç Foix, November 2nd 1936 (FJVF). *Transition* was an avant-garde literary magazine created in Paris in 1927 by Eugène Jolas and his wife, Maria Jolas. In 1935 James Johnson Sweeney became a partner in the magazine and, from then on, the following issues were published in New York (Houghton Library 1999).
619   Letter from Joan Miró to Pierre Matisse, November 16th 1936, in Rowell 1987a, pp. 130-132; and in Rowell 1995, pp. 141-144.
620   Umland 1993, p. 332.
621   Pierre Matisse Gallery 1936.
622   Postcard from Alexander Calder to Joan Miró, [December 1936] (FPJM: FD-419). The postcard is signed by Laura and J.J. Sweeney, Alexander and Louisa Calder, Carl Van Vechten, Man Ray, Henry McBride, Eugène Jolas, Paul and Francine Nelson, Nitzschké, Einstein, Hélion, Covarrubias and Pierre Matisse.
623   Museum of Modern Art 1936.
624   Letter from Joan Miró to Pierre Matisse, December 18th 1936, in Rowell 1987a, pp. 133-134; and in Rowell 1995, p. 146.
625   Rowell 1987a, pp. 134-137, 148; Fundació Joan Miró 1988, pp. 189-194; and Cramer 1989, pp. 368-371. The book of poems Miró had in mind never saw the light, but some individual poems were published. In 1945-46, a group of poems were published in *Cahiers d'art*, under the title "Jeux poétiques (poèmes)". Others appeared in the edition of *Le Lézard aux plumes d'or*, with texts and illustrations by Miró, which he began to prepare at around the same time, although the book was not published until 1971. Finally, many of the texts were published in *Ubu aux Baleares*, also published in 1971.
626   Dupin and Lelong-Mainaud 1999, pp. 82-83.
627   Handwritten poem by Shuzo Takiguchi, entitled "Joan Miró", published in 1936 and probably given to Miró by the author during the artist's trip to Japan in 1966 (FPJM: FD-506). This poem will be published in a book by Shuzo Takiguchi, illustrated by Miró, entitled "En compagnie des étoiles", Heibon-sha, 1978, in Cramer 1989, pp. 588-589.
628   Rowell 1987a, pp. 29, 146-147; 156; Umland 1993, p. 333; and postcard from Alexander Calder to Joan Miró (Hôtel Récamier), January 4th 1937 (FPJM: FD-56): "Delighted to hear that Pilar and your daughter [Maria Dolores] are in Paris with their husband and father. Have a good, healthy year, Sandy, Louisa, and Sandra."
629   Letter from Joan Miró to Pierre Matisse, February 12th 1937, in Rowell 1987a, pp. 146-147; and in Rowell 1995, pp. 157-158.
630   Letter from Joan Miró to James Thrall Soby, February 3rd 1953, in Rowell 1987a, p. 232; and Rowell 1995, pp. 253-254.
631   Umland 1993, pp. 333, 357.
632   Rowell 1987a, p. 29; letter from Joan Miró to Pierre Matisse, March 7th 1937, in Rowell 1987a, p. 148; and letter from Joan Miró to Pierre Matisse, March 21st 1937, in Rowell 1987a, p. 157.
633   Letter from Joan Miró to Pierre Matisse, March 7th 1937, in Rowell 1987a, p. 148; and in Rowell 1995, pp. 158-159.
634   Letter from Joan Miró to Pierre Matisse, March 21st 1937, in Rowell 1987a, p. 157; and in Rowell 1995, p. 167. Miró must be referring to the painting *Still Life with Old Shoe*, made in 1937, and to the Académie de la Grande Chaumière.
635   Letter from Joan Miró to Pierre Matisse, April 25th 1937, in Rowell 1987a, p. 157.
636   Umland 1993, p. 333.
637   Duthuit 1936, pp. 261-264; Rowell 1987a, pp. 149-155; and in Rowell 1995, pp. 160-166.
638   Centre Georges Pompidou 1991, pp. 235-236.
639   Umland 1993, p. 333.
640   Raillard 1977, p. 55.
641   Nippon Salon 1937.

Before October 28th Miró goes to Paris[616] with his latest work to exhibit it before sending it to Pierre Matisse in New York.[617] Miró writes to Foix from Paris on November 2nd to ask him to collaborate with a magazine called *Transition*. The magazine is planning to publish poems by young Catalan writers and Miró wants Foix to select an anthology of poetry in which the latter is well represented.[618]

On November 16th Miró is in Paris, alone and worried about his family's situation in Spain: "I don't know whether I will stay here and wait for the storm to die down or whether I will return to Spain. My wife writes that she is having great trouble getting her passport. [...] If she can't come here with my daughter, I will go back to Spain to be with my little family, despite the risks of certain dangers, otherwise it would be cowardly."[619]

In late November, probably, Miró decides to stay in Paris, due to the Spanish Civil War.[620]

From November 30th to December 26th, the Pierre Matisse Gallery in New York holds a retrospective exhibition of Miró's work.[621] In acknowledgement of the exhibition, Miró receives a postcard from Calder in New York, signed by a group of friends, congratulating him and expressing their admiration.[622]

From December 7th 1936 to January 17th 1937, Miró takes part in the exhibition "Fantastic Art, Dada, Surrealism" at The Museum of Modern Art in New York. The exhibition then travels to Philadelphia, Boston, Springfield, Milwaukee, Minneapolis and San Francisco.[623]

By December 16th, probably, Miró has been joined in Paris by Pilar Juncosa and their daughter. They decide to stay there until Catalonia returns to normal. Miró continues working, despite the seriousness of the situation in Spain: "I am continuing to do studies for a series of large paintings I left in Barcelona and would like to be able to go on with again soon. At the same time I am also writing some poems in French, or rather some poetic texts that are conceived simultaneously with the pictorial ideas that go along with them, as the Japanese and Chinese masters used to do in the past, those great lords of the spirit. Have a good."[624] Indeed, as from November, Miró starts writing texts in poetic prose or verse in a notebook, the only document of this type created by Miró, with a view to publishing a book.[625]

In 1936 the MoMA buys a work of art by Miró for the first time. It is *Paysage catalan* (*Le Chasseur*), made between 1923-1924, formerly the property of André Breton.[626]

In the same year a poem by Shuzo Takiguchi is published in *L'Echange Surréaliste*, dedicated to Joan Miró.[627]

1937   For the first two months of the year Miró stays at the Hôtel Récamier in Paris, although at some point in January he must stay at the Hôtel Chaplain.[628]

On January 12th Miró voices his concern about how the Civil War is developing in Spain to Matisse: "We are living through a terrible drama. Everything that is happening in Spain is terrifying in a way you could never imagine [...] I feel very uprooted here and miss my country. [...] All my friends advise me to stay in France. If it were not for my wife and child, however, I would return to Spain." As it is impossible to continue working on the series of large paintings he started and left behind in Barcelona, Miró decides to change track and do a series of still lifes in a very realistic style including *Still Life with Old Shoe*.[629] Miró lends great importance to this painting and, in retrospect, he interprets it as follow: "[...] I later realized that without my knowing it this picture contained tragic symbols of the period: the tragedy of a miserable crust of bread and an old shoe, an apple pierced by a cruel fork and a bottle that, like a burning house, spreads its flames across the entire surface of the canvas."[630]

From January to early March, probably, Miró uses a room loaned to him by Pierre Loeb in Galerie Pierre.[631]

Some time prior to March 7th Miró moves to an apartment at 98 boulevard Auguste-Blanqui in Paris, the same building that is lived in by the American architect, Paul Nelson.[632]

On March 7th, from boulevard Auguste-Blanqui, Miró sends Pierre Matisse a photograph of a stamp he has designed to help Spain. It is a colour "pochoir", *Aidez l'Espagne*, which he has designed in support of the Spanish Republic. Miró also explains: "The drawings that I sometimes do before doing certain paintings are an *intimate* document, so to speak, they help me arrive at a complete formal divestiture and thus attain the *true expression of the spirit*. Once the paintings are finished, I destroy these drawings or else hold on to them to use as a springboard for other work."[633]

On March 21st Miró writes to Matisse: "The work is going very well; the still life [*Still Life with an Old Shoe*] will soon be finished; this painting is completely absorbing me, and I believe that along with *The Farm* it will be the capital point of my oeuvre [...] At the same time, I am also doing drawings, and in the afternoon I sometimes go to the academy [Académie de la Grande Chaumière] to sketch nudes."[634]

On April 25th Miró writes to Pierre Matisse: "The Spanish government has just commissioned me to decorate the Spanish pavilion at the 1937 Exposition. Only Picasso and I have been asked; he will decorate a wall 7 meters long; mine measures 6. [...] Once the Exposition is over, this painting can be taken off the wall and will belong to us. The stamp has still not been printed."[635]

In late April, Miró accompanies Calder on a visit to the Spanish Pavilion of the Paris World's Fair, which is still in the process of being built.[636]

In May an interview with Miró by Georges Duthuit entitled "Où allez-vous Miró?" is published in the magazine *Cahiers d'art*. This interview is the first major article about Miró that is published in French. In it, Miró expresses his admiration for popular art, graffiti, and anonymous artistic expression. He also refuses to be classified as an abstract artist: "Have you ever heard of anything more stupid than "abstraction-abstraction"? And they asked me into their deserted house, as if the marks I put on a canvas did not correspond to a concrete representation of my mind, did not possess a profound reality, were not a part of real itself."[637]

In May the first exhibition at Galeria Gradiva begins, a gallery opened by André Breton in rue de Seine in Paris. It is a joint exhibition, with work by Miró, Arp, Bellmer, De Chirico, Dalí, Domínguez, Duchamp, Ernst, Giacometti, Hayter, Klee, Dora Maar, Picasso, Picabia, Man Ray and Tanguy.[638]

During the month of June and early July Miró almost certainly paints *The Reaper*, an oil painting on celotex, for the Pavilion of the Republic of Spain at the Paris World's Fair. Miró paints the mural, whose whereabouts is unknown, on the stairs of the pavilion.[639] In 1975 Miró recalls: "It shows a Catalan peasant revolting. The peasant has a sickle in his hand, a sickle for cutting wheat. The reaper, that is the name of his trade and the title of the painting. [...] When I painted it during the Civil War, I wanted to depict the revolt of the Catalan peasants, but it was never seen in Catalonia. It should be found and taken to Barcelona. [...] The people of Barcelona must see it and find out all about our past history. It's our history."[640]

From June 10th to 14th, Miró takes part in the exhibition "Album surréaliste" in Tokyo's Nippon Salon. The catalogue is published by Shuzo Takiguchi and Tiroux Yamanaka.[641]

On July 12th the Spanish Pavilion is inaugurated, where Miró's painting, *The Reaper*, is exhibited, together with other works of art as important as Picasso's *Guernica*, Julio González's *Montserrat* or Alexander Calder's *Mercury Fountain*.[642]

On approximately August 23rd Joan Miró and his wife are probably at the home of the Nelsons in Varengeville, Normandy.[643]

In early November Miró continues working on his self-portrait. At the same time he makes drawings, gouaches and pastels. He also poses for Balthus, who is painting a portrait of Miró and his daughter, Dolores.[644]

On November 25th the Paris Universal Exhibition must come to an end. *The Reaper*, Miró's painting on celotex for the Spanish Pavilion, is taken down and perhaps sent to Valencia.[645] The magazine *Cahiers d'art* publishes an article by Juan Larrea about *The Reaper*, entitled "Miroir d'Espagne: A propos du 'Faucheur' de Miró au Pavillon Espagnol de l'Exposition 1937".[646]

In December Galerie Pierre in Paris holds a solo exhibition of work by Miró.[647]

1938 From January through to June or July, probably, Miró is in Paris, living and working in boulevard Auguste-Blanqui, 98.[648]

During the months of January and February, Miró takes part in the "Exposition internacionale du surréalisme", organized by André Breton and Paul Eluard at Galerie Beaux-Arts in Paris.[649]

By February 5th Balthus has finished the portrait of Miró and his daughter, Dolores. Meanwhile Miró continues working on his self-portrait: "I have destroyed my self-portrait several times. Now I feel that I am on the right track [...]." Miró also learns etching and drypoint at Marcoussis' studio, as well as with Roger Lacourrière and Stanley Hayter: "I am going to etch on copper now, something that will open up new horizons for me." He also works on a series of drawings of nudes that he started the year before with models from the academy.[650]

By March 4th Miró has finished drawing his self-portrait, after totally destroying it several times. At the same time he works on a series of big drawings and gouaches and continues learning how to etch on copper. He is thinking about doing two big paintings and a series of small ones. Miró continues living in his apartment in boulevard Auguste Blanqui, longing to have his own studio: "We are still living in the same apartment, fortunately, waiting for the damn day when we can take a decision and have a very large studio, which is the first thing I want to take care of."[651]

On March 11th Pierre Matisse writes to Miró, telling him that he would like to continue keeping two thirds of Miró's work, using the size of the American market in comparison with the European one as a justification. He therefore asks Miró to maintain the terms of the contract exactly as they are for a period of one year.[652]

On April 6th Yves Tanguy asks Miró to make a drawing for a reedited version of *Chants de Maldoror*, with a preface by André Breton.[653]

Before April 7th Miró visits the Nelsons at their house in Varengeville, Normandy, where it is suggested that he should paint a mural for their dining room.[654]

On April 7th Miró writes to Pierre Matisse: "The situation in Spain is very agonizing, but far from being desperate; we have the firm hope that some event will take place to tip the balance in our favour. [...] To relax myself, I am now doing a series of small paintings [....] once I am finished with them, I will attack my portrait again. Luckily, I have managed to keep my working enthusiasm and discipline."[655]

From April 18th to May 7th, a solo exhibition of work by Miró is held at New York's Pierre Matisse Gallery.[656]

In May the French magazine *XXe siècle* publishes an article by Miró entitled "Je rêve d'un gran atelier": "In Spain, where I went often, I never had a real studio. [...] My dream, once I am able to settle down somewhere, is to have a very large studio [...] in order to have enough room to hold many canvases, because the more I work the more I want to work. I would like to try my hand at sculpture, pottery and engravings, and have a press, to try also, inasmuch as possible, to go beyond easel painting, which in my opinion has a narrow goal, and to bring myself closer, through painting, to the human masses I have never stopped thinking about."[657]

On May 20th Miró is commissioned by Benjamin Péret with the illustration of a book entitled *Au paradis des fantômes*.[658]

From May 4th to 28th, a solo exhibition of paintings by Miró is held at the Mayor Gallery in London.[659]

Before June 21st Miró attends the opening of an exhibition held as a tribute to the poet Guillaume Apollinaire at Galerie de Beaune in Paris.[660]

Miró must spend the summer in Varengeville, Normandy. He probably begins to paint the murals at Francine and Paul Nelson's house.[661]

On July 12th the Miró family is in Calanque de Port Miou [Bouches-du-Rhône] with Braque.[662]

In September Miró finishes the painting for Pierre Matisse's children, Jacky, Peter and Pauley.[663]

Miró probably spends the last four months of the year living in Paris. He continues living and working in boulevard Auguste-Blanqui. During this period he perhaps visits Varengeville to finish the murals for the Nelson's house.[664]

From November 24th to December 7th a solo exhibition of Miró's work is held at Galerie Pierre in Paris.[665] Despite the war in Spain, the exhibition by the Catalan painter is echoed in the Madrid press, which compares Miró's savage paintings with the monsters of the Spanish political scene: "Can't that pictorial language perhaps be considered a transposition of the mainland underworld, where monsters do exactly as they please? (Franco, Queipo and Company, be they "more or less" of Jesus) [...]."[666]

On December 23rd nationalist troops launch an attack on Catalonia.[667]

1939 Miró must spend the months from January to July in Paris, where he continues living and working in boulevard Auguste-Blanqui, 98.[668]

In early January, from his base in Paris, Miró follows events in Spain with great concern because his mother is still in Montroig.[669] On January 26th the nationalist army surrounds the city of Barcelona and occupies it.[670] In the first half of February Miró hears that his friend Joan Prats is in a concentration camp.[671]

In its January-March issue, *Verve* publishes an article by Miró entitled "Carnaval d'arlequin".[672]

On February 28th Hélion asks about the impact that events are having on Miró and his work: "I fervently hope that recent events do not have serious consequences for you. Art is like man, and both must keep on living, regardless of the umbrella that shelters them."[673]

During the months of February and March, Mme. Cuttoli shows her tapestries at the San Francisco Museum of Art, coinciding with the San Francisco –Golden Gate International Exposition, which opens on February 18th.

642 Martin 1982, p. 36.
643 Postcard from Josep Lluis and Montcha Sert to Joan Miró, August 23rd 1937 (FPJM: FD-260).
644 Letter from Joan Miró to Pierre Matisse, November 3rd 1937, in Rowell 1987a, pp. 157-158.
645 Umland 1993, p. 333.
646 Larrea 1937, pp. 157-159.
647 Tone 1993, p. 442.
648 Rowell 1987a, p. 29.
649 Galerie Beaux-Arts 1938.
650 Letter from Joan Miró to Pierre Matisse, February 5th 1938, in Rowell 1995, pp. 39, 169.
651 Letter from Joan Miró to Pierre Matisse, March 4th 1938, in Rowell 1987a, pp. 158-159.
652 Letter from Pierre Matisse to Joan Miró, March 11th 1938 (PML: PMGA).
653 Letter from Yves Tanguy to Joan Miró, April 6th 1938 (FPJM: FD-279); and Centre Georges Pompidou 1991, p. 237.
654 Umland 1993, p. 333.
655 Letter from Joan Miró to Pierre Matisse, April 7th 1938, in Rowell 1987a, p. 159; and in Rowell 1995, p. 170.
656 Carnielli and Loudon 2001, p. 177.
657 Miró 1938c, pp. 160-162.
658 Cramer 1989, pp. 40-41. Letter from Benjamin Péret to Joan Miró, May 20th 1938 (FPJM: FD-228): "[...] Je suis sûr dès maintenant que tu feras quelque chose de magnifique et j'attends le résultat en toute confiance."
659 Mayor Gallery 1938.
660 Lannes, June 21st 1938 (FPJM: H-828).
661 Umland 1993, p. 334; Rowell 1987a, p. 30; and Dupin and Lelong-Mainaud 2000, pp. 214-215.
662 Postcard from Joan Miró and Georges Braque to Alexander Calder, August 10th 1938, in Hutton and Wick 2004, p. 264.
663 Umland 1993, p. 334; and Dupin and Lelong-Mainaud 2000, pp. 208-209.
664 Umland 1993, p. 334.
665 Rowell 1987a, p. 30.
666 Valdés Leal, December 3rd 1938 (FPJM: H-847).
667 Thomas, Hugh. *La guerra civil española*. Barcelona: Grijalbo Mondadori, 1976, vol. II, p. 933.
668 Umland 1993, p. 334.
669 Ibidem, p. 334.
670 Thomas, Hugh. *op. cit.*, vol. II, pp. 937-938.
671 Umland 1993, p. 334.
672 Miró 1939d, pp. 163-164, 316.
673 Postcard from Jean Hélion to Joan Miró, February 28th 1939 (FPJM: FD-151).

674   Gille Delafon, January 13th 1939
      (FPJM: H-852); *Courrier du Pacifique*,
      March 15th 1939 (FPJM: H-860).
675   Rowell 1987a, p. 30.
676   *Beaux-Arts*, March 24th 1939 (FPJM: H-858);
      and *Ce Soir*, March 25th 1939 (FPJM: H-859).
677   Tone 1993, p. 442; and Feudal, April 5th 1939
      (FPJM: H-871).
678   Thomas, Hugh. *op. cit.*, vol. II, pp. 981-982,
      and 1015-1016.
679   Duthuit 1939; and Rowell 1987a, pp. 165-166.
680   Pierre Matisse Gallery 1939.
681   Umland 1993, p. 334; and *Marianne*,
      April 12th 1939 (FPJM: H-873).
682   Tone 1993, p. 442; and Kosposth,
      April 22nd 1939 (FPJM: H-876).
683   Tone 1993, p. 442; and *New York Times*,
      April 30th 1939 (FPJM: H-881).
684   Letter from Pilar and Joan Miró to the Calder family,
      May 23rd 1939, in Hutton and Wick 2004, p. 264.
685   Tone 1993, p. 442; and Warnod, April 21st 1939
      (FPJM: H-874).
686   Raillard 1977, p. 129; Umland 1993, p. 334; and
      Dupin 1993, p. 237.
687   Umland 1993, p. 334.
688   Dupin 1993, pp. 243-247.
689   Ibidem, p. 410.
690   Umland 1993, p. 334.
691   Letter from Joan Miró to Pierre Matisse, November 3rd
      1939 (PML: PMGA).
692   Martí 1993, p. 512; Onzo 2002; and Takiguchi 1940.
693   Dupin 1993, p. 237.
694   Galería de Arte Mexicano 1940.
695   Umland 1993, p. 335.
696   Letter from Joan Miró to Pierre Matisse, January 12th
      1940, in Rowell 1987a, p. 168.
697   Dupin and Lelong-Mainaud 2000, p. 232.
698   Ibidem, pp. 232-233.
699   He is probably referring to the series of paintings on
      sackcloth (see Umland 1993, pp. 335, 358).
700   Letter from Joan Miró to Pierre Matisse, February 4th
      1940, in Rowell 1987a, p. 168.
701   Dupin and Lelong-Mainaud 2000, pp. 234-235.
702   Umland 1993, pp. 335, 358.
703   Dupin and Lelong-Mainaud 2000, p. 236.
704   Pierre Matisse Gallery 1940.
705   Dupin and Lelong-Mainaud 2000, pp. 236-238.
706   Ibidem, pp. 238-239.

The tapestries are based on cartoons designed by contemporary artists, including Miró, Picasso, Braque and Leger.[674]

From March 8th to 12th, Galerie Pierre in Paris holds a solo exhibition of work by Miró.[675] From March 24th to April 5th, Miró exhibits work at Galerie d'Anjou in Paris. At the inauguration, Georges Duthuit gives a conference on Miró and new contemporary painting.[676]

From March 24th to April 5th, the joint exhibition "Le Rêve dans l'art et la litérature: De l'antiquité au surréalisme" is held at Paris' Galerie Contemporaine. Miró exhibits work there, together with artists like Tanguy, Masson and Klee.[677]

On March 31st Spain's occupation by nationalist troops comes to an end, and the following day the Spanish Civil War is declared officially over. The Franco dictatorship begins.[678]

In its April-May edition, *Cahiers d'art* publishes a series of declarations by Miró in reply to a question by Georges Duthuit about artists' involvement in contemporary events. Miró replies: "The outer world, the world of contemporary events, always has an influence on the painter, that goes without saying. If the interplay of lines and colours does not expose the inner drama of the creator, then it is nothing more than bourgeois entertainment. [...] If the powers of backwardness known as fascism continue to spread, however, if they push us any farther into the dead end of cruelty and incomprehension, that will be the end of all human dignity."[679]

From April 10th to May 6th, Miró exhibits a series of paintings and gouaches at the Pierre Matisse Gallery in New York.[680]

From April 14th to 27th, he exhibits a series of engraved self-portraits, made with Louis Marcoussis, at the London Gallery in London.[681]

From April 21st to May 5th, Miró takes part in a joint exhibition of modern engravings, held at Galerie de Beaune in Paris and organized by the "Groupe de l'Atelier 17", which was founded by the British artist Stanley William Hayter.[682]

From April 24th to June 1st, Miró takes part, with other artists, in a joint exhibition entitled "Twenty Selected Paintings by Twentieth Century French Moderns" at New York's Valentine Gallery.[683]

On May 23rd Pilar and Joan Miró write to the Calders and enquire about Louisa's pregnancy.

Miró expresses his concern about the political situation in Spain: "What a tragedy with the refugees! I feel sorry for Spain!"[684]

From June 20th to 30th, Miró exhibits the series of engraved self-portraits he has made with Marcoussis at Galerie Jeanne Bucher in Paris.[685]

Before August 25th Miró leaves Paris and rents a house, "Clos des Sansonettes", in Varengeville, Normandy, where he stays until late May 1940. Braque lives nearby, as Miró explains in 1975: "We were very good friends and I saw him a lot during the war when we went to live in Varengeville, in the house that the architect Paul Nelson lent us. Braque and I were very pleased to meet up again."[686]

On August 25th Miró writes to Pierre Matisse: "I was working very well in this beautiful country and here we are, now plunged into this nightmare."[687]

In Varengeville, between August and December, Miró makes two series of small paintings, one with raspberry red backgrounds and the other on burlap.[688] During his stay in Varengeville, he also takes up lithography again, intending to start work on a series later known as the *Barcelona Series*, although this project does not materialize until 1944 in Barcelona.[689]

On September 3rd Great Britain and France declare war on Germany, following the German army's invasion of Poland. It is the beginning of the 2nd World War.

On September 15th Miró writes to Matisse from Varengeville, telling him that he has regained his usual rhythm and is satisfied with his work.[690]

On November 3rd Miró writes to Pierre Matisse and announces that he has decided to modify the agreement and give Matisse all his work. Miró states that if, up until then, he had decided to keep half his work, it was because he wanted to be well represented in Paris when the situation returned to normal. In exchange Miró asks Matisse to pay him 320 dollars a month for a period of one year.[691]

1940   The Japanese writer, Shuzo Takiguchi, publishes the first monograph about Joan Miró in Tokyo.[692]

From January until late May, Miró very probably lives at "Clos de Sansonettes" in Varengeville, Normandy.[693]

During the early months of the year, he takes part in the "International Surrealist Exhibition"

at the Galería de Arte Mexicano in Mexico City. The exhibition is organized by André Breton, Wolfgang Paalen and César Moro.[694]

Before January 12th he travels to Paris to meet Pierre Loeb.[695]

By January 12th he has already begun work on a series of paintings known as the *Constellations:* "I am now doing very elaborate paintings and feel I have reached a high degree of poetry, a product of the concentration made possible by the life we are living here."[696] By January 21st Miró has completed *Le lever du soleil*, the first painting of the *Constellations* series.[697] *L'Échelle de l'évasion*, the second *Constellation*, is dated January 31st.[698]

On February 4th Miró writes to Pierre Matisse from Varengeville and sends him a list of the series of nine paintings he has finished.[699] Miró also explains: "I am now working on a series of 15 to 20 paintings in tempera and oil, dimensions 38 x 46, which has become very important. I feel that it is one of the most important things I have done, and even though the formats are small, they give the impression of large frescoes. With this series and the one before it, you could do a very, very fine exhibition. [...] I can't even send you the finished ones, since I must have them all in front of me the whole time to maintain the momentum and mental state I need in order to do the entire series."[700]

On February 12th and 15th Miró finishes the third and fourth *Constellations: Personnages dans la nuit guidés par les traces phosphorescentes des escargots* and *Femmes sur la plage*.[701] Before February 25th Miró travels to Paris and sends the paintings on sackcloth to Pierre Matisse.[702]

On March 5th he finishes the fifth *Constellation: Femme à la blonde aisselle coiffant sa chevelure à la lueur des étoiles*.[703]

From March 12th to 31st, the Pierre Matisse Gallery in New York exhibits work from Miró's first period as an artist, from 1918 to 1925.[704] On March 16th and 27th, Miró completes the sixth and seventh *Constellations*. Miró gives the sixth *Constellation*, *L'Étoile matinale*, to his wife Pilar Juncosa as a present.[705]

On April 9th Germany invades Denmark and Norway. On April 13th Miró completes the eighth *Constellation*.[706] The following day he writes to Pierre Matisse from Varengeville: "This long stay in the country has done me a world of good, this solitude has greatly enriched me. I want to have enough years of live ahead of me to realize the most important part of my projects."[707] On April 27th Miró completes the ninth *Constellation*.[708]

On May 2nd Miró writes to Matisse from Varengeville and tells him that Sweeney is intending to write a monograph about him.[709]

On May 10th Hitler continues his advance by invading Belgium and Holland.

On May 14th Miró finishes the tenth *Constellation*, the last made in Varengeville.[710] In late May the Nazis bomb Normandy, and Miró and his family decide to leave France.[711] Miró considers the possibility of emigrating to the United States but Pilar is against it: "Remember that you are very attached to your country. If you go to America, you won't be American or Catalan or anything, and I would prefer to return. You haven't done anything wrong. You defended your country. When you did that, you were defending your country where there was a Republic. After, we'll see what happens."[712] They therefore decide to travel to Spain via Paris and Perpignan.[713] In 1975 Miró looks back on this episode of his life: "At the beginning of the 1939 war in Paris, nothing happened. But at a given moment they advised us to leave Paris and we went to Varengeville, where we had friends. The presence of a hospital would protect us from German bombings. [...] From one day to the next, the bombings began. Then I tried to go to America with my friend, the architect J. L. Sert, but the ships were all full. My daughter Dolores was little. For me it was a great responsibility. And as we couldn't go to America, Pilar and I decided to return to Spain. [...] We had decided that Pilar would take care of Dolores and I would look after the *Constellations*. I had begun these gouaches in Varengeville. They were a little folder, our only luggage."[714]

By June 1st Miró is in Perpignan. On the 6th, while he is there, he writes to Pierre Matisse: "I've decided to return home. I think it is the wisest thing to do at the moment to safeguard Pilar and the little one. [...] I know that this entails very great sacrifices on my part, but I cannot allow my little family to remain in the midst of a tempest. We are thinking of leaving on the 8th. [...] I do not know what will await me upon arrival [...] but I hope once this has passed, I will be able to concentrate once again and to set to work. [...] This new contact with the Catalan countryside and with the very important works which I'd begun before my departure will undoubtedly do me a lot of good, though at the cost of dramatic sacrifices."[715] In 1975 Miró recalls the episode: "In Paris we caught a train to Perpignan. [...] When it stopped at Figueres, they checked us against a list of suspects. I

was scared but my name wasn't on it. In Girona our friend Prats was waiting for us: Whatever you do, don't go to Barcelona. We went to the countryside, to a place where no one knew us. And later we made our way to Palma. We had our parents there and, above all, because the people of Palma had suffered from Franco's oppression right from the very outset, they were fed up. I passed unknown. Two or three years later, when things calmed down a bit, I went to Barcelona."[716]

By the end of July Miró is in Palma, living with his wife's family. On August 22nd, Pilar Juncosa writes to Matisse from Carrer Sant Nicolau in Palma: "The house where we now live is near Palma; the air is very fresh and does good for the health of my husband, who spends the day working in his room, which looks out the bay of Palma."[717]

During the months of September through to December, Miró continues working on the *Constellations* series. On September 4th he finishes the first *Constellation* made in Palma, *Le Chant du rossignol à minuit et la pluie matinale*. On October 14th he completes *Le 13 l'échelle a frôlé le firmament*. On November 2nd he finishes *Nocturne* and on December 31st *La Poétesse*.[718] Years later Miró remembers the period: "In Palma, in 1940, I was working on the *Constellations* [they still didn't have that name and, in the notebooks, he referred to them as watercolours, temperas etc.]. At midday, more or less, I used to go to the cathedral to hear the organ being played. Unlike my Surrealist friends, I have always been very interested in music [...]."[719]

From December 1940 to January 1941, Miró creates a series of notebooks with comments, based on a sketchbook he began before the Civil War which had remained unfinished although the last sheets of paper were full of notes.[720]

1941   Miró makes his first ceramics with Josep Llorens Artigas.[721]

From January to June 12th, very probably, Miró continues living in Palma de Mallorca in Carrer Sant Nicolau.[722] During these months, he continues to work on his *Constellations* series. On January 27th he finishes the *Constellation*, *Le Réveil au petit jour*. On March 11th he completes another one, *Vers l'arc-en-ciel*.[723]

From March 4th to 29th, the solo exhibition "Joan Miró: Paintings, Gouaches, Drawings" is held at the Pierre Matisse Gallery in New York. On February 25th Miró describes Picasso's enthusiasm on seeing these works of art to Pierre Matisse: "Picasso saw them and

they struck him as very powerful. Let's hope they make a similar impact in America."[724]

On April 26th he finishes the *Constellation*, *Femmes encerclées par le vol d'un oiseau*.[725]

On April 28th Pilar Juncosa writes to Matisse, commenting that Miró is content and that he is concentrating on work of a very detailed, intricate style. Miró has a high regard for the work and does not wish to part with any of it for the moment.[726]

On May 14th Miró finishes the *Constellation*, *Femmes au bord du lac à la surface irisée par le passage d'un signe*, followed by another, *L'Oiseau-migrateur*, on May 26th. On June 12th he completes a further *Constellation*, *Chiffres et constellations amoureux d'une femme*, the last of the series made in Palma.[727] Lluís Juncosa remembers that stage of Miró's life in Palma: "In the attic of our house at number 11 Carrer de les Minyones, Joan improvised a studio and continued painting the *Constellations*, which he finally finished at Mas Miró in Mont-roig."[728]

In July Miró is back in Montroig for the first time since 1936.[729] That same month he begins a book of notes, where he records his ideas about sculptures, etching, lithography, woodcuts, linoleum block prints, ceramics, stained glass, monotypes, pyrography and painting.[730]

On July 23rd Miró makes his first *Constellation* in Montroig, *Le Bel oiseau déchiffrant l'inconnu au couple d'amoureux*. He continues working on the series throughout the summer. On August 14th he finishes *Le Crépuscule rose caresse le sexe des femmes et des oiseaux* and on September 12th he makes the last *Constellation*, *Le Passage de l'oiseau divin*.[731]

By November 15th Miró is back in Palma, living at number 11 Carrer de les Minyones.[732]

From November 18th to January 11th 1942, the first big retrospective exhibition of Miró's work is held at New York's Museum of Modern Art, organized by James Johnson Sweeney.[733] Thanks to this exhibition, Miró becomes a famous name in modern art, and it doubtless also has repercussions on American artists.[734]

1942   On January 5th Miró is living in Palma at number 11 Carrer Minyones. He sends greetings from this address to Foix.[735] Miró must live there until June, with the exception of a trip to Barcelona in late February.[736]

707   Umland 1993, p. 335.
708   Dupin and Lelong-Mainaud 2000, p. 239.
709   Umland 1993, pp. 335, 358.
710   Dupin and Lelong-Mainaud 2000, pp. 240-241.
711   Umland 1993, pp. 335, 358.
712   Fernàndez 1994, pp. 20-21; and Juncosa 1994, p. 35.
713   Umland 1993, pp. 335, 358.
714   Raillard 1977, p. 30.
715   Umland 1993, p. 335.
716   Raillard 1977, p. 31; and Juncosa 1994, p. 35: Lluís Juncosa describes the Miró family's return from France to Spain as follows: "They lost all their luggage. Finally they entered Spain but, on Joan Prats' advice, they stopped on route in Quintanes de Voltregà, a property that belonged to Joan's sister. They met up with Joan Prats and our father. They agreed that it was not a good idea to go to Barcelona for political reasons, and my father offered them our house in Palma." Under these circumstances, Miró utters the following phrase: "In Palma, I'll simply be Pilar's husband."
717   Umland 1993, p. 335.
718   Dupin and Lelong-Mainaud 2000, pp. 241-244.
719   Picon 1980, p. 100.
720   Rowell 1987a, p. 30; and Rowell 1995, p. 183.
721   Miralles 1992, p. 253.
722   Dupin and Lelong-Mainaud 2000, p. 251.
723   Ibidem, pp. 245-248.
724   Letter from Joan Miró to Pierre Matisse, in Carnielli and Loudon 2001, p. 186.
725   Dupin and Lelong-Mainaud 2000, pp. 245-248.
726   Umland 1993, p. 335.
727   Dupin and Lelong-Mainaud 2000, pp. 249-251.
728   Juncosa 1994, p. 36. The address, number 11 Carrer de les Minyones, that Lluís Juncosa remembers does not coincide with the address given by Umland 1993: number 22 Carrer Sant Nicolau, based on correspondence between Pilar Juncosa and Pierre Matisse.
729   Dupin and Lelong-Mainaud 2000, pp. 252-253; and Umland 1993, p. 336.
730   Rowell 1987a, pp. 175-195.
731   Dupin and Lelong-Mainaud 2000, pp. 252-255.
732   Umland 1993, p. 336.
733   Tone 1993, p. 443.
734   Rose 1982, p. 19.
735   Letter from Joan Miró to Josep Vicenç Foix, January 5th 1942, written from number 11 Carrer de les Minyones (FJVF).
736   Umland 1993, p. 336.

737   Ibidem, p. 336.
738   Ibidem, pp. 336, 358.
739   Tone 1993, p. 443; Letter from Agnes Rindge
       to Alexander Calder, in Behrends 2004, p. 290:
       "The combination of them [your work] worked out
       marvellously."
740   Umland 1993, p. 336.
741   Ibidem, p. 336.
742   Tone 1993, p. 443.
743   Ibidem, p. 443.
744   Centre Georges Pompidou 1991, p. 352;
       and Umland 1993, p. 336.
745   Juncosa 1994, p. 36.
746   Miralles 1992, p. 61.
747   Pierre Matisse Gallery 1942.
748   Umland 1993, p. 336.
749   Tone 1993, p. 443.
750   Umland 1993, p. 336.
751   Tone 1993, p. 443.
752   Umland 1993, p. 336.
753   Ibidem, p. 336.
754   Letter from Joan Miró to Alexander Calder, August
       15th 1943, in Hutton and Wick 2004, p. 265.
755   Tone 1993, p. 443; and Comoedia, November 6th
       1943 (FPJM: H-903).
756   Umland 1993, p. 336.
757   Ibidem, p. 336.
758   Ibidem, p. 336.
759   Ibidem, p. 336.
760   Ibidem, p. 336.
761   Ibidem, p. 336.
762   Letter from Joan Miró to Paulo Duarte, May 15th
       1944; and Dupin 1993, p. 410.
763   Pierre Matisse Gallery 1944.
764   Rowell 1987a, p. 31; Umland 1993, p. 336; and letter
       from Escudero to Joan Miró, July 20th 1944 (CS).
765   Umland 1993, p. 336.
766   Ibidem, p. 336.
767   Ibidem, p. 336.
768   Fundació Joan Miró 1988, pp. 372-373.
769   Umland 1993, p. 337.

On February 15th Miró writes to Ricart from Palma: "I considered it convenient for me to spend some time here in Palma. [...] I am planning to spend the summer in Montroig and I would be very happy to see you, to talk a little, and to bring back the old times of the studio at Baix de Sant Pere street [...] I spend all my time here working [...] I see almost no one, and in this way I can escape without being engulfed by the terrible tragedy of the entire world."[737]

By February 26th Miró is in Barcelona, where he visits his mother who is very ill, before returning to Palma.[738]

From March 7th to 28th, a big retrospective of Miró's work, organized by the MoMA, is exhibited at New York's Vassar Collage. On this occasion, Miró's work is combined with Calder's.[739]

In July Miró passes through Barcelona on his way to Montroig. On July 11th he writes to Pierre Matisse from Barcelona: "We are all doing very well and are leaving in several days for Montroig (Tarragone) for a vacation. We already intend to spend next winter in Barcelona, where I've had a large studio set up."[740]

In mid July, possibly, Miró is in Montroig.[741]

From July 27th to August 2nd, the Liceo de La Habana, in Cuba, holds a solo exhibition of watercolours and graphic work by Miró.[742]

From October 14th to November 7th, Miró takes part in an exhibition entitled "First Papers of Surrealism", organized by André Breton and Marcel Duchamp. The exhibition is held in the headquarters of the Coordinating Council of French Relief Societies in New York.[743]

On October 20th Peggy Guggenheim opens her New York gallery, Art of This Century, with works from her personal collection including Dutch Interior II and Seated Woman II.[744]

By October 29th Miró has moved to Barcelona to number 4 Passatge de Crèdit. The Miró family occupies three floors, the top one being Miró's studio.[745]

Between the months of November and December, very probably, Miró visits an exhibition of ceramics by Josep Llorens Artigas at Librería Argos, a Barcelona publishing house. After this exhibition, apparently, Miró, who had wanted to make ceramics since 1938, asks Artigas to collaborate with him.[746]

From December 8th to 31st, the Pierre Matisse Gallery in New York hosts a solo exhibition of work by Miró that combines paintings and drawings.[747]

1943 From January to June, possibly, Miró lives in Barcelona at number 4 Passatge del Crèdit. He has his studio on the top floor of the same building.[748]

From March 9th to April 3rd Miró takes part in the exhibition "War and the Artist" at the Pierre Matisse Gallery in New York.[749]

On March 10th Miró writes to Josep Lluís Sert: "We are fine; now we live in Barcelona. I took the top apartment of the building for myself and turn it into a magnificent studio [...]."[750]

From March 24th to April 7th, the Arts Club of Chicago holds a solo exhibition of work by Miró.[751]

In June, very probably, Miró writes to James Johnson Sweeney: "Besides painting, I am working now on a series of lithographs. I am also going to begin to work in ceramics with Artigas [...] Also, I have been giving a great deal of thought to sculptures. [...] I am going to try my hand at it this summer [...] All these means of expression greatly enrich the language of my painting [...]."[752]

On June 1st he writes to Mattise from number 4 Passatge del Crèdit: "During vacations I intend to make sculptures, at Montroig [...]."[753]

Miró spends the summer with his family in Montroig. On August 15th he writes to Calder from Montroig: "[...] we are thinking of staying on until the beginning of October before going home to Barcelona. [...] I am still working a lot on very different pieces."[754]

From October 19th to November 15th, Galerie Jeanne Bucher in Paris hosts a solo exhibition from the artist,[755] which is visited by Kandinsky.[756]

1944 From January through to June, Miró must live and work in Barcelona, at number 4 Passatge de Crèdit. During the period he continues to make ceramics with Llorens Artigas.[757]

In February, possibly, Miró writes to Sweeney: "We are already working at the ceramics. The fire produces exciting surprises [...]. I am drawing further and further away from conventional picture-making [...]."[758]

On March 5th Paulo Duarte writes to Philip L. Goodwin of New York's Museum of Modern Art on behalf of Miró. Duarte proposes that they should exhibit the Constellations series, according to Miró's instructions: "1 –These paintings must be shown together; on no account are they to be separated from each other; 2 – I think they should be shown in strictly chronological order, which will explain my evolution and my state of mind; 3 –They are to be framed with doble plate glass, so that one can see the title; 4 –They are to be framed in a very simple manner, hung on a plain white background and widely spaced [...]."[759]

On March 7th, probably, Miró writes to Valentine Dudensing from Barcelona: "I've entrusted to The Museum of Modern Art several paintings which I consider very important -from the 1940-41 period. I think they will hold an exhibition this spring."[760]

In May, the photographer Joaquim Gomis takes a series of photographs of Miró together with his surroundings. Gomis photographs Miró's studio in Passatge del Crèdit, Miró and Artigas working on ceramics, and Miró with his friend Joan Prats.[761]

By May 15th Miró has finished the Barcelona Series, made up of fifty lithographs, a series that he began to plan in 1939-1940, during his stay in Varengeville.[762]

From May 2nd to June 3rd, paintings and gouaches by Miró are shown at a solo exhibition of his work at the Pierre Matisse Gallery in New York.[763]

On May 27th Joan Miró's mother, Dolores Ferrà, dies.[764]

On June 17th Miró writes to Pierre Matisse from Passatge del Crèdit: "I work as always a lot; if I've made ceramics and lithographs, as this summer I am going to make sculpture, it is not to abandon painting [...] on the contrary, it is to enrich it with new possibilities and to take it up with a new enthusiasm."[765]

On July 10th Duarte writes to Goodwin again from Lisbon to inform him that he has managed to send twenty-two paintings (the Constellations), seven ceramics and 250 lithographs to the United States on board a ship sailing to Philadelphia, which is scheduled to arrive between July 23rd and 30th.[766]

Miró probably spends the summer in Montroig.[767] Very likely between August 7th and September 20th, he makes a series of preparatory drawings for four ceramic sculptures: Tête, Personnage, Tête and Personnage avec un oiseau.[768]

Miró probably spends the autumn in Barcelona, living and working at number 4 Passatge del Crèdit.[769]

From October 6th to November 5th, Miró exhibits work at the Salon d'Automne, together with the Surrealist group, in the Palais de Tokio in Paris.[770]

By November 28th, Pierre Matisse decides to take charge of all the work by Miró that was sent to The Museum of Modern Art -the *Constellations*, ceramics and lithographs.[771]

On December 15th Miró writes to Calder from Barcelona: "[...] my mother died six months ago. I don't know if you heard. You knew her. She was a very charming lady whom we miss very much [...] We speak of you often and hope to see you next year in 1945. [...] A group of my pictures has arrived in New York, and the museum is going to organize an exhibition of them. Have you seen them? I continue working a lot and suppose you are doing the same."[772]

1945 Miró must spend the months from January through to early July in Barcelona, living and working at number 4 Passatge del Crèdit. During the period he produces a series of large paintings on white, bluish or black backgrounds, filled with figures with finely traced regular lines like arabesques, using pure colours on female parts, eyes and extremities.[773]

From January 9th to February 3rd, Miró exhibits work at the Pierre Matisse Gallery in New York, including the *Constellations* and his ceramics and lithographs.[774] The review in the *New York Times* about this series of temperas is particularly revealing: "These temperas, though perhaps not fully indicative of Miró's aims in 1945, reveal a steady swing toward an all-over design made up of tiny shapes, replacing the big assertive shapes of old with their envelope of wide-open space. The tiny shapes are threaded on weaving lines and, in the sum, resemble constellations."[775] This exhibition of Miró's work at the Pierre Matisse Gallery is the first showing of contemporary European art in New York after the isolation caused by the 2nd World War.[776]

On January 17th Matisse writes to Miró: "It was a great joy for us to see your works again after these long years of silence. The opinion was unanimous and the public has found your exhibition very moving. You have attained an unprecedented degree of poetic intensity, and in the color as in the line a dazzling mastery."[777]

From February 5th to 25th, the Pierre Matisse Gallery in New York holds a solo exhibition of lithographs by Miró.[778]

On March 26th Miró writes to Duarte from Passatge del Crèdit to thank him for helping to organize the exhibition of Miró's work organized between January and February at the Pierre Matisse Gallery: "I am working a lot on large canvases. This summer I made sculptures, and in addition to that have done ceramics with Artigas."[779]

From March 27th to April 28th a solo exhibition of Miró's work is held at Galerie Vendôme in Paris.[780] In a letter to Monsieur Rebeyrol, Miró declares: "[...] I have read the press cuttings about my exhibition at Galerie Vendôme and I am thrilled about the (unexpected, for me) reception that it had in Paris after this tragic parenthesis."[781]

On May 7th Germany surrenders to the Allies. On May 13th Miró writes to Zervos from Barcelona about the preparations for a Paris exhibition of work produced during the war: "[...] I have worked hard during this period of time. It was important to be active in some way or other to avoid blowing one's brains out. There was no other alternative. I've worked on totally new aspects of my oeuvre, 50 big lithographs, ceramics and sculptures. I have about 400 things in all: drawings, watercolours, pastels and paintings of all sizes [...] As you see, I have quite a lot of material to mount an important exhibition [...] This exhibition must not be regarded as a mere artistic event, but as an event with human significance, since the work was made during this terrible period in which attempts were made to negate spiritual values and annihilate everything man values and considers worthy in life [...]."[782]

On June 18th Miró writes to Pierre Matisee from Passatge del Crèdit: "I am entirely committed to risking it all. Either I find a way to live like men of my age (fifty-two years) from the preceding generation (Picasso, Matisse, Braque) or I find a way to settle my debts [...] [and go] to live in Montroig, where I will continue to work with the same passion and enthusiasm as always, which constitutes a need for me and my reason for living [...]."[783]

On June 19th in a letter to Monsieur Rebeyrol, Miró expresses a desire to return to Paris: "I have thought a lot about the exhibition of my wartime work that must be held on my return. I think we should forget the date that best suits me personally and that I should make an appearance in Paris as soon as possible [...] It is very important for all my wartime work to be represented at the exhibition, with no gaps [...]."[784]

From July 7th onwards Miró is almost certainly in Montroig, where he stays until late September.[785]

On August 30th Miró writes to Pierre Loeb: "You can count on me completely. It would please me if my support helped to launch your old gallery. What's more, I'm convinced you'll manage to do it very quickly. [...] It must be a matter of mutual trust for both of us. [...] During these tragic years I haven't ceased working for one single day and it is this that has kept me sane. Thanks to my work I have remained standing, otherwise I would have gone under and that would have been a catastrophe. I am going to talk to you as I talked to Pierre Matisse. I am over 52 and I must take things very seriously, with clarity and precision and a full awareness of the responsibilities that I have in life, which cannot be eluded." Miró explains that he has two possible paths open to him: to achieve the same material status that artists of the previous generation attained at his age or to settle his debts and retire to the countryside to work in complete isolation and silence, all this with the conviction that he is fleeing a life of mediocrity.[786]

On September 12th the Miró family is in Montroig with Lluis Sert and his wife, Joaquim Gomis and Joan Prats.[787] By October 3rd Miró is back in Barcelona, where he stays until July 1946.[788]

In December he makes terracotta models for his first versions of the bronze, *Oiseau* [*Oiseau solaire* and *Oiseau lunaire*].[789]

On December 21st Miró writes to Calder from Barcelona: "You told me that you are making bronze sculptures. I would be very interested in seeing them. Could you send photos? I too make sculptures sometimes. It's a very exciting thing. I continue to work a lot and I hope that soon you can see recent work of mine in America. I will be traveling to Paris soon. Are you planning on going?"[790]

1946 Miró possibly spends the months from January through to late July in Barcelona, at number 4 Passatge del Crèdit.[791]

On January 27th Miró writes to Pierre Loeb about a future exhibition in Paris: "[...] The exhibition we are thinking about must be well presented, which requires a great deal of time. [...] I've worked very hard indeed these last few years, the only way of evading such misery. That's why I insist on saying that this exhibition must make a great impact. I insist on my idea of quality. These days nothing mediocre is allowed. It's important to take the plunge and risk everything. [...] In short, it's vital to make a really big impact or just limit oneself, for the moment, to a small exhibition that simply reflects my presence. Whatever happens, there must be no mediocrity or

770 Tone 1993, p. 444; *Ce Soir*, October 8th and 9th 1944 (FPJM: H-911); Elgar, October 14th 1944 (FPJM: H-919); *Combat*, October 13th 1944 (FPJM: H-920); and Jakosvky, October 27th 1944 (FPJM: H-921).
771 Umland 1993, p. 337.
772 Letter from Joan Miró to Alexander Calder, December 15th 1944, in Hutton and Wick 2004, pp. 265-266.
773 Umland 1993, p. 337; Dupin and Lelong-Mainaud 2001b, pp. 45-85; and Dupin 1993, p. 268.
774 Pierre Matisse Gallery 1945.
775 *The New York Times*, January 14th 1945 (FPJM: H-925).
776 Rose 1982, p. 5.
777 Umland 1993, p. 337.
778 Tone 1993, p. 444.
779 Umland 1993, p. 337.
780 Tone 1993, p. 444.
781 Letter from Joan Miró to Monsieur Rebeyrol, June 19th 1945, in Rowell 1993, pp. 92-93.
782 Letter from Joan Miró to Christian Zervos, May 13th 1945, in Rowell 1993, pp. 90-91.
783 Umland 1993, p. 337.
784 Letter from Joan Miró to Monsieur Rebeyrol, June 19th 1945, in Rowell 1993, pp. 92-93.
785 Umland 1993, p. 337.
786 Letter from Joan Miró to Pierre Loeb, August 30th 1945, in Rowell 1993, p. 85.
787 Postcard from Joan Miró to Alexander Calder, September 12th 1945, in Hutton and Wick 2004, p. 266.
788 Umland 1993, p. 337.
789 Fundació Joan Miró 1988, pp. 375-376; and Gimferrer 1993, p. 285.
790 Letter from Joan Miró to Alexander Calder, December 21st 1945, in Hutton and Wick 2004, p. 266.
791 Umland 1993, p. 337.

792 Letter from Joan Miró to Pierre Loeb, January 27th 1946, in Rowell 1993, pp. 86-87.
793 Letter from joan Miró to Alexander Calder, February 12th 1946, in Hutton and Wick 2004, p. 267.
794 Institute of Modern Art 1946.
795 Letter from Joan Miró to Alexander Calder, March 18th 1946, in Hutton and Wick 2004, pp. 267-268.
796 Fundació Joan Miró 1988, pp. 375, 376; and Gimferrer 1993, p. 285.
797 Letter from Tristan Tzara to Joan Miró, June 24th [23rd] 1946, in Jeffett 1993, p. 89.
798 Umland 1993, p. 337.
799 Letter from Joan Miró to Tristan Tzara, July 20th 1946, in Jeffett 1993, p. 90.
800 Umland 1993, p. 337.
801 Ibidem, p. 337.
802 Letter from Joan Miró to Pierre Matisse, September 3rd 1946 (PML: PMGA).
803 Umland 1993, p. 337.
804 Letter from Pierre Matisse to Joan Miró, October 3rd 1946 (PML: PMGA).
805 Letter from Joan Miró to Tristan Tzara, October 10th 1946, in Jeffett 1993, p. 90.
806 Letter from Joan Miró to Pierre Matisse, October 13th 1946 (PML: PMGA).
807 Galerie Lucien Reyman 1946.
808 Telegram from Joan Miró to Pierre Matisse, December 28th 1946 (PML: PMGA).
809 Umland 1993, p. 337.
810 Letter from Joan Miró to Pierre Matisse, January 26th 1947 (PML: PMGA).
811 Letter from Joan Miró to Pierre Matisse, January 26th 1947 (PML: PMGA).
812 Letter from Joan Miró to Pierre Matisse, January 15th 1947; letter from Josep Lluís Sert to Pierre Matisse, January 21st 1947; letter from Joan Miró to Pierre Matisse, January 26th 1947; and letter from Joan Miró to Alexander Calder, December 21st 1946: "I am very pleased to say that on February 8th we will be taking a plane to Lisbon on route to New York. We are very much looking forward to the journey"; and Behrends 2004, p. 292.
813 Letter from Joan Miró to Pierre Matisse, January 26th 1947 (PML: PMGA); letter from Joan Miró to Josep Lluis Sert, October 14th 1947; and Umland 1993, p. 337.
814 Dupin 1984, p. 14; and Bourgeois 1994, in Bernadac and Obrist 2000, pp. 271-274.
815 Umland 1993, p. 337.
816 Letter from Peggy Guggenheim to Joan Miró, March 2nd 1947 (CS).
817 Behrends 2004, p. 293.
818 Letter from Joan Miró to Gérald Cramer, March 19th 1947, in Giroud 2002, pp. 10-11.
819 Letter from Pierre Matisse to Mr. E. Ireland (Vice Chairman of Thomas Emery's Sons, Inc.), April 11th 1947 (PML: PMGA).
820 Contract signed by Joan Miró, E. F. Ireland (Vice Chairman of Thomas Emery's Sons Inc.) and Pierre Matisse as Miró's agent, April 15th 1947 (PML: PMGA). The draft sketch of the Cincinnati mural is part of the art collection of the Fundació Pilar i Joan Miró (FPJM-570).
821 Letter from Joan Miró to Tristan Tzara, [May 9th 1947], in Jeffet 1993, p. 90.
822 Letter from Joan Miró to Tristan Tzara, May 15th 1947, in Jeffet 1993, pp. 90-91.
823 Pierre Matisse Gallery 1947.
824 Contract between Thomas Emery's Sons, Inc. and Pierre Matisse, as Joan Miró's agent, April 15th 1947 (PML:PMGA).

things that are only half done. [...] I definitely want you, Pierre Matisse and Zervos to organize this exhibition and for you all to take charge of the commercial side of things."[792]

On February 12th Miró writes to Calder from Barcelona: "When you have a chance, send us a photo of all of you. We are always thinking of you. I'm planning to go to Paris soon [...] Aren't you planning on going? The day we can get together again will be magnificent. Next year I would like to spend some time in New York [...] How is your work? I continue to work very hard."[793]

From January 24th to March 3rd, Miró takes part in the exhibition "Four Spaniards: Dalí, Gris, Miró, Picasso" at Boston's Institute of Modern Art.[794]

On March 18th Miró writes to Calder from Barcelona: "I was very interested in the reproductions of your sculptures. I have looked at them many times, and they are something completely unexpected. You are taking a path full of great possibilities. Bravo! Sculpture is of enormous interest to me right now. For the last two years, during summer vacation, that is all I have been doing and it's very good for a painter to get away from the old story of canvas and frame every now and again. I intended to go to Paris this spring, but we are again stuck here [...] I also want very much to come to New York to see you –is there a corner in your studio where I could paint something for you?"[795]

During the months of April through to November, Miró makes his first sculptures in bronze, Oiseau [Oiseau solaire and Oiseau lunaire].[796]

On June 23rd or 24th Tristan Tzara writes to Miró to ask him to collaborate on a bibliophile's edition of Antitête: "The idea is to bring out a new 11 x 14 cm deluxe edition of 300 copies. I would be very pleased to have 6 or 8 etchings of yours for the edition (with an inner format of 11 x 14)."[797]

In July Alexina Matisse, Pierre Matisse's wife, meets Miró in Barcelona to discuss a new contract.[798]

On July 20th Miró writes to Tzara from Barcelona: "[...] I'll do those engravings with my utmost passion and love [...]. I must leave for the country in a few days and I'll take your book to read and re-read, letting its spirit soak in and then beginning the work on my return."[799]

Miró must spend the period from late July and through to early October in Montroig.[800]

On August 16th Pierre Matisse writes to Miró, offering to buy all Miró's work from 1942 to 1946. He also offers to sign a contract for his work from 1947 to 1949.[801]

On September 3rd Miró writes to Pierre Matisse about the advisability of an exhibition in New York: "In the world of the future, America, with its dynamism and vitality, will play a leading role. Consequently, when my exhibition is held, I must be in New York to have direct, personal contact with your country [...]."[802]

In early October Miró returns to Barcelona, where he stays until February 1947.[803]

On October 3rd Pierre Matisse suggests that Miró should create a decoration for a restaurant in a Cincinnati hotel. Matisse proposes that Miró should do it during his stay in the United States.[804]

On October 10th Miró writes to Tzara about the bibliophile's edition of Antitête: "I'll throw myself wholeheartedly into engraving the copper plates. I see something very direct, drypoints and burins at the same time, not the etching business."[805]

On October 13th Miró expresses his delight at the opportunity to create a painted mural for Cincinnati.[806]

From November 8th to December 6th, Miró takes part in the "Premier Salon d'Art Catalan" at Galerie Lucien Reyman in Paris. The joint exhibition is organized by L'Amicale des Catalans in Paris.[807]

On December 28th Miró authorizes Pierre Matisse to sign the agreement for the Cincinnati mural on his behalf. He also tells him that he will be setting off from Lisbon to New York on February 8th 1947.[808]

1947 Miró must stay in Barcelona until February 5th, living at number 4 Passatge del Crèdit.[809]

On January 26th he writes to Matisse about the Cincinnati mural: "It will be done rapidly [...], spontaneously. What takes me time, though, is the silent job of reflection [...]. It is important to bear in mind that under no circumstances is it a question of a big painting. Although it won't be possible to make a genuine fresco on the wall itself, it is essential to have the inspiration for one at least and to conserve the spirit of the great mural tradition insofar as one can."[810]

On February 5th Miró flies from Barcelona to Lisbon.[811] On February 8th he flies on from Lisbon to New York. Miró, Pilar and Dolores arrive at New York's La Guardia Airport, where

Calder picks them up and takes them to an apartment at number 950 First Avenue. On his first trip to the States, Miró must almost certainly create the mural painting for the Terrace Plaza Hotel in Cincinnati.[812]

Miró stays in the United States from February 8th to October 15th, spending most of the time in New York although he makes trips to Cincinnati and Connecticut.[813]

During his stay in New York, Miró works in Stanley William Hayter's studio (Atelier 17) on various different projects. There he coincides with Jackson Pollock and Louise Bourgeois.[814] In New York he also meets up with numerous people, including Pierre Matisse, Josep Lluís Sert, Alexander Calder, James Johnson Sweeney, Kay and Yves Tanguy, Stanley William Hayter, Thomas Bouchard, Peggy Guggenheim, Louise Bourgeois and Clement Greenberg.[815] On March 2nd Peggy Guggenheim invites Miró to a dinner party in New York.[816]

On about March 7th the Miró family makes the first of a series of visits to Calder's home and studio in Roxbury. During one of these visits, Calder gives a performance of Le Cirque for them.[817]

On March 8th the Swiss editor, Gérald Cramer, writes to Miró in New York to suggest that he illustrate the book by Paul Eluard, A toute épreuve. On March 19th Miró answers Cramer: "[...] I received your letter of March 8th with the text by Eluard, and I must tell you how eagerly I will illustrate it. Only I don't think it will be possible to begin the work before the end of the summer, because I am working on a big mural painting at the moment."[818] Before April 11th Pierre Matisse and Miró travel to Cincinnati.[819]

On April 15th the contract with the terms and conditions for the creation of the Cincinnati mural is drawn up. According to the contract, Miró agrees to paint a mural in oils 30 feet wide by 7 ? feet high, submitting a draft sketch for its approval by May 22nd.[820]

On approximately May 9th Miró writes to Tzara about the illustrations for Antitête: "My dear friend, the 8 plates are finished!"[821] On May 15th Miró writes to him again, giving instructions on how the plates are to be printed.[822]

From May 13th to June 7th Miró exhibits a series of paintings and work on paper at the Pierre Matisse Gallery in New York.[823]

On May 22nd, the deadline for the submission of the draft sketch of the Cincinnati mural finalizes.[824]

On June 10th Miró writes to Tzara, suggesting that he create an edition of *Antitête* that incorporates musical notes: "[...] edition (2), where on the blank relief work of the paper, one of our musician friends could draw some musical notes, like a penetrating cry or the song of a bird. Musical notes are artistically very beautiful. By taking all these things in conjunction, it is possible to go beyond the narrow-minded concept of art's such limited specialities (painting, music, sculpture) and achieve *pure spiritual* expression and a total union between the poet and the illustrator." [825]

From July 7th Miró takes part in an exhibition entitled "Le Surréalisme en 1947: Exposition Internationale du surréalisme" at Galerie Maeght in Paris. [826] To mark the occasion, Galerie Maeght publishes a book, *Le Surréalisme en 1947*, for which Miró makes his first colour lithograph. [827]

On July 17th Miró writes to Tzara about the edition of *Antitête*: "I have worked hard with Hayter to do something truly magnificent." [828] On July 20th a new letter from Miró to Tzara contains guidelines for the edition of *Antitête*. [829] In late July, Tzara's book is in the process of creation, with its publication scheduled for February or March. [830]

In approximately August Miró must move to Josep Lluís Sert's apartment, where he lives until the end of his stay in New York. [831]

On August 26th Dorothea Ernst writes a letter to Miró (in New York), inviting him to get to know Arizona before he returns to Europe. [832]

During his stay in New York, Miró receives a letter from Marc Chagall: "[...] I am very pleased to learn you are here and that I am going to see you again after so many terrible years." [833]

In September Arnold Newman photographs Miró next to the Cincinnati mural painting in Carl Holty's studio. [834] The latter describes the draft sketch that served as a starting point for the painting: "Miró had a small water color sketch (to scale) but it was not really a sketch, just a plan of four separate form complexes, a general layout committing the artist to nothing in particular." [835]

During the creation of the Cincinnati mural painting, Thomas Bouchard films Miró painting it. [836]

On September 1st the deadline for the creation of the Cincinnati mural comes to an end. [837]

On October 14th Miró leaves a note for Josep Lluís Sert in his New York home: "The mural painting is now finished and it has made an impression here. They'll exhibit it in the museum at the end of January. [...] The mural was a testing ground. Now I must work in depth, in close collaboration with you. Now I have simply demonstrated the infinite possibilities that mural painting offers. Made in a studio without contact with materials, with architecture and with what surrounds it, one can only make a large painting [...]." [838]

On October 15th Miró and his family leave New York by ship. [839] Once in Barcelona begins preparing his trip to Paris, perhaps via Geneva, to talk to Cramer about the project to illustrate Paul Eluard's book. [840]

On November 19th Miró writes to Sert from Barcelona and comments, with resignation, that he has returned to easel painting. Nevertheless, in his opinion, an artist's goal should be virtually anonymous projects of great human and collective importance. [841]

On November 22nd an amendment is made to the original contract for the Cincinnati mural painting. In the amendment it is stipulated that the mural will be delivered to The Museum of Modern Art in New York [842] so that it can be exhibited there from March 3rd to April 4th 1948. [843]

On December 1st Miró writes to Matisse and explains that the United States has given him renewed vigour and a new boost. [844]

On December 12th Pierre Loeb informs Miró that Pierre Matisse and he have decided to terminate the agreement reached in 1946. [845]

On December 20th Miró writes to Cramer: "No need to say how delighted I would be to see you in Barcelona. Today I'm off to Mallorca to spend the holiday there and I return on the 5th or 6th. I hope you can arrange to come then [...]." [846]

The Miró family spends December 25th in Palma de Mallorca. [847]

In the winter of 1947-1948, *Possibilities* publishes an interview with Miró by Francis Lee. Miró explains his musical and artistic preferences: "My favourite schools of painting are as far back as possible: the cave painters, the primitives. To me the Renaissance does not have the same interest. But I have a great respect for the Renaissance. In the work of Leonardo da Vinci I think of the 'esprit' of painting. And in the work of Paolo Uccello, it is the plasticity and structure which interest me. [...] I find that I like Odilon Redon, Paul Klee and Kandinsky for their 'esprit'. As pure painting, from the point of view of plasticity, I like Picasso or Matisse. But both points of view are important." [848]

1948 Miró spends the period from January to early February in Barcelona, living and working at number 4 Passatge del Crèdit. [849]

Between January 6th and 15th, probably, Miró is visited at his studio in Barcelona's Passatge del Crèdit by Gérald Cramer, and they talk about the illustrations for the book by Paul Eluard, *A toute épreuve*. [850]

In February *Partisan Review* publishes an interview with Miró by James Johnson Sweeney. Miró looks back briefly over his life and explains his creative process: "In the various paintings I have done since my return from Palma to Barcelona there have always been these three stages: first, suggestion, usually from the material; second, the conscious organization of these forms; and third, the compositional enrichment. Forms take reality for me as I work. [...] The form becomes a sign for a woman or a bird as I work. Even a few casual wipes of my brush in cleaning it may suggest the beginning of a picture. The second stage, however, is carefully calculated." [851]

By February 18th Miró makes his first trip to Paris in eight years. He stays in the French capital until early March at the Hôtel Pont-Royal. [852]

On February 21st Miró writes to Matisse from Paris: "You will receive a letter from Mr. Megh [Maeght]. He wants to organize a major exhibition of my works next June [...] I am in complete agreement." [853]

On March 2nd Miró writes to Josep Lluís Sert from Paris: "I'll still be here for two or three days more, then I'll go to Antibes to see Picasso and Matisse and straight on to Montroig [...]." [854]

From March 3rd to April 4th, the New York Museum of Modern Art exhibits the mural painting made by Miró for the Gourmet Restaurant of the Terrace Plaza Hotel in Cincinnati. [855]

After March 8th Miró returns to Spain, probably to Montroig. [856] On March 15th he is in Barcelona. [857]

From March 16th to April 10th, the Pierre Matisse Gallery in New York holds a solo exhibition entitled "Joan Miró". [858]

On April 5th Miró writes to Cramer about the preparations for the illustration of the book by Paul Eluard: "I am totally absorbed by the

825 Letter from Joan Miró to Tristan Tzara, June 10th 1947, in Jeffet 1993, pp. 91-92.
826 Tone 1993, p. 445.
827 Leiris, Michel and Fernand Mourlot 1972, pp. 103-105.
828 Letter from Joan Miró to Tristan Tzara, July 17th 1947, in Jeffett 1993, p. 92.
829 Letter from Joan Miró to Tristan Tzara, July 20th 1947, in Jeffett 1993, p. 92.
830 Letter from Tristan Tzara to Joan Miró, July 30th 1947, in Jeffett 1993, pp. 92-93.
831 Umland 1993, p. 338.
832 Letter from Dorothea Ernst to Joan Miró, August 26th 1947 (CS).
833 Letter from Marc Chagall to Joan Miró, 1947 (CS).
834 Umland 1993, p. 338.
835 Holty 1959, p. 77.
836 Umland 1993, p. 338.
837 Contract between Thomas Emery's Sons, Inc. and Pierre Matisse, as Joan Miró's agent, April 15th 1947 (PML:PMGA).
838 Note from Joan Miró and Pilar Juncosa to Josep Lluís Sert, October 14th 1947 (FLL).
839 Note from Joan Miró and Pilar Juncosa to Josep Lluís Sert, October 14th 1947 (FLL).
840 Letter from Joan Miró to Gérald Cramer, October 30th 1947, in Giroud 2002, pp. 14-15.
841 Letter from Joan Miró to Josep Lluís Sert, November 19th 1947 (FLL).
842 Amendment to the contract for the Cincinnati mural painting, signed by Joan Miró, E. F. Ireland (Vice Chairman of Thomas Emery's Sons Inc.) and Pierre Matisse as Miró's agent on April 15th 1947, November 22nd 1947.
843 Press bulletin by the New York Museum of Modern Art, March 3rd 1948 (MoMA: MA).
844 Letter from Joan Miró to Pierre Matisse, December 1st 1947 (PML: PMGA).
845 Umland 1993, p. 338.
846 Letter from Joan Miró to Gérald Cramer, December 20th 1947, in Giroud 2002, pp. 18-19.
847 Postcard from Joan Miró to Alexander Calder, December 25th 1947, in Hutton and Wick 2004, p. 269.
848 Lee 1947-1948, in Rowell 1987a, pp. 202-205; and Lee 1947-1948, in Rowell 1995, pp. 223-227.
849 Umland 1993, p. 339.
850 Ehrenström 1988, p. 57; and Giroud 2002, p. 19.
851 Sweeney 1948, in Rowell 1987a, pp. 206-211; and Rowell 1995, pp. 228-234.
852 Umland 1993, p. 339; and letter from Joan Miró to Alexander Calder, February 25th 1948, in Hutton and Wick 2004, p. 269.
853 Umland 1993, p. 339.
854 Letter from Joan Miró to Josep Lluís Sert, March 2nd 1948 (FLL)
855 Press bulletin from the New York Museum of Modern Art, March 3rd 1948 (MoMA: MA).
856 Umland 1993, p. 339.
857 Letter from Joan Miró to Gérald Cramer, March 15th 1948, in Giroud 2002, pp. 20-21.
858 Pierre Matisse Gallery 1948.

859   Letter from Joan Miró to Gérald Cramer, April 5th 1948, in Giroud 2002, pp. 22-23.

860   Letter from Joan Miró to Gérald Cramer, April 16th 1948, in Giroud 2002, pp. 24-25.

861   Letter from Joan Miró to Josep Lluís Sert, May 15th 1948 (FLL).

862   Letter from William E. Katzenbach to Pierre Matisse, May 17th 1948 (PML: PMGA). The "Mural-Scroll" project consisted of a limited edition of a silkscreen wall covering. The promoter of the project, by the wallpaper company Katzenbach and Warren, Inc., was Roberto Matta. The silk-screens were based on original sketches or models created expressly for the purpose by Matta, Joan Miró, Henri Matisse and Alexander Calder (PML:PMGA).

863   Miró is referring to the illustrations of Paul Eluard's book, A toute épreuve.

864   Letter from Joan Miró to Gérald Cramer, June 19th 1948, in Giroud 2002, pp. 28-29. This same letter is reproduced in Rowell 1987a, p. 214; and in Rowell 1995, pp. 235-236, dated June 10th 1948.

865   Letter from Pierre Matisse to Joan Miró, June 29th 1948 (PML: PMGA).

866   Umland 1993, p. 339. Perhaps Miró is referring to Parler seul by Tristan Tzara and to A toute épreuve by Paul Éluard.

867   Letter from Joan Miró to Josep Carner, August 8th 1948, in Ortín 1998, pp. 183-184. The Catalan writer Josep Carner and Joan Miró hold an epistolary relationship, in which both defended Catalan and universal values.

868   Miró is referring to the solo exhibition at Galerie Maeght in Paris, held from November 19th to December 18th.

869   Letter from Joan Miró to Gérald Cramer, August 25th 1948, in Giroud 2002, pp. 30-31.

870   Letter from Pierre Matisse to Joan Miró, August 30th 1948 (PML: PMGA).

871   San Francisco Museum of Art 1948.

872   Letter from Pierre Matisse to Joan Miró, August 30th 1948, in which Matisse asks Miró to create three gouache draft sketches; and letter from Joan Miró to Pierre Matisse, September 22nd 1948 (PML: PMGA).

873   Text by Joan Miró for the presentation of the "Mural-Scroll" project, organized by Katenbach and Warren, September 25th 1948 (PML: PMGA).

874   Letter from Joan Miró to Gérald Cramer, August 25th 1948, in Giroud 2002, pp. 30-31; and Umland 1993, p. 339.

875   Minutes of a meeting of the Editorial Board of "Mural-Scrolls", October 20th 1948 (PML: PMGA).

876   The Fundació Pilar i Joan Miró has one of the examples of El Sol (serial number 14).

877   Derrière le miroir November-December 1948; and Tone 1993, p. 445.

878   Rowell 1993, p. 73.

879   Letter from André Breton to Joan Miró, [November 29th 1948], in Rowell 1993, pp. 94-95.

880   Letter from Pierre Matisse to Joan Miró, November 23rd 1948 (PML: PMGA).

881   Umland 1993, p. 339.

882   Letter from Joan Miró to Gérald Cramer, January 17th 1979, in Giroud 2002, pp. 36-37.

883   Letter from Joan Miró to Gérald Cramer, February 4th 1949, in Giroud 2002, pp. 38-39.

884   Letter from William E. Katzenbach to Pierre Matisse, September 26th 1960 (PML: PMGA); and "Statement of Royalties due to Pierre Matisse on Sales of Mural-Scrolls", February 17th 1950 (PML: PMGA). This statement of royalties notifies Pierre Matisse of the commissions on the sale of the "Mural-Scrolls" by the four artists involved in the project from February 1949 to December 1949.

885   Letter from Joan Miró to Alexander Calder, March 12th 1949, in Hutton and Wick 2004, p. 270.

886   Galerie Blanche 1949.

887   Letter from Joan Miró to Gérald Cramer, April 4th 1949, in Giroud 2002, p. 40.

888   Pierre Matisse Gallery 1949a.

889   Kunsthalle Bern 1949; and letter from Giedion - CIAM to Joan Miró, April 28th 1949 (CS).

damn book. I hope to be able to do something sensational, the most important wood engraving since Gauguin. [...] We will be arriving in Palma on Sunday 11th. We'll talk at length about all this. I'll search Ángel's warehouse in search of some nice bits of wood. We'll have to contact Guasp. Mallorca is a really lovely place. In certain spots you can still find the freshness of the first days of Creation, which you don't find in the Parisian places we've visited." [859]

On April 16th Miró is still in Palma: "I've finished searching at Àngel's and made some marvellous finds. With all of them, my chances of making a good book [A toute épreuve] are even greater. [...] On Sunday I'm off to Barcelona and I'll be able to give a certain order to all this. The book will gradually take shape in a natural way just as a plant grows." [860]

On May 15th Miró writes to Sert from Barcelona: "I'm working very hard and preparing for the three of us to go to Paris as soon as I have my visa ready. [...] At the moment I'm working on a 4 x 2 painting on uralite. It takes on a magnificent quality, like a mural painting. When will it be possible to do big frescoes, mosaics and ceramics with today's architects? I would be pleased to leave aside this damned easel painting business." [861]

On May 17th, on behalf of the company Katzenbach and Warren, William E. Katzenbach sends Pierre Matisse a letter in which he authorizes him to ask Joan Miró, Henri Matisse and Alexander Calder to take part in a project called "Mural-Scroll", a project that already counts on the collaboration of Roberto Matta. [862]

On June 19th Miró writes to Gérald Cramer: "We will be arriving in Paris – all three of us – next Thursday and staying at the Hôtel Pont-Royal. New ideas keep coming to me for the book. [863] Walking through the woods a few days ago in Montroig, I thought of using the marvellous bark forms of the fir trees as a starting point." [864]

On June 29th Pierre Matisse writes to Miró, suggesting that he should take part in the "Mural-Scroll" project and asking him to create three scale draft sketches. The selected one will be silk-screened onto a larger panel. [865]

On July 12th Miró writes to Sert from Paris: "I am organizing an exhibition for next fall, and at the same time I am working on important book illustrations." [866]

On August 8th Miró writes to Josep Carner: "I don't need to reiterate my unconditional

agreement with everything that represents the defence of our traditional culture and our spirit, and how my limited means are at the service of these values." [867]

On August 25th Miró writes to Cramer: "I'll be in Paris at the end of September to take charge of my exhibition [868] and I'll return to Barcelona as soon as it's over, with the firm idea of beginning the wood engravings and not stopping until the work is totally finished." [869]

On August 30th Pierre Matisse writes to Miró: "Before leaving Paris, I talked to Maeght about the part of the contract that Pierre Loeb has waived his right to. He is totally prepared to take it on and I must confirm our agreement by letter." [870]

From September 14th to October 17th Miró takes part in the exhibition "Picasso, Gris, Miró: The Spanish Masters of Twentieth-Century Painting" at California's San Francisco Museum of Art. The exhibition is later transferred to Portland Art Museum. [871]

By September 22nd Miró has finished the three gouache draft sketches for the "Mural-Scroll" project and he sends them to Pierre Matisse. [872] On September 25th Miró expresses his interest in taking part in the "Mural-Scroll" project: "I am pleased to participate in the Mural-Scroll project. It gives me a chance to go beyond the pure speculation that easel painting represents, [...] and work at full capacity, addressing myself directly to people through this humble yet noble collaboration among a painter, a craftsman, a technical expert and that splendid individual anonymity that marked the great eras of ancient times." [873]

Between late September and early October, Miró goes to Paris, where he prepares for his next exhibition at Galerie Maeght and works on the illustrations for the book by Tristan Tzara, Paleur seul. [874]

On October 21st Katzenbach and Warren select the draft sketch by Miró that he will silkscreen for the "Mural-Scroll" project. [875] It is a work later known by the title El Sol. [876]

From November 19th to December 18th, the first solo exhibition of Miró's work at Galerie Maeght in Paris is held, combining paintings and ceramics. The catalogue is published in Derrière le miroir. [877] This exhibition heralds Miró's return to the Parisian art scene. From this moment on, Aimé Maeght becomes Miró's art dealer in France. [878]

On November 29th André Breton writes to Miró on behalf of the Surrealists: "Our old

friendship with you and the deep appreciation we have of your work makes us fear that you misinterpret the attitude we think we must adopt toward your current exhibition. Clearly, since the announcement of your return to Paris, we have been pleased, not just to see you again, but to explore with our eyes what you have brought". [879]

Between December 22nd and 24th, probably, Pierre Matisse and Maeght meet Miró in Barcelona to divide up the paintings for the 1947-1948 contract. [880]

1949   Miró spends most of the year living in Barcelona at number 4 Passatge del Crèdit, 4, but he makes trips to Paris, Montroig and Palma. Miró will steadily broaden his artistic horizons and devote himself to other forms of artistic expression, as well as painting, trying his hand at graphic work, ceramics and sculptures. [881]

On January 17th Miró writes to Cramer from Barcelona: "Maeght has come with me to meet Pierre Matisse, who has arrived from New York, and we have had to arrange a lot of things together." [882]

On February 4th Miró writes to Cramer from Tarragona: "We are here to get over the flu. The mock-up of the book is beginning to take shape [A toute épreuve]." [883]

In February Katzenbach and Warren put the "Mural-Scrolls" on sale. [884]

On March 12th Miró writes to Calder from Paris: "[...] I came here just for a few days at the end of May. All three of us will return together to spend some time here." [885]

From April 9th to May 3rd, Galerie Blanche in Stockholm organizes an exhibition entitled "Joan Miró", with paintings, ceramics and lithographs. [886]

Miró spends the period from April 12th to 22nd in Palma de Mallorca. [887]

On April 19th the Pierre Matisse Gallery in New York inaugurates an exhibition entitled "Joan Miró, 1923-1927", which continues until May 14th. The catalogue is published in Derrière le miroir. [888]

From April 21st to May 29th, Miró takes part in a joint exhibition at the Kunsthalle Bern, in the Swiss capital. Work is also shown there by Margrit Linck and Oskar Dalvit. [889]

From April 23rd to May 6th, an exhibition-tribute to Joan Miró is held at Galerías Layetanas in Barcelona, organized by

Ediciones Cobalto. The magazine *Cobalto* publishes an issue entirely devoted to the exhibition, with articles by critics, poets and friends.[890]

From June 14th to July 17th, Miró exhibits work at the Basilear Kunsthalle at an exhibition entitled "Joan Miró, Otto Abt".[891]

From June 26th, probably, Miró is back in Paris, where he stays for about two weeks.[892] He plans to work with Gérald Cramer and Paul Eluard on the illustrations for *À toute épreuve*: "Don't forget that I can't risk starting the engravings until everything is absolutely ready. The typography and the characters, with the format and exact location. A mere comma can force me to change the composition of an engraving."[893]

On July 2nd Miró writes to Calder from Paris: "Everything is going well here. I see friends from New York, the Serts [Josep Lluís and Moncha] and Curt [Valentin] are in Paris. I leave for Barcelona in a week and from there will go on to Montroig. Pilar and Dolores stayed behind in Spain."[894]

On July 18th Miró writes to Cramer from Barcelona: "I've got new ideas aimed at achieving maximum richness and variety. I'll need bamboo stamps and bars of authentic India ink."[895]

In July, the initial layout for *À toute épreuve* is finished. Nonetheless Miró modifies it completely over the summer in Montroig and does not finish it until the autumn.[896]

On August 17th Miró is in Montroig.[897]

On October 2nd Miró writes to Cramer from Montroig about the layout for *À toute épreuve*: "I am extremely happy to tell you that the layout has just been completed. [...] A book should be made with the exactitude and accuracy of a clock. [...] I have observed your typography at all times. I must congratulate you and Eluard, because it is very well done. The idea of pages in colour and pages to rest one's eyes is lovely [...]."[898]

On October 31st he writes to Pierre Matisse from Barcelona: "At the moment I'm having several sculptures cast that I finished this summer [...]."[899]

On November 11th the architect Walter Gropius writes to Miró, asking him to help decorate a Graduate Centre at Harvard University, although the commission is still not definite. If it materializes, Miró will have to design a 20 foot x 7 foot x 2 inch mural for a refectory for the student building.[900]

On November 19th Miró flies from Barcelona to Paris, where he stays for a few days in order to work on the illustrations for *À toute épreuve*, with Cramer and Eluard.[901]

From December 6th to 31st, the Pierre Matisse Gallery in New York holds a solo exhibition of Miró's work entitled "Joan Miró: Pastels, Gouaches, Drawings, Sculptures. 1933-1943".[902]

On December 22nd Miró is in Mallorca.[903] He plans to start the year 1950 in Mallorca, working on the illustrations for *À toute épreuve* with Cramer at Guasp, the printers.[904]

On December 31st Miró returns to Barcelona when an uncle of his dies. His death forces Miró to change his plans.[905]

1950 Miró spends the period from January to May in Barcelona, living and working at number 4 Passatge del Crèdit.[906]

On January 10th, probably, Miró meets Cramer and Eluard in Barcelona to work together on the project to illustrate *À toute épreuve*.[907]

On January 23rd Miró writes to Sert: "I apologize for not writing sooner, but I've had Maeght and Matisse here over the last few days and they haven't given me any free time. Naturally I am interested in doing the big mural painting for Cambridge. I'm working on a draft already. The problem is, [...] I won't be able to start such a big project before the coming autumn because I haven't got enough time at the moment".[908]

On February 22nd Miró writes to Pierre Matisse and Josep Lluís Sert about the mural painting for Harvard University. Miró tells Sert: "I've just sent Walter Gropius the draft sketch. I've put all my heart and soul into it. If, for whatever reason, a decision were made not to go ahead, I'd do it for myself."[909]

On March 14th the draft sketch for the Harvard mural painting is approved.[910]

In June Miró makes a colour lithograph to illustrate the *Anthologie de l'humour noir* by André Breton.[911]

On June 2nd Galerie Maeght inaugurates a new exhibition of recent work by Miró.[912] On June 25th Miró is in Paris, staying at the Hotel Pont-Royal. He probably sees the exhibition. On July 1st he returns to Barcelona.[913]

On July 5th Walter Gropius writes to Miró about the Harvard mural: "We are all delighted about your mural and hope that you will Keep to the sketch which will fit the room beautifully with its gay colors. [...] the dimensions on

your sketch are not quite accurate. The exact size of the picture within its frame is 19' 5-?" by 6' 2 ?" or, in centimetres, 593.1 cm by 188.6 cm."[914]

On July 12th Miró writes to Cramer from Barcelona: "We'll still be in Barcelona on the date you indicate, in the midst of moving, which is not at all pleasant in this heat."[915]

On July 16th Miró writes to Calder from Barcelona, together with Laura and James Johnson Sweeney, Joan Prats and Josep Llorens Artigas.[916]

In the summer, very probably, Miró moves house to number 9 Carrer Folgaroles in Barcelona,[917] although he still keeps his Passatge del Crèdit studio.[918]

On August 29th Miró is in Montroig.[919]

On October 18th he starts to paint the Harvard mural.[920] In a letter to Pierre Matisse, Miró declares: "[...] this blessed painting for Harvard needs muscles, but I hope it'll look good."[921]

On October 18th Edgard Varèse writes to Miró about the music for the film by Thomas Bouchard, *Around and About Miró*.[922]

On October 25th Miró writes to Cramer from number 9 Carrer Folgaroles in Barcelona. He continues working on the illustrations for *À toute épreuve*.[923]

In November he exhibits sculptures and graphic work at Stockholm's Galerie Blanche.[924]

In December an illustration by Miró is published in an issue of the magazine *La Nef* (Éditions du Sagittaire) entitled "Humour Poétique", devoted to unpublished work by Cocteau, Picabia, Hartung, Artaud, Tzara, and Prévert.[925]

On December 22nd the Miró family is in Barcelona, at number 9 Carrer Folgaroles.[926]

1951 In Barcelona Miró lives at number 9 Carrer Folgarole, dividing his work between his home and number 4 Passatge del Crèdit.[927]

On January 19th Georges Charbonnier interviews Miró. In his replies, Miró expresses a desire to create art that is accessible to the public and he identifies with anonymous, popular forms of artistic expression. Miró talks about painting, ceramics, graphic work and sculptures. On the subject of sculptures he says: "A sculpture must stand in the open air, in the middle of nature. It should blend in

890 Cobalto 1949; and Santos Torroella 1994, no page number (between pp. 96-97).
891 Kunsthalle Basel 1949.
892 Letter from Joan Miró to Gérald Cramer, June 21st 1949, in Giroud 2002, p. 45.
893 Letter from Joan Miró to Gérald Cramer, June 28th 1949, in Giroud 2002, pp. 46-47.
894 Letter from Joan Miró to Alexander Calder, July 2nd 1949, in Hutton and Wick 2004, p. 270.
895 Letter from Joan Miró to Gérald Cramer, July 18th 1949, in Giroud 2002, pp. 48-49.
896 Ehrenström 1988, pp. 64, 71.
897 Letter from Joan Miró to Gérald Cramer, August 17th 1949, in Giroud 2002, pp. 50-51.
898 Letter from Joan Miró to Gérald Cramer, October 2nd 1949, in Giroud 2002, pp. 53-55.
899 Umland 1993, p. 339.
900 Letter from Walter Gropius to Joan Miró, November 11th 1949 (PML: PMGA).
901 Letter from Joan Miró to Gérald Cramer, November 9th 1949, in Giroud 2002, pp. 56-57.
902 Carnielli and Loudon 2001, p. 219.
903 Postcard from Joan Miró to Josep-Francesc Ràfols, December 22nd 1949, in Soberanas and Fontbona 1993, p.132.
904 Letter from Joan Miró to Gérald Cramer, December 31st 1949, in Giroud 2002, pp. 58-59.
905 Letter from Joan Miró to Gérald Cramer, December 31st 1949, in Giroud 2002, pp. 58-59.
906 Umland 1993, p. 339.
907 Letter from Joan Miró to Gérald Cramer, December 31st 1949, in Giroud 2002, pp. 58-59.
908 Letter from Joan Miró to Josep Lluís Sert, January 23rd 1950 (FLL).
909 Letter from Joan Miró to Pierre Matisse, February 22nd 1950 (PML: PMG); and letter from Joan Miró to Josep Lluís Sert, February 22nd 1950 (FLL).
910 Umland 1993, pp. 339, 360.
911 Cramer 1989, pp. 76-77; and letter from André Breton to Joan Miró, January 6th 1951 (FPJM: FD-360): "[...] Le dessin dont vous avez orné la première page de mon exemplaire de l'Anthologie est une merveille; chaque fois que je le regarde, il fait aussi le bon temps en moi."
912 Umland 1993, pp. 339, 360.
913 Letter from Joan Miró to Gérald Cramer, June 25th 1950, in Giroud 2002, p. 64.
914 Letter from Walter Gropius to Joan Miró, July 5th 1950 (FPJM: FD-425).
915 Letter from Joan Miró to Gérald Cramer, July 12th 1950, in Giroud 2002, p. 65.
916 Letter from Joan Miró to Alexander Calder, July 16th 1950, in Hutton and Wick 2004, p. 271.
917 Letter from Joan Miró to Gérald Cramer, July 12th 1950, in Giroud 2002, p. 65.
918 Letter from Joan Miró to Josep Lluís Sert, January 29th 1951 (FLL).
919 Letter from Joan Miró to Josep-Francesc Ràfols, August 29th 1950, in Soberanas and Fontbona 1993, p. 134.
920 Dupin and Lelong-Mainaud 2001b, pp. 176-177.
921 Letter from Joan Miró to Pierre Matisse, from number 9 Carrer Folgarolas in Barcelona, undated (PML:PMGA).
922 Letter from Edgard Varèse to Joan Miró, October 18th 1950 (FPJM: FD-288): "Bouchard and I have talked over the business of the Sound and Music. As the film will only sometimes be accompanied by commentary, music will be featured: art applied or a decorative factor. I'm contemplating the use of fragments of folk music: "sardanas", the singing of the fishermen of the Costa Brava, drums and shouts [...] and phrases or passages of music by your compatriots, Albéniz and Granados."
923 Letter from Joan Miró to Gérald Cramer, October 25th 1950, in Giroud 2002, p. 66.
924 Galerie Blanche 1950.
925 *La Nef*, December 1950 (FPJM: H-1455).
926 Postcard from Joan Miró to Alexander Calder, December 22nd 1950, in Hutton and Wick 2004, p. 271.
927 Umland 1993, p. 339.

928 Charbonnier 1951, in Rowell 1987a, pp. 216-224; and in Rowell 1995, pp. 238-246.

929 Dupin and Lelong-Mainaud 2001b, pp. 176-177.

930 Rubin 1979, pp. 87, 132.

931 Letter from Joan Miró to Josep Lluís Sert, January 29th 1951 (FLL).

932 Del Arco, March 1951 (FPJM H-1532).

933 Santos Torroella 1951, in Rowell 1987a, pp. 225-227; and in Rowell, pp. 247-249.

934 Letter from Joan Miró to Gérald Cramer, March 9th 1951, in Giroud 2002, p. 69.

935 Derrière le miroir March-May 1951; Umland 1993, p. 339, p. 445; Conlan, May 2nd 1951 (FPJM: H-1526); Combat, January 9th 1951 (FPJM: H-1461); and Warnod, April 30th 1951 (FPJM: H-1523).

936 Gindertael, May 8th 1951 (FPJM: H-1530).

937 Arts – Documents, July 1951 (FPJM: H-1574).

938 Carnielli and Loudon 2001, p. 224.

939 Preston, March 11th 1951 (FPJM: H-1533).

940 The New Yorker, March 17th 1951 (FPJM: H-1537).

941 B., M. April 1951 (FPJM: H-1542).

942 Santos Torroella, March 15th 1951 (FPJM: H-1500).

943 Rico, April 1st 1951 (FPJM: H-1512); and L'Intransigeant, March 28th 1951 (FPJM: H-1513).

944 Montalais, May 5th 1951 (FPJM: H-1529).

945 Letter from Joan Miró to Pierre Matisse, April 7th 1951 (PML: PMGA).

946 La Dépêche Démocratique, April 10th 1951 (FPJM: H-1520).

947 Letter from Joan Miró to Josep-Francesc Ràfols, May 21st 1951, in Soberanas and Fontbona 1993, p. 135.

948 Letter from Joan Miró to Gérald Cramer, July 21st 1951, in Giroud 2002, pp. 72-73.

949 Letter from Joan Miró to Josep-Francesc Ràfols, August 13th 1951, in Soberanas and Fontbona 1993, p. 136.

950 Nation Belge, October 6th 1951 (FPJM: H-1592); and Distel, October 11th 1951 (FPJM: H-1597).

951 Behrends 2004, p. 294.

952 Letter from Joan Miró to Pierre Matisse, October 31st 1951 (PML: PMGA).

953 Pierre Matisse Gallery 1951.

954 Letter from Joan Miró to Gérald Cramer, November 27th 1951. pp. 74-75.

955 Umland 1993, p. 339.

956 Postcard from Joan Miró to Josep-Francesc Ràfols, March 16th 1952, in Soberanas and Fontbona 1993, p.137; and letter from Joan Miró to Gérald Cramer, March 5th 1952, in Giroud 2002, pp. 78-79.

957 Rowell 1987a, p. 33; and the Solomon R. Guggenheim Foundation 1972, p. 37.

958 Letter from Pierre Matisse to Joan Miró, March 19th 1952 (PML: PMGA).

with the mountains, the trees, the stones; when put together, all these elements must form a whole." Miró also expresses an interest in ballet: "Ballet is a way of entering [...] into direct physical contact with the public. I would like to write the story myself. And I would choose Béla Bartók or Schöenberg as the composer. In fact, ballet is a perfect example of what collective art is." [928]

On January 26th Miró finishes the Peinture murale for Harvard.[929] He identifies the motifs of this mural painting with a bull and figures.[930]

On January 29th Miró writes to Josep Lluís Sert from Carrer Folgaroles: "All this time doing the big painting for Harvard, at the end of the day I was exhausted. I've finally just completed it [...], I think it is the most powerful work I have done and that it can hold its own against our Romanic frescoes. Once it is dry, at the end of February, I'll take it to Paris to exhibit it there [...] from there I'll send it to New York." [931]

In March Miró is interviewed in Barcelona and he reviews his beginnings, his training and exhibitions of his work: "[In Paris] I made an impact again in 1920. Afterwards, Paris, but without losing contact with Barcelona. And then exhibitions: twelve in Paris, eight in New York, three or four in London, Chicago, Stockholm, Germany etc. And paintings in the world's leading museums." Miró also talks about his profession: "More than naivety, what interests me is to find the source of the first attempt at plastic expression. [...] Concentration and tension, not when I paint but in the preparation of my work." On this occasion, Miró defines his paintings as follows: "Using far distant great civilizations as my starting point, I use that as a springboard to leap into the future, without stopping in the present because I consider it to be a passing, anecdotal, transitory stage." Miró considers himself to be "absolutely sincere" and he declares that "it is sincerity that gives man strength." [932]

On March 15th an interview with Miró by Santos Torroella is published. Despite his habitual scorn for abstract painting in general, Miró makes an exception with Mondrian, given the authenticity of his work.[933]

On March 15th Miró arrives in Paris, intending to work with Roger Lacourière on the proofs for À toute épreuve.[934]

From March to May, the Harvard Peinture murale is shown at an exhibition entitled "Sur quatre murs" at Galerie Maeght in Paris. Also on exhibit are large works of art by Picasso, Matisse, Léger, Braque, Rouault and Chagall.[935] In the media, numerous mentions

are made about the mural painting by Miró: "A big panel for an American university that is both sober and solid, as a painting designed to liven up a wall without denying its existence should be. The background, where imperceptible shades of colour fade away, stops the light on the exact surface plane."[936] "This aerial and maritime work, which summarizes Miró's finest qualities, is a map of the world as we might imagine it today. [...] It is a cosmic work, situating Miró in the leading ranks of today's painters." [937]

From March 6th to 31st, New York's Pierre Matisse Gallery holds a solo exhibition of work by Miró entitled "Paintings and Sculpture, 1946-19502".[938] The critics are full of praise for the exhibition: "No other surrealist can suggest so well in paint the feeling of gaiety. [...] Miró is an artist made for pure delight. [...] He is the poet-painter of our time." [939] It is an exhibition that "all Miró's lighthearted deftness and fantasy are displayed",[940] whose "novelty lies principally in the emphasis on texture and on space." [941]

On March 15th an interview with Joan Miró by Rafael Santos Torroella is published. On this occasion, Miró speaks about young painters: "Above all else, may they conserve Spain's racial meaning and may they remain sincere. If they need to see themselves reflected in something, there is our great tradition of Romanic painting [...] Those who really want to achieve something must avoid anything easy and not pay the slightest attention to all that pictorial bureaucracy, with its complete lack of spiritual interest." On the subject of Spanish artists, Miró declares: "Distances no longer exist today. Anything documentary in art is worthless. What one must feel is the boost of universality, instead of remaining boxed in by narrow clichés." In reference to poetry, Miró highlights John of the Cross and Saint Teresa of Avila: "Possibly [they have left their mark on my work]. Not in a direct way, though, but rather as a consequence of the state of spiritual tension they cause in me." [942]

In late March Miró probably spends a few days in Saint-Paul-de-Vence.[943] There he meets up with Picasso, Matisse and Jacques Prévert, among others. When he arrives in Paris, he comments: "It was as if we were in the Champs-Elysées, with the difference that there [in Saint-Paul-de-Vence], I see them all simultaneously." [944]

On April 7th Miró is in Paris.[945]

From April 14th to 29th, Miró takes part in the "Salon de Printemps des Amis de l'Art" in Clermont-Ferrand[946] with other artists (Léger, Villon, Arp, and Bazaine).

On about May 21st he returns to Barcelona from Paris.[947]

From July 3rd to 11th, Miró is once again in Paris. On July 21st he is in Montroig,[948] where he probably spends the summer with his family.[949]

On October 6th Miró takes part in the "IIe Exposition Internationale d'Art Expérimentale" at the Palais des Beaux-Arts de Liège in Belgium. It is a cultural initiative organized by Pierre Alechinsky.[950]

From October 14th to November 4th, an exhibition entitled "Calder- Miró" is held at the Contemporary Arts Association in Houston. It is the first joint exhibition by both artists after the war.[951]

On October 31st Miró writes to Matisse: "We have just come back from the Balearic Islands, where I've been able to rest for a few days. Now I'm fighting fit and ready to immerse myself in my work."[952]

From November 20th to December 15th, paintings from Miró's first period are exhibited at New York's Pierre Matisse Gallery.[953]

On December 4th Miró flies to Paris, intending to stay there for about a week.[954]

1952 Miró lives in Barcelona, at number 9 Carrer Folgaroles. He divides his work between his home and his studio at number 4 Passatge del Crèdit.[955]

On March 16th Miró is in Paris, intending to spend a week there. He takes a set of wood-block matrixes for À toute épreuve with him.[956] Possibly at around the same time, he visits the first solo exhibition by Jackson Pollock in Paris at Studio Paul Facchetti, number 17 Rue de Lille.[957]

On March 19th, Matisse writes to Miró: "The head architect of the United Nations building has asked me to enquire whether you would be interested in making a decoration for one of the building's key rooms. [...] They hope you will make a maquette if you're interested in the project [...]. The room in question is the United Nations Delegates Lounge, [...]. Quite clearly, you must come over and see the location for yourself. [...] I think your presence here is absolutely vital and I urge you to come." [958]

On March 30th Miró writes to Matisse: "The project you are proposing, on behalf of your friends, is fascinating. Very different, of course, from church décor, which I have managed to avoid. [...] You know I'm preparing for a big exhibition in Paris, scheduled to take place in May 1953, which I regard to be a landmark in my career and my life, now that I'm middle aged. At the moment, I'm at the eclosional stage in my work, one that demands maximum tension. Until the desired outcome is achieved, I simply cannot divert my attention toward other goals that require even more concentration and effort, given the responsibility and human importance that they imply." [959]

From April 15th to May 17th, a solo exhibition of work by Miró is held at the Pierre Matisse Gallery in New York. [960] In general it receives good reviews: "[...] a veritable 'danse fantastique' in oils, to a variety of recent gouaches, these exhibits of a greatly fanciful painter are endlessly entertaining, adroit, extremely skillful." [961]

On May 5th Miró writes to Pierre Matisse from Barcelona: "I agree with the idea of coming over to New York. I trust you entirely if you think it best. [...] I would also like to ask you to organize my time so that I only spend a short while in New York. I shall need to go to Cincinnati and Harvard to see how my paintings look in situ, in the place that was chosen for them, because for me that is very important." [962]

On May 16th Miró travels to Paris with his family to spend a few weeks there. [963]

On June 1st, very probably, he flies from Paris to New York, no doubt arriving there on June 2nd. [964]

On June 4th, probably, Miró goes to Cincinnati [965] for his first glimpse of his mounted mural in the Gourmet Restaurant of the Terrace Plaza Hotel. The local press mentions Miró's arrival in Cincinnati. When asked about the meaning of the mural, Miró replies that it reflects motifs and figures that can be observed in nature. As well as admiring the mural in situ in the Gourmet Restaurant, Miró also visits the Cincinnati Art Museum. [966]

On June 5th, possibly, Miró travels to Cambridge to see the mural painting that he made for Harvard University's Harkness Commons. [967]

Between June 6th and 9th, probably, Miró visits Josep Lluís Sert in Long Island. [968] There he works on the preliminary maquette of the mural for the United Nations: a project that never materializes. [969]

On June 10th he returns to Barcelona. [970]

On October 19th Miró writes to Matisse about the maquette for the United Nations project: "The

maquette for the UN will be finished in a few days. As I regard it to be a great responsibility, I have thrown myself wholeheartedly into the project. [...] Once it is finished, I'll let you know so we can agree on what to do." [971]

In the autumn, Miró and his wife make their first visit to Josep Llorens Artigas' house, "El Racó" in Gallifa, in order to plan their next joint ceramic project together. Miró is fascinated by the countryside around Gallifa and even paints on some rocks. [972]

By November 11th the maquette for the United Nations project has been completed: "The maquette is very well made, on foldable masonite. It is all very well drawn, with everything in its place, so that you get a good idea of the mural. Unfolded it measures 117 x 39cm with a thickness of 2 1/2cm." [973]

On about November 15th Miró travels to Paris where he stays for approximately two weeks. He plans to work with Lacourière on the illustrations for À toute épreuve. [974]

On November 26th Miró is in Paris with a copy of his maquette for the United Nations, probably intending to send it to the United States. [975]

On December 5th a new gallery, L'Étoile scellée, opens with a joint exhibition of Surrealist drawings, objects, paintings and collages. Miró takes part in the exhibition, together with De Chirico, Ernst, Tanguy, Duchamp and Man Ray. [976]

On December 9th, he leaves Paris for Geneva, on the way back to Barcelona. [977] Miró leaves the copy of the maquette for the United Nations in Paris. [978]

On December 12th he is in Geneva. [979] On December 22nd Miró writes to Sert and explains that he has left the maquette for the United Nations in Paris while he waits for the project to materialize: "In the event that I send the maquette, I'll also include a report, setting down my ideas about the mural for the building in question [...]." [980] Miró describes his plans as follows: "I see the wall as being painted a pale pearly grey colour, with lots of juxtaposed shapes standing out against the mural's surface. These shapes, made of beautiful fine materials with sober colours, will be cut out in such a way that they are brought to life (ruling out any strictly mechanical procedures) and then fixed to the wall. The background, also filled so that it comes alive, will suggest lovely themes: something that is vital for the purposes of humanization. These big shapes will, at the same time, be enriched with clear, sharply traced graphic work and strong masses of colour." [981]

1953 Miró spends the months from January to May living in Barcelona at number 9 Carrer Folgaroles. He divides his work between his home and number 4 Passatge del Crèdit. [982]

In 1953 Miró meets Llorens Artigas in Montroig to decide the projects on which they are going to collaborate. [983]

In early February, Thomas Bouchard, the North-American producer who specializes in artistic and cultural films, travels to Barcelona to continue shooting Around and About Miró: a documentary about the life and work of Miró, originally begun in New York in 1947. [984]

On March 15th Miró writes to Cramer: "Forgive my silence, but I'm overwhelmed with work. As you know, I am preparing a big exhibition of recent work, scheduled to take place in Paris in June. It will be the most important exhibition of my life. Also, Thomas Bouchard has come to finish his colour film about me, which he first started shooting in New York in 1947. In principle, it will be shown at the opening of my exhibition. Consequently it's impossible to envisage when I'll be travelling, either to Paris or Palma, where Bouchard also has to shoot part of the film because, as you know, that is where my mother's family came from." [985]

On May 16th, probably, Matisse writes to Miró about the United Nations project: "After long discussions on the subject of the decoration for the United Nations, I have decided to get the maquettes back after talking to Sert." [986]

On June 19th, a solo exhibition of Miró's work is held at Galerie Maeght in Paris. Many reviews are written about the exhibition and most are full of praise. [987]

In August La Clé des champs, by André Breton, is published, with a colour lithograph by Miró. [988]

Some time prior to November 10th Miró and his family spend a few days in Mallorca. [989]

On November 10th Miró writes to Matisse, eager to publicize the origins of the ideas that led to the creation of the maquettes for the United Nations: "I am writing to Sert for him to contact you in order to write an article for an important architectural journal, explaining how historically these ideas emerged in 1936 and were later developed. You could take photos of the maquettes you took back from the United Nations and use a photograph of the cement-fibre cut-out he has in his studio as a starting point." [990]

On November 11th Miró does indeed write to Josep Lluís Sert, suggesting that he write an

959 Letter from Joan Miró to Pierre Matisse, March 30th 1952 (PML: PMGA).
960 Carnielli and Loudon 2001, p. 226.
961 New York Herald Tribune, April 20th 1952 (FPJM: H-1666); Devree, April 20th 1952 (FPJM: H-1668); and Fitzsimmons, May 1952 (FPJM: H-1700).
962 Letter from Joan Miró to Pierre Matisse, May 5th 1952 (PML: PMGA).
963 Letter from Joan Miró to Pierre Matisse, May 5th 1952 (PML: PMGA).
964 Telegram from Pierre Matisse to Joan Miró (at the Hotel Pont-Royal in Paris), May 21st 1952: "ARRIVEE LUNDI CINCINNATI MERCREDI BOSTON JEUDI / DEPART DIX JUIN PRIERE CABLER ACCORD / MATISSE."; telegram from Joan Miró (in Paris) to Pierre Matisse, May 23rd 1952: "SUIS ACCORD STOP PARTIRAI PARIS VINGTHUIT AMITIES= / MIRÓ" (PML: PMGA); and Umland 1993, pp. 339, 360.
965 Telegram from Pierre Matisse to Joan Miró (at the Hotel Pont-Royal, Paris), May 21st 1952; telegram from Joan Miró (in Paris) to Pierre Matisse, May 23rd 1952 (PML: PMGA); and Umland 1993, pp. 339, 360.
966 Detzel, June 11th 1952 (FPJM: H-1822).
967 Telegram from Pierre Matisse to Joan Miró (at the Hotel Pont-Royal, Paris), May 21st 1952; telegram from Joan Miró (in Paris) to Pierre Matisse, May 23rd 1952; and Umland 1993, pp. 339, 360.
968 Umland 1993, pp. 339, 360.
969 Letter from Joan Miró to Josep Lluís Sert, December 22nd 1952 (FLL).
970 Telegram from Pierre Matisse to Joan Miró (at the Hotel Pont-Royal, Paris), May 21st 1952; telegram from Joan Miró (in Paris) to Pierre Matisse, May 23rd 1952 (PML: PMGA); and Umland 1993, pp. 339, 360.
971 Letter from Joan Miró to Pierre Matisse, October 19th 1952 (PML: PMGA).
972 Miralles 1992, pp. 71-72; and Pierre and Corredor-Matheos 1974, p. 126.
973 Letter from Joan Miró to Pierre Matisse, November 11th 1952 (PML: PMGA).
974 Letter from Joan Miró to Gérald Cramer, November 1st 1952; and letter from Joan Miró to Gérald Cramer, November 27th 1952, in Giroud 2002, pp. 82-83, 84-85.
975 Letter from Joan Miró to Pierre Matisse, November 26th 1952 (PML: PMGA).
976 Aulnoyes, December 5th 1952 (FPJM: H-1837); and Centre Georges Pompidou 1991, p. 410.
977 Letter from Joan Miró to Pierre Matisse, December 7th 1952 (PML: PMGA).
978 Letter from Joan Miró to Josep Lluís Sert, December 22nd 1952 (FLL).
979 Drawing by Joan Miró dedicated to Gérald Cramer, December 12th 1952, in Giroud 2002, p. 83.
980 Letter from Joan Miró to Josep Lluís Sert, December 22nd 1952 (FLL).
981 Text by Joan Miró, undated (PML: PMGA).
982 Umland 1993, p. 340.
983 Miralles 1992, p. 72: "They knew they wanted to create new forms based on ones inspired by natural elements [...] They knew what they wanted to do, but not how to do it."
984 Destino, February 7th 1953 (FPJM: H-1892); and La Vanguardia, February 4th 1953 (FPJM: H-1896).
985 Letter from Joan Miró to Gérald Cramer, March 15th 1953, in Giroud 2002, pp. 90-91.
986 Letter from Pierre Matisse to Joan Miró, May 16th [1953] (PML: PMGA). The letter is handwritten and the last number of the year seems to be a three, although it could be a different one.
987 Derrière le miroir [June-August 1953]; Le Figaro, June 22nd 1953 (FPJM: H-1944): "It immerses us in a world of magic and dreams. We enter a joyful, unreal world and experience an exultant feeling of freedom"; and C. de R., June 26th 1953 (FPJM: H-1945): "His universe extends to encompass worlds that are increasingly immense, devouring the material, whatever it may be (canvas, cement, wood, masonite) and frantically trapping the light."
988 Cramer 1989, pp. 88-89. Miró must have designed a cover for the first 25 copies of the edition of Les Éditions du Sagittaire, Centre Georges Pompidou 1991, p. 411.
989 Letter from Joan Miró to Pierre Matisse, November 10th 1953 (PML: PMGA); and letter from Joan Miró to Josep Lluís Sert, November 11th 1953 (FLL).
990 Letter from Joan Miró to Pierre Matisse, November

10th 1953 (PML: PMGA). Miró is referring to an oil painting on cement-fibre, painted in 1935, which at that moment was owned by Josep Lluís Sert. It is currently part of the art collection of Harvard University's Fogg Art Museum.

991 Letter from Joan Miró to Josep Lluís Sert, November 11th 1953 (FLL).

992 Article by Josep Lluís Sert, undated (FPJM: NIG-3643). Although the article is undated, its contents seem to indicate that Sert wrote it two years after Miró travelled to New York for the United Nations project. Miró made the journey in June 1952, so the article could have been written in about 1954. In Sert's opinion, Miró had come up with a new formula for mural painting which replaced the idea of a "continuous mural" with a multi-focal approach. Sert recounts of the origins of this new approach, which date back to 1936 when Miró collaborated with the "G.A.T.C.P.A.C." (*Group of Catalan Architects and Technical Experts for the Progress of Contemporary Architecture*) on the creation of a stand for the design show, the "Saló d'Artistes Decoradors".

993 Pierre Matisse Gallery 1953.

994 Letter from Pierre Matisse to Joan Miró, December 13th 1953 (PML: PMGA).

995 Letter from Joan Miró to Gérald Cramer, December 14th 1953, in Giroud 2002, pp. 92-93.

996 Kaiser Wilhelm Museum 1954; and Tone 1993, p. 446.

997 Miralles 1992, pp. 72-73; and Pierre and Corredor-Matheos 1974, p. 131.

998 Postcard from Joan Miró to Josep-Francesc Ràfols, March 13th 1954, in Soberanas and Fontbona 1993, p.138.

999 Letter from Joan Miró to Pierre Matisse, April 17th 1954 (PML: PMGA).

1000 Letter from Joan Miró to Pierre Matisse, June 8th 1954 (PML: PMGA).

1001 Cartier, June 21st 1954 (FPJM: H-2179); and *La Vanguardia*, June 20th 1954 (FPJM: H-2180).

1002 Letter from Joan Miró to Gérald Cramer, August 15th 1954, in Giroud 2002, pp. 98-99.

1003 Prévert 1954 (FPJM: H-2234).

1004 Cramer 1989, pp. 118-119; and Grandmaison, October 20th 1956 (FPJM: H-2621).

1005 Letter from Joan Miró to Pierre Matisse, September 14th 1954 (PML: PMGA).

1006 Letter from Josep Lluís Sert to Joan Miró, September 19th 1954, in Col·legi Oficial d'Arquitectes de Balears (Official Balearic Association of Architects) 1990, p. 20.

1007 Letter from Joan Miró to Josep Lluís Sert, October 27th 1954, in Col·legi Oficial d'Arquitectes de Balears (Official Balearic Association of Architects) 1990, p. 22.

1008 Letter from Joan Miró to Pierre Matisse, October 27th 1954 (PML: PMGA).

1009 Letter from Joan Miró to Josep Lluís Sert, November 5th 1954, in Col·legi Oficial d'Arquitectes de Balears (Official Balearic Association of Architects) 1990, p. 22.

1010 Dupin 1961a, p. 461.

1011 Letter from Joan Miró to Josep Lluís Sert, February 3rd 1954, in Col·legi Oficial d'Arquitectes de Balears (Official Balearic Association of Architects) 1990, p. 22.

1012 Letter from Joan Miró to Gérald Cramer, April 16th 1955, in Giroud 2002, pp. 104-105.

1013 Letter from Joan Miró to Josep Lluís Sert, April 24th 1955, in Col·legi Oficial d'Arquitectes de Balears (Official Balearic Association of Architects) 1990, p. 26.

1014 Letter from Joan Miró to Josep Lluís Sert, June 7th 1955, in Col·legi Oficial d'Arquitectes de Balears (Official Balearic Association of Architects) 1990, p. 26.

1015 Letter from Joan Miró to Pierre Matisse, August 16th 1955 (PML: PMGA).

article about the United Nations project that documents their conversations about the mural.[991] Later, very probably in response to this request, Sert writes an article entitled "Joan Miró. A New Approach to Mural Painting".[992]

From November 17th to December 12th a solo exhibition of recent paintings by Miró is held at the Pierre Matisse Gallery in New York.[993]

On December 13th Matisse writes to Miró about the success of his exhibition and also about the United Nations project: "Harrison came [to the exhibition] on Saturday and greatly struck by it. For the first time I saw him get a little excited. He has taken up the subject of the UN project again. They haven't any money [...], but he wants to know how much you would charge for a mural of the maquettes you did. For the first time, Harrison's curiosity really got the better of him. The idea had always been that someone would donate the mural to the United Nations, just as you were told before your trip over."[994]

On December 14th Miró is in Barcelona, where he writes to Cramer about the project for *À toute épreuve*: "As for our work, I am pleased to tell you that all the wood blocks are drawn and that there is little wood left to be engraved. Once it is all done, an agreement will have to be reached with Lacourière to edit all the galley proofs at one go, so that we can maintain some kind of unity which will make it easier to edit the proofs in their final state."[995]

1954 On January 10th 1954 a retrospective exhibition of Miró's work opens at the Kaiser Wilhelm Museum in Krefeld. The exhibition then travels on to Stuttgart and Berlin.[996]

On February 25th Miró's first ceramics at Gallifa are fired. This stage of his work lasts for two and a half years, at a time-consuming pace in which the ceramics are created, reviewed and amended, with an extraordinary outcome of 80 firings and 234 ceramics.[997]

On March 13th Miró is in Paris.[998]

On April 17th Miró writes to Matisse from Palma de Mallorca, telling him of his plans to move to Palma: "This country is marvellous... We are about to buy a house near Palma on a splendid piece of land. Dividing my time between here [Palma] and Paris, and from to time making a trip to New York, will be ideal for both work and health."[999]

On June 8th Miró writes to Matisse from Barcelona, explaining that they are going to Palma in a few days' time and that he believes a final agreement will be reached to purchase a piece of land.[1000]

From June 19th to October 17th, Miró takes part in the 27th Venice Biennale, where he exhibits a retrospective group of paintings, etchings, and lithographs. At the Biennale, Miró is awarded the Grand Prize for Engraving.[1001]

On August 15th Miró is in Montroig.[1002]

In September Jacques Prévert publishes a series of poems entitled "Romancero Miró" in *Les Lettres nouvelles*.[1003] This series of poems will lead to a book about Miró, published by Prévert and Ribemont-Dessaignes and edited by Maeght in 1956.[1004]

On September 14th Miró writes to Matisse from Barcelona, telling him that he has taken Sert to Palma to see the land they have chosen [probably to build Miró's future house and studio]. Sert is very keen on the place and comes up with magnificent ideas for a studio.[1005]

On September 19th Sert writes to Miró: "The general plans for your studio will be ready this week. I think you'll like them. The building is one that will fit in well with the landscape. I envisage it as having a fully vaulted roof, avoiding frameworks reminiscent of a factory or mechanic's workshop. I'll send you a detailed description with the preliminary plans [...]. Early next week they'll begin the model of the studio."[1006]

On October 27th Miró writes to Josep Lluís Sert from Barcelona: "Tomorrow [...] we're going to Palma for a week. I'll get a better idea there *in situ*. I'll write to you. Possibly Enric will have to ask you some technical questions to get more guidance [...]."[1007]

On October 27th Miró also writes to Matisse, telling him that he has received the plans by Sert for the new studio in Mallorca and that he dreams of working in it.[1008]

On November 5th Miró writes to Sert from Palma de Mallorca: "I looked carefully at the studio plan on site and I found it very well resolved; I am looking forward to being able to work there soon. [...] The fact of being able to look down into the studio space and the paintings from the balcony seems to me very successful. Looking at the plan, I could not determine if you would at the same time see the interior of the storage area. If this is so, and keeping in mind that there will be paintings that will be set aside there, which I rather prefer not to see, and that there will also be disassembled stretchers and other materials, don't you think it would be better to place this part of the building in such a way

that I would not see the interior when I come down to work so as to concentrate my vision on the large studio?"[1009]

1955 While the new studio is being built in Mallorca, and for a period of four years Miró focuses on ceramics and on graphic work. He makes few paintings, except for ten small ones on cardboard.[1010]

On February 3rd Miró writes to Sert from Barcelona: "In Montroig I looked at your latest plans slowly and calmly. You'll create something excellent, very characteristic of us, with a great feeling for the area. [...] You've already taken into account that the planned dimensions of the work surface, based on the dimensions of the Cincinnati mural, are 12 m x 3 m. Given this big area and my way of working (moving about continually), even if I'm working on something with more normal dimensions, I think we must remember that if this area is covered in tiles by La Bisbal, which are magnificent, my feet might get cold unless we take the precaution of fitting very good insulation [...]."[1011]

On April 16th Miró is in Paris, staying at the Hotel Pont-Royal and working on the illustrations for *À toute épreuve*.[1012]

On April 24th Miró writes to Sert from Paris: "Maria Dolors has just written to say that they have received the model. She says it is magnificent [...]. When I tell friends here that we are going to live in the Balearics and that Sert is designing a studio for me, it makes a great impression. I am eager to go there, but we still have to spend a few more days in Paris. This summer we'll go and stay provisionally in Palma so that we can keep an eye on the last part of the work and I can acclimatize myself ready for work [...]."[1013]

On June 7th Miró writes to Sert from Palma de Mallorca: "We've just arrived in Palma. The first thing I saw was the model, which is sensational [...]. Enric strikes me as having observed all your ideas very closely. The work is a bit behind [...]. I am very pleased and very honoured to have this building of yours here and, with working conditions such as these, I believe my work will be very prolific [...]."[1014]

On August 16th Miró writes to Matisse from Palma de Mallorca. In the letter, he tells him that the house and studio are progressing under Sert's supervision, since the latter has just spent a few days in Palma. Miró hopes that it will be finished by the end of the year. He also explains that his frequent trips to Gallifa, to Artigas's studio, help calm his nerves, since pottery requires a great deal of concentration.[1015]

On October 18th, on behalf of the UNESCO, Georges A. Salles, Vice-President of the French Ministry of Education's Comité des Conseillers Artistiques, officially requests Miró's collaboration in the decoration of the UN's new international headquarters in Paris: "The Committee would like to commission you with the decoration (in paint or relief work) of a stone wall 15 metres long by 2.30 metres high [...]."[1016]

On October 20th Miró is in Montroig, where he writes to Matisse telling him about the letter from Georges Salles commissioning him the big mural for the UNESCO and saying that, in principle, he has decided to accept.[1017] In 1958 Miró explains it thus: "In 1955, the directors of the UNESCO invited me to collaborate in the decoration of the new buildings that the organization was making in Place Fontenoy in Paris. They offered me two 3-metre perpendicular walls, near the Conference Building, one 15 metres long and the other 7.5 metres long. I suggested that I make a ceramic mural with the help of Llorens Artigas [...] My idea was accepted and I met the architects [...] Mural art is the opposite of solitary creation. Although you must conserve your identity as an artist, you must also commit it to a large degree to a joint effort. It is a fascinating experience."[1018]

By November 15th Miró has accepted the commission to decorate the new Paris headquarters of the UNESCO. He plans to go to Paris in about late November to work on the project.[1019]

On December 11th Sert writes to Miró, asking him how the work on the Sert studio in Palma de Mallorca is going. He also explains to Miró that the exhibition at Harvard University has been a complete success and that a week dedicated to Miró has been scheduled. The week includes activities such as the première of Thomas Bouchard's film Around and About Miró at Harvard University's Fogg Museum.[1020]

On December 26th Miró writes to Matisse from Barcelona, explaining that he has seen the architects in charge of the building project for the Paris UNESCO headquarters and that he is going to create a big 15 x 3m ceramic mural.[1021] The same day, Miró also writes to Calder: "We are not yet settled in Palma as we are waiting for the house to be finished. The studio, built to Sert's plans, will be magnificent [...] I was in Paris just recently and spoke with the UNESCO architects. They told me that you are going to make a large mobile. Bravo! I have to create a large fifteen meter ceramic outdoor mural."[1022]

1956 Miró spends the months from January to May living in Barcelona, making frequent trips to Gallifa to continue working on ceramics.[1023]

On January 6th a retrospective exhibition of work by Miró opens at the Palais des Beaux-Arts in Brussels, which then travels on to Amsterdam's Stedelijk Museum and to the Kunsthalle in Basilea.[1024] The exhibition gets very good reviews.[1025]

On January 16th Miró writes to Matisse from Barcelona, commenting that he plans to go to Paris in the spring.[1026]

On February 10th Miró writes to Calder about the illustrations for À toute épreuve: "I am working with Tormo on modifications to the typography of certain pages of the book [...], this has naturally forced me to redo certain plates to maintain a balance. Tormo is going to Paris tomorrow for 4 or 5 days. I gave him the maquette with the amendments to show Madame Lacourière and Frélaut, because all my collaborators must keep the sacred fire going in order to bring this project to fruition. [...] I am preparing a big exhibition of ceramics for the month of May. I won't be able to go to Paris until this work is finished. Afterwards I'll be able to sort out everything that remains to be done with Frélaut. Let's hope that this time the final 'bon à tirer' is signed."[1027]

In May the magazine L'Oeil publishes an interview with Miró by Rosamond Bernier, in which the artist talks of his work as a ceramicist. Miró recounts how he started working with ceramics: "Back in 1922 at my Montroig farmhouse near Tarragona, I made some sculptures directly inspired by natural elements. Some years later, they were moulded in plaster and served as a starting point for ceramics." Miró explains what materials he uses in his work: "Mostly they are traditional materials: refractory clays, ceramic pastes, china, lead glazes, tin glazes, metal oxides." He also explains how varied his ceramics are: "There is pottery of all kinds: sculptures, plates, pebbles, engraved stones, small precious objects for a display case, architectural ceramics, plaques, compositions, montages, eggs, circles, stones, vessels."[1028]

On May 10th the last big series of ceramics made at Gallifa is completed, bringing to an end two and a half years of intense work by Miró and Artigas.[1029]

From June to August, an exhibition of ceramics by Miró and Artigas, entitled "Terres de Grand Feu", is held at Galerie Maeght in Paris.[1030] On June 28th Miró writes to Jean Cassou, Head Curator of the Musée Nacional

d'Art Moderne, from the Hôtel Pont-Royal in Paris to invite him to see the sculptures on exhibit at Galerie Maeght: "Together with Artigas, we've got mixed up in a hazardous journey. Personally, I'd like to know your opinion about our adventure."[1031]

In July, probably, Miró is in Paris, where he stays at the Hotel Pont-Royal from July 3rd to 22nd. On July 22nd he travels from Paris to Barcelona, taking the maquette and proofs of À toute épreuve.[1032]

In autumn Miró begins to "wind up" the Passatge del Crèdit and Folgarolas studios and begins the final move over to Palma. In the tranquillity and solitude of the new studio designed by Sert in Palma, Miró plans to design and prepare the ceramic mural for the UNESCO.[1033]

On September 8th, Miró is in Palma de Mallorca.[1034]

During the month of September, Miró probably goes to Gallifa, where he starts work with Artigas on the ceramic murals for the UNESCO.[1035]

On September 26th Miró is once again in Palma.[1036]

Some time after October 10th Miró travels to Paris, where he spends several days.[1037]

On November 8th Miró writes to Matisse from Son Abrines, Mallorca, telling him that the maquettes of the two ceramic murals for the UNESCO are finished and that they have made a great impression on the architects. Miró also tells him that they are still setting up the new studio, which is rather a bother and stops him from working as hard as he would like.[1038]

On November 9th Miró writes to Sert from Palma de Mallorca: "The studio is now completely ready and it is absolutely magnificent. I'm dying to get to work but I'm holding back, because I'd get too absorbed if I did it like that and I would never finish sorting out the house and, above all, the library [...]. I can't seriously get down to work unless the right setting has first been created [...]."[1039]

From December 4th to 30th, an exhibition of ceramics by Miró and Artigas, entitled "Sculpture in Ceramic: Terres de Grand Feu" is held at the Pierre Matisse Gallery in New York. The exhibition is hailed as "sensational", enthusing both the public and the critics.[1040]

On December 28th Miró writes to Cramer: "The house and the studio are beginning take on some kind of order. About time too! [...] For

1016 Letter from Georges A. Salles [Vice-President of the French Ministry of Education's Comité des Conseillers Artistiques] to Joan Miró, October 1st 1955 (FPJM: FD-551).
1017 Letter from Joan Miró to Pierre Matisse, October 20th 1955 (PML: PMGA).
1018 Miró 1958g, pp. 263-264.
1019 Letter from Bernard Zehrfuss [from the group of architects responsible for the UNESCO project] to Joan Miró, November 15th 1955 (FPJM: FD-550).
1020 Letter from Josep Lluís Sert to Joan Miró, December 11th 1955 (FPJM: FD-261): "The film is truly magnificent and I think it shows your work and your roots just as they must be"; and The Boston Herald, December 8th 1955 (FPJM: H-2443).
1021 Letter from Joan Miró to Pierre Matisse, December 26th 1955 (PML: PMGA).
1022 Letter from Joan Miró to Alexander Calder, December 26th 1955, in Hutton and Wick 2004, p. 272.
1023 Umland 1993, p. 340.
1024 Letters from Robert Giron to Joan Miró, January 14th 1956 (FPJM: FD-220), January 27th 1956 (FPJM: FD-221). They describe the huge success of the exhibition, regretting that Miró was unable to attend the opening since his old friends from Brussels and many admirers were there.
1025 Sosset, January 6th 1956 (FPJM: H-2452); Caso, January 8th 1956 (FPJM: H-2454); and H.W., April 19th 1956 (FPJM: H-2512).
1026 Letter from Joan Miró to Pierre Matisse, January 16th 1956 (PML: PMGA).
1027 Letter from Joan Miró to Gérald Cramer, February 10th 1956, in Giroud 2002, pp. 108-109.
1028 Bernier, May 1956 (FPJM: H-2530).
1029 Miralles 1992, p. 73; and Pierre and Corredor-Matheos 1974, p. 131.
1030 Miralles 1992, p. 73; Pierre and Corredor-Matheos 1974, p. 149; and Besson, June 28th 1956 (FPJM: H-2549).
1031 Letter from Joan Miró to Jean Cassou, June 28th 1956, in Rowell 1993, p. 97.
1032 Letter from Joan Miró to Gérald Cramer, [July 3rd 1956]; and letter from Joan Miró to Gérald Cramer, July 21st 1956, in Giroud 2002, pp. 110-111.
1033 Letter from Joan Miró to Pierre Matisse, January 16th 1956 (PML: PMGA).
1034 Letter from Joan Miró to Gérald Cramer, September 8th 1956, in Giroud 2002, pp. 112-115.
1035 Rowell 1987a, p. 33.
1036 Letter from Joan Miró to Gérald Cramer, September 26th 1956, in Giroud 2002, pp. 114-115.
1037 Postcard from Joan Miró to Gérald Cramer, October 10th 1956, in Giroud 2002, pp. 116-117.
1038 Letter from Joan Miró to Pierre Matisse, November 8th 1956 (PML: PMGA).
1039 Letter from Joan Miró to Josep Lluís Sert, November 9th 1956, in Col·legi Oficial d'Arquitectes de Balears (Official Balearic Association of Architects) 1990, p. 36.
1040 Carnielli and Loudon 2001, pp. 234-235.

1041 Miró is referring to an exhibition of graphic work held in Krefeld, at the Haus Lange Museum. The exhibition later travelled to West Berlin, Munich, Cologne and Hamburg (Tone 1993, p. 447).

1042 Miró is referring to the book by Paul Eluard, *À toute épreuve.*

1043 Letter from Joan Miró to Gérald Cramer, December 28th 1956, in Giroud 2002, pp. 118-119.

1044 Umland 1993, p. 340.

1045 Bernier 1961, in Rowell 1995, pp. 277-278.

1046 *La Vanguardia,* January 18th 1957 (FPJM: H-2698).

1047 Postcard from Joan Miró to Gérald Cramer, January 17th 1957, in Giroud 2002, pp. 120-121.

1048 Letter from Joan Miró to Alexander Calder, February 8th 1957, in Hutton and Wick 2004, pp. 272-273.

1049 According to a statement by Manuel Arce, owner of Santander's Galería Sur, and to a drawing made by Miró during his stay in Santander. On November 10th 2000, the Director of Altamira Museum, José Antonio Laceras, and María Luisa Lax interviewed Mr. Arce in Santander. Manuel Arce easily recollected the visit by Miró to Santander in March 1957 and he showed us a drawing that Miró had made during his stay in Santander. The drawing is dedicated, signed and dated: "Santander // 8/3/57."

1050 Rowell 1987a, pp. 242-245.

1051 Visiting card from Joan Miró, given to Josep-Francesc Ràfols, March 18th 1957, in Soberanas and Fontbona 1993, p. 139.

1052 Letter from Joan Miró to Josep Lluís Sert, March 30th 1957 (FLL); and Pierre and Corredor-Matheos 1974, p. 350.

1053 Letter from Joan Miró to Josep Lluís Sert, March 30th 1957 (FLL).

1054 Umland 1993, p. 340; and Tone 1993, p. 447.

1055 Letter from Joan Miró to Josep Lluís Sert, March 30th 1957 (FLL).

1056 J. D., May 19th 1957 (FPJM: H-2769); Dartigues, May 19th 1957 (FPJM: H-2770); and Humbourg, May 18th 1957 (FPJM: H-2772).

1057 Umland 1993, p. 340; and Rowell 1987a, p. 34.

1058 Umland 1993, p. 341.

1059 Letter from Joan Miró to Gérald Cramer, September 24th 1957, in Giroud 2002, pp. 122-123.

1060 Postcard from Joan Miró to Josep-Francesc Ràfols, October 19th 1957, in Soberanas and Fontbona 1993, p. 141.

1061 Letter from Joan Miró to Gérald Cramer, October 19th 1957, in Giroud 2002, pp. 124-125.

1062 Letter from Joan Miró to Gérald Cramer, November 19th 1957, in Giroud 2002, pp. 126-127.

1063 Umland 1993, p. 341.

1064 Letter from Joan Miró to Gérald Cramer, January 2nd 1958, in Giroud 2002, p. 129.

1065 Umland 1993, p. 341.

1066 Umland 1993, p. 341.

1067 Letter from Joan Miró to Gérald Cramer, February 8th 1958, in Giroud 2002, pp. 130-131.

1068 Letter from Joan Miró to Pierre Matisse, April 1st 1958 (PML: PMGA).

1069 Fabre, April 26th 1958 (FPJM: H-2894); and *New York Herald Tribune,* April 30th 1958 (FPJM: H-2896).

1070 Cramer 1989, pp. 142-145.

1071 Letter from Joan Miró to Pierre Matisse, May 19th 1958 (PML: PMGA).

1072 Pierre and Corredor-Matheos 1974, p. 176.

1073 Letter from Bernard Zehrfuss to Joan Miró, June 13th 1958 (FPJM: FD-547).

the coming winter, a big exhibition of all my engravings is being organized to take place at museums in Germany's six most important cities.[1041] I think they should know that the book[1042] is in progress and about to be published, either by exhibiting two or three proofs or else by simply announcing it so that it is a better surprise."[1043]

1957 Once Miró has settled into "Son Abrines" in Mallorca, he begins to organize his new studio, also re-examining all his artistic work.[1044] In retrospect Miró remembers the period thus: "In the new studio, for the first time I had enough space. I could unpack crates that contained work made years before [...] When I took it all out in Mallorca, I began an exercise in self-criticism. I coldly and objectively 'corrected' my work [...]. It was an eye-opener, a genuine experience. I was ruthless with myself. I destroyed many paintings, particularly many drawings and gouaches. I looked at a whole series, separated one group to burn them, came back with more and then destroyed those. There were two or three big 'purges' like this over a period of several years. There are many examples of my work I would like to take up again. [...] My current oeuvre is the result of everything I learnt during that period."[1045]

From January 9th to 25th, a solo exhibition of work by Miró entitled "Original Lithographs by Joan Miró" is held at Sala Gaspar in Barcelona.[1046]

On January 24th Miró is in Paris, planning to spend eight days there. He supervises the illustrations for *À toute épreuve.*[1047]

On February 8th Miró writes to Calder from Son Abrines in Palma: "[...] the installation of the studio never ends [...] The installation and the UNESCO project have taken up all my time."[1048]

On March 8th Miró is in Santander with the photographer Francesc Català-Roca, the ceramicist Josep Llorens Artigas, and his son Joan Gardy Artigas. On this trip, Miró visits the caves at Altamira for the first time[1049] to see "the oldest example of mural art in the world". Thus it is that Miró commences a pilgrimage, visiting his sources of inspiration in order to enrich the process of creation of the ceramic murals for the UNESCO building in Paris. This pilgrimage also includes Catalonia's Romanic paintings and the architecture of Gaudí, more specifically Güell Park.[1050]

On March 18th Miró is in Palma de Mallorca.[1051]

On March 30th Miró writes to Sert: "You will have received the postcard that we sent to you from Altamira: a journey that was very useful for our work on the UNESCO murals. The murals are inspired by the Romanic frescoes of our museum = Gaudí = Altamira. With such sponsors, the angels shall protect us."[1052] Besides, he explains his adjustment to his new studio in Palma de Mallorca: "I still haven't managed to regain my normal pace of work and life. An interval like this of long, silent reflection, generously interrupted by the UNESCO commission, was good for me. I'll come out of [this interval] with a new lease of life and new potential. I'm putting pottery craftwork and fisherman's things in the studio and courtyard. It all looks wonderful. The setting of the studio and the poetry and light of the landscape will dictate a new, magnificent conception of art." [1053]

In April an exhibition of graphic work entitled "Miró: Das graphische Werk" is held at the Haus Lange Musuem in Krefeld. The exhibition travels on to Berlin, Munich, Cologne, Hannover and Hamburg.[1054]

In late April, probably, Miró travels to Paris, where he spends two months.[1055]

From May 17th to June 17th, an exhibition entitled "Miró: peintures, lithographies, sculptures, céramiques" is held at Galerie Matarasso in Nice.[1056]

In August, probably, Miró starts work with Jacques Dupin on a big monograph about his life and work which is published in 1961.[1057]

On August 9th Matisse writes to Miró, saying how pleased he is that Miró has agreed to publish a facsimile edition of the *Constellations* series. Later Miró suggests to Matisse that André Breton should be in charge of the text for the publication.[1058]

On September 24th Miró is in Montroig, resting there for a few days. He writes to Cramer from Montroig: "I am currently obsessed with the idea of finding paper that can be used in my projects. You spoke to me about thick Chinese or Japanese paper. If there is any in Switzerland, could you get me some sheets of different sizes? [...] In your country I expect there must be common or garden paper for grocers or paper for butchers to wrap meat in. That could also be another resource of great potential." [1059]

On October 19th Miró is back in Palma de Mallorca.[1060] From there he writes to Cramer: "[...] It is impossible for me to know when I'll be able to go to Paris, because at the moment Artigas and I are in the midst of working on

the murals: a decisive moment when my responsibility is in the balance more than ever." [1061]

On November 19th Miró writes to Cramer from Palma: "I apologize for the delay in replying, but I have been away at Artigas' house, working on the big mural for the UNESCO. Now I am waiting for him to tell me when I have to go rushing back again. [...] I can't tell you in advance when I'll be able to go to Paris. It all depends on the results of the firings." [1062]

1958 In Palma de Mallorca Miró continues to organize the new studio by Sert. In doing so, he is able to review sketches and drawings made throughout his whole life.[1063]

On January 2nd Miró writes to Cramer: "This January, as soon as I can, I'll go to Paris to sort everything out [...] We've had a problem with our kiln, which has upset things a bit and delayed us." [1064]

On January 21st Miró writes to Breton from Palma, telling him how satisfied he is that Breton has agreed to write the text for the *Constellations.*[1065]

On January 28th James Thrall Soby, the Curator of the Department of Painting and Sculpture of The Musuem of Modern Art in New York, writes to Miró about plans for a big retrospective exhibition of Miró's work.[1066]

On February 8th Miró writes to Cramer: "I'm going to Artigas' house to work with him a bit and then straight on to Paris, where we'll arrive on Tuesday 18th in the evening." [1067]

On April 1st Miró writes to Matisse from Gallifa, explaining that he is working on the final touches to the UNESCO mural.[1068]

From April 25th to June 5th, an exhibition entitled *A toute épreuve* is held at Galerie Berggruen in Paris[1069] about the book of poems by Paul Eluard, illustrated by Miró at Atelier Lacourière et Frélaut in Paris and published by Gérald Cramer in Geneva.[1070]

On May 19th Miró writes to Matisse from Palma, telling him that the UNESCO murals are practically finished. Miró is waiting for Artigas to get in touch for a final review of the work.[1071]

On May 29th the last ceramics are fired for the UNESCO murals.[1072]

By June 13th the *Moon Mural* has been transferred to Paris, but has still not been mounted.[1073]

During the month of August Miró almost certainly works with Sert in Saint-Paul-de-Vence.[1074]

On August 25th Miró writes to Matisse from Palma, announcing that he has been chosen to receive the Guggenheim International Award for the UNESCO murals.[1075]

On November 3rd the new UNESCO headquarters in Place de Fontenoy in Paris is officially inaugurated.[1076]

From November 4th to 29th, the exhibition "Peintures Sauvages, 1934 to 1953" is held at the Pierre Matisse Gallery in New York.[1077]

In December André Breton publishes an article in L'Oeil, entitled "Constellations de Joan Miró".[1078]

1959   After four years, he resumes painting and produces works on canvas, cardboard, burlap or wood, in general, in small formats.[1079]

On January 4th René Char tells Miró that he is due to receive some poems by René Cazelles. Char also tells him how eager he is to see his book, which Louis Broder is printing, with its illustrations by Miró.[1080] In effect, on May 16th Broder sends Miró the proofs of Char's book for his approval.[1081]

From January 20th through to March, the presentation and exhibition of the facsimile edition of Constellations takes place at Galerie Berggruen in Paris. Some of the Constellations from the original series, made up of 23 gouaches, are exhibited and the book, which is published by Pierre Matisse, is presented with an introduction and 22 articles by André Breton.[1082]

On February 15th the magazine XXe siècle publishes an article entitled "Je travaille comme un jardinier", containing reflections by Miró compiled by Yvon Taillandier. Miró gives an in-depth description of his creative process, the sources of inspiration for his work and the setting in which he works: "The vision of the sky moves me deeply. I feel a shiver down my spine when I see an immense sky, a new moon or the sun [...] The simplest of things give me ideas [...] I regard my studio as a kitchen garden [...] I work just as a gardener or vine grower does. Things emerge slowly [...] they follow their natural course. They grow and mature. They develop within me. I work on many things at the same time, even in different fields: painting, engraving, lithography, sculptures, pottery.... The subject (the instrument) dictates the use of a particular technique or way of bringing something to life."[1083]

In an article published in March, Miró outlines his work plans: "I shall mix large and small formats. It will be a real salade. I am going to make immense things [...] I feel that I am on the brink of a very brutal evolution. I feel that I shall now be able to paint things that I could not have painted three years ago."[1084]

On March 2nd Miró writes to Matisse from Palma de Mallorca, telling him that he has received a letter from Sweeney inviting him to Washington on May 18th to receive the Guggenheim International Award from President Eisenhower. Miró accepts the invitation.[1085]

From March 17th to April 11th, the presentation of the facsimile edition of Constellations is held at the Pierre Matisse Gallery in New York. Some of the original 23 gouaches are exhibited and the book published by Pierre Matisse is presented, with an introduction and 22 "Proses parallèles" by André Breton and an article entitled "The Atmosphere Miró" by James Johnson Sweeney.[1086]

From March 18th to May 10th, a retrospective exhibition of Miró's work is held at New York's Museum of Modern Art, organized by William S. Lieberman. The author of the catalogue is James Thrall Soby.[1087] Miró receives fond praise and very good reviews.[1088] Sert writes to Miró: "I am still affected by your exhibition. I'm sure even you wouldn't have imagined it! I was familiar with almost all the paintings on show, but seeing them together is quite another thing. It is the only way of understanding the continuity of your work. Over one hundred paintings are a lot of paintings, but despite this, there was no sense of monotony, not even of repetition. Everything vibrates. Life is on all sides! Together with life, there are the permanent values of popular art, the earth, objects transformed."[1089] Pierre Matisse expresses his enthusiasm for both the MoMA exhibition and the one at the Pierre Matisse Gallery: "The exhibition is a total success [...] From an artistic and strategic point of view, I am very very happy. What pleases me most is the fact that for the first time, the drama and tragedy that underlies your work was perceived. That tension that has guided you from your earliest beginnings through until the latest work on exhibit. Finally the public realizes that it is not a question of flittering from one thing to another, but an intrepid adventure which you plunged into head first."[1090]

On March 30th Miró writes to Matisse from Palma de Mallorca, informing him of the plans for his forthcoming visit to the United States. The flight out has been booked for April 21st from Barcelona.[1091]

On April 14th Miró writes to Matisse from Palma de Mallorca, talking about his future trip to the States. Miró says that he will be staying in New York until the exhibition closes and then he will make several short trips. He plans to visit Sert and Calder, to travel to Chicago and Philadelphia, and to contact American painters, since he is very interested in American painting.[1092]

On May 8th President Eisenhower presents Miró with the Guggenheim International Award at the White House in Washington D. C.[1093]

A few days later, on May 21st, Miró travels to Boston.[1094] In Cambridge, Miró visits his mural painting in Harkness Commons and is struck by its poor state of conservation. He suggests that it is replaced with a ceramic mural.[1095]

On May 29th Miró leaves New York on the liner S.S. Liberté.[1096]

On July 9th Miró writes to Sert from Barcelona. In the letter he talks of the impact that his visit to the States made: "My stay in the United States, at a point at which I am now middle-aged, has made a very strong impression on me, which will naturally have repercussions on my work."[1097]

From July 11th to October 11th, Miró exhibits work at "Documenta II" in Kassel, Germany.[1098]

On August 1st Breton writes to Miró to ask him to take part in the "Exposition Internationale du Surréalisme", which is scheduled to take place at Galerie Daniel Cordier from December 15th. Following the desires of the gallery's owner, the theme of the exhibition is eroticism. André Breton wants Miró to be well represented at the exhibition with two and three-dimensional work from his recent and early periods.[1099] However, the exhibition coordinator, José Pierre, has trouble getting the necessary loans.[1100]

On October 9th Miró writes to Sert from Montroig: "In a few days, we'll be returning to Palma [...] Once I'm there, I'll really get down to work, which I long for now. I've worked hard here too, sorting out things inspired by this setting." Likewise Miró expresses his enthusiasm about the plans for a new Maeght Foundation in Saint-Paul-de-Vence: "Maeght sent me series of photographs of the final version of the model. It's remarkable. I've also noted down ideas that I'll suggest to you if we see each other this winter when the first stone is put in place [...] It's a work of architecture that will allow great things to be done,

1074   Letter from Joan Miró to Pierre Matisse, August 23rd 1958 (PML: PMGA).
1075   Letter from Joan Miró to Pierre Matisse, August 25th 1958 (PML: PMGA); Genauer, October 17th 1958 (FPJM: H-2996); and Knox, October 17th 1958 (FPJM: H-2997).
1076   La Vanguardia, November 4th 1958 (FPJM: H-3020); and Soir-Express, November 4th 1958 (FPJM: H-3027).
1077   Pierre Matisse Gallery 1958; New York Herald Tribune, November 9th 1958 (FPJM: H-3033); and Devreem, November 9th 1958 (FPJM: H-3034).
1078   Breton, December 1958 (FPJM: H-3072).
1079   Dupin and Lelong-Mainaud 2002 b, pp. 17-55.
1080   Letter from René Char to Joan Miró, January 4th 1959 (FPJM: FD-103): René Char seems to be referring to his own book Nous avons illustrated by Miró, which was published in 1959. René Char must also be talking about the book by Caselles, entitled La rame et la roue, illustrated by Miró and published in 1960 (Cramer 1989, pp. 152-153 and 172-173).
1081   Letter from Louis Broder to Joan Miró, May 16th 1959 (FPJM: FD-45).
1082   Moulin, February 19th 1959 (FPJM: H-3104).
1083   Taillandier, February 16th 1959 (FPJM: H-3097).
1084   Schneider, March 1959 (FPJM: H-3249).
1085   Letter from Joan Miró to Pierre Matisse, March 2nd 1959 (PML: PMGA).
1086   Carnielli and Loudon 2001, p. 245; and invitation to the exhibition (FPJM: H-3142).
1087   Soby 1959.
1088   Genauer, March 22nd 1959 (FPJM: H-3115); and Devree, March 22nd 1959 (FPJM: H-3116).
1089   Letter from Josep Lluís Sert to Joan Miró, March 21st 1959 (FPJM: FD-574).
1090   Letter from Pierre Matisse to Joan Miró, March 22nd 1959 (FPJM: FD-576).
1091   Letter from Joan Miró to Pierre Matisse, March 30th 1959 (PML: PMGA).
1092   Letter from Joan Miró to Pierre Matisse, April 14th 1959 (PML: PMGA).
1093   The New York Times, May 19th 1959 (FPJM: H-3135); and New York Herald Tribune, May 19th 1959 (FPJM: H-3137).
1094   Three bills from the travel agent's, Humbert Travel Service, Inc., dated May 8th, 12th and 13th respectively, seem to indicate that Miró travelled by train on May 21st from New York to Boston and from Boston to Philadelphia and back on the 22nd.
1095   Letter from James Thrall Soby to Agnes Mongan, of the Fogg Art Museum, May 1959.
1096   Letter from Joan Miró, at New York's Hotel Gladstone, to James Sweeney, May 18th 1959 (PML: PMGA).
1097   Letter from Joan Miró to Josep Lluís Sert, July 9th 1959 (FLL).
1098   Rowell 1987a, p. 34; and Habasque, September 1959 (FPJM: H-3191).
1099   Letter from André Breton to Joan Miró, August 1st 1959 (FPJM: FD-40). At the "Exposition Internationale du Surréalisme", Miró exhibited L'Objet du couchant, Galerie Daniel Cordier, Paris, in Durozoi 2004, pp. 586-590.
1100   Letter from José Pierre to Joan Miró, October 28th 1959 (FPJM: FD-43).

1101 Letter from Joan Miró to Josep Lluís Sert, October 9th 1959 (FLL).
1102 *La Vanguardia*, November 13th 1959 (FPJM: H-3190); and del Castillo, November 20th 1959 (FPJM: H-3187).
1103 Letter from Michel Leiris to Joan Miró, December 7th 1959 (FPJM: FD-161). This book was published in Geneva in 1961, in Cramer 1989, pp. 202-203.
1104 Letter from René Cazelles to Joan Miró, December 11th 1959 (FPJM: FD-71). This book was published in 1960, in Cramer 1989, pp. 172-173.
1105 Cramer 1989, pp. 158-159. Letter from André Frénaud to Joan Miró, December 5th [1957/1959] (FPJM: FD-362.1a): "I congratulate myself on this first collaboratory experience and await the arrival of a more important book."
1106 Dupin and Lelong-Mainaud 2002b, pp. 17-28, 68-73.
1107 Letter from Joan Artigas to Pierre Matisse, January 25th 1960 (PML: PMGA).
1108 Letter from Joan Miró to Josep Lluís Sert, February 15th 1960 (FLL).
1109 Letter from Joan Miró to Josep Lluís Sert, February 15th 1960 (FLL).
1110 Letter from Joan Miró to Pierre Matisse, April 13th 1960 (PML: PMGA).
1111 *Última Hora*, June 10th 1960 (FPJM: H-3283).
1112 Letter from Joan Miró to Alexander Calder, July 24th 1960, in Hutton and Wick 2004, p. 273.
1113 Letter from Aimé Maeght to Joan Miró, August 31st 1960 (FPJM).
1114 Letter from Joan Miró to Josep Lluís Sert, September 18th 1960 (FLL).
1115 Letter from Joan Miró to Pierre Matisse, November 12th 1960 (PML: PMGA).
1116 Letter from Joan Miró to Josep Lluís Sert, November 12th 1960 (FLL).
1117 Letter from Josep Lluís Sert to Joan Miró, December 7th 1960 (FLL).
1118 Letter from Joan Miró to Josep Lluís Sert, December 15th 1960 (FLL).
1119 Cela January 1961 (FPJM: H-3251).
1120 Figueruelo January 31st 1961 (FPJM: H-3252).
1121 *Derrière le miroir* February 1961; and Galerie Maeght, February 17th 1961 (FPJM: H-3256).
1122 Umland 1993, p. 341; and letter from Joan Miró to Josep Lluís Sert, March 26th 1961 (FLL).
1123 Canaday, February 26th 1961 (FPJM: H-3261); and E. G., February 26th 1961 (FPJM: H-3262).
1124 Letter from Alexander Calder to Klaus Perls, November 1960, and letter from Joan Miró to Klaus Perls, November 12th 1960, in Hutton and Wick 2004, pp. 273-274. Calder said of Miró: "[...] We became very good friends and attended many things together, including a gymnasium. I came to love his painting, his color, his personages, and we exchanged works. [...] Gymnasium is a thing of the past, but Miró and I go on." Miró paid a tribute to Calder by dedicating a poem to him: "My old Sandy, this burly man with the / soul of a nightingale who blows mobiles / this nightingale who builds his nest / in his mobiles / these mobiles rub the skin / of the orange sphere / where my great friend Sandy lives."

bringing grand ideas to life." In addition, Miró tells Sert: "I've just bought 'Son Boter', the magnificent house behind ours. [...] I'll also be able to use it to create very big canvases and sculptures, freeing space in the studio [...]. I'm also planning to set up presses there for lithographs and etchings." [1101]

From November 7th to 20th, a solo exhibition of graphic work by Miró is held at Sala Gaspar in Barcelona. One *makemono* scroll, ten etchings, twelve lithographs and the *Constellations* series. [1102]

On December 7th Michel Leiris sends Miró a series of poems entitled "Marrons sculptés pour Miró", which leads to the creation of a book illustrated with a colour lithograph by Joan Miró. [1103]

On December 11th René Cazelles tells Miró how thrilled he was to see the proofs of the lithographs created by Miró to illustrate his book *La rame et la roue*. [1104]

Miró and André Frénaud collaborate for the first time on a book of poems entitled *Noël au chemin de fer*. Miró makes two drypoint engravings. [1105]

1960 Betweem 1959 and 1965, Miró produces a series of paintings on cardboard. Throughout 1960, he uses different materials as supports. He skilfully takes advantage of the textures and irregularities of the support or else he generates them. He explores a wide variety of techniques: Oil, acrylic, wax crayons, gouache, charcoal, pastel and chalk, among other things. [1106]

On January 25th Joan Artigas writes to Pierre Matisse, telling him that Miró has talked to him about a project to convert Miró's painting for Harvard University into a ceramic mural. Artigas is interested in the project and asks Matisse to contact the architects to find out the exact dimensions of the future ceramic mural. [1107]

On February 15th Miró writes to Sert from "Son Abrines": "I'm working as hard as I can. The studio is overflowing with paintings and I can hardly move. Fortunately, I've got 'Son Boter', with a formidable number of big paintings that are awaiting their turn, once they are ready, to go to the studio to be worked on [...] The studio is magnificent as an instrument for my work, and it was admirably conceived for that purpose." In the same letter, Miró tells him that he and Pierre Matisse have come up with "a very clever plan of attack" for the next exhibition at the Pierre Matisse Gallery in New York. They plan to exhibit Miró's latest work, the big mural painting for Harvard made in 1948, and the big mural by Sert himself. [1108]

In February, probably, Miró meets Josep Llorens Artigas and his son Joan in Gallifa to study the project for a big ceramic mural to replace his mural painting at Harvard. [1109]

On April 13th Miró writes to Matisse from Palma, telling him that Sert has already sent him the dimensions of the ceramic mural for Harvard and that Miró has seen Artigas in Barcelona where they discussed the subject in depth. Artigas thinks that the mural could be finished by the end of 1960. For Miró two possible approaches could be taken to the work: Either a copy could be made of the painting, which Miró was not interested in doing, or else a new version of the painting could be made in collaboration with Artigas and his son, which he regarded as an enthralling prospect. Previously, Matisse would have to get a firm commitment from the Harvard Committee, before the preparatory work could begin, which was expected to take a long time. [1110]

On June 9th, the Ambassador of the United States in Spain travels to Mallorca to make Miró an honorary member of the American Academy and Institute of Arts and Letters. [1111]

On July 24th Miró writes to Calder from Son Abrines: "We were heart-broken to leave Paris without having come to visit you in the country [...] You said that you would be staying there for quite a long time, so it's understood that when we return we will stop by to see you, with great pleasure." [1112]

On August 31st Aimé Maeght writes to Miró to discuss the project for the Fondation Maeght: "[...] I was stirred and deeply moved by your enthusiasm and your fondness for this project, which will also be a great joint initiative [...] With Sert, we have looked in detail at all the problems that your collaboration might entail. He is personally very pleased and proud that you will collaborate, particularly given your respect for architecture." [1113]

On September 18th Miró writes to Sert from Montroig, where he is planning to spend a month, followed by a week in Barcelona. Miró tells him of his plans to work on large-scale projects: "When I start work again, on my return, [...] I'll sort things out a bit to make room for a new stage of large paintings." He also tells him that Artigas is in the initial firing stages of the ceramics for the mural that will replace the Harvard mural painting. [1114]

On November 12th Miró writes to Matisse from Palma, telling him that the big Harvard mural will surprise him. Originally Miró toyed with the idea of making another version of the painted mural, but in the end this painting merely served

as a pretext. At that point in time, Miró was waiting to see the outcome of the fired ceramics. He wanted to exhibit the mural in New York before it was mounted in Harvard. [1115]

On November 12th Miró writes to Sert, informing him that he has just arrived from Gallifa, where he has been working on the ceramic mural for Harvard: "I think this one will surprise you. I've thrown myself wholeheartedly into the work. I think that, together with other possibilities that we have discussed in depth with Artigas, this will open up and enrich new horizons for Saint-Paul and other joint projects." [1116]

On December 7th Sert writes to Joan Miró, explaining that Harvard University would like the Harkness Commons mural painting to be put on show permanently in the Fogg Art Museum, once it has been replaced by the ceramic one. [1117]

On December 15th Miró writes to Sert, telling him that the owner of the Harkness Commons mural painting is now Pierre Matisse. Miró also tells Sert that the new ceramic mural is almost finished. The only thing that remains is to re-fire some fragments: "I think you'll be very impressed. It has nothing to do with painting. It is one of my key works." [1118]

1961 In January Miró gives an interview in which he talks about his projects: "Now that I have finished the UNESCO murals, I can seriously get down to work. I see that I am beginning a new period. I have to work hard on things that I began here in Palma twenty years ago. It's part of the cycle. Everything has its cycle: the stars, insects, works of art. It's the call of the earth [...] Twenty years ago I painted constellations. Now I've gone back to those paintings, to those drawings [...] In Mallorca I want to do monumental sculptures to place between the trees and on rocks on the coast." [1119]

On January 30th the Harvard ceramic mural is exhibited at Sala Gaspar in Barcelona. [1120] From February 17th to 28th, it is shown at Galerie Maeght in Paris. [1121] Lastly, before it is mounted in Cambridge, it is exhibited at New York's Solomon R. Guggenheim Museum from March 30th to April 16th. [1122]

From February 21st to April 1st, an exhibition entitled "Alexander Calder, Joan Miró" is held at Perls Galleries in New York. The exhibition is a great success with the public and it gets enthusiastic reviews. [1123] To mark the occasion, the gallery owner Klaus Perls asks both artists to write an article as a tribute to the other for the catalogue of the exhibition. [1124]

On March 4th Miró finishes the triptych *Bleu I, Bleu II, Bleu III*.[1125] In an interview he explains: "My latest work consists of three big blue canvases. It took me a long time to create them. Not to paint them but to conceive them. A huge effort was needed and considerable inner tension to rid them of the unnecessary as I wished. The preliminary stage was intellectual... it was like the introduction to a religious rite, yes, like entering a monastery [...] I knew that I was risking everything. One weakness or error and all would have been lost [...] These paintings are the culmination of everything I had tried out until then."[1126]

On March 20th the mural painting for Josep Lluís Sert's Cambridge home in the United States is completed.[1127]

On April 10th Miró is in Paris, preparing for his forthcoming solo exhibition at Galerie Maeght, whose opening would take place on April 28th.[1128]

On May 27th Miró writes to Cramer: "I'll be in Paris on June 11th to prepare for my second exhibition. [...] Don't forget about our trip to Cabrera, which will give us ideas for the book."[1129]

From June 10th to 14th, an exhibition entitled "Joan Miró: Oeuvre graphique original, céramiques" is held at the Musée de l'Athénée in Geneva.[1130]

From June 23rd to July 31st, an exhibition of mural paintings is held at Galerie Maeght in Paris. The work on show includes the triptych *Bleu I, Bleu II, Bleu III*, and the mural painting made for Josep Lluís Sert.[1131]

On September 23rd Miró writes to Cramer from Montroig: "I've thought hard about the book and it could become something of great importance, but to tackle such an adventure, my spirit must be free, after setting up my New York exhibition."[1132]

From October 31st to November 25th, a solo exhibition of work by Miró is held at the Pierre Matisse Gallery in New York.[1133]

On November 17th Joan Miró and Pilar Juncosa travel from Paris to New York.[1134] During his stay in New York, they attend a dinner in honour of Miró, given by the Academy of Fine Arts and the artist is interviewed by different North-American media (television, radio, newspapers etc.). On December 3rd, in a letter to her brother Lluís Juncosa, Pilar informs him that the exhibition "The Art of Assemblage", held at The Museum of Modern Art, has been a success and that consequently they have extended their stay by several weeks. Pilar explains that they are planning to travel to Boston to attend a cocktail party given by Harvard University and another at Sert's home.[1135]

On December 29th Miró writes to Pierre Matisse from Palma de Mallorca, thanking him for his kindness while they were in New York. For Miró, those weeks in New York acted as a great stimulus and he tells Matisse that he is planning to create a series of large paintings.[1136]

Jacques Dupin publishes the monograph *Joan Miró*.[1137]

1962 Some time prior to February 27th Miró travels to Gallifa to Josep Llorens Artigas' studio.[1138]

Some time prior to May 14th, probably, Miró spends a few days again in Gallifa with Josep Llorens Artigas and his son Joan Gardy Artigas.[1139]

Between May 18th and 22nd, Miró completes a new series of large paintings: *Peinture murale jaune orange*, *Peinture murale vert* and *Peinture murale rouge*.[1140]

On May 27th Miró writes to Dupin, commenting on his plans to set up an engraving studio in Palma.[1141]

From June to November, a big retrospective exhibition of Joan Miró's work is held at the Musée national d'art moderne in Paris. The exhibition includes paintings from 1914 to 1962, drawings, gouaches, collages, engravings and lithographs, ceramics, illustrated books and sculptures.[1142]

In July Miró possibly goes to Saint-Paul-de-Vence, where he meets up with Sert to plan a joint project for the Fondation Maeght.[1143]

In September the Miró family spends some time in Montroig. In early October they travel to Palma de Mallorca. On October 3rd Miró writes to Sert: "I've been thinking a lot about our fascinating project [the Fondation Maeght]. We must have it all carefully planned before starting work to ensure maximum efficiency. Papitu [Artigas] is finishing the kiln and already preparing the material very enthusiastically. Next week I'll go [to Gallifa]."[1144]

In late October, probably, he travels to Paris.[1145]

1963 Probably in January, Miró travels to Gallifa to work on the project for the Fondation Maeght in Saint-Paul-de-Vence.[1146] From 1962 and throughout the whole of 1963, Miró works with Artigas on the monumental ceramic sculptures that will make up the *Labyrinthe* of the Fondation Maeght: "Monuments in celebration of life, masks of women and mothers, representations of the female dimension of nature and of fertile masculinity, a tribute to the confusion of the species and the birth of hybrids [...]."[1147]

In about mid February Miró travels to Saint-Paul-de-Vence to work there in collaboration with Artigas, no doubt on the *Labyrinthe* of the Fondation Maeght.[1148]

On June 13th an exhibition of monumental sculptures by Miró and Artigas opens at Galerie Maeght in Paris.[1149]

On August 14th Thomas M. Messer, the Director of the Solomon R. Guggenheim Museum, writes to Miró, proposing that he should make a ceramic mural in honour of Alicia Patterson Guggenheim.[1150]

On September 1st Miró is in Montroig, planning to stay there until early October.[1151]

On September 23rd Miró answers Mr. Messer: "[...] Your new proposal, offering me large stretches of wall to decorate, both honours and flatters me. The idea is thrilling. [...] In a few months my mind will be clearer and freer to make it."[1152]

On October 26th the exhibition "Joan Miró 'Album 19'" opens at Sala Gaspar in Barcelona.[1153]

In November 1963, Miró's painting for Harkness Commons changes hands and is bought by the New York Museum of Modern Art,[1154] which is the cause of great joy for Miró.[1155]

On November 9th Miró writes to Thomas M. Messer about the mural project for the Guggenheim: "[...] The idea you have suggested for the museum is fascinating. It is through teamwork, with a continual interchange of ideas, that we can create something remarkable. As soon as I have sorted out my work and my ideas a bit, I'll come over to New York."[1156]

On November 26th Miró writes to Sert from Palma, telling him that he has just returned from Saint-Paul-de-Vence: "[...] I can give you precise, optimistic news about the [Maeght] Foundation. Your architecture is magnificent." In the letter, Miró describes all the monumental sculptures he has made for the gardens of the Maeght Foundation.[1157] He expresses his enthusiasm for these sculptural projects: "For years I dreamt of building a huge arch for people to pass below, on which

1125 Dupin and Lelong-Mainaud 2002b, pp. 106-109.
1126 Bernier 1961, in Rowell 1995, pp. 279-280.
1127 Letter from Joan Miró to Josep Lluís Sert, March 13th 1961 (FLL): "I am pleased to tell you that I am working on your mural. I think it will go well and be a work worthy of having"; Letter from Joan Miró to Josep Lluís Sert, February 15th 1960 (FLL); Dupin and Lelong-Mainaud 2002b, pp. 110-111.
1128 Letter from Joan Miró to Josep Lluís Sert, March 26th 1960 (FLL); *Derrière le miroir* April 1961; Cartier, May 8th 1961 (FPJM: H-3267); and Continent, May 13th 1961 (FPJM: H-3269).
1129 Miró is referring to his second exhibition at Galerie Maeght. Letter from Joan Miró to Gerald Cramer, May 27th 1961, in Giroud 2002, p. 137.
1130 Musée de l'Athénée 1961.
1131 Letter from Joan Miró to Josep Lluís Sert, March 13th 1961 (FLL); and *Derrière le miroir* June 1961.
1132 Letter from Joan Miró to Gérald Cramer, September 23rd 1961, in Giroud 2002, pp. 138-139. Miró is referring to the solo exhibition of paintings and ceramics at the Pierre Matisse Gallery in New York.
1133 Pierre Matisse Gallery 1961.
1134 Letter from Joan Miro, at Son Abrines, to Pierre Matisse, October 31st 1961 (PML: PMGA).
1135 Letter from Pilar Juncosa to Lluís Juncosa, written from New York, December 3rd 1961 (FPJM: FD-204).
1136 Letter from Joan Miró to Pierre Matisse, December 29th 1961 (PML: PMGA).
1137 Dupin 1961a.
1138 Letter from Joan Miró to Gérald Cramer, February 27th 1962, in Giroud 2002, pp. 140-141.
1139 Letter from Joan Miró to Gérald Cramer, May 14th 1962, in Giroud 2002, pp. 142-143.
1140 Dupin and Lelong-Mainaud 2002b, pp. 116-119.
1141 Umland 1993, p. 341.
1142 Musée National d'Art Moderne Paris, and the Ministère d'Etat Affaires Culturelles 1962.
1143 Umland 1993, p. 341.
1144 Letter from Joan Miró to Josep Lluís Sert, October 3rd 1962 (FLL).
1145 Letter from Joan Miró to Josep Lluís Sert, October 3rd 1962 (FLL).
1146 Letter from Joan Miró to Josep Lluís Sert, December 6th 1962 (FLL).
1147 *Derrière le miroir* June-July 1963.
1148 Letter from Joan Miró to Gérald Cramer, February 9th 1963, in Giroud 2002, pp. 144-145.
1149 *Derrière le miroir* June-July 1963.
1150 Letter from Joan Miró to Thomas M. Messer, September 23rd 1963 (GMA).
1151 Letter from Joan Miró to Gérald Cramer, September 1st 1963, in Giroud 2002, pp. 146-147.
1152 Letter from Joan Miró to Thomas M. Messer, September 23rd 1963 (GMA).
1153 *La Vanguardia*, October 27th 1963 (FPJM: H-3339).
1154 Telegram from Pierre Matisse to Joan Miró, November 29th 1963.
1155 Letter from Joan Miró to Pierre Matisse, December 17th 1963 (PML: PMGA).
1156 Letter from Joan Miró to Thomas M. Messer, November 9th 1963 (GMA).
1157 Letter from Joan Miró to Josep Lluís Sert, November 26th 1963 (FLL).

1158 Letter from Joan Miró to Pierre Matisse, October 14th 1964 (PML: PMGA).

1159 Pierre Matisse Gallery 1963.

1160 Letter from Bruce J. Graham (Skidmore, Owings and Merrill) to Pierre Matisse, December 16th 1963 (PML:PMGA).

1161 Letter from Joan Miró to Gérald Cramer, January 24th 1964, in Giroud 2002, pp. 148-149.

1162 Letter from Joan Miró to Josep Lluís Sert, March 5th 1964 (FLL).

1163 Letter from Joan Miró to Pierre Matisse, March 16th 1964 (PML: PMGA).

1164 Letter from Joan Miró to Klaus Perls, March 17th 1964, in Hutton and Wick 2004, pp. 274-275.

1165 Letter from Pierre Matisse to Joan Miró, March 21st 1964 (PML: PMGA).

1166 Letter from Bruce J. Graham (Skidmore, Owings and Merrill) to Joan Miró, March 24th 1964 (PML: PMGA).

1167 Letter from Joan Miró to Patricia [Matisse], April 5th 1964 (PML: PMGA); and Pierre and Corredor-Matheos 1974, pp. 182-185.

1168 Tone 1993, p. 449.

1169 Verots, July 29th 1964 (FPJM: H-3376).

1170 Letter from Joan Miró to Pierre Matisse, October 14th 1964 (PML: PMGA).

1171 Letter from Joan Miró to Thomas M. Messer, August 6th 1964 (GMA).

1172 Tone 1993, p. 449.

1173 Rowell 1987, p. 35.

1174 Barra, October 31st 1964 (FPJM: H-3362).

1175 Penrose 2001, p. 156.

1176 Tone 1993, p. 449.

1177 Penrose 2001, p. 156.

1178 Letter from Joan Miró to Pierre Matisse, October 14th 1964 (PML: PMGA).

1179 Letter from Joan Miró to Josep Lluís Sert, November 17th 1964 (FLL).

1180 Uribarri, November 26th 1964 (FPJM: H-3379).

1181 La Vanguardia, December 12th 1964 (FPJM: H-3365).

birds could nest. Well, that is what has been done at Saint-Paul."[1158]

From November 5th to 30th, an exhibition entitled "Joan Miró and Josep Llorens Artigas. Ceramics: Terres Nouvelles" is held at the Pierre Mattisse Gallery in New York.[1159]

On December 16th Bruce J. Graham, from the Chicago architect's studio Skidmore, Owings & Merrill, writes to Matisse to propose a project for Joan Miró. Sponsored by B. E. Bensinger, "Chairman of the Board of the Brunswick Corporation", the project consists of a work of art for a plaza beside the Brunswick Building in Chicago. Miró is asked to design either a ceramic mural or a vertical work of the same material on whatever scale he chooses.[1160]

1964 Some time prior to January 24th, Miró spends a few days in Gallifa working on ceramics with Artigas.[1161]

On March 5th Miró writes to Sert, from Saint-Paul-de-Vence, where he is working on the erection of the monumental sculptures for the Maeght Foundation: "We have already completed the most important stage, the work. All the rest will happen naturally. Everything looks fantastic and I think you'll like it as well as finding it surprising. We have gone further than we all anticipated."[1162]

On March 16th Miró writes to Pierre Matisse about his project for Chicago, asking him to send a model of the Chicago plaza to Palma: "[...] I am confirming my telegram, asking you to send a model of the Chicago plaza to Palma. I recently saw Penrose in St. Paul. He thinks it is near the place where Picasso is due to erect a big sculpture."[1163]

On March 17th Miró writes to Klaus Perls, enclosing the text of a prologue for a book of drawings about Calder's circus to be presented at Perls Galleries in New York. Miró explains: "Thirty-five years ago (that's an impressive number of years) Sandy and Louisa came to see me at Montroig, where I conceived La Ferme; where the trees, the mountains, the sky, the house and the vineyards have remained the same. [...] One day I invited all my neighbours, the farmers and workmen of the district, to see the Circus that Calder had brought. Everyone was transfixed and totally overwhelmed by it. After the performance, while we were all having the traditional glass of red wine together, I realized what a festive occasion this had been for them."[1164]

On March 21st Matisse writes to Miró: "The Chicago model has been sent at once [...] It is indeed next to the big plaza where Picasso's sculpture is to be erected. [...] The building

work is progressing and should be finished by the spring of 1965, but the inauguration of the Picasso-Miró project won't happen until later, either in summer or the following autumn. That way, you can make a trip over to Chicago before starting work on the final project. The architects do indeed have to see Picasso in May and [...] they will come and see you at the same time."[1165]

On March 24th Bruce J. Graham writes to Miró, sending him graphic indications of the location of the plaza for the Chicago project by Miró: "You already know that Pablo Picasso is preparing a design for the public plaza opposite. Our impression was that the project would be carried out in a huge big open space. In contrast, we thought the Brunswick plaza would be a more intimate, sheltered location. We agree with you that it is vital to be able to 'experience' these places and see the scale of the buildings."[1166]

In the second half of April, Miró goes to Gallifa to work on a 30-metre ceramic mural for the Handelshochschule in Saint-Gall, Switzerland.[1167]

From June 27th to October 5th, Miró takes part in "Documenta III" in Kassel.[1168]

On July 28th the Fondation Maeght (the building in Saint-Paul-de-Vence by Josep Lluís Sert and the monumental sculptures of its Labyrinthe by Miró and Artigas) is officially inaugurated.[1169] Miró possibly meets Bruce J. Graham, from Skidmore, Owings & Merrill, in Saint-Paul-de-Vence to discuss the project for the monumental Chicago sculpture.[1170]

On August 6th Miró writes to Thomas M. Messer in reference to the projects for the Guggenheim Museum: "[...] I have very precise ideas about my exhibition at the museum. I have also got ideas for the big ceramic mural, which I have talked over in depth with my collaborators: Artigas, father and son."[1171]

From August 26th to October 10th, an exhibition entitled "Joan Miró: Thirty Years of His Graphic Art" is held at the Institute of Contemporary Arts in London, in collaboration with the Arts Council of Great Britain.[1172]

In parallel, from August 27th to October 11th, a big retrospective exhibition of Miró's work is held at the Tate Gallery in London.[1173] The retrospective shows about 235 works of art made between 1912 and 1964 including paintings, drawings, collages, sculptures and ceramics.[1174] For family reasons Miró cannot attend the opening.[1175] The same exhibition is held at the Kunsthaus in Zurich from October 31st to December 6th.[1176]

In September Miró travels to London with his wife, Pilar. During the trip they visit London Zoo, where Miró wants to see "snakes, little birds and creatures of the night".[1177]

On October 14th Miró writes to Matisse: "[...] I prefer to work here on ideas that will serve as a starting point for the creation of the project as a whole, and plan things well. If I made a trip to Chicago now, I might complicate things and change my initial conception. [...] I am not at all keen on the architects' initial suggestion, just requesting two murals. On the other hand, I am very enthusiastic indeed about the latest proposal by Mr. Graham in Saint-Paul for a big sculpture and two murals, which opens up all kinds of possibilities. [...] For years and years I've dreamt of making something gigantic in the plaza of a brutal, lovely city. It could be done in Chicago. [...] I have made a maquette of the big sculpture in unpolished form, with no prejudices."[1178]

On November 17th Miró writes to Sert from Palma, explaining that he has just arrived from Zurich and Paris: "It has all been a success. In London there were 50,000 visitors to the exhibition, which is a record. Your mural made a great impact [...] This year I have a very heavy work schedule and travel agenda. We are working on the project for the Chicago plaza."[1179]

On November 26th Miró gives an interview in which he confesses: "I don't dream of a paradise, but I believe deeply in a better society than the one in which we now live, where we are still prisoners. I have faith in a future collective culture, as immense as the seas and lands of our Earth, where the sensitivities of each individual person will bloom. Workshops will once again be created, as in the Middle Ages, and students will participate fully by each offering his or her contributions. As for me, I have always wanted to work in a team, fraternally. In America, crafts have died out. We must save them in Europe. I think that there will be a big, beautiful revival. In the last few years, people have once again come to value crafted means of expression: ceramics, lithographs, engravings, etchings, fabric paintings etc. All these objects, which are less expensive than a painting and are often just as authentic artistically, will become more and more important. The demand will outweigh the supply, and artistic development and understanding will no longer be a minority thing, but something that is open to everyone."[1180]

From December 11th to 31st, three exhibitions of work by Joan Miró are held at Sala Gaspar, the René Metras gallery and the Belarte gallery in Barcelona.[1181]

On December 17th Matisse writes to Miró: "I enclose a set of photographs and a plan of the section of the Guggenheim Museum where Mr. Guggenheim would like you to make a mural. Mr. Messer, the Director, told me that the project is in memory of someone but he didn't say whom. Consequently, it is a project of great importance for Mr. Guggenheim and he is very eager to know if you will accept it [...]."[1182]

On December 19th Miró declares in an interview: "I work just like a gardener: the studio is a kitchen garden and the work instruments are the tools. When I begin a painting, it is as if I were planting a tree... I leave it there and, in the course of time, I add, prune, correct and redirect it to suit my tastes [...] I'm an ordinary man. I work nine or ten hours in my studio, and then I read. Now I'm reading Góngora and the Chinese poets. I walk in the country or I listen to music. I look for something that keeps the vibrations going in the hours when I am not painting."[1183]

He makes an etching for the book Ponts suspendus by Hélène Prigogine.[1184]

1965 On March 24th Thomas M. Messer, the Director of the Guggenheim Museum, writes to Miró, begging him to confirm his forthcoming trip to New York and also whether he can give a certain priority to the ceramic mural in honour of Alicia Patterson. Messer also talks about the project for a future retrospective exhibition of Miró's work at the Guggenheim.[1185]

On May 12th Miró writes to Matisse from Palma: "This project for Chicago is tremendously exciting and it has great potential, but to have a clear, precise, lifelike idea, one needs to be there getting "direct vibes." That might be possible when my exhibition at your gallery is held or when I make a study of the wall for the Guggenheim."[1186]

Some time prior to May 20th, the architect Bruce Graham visits Miró in Palma de Mallorca and they travel on together to Gallifa to see the maquettes for the Chicago project.[1187]

In early June, possibly, Miró makes a brief trip to Paris.[1188]

On June 4th the exhibition "Miró: Cartons" opens at Galerie Maeght. Miró exhibits 32 works of art made between 1959 and 1963. Dupin defines the work on show as follows: "Card for Miró is not a neutral support but an active, living material: unknown terrain that he explores. [Miró] does not force his whims upon it. He requests its complicity."[1189]

Throughout the month of July, Miró creates a large number of paintings, including three entitled Oiseau dans l'espace I, II, III,[1190] together with a series of paintings made on top of other landscapes probably bought at flea markets. He re-uses this series of landscapes, in some cases turning them round (Vol de canards, femme, étoile y Personnage au lever du soleil au bord d'une rivière etc.) to create new paintings.[1191]

On August 2nd Miró writes to Matisse from Montroig: "We'll be staying here until the end of September. [...] in a few days I'll be going to Gallifa to work on the Chicago maquette [...] In October, when I go to New York for the exhibition, I'll take it to Chicago to perfect it in situ with the architects. In that way, on my return I can entrust it to Susse to study the question of its enlargement and casting [...]."[1192]

Between August 2nd and 15th, Miró spends a few days in Gallifa with Joan Gardy Artigas, where he works on the plaster maquette for the Chicago project.[1193]

Miró probably spends September in Montroig, staying there until the end of the month.[1194]

On October 23rd Miró possibly travels to New York from Paris.[1195] On this third trip to the United States of America, he stays in New York and then travels on to Chicago.[1196] During the trip, he possibly meets Thomas M. Messer, the Director of the Guggenheim Museum in New York, in order to discuss the Guggenheim projects in detail.[1197] While Miró is in Chicago, he probably admires Seurat's La Grande Jatte at The Art Institute of Chicago.[1198] Likewise, he visits Calder in Roxbury.[1199]

From October 26th to November 20th, the exhibition "Joan Miró: Cartones" is held at the Pierre Matisse Gallery in New York.[1200]

1966 Miró makes his first monumental sculptures in bronze (L'Oiseau Solaire, L'Oiseau Lunaire) at the Susse-Fondeur workshop in Arcueil.[1201]

From 1966 onwards, Miró concentrates heavily on projects for bronze sculptures, usually starting out from preliminary drawings, or clay or plaster maquettes of objets trouvés and then going on to create the sculptures by investment casting.[1202]

In January Miró makes two drawings associated with the big Chicago sculpture, where he most likely explores the use of colour for the sculpture.[1203]

On February 3rd Pierre Matisse is told that a decision has been made to abandon the

Chicago project for a monumental sculpture by Miró, for the time being at least.[1204]

On February 10th Miró writes to Sert, telling him that he has just returned from Saint-Paul-de-Vence, where he has been with Joan Artigas and his son: "The impression that the Foundation makes is even stronger than the last time I visited it [...] We will rectify a few things and enrich the labyrinth. That way it will be unique in the world [...] Only the stained-glass window that they have reserved for me will be left for the next stage. In 1968, on my birthday, Maeght wants to fill the entire Foundation with work of mine, as the Guggenheim will also do, and we want everything to be finished."[1205]

On March 1st Matisse informs Miró that he has spoken to Hill Hartman about the Chicago project. He explains that although Bensinger has been forced to abandon the project for the time being, Hartman is talking to other people about its creation.[1206]

On March 8th Miró writes to Thomas Messer, telling him that the name "ALICE" (which must feature on the ceramic mural for the Guggenheim) has opened up new possibilities and new means of expression. He tells him that it will not present a technical problem for the ceramicists. In the letter, Miró describes all the work he is creating for the forthcoming exhibition at the Guggenheim: "As well as paintings of all sizes, we are working with Artigas on 4 big ceramic vessels using very different techniques. I am working full out on sculptures: small, medium-sized and monumental ones."[1207]

On March 8th Miró writes to Matisse: "I am pleased about what you said with regard to the Chicago sculpture. I adore the city. I wanted to write to you, strictly confidentially, and say that it is imperative to find a way for the statue to be erected, as we had planned, so that it isn't left abandoned in a corner of a studio. In short, so that it can play its role in life."[1208]

From April 26th to May 26th, an exhibition entitled "Joan Miró" is held at Marlborough Fine Art in London.[1209]

In May, Miró and is wife probably spend several weeks in Paris.[1210]

On July 14th Shuzo Takiguchi writes to Miró for the first time: "I am very pleased that you are coming to Japan for your much-awaited exhibition. Since I wrote a small book (yet the first one) about your art in Japan in 1940, I have always had a deep admiration for you and your work. [...] Awaiting you with impatience, I am writing you this strange introductory letter."[1211]

1182 Letter from Pierre Matisse to Joan Miró, December 17th 1964 (PML: PMGA).
1183 Figuereulo, December 19th 1964 (FPJM: H-3369).
1184 Letter from Hélène Prigogine to Joan Miró [1964] (FPJM: FD-234): "I am infinitely grateful to you for having acknowledged these poems in this way and for having somehow authenticated them"; and Cramer 1989, pp. 250-251.
1185 Letter from Thomas M. Messer to Joan Miró, March 24th 1965 (GMA).
1186 Letter from Joan Miró to Pierre Matisse, May 12th 1965 (PML: PMGA).
1187 Letter from Joan Miró to Pierre Matisse, May 20th 1965 (PML: PMGA).
1188 Letter from Joan Miró to Pierre Matisse, May 20th 1965 (PML: PMGA).
1189 Derrière le miroir May 1965.
1190 Dupin and Lelong-Mainaud 2002b, pp. 152-153.
1191 Ibidem, pp. 171-174.
1192 Letter from Joan Miró to Pierre Matisse, August 2nd 1965 (PML: PMGA).
1193 Letter from Joan Miró to Pierre Matisse, August 2nd 1965 (PML: PMGA); and letter from Joan Miró to Pierre Matisse, August 15th 1965 (PML: PMGA).
1194 Letter from Joan Miró, in Montroig, to Pierre Matisse, September 5th 1965 (PML: PMGA).
1195 Letter from Joan Miró to Patricia Matisse, October 6th 1965 (PML: PMGA).
1196 Letter from Joan Miró to Pierre Matisse, September 5th 1965 (PML: PMGA).
1197 Letter from Joan Miró to Thomas M. Messer, October 6th 1965 (GMA).
1198 Rowell 1987a, pp. 273, 321.
1199 Behrends 2004, p. 296.
1200 Pierre Matisse Gallery 1965.
1201 Rowell 1987a, p. 35.
1202 Jouffroy and Teixidor 1980, pp. 229-247. Miró will go on to work with several different foundaries: Parellada (Barcelona); Susse, Clémenti, Scuderi and Valsuani (France); Fratelli Bonvicini (Verona).
1203 See preparatory drawings FPJM-666 and FPJM-667.
1204 Letter from B.E. Bensinger (Brunswick Corporation, Chicago) to Pierre Matisse, February 3rd 1966 (PML: PMGA).
1205 Letter from Joan Miró to Josep Lluís Sert, February 10th 1966 (FLL).
1206 Letter from Pierre Matisse to Joan Miró, March 1st 1966 (PML: PMGA).
1207 Letter from Joan Miró to Thomas M. Messer, March 8th 1966 (GMA).
1208 Letter from Joan Miró to Pierre Matisse, March 8th 1966 (PML: PMGA).
1209 Tone 1993, p. 449.
1210 Letter from Joan Miró to Thomas M. Messer, April 21st 1966 (GMA).
1211 Letter from Shuzo Takiguchi to Joan Miró, July 14th 1966 (FPJM: FD-503).

1212 Letter from Joan Miró to Gérald Cramer, August 25th 1966, in Giroud 2002, pp. 154-155.

1213 Letter from Joan Miró to Thomas M. Messer, August 25th 1966 (GMA).

1214 Tone 1993, p. 449.

1215 Cabañas 2000, p. 22.

1216 Tone 1993, p. 449.

1217 In September 1966, Shuzo Takiguchi gives Miró a handwritten copy of a poem dedicated to the artist, entitled "Avec des étoiles de Miró", (FPJM: FD-505).

1218 Raillard 1977, p. 136.

1219 Letter from Pierre Matisse to Joan Miró, December 1st 1966 (PML: PMGA).

1220 Letter from Joan Miró to Pierre Matisse, December 27th 1966 (PML: PMGA).

1221 Letter from Joan Miró to Doctor Rafael Orozco [Spanish Red Cross Institute of Surgical Medicine, Tarragona] December 27th 1966.

1222 Jouffroy and Teixidor 1980, pp. 229-232. Miró talks about Femme assise et enfant (1967) in 1975: "It's not just a game to me. I decide that this should go on top of that. And if you place an object on a chair that was just made for sitting on, a chair you don't notice, it comes to life", in Raillard 1977, p. 116.

1223 Letter from Joan Miró to Pierre Matisse, February 12th 1967 (PML: PMGA): Miró suggests to Matisse that perhaps it would be a good idea to inaugurate the mural in parallel with the exhibition at the Pierre Matisse Gallery in November. It would make a two-fold impression.

1224 Letter from Thomas M. Messer to Harry F. Guggenheim, April 16th 1967 (GMA).

1225 Letter from Joan Miró to Thomas M. Messer, July 5th 1967 (GMA).

1226 Solomon R. Guggenheim Museum, and Yale University Press 1987, p. 228.

1227 Letter from Joan Miró to Gérald Cramer, April 17th 1967, in Giroud 2002, pp. 158-159.

1228 Derrière le miroir April-May 1967.

1229 Umland 1983, p. 343. Miró is probably referring to the Parellada foundry in Barcelona.

1230 Letter from Joan Miró to Josep Lluís Sert, July 4th 1967 (FLL).

1231 This could be the illustrated book Proverbes à la main, published in 1970, in Cramer 1989, pp. 348-349.

1232 Letter from Shuzo Takiguchi to Joan Miró, July 7th 1967 (FPJM: FD-509). "I am sincerely grateful to you for your friendship. It is deeply moving to see my little poems printed alongside your magnificent drawings. It is the result of a friendship that has been latent for so long!" He is referring to the poem "Itinéraire", which appears in the catalogue for the exhibition "L'Oiseau solaire, l'oiseau lunaire, étincelles", published in Derrière le miroir April-May 1967.

1233 Letter from Joan Miró to Josep Lluís Sert, July 4th 1967 (FLL).

1234 Letter from Joan Miró to [Doctor Rafael Orozco], September 5th 1967. Although Miró opens the letter with the greeting "Distinguished friend", without specifying the name of the person to whom he is writing, the contents of the letter seem to indicate that it is for Doctor Orozco.

1235 Umland 1993, p. 343.

1236 Miró is no doubt referring to the Joan Miró Foundation in Barcelona, to which he finally would donate the matrixes of the wood cuts used to make À toute épreuve.

1237 Letter from Joan Miró to Gérald Cramer, October 3rd 1967, in Giroud 2002, pp. 160-161.

1238 Carnielli and Loudon 2001, p. 266.

1239 Cramer 1989, pp. 302-305.

1240 Letter from Joan Miró to Patricia Matisse, January 28th 1968 (PML: PMGA); and letter from Miró to Pierre Matisse, May 19th 1968 (PML: PMGA). In this last letter, Miró comments to Matisse that the maquette he is giving them is 4 metres high and would look very good in Patricia and Pierre Matisse's garden in Saint Jean.

1241 Umland 1993, p. 343; and Pierre and Corredor-Matheos 1974, pp. 154, 184.

1242 Letter from Joan Miró to Josep Lluís Sert, March 18th 1968 (FLL).

1243 Tone 1993, p. 449.

On August 25th Miró writes to Cramer: "We have just spent a few days in Montroig, seeing Dolores who is recovering well, albeit slowly [...] In late September we will be flying to Tokyo [...]."[1212]

By August 25th Miró and Artigas have begun the big mural for the Guggenheim Museum: "I am very optimistic, given the results of the initial stages. Let's hope that in the following ones our great friend, FIRE, also contributes with its beauty and richness."[1213]

From August 29th to October 9th, a big retrospective exhibition of Miró's work is held at the National Museum of Modern Art in Tokyo. The same exhibition then travels to the National Museum of Modern Art in Kyoto from October 20th to November 30th with the sponsorship of the newspaper, Mainichi.[1214] At this big exhibition, 162 items are exhibited, including paintings, engravings, gouaches, bronze sculptures, ceramics, tapestries and an emakimono over ten metres long.[1215]

From September 15th to October 23rd, an exhibition entitled "Joan Miró: Prints and Books" is held at the Philadelphia Museum of Art in the city of the same name.[1216]

On September 20th Miró makes his first trip to Japan with his wife, Pilar Juncosa, Llorens Artigas and his wife and Aimé Maeght. After a warm reception, they visit the exhibition of Miró's work in Tokyo and, on September 26th, they arrive in Kyoto. During this trip to Japan, Miró meets the Japanese poet Shuzo Takiguchi, the author of the first monograph about Joan Miró.[1217] Miró remembers his trip to Japan thus: "I went twice and they gave me a fantastic welcome. I was amazed at the airport. A big crowd was waiting for me. Japan made a very strong impression on me."[1218]

On December 1st Matisse writes to Miró about the Chicago project: "After Bensinger withdrew from the project (probably due to his partners), Bill wanted to go ahead and get finance elsewhere, but yesterday he told me that it's difficult because the chosen location is owned by Bensinger."[1219] On December 27th Miró writes to Matisse: "Let's hope we manage to get the sculpture erected in Chicago. I am very eager for it to happen."[1220]

On December 27th Miró writes to Doctor Rafael Orozco with regard to a project for a tapestry for Tarragona: "Taking advantage of my stay at the "Mas" [Montroig], I would go to Tarragona to sort out the exact location and measurements of the tapestry, as well as the technique and way in which it will be made. Then I would make a maquette and contact the Tarrasa workshops. With this discipline,

through collaboration, something worthwhile and full of vitality might be made."[1221]

1967 Throughout the year Miró makes numerous bronze sculptures at the foundries in Parellada (Barcelona) and T. Clémenti and Susse-Fondeur (France).[1222]

On February 13th Miró leaves for Gallifa to work on the ceramic mural for the Solomon R. Guggenheim Museum in New York.[1223]

By about April 13th the ceramic mural Alice has been mounted at the Guggenheim Museum in New York.[1224] Miró travels to New York for the opening at the Guggenheim Museum,[1225] which would take place on May18th.[1226]

On April 18th Miró travels to Paris for an exhibition that is due to open at Galerie Maeght on the 20th.[1227]

During the months of April and May, Galerie Maeght in Paris holds an exhibition of work by Miró entitled "L'Oiseau solaire, l'oiseau lunaire, étincelles" with paintings, sculptures, drawings and ceramics.[1228]

Before July 4th Miró is already working together with Llorens Artigas on La Déesse de la Mer: "A big 2-metre ceramic sculture to be submerged at Cap d'Antibes in the Cathédrale de la Fourmigue. It will be put on exhibit for few months at the [Maegth] Foundation, before the Déesse de la Mer goes to live among the fish and starfish".[1229]

On July 4th Miró writes to Matisse about the creation of his sculptures: "[...] I spent several days in Barcelona working at my foundry. This last series is very beautiful; I am going to send them to Paris after vacation to see and study what must be done with the patinas and to finish them."[1230]

On July 4th Miró writes to Sert and outlines the development of the sculptures for the Fondation Maeght: "The big marble Oiseau is already there, looking very impressive. Now I'll begin the big mural for my room. The gargoyles look very good [...] The signs for the tower of the chimney are excellent. Now work is being carried out on the sculpture that will go on top of the tower, and the roof that acts as a support for the big red ceramic head is being finished. It's all works well."[1231]

On July 7th Takiguchi writes to Miró to suggest a joint project for a book of poems by Takiguchi illustrated by Joan Miró, edited in several different languages.[1232] He also congratulates Miró on the great success of his exhibition at Galerie Maeght and expresses how grateful he is for his friendship.[1233]

On September 5th Miró writes to [Doctor Orozco] from Montroig about the project for a tapestry for Tarragona: "[...] this summer I have worked on a maquette of the tapestry for you. Now I have to study the technical side of its creation. Next Friday we're going to Palma and spending a few days in Barcelona on route. I'll be able to see the experts from the workshops there and we can all devise a plan of action. Later I can come to Tarragona and sort out all the details. I'll be in touch."[1234]

In October, possibly, Miró is awarded the "Carnegie International Grand Prize for Painting".[1235]

On October 3rd Miró writes to Cramer: "When I came back from Montroig, I found a big crate waiting for me with a beautiful collection of engraved woods for our book. [...] When I get the opportunity, I plan to offer them to Barcelona Museum,[1236] because I consider this book to be a major work. In a few days I'm off to Paris for a brief trip [...]."[1237]

From November 14th to December 9th, the exhibition "Oiseau Solaire, Oiseau Lunaire, Étincelles" is held at the Pierre Matisse Gallery in New York.[1238]

On December 13th Haï-Ku is printed, a book of 16 poems that Miró illustrates on his return from his first trip to Japan.[1239]

1968 On January 28th Miró writes to Patricia Matisse, telling her that he has offered Pierre Matisse and she the whole maquette [presumably Miró is referring to the maquette for the Chicago project] in bronze and cement with ceramic incrustations that Joanet [Artigas] is about to complete. Miró had given the plaster maquette to Hartmann as a gift.[1240]

In late February, possibly, Miró goes to Gallifa to work on the mural for the Fondation Maeght in Saint-Paul-de-Vence. It is a 12 x 3 metre ceramic mural, the first to be worked on in a hangar next to the kilns in Gallifa that was erected in order to be able to work in greater comfort on future ceramic murals.[1241]

On March 18th Miró tells Sert that he has been commissioned with a big ceramic mural for Barcelona Airport: "[...] A 50 x 10 metre ceramic mural for the airport to be situated outside, so that it will be the first thing travellers from international flights see and can therefore be regarded as a welcome."[1242]

From March 27th to June 9th, work by Miró is included at an exhibition entitled "Dada, Surrealism, and Their Heritage", organized by the New York Museum of Modern Art. The exhibition then travels on to Los Angeles and Chicago.[1243]

On April 20th Miró has his 75th birthday and, to celebrate the occasion, different tributes and exhibitions are held.[1244] On the occasion of his birthday, Miró declares: "[...] I am convinced and have the distinct impression that my work begins now [...] What thrills me is the conviction that I am about to take the plunge and explore new areas and horizons that are unknown to me, although I am conscious that this pathway is strictly the logical outcome of the kilometres I have trodden or the flying hours I have left behind me."[1245]

On May 12th Joan Gardy Artigas writes to Pierre Matisse, informing him that the black cement maquette of the Chicago sculpture is practically finished.[1246]

On May 19th Miró writes to Matisse, explaining that he has decided to offer the monument originally intended for Chicago, Miró's Chicago, to the city of Barcelona: "Joanet has just written to tell me that he has finished the big maquette[1247] in its final state [...] I would like to offer this monument, which finishes with the Catalan four-bar flag, to the City of Barcelona. It will be situated at the entrance to the city, as a welcome sign for those who arrive overland. Sert will deal with the exact location, behind the gardens, and will calculate the dimensions. [...] For passengers arriving by air, I'm going to make a big 50 x 10 metre mural at the new airport [...] I'll fix it so that it has the Catalan flag." In the same letter, Miró asks Matisse to lend him the maquette that was made for this project to show at an exhibition that is being organized to take place in Saint-Paul de-Vence and Barcelona.[1248]

In June Miró makes his last trip to the United States. He is named Doctor Honoris Causa by Harvard University in Cambridge, Massachusetts: "I think I did well in accepting it. Sert says that it is a great honour and that I must go. The ceremony will take place on the 13th [June], but I must be there two or three days beforehand. I am overwhelmed with work, but we'll make a quick trip over."[1249]

On July 21st, Miró attends Alexander Calder's 70th birthday party in Saint-Paul-de-Vence.[1250]

On July 22nd the Fondation Maeght organizes a dinner to celebrate Miró's 75th birthday, together with a retrospective exhibition of his work.[1251]

From July 23rd to September 30th, the retrospective of Miró's work is held at the Fondation Maeght in Saint-Paul-de-Vence. Matisse lends the exhibition the maquette that Miró offered him in bronze and cement,

entitled Etude pour un monument offert à la ville de Barcelona: a project originally conceived for the city of Chicago.[1252] Probably during the exhibition, Miró is visited by a delegation responsible for the 1970 Universal Exhibition in Osaka, asking him to create a big mural for the Gas Pavilion.[1253]

On July 28th the sculpture the Déesse de la Mer is submerged until it rests on the seabed at Saint-Juan-les-Pins, Cap d'Antibes, in what is known as the Cathédrale de la Fourmigue. Miró attends the event: "It was a marvellous moment. A new era has just begun in my work, with the placing of this first underwater sculpture 18 metres under the sea." That same day Miró visits Picasso at Notre-Dame-de-Vie in Mougins.[1254]

On August 17th Josep Lluís Sert writes to Miró, explaining the conversations he has had with Barcelona City Council about the site of the future Miró Foundation. After having considered various different locations (Diagonal, Tibidabo and Montjuïc), the last was considered to be the best option: "[...] Montjuïc is more in the heart of Barcelona. It overlooks the city, for the sculptures you can have a background of sky and mountains. It will be surrounded by a big park, with other museums, sports facilities, TV centres, cinemas etc. It's a place used by all kinds of people, meaning that it's a more popular area."[1255]

On September 1st Miró writes to [Doctor Orozco] about the project for the Tarragona tapestry: "In mid September we will be spending a few weeks in Montroig. Will you be in Tarragona? When I arrive, I'll telephone you so that we can meet and start work on the preliminary and definitive studies so that the tapestry can be made this winter for the clinic you so successfully direct."[1256]

Miró and his wife spend the second half of September in Montroig.

On October 1st Miró writes to Sert about the future foundation in Barcelona: "Since we cannot foresee what will happen to Mas Miró, the 'Son Abrines' and 'Son Boter' studios and the little house next to the latter, I think it is vital to find a place for everything, stressing not just the human values of my work but the objects and things that have left such a mark on my life [...]. The work it still remains for me to do and the work that is either begun, in the process of completion or merely in note form, whatever the technique or means of expression, will become valuable instruments for study or documentation for students or specialists. A suitable place must be sought."[1257]

On October 2nd they make a brief trip to Barcelona, travelling on immediately to Palma and later going on to Paris.[1258]

On November 2nd Josep Lluís Sert writes to Miró: "The City Council promised to send the heights of the apartments next to Cervantes Park in the Diagonal. It is vital to have this data in order to decide the height of the monumental sculpture. [...] As for the new Miró Museum, we discussed the location. I think the best place is Montjuich Park or the land beside it [...] The museum must be a living, human place, without any pretensions to being a monument, with a wide variety of different areas."[1259]

On November 15th Sert sends Miró some notes about Montjuich Museum (the future Joan Miró Foundation in Barcelona). Sert describes the architecture, rooms, terraces, gardens and light. Miró jots down his impressions in the margins: "Very important: make a living place for free discussion, meetings by poets, musicians, painters, craftsmen! Classical and experimental theatre. Cinema. Ballet. Foresee all kinds of cultural activities, aimed at the new world that is being formed, not just limited to intellectual meetings."[1260]

From November 19th to January 20th 1969, a retrospective exhibition of Miró's work is held at the Recinte de l'Antic Hospital de la Santa Creu, Barcelona. This monographic exhibition comprises almost 400 works of art made between 1914 and 1968, reflecting a variety of supports and techniques, with drawings, paintings, sculptures, ceramics, engravings, lithographs, illustrated books and posters. On this occasion, the maquette entitled Study for a Monument Offered to the City of Barcelona is exhibited: the project that Miró offered to his home city as a tribute, which was finally also created for the city for which it had originally been conceived, Chicago.[1261] Miró openly expresses his enthusiasm: "I am thrilled to be able to present this exhibition: the most important and complex that has been organized about my work. I would like it to be a tribute to Barcelona and to Catalonia. [...] If my work is strong, it will transmit a message. With this message, I would like to join the new generations who are beginning to forge new horizons."[1262]

1969   Throughout the year, the number of sculptures made in bronze or painted bronze increases. Usually Miró uses objets trouvés as a starting point, subsequently combining, manipulating and transforming them. Good examples are Projet pour un monument, L'Équilibriste, Femme aux beaux seins, L'Oiseaux se niche sur les doigts en fleur, Homme et femme dans la nuit, Monument dressé en plein océan a la

1244   La Vanguardia, April 20th 1968 (FPJM: H-3450).
1245   Del Arco, April 27th 1968 (FPJM: H-3472).
1246   Letter from Joan Gardy Artigas to Pierre Matisse, May 12th 1968 (PML: PMGA).
1247   Miró is referring to the maquette of the sculpture Projet pour un monument pour la ville de Barcelone, also known as Moon, Sun and One Star or, in its monumental version, Miró's Chicago. It is the same sculpture that Miró conceived in 1964 for the project for a monumental sculpture for Chicago.
1248   Letter from Joan Miró to Pierre Matisse, May 19th 1968 (PML: PMGA).
1249   Letter from Joan Miró to Pierre Matisse, May 19th 1968 (PML: PMGA).
1250   Behrends 2004, p. 296.
1251   Umland 1993, p. 343.
1252   Fondation Maeght 1968; Letter from Joan Miró to Pierre Matisse, May 19th 1968 (PML: PMGA); Elgar, July 29th 1968 (FPJM: H-3648); and Cutler, July 23rd 1968 (FPJM: H-3626).
1253   Gich, October 29th 1969 (FPJM: H-3575).
1254   Vadon, July 28th 1968 (FPJM: H-3640).
1255   Letter from Josep Lluís Sert to Joan Miró, August 17th 1968 (FPJM: FD-323).
1256   Letter from Joan Miró to [Doctor Rafael Orozco] September 1st 1968. Although Miró opens the letter "Distinguished friend", without specifying to whom he is writing, the contents of the letter seem to indicate that it was sent to Doctor Orozco.
1257   Letter from Joan Miró to Josep Lluís Sert, October 1st 1968 (FLL).
1258   Letter from Joan Miró to Josep Lluís Sert, October 1st 1968 (FLL).
1259   Letter from Josep Lluís Sert to Joan Miró, November 2nd 1968.
1260   Letter from Josep Lluís Sert to Joan Miró, November 15th 1968 (FPJM: FD-325).
1261   Barcelona City Council 1968; and letter from Joan Miró to Pierre Matisse, May 19th 1968 (PML: PMGA).
1262   Baleares, March 11th 1968 (FPJM: H-3498).

1263 Jouffroy and Teixidor 1980, pp. 234-235. Teixidor in Jouffroy and Teixidor 1980, p. 112, explains: "It is always a question of not losing the thread of the metamorphoses. The most daring combinations and most complex transformations are always subjugated to the basic object that inspired them. [...] For Miró, sculptural work often involves a previous mould of the objet trouvé, with his inventive hand transforming it from one form to another, although it never ceases to be what it originally was. Bronze unifies materials. They take on a single colour. In reality it is a patina that covers it all. [...] With these works of art, it is easy to identify the original objects that served as a base and preserved them from any kind of fossilization."

1264 Baleares, January 17th 1969 (FPJM: H-3556).

1265 Tone 1993, p. 450.

1266 Umland 1993, p. 343.

1267 Galerie Beyeler 1969.

1268 Raillard 1977, p. 177.

1269 Letter from Joanet [Artigas] to Pierre and Patricia Matisse, June 5th 1969 (PML: PMGA); and Pierre and Corredor-Matheos 1974, p. 184.

1270 Tone 1993, p. 450; and letter from Joan Miró to Gérald Cramer, July 8th 1969, in Giroud 2002, pp. 166-167.

1271 Letter from Joan Miró to Gérald Cramer, July 8th 1969, in Giroud 2002, pp. 166-167.

1272 Letter from Joan Miró to Gérald Cramer, August 15th 1969, in Giroud 2002, pp. 168-169.

1273 [Draft] letter from Joan Miró to Shuzo Takiguchi, August 15th 1969 (FPJM: FD-512).

1274 [Draft] letter from Joan Miró to Shuzo Takiguchi, September 28th 1969 (FPJM: FD-514).

1275 Jiménez and Pizá, October 14th 1969 (FPJM: H-3577).

1276 Letter from Joan Miró to Gérald Cramer, October 26th 1969, in Giroud 2002, p. 170.

1277 Gich, October 29th 1969 (FPJM: H-3575).

1278 Pierre and Corredor-Matheos 1974, p. 184.

1279 Miró receives a letter from the Japanese dramatist Fukuda, who is in charge of the "World of Laughter Pavilion", requesting his collaboration and explaining that the theme revolves around the Japanese word warai: "A laugh capable of easing tension among men which reflects peaceful harmony [...] Before leaving the pavilion, visitors will suddenly find themselves faced with a work by Miró that must arouse the most innocent, liveliest of laughter (in the sense of affirming human life)", in Chroniques de l'art vivant, March 1970 (FPJM: H-3823); and Dupin 1993, p. 463.

1280 Canals i Gual 1993, pp. 29-30.

1281 Pierre and Corredor-Matheos 1974, p. 229.

1282 Jouffroy and Teixidor 1980, pp. 236-237.

1283 Fundació Joan Miró 1988, p. 14.

1284 Canals i Gual 1993, p. 31.

1285 Tone 1993, p. 450.

1286 Padilla, January 8th 1970 (FPJM: H-3819).

gloire du vent and Oiseau perché sur un arbre.[1263]

On about January 17th Miró is visited by Roland Penrose at his Son Abrines and Son Boter studios in Palma. Roland Penrose is preparing a book about Miró.[1264]

From March 15th to May 11th, a retrospective exhibition entitled "Joan Miró" is held at Haus der Kunst in Munich.[1265]

On April 10th Miró writes to Roland Penrose from Palma: "Graphic work is coming to play an increasingly important role in my oeuvre and in the message that I wish it to transmit."[1266]

During the months of May through to July, Miró takes part in a retrospective exhibition entitled "Spanish Artists: Gris, Picasso, Miró, Chillida, Tàpies" at Galerie Beyeler in Basel.[1267]

In May a solo exhibition entitled "Miró otro" ("Miró Another") is held, organized by the Barcelona Architects Association. Miró paints a temporary work of art on the glass of the building which lasts as long as the exhibition. In 1975 Miró explains: "The younger architects wanted to organize a provocative exhibition that would create a stir. The opposite of the official anthological exhibition that had been held before: that of the museum artist. I didn't go to the official exhibition. I was in Barcelona but at the last moment I had it announced that I wouldn't go so that I wouldn't have to meet the authorities. I was there, though, for the young architects and, at three o'clock in the morning (so that no one would be there, because it wasn't a spectacle) I was painting on the pavement [...], what interested me was an instantaneous gesture on a prepared background, where there were inscriptions in Catalan in favour of a free Catalonia."[1268]

In June, Miró and Artigas work together on the mural for the façade of Barcelona Airport. At the same time, they also work on the mural project for Osaka in Japan.[1269]

From June 9th to September 27th, an exhibition entitled "Joan Miró: Oeuvre gravé et lithographié" is held at Galerie Gérald Cramer in Geneva. Joan Miró and his wife travel to Geneva for the exhibition.[1270]

On July 8th Miró writes to Cramer: "[...] when I got back from the trip, I had to go to Artigas' home to work on a 10 x 5.40 metre ceramic for Osaka, which has left me feeling rather tired."[1271]

On August 15th Miró writes to Cramer: "I recently attended a concert by Stockhausen in Saint-Paul. Apart from my great admiration for him, we are also good friends. [...] We'll soon be going to Montroig so that we are on form for everything that awaits me in Osaka in the autumn."[1272]

On August 15th Miró writes to Takiguchi: "In early November I must spend some time in Osaka due to a commission for a project. I'm pleased, therefore, that I'll be able to see you soon. Then we can establish a work schedule for the book we have been planning for so long, which I haven't stopped thinking about." Miró also explains the origins and purpose of the Proverbes à la main project.[1273] In another letter of September 28th, Miró tells Takiguchi that he has now finished the mural ceramic for Osaka. He also expresses a desire for their joint book to be "light and beautiful like a flower".[1274]

On October 14th Miró declares: "My work is my life, I think. It is part of my nature [...] When my hands are not holding a paintbrush or in the midst of creating shape or colour... I am pondering new shapes, imagining, creating or 'recreating them'. [...] I have currently finished the mural for 'Expo-70'. On my return from Japan, I will have to start work again on the Barcelona mural and monument. At the same time I continuously paint oils... and sort out the final details of a big exhibition of sculptures that will take place in New York in April, before travelling on to Paris in June and, from there, to many other capitals."[1275] In early November, probably, Miró makes a trip to Paris.[1276]

On about November 13th Miró makes his second trip to Japan.[1277] The trip is motivated by the mural he has been commissioned to make for the Gas Pavilion at the Osaka Universal Expo, which is scheduled to take place in 1970.[1278] In addition to the big ceramic mural made in Gallifa with the collaboration of Josep Llorens Artigas, Miró also adds an ephemeral painting entitled Innocent Laughter, to be destroyed together with the pavilion, plus a series of painted bronzes and some "inhabited pumpkins" designed to welcome visitors to the pavilion or accompany them on their visit.[1279] These sculptures are a prelude to the characters that Miró later designs for the play Mori el Merma (1977).

At the end of the year Miró visits a joint exhibition at Sala Gaspar, where he admires a series of tapestries by Josep Royo. Miró is interested in this craft and asks to meet their maker. Josep Royo and Joan Miró meet one another at Sala Gaspar and a common desire emerges to make a big tapestry. The final tapestry is Tapís Tarragona, made at the Casa Aymat studio in San Cugat.[1280]

1970 During the year Miró completes two projects for ceramic murals in collaboration with Llorens Artigas: the ceramic mural for Barcelona Airport and the one for the Gas Pavilion at the Osaka Expo.[1281]

Throughout the year he creates numerous sculptures in bronze. Miró also works in parallel with different foundries: Parellada (Barcelona), Fratelli Bonvicini (Verona), T. Clémenti (Meudon) and Susse-Fondeur (Arcueil). The sculptures cast in 1970 include L'Équilibriste, Oiseau migrateur posé sur la tête d'une femme en pleine nuit, Tête de taureau and Le Guerrier.[1282]

In January Sert works on the preliminary drawings of the building for the Joan Miró Foundation in Barcelona. These drawings reflect the complexity of the building, with skylights similar to those of the Fondation Maeght, ramps and terraces. From them, it can be inferred that the building is in Montjuïc Park: a choice that was still the cause of controversy in Barcelona.[1283]

In March Miró starts work on the Tapís Tarragona tapestry project. He makes a painted maquette which will serve as a base for the tapestry. This tapestry is a donation by Miró to the medical staff of the Red Cross Hospital in Tarragona in grateful thanks for having looked after his daughter Dolores after a traffic accident. Consequently the tapestry is named after the city. With the donation of the tapestry, Miró clearly shows his deep-rooted links with the Tarragona region.[1284]

From March 9th to May 11th, an exhibition entitled "Joan Miró: Fifty Recent Prints" is held at the New York Museum of Modern Art. The exhibition travels on to Río Piedras, Bogotá, Caracas, Maracaibo, Buenos Aires, Montevideo and Santiago.[1285]

On March 15th the official opening ceremony of the Osaka Universal Expo takes place.[1286]

On April 20th Margit Rowell interviews Miró in Paris. The interview focuses on Miró's relations with post-war American painting and on the influence of his visits to Japan. In reference to American painting Miró declares: "[...] It showed me a direction I was interested in taking, which up to then had merely been a desire. When I saw those paintings [probably by Pollock], I told myself 'You can do it too. Go for it. You can see it's licit!' You mustn't forget that I grew up under the influence of the Paris School. It wasn't easy to get away from all that. As for Japan's influence: "[...] I was fascinated by the work of the Japanese calligraphers. It had a decisive influence on my work methods. More and more, I work in a kind of trance. [...] And I consider my painting to be increasingly gestural."[1287]

From May 5th to June 5th, a solo exhibition of Miró's work entitled "Sculpture in Bronze and Ceramic, 1967-1969, Recent Etchings and Lithographs" is held at the Pierre Matisse Gallery in New York.[1288]

In the spring of 1970, the preliminary plans and a model of Barcelona's future Joan Miró Foundation are completed. Sert had designed a new simpler, more geometrical drawing of the building. These plans show all the characteristics of the final plans, in terms of the foundation's exhibition spaces, dimensions and layout.[1289]

In June a solo exhibition of sculptures by Miró is held at Galerie Maeght in Paris. It comprises 53 bronzes made between 1967 and 1970.[1290]

On June 7th Shuzo Takiguchi writes to Miró: "I am deeply moved to see our *Proverbes à la main* [...] This edition is a wonderful memorial to our friendship and also to the friendship that unites Miró and Japan. Your original lithographs with their lovely variation, in which two beings/characters observe us and speak in the cosmic mirror of all the seasons, are marvellous."[1291] In another letter of August 10th, Takiguchi informs Miró that the book will be presented at an exhibition at Tokyo's Minami Gallery in early September.[1292]

On August 18th Sert writes to Miró, suggesting that they meet to discuss the preliminary plans for the Centre d'Estudis d'Art Contemporani (Centre for Contemporary Art Studies) in Barcelona.[1293]

On August 19th Miró is probably in Saint-Paul-de-Vence, where he gives an interview in which he talks about his sculptural work: "[...] I gather things together in my studio, which is very big. I place the objects around the floor and I choose this and that. I combine different objects and sometimes I re-use elements from other sculptures. [...] I don't use drawings as a starting point for the sculptures, but objects themselves... I never make drawings of them. I just put the objects together. [...] It's all to do with unusual combinations of recognizable forms. In most sculptures, various different objects are combined."[1294]

In September the ceramic mural for Barcelona Airport is inaugurated.[1295] Miró explains the process behind its creation: "Every time I came to Barcelona, I spent all morning at the airport. I had a coffee and then I strolled around, so that I could really get a good idea

of the setting for the mural. Once I had managed to get a very good feel of the place, I reached the conclusion that it was vital to be able to contemplate it from a distance. [...] So it had to make a big impact, [...] The mural had to move and blend into the landscape and building as a whole. To achieve such a degree of rapport, I decided to take an architectural approach. The idea I had in mind was big areas of colour. [...] I couldn't sleep for hours and hours, obsessed with finding a solution to these two problems [...] Its creation was a huge effort! The tension exhausted me."[1296]

On October 6th an exhibition of graphic work and gouaches by Miró opens at Sala Pelaires in Palma de Mallorca.[1297]

From December to January 1971, a solo exhibition of work by Miró is held at Galleria Arte Borgogna in Milan.[1298]

1971 Miró makes his first tapestry in collaboration with Josep Royo.[1299]

On February 13th Miró donates the mural he made for Barcelona Airport, in conjunction with Llorens Artigas, to the city of Barcelona.[1300]

From June 26th to August 29th, a solo exhibition of Miró's work is held at the Casino de Knokke-le-Zoute in Belgium.[1301]

In early July Miró works on the maquette of a tapestry for the World Trade Center in New York, commissioned by the Committee on Art of the Port of New York Authority.[1302]

From September 28th to October 22nd, a solo exhibition of work by Miró entitled "Homenatge a Joan Prats" ("A Tribute to Joan Prats") is held at Sala Gaspar in Barcelona.[1303]

In October, very probably, Miró and Maurice Tuchman meet in Paris, and Tuchman proposes that Miró should make a monumental sculpture for the Los Angeles County Museum of Art.[1304]

On October 3rd an exhibition entitled "Miró: Sculptures" opens at the Walker Art Center in Minneapolis. The exhibition travels on to the Cleveland Museum of Art and the Art Institute of Chicago,[1305] running from October 3rd to November 28th.

On October 6th Miró writes to Matisse, commenting that Mr. Tuchman, from the Los Angeles County Museum, wants to see him in Paris. Miró has the impression that it is about something very important.[1306] On the same day, October 6th, Matisse answers Miró and warns him to be wary of Tuchman.

On October 14th, probably, Miró is in Paris to attend the opening of "Miró: Peintures sur papier – Dessins", an exhibition scheduled to take place between October and November at Galerie Maeght in Paris.[1307]

On November 4th Miró makes a sketch entitled *Femme devant la foule* for the project for a monumental sculpture for the Los Angeles County Museum of Art.[1308]

On November 6th the poet Rafael Alberti writes to Miró, proposing that they create a folder of graphic work together. Alberti suggests that they should either make a folder like the one he dedicated to Picasso, or else that he should write a series of poems dedicated to Miró for the latter to illustrate with engravings.[1309]

From November 17th to December 6th, a solo exhibition entitled "Dessins" is held at Galerie Maeght in Paris.[1310]

From November 23rd to December 31st, the presentation of the poem and illustrations of "Le Lézard aux plumes d'or" is held at Galerie Berggruen in Paris. The exhibition then travels to Galerie Pierre in Stockholm, where it runs from December 4th to January 25th 1972.[1311]

1972 Between 1971 and 1972, Miró makes a ceramic mural in conjunction with Llorens Artigas for an inside wall of the Kunsthaus in Zurich. The mural, entitled *Vol d'oiseau*, is provisionally placed near the entrance of the museum until the building is extended so that it can be moved to its final resting place.[1312]

Miró and Llorens Artigas also make another ceramic mural, initially designed for the Cinémathèque at the Palais de Chaillot in Paris. However, the mural is never mounted there and finally it would be bought, five years later, by the Provincial Government of Álava.[1313]

On January 4th Rafael Alberti writes to Miró about a project to illustrate a series of texts by the poet: "For your work, I think it is crucial for you to have my words first, and I hope they harmonize perfectly with that background music you already perceive with that wonderful painter's ear of yours."[1314]

Some time after January 6th, very probably, Miró spends a few days in Montroig.[1315]

From January 14th to February 19th, an exhibition entitled "Joan Miró: 15 Original Lithographs – a Tribute to Joan Prats" is held at Galería Vandrés in Madrid.[1316]

From February 1st to March 12th an exhibition entitled "Miró Bronzes" is held at the Hayward Gallery in London.[1317]

1287 Rowell 1995, pp. 298-299.
1288 Carnielli and Loudon 2001, p. 271.
1289 Joan Miró Foundation 1988, pp. 14-15.
1290 *Derrière le miroir* June 1970.
1291 Letter from Shuzo Takiguchi to Joan Miró, June 7th 1970 (FPJM: FD-519).
1292 Letter from Shuzo Takiguchi to Joan Miró, August 10th 1970 (FPJM: FD-520).
1293 Umland 1993, p. 343.
1294 Walker Art Center 1971 [pp. 11-18].
1295 Pierre and Corredor-Matheos 1974, pp. 184, 187. Given the size of the mural (50 x 10 metres), Miró works on it with Llorens Artigas for about two years. The final mural is made up of 4,865 individual pieces and is completed in 1970.
1296 Permanyer, March 21st 1971 (FPJM: H-3910). At the end of this conversation about the Barcelona mural, Miró takes out a sheet of paper, reading aloud from it that he wishes to donate the following items to the city of Barcelona: "A) The airport mural: to welcome people arriving by air. B) The 30-metre-high monument for Cervantes Gardens: for people arriving overland by road. C) The Pla de l'Os mosaic in the Ramblas: for people arriving by sea and entering the city. D) The Centre d'Estudis d'Art Contemporani Joan Miró (Joan Miró Centre for Contemporary Art Studies): as a gateway to the future and for international cultural exchanges, with the absolute conviction that Catalonia has a great role to play in the world of tomorrow."
1297 Invitation to the exhibition of Joan Miró's work at Sala Pelaires (FPJM: H-3849).
1298 Rowell 1987a, p. 36.
1299 Dupin and Lelong-Mainaud 2003b, p. 254.
1300 *La Vanguardia*, February 14th 1971 (FPJM: H-3897).
1301 Rowell 1987a, p. 36; and letter from Nicole Verdoodt to Joan Miró, September 20th 1971 (FPJM: FD-290).
1302 Letter from S. S. Wenegrat to Daniel Lelong, July 12th 1971. In it, Mr. Wenegrat says that he has received a letter from Lelong, informing him that Miró is working on a maquette for a tapestry for the World Trade Center. The letter indicates that the Committee on Art of the Port of New York Authority is still interested in the project and would like Miró to submit it in the autumn in order to decide whether he would be asked to go ahead with the project. Miró makes a drawing on the back of the letter, three days after receiving it. Clear similarities with the Port of New York Authority tapestry indicate that this drawing is associated with the project mentioned in the letter (FPJM-675).
1303 Escudero and Montaner 1993, p. 494.
1304 Letter from Damienne de Truchis (Galerie Maeght in Paris) to Maurice Tuchman (Los Angeles County Museum of Art), September 22nd 1971 (LACMA); letter from Joan Miró to Pierre Matisse, October 6th 1971; letter from Pierre Matisse to Joan Miró, October 6th 1971; and letter from Joan Miró to Pierre Matisse, October 12th 1971 (PML: PMGA).
1305 Walker Art Center, 1971; and letter from Martin Friedman to Joan Miró, October 11th 1971 (FPJM: FD-291).
1306 Letter from Joan Miró to Pierre Matisse, October 6th 1971 (PML: PMGA).
1307 Letter from Damienne de Truchis (Galerie Maeght in Paris) to Maurice Tuchman (Los Angeles County Museum of Art), September 22nd 1971 (LACMA); and *Derrière le miroir* October-November 1971.
1308 Collection of the Fundació Pilar i Joan Miró a Mallorca (FPJM-640).
1309 Letter from Rafael Alberti to Joan Miró, November 6th 1971 (FPJM: FD-4).
1310 Escudero and Montaner 1993, p. 494.
1311 Ibidem, pp. 494-495.
1312 Pierre and Corredor-Matheos 1974, pp. 184-191. This mural has been identified as *Oiseaux qui s'envolent* in Escudero and Montaner 1993, p. 495.
1313 González de Durana 2002, p. 17.
1314 Letter from Rafael Alberti to Joan Miró, January 4th 1972 (FPJM: FD-5).
1315 Letter from Joan Miró to Doctor Rafael Orozco, December 24th 1971.
1316 Tone 1993, p. 450.
1317 Ibidem, p. 451.

1318   Ibidem, p. 450.
1319   Bonet, February 29th 1972 (FPJM: H-3938); and Bauzá and Pizá, March 1st 1972 (FPJM: H-3939).
1320   Bauzá and Pizá, March 1st 1972 (FPJM: H-3939).
1321   Letter from Hortensia Bussi, Salvador Allende's widow, to Joan Miró, May 29th 1980 (FPJM: FD-14).
1322   Tone 1993, p. 450.
1323   Letter from Rafael Alberti to Joan Miró, March 2nd 1972 (FPJM: FD-6).
1324   Pierre Matisse Gallery 1972.
1325   Letter from Martin H. Bush (Wichita State University) to Joan Miró, April 10th 1972 (PML: PMGA).
1326   Tone 1993, p. 450.
1327   Tone 1993, p. 451.
1328   Canals i Gual 1993, p. 42.
1329   Letter from Pierre Matisse to Joan Miró, May 17th 1972 (PML: PMGA).
1330   Raillard 1977, p. 95.
1331   Joan Miró Foundation 1988, p. 461.
1332   Tone 1993, p. 451.
1333   Escudero and Montaner 1993, p. 495.
1334   Letter from Pierre Matisse to Joan Miró, June 24th 1972 (PML: PMGA).
1335   Escudero and Montaner 1993, p. 495.
1336   Letter from Margit Rowell (New York's Guggenheim Museum) to Joan Miró, July 26th 1972 (FPJM: FD-243).
1337   Letter from Beth Straus (President of the New York City Cultural Council) to Joan Miró, August 11th 1972 (FPJM: FD-275).
1338   Letter from Margit Rowell (New York's Guggenheim Museum) to Joan Miró, September 26th 1972 (FPJM:FD-246).
1339   Sketchbook from the collection of the Fundació Pilar i Joan Miró a Mallorca, on the front cover of which the words "CENTRAL PARK" are written. Miró made a single sketch, dated September 22nd.
1340   Letter from Margit Rowell (Guggenheim Museum in New York) to Joan Miró, September 26th 1972 (FPJM:FD-246).
1341   Escudero and Montaner 1993, p. 495.
1342   Letter from Daniel Lelong (Galerie Maeght) to Patricia Sieminski (Los Angeles County Museum of Art), October 6th 1972 (LACMA).
1343   Tone 1993, p. 451.
1344   Solomon R. Guggenheim Foundation 1972; and letter from Margit Rowell to Joan Miró, July 26th 1972 (FPJM: FD-243).
1345   Galerie Beyeler 1972-1973.
1346   Diario de Mallorca, January 4th 1973 (FPJM: H-3994).
1347   Letter from Daniel Lelong (Galerie Maeght) to Maurice Tuchman (Los Angeles County Museum of Art), January 4th 1973 (LACMA).
1348   Castell, January 21st 1973 (FPJM: H-3997).
1349   Diario de Mallorca, February 1st 1973 (FPJM: H-3998).
1350   Confirmation of receipt from the Los Angeles County Museum of Art, dated February 7th 1973 (PML: PMGA).
1351   Letter from Joan Miró to Pierre Matisse, February 11th 1973 (PML: PMGA).
1352   Letter from Joan Miró to Pierre Matisse, February 11th 1973 (PML: PMGA).

From February 2nd to March 12th, the Cleveland Museum of Art hosts an exhibition entitled "Miró Sculptures".[1318]

On February 29th an exhibition of lithographs by Miró entitled "A Tribute to Joan Prats" opens at Sala Pelaires: "It's not my exhibition. It's an exhibition dedicated to my lifelong friend, Joan Prats, who I played with as a child, who I studied with as a lad and who, when I grew up, always advised me. In the lean years he helped me and he was always by my side, come what may."[1319]

On February 29th Miró has a meeting with the Ambassador of Chile in Spain and his cultural attaché. At the meeting the Chilean Ambassador asks Miró to donate a work of art to create a collection for the Salvador Allende International Resistance Museum in Santiago de Chile.[1320] Miró does indeed donate two works of art to the museum, which is today known as the Salvador Allende Museum of Solidarity.[1321]

In February an exhibition entitled "Joan Miró: Opere scelte dal 1924 al 1960" takes place at Artelevi in Milan.[1322]

On March 2nd the details of project to illustrate a series of texts by Alberti begin to take shape. Alberti expresses his annoyance because the project is limited to the illustration of a single poem with just one engraving, since he had something more innovative and ambitious in mind.[1323]

From March 21st to April 15th, a solo exhibition of work by Joan Miró entitled "Miró Sobre Papel" is held at the Pierre Matisse Gallery in New York.[1324]

On April 10th Martin H. Bush, from Wichita State University, writes to Miró to suggest the creation of a mosaic mural for an art centre currently under construction at the said university in Kansas.[1325]

From April 15th to May 28th, the Art Institute of Chicago hosts an exhibition entitled "Miró Sculptures".[1326]

From May 16th to June 17th, an exhibition entitled "Joan Miró: Overweavings and Sculptures" is held at Sala Gaspar in Barcelona.[1327] For the first time, the tapestries made by Miró in collaboration with Josep Royo are shown.[1328]

On May 17th Pierre Matisse suggests that Miró should accept a commission for a project for the new wing of Washington's National Gallery of Art, designed by architect I. M. Pei. David Scott wishes to meet Miró on behalf of the National Gallery and talk over the project with him in person.[1329] In 1975, Miró explains: "I am fascinated by architecture, also from the perspective of my work. For example, the National Gallery in Washington is making a new modern art building. A few days ago they came and asked me to create an 11 x 3m tapestry. It's a wonderfully exciting project. The architects came here so that we could go over the project together."[1330]

On May 30th Miró finishes the maquette (an oil painting on canvas) of the tapestry for the World Trade Center in New York.[1331]

From June 4th to July 30th, an exhibition entitled "Joan Miró: Das plastische Werk" is held at the Kunsthaus in Zurich.[1332]

Starting on June 5th and continuing throughout the month of July, a solo exhibition of work by Miró entitled "Peintures, gouaches, dessins" is held at Galerie Maeght in Zurich.[1333]

On June 24th Matisse sends Miró a photograph of the model of the new wing of the National Gallery of Art in Washington.[1334]

On June 27th the Joan Miró Foundation in Barcelona is legally founded and classified.[1335]

On July 26th Margit Rowell, from New York's Guggenheim Museum, writes to Miró. She unofficially proposes that he make a monumental sculpture for the city of New York, commissioned by the New York City Cultural Council. Right from the very outset, Central Park is contemplated as a possible location for the sculpture.[1336]

On August 11th Beth Straus, from the New York City Cultural Council, asks Miró to make a monumental sculpture for New York. Initially, the Cultural Council requests photographs of the maquette of the sculpture that Miró has chosen to make, before being sent the actual maquette or being told the characteristics of the sculpture.[1337]

On September 18th Margit Rowell writes to Miró, telling him that different locations are being considered for Miró's sculpture, which is to be directed at the children of New York. The locations include three gardens in Central Park. Nevertheless, they hope to be able to count on Miró's presence before taking a final decision.[1338]

On September 22nd Miró starts a sketchbook of drawings related to the Central Park project.[1339]

On September 26th Rowell writes to Miró and sends him a plan of Central Park with three pre-selected children's parks marked in red. She also sends photographs of the three possible locations and a photo of a fourth in another park by the river.[1340]

From September 30th to October 29th, a retrospective exhibition of Miró's work is held at the Liljevalchs Konsthall in Stockholm.[1341]

At the beginning of October Miró is in Palma de Mallorca, working on applying colour to the maquette of the sculpture for the Los Angeles County Museum.[1342]

From October 18th to November 18th, an exhibition entitled "Joan Miró" is held at Acquavella Galleries in New York.[1343]

From October 27th to January 1st 1973, the Solomon R. Guggenheim Museum in New York hosts an exhibition entitled "Joan Miró: Magnetic Fields", organized by Margit Rowell and Rosalind Krauss.[1344]

From December 1972 to February 1973, an exhibition entitled "Miró, Calder" is held at Galerie Beyeler in Basilea.[1345]

1973   In early January Joan Miró is awarded the Order of Bernardo O'Higgins, the highest distinction awarded by the Government of Chile at the desire of Salvador Allende, in thanks for Miró's donation of a painting to the Museum of Solidarity in Santiago de Chile.[1346]

By January 4th Miró has finished the maquette of the monumental sculpture for the Los Angeles County Museum and has sent it to Paris to Galerie Maeght for it to be delivered to Los Angeles.[1347]

In the second half of January, work begins on the construction of the "Centre for Contemporary Art Studies - Joan Miró Foundation" in Montjuïc, Barcelona.[1348]

On about February 1st Miró travels to Rome, where he visits an exhibition of drawings and gouaches by the poet Rafael Alberti. Work by Joan Miró is also shown there as a tribute by the Spanish poet to the Catalan artist.[1349]

By February 7th Miró's maquette of the monumental sculpture for the Los Angeles County Museum of Art has arrived in the Californian city.[1350]

On February 11th Miró writes to Matisse: "[...] I would like to tackle the big mosaic for Wichita University. The experts who will make it have already been to see me and we understood each other and got on very well."[1351]
Some time after February 11th, Miró spends about ten days in Saint Paul-de-Vence.[1352]

On February 19th Margit Rowell writes to Miró about the New York project for a monumental sculpture, asking for photographs of the maquettes of sculptures that are at Haligon's. She also asks for information about the material and scale of the sculpture in order to choose a possible location on the basis of these features.[1353]

From March 31st to April 29th, an exhibition entitled "Joan Miró: Das graphische Werk" is held at the Hamburg Kunstverein.[1354]

In April an exhibition entitled "Sobreteixims et sacs" is held at Galerie Maeght in Paris.[1355] Royo explains the creative process as follows: "[...] tapestries that later, with Miró, were partially burnt. We hooked different objects onto them like umbrellas, buckets, coloured sewn cloths and, in short, all the utensils we had within reach. They were pathetic, strong, aggressive tapestries which Cirici named 'sobreteixim' ['overweaving'], because it was weaving on top of weaving, and this is the name by which they are known today."[1356]

From April 14th to June 30th, an exhibition entitled "Sculptures de Miró, céramiques de Miró et Llorens Artigas" is held at the Fondation Maeght in Saint-Paul-de-Vence.[1357]

On April 20th Miró has his 80th birthday.[1358] On the occasion of his birthday he declares: "I'm better than ever, in full physical and creative form. And very keen to work. I can't imagine my life without working."[1359]

On April 20th the newspaper Diario de Mallorca publishes an interview with Miró, where he talks about graphic work known as the Mallorca Series: "Because I made it here, on this table, and because Mallorca is identified with a certain period. I've lived here for many years. In the 1940s I made the Barcelona Series and since then I hadn't engraved another series. Now the Mallorca Series will form a nexus with the Barcelona Series. Next year it will be included in the exhibition of graphic work that the Petit Palais in Paris is organizing to celebrate my birthday [...] The Musée de la Ville in Paris will organize another exhibition of sculptures and ceramics."[1360]

On April 24th the Mallorca Series is presented to the public at Sala Pelaires in Palma. Miró plans to exhibit the series with the Barcelona Series at Harvard University's Fogg Art Museum and also in Sweden, England and Japan.[1361]

From May 1st to 25th, a solo exhibition entitled "Joan Miró: Paintings, Gouaches, Sobreteixims, Sculpture, Etchings" is held at the Pierre Matisse Gallery in New York.[1362]

On May 3rd a series of events are held in Barcelona to celebrate Joan Miró's 80th birthday. In the afternoon, with the artist's attendance, four exhibitions are inaugurated in Calle Consejo de Ciento at the René Metras, Nova, Adrià and Sala Gaspar Galleries. In the evening, a dinner is held as a tribute to Miró, attended by hundreds of people from Barcelona's world of culture.[1363]

On May 29th Margit Rowell writes to Miró: "With regard to the New York sculpture, I am pleased to hear that there are two maquettes being made at Haligon's that you consider appropriate for this project."[1364]

On June 5th Miró writes to Cramer: "At the beginning of next week, I'm going to Barcelona. We have reached an agreement with Muga to engrave the poster. You can tell him the size, so that he can prepare the plates."[1365]

During the months of June and July, an exhibition entitled "Joan Miró: His Graphic Work" is held at Tel Aviv Museum in the city of the same name.[1366]

From June 7th to September 10th, a solo exhibition of posters by Miró is held at the Kristeanstads Museum of Art in Sweden.[1367]

From June 15th to September 30th, Miró takes part in the exhibition "Sculptures en montage" in Passy-Plateau-d'Assy, France.[1368]

From July 4th to December 22nd, Miró participates in the exhibition "Oeuvre gravé original" at the Musée de l'Athénée in Geneva.[1369]

On July 14th 1973, Alberti sends Miró "Maravillas con variaciones acrósticas en el jardín de Miró", with the idea in mind that they should collaborate on the creation of an illustrated book: "[...] What I am sending you lends itself, I believe, to new inventions, to new fantasies from your infinite garden."[1370]

From October 10th to January 27th 1974, New York's Museum of Modern Art hosts a solo exhibition of work by Miró entitled "Miró in the Collection of The Museum of Modern Art".[1371]

From October 16th to November 10th, an exhibition entitled "Joan Miró: Livres illustrés, lithographies en couleur" is held at Galerie Gérald Cramer in Geneva.[1372]

From October 19th to November 9th, the Pierre Matisse Gallery in New York hosts a solo exhibition entitled "Joan Miró: Sobreteixims".[1373]

On October 28th Miró writes to Matisse, commenting that he is thinking of working on the maquette of the Wichita mosaic and on the Washington tapestry, because he is enthralled by the prospect of both projects. Nevertheless, most of his efforts at that point are focused on preparing for the exhibition at the Grand Palais.[1374]

On November 5th Miró asks for the return of the maquette that he submitted for the project for a monumental sculpture for the Angeles County Museum of Art, since no decision has been made.[1375]

From November 15th to January 15th 1974, a solo exhibition is held entitled "Miró 80" at the Palma de Mallorca Association of Architects.[1376]

In December he makes a series of burnt canvases (Toiles brûlées): "I recently burnt a series of canvases. I burnt them for plastic and professional motives, because it gives lovely results, and also to answer merde to all those people who say these canvases are worth a fortune. I burn them."[1377] As for the procedures involved, Miró explains: "I brought to life the beauty of a burnt canvas or paper. What interested me was that birth, not simply the gesture of saying merde to auctions, valuations and all that rubbish. I threw powder paint on an unpainted canvas and set fire to it. The paint made the fire flare up. While it burnt, I moved the canvas left and then right. I had water and a brush nearby to put out the fire at any moment [...] Lovely materials, fate and the possibility of halting it all. In that respect, there is no difference in comparison with a painted canvas [...] Afterwards I noticed that they were alive on both sides, like a tapestry."[1378]

1974 The monumental sculpture Oiseau lunaire is inaugurated in Place Robert Desnos in Paris, where Miró used to have a studio at number 45 Rue Blomet.[1379]

Probably on about January 5th, Joan Miró is awarded the French Legion d'honneur, the highest French distinction of honour.[1380]

On February 9th the triptych L'Espoir du condamné a mort I-II-III is completed.[1381] A year later, in 1975, Miró recounts: "Years ago on a big canvas, I painted a brushstroke: a small white brushstroke, and a blue one on another canvas. Then the day came when they garrotted that poor pro-Catalan boy, Salvador Puig Antich. I felt that it was that, the day that they killed him. I finished the canvas the day

1353   Letter from Margit Rowell (New York's Guggenheim Museum) to Joan Miró, February 19th 1973 (FPJM: FD-247).
1354   Kunstverein 1973.
1355   Derrière le miroir April 1973.
1356   Canals 1993, p. 46.
1357   Fondation Maeght 1973.
1358   The event is mentioned in the press and a number of special issues are dedicated to Miró, documenting his career as an artist and a person. La Vanguardia, for example, brings out a special issue on April 13th 1973 (FPJM:H-4006).
1359   Pizá, April 20th 1973 (FPJM: H-4022a).
1360   Planas Sanmartí, April 20th 1973 (FPJM: H-4018).
1361   Ibidem, April 20th 1973 (FPJM: H-4018).
1362   Carnielli and Loudon 2001, p. 275.
1363   La Vanguardia, May 5th 1973 (FPJM: H-4033).
1364   Letter from Margit Rowell (New York's Guggenheim Museum) to Joan Miró, May 29th 1973 (PML: PMGA).
1365   Letter from Joan Miró to Gérald Cramer, June 5th 1973, in Giroud 2002, pp. 175-176. Miró is referring to the poster that he creates for Gérald Cramer for the exhibition Livres illustrés et lithographies, which is held from October 16th to November 10th 1973.
1366   Tel-Aviv Museum 1973.
1367   Escudero and Montaner 1993, p. 495.
1368   Ibidem, p. 495.
1369   Ibidem, p. 495.
1370   Letter from Rafael Alberti to Joan Miró, July 14th 1973 (FPJM: FD-10).
1371   Tone 1993, p. 451.
1372   Ibidem, p. 451.
1373   Pierre Matisse Gallery 1973b.
1374   Letter from Joan Miró to Pierre Matisse, October 28th 1973 (PML: PMGA).
1375   Letter from Daniel Lelong (Galerie Maeght in Paris) to Maurice Tuchman (Los Angeles County Museum of Art), November 5th 1973 (LACMA).
1376   Balearic Official Association of Architects, Sala Pelaires, and Caja de Ahorros de las Baleares 1973.
1377   Raillard 1977, p. 27.
1378   Ibidem, pp. 133-134.
1379   Rowell 1987a, p. 37.
1380   Baleares, January 5th 1974 (FPJM: H-4054).
1381   Dupin and Lelong-Mainaud 2003b, pp. 182-185.

1382   Raillard 1977, pp. 44-45.
1383   Dupin and Lelong-Mainaud 2003b, pp. 178-179.
1384   Letter from Margit Rowell to Joan Miró, apparently wrongly dated May 15th 1974 (FPJM: FD-248). The date of the letter kept at the Fundació Pilar i Joan Miró a Mallorca must be wrong. In the archives of the Pierre Matisse Gallery, there is a copy of this letter and the date is amended. Instead of May 15th, it says March 15th. The letter is preceded by a card also written by Rowell and dated April 10th, with no year, although presumably it was written in 1974. The date of the card makes it conceivable that the letter was indeed written in March and not May. Also, the "Report on Miró Sculpture for Visual Arts Committee of the New York City Cultural Council", dated April 10th 1974, seems to confirm that the letter from Margit Rowell to Miró was written on March 15th.
1385   Tone 1993, p. 451.
1386   Escudero and Montaner 1993, p. 495.
1387   Bauzá and Pizá, May 14th 1974 (FPJM: H-4061).
1388   Taillandier, May 30th 1974, in Rowell 1987a, p. 283.
1389   Ministère des Affaires Culturelles et de l'Environnement 1974.
1390   Canals i Gual 1993, p. 53. Pere Portabella directed a documentary film about the making of the 6 x 11m tapestry, shown at the exhibition organized as a tribute to Miró at the Grand Palais in Paris, Canals i Gual 1993, p. 74.
1391   Tone 1993, p. 451.
1392   Taillandier, May 30th 1974 in Rowell 1987a, pp. 282-286.
1393   Letter from Shuzo Takiguchi to Joan Miró, June 8th 1974 (FPJM: FD-526). The book was published in Tokyo in 1978, in Cramer 1989, pp. 588-589.
1394   Schneider, June 16th 1974 (FPJM: H-4085).
1395   Paris Match, August 17th 1974 (FPJM: H-4089).
1396   Report on the Miró-Claca show (FPJM: FD-588).
1397   Letter from H. Landais to Joan Miró, November 7th 1974 (FPJM: FD-167).
1398   Tone 1993, p. 451.
1399   Letter from Margit Rowell to Joan Miró, November 21st 1974 (PML: PMGA).
1400   Letter from David W. Scott (Planning Consultant of the Washington National Gallery) to Pierre Matisse, December 4th 1974 (PML: PMGA).
1401   Letter from Joan Miró to Margit Rowell (New York's Guggenheim Museum), undated. Presumably this letter must have been written in early 1975. A handwritten note at the bottom of the letter in Pierre Matisse's writing indicates that the letter was received in January. Also, the contents of the letter are very similar to a letter from Ramon Viladàs to Pierre Matisse, dated January 20th 1975.
1402   Letter from Ramon Viladàs (Miró's lawyer) to Pierre Matisse, January 20th 1975 (PML: PMGA).
1403   Letter from Joan Miró to Gérald Cramer, January 29th 1975, in Giroud 2002, pp. 178-179. Miró and Cramer once again collaborate, this time on the illustration of Hommage à San Lazzaro by Alain Jouffroy, published in 1977.

they killed him. Without knowing it. [...] His death. A line that was going to be interrupted. It's a triptych that I named L'Espoir du condamné a mort."[1382]

On February 9th he finishes the triptych Feux d'artifice I-II-III.[1383]

On March 15th Margit Rowell writes to Miró about the New York project for a sculpture. Rowell prefers a sculpture on the same scale as a human being, since it is directed at children, and she suggests that the final sculpture should be the 3-metre Femme Oiseau, made of epoxy. Rowell asks for Miró's collaboration in providing a maquette of the sculpture for its submission.[1384]

During the months from May to July, a solo exhibition entitled "Miró" is held at Galerie Melki in Paris.[1385]

From May 10th to June 15th, a solo exhibition entitled "Graphic Work. Barcelona Series. 1972-73" is held at Sala Gaspar in Barcelona.[1386]

On May 14th an exhibition organized as a tribute to Miró, entitled "Barcelona Series 1972-73", opens at Galeria 4 Gats in Palma de Mallorca.[1387]

In May, probably, Miró goes to Paris, where he supervises the mounting of his exhibition at the Grand Palais. Miró explains his conception of the exhibition: "The exhibition at the Grand Palais is an environment. That was why it was so important for me to be there when the paintings were hung. I wanted to participate. I had thought about it a lot and even made notes."[1388]

From May 17th to October 13th, the retrospective exhibition "Joan Miró" is held at the Grand Palais in Paris.[1389] The retrospective features paintings, sculptures, objects, tapestries and ceramics. The tapestries on exhibit include a large tapestry (6 x 11 metres). According to Josep Royo, this heralds the beginning of other projects for large tapestries: "That tapestry made a profound impression and as a result there were commissions for tapestries for the Washington National Gallery of Art (6 x 11 m), the Miró Foundation (5 x 7 m), the Fondation Maeght in Saint-Paul-de-Vence (2.80 x 4.80 m) and 'la Caixa' (2 x 5 m)."[1390]

On the same dates, from May 17th to October 13th, an exhibition entitled "Miró: L'Oeuvre graphique" is held at the Musée d'Art Moderne de la Ville in Paris. The exhibition then travels on to the Fundaçao Calouste Gulbenkian in Lisbon (where it is held from November 25th to January 12th 1975).[1391]

On May 30th Miró is interviewed by Yvon Taillandier. During the interview, he comments on exhibitions in progress at the time in Paris and also on his new work procedures: "Very often, I draw a black line on the empty canvas, and then I complement it with splattered or dripped paint. This method of dripping is fairly recent. I pour paint on the canvas, which is lying flat on the floor, and then I stand tha painting up. The color then runs down. I check the flow. When it seems right, I lay the canvas flat on the fllor again. I am doing this more and more. But it is rather recent. It's like the burned paintings [...] it's not difficult to control the progress of the fire, and in this way you can obtain some very beautiful textures. [...] I'm interested in the textures you can obtain with slow-drying colors. [...] I work in stages. First stage, the blacks; and then the rest, which is determined by the blacks. [...] Sometimes I use an easel. But that has become quite rare. I put my paintings on sawhorses or on the floor. When they're on the ground, I can walk on them, and that's convenient, especially in the case of a large canvas."[1392]

On June 8th Takiguchi sends Miró the poems for "En compagnie des étoiles", a book of poems dedicated to Miró which he asks him to illustrate.[1393]

On June 16th Miró is interviewed by Pierre Schneider, during which he explains: "My creations are not works of art but human events. When I see that, what strikes me, behind my facet as an artist, is the human dimension. [...] I feel more and more liberated. I am interested in painting, needless to say, but above all what interests me is contact with the world. [...] I never take a holiday. If I stop working, my equilibrium goes [...] That is freedom. I've reached an age, over 81, when I'm not tied down by anything. I often say that the last word I would like to utter when I die is the word 'merde'."[1394]

On about August 17th Miró and his wife attend the tenth anniversary of the Fondation Aimé et Marguerite Maeght, in Saint-Paul-de-Vence. Numerous artists and people associated with the foundation attend the event including Giacometti, Calder, Chillida, Adami, Palazuelo, Gardy-Artigas, Bury, Lelong and Dupin.[1395]

In November, the theatre company, la Claca, suggests to numerous Catalan artists that they should create a series of puppets for a show and an exhibition, held as part of the 2nd International Puppet Festival in Barcelona. Joan Miró expresses an interest in the project and suggests a more in-depth joint initiative: the creation of an entire show. This is the origin of the idea to collaborate on a performance of Mori el Merma.[1396]

On November 7th the Director of Musées de France thanks Joan Miró for having made the exhibition at the Grand Palais possible and he tells him how great a success it has been, in terms of visitor numbers.[1397]

From November 9th to January 12th, an exhibition entitled "Joan Miró" is held at the Louisiana Museum, in Humlebaek, Denmark.[1398]

On November 21st Margit Rowell writes to Miró about the New York project for a monumental sculpture. Rowell now has the necessary budget at her disposal to cast the sculpture Femme-oiseau in bronze, but the estimated production costs are too high so she suggests that Miró make it with a type of plastic or else in reinforced concrete.[1399]

On December 4th David W. Scott, from the Washington National Gallery of Art writes to Matisse: "The news that Miró expects to finish the maquette by the end of the year is more cheering. [...] Concerning the design of the tapestry: as you know, we have given Miró background information on the site, and I have discussed the project with him on two occasions. He has building plans and elevations, and photographs of the building model [...], as well as a drawing showing the size of the tapestry and its location on the wall [...]."[1400]

1975   At the beginning of the year, possibly, Miró writes to Margit Rowell about the New York project for a sculpture: "Casting a big bronze is indeed very expensive [...] We are now working in Paris on a 15-metre-high sculpture which is to be placed in La Défense and will also have bright, solid colours. [...] we have decided not to make it of plastic because the result is very cold and I can't be very sure how solid the colours would be. [...] you know how keen I am to have one of my sculptures in Central Park and I would be delighted to offer it to the city of New York."[1401]

On January 20th Ramon Viladàs writes to Daniel Lelong about the tapestry for Washington's National Gallery of Art: "Miró agrees to make a maquette of the tapestry and get it made by Royo in Tarragona."[1402]

On January 29th Miró writes to Cramer: "I'm sending you the maquette of the linoleum matrix. I think it could be a success."[1403]

On February 13th Miró writes to Dominique Bozo, the Curator of the Musée National d'Art Moderne, to discuss the museum's purchase of L'Objet du couchant, made in 1937: "I am very pleased [...] to see how interested you are in having an important, representative collection of my work at the museum. L'objet du Couchant is very important and historic [...] It was painted in Montroig using the trunk of a carob tree, a tree of great beauty [...] the other objects were chance finds during my walks. [...] I can also tell you, by way of information, that this object was considered a farce by everyone except, of course, Breton who was immediately struck by its magic."[1404]

On February 18th J. Carter Brown, the Director of Washington's National Gallery of Art, writes to Pierre Matisse: "As you know, the National Gallery of Art is interested in exploring the possibility of commissioning a large tapestry to be designed by Joan Miró for the south wall of the Central Court of the new East Building. The commissioning of this tapestry is largely dependent upon the acceptance by the Gallery of a maquette to be executed by Miró to represent the design of the tapestry (insofar as the design of a work in relief can be conveyed in another medium). Upon the acceptance of the maquette, we anticipate that the Gallery will proceed to negotiate two contracts, one with Miró and with you as his representative, to pay the artist's design fee (including acquiring rights to the maquette), the other with you and the Galerie Maeght for the production of the tapestry by the Royo atelier. Accordingly, we hope you will request Sr. Miró to prepare and send us the maquette."[1405]

From April 8th to May 2nd, an exhibition entitled "Joan Miró: Paintings and Sculptures, 1969-1974" is held at the Pierre Matisse Gallery in New York.[1406]

Between April and May, the presentations of the books Càntic del Sol by Francisco de Asís and Quatre colors aparien el món de J.V. Foix take place.[1407]

On June 10th, the Centre for Contemporary Art Studies - Joan Miró Foundation (CEAC-FJM) is unofficially inaugurated. The building, designed by Josep Lluís Sert, is located in Barcelona's Montjuïc Park.[1408] During the month of June, an exhibition entitled "Paintings, Sculptures and Overweavings by Miró at the Foundation" is held at the Joan Miró Foundation.[1409]

On October 21st Miró receives a visit from J. Carter Brown: "I saw Miró on the afternoon of October 21st. I gathered that he hadn't been feeling his old self and that his wife was keeping him at a slow pace. He showed me his studio, with the marble samples, colour photographs and some yarn samples, and said that this is where the maquette for the tapestry would be created. [...] In my discussions with Miró, the one negative possibility that seemed

uppermost in his mind was Pierre Matisse's insistence that the maquette should be sent to Washington. [...] I did specify that the maquette would become the property of the National Gallery, and he seemed to have no objection to that. [...] The impression I got from his studio is that there is not too much work going on there at the moment, and that everything now depends on his health and energy. He told me that only recently has he developed a clear idea of how he wanted to proceed with this."[1410]

Miró works on the maquette of the mural ceramic for the IBM laboratory building in Barcelona.[1411]

In November Miró also works on a maquette to illustrate the book Soledades by Góngora. In an interview, he explains: "I have Soledades near the entrance to the studio, by the stairs, and every morning when I go in I read a brief, very short fragment. That's enough. Every day. A bit like the monks [...] it's a fascinating book but very difficult to do. An artistic balance is needed, dictated by the typography, and I also need to penetrate the spirit of Góngora. [...] To achieve this, I will need perhaps twenty-five etchings. What I like about Góngora is his plastic rigour and his wit [...] I had been thinking about Góngora for a long time!"[1412]

On November 20th Francisco Franco dies and Spain begins the transition toward democracy. Miró declares in December 1975: "Songe et Mensonge de Franco was possible for Picasso because he was descriptive, while I... All my characters are grotesque. Yes, that might be Franco. I begin a character without thinking about Franco and, when I finish, I can say with all certainty: This is Franco."[1413]

From December 5th to January 31st 1976, a retrospective entitled "A Shared Journey, Miró-Maeght" is held at Galería Maeght in Barcelona.[1414] In Miró's words, Maeght is more than an art dealer: "[...] he is a friend and an extremely brave man. He has helped me a lot."[1415]

By December 10th Miró has finished the maquette of the mosaic mural for Wichita State University. Gabriel Loire de Chartres will be responsible for making it.[1416]
The Association Internationale des Arts Plastiques commissions Miró with a poster to support the campaign de "Droits de l'Homme".[1417]
During 1975, a preliminary contact is drawn up by letter between Miró and Joan Baixas, the Director of the theatre group, la Claca.[1418]

1976 Miró creates two works of art for the city of Barcelona. One is a mosaic floor made of

coloured artificial glass known as the Mosaico del Pla de l'Os, destined for Barcelona's La Rambla.[1419] The other, is a ceramic mural for I.B.M. in Barcelona, made of refractory clay.[1420] Both projects are made in collaboration with Joan Gardy Artigas.

In March Joan Miró meet the directors of the theatre company, la Claca, for the first time. He shows an interest in the plastic potential that puppet theatre has to offer. The company suggests that a play should be created, based on Miró's work, so that it is not conditioned by any previous literary work or script. The meeting leads to the creation of Mori el Merma, a festive street show on the theme of tyranny, using Ubu Roi as an example.[1421]

On March 28th Miró completes Personnages oiseaux, the maquette for the Wichita State University mosaic.[1422]

On March 28th Miró finishes the maquette of the tapestry for the National Gallery in Washington.[1423]

From April 13th to May 8th, an exhibition entitled "Joan Miró: Sculpture" is held at the Pierre Matisse Gallery in New York.[1424] On show at the exhibition are 26 sculptures in bronze or painted bronze made between 1967 and 1975.

On April 19th Miró writes to Calder from Palma: "We are planning to go to Paris in May [...] The [Barcelona] Foundation opens its doors officially in June, you will receive an invitation in due course. You can imagine how overjoyed all of your friends would be if you were to be with us on that occasion." Miró asks Calder to donate the sculpture on exhibit in Barcelona to the foundation and, in exchange, Miró will give Calder one of his works.[1425]

On April 21st Miró writes to Matisse, telling him that Català-Roca has taken photographs of the maquettes[1426] and that they will be sent to Matisse immediately: "The dimensions of the maquettes are: Tapestry 252 x 169. Mosaic 145 x 310 [...] the maquettes are oils on canvas, which allowed me to work with greater impetus, with a more precise idea of what could be achieved in terms of proportions and the final materials to be used. [...] the Texas project has given me many ideas that are impossible to explain by letter."[1427]

On April 23rd Calder writes to Miró, telling him that he can keep the sculpture [for the Joan Miró Foundation in Barcelona], and that he would be delighted to receive a painting by Miró in exchange.[1428] Miró painted Personnage aux 3 cheveux, oiseaux,

1404 Letter from Joan Miró to Dominique Bozo, February 13th 1975, in Rowell 1993, pp. 95-97.
1405 Letter from J. Carter Brown (Director of the Washington National Gallery) to Pierre Matisse, February 18th 1975 (PML: PMGA).
1406 Pierre Matisse Gallery 1975.
1407 Escudero and Montaner 1993, p. 496. See Cramer 1989, pp. 482-485, 526-527.
1408 La Vanguardia, June 8th 1975 (FPJM: H-4127) and letter from Oriol Bohigas to Joan Miró, June 20th 1975 (FPJM: FD-312).
1409 Tone 1993, p. 452.
1410 Memorandum for the File, drafted by J. Carter Brown (Director of the Washington National Gallery), October 28th 1975 (PML: PMGA).
1411 Raillard 1977, p. 95.
1412 Ibidem, pp. 105-107. La Fundació Pilar i Joan Miró conserves drawings probably associated with the project to illustrate the book by Góngora. Unfortunately the project was never completed. According to Rosa Maria Malet, (Fundació Joan Miró 1989, p. 87), Miró was working on Soledades by Góngora and Liberté by Paul Eluard when he fell ill and so these projects were never finished.
1413 Ibidem, p. 189.
1414 Gutiérrez, January 4th 1976 (FPJM: H-4135); Escudero and Montaner 1993, p. 496.
1415 Raillard 1977, p. 181.
1416 Letter from Martin H. Bush (Vice-President of Wichita State University) to Joan Miró, December 10th 1975 (PML: PMGA).
1417 Letter from Dunbar Marshall to Joan Miró, December 12th 1975 (FPJM: FD-287): "Once again you have confirmed the universal force of images when used to promote ideas."
1418 Report on the Miró-Claca show (FPJM: FD-588).
1419 Gimferrer 1978, pp. 224-225. The Joan Miró Foundation in Barcelona has the maquette of the Pla de l'Os mosaic, made by Miró in 1976, in Fundació Joan Miró 1988, p. 456.
1420 Gimferrer 1978, p. 224.
1421 Report on the Miró-Claca show (FPJM: FD-588).
1422 Dupin and Lelong-Mainaud 2004, pp. 44-45.
1423 Dupin and Lelong-Mainaud 2004, pp. 100-101; and Washington National Gallery of Art 2004.
1424 Pierre Matisse Gallery 1976.
1425 Letter from Joan Miró to Alexander Calder, April 19th 1976, in Hutton and Wick 2004, p. 275.
1426 Miró is almost certainly referring to the maquette of the tapestry entitled Femme for the Washington National Gallery of Art and to that of the mosaic entitled Personnages oiseaux (March 28th 1976) for Wichita State University.
1427 Letter from Joan Miró to Pierre Matisse, April 21st 1976 (PML: PMGA).
1428 Letter from Alexander Calder to Joan Miró, April 23rd 1976, in Hutton and Wick 2004, p. 275.

1429 Dupin and Lelong-Mainaud 2004, p. 36.
1430 Letter from Joan Miró to Pierre Matisse, April 21st 1976 (PML: PMGA).
1431 Kjell A. Johansson, June 1976 (FPJM: H-4874).
1432 Escudero and Montaner 1993, p. 496.
1433 Baleares, June 15th 1976 (FPJM: H-4146); and Cramer 1989, pp. 536-537, 486-489.
1434 Escudero and Montaner 1993, p. 496; and Serrano, July 4th 1976 (FPJM: H-4150).
1435 Draft contract sent by J. Carter Brown (Director of the Washington National Gallery) to Pierre Matisse, June 22nd 1976 (PML: PMGA).
1436 Letter from David W. Scott (Planning Consultant of the Washington National Gallery) to Pierre Matisse, June 24th 1976 (PML: PMGA).
1437 Carnielli and Loudon 2001, p. 279.
1438 Letter-contract sent by J. Carter Brown (Director of the Washington National Gallery) to Pierre Matisse, December 10th 1976 (PML: PMGA).
1439 Report on the Miró-Claca show (FD-588).
1440 Rowell 1987a, p. 37.
1441 Report on the Miró-Claca show (FPJM: FD-588).
1442 Ibidem, (FPJM: FD-588).
1443 Raillard 1993, pp. 229-230.
1444 Ibidem, pp. 236-237.
1445 Ibidem, p. 236.
1446 Ibidem, p. 236.
1447 Letter from Joan Gardy Artigas to Joan Miró, August 14th 1977 (FPJM: FD-18); and letter from Toshio Matsubara to Joan Miró, September 4th 1977 (FPJM: FD-187).
1448 Letter from Joan Miró to Gérald Cramer, August 9th 1977, in Giroud 2002, pp. 188-189.
1449 Dupin and Lelong-Mainaud 2004, pp. 100-101; and Washington National Gallery of Art 2004.

constellations for Calder on March 7th 1976.[1429]

Very probably toward the end of May, Miró travels to Paris, spending about three weeks there.[1430]

In June an exhibition of posters by Joan Miró is held at Bäckaskog Castle in Sweden.[1431]

From June 10th to July 31st, an exhibition entitled "Miró. Eaux-fortes et lithographies récentes de grand format" is held at Galerie Maeght in Paris.[1432]

On June 14th the presentation of two books illustrated by Miró, El pi de Formentor by Miquel Costa i Llobera and Espriu-Miró, takes place at Galería 4 Gats in Palma de Mallorca. Miró explains: "I want to make it clear that this is something more than artistic expression. It is, if I may say so, a message: a cry I am making for Mallorca to wake up and rediscover its identity, which today is so adulterated and numbed."[1433]

On June 18th the Joan Miró Foundation is formally inaugurated with the exhibition "Joan Miró: Pintures, escultures i dibuixos de les col·leccions de la Fundació" ("Joan Miró: Paintings, Sculptures and Drawings from the Foundation Collection"). Joan Miró donates 5,000 drawings to the centre, from which 475 are selected for the exhibition.[1434]

On June 22nd J. Carter Brown draws up a draft contract: "On behalf of the Trustees of the National Gallery of Art [...] I am pleased to commission the Galerie Maeght and you, as its agent, to cause to be woven by the Royo Studio in Spain for the Gallery a one of one tapestry based on a unique design by Joan Miró, as embodied in a maquette entitled Femme, in accordance with the following terms: 1. The tapestry will measure approximately 35 feet high by 23 feet and 4 inches wide, and its fabrication will be supervised overall by Mr. Miró. 2. The total consideration to be paid to you by the Gallery is $150,000. [...] 3. The completed tapestry will be delivered to the Gallery on or before December 31, 1977 [...]."[1435]

On June 24th David W. Scott of the Washington National Gallery of Art writes to Miró: "I enclose drafts of two separate contracts which are interrelated in the sense that the contract for the weaving of the tapestry cannot be executed except upon the execution of the contract for purchase of the maquette."[1436]

From November 16th to December 16th, an exhibition entitled "Joan Miró. Aquatints:

Grands Formats, 1974-1975" is held at the Pierre Matisse Gallery in New York.[1437]

On December 10th J. Carter Brown, the Director of the Washington National Gallery of Art, sends Matisse the contractual conditions for the commissioned tapestry by Miró: "On behalf of the Trustees of the National Gallery of Art [...] I hereby agree to purchase from you, as Joan Miró's agent, a unique design by Mr. Miró for a tapestry and maquette entitled Femme, which embodies the said design, including all acquired rights, titles and interests in the design and the maquette, for the sum of $100,000 [...]."[1438]

In December the theatre company, la Claca, begins to create the theatre characters for its show, Mori el Merma, which is a free interpretation of Miró's drawings on the theme of Ubu Roi.[1439]

Miró prepares a ceramic mural for the Wilhelm Hack Museum in Ludwigshafen.[1440]

1977 In late January Miró goes to Barcelona to see the material created by the theatre company, la Claca, for the first time. He is greatly impressed and Miró begins to suggest how to paint all the material for the theatre show.[1441]

In the last week of March Miró collaborates with the Catalan theatre group, la Claca, in Sant Esteve de Palautordera. In an old theatre Miró paints the characters, scenery and objects created for the performance of the play Mori el Merma. Over a period of seven days, twenty items are made (two big backcloths, six giants, five masks and numerous other objects), made and decorated with a wide variety of procedures and materials. Català-Roca documents these sessions and records images on film.[1442]

In May, Miró explains, in reference to Spain's transition: "Now I have great hopes for the future [...] Aidez l'Espagne, which I made in 1937, exactly forty years ago. Now one realizes that the lines that I wrote under the drawing of the Catalan peasant were prophetic: the immense creative resources of the Spanish people can now clearly be seen to have asserted their authority over those obsolete forces. Also evident too is that impetus which will amaze the world. And the contributions will be seen in all fields, including art. [...] That profound creative effort cannot be asphyxiated. And in Catalonia, it is already underway, with greater force than ever, with a huge capacity for invention."[1443]

In Paris in May, Miró speaks about his current monumental projects: "They have just laid a mosaic in the Ramblas where people go to

stroll, close by the Liceo. It's been laid on the pavement itself, and that's very exciting for me. I'm pleased about these legacies that I'll leave behind me, and I would like to leave more. The project for a sculpture to be located on the way in to Barcelona, which was suspended, really must be completed. [...] The sculpture will be 25 metres high, larger than the one in La Défense, Paris. I would like to see it finished. [...] This morning I went to Chartres to see the workshop where the mosaic that I created for Texas is being made. There is also another in Osaka. In Tarragona they are preparing a big tapestry for Washington. And this year the big sculpture will be erected here [in Paris], in La Défense. I'll also work on the maquettes of Ubu Roi."[1444]

From June 27th to July 30th, an exhibition of graphic work entitled "Homenatge als poetes catalans" ("A Tribute to the Catalan Poets") is held in the Centre de Lectura in Reus. Miró explains: " Jacques Dupin has organized two exhibitions for the summer of 1977 in two Catalan towns: one in Spain, Reus, and the other in France, Céret. This highlights both the unity of the Catalan culture and my mistrust of centralism [...]."[1445]

Between July and September a solo exhibition of painting, sculptures and graphic work is held at the Musée d'Art Moderne in Céret. Miró gives the following opinion: "Céret seems a good choice to me. I've never had an exhibition or painted there [...] Céret has long been associated with painters. Picasso, Juan Gris, Dérain and Matisse painted there [...]. I'll exhibit some paintings and numerous examples of graphic works, which are easier to transport. And also the books I've worked on with French and Catalan poets. The night of the opening, the young artists of Barcelona's la Claca will give a performance with the puppets I made for them."[1446]

In August the ceramic mural that Miró designed for the Osaka International Expo is mounted in the Osaka National Museum of International Art.[1447]

On August 9th Miró writes to Cramer: "I apologize for the delay in replying but when I got back from Paris, because I was exhausted, my doctor ordered complete rest for a while, which is still the case now. [...] Since from now on, I will only be able to deal with my work, which is more than enough, please contact my representative, Jacques Dupin."[1448]

Almost certainly on October 5th Royo finishes the tapestry for the Washington National Gallery of Art.[1449]

On October 13th the big tapestry for the Washington D.C. National Gallery of Art is presented to the public at the Joan Miró Foundation in Barcelona. The tapestry, made in Josep Royo's studio, measures 6 x 11 metres. Josep Royo explains: "I managed to get some excellent wool in Sabadell so that I could make large-scale tapestries [...] Making the tapestry was difficult, given its final weight (4,000 kilograms), which required very resistant wools as well as a special loom for the job. What's more, once it was finished, part of one of the walls of the studio had to be knocked down to get it out."[1450]

On November 30th the Minister of Culture asks Joan Miró to act as Chairman of the Board of Trustees of the Spanish Museum of Contemporary Art.[1451]

1978 Miró is named Honorary Chairman of the Institut de Projecció Exterior de la Cultura Catalana, an organization created to promote the Catalan culture throughout the world.[1452]

He creates a colour lithograph for the book *En compagnie des étoiles* by Shuzo Takiguchi.[1453]

On January 8th Martin H. Bush visits Miró in Palma de Mallorca, and he notifies him that the mosaic mural for Wichita State University was completed on December 20th 1977.[1454]

Some time prior to February 2nd Miró is asked to create a mural for the façade of the Wilhem Hack Museum in Ludwigshafen, Germany.[1455]

On February 7th Roland Penrose is in Palma de Mallorca for an interview with Joan Miró.[1456]

On February 9th Roland Penrose and a team from the BBC start to film a programme about Joan Miró and his work. The team from the television channel films images of Miró working and others of characters he created for the Catalan theatre group, la Claca.[1457]

On February 14th Miró attends the rehearsal of the theatre play *Mori el Merma* at the Teatro Principal in Palma de Mallorca.[1458] The opening performance takes place on March 7th.[1459] Miró talks about the characters he painted: "These mannequins have had me fascinated. They unite carnival traditions and the parades of giants. Puppets can be made to say anything, with an ease of attack that goes beyond words and explanations."[1460]
By April 11th Miró's mural, made in Chartres, has already reached Wichita and it is expected to be mounted by early September.[1461]

From April 13th to May 15th, an exhibition entitled "11 Previously Unknown Works", comprising paintings and drawings on paper, is held at Sala Gaspar in Barcelona.[1462]

On April 19th Barcelona City Council agrees to award Joan Miró the Gold Medal of the City, coinciding with his 85th birthday.[1463]

On April 20th Palma de Mallorca City Council agrees to award Joan Miró the Gold Medal of the City, coinciding with his 85th birthday.[1464]

On April [24th], the Cabinet of the Autonomic Government of Catalonia agrees to award Miró the regional government's first Gold Medal.[1465]

On May 4th two anthological exhibitions of Miró's work open in Madrid. From May 4th to July 23rd an exhibition entitled "Joan Miró: Painting"[1466] is held at the Spanish Museum of Contemporary Art. Joan Miró and Pilar Juncosa attend the opening.[1467] At the same time, from May 4th to July 20th, an exhibition entitled "Joan Miró: Graphic Work"[1468] is held in the exhibition rooms of the Directorate-General for Artistic Heritage. Miró makes the following comments about his visit to the exhibition of paintings: "It's a good summary of my life and a wise choice of paintings. It's very moving to find myself suddenly with *my children*, even the *most rebellious ones*, and I am glad that it has occurred in Madrid after years of absence and desperation. I know I am somehow helping to open the gates of the new Spain to the outside world [...]."[1469]

On May 4th a royal decree is made public by virtue of which Miró is awarded the Grand Cross, the "Gran Cruz de la Orden de Isabel la Católica".[1470]

On May 5th a solo exhibition entitled "Paintings from 1916 to 1974" is held at Galeria Theo in Madrid.[1471]

From May 10th to June 30th, an exhibition entitled "Miró: Drawings, Gouaches, Monotypes" is held at Galería Maeght in Barcelona.[1472]

From May to June, the presentation of a book entitled "Three Joans" takes place at Galería Joan Prats in Barcelona, with articles by Joan Brossa and illustrated with a colour etching by Joan Miró .[1473]

On June 7th the play *Mori el Merma* is performed for the first time at the Teatro del Liceo in Barcelona by the theatre company, la Claca. Miró attends the performance, accompanied by the President of the Autonomic Government of Catalonia, Mr. Tarradellas.[1474]

On July 28th Charles W. Millard (Chief Curator of the Hirshhorn Museum and Sculpture Garden) writes to Pierre Matisse, enquiring

about the maquette of a sculpture, called *Femme devant la foule*, which Miró had designed for the Los Angeles County Museum as part of a project that never materialized. Millard is studying the possibility of having it made for the Hirshhorn Museum and Sculpture Garden.[1475]

On September 3rd, probably, Miró is visited by Pierre Matisse in Palma de Mallorca.[1476]

On September 4th an anthological exhibition opens in Palma de Mallorca, with work created between 1910 and 1978. Miró designs a catalogue, the invitation and the cover of the catalogue for the exhibition. Miró and Pilar Juncosa attend the opening, which is presided by the King and Queen of Spain. At Sa Llotja[1477] in Palma, King Juan Carlos awards Joan Miró the "Gran Cruz de Isabel la Católica". At the same time, at the Palau Solleric in Palma, a tribute to Joan Miró is held in the form of an exhibition of work by artists and writers.[1478]

On September 20th an exhibition entitled "Dessins de Miró provenant de l'atelier de l'artiste et de la Fondation Joan Miró de Barcelone" opens at the Musée National d'Art Moderne, in the Centre Georges Pompidou in Paris.[1479]

From September 20th to November 5th, an exhibition of paintings and graphic work is held at the Edwin A. Ullrich Museum of Art at Wichita State University in Kansas.[1480]

From October 3rd to November 10th, a solo exhibition entitled "Eaux-fortes. Gravures pour des poèmes de Salvador Espriu" is held at the Centre d'Études Catalanes in Paris.[1481]

On October 13th the Tokyo publishing house, Heibonsha, notifies Miró of the publication of the book *En compagnie des étoiles*. It comprises a series of poems by Takiguchi as a tribute to Miró and a colour lithograph by the Catalan artist. To commemorate the publication of the book, an exhibition is organized for the month of November at Tokyo's Nantenshi Gallery.[1482]

On October 14th Miró is in Saint-Paul-de-Vence. During an interview, he talks about his projects: "A 14-metre sculpture for New York, close by Central Park. Two 60 x 10 metre ceramics, one for a German museum and the other for the Madrid Congress Hall. [...] I am also contemplating a big stain-glass window in two parts for the Maeght Foundation and a big sculpture for no one in particular."[1483]

On October 19th an exhibition entitled "Miró: Cent Sculptures, 1962-1978" opens at the Musée d'Art Moderne de la Ville in Paris.[1484]

1450 Canals i Gual 1993, pp. 44-45, 75; Rowell 1987a, p. 37.
1451 *El País*, December 1st 1977 (FPJM: H-4181).
1452 Letter from the IPECC to Joan Miró, June 9th 1978 (FPJM: FD-379): "It must be a Catalan person of international acclaim."
1453 Cramer 1989, pp. 588-589; and letter from Kunihiko Shimonaka to Joan Miró, December 29th 1978 (FPJM:FD-408).
1454 Letter from Martin H. Bush (Vice-President of Wichita State University) to Joan Miró, December 7th 1977 (FPJM: FD-51); letter from Martin H. Bush to Pierre Matisse, February 28th 1978 (PML: PMGA); and handwritten notes, almost certainly written by Martin H. Bush during his stay at the Hotel Fénix in Palma de Mallorca, probably on about January 8th 1978 (FPJM: FD-52.2). The technical description of the mural project *Personages oiseaux* is outlined in a report drafted by Ateliers Gabriel & Jacques Loire of Chartres, dated December 1977. The work was based on an oil painting by Joan Miró, made in 1976. The workshop-based part of the project lasted for fifteen months, with the participation of Joan Miró and Joan Gardy Artigas (FPJM: FD-166).
1455 *Baleares*, February 2nd 1978 (FPJM: H-4193).
1456 Cela Conde, February 7th 1978 (FPJM: H-4195).
1457 Torres, February 10th 1978 (FPJM: H-4198).
1458 Maldonado, February 15th 1978 (FPJM: H-4200); and *Baleares*, February 15th 1978 (FPJM: H-4200).
1459 Baixas 1994, p. 237.
1460 Bernard, September 4th 1978 (FPJM: H-4249).
1461 Letter from Martin H. Bush (Vice-President of Wichita State University) to Joan Miró, April 11th 1978 (FPJM:FD-53).
1462 Escudero and Montaner 1993, p. 496.
1463 *La Vanguardia*, April 20th 1978 (FPJM: H-4211).
1464 Verd, April 21st 1978 (FPJM: H-4220).
1465 Fernández, May 3rd 1978 (FPJM: H-4224).
1466 Spanish Directorate-General for Artistic Heritage, Archives and Museums, and the Joan Miró Foundation, 1978.
1467 Welcome note to Madrid from the Minister for Cultural Affairs (FPJM: FD-200); and Fernández, May 3rd 1978 (FPJM: H-4224).
1468 Fernández, May 3rd 1978 (FPJM: H-4224); and Tone 1993, p. 452.
1469 Amón, June 18th 1978 (FPJM: H-4229).
1470 *Diario de Mallorca*, May 5th 1978 (FPJM: H-4225).
1471 Escudero and Montaner 1993, p. 496.
1472 Tone 1993, p. 452.
1473 Escudero and Montaner 1993, p. 496; and Cramer 1989, pp. 592-593.
1474 *Tele Exprés*, June 8th 1978 (FPJM: H-4228).
1475 Letter from Charles W. Milliard (Chief Curator of the Hirshhorn Museum and Sculpture Garden, Smithsonian Institution) to Pierre Matisse, July 28th 1978 (PML: PMGA).
1476 Letter from Pierre Matisse to Charles W. Milliard (Hirshhorn Museum and Sculpture Garden), August 9th 1978 (PML: PMGA).
1477 Also known as La Lonja, in Spanish. A former Guild Hall.
1478 Martorell, September 5th 1978 (FPJM: H-4252).
1479 Centre Georges Pompidou 1978.
1480 Belden, November 1st 1978 (FPJM: H-4273).
1481 Escudero and Montaner 1993, p. 496.
1482 Letter from Tsutomu Matsumori to Joan Miró, October 13th 1978 (FPJM: FD-534).
1483 Marchesseau, December 1978 (FPJM: H-4285).
1484 Musée d'Art Moderne de la Ville in Paris and Fondation Maeght, 1978.

1485 *Diario de Mallorca*, October 21st 1978 (FPJM: H-4263).
1486 Letter from Martin H. Bush (Vice-President of Wichita State University) to Joan Miró, October 30th 1978.
1487 GSV, November 8th 1978 (FPJM: H-4260).
1488 Hidalgo, November 14th 1978 (FPJM: H-4283).
1489 Raillard 1977, p. 114.
1490 Carnielli and Loudon 2001, p. 284.
1491 Escudero and Montaner 1993, p. 496.
1492 Letter from Charles W. Milliard (Hirshhorn Museum and Sculpture Garden) to Pierre Matisse, December 1st 1978 (PML: PMGA).
1493 Letter from Charles W. Milliard (Hirshhorn Museum and Sculpture Garden) to Pierre Matisse, December 15th 1978 (PML: PMGA).
1494 Letter from Pierre Matisse to Joan Miró, December 29th 1978 (PML: PMGA).
1495 Letter from Jaime de Urzáiz (Director of the magazine *Cuaderno de Cultura*) to Joan Miró, March 2nd 1979; and *Cuaderno de Cultura* Extra 1978 (FPJM: H-4295).
1496 Escudero and Montaner 1993, p. 496.
1497 Letter from Josep Lluís Sert to Joan Miró, February 28th 1979 (FPJM: FD-263).
1498 Letter from Pierre Matisse to Joan Miró and Pilar Juncosa, July 30th 1979 (PML: PMGA).
1499 Letter from Charles W. Milliard (Hirshhorn Museum and Sculpture Garden) to Pierre Matisse, March 2nd 1979 (PML: PMGA).
1500 *Última Hora*, March 27th 1979 (FPJM: H-4309).
1501 Statutes of the Public Municipal Foundation "La Fundació Pilar i Joan Miró a Mallorca".
1502 Letter from Pierre Matisse to Ramon Viladàs (Joan Miró's lawyer), March 30th 1979 (PML: PMGA).
1503 Tone 1993, p. 452.
1504 Prat, April 26th 1979 (FPJM: H-4314).
1505 Serra, April 30th 1979 (FPJM: H-4317).
1506 Tone 1993, p. 452.
1507 Ibidem, p. 452.
1508 Umland 1993, p. 345; and Tone 1993, p. 452.
1509 Escudero and Montaner 1993, p. 496.
1510 Tone 1993, p. 452.
1511 *Catalunya Exprés*, June 8th 1979 (FPJM: H-4324).
1512 Riutord, June 16th 1979 (FPJM: H-4330).
1513 Letter from Charles W. Milliard (Hirshhorn Museum and Sculpture Garden) to Pierre Matisse, June 18th 1979 (PML: PMGA).
1514 Escudero and Montaner 1993, p. 496.

On October 20th Miró's desire to donate his studios to the city of Palma is publicly announced. The donation is to take effect on the painter's death.[1485]

On October 31st the mosaic mural *Personnages oiseaux* is officially inaugurated at Wichita State University in Kansas.[1486]

On November 7th the exhibitions held in Palma de Mallorca as a tribute to Joan Miró, at Sa Llotja and the Casal Solleric, come to an end. Miró and his wife attend the closing ceremony at Sa Llotja. During the ceremony, the Minister for Cultural Affairs, Pío Cabanillas, commissions Miró with the creation of a mural for the Madrid Congress and Exhibition Hall.[1487]

On November 13th the monumental sculpture *Couple d'amoureux* is inaugurated in La Défense in Paris, with fireworks and street entertainment by the theatre group, La Claca.[1488] Back in 1975, Miró had explained this project: "Sculptures allow you to act on the landscape. [...] I am making a big 15-metre sculpture for La Défense in Paris with very aggressive colours. It is a question of interplay with the architecture. Not with a natural landscape, but with big cement, steel and glass buildings. The sculpture will be placed opposite the one by Calder."[1489]

From November 21st to December 16th, an exhibition entitled "Joan Miró: Recent Paintings, Gouaches, and Drawings from 1969 to 1978" is held at the Pierre Matisse Gallery in New York.[1490]

From November 22nd to January 19th 1979, a solo exhibition of paintings by Miró is held at Galerie Maeght in Paris.[1491]

On December 1st Milliard informs Pierre Matisse that, in principle, the Hirshhorn Museum and Sculpture Garden has approved the purchase of the monumental sculpture by Miró, although the financial arrangements still need to be settled.[1492]

On December 15th Milliard notifies Pierre Matisse that the Hirshhorn Museum and Sculpture Garden is considering reducing the scale of Miró's monumental sculpture to adapt it to the smaller dimensions of the museum plaza, provided that Miró agrees.[1493]

On December 29th Matisse writes to Miró: "Also, on January 20th the manager of a big southern bank, whose architect is I. M. Pei, is due to come to Palma with Pei to talk about a project for an immense 15 or 20-metre-high sculpture. When I return to St. Jean, I'll telephone you to see if you agree with the meeting." [1494]

Miró designs a cover for a special issue of the magazine *Cuaderno de Cultura*, dedicated to the subject of Catalan culture.[1495]

1979 In January a solo exhibition entitled "Sculptures in Humor and Adventure 1944-75" is held at Tokyo's Seibu Museum of Art. Subsequently the exhibition travels to Nagoya, Fukui and Osaka.[1496]

On February 28th Josep Lluís Sert writes to Miró about the stain-glass window that the Catalan artist designed for the Maeght Foundation in Saint-Paul-de-Vence: "I have once again seen the site of your stain-glass window. Facing south, I think it will make a big impact, and it can be floodlit from outside at night." [1497]

In March, very probably, Miró is visited by the architect, Ieoh Ming Pei, in Palma de Mallorca to talk about the use of colour on the sculpture *Femme echevelée* in relation to a project for monumental sculpture for Houston, Texas.[1498]

On March 2nd Millard writes to Matisse, telling him that the Hirshhorn Museum and Sculpture Garden is still interested in the monumental sculpture by Miró. He therefore asks for a maquette to submit to the Committee on Collections at its next meeting in mid May.[1499]

On March 26th the Dean of the Faculty of Arts of the University of the Balearic Islands notifies Joan Miró that they have decided to make him an Honorary Doctor of the said faculty.[1500]

On March 27th, at a plenary session of Palma City Council, the Statutes of the Public Municipal Foundation "La Fundació Pilar i Joan Miró a Mallorca" are passed.[1501]

On March 30th Matisse writes to Ramon Viladàs about a commission for Miró: "It is a very important project for a monumental sculpture for a building in the United States. The project is currently under study and we have agreed not to talk to him until it has been accepted. At that point I will consult you, as Miró's lawyer, with regard to the final agreement."[1502]

From April 10th to May 13th, the Hayward Gallery in London hosts an exhibition entitled "Drawings by Joan Miró from the Artist's Studio and the Joan Miró Foundation, Barcelona".[1503]

On April 26th the newspaper *Última Hora* publishes a series of statements by Miró: "I feel the same desire to create that I have felt all my life. The last six months' enforced rest, following a fall in my studios, has helped me to sort out my ideas [...]. I have just finished the draft sketches of a 60 x 20 metre mural that will be mounted in the Madrid Congress and Exhibition Hall. Now I'm working on a 40-metre sculpture for New York [...] and on a series of stain-glass windows for a small church on the outskirts of Paris in Senlis, transformed into a cultural centre by the pianist Cziffra. These are some of the projects I'm working on at the moment, and I am also making draft sketches of a 30-metre-high monumental sculpture, with an inside stairway, for the Parque del Mar in Palma."[1504]

On April 20th Montroig holds an affectionate tribute to Miró, which he attends with his wife Pilar. Montroig awards him the Gold Medal of the City and names him its adoptive son.[1505]

From April to May, an exhibition entitled "Zeichnungen und Malereien auf Papier von Joan Miró" is held at Galerie Maeght in Zurich.[1506]

From May 17th to July 28th, Galerie Patrick Cramer in Geneva holds an exhibition entitled "Joan Miró: 60 Livres Illustrés".[1507]

From May 26th to September 30th, an exhibition entitled "Joan Miró: Pittura, 1914-1978" is held at Orsanmichele in Florence .[1508] At the same time, another exhibition under the title "Joan Miró: Grafica, 1930-1978" takes place at the Siena Civic Museum, together with a third called "Joan Miró: Scultura, 1931-1972" at the Palazzo Pretorio in Prato.[1509]

From June to September, Galerie Beyeler in Basilea hosts an exhibition entitled "Jean Arp, Joan Miró".[1510]

On June 8th Miró presents a tapestry, designed by the artist and woven by Josep Royo, at the Joan Miró Foundation in Barcelona.[1511]

On June 15th Fernando Gamboa, the Director of Mexico's Museum of Modern Art, arrives in Palma to meet Miró. Gamboa is preparing an anthological exhibition of the Catalan artist's work in the Mexican capital for the following year.[1512]

By June 18th the Committee of the Hirshhorn Museum and Sculpture Garden has unanimously approved the project for a monumental sculpture by Miró. All that remains is the approval of the Secretary of the Smithsonian.[1513]

From June to July, Galería Maeght in Barcelona holds an exhibition entitled "A Tribute to Gaudí. 100 Engravings and 4 Sculptures".[1514]

From July 7th to September 30th, the Maeght Foundation in Saint-Paul-de-Vence holds an exhibition entitled "Joan Miró: Pientures, sculptures, dessins, céramiques, 1956-1979".[1515] Miró travels to Saint-Paul-de-Vence to attend the opening of the exhibition and the inauguration of the foundation's stain-glass windows.[1516] The creation of these two stain-glass windows for the Maeght Foundation introduces Miró to a creative field that was hitherto unknown to him, in collaboration with Charles Marcq, Director of Atelier Simon in Reims.[1517] In parallel with this retrospective exhibition of Miró's work, in July the theatre company, la Claca, perform the play Mori el Merma.[1518]

On July 21st the Catalan newspaper Avui appears with a cover designed by Miró to celebrate its 1000th issue.[1519]

On July 31st, possibly, the Spanish Museum of Contemporary Art displays Miró's maquette of a mural for the Madrid Congress and Exhibition Hall.[1520]

On September 22nd the stain-glass windows designed by Miró for the Royal Chapel of Saint Frambourg in Senlis, France, are inaugurated. The windows were commissioned by Georges Cziffra and made in collaboration with Atelier Simon in Reims.[1521]

On October 2nd Miró is awarded an honorary doctorate by the University of Barcelona. The artist attends the investiture, for which he had prepared a speech on the subject of artists' civic responsibility:[1522] "In this sense, I understand that an artist is someone who, when others are silent, uses his or her voice to say something, and that it is the artist's duty to ensure that this something is not useless but something that serves to help men. The fact of being able to say something, when most people have no choice in the matter, obliges the artist to make his or her voice prophetic in some way. In some respects, it is the voice of the community. When an artist from a country like ours speaks, a country that has been cruelly marginalized due to the events of an adverse history, his or her voice must be heard throughout the world, affirming, contrary to all ignorance, misunderstanding and bad faith, that Catalonia exists, that it is original and alive."[1523]

On October 15th Galería 4 Gats in Palma de Mallorca holds the opening of an exhibition of graphic work, where Miró presents his latest work produced in his Son Boter studio. Miró visits the exhibition, accompanied by his wife Pilar.[1524]

On October 12th Miró writes to Cramer: "Thank you for sending me these magnificent cards with the extraordinary graphics of the Maritime Alps. It's a magical world. It's my world! [...] We're leaving for New York at the end of the month [...]."[1525]

On November 8th the Hirshhorn Museum and Sculpture Garden decide to abandon the project for a monumental sculpture by Miró.[1526]

1980 From January 5th to February 3rd, the Amos Anderson Museum in Helsinki hosts a solo exhibition of sculptures by Miró.[1527]

From January 24th to February 12th, Tokyo's Isetan Museum hosts an exhibition of work by Miró entitled "Oeuvres sur papier, peintures, graphiques".[1528]

On January 29th Miró writes to Cramer: "I have taken a long time to write to you. The beginning of this year has not been brilliant for me or for any of us. David and Emilio had a car accident [...] and my sister is seriously ill and we are expecting her to pass away at any moment."[1529]

On January 31st Miró is visited in Palma de Mallorca by Pierre Matisse in order to discuss the monumental sculpture for Houston, Texas, among other things. That same day, Miró draws a copy of the sculpture Femme échevelée with inscriptions indicating the different parts of the body.[1530]

From March 19th to April 27th, the Washington University of Art in San Louis holds an exhibition entitled "Joan Miró: The Development of a Sign Language". Later, it travels to Chicago to the David and Alfred Smart Gallery, where it runs from May 15th to June 18th.[1531]

On March 20th a retrospective exhibition opens entitled "Miró: Selected Paintings" at the Hirshhorn Museum and Sculpture Garden of the Smithsonian Institution, Washington D.C. From June 8th it travels to the Albright-Knox Art Gallery, Buffalo.[1532]

From May 13th to June 7th, an exhibition entitled "Miró: Painted Sculpture and Ceramics" is held at the Pierre Matisse Gallery in New York.[1533]

On May 15th Dolores Miró Ferrà, Miró's sister, dies in Barcelona.[1534]

On May 27th Matisse writes to Miró: "As I told you by phone, the first project for 'Femme échevelée' has had to be abandoned for construction reasons. Instead, Pei has chosen 'Personnage et Oiseau' [...] which I enclose a photocopy of with notes on the dimensions and colours. The sculpture will be made ten times larger, giving it a height of nearly 15 metres. For construction reasons, the triangular base (in green in the drawing) will be made of steel and the other elements (in red in the drawing) will be made of bronze with the possibility that they can be painted. The monument will be situated in the plaza in front of the entrance to this (80-floor) skyscraper whose general outer appearance is very austere in design and colour. For this reason, as was also envisaged for the 'Femme échevelée' project, we think it would be a good idea for it to have some coloured features."[1535]

On May 29th Hortensia Bussi, Salvador Allende's widow, thanks Miró for the donation of a work of art to the Salvador Allende International Resistance Museum: "We have received it with tremendous pride, given the major artistic and human symbol that you represent. In the current circumstances of misfortune and exile, we value your gesture all the more."[1536]

From May to August a retrospective exhibition of Miró's work is held entitled "Miró: A Reality, an Art" at Mexico City's Museum of Modern Art. The exhibition travels on to the Museum of Fine Art in Caracas.[1537]

On June 30th the architect Helmut Jahn writes to Daniel Lelong: "I was pleased to hear that Miró had a positive attitude to the sculpture for the State of Illinois Center. [...] a preference has emerged for a sculpture inspired by the specific features of this building, instead of just transplanting the Brunswick sculpture."[1538]

At the initiative of the Director of the Venice Biennale, Luigi Carluccio, the project for the ballet L'Oeil oiseau is recontinued. In Barcelona in July, Miró meets Carluccio, the Italian composer Sylvano Bussotti, the choreographer Russillo, Jacques Dupin and Gardy Artigas, among others, to discuss the ballet.[1539]

On September 3rd Bruce Graham writes to Daniel Lelong, informing him that the Mayor of Chicago has decided to approve the funding of the sculpture by Miró, allocating more funds than those provided by the State of Illinois. This new finance guarantees the viability of the project for a monumental sculpture and it also means that the sculpture no longer has to be erected inside the building of the State of Illinois Center. Bruce Graham wants to know as soon as possible what preparations he should make with Artigas and Miró.[1540]

In the autumn Miró agrees for the Director of the Venice Biennale, Luigi Carluccio, to begin

1515 Tone 1993, p. 452.
1516 Bertolino, July 6th 1979 (FPJM: H-4331); Roux, July 8th 1979 (FPJM: H-4332); and Escudero and Montaner 1993, p. 496.
1517 Fondation Maeght 2001, p. 203.
1518 Bertolino, July 6th 1979 (FPJM: H-4331).
1519 Avui, July 21st 1979 (FPJM: H-4335).
1520 Última Hora, July 27th 1979 (FPJM: H-4337).
1521 Escudero and Montaner 1993, p. 496.
1522 Diario de Mallorca, September 21st 1979 (FPJM: H-4346); La Vanguardia, September 20th 1979 (FPJM: H-4347); and La Vanguardia, October 3rd 1979 (FPJM: H-4351).
1523 Joan Miró Foundation 1993, p. 480.
1524 Monserrat, October 16th 1979 (FPJM: H-4359).
1525 Letter from Joan Miró to Gérald Cramer, October 12th 1979, in Giroud 2002, pp. 190-191. Miró is referring to pictograms of the Vallée des Merveilles, in the South of France.
1526 Letter from Charles W. Milliard (Hirshhorn Museum and Sculpture Garden) to Pierre Matisse, November 8th 1979 (PML: PMGA).
1527 Escudero and Montaner 1993, p. 497.
1528 Ibidem, p. 497.
1529 Letter from Joan Miró to Gérald Cramer, January 29th 1980, in Giroud 2002, pp. 192-193.
1530 Letter from Pierre Matisse to Ieoh Ming Pei, February 5th 1980 (PML: PMGA).
1531 Tone 1993, p. 453.
1532 Letter from Abram Lerner to Joan Miró, April 24th 1980 (FPJM: FD-450); and letter from Pierre Matisse to Joan Miró, April 28th 1980 (FPJM: FD-449): "The exhibition is magnificent. Never have sixty years of painting been so well represented, with 45 works of art spanning 1914 to 1974. The paintings were very carefully chosen, giving the impression that each one is a major work. I was very moved to see that of the 45 paintings on exhibit, 35 were from the gallery, illustrating my entire career as an art dealer in the defense and presentation of your work in America, with 35 solo exhibitions at the gallery, not to mention the joint ones where, needless to say, you were always present. This marvellous adventure, which it has also been for you, has been one of the most valuable experiences in my life, for which I am profoundly grateful to you."
1533 Invitation from Pierre Matisse and others to Joan Miró, May 13th 1980 (FPJM: FD-418).
1534 Umland 1993, p. 345.
1535 Letter from Pierre Matisse to Joan Miró, May 27th 1980 (FPJM: FD-429).
1536 Letter from Hortensia Bussi to Joan Miró, May 29th 1980 (FPJM: FD-14).
1537 Rowell 1987a, p. 38; and letter from Chest Rael to Joan Miró, June 25th 1980 (FPJM: FD-392).
1538 Letter from Helmut Jahn to Daniel Lelong (Galerie Maeght), June 30th 1980.
1539 Dupin 1994, p. 204.
1540 Telex from Bruce Graham to Daniel Lelong, September 3rd 1980 (FPJM: FD-405). The text of this telex is hard to read due to the omission and/or superimposition of some letters. However, it is possible to decipher the general contents.

1541 Dupin 1994, p. 204.
1542 *Diario de Mallorca*, October 5th 1980 (FPJM: H-4369); letter from Iñigo Cavero Lataillade to Joan Miró, September 16th 1981 (FPJM: FD-411); and letter from Terence A. Todman to Joan Miró, October 3rd 1980 (FPJM: FD-438).
1543 Cramer 1989, pp. 614-615; and letter from Miquel Martí i Pol to Joan Miró, November 11th 1980 (FPJM:FD-321).
1544 *La Vanguardia*, November 14th 1980 (FPJM: H-4371).
1545 Telegram from Pierre Matisse to Joan Miró, November 7th 1980; letter from J. Hugh Roff (President of United Energy Resources, Houston, Texas) to Joan Miró, January 9th 1981; and letter from Pierre Matisse to Joan Miró, May 1st 1981 (PML: PMGA).
1546 Deed donating Joan Miró's studios to the Fundació Pilar i Joan Miró a Mallorca, March 7th 1981.
1547 Contract between Block 67 Limited and United Energy Resources Inc., on the one hand, and Pierre Matisse Gallery Corporation, on the other, April 13th 1981 (PML: PMGA).
1548 Letter from the Mayor of Chicago (Office of the Mayor) to Mr. and Mrs. Matisse, March 19th 1981; Green, April 21st 1981; letter from Bruce Graham to Joan Miró, November 3rd 1980 (FPJM: FD-400); Rowell 1987a, p. 39; and Lax 2003, p. 102.
1549 Kneeland 1981.
1550 Letter from Joan Miró to Gerald D. Hines (Block 67 Limited, Houston, Texas), April 24th 1981 (PML:PMGA).
1551 Letter from Pierre Matisse to Joan Miró, May 1st 1981 (PML: PMGA).
1552 Tone 1993, p. 453.
1553 Dupin 1994, p. 204.
1554 Letter from Barbara Rose (Curator of Exhibitions and Collections of the Houston Museum of Fine Arts) to Hugh Roff (United Energy Resources, Houston, Texas), October 2nd 1981 (PML: PMGA).
1555 Letter from Hugh Roff (United Energy Resources, Houston, Texas) to Ieoh Ming Pei, October 9th 1981 (PML:PMGA).
1556 Comune di Milano 1981.
1557 Tone 1993, p. 453.
1558 *Diario de Mallorca*, November 7th 1981.
1559 Carnielli and Loudon 2001, p. 287.
1560 Tone 1993, p. 453.

work on the creation of the ballet *L'Oeil oiseau*.[1541]

In October King Juan Carlos I awards Miró the Spanish Gold Medal for Fine Arts.[1542]

Some time prior to November 11th Miró makes six etchings to accompany the book of poems *Llibre dels sis sentits* by Miquel Martí i Pol.[1543]

On November 13th Barcelona's Joan Miró Foundation and La Caixa de Pensions Cultural Centre hold the opening of an anthological exhibition of graphic work, which unites work by Miró spanning a period of 50 years.[1544]

On November 23rd Miró receives a visit in Palma de Mallorca from Pierre Matisse, Tana and Pei, accompanied by Mr. and Mrs. Hines and Mr. and Mrs. Love. Miró presents them with his maquette, *Personnage et oiseaux*.[1545]

1981 On March 7th Joan Miró and Pilar Juncosa sign a deed donating the artist's Son Abrines and Son Boter studios to the foundation known as the Fundació Pilar i Joan Miró a Mallorca.[1546]

On April 13th a contract is signed between Block 67 Limited and United Energy Resources, Inc., on one side, and Pierre Matisse Gallery Corporation on behalf of Joan Miró, on the other, agreeing to the sale of two sculptures by Joan Miró, *Femme échevelée* and *Personnage et oiseaux*, together with a wooden maquette of *Personnage et oiseaux* painted by Miró.[1547]

On April 20th, coinciding with Miró's 88th birthday, the monumental sculpture entitled *Miró's Chicago* is finally inaugurated in Brunswick Plaza, Chicago, Illinois.[1548] The *New York Times* had this to say: "Mr. Freehling was the Chairman of the Citizens' Committee which collected $250,000 to match the donation by Mayor, Jane M. Byrne, on behalf of the city. Mr. Miró donated the sculpture, but it cost half a million dollars to make and erect it."[1549]

On April 24th Miró writes to Hines: "By virtue of this letter of authorization, I hereby authorize Pierre Matisse and the Pierre Matisse Gallery Corporation [...] to act as my agents in the sale of the rights to my sculptures entitled 'Dishevelled woman' [*Femme échevelée*] and 'Personage and birds' [*Personnage et oiseaux*] and to grant Block 67 Limited and United Energy Resources Inc. sole and exclusive rights to reproduce 'Personage and birds' as a monumental sculpture of up to fifty feet high for it to be made and erected in or near United Energy Plaza, in Houston, Texas [...]."[1550]

On May 1st Matisse writes to Miró: "I think we are about to sign the contract for the 15-metre monumental sculpture for Houston, 'Personnage et Oiseaux', whose coloured maquette we came to see last November in Palma."[1551]

From July 4th to September 12th, Galerie Herbage in Cannes hosts an exhibition entitled "Joan Miró: Retrospective de l'oeuvre gravé, 1964-1978".[1552]

On September 25th the opening performance of the ballet *L'Oeil oiseau* takes place under the title *L'Uccello Luce* at Venice's Teatro La Fenice, with stage décor and costumes by Miró, a libretto by Jacques Dupin based on sketchbooks of drawings by Miró, music by Sylvanno Bussotti, and choreography by Joseph Russillo.[1553]

On October 2nd Barbara Rose writes to Hugh Roff, telling him that she has visited Miró in Barcelona and that he was very enthusiastic about the Houston sculpture and exhibition. Miró asked Rose for the official opening of the exhibition to take place on April 20th, coinciding with his 89th birthday. Miró was in good health and wished to attend the inauguration of his sculpture.[1554]

On October 9th Hugh Roff writes to Pei to propose a travel schedule for Miró for his trip to Houston, with United Energy Resources putting its private jet at Miró's disposal. According to the schedule, Miró would leave Palma for Houston on April 17th. On the 19th the inauguration of the exhibition at the Museum of Fine Arts would take place and, on the following day, that of Miró's monumental sculpture *Personnage et oiseaux*. Miró's return to Palma was programmed for April 21st. This agenda depended on the sculpture being ready for its inauguration on April 20th.[1555]

From October 27th to December 6th, exhibitions of Miró's work are held in Milan in seven different locations: Castello Sforzesco (paintings 1914-1980); Rotonda di Via Besana (graphic work); Palazzo del Senato (sculptures); Palazzo Dugnani (sculptures); Galleria del Naviglio (ceramics); Galleria del Milione (drawings and gouaches); and Studio Marconi (tapestries, posters and work designed for the theatre).[1556]

Between October and November, the Harcourts Gallery in San Francisco holds an exhibition entitled "Joan Miró: Important Paintings, Sculpture and Graphic Works".[1557]

On November 6th two bronze sculptures by Miró are inaugurated in Plaza Pío XII and S'Hort del Rei gardens in Palma de Mallorca.[1558]

From November 17th to December 19th, the Pierre Matisse Gallery in New York hosts an exhibition entitled "Miró: Early Drawings and Collages, 1919-1949".[1559]

From December 1st to 23rd, the Waddington Galleries in London hold a solo exhibition of sculptures entitled "Joan Miró".[1560]

On December 8th Miró and his wife Pilar go to Escorxador Park in Barcelona to decide the height of the reinforced concrete and ceramic sculpture, with the aid of a maquette.[1561]

1982 In January the ballet *L'Ucello Luce* is performed at Florence's Teatro Comunale.[1562] On February 6th Pilar Juncosa writes to Cramer: "Joan is always very tired, but fortunately the last few days he has been a bit better. It saddens me to see my husband ill so long, but I am resigned because he doesn't suffer and I can keep him near me."[1563]

On April 20th the monumental sculpture *Personage and Birds* [*Personnage et oiseaux*] is inaugurated in the United Energy Plaza, the site of the Texas Commerce Tower in Houston, Texas. Unfortunately Miró is unable to attend.[1564]

From April 21st to June 27th, the Houston Museum of Fine Arts hosts an exhibition entitled "Miró in America", which explores the impact of Miró's work on American artists.[1565]

From August 12th to October 3rd, the Scottish National Gallery of Modern Art in Edinburgh hosts an exhibition entitled "Miró's People: Joan Miró, Paintings and Graphics of the Human Figure, 1920-1980".[1566]

In the month of August, the monumental sculpture *Dona i Ocell* is erected in Escorxador Park in Barcelona. Made by Miró in collaboration with Joan Gardy Artigas, the sculpture is made of cement and covered in a ceramic mosaic. On September 28th Oriol Bohigas writes to Miró in reference to the said sculpture: "The Escorxador sculpture now shines out splendidly in the middle of the lake. There can be no doubt that it has become the city's most important feature. [...] During your current stay in Barcelona, it might be a good moment to discuss the other sculptures that will round off the Escorxador series. Joanet already has the maquettes prepared. Barcelona would like to beg one more effort from you to complete the great Mironian park."[1567]

1983 Between January 21st and February 27th, the Solomon R. Guggenheim Museum in New York hosts an exhibition entitled "In Homage to Joan Miró at Ninety".[1568]

From April 5th to May 7th, Sala Gaspar in Barcelona holds an exhibition entitled "Joan Miró's 90th Birthday. Graphic Work 1929-1972".[1569]

From April 14th to 26th, New York's Museum of Modern Art hosts an exhibition entitled "Joan Miró: A Ninetieth-Birthday Tribute".[1570]

In Spain, to commemorate Miró's 90th birthday, a tribute is paid to the artist, organized by Barcelona City Council, the Autonomic Government of Catalonia, the Ministry of Culture and the Joan Miró Foundation in Barcelona.[1571] On April 16th the acts begin in Barcelona with the inauguration of his monumental sculpture *Dona i ocell* in Escorxador Park. Miró is unable to attend for health reasons.[1572]

On April 19th an exhibition entitled "Miró, the Man" is held. This transforms Passatge del Crèdit, the street where Miró was born, into a graphic testimony of his life.[1573] On the same day, the sculpture *Femme* is also inaugurated in the courtyard of Barcelona City Hall.[1574]

On April 20th the Joan Miró Foundation in Barcelona holds the official opening of an exhibition entitled "Joan Miró: The Twenties: a Mutation of Reality". During the months of June and July, the exhibition is also shown at the Spanish Museum of Contemporary Art.[1575]

From April to May, Galería Joan Prats in Barcelona hosts an exhibition entitled "Joan Miró / Edicions Polígrafa: A 20-Year Collaboration".[1576]

In May Galerie Maeght in Paris holds an exhibition entitled "Joan Miró: peintures, oeuvres sur papier, sculptures".[1577] From May 10th to June 18th, the Pierre Matisse Gallery in New York holds an exhibition entitled "Joan Miró: Ninety Years: Sculpture, Gouaches, and Mixed Media".[1578]

On May 26th an exhibition of sculptures and gouaches opens under the title "Miró comme un enchanteur" at Galerie Adrien Maeght in Paris.[1579]

From September 24th to November 13th an exhibition entitled "Joan Miró: Skulpturen" is held at the Städtische Galerie in the Prinz-Max Palace, Karlsruhe.[1580]

From December 2nd to January 8th 1984, a retrospective exhibition is held entitled "Retrospective 1960-1980" at the Künstlerhaus in Vienna.[1581]

On December 25th Joan Miró passes away at his Son Abrines home in Palma de Mallorca.[1582]

On December 27th his funeral is held at the Church of San Nicolás in Palma de Mallorca.[1583]

On December 29th Miró is buried in the family mausoleum in Montjuïc Cemetery in Barcelona.[1584]

1561 M.R.A., December 9th 1981 (FPJM: H-4411).
1562 Dupin 1994, p. 227.
1563 Letter from Pilar Juncosa to Gérald Cramer, February 6th 1983, in Giroud 2002, pp. 196-197.
1564 Schedule for the inauguration of the monumental sculpture *Personage and Birds*, April 20th 1982 (PML:PMGA).
1565 Museum of Fine Arts 1982.
1566 Tone 1993, p. 454.
1567 Letter from Oriol Bohigas to Joan Miró, September 28th 1982 (FPJM: FD-35).
1568 Tone 1993, p. 454.
1569 Escudero and Montaner 1993, p. 497.
1570 Umland 1993, p. 345.
1571 *El País*, April 9th 1983 (FPJM: H-4437).
1572 *Avui*, April 17th 1983 (FPJM: H-4441); *Avui*, April 6th 1983; El País, April 9th 1983 (FPJM: H-4427); and Iglesias del Marquet, April 13th 1983 (FPJM: H-4438).
1573 *El Periódico*, April 20th 1983 (FPJM: H-4485).
1574 *El País*, April 19th 1983 (FPJM: H-4452); and *Avui*, April 20th 1983 (FPJM: H-4482).
1575 Tone 1993, p. 454.
1576 Escudero and Montaner 1993, p. 497.
1577 Ibidem, p. 497.
1578 Carnielli and Loudon 2001, p. 288.
1579 Escudero and Montaner 1993, p. 498.
1580 Tone 1993, p. 454.
1581 Escudero and Montaner 1993, p. 498.
1582 *Última Hora*, December 26th 1983 (FPJM: H-4539).
1583 *Diario de Mallorca*, December 27th 1983 (FPJM: H-4556); and *Última Hora*, December 27th 1983 (FPJM:H-4570).
1584 Prieto, December 30th 1983 (FPJM: H-4599).

Créditos del Catálogo

Coordinación
María Luisa Lax y Alejandra Bordoy

Informática
Pere Manel Mulet

Restaurador
Enric Juncosa Darder

Colaboradores
Maria Àngels Sastre
Aránzazu Miró
Joan Matas
Javier Costa

Textos
Rogelio Araújo
Magdalena Aguiló
Dolores Miró
Georges Raillard
Jaume Freixa
Bartomeu Bestard
Rafael Moneo
William Jeffett

Catálogo
María Luisa Lax y Alejandra Bordoy

Cronología de Joan Miró
María Luisa Lax y Alejandra Bordoy

Exposiciones
María Luisa Lax y Alejandra Bordoy,
con la colaboración de Eva Martínez y Esther Molina

Bibliografía
María Luisa Lax y Alejandra Bordoy,
con la colaboración de Eva Martínez y Esther Molina

Traducciones
Rachel Waters
Nicola Walters
Servei d'assessorament lingüístic de l'Ajuntament de Palma
Alliançe Française, Palma de Mallorca
Maria Àngels Sastre

Fotografías de obras de la colección
Joan Ramon Bonet
David Bonet
Gabriel Ramon: Foto mural cerámico cafetería

Fotografías textos y cronología
Francesc Català-Roca
Jaume Freixa
Joaquim Gomis

Robin Lough
Irving Penn
Josep Planas-Montanyà
Clovis Prévost
Louis Reens
Successió Miró
Bert Van Bork

LUNWERG EDITORES

Presidente
Juan Carlos Luna

Director de arte
Andrés Gamboa

Director editorial
Joaquim Corbera

Diseño gráfico
Verónica Moretta

Directora técnica
Mercedes Carregal

Coordinación editorial
Marta Papiol

Ajuntament de Palma

Alcaldesa
Excma. Sra. Catalina Cirer Adrover

Regidor de Cultura y Educación
Ilmo. Sr. Rogelio Araújo Gil

Director general de Cultura
Sr. Joan Carles Gomis

Fundació Pilar i Joan Miró a Mallorca

Comisión de Gobierno

Excma. Sra. Alcaldesa - Presidenta:
Catalina Cirer Adrover

Vocales:
Ilmo. Sr. Presidente: Rogelio Araújo Gil
Ilmo. Sr. Vicepresidente: Rafael Duran Vadell
Ilmo. Sr. Pedro F. Álvarez Chillida
Sr. Camilo José Cela Conde
Sr. Emili Fernández Miró
Sr. Joan Carles Gomis Rodríguez
Sr. Ángel Juncosa Aysa
Sra. Joana Maria Palou Sampol
Sr. Joan Punyet Miró

Directora: Sra. Magdalena Aguiló Victory

Secretario:
Sr. José María Mir de la Fuente
Sr. Bartomeu Bestard Cladera

Interventor:
Sr. Sebastià Crespí Mir

Directora: Magdalena Aguiló Victory

Secretaria de dirección: Aina Maria Duran

Departamento de Colecciones

Conservadora-Jefa del departamento:
María Luisa Lax
Registro: Alejandra Bordoy
Restauración: Enric Juncosa Darder
Biblioteca: Aránzazu Miró
Colaboración: Mª Àngels Sastre

Departamento de Administración

Jefe del departamento: Antonio Prieto
Administración: Teresa Ques, Dolors Nadal
Informática: Pere Manel Mulet
Mantenimiento: Xavier Costa

Departamento de Educación, Acción y Difusión Cultural

Jefa del departamento: Aina Bibiloni
Exposiciones: Pilar Baos
Colaboración: Carme Blanes
Didáctica: Katia Martorell, Jaume Reus
Educadores: Alba López, Adoración Sánchez
Comunicación: Txema González
Talleres gráficos: Julio León, Joan Oliver

Agradecimientos   La Fundació Pilar i Joan Miró desearía expresar su gratitud a todas aquellas personas e instituciones que han contribuido a hacer posible la realización de este catálogo, en especial a:

Manuel Arce

Artium, Centro-Museo Vasco de Arte Contemporáneo, Álava

Joan Barbarà

Teresa Bermejo de Santos Torroella

Bartomeu Bestard

Biblioteca Nacional de Catalunya: Francesc Fontbona

Antonio Boix Pons

Joan Ramon Bonet

David Bonet

Arxiu Català-Roca, Barcelona: Martí Català-Roca

Javier Costa

Patrick Cramer

Cincinnati Art Museum: Julia D. Vienhage

Carmen Feliu Álvarez de Sotomayor

Fogg Art Museum, Harvard University

Frances Loeb Library, Harvard University:
    Mary Daniels e Inés Zalduendo

Jaume Freixa

Fondation Aimé et Marguerite Maeght, Saint-Paul-de-Vence

Fondation Beyeler, Basel

Fundació Joan Miró, Barcelona

Fundació Josep Vicenç Foix, Barcelona:
    Jordi Madern, Merçè Mestres

Joan Gardy Artigas

Odette Gomis

Harkness Commons, Law School, Harvard University

William Jeffett

Enric Juncosa Darder

Los Angeles County Museum of Art: Annalee Andres

Joan Matas

Paul Matisse y Wendy Bryson

Dolores Miró

Rafael Moneo

Pere Manel Mulet

Museo Nacional y Centro de Investigación de Altamira:
    José Antonio Lasheras

Museu Nacional de Catalunya: Teresa Guasch y Jaume Soler

National Gallery of Art de Washington:
    Maygene Daniels y Anne Halpern

Irving Penn

Roland Penrose Archives, Archive & Library, Scottish
    National Gallery of Modern Art, Edimburgo: Ann Simpson

Pierpont Morgan Library: Robert Parks

Josep Planas-Montanyà

Georges Raillard

Maria Àngels Sastre

Successió Miró: Emili Fernández, Joan Punyet, Pilar Ortega,
    Cristina Calero y Gloria Moragues

The Museum of Modern Art, Museum Archives, Nueva York:
    Michelle Elligott

The Solomon R. Guggenheim Foundation,
    Museum Archives, Nueva York

Aurelio Torrente Larrosa

Oliver Wick

Wilhelm-Hack-Museum, Ludwigshafen